浙江广播电影电视年鉴

ZHEJIANG GUANGBO DIANYING DIANSHI NIANJIAN

2012

浙江省广播电影电视局
《浙江广播电影电视年鉴》编辑委员会编
胡瑞庭 主编

图书在版编目(CIP)数据

浙江广播电影电视年鉴. 2012 / 胡瑞庭主编；浙江省广播电影电视局《浙江广播电影电视年鉴》编辑委员会编. —北京:中国广播电视出版社, 2013.3
ISBN 978-7-5043-6864-5

Ⅰ. ①浙… Ⅱ. ①胡… ①浙… Ⅲ. ①广播事业—浙江省—2012—年鉴②电视事业—浙江省—2012—年鉴
Ⅳ. ①G229. 275. 5-54

中国版本图书馆 CIP 数据核字(2013)第 047931 号

浙江广播电影电视年鉴(2012)
浙江省广播电影电视局《浙江广播电影电视年鉴》编辑委员会编
胡瑞庭 主编

责任编辑 贺 明
封面设计 沈 军

出版发行 中国广播电视出版社
电　　话 010 - 86093580　010 - 86093583
社　　址 北京市西城区真武庙二条 9 号
邮政编码 100045
网　　址 www.crtp.com.cn
电子信箱 crtp8@sina.com

经　　销 全国各地新华书店
印　　刷 杭州广育多莉印刷有限公司
开　　本 850 毫米×1168 毫米　1 / 16
字　　数 1300（千）字
印　　张 47.25
彩　　页 66 面
版　　次 2013 年 3 月第 1 版　2013 年 3 月第 1 次印刷

书　　号 ISBN 978-7-5043-6864-5
定　　价 150.00 元

2011年7月28日，中国国务院总理温家宝在温州察看“7·23”甬温线特别重大铁路交通事故现场，悼念遇难者，看望受伤人员，对伤亡人员家属表示深切慰问，并回答中外媒体记者的提问。

中共中央政治局常委、国务院总理温家宝在浙江就经济运行情况进行调研。这是4月8日，温家宝在宁波申洲国际集团控股有限公司考察。

2011年10月3日至4日，中共中央政治局常委、国务院总理温家宝来到浙江绍兴和温州，深入农村、社区、企业和市场，看望广大干部群众，就经济运行情况进行调研。这是10月3日，温家宝在绍兴市府山街道越都社区看望居民。

2011年12月5日至6日，中共中央政治局常委、中央政法委书记、中央社会管理综合治理委员会主任周永康在浙江省宁波市考察。这是12月5日，周永康考察宁波市鄞州区钟公庙街道社会管理服务中心时与前来进行房产咨询的市民交谈。

2011年7月19日上午，中共中央政治局委员、中央政法委副书记王乐泉视察81890。

受胡锦涛总书记、温家宝总理委派，中共中央政治局委员、国务院副总理张德江2000年7月24，日率有关部门负责同志赶赴温州，指导“7·23”甬温线特别重大铁路交通事故救援、善后处理和事故调查工作，并宣布成立国务院事故调查组。

5月13日，第七届中国（深圳）国际文化产业博览会在深圳隆重开幕时，中共中央政治委员、中央书记处书记、中宣部部长刘云山在中共浙江省委常委、宣传部长茅临生的陪同下来到浙江广电集团展位参观，图为浙江广电集团总编辑程蔚东向刘云山介绍浙江广电集团近几年来电视剧创作成果。

2011 年 10 月 8 日，中共中央政治局委员、中央书记处书记、中组部部长李源潮在浙江调研非公有制企业创先争优活动。他指出，非公企业党组织和党员要按照中央部署要求，扎实深入开展创先争优活动，努力创出品牌和信誉、争出效益和质量，推动企业争当本行业本地区的先进企业、优秀企业。

2011 年 4 月 18 日至 22 日，中央书记处书记、中央纪委副书记何勇在浙江就加强党风廉政建设和反腐败工作、促进加快转变经济发展方式进行调研。何勇强调，要紧紧围绕科学发展这个主题和加快转变经济发展方式这条主线，加强和改进新形势下党的作风建设，以优良的党风促政风带民风，确保“十二五”时期经济社会发展目标任务的顺利完成。

2011 年 3 月 3 日，省委书记、省人大常委会主任赵洪祝在省人大常委会副主任王永明等陪同下参观浙江卫视北京直播室。

2011 年 5 月 17 日，浙江电视台教育科技频道“小强热线”主持人王志强被评为浙江省十大“慈善之星”，浙江省委副书记夏宝龙为小强颁发证书。

2011年5月13日，宁波广电集团生产的《五星红旗迎风飘扬》等精品电视剧亮相第七届深圳文化产业博览会。浙江省委常委、宣传部长茅临生在参观时对宁波广电集团近几年的电视剧创作给予了充分肯定。

2011年11月30日下午，省委、省委组织部部长蔡奇到省广电局调研指导广播影视工作，并与省广电局领导班子及机关处室、直属单位进行座谈。

2011 年 8 月 18 日，浙江省委常委、副省长葛慧君出席浙江广播电视台集团举办的浙江省第二届控辩对抗赛决赛。图为葛慧君副省长与参赛获奖者合影

2011 年 4 月 20 日，浙江省副省长郑继伟在省政府副秘书长马林云、省广电局局长张宝贵陪同下，考察调研横店影视产业实验区。图为郑继伟在《武武则天秘史》剧的拍摄现场与演员赵文瑄、郑爽以及剧组现场负责人进行了交流。

4月27日，2011年全国影视动画工作会议在杭州召开。

2011年8月18日上午，省委、省政府召开全省广播电视有线网络整合发展工作电视电话会议，省委常委、宣传部部长茅临生和副省长郑继伟出席会议并作重要讲话，部署推进全省广播电视有线网络“一省一网”整合发展，确保在党的十八大之前以资本联合方式全面完成各项整合任务。

2011 年 2 月 21 日，全省广播影视工作会议在杭州召开，这次会议的主要任务是：认真学习贯彻全国广播影视工作会议、全省宣传思想工作会议和全省文广新局局长会议精神，总结“十一五”时期和 2010 年全省广播影视工作，分析形势任务，统一思想认识，研究部署 2011 年重点工作。

2011 年 10 月 24 日担负着全省广电网络数字化、信息化、规模化和产业化创新发展任的浙江华数广电网络股份有限公司在杭州挂牌成立。挂牌仪式上，省务委常委、省委宣传部部长茅临生向浙江华数广电网络股份有限公司董事长方建生授予公司牌匾。

2011年1月18日，浙江省副省长郑继伟到省广电局考察广播影视工作，在听取了张宝贵局长关于2010年工作汇报和2011年工作打算后，郑继伟表示，省广电局2010年工作做得很好，全省广播影视工作取得很大成绩，希望2011年好好干，取得更加优异成绩。

2011年1月18日上午，浙江省广电局局长张宝贵向杭州西溪创意产业园授“省影视创作拍摄示范基地”、“浙江省广播电影电视局电影审查中心”牌。

2011年9月3日至5日，省委常委、宣传部长茅临生率领我省宣传文化慰问考察团赴对口支援的新疆阿克苏地区和农一师考察新一轮援疆工作，看望慰问我省援疆干部人才，落实有关宣传文化交流合作项目。省广电局张宝贵局长参加考察。图为张宝贵局长出席浙江省援建阿克苏地区农村无线数字电视项目签约仪式。

2011年7月14日至19日，按照国家广电总局安排，来自10个阿拉伯国家的33位广播电视记者，在浙江进行了为期6天的参观考察。

2011 年 8 月 28 日下午，浙江电视台国际频道举办别具一格的开播五周年庆祝活动。国家广播影视总局、浙江省委宣传部、省外宣办、省侨办、省广播影视局、浙江广电集团领导以及来自美国、法国、德国、意大利、西班牙等国家的海外观众代表共六十多位嘉宾出席。浙江省委常委、宣传部长茅临生出席庆典并发表讲话；国家广播影视总局国际合作司副司长曹寅致贺辞。庆典会上，播放了中国驻法国大使孔泉、中国驻洛杉矶总领馆代总领事卞立新的视频祝贺。图为浙江省委宣传部副部长、省政府新闻办公室主任吕建楚（右二）、浙江广播电影电视局局长 张宝贵（右三）、浙江广播电视集团党委书记、总裁 王同元（左二）、浙江省侨办副主任陈重（右一）共同点亮国际频道五周岁生日蜡烛。

2011 年 1 月 8 日，由浙江广电集团投资建设的浙江国际影视中心，在杭州市萧山宁围镇顺坝村奠基开工。浙江省委常委、宣传部长茅临生，副省长郑继伟出席了奠基开工仪式。

2011年6月24日上午，省广电局张宝贵局长参加浙江之声《阳光行动厅长在线》直播节目，介绍全省广播电影电视发展情况，并现场回答听众通过热线电话提出的各种问题。

2011年7月1日，第二届浙江省文化艺术节影视作品展在杭州举办。图为省广播影视局副局长王国富在开幕仪式上致辞

2011年5月10日，纪念建党90周年大型新闻行动“红色耀中国”启动仪式在中国共产党的诞生地嘉兴市南湖之畔举行。

2011年5月22日，由中央人民广播经济之声主办、嘉兴台交通经济频率承办的《领航中国—中国共产党执政与发展纪事》大型系列报道启动仪式在嘉兴南湖会景园举行。

浙江卫视
大型新闻行动
走向蓝海
彰显新闻行动的力量

大型新闻行动《浙江海岸线》正式启动

快乐记者团　文化使者团　并肩采访

深入基层　全景式报道海洋文化助推海洋经济的作为
激情创作　艺术化记录海洋文化给力海洋大省的成就

浙江影视 新蓝网 CZTV.com 大型新闻行动

浙江海岸线

嘉兴
舟山
台州

浙江卫视创新航拍手段
全方位立体化直播钱江潮

摄影：祁洋

钱江频道

广播交通之声

红色全民才艺秀 庆祝建党90周年

“心中有爱献出来”圆满落幕

摄影：周建仕 郭琳

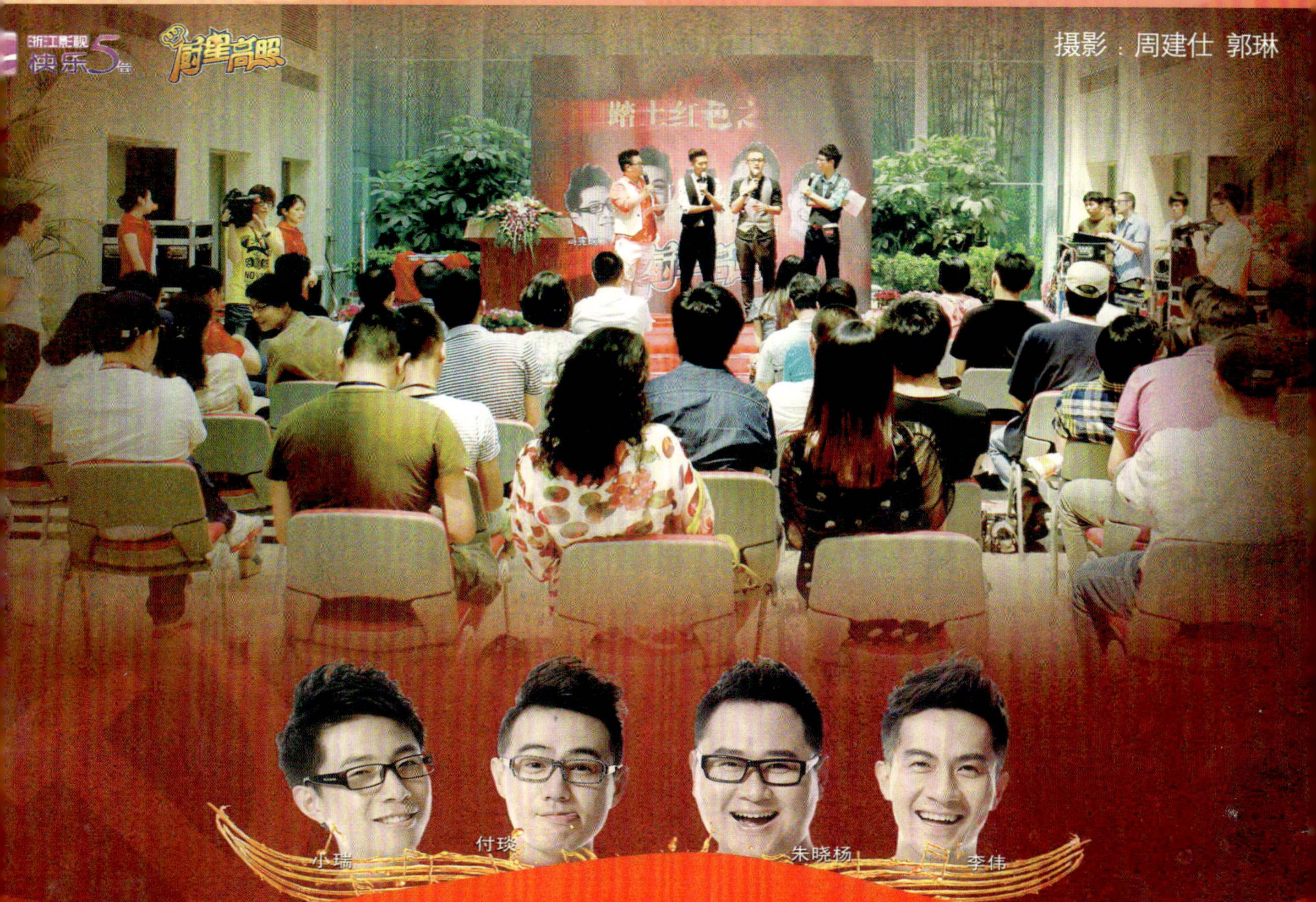
浙江影视 快乐5台
周星高照
小瑞
付琰
朱晓杨
李伟

红动中国 红色之旅

娱乐频道“美食兄弟连”走进井冈山、延安、百色、遵义、保定、西柏坡、重庆、华西村等9个革命老区，重
史，搜寻美食，忆苦思甜。历时两个月，揭秘战争年代革命前辈的行军粮饷、会议菜谱、耕种农产品：红米饭
粥、小米煎饼卷大葱等美食，向建党90周年献礼。

井冈山
沂蒙山

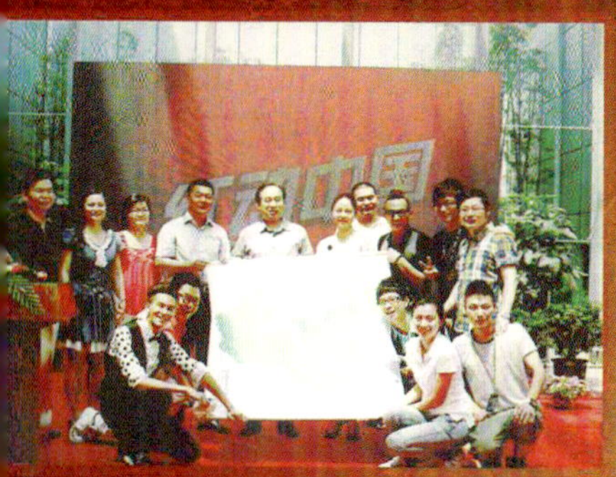

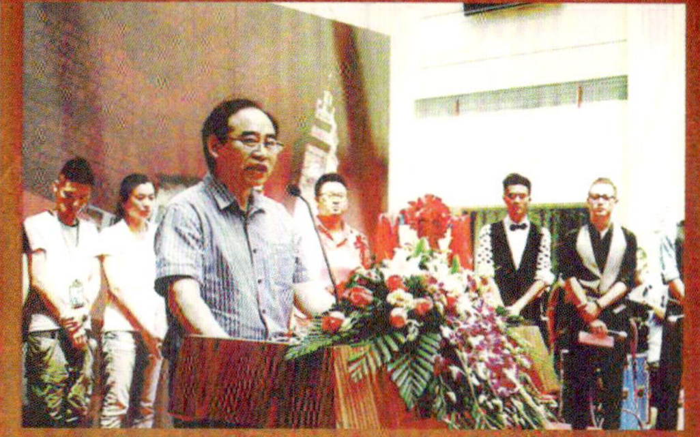

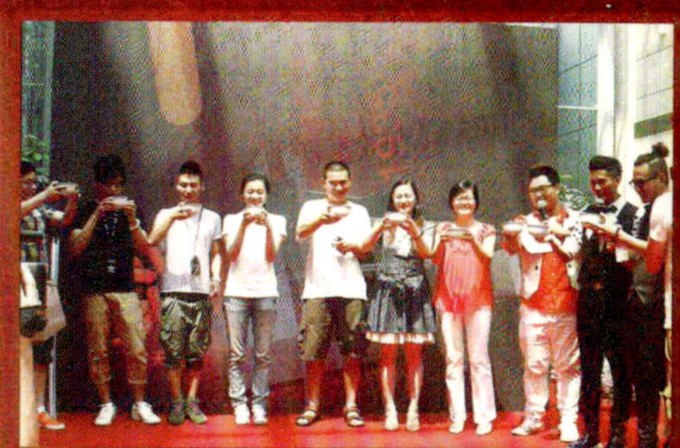

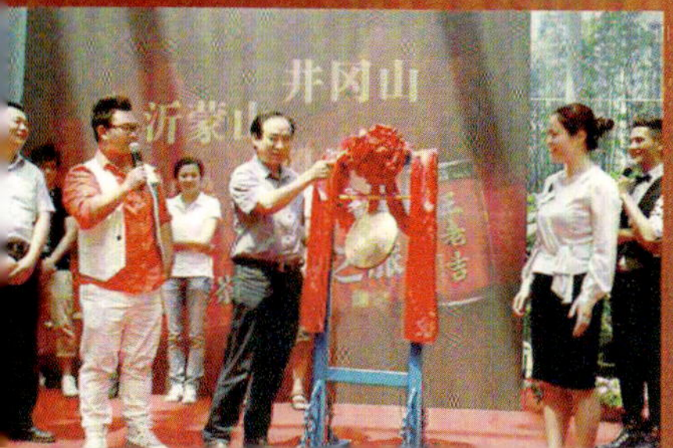

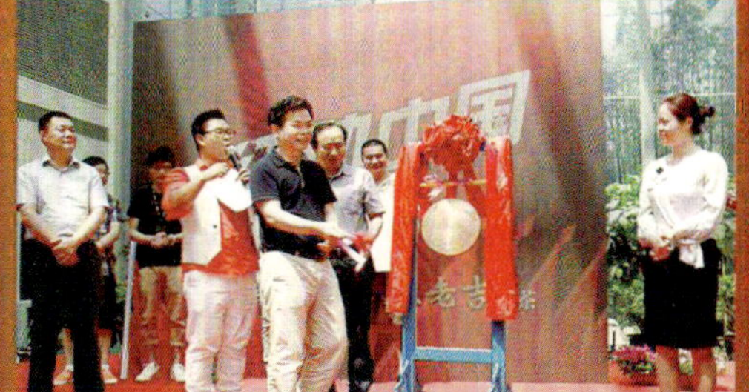

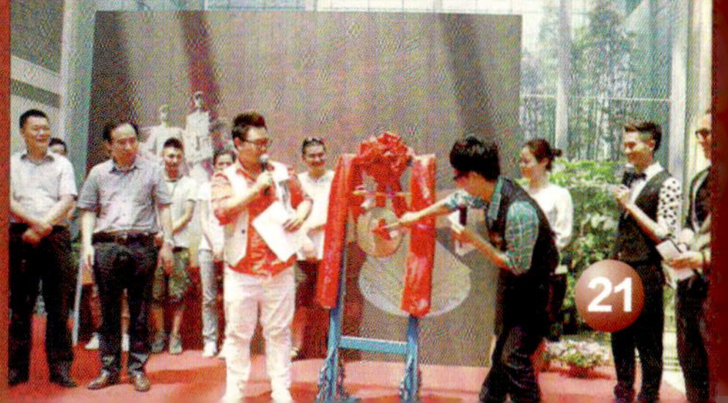

中华人民共和国万岁
世界人民大团
中国共产党成立90周年献礼力作
我是党代表
科学发展 创先争优 90周年
90名党代表 向党说句心里话
城市之声举办《我是党代表》全省大型新闻行动
私家车107·城市之声
主办：中共浙江省委组织部 浙江广播电视集团
承办：中共浙江省委组织部党代表秘书处 浙江电台城市之声
合作单位：浙江组织工作网、新蓝网、全国城市广播联盟

我省举行庆祝建党90周年文艺晚会暨第二届浙江文化艺术节开幕式

FM99.6
民生广播
动听968
我爱我的祖国
10.1，让五星红旗飘起来
周年庆
1949-2011
浙江人民广播电台

"五月的鲜花"
高歌"永远跟党走"

浙江广播主频率

浙江之声迎接建党九十周年特别策划

红色记忆 绿色希望

大型资助贫困孩子公益活动

向贫困孩子赠送一年的营养午餐捐助款和书籍、文具，亲手制作一道爱心营养午餐。

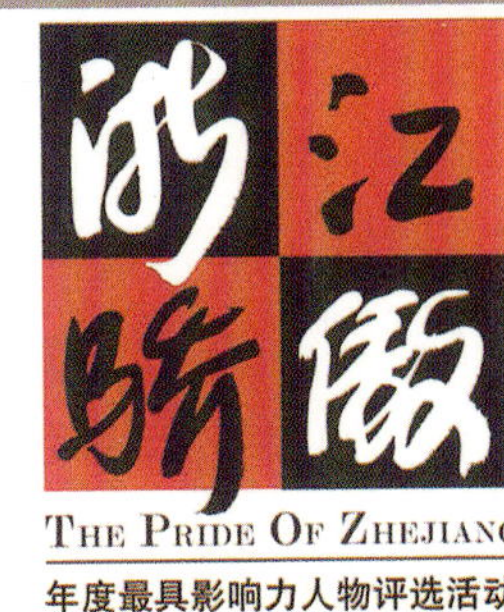

“浙江骄傲”2010年度
最具影响力人物评选揭晓

攝影：馮林

2011浙江省企业领袖峰会颁奖典礼
实业为本
转型升级
2011浙江省
企业领袖峰会
颁奖典礼

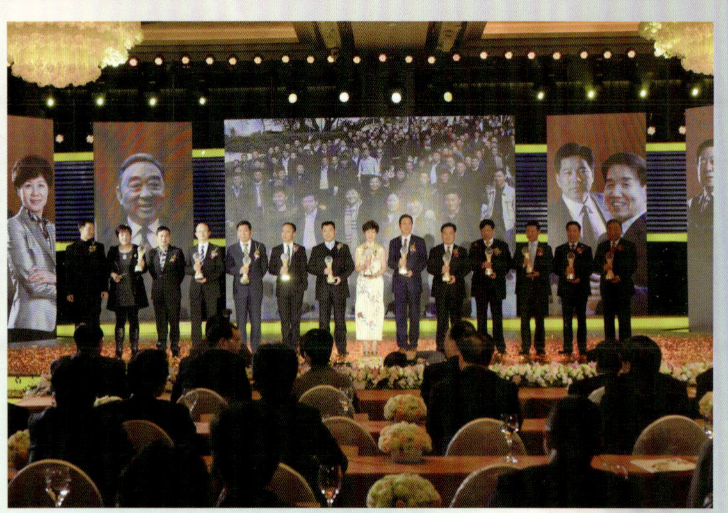

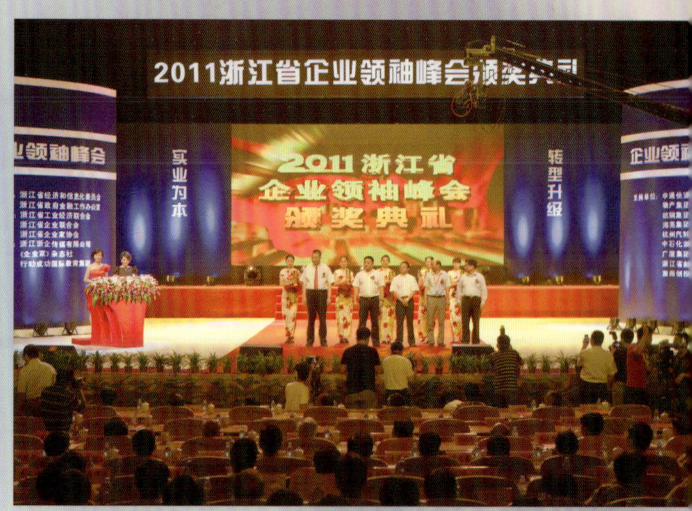

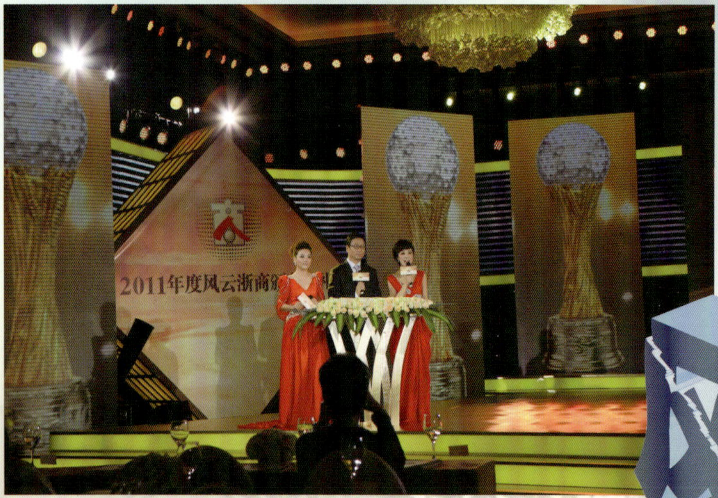
2011年度风云浙商

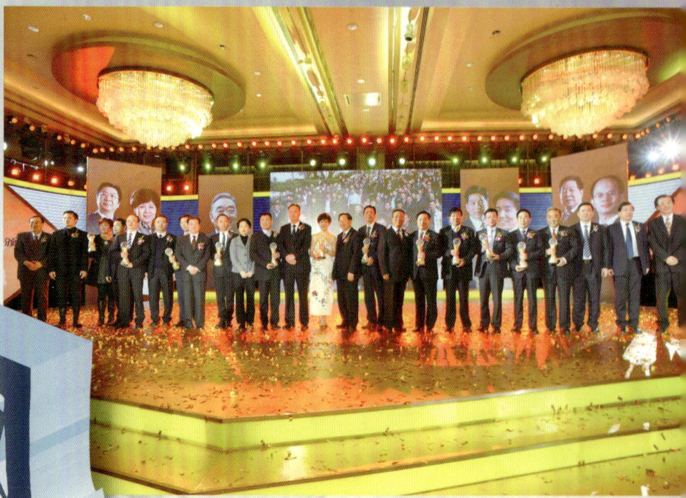

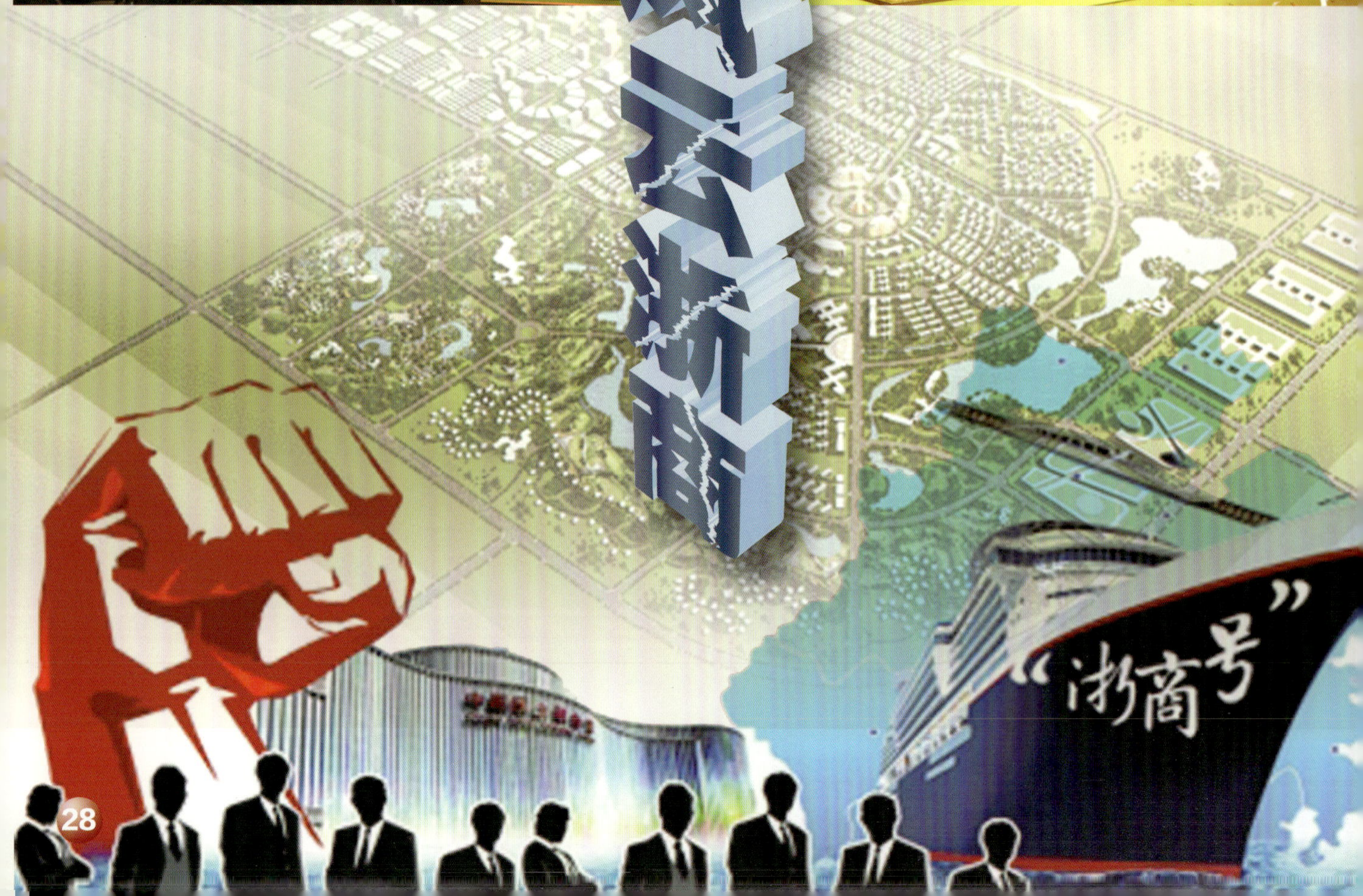
风云浙商
"浙商号"

我省2010年度“十大民生工程”揭晓

影：赵乃澄

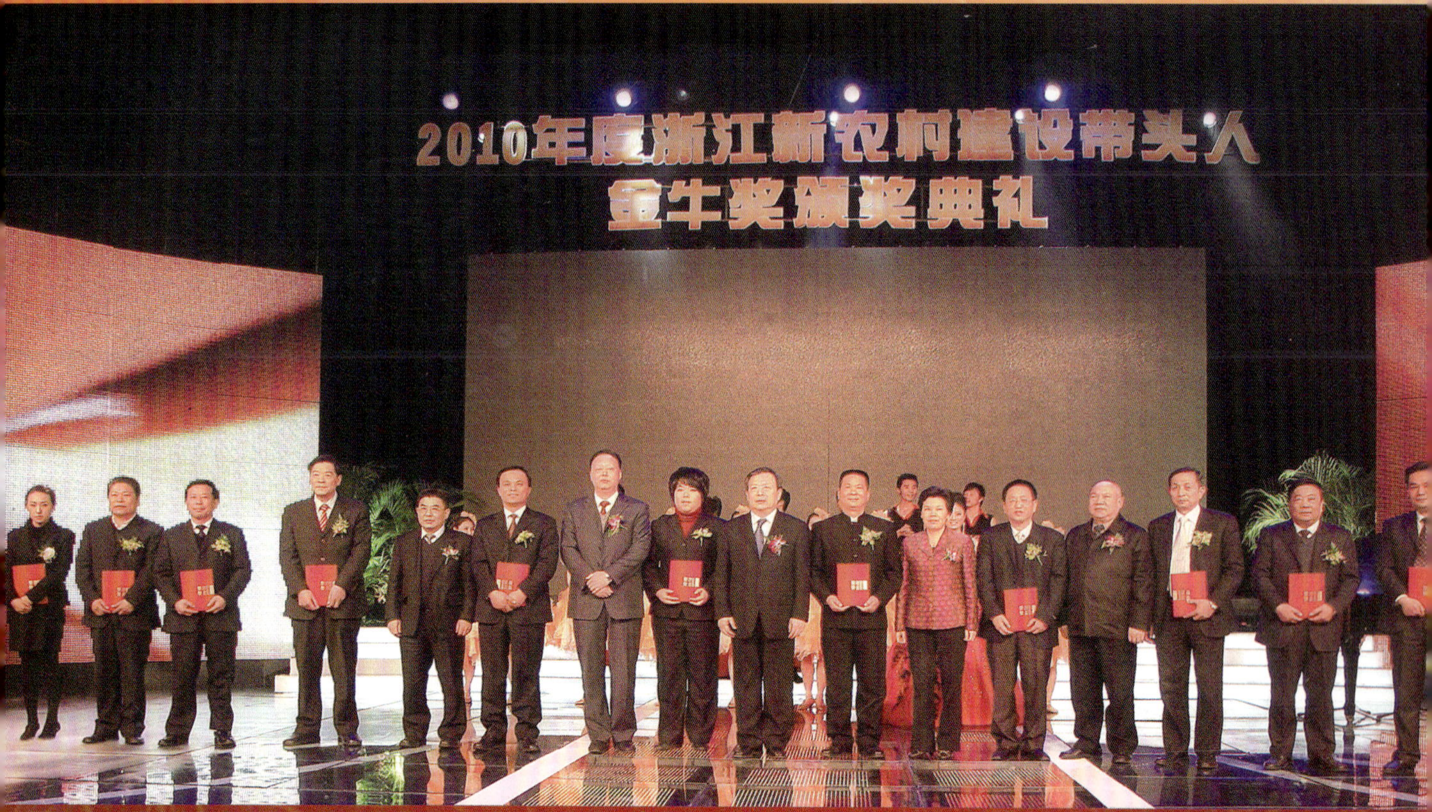

2010年度
浙江新农村建设带头人“金牛奖”颁奖典礼隆重举行

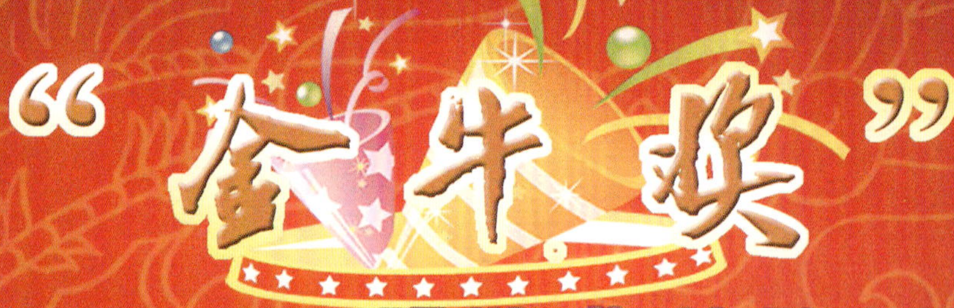

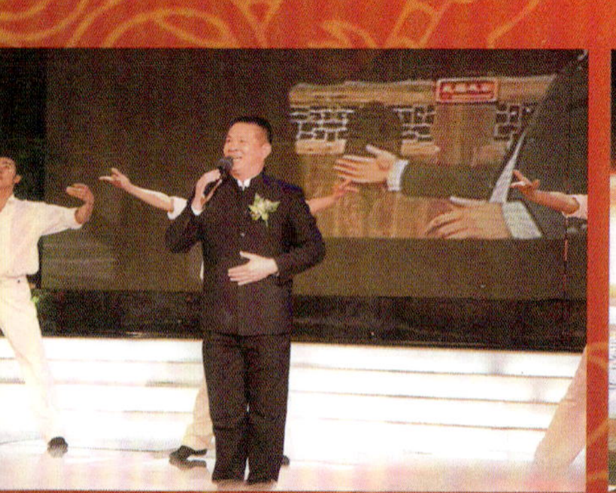

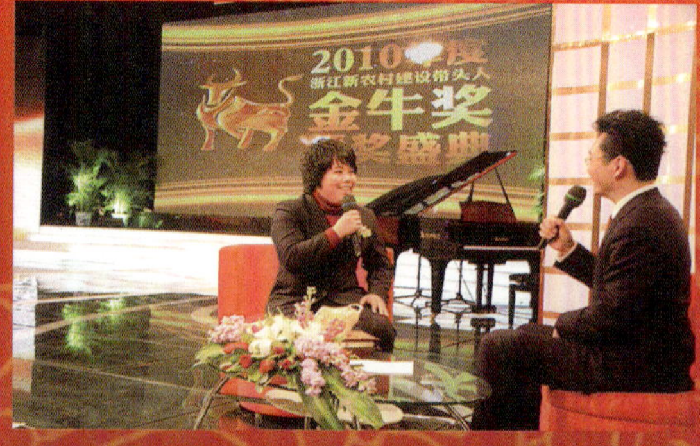

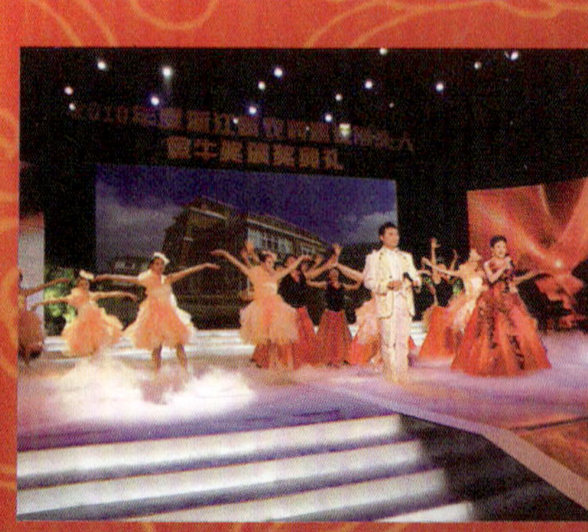

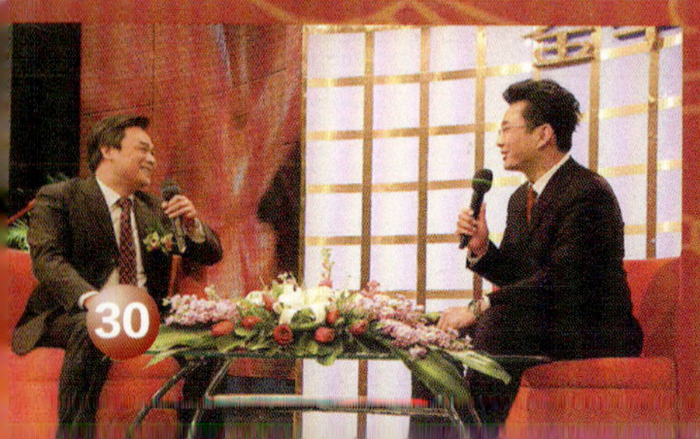

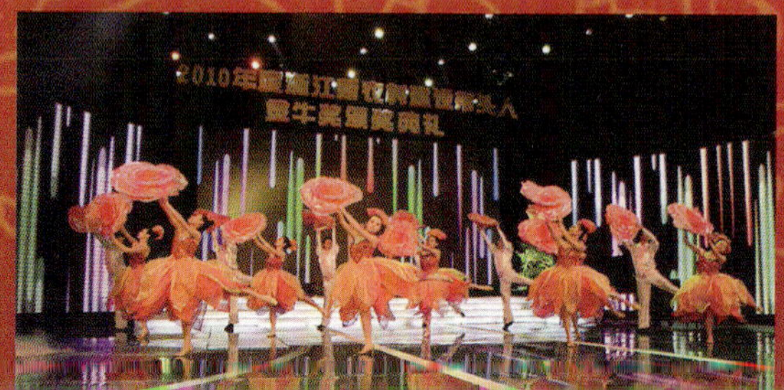

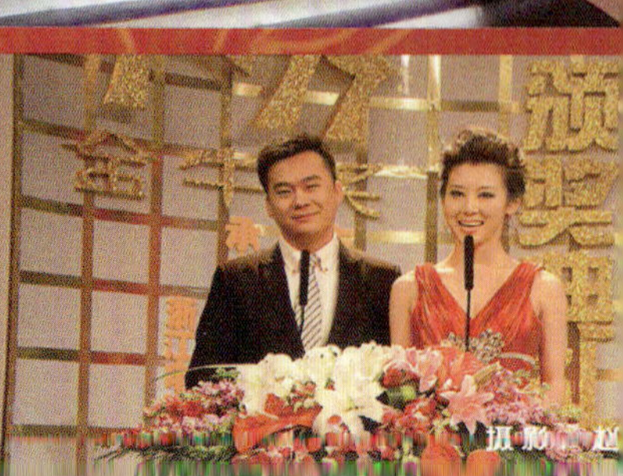

AUX 奥克斯空调

彩虹计划

2011

浙江之声“万朵鲜花送雷锋”活动浓情铺展

嘉兴银行
BANK OF JIAXING

浙江之声迎接中国共产党成立九十周年特别策划

800元=一棵树+一个孩子一年营养午餐

4月23日，嘉兴湖南七一纪念林种下九十棵特殊的树苗

六一前夕，浙江之声自驾车队送爱心到革命老区的贫困学校

主办单位：浙江之声、中共嘉兴市委宣传部
友情支持：浙江省慈善总会、新蓝网
鸣谢：光大永明人寿浙江分公司
天通控股股份有限公司
嘉兴市温州商会
浙江合成农业合作银行

浙江之声开展红色记忆·绿色希望

——大型植物资助贫困孩子公益活动

摄：陈雪亮

FM 95.0 财富广播

我是文明市民

争做文明使者 提升城市品质

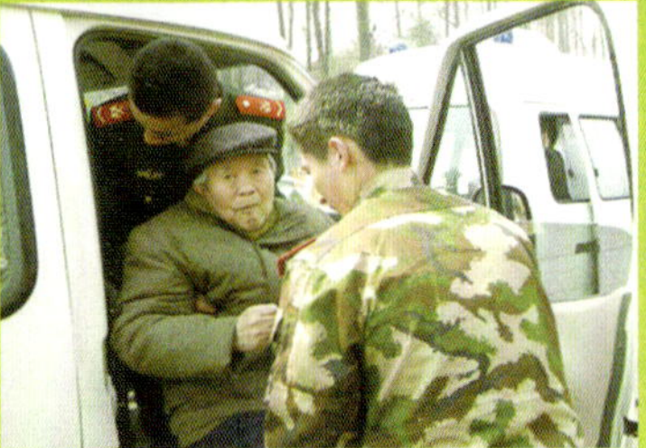

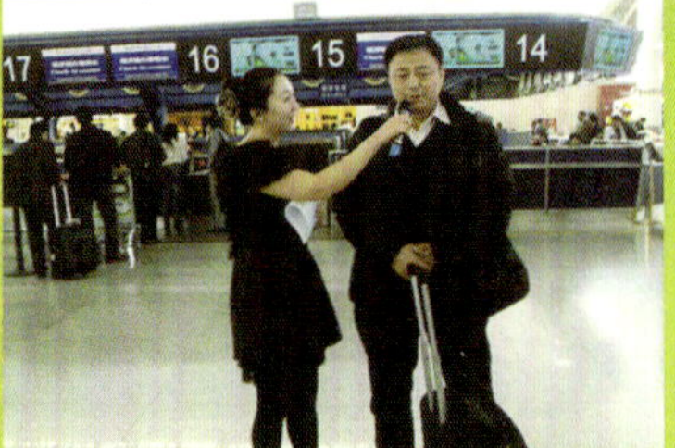

摄影：李锐

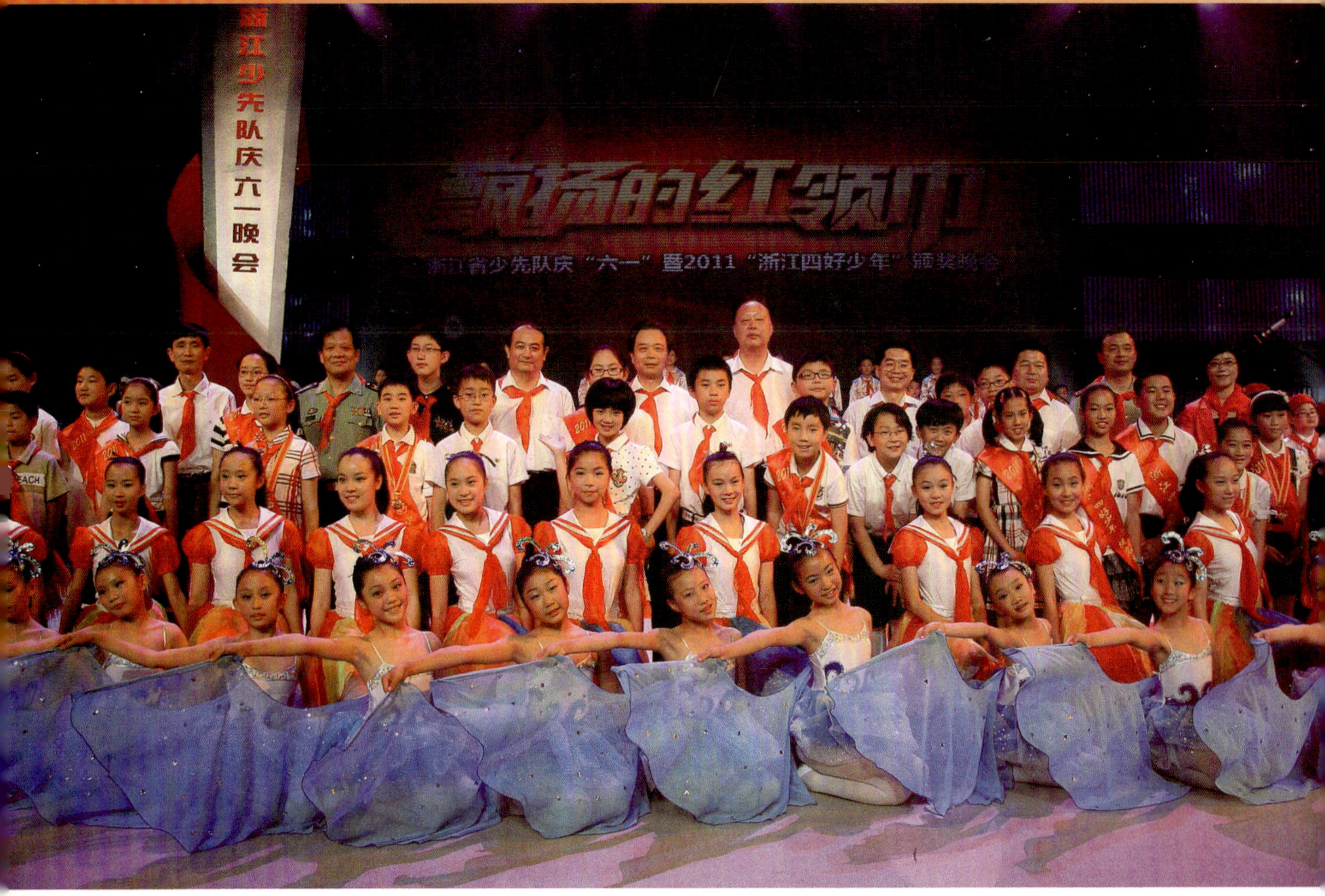

少儿频道隆重举办“飘扬的红领巾”
——浙江省少先队庆“六一”暨2011“浙江四好少年”颁奖直播晚会

大气·通透·现代·时尚 4月28日至5月3日

浙江广播电视集团展台再现精彩

浙江电视台少儿频道承办

动漫·我的城市
Animate our city

动漫·我的生活
Animate our lives

"浙派影视"强势亮相上海电视节

第六届中国·电视观众节开幕式暨集团开放日隆重举行

摄影：赵乃浩

《激情飞扬·星星相映》
主题晚会璀璨上演

摄影：赵乃澄

有梦想 有创造

第六届中国·电视观众节广告钱塘盛会隆重举行

摄影：赵乃澄

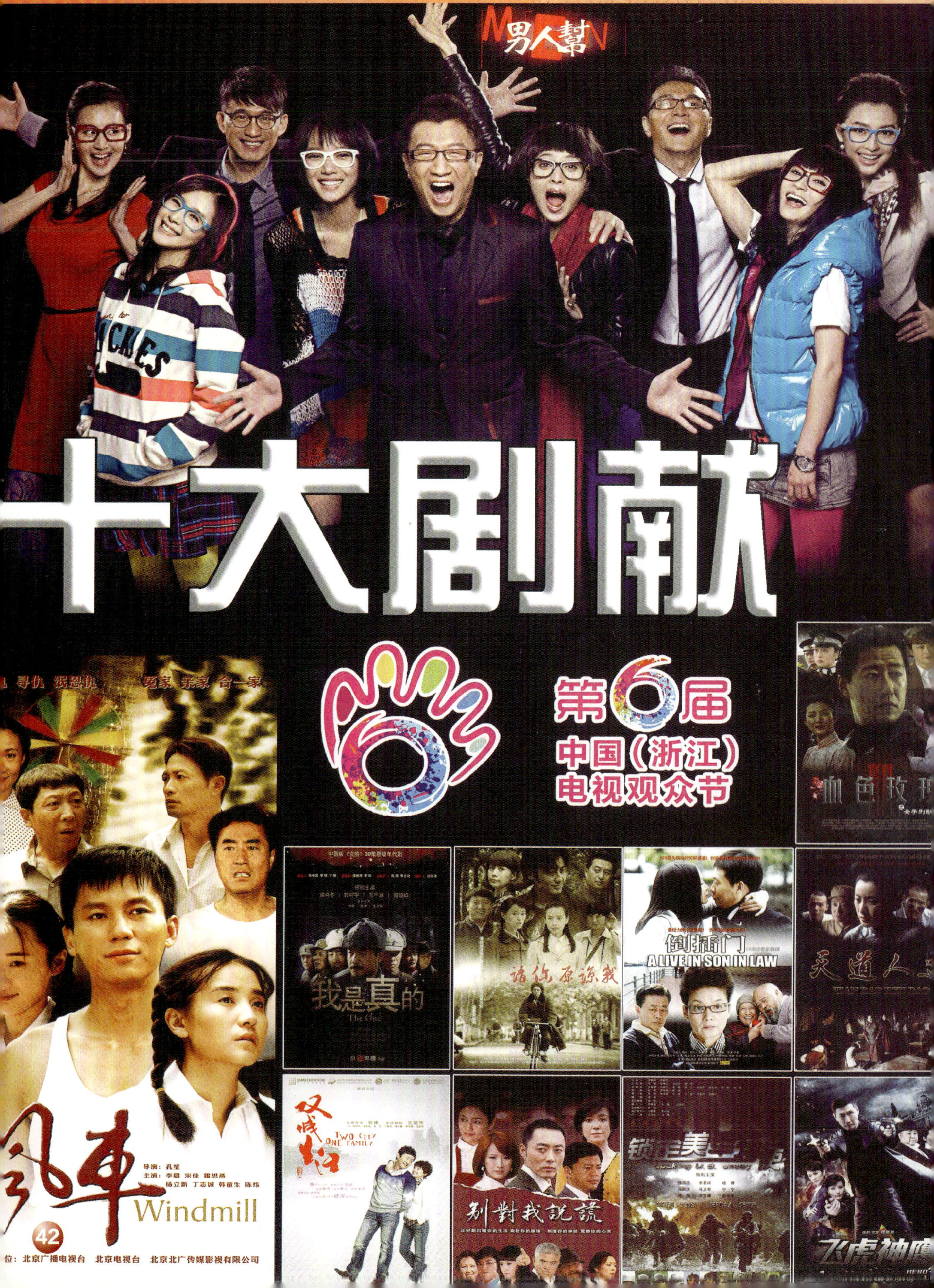

男人幫

十大剧献

寻仇 泯恩仇 冤家 亲家 合一家

位：北京广播电视台 北京电视台 北京北广传媒影视有限公司

文献纪录电影《仰望星空》

大型文献纪录电影《仰望星空》由中央新闻纪录电影制片厂（集团）、中国教育电视台、杭州文化广播电视集团联合摄制，2011年3月4日该片在北京大学百年讲堂举行了首映式。《仰望星空》以钱学森经历的百年中国历史为主线，真实、客观地反映了钱学森为国家、为人民、为科学无私奉献的一生，生动、形象、深刻地展示了他和他那一代人对国家、对民族的赤子情怀。全片100分钟，以人文情怀作为风格追求，汇集了许多重要历史影像，尤其是钱学森夫人蒋英及其儿子钱永刚对钱学森生活情景的回忆，均为首次披露。

宁波电台老少—"红戏会"颁奖盛典

老少—"红戏会"大合唱《没有共产党就没有新中国》

老少—"红戏会"谢幕

老少—"红戏会"颁奖盛典——京剧表演《娄山关》

浙江省广播电影电视局
《浙江广播电影电视年鉴》编辑指导委员会

主任委员：张宝贵
副主任委员：胡瑞庭　程蔚东　铁国强　马乐其　傅宏章　沈金加
施泉明　顾顺坤　赵力平
委　　员：方建生　赵惠峰　杨速辉　沈铭权　马雪腾　黄松保
朱连芳　章建平　吕新景　颜兆祥　赵正发

《浙江广播电影电视年鉴》编辑部

主　　编：胡瑞庭　浙江省广播电影电视学会
副 主 编：傅宏章　浙江省广播电影电视局
严萍英　浙江省广播电影电视局
姚　休　浙江广播电视集团
编辑部主任：陶广平　浙江省广播电影电视学会
责任编辑：邵颖山　《视听纵横》编辑部

《浙江广播电影电视年鉴》2012 年版特约编辑

刘小寅　浙江省广播电影电视局办公室
汪浩雷　浙江省广播电影电视局宣传管理处
郭新宇　浙江省广播电影电视局电影管理处
傅思聪　浙江省广播电影电视局艺术管理处
郑　斌　浙江省广播电影电视局人事教育处
洪　云　浙江省广播电影电视局社会管理处
张　元　浙江省广播电影电视局执法指导监督处
郁　东　浙江省广播电影电视局规划与产业管理处
方　炜　浙江省广播电影电视局科技管理处
李明月　浙江省广电传媒产业协会
任轶华　浙江广播电视集团办公室
徐宝才　浙江广播电视集团总编室
王春莲　浙江广播电视集团人事管理部
许　英　杭州市文化广电新闻出版局
江政卿　杭州文化广播电视集团
裴红军　宁波市文化广电新闻出版局
汤志光　宁波广播电视集团
杨友聪　温州市文化广电新闻出版局
许　炜　温州广播电视台
孙祥玮　嘉兴市文化广电新闻出版局
胡宏宾　嘉兴广播电视台
徐地强　湖州市文化广电新闻出版局
高群峰　湖州广播电视台
张槐林　绍兴市文化广电新闻出版局
陈辉敏　绍兴广播电视台
戚国兴　金华广播电视台
朱景春　衢州市文化广电新闻出版局
吴丽青　衢州广播电视台
俞赵飞　台州市文化广电新闻出版局
张瑞斌　台州广播电视台
尹　蓉　舟山市文化广电新闻出版局
叶永对　舟山广播电视台
周若燕　丽水市文化广电新闻出版局
麻育恭　丽水广播电视台

编辑说明

一、《浙江广播电影电视年鉴》是反映我省广播电影电视事业基本情况和发展变化的资料性工具书。内容主要是上一年全省广播电影电视系统各方面的新情况、新资料。

二、本年鉴自2001年起，每年编印一卷。2012年版为第11卷。本卷共分22个部分：(1)特载；(2)特辑；(3)概况(一)；(4)概况(二)；(5)大事记；(6)文件与法规；(7)机构设置；(8)集团建设；(9)人物；(10)节目栏目；(11)重大宣传活动；(12)广播影视剧；(13)产业经营；(14)专论；(15)文章辑要；(16)报刊出版；(17)科学技术；(18)评奖；(19)交流合作；(20)统计；(21)图片。

三、本年鉴2012年版主要发表2011年的资料。但在《特载》、《特辑》中也收集2012年初的有关资料。

四、有关广播电视宣传报道的情况是本年鉴2012年版的重要内容，着重在以下各栏目中反映：

《特载》——刊登了2011年内温家宝、周永康等中央领导同志视察浙江工作时的广播电视新闻稿；刊登了中央和省委、省政府领导有关新闻宣传工作的讲话。

《特辑》——刊登了省、市广播电视系统中国共产党建党90周年和纪念辛亥革命100周年重大宣传报道；巩固发展应对国际金融危机，积极促进经济转型升级，创新社会管理和富民强省、文化强省的有关重要活动和宣传报道情况；全省广电战线深入开展走基层、转作风、改文风的活动的有关宣传报道情况。

《概况》(一)和《概况》(二)——刊登了浙江省广电局、浙江广播电视集团及全省各市、县(市)广播电视管理及宣传方面的情况；

《节目栏目》——刊登了浙江广电集团和市、县(市)广播电视台主要栏目及节目的介绍；

《广播影视剧》——刊登了广播剧、电影、电视剧摄制播出的情况；

《重大宣传活动》——刊登了浙江广播电视集团及全省各市、县(市)播出机构策划举办的重大节庆、重大宣传活动情况；

《评奖》——刊登省市广播电视新闻(社教)、文艺(含广播剧、电视剧)及播音主持人作品、论文等获奖情况。

五、本年鉴2012年版有关科技创新和事业建设等情况，主要在《概况》和《科学技术》、《统计》等栏目中介绍。

六、本年鉴2012年版在2011年版的基础上，除继续办好《人物》、《大事记》等重点篇目外，加大了对浙江广播电视集团情况的彩页宣传。

七、本年鉴2012年版其他内容详见有关篇目。

目 录

1.特载

2.特辑

3.概况（一）

4.概况（二）

5.大事记

6.文件与法规

7.机构设置

杭州市

宁波市

温州市

湖州市

嘉兴市

绍兴市

金华市

衢州市

舟山市

台州市

8.集团建设

9.人物

舟山市

台州市

丽水市

10.栏目节目

11.重大宣传活动

12.广播影视剧

2011 年电视剧

2011 年电影

2011 年动画片

13.产业经营

14.专论

15.文章辑要

论文摘要

经验介绍

16.报刊出版

17.科学技术

18.评奖

浙江省评奖

19.交流合作

20.统计

2011年中央领导视察浙江的广电新闻稿

温家宝在浙江考察时强调
努力实现今年经济社会发展目标
赵洪祝吕祖善等分别陪同考察

4月9日电，中共中央政治局常委、国务院总理温家宝在浙江就经济运行情况进行调研时强调，当前我国经济运行状况总体良好，我们既要正确看待取得的成绩和发展的有利条件，坚定做好经济工作的信心；也要充分估计经济发展面临的困难和问题，保持清醒头脑，增强忧患意识，冷静观察，沉着应对，未雨绸缪，进一步巩固经济发展的好势头，努力实现今年经济社会发展目标，为“十二五”开好局起好步。温家宝对浙江建设海洋经济发展示范区的思路和举措给予肯定。希望浙江充分发挥陆海统筹、协调发展的优势，努力建设富有特色的海洋经济强省。

江南四月，草长莺飞，欣欣向荣。4月8日至9日，温家宝在省委书记、省人大常委会主任赵洪祝，省委副书记、省长吕祖善等陪同下，先后来到舟山市、宁波市，深入渔村看望渔民，考察海洋科技、装备制造、纺织出口企业和国际航运服务中心等。

海洋经济发展是温家宝此行调研的一个重点。8日上午，温家宝一行飞抵舟山，就直接乘车来到朱家尖大青山。他爬上半山腰，俯瞰舟山群岛，认真听取舟山市负责人介绍海岸开发和港口布局情况。

随后，温家宝一行又来到朱家尖镇莲花村樟州自然村，登上渔船察看安全情况，还实地考察村“两委”办公场所、村渔业生产合作社以及村卫生服务中心。他走进村民邱国祥家中，亲切地拉起家常。邱国祥以前是船老大，后来搞起了水产加工。温家宝详细了解渔民们的生产生活情况，一起探讨舟山未来经济的发展。他说，舟山是个好地方，可以搞物流、旅游、航运，还可以搞战略储备中心。最近，国务院研究了浙江沿海和海岛综合开发战略，这是一个新的经济增长点，能够改善经济增长质量和效益。浙江要充分发挥陆海统筹、协调发展的优势，努力建设富有特色的海洋经济强省。在浙江省海洋开发研究院，温家宝勉励科研人员,21世纪是海洋的世纪，海洋科学的发展前途非常广阔，我们要把海洋资源开发利用与海洋环境保护结合起来，切实在海洋污染防治上加强研究。利用午饭前的空隙时间,温家宝还听取了省交通运输厅主要负责人关于我省构建“三位一体”港航物流服务体系情况的汇报。他对浙江建设海洋经济发展示范区的思路和举措给予肯定，并表示国家将进一步研究支持政策。

企业是经济活动的“细胞”。在宁波海天集团调研时,温家宝对工人们说:“‘十二五’规划的核心就是要转变发展方式。中国经济要发展,必须依靠科技进步,走可持续发展道路。我们的产品必须提高附加值,才能增强国际竞争力。”当了解到海天的产品远销五大洲100多个国家和地区，整机性能达到了国际先进水平,其中注塑机更是在业内排名第一时,温家宝高兴地说:“在激烈的竞争中占领市场，这条路走对了！你们要努力站上装备制造业的制高点。”申洲国际集团控股有限公司是一家大型纺织企业,温家宝向企业负责人仔细了解当前的生产经营情况,特别是纺织行业面对汇率浮动的承受能力。

在宁波国际航运服务中心,温家宝和部分航运、外贸企业负责人坐在一起，共同探讨当前的经济形势。在认真听取企业代表的发言后,温家宝说:“现在世界经济正在缓慢复苏,国内形势总体向好。但是,现在企业遇到两大困难:一是原材料价格的上涨;二是成本增加,这都使企业面临经营困难的压力。我希望每个企业都要未雨绸缪,积极谋划,做好克服困难的准备。”

9日上午,温家宝在宁波主持召开上海、江苏、浙江三省市经济形势座谈会,并作重要讲话。

温家宝指出,要保持宏观经济政策的连续性、稳定性,提高针对性、灵活性、有效性,防止物价过快上涨和经济出现大的波动。稳定物价总水平是当前宏观调控的首要任务。中央从控制货币发行、发展生产、保障供应、搞好流通、加强监管等方面作出了全面部署,各地区各部门要不折不扣地贯彻落实。住房供应和房价问题涉及人民群众切身利益，关系经济健康发展、社会和谐稳定,中央加强房地产市场调控的目标是明确的,决心是坚定的。各级政府要切实担负起责任。

温家宝强调,实施稳健的货币政策,是中央综合分析国内外形势作出的重要决策。要处理好总量和结构的关系,抑制通货膨胀和促进经济增长的关系,综合运用好公开市场操作、存款准备金率、利率、汇率等多种价格和数量工具，消除通货膨胀的货币因素。提高直接融资比重,加强对实体经济的支持。

温家宝指出,“十二五”时期是我国加快转变发展方式的攻坚时期,要推进产业转型升级,提高产业核心竞争力。长三角地区是我国综合实力最强的区域之一，在全国经济发展中具有重要引领和支撑作用,要在转变发展方式、调整经济结构和加强科技创新方面走在全国前列。

温家宝指出,今年以来,进出口贸易保持快速增长势头。在进出口趋于平衡的情况下,工作的着力点要放在保持对外贸易稳定增长和优化进出口结构上来。要保持外贸政策的基本稳定,加快转变外贸发展方式,坚持科技兴贸、以质取胜和市场多元化,积极推动加工贸易转型升级，全面提升对外贸易的质量和效益。

8日晚,温家宝还来到宁波诺丁汉大学,看望中外师生,并与他们进行座谈。

省领导陈敏尔、王辉忠、李强和宁波市市长刘奇等陪同考察或参加座谈会。

温家宝到温州悼念遇难者看望受伤人员慰问遇难者亲属并与中外记者见面——政府最大责任是保护人的生命安全 马凯吕祖善盛光祖等陪同

中共中央政治局常委、国务院总理温家宝于7月28日来到浙江温州，察看"7·23"甬温线特别重大铁路交通事故现场，悼念遇难者，看望受伤人员，慰问遇难者亲属，与中外记者见面。

7月23日，D301次列车在甬温线永嘉至温州之间的高架桥上与D3115次列车发生追尾事故，造成39人死亡，192人受伤。事故发生后，受伤人员被送往温州市十多家医院治疗。

28日上午10时40分，温家宝在国务委员兼国务院秘书长马凯陪同下，率省委副书记、省长、"7·23"事故救援善后总指挥部总指挥吕祖善，铁道部部长、"7·23" 事故救援善后总指挥部副总指挥盛光祖等一起，来到温州市第二人民医院，看望了住在重症病房和普通病房的伤员。他详细询问了伤员伤情，以及治疗进展情况。他对伤员们说，这起事故给你们带来了不幸，全国人民非常关心。我们一定要对每一位受伤人员的治疗负责到底。希望你们安心养病，早日恢复健康。他还特别叮嘱医生要精心治疗，让伤员早日康复。

两岁零八个月的小女孩项炜伊是这起事故最后一名获救者。温家宝特地来到温州医学院附属第二医院看望小伊伊。病床上的小伊伊正在沉睡。温家宝俯下身来，仔细端详熟睡的小伊伊。医护人员告诉总理，手术后孩子已经能吃西瓜和流食，生命体征平稳。温家宝听后说，要好好照顾孩子，政府会关心，人民会关心，大家一起来关心。

随后，温家宝到金球国豪大酒店看望了部分死伤人员家属。温家宝向他们深深鞠躬，表示深切慰问。温家宝认真听取了十多位遇难者家属的意见，并回答了他们提出的问题。他说，国务院已组成独立的调查组对事故进行调查。有关部门确实应该认真听取群众意见，包括各种质疑，要给群众一个明白的回答，让那些长眠在地下的人安息。

12时10分许，温家宝来到事故发生地温州市鹿城区黄龙街道双岙村的铁路高架桥下，敬献鲜花，并三鞠躬，表达对遇难者的哀悼。

随后，温家宝在事故现场会见了中外记者。温家宝说，我们不要忘记在这起事故中死难的人。这起事故让我们更警醒地认识到，发展和建设都是为了人民，让我们认识到一个政府最大的责任就是保护人的生命安全。

在回答记者提问时，温家宝说，事故发生以后，国务院立即成立了独立的事故调查组，包括安监、监察等部门，这个小组将通过现场勘测、技术取样、科学分析、专家论证，得出一个实事求是的、经得起历史检验的结论。事故处理要依照国家法律法规，严肃追究直接责任者和领导责任。事故调查处理的全过程要公开透明，接受社会和群众的监督。

温家宝说，我们处置事故的最大原则就是救人。事故发生后，胡锦涛主席当即指示要把抢救人放在第一位，我得到消息后立即给铁道部部长打电话，我只说了两个字："救人。"处置的第二个原则，就是要检查安全，这就需要取证、调查和分析，停开那些有问题的列车，对道轨以及路基进行排查。事故善后处理一定要人性化。处理的结果应当及时、准确向群众发布信息。

谈到中国高铁发展，温家宝说，高铁建设应该从设计、设备、技术、建设和管理综合衡量。在这个当中，安全是第一位的。失掉了安全，就失掉了高铁的可信度。这些年来高铁事业有了很大的发展，但这起事故提醒我们，要更加重视高铁建设中的安全问题，实现速度、质量、效益和安全的统一，把安全放在第一位。相信有关部门会认真汲取这起事故的教训，从多方面改进工作，特别是要突破关键技术，加强管理,使中国的高铁真正安全起来,这样才能在世界站得住,有信誉。

温家宝说,改革开放30多年来,中国的发展包括科技事业都取得了很大的进步。一个国家要真正繁荣和强大,必须依靠科技的力量,提高全民族的素质。我们今天站在这里总结事故教训,并且寄托对死难人们的哀思,就要振奋精神,团结一致,更加努力地学习和工作。

在一个多小时里,温家宝回答了记者提出的7个问题。约80家媒体的180多位记者出席记者会。

省领导李强、毛光烈、王建满、陈德荣等陪同慰问。

王乐泉在浙江考察时强调
充分尊重人民群众主体地位和首创精神
切实形成社会管理人人参与的良好局面

7月20日,中共中央政治局委员、中央政法委副书记、中央综治委副主任王乐泉在浙江考察时强调,要认真学习贯彻胡锦涛总书记"七一"重要讲话精神,坚决杜绝"脱离群众"的危险,充分尊重群众主体地位和首创精神,不断丰富和完善"枫桥经验",真正在广大群众中建立起共同的价值认同,不断开拓创新群众参与社会管理工作的渠道和形式,切实形成社会管理人人参与、和谐社会人人共享的良好局面。

7月18日至20日,王乐泉在省委副书记、省长吕祖善,省委副书记夏宝龙,省委常委、秘书长、政法委书记李强等分别陪同下,先后考察了绍兴、宁波、嘉兴、杭州等地,深入街道、社区和企业,走进基层政法单位,专题考察主题教育实践活动开展情况和社会管理创新试点工作。

诸暨是全国社会管理创新综合试点市,也是王乐泉全国政法系统"发扬传统、坚定信念、执法为民"主题教育实践活动的联系点。18日下午,王乐泉一行冒着高温,先后到诸暨市公共服务中心、枫桥经验陈列室、枫桥镇综治中心、枫桥镇人民法庭、枫桥派出所等地开展调研。在诸暨市公共服务中心,王乐泉与窗口工作人员亲切交谈,认真询问办事群众意见建议,对诸暨市整合建立"一站式"行政审批服务等做法表示肯定。

在枫桥镇综治中心,王乐泉询问工作人员:"调处成功率有多少?""社会矫正人员所占比例大不大?"王乐泉十分关注"枫桥经验"在新时期的创新发展,在枫桥镇考察并与基层政法干警座谈时,他指出,"枫桥经验"之所以历久弥新,很重要的一条就是始终坚持党的宗旨和群众路线。坚持"党政主导,依靠群众",并在不同历史时期得到了传承、丰富和发展。

外来人口管理及和谐劳动关系是王乐泉考察调研的一个重点。在宁波雅戈尔集团,工人们正在装有空调、开着风扇的车间里工作,大喇叭里还播放着舒缓的背景音乐。雅戈尔集团负责人向王乐泉汇报,每位员工每年的收入都有10%至15%的涨幅,王乐泉对此表示肯定。他说,浙江民营经济发达,劳动密集型企业高度集中,应该在构建非公经济组织和谐劳动关系上创造新经验,要引导非公经济组织积极履行社会责任,努力构建和谐的劳动关系。浙江是流动人口输入地大省,要在加快外来人员社会融合上创造新经验。

在宁波市江东区网络管理中心,社区网络发言人石碧辉的发帖工作引起了王乐泉的兴趣。在江东区,每天有数百位社区网络发言人在线工作,90%以上的网络舆情通过运管平台进行监管、流转和回复处置。王乐泉说,要切实推进虚拟社会综合管理体系建设,充分发挥网络管理机构动态监管、突发处置、网络引导三大职能,实现"正面声音强、突发事件少、舆论环境优、网民反映好"的目标。他希望浙江积极探索建立网络信息综合管理格局,引导广大网民成为和谐社会的建设者,创造健康有序的网络环境。

在诸暨市公共服务中心、宁波市海曙区81890服务平台,王乐泉深入调研基层组织信息化社会管理服务工作。"81890,拨一拨就灵",王乐泉对海曙区81890服务平台的方便、快捷印象深刻。他指出,要充分运用信息化手段实施社会管理,改进公共服务,提高服务效能,真正方便群众。希望浙江广泛运用现代信息技术手段,尽快形成全面覆盖、动态跟踪、联通共享、功能齐全的社会管理综合信息系统,以信息化促进社会管理的科学化、精细化、高效化。

调研结束时,王乐泉召开浙江政法综治工作和社会管理创新工作座谈会。吕祖善在座谈会上汇报了我省经济社会发展情况,李强汇报了我省政法综治工作情况。王乐泉对浙江这几年来经济发展、社会稳定工作取得的成绩给予充分肯定。他说,浙江对社会管理抓得早、抓得实,创造了很多经验,组织领导力度大、源头治理力度大、体系建设力度大,取得了很大成效。

王乐泉强调,加强和创新社会管理,必须高度重视调动广大人民群众的积极性、创造性,让人民群众成为社会管理创新的主人。各级党委、政府要牢固树立党的群众观点,始终坚持党的群众路线,充分相信群众、组织群众、依靠群众,通过各种方式宣传动员群众,激发群众参与热情,把群众的智慧和力量凝聚到社会管理创新上来。要在全社会大力倡导社会主义核心价值体系,广泛开展和谐创建活动,深入推进思想道德建设,尽快在广大群众中建立起共同推进社会建设的价值认同。要在各级党委、政府的主导下,不断丰富群众参与社会管理的途径和形式,在一定区域内通过建立各种经济协作组织、公益互助组织、群众自治组织,有效地把群众组织起来,有序参与社会管理服务。他希望浙江真正做到探索在前、创新在前、示范在前,为全国破解社会管理难题创造经验、提供样板。

调研期间,王乐泉还专程到嘉兴瞻仰南湖红船,参观了南湖革命纪念馆新馆。

省政协主席乔传秀,省委常委、副省长葛慧君,省高院院长齐奇,省武警总队总队长陈进平,宁波市市长刘奇等分别陪同调研或参加座谈会。

回良玉在浙江考察指导防汛抗洪救灾工作
代表党中央国务院看望慰问抗洪抢险一线军民
赵洪祝吕祖善夏宝龙等陪同考察

6月中旬,我省遭受严重洪涝灾害,新安江、兰江、浦阳江等钱塘江流域发生了流域性大洪水,对此,党中央、国务院高度重视。6月20日至21日,中共中央政治局委员、国务院副总理、国家防汛抗旱总指挥部总指挥回良玉在安徽考察后赶赴浙江洪涝灾区,察看汛情灾情,考察指导防汛抗洪救灾工作,代表党中央、国务院看望慰问受灾群众和奋战在抗洪抢险一线的广大军民。回良玉强调,要认真贯彻中央关于防汛抗洪救灾的工作部署和胡锦涛、温家宝等中央领导同志的重要指示,发扬连续作战的精神,继续加强江河堤防库坝的防守,科学调度水利工程,及时转移受威胁群众,妥善安排受灾群众生活,并要做好山洪地质灾害和台风防御工作,抓紧开展生产恢复,最大限度地减少灾害损失。

在省委书记、省人大常委会主任赵洪祝,省委副书记、省长吕祖善等陪同下,回良玉赴我省受灾较重的诸暨、兰溪两市考察灾情,看望慰问群众,并来到新安江水电站察看泄洪情况。每到一处,回良玉都踩着泥泞,趟着积水,与奋战在抗洪抢险救灾一线的干部群众,解放军、武警官兵握手致意,代表党中央、国务院向广大干部、群众和官兵表示亲切慰问,勉励大家再接再厉,迎难而上,努力夺取抗洪救灾斗争的全面胜利。

回良玉非常关心在洪水中转移群众的安置情况。在诸暨市店口镇东山社区居委会内设立的临时安置点,床铺、被褥一应俱全,方便面、矿泉水等摆放得整整齐齐。回良玉感谢当地基层干部和志愿者为受灾群众提供的周到服务。来自贵州的打工者程永松告诉回良玉,镇党委、政府对他们照顾得很好,每天三餐不愁。等洪水退了,他们就马上回厂干活。回良玉得知绝大多数本地群众都投亲靠友、在安置点的多是外来务工者时,十分感叹。他说:"这是浙江的好传统。连外来务工者都照顾得这么好,群众肯定是满意的。”在店口镇解放湖堤防封堵现场和枫桥镇骆家桥管涌抢险点，回良玉详细了解抢险施工的作业过程,嘱咐当地干部,梅季还未过去,台风季节又将到来,防汛形势依然严峻。要抓紧天气放晴的时机,抢修水毁基础设施。在王家井镇的洪浦江堤防抢险点,镇、村干部和民兵预备役官兵已连续作战五天五夜。回良玉握着洋湖村村委会主任宣学均的手说:“大灾面前,为了人民群众的安危,党员干部就是要冲锋在前,不怕苦、不怕累,以实际行动纪念中国共产党成立 90 周年。”宣学均表示,有党中央、国务院的亲切关怀,有各级党委、政府的正确领导,我们一定会保护好自己的家园。

这次钱塘江干流兰江发生超历史水位特大洪水,但主要堤防无一决口,水库无一垮坝,最大限度减少了灾害损失,确保了人民群众生命安全。回良玉专门来到洪峰到来时险情最多的兰溪女埠段。在洪水袭来的危急时刻,守护在这里的 1300 多名解放军战士迅速垒堆 22 万个沙包,排除 113 处管涌,对 48 公里长的大堤进行加高加固,保住了这处重要堤防。回良玉亲切看望成功守住堤防的解放军、武警官兵和民兵预备役人员，向他们致以崇高敬意和真挚慰问,称赞他们不愧是让党和政府放心、人民群众安心的子弟兵。

女埠街道焦石村堤坝于去年 5 月完工,在此次洪灾中发挥了重大作用，保护了 5 个村 2400 多人和 2300 亩耕地。回良玉在实地察看后对浙江近年来大力推进水利基础设施建设的做法表示肯定,并希望浙江在巩固兰江干堤基础上,进一步建设好支流堤防。

到达新安江水电站时,大坝正在开闸泄洪。省水利厅负责人汇报，新安江水库在此次抗洪和此前的抗旱中有效发挥了调蓄功能，特别是坚持高水位运行,为下游洪水下泄争取了宝贵时间。回良玉对水利部门科学调度洪峰的做法表示肯定。

在听取我省抗洪救灾工作情况汇报后，回良玉充分肯定我省的防汛抗洪救灾工作，并对下一阶段工作提出了明确要求。他指出,今年浙江汛情之急、灾情之重确属罕见。面对严重洪涝灾害,浙江认真贯彻落实党中央、国务院指示部署,高度重视,全面动员,周密部署,超前安排,工作成效十分显著,取得了防汛抗旱工作的阶段性重大成果。特别是在这次抗洪救灾斗争中,领导重视,部署落实有力有效;科学防控,工程调度有力有效;以人为本,安全保障有力有效;多方合力,群防群控有力有效。对于浙江的防汛抗洪救灾工作,中央充分肯定,人民群众满意。现在全国已进入主汛期,正是江南的梅雨期、东南华南的台风活跃期,也是防御山洪地质灾害的关键期,防汛抗洪救灾正处在重要节点上。各地方、各部门一定要坚持科学防控、依法防控、群防群控,坚决打赢防汛抗洪救灾这场硬仗。当前,重点要抓好以下几方面工作:一要加强重点部位和薄弱环节的安全防范,抓好干流堤防、大中型水库的应急值守和巡堤查险,确保险情早发现、早抢护,确保不溃堤、不垮坝。二要科学调度水利工程,统筹安排“拦、分、蓄、滞、排”各项措施。三要强化雨情汛情的监测预报预警,及时发布预警信息。四要做好人员转移和受灾群众生活安置、生产恢复工作,第一时间转移受威胁群众,并确保受灾群众有饭吃、有衣穿、有住处、有干净饮水、有病得到及时救治,确保大灾之后无大疫。五要抓好山洪、泥石流等地质灾害和台风的防御，坚决避免群死群伤事件。六要落实好防汛抗洪责任制,继续强化防灾抗灾合力,做好解放军、武警防汛抗洪救灾的保障和服务工作。

省党政军领导夏宝龙、李强、黄坤明、葛慧君、施中苏及杭州市市长邵占维等陪同考察或参加汇报会。

刘云山在学习型党组织建设工作经验交流会上强调
准确把握学习型党组织建设的目标要求
不断提高学习型党组织建设科学化水平
赵洪祝吕祖善等出席

6月10日，学习型党组织建设工作经验交流会在杭州召开，中共中央政治局委员、中央书记处书记、中宣部部长刘云山出席会议并讲话，强调要认真总结成功经验，进一步深化思想认识，准确把握学习型党组织建设的目标要求，以更加扎实有力的措施，推进学习型党组织建设向广度和深度发展，努力为加强党的建设、推动科学发展、促进社会和谐提供强有力的思想保证和智力支持。

刘云山指出，建设学习型党组织，是我们党在深刻总结历史经验、科学分析新形势新任务的基础上作出的重要部署，是党的建设理论和实践的一个重大创新，对于推进党的建设新的伟大工程、提高党的创造力凝聚力战斗力，具有重要意义。推进学习型党组织建设，要按照建设马克思主义学习型政党的总体要求，与党和国家中心工作结合起来，与加强改进新形势下党的建设结合起来，与开展创先争优活动结合起来，以领导班子和领导干部为重点，着力深化党的理论创新成果的学习，着力倡导优良学风作风，着力创新学习的方式方法，不断提高学习型党组织建设科学化水平。

刘云山指出，要深刻理解建设学习型党组织的科学内涵和时代特征，深入把握其目标任务和现实要求，切实增强工作自觉性主动性和使命感责任感。要通过学习进一步提高政治素养和政治水平，努力在纷繁复杂的环境中牢牢把握正确前进方向；通过学习进一步掌握新思想新知识，不断焕发创新精神和创造激情；通过学习进一步提高解决复杂矛盾和问题的能力，更好地推动科学发展、促进社会和谐；通过学习进一步加强自身修养和主观世界改造，不断锤炼道德操守、提升精神境界。

刘云山指出，要突出重点，扎实推进，保证学习型党组织建设更加有效地开展。要抓重点内容，坚持不懈地开展党的理论创新成果和重大决策部署的学习教育；抓重点对象，充分发挥领导班子、领导干部示范带动作用；抓关键环节，切实加强和改进学风建设；抓活动载体，广泛搭建便捷多样的学习平台；抓舆论宣传，积极营造重视学习、崇尚学习的良好氛围。要切实加强组织领导，把这项工作纳入党的建设总体规划，纳入党委重要议事日程，纳入目标管理考评体系，做出周密部署，提出明确要求，确保学习型党组织建设各项任务落到实处。

省委书记、省人大常委会主任赵洪祝出席会议并致辞。他说，在庆祝中国共产党成立90周年之际，在党的诞生地浙江召开全国学习型党组织建设工作经验交流会，充分体现了中央对建设学习型党组织的高度重视和对浙江工作的关心与支持，是对我省工作的鼓舞和鞭策。我们要按照中央的部署，认真学习贯彻刘云山同志的讲话和本次会议精神，学习借鉴兄弟省区市的好做法、好经验，以更大力度推进学习型党组织建设。

省委副书记、省长吕祖善，省委常委、宣传部长茅临生参加会议。

中央建设学习型党组织工作协调小组成员，各省区市和新疆生产建设兵团党委宣传部长及建设学习型党组织工作协调小组办公室主任，中央宣传文化系统各单位负责同志，解放军总政治部负责同志等160多人参加会议。中宣部常务副部长雒树刚主持会议。

刘云山在浙江调研时强调
精心做好中国共产党成立90周年宣传教育
坚定人们走中国特色社会主义道路的信心
赵洪祝吕祖善夏宝龙等分别陪同

中共中央政治局委员、中央书记处书记、中宣部部长刘云山6月9日至12日在浙江调研时强调，宣传思想文化战线要紧紧围绕中国共产党成立90周年广泛深入地开展宣传教育，用党的光辉历程和宝贵经验启示人，用党的辉煌成就和奋斗精神鼓舞人，坚定人们走中国特色社会主义道路的信念信心。

刘云山在省委书记、省人大常委会主任赵洪祝等陪同下，考察了杭州、舟山、嘉兴等地的部分社区、企业、学校和宣传文化单位，瞻仰了南湖革命纪念地，还在杭州主持召开宣传思想文化工作座谈会并讲话，对浙江经济社会发展和宣传思想文化工作给予充分肯定。他指出，我们党90年的历史是一部带领人民实现民族独立、人民解放和国家富强、人民幸福的奋斗史，是一部战胜各种艰难险阻、开辟民族伟大复兴正确道路的奋斗史，也是一部生动的教科书。做好建党90周年的宣传教育，充分展示党领导人民进行革命、建设和改革的丰功伟绩，大力弘扬党在长期实践中铸就的光荣传统和优良品格，对于激励干部群众更加紧密地团结在以胡锦涛同志为总书记的党中央周围，推动科学发展、促进社会和谐、顺利实现“十二五”奋斗目标，具有重要意义。

刘云山强调，做好建党90周年的宣传教育，要精心组织新闻报道，广泛开展主题教育，切实抓好重点宣传文化项目，推动形成喜庆祥和、团结奋进的浓厚氛围。要突出宣传教育主题，紧密结合改革发展的伟大实践，充分运用红色资源，深入开展党的历史、党的知识、党的性质宗旨教育，深刻揭示是历史和人民选择了马克思主义、选择了中国共产党、选择了社会主义道路、选择了改革开放，使纪念建党90周年的宣传教育成为弘扬党的光荣传统的过程，成为坚定人们理想信念的过程。要注意体现群众性、增强实效性，坚持立足基层、面向群众，多运用群众喜闻乐见的方式，多搭建群众互动交流的平台，广泛吸引群众参与，使宣传教育活动热在基层、热在群众，让群众在参与中产生共鸣、受到教育，引导人们立足岗位做好本职工作，为全面建设小康社会而努力奋斗。

赵洪祝在座谈会上汇报了浙江经济社会发展及文化建设总体情况。他说，党的十七大以来，浙江全面实施“创业富民、创新强省”总战略，扎实推进“全面小康六大行动计划”，在加快经济发展方式转变、切实提高社会服务和管理水平、全面加强党的建设、加快推进文化建设等方面取得一定的成效。我们要深入贯彻落实科学发展观，认真学习贯彻刘云山同志的讲话精神，奋发进取，扎实工作，努力推动浙江经济社会发展取得新成绩，为服务全国大局作出新贡献。省委常委、宣传部长茅临生汇报了浙江宣传思想文化工作情况。

省领导吕祖善、夏宝龙、陈敏尔、李强、黄坤明、茅临生等分别陪同调研或参加座谈会。

张德江在指导“7·23”甬温线特别重大铁路交通事故救援、善后处理和事故调查工作时强调，认真贯彻落实胡锦涛温家宝重要指示全力做好事故处置工作
吕祖善盛光祖等陪同检查

7月24日，受胡锦涛总书记、温家宝总理委派，中共中央政治局委员、国务院副总理张德江率有关部门负责同志赶赴温州，指导“7·23”甬温线特别重大铁路交通事故救援、善后处理和事故调查工作，并宣布成立国务院事故调查组。

省委副书记、省长吕祖善，铁道部部长盛光祖等陪同指导检查。

24日11时10分，张德江抵达温州后随即赶赴医院，代表胡锦涛总书记、温家宝总理看望并亲切慰问了受伤人员。他说，党和政府正在调集一切资源救治伤员，希望受伤人员配合治疗，早日康复。他同时感谢在场的医务人员，并嘱托他们尽全力救治伤员。

12时许，张德江踩着泥泞的道路，查看事故现场，慰问武警官兵等救援人员。他强调，要继续展开搜救，科学处置现场，加紧路面抢修，尽快恢复铁路正常运营。

14时许，张德江主持召开现场会，传达了胡锦涛总书记、温家宝总理的重要指示精神，听取了浙江省、温州市和铁道部负责同志关于事故情况和处置进展的汇报。他指出，事故发生后，胡锦涛总书记、温家宝总理高度重视事故的救援工作，立即作出重要指示，要求各有关部门和地方要把救人放在第一位，全力以赴组织好救援工作，同时查明原因，做好善后处理。

张德江指出，前一段时间的救援工作及时有效。浙江省、温州市迅速行动，浙江省领导连夜赶赴现场，温州市第一时间组织抢救，当地干部群众自发参加救援。铁道部迅速作出反应，部领导连夜赶赴现场，铁路职工全力救治旅客。安全监管、卫生、公安、交通运输等部门也派出工作组和医疗队参与救援工作。同时，旅客积极自救、互救，各新闻单位及时、准确地报道了事故情况和救援进展。在各方面的努力下，救援工作及时、有效，把人员伤亡降到了最低程度。他代表党中央、国务院向参加救援工作的人员表示衷心感谢。

张德江说，做好下一步的工作，一要全力以赴救治伤员，千方百计调动一切医疗力量进行救治、千方百计减少因伤死亡、千方百计减少因伤致残。二要认真做好遇难、受伤人员的善后工作，坚持以人为本，做好死伤人员的家属接待工作，依据有关政策妥善做好相关工作。三要继续做好滞留旅客疏散的后续工作。四要抓紧清理现场，尽快恢复通车，注意现场清理工作安全，加强列车运行科学调度，开展全路安全检查。五要加强宣传舆论工作，公开、透明发布事故消息，及时、准确报道救援进展情况。六要成立事故救援和善后处置工作指挥部，由浙江省省长吕祖善任总指挥，铁道部部长盛光祖任副总指挥，各部门积极支持配合，共同做好各项工作。

张德江在会上宣布，成立国务院“7·23”甬温线特别重大铁路交通事故调查组，由安全监管总局局长骆琳任组长。事故调查组要以严肃认真、实事求是、科学严谨的态度，开展事故调查工作，查明事故原因，总结事故教训，依法依规严肃处理相关责任人员。

会后，张德江一行又赶赴两家医院，看望受伤人员及家属，慰问医护人员。他说，要坚持以人为本，对每位伤员要设立一个医疗组、制定一套医疗方案，尽最大努力，争取最佳治疗效果。

晚上，作为事故救援和善后处置工作指挥部总指挥，吕祖善紧急召集会议，逐条落实张德江副总理部署要求。会议决定在指挥部下设若干工作组，扎实有序推进抢修、救治、善后、维稳、宣传等工作。

省领导李强、王建满、陈德荣，铁道部领导胡亚东、卢春房、何玉华等陪同指导检查或参加座谈会。

何勇在浙江调研时强调
切实加强和改进党的作风建设
赵洪祝吕祖善夏宝龙等分别陪同或参加座谈会

4月18日至22日，中央书记处书记、中央纪委副书记何勇在浙江就加强党风廉政建设和反腐败工作、促进加快转变经济发展方式进行调研。何勇强调，要紧紧围绕科学发展这个主题和加快转变经济发展方式这条主线，加强和改进新形势下党的作风建设，以优良的党风促政风带民风，确保"十二五"时期经济社会发展目标任务的顺利完成。

连日来，何勇在省委书记、省人大常委会主任赵洪祝，省委副书记、省长吕祖善等分别陪同下，先后到宁波、舟山、杭州等地，考察了企业、农村、港口、市民中心等，对浙江经济社会发展以及党风廉政建设和反腐败工作取得的成绩给予充分肯定。

何勇指出，重视加强党的作风建设，是我们党的光荣传统和政治优势。回顾我们党的发展历程，每当革命、建设、改革的重大历史关头和关键发展阶段，我们党总是把作风建设放在党的建设的重要位置来抓，为完成党的中心任务提供了坚强保证。当前，我国进入全面实施"十二五"规划的重要时期。加强和改进新形势下党的作风建设，对于加快转变经济发展方式、实现"十二五"规划目标具有十分重要的意义，也是纪检监察机关一项重大而紧迫的政治任务。

何勇强调，要以保持党的先进性、纯洁性和增强党的创造力、凝聚力、战斗力为目标，以保持党同人民群众血肉联系为重点，继承和发扬党的优良传统，创新和培育符合时代要求的新作风，形成凝聚党心民心的强大力量。要坚持密切联系群众的优良作风，充分调动人民群众的积极性、主动性、创造性，认真解决群众反映强烈的问题，坚决纠正损害群众利益的行为，切实维护社会公平正义。要坚持求真务实、真抓实干的优良作风，树立正确的政绩观，坚持一切从实际出发，按照客观规律办事，把心思放到推动科学发展、加快转变经济发展方式上，把精力放到察实情、出实招、办实事上，把工夫下到研究解决突出问题上。要坚持艰苦奋斗、勤俭节约的优良作风，牢固树立艰苦创业的观念，把有限的资金和资源用在加快转变经济发展方式上，用在保障和改善民生上。要坚持发扬民主、团结共事的优良作风，广泛听取各方面的意见和建议，把全党全社会的意志、智慧、力量凝聚到推动科学发展、加快转变经济发展方式上来。要坚持秉公用权、廉洁从政的优良作风，牢固树立马克思主义的世界观、人生观、价值观和正确的权力观、地位观、利益观，倍加珍惜党和人民的信任和重托，严格执行廉洁从政各项规定，淡泊名利，克己奉公，努力实践共产党人高尚的人生价值。

何勇指出，加强党的作风建设，事关全局、事关长远。各级党委要认真贯彻落实党风廉政建设责任制，切实担负起抓党的作风建设的主体责任，结合党的思想、组织、制度、反腐倡廉建设一起抓，结合政风、社会风气建设一起抓，持之以恒、常抓不懈。各级纪委要认真履行党章赋予的职责，扎实开展对加快转变经济发展方式政策落实情况的监督检查，及时发现和纠正党员干部在作风方面存在的突出问题，进一步完善党员干部行为准则和从政道德规范，建立健全端正党风的长效机制。各级纪检监察机关和广大纪检监察干部要带头弘扬党的优良传统和作风，坚持原则、实事求是，刚正不阿、敢于碰硬，谦虚谨慎、艰苦奋斗，进一步树立可亲、可信、可敬的良好形象。

省领导赵洪祝、任泽民在22日举行的浙江省工作情况座谈会上，汇报了我省经济社会发展和纪检监察工作情况。省领导夏宝龙、陈敏尔、王辉忠、李强、黄坤明以及宁波市市长刘奇等陪同调研或参加座谈会。

马凯在浙江考察调研信访工作时强调
推进领导干部接访下访 深入基层化解矛盾
赵洪祝夏宝龙等陪同

9月13日至16日，国务委员兼国务院秘书长马凯在浙江考察调研信访工作。他强调，信访工作是新形势下做好群众工作、创新社会管理的重要内容。各级党委、政府要怀着对人民群众的深厚感情，深入开展领导干部接访下访工作，努力把矛盾化解在基层，把问题解决在源头。

在省委书记、省人大常委会主任赵洪祝，省委副书记、代省长夏宝龙等分别陪同下，马凯一行先后深入到杭州萧山、绍兴诸暨、金华浦江和义乌的乡镇、街道、社区等基层单位，重点了解领导干部接访下访工作情况，实地考察基层社会管理、民生工程和信访工作情况，看望慰问省市县各级信访部门和有关职能部门工作人员。每到一地，马凯都认真听取情况介绍，仔细查看接访登记单，并与干部群众亲切交谈，询问当地信访工作的体制、机制、网络、流程、人员编制等情况，了解群众遇到的信访问题以及对当地信访工作的评价。他要求，领导干部接访下访工作不能流于形式，关键要做到问题办理有结果，群众诉求有反馈，在预防和化解社会矛盾方面取得实实在在的效果。

9月14日和15日，马凯分别在诸暨市枫桥镇和义乌市召开座谈会，听取浙江省开展领导干部接访下访工作情况汇报，与省级有关部门、部分市县负责人座谈。

马凯指出，浙江省各级党委、政府对信访工作特别是领导干部接访下访工作高度重视，各级领导亲历亲为，起到了示范带头作用；各项制度健全，形成了一整套接访工作规范；基层基础工作扎实，很多矛盾问题化解在了初始和萌芽状态；工作效果比较明显，有效地推动了经济社会发展，促进了“平安浙江”建设，这项工作走在了全国前列。尤其是在坚持和发展“枫桥经验”实践中，很好地回答了执政党在不同历史时期如何创新社会管理、做好群众工作这个大问题，其做法和经验值得借鉴。

马凯强调，领导干部接访下访工作是一项密切党和政府与人民群众联系的工作，必须不断加强；是一项践行党的根本宗旨的工作，必须把解决群众合理诉求放在首位；是一项促进干部作风转变的工作，必须用完善配套的制度作保障；是一项经常性的群众工作，必须用责任到位促工作到位；是一项加强和创新社会管理的工作，必须与时俱进，不断创新。希望浙江继续深化业已形成的好做法好经验，为全国信访工作再上新台阶提供有益借鉴，在促进社会和谐稳定方面发挥更大作用。

赵洪祝在座谈时说，近年来，我省坚持深入贯彻落实科学发展观，认真落实中央关于加强信访工作的一系列决策部署，把信访工作作为加强社会管理、建设“平安浙江”、构建和谐社会的一项重要基础性工作，纳入全省改革发展稳定的大局来思考、谋划和推进。特别是自2003年以来，在时任省委书记习近平的亲自倡导和带动下，全省各级领导干部深入开展接访下访工作，在全省上下推动形成了整体联动、齐抓共管的工作格局。我们要以马凯国务委员一行此次考察调研为契机，认真贯彻落实中央有关指示要求和马凯国务委员的讲话精神，牢牢把握新形势新任务新要求，着眼于加强和创新社会管理、进一步推进用群众工作统揽信访工作的探索实践，不断完善领导干部接访下访机制，继续深化、细化、实化这项工作，更好地形成关心群众、解决问题的整体合力，推动我省信访工作取得新进展、开创新局面。

省委常委、杭州市委书记黄坤明，省委常委、副省长葛慧君，杭州市市长邵占维等分别陪同调研。在浙期间，马凯一行还考察了义乌小商品城。

孟建柱在浙调研强调传承世博安保精神不断创新理念机制
在服务经济社会发展中推动公安事业进步
赵洪祝等陪同调研

5月23日，国务委员、公安部部长孟建柱在我省调研时强调，要把深入总结重大活动安保经验与当前实际工作紧密结合起来，传承世博安保精神，不断创新理念机制，切实提升维护公共安全、服务人民群众的能力素质，努力在服务经济社会发展中推动公安事业长足进步。

23日下午，孟建柱在省委书记、省人大常委会主任赵洪祝等陪同下，先后来到嘉兴市公安局南湖分局新兴派出所、杭州市交警支队北山中队。在杭州市交警支队北山中队，孟建柱仔细了解交管数字勤务室的建设和应用情况。数字勤务室以智能交管应用平台为支撑，通过电子巡逻、违法抓拍、数据录入、分析研判、综合控制等功能的应用，实现了道路安全管理、执法管理效能、服务群众本领显著提高的目标。看到执法规范化建设给公安机关带来的新变化，孟建柱十分高兴。

在嘉兴市公安局南湖分局新兴派出所，孟建柱对这个所实行的办公功能区域化、执法办案信息化、执法质量标准化表示赞许，称赞他们坚持硬件建设保障执法安全、软件建设提升执法素养。孟建柱指出，坚持理性、平和、文明、规范执法，不仅是执法理念的转变、执法方式的创新，更是执法素养、执法境界的体现，必须把这一理念内植于心、外践于行。要从基层民警日常执法活动中最容易发生问题的部位和环节入手，进一步健全执法制度、细化执法标准、规范执法行为，使执法规范化成为每个民警必备的能力素养和工作习惯。

调研中，孟建柱看望了省公安厅机关民警并听取全省公安工作汇报和世博安保经验等，并向所有为世博安保付出辛劳和汗水的公安民警致以亲切慰问和崇高敬意。他指出，实践证明，世博安保工作对全国特别是浙江公安机关产生了积极影响，无论是在公安工作理念、机制，还是在公安队伍面貌上，都发生了很大变化。他希望浙江公安机关以这次全国公安厅局长座谈会的召开为契机，认真把重大活动安保工作创造的成功经验总结好、继承好、发扬好，推动公安工作和公安队伍建设再上新台阶。

李强、黄坤明、葛慧君等省领导分别陪同调研或参加座谈。

杜青林在浙调研时强调
调整完善功能作用 巩固发展统一战线
赵洪祝主持座谈会

8月14日上午，全国政协副主席、中央统战部部长杜青林在浙江调研，并与省市县各级党委和统战部门有关人员进行座谈。他强调，当前，我国正处于经济社会转型时期，特别是加快经济发展方式转变和创新社会管理，必将带来经济社会领域综合性、系统性、战略性的重大变革，对统战工作功能作用的各个方面、各个层面都会产生重大影响。我们要着眼于经济、政治、文化、社会建设“四位一体”战略布局，从整体上研究把握新形势下统一战线的功能作用，不断调整完善，更好地巩固发展最广泛的爱国统一战线。

省委书记、省人大常委会主任赵洪祝主持座谈会。省委常委、秘书长李强出席座谈会。省政协副主席、省委统战部部长汤黎路作汇报发言。温州、台州、慈溪、青田等市县委统战部门和绍兴县安昌镇党委负责人以及有关学者代表在座谈会上发言。

在对浙江各方面工作特别是统战工作表示充分肯定后，杜青林指出，要结合研究改革开放 30 多年来统一战线发展的历史规律来认识统战工作的功能作用。党对新时期新阶段统一战线地位的认识，体现了改革开放实践的现实要求，体现了我们党对统一战线认识的不断深化，指明了统战工作发挥作用的根本方向。坚持以经济建设为中心，决定了统一战线必须发挥服务发展的功能；坚持中国特色社会主义道路，决定了统一战线必须发挥增进政治共识的功能；坚持构建社会主义和谐社会，决定了统一战线必须发挥社会整合的功能；坚持改革开放，决定了统一战线必须发挥激发活力的功能；坚持中华民族伟大复兴奋斗目标，决定了统一战线必须发挥力量凝聚的功能。

杜青林强调，要着眼于科学发展主题和加快转变经济发展方式主线，进一步明确统一战线服务经济建设的着力点；着眼于中国特色社会主义制度的发展，进一步明确统一战线服务政治建设的着力点；着眼于社会主义文化大发展大繁荣，进一步明确统一战线服务文化建设的着力点；着眼于加强和创新社会管理，进一步明确统一战线服务社会建设的着力点。要着眼于统一战线内部构成变化的发展趋势来完善功能作用，更加注重开放包容，更加注重协调关系，更加注重教育引导，更加注重方法创新，更加注重团结联谊。

在主持座谈会时，赵洪祝代表省委、省政府简要汇报了我省经济社会发展和统战工作情况。他说，浙江作为沿海发达地区、市场先发地区和开放前沿地区，又是全国重点统战工作省份之一，一直在积极探索新形势下统一战线功能定位和作用发挥问题。我省把整合资源、壮大力量作为统一战线最根本的职能，着重做好对企业家群体、社会新兴阶层和城市新居民阶层等群体的工作，最大程度地化解影响和谐社会建设的各种因素，加强网络建设、平台建设、抓手建设和队伍建设，使统一战线更好地服务于全面建成惠及全省人民的小康社会。他还就认真学习贯彻杜青林副主席在座谈会上的讲话精神，不断提升浙江统战工作科学化水平提出了具体要求。

全国政协委员视察团在浙调研
李金华率团

8 月 15 日至 21 日，全国政协副主席李金华率全国政协委员视察团，赴温州、台州、金华、杭州等地就“贯彻落实国务院‘新 36 条’文件精神，切实解决中小企业融资问题”进行视察，并出席 21 日在杭州举行的浙江省情况汇报会和视察反馈会。

省领导赵洪祝、李强、陈加元、陈德荣、黄旭明陪同视察或汇报有关工作。省政协主席乔传秀主持情况汇报会，副省长毛光烈作情况汇报。

在浙期间，视察团先后来到中光科技有限公司、飞跃集团有限公司、中控科技集团有限公司、中南卡通股份有限公司等企业和义乌国际商贸城，听取有关情况汇报，并与当地党政部门、部分商会、协会和中小企业代表及省金融系统有关部门负责人座谈。

视察团认为，浙江省委、省政府在发展民营经济和中小企业方面做了大量工作，取得明显成效。国务院“新 36 条”出台后，浙江省委、省政府高度重视，根据文件精神，积极部署，出台相关文件，是全国最早出台实施意见的省份之一。浙江省中小企业工作系统紧密结合部门职能和实际情况，积极探索创新，在缓解中小企业融资难、推动中小企业转型升级方面采取很多措施，全省中小企业发展总体情况良好。

在情况反馈会上，李金华充分肯定浙江省在贯彻落实国务院“新 36 条”文件精神，切实解决中小企业融资问题的做法。他指出，浙江省要进一步采取积极措施落实"新36条",抓紧出台分行业、分领域的细化配套政策,进一步明确民间资本进入行业领域的具体途径和方式,为民间投资发展指明路径、提供保障。切实提高政府服务效能,加强对民间投资的统计、监测和分析工作,合理引导民间投资,完善投资信息网络和信息咨询服务,引进和集聚国内外科研院所和大型企业研发中心,吸引海外高层次创新人才在浙江创业。大力深化金融改革创新,引导支持各商业银行创新金融产品和金融服务,加强金融创新产品的宣传推广力度。深入基层调查研究,继续改善小企业金融服务,防范民间借贷风险,避免对金融市场、经济发展和社会稳定造成影响。

视察团表示,将把在浙江省了解的情况、收集的意见和建议进行梳理总结后,向中央报告,并就推进金融体制改革与创新、减轻中小企业税费负担、加大财政扶持中小企业力度、建立多层次的资本市场、加强企业信用体系建设、强化对中小企业的组织领导等建言献策。

省有关部门负责人参加情况汇报会和视察反馈会。

2011年省委、省政府领导批示

1. 1月14日,副省长郑继伟在省广电局《广播电视安全播出简报(第一期)》上批示:这期简报的内容很值得一读。广电信号安全传输事关重大,要警钟长鸣;三项制度要落到实处。

2. 2月14日,副省长郑继伟在《省广电局2010年工作总结和2011年工作思路汇报》上批示:过去一年,我省广电系统坚持正确舆论导向,强化安全播出监管,扎实推进服务体系建设,大力促进影视动画产业发展,各项事业取得了可喜成绩。望在新的一年里再接再厉,力争各项工作再上新台阶。

3. 2月15日,省委常委、宣传部长茅临生在《省广电局2010年工作总结和2011年工作思路汇报》上批示:过去的一年,全省广播影视战线以科学发展观统领工作全局,认真贯彻省委、省政府的一系列重大战略部署,坚持以改革为动力,以创新促发展,以惠民为目标,在"抓导向、强基础、提质量、求突破"上取得显著成效,不断提升舆论引导能力和文化服务能力,开创了我省广播影视繁荣发展的新局面。"十二五"期间,是我省广播影视加快发展、促进转型的战略机遇期。今年是中国共产党成立90周年,是实施"十二五"规划的开局之年,广播影视工作任务艰巨,责任重大。希望各地和各级广播影视部门站在战略和全局的高度,按照全省宣传思想工作会议的部署,牢牢把握经济社会发展的主题主线,紧紧围绕加快文化大省建设的目标任务,进一步适应新的形势和要求,着力提高舆论引导水平,强化广播影视现代传播能力,加快构建广播影视公共服务体系,加快广播影视产业发展,加强创作生产引导,努力满足全省人民群众不断增长的精神文化需求,切实把新一年的各项任务部署落实到位,使我省广播影视领域的各项工作继续走在前列。

4. 3月2日,省委书记赵洪祝在省广电局《浙江广电工作专报(第3期)》上批示:电视剧创作取得如此成果,令人欣喜,望在此基础上继续加劲努力,创作出更多精品力作,送临生、继伟同志阅。

5. 4月6日,省委常委、宣传部长茅临生在省广电局《浙江广电工作专报(第6期)》上批示:浙产电影寻龙夺宝成功赢得票房,继续努力,走向世界。

6. 4月18日,省委常委、宣传部长茅临生在省广电局《视听评议(第14期)》上批示:节目办的很好,再接再厉。口头说法叫宣传浙商,实际是指导服务全省人民群众包括浙商群体创业创新。指导浙商群体面向全国全球创业发展。同时也进一步展示浙商群体的形象。

7. 4月27日,副省长郑继伟在省广电局《全国广播电视有线网络整合工作方案的请示》上批示:请茅部长阅示。建议文改办抓紧研究出意见,建议省委省政府尽快就"一省一网"大原则作出决策。

8. 6月19日，省委书记赵洪祝在省广电局《浙江广电工作专报（第13期）》上批示：我们要再接再厉，把这项惠民工作扎扎实实地做好。

9. 7月20日，省委常委、副省长葛慧君在省政府批示办理单慧君2011第526号（广电进渔船工程实施意见的函）上批示：这项工作很有意义，希望把这件实事工程办好，办出成效。

10. 9月27日，副省长郑继伟在省政府批示办理单继伟2011第398号（梦回金沙城喜获中国电影最高奖项华表奖）上批示：祝贺杭产动画电影喜获华表奖殊荣。

11. 10月8日，省委常委、宣传部长茅临生在临生2011第322号（全省各地贯彻广电有线网络整合发展工作电视电话会议和文件情况的报告）上批示：很好。在操作中还会涉及利益格局，有可能是一具体就受阻，一定要认真研究，做好一具体就深入就突破才行，因此前期要抓紧。

2011年国务院、总局、省委、省政府发布的对我省广电具有重要指导意义的文件

中共中央关于深化文化体制改革推动社会主义文化大发展大繁荣若干重大问题的决定

（2011年10月18日中国共产党第十七届中央委员会第六次全体会议通过）

中国共产党第十七届中央委员会第六次全体会议全面分析形势和任务，认为总结我国文化改革发展的丰富实践和宝贵经验，研究部署深化文化体制改革、推动社会主义文化大发展大繁荣，进一步兴起社会主义文化建设新高潮，对夺取全面建设小康社会新胜利、开创中国特色社会主义事业新局面、实现中华民族伟大复兴具有重大而深远的意义。全会作出如下决定。

一、充分认识推进文化改革发展的重要性和紧迫性，更加自觉、更加主动地推动社会主义文化大发展大繁荣

文化是民族的血脉，是人民的精神家园。在我国五千多年文明发展历程中，各族人民紧密团结、自强不息，共同创造出源远流长、博大精深的中华文化，为中华民族发展壮大提供了强大精神力量，为人类文明进步作出了不可磨灭的重大贡献。

中国共产党从成立之日起，就既是中华优秀传统文化的忠实传承者和弘扬者，又是中国先进文化的积极倡导者和发展者。我们党历来高度重视运用文化引领前进方向、凝聚奋斗力量，团结带领全国各族人民不断以思想文化新觉醒、理论创造新成果、文化建设新成就推动党和人民事业向前发展，文化工作在革命、建设、改革各个历史时期都发挥了不可替代的重大作用。

改革开放特别是党的十六大以来，我们党始终把文化建设放在党和国家全局工作重要战略地位，坚持物质文明和精神文明两手抓，实行依法治国和以德治国相结合，促进文化事业和文化产业同发展，推动文化建设不断取得新成就，走出了中国特色社会主义文化发展道路。我们坚持解放思想、实事求是、与时俱进，不断推进马克思主义中国化时代化大众化，形成和发展了中国特色社会主义理论体系，为开辟和拓展中国特色社会主义道路、确立和完善中国特色社会主义制度提供了科学理论指导；坚持推进社会主义核心价值体系建设，用马克思主义中国化最新成果武装全党、教育人民，用中国特色社会主义共同理想凝聚力量，用以爱国主义为核心的民族精神和以改革创新为核心的时代精神鼓舞斗志，用社会主义荣辱观引领风尚，巩固了全党全国各族人民团结奋斗的共同思想道德基础；坚持为人民服务、为社会主义服务的方向和百花齐放、百家争鸣的方针，发扬广大人民群众和文化工作者的创造精神，推

动优秀文化产品大量涌现，丰富了人民精神文化生活；坚持推进文化体制改革，创新文化发展理念，解放和发展文化生产力，推动文化事业全面繁荣、文化产业健康发展，大幅度提高了人民基本文化权益保障水平，大幅度提高了文化在经济社会发展中的地位和作用；坚持发展多层次、宽领域对外文化交流格局，借鉴吸收人类优秀文明成果，实施文化走出去战略，不断增强中华文化国际影响力，向世界展示了我国改革开放的崭新形象和我国人民昂扬向上的精神风貌。我国文化改革发展，显著提高了全民族思想道德素质和科学文化素质、促进了人的全面发展，显著增强了国家文化软实力，为坚持和发展中国特色社会主义提供了强大精神力量。

当今世界正处在大发展大变革大调整时期，世界多极化、经济全球化深入发展，科学技术日新月异，各种思想文化交流交融交锋更加频繁，文化在综合国力竞争中的地位和作用更加凸显，维护国家文化安全任务更加艰巨，增强国家文化软实力、中华文化国际影响力要求更加紧迫。当代中国进入了全面建设小康社会的关键时期和深化改革开放、加快转变经济发展方式的攻坚时期，文化越来越成为民族凝聚力和创造力的重要源泉、越来越成为综合国力竞争的重要因素、越来越成为经济社会发展的重要支撑，丰富精神文化生活越来越成为我国人民的热切愿望。我国仍处于并将长期处于社会主义初级阶段，人民日益增长的物质文化需要同落后的社会生产之间的矛盾仍然是社会主要矛盾。全面建成惠及十几亿人口的更高水平的小康社会，既要让人民过上殷实富足的物质生活，又要让人民享有健康丰富的文化生活。我们必须抓住和用好我国发展的重要战略机遇期，在坚持以经济建设为中心的同时，自觉把文化繁荣发展作为坚持发展是硬道理、发展是党执政兴国第一要务的重要内容，作为深入贯彻落实科学发展观的一个基本要求，进一步推动文化建设与经济建设、政治建设、社会建设以及生态文明建设协调发展，更好满足人民精神需求、丰富人民精神世界、增强人民精神力量，为继续解放思想、坚持改革开放、推动科学发展、促进社会和谐提供坚强思想保证、强大精神动力、有力舆论支持、良好文化条件。

我国文化领域正在发生广泛而深刻的变革，推动文化大发展大繁荣既具备许多有利条件，也面临一系列新情况新问题。我国文化发展同经济社会发展和人民日益增长的精神文化需求还不完全适应，突出矛盾和问题主要是：一些地方和单位对文化建设重要性、必要性、紧迫性认识不够，文化在推动全民族文明素质提高中的作用亟待加强；一些领域道德失范、诚信缺失，一些社会成员人生观、价值观扭曲，用社会主义核心价值体系引领社会思潮更为紧迫，巩固全党全国各族人民团结奋斗的共同思想道德基础任务繁重；舆论引导能力需要提高，网络建设和管理亟待加强和改进；有影响的精品力作还不够多，文化产品创作生产引导力度需要加大；公共文化服务体系不健全，城乡、区域文化发展不平衡；文化产业规模不大、结构不合理，束缚文化生产力发展的体制机制问题尚未根本解决；文化走出去较为薄弱，中华文化国际影响力需要进一步增强；文化人才队伍建设急需加强。推进文化改革发展，必须抓紧解决这些矛盾和问题。

全党必须深刻认识到，社会主义先进文化是马克思主义政党思想精神上的旗帜，文化建设是中国特色社会主义事业总体布局的重要组成部分。没有文化的积极引领，没有人民精神世界的极大丰富，没有全民族精神力量的充分发挥，一个国家、一个民族不可能屹立于世界民族之林。物质贫乏不是社会主义，精神空虚也不是社会主义。没有社会主义文化繁荣发展，就没有社会主义现代化。在新的历史起点上深化文化体制改革、推动社会主义文化大发展大繁荣，关系实现全面建设小康社会奋斗目标，关系坚持和发展中国特色社会主义，关系实现中华民族伟大复兴。我们要准确把握我国经济社会发展新要求，准确把握当今时代文化发展新趋势，准确把握各族人民精神文化生活新期待，增强责任感和紧迫感，解放思想，转变观念，抓住机遇，乘势而上，在全面建设小康社会进程中、在科学发展道路上奋力开创社会主义文化建设新局面。

二、坚持中国特色社会主义文化发展道路，努力建设社会主义文化强国

坚持中国特色社会主义文化发展道路，深化文化体制改革，推动社会主义文化大发展大繁荣，必须全面贯彻党的十七大精神，高举中国特色社会主义伟大旗帜，以马克思列宁主义、毛泽东思想、邓小平理论和“三个代表”重要思想为指导，深入贯彻落实科学发展观，坚持社会主义先进文化前进方向，以科学发展为主题，以建设社会主义核心价值体系为根本任务，以满足人民精神文化需求为出发点和落脚点，以改革创新为动力，发展面向现代化、面向世界、面向未来的,民族的科学的大众的社会主义文化,培养高度的文化自觉和文化自信,提高全民族文明素质,增强国家文化软实力,弘扬中华文化,努力建设社会主义文化强国。

建设社会主义文化强国,就是要着力推动社会主义先进文化更加深入人心,推动社会主义精神文明和物质文明全面发展,不断开创全民族文化创造活力持续迸发、社会文化生活更加丰富多彩、人民基本文化权益得到更好保障、人民思想道德素质和科学文化素质全面提高的新局面,建设中华民族共有精神家园,为人类文明进步作出更大贡献。

按照实现全面建设小康社会奋斗目标新要求,到2020年,文化改革发展奋斗目标是:社会主义核心价值体系建设深入推进,良好思想道德风尚进一步弘扬,公民素质明显提高;适应人民需要的文化产品更加丰富,精品力作不断涌现;文化事业全面繁荣,覆盖全社会的公共文化服务体系基本建立,努力实现基本公共文化服务均等化;文化产业成为国民经济支柱性产业,整体实力和国际竞争力显著增强,公有制为主体、多种所有制共同发展的文化产业格局全面形成;文化管理体制和文化产品生产经营机制充满活力、富有效率,以民族文化为主体、吸收外来有益文化、推动中华文化走向世界的文化开放格局进一步完善;高素质文化人才队伍发展壮大,文化繁荣发展的人才保障更加有力。全党全国要为实现这些目标共同努力,不断提高文化建设科学化水平,为把我国建设成为社会主义文化强国打下坚实基础。

实现上述奋斗目标,必须遵循以下重要方针。

——坚持以马克思主义为指导,推进马克思主义中国化时代化大众化,用中国特色社会主义理论体系武装头脑、指导实践、推动工作,确保文化改革发展沿着正确道路前进。

——坚持社会主义先进文化前进方向,坚持为人民服务、为社会主义服务,坚持百花齐放、百家争鸣,坚持继承和创新相统一,弘扬主旋律、提倡多样化,以科学的理论武装人,以正确的舆论引导人,以高尚的精神塑造人,以优秀的作品鼓舞人,在全社会形成积极向上的精神追求和健康文明的生活方式。

——坚持以人为本,贴近实际、贴近生活、贴近群众,发挥人民在文化建设中的主体作用,坚持文化发展为了人民、文化发展依靠人民、文化发展成果由人民共享,促进人的全面发展,培育有理想、有道德、有文化、有纪律的社会主义公民。

——坚持把社会效益放在首位,坚持社会效益和经济效益有机统一,遵循文化发展规律,适应社会主义市场经济发展要求,加强文化法制建设,一手抓繁荣、一手抓管理,推动文化事业和文化产业全面协调可持续发展。

——坚持改革开放,着力推进文化体制机制创新,以改革促发展、促繁荣,不断解放和发展文化生产力,提高文化开放水平,推动中华文化走向世界,积极吸收各国优秀文明成果,切实维护国家文化安全。

三、推进社会主义核心价值体系建设,巩固全党全国各族人民团结奋斗的共同思想道德基础

社会主义核心价值体系是兴国之魂,是社会主义先进文化的精髓,决定着中国特色社会主义发展方向。必须强化教育引导,增进社会共识,创新方式方法,健全制度保障,把社会主义核心价值体系融入国民教育、精神文明建设和党的建设全过程,贯穿改革开放和社会主义现代化建设各领域,体现到精神文化产品创作生产传播各方面,坚持用社会主义核心价值体系引领社会思潮,在全党全社会形成统一指导思想、共同理想信念、强大精神力量、基本道德规范。

(一)坚持马克思主义指导地位。马克思主义深刻揭示了人类社会发展规律,坚定维护和发展最广大人民根本利益,是指引人民推动社会进步、创造美好生活的科学理论。要毫不动摇地坚持马克思主义基本原理,紧密结合中国实际、时代特征、人民愿望,用发展着的马克思主义指导新的实践。坚持不懈用中国特色社会主义理论体系武装全党、教育人民,推动学习实践科学发展观向深度和广度拓展,引导党员、干部深入学习贯彻党的基本理论、基本路线、基本纲领、基本经验,学习马克思主义经典著作,系统掌握马克思主义立场、观点、方法。科学分析世情、国情、党情新变化,深入研究解决改革开放和社会主义现代化建设新课题,不断深化对共产党执政规律、社会主义建设规律、人类社会发展规律的认识,不断把党带领人民创造的成功经验上升为理论,不断赋予当代中国马克思主义鲜明的实践特色、民族特色、时代特色。坚持以领导班子和领导干部为重点,以提高思想政治素养为根本,以建设学习型党组织为抓手,大力推进马克思主义学习型政党建设。深入推进马克思主义理论研究和建设工程,实施中国特色社会主义理论体系普及计划，加强重点学科体系和教材体系建设，推动中国特色社会主义理论体系进教材、进课堂、进头脑，加强和改进学校思想政治教育。

（二）坚定中国特色社会主义共同理想。中国特色社会主义是当代中国发展进步的根本方向，集中体现了最广大人民根本利益和共同愿望。要深入开展理想信念教育，引导干部群众深刻认识中国共产党领导和中国特色社会主义制度的历史必然性和优越性，深刻认识中国特色社会主义道路既是实现社会主义现代化和中华民族伟大复兴的必由之路，也是创造人民美好生活的必由之路，自觉把个人理想融入中国特色社会主义共同理想之中，最大限度把广大人民团结和凝聚在中国特色社会主义伟大旗帜之下。紧密结合中国特色社会主义成功实践，联系干部群众思想实际，针对社会热点难点问题，从理论和实践结合上作出有说服力的回答，引导干部群众在重大思想理论问题上划清是非界限、澄清模糊认识，有力抵制各种错误和腐朽思想影响。深入开展形势政策教育、国情教育、革命传统教育、改革开放教育、国防教育，组织学习中国近现代史特别是党领导人民进行革命、建设、改革的历史，坚定广大干部群众对中国特色社会主义的信心和信念。

（三）弘扬以爱国主义为核心的民族精神和以改革创新为核心的时代精神。爱国主义是中华民族最深厚的思想传统，最能感召中华儿女团结奋斗；改革创新是当代中国最鲜明的时代特征，最能激励中华儿女锐意进取。要广泛开展民族精神教育，大力弘扬爱国主义、集体主义、社会主义思想，增强民族自尊心、自信心、自豪感，激励人民把爱国热情化作振兴中华的实际行动，以热爱祖国和贡献自己全部力量建设祖国为最大光荣、以损害祖国利益和尊严为最大耻辱。广泛开展时代精神教育，引导干部群众始终保持与时俱进、开拓创新的精神状态，永不自满、永不僵化、永不停滞，以思想不断解放推动事业持续发展。大力弘扬一切有利于国家富强、民族振兴、人民幸福、社会和谐的思想和精神，大力发扬艰苦奋斗、劳动光荣、勤俭节约的优良传统。加强民族团结进步教育，增进对伟大祖国和中华民族的认同，促进各民族共同团结奋斗、共同繁荣发展。加强爱国主义教育基地建设，用好红色旅游资源，使之成为弘扬培育民族精神和时代精神的重要课堂。

（四）树立和践行社会主义荣辱观。社会主义荣辱观体现了社会主义道德的根本要求。要深入开展社会主义荣辱观宣传教育，弘扬中华传统美德，推进公民道德建设工程，加强社会公德、职业道德、家庭美德、个人品德教育，评选表彰道德模范，学习宣传先进典型，引导人民增强道德判断力和道德荣誉感，自觉履行法定义务、社会责任、家庭责任，在全社会形成知荣辱、讲正气、作奉献、促和谐的良好风尚。深化群众性精神文明创建活动，广泛开展志愿服务，拓展各类道德实践活动，倡导爱国、敬业、诚信、友善等道德规范，形成男女平等、尊老爱幼、扶贫济困、扶弱助残、礼让宽容的人际关系。全面加强学校德育体系建设，构建学校、家庭、社会紧密协作的教育网络，动员社会各方面共同做好青少年思想道德教育工作。深入开展学雷锋活动，采取措施推动学习活动常态化。深化政风、行风建设，开展道德领域突出问题专项教育和治理，坚决反对拜金主义、享乐主义、极端个人主义，坚决纠正以权谋私、造假欺诈、见利忘义、损人利己的歪风邪气。把诚信建设摆在突出位置，大力推进政务诚信、商务诚信、社会诚信和司法公信建设，抓紧建立健全覆盖全社会的征信系统，加大对失信行为惩戒力度，在全社会广泛形成守信光荣、失信可耻的氛围。加强法制宣传教育，弘扬社会主义法治精神，树立社会主义法治理念，提高全民法律素质，推动人人学法尊法守法用法，维护法律权威和社会公平正义。加强人文关怀和心理疏导，培育自尊自信、理性平和、积极向上的社会心态。弘扬科学精神，普及科学知识，倡导移风易俗、抵制封建迷信。深入开展反腐倡廉教育，推进廉政文化建设。

四、全面贯彻“二为”方向和“双百”方针，为人民提供更好更多的精神食粮

创作生产更多无愧于历史、无愧于时代、无愧于人民的优秀作品，是文化繁荣发展的重要标志。必须全面贯彻为人民服务、为社会主义服务的方向和百花齐放、百家争鸣的方针，立足发展先进文化、建设和谐文化，激发文化创作生产活力，提高文化产品质量，发挥文化引领风尚、教育人民、服务社会、推动发展的作用。

（一）坚持正确创作方向。正确创作方向是文化创作生产的根本性问题，一切进步的文化创作生产都源于人民、为了人民、属于人民。必须牢固树立人民是历史创造者的观点，坚持以人民为中心的创作导向，热情讴歌改革开放和社会主义现代化建设伟大实践，生动展示我国人民奋发有为的精神风貌和创造历史的辉煌业绩。要引导文化工作者牢记为人民服务、为社会主义服务的神圣职责，坚持正确文化立场，认真对待和积极追求文化产品社会效果，弘扬真善美，贬斥假恶丑，把学术探索和艺术创作融入实现中华民族伟大复兴的事业之中。坚持发扬学术民主、艺术民主，营造积极健康、宽松和谐的氛围，提倡不同观点和学派充分讨论，提倡体裁、题材、形式、手段充分发展，推动观念、内容、风格、流派积极创新。把创新精神贯穿文化创作生产全过程，弘扬民族优秀文化传统和五四运动以来形成的革命文化传统，学习借鉴国外文化创新有益成果，兼收并蓄、博采众长，增强文化产品时代感和吸引力。

（二）繁荣发展哲学社会科学。坚持和发展中国特色社会主义，必须大力发展哲学社会科学，使之更好发挥认识世界、传承文明、创新理论、咨政育人、服务社会的重要功能。要巩固发展马克思主义理论学科，坚持基础研究和应用研究并重，传统学科和新兴学科、交叉学科并重，结合我国实际和时代特点，建设具有中国特色、中国风格、中国气派的哲学社会科学。坚持以重大现实问题为主攻方向，加强对全局性、战略性、前瞻性问题研究，加快哲学社会科学成果转化，更好服务经济社会发展。实施哲学社会科学创新工程，发挥国家哲学社会科学基金示范引导作用，推进学科体系、学术观点、科研方法创新，重点扶持立足中国特色社会主义实践的研究项目，着力推出代表国家水准、具有世界影响、经得起实践和历史检验的优秀成果。整合哲学社会科学研究力量，建设一批社会科学研究基地和国家重点实验室，建设一批具有专业优势的思想库，加强哲学社会科学信息化建设。

（三）加强和改进新闻舆论工作。舆论导向正确是党和人民之福，舆论导向错误是党和人民之祸。要坚持马克思主义新闻观，牢牢把握正确导向，坚持团结稳定鼓劲、正面宣传为主，壮大主流舆论，提高舆论引导的及时性、权威性和公信力、影响力，发挥宣传党的主张、弘扬社会正气、通达社情民意、引导社会热点、疏导公众情绪、搞好舆论监督的重要作用，保障人民知情权、参与权、表达权、监督权。以党报党刊、通讯社、电台电视台为主，整合都市类媒体、网络媒体等宣传资源，构建统筹协调、责任明确、功能互补、覆盖广泛、富有效率的舆论引导格局。加强和改进正面宣传，加强社会主义核心价值体系宣传，加强舆情分析研判，加强社会热点难点问题引导，从群众关注点入手，科学解疑释惑，有效凝聚共识。做好重大突发事件新闻报道，完善新闻发布制度，健全应急报道和舆论引导机制，提高时效性，增加透明度。加强和改进舆论监督，推动解决党和政府高度重视、群众反映强烈的实际问题，维护人民利益，密切党群关系，促进社会和谐。新闻媒体和新闻工作者要秉持社会责任和职业道德，真实准确传播新闻信息，自觉抵制错误观点，坚决杜绝虚假新闻。

（四）推出更多优秀文艺作品。文学、戏剧、电影、电视、音乐、舞蹈、美术、摄影、书法、曲艺、杂技以及民间文艺、群众文艺等各领域文艺工作者都要积极投身到讴歌时代和人民的文艺创造活动之中，在社会生活中汲取素材、提炼主题，以充沛的激情、生动的笔触、优美的旋律、感人的形象，创作生产出思想性艺术性观赏性相统一、人民喜闻乐见的优秀文艺作品。实施精品战略，组织好“五个一工程”、重大革命和历史题材创作工程、重点文学艺术作品扶持工程、优秀少儿作品创作工程，鼓励原创和现实题材创作，不断推出文艺精品。扶持代表国家水准、具有民族特色和地方特色的优秀艺术品种，积极发展新的艺术样式。鼓励一切有利于陶冶情操、愉悦身心、寓教于乐的文艺创作，抵制低俗之风。

（五）发展健康向上的网络文化。加强网上思想文化阵地建设，是社会主义文化建设的迫切任务。要认真贯彻积极利用、科学发展、依法管理、确保安全的方针，加强和改进网络文化建设和管理，加强网上舆论引导，唱响网上思想文化主旋律。实施网络内容建设工程，推动优秀传统文化瑰宝和当代文化精品网络传播，制作适合互联网和手机等新兴媒体传播的精品佳作，鼓励网民创作格调健康的网络文化作品。支持重点新闻网站加快发展，打造一批在国内外有较强影响力的综合性网站和特色网站，发挥主要商业网站建设性作用，培育一批网络内容生产和服务骨干企业。发展网络新技术新业态，占领网络信息传播制高点。广泛开展文明网站创建，推动文明办网、文明上网，督促网络运营服务企业履行法律义务和社会责任，不为有害信息提供传播渠道。加强网络法制建设，加快形成法律规范、行政监管、行业自律、技术保障、公众监督、社会教育相结合的互联网管理体系。加强对社交网络和即时通信工具等的引导和管理，规范网上信息传播秩序，培育文明理性的网络环境。依法惩处传播有害信息行为，深入推进整治网络淫秽色情和低俗信息专项行动，严厉打击网络违法犯罪。加大网上个人信息保护力度，建立网络安全评估机制，维护公共利益和国家信息安全。

（六）完善文化产品评价体系和激励机制。坚持把遵循社会主义先进文化前进方向、人民群众满意作为评价作品最高标准，把群众评价、专家评价和市场检验统一起来，形成科学的评价标准。要建立公开、公平、公正评奖机制，精简评奖种类，改进评奖办法，提高权威性和公信度。加强文艺理论建设，培养高素质文艺评论队伍，开展积极健康的文艺批评，褒优贬劣，激浊扬清。加大优秀文化产品推广力度，运用主流媒体、公共文化场所等资源，在资金、频道、版面、场地等方面为展演展映展播展览弘扬主流价值的精品力作提供条件。设立专项艺术基金，支持收藏和推介优秀文化作品。加大知识产权保护力度，依法惩处侵权行为，维护著作权人合法权益。

五、大力发展公益性文化事业，保障人民基本文化权益

满足人民基本文化需求是社会主义文化建设的基本任务。必须坚持政府主导，按照公益性、基本性、均等性、便利性的要求，加强文化基础设施建设，完善公共文化服务网络，让群众广泛享有免费或优惠的基本公共文化服务。

（一）构建公共文化服务体系。加强公共文化服务是实现人民基本文化权益的主要途径。要以公共财政为支撑，以公益性文化单位为骨干，以全体人民为服务对象，以保障人民群众看电视、听广播、读书看报、进行公共文化鉴赏、参与公共文化活动等基本文化权益为主要内容，完善覆盖城乡、结构合理、功能健全、实用高效的公共文化服务体系。把主要公共文化产品和服务项目、公益性文化活动纳入公共财政经常性支出预算。采取政府采购、项目补贴、定向资助、贷款贴息、税收减免等政策措施鼓励各类文化企业参与公共文化服务。鼓励国家投资、资助或拥有版权的文化产品无偿用于公共文化服务。加强文化馆、博物馆、图书馆、美术馆、科技馆、纪念馆、工人文化宫、青少年宫等公共文化服务设施和爱国主义教育示范基地建设并完善向社会免费开放服务，鼓励其他国有文化单位、教育机构等开展公益性文化活动，各类公共场所要为群众性文化活动提供便利。统筹规划和建设基层公共文化服务设施，坚持项目建设和运行管理并重，实现资源整合、共建共享。加强社区公共文化设施建设，把社区文化中心建设纳入城乡规划和设计，拓展投资渠道。完善面向妇女、未成年人、老年人、残疾人的公共文化服务设施。引导和鼓励社会力量通过兴办实体、资助项目、赞助活动、提供设施等形式参与公共文化服务。推进国家公共文化服务体系示范区创建。制定公共文化服务指标体系和绩效考核办法。

（二）发展现代传播体系。提高社会主义先进文化辐射力和影响力，必须加快构建技术先进、传输快捷、覆盖广泛的现代传播体系。要加强党报党刊、通讯社、电台电视台和重要出版社建设，进一步完善采编、发行、播发系统，加快数字化转型，扩大有效覆盖面。加强国际传播能力建设，打造国际一流媒体，提高新闻信息原创率、首发率、落地率。建立统一联动、安全可靠的国家应急广播体系。完善国家数字图书馆建设。整合有线电视网络，组建国家级广播电视网络公司。推进电信网、广电网、互联网三网融合，建设国家新媒体集成播控平台，创新业务形态，发挥各类信息网络设施的文化传播作用，实现互联互通、有序运行。

（三）建设优秀传统文化传承体系。优秀传统文化凝聚着中华民族自强不息的精神追求和历久弥新的精神财富，是发展社会主义先进文化的深厚基础，是建设中华民族共有精神家园的重要支撑。要全面认识祖国传统文化，取其精华、去其糟粕，古为今用、推陈出新，坚持保护利用、普及弘扬并重，加强对优秀传统文化思想价值的挖掘和阐发，维护民族文化基本元素，使优秀传统文化成为新时代鼓舞人民前进的精神力量。加强文化典籍整理和出版工作，推进文化典籍资源数字化。加强国家重大文化和自然遗产地、重点文物保护单位、历史文化名城名镇名村保护建设，抓好非物质文化遗产保护传承。深入挖掘民族传统节日文化内涵，广泛开展优秀传统文化教育普及活动。发挥国民教育在文化传承创新中的基础性作用，增加优秀传统文化课程内容，加强优秀传统文化教学研究基地建设。大力推广和规范使用国家通用语言文字，科学保护各民族语言文字。繁荣发展少数民族文化事业，开展少数民族特色文化保护工作，加强少数民族语言文字党报党刊、广播影视节目、出版物等译制播出出版。加强同香港、澳门的文化交流合作，加强同台湾的各种形式文化交流，共同弘扬中华优秀传统文化。

（四）加快城乡文化一体化发展。增加农村文化服务总量，缩小城乡文化发展差距，对推进社会主义新农村建设、形成城乡经济社会发展一体化新格局具有重大意义。要以农村和中西部地区为重点，加强县级文化馆和图书馆、乡镇综合文化站、村文化室建设，深入实施广播电视村村通、文化信息资源共享、农村电影放映、农家书屋等文化惠民工程，扩大覆盖、消除盲点、提高标准、完善服务、改进管理。加大对革命老区、民族地区、边疆地区、贫困地区文化服务网络建设支持和帮扶力度。深入开展全民阅读、全民健身活动，推动文化科技卫生“三下乡”、科教文体法律卫生“四进社区”、“送欢乐下基层”等活动经常化。引导企业、社区积极开展面向农民工的公益性文化活动，尽快把农民工纳入城市公共文化服务体系。建立以城带乡联动机制，合理配置城乡文化资源，鼓励城市对农村进行文化帮扶，把支持农村文化建设作为创建文明城市基本指标。鼓励文化单位面向农村提供流动服务、网点服务，推动媒体办好农村版和农村频率频道，做好主要党报党刊在农村基层发行和赠阅工作。扶持文化企业以连锁方式加强基层和农村文化网点建设，推动电影院线、演出院线向市县延伸，支持演艺团体深入基层和农村演出。中央、省、市三级设立农村文化建设专项资金，保证一定数量的中央转移支付资金用于乡镇和村文化建设。

六、加快发展文化产业，推动文化产业成为国民经济支柱性产业

发展文化产业是社会主义市场经济条件下满足人民多样化精神文化需求的重要途径。必须坚持社会主义先进文化前进方向，坚持把社会效益放在首位、社会效益和经济效益相统一，按照全面协调可持续的要求，推动文化产业跨越式发展，使之成为新的经济增长点、经济结构战略性调整的重要支点、转变经济发展方式的重要着力点，为推动科学发展提供重要支撑。

（一）构建现代文化产业体系。加快发展文化产业，必须构建结构合理、门类齐全、科技含量高、富有创意、竞争力强的现代文化产业体系。要在重点领域实施一批重大项目，推进文化产业结构调整，发展壮大出版发行、影视制作、印刷、广告、演艺、娱乐、会展等传统文化产业，加快发展文化创意、数字出版、移动多媒体、动漫游戏等新兴文化产业。鼓励有实力的文化企业跨地区、跨行业、跨所有制兼并重组，培育文化产业领域战略投资者。优化文化产业布局，发挥东中西部地区各自优势，加强文化产业基地规划和建设，发展文化产业集群，提高文化产业规模化、集约化、专业化水平。加大对拥有自主知识产权、弘扬民族优秀文化的产业支持力度，打造知名品牌。发掘城市文化资源，发展特色文化产业，建设特色文化城市。发挥首都全国文化中心示范作用。规划建设各具特色的文化创业创意园区，支持中小文化企业发展。推动文化产业与旅游、体育、信息、物流、建筑等产业融合发展，增加相关产业文化含量，延伸文化产业链，提高附加值。

（二）形成公有制为主体、多种所有制共同发展的文化产业格局。加快发展文化产业，必须毫不动摇地支持和壮大国有或国有控股文化企业，毫不动摇地鼓励和引导各种非公有制文化企业健康发展。要培育一批核心竞争力强的国有或国有控股大型文化企业或企业集团，在发展产业和繁荣市场方面发挥主导作用。在国家许可范围内，引导社会资本以多种形式投资文化产业，参与国有经营性文化单位转企改制，参与重大文化产业项目实施和文化产业园区建设，在投资核准、信用贷款、土地使用、税收优惠、上市融资、发行债券、对外贸易和申请专项资金等方面给予支持，营造公平参与市场竞争、同等受到法律保护的体制和法制环境。加强和改进对非公有制文化企业的服务和管理，引导他们自觉履行社会责任。

（三）推进文化科技创新。科技创新是文化发展的重要引擎。要发挥文化和科技相互促进的作用，深入实施科技带动战略，增强自主创新能力。抓住一批全局性、战略性重大科技课题，加强核心技术、关键技术、共性技术攻关，以先进技术支撑文化装备、软件、系统研制和自主发展，重视相关技术标准制定，加快科技创新成果转化，提高我国出版、印刷、传媒、影视、演艺、网络、动漫等领域技术装备水平，增强文化产业核心竞争力。依托国家高新技术园区、国家可持续发展实验区等建立国家级文化和科技融合示范基地，把重大文化科技项目纳入国家相关科技发展规划和计划。健全以企业为主体、市场为导向、产学研相结合的文化技术创新体系，培育一批特色鲜明、创新能力强的文化科技企业，支持产学研战略联盟和公共服务平台建设。

（四）扩大文化消费。增加文化消费总量，提高文化消费水平，是文化产业发展的内生动力。要创新商业模式，拓展大众文化消费市场，开发特色文化消费，扩大文化服务消费，提供个性化、分众化的文化产品和服务，培育新的文化消费增长点。提高基层文化消费水平，引导文化企业投资兴建更多适合群众需求的文化消费场所，鼓励出版适应群众购买能力的图书报刊，鼓励在商业演出和电影放映中安排一定数量的低价场次或门票，鼓励网络文化运营商开发更多低收费业务，有条件的地方要为困难群众和农民工文化消费提供适当补贴。积极发展文化旅游，促进非物质文化遗产保护传承与旅游相结合，发挥旅游对文化消费的促进作用。

七、进一步深化改革开放，加快构建有利于文化繁荣发展的体制机制

文化引领时代风气之先，是最需要创新的领域。必须牢牢把握正确方向，加快推进文化体制改革，建立健全党委领导、政府管理、行业自律、社会监督、企事业单位依法运营的文化管理体制和富有活力的文化产品生产经营机制，发挥市场在文化资源配置中的积极作用，创新文化走出去模式，为文化繁荣发展提供强大动力。

（一）深化国有文化单位改革。以建立现代企业制度为重点，加快推进经营性文化单位改革，培育合格市场主体。科学界定文化单位性质和功能，区别对待、分类指导，循序渐进、逐步推开，推进一般国有文艺院团、非时政类报刊社、新闻网站转企改制，拓展出版、发行、影视企业改革成果，加快公司制股份制改造，完善法人治理结构，形成符合现代企业制度要求、体现文化企业特点的资产组织形式和经营管理模式。创新投融资体制，支持国有文化企业面向资本市场融资，支持其吸引社会资本进行股份制改造。着眼于突出公益属性、强化服务功能、增强发展活力，全面推进文化事业单位人事、收入分配、社会保障制度改革，明确服务规范，加强绩效评估考核。创新公共文化服务设施运行机制，吸纳有代表性的社会人士、专业人士、基层群众参与管理。推动党报党刊、电台电视台进一步完善管理和运行机制。推动一般时政类报刊社、公益性出版社、代表民族特色和国家水准的文艺院团等事业单位实行企业化管理，增强面向市场、面向群众提供服务能力。

（二）健全现代文化市场体系。促进文化产品和要素在全国范围内合理流动，必须构建统一开放竞争有序的现代文化市场体系。要重点发展图书报刊、电子音像制品、演出娱乐、影视剧、动漫游戏等产品市场，进一步完善中国国际文化产业博览交易会等综合交易平台。发展连锁经营、物流配送、电子商务等现代流通组织和流通形式，加快建设大型文化流通企业和文化产品物流基地，构建以大城市为中心、中小城市相配套、贯通城乡的文化产品流通网络。加快培育产权、版权、技术、信息等要素市场，办好重点文化产权交易所，规范文化资产和艺术品交易。加强行业组织建设，健全中介机构。

（三）创新文化管理体制。深化文化行政管理体制改革，加快政府职能转变，强化政策调节、市场监管、社会管理、公共服务职能，推动政企分开、政事分开，理顺政府和文化企事业单位关系。完善管人管事管资产管导向相结合的国有文化资产管理体制。健全文化市场综合行政执法机构，推动副省级以下城市完善综合文化行政责任主体。加快文化立法，制定和完善公共文化服务保障、文化产业振兴、文化市场管理等方面法律法规，提高文化建设法制化水平。坚持主管主办制度，落实谁主管谁负责和属地管理原则，严格执行文化资本、文化企业、文化产品市场准入和退出政策，综合运用法律、行政、经济、科技等手段提高管理效能。深入开展“扫黄打非”，完善文化市场管理，坚决扫除毒害人们心灵的腐朽文化垃圾，切实营造确保国家文化安全的市场秩序。

（四）完善政策保障机制。保证公共财政对文化建设投入的增长幅度高于财政经常性收入增长幅度，提高文化支出占财政支出比例。扩大公共财政覆盖范围，完善投入方式，加强资金管理，提高资金使用效益，保障公共文化服务体系建设和运行。落实和完善文化经济政策，支持社会组织、机构、个人捐赠和兴办公益性文化事业，引导文化非营利机构提供公共文化产品和服务。加大财政、税收、金融、用地等方面对文化产业的政策扶持力度，鼓励文化企业和社会资本对接，对文化内容创意生产、非物质文化遗产项目经营实行税收优惠。设立国家文化发展基金，扩大有关文化基金和专项资金规模，提高各级彩票公益金用于文化事业比重。继续执行文化体制改革配套政策，对转企改制国有文化单位扶持政策执行期限再延长五年。

（五）推动中华文化走向世界。开展多渠道多形式多层次对外文化交流，广泛参与世界文明对话，促进文化相互借鉴，增强中华文化在世界上的感召力和影响力，共同维护文化多样性。创新对外宣传方式方法，增强国际话语权，妥善回应外部关切，增进国际社会对我国基本国情、价值观念、发展道路、内外政策的了解和认识，展现我国文明、民主、开放、进步的形象。实施文化走出去工程，完善支持文化产品和服务走出去政策措施，支持重点主流媒体在海外设立分支机构，培育一批具有国际竞争力的外向型文化企业和中介机构，完善译制、推介、咨询等方面扶持机制，开拓国际文化市场。加强海外中国文化中心和孔子学院建设，鼓励代表国家水平的各类学术团体、艺术机构在相应国际组织中发挥建设性作用，组织对外翻译优秀学术成果和文化精品。构建人文交流机制，把政府交流和民间交流结合起来，发挥非公有制文化企业、文化非营利机构在对外文化交流中的作用，支持海外侨胞积极开展中外人文交流。建立面向外国青年的文化交流机制，设立中华文化国际传播贡献奖和国际性文化奖项。

（六）积极吸收借鉴国外优秀文化成果。坚持以我为主、为我所用，学习借鉴一切有利于加强我国社会主义文化建设的有益经验、一切有利于丰富我国人民文化生活的积极成果、一切有利于发展我国文化事业和文化产业的经营管理理念和机制。加强文化领域智力、人才、技术引进工作。吸收外资进入法律法规许可的文化产业领域，保障投资者合法权益。鼓励文化单位同国外有实力的文化机构进行项目合作，学习先进制作技术和管理经验。鼓励外资企业在华进行文化科技研发，发展服务外包。开展知识产权保护国际合作。

八、建设宏大文化人才队伍，为社会主义文化大发展大繁荣提供有力人才支撑

推动社会主义文化大发展大繁荣，队伍是基础，人才是关键。要坚持尊重劳动、尊重知识、尊重人才、尊重创造，深入实施人才强国战略，牢固树立人才是第一资源思想，全面贯彻党管人才原则，加快培养造就德才兼备、锐意创新、结构合理、规模宏大的文化人才队伍。

（一）造就高层次领军人物和高素质文化人才队伍。高层次领军人物和专业文化工作者是社会主义文化建设的中坚力量。要继续实施“四个一批”人才培养工程和文化名家工程，建立重大文化项目首席专家制度，造就一批人民喜爱、有国际影响的名家大师和民族文化代表人物。加强专业文化工作队伍、文化企业家队伍建设，扶持资助优秀中青年文化人才主持重大课题、领衔重点项目，抓紧培养善于开拓文化新领域的拔尖创新人才、掌握现代传媒技术的专门人才、懂经营善管理的复合型人才、适应文化走出去需要的国际化人才。创新人才培养模式，实施高端紧缺文化人才培养计划，搭建文化人才终身学习平台。鼓励和扶持高等学校和中等职业学校优化专业结构，与文化企事业单位共建培养基地。完善人才培养开发、评价发现、选拔任用、流动配置、激励保障机制，深化职称评审改革，为优秀人才脱颖而出、施展才干创造有利制度环境。重视发现和培养社会文化人才。对非公有制文化单位人员评定职称、参与培训、申报项目、表彰奖励同等对待。完善相关政策措施，多渠道吸引海外优秀文化人才。落实国家荣誉制度，抓紧设立国家级文化荣誉称号，表彰奖励成就卓著的文化工作者。

（二）加强基层文化人才队伍建设。基层文化人才队伍是文化改革发展的基础力量。要制定实施基层文化人才队伍建设规划，完善机构编制、学习培训、待遇保障等方面的政策措施，吸引优秀文化人才服务基层。配好配齐乡镇、街道党委宣传委员、宣传干事和乡镇综合文化站专职人员。设立城乡社区公共文化服务岗位，对服务期满高校毕业生报考文化部门公务员、相关专业研究生实行定向招录。重视发现和培养扎根基层的乡土文化能人、民族民间文化传承人特别是非物质文化遗产项目代表性传承人，鼓励和扶持群众中涌现出的各类文化人才和文化活动积极分子，促进他们健康成长、发挥作用。壮大文化志愿者队伍，鼓励专业文化工作者和社会各界人士参与基层文化建设和群众文化活动，形成专兼结合的基层文化工作队伍。

（三）加强职业道德建设和作风建设。文化工作者要成为优秀文化的生产者和传播者，必须加强自身修养，做道德品行和人格操守的示范者。要引导广大文化工作者特别是名家名人自觉践行社会主义核心价值体系，增强社会责任感，弘扬科学精神和职业道德，发扬严谨笃学、潜心钻研、淡泊名利、自尊自律的风尚，努力追求德艺双馨，坚决抵制学术不端、情趣低俗等不良风气。鼓励文化工作者特别是文化名家、中青年骨干深入实际、深入生活、深入群众，拜人民为师，增强国情了解，增加基层体验，增进群众感情。文化工作者要相互尊重、平等交流、取长补短，共同营造风清气正、和谐奋进的良好氛围。

九、加强和改进党对文化工作的领导，提高推进文化改革发展科学化水平

加强和改进党对文化工作的领导，是推进文化改革发展的根本保证，也是加强党的执政能力建设和先进性建设的内在要求。必须从战略和全局出发，把握文化发展规律，健全领导体制机制，改进工作方式方法，增强领导文化建设本领。

（一）切实担负起推进文化改革发展的政治责任。各级党委和政府要把文化建设摆在全局工作重要位置，深入研究意识形态和宣传文化工作新情况新特点，及时研究文化改革发展重大问题，加强和改进思想政治工作，牢牢把握意识形态工作主导权，掌握文化改革发展领导权。把文化建设纳入经济社会发展总体规划，与经济社会发展一同研究部署、一同组织实施、一同督促检查。把文化改革发展成效纳入科学发展考核评价体系，作为衡量领导班子和领导干部工作业绩的重要依据。制定社会主义核心价值体系建设实施纲要。在全党深入开展社会主义核心价值体系学习教育，使广大党员、干部成为实践社会主义核心价值体系的模范，做共产主义远大理想和中国特色社会主义共同理想的坚定信仰者。深入做好文化领域知识分子工作，充分尊重知识分子创造性劳动，善于同知识分子特别是有影响的代表人士交朋友，把广大知识分子紧紧团结在党的周围。

（二）加强文化领域领导班子和党组织建设。坚持德才兼备、以德为先用人标准，选好配强文化领域各级领导班子，把政治立场坚定、思想理论水平高、熟悉文化工作、善于驾驭意识形态领域复杂局面的干部充实到领导岗位上来，把文化领域各级领导班子建设成为坚强领导集体。加强领导班子思想政治建设，增强政治敏锐性和政治鉴别力，筑牢思想防线，确保文化阵地导向正确。各级领导干部要高度重视并切实抓好文化工作，加强文化理论学习和文化问题研究，提高文化素养，努力成为领导文化建设的行家里手。把文化建设内容纳入干部培训计划和各级党校、行政学院、干部学院教学体系。结合文化单位特点加强和创新基层党的工作，发挥文化事业单位、国有和国有控股文化企业党组织的领导核心和政治核心作用，重视文化领域非公有制经济组织、新社会组织党的组织建设。注重在文化领域优秀人才、先进青年、业务骨干中发展党员。文化战线全体共产党员要牢固树立党的观念、党员意识，讲党性、重品行、作表率，在推进文化改革发展中创先争优、发挥先锋模范作用。

（三）健全共同推进文化建设工作机制。推动社会主义文化大发展大繁荣是全党全社会的共同责任。要建立健全党委统一领导、党政齐抓共管、宣传部门组织协调、有关部门分工负责、社会力量积极参与的工作体制和工作格局，形成文化建设强大合力。文化领域各部门各单位要自觉贯彻中央决策部署，落实文化改革发展目标任务，发挥文化建设主力军作用。支持人大、政协履行职能，调动各部门积极性，支持民主党派、无党派人士和人民团体发挥作用，共同推进文化改革发展。推动文联、作协、记协等文化领域人民团体创新管理体制、组织形式、活动方式，履行好联络协调服务职能，加强行业自律，依法维护文化工作者权益。全面贯彻党的宗教工作基本方针，发挥宗教界人士和信教群众在促进文化繁荣发展中的积极作用。

（四）发挥人民群众文化创造积极性。人民是推动社会主义文化大发展大繁荣最深厚的力量源泉。要牢固树立马克思主义群众观点，自觉贯彻党的群众路线，为广大群众成为社会主义文化建设者提供广阔舞台。广泛开展群众性文化活动，提高社区文化、村镇文化、企业文化、校园文化等建设水平，引导群众在文化建设中自我表现、自我教育、自我服务。积极搭建公益性文化活动平台，依托重大节庆和民族民间文化资源，组织开展群众乐于参与、便于参与的文化活动。支持群众依法兴办文化团体，精心培育植根群众、服务群众的文化载体和文化样式。及时总结来自群众、生动鲜活的文化创新经验，推广大众文化优秀成果，在全社会营造鼓励文化创造的良好氛围，让蕴藏于人民中的文化创造活力得到充分发挥。

中国人民解放军和中国人民武装警察部队文化建设工作，由中央军委根据本决定精神作出部署。

中华民族伟大复兴必然伴随着中华文化繁荣兴盛。全党要紧密团结在以胡锦涛同志为总书记的党中央周围，满怀信心带领全国各族人民在坚持和发展中国特色社会主义的伟大实践中进行文化创造，为把我国建设成为社会主义文化强国而努力奋斗！

中共中央办公厅关于认真学习宣传贯彻党的十七届六中全会精神的通知

（中办发〔2011〕35号）

各省、自治区、直辖市党委，中央各部委，国家机关各部委党组（党委），解放军各总部、各大单位党委，各人民团体党组：

为深入学习宣传贯彻党的十七届六中全会精神，把广大干部群众的思想和行动统一到全会重大决策部署上来，经中央领导同志同意，现就有关事项通知如下：

一、充分认识党的十七届六中全会的重大意义

党的十七届六中全会是在中国共产党成立 90 周年之际，在全面建设小康社会关键时期和文化改革发展重要阶段召开的一次十分重要的会议。全会听取和讨论了胡锦涛同志受中央政治局委托作的工作报告，充分肯定了党的十七届五中全会以来中央政治局的工作；审议通过了《中共中央关于深化文化体制改革、推动社会主义文化大发展大繁荣若干重大问题的决定》(以下简称《决定》)，对推进文化改革发展作出了战略部署。胡锦涛同志在全会上发表重要讲话，全面分析当前形势和任务，就贯彻落实全会精神、做好当前党和国家各项工作、以优异成绩迎接党的十八大召开提出了明确要求。

全会通过的《决定》，全面总结我们党领导文化建设的成就和经验，深刻分析文化改革发展面临的形势和任务，在集中全党智慧的基础上，阐述了中国特色社会主义文化发展道路，确立了建设社会主义文化强国的战略目标，提出了新形势下推进文化改革发展的指导思想、重要方针、目标任务、政策举措。《决定》充分体现了中国共产党对肩负历史使命的深刻把握、对国内外形势的科学判断、对文化建设的高度自觉，充分反映了全国各族人民的共同愿望，是当前和今后一个时期指导我国文化改革发展的纲领性文件。

全会审议通过了《关于召开党的第十八次全国代表大会的决议》，决定党的十八大于 2012 年下半年在北京召开，号召党的各级组织和全体共产党员要团结带领全国各族人民继续解放思想、坚持改革开放、推动科学发展、促进社会和谐，以优异成绩迎接党的十八大召开。

认真学习宣传贯彻党的十七届六中全会精神，是当前和今后一个时期全党全国的一项重大政治任务。完成好这项任务，对于动员全党全国各族人民在以胡锦涛同志为总书记的党中央领导下，满怀信心地做好各项工作，着力推进建设社会主义文化强国进程，奋力夺取全面建设小康社会新胜利、开创中国特色社会主义事业新局面，为党的十八大召开创造良好环境和条件，具有十分重要的意义。

二、学习领会党的十七届六中全会精神的重点内容

1. 要深入领会我国文化改革发展面临的形势任务。充分发挥先进文化引领前进方向、凝聚奋斗力量、推动事业发展的作用，是我们党的一条宝贵经验和一大政治优势。改革开放特别是党的十六大以来，我们党始终把文化建设放在党和国家全局工作重要战略地位，推动文化建设不断取得新成就，为坚持和发展中国特色社会主义提供了强大精神力量。当今世界正处在大发展大变革大调整时期，各种思想文化交流交融交锋更加频繁，文化在综合国力竞争中的地位和作用更加凸显，维护国家文化安全任务更加艰巨，增强国家文化软实力、中华文化国际影响力要求更加紧迫。当代中国进入了全面建设小康社会的关键时期和深化改革开放、加快转变经济发展方式的攻坚时期，文化越来越成为民族凝聚力和创造力的重要源泉、越来越成为综合国力竞争的重要因素、越来越成为经济社会发展的重要支撑，丰富精神文化生活越来越成为我国人民的热切愿望。在新的历史起点上深化文化体制改革、推动社会主义文化大发展大繁荣，关系实现全面建设小康社会奋斗目标，关系坚持和发展中国特色社会主义，关系实现中华民族伟大复兴。必须在坚持以经济建设为中心的同时，自觉把文化繁荣发展作为坚持发展是硬道理、发展是党执政兴国第一要务的重要内容，作为深入贯彻落实科学发展观的一个基本要求，进一步推动文化建设与经济建设、政治建设、社会建设以及生态文明建设协调发展。

2. 要深入领会推进文化改革发展的指导思想和重要方针。深化文化体制改革，推动社会主义文化大发展大繁荣，必须全面贯彻党的十七大精神，高举中国特色社会主义伟大旗帜，以马克思列宁主义、毛泽东思想、邓小平理论和“三个代表”重要思想为指导，深入贯彻落实科学发展观，坚持社会主义先进文化前进方向，以科学发展为主题，以建设社会主义核心价值体系为根本任务，以满足人民精神文化需求为出发点和落脚点，以改革创新为动力，发展面向现代化、面向世界、面向未来的，民族的科学的大众的社会主义文化，培养高度的文化自觉和文化自信，提高全民族文明素质，增强国家文化软实力，弘扬中华文化，努力建设社会主义文化强国。坚持以马克思主义为指导、坚持社会主义先进文化前进方向、坚持以人为本、坚持把社会效益放在首位、坚持改革开放，是指导文化改革发展的重要方针。必须深刻领会和全面贯彻推进文化改革发展的指导思想和重要方针，确保文化改革发展始终沿着正确方向前进。

3. 要深入领会坚持中国特色社会主义文化发展道路的深刻内涵和基本要求。改革开放以来，我们

党提出一系列指导文化建设的理论观点和方针政策，在实践中不断深化对文化发展特点和规律的认识,走出了一条中国特色社会主义文化发展道路。中国特色社会主义文化发展道路，是新中国成立特别是改革开放以来我国文化建设实践探索的根本结论,进一步回答了我国文化建设走什么路、朝着什么样的目标迈进这个带有方向性、根本性、战略性的重大问题,是发展社会主义先进文化、实现中华文化繁荣兴盛的唯一正确道路。坚持中国特色社会主义文化发展道路,必须坚持以马克思主义为指导,坚持社会主义先进文化前进方向；必须发挥人民在文化建设中的主体作用,坚持文化发展为了人民、文化发展依靠人民、文化发展成果由人民共享;必须继承和发扬中华优秀文化传统,大力弘扬中华文化,建设中华民族共有精神家园；必须坚持一手抓公益性文化事业、一手抓经营性文化产业,推动文化事业和文化产业全面协调可持续发展。

4. 要深入领会建设社会主义文化强国的战略目标和到2020年文化改革发展奋斗目标。建设社会主义文化强国，就是要着力推动社会主义先进文化更加深入人心，推动社会主义精神文明和物质文明全面发展,不断开创全民族文化创造活力持续迸发、社会文化生活更加丰富多彩、人民基本文化权益得到更好保障、人民思想道德素质和科学文化素质全面提高的新局面,建设中华民族共有精神家园,为人类文明进步作出更大贡献。建设社会主义文化强国的战略目标,具有强大的感召力和推动力,必将大大激发全民族的文化创造热情，凝聚起推进文化改革发展的强大力量。全会确定的到2020年文化改革发展奋斗目标，着眼建设社会主义文化强国的战略任务，体现了实现全面建设小康社会奋斗目标的新要求,符合我国基本国情和现阶段文化改革发展实际,必须立足当前、着眼长远,动员全社会力量为实现这个目标共同努力。

5. 要深入领会新形势下推进文化改革发展的主要任务和重大举措。《决定》围绕建设社会主义文化强国和实现到2020年文化改革发展的奋斗目标,围绕各地区各部门各方面普遍关注的重点问题,从推进社会主义核心价值体系建设、为人民提供更好更多的精神食粮、大力发展公益性文化事业、加快发展文化产业、进一步深化文化领域改革开放、建设宏大文化人才队伍等六个方面，提出了一系列新举措新要求,明确了文化改革发展的主要任务。这些重大部署和重大举措，紧扣影响我国文化改革发展的突出矛盾和深层次问题，涵盖了文化改革发展的各个领域，是加强文化建设必须抓好的基础性战略性任务。必须统筹兼顾、立足实际,找准工作的着力点和主攻方向，全面落实全会提出的各项任务和政策举措,以卓有成效的工作,推动文化改革发展不断取得新进展新成绩。

三、认真做好党的十七届六中全会精神的宣传

各地区各部门要制定工作方案,加强组织协调,广泛深入地宣传党的十七届六中全会精神，营造学习贯彻全会精神的浓厚氛围。

1. 集中开展宣讲活动。今年10月至明年初,在全国范围内集中开展党的十七届六中全会精神宣讲活动。中央宣传部会同有关部门,编写《党的十七届六中全会精神宣讲提纲》，阐释全会的重大意义和主要精神,解读全会关于推进文化改革发展的战略部署和政策措施。近期已组织中央宣讲团,赴全国巡回宣讲党的十七届六中全会精神。举办学习贯彻党的十七届六中全会精神研讨班,培训宣讲骨干。各地要参照这一做法,结合各自实际,编写宣讲材料,充分发挥党委讲师团的作用,抽调有演讲能力的理论和实际工作者组成宣讲团,深入基层开展面对面的宣讲活动。要组织开展面向高校师生的宣传教育,把党的十七届六中全会精神纳入形势政策教育课程安排。

2. 精心组织新闻宣传。各级各类新闻媒体要发挥各自优势和特色,精心策划,集中报道,形成规模和声势。要在重要时段、重要版面开设专栏、专题,推出一批有深度有分量的报道、综述、评论和理论文章,在名牌栏目组织高端访谈,采访权威部门负责同志、专家学者和文化工作者,全方位、多角度地宣传党的十七届六中全会精神。要坚持团结稳定鼓劲、正面宣传为主，深入宣传胡锦涛同志在全会上的重要讲话和全会通过的《决定》,宣传全会提出的重要观点、重要任务、重大举措,宣传社会各界对全会的热烈反响和积极评价，宣传各地区各部门贯彻全会精神、推动文化改革发展的进展和成效,宣传一批充分体现党的十七届六中全会精神的文化改革发展好典型。要坚持贴近实际、贴近生活、贴近群众,结合正在开展的“走基层、转作风、改文风”活动,组织新闻工作者深入基层,多采写生动鲜活的新闻报道,多运用群众喜闻乐见的形式,增强宣传的吸引力和感染力。要充分发挥网络媒体的优势，开展具有网络特点的宣传报道,采用嘉宾访谈、专家解读、系列报道、网民论坛、专题链接等方式,积极引导网上舆论,形成网上正面舆论强势。要牢牢把握正确导向,对于一些重大问题的宣传报道,一定要符合中央精神,防止片面性、绝对化。

3. *加强理论研究和理论阐释*。要围绕党的十七届六中全会提出的一系列新观点新举措,围绕事关文化改革发展全局的重大问题,列出一批重点选题,组织理论界各方面力量,进行多学科多领域的深入研究,推出一批有价值的研究成果,为贯彻落实全会精神提供有力理论支撑。要针对干部群众在学习贯彻过程中关注的热点问题,从理论和实践的结合上作出有说服力的回答,更好地解疑释惑,加强正面引导,帮助人们全面准确理解党的十七届六中全会精神。

四、全面落实全会提出的各项任务

各地区各部门要从实际出发,解放思想、转变观念,抓住机遇、乘势而上,以改革创新精神落实好全会部署的各项任务。

1. *深入推进社会主义核心价值体系建设,巩固全党全国各族人民团结奋斗的共同思想道德基础*。社会主义核心价值体系是兴国之魂,是社会主义先进文化的精髓,决定着中国特色社会主义发展方向。要把社会主义核心价值体系融入国民教育、精神文明建设和党的建设全过程,贯穿改革开放和社会主义现代化建设各领域,体现到精神文化产品创作生产传播各方面。要坚持用中国特色社会主义理论体系武装全党、教育人民,推动学习实践科学发展观向深度和广度拓展,推进马克思主义学习型政党建设,推进马克思主义理论研究和建设工程,实施中国特色社会主义理论体系普及计划,不断提高广大干部群众掌握和运用科学理论的能力。要深入开展理想信念教育,开展形势政策教育、国情教育、革命传统教育、改革开放教育、国防教育,进一步坚定广大干部群众对中国特色社会主义的信心和信念。要广泛开展民族精神和时代精神、社会主义荣辱观宣传教育,深化群众性精神文明创建和志愿服务活动,开展道德领域突出问题专项教育和治理,培育文明风尚。

2. *全面贯彻"二为"方向和"双百"方针,为人民提供更好更多的精神食粮*。创作生产更多人民喜闻乐见的优秀作品,是文化繁荣发展的重要标志。要加强对文化产品创作生产的引导,全面提升文化产品质量,充分发挥文化引领风尚、教育人民、服务社会、推动发展的作用。要加强马克思主义文艺观、新闻观教育,加强党的群众路线、群众观点教育,深化拓展"三项学习教育"和"走基层、转作风、改文风"活动,引导。广大文化工作者牢固树立以人民为中心的创作导向。要大力实施精品战略,精心组织"五个一工程"等重点文艺创作和扶持工程,发挥示范导向作用。要完善文化产品评价体系和激励机制,把遵循社会主义先进文化前进方向、人民群众满意作为评价作品最高标准,开展积极健康的文艺批评,加大优秀文化产品宣传推广力度。要认真贯彻积极利用、科学发展、依法管理、确保安全的方针,紧紧抓住建设和管理两个关键环节,大力发展健康向上的网络文化。

3. *大力发展公益性文化事业,保障人民基本文化权益*。满足人民基本文化需求是社会主义文化建设的基本任务。要按照公益性、基本性、均等性、便利性要求,以政府为主导,以公共财政为支撑,以公益性文化单位为骨干,以全体人民为服务对象,以保障人民群众基本文化权益为主要内容,构建和完善覆盖城乡、结构合理、功能健全、实用高效的公共文化服务体系。要继续加强文化馆、博物馆、图书馆、纪念馆等公共文化服务设施和爱国主义教育示范基地建设,完善向社会免费开放服务的政策措施。要加快推进城乡文化一体化发展,深入实施广播电视村村通、文化信息资源共享、社区和乡镇综合文化站、农村电影放映、农家书屋等文化惠民工程,推动文化资源更多地向农村、基层倾斜,向革命老区、民族地区、边疆地区、贫困地区倾斜,尽快把农民工纳入城市公共文化服务体系。

4. *加快发展文化产业,推动文化产业成为国民经济支柱性产业*。发展文化产业是社会主义市场经济条件下满足人民多样化精神文化需求的重要途径。要在重点领域规划和实施一批重大文化产业项目,统筹规划文化创业创意园区、文化产业基地建设,加快传统文化产业升级,大力发展新兴文化产业。要重点培育一批核心竞争力强的国有或国有控股大型文化企业或企业集团,鼓励有实力的文化企业跨地区、跨行业、跨所有制兼并重组,形成公有制为主体、多种所有制共同发展的文化产业格局。要深入实施科技带动战略,加快构建以企业为主体、市场为导向、产学研相结合的文化技术创新体系。要努力构建统一开放竞争有序的现代文化市场体系,促进文化产品和要素在全国范围内合理流动,大力拓展文化消费市场。要把引进来和走出去结合起来,积极引进国外资金、技术和项目,精心打造自己的文化品牌,加强营销网络和出口平台建设,不断增强我国文化企业和文化产品国际竞争力。

5. 进一步深化改革开放,加快构建有利于文化繁荣发展的体制机制。要按照加大力度、突出重点、全面推进的要求,加快推进文化体制改革,为文化繁荣发展提供强大动力。要把国有经营性文化单位改革作为关键环节,巩固拓展出版、发行、影视企业改革成果,加快推进一般国有文艺院团、非时政类报刊社、新闻网站等经营性文化单位改革,加快公司制股份制改造,完善法人治理结构,建立现代企业制度,形成面向市场的经营机制和体现文化企业特点的管理模式。要把突出公益属性、强化服务功能、增强发展活力作为着力点,全面推进文化事业单位改革,完善激励约束机制,提升服务质量和水平。要创新文化管理体制,深化文化行政管理体制改革,完善管人管事管资产管导向相结合的国有文化资产管理体制。要完善政策保障机制,保证公共财政对文化建设投入的增长幅度高于财政经常性收入增长幅度,提高文化支出占财政支出比例,从财政、税收、金融、用地等方面加大对文化产业的政策扶持力度。

6. 建设宏大文化人才队伍,为社会主义文化大发展大繁荣提供有力人才支撑。要深入实施人才强国战略,牢固树立人才是第一资源思想,全面贯彻党管人才原则,加快培养造就德才兼备、锐意创新、结构合理、规模宏大的文化人才队伍。要进一步拓宽人才培养渠道、完善人才培养方式,深入推进"四个一批"人才培养工程和文化名家工程,实施高端紧缺人才培养计划,着力造就一批年轻人才、高层次人才、复合型人才,造就一批有影响的文化名家、文化大师和各领域领军人物。要制定实施基层文化人才队伍建设规划,切实配备好乡镇、街道宣传文化干部,重视发现和培养乡土文化能人、民族民间文化传承人,鼓励和扶持文化活动积极分子,不断壮大专兼结合的基层文化工作队伍。

7. 扎实做好当前各方面工作,以优异成绩迎接党的十八大召开。要科学判断当前国际国内形势,全面把握改革发展稳定大局,着力解决经济社会发展中的突出矛盾和问题,努力实现经济社会发展预期目标。要切实做好经济工作,不折不扣落实宏观调控各项政策措施,坚持把稳定物价总水平作为宏观调控的首要任务、把扩大消费需求作为扩大内需的战略重点,加大强农惠农富农政策力度,提高科技创新能力,抓好节能减排,深化改革开放,推动经济发展方式转变取得实质性进展,努力保持经济平稳较快发展良好势头。要切实做好宣传思想工作,加强中国特色社会主义理论体系学习教育,牢牢把握正确导向,坚持围绕中心、服务大局,唱响主旋律、打好主动仗,提高舆论引导水平,做好意识形态领域工作。要切实加强和改进社会管理,加大保障和改善民生工作力度,着力解决好教育、就业、社会保障、医疗卫生、住房保障和安全生产等影响人民群众生产生活的实际问题,解决好人民内部矛盾,维护社会和谐稳定。要切实加强领导班子建设,以省、市、县、乡四级换届为契机,努力把各级领导班子建设成为坚定贯彻党的理论和路线方针政策、善于领导科学发展的坚强领导集体。

五、切实加强组织领导

各级党委要把抓好党的十七届六中全会精神的学习宣传贯彻作为当前和今后一个时期的重要政治任务,切实加强组织领导。

1. 高度重视,切实负起领导责任。各级党委要从党和国家事业发展的战略高度出发,把学习宣传贯彻党的十七届六中全会精神摆在重要位置,作出专题部署,着力抓好落实,迅速兴起学习宣传贯彻全会精神的热潮。党委(党组)中心组要把学习全会精神作为重要内容,专题研讨、学深学透,发挥示范带动作用。要运用宣讲、轮训、讲座、研讨等多种形式,组织党员干部认真研读全会文件,全面准确地领会全会精神。要以高度的政治责任感担负起推进文化改革发展的职责,把文化建设放在全局工作重要位置,纳入经济社会发展总体规划,与经济社会发展一同研究部署、一同组织实施、一同督促检查;把文化改革发展成效纳入科学发展考核评价体系,作为衡量领导班子和领导干部工作业绩的重要依据。要加强和改进对文化工作的领导,抓好文化领域领导班子和党组织建设,提高推进文化改革发展科学化水平。

2. 精心组织,加大文化改革发展推进力度。各级党委要按照全会部署和要求,进一步厘清本地区本部门文化改革发展的思路,制定科学合理、切实可行的具体实施意见,明确工作目标,提出具体要求,有计划分步骤地组织实施。要加强宏观指导,加强统筹协调,突出工作重点,对确定的重点项目和重点工程,要集中力量、集中资源抓好落实,力争在重点领域和关键环节取得新的突破。要加强督促检查,及时了解和掌握全会精神贯彻落实情况,总结推广好的经验和做法,认真解决存在的问题,推动文化改革发展不断取得新进展。要务求实效,紧密联系本地区本部门文化改革发展实际,紧密联系广大干部群众的思想实际,狠抓工作落实,把原则要求变成可操作的具体措施,把目标任务变成实实在在的工作项目,确保文化改革发展的各项部署落到实处。

3. 明确责任,形成共同推进文化建设的强大合力。各级党委要发挥总揽全局、协调各方的作用,调动党政各部门和社会各方面积极性,形成党委统一领导、党政齐抓共管、宣传部门组织协调、有关部门分工负责、社会力量积极参与的文化工作体制和工作格局。人大、政协和党政各部门以及工会、共青团、妇联等人民团体等要立足自身职责,发挥支持和参与文化建设的重要作用。文联、作协、记协等文化领域人民团体要发挥联系文化界的桥梁纽带作用。党校、行政学院、干部学院、社会科学院、高等学校等单位,要发挥在文化理论研究、干部培训和人才培养等方面的重要作用。企业、农村、机关、学校、部队和社区的基层党组织,要把抓好基层文化建设作为重要任务。要发挥人民群众在文化建设中的主体作用,为人民群众成为社会主义文化建设者提供广阔舞台。

中共中央办公厅

2011 年 11 月 1 日

中共浙江省委关于认真贯彻党的十七届六中全会精神大力推进文化强省建设的决定

(2011 年 11 月 18 日中国共产党浙江省第十二届委员会第十次全体会议通过)

浙委〔2011〕105 号

为深入贯彻党的十七届六中全会精神,根据《中共中央关于深化文化体制改革、推动社会主义文化大发展大繁荣若干重大问题的决定》,结合浙江实际,就大力推进文化强省建设,作出如下决定。

一、充分认识推进文化强省建设的重要性和紧迫性

(一)建设文化强省的重大意义。文化是民族的血脉和灵魂,是人民的精神家园。当今时代,文化越来越成为民族凝聚力和创造力的重要源泉,越来越成为综合国力竞争的重要因素,越来越成为经济社会发展的重要支撑,丰富精神文化生活越来越成为人民的热切愿望。党的十七届六中全会作出坚持中国特色社会主义文化发展道路,努力建设社会主义文化强国的重大战略部署,为浙江的文化改革发展指明了方向。文化建设是中国特色社会主义事业总体布局的重要组成部分,没有社会主义文化繁荣发展,就没有社会主义现代化。浙江要顺应科学发展新要求,把握文化发展新趋势,满足人民群众精神文化生活新期待,落实中央对浙江提出"走在前列"的总体要求,就必须切实担负起为文化强国建设先行探索的重大责任,加快推动文化大省向文化强省迈进。

(二)建设文化强省面临的新形势新要求。当前,浙江经济发展进入加速转型期,社会建设进入整体推进期,体制改革进入攻坚突破期,文化在推动科学发展、促进社会和谐中的作用更加凸显,但我省文化发展同经济社会发展和人民群众日益增长的精神文化需求还不完全适应,面临着一系列新情况新问题:一些领域道德失范、诚信缺失,一些社会成员人生观、价值观扭曲,用社会主义核心价值体系引领社会思潮的任务更为紧迫;城乡之间、区域之间的文化发展还不够平衡,文化产品与服务还不能充分满足人民群众日益增长的精神文化需求,公共文化服务体系需要进一步健全;文化产业规模较小、结构不合理,实力和竞争力还有待提升;在国内外有影响力和知名度的文化高端人才较为缺乏,文化人才队伍建设亟待加强。我省要全面建成惠及全省人民的小康社会,就必须切实解决这些矛盾和问题,切实推动文化大发展大繁荣,既要让人民过上殷实富足的物质生活,又要让人民过上健康丰富的文化生活,为继续解放思想、坚持改革开放、推动科学发展、促进社会和谐提供坚强思想保证、强大精神动力、有力舆论支持、良好文化条件。

(三)建设文化强省的现实基础和有利条件。我省文化底蕴深厚,文化资源丰富,人文优势明显,文化发展基础良好,素有"文物之邦"之称。改革开放以来,历届省委高度重视文化建设,始终坚持用文化引领前进方向、凝聚奋斗力量、激发创造活力,对文化建设作出了一系列重大部署。1999 年,省委提出建设文化大省的目标任务;党的十六大以来,省委从建设中国特色社会主义事业全局的战略高度,把加快建设文化大省作为实施"八八战略"和"创业富民、创新强省"总战略的重要内容,作为加强党的执政能力建设和先进性建设的重要方面,率领全省各级党组织和广大干部群众着力建设社会主义核心价值体系、公共文化服务体系、文化产业发展体系等“三大体系”，深入实施文明素质工程、文化精品工程、文化研究工程、文化保护工程、文化产业促进工程、文化阵地工程、文化传播工程、文化人才工程等“八项工程”，扎实推进教育强省、科技强省、卫生强省、体育强省等“四个强省”建设。我省十多年的文化大省建设，显著提高了人民群众的思想道德素质和科学文化素质、促进了人的全面发展，显著增强了浙江的文化软实力，为文化强省建设奠定了坚实的工作基础。同时，我省经济社会的快速发展，为文化强省建设提供了有力的物质支撑。我们必须以高度的文化自觉和文化自信，大力建设文化强省，在坚持以经济建设为中心的同时，自觉把文化繁荣发展作为坚持发展是硬道理、发展是党执政兴国第一要务的重要内容，作为深入贯彻落实科学发展观的一个基本要求，解放思想、转变观念，抓住机遇、乘势而上，进一步推进文化建设与经济建设、政治建设、社会建设以及生态文明建设协调发展，不断开创浙江社会主义文化大发展大繁荣的新局面。

二、正确把握推进文化强省建设的总体要求

（四）建设文化强省的指导思想。推动浙江从文化大省向文化强省迈进，必须全面贯彻党的十七大精神，高举中国特色社会主义伟大旗帜，以马克思列宁主义、毛泽东思想、邓小平理论和“三个代表”重要思想为指导，深入贯彻落实科学发展观，进一步实施“八八战略”和“创业富民、创新强省”总战略，坚持社会主义先进文化前进方向，以科学发展为主题，以建设社会主义核心价值体系为根本任务，以满足人民群众精神文化需求为出发点和落脚点，以改革创新为动力，着力增强先进文化的凝聚力、公共文化的服务力、文化产业的竞争力、文化发展的创新力、区域文化的影响力和文化人才队伍的支撑力，走出一条具有中国特色、时代特征、浙江特点的文化建设新路子，为全面建成惠及全省人民的小康社会、提前基本实现社会主义现代化，提供强有力的思想保证、精神动力、智力支持和文化条件。

（五）建设文化强省的总体思路。在巩固文化大省建设成果基础上，继续深入推进社会主义核心价值体系、公共文化服务体系、文化产业发展体系等“三大体系”建设，深入推进文明素质工程、文化精品工程、文化研究工程、文化保护工程、文化产业促进工程、文化阵地工程、文化传播工程、文化人才工程等“八项工程”，重点实施中国特色社会主义理论体系普及计划、公民道德养成计划、文艺精品打造计划、网络文化和现代媒体建设计划、重大文化设施建设计划、基本公共文化服务提升计划、文化遗产传承计划、文化产业倍增计划、对外文化拓展计划、文化名家造就计划等“十大计划”，以更高层次、更宽视野、更大力度，推动社会主义先进文化更加深入人心，推动社会主义精神文明和物质文明更加全面发展，推动全社会的文化创造活力更加迸发、社会文化生活更加丰富多彩，推动人民群众基本文化权益得到更好保障、人民思想道德素质和科学文化素质全面提高，把浙江建设成为人文精神高尚、文化事业繁荣、文化产业发达、文化氛围浓郁、文化形象鲜明的文化强省。

到2020年，文化改革发展的目标是：社会主义核心价值体系建设深入推进，公民文明素质和社会文明程度明显提高；公共文化服务体系全面建成，文化产品更加丰富，精品力作不断涌现，文化民生切实改善，人民群众共建共享文化改革发展成果的格局基本形成；文化产业发展体系不断完善，文化产业成为国民经济的重要支柱性产业，整体实力和竞争力显著增强；文化体制机制创新不断深化，文化产品创作生产经营机制充满活力，文化改革发展的宏观环境切实优化；文化人才队伍发展壮大，一批文化领军人物脱颖而出，民间文化人才的作用得到充分发挥。努力基本建成与浙江经济社会发展水平相适应的文化强省。

（六）建设文化强省的基本原则。

——坚持先进文化引领。始终坚持马克思主义在意识形态领域的指导地位，坚持社会主义先进文化前进方向，坚持为人民服务、为社会主义服务的方向和百花齐放、百家争鸣的方针，大力发展面向现代化、面向世界、面向未来的，民族的科学的大众的社会主义文化，建设全省人民共有精神家园。

——坚持人民群众的主体地位。按照贴近实际、贴近生活、贴近群众的要求，尊重群众首创精神，发挥人民在文化建设中的主体作用，坚持文化发展为了人民、文化发展依靠人民、文化发展成果由人民共享，努力提高人民群众的科学文化素养，促进人的全面发展。

——坚持把社会效益放在首位。正确把握文化的意识形态属性和商品属性，始终把社会效益放在首位，努力实现社会效益和经济效益的有机统一。加强对文化产品创作生产的引导，坚决抵制庸俗、低俗、媚俗之风,更好地发挥文化引领风尚、教育人民、服务社会、推动发展的作用。

——坚持协调发展。促进文化与经济、政治、社会和生态文明建设相协调,重视发挥文化对经济转型升级的作用。着力推进城乡、区域文化协调发展,统筹发展公益性文化事业和经营性文化产业,促进文化资源和要素的合理配置,实现重点突破和均衡发展相结合、长远规划和分步实施相结合,切实推动文化建设科学发展。

——坚持改革创新。注重传承优秀传统文化,与时俱进地弘扬浙江精神,广泛吸收借鉴国内外文明成果,积极推进文化观念理念、内容形式、体制机制、传播手段创新,以改革促发展、促繁荣,进一步解放和发展文化生产力,不断提高文化软实力。

三、大力建设社会主义核心价值体系

(七)推进马克思主义中国化时代化大众化。坚持不懈地用中国特色社会主义理论体系武装党员干部、教育人民群众,推动学习实践科学发展观向深度和广度拓展。深入推进学习型党组织建设。坚持以领导班子和领导干部为重点,以党委(党组)理论学习中心组为龙头,以各级党校、行政学院、干部学院等为主阵地,引导党员、干部深入学习贯彻党的基本理论、基本路线、基本纲领、基本经验,学习马克思主义经典著作,系统掌握马克思主义立场、观点、方法,完善领导干部述学、评学、考学办法,着力提高领导干部运用科学理论和知识分析、解决问题的能力。实施中国特色社会主义理论体系普及计划,积极探索和运用报刊、广播电视、新闻网站等新闻媒体开展理论宣传,组织编写通俗理论读物,深化"社科普及周"和"人文大讲堂"等社科品牌建设,推动科学理论为广大人民群众所理解、所掌握、所运用。坚持党政领导联系高校制度和到高校作形势政策报告制度,进一步加强高校思想政治理论课建设,发挥高校在推动马克思主义大众化中的作用,推动中国特色社会主义理论体系进教材、进课堂、进头脑,加强和改进大学生思想政治教育。

(八)牢固树立中国特色社会主义共同理想。深入开展理想信念教育,引导干部群众深刻认识中国共产党领导和中国特色社会主义制度的历史必然性和优越性,深刻认识中国特色社会主义道路既是实现社会主义现代化和中华民族伟大复兴的必由之路,也是创造人民美好生活的必由之路,自觉把个人理想融入中国特色社会主义共同理想之中,最大限度把广大人民团结和凝聚在中国特色社会主义伟大旗帜之下。紧密结合中国特色社会主义在浙江的生动实践,联系干部群众思想实际,针对社会热点难点问题,从理论和实践结合上作出有说服力的回答,引导干部群众在重大思想理论问题上划清是非界限、澄清模糊认识,有力抵制各种错误和腐朽思想影响。深入开展各种主题教育活动,进一步深化形势政策教育、国情教育、革命传统教育、改革开放教育、国防教育,组织学习中国近现代史特别是党领导人民进行革命、建设、改革的历史,坚定广大干部群众对中国特色社会主义的信心和信念。

(九)弘扬民族精神、时代精神和浙江精神。深入开展以爱国主义为核心的民族精神教育,大力弘扬爱国主义、集体主义、社会主义思想,激励人们把爱国热情转化为推动发展的实际行动。广泛开展以改革创新为核心的时代精神教育,引导干部群众始终保持昂扬向上、奋发进取的精神状态,以思想不断解放推动事业持续发展。组织开展"我们的价值观"大讨论,大力弘扬浙江精神,弘扬优秀传统文化,继续开展"我们的节日"等主题活动。认真落实爱国主义教育基地免费开放的有关政策,切实加强爱国主义教育基地建设、管理和使用。深入实施《2011—2015年浙江省红色旅游发展规划》,提升红色旅游发展水平。广泛开展优秀共产党员、劳动模范、优秀中国特色社会主义事业建设者等评选宣传活动。

(十)加强公民道德建设。全面实施公民道德养成计划,制定实施《浙江省公民道德建设纲要》,深入开展社会主义荣辱观宣传教育,深化"做一个有道德的人"主题实践活动,弘扬中华传统美德,加强社会公德、职业道德、家庭美德、个人品德教育,在全社会形成守规则、重礼仪、懂感恩、讲诚信、有责任、做好事的良好道德风尚。评选表彰道德模范,学习宣传先进典型,引导人民增强道德判断力和道德荣誉感。广泛深入开展"讲文明树新风"活动,深化文明出行、文明用语等文明礼仪宣传教育活动,大力倡导爱国、敬业、诚信、友善等道德规范。广泛开展志愿服务,建立和完善社会志愿服务体系,形成男女平等、尊老爱幼、扶贫济困、扶弱助残、礼让宽容的人际关系。大力弘扬慈善文化,促进慈善公益事业。深化群众性精神文明创建活动,推进文明生产、文明生活,促进环境优美、秩序优良、服务优质,提升城乡文明程度。深入实施"千万农村劳动力素质培训工程"。加快完善学校德育体系,进一步加强青少年思想道德建设,构建学校、家庭、社会紧密协作的教育网络。深入实施未成年人思想道德建设"春泥计划",扎实推进乡村学校少年宫建设。深化网络文明创建活动,努力形成文明办网、文明上网的良好风尚。深化政风、行风建设,开展道德领域突出问题专项教育和治理。把诚信建设摆在突出位置,大力推进政务诚信、商务诚信、社会诚信和司法公信建设,建立健全覆盖全社会的征信体系,着力打造"信用浙江"。全面实施《浙江省领导干部德的考核考察评价办法(试行)》,教育引导各级领导干部自觉践行社会主义荣辱观。加强法制宣传教育,提高公民法律素质,推动人人学法尊法守法用法,促进"法治浙江"建设。创新基层思想政治工作,加强人文关怀和心理疏导,培育自尊自信、理性平和、开放包容、积极向上的社会心态。深入开展科普教育,大力弘扬科学精神。深化反腐倡廉教育,加强廉政文化建设,深入推进廉政文化"六进"活动,营造风清气正的社会环境。

四、推动优秀文化产品创作生产

(十一)积极打造文艺精品。坚持正确创作方向,推动和引导广大文艺工作者积极投身到讴歌时代和人民的文艺创造活动之中,在社会生活中汲取素材、提炼主题,推出更多无愧于历史、无愧于时代、无愧于人民的优秀文艺作品。全面实施文艺精品打造计划,加强文化精品创作生产规划,建立浙江文化创作题材库,重点推动重大革命和历史题材、现实题材、青少年题材、新农村建设题材等作品的创作。加大对文艺创作的扶持力度,建立健全精品创作生产的组织化和市场化机制,努力形成一批文学、戏剧、电影、电视、动漫、音乐、舞蹈、美术、摄影、书法、曲艺、杂技以及民间文艺、群众文艺等各个门类的文艺精品。切实抓好"五个一工程"等国家级重大奖项参展参赛作品的创作生产。支持和鼓励中小型文化内容服务企业的发展,形成一批以提供影视、演艺、文化数字信息、文化资讯等为主的内容提供商。大力弘扬浙江优秀传统文化,学习借鉴国内外文化创新有益成果,兼收并蓄、博采众长,增强文化产品时代感和吸引力。

(十二)繁荣发展哲学社会科学。深入实施马克思主义理论研究和建设工程,坚持以重大理论和现实问题为主攻方向,深化"中国特色社会主义在浙江的实践"研究,推出一批具有重大创新意义的研究成果,更好服务我省经济社会发展。加强对浙江优秀传统文化的挖掘和研究。整合哲学社会科学研究力量,加强优势学科和重点研究基地建设,加强社科院、党校和高等院校社科研究机构建设,推进新型"智库"建设。进一步加强对浙江文化发展战略的研究。深化与中央科研机构和大院名校的合作。加快各级社科联组织建设。深化哲学社会科学管理机制创新,加大对人才和精品的激励力度,激发广大社科工作者的积极性创造性。发挥省哲学社会科学基金示范引导作用,推进哲学社会科学品牌建设,继续实施省级学术著作出版基金项目,扩大浙江学者和浙江学术影响力。

(十三)加强和改进新闻舆论工作。把握新闻媒体的政治导向、价值导向和稳定导向,坚持团结稳定鼓劲、正面宣传为主,壮大主流舆论,提高舆论引导的及时性、权威性和公信力、影响力。充分发挥党报党刊、广播电视、新闻网站在舆论引导中的核心作用,发挥都市类媒体、网络媒体、手机媒体多层次、多角度舆论引导的特色和优势,构建统筹协调、责任明确、功能互补、覆盖广泛、富有效率的舆论引导新格局。加强和改进正面宣传,精心组织重大主题报道,形成正面舆论强势。加强社会热点难点问题引导,从群众关注点入手,科学解疑释惑,有效凝聚共识。做好重大突发事件新闻报道,健全应急报道和舆论引导机制,提高时效性,增加透明度。完善新闻发布制度,加快构建覆盖党委、政府、高校、企事业单位的全方位新闻发布体系。加强和改进舆论监督,推动解决党和政府高度重视、群众反映强烈的实际问题,维护人民利益,密切党群关系,促进社会和谐。加强新闻品牌建设,打造若干在全国具有较大影响力的媒体和名专栏、名节目。加强新闻从业人员的社会责任和职业道德教育,自觉抵制错误思潮和错误观点,坚决杜绝虚假新闻。

(十四)发展健康向上的网络文化。按照积极利用、科学发展、依法管理、确保安全的方针,实施网络文化和现代媒体建设计划,加强和改进网络文化建设和管理,大力发展社会主义先进网络文化。加强网上舆论引导,加大网上主题宣传、成就宣传和典型宣传的力度,唱响网上思想文化主旋律,用正确舆论引导广大网民。坚持开展各种形式的领导干部与网民互动交流活动,建立健全网民留言办理长效机制。加强网络文化产品的创作生产,积极参与国家网络内容建设工程,推动浙江文化的网络传播。大力推进"浙江记忆"特色数据库建设,培育"浙江精品出版网站",制作生产适合互联网和手机等新兴媒体传播的精品力作,鼓励网民创作格调健康的网络文化作品。

支持重点新闻网站加快发展，发挥主要商业网站建设性作用，培育一批网络内容生产和服务骨干企业。加强和改进互联网宣传管理，加快形成法律规范、行政监管、行业自律、技术保障、公众监督、社会教育相结合的互联网管理体系。加强对论坛、博客、微博客等社交网络和即时通讯工具等的引导和管理，督促网络服务和运营企业履行法律义务和社会责任，规范网上信息传播秩序。深入开展网络文化环境整治行动，依法惩处和打击传播有害信息行为。加强互联网有关管理机构和队伍建设。加强技术手段和监管平台建设，不断提高依法、规范、科学、系统、动态管理水平。

（十五）完善文化产品评价激励机制。加强对文化产品创作生产的引导，深化马克思主义文艺观、新闻观教育，深化党的群众路线、群众观点教育，深化拓展“三项学习教育”和“走基层、转作风、改文风”活动，深化“与时代同行”——作家艺术家深入生活等主题实践活动，推动广大文化工作者牢固树立以人民为中心的创作导向，把遵循社会主义先进文化前进方向、人民群众满意作为评价作品的最高标准，推出更多思想性知识性艺术性观赏性相统一、深受群众喜爱的精品力作。坚持把群众评价、专家评价和市场检验统一起来，加大对产生良好社会影响的文化作品的奖励力度，建立有利于出精品、出人才、出效益的评价机制。建立公开、公平、公正评奖机制，规范各类文化奖项评比，提高权威性和公信度。加强和改进文艺评论，开展积极健康的文艺批评。加大优秀文化产品推广力度，设立专项艺术基金。推动和鼓励主流媒体、公共文化场所在资金、频道、版面、场地等方面为展演展播展映展览优秀文化作品提供条件、搭建平台。

五、着力构建公共文化服务体系

（十六）完善公共文化设施网络。按照科学规划、合理布局、适度超前的要求，进一步完善省、市、县（市、区）、乡镇（街道）、村（社区）五级公共文化设施网络。实施重大文化设施建设计划，重点建设浙江图书馆新馆、浙江档案馆新馆、浙江艺术学院、浙江社科活动中心、浙江文学馆、浙江文化会堂等一批标志性文化设施，打造浙江文化地标。各地要结合实际，加强文化馆、博物馆、图书馆、档案馆、美术馆、科技馆、工人文化宫、老年活动中心、青少年宫等公共文化服务设施建设，完善面向妇女、未成年人、老年人、残疾人的公共文化服务设施。加快推进多厅数字影院建设，到 2015 年所有市、县城都有一个以上多厅影院。加快推进农村有线数字电视整体转换和网络“双向化”改造。统筹规划和建设基层公共文化服务设施，深入推进文化强镇工程，提升乡镇文化站的综合服务能力，行政村和社区文化活动室实现全覆盖。

（十七）增强公共文化服务能力。实施基本公共文化服务提升计划，完善覆盖城乡、结构合理、功能健全、实用高效的公共文化服务体系，加强惠及全省人民的公共文化供给能力建设，发挥各级便民服务平台的作用，让群众广泛享有免费或优惠的基本公共文化服务。深入推进广播电视村村通、文化信息资源共享、乡镇和社区综合文化站（室）、农村电影放映、农家书屋、文化低保等文化惠民工程，充分发挥基层党组织活动场所、党员服务中心、远程教育、廉政文化教育基地等作用，保障人民群众看电视、听广播、读书看报、进行公共文化鉴赏、参与公共文化活动等基本文化权益。公益性文化事业单位、专业艺术团体、广播影视机构、出版企业和文联、社科联、作协等文化团体要充分发挥主体作用，为群众提供更多更好的公共文化产品。把主要公共文化产品和服务项目、公益性文化活动纳入公共财政经常性支出预算。采取政府购买、项目补贴、贷款贴息、税收减免等政策措施，鼓励文化企业参与公共文化服务。大力开展各类公益性文化活动，推动企业文化、校园文化、军营文化、机关文化、社区文化、村落文化、广场文化蓬勃发展。继续办好浙江文化艺术节。深入开展全民阅读、全民健身活动，推动“千镇万村种文化”、“钱江浪花”、“雏鹰计划”、文化科技卫生“三下乡”、科教文体法律卫生“四进社区”、“送欢乐下基层”等活动经常化。加快建设覆盖城乡的流动图书馆、流动博物馆、流动少年宫、流动演出服务网，促进优质文化资源向基层和农村流动。率先建成城乡一体、快速便捷的公共图书馆服务网络。扩大政府采购公益文化产品和服务的范围，确保经济困难家庭、农民工和残疾人等群体享受公共文化服务。

（十八）创新公共文化服务机制。统筹城乡文化发展，加快推进城乡文化一体化，把支持农村文化建设作为文明县（市、区）创建基本指标，增加农村文化服务总量，缩小城乡文化发展差距。积极推动公共文化服务数字化、信息化建设，建立“网络图书馆”、“网络博物馆”、“网络剧场”等覆盖全省的数字文化服务网络。大力推广农村出版物发行小连锁、图书馆总分馆制建设等经验，推动公共文化场馆实行连锁服务和联盟合作。各级财政要确保足额经费投入,完善各级公共图书馆、博物馆、美术馆、文化馆、纪念馆等公共文化场馆的免费开放服务,逐步推进展览馆、科技馆、工人文化宫、青少年宫等免费开放。各类公共场所要为群众性文化活动提供便利。进一步推进主要党报党刊在农村基层的免费赠阅工作。发挥浙江民营经济优势,鼓励社会力量积极参与公益性文化建设,支持民办博物馆、艺术馆等民间文化机构的发展。争创国家公共文化服务体系示范区。

(十九)加强现代传播能力建设。加强党报党刊、电台电视台和重点新闻网站建设,鼓励和支持我省主要媒体跨行业、跨媒体发展经营,鼓励和支持不同业态媒体之间的重组合作,努力形成一批大型现代传媒集团。支持浙江日报报业集团实施全媒体全国化战略,发展成为具有较强传播力和影响力的国内外知名传媒集团。支持浙江广电集团向新兴传播业态拓展,构建立体化、全天候的新闻传播格局。支持浙江网络广播电视台建设和发展。支持浙江出版集团打造一批在全国有较大影响力的出版社,形成一批在全国具有比较优势的出版门类和出版品牌,建设成为全国重要的数字移动多媒体出版企业。抓好重点新闻网站建设,做大做强浙江在线新闻网站。加快推进电信网、广电网、互联网三网融合,形成全省统一、互联互通、有序运行的新媒体集成播控平台。支持各市推进报刊、电视、广播、网络等媒体的建设和发展。

(二十)加强文化遗产传承和利用。实施文化遗产传承计划,加快构建科学有效的文化遗产保护体系,提高全社会文化遗产保护意识,使我省文化遗产保护工作继续走在全国前列。巩固提高杭州西湖世界文化遗产保护水平,加快推进以大运河、良渚遗址为重点的世界文化遗产申报工作。积极做好历史文化名城、名镇、名村和街区保护工作,加大古村落保护力度。构建布局合理、主体多元的博物馆网络体系,推出若干特色鲜明的博物馆品牌。以史前遗址、越国遗址、瓷窑遗址、城市遗址为重点,深入实施大遗址保护计划。继续推进"国家文化遗产保护科技区域创新联盟(浙江省)"试点建设。加快建立非物质文化遗产保护制度,进一步做好传承人保护工作,推进各类传承基地建设,促进活态传承。加强文化生态保护,建设一批非物质文化遗产生态保护区、民族传统节日标志地和非物质文化遗产展示中心,着力构建非物质文化遗产展示共享体系。加强文化典籍和档案文献保护、整理和出版工作,编纂《浙江文丛》、《浙江通志》、《中国历代绘画大系》,建立《浙江省珍贵古籍名录》和全省古籍保护、修复网络,实施浙江历史文化记忆工程。广泛开展优秀传统文化教育普及活动,在国民教育中增加优秀传统文化课程内容。繁荣发展少数民族文化事业。

六、加快构建文化产业发展体系

(二十一)优化文化产业布局。实施文化产业倍增计划,加快发展文化产业,推动文化产业成为国民经济的重要支柱性产业。到2015年,文化产业增加值力争比2010年翻一番,占全省GDP比重7%。加强对文化产业发展的规划引导,大力实施文化产业发展"122"工程,着力培育100家重点文化企业、20个重点文化产业园区(基地),助推20家文化企业上市,提高文化产业规模化、集约化、专业化水平。积极培育全国一流的文化产业中心,打造一批特色文化产业基地,发展一批特色文化产业,形成一批特色文化产业县(市、区)。发挥浙江海洋经济优势,大力推进海洋文化产业发展。推进文化产业结构调整,加快发展新闻出版、影视服务、文化会展、文体休闲娱乐、文体用品制造等优势文化产业,大力发展文化创意、动漫游戏、数字出版、移动多媒体等新兴文化产业。推动文化产业与旅游、体育、信息、教育、工业、工程设计等产业的融合发展。鼓励和引导非公有制资本进入文化产业,培育和扶持一批民营龙头文化企业,大力支持中小民营文化企业发展,形成以公有制为主体、多种所有制共同发展的文化产业格局。吸收外资进入法律法规许可的文化产业领域,保障投资者合法权益。

(二十二)提升文化产业发展层次。把重大文化建设项目纳入大平台大产业大项目大企业"四大建设"总体布局,深入实施重大项目带动战略,抓好一批成熟度高、成长性好、具有先导性的重大工程和项目。重点推进数字出版基地、影视基地、动漫产业基地、重点网络媒体、电影院线、国际文化贸易平台等重大工程项目建设。深入实施科技带动战略,把重大文化科技项目纳入相关科技发展规划和计划,加强核心技术、关键技术、共性技术攻关,加快科技创新成果转化。健全以企业为主体、以市场为导向、产学研相结合的文化技术创新体系,重点扶持一批特色鲜明、创新能力强的文化科技企业。深入实施文化产业品牌战略,充分挖掘我省历史文化、民俗文化、海洋文化、生态文化的资源优势,打造一批具有较高知名度和影响力的文化品牌。

(二十三)加强现代文化市场建设。加快发展大众文化消费市场,开发特色文化消费,扩大文化服务消费,努力提升城乡居民的文化消费水平。鼓励文化企事业单位为群众提供图书、电影、演艺、网络等方面质优价廉的文化产品,为困难群众和农民工文化消费提供适当补贴。积极发展文化旅游,发挥旅游对文化消费的促进作用。优化文化产品和要素的市场配置,构筑统一开放竞争有序的现代文化市场体系。推进文化产品市场建设,重点发展书报刊、电子音像、演艺娱乐、动漫游戏、广播影视、工艺美术等产品市场。积极培育文化要素市场,有序发展文化人才、信息、技术等交易市场。大力发展连锁经营、物流配送、电子商务、电影院线等现代流通方式,发展以网络为载体的新兴市场,加快网络线上交易与线下物流结合的文化产品流通模式建设,发展版权代理、知识产权评估、演艺经纪、工艺美术品拍卖等文化中介行业。加快建立若干具有国际影响力的文化产品展示交易平台,着力打造杭州中国国际动漫节、义乌文化产品交易博览会等重大文化展会,鼓励和扶持国内外具有重大影响的文化节展活动落户浙江。加快构建文化企业与金融机构的战略合作机制,促进文化与资本市场对接,鼓励各种风险投资基金、股权投资基金参与文化产业发展。支持文化企业通过上市、发行企业债券等形式直接融资。

七、推进文化体制机制改革创新

(二十四)深化国有文化单位改革。加快推进全省经营性文化单位改革,着力建立现代企业制度,培育合格文化市场主体,打造一批有实力和竞争力的国有文化企业。组建电影、演艺等大型国有文化集团。拓展出版、发行、影视企业改革成果,加快公司制股份制改造,完善法人治理结构,形成符合现代企业制度要求的文化企业经营管理模式。按照区别对待、分类指导、循序渐进、逐步推开的要求,推进一般国有文艺院团、非时政类报刊社、新闻网站转企改制,推进党报发行体制和影视剧制播分离改革,深化广电有线网络"一省一网"整合发展。着眼于突出公益属性、强化服务功能、增强发展活力,全面推进文化事业单位劳动人事、收入分配和社会保障制度改革,明确服务规范,加强绩效评估考核,探索建立事业单位法人治理结构。进一步完善党报党刊、电台电视台管理和运行机制。推动一般时政类报刊社、保留事业体制的文艺院团实行企业化管理。

(二十五)推进文化管理体制改革。加快推进政府职能转变,理顺政府与文化企事业单位关系,实现政企分开、政事分开、管办分离,履行好政策调节、市场监管、社会管理、公共服务职能。扩大文化市场综合执法改革成果,继续深化市、县文广新局运行机制改革,创新文化市场综合执法方式和监管模式。按照管人、管事、管资产、管导向相结合的要求,完善国有文化集团绩效考核等管理制度,切实加强国有文化资产管理。制定公共文化服务保障、文化产业振兴、文化市场管理等方面的政策措施,综合运用法律、行政、经济、科技等手段,提高文化建设科学化、法制化水平。

(二十六)创新文化走出去模式。实施对外文化拓展计划,开展多渠道多形式多层次的对外文化交流,加大文化产品和服务出口力度,推动浙江文化走向世界。进一步打造"连线浙江"、"浙江文化周(节)"等对外文化交流品牌。积极推进我省主流媒体的海外阵地建设,鼓励开展与海外媒体的合作交流,继续办好浙江电视台国际频道和《浙江新闻周刊》。组织对外翻译优秀学术成果和文化精品。充分发挥学术组织、艺术机构在对外文化交流方面的资源优势。设立省级对外文化交流基金,扶持我省对外重点文化交流活动,鼓励民间对外文化交流。抓好影视动漫、出版物、文艺演出等国际营销网络建设,拓展与国际演艺、展览、出版中介机构和经纪人的合作,支持各种所有制的内容生产和服务类文化企业到海外开办分支、分销机构。制定出台扶持文化出口政策,建立《浙江文化出口重点企业和项目目录》,重点培育一批外向型文化出口企业和产业基地,鼓励文化企业以参股、并购等多种形式拓展国际市场,打造一批国际知名文化企业品牌。加强同香港、澳门的文化交流合作,加强同台湾的各种形式文化交流。

八、加强文化人才队伍建设

(二十七)造就高层次领军人物和高素质文化人才队伍。全面贯彻党管人才原则,推进文化创新团队建设,组织实施文化名家造就计划,继续实施宣传文化系统"五个一批"人才工程,大力培养和造就覆盖理论、新闻、文艺、出版、文化产业经营管理等各个领域的领军人物和专业人才。拓宽人才培养渠道,创新人才培养模式,重点抓好高端紧缺文化人才培养,搭建文化人才终身学习平台。鼓励高等学校和中等职业学校开设文化创意、影视制作、数字动漫等专业,与文化企事业单位共建培养基地。充分发挥浙江大学、中国美术学院等高等院校在文化人才培养和文化传承、创新、发展中的作用。以文艺创作人才、文化创意和文化产业经营管理人才、现代传媒人才、网络新技术人才为重点,鼓励采取签约、项目合作、技术(专利、品牌)入股、岗位聘任等方式,向海内外多渠道引进优秀文化人才和名师大家。充分发挥高校、科研院所、文化企业、文化产业园区人才集聚功能,努力打造浙江文化人才高地。

(二十八)加强基层文化人才队伍建设。认真贯彻中宣部等六部委关于加强地方县级和城乡基层宣传文化队伍建设的意见,制定我省基层文化人才队伍建设规划,完善机构编制、学习培训、待遇保障等方面的政策措施。深入实施基层文化队伍素质提升工程。配足配强县级和乡镇、行政村、社区宣传文化工作者。设立城乡社区公共文化服务岗位,对服务期满高校毕业生报考文化部门公务员、相关专业研究生实行定向招录。鼓励支持各类民间文化团体发展,重视发现和培养优秀民间文艺人才、非物质文化遗产项目代表性传承人。积极培育和发展文化志愿者队伍,建立文化志愿工作机制,构建省、市、县、乡、村五级文化志愿服务网络体系,形成专兼结合的基层文化工作队伍。

(二十九)创新文化人才工作机制。完善人才培养开发、评价发现、选拔任用、流动配置、激励保障机制,营造有利于各类文化人才脱颖而出、施展才干的制度环境。创新文化人才职称评审办法,形成以业绩为依据,品德、知识、能力等要素共同构成的人才评价体系。创新文化人才分配制度,探索实施高层次文化人才协议工资、项目工资等多种分配形式。创新文化人才激励机制,健全以政府奖励为导向、用人单位和社会力量奖励为主体的人才奖励体系。建立省级文化荣誉制度,评选浙江省"中青年德艺双馨文艺工作者"。实施特级专家聘任、首席专家、文化名家工作室制度。重视发现和培养社会文化人才,对非公有制文化单位人员评定职称、参与培训、申报项目、表彰奖励同等对待。大力宣传文化领域领军人物、优秀人才及其成果,积极营造尊重劳动、尊重知识、尊重人才、尊重创造的社会舆论环境。加强职业道德建设和作风建设,引导广大文化工作者进一步增强社会责任感,切实成为德艺双馨的优秀文化生产者和传播者。

九、强化组织保障

(三十)加强党对文化工作的领导。各级党委和政府要把文化建设摆在全局工作的重要位置,深入研究意识形态和宣传文化工作新情况新特点,及时研究文化改革发展重大问题,切实担负起推进文化改革发展的政治责任,牢牢把握意识形态工作主导权,掌握文化改革发展领导权。制定我省社会主义核心价值体系建设实施纲要,把社会主义核心价值体系融入国民教育、精神文明建设和党的建设全过程,贯穿改革开放和社会主义现代化建设各领域,体现到精神文化产品创作生产传播各方面。把文化建设纳入经济社会发展总体规划,把文化改革发展成效纳入科学发展考核评价体系,作为领导班子和领导干部实绩分析的重要内容。加强对文化改革发展的量化考评,制定浙江省文化发展指标体系。加快建立全省统一规范的文化统计制度。加强文化领域领导班子和党组织建设,选好配强文化领域各级领导班子,努力使他们成为领导文化建设的行家里手。把文化建设内容纳入干部培训计划和各级党校、行政学院、干部学院教学体系,加强领导干部文化工作培训和人文素质培养。各级领导干部要自觉提高文化素养,做践行社会主义先进文化的表率。注重在文化领域优秀人才、先进青年、业务骨干中发展党员。文化战线全体共产党员要在推进文化改革发展中创先争优、发挥先锋模范作用。

(三十一)健全共同推进文化建设工作机制。建立健全党委统一领导、党政齐抓共管、宣传部门组织协调、有关部门分工负责、社会力量积极参与的工作体制和工作格局。实施党政领导"一把手"工程,加强对文化强省建设的组织和协调。进一步健全完善省、市、县三级文化建设领导小组,明确相应机构和人员。党委宣传部门要充分发挥协调指导作用,各级文化部门要自觉贯彻中央和省委决策部署,落实文化改革发展目标任务,发挥文化建设主力军作用。支持人大、政协履行职能,支持民主党派、无党派人士和人民团体发挥作用,共同推进文化改革发展。政府有关部门要履行职责、密切配合,工青妇等群团组织要发挥优势,形成文化建设的合力。推动文联、作协、记协等文化领域人民团体创新管理体制、组织形式、活动方式,履行好联络协调服务职能,加强行业自律,依法维护文化工作者权益。全面贯彻党的宗教工作基本方针,发挥宗教在促进文化繁荣发展中的积极作用。牢固树立马克思主义群众观点,自觉贯彻党的群众路线,积极创造条件,支持广大群众参与文化建设,及时总结来自群众、生动鲜活的文化创新经验，让蕴藏于人民群众中的文化创造活力得到充分发挥。

（三十二）完善文化建设法制和政策保障。结合“法治浙江”建设，加快地方性文化立法进程，抓紧研究制定公共文化服务促进、文化产业促进、知识产权保护、广播电视管理、印刷业管理和音像制品管理等地方性法规或政府规章，提高文化建设法制化水平。贯彻落实国家和我省现有的文化发展政策，根据实际需要研究制定支持文化强省建设的配套政策。继续贯彻落实国家现行关于对文化产业发展的税收优惠政策。文化企业按规定认定为高新技术企业的，减按15%税率征收企业所得税。对文化内容创意生产、非物质文化遗产项目经营按国家有关政策给予相关税收优惠。研究制定文化建设用地专项政策，文化设施用地纳入当地的土地利用总体规划和年度计划，对重点文化产业建设项目在土地上予以优先支持。在不改变用地主体、不重新开发建设等前提下，鼓励企业充分利用工业厂房、仓储用房、传统商业街等存量房产和土地资源兴办文化产业，其土地用途可暂不变更。鼓励社会力量投资兴办文化实体，在工商登记、项目审批、土地征用、规费减免、财政扶持、投融资以及从业人员职称评定等方面享受同等待遇。继续执行文化体制改革配套政策，对转企改制国有文化单位扶持政策执行期再延长五年。

（三十三）加大财政投入力度。进一步加大公共财政对文化建设的投入力度，建立财政投入稳定增长机制，提高文化支出占财政支出比例，保证财政投入的增幅高于本级财政经常性收入增长幅度，“十二五”时期文化事业投入占财政支出比重高于“十一五”时期。建立健全有关文化发展的各类专项资金和基金，逐步扩大资金规模，提高各级彩票公益金用于文化事业比重。社区公共文化设施建设要落实从城市住房开发投资中提取1%的规定，省、市、县三级设立农村文化建设专项资金。加大对欠发达地区、海岛地区文化建设投入的倾斜力度。扩大省级文化产业发展专项资金规模，对影视发展、动漫产业、文化走出去等进行重点扶持。改革政府对文化事业投入方式，着力提高投入效率。

（三十四）加强文化领域管理。加强对文化发展的方向、总量、结构和质量的宏观调控，推进文化管理工作的科学化、制度化、规范化。加强对理论社科、文化演艺、新闻出版、互联网等各类文化阵地的管理。加强综合执法队伍建设，切实提高文化市场监管水平。深入开展“扫黄打非”，坚决扫除毒害人们心灵的腐朽文化垃圾，努力净化文化环境。加大知识产权保护力度，依法惩处侵权行为，维护著作权人合法权益。加强文化法制宣传，加大执法力度，及时总结和推广文化建设的成功经验和做法，营造文化发展的良好环境。

浙江省人民政府关于印发浙江省文化产业发展规划（2010-2015）的通知

浙政发〔2011〕3号

各市、县（市、区）人民政府，省政府直属各单位：

现将《浙江省文化产业发展规划（2010-2015）》印发给你们，请结合实际，认真贯彻实施。

浙江省人民政府

二〇一一年一月七日

浙江省文化产业发展规划（2010-2015）

为加快发展文化产业，进一步推动经济转型升级，不断满足人民群众的精神文化需求，努力促进文化大发展大繁荣，切实增强文化软实力和影响力，根据《国务院关于印发文化产业振兴规划的通知》（国发〔2009〕30号）、《中共浙江省委关于制定浙江省国民经济和社会发展第十二个五年规划的建议》（浙委〔2010〕94号）和《中共浙江省委浙江省人民政府关于印发〈浙江省推动文化大发展大繁荣纲要（2008-2012）〉的通知》（浙委〔2008〕71号）精神，特编制《浙江省文化产业发展规划（2010-2015）》。

本规划中文化产业的范畴主要参考国家《文化产业振兴规划》，并结合国家统计局《文化及相关产业统计体系》和我省实际情况有所调整，主要包含文化创意业、影视服务业、新闻出版业、数字内容与动漫业、文化会展业、文体休闲娱乐业、文化产品流通业、文化产品制造业等领域。本规划期限为2010至2015年，其中近期至2012年。

一、发展现状与趋势

(一)现实基础

1. 文化产业规模处于全国前列。“十一五”以来,全省文化产业增加值年均增长率达 16%左右(现价,下同)。2009 年全省文化产业增加值 807.96 亿元,比上年增长 9.9%,高出同期 GDP 增长速度 2.8 个百分点。2008 年全省文化产业增加值约占全国的 7.5%,居全国第 5 位。

2. 文化产业优势领域逐渐显现。经过多年发展,全省新闻出版、影视服务、文化旅游、文化会展和文化产品制造等产业逐步确立了在全国的优势地位。2009 年全省新闻出版业总体经济规模综合评价居全国第 3 位,其中总产出达到 1019.03 亿元,居全国第 2 位;增加值达到 266.02 亿元,居全国第 4 位;营业收入达 990.52 亿元,居全国第 2 位。2009 年,全省拥有影视制作机构 525 家,资产规模超过 200 亿元,电视剧产量居全国第 2 位,票房总收入居全国第 5 位。

3. 新兴文化业态快速成长。近年来,全省数字动漫、数字电视、数字出版、网络广播影视等新兴文化业态快速发展,2009 年全省共生产影视动画片 43 部 32758 分钟,居全国第 2 位。截至 2009 年,全省 11 个设区市的市区和大部分县市已经开通有线数字电视,拥有网络出版资质的单位 9 家,涉足网络出版的经营性网站近 100 家,网络游戏、网络音乐等网络文化企业 58 家,注册资金 5 亿元,居全国第 4 位。

4. 文化产业集聚水平不断提升。经过多年培育,全省文化产业集聚发展态势逐步显现,对全省文化产业发展的示范和带动效应不断扩大。截至 2008 年底,全省已形成各种类型的文化产业集聚区块 70 多个,其中,影视制作、动漫游戏、出版印刷、文具生产、艺术品业等成为产业集聚效应最为明显的行业。从产业规模和集聚区块分布情况看,杭州、宁波两地的创意产业集聚较为明显,温州、台州等地印刷产业集聚区块较多,金华、丽水等地的文体产品和工艺品集聚区块较多。

5. 文化市场主体不断发展。通过推进文化体制改革,先后组建了浙江广电集团、浙江出版联合集团、浙江日报报业集团等十多家大型文化企业集团,出版、发行、电影等行业经营性单位基本完成转企改制。与此同时,积极鼓励民间资本投资参与兴办文化产业,形成了广厦集团、横店集团、宋城集团等一批在全国或全省有较大影响的民营文化龙头企业。据不完全统计,截至 2008 年底,全省共有规模以上民营文化企业 3.5 万余家,投资总规模达到 1300 亿元以上,吸纳就业人员 75 万余人,成为推动文化产业发展的重要力量。

6. 文化产品服务出口快速增长。2008 年全省文化产品和服务出口总额达到 41.56 亿美元,其中文化产品出口 41.3 亿美元,文化服务出口 2396 万美元,2002-2008 年文化产品和服务出口总额年均增幅高达 26.8%。目前,全省文化产品和服务出口遍及世界 180 多个国家和地区,其中以出口到欧盟、美国、日本、东盟等国家和香港地区为主,对欧盟和美国的出口分别占 30%和 27%。

尽管全省文化产业发展成就显著,但也存在较多的问题:产业发展水平还不高,还未成为全省的支柱产业。产业规模较小,2009 年全省文化产业增加值仅占生产总值的 3.5%。文化产业结构不尽合理,文化资源配置区域差异较大。2009 年全省文化产业增加值构成中,文化服务业仅占 37.3%;区域间文化设施资源相差较大,如全省 58 个县级城市只有 19 个建有多厅影院。文化消费支出占比较低,文化消费结构有待优化。2009 年全省城镇居民人均娱乐教育文化消费支出占总消费支出的比重为 13.8%,明显低于发达国家 30%的水平;城镇居民人均文化消费支出是农村人均文化消费支出的 2.86 倍,城乡文化消费差距仍较大。文化产业政策法规体系不健全,文化资源未能得到有效配置。传统的文化管理模式与尚未完善的文化政策体系造成文化资源难以系统开发,文化产业链条无法有效贯通,规模化发展和大市场运作难以形成,文化领域的优惠政策难以真正落实。文化产业高端复合型人才较为缺乏,文化人才政策仍需健全。全省文化产业从业人员主要集中于制造流通领域,文化资本运营、文化经纪代理、媒体产业经营管理等高端复合型人才较为缺乏,对文化人才的引进、培养、激励与保障等机制仍需进一步健全。

(二)发展趋势

1. 文化产业成为经济转型升级的新引擎。党的十六大以来,中央高度重视发展文化产业,2009 年国务院出台的《文化产业振兴规划》,将文化产业作为战略性、先导性产业提升到国家层面。当前,我省正处于人均 GDP 向 1 万美元跨越的阶段,城乡居民精神消费需求快速增长,影视、动漫、数字内容、体育、文化旅游等领域的消费热点不断涌现,文化产业的成长性与可持续性明显增强,这将有效促进经济结构调整和产业转型升级，特别是后危机时代，文化产业作为扩大内需、促进消费的重要支撑力，将真正成为经济转型升级的新引擎。

2. 文化产业发展结构将呈现重大调整。随着文化体制改革的深入推进，在市场导向和政府推动的合力下，文化产业结构面临全方位的战略性调整。从所有制结构看，转企改制后的国有文化集团市场竞争力明显增强，民间资本将进一步增强在文化产业领域的话语权，一批跨地区、跨行业、跨所有制的大型文化产业集团将成为文化市场上的主导力量。从行业结构看，文化服务业发展规模不断扩大，新兴业态层出不穷，并已呈现高速增长态势，文化制造业将向"微笑曲线"两端转型。从空间结构看，文化服务业将更多向人口密集区域集聚，传统制造类文化产业将更多向园区集聚，并可能向我国中西部地区以及发展中国家转移。

3. 高新技术对文化产业发展产生重大影响。信息技术的突破和运用，催生了各类以网络为载体、以数字内容为特征的新兴文化业态，加速了文化行业间的融合。材料科技、装备工艺等高新技术的发展，将极大地提升传统文化产业的科技含量，实现产业链和价值链的延伸，推动传统文化产业的转型升级。与此同时，高新技术的运用和新业态的出现，也加剧了文化产业内部不同渠道间的竞争，传统文化业态的生存压力不断增大。

4. 全球化背景加快文化"走出去"步伐。尽管全球金融危机在短期内可能导致各国提高贸易壁垒，但从长远看，全球化浪潮已经势不可挡，区域间文化交流与合作蔚然成风。随着我国综合国力进一步提升，以五千年文明为积淀的文化软实力也将显著增强，国际市场对具有中国元素和中国文化内涵的文化产品需求将进一步增加。国内文化企业到海外参与兼并、收购、合作等机遇将进一步增多，中国文化的国际影响力也将进一步增强。

二、总体要求与目标

（一）指导思想

坚持以邓小平理论和"三个代表"重要思想为指导，全面贯彻落实科学发展观，深入实施"八八战略"和"创业富民、创新强省"总战略，坚持社会主义先进文化前进方向，以推动文化产业转型升级、优化文化产业结构为主线，以改革创新为动力，以发展特色文化产业群、建设文化产业示范基地、推进重大文化产业项目、培育优势文化企业、扶持文化会展活动为重点，构建"一核三极七心四带"的文化产业总体布局，全面提升文化产业综合实力和市场竞争力，增强文化产业对其他产业的渗透提升和带动能力，推动浙江文化大发展大繁荣，满足人民群众日益增长的精神文化需求，将文化产业培育成国民经济的新增长点和经济转型升级的新引擎，并最终成为我省国民经济的新兴支柱产业和满足人民群众日益增长精神文化需求的重要支撑。

（二）基本原则

1. 坚持正确导向。坚持社会主义先进文化前进方向，正确处理"两种属性"和"两个效益"的关系，弘扬主旋律、提倡多样化，统筹发展公益性文化事业与经营性文化产业，最大限度地满足人民群众日益增长的精神文化需求，努力实现社会效益和经济效益的统一。

2. 坚持改革创新。坚持以体制改革和科技创新为动力，为文化产业发展创造良好的体制机制和政策环境，创新文化生产、传播、流通、消费方式，突出高技术、高附加值等特征，提高文化产品的科技含量和品牌含量。坚持以结构调整为主线，加快文化产业转型升级，大力提升文化服务业的比重，增强文化产业对其他产业的渗透提升和带动能力。

3. 坚持特色优势。注重发挥省内各区域地方优势，挖掘具有地方特色的文化资源，开发生产相应的文化产品，建设相应的文化产业基地和项目，增强其根植性和生命力。

4. 坚持集聚集约。进一步推动文化产业的集聚程度和集约水平，开展集聚平台建设，实施大项目引导，提升文化产业基地区块的能级和辐射能力。

5. 坚持多元开放。坚持以市场为导向、以企业为主体，充分发挥市场在文化资源配置中的基础性作用，壮大国有或国有控股的文化企业，引导和鼓励民营资本进入文化产业，千方百计巩固与拓展国际市场，提高文化产业综合实力和市场竞争力。

（三）发展目标

到 2015 年的总体目标是：文化产业发展体系更为完善，体制机制更富有活力，企业创新能力显著增强，文化产品和服务出口明显扩大，文化产业增加值在地区生产总值中的比重明显提高，成为我省国民经济的新兴支柱产业；文化产业综合实力和市场竞争力显著增强，在全国的地位得到较大提升，全面巩固和发展在新闻出版、文化创意、影视服务、数字内容与动漫、文体休闲娱乐以及文化产品制造等领域的领先地位。具体包括五大方面的目标：

1. 总量和比重进一步提高。文化及相关产业增加值的年均增长速度明显高于同期经济增长速度，在地区生产总值中的比重进一步提高。到2012年，文化产业增加值占全省GDP比重达到4.2%以上，文化服务业占比达到40%以上；到2015年，文化产业增加值占全省GDP比重达到5%以上，文化服务业占比达到45%以上。

2. 产业优势进一步增强。重点引导发展的新闻出版、文化创意、影视服务、数字内容与动漫、文体休闲娱乐、文化会展等产业得到较快发展，新兴文化业态快速壮大，一批特色文化产业群基本确立；建成一批具有集聚效应和产业特色的重点文化产业基地和项目，对文化产业的拉动作用明显增强；涌现出一批具有跨地区跨行业经营、较强综合实力和创新能力的骨干文化企业集团，一批文化产业的战略投资者初步形成。

3. 创新能力进一步提升。以企业为主体、市场为导向、产学研相结合的文化创新体系初步形成，文化产业人才资源加速集聚，文化产业关键创新技术得到提升，文化策划和原创能力进一步提高，数字化、网络化技术广泛运用，文化企业装备水平和科技含量显著提高，打造一批具有自主知识产权和核心竞争力的文化品牌。

4. 市场体系进一步优化。市场在文化资源配置中的基础性作用得到更好发挥，文化产品和生产要素合理流动，城乡文化市场进一步发展，文化产品和服务出口进一步扩大，文化会展活动带动能力进一步增强，现代流通组织和流通形式逐步成为文化流通领域的主要力量，文化消费领域不断拓展，在城乡居民消费结构中的比重明显提高。

5. 体制机制进一步完善。文化体制改革得到深化，文化宏观管理体制进一步完善，民营文化企业加快发展，以公有制为主体、多种所有制共同发展的文化产业格局基本形成。文化产业扶持政策更加完善，体制机制创新更显活跃，以资本为纽带推进文化企业兼并重组取得重要进展，文化产业发展活力明显增强。

三、总体布局和发展重点

（一）构筑“一核三极七心四带”总体布局

根据文化产业初步形成的集聚态势和地域特色，把杭州建设成为全省文化产业发展核心，推动形成宁波、温州和浙中城市群三大文化产业增长极，建设湖州、嘉兴、绍兴、衢州、舟山、台州、丽水七大特色性文化产业集聚中心，构筑浙北、浙中、浙东、浙西南四大文化产业发展带，从整体上引导形成“一核三极七心四带”的文化产业发展总体布局。

1. 一核。立足杭州省会城市独特的政治、文化中心地位，依托杭州近年来快速崛起的文创产业规模，利用杭州“动漫之都、休闲之都、创意之都”等知名效应，挖掘省属大型文化产业集团和文化产业高端人才高度集聚的资源优势，引导发展文化创意、新闻出版、影视服务、数字内容与动漫、文体休闲娱乐等优势产业，将杭州打造成为全省综合性的文化产业发展核心及全国一流的文化创意产业中心。

2. 三极。发挥宁波副省级城市、计划单列市的制度优势，依托其全省重要工业中心和国际化港口城市的地位，加快文化产业对传统制造业的渗透影响，重点培育发展文化创意、动漫游戏、文化会展等行业，力争把宁波建设成为全省重要的文化产业增长极及全国重要的文化产业基地。依托温州现有的印刷业、文化产品制造业、创意设计业及文化旅游等优势基础，鼓励发展促进制造业转型升级的文化创意产业，逐步提升制造业文化含量，引导发展数字动漫等新兴文化产业，巩固提升印刷业集群优势，扶持形成全省重要的文化产业增长极和国内外知名的印刷产业基地。以金华、义乌、东阳为主体的浙中城市群要利用商贸影视文化既有基础，进一步发展影视制作、网络游戏、文化旅游、品牌会展、文化产品流通等产业，进一步巩固在全国行业发展中的领先优势，形成全省重要的文化产业增长极。

3. 七心。按照特色优势发展的原则，引导形成全省七大特色性文化产业集聚中心，即湖州太湖文化创意特色中心，重点引导文化创意、数字内容与动漫等行业；嘉兴江南文化创意特色中心，重点引导文化创意、文化会展、艺术创作等行业；绍兴轻纺珍珠文化特色中心，重点引导工业设计、文化休闲等行业；衢州“两子”文化创意特色中心，重点引导文化旅游、文体制造等行业；舟山海洋文化创意特色中心，重点引导文化创意、文化旅游、沙滩运动、影视服务等行业；台州工业产品设计特色中心，重点引导工业设计、文体制造等行业；丽水生态工艺文化特色中心，重点引导发展生态文化旅游、工艺品制造、艺术设计等行业。

4. 四带。从各区域原有的文化产业发展资源和共性特征出发，引导形成基本覆盖全省的四大文化产业发展带。以沪杭甬高速公路为总体轴线，依托杭州东部、宁波北部、嘉兴、湖州、绍兴北部等浙北环杭州湾区域较为深厚的平原水乡文化积淀，以及该区域紧邻上海等文化创新资源集聚中心的优势，引导发展文化创意、数字内容与动漫、艺术创作等优势产业，推动新兴文化业态发展，强化文化对其他产业的提升带动作用，构筑具有浓郁现代文化气息的浙北创意文化产业带；以杭金衢高速公路为总体轴线，依托金华、绍兴南部和衢州中部、丽水北部等区域的文化产品商贸流通基础以及东阳横店影视的知名品牌，引导发展文化会展、文化产品流通、影视服务等优势产业，构筑具有浓郁传统文化气息的浙中影视与流通文化产业带；以甬台温高速公路为总体轴线，依托温州、台州、宁波东部、舟山等滨海、海岛地区较为独特的海洋文化特征，以及发达的日用轻工、文体用品等制造基础，利用全省推进海洋经济发展的有利时机，发挥海洋文化大气的底蕴，引导发展海洋旅游、海洋文化会展、工业设计、演艺娱乐、文体制造等优势行业，构筑具有浓郁海洋文化气息的浙东海洋文化产业带；以浙西南山地延展为总体轴线，依托杭州西部、衢州、丽水南部、温州南部等区域的生态休闲旅游资源和传统特色文化优势，引导发展生态文化旅游、艺术创作、传统工艺品制造等优势行业，构筑具有浓郁山水文化气息的浙西南生态文化产业带。

（二）重点发展八大产业

按照发展特色文化产业群的要求，重点发展文化创意、影视服务、新闻出版、数字内容与动漫、文化会展、文体休闲娱乐、文化产品流通、文化产品制造等八大重点产业，明确八大产业的发展导向和发展载体，全面构筑我省文化产业的新优势。

1. 文化创意业

发展导向。文化创意业主要包括艺术创作、艺术设计、咨询服务、文化科技等重点领域。加大对文艺精品创作生产的扶持力度，努力推出一批体现国家和浙江文化精品创作水准，在全国产生重大影响的文化精品。加大对工业设计、环境艺术、服装设计等创意产业的扶持和引导力度，着力发展品牌设计、包装设计、产品设计、时尚设计、多媒体设计以及手工艺品设计等，不断增强产业渗透力和辐射带动力，推进“浙江制造”向“浙江创造”转变。加快广告策划业的优化升级，加强创意和创新，提高专业化服务水平，培育一批具有全国影响力的综合性广告公司。引导和鼓励咨询服务创新，重点发展市场调研和策划、企业咨询、商业策划、金融咨询等行业。培育和规范艺术品交易市场，鼓励发展艺术品经营机构，努力促进艺术品经营业繁荣发展。鼓励发展乐器、棋艺、书法、绘画等社会文化生活教育服务。

发展载体。重点培育杭州、宁波和温州三大创意能力突出、辐射能力较强的综合性创意城市以及嘉兴、台州、义乌三大专业化水平较高并具有地域经济文化特点的特色化创意城市。全面推进白马湖生态创意城、之江文化创意园、西湖创意谷、杭州山南设计创意产业园、宁波和丰创意广场、温州学院路创意产业园、绍兴中国轻纺城纺织创意中心、丽水万象创意产业园等基地建设。大力扶持西泠印社集团有限公司、思美传媒股份有限公司、浙江南方建筑设计有限公司等优势企业。重点推进天迦山书院及配套设施建设项目、ADA 国际设计中心项目、嘉德威工业设计园项目等建设。

2. 影视服务业

发展导向。影视服务业主要包括广播、电影、电视的拍摄、制作、传输、播映和集成等领域。影视服务业发展要坚持社会主义核心价值观，关注重大历史和现实题材，重点抓好主旋律电影、电视剧、纪录片、动画片、网络视频的创作生产，努力使我省影视业走在全国前列。加快发展电视剧产业，推动电视台电视剧制作机构在完成转企改制的基础上，进一步建立健全现代企业制度，面向市场做大做强。积极推动国有电影发行放映单位转企改制，积极组建集电影制作、发行放映、电影频道、新媒体业态为一体的省级电影集团，着力培育发展一批国有或国有控股的骨干电影发行放映企业。大力推进电影院线和城镇数字影院建设，着力发展品牌院线、特色院线、数字院线和跨区域院线等，做大做强浙江时代、浙江横店、温州雁荡、浙江星光等院线，形成覆盖全省城乡的影院终端网络。加快改造建设数字化多厅电影院，大力推广运用数字化电影放映技术。推进和优化横店国家影视产业实验区产业链，形成影视拍摄、后期制作和院线发行紧密结合的产业链体系。大力推进有线广播电视网络数字化整体转换和双向化改造，加快网络广播电视、手机电视、公共视听载体、移动电视等新媒体发展，加快推进通信网、广电网和互联网“三网融合”，形成较为完整的数字广播电视产业链。

发展载体。影视服务业拍摄与制作应以浙江横店影视产业集聚区为核心，西溪创意产业园、“中国坞”文化创意产业园、南浔文化创意产业基地、安吉竹海(影视)创意园等为支撑,大力推进影视基地建设。做大做强浙江广播电视集团、浙江省电影有限公司、杭州文化广播电视集团、华数数字电视传媒集团有限公司、浙江华策影视股份有限公司、浙江横店影视城有限公司等龙头企业。加快推进浙江影视后期制作中心项目、象山影视城(二期)项目、嘉兴国际影视与文化创意制作基地项目等建设。

3. 新闻出版业

发展导向。新闻出版业主要包括新闻业、书报刊出版印刷发行业、音像及电子出版物出版印刷复制发行业、网络出版和数字出版业以及与新闻出版相关的版权服务业。进一步做优新闻业,积极探索新闻媒体分类改革,按照中央部署,扎实推进非时政类报刊社的改革,加快推进党报党刊发行体制改革,探索建立面向市场的发行公司。以建设新闻出版强省为目标,做强做精书报刊等传统出版业,大力发展网络出版、数字出版、手机出版等非纸介质现代新型出版业态,推动新闻出版业转型升级。积极促进印刷复制业转型发展,加强印刷复制园区建设,积极发展数码印刷、特色印刷、绿色印刷。积极发展现代出版流通、物流产业,大力发展出版物连锁经营、物流配送、电子商务等现代分销形式、流通业态,构建“高效、便捷、有序”的现代出版物流通体系。加快培育版权交易服务机构,加大版权保护力度,促进书报刊音像及电子出版物版权贸易的健康发展。实施图书“走出去”工程,构建海外发行渠道和平台,扩大浙版图书影响力。

发展载体。以浙江日报报业集团、浙江出版联合集团、浙江在线新闻网站等为龙头,积极推进新闻宣传加强创新,进一步提高舆论引导能力,同时积极推进产业经营与发展,进一步增强发展活力,为增强新闻出版影响力提供坚实基础。以杭州为核心,宁波、温州、金华等为结点,整合新闻出版物流基地,形成“高效、便捷、有序”的新闻出版网络体系。重点推进杭州国家数字出版产业基地、浙江新出版数字传媒研发中心和中国移动杭州手机阅读基地、中国古代造纸印刷文化村、百步文化印刷创意园、绍兴印刷产业创意园等基地建设,逐步把杭州、宁波、苍南、路桥、义乌五大特色印刷产业区块打造成为国内乃至国际知名的印刷产业基地,加快扶持衢州印刷集聚区和台州路桥横街印刷产业集聚区发展。做大做强新雅投资集团有限公司、曙光印业集团有限公司等行业龙头企业。重点推进浙江日报报业集团新闻印发基地项目、浙江新出版数字传媒研发中心项目、图书销售与文化服务网点建设项目、杭州数字出版印刷产业园项目等建设。

4. 数字内容与动漫业

发展导向。数字内容与动漫业主要包括动漫业、网络游戏业、互联网信息服务业和无线网络服务业。数字内容与动漫业发展要充分利用3G时代与三网融合的技术趋势,以杭州高新区国家动漫产业基地、西湖区国家数字娱乐产业基地为载体,依托浙江大学、中国美术学院、浙江传媒学院等国家动画教学研究基地的科研力量,坚持自主创新和引进品牌相结合、民族文化和现代时尚相结合、创意内容与数字科技相结合,加大动漫、网络游戏及衍生产品的开发力度,全面推进数字内容与动漫产业发展。鼓励创办综合性或行业性的电子商务网站、文化信息服务网站,创作生产以移动通信设备为终端的多媒体广告、影视音像文艺作品、手机游戏及衍生产品等文化产品,开发关键网络技术、应用无线网络技术和相关设备。努力将浙江打造成为全国领先的以动漫游戏、数字内容服务为特色的数字娱乐基地,国内具有重要影响力的动漫游戏产业中心。

发展载体。以杭州为龙头,以杭州高新区国家动画产业基地、西湖数字娱乐产业园等数字内容与动漫产业基地建设为重点,集聚专业创意人才和数字内容与动漫企业,加大杭州“中国国际动漫节”的宣传和推广力度,打造产业带动能力突出、辐射能力强、具有国际影响力的中国“动漫之都”。加快推进宁波国家级动漫游戏原创基地建设,培育全国重要的原创动漫产品生产、创作基地。以湖州科技创业园、嘉善浙北动漫基地、绍兴动漫产业创意园区、浙中网络文化创意产业园等文化产业基地建设为依托,着力将湖州、嘉兴、绍兴、金华建设成为在全国具有一定知名度的数字内容与动漫产业发展集聚区。加大对数字内容与动漫企业和项目的扶持力度,重点培育浙江中南集团卡通影视有限公司、杭州漫齐妙动漫制作公司、宁波成功多媒体通信有限公司、浙江海利控股集团、金华比奇网络公司等一批具有全国性影响力的数字内容与动漫龙头企业,建设阿里巴巴淘宝城项目、迪斯尼动漫项目、盛大网络全球首家互动娱乐产业示范基地项目、浙江省动漫衍生产品交易中心等一批具有重大引导和带动效应的示范项目。

5. 文化会展业

发展导向。文化会展业主要包括文化会展服务、文化艺术体育商务代理服务等行业。文化会展业发展要以打造国际知名会展目的地、全国重要的会展中心及会展强省为目标,加快浙江会展业专业化、市场化、国际化进程，加快培养和引进会展业专门人才,完善会展中介机构体系,培育一批具有国际竞争实力的会展市场主体。在已有的文化用品、轻纺产品、五金制品等传统会展品牌的基础上,结合浙江文化产业的发展趋势,加快培育文化创意产品、工艺美术品、文体休闲娱乐产品等新型会展产品,积极打造浙江会展强省。加快推进展示工程资质认定、展览品牌与会展活动评优、会展统计等工作,扶持文化艺术体育商务代理企业。

发展载体。加快构建以杭州、宁波为中心,以嘉兴、绍兴、义乌等特色会展城市联动发展的会展业体系,在全省范围内合理布置和整合会展场馆资源,建设一批高档次、多功能的现代化会展场馆,在以上海为中心的长三角会展业体系中发挥重要功能。以中国杭州文化创意产业博览会、杭州“西湖艺术博览会”、“中国国际动漫节”等为依托,打造一批优势文化展会;以杭州西湖国际博览有限公司、中国国际动漫节会展有限公司为依托，打造一批知名文化会展企业。

6. 文体休闲娱乐业

发展导向。文体休闲娱乐业主要包括生态文化业、文化旅游业、演出业、体育服务业和文化娱乐业。生态文化业要充分挖掘全省生态资源优势，按照建设生态文明的要求,积极发展森林生态文化、水生态文化、湿地生态文化、海洋生态文化等多种领域,实现文化与区域生态、休闲旅游的融合发展。文化旅游业要做优做特民俗文化、水乡古镇、海洋文化等文化旅游区块,积极开发宗教、美食、丝绸、影视、修学、科技等特色文化旅游，积极举办具有丰富文化内涵的文化旅游活动,打响“诗画江南、山水浙江”的文化旅游品牌。演出业要切实推动国有文艺院团改革,加大对民营院团的扶持力度，支持其与国有院团平等竞争、共同发展,不断完善演出市场网络体系,推动浙江演艺市场向多元化、品牌化方向发展。推进文化演艺与旅游的深度融合，实现全省4A级以上风景区都有一台特色文化演出项目。体育服务业以运动休闲、健身服务和体育竞赛表演为发展重点,打造特色运动休闲基地,积极培育大型体育产业集团。文化娱乐业要引进、开发新的娱乐形式,提高娱乐产业的整体层次和文化品位，鼓励建设经营面向老年人和中低收入居民的休闲娱乐场馆设施，加大行业监管和市场开拓力度。

发展载体。以城市为中心,充分整合文化资源,加快构筑杭州国际文化休闲、宁波滨海都市文化、温州山水文化、浙北古镇文化、绍兴古越文化、浙中商贸影视文化、舟山海洋文化、台州山海文化和浙西南生态文化等九大文体休闲娱乐业发展板块，形成地域文化特色鲜明、优势互补、区域联动的文体休闲娱乐业发展格局。重点推进杭州创意良渚文化产业基地、黄龙体育中心体育文化创意中心、宁波梁祝爱情文化产业园、嵊州中国民间越剧城、景宁全国畲族文化发展基地等文体休闲娱乐基地建设，培育区域性文体休闲娱乐产业发展集聚区。以浙江新远文化产业集团、浙江旅游集团、宋城集团、杭州金海岸有限公司、长兴百叶龙演出公司等企业为重点,培育文体休闲娱乐产业发展的大企业和企业集团。以杭州奥体中心项目、西湖文化广场浙江文化艺术中心项目、径山禅茶文化旅游综合体项目等建设为抓手，促进全省文体休闲娱乐业的发展。以中国国际钱江（海宁)观潮节、中国网络音乐节、舟山群岛、中国海洋文化节、舟山国际沙雕节、中国金华、国际黄大仙文化旅游节等会展活动为重点，培育具有浓郁地方特色和丰富文化内涵的会展活动。

7. 文化产品流通业

发展导向。文化产品流通业主要包括文体用品销售、文体设备销售、相关文体产品销售、艺术品经营等行业。文化产品流通业要以建设文化产品大流通格局为目标，进一步加强文化产品实体市场建设和文体产品网络销售平台等现代化商贸平台建设，加强仓储、物流、海关、金融、商检、保险、信息网络等配套服务设施建设，带动全省艺术创作及文化产品制造业的发展。积极推进文化产品流通业现代化改造,以阿里巴巴等网上交易市场为重点,加速文化产业电子商务体系开发,构建行业性、综合性、多领域的B2B、B2C、C2C电子商务模式，推动文化产业流通渠道创新。

发展载体。以义乌文化产品市场及各地文化产品专业市场为依托,构筑以浙中为中心,以全省快速交通网络为支撑的文化产品实体市场体系。加快义乌文体专业市场提升改造，进一步巩固其在全国的文体用品流通中心、信息中心、展示中心和出口基地的地位。加快杭州、温州、台州等地文体用品专业市场区块的建设培育。以西泠印社集团“江南艺术品交易中心”项目、东方卢浮宫文化艺术品展示中心项目、衢州奇石交易市场建设项目、宁波书城建设项目等为依托,推进一批文化产品流通体系建设项目。加快培育和发展博库书城、淘宝网、好易购家庭购物等新兴文化产品流通平台。

8. 文化产品制造业

发展导向。文化产品制造业主要包括文体用品生产、文体设备生产、演艺设备制造、工艺美术品制造、包装装潢印刷品和其他印刷品等行业。文化产品制造业要抓住我省加快建设“大平台大产业大项目大企业”的机遇,利用已有产业集聚优势,推动文化产品制造块状经济向现代产业集群转变,加快文体用品、木制玩具、体育休闲用品等领域的转型升级,推动工艺美术品、演艺设备等领域的高端化发展,大力提高文化产品档次和技术含量,培育若干个区域品牌,不断提高产业高新技术含量和产品附加值,提升在国内外市场的竞争力。

发展载体。充分依托浙江块状经济基础,加大制造业文化含量,培育文化制造业品牌。大力推进南浔善琏“中国湖笔之都”产业基地、江山羽毛球产业基地、温州桥下教玩具产业基地等建设,重点扶持浙江华鹰控股集团有限公司、宁波音王集团有限公司、宁波海伦乐器制品有限公司、衢州醉根艺品有限公司、华宝斋富翰文化有限公司等骨干企业。加快推进杭州临安昌化国石文化城项目、中国衢州莹白瓷研制中心、中国印章产业基地项目等建设。

(三)实施“四个一批”行动计划

以发展特色文化产业群为引领,以建设文化产业示范基地、推进重大文化产业项目、培育优势文化企业、扶持文化会展活动为具体依托,实施文化产业发展“四个一批”行动计划。

1. 建设一批重点文化产业基地。按照“有空间、有规模、有基础、有前景”的要求,引导建设一批具有集聚效应的重点文化产业基地,进而加快发展一批文化创意、影视服务、新闻出版、数字内容与动漫等不同产业的示范基地,突出特色、提高水平,推动文化产业的集群发展,打造文化产业集聚和落实产业扶持政策的新载体。

2. 推进一批重大文化产业项目。按照“有主体、有规模、有效益、有带动”的要求,着力抓好一批规模大、带动力强的文化产业项目,努力在优势产业领域形成强大竞争实力,在传统产业领域打造优势产业品牌,在新兴产业领域实现跨越发展,激发文化产业发展的新动力。

3. 培育一批优势文化企业。按照“有实力、有影响力、有核心竞争力”的要求,培育一批具有行业代表和区域代表意义的优势文化企业,进而通过跨地区、跨行业、跨所有制兼并、联合、重组等途径,打造一批成长性好、竞争力强、具有重大示范带动作用的大型文化企业集团,增强文化产业的竞争力。

4. 扶持一批文化会展活动。按照“有影响、有规模、有特色、有实效”的要求,扶持一批精品文化会展活动,搭建我省文化产业对外宣传和交易的新舞台,逐步扩大文化会展活动的经济、社会效益,进一步扩大文化产业的影响力。

四、主要举措

(一)深化文化体制改革

1. 创新文化发展体制机制。推动文化体制改革的进一步深化,解放和发展文化生产力,激发全社会的文化创造活力,形成新的文化发展体制机制。深化国有文化单位改革,推动建立健全现代企业制度,完善法人治理结构。进一步推动政府职能转变,实现政企分开、政事分开、管办分离,不断优化文化发展环境。深化文化事业单位的内部机制改革,继续大力推进劳动人事、收入分配和社会保障制度改革,引入竞争激励机制,制订完善工作评价机制和绩效考评办法,形成政府、社会、公众代表相结合的监督管理和考核评价体系。

2. 促进文化企业加快发展。坚持把文化事业单位转企改制与跨区域、跨行业整合紧密结合起来,支持国有文化集团跨地区覆盖、多媒体经营、跨行业拓展,打造文化领域的战略投资者。继续扶强扶大浙江日报报业集团、浙江广播电视集团、浙江出版联合集团等国有文化集团,着力扩大国有文化产业增量,培育和打造若干在新闻出版、影视服务等领域的国有文化集团。大力支持中南卡通、华策影视、横店影视、宋城演艺等知名民营企业,鼓励支持企业进入创业板,做大做强企业实力。

(二)夯实文化消费基础

1. 提升城乡居民的文化消费水平。适应城乡居民消费结构变化的趋势,努力提供价格合理、丰富多彩的文化产品和服务,完善和优化文化消费的基础设施和消费环境,增强消费者购买意愿和能力,提升城乡居民的文化消费水平。持续拓展教育培训、体育健身、商贸会展、休闲旅游等与文化相结合的服务性消费,积极引导社会公众的文化消费。积极扩大体育赛事的影响力,组织承办国际国内品牌赛事活动,繁荣体育竞赛表演市场。推动在纺织等制造业中进一步融入文化元素,提高制造业的文化内涵和审美效果,促进文化创意衍生品生产,通过具备文化及创意元素的商品销售扩大文化消费。

2. 加大对新兴文化产品与服务的政府采购。大力推进城乡基本公共文化服务均等化,加快采用政府购买、社会供给的形式提供公共服务。进一步加大政府对新兴文化产品和服务的采购,在个人消费暂时无法发挥合力的领域扩大政府消费,培育与促进新兴产业的发展。引导国有影视播放机构对原创动漫产品的采购,促进动漫产品与电视电影播放、工艺品设计、图书音像出版的结合。加大政府对手机网络内容制作与播放等自主研发的新兴文化产品的采购力度,积极争取更多新兴的文化产品进入国家《政府采购自主创新产品目录》。

(三)完善文化市场体系

1. 推进文化产品市场建设。重点建设传输快捷、覆盖广泛的文化产品传播渠道,完善城乡实体书店体系,大力培育网络电子书店,加强报刊发行体系建设。规范发展演出市场,支持大中城市推广票务连锁服务,形成覆盖全省的票务连锁服务网络。大力推进电影院线的跨地区整合,加大数字化多厅影院的建设与改造,逐步提高全省电影院线的整体实力。扶持艺术品市场发展,加快艺术品产权体系建设,努力形成具有国际影响力的艺术品交易中心。努力推进文化产品流通业发展,加快培育专业实体市场和以网络为载体的新兴文化市场,加快网络线上交易与线下物流结合的文化产品流通模式建设。加强以跨地区连锁经营、信息化管理和现代物流为特征的大型现代文化流通企业建设,重点培育一批主业突出、具有著名品牌、辐射力强的大型文化流通企业,重点建设几个具有区域辐射力的文化产品物流中心建设。

2. 加强文化市场体系监管。建立健全知识产权体系,大力加强对自主创新型文化产品与服务的知识产权保护。积极培育知识产权交易中介与交易市场的发展,鼓励自主文化产权合法交易。大力支持省内企业加大品牌建设力度,着力培育一批国内著名、国际知名的文化品牌与文化商标。逐步整合现有各类文化监管体系,根据行业发展规律与企业发展需求出台一批监管政策,确保文化产业各个领域有序发展。强化对涉及青少年群体的书籍、音像、网络等知识载体与内容的监管,严厉打击假借文化载体营销非法读物的组织与个人,净化文化市场环境,促进文化产业健康发展。

(四)提升文化科技含量和文化品牌

1. 提升文化科技含量。加强数字技术、数字软件、数字内容、网络技术和安全播出等核心技术的研发,提高装备技术和制造技术的水平,加快关键技术设备改造更新。积极发挥下一代广播电视网络、第三代移动通信网络、宽带光纤接入网络等网络基础设施建设。积极运用高新技术改造传统娱乐设施和舞台技术,鼓励文化设备提供商研发新型电影播放设备、数字电影娱乐设备、便携式音响系统、流动演出系统及多功能集成化音响产品等新型产品和设备。扶持新型文化业态发展壮大,支持发展移动多媒体、网络广播影视等新型业态,开发移动文化信息服务、数字娱乐产品等增值业务,为各种便携显示终端提供内容服务。大力发展纸质有声读物、电子书、手机报和网络出版物等新兴新闻出版业态,实现传播渠道多元化。妥善处理新兴文化产业发展与网络信息安全的关系,切实维护国家文化和信息安全。

2. 提升文化品牌。要把文化品牌作为发展文化产业的着力点,在已有文化品牌的基础上,深入挖掘浙江历史文化、民俗文化、生态文化、都市文化等方面的资源优势,加强品牌的策划、培育和宣传,积极打造一批具有浙江特色的民间工艺品牌,一批具有较高知名度和美誉度的影视、动漫、出版物、演艺等现代文化产品品牌,一批文化旅游和文化节庆品牌,一批区域特色文化品牌,努力形成覆盖全省、特色鲜明的浙江文化品牌群,增强浙江文化品牌的整体竞争力。

(五)加强文化人才培养

1. 大力培养引进文化人才。适应文化产业发展的要求,切实加强文化人才队伍建设,提高人才队伍的综合素质。加强文化领域领军人物和各类高层次专门人才的引进,推进理论、新闻、出版、文艺和文化经营管理等“五个一批”人才工程建设,努力造就一批在国内外具有重要影响的文化人才。依托浙江大学、中国美院、浙江传媒学院、浙江工业大学等高校师资科研力量,探索产学研一体化人才培养机制。开设文化经营管理人才培训班,培养一批熟悉市场经济规律,懂经营、善管理的文化人才。实施文化高端人才引进计划,注重吸引财经、金融、科技等领域的优秀人才和海外创意、设计、研发、管理等高端人才进入文化产业领域。

2. 健全文化人才管理制度。建立健全人才培养选拔机制,创新培养方式,通过高校联合办学、定向培养、在职进修培训、实践锻炼等多种途径,培养高层次文化人才。健全人才使用、流动机制,采取签约、项目合作、技术入股等多种方式,鼓励以岗位聘任、项目聘任等多种方式集聚文化人才。加大对民营文化企业优秀人才的政策倾斜,着重在户口档案转入、经济适用房购置等领域设立绿色通道。梳理和完善全省现有文化人才相关优惠政策,形成人才政策洼地。

(六)扩大文化对外贸易

1. 鼓励文化产品和服务出口。充分挖掘和利用全省丰富的历史文化资源,努力培育一批戏剧、音乐、舞蹈、动漫、民间工艺、版权贸易等领域的,具有浙江特色的对外文化精品项目,参与国际文化市场竞争,扩大出口贸易。加强与周边省市的文化交流合作,积极参与长三角文化产业发展。推动全省出版业积极参与“中国图书推广计划”,加强与境外出版机构的合作,扩大浙版出版物出口和版权输出。培育一批出版、发行、影视、演艺等领域的外向型骨干文化企业和企业集团,培育一批对外文化中介机构,发展一批文化营销企业,积极开展国际市场调研、咨询和营销业务。

2. 鼓励文化企业“走出去”。建立健全政府有关部门之间、各文化行业之间的指导协调机制,理顺管理领域各条块与文化“走出去”整体战略之间的关系。树立现代营销理念,把握国际市场规则,优化出口区位选择,充分利用各类国际性文化博览会、影视节、出版物展销等活动,构建国际营销网络,做好文化产品和服务的推介和营销。发展文化营销企业,鼓励与培育对外文化中介机构大力开展国际市场调研、咨询和营销业务,为文化“走出去”提供信息、人才和服务支撑。鼓励重点文化出口企业积极开展跨国经营,在境外投资、注册公司,发展海外俱乐部会员,加入海外相关协会,委托国际代理,与国际知名文化公司开展合资合作等,不断巩固与拓展国际文化市场。认真贯彻《关于进一步加强和改进文化产品和服务出口工作的意见》(中办发〔2005〕20号)等,以服务贸易专项资金为导向,引导和推动文化产品和服务更多地“走出去”。积极引导社会资本投入文化出口领域,鼓励兼并重组,推动文化出口企业管理创新,提升国际竞争力。在项目审批、内容审查等部门审批程序上,采取“内外有别”的管理模式,更加便利、透明、高效地为企业服务,在输出我国核心文化价值的同时实现经济利益的最大化,在海关通关、人员出境、外汇汇出等方面,制订符合文化出口企业特点的便利措施,不断为文化出口创造良好的发展环境。大力支持国家文化出口重点企业和重点项目,持之以恒地打造文化品牌。

五、实施保障

(一)强化组织领导

各级政府和有关部门要把加快发展文化产业作为深入实施“创业富民、创新强省”总战略、推动经济发展方式转变的一个重要抓手,纳入经济社会发展的总体规划,作为评价地区发展水平、衡量发展质量和领导干部工作实绩的重要内容;要把文化产业发展放在突出位置,充实完善组织管理职能,建立和完善文化产业统计制度,切实做好促进文化产业发展的各项基础性工作。

(二)降低产业准入门槛

按照《国务院关于非公有资本进入文化产业的若干决定》(国发〔2005〕10号),鼓励非公有资本进入《浙江省文化产业项目投资指南(2009)》(浙发改社会〔2009〕1055号)鼓励类和允许类的领域。积极吸收社会资本进入文化创意、影视制作、演艺娱乐、动漫、印刷、出版物分销等领域,鼓励非公有资本参与国有文化单位的转企改制和股份制改造,逐步形成多种所有制共同发展的文化产业格局。根据国家有关政策法规和省内外文化产业发展情况,适时对《浙江省文化产业项目投资指南(2009)》进行调整和修订,逐步放宽相关领域的政策限制,提高文化产业开放程度。

(三)加大财政投入力度

进一步加大公共财政对文化发展的投入力度,建立财政投入稳定增长机制,力争做到“十二五”时期文化投入占财政支出比重高于“十一五”时期。进一步整合扩大文化产业专项资金规模,不断完善专项资金的使用管理办法,重点支持重大文化产业项目、企业和基地建设,支持文化领域新产品、新技术的研发,支持大宗文化产品和服务出口。合理整合文化产业相关领域的财政扶持资金,进一步发挥财政投入的引导和统筹效应,通过财政对文化产业的战略投资,带动社会投资,推动民企合作,完善金融资本市场。进一步落实与完善版权奖励机制,加大对文化企业自主版权的政府采购与出口扶持。有条件的市、县(市、区)财政应安排文化产业发展专项资金,采取补助、贴息和奖励的方式,支持文化企业、文化产业项目和文化产业基地建设。

(四)落实税收优惠政策

贯彻落实《国务院办公厅关于印发文化体制改革中经营性文化事业单位转制为企业和支持文化企业发展两个规定的通知》(国办发〔2008〕114号)、《财政部、海关总署、国家税务总局关于支持文化企业发展若干税收政策问题的通知》(财税〔2009〕31号)、《财政部、国家税务总局关于文化体制改革中经营性文化事业单位转制为企业的若干税收优惠政策的通知》(财税〔2009〕34号)、《财政部、国家税务总局关于扶持动漫产业发展有关税收政策问题的通知》(财税〔2009〕65号)等有关优惠政策,经营性文化事业单位转制为企业,自转制注册之日起至2013年底止免征企业所得税,出口图书、报纸、期刊、音像制品、电子出版物、电影和电视完成片按规定享受增值税出口退税政策。进一步推动拥有自主知识产权的文化企业申报高新技术企业,对通过认定的高新技术企业及时落实所得税优惠政策。

(五)加强生产要素保障

加大对文化产业重点项目的用地支持力度,规划确定的重点文化产业基地、重大文化产业项目以及优势文化企业的用地空间位置、规模等信息,应尽量纳入市、县、乡三级新一轮土地利用总体规划的“允许建设区”或“有条件建设区”范围,确保文化项目建设“落地”或预留发展空间。认真落实《浙江省人民政府办公厅关于支持文化体制改革和文化企业发展的意见》(浙政办发〔2009〕104号)对省级国有文化单位土地使用权处置的相关规定。积极鼓励利用存量土地发展文化产业,加大对低效利用土地的盘活利用和闲置土地的清理处置力度,确保文化产业在内的转型升级项目用地优先供应。支持以划拨方式取得土地的文化单位利用工业厂房、仓储用房、传统商业街等存量房产或土地资源兴办文化产业。鼓励文化经营单位利用自有土地资源进行产业开发,在确保原有文化设施面积的前提下,通过合法方式盘活资产。

(六)建立健全投融资体系

深入贯彻落实国家9部委《关于金融支持文化产业振兴和发展繁荣的指导意见》(银发〔2010〕94号),建立健全全省文化产业投融资体系。加强银行业金融机构与文化企业的对接合作,推动银行业金融机构根据文化企业的特点,探索开发多元化、多层次的信贷产品和贷款模式,完善和改进信贷管理制度和流程,加大有效的信贷支持,不断提高服务效率。鼓励和引导文化企业积极扩大直接融资规模,推动一批市场前景广阔、投资运营状态良好的文化企业做大做强,鼓励符合条件的文化企业上市融资,重点支持中小文化企业进入创业板融资;鼓励符合条件的文化企业通过发行企业债券的方式投资开发战略性、先导性的文化项目;以国有资本为主,积极引进战略投资者,筹资设立省级文化产业基金,支持文化产业发展。建立健全有利于文化产业融资的配套机制,发挥产权交易所的投融资服务功能,为知识产权拍卖和交易等提供一站式服务;加快制定著作权、文化品牌等无形资产的评估和质押办法,鼓励组建文化产业融资担保中介机构和知识产权专利评估机构,建立和完善文化资产评估体系;探索建立文化产业投资风险分摊机制,鼓励担保和再担保机构开发适应文化产业的担保业务品种。

浙江省人民政府办公厅

二○一一年一月十七日

浙江省人民政府关于印发浙江省文化服务业十二五发展规划的通知

浙政发〔2011〕53号

各市、县(市、区)人民政府,省政府直属各单位:

现将《浙江省文化服务业“十二五”发展规划》印发给你们,请认真贯彻实施。

浙江省人民政府

二○一一年七月二十八日

浙江省文化服务业“十二五”发展规划

文化服务业是指以文化、体育、娱乐等资源为基础,以服务为手段的新兴行业,是现代服务业的重要组成部分。根据生产目的、产品属性和服务对象的不同,文化服务业可分为两个层次:一是生活性的文化服务业，主要是直接为社会公众提供文化娱乐产品服务的活动，如为社会公众提供视听、阅读、娱乐、鉴赏和文化体育健身等活动；二是生产性的文化服务业，主要是为企业等提供生产性文化服务的活动，如为文化企业提供基础设施保障和人才、信息、交易、金融等公共服务平台以及为工业企业提供工艺设计、品牌设计、咨询服务等。文化服务业对推动经济发展方式转变、满足人民群众精神文化需求、促进社会主义文化大发展大繁荣等都具有重要的作用。为进一步加快发展我省文化服务业，根据国务院《文化产业振兴规划》、《浙江省建设文化大省纲要(2001—2020 年)》、《浙江省推动文化大发展大繁荣纲要(2008—2012 年)》和《浙江省服务业发展规划(2008—2012 年)》及《浙江省文化产业发展规划(2010—2015)》等，特制定本规划。

一、背景条件

当前，我省发展文化服务业面临极好的历史机遇。国务院《文化产业振兴规划》将文化产业作为战略性、先导性产业提升到国家层面。我省经济结构调整和转型升级进入全面实施阶段，省委、省政府将发展服务业作为我省产业结构转型升级的重要推动力量。文化及相关产业以其“优结构、扩消费、增就业、促跨越、可持续”的独特优势和突出特点，成为我省经济转型升级的重要选择。以互联网为代表的现代科学技术的迅猛发展，在推动信息产业崛起的同时，也进一步加快了文化产业与教育、信息、旅游、制造等行业的融合发展，数字电视、移动多媒体、网络游戏、数字报纸等高新业态加速发展，文化旅游、文化创意、体育休闲等新兴产业方兴未艾，传统制造业面临提升文化含量、推进技术革新和产业升级的良好机遇。文化体制改革深入推进，政企分开、政事分开和管办分离取得较大突破，文化管理体制进一步理顺。经营性文化单位转企改制取得显著进展，在出版发行、广播影视、文化艺术等领域涌现一批骨干文化企业，显示出强大的竞争力。我省正处于人均 GDP 由 7000 美元向 10000 美元跨越的关键时期，城乡居民文化消费水平进一步提升，教育、传媒、体育、旅游、娱乐等领域的消费热点不断涌现，文化消费进入一个空前旺盛的阶段，文化服务业呈现广阔的发展潜力和市场空间。

我省历史悠久，人文荟萃，科教发达，发展文化服务业具有良好的优势条件。我省拥有一大批特色传统文化资源，汇集了浙江大学、中国美术学院、浙江传媒学院等一批相关高等院校，培养了一批优秀的文化领军人物和专业人才，为发展文化服务业提供了良好的条件。近年来，我省把发展文化服务业作为文化大省建设的重要内容和经济发展的重要力量，不断加大财政投入，深入推进体制创新，制定出台文化政策法规，推动文化服务业进入快速发展阶段。全省各地新建扩建图书馆、博物馆、展览馆、文化馆、体育馆、音乐厅、影剧院、主题公园等一大批现代文化设施，形成了新闻出版发行、广播影视、动漫游戏、演艺娱乐、广告设计等一大批优势产业，集聚发展了一大批具有鲜明特色的园区(基地)，涌现出一大批综合竞争力较强的文化企业集团和充满活力的民营文化企业，为加快发展文化服务业奠定了良好的基础。

但是，我省发展文化服务业仍然存在许多薄弱环节和制约因素。文化服务业规模偏小，在文化产业和国民经济中的比重偏低；文化产品总量、质量和结构还不能充分满足人民群众的文化消费需求，尤其是农村文化供给依然相对不足；不少国有文化单位体制改革尚未到位，竞争力不强，缺乏面向市场的开拓能力；文化市场发育程度较低，产业链条不完整，盈利和商业模式不成熟，规模化发展和市场化运作难以形成，资金、技术、人才、信息、项目等文化资源没有得到有效配置，文化资源闲置、浪费现象仍较严重；文化管理体制尚不健全，政出多门现象依然存在；文化品牌和高端人才较为缺乏，在全国有影响力的知名文化品牌较少，文化从业人员的整体素质还有待进一步提高。

二、总体要求

1. 指导思想。以邓小平理论和“三个代表”重要思想为指导，全面贯彻落实科学发展观，深入实施“八八战略”和“创业富民、创新强省”总战略，以加快建成文化大省为目标，以满足人民群众日益增长的精神文化需求为重点，以转变文化服务业发展方式为主线，以体制机制创新和科技进步为动力，深入推进文化“三大体系”和“八项工程”建设，加快构建覆盖全面、较为完备的公共文化服务体系，加快形成具有较强综合实力和竞争力的文化产业发展体系，加快发展文化服务业，不断提高其在文化产业中的比重，促进经济转型升级，加快推动浙江文化大发展大繁荣，为全面建成惠及全省人民的小康社会提供强有力的精神动力、智力支持和文化条件。

2. 基本原则。

——以人为本，协调发展。坚持社会主义先进文化前进方向，正确处理“两种属性”（意识形态属性、经济属性）和“两个效益”（社会效益、经济效益）的关系，弘扬主旋律、提倡多样化，统筹公益性文化事业与经营性文化产业，最大限度地满足人民群众日益增长的精神文化需求，努力实现社会效益与经济效益的最大化。

——政府引导，市场运作。抓好政府规划引导，强化政策扶持，推进文化管理体制改革，不断优化文化发展环境；坚持以市场为导向，以企业为主体，加快壮大国有或国有控股的骨干文化企业，充分利用我省民间资本充裕的优势，加快民营文化服务业的发展。

——统筹兼顾，发挥优势。充分调动各方力量，努力形成多元投入、协力发展的新格局；充分利用各地的文化特色资源，进一步发展壮大优势文化产业，培育一批体现浙江地域特色的文化服务业项目和基地。

——改革创新，增强活力。始终把文化创新作为发展的基点和动力，大力创新文化生产、传播、流通、消费方式，提高文化服务的科技和品牌含量，加快文化人力资源开发和高端人才培养，全面提升我省文化服务业整体素质和核心竞争力。

3. 发展目标。力争到2015年底，全省文化服务业实现跨越式发展。具体要达到以下发展目标：

——产业总量显著提高。文化服务业总产出、增加值的年均增长速度明显高于同期经济增长速度，在地区生产总值中的比重进一步提高。文化服务业年均增长20%，2015年实现增加值900亿元，占文化产业增加值比重的一半以上。

——业态结构不断优化。在实现文化服务业整体较快发展的同时，进一步加快发展面向大众的广播影视服务、动漫游戏、演艺娱乐、文化体育休闲、网络文化、阅读服务、艺术品鉴赏等重点服务业，大力发展数字电视、手机传媒、网络视听、数字出版等新兴文化业态，积极发展面向文化企业和其他企业两个层次的文化服务，推动有条件的文化企业进行跨地区、跨行业、跨所有制的资源整合和兼并重组，积极打造文化领域战略投资者。

——公共文化服务能力明显增强。按照体现基本性、公益性、均等性、便利性的要求，加快构建覆盖全省城乡的公共文化服务体系，让文化发展成果最大程度地惠及全省人民。城乡公共文化服务基本实现均等化，公共文化服务的各项指标位居各省区前列。

——文化消费稳步增长。生产更多更好的文化产品和服务，不断满足人民群众日益增长的精神文化需求。积极引领人民群众转变消费观念，鼓励文化娱乐服务类消费，提升文化消费水平。

——文化创新加快推进。加快推进体制机制创新，建立健全以市场为导向、企业为主体、产学研相结合的文化创新体系。把运用高新科技作为发展文化服务业的新引擎，广泛运用数字技术、网络技术的最新发展成果，积极推进“三网融合”，加快构建覆盖广泛、技术先进的文化传播体系。进一步提升文化策划和原创水平，努力打造一批具有自主知识产权和核心竞争力的文化品牌。

——文化市场更加健全。发挥市场在文化资源配置中的基础性作用，促进各种文化要素的合理流动。加强和改善政府对文化市场的管理，充分发挥文化行业协会和中介机构的作用，推进文化流通渠道建设，培育文化展示和推介平台。统筹发展城乡文化市场，拓展文化消费领域，扩大文化服务出口，培育一批外向型骨干文化企业和国际知名品牌。

三、主要任务

（一）大力发展面向社会公众的生活性文化服务业

立足我省文化资源特点，大力发展阅读服务、广播影视、动漫游戏、网络文化、演艺娱乐、群众文化体育、文化旅游、艺术品鉴赏等面向社会公众的生活性文化服务活动，鼓励开发大众性文化产品和服务，培育壮大文化市场主体，加大政府购买公共文化产品服务力度，构建多层次文化消费市场体系，培育新的消费热点，扩大文化消费，努力为社会公众提供更多更好的文化娱乐服务。

1. 阅读服务业。进一步做优党报、做强都市报、做专专业报、做新县市报，满足人民群众多层次和个性化的新闻资讯需求。重点扶持以浙江日报报业集团为核心的党报党刊发展平台，积极推广社区综合文化服务平台模式，打造包括社区系列杂志、社区生活网站、户外综合媒体等在内的文化服务综合体。深入实施期刊方阵工程，促进期刊业加速发展。坚持传播和弘扬社会主义核心价值体系，继续深入实施出版物精品工程，推出“浙江文丛”、“宋画全集”等一批在全国有较大影响力的图书精品，打造浙版科技、少儿、教育出版品牌，努力为人民群众提供满足文化积累要求和人文精神熏陶的优秀出版物。大力实施“服务‘三农’重点出版物工程”，深入推进农村出版物发行“小连锁”和“农家书屋”建设，坚持和改进“送书下乡”活动。加强公共图书馆基础建设,提高藏书量,推行总分馆制建设,建立覆盖全省的公共图书馆网络体系。力争到2015年,全省人均公共图书馆藏书量达到1册。以公共图书馆为平台,举办各种形式的“阅读日”、“读书周”、讲座等活动,积极倡导全民阅读活动。建成与“农家书屋”有机结合,覆盖400多个中心镇的标准化农村图书“小连锁”实体书店。大力发展电子出版、网络出版、数字出版等新业态。重点推进杭州国家数字出版产业基地、浙江新出版数字传媒研发中心、中国移动杭州手机阅读基地和中国电信杭州数字阅读基地建设,加快推进浙江文化资源数据库服务平台建设。大力发展高新技术印刷、特色印刷,加快推进印刷产业区块集聚发展,把杭州、宁波、温州、义乌四大特色印刷产业区块培育成国内外知名的印刷产业基地。加快浙江出版“走出去”步伐,完善版权贸易和合作出版的体制机制,加快构建海外发行渠道和平台,扩大浙江出版业在全国和海外的影响力。

2. 广播影视服务业。切实提升整体规模和能力,提高面向大众的传播服务水平,力争使广播影视业成为引领我省文化产业振兴发展、满足人民群众多样化多层次多方面精神文化需求的重要渠道。广播影视节目和产品更加丰富多样,电影、电视剧和影视动画生产稳步增长,力争年生产电影30部、电视剧1500部(集)以上、纪录片200部(集),质量显著提高,内容产业更加繁荣。重点支持浙江省影视题材资源库和浙江省动画原创题材研发中心建设。完善健全覆盖城乡的广播影视公共服务体系,到2015年广播电视人口综合覆盖率达到100%,基本实现有线广播电视户户通,实现每个行政村每月放映一场数字电影的目标。扶强扶大浙江影视集团及横店国家影视产业实验区内的各类影视制作机构等,努力使我省影视产业走在全国前列。全面推进广播影视业数字化发展,到2015年,全省各级广播电台、电视台全部实现数字化、网络化,全省有线电视基本实现规模化、集约化、产业化发展,县以上城市(含县)以及中心镇基本实现有线电视数字化、双向化和地面数字电视覆盖,电影数字化放映基本普及。大力推进电影院线和城镇数字影院建设,鼓励倡导城市社区、中心村影院建设,着力发展品牌院线、特色院线、数字院线和跨区域院线,形成覆盖全省城乡的影院终端网络。积极组建集电影制作、发行放映、电影频道、新媒体业态为一体,在全国具有竞争优势的省级电影集团。做大做强浙江时代、浙江横店、温州雁荡、浙江星光等院线公司,力争到2015年,全省多厅影院达到120家、银幕800块,力争每个县(市)都拥有1家多厅电影院,票房超过10亿元。大力发展网络广播电视、数字声音广播、手机电视、公共视听载体、移动电视等新媒体业务,加快推进“三网融合”,形成较为完整的数字广播电视产业链。

3. 动漫游戏服务业。提升动漫原创能力和水平,创作生产更多内容健康、艺术性强、体现社会主义核心价值体系的动漫产品。加快建设动漫产业发展平台,集聚各类优质要素,优化资源配置,吸引集聚国内外知名企业入驻,不断推动动漫产业集约化、规模化发展。开发影视动画、网络游戏、漫画形象等衍生产品,培育和发展动漫消费市场,引导省内电视频道、数字电视平台、网络、手机、出版物等传播载体与动漫产业有机结合,构建完整的动漫产业链。发挥浙江大学、中国美术学院、浙江传媒学院等国家动画教学研究基地的教学、科研优势,加快动漫制作、衍生产品工业设计、相关技术软件研发等核心技术开发,为我省动漫产业提供技术保障。继续办好中国国际动漫节,不断提升办节水准,巩固和提升在国内外动漫产业界的地位。继续扶持浙江中南集团卡通影视有限公司等一批具有核心竞争力的动漫龙头企业。加强对游戏服务业的引导和规范管理,倡导健康、益智、文明的文化导向,努力将浙江打造成为全国领先的以动漫游戏、数字内容服务为特色的数字娱乐基地和国内具有重要影响力的动漫游戏产业中心。

4. 网络文化服务业。加大培育和资源整合力度,把浙江在线等新闻网站打造成为“权威媒体,大众网站”,着力构建多媒体资讯内容提供平台和网上舆论引导的重要阵地。鼓励创办各种电子商务网站、文化信息服务网站,大力发展网络视频、网络音乐等新兴业态,推进网络文化企业规模化、品牌化、连锁化建设,把互联网上网服务业打造成高科技、低价位、大众化的规范健康的现代文化娱乐行业。到2015年,争取实现50%的互联网上网服务营业场所实行连锁;打造1~3个知名网上文化交易平台;建成1~2个业内知名的数字企业孵化器。积极扶持鼓励龙头、优势企业上市,推动龙头企业做大做强,在行业中发挥引领作用。充分利用阿里巴巴、淘宝网、网易、5173等网络平台的优势,大力发展文化应用软件和电子游戏软件。发展数字化产品,提供网络化服务,支持网络内容提供、网络与单机游戏的发展。加大信息资源开发和综合利用力度，加快经营性文化信息资源的市场化开发，逐步开放网络服务市场，大力发展网络服务业、信息咨询服务业等行业，繁荣和规范互联网信息服务业。发展积极健康的互联网文化娱乐，推进文化服务业信息化，创建文化商业信息服务平台。支持从事数字广播电视、数据库、电子出版物等研发生产、传播的新兴文化企业的发展，开拓数字娱乐新领域。培养扶持有较强创新能力和竞争实力的大型文化信息服务企业，积极参与国际竞争，谋求国际化发展。

5. 演艺娱乐服务业。大力发展歌舞、音乐、戏剧、曲艺、杂技等演艺业，进一步丰富人民群众的文化娱乐生活。完善演出市场网络体系，推动浙江演艺市场向多元化、品牌化、集团化方向发展。以“浙江小百花越剧”、“宋城千古情”、杭州金海岸、“印象西湖”、“印象普陀”为龙头，打造一批具有较强策划、创作、演出和市场经营能力的艺术表演团体，创作一批长演不衰的品牌剧（节）目，培育一批在国内外享有较高知名度的演艺人才，发展一批擅长商业演出经营运作的品牌经纪机构，基本形成文艺演出产业化运行框架，推动全省演艺业健康快速发展。整合现有文艺院团资源，每年扶持10个重点演出项目，鼓励院团开拓国内外市场，提高演出效益。发展文艺演出院线，推广票务连锁服务，建设共享式票务营销网络。鼓励社会资金特别是民营资本参与文艺表演团体、演出场所等国有文化单位的公司制改造，发展多种所有制形式的、适应市场的艺术表演团体、艺术表演场所和演出中介机构。加快演艺场馆建设，实现一个院团一个剧场，各县（市）和中心镇都有一个综合性的现代化演艺场馆。进一步扶持民营表演团体发展，加快形成独具特色的民营演艺产业。优化娱乐业内部结构，创新娱乐业经营方式，重点发展与高科技结合紧密的娱乐项目。鼓励各地推广发展量贩式、自助式特色娱乐市场，加强规范管理，提升文化品位，不断开发文化娱乐项目，创建一批娱乐行业的连锁企业。

6. 群众文体服务业。加强规划布局，构建布局合理、便于参与、覆盖全面、利用有效的文体服务网络，实现城乡基本公共文化服务一体化、均等化。加快建设文化馆、图书馆、博物馆、乡镇综合文化站、村（社区）文化活动室等公共文化设施。力争到2015年前实现全省每个县（市、区）有三馆（文化馆、图书馆、博物馆），每个乡镇（街道）有一站（综合文化站），每个行政村（社区）有一室（文化活动室）。加强基层文化设施的管理和使用，通过丰富活动内容、建立服务标准、强化指导考核等途径，充分发挥文化设施的公共文化服务功能。创新公共文化服务形式，建设“网上图书馆”、“网上博物馆”、“网上剧场”、“群众文化活动远程指导网”等覆盖全省的数字文化服务网络，多渠道向基层配送文化资源。深入实施文化信息资源共享工程，进一步推进浙江网络图书馆建设，建设“资源丰富、技术先进、服务便捷、覆盖城乡”的数字文化信息服务体系。推动公共博物馆、纪念馆和有条件的公共美术馆、科技馆免费开放，实施浙江文化会堂改建项目，不断丰富展陈项目的内涵，提升公共服务能力。广泛开展舞台艺术新年演出季、雏鹰计划儿童剧巡演、“钱江浪花”艺术团直通车等公益性演出活动。大力开展企业文化、校园文化、社区文化等系列活动，鼓励企业等社会力量兴办群众文化活动。持续开展“送文化”下乡活动，每年组织送演出下乡不少于1万场，送图书下乡不少于100万册次，送讲座、展览下乡不少于600场，切实保障基层群众的基本文化权益。深入开展“种文化”活动，大力培育农村文化队伍，扶持农民自办文化，提高农村文化自我发展能力。在省、市、县组建文化志愿者队伍，充分发挥文化志愿者和民间文艺人才在群众文化活动中的示范带动作用。继续完善公共体育设施和科学健身网络服务体系，努力使经常参加体育锻炼人数占总人口比例达到35%；深入推进体育创建活动，争取有46%以上县（市、区）达到体育强县（市、区）标准，3个市达到体育强市标准。

7. 文化旅游服务业。依托浙江丰富的自然生态人文旅游资源，推进文化与旅游产业的融合发展，大力发展民俗文化、水乡古镇、生态文化、海洋文化、畲族风情等文化旅游，打响“诗画江南、山水浙江”的文化旅游品牌。努力建设红色旅游经典景区，举办各种文化节庆活动，注重挖掘浙江历史名城名镇、名人故居、名山名园等文化旅游资源，打造一批精品文化旅游线路，加强文化旅游品牌在海内外的营销。重点发展生态观光游、文化体验游、休闲养生游、体育健身游、农家美食游等重点文化旅游项目，重点打造杭州中秋文化基地，南湖、四明山等红色旅游基地，乌镇、诸葛村等古村落旅游基地，千岛湖、楠溪江等自然风光旅游基地，普陀山、天台山佛教文化旅游基地，江郎山、雁荡山等地质旅游基地，杭州、义乌等商贸购物旅游基地。办好中国·嘉兴端午文化节、中国兰亭书法节、中国·浦江书画节、中国国际钱江观潮节、中国·象山开渔节、中国·湖州湖笔文化节、中国·岱山海洋文化节、中国·丽水国际摄影节等100个重点旅游文化节，推动旅游与地域文化特色紧密结合。

8. 艺术品鉴赏服务业。培育规范、健康、高雅的艺术品收藏、鉴赏服务业，不断满足人民群众艺术品鉴赏需求。加快基础设施建设，建设一个整合全省工艺美术资源、规模大、品位高、品种多、配套齐的工艺美术场馆，筹建具有交易收藏展示功能、交流服务功能、科研培训功能和旅游观光功能的"工艺美术园"和"民间收藏博览园"。加大政策支持力度，鼓励创办民间博物馆、民间艺术馆，推动举办各种收藏品、艺术品的展览展示活动。加强国办博物馆、美术馆与民间收藏资源的合作共享，实现优势互补、展藏联动，更好地发挥民间藏品在公共鉴赏中的作用。依托中国美术学院、浙江大学和西泠印社等机构，积极发展书画、雕塑、篆印、陶艺等各类艺术品创作。进一步培育和促进龙泉青瓷、青田石雕、东阳木雕、台州玻雕等特色产业集群的发展，并将集约化优势转变为专业化生产、交易优势，使其成为区域文化经济的支柱。加快培育美术经纪、美术出版、艺术品展示、艺术品拍卖、艺术品鉴赏等中介服务机构，推进艺术品的商品化经营和产业化生产。加快发展和规范艺术品交易市场，进一步做大做强西泠印社集团，鼓励发展画廊、艺术品经纪公司、艺术事务所、艺术收藏品市场、艺术拍卖行等各类主体，加强艺术品经纪、艺术品市场管理等中介专业人才的培养和引进。加强行业认证监管，建立健全信用评审和奖惩机制。

(二)大力发展面向企业的生产性文化服务

以提升文化及相关产业集聚化、规模化、集约化水平为目标，搭建集公共技术支撑、投融资服务、信息发布、资源共享、统计分析、产品展示交易等为一体的文化产业公共综合服务平台，推动浙江文化产业转型升级，努力促进文化企业又好又快发展。同时，充分发挥文化及相关产业对经济转型升级的引领、支撑和助推功能，大力发展工业设计、建筑设计、服装设计、手工艺品设计等创意产业，把"浙江制造"逐步提升为"浙江创造"。

1. 创意设计服务业。充分发挥文化在产业转型升级中的作用，强化创意设计和品牌营销，提升浙江工业产品的品质和附加值。加大对工业设计、建筑设计、环境艺术、广告设计、服装设计等创意产业的扶持和引导，着力发展品牌设计、包装设计、产品设计、时尚设计、多媒体设计以及手工艺品设计等，重点扶持发展服装、通信、汽车、机械、船舶、家电、家居、鞋类、厨具等我省优势制造领域的工业设计产业。鼓励浙江大学、中国美术学院、浙江工业大学、浙江理工大学等专业院校发展创意研究中心。大力发展工业设计园、行业设计中心、生产力促进中心、建筑景观设计公司(室)等研发机构，支持骨干企业设立专业化创意设计部门。到2015年，培育15个工业设计与创意产业示范区，培育100家有较大影响力的工业设计企业，建设500家大型企业工业设计中心，取得200项国内外著名工业设计大奖赛奖项。加大对农产品的包装设计和策划营销，在全省推出一批创意农业品牌。

2. 文体用品流通业。结合产业结构调整，大力发展书报刊、电子音像制品、文体用品、艺术品等专业性实体市场，推动文体制造业转型升级。重点建设浙江出版集团下沙基地、杭州文体用品专用市场、温州文化用品市场、义乌文化产品市场、宁波书城等专业性文化产品市场。改革传统文化产品流通方式，大力发展连锁经营、物流配送、电子商务、电视购物、电影院线、演出联盟等现代文化流通产业。重点建设博库书城、淘宝网、好易购家庭购物等新兴产业平台。进一步做大做强文化产品要素市场和服务平台，加快发展文化咨询、经纪、代理、评估、鉴定、推介、拍卖等文化中介组织，充分发挥省文化产业促进会、省演出业协会、省旅游协会、省印刷协会、省工艺美术行业协会等行业协会对企业的协调服务和信息咨询作用，畅通文化产品和服务推向文化消费市场的通道。

3. 文化会展服务业。以打造国际知名会展目的地、全国重要的会展中心为目标，加快会展业专业化、市场化、国际化进程，加快培养和引进会展业专门人才，完善会展中介机构体系，培育一批具有国际竞争实力的会展市场主体。不断提升"杭州国际动漫节"、"义乌文博会"、"西湖博览会"、"浙江投资贸易洽谈会"等重要节展的举办水平，努力培养成全国一流的知名展会品牌。在已有文化会展品牌的基础上，结合浙江文化产业特色，加快培育创意设计产品、工艺美术品、文化休闲产品等新型会展产品。大力发展主题创意、活动策划、展馆设计、宣传招展等为会展举办方和参展方提供的专业策划服务，支持有条件的高等院校发展相关专业和学科，建立会展业人才培训和交流平台，增强行业竞争力。

4. 广告策划服务业。大力发展广播影视广告、报刊广告、户外广告和新媒体广告，扶持发展网络广告等新兴广告业态。提高广告产品中的科技含量和创意水平，以创意设计提升产业竞争优势。支持企业做大做强，促进多元化发展，加强市场研究、营销企划、广告创意、媒介投放、效果评估、产品展示等产业链之间的分工协作，培育一批具有国内外影响的综合性广告企业。加强专业人才培养和引进，不断提高从业人员整体素质，扶持专业人才自主创业发展，鼓励引进国内外知名广告公司，提高专业化服务水平。健全广告协会功能，加强行业交流与自律，建立完善广告监管体系，提高广告的公信力，促进我省广告业健康发展。

四、保障措施

1. 加强组织领导。从全局和战略的高度，充分认识加快发展文化服务业的重要意义，将其纳入经济社会发展的总体规划，建立相关的考核、评价和责任制度，作为评价地区发展水平、衡量发展质量和领导干部工作实绩的重要内容。充分发挥省、市、县文化建设领导小组的作用，加强对文化服务业发展的组织领导、统筹协调和督促指导。研究制定全省公共文化服务体系建设和考评标准，支持建立文化产业作品版权登记补助制度，探索建立符合国际惯例和国家统计要求、体现文化及相关产业发展规模和水平的统计指标体系，制定文化及相关产业发展绩效考核评价奖励办法。

2. 加大文化投入。进一步加大公共财政对文化建设的投入力度，建立财政投入稳定增长机制。认真落实国家有关支持文化事业发展的政策，制定完善落实国家关于从城市住房开发投资中提取1%用于社区公共文化设施建设的具体实施细则。进一步发挥财政资金的杠杆作用，通过财政对文化产业发展的战略投资，带动社会投资，探索以政府投入为引导、鼓励吸收民间资本参与为主要方式的投资新模式。进一步加大贷款贴息、项目补贴、奖励、补充资本金、担保等力度，重点扶持新闻出版、广播影视、动漫游戏、演艺娱乐、文化旅游等行业中市场前景好、带动能力强、影响力大的文化项目。

3. 深化文化体制改革。深化国有文化单位改革，推动建立健全现代企业制度。支持国有文化集团跨地区覆盖、多业态经营、跨行业拓展，打造文化领域的战略投资者。进一步推动政府职能转变，实现政企分开、政事分开、管办分离，不断优化文化发展环境。深化文化事业单位的内部机制改革，继续大力推进劳动人事、收入分配和社会保障制度改革，引入竞争激励机制，制订完善工作评价机制和绩效考评办法，形成政府、社会相结合的监督管理和考核评价体系，创造文化事业文化产业健康繁荣发展的政策制度环境。

4. 引导促进文化消费。适应城乡居民文化消费需求变化的新趋势，加快发展大众性文化消费市场，开发中高端消费市场，培育特色文化消费，努力培育扩大文化消费。着力扩大基层文化消费，加强文化消费网点建设，推动文化服务向基层和农村延伸。开展政府对看电影、看戏、看书和看有线电视等基本文化消费进行补贴的试点，切实拉动文化消费。拓展文化消费渠道，鼓励和培育与文化结合的教育、培训、健身、旅游、休闲等服务性消费。”

5. 建立健全文化产业投融资平台。贯彻执行中央宣传部、中国人民银行、财政部等九部委《关于金融支持文化产业振兴和发展繁荣的指导意见》（银发〔2010〕94号），加大对文化企业的金融支持力度。筹资设立省文化产业投资基金，运作好东方星空文化投资基金，鼓励设立社会化文化产业发展基金或文化产业投资公司，吸引更多社会资本参与文化产业发展，逐步建立多元化、社会化、公共化的投融资体系。探索建立文化产业投资风险评估和分摊机制，鼓励组建文化产业融资担保中介机构和知识产权专利评估机构，鼓励担保和再担保机构开发适应文化产业的贷款担保业务。发挥产权交易所的投融资服务功能，为知识产权拍卖和交易等提供一站式服务，为文化企业充分利用无形资本进行融资创造条件。加强银行与文化企业的对接合作，支持符合条件的文化企业通过发行企业债券的方式，投资开发战略性、先导性的文化项目，大力推进文化企业上市融资，打造文化企业上市的“浙江板块”。

6. 加大政策扶持力度。贯彻执行《国务院关于非公有资本进入文化产业的若干决定》（国发〔2005〕10号）、《国务院关于鼓励和引导民间投资健康发展的若干意见》（国发〔2010〕13号）等文件，根据文化产业不同类别，通过独资、合资、合作等多种途径，积极吸收社会资本和外资进入政策允许的文化产业领域，参与国有文化企业的股份制改造，培育一批大型民营文化企业。在工商登记、土地征用、规费减免、财政扶持、信贷等方面，给予民营文化企业与国有文化企业同等待遇。制订《浙江省文化服务业投融资项目指南》，对符合国家政策的文化服务业项目，在立项、报建、项目用地、配套建设和服务等方面给予支持；

同时,积极向社会推介,引导金融机构优先给予信贷支持,引导各类投资基金进入。贯彻落实《文化体制改革中经营性文化事业单位转制为企业和支持文化企业发展的两个规定》,落实相关的税收优惠政策,调整完善现有税费政策,支持文化产业发展。对国家需要重点扶持的高新技术企业,减按15%的税率征收企业所得税。文化企业开发新技术、新产品、新工艺发生的研究开发费用允许在计算纳税所得额时加计扣除。认真贯彻《关于进一步加强和改进文化产品和服务出口工作的意见》(中办发〔2005〕20号)等,以我省服务贸易专项资金为导向,引导和推动文化产品和服务更多地"走出去"。

7. 打造文化发展服务平台。以各种园区(基地)为依托,为文化企业提供相应的基础设施保障和政策、人才、信息、金融等生产要素的公共服务活动。积极协调有关部门,落实基础设施建设、土地使用、税收政策和投融资等方面的优惠政策,加强基础环境和产业要素建设,培育具有核心竞争力和辐射力的骨干文化企业,推动形成20个具有全国影响、集聚效果明显和产业特色鲜明的文化产业集聚基地。加大招商引资力度,加快园区公共平台建设,向入区企业提供优质服务,形成产业集聚和规模效应,真正使集聚基地成为文化科技创新的孵化器、文化企业快速成长的助推器、文化产业集约发展的大平台。

8. 加强文化人才队伍建设。推进理论、新闻、出版、文艺和文化经营管理等"五个一批"人才工程建设,努力培养一批在国内外具有重要影响的文化人才。依托浙江大学、中国美术学院、浙江工业大学、浙江理工大学、浙江传媒学院等高校师资科研力量,探索产学研一体化人才培养机制,着力培养创意人才、经营管理人才、产业营销人才和各类高层次专门人才。开设文化经营管理人才培训班,培养一批熟悉市场经济规律,懂经营、善管理的文化人才。注重吸引财经、金融、科技等领域的优秀人才和海外文化创意、研发、管理等高端人才进入文化领域。建立健全人才激励机制,采取签约、项目合作、技术入股等方式,鼓励以岗位聘任、项目聘任等多种方式集聚文化人才,设立"文化产业十大领军人物"等文化产业杰出人才专门奖项,提高优秀人才的表彰和奖励力度,为我省文化服务业的振兴发展提供强有力的人才保障。

中共浙江省委办公厅浙江省人民政府办公厅关于加快广播电视有线网络"一省一网"整合发展的通知

浙委办〔2011〕100号

各市、县(市、区)党委和人民政府,省直属各单位:

按照中央关于深化文化体制改革、加快推进广播电视有线网络整合发展的部署要求,结合我省实际,经省委、省政府同意,现就加快全省广播电视有线网络"一省一网"整合发展工作通知如下:

一、充分认识加快广播电视有线网络"一省一网"整合发展的重要意义

广播电视有线网络是传输广播电视节目、开展文化和信息服务的重要基础,是国家信息化的重要支撑平台。经过多年的建设和发展,我省广播电视有线网络发展迅速,影响与作用日益增强。但是,面对"三网融合"的新趋势和文化传播方式的新变化,我省广播电视有线网络经营分割、资源分散、各自为政的状况,严重制约了广播电视事业的发展壮大。组建统一的省级广播电视网络公司、加快全省广播电视有线网络"一省一网"整合发展,建设统一贯通、全程全网、管理规范、技术先进、运行高效、安全可靠的广播电视有线传输网络平台和公共信息服务基础网络,对于巩固和拓展党的宣传文化阵地、满足人民群众日益增长的精神文化和信息需求、提升广播电视有线网络建设水平、加快发展文化产业、促进信息化建设,具有十分重要的意义。各地各部门要充分认识加快广播电视有线网络"一省一网"整合发展的重要性和紧迫性,牢固树立政治意识、大局意识和责任意识,按照科学发展观的要求,结合浙江实际,抓住发展机遇,扎实推进全省广播电视有线网络"一省一网"整合发展工作。

二、明确和落实广播电视有线网络"一省一网"整合发展工作任务

以华数数字电视传媒集团有限公司为基础,省、市、县(市、区)广播电视播出机构共同参与,依据产权明晰、权责明确、利益共享、风险共担的现代企业制度,组建浙江华数广电网络股份有限公司。该公司为省级广播电视网络公司。公司实行统一规划建设、统一技术标准、统一集控平台、统一品牌形象、统一运行管理。各市、县(市、区)广播电视播出机构要在完成台网经营分离、广电有线网络机构转企改制和确保台控网络的基础上，与浙江华数广电网络股份有限公司组建全资或合资子公司，形成以资本为纽带、多种资本合作方式并存、全省统一市场和服务的紧密型联合发展格局。创新全省广播电视有线网络管理体制机制，尽快建立和完善省管市、市管县的公司运营和治理架构。省与杭州市对浙江华数广电网络股份有限公司实施共同管理。运用高新技术，以内容为核心创新网络文化生产方式，大力开发新的网络业务，提高服务质量水平，精心打造优质品牌，使广电网络成为促进“三网融合”和现代服务业发展的重要平台。

全省广播电视有线网络“一省一网”整合发展工作要按照省里的部署要求，坚持行政推动、市场运作的方式，市、县同步推进，先成熟先整合，加快组织实施。力争在今年12月底前实现全省市级广播电视有线网络资本联合，完成县级广播电视有线网络公司化改造任务；2012年6月底前基本实现全省广播电视有线网络资本联合，基本完成广播电视有线网络“一省一网”整合发展任务。鼓励以市为单位整合县级广播电视有线网络。

在广播电视有线网络“一省一网”整合发展中，要正确处理好‘改革发展稳定的关系，做到人员思想稳定、队伍平稳过渡、工作正常开展、改革发展两不误；要认真做好资产评估工作，确保国有资产保值增值；要坚持以人为本，按有关规定妥善做好转企后的人员安置和社会保险等工作，切实保障职‘工的合法权益；要坚持“省、市、县三级共赢、社会效益和经济效益共同提高”的方针，通过发展解决整合过程中出现的各种问题，实现各方利益诉求，特别是要保护好市、县(市、区)有线网络运营主体的利益，充分调动各地的积极性。浙江华数广电网络股份有限公司与各参与整合的网络公司在利益分配上按出资的股比结构实现责权利统一，所获股权收益主要用于支持当地广播电视事业发展。各级广播电视有线网络公司要坚持正确的发展方向，牢牢把握政治属性，遵守法规纪律，确保广播电视节目的安全优质传输和播出，尊重用户的选择权和知情权，统筹合理收费，切实维护用户的合法权益。

三、加强对广播电视有线网络“一省一网”整合发展工作的领导

全省广播电视有线网络“一省一网”整合发展，在省文化体制改革工作领导小组的统一领导下进行，建立“党委统一领导、政府组织推动、宣传部门协调指导、广电部门具体落实、有关部门密切配合”的组织工作体制，实行省抓市、市抓县，一级对一级负责的工作责任机制。各市要在做好本级网络整合工作的同时，切实指导督促所辖县(市、区)完成网络整合工作。各级党委、政府要把广播电视有线网络整合发展工作摆上重要位置，纳入年度工作考核，加强组织领导。各级政府要加强对整合后当地广电网络建设工作的指导，加大投入并扶持推动有线数字电视整体转换和网络双向化改造。各级文化体制改革工作领导小组及其办公室要抓好面上指导协调，并定期将整合工作情况上报上级有关部门。各级广电行政部门要切实履行好主管部门职责，加强督促检查，规范引导有线网络健康可持续发展。各级广播电视台和有线网络机构要服从大局，精心实施，加快进度，确保如期完成任务。各级有关部门要按照职责分工，积极支持配合，形成工作合力。各地要认真落实支持文化体制改革和文化产业发展的各项政策，抓好政策宣传和思想政治工作，引导广大干部职工进一步提高认识、转变观念，积极投身于广播电视有线网络“一省一网”整合发展工作。

各地各有关单位要严格组织纪律和财经纪律，自本通知下发之日起，各级广播电视有线网络机构要冻结人员和资产，不得调整机构编制和改变人员身份，不得突击调入人员和提拔干部，不得抽走资金、转移资产，确保正常经营和资产安全。对违纪违规的，要严肃追究相关单位和人员的责任。

附：浙江省加快广播电视有线网络“一省一网”整合发展实施方案

中共浙江省委办公厅
浙江省人民政府办公厅
二〇一一年八月二十三日

附件

浙江省加快广播电视有线网络“一省一网”整合发展实施方案

为深入推进文化体制改革、加快文化事业和文化产业发展，根据省委、省政府的部署和要求，现就我省加快广播电视有线网络“一省一网”整合发展，制定本实施方案。

一、指导思想、原则要求和工作目标

(一)指导思想

认真贯彻落实中央关于深化文化体制改革的精神,按照省委、省政府关于加快推进广播电视有线网络“一省一网”整合发展的工作部署,着眼于做大做强全省广播电视有线网络文化产业,巩固壮大广播电视主流媒体阵地,不断丰富人民群众的精神文化生活和提高广播电视数字化应用水平,按照“统一规划建设、统一技术标准、统一集控平台、统一品牌形象、统一运行管理”的总体要求,以华数数字电视传媒集团有限公司(以下简称华数集团公司)为基础,由省、市、县(市、区)广播电视播出机构共同参与组建一体化运营的浙 江华数广电网络股份有限公司,形成统一贯通、全程全网、管理规范、技术先进、运行高效、安全可靠的广播电视有线传输网络平台和公共信息服务基础网络,为加快建设文化大省、推动文化大发展大繁荣和促进“三网融合”、推进信息化建设,全面建成惠及全省人民的小康社会作出积极贡献。

(二)原则要求

1. 科学发展、体现特色。立足浙江广播电视有线网络的发展现状,适应国家推进“三网融合”的发展趋势,坚持科学发展,整合调整结构,优化资源配置,改变不利于改革发展的利益格局,创新管理体制、运行机制和经营模式,走出一条以资本为纽带、多种资本合作方式并存的具有浙江特色的“一省一网”整合发展之路,实现全省广播电视有线网络规模化、产业化、跨越式、可持续发展。

2. 行政推动、市场运作。各级党委和政府要切实加强领导,大力推动本地广电播出机构积极加入浙江华数广电网络股份有限公司,彻底改变全省广播电视有线网络资源分散、各自为政的状况。坚持以人为本,按照属地原则认真做好广播电视有线网络机构转企人员的安置工作,切实保障广大干部职工的合法权益,确保“一省一网”平稳推进。各级广播电视播出机构和网络运营单位要以全局利益为重,按照现代企业制度要求和资本市场运作规则,实现全省广播电视有线网络一体化运营。

3. 兼顾各方、利益共享。正确处理好改革与稳定、省与市县、台与网、当前与长远、事业与产业等一系列关系,在坚持整合发展的前提下,把握台控网络的改革方向,统筹兼顾各方利益,充分调动地方政府以及广播电视机构推进“一省一网’’的积极性。鼓励网络企业创新体制机制,增强发展生机活力,确保国有文化资产保值增值。

4. 统一部署、分步推进。根据省委、省政府关于加快推进广播电视有线网络“一省一网”整合发展的要求,按照“市县同步推进、先成熟先联合”的原则,加快实施浙江华数广电网络股份有限公司组建工作。做到统一目标、分类指导、精心组织、有序推进,确保全省广播电视有线网络“一省一网”整合发展任务按计划全面完成。

(三)工作目标

2011 年 12 月底前实现全省市级广播电视有线网络加入浙江华数广电网络股份有限公司,完成县级广播电视有线网络公司化改造任务;2012 年 6 月底前基本实现全省县级广播电视有线网络的资本合作和一体化运营。鼓励以市为单位整合县级广播电视有线网络。通过深入推进“一省一网”资本整合工作,最终实现全省广播电视有线网络资产全面加入浙江华数广电网络股份有限公司,并接轨资本市场。

浙江华数广电网络股份有限公司组建后,要积极适应“三网融合”的要求,进一步加大体制创新、机制创新、技术创新、业务创新、经营模式创新,率先建成一个用户规模、资产总量、技术标准、业务内容、经营管理等位居全国前列的大型国有文化骨干企业,不断提升我省广电产业的综合竞争力,为全省各地提供更为丰富优质的广播影视节目和数字化信息服务。

二、公司的性质、宗旨和管理框架

(一)公司性质

浙江华数广电网络股份有限公司是按照“产权明晰、权责明确、利益共享、风险共担”原则组建的国有股份制文化骨干企业,具有独立法人资格。

浙江华数广电网络股份有限公司原则上在各市、县(市、区)分别设立全资或合资子公司。各子公司具有独立法人资格,税收按照有关税法规定由当地征管。

各地广播电视播出机构应是当地有线网络的出资人,或受当地政府有关部门委托行使出资人的权利和义务。

(二)管理框架。

浙江华数广电网络股份有限公司和各地全资或合资子公司,要按照现代企业制度实行法人治理结构,按照一体化要求进行运营和管理,并自觉接受政府有关部门监管。

党委宣传部门负责对网络公司领导干部、宣传导向及传输安全和重大国有文化资产的指导监管工作。广电行政管理部门负责对网络公司的行政监管和业务指导工作。财政（或国资）部门履行对网络公司国有文化资产的监管职责。

为实施省级层面对华数集团公司的双重管理，在浙江华数广电网络股份有限公司组建过程中，要按照省广电局与杭州市文广新局、杭州文广集团对华数借壳上市前置审批有关股份比例问题所商定的意见执行。华数集团公司董事长人选事先须报省委宣传部审核同意。

在推进全省广播电视有线网络整合过程中，浙江华数广电网络股份有限公司董事长由华数集团公司董事长兼任。全资子公司主要领导由当地党委、政府提名推荐，浙江华数广电网络股份有限公司董事会聘任；合资子公司及其他合作公司主要领导由当地党委、政府提名推荐，经浙江华数广电网络股份有限公司审核认可，由当地党委、政府按干部管理程序任命。

（三）公司宗旨

浙江华数广电网络股份有限公司要坚持“各方互利共赢，社会效益和经济效益共同提高”的原则，致力于优化全省广播电视有线网络资源配置，实现一体化运营并快速接轨资本市场做强做大；致力于积极创新业务型态，大力开发多种业务，增强内容生产的核心竞争力，满足人民群众日益增长的精神文化需求；致力于提供安全、优质、高效、便捷的广播电视节目传输服务，确保各地广播电视播出机构充分发挥党和政府的宣传阵地作用，确保经国家批准的各套广播电视节目完整传输，确保各地党委、政府公益性节目完整免费传输。

三、合作方式和实施步骤

按照省委、省政府推进“一、省一网”的总体要求，全省广播电视有线网络整合发展坚持以资本为纽带、以资产合作为基础，以股份制方式组建浙江华数广电网络股份有限公司，分阶段推进实施。

（一）合作方式

结合我省实际，可采用以下三种合作方式：

1. 组建全资公司。市、县（市、区）广播电视播出机构以当地全部有线网络资产作价的形式，直接向浙江华数广电网络股份有限公司投资参股并成为股东。同时当地网络公司变更为浙江华数广电网络股份有限公司的全资子公司，负责当地广播电视有线网络及其相关业务。

2. 组建合资公司。市、县（市、区）广播电视播出机构以当地部分有线网络资产作价的形式参股浙江华数广电网络股份有限公司，浙江华数广电网络股份有限公司与当地广播电视播出机构组建合资公司；或者浙江华数广电网络股份有限公司直接投资市、县（市、区）广播电视有线网络，并与当地广播电视播出机构组建合资公司。合资公司的股份比例由浙江华数广电网络股份有限公司和当地广播电视播出机构按照有利于推进“一省一网”的原则协商确定。该合资公司按照一体化运营要求，负责当地广播电视有线网络及其相关业务。

3. 委托经营管理。县（市、区）将当地广播电视有线网络的产权和经营权进行分离，委托浙江华数广电网络股份有限公司进行经营管理，网络资产仍归属当地所有。浙江华数广电网络股份有限公司依据委托在当地设立全资运营子公司，负责当地广播电视有线网络运营。

除资本合作确实存在困难的个别县级广播电视有线网 络可采取第三种合作方式外，全省各市和大部分县级广播 电视有线网络均应采用“组建全资公司”方式或“组建合资公司”方式加入浙江华数广电网络股份有限公司。

鼓励和支持浙江华数广电网络股份有限公司与各地积极探索其他有利于推动网络整合发展的合作方式，协商互利共赢的发展空间。

（二）实施步骤

分以下三个阶段：

1. 第一阶段（2011 年 8 月至 9 月）：完成浙江华数广电网络股份有限公司的组建。

（1）嘉兴、金华、湖州、丽水、衢州等五市广播电视播出机构以各自持有的当地有线网络的全部股权，与华数集团公司持有的上述五市广播电视有线网络的全部股权作为投资额，共同发起成立浙江华数广电网络股份有限公司。上述工作在 2011 年 8 月底前完成。

（2）浙江华数广电网络股份有限公司成立的同时，分别在嘉兴、金华、湖州、丽水、衢州等五市成立全资子公司。上述工作在 2011 年 9 月底前完成。

2. 第二阶段（2011 年 8 月至 12 月）：完成其他市级广播电视有线网络加入浙江华数广电网络股份有限公司。

(1) 宁波、台州两市广播电视播出机构可采用“组建全资公司”方式,也可采用“组建合资公司”方式加入浙江华数广电网络股份有限公司。依照具体合作方式,浙江华数广电网络股份有限公司在宁波、台州两地分别成立全资或合资子公司。上述工作在2011年12月底前完成。

(2)针对已经加入中广有线公司的温州、绍兴、舟山等市广播电视有线网络的实际情况，浙江华数广电网络股份有限公司要在国家广电总局的指导支持下,主动与中广有线公司积极协商,可以采取互相参股等多种合作方式,稳妥实现资本合作。上述工作原则上要在2011年12月底前完成。

3. 第三阶段 (2011年8月至2012年6月):完成县级广播电视有线网络加入浙江华数广电网络股份有限公司。

(1) 县级广播电视有线网络是直接加入浙江华数广电网络股份有限公司还是通过市网整合后再加入浙江华数广电网络股份有限公司,由所在市党委、政府按照本实施意见的有关要求研究确定。具体实施方案在报省广电局批准同意后实施。上述工作在2011年9月底前完成。

(2) 县级广播电视播出机构改变当前有线网络资产“台网合一”的运营现状,完成有线网络的公司化改造任务,实现“台控网络、台网经营分离、网络企业化运作”,确保当地广播电视有线网络资产、人员明晰，特别是确保乡镇广电站从事有线网络管理工作的人员(但不包括从事宣传工作的人员)明晰。上述工作在2011年12月底前完成。

(3) 县级广播电视有线网络加入浙江华数广电网络股份有限公司的具体合作方式，由浙江华数广电网络股份有限公司与当地广播电视播出机构协商确定,可采用“组建全资公司”方式,也可采用“组建合资公司”方式。依照具体合作方式,浙江华数广电网络股份有限公司在当地分别成立全资或合资子公司。上述工作在2012年6月底前完成。鼓励和支持条件成熟的县级广播电视有线网络加快进入浙江华数广电网络股份有限公司。

(4) 对资本合作确实存在困难的个别县（市、区),在报省广电局批准同意后,可以给予一定时间的过渡期。在过渡期内,允许当地广播电视有线网络采用“委托经营管理”的方式加入全省一体化运营。浙江华数广电网络股份有限公司依据委托在当地分别成立全资运营子公司。待条件成熟后再进行资本合作。上述工作在2012年6月底前完成。

四、工作事项

(一)清产核资和资产评估

全省广播电视有线网络都必须按照国家和省里有关国有资产管理的政策法规开展清产核资和资产评估工作。由浙江华数广电网络股份有限公司委托第三方顾问机构，制定全省广电有线网络清产核资和资产评估工作标准(具体标准另行制定),报省广电局审核、省财政厅批准后实施。其中,涉及省级国有文化资产的需报经省文改办批准同意。全省广播电视有线网络资产评估值确认，统一采取重置成本法的评估值。

1. 清产核资

按照省里制定的工作标准，各地自行聘请具有从业资格且经当地财政(或国资)部门认可的第三方中介机构，对当地广播电视有线网络资产进行清产核资。当地财政(或国资)部门负责对第三方中介,机构出具的广播电视有线网络资产清产核资报告进行审核确认。

2. 资产评估

按照省里制定的工作标准，浙江华数广电网络股份有限公司和当地共同聘请具有从业资格且经当地财政(或国资)部门认可的第三方中介机构,对当地广播电视有线网络资产进行审计评估。当地财政(或国资)部门负责对第三方中介机构出具的广播电视有线网络资产审计评估报告进行审核确认。

3. 基准日

嘉兴、金华、湖州、丽水、衢州等五市广播电视有线网络资产评估的基准日，统一确定为2010年12月31日。其他广播电视有线网络清产核资和资产评估的基准日，由浙江华数广电网络股份有限公司与当地广播电视播出机构共同协商后具体确定。

(二)收益分配

1. 浙江华数广电网络股份有限公司和各地广播电视播出机构,按照现代企业制度要求和“责权利统一,同股同权、同股同利”的基本原则,进行利润分配和权益确认。同样的资本合作方式享受同等权益。

2. 采用“委托经营管理”方式的,具体收益按照“存量不变、增量分成”的原则进行分配。“存量不变”是指，一是委托前广播电视有线网络业务带来的所有收入、成本支出和产生的利润等全部归当地;二是委托前广播电视有线网络所需承担的更新改造、政府服务等工作产生的投资和成本费用等也由当地承担。"增量分成"是指,一是委托后新开展的其他业务所产生的所有收益按比例进行分成。分成比例由浙江华数广电网络股份有限公司和当地协商确定。二是委托后广播电视有线网络新投入所需资金由浙江华数广电网络股份有限公司和当地协商确定具体比例,新投入所产生的所有收益按照当时确定的比例进行分成。

3. 要在遵循《公司法》等相关法律法规的前提下,鼓励浙江华数广电网络股份有限公司加大现金分红比例。各广播电视播出机构作为出资人所获股权分配收益,必须用于支持当地广播电视宣传事业发展。

(三)人员安置

各地广播电视有线网络转企后,对现有从业人员的身份和社会保险等相关待遇,按照国家有关规定和当地出台的政策执行,切实保障广大干部职工的合法权益,确保队伍思想稳定和工作正常开展。

五、工作要求

1. 加强组织领导。根据"党委统一领导、政府组织推动、宣传部门协调指导、广电部门具体落实、有关部门密切配合"的要求,在省文化体制改革工作领导小组的领导协调下,由省广电局负责全省广播电视有线网络"一省一网"整合发展的各项具体落实工作。各地要按照本实施方案的有关要求,结合实际抓好本区域广播电视有线网络"一省一网"整合发展的推进工作,确保各项任务按计划全面完成。

2. 合力推进发展。广播电视有线网络"一省一网"整合发展工作是我省重大文化体制改革任务,时间紧、任务重、难度大。各级党委、政府必须把这项工作摆上重要议事日程,列入年度岗位责任目标,并建立相应的考核制度,作为评价领导干部工作实绩的重要内容。各有关部门要进一步明确职责分工,制定保障措施,加强协作配合,形成整体合力,扎实有效地推进这项工作的落实。各级广电部门要切实当好党委、政府的参谋和助手,认真履职,周密部署,积极推进广播电视有线网络"一省一网"整合发展工作。

3. 落实扶持政策。各级发展改革、经信、国资、财政、人力社保、工商、物价、税收等部门,要切实落实国务院、省政府有关扶持文化产业发展的政策,支持和鼓励多渠道融资并接轨资本市场,支持广播电视有线网络"一省一网"整合发展工作。新成立的,浙江华数广电网络股份有限公司和各地全资或合资子公司,继续享受文化体制改革单位的各项财政、税收等优惠政策。

4. 加强宣传推广。采取多种形式,大力宣传推进广播电视有线网络"一省一网"整合发展工作的重要意义,正确引导和帮助相关工作人员统一思想认识,转变发展观念,为加快推进广播电视有线网络"一省一网"整合发展工作营造良好的舆论环境。

中共浙江省委办公厅

二〇一一年八月二十三日

浙江省人民政府办公厅转发省广电局省财政厅省海洋与渔业局关于浙江省广播电视进渔船工程实施意见的通知

浙政办函〔2011〕55 号

各沿海市、县(市、区)人民政府,省级有关单位:

省广电局、省财政厅、省海洋与渔业局制定的《浙江省"广播电视进渔船"工程实施意见》已经省政府同意,现转发给你们,请认真组织实施。

浙江省人民政府办公厅

二〇一一年七月十三日

浙江省"广播电视进渔船"工程实施意见

省广电局 省财政厅 省海洋与渔业局

实施"广播电视进渔船"工程是贯彻落实党中央、国务院和省委、省政府有关决策部署精神,加强渔农村思想文化建设,完善全省广播影视公共服务体系的一项重要内容,沿海各地、各有关部门要高度重视,切实把"广播电视进渔船"工程作为政府为民办实事工程抓好落实。为顺利推进"广播电视进渔船"工程,现提出以下实施意见:

一、建设目标

力争到 2013 年底,基本完成全省大中型海洋捕捞船只安装接收中星 9 号直播卫星电视设备,让渔民群众在船上能收听收看"村村通"直播卫星的广播电视节目,丰富海上作业渔民的精神文化生活,进一步推进广播电视基本公共服务均等化。

对小型渔船、国有企业所属渔船、渔业辅助船及其他类型船只,由各地根据实际情况确定建设目标。

二、设备要求

“广播电视进渔船”工程建设所需高频头、天线、接收机等设备必须是国家广电总局“村村通”公开招标中标企业所提供的产品。“广播电视进渔船”工程建设所需卫星跟踪侍服等设备需经国家广电总局技术认可,并按照《中华人民共和国政府采购法》等有关法律法规的规定和要求进行采购。

三、实施方案

全省“广播电视进渔船”工程由省广电局牵头组织实施。各地要坚持“统一领导、统一规划、统一建设、统一管理”的原则,按照规定任务和程序,认真组织实施。

(一)编制规划和年度计划

各地要按照“先易后难、逐步推进”的原则,结合当地实际和渔船出海的特点,有计划、分阶段地推进“广播电视进渔船”工程。各沿海市、县(市、区)文化广电新闻出版局要会同财政、海洋与渔业等部门,按照统一部署要求,认真研究编制“广播电视进渔船”工程实施规划和年度建设计划,重点对工程规模、投资额度、资金来源、建设年限等内容,进行科学规划、统筹安排。

(二)认真组织工程实施

“广播电视进渔船”工程的设备安装工作,由具备卫星地面接收设施安装服务许可的单位负责实施。各沿海市、县(市、区)文化广电新闻出版局要加强管理,做好审核、审批和监管工作,确保设备使用合法、接收合法信号(中星9号直播卫星节目)。船载卫星电视接收使用审批工作要按照《卫星电视广播地面接收设施管理规定(实施细则)》组织实施。

(三)严格规范工程管理

“广播电视进渔船”工程要严格按照国家有关建设标准和规范要求,建立相应的管理和考核制度,分解落实职责任务,严格执行竣工验收、预决算审计和档案管理等各项制度,强化工程管理。建立项目监督和信息通报制度,各沿海市、县(市、区)政府要定期考核验收工程进展和绩效等情况,并及时进行通报,每年年底要上报全年工作进展情况。各地要在政府门户网站等媒体上公布“广播电视进渔船”工程年度建设计划项目、预决算资金、工作完成情况等,广泛接受社会监督,大力实施廉洁工程。各地要严格执行计划、控制进度,对确需变动项目计划的,要按程序上报审批。

四、资金管理

“广播电视进渔船”工程实施主体为各沿海市、县(市、区)政府,工程建设经费原则上由各沿海市、县(市、区)财政及用户共同承担。各沿海市、县(市、区)财政应将“广播电视进渔船”工程资金列入年度预算,并多渠道筹集资金。2011年至2013年,省财政设立“广播电视进渔船”工程建设专项资金,对沿海市、县(市、区)给予补助,并向欠发达地区倾斜。省级专项资金具体补助对象、标准和办法另行制定下发。

各地、各有关部门要加强对专项资金的监督管理。专项资金绩效评价工作由各级财政、广电部门组织实施。省财政厅会同省广电局、省海洋与渔业局对工程的实施及专项资金使用情况适时组织检查和评价,评价结果作为下一年度安排专项资金的重要依据。

各沿海市、县(市、区)财政部门要加强对专项资金的管理,提高资金的使用效率。专项资金要专款专用,任何部门、单位不得截留和挪用。对骗取、截留、挪用、挤占专项补助资金的,要停止项目补助、追缴专项补助资金,情节严重的,要按照《财政违法行为处罚处分条例》等有关法律法规规定追究有关单位及人员的责任。

关于规范先进典型新闻宣传工作的通知

浙宣〔2011〕69号

各市委宣传部,省级新闻单位:

为进一步规范先进典型新闻宣传工作,充分发挥新闻单位在先进典型宣传中的主阵地作用,着力提高先进典型宣传的质量和水平,根据省委办公厅转发《省委宣传部关于进一步加强先进典型宣传工作的意见》浙委办(2011)95号精神,现将有关事项通知如下:

一、先进典型的新闻宣传管理

先进典型的宣传由各级党委宣传部门负责。省级先进典型的新闻宣传由省委宣传部统筹安排。对经申报审批确定为省级先进典型的个人或群体,由省委宣传部制定宣传报道计划,由省级新闻单位负责实施。各地各部门涌现的先进典型如需在省级新闻媒体上进行宣传的，须经省委宣传部核准同意后方可实施。省级新闻单位要切实按照省级先进典型的新闻宣传规格安排版面、时段、页面刊播报道。

在应对突发性事件、抢险救灾或其他特殊场合中涌现出来的震撼力强、影响面大的先进典型，省级新闻单位要在第一时间进行充分宣传报道并及时报告省委宣传部。

二、先进典型的新闻宣传规格

省级先进典型的宣传分为省级重大先进典型和省级先进典型两类。

省级重大先进典型宣传规格：《浙江日报》在头版头条刊发8000字左右的长篇通讯，配发评论员文章，各市党报同日转载《浙江日报》长篇通讯及评论；浙江之声开展连续报道，并配评述；浙江卫视《浙江新闻联播》不少于3次的连续报道，每次约35分钟，配评述；浙江在线新闻网站开辟专栏作深入报道。同时，做好座谈会、学习会、报告会、文艺宣传等活动的连续报道。其他省级媒体结合自身特点，安排重要版面、重要时段推出有分量的报道。

省级先进典型宣传规格：《浙江日报》在头版显著位置刊发4000字左右的长篇通讯；浙江之声在重要时段播出报道；浙江卫视在《浙江新闻联播》播出3分钟的报道；浙江在线新闻网站在首页刊发报道。其他省级媒体结合自身特点，有重点、有特色地进行报道。

三、先进典型的新闻宣传要求

各市委宣传部要指导当地主要媒体认真做好先进典型新闻宣传工作。省级新闻单位领导要切实担负起职责，建立宣传制度，制定宣传方案，扎实开展先进典型的新闻报道工作。要在加强先进典型宣传报道的同时，进一步加大在日常工作和生活中涌现出来的平民英雄、凡人善举等各类先进人物、先进事迹的报道，有力推进社会主义核心价值体系建设。不同种类、不同风格、不同受众、不同覆盖面的媒体要各尽所长，形成合力，共同营造先进典型新闻宣传的强大声势和氛围。

广大新闻记者要以正在开展的新闻战线“走基层、转作风、改文风”活动为契机，进一步深入实际、深入生活、深入群众，不断发掘和报道好各类先进典型和先进人物。

中共浙江省委宣传部
二〇一一年八月二十六日

关于印发《浙江省电视剧播出奖励办法（试行）》的通知

浙宣〔2011〕82号

各市委宣传部，省级宣传文化单位，各影视创作生产单位：

现将《浙江省电视剧播出奖励办法（试行）》印发给你们，请各地各单位以深入学习贯彻党的十七届六中全会精神为契机，进一步加强浙产电视剧的创作生产，不断扩大浙产电视剧的影响力，为建设文化强省作出更大贡献。

中共浙江省委宣传部
二〇一一年十一月二日

浙江省电视剧播出奖励办法（试行）

第一章 总 则

第一条 为扶持浙江电视剧精品力作，促进浙江影视产业的健康发展，扩大浙产电视剧的影响力，推进文化强省建设，努力推动浙江社会主义文化大发展大繁荣，不断满足广大人民群众日益增长的精神文化需求，特制定本办法。

第二条 本办法坚持社会主义先进文化前进方向，坚持“贴近实际、贴近生活、贴近群众”的原则，坚持弘扬主旋律、提倡多元化的原则，坚持“公开公正、严格监管”的工作原则。

第三条 本奖励办法与浙江省文化精品工程、“五个一工程”等有机结合，文化精品工程侧重于前期创作的扶持，“五个一工程”等侧重于后期配套奖励，本办法主要用于播出奖励。

第四条 奖励经费从省政府的设立浙江省影视产业专项资金中列支。

第二章 奖励范围和条件

第五条 奖励的范围主要为在中央电视台一套黄金时间播出，思想性、艺术性、观赏性相统一，在全国产生较大影响的浙产电视剧。

第六条 浙产电视剧原则上应具备以下条件：

（一）制作主体必须为在浙江省批准注册成立、具备电视剧制作资质的单位或机构；

(二)作品须在浙江属地申报立项,由浙江发放该电视剧的发行许可证或由浙江初审、国家广电总局终审并发放该电视剧的发行许可证;

(三)浙江影视制作单位拥有该电视剧50%以上(含50%)的版权;

(四)全国重大奖项包括"五个一工程"奖、中国电视剧"飞天奖"、"电视金鹰奖"等申报权归浙江所有。

第七条 有下列情况的项目,将不予奖励:

(一)作品归属地有争议的;

(二)制作单位违反有关规定,正在接受有关部门调查自查;

(三)其他不符合浙产电视剧条件的作品。

第三章 奖励标准

第八条 符合第五条、第六条所有条件、且属于重大革命和历史题材的浙产电视剧,每部奖励200万元。

重大革命和历史题材电视剧是指经过全国重大办审查通过的、反映我党我国我军历史上重大事件,描写担任党和国家重要职务的党政军领导人及其亲属生平业绩,以历史正剧形式表现中国历史发展进程中重大历史事件、历史人物为主要内容的电视剧。

第九条 在中央电视台一套黄金时间播出、不完全符合第六条所有条件、且属于重大革命和历史题材的浙产电视剧,奖励标准如下:

(一)符合第六条(一)(三)(四)条件,但不是在浙江申报立项并发行许可证的,每部奖励150万元。

(二)符合第六条(一)(三)条件,但不是由浙江立项并发行许可证的,且在全国重大奖项申报中,"五个一工程"奖申报权属于浙江所有,但"飞天奖"、"电视金鹰奖" 等奖项申报权归其它地区所有的,每部奖励100万元。

第十条 其他符合第五条、第六条有关规定的浙产电视剧,每部奖励30~50万元。

第十一条 原则要求符合第五条、第六条有关规定的浙产电视剧,在中央电视台播出时将中共浙江省委宣传部作为第一出品单位。

第十二条 获奖电视剧将统一授予"浙江省优秀电视剧"称号。

第四章 奖励程序

第十三条 本奖励的申报按照"公开征集、归口申报、分类审核"的方式进行。

第十四条 凡是符合申报条件的浙江影视制作单位均可申报奖励。申报工作由省委宣传部负责组织实施,每年组织一次专题审核。

第十五条 项目申报采取书面方式,申报单位须填报奖励申请表并提供相关的合同、证明材料和文本等,签订有关全国重大奖项申报权的合同。

第十六条 省委宣传部相关处室负责制定奖励办法实施细则,对各影视制作单位奖励申报材料进行汇总和梳理,提出奖励数额的建议,并报省委宣传部部务会议审定。

第五章 附 则

第十七条 本办法由省委宣传部负责解释。

第十八条 本办法自2011年起试行,首批奖励对象为2010年以来的浙产电视剧。

转发中宣部等五部门印发《关于贯彻落实党的十七届六中全会精神深化新闻战线"走基层、转作风、改文风"活动的意见》的通知

浙宣〔2011〕90号

各市党委宣传部、外宣办、文化广电新闻出版局、新闻工作者协会,省级主要新闻单位:

现将中共中央宣传部、中共中央对外宣传办公室、国家广播电影电视总局、新闻出版总署、中华全国新闻工作者协会《印发〈关于贯彻落实党的十七届六中全会精神 深化新闻战线"走基层、转作风、改文风"活动的意见〉的通知》(中宣发〔2011〕44号)转发给你们,请结合实际认真贯彻执行。

中共浙江省委宣传部
中共浙江省委对外宣传办公室
浙江省广播电影电视局
浙江省新闻出版局
二〇一一年十二月十四日

印发《关于贯彻落实党的十七届六中全会精神深化新闻战线“走基层、转作风、改文风”活动的意见》的通知

中宣发〔2011〕44 号

各省、自治区、直辖市党委宣传部、对外宣传办公室、广播影视局、新闻出版局、新闻工作者协会，中央各主要新闻单位：

《关于贯彻落实党的十七届六中全会精神深化新闻战线“走基层、转作风、改丈风”活动的意见》已经中央领导同志同意，现印发给你们，请认真贯彻执行。

中共中央宣传部
中共中央对外宣传办公室
国家广播电影电视总局
中华人民共和国新闻出版总署
中华全国新闻工作者协会
二〇一一年十一月三十日

关于贯彻落实党的十七届六中全会精神深化新闻战线“走基层、转作风、改文风”活动的意见

深入开展“走基层、转作风、改文风”活动，是新闻战线贯彻落实胡锦涛总书记“七一”重要讲话精神的重大举措，是践行党的以人为本、执政为民理念的重要体现，是坚持“三贴近”原则、改进新闻工作的根本措施，是加强新闻队伍建设、推动新闻事业健康发展的根本途径。活动启动以来，各地区各有关部门迅速行动，各新闻单位积极响应，广大新闻从业人员踊跃参加，走进基层渐成风气，新闻报道新风扑面，新闻队伍得到锻炼，受到中央领导同志充分肯定和干部群众广泛好评。

党的十七届六中全会审议通过的《中共中央关于深化文化体制改革、推动社会主义文化大发展大繁荣若干重大问题的决定》，明确指出要加强和改进新闻舆论工作，突出强调文化工作者必须牢固树立人民是历史创造者的观点，牢记为人民服务、为社会主义服务的神圣职责，深入实际、深入生活、深入群众，拜人民为师，增强国情了解，增加基层体验，增进群众感情。新闻战线要认真贯彻落实全会精神，在前一阶段工作基础上，不断深化“走基层、转作风、改文风”活动，持之以恒，务求实效，推动新闻宣传工作迈上新台阶，推动新闻队伍建设取得新进步。

一、进一步提高践行党的群众路线的自觉性坚定性

新闻宣传工作要把为了人民、服务人民作为根本职责，新闻从业人员要把人民至上作为始终不渝的价值追求。要加强群众路线教育，站稳群众立场，增强群众观念，牢固树立以人民为中心的新闻理念，把体现党的主张与反映人民心声统一起来，把坚持正确导向与通达社情民意统一起来，把正面宣传为主与加强和改进舆论监督统一起来，履行社会责任，承担历史使命。要深入群众的生产生活，走进群众的内心世界，感受群众的喜怒哀乐，反映群众的创新创造，展现群众的精神风貌，真正让人民群众成为新闻报道主体。要坚持把实现好、维护好、发展好最广大人民的根本利益作为新闻宣传工作的出发点和落脚点，以坚持正确导向、人民群众满意为评判新闻宣传成效的最高标准。要在理论与实践的结合中加强马克思主义新闻观教育，引导广大新闻从业人员树立正确的新闻理念和价值追求，坚定政治立场，坚持正确导向，自觉贯彻党的新闻工作的方针原则。

二、不断拓展走基层的深度广度。基层一线是新闻工作的源头活水，是新闻从业人员成长成才的广阔天地

要不断拓展走基层的深度，围绕党和政府关心、人民群众关切的问题深入调查研究，准确把握我国基本国情和社会主要矛盾，准确把握当前经济社会发展的阶段性特征，准确把握党和国家工作的总体部署，使新闻报道更加贴近实际、厚重扎实，更好地服务党和国家工作大局。要把“走基层、转作风、改文风”的要求落实到日常宣传报道中，与主题宣传、典型宣传、热点引导、舆论监督等有机结合起来，加强选题策划，深化报道主题，实现贴近性、新闻性、思想性相统一，体现走入基层的深度、发现问题的锐度、思考问题的高度，提高新闻报道整体水平。各新闻单位领导班子成员和中层干部要带头深入基层调研，亲自采写新闻报道，充分发挥示范带动作用，确保走基层持续不断、力度不减。各新闻单位要在基层

建立联系点并公开挂牌，制定编辑记者到联系点蹲点调研、挂职锻炼的工作计划，推动业务部门、编辑记者与联系点建立长期联系。要不断拓宽走基层的视野，组织编辑记者广泛深入经济社会发展各领域，深入到一切社会实践的最前沿，全面展现不同地区、不同行业、不同群体的创新创造。都市类、行业类媒体和新闻网站要结合自身实际，充分发挥贴近受众、形式活泼的特点，认真组织广大采编人员深入基层、深入群众，确保全面覆盖、全员参与、取得实效。

三、切实加大转作风的工作力度

新闻工作作风关系新闻队伍形象，关系媒体公信力影响力。要切实加强思想作风建设，坚持实事求是、求真务实，深入基层、深入群众，讲实话、报实情、求实效。要增进群众感情，在深入群众中融入群众，在报道群众中服务群众，始终保持与人民群众的血肉联系。要不断改进采访作风，深入基层一线、深入新闻现场，从火热社会实践中发掘素材，从群众生产生活中发现选题，坚决禁止编二手材料、上网“扒新闻”等不良作风，杜绝捕风捉影、道听途说、偏听偏信的错误做法。要增强法制观念，遵守国家法律法规和宣传纪律，依法进行采访，采访内容、采访程序、采访途径、采访手段等都要符合相关规定。要切实做到文明采访，摆正与采访对象的关系，尊重采访对象的意愿，不得侵犯采访对象的正当权益。要恪守职业精神职业道德，严禁搞有偿新闻、有偿不闻，严禁利用批评报道进行敲诈勒索、打击报复，维护新闻从业人员的良好形象。

四、积极倡导短新实的清新文风

新闻文风关系宣传报道的吸引力、感染力和亲和力，直接影响新闻宣传成效。要大力倡导到最基层、到第一线“抓活鱼”，多用现场素材，多用第一手材料，采写更多带着现场温度、充满真情实感的新闻。要大力倡导短小精悍、言简意赅，力戒篇幅冗长、空洞乏味。要学好用好群众语言，力求清新利、实、生动鲜活，力求深入浅出、通俗易懂，增强新闻语言的时代感、现实感，避免程式化、概念化、文件化，使人们爱读爱听爱看。要遵循新闻传播规律，大胆进行业务探索，创新节目栏目形态，创新语言表达方式，各展所长、不拘一格，增强新闻报道的表现力。各类新闻评奖要把文风作为重要评价标准，向短新实的作品倾斜，引导编辑记者重视文风、改进文风。要认真学习“走基层、转作风、改文风”活动中涌现出的精品佳作，组织开展范文解析、文风评议等活动，推动新闻文风有明显转变，推出一批新风扑面的优秀作品。

五、努力推动解决群众实际问题

推动实际问题解决、为群众办实事好事，是衡量新闻宣传工作成效的重要标准。要想群众之所想、急群众之所急，真诚倾听群众呼声，真实反映社情民意，在走基层中更好回应群众关切，把党和人民赋予的新闻报道权、舆论监督权用到为民造福上。要及时发现基层群众生产生活中遇到的现实困难，通过新闻报道呼吁社会关注，推动党政部门采取措施予以解决，在党与人民群众中间架起“连心桥”。要发挥内参作用，及时反映群众关注的敏感问题，畅通信息渠道，为决策提供参考。要倡导通过定点帮扶等形式直接为困难地区、困难群众提供力所能及的帮助。要认真总结帮助群众解决实际问题的经验做法，加强与实际工作部门联动，注重跟踪报道解决过程，及时反馈工作进展，使“走基层、转作风、改文风”活动更好地与推动实际工作相结合、与满足群众现实需求相结合，提高新闻从业人员为民服务的能力和水平。要强化媒体信息服务功能，多刊播与群众生产生活密切相关的实用信息，加大信息服务力度，探索构建专业信息平台，更好满足人民群众多样化的信息需求。

六、改进创新活动方式方法

要根据报刊、通讯社、广播、电视、互联网等不同媒体的特点，充分考虑对内宣传与对外宣传的不同需要，充分考虑不同岗位、不同年龄新闻从业人员实际情况，不断创新活动形式，丰富活动载体，使广大新闻从业人员乐于参与、广泛参与、深度参与，进一步增强活动实效。要深入开展党的新闻工作优良传统教育，引导新闻从业人员不断深化对新闻工作职责使命的认识，把“走基层、转作风、改文风”的要求内化为工作准则和自觉行动。要把深入开展活动与加强业务建设结合起来，鼓励新闻从业人员在走基层中不断增强做好新闻工作的本领，提高新闻业务水平。要组织开展专题征文、业务研讨等活动，为新闻从业人员交流思想认识、共同学习提高创造平台。新闻单位负责同志、老新闻工作者要经常性地与青年编辑记者谈心，了解思想状况，交流收获体会，听取意见建议，有针对性地开展引导。要坚持开门办报、开门办台、开门办网，通过召开座谈会、接受群众评议等形式广泛听取基层干部群众意见，不断改进工作。

七、建立健全活动长效机制

制度机制管根本、管长远，是“走基层、转作风、改文风”活动常态化的有效保障。各地区各单位要把深化“走基层、转作风、改文风”活动作为长期任务，摆上重要日程，加强组织领导，注重动态指导，完善工作规范，推动活动常态开展、长期开展、扎实开展。要制定本地区本单位深化活动的工作方案，对走基层的人员次数、时间安排、任务要求等事项作出具体规定，细化落实措施，做到持之以恒。要坚持边实践边总结，勇于创新管理办法，不断完善激励机制，，在刊播安排、活动经费等方面给予支持，在业务考核、职称评定等方面给予倾斜，在工作安排、生活条件等方面给予保障，对常走基层、扎根基层、业绩突出的新闻从业人员给予表彰奖励，充分尊重和体现深入基层新闻从业人员的工作价值，形成正确导向。要加强督促检查，通过专项督导、新闻阅评等方式及时掌握活动进展情况，总结推广典型经验，发现问题及时整改，确保活动各项任务落到实处。

关于印发浙江省广播影视业“十二五”发展规划的通知

浙发改规划〔2011〕973号

各市、县(市、区)人民政府，省级有关单位：

《浙江省广播影视业“十二五”发展规划》是列入省级“十二五”规划编制体系目录的专项规划，现印发给你们，请结合实际，认真组织实施。规划建设项目的具体实施要严格按照政府投资项目和资金管理的有关规定办理。

浙江省发展和改革委员会
浙江省广播电影电视局
二〇一一年八月八日

浙江省广播影视业“十二五”发展规划

为加快推进我省广播影视业健康快速可持续发展，根据《浙江省国民经济和社会发展第十二个五年规划纲要》和《浙江省文化产业发展规划(2010—2015)》制定本规划。本规划在回顾总结“十一五”我省广播影视业发展情况的基础上，提出今后五年我省广播影视业发展的指导思想、总体目标和主要任务，明确实施的重点工程和保障措施，是“十二五”时期全省广播影视业发展的指导性文件。

一、现实基础

“十一五”期间，全省广播影视业围绕中心，服务大局，为人民群众提供了丰富多彩的广播影视节目与产品，为经济社会发展提供了强大的精神动力、舆论支持和思想保证，广播影视工作走在了全国的前列。

1. 舆论引导正确有力。强化新闻立台，把握正确导向，提高舆论引导水平，圆满完成了党的十七大、北京奥运会、应对国际金融危机、汶川特大地震、加快转变发展方式等重大宣传报道任务，广播影视的制播能力进一步提升。到2010年底，全省共有广播电台12座、电视台12座，广播电视台66座，网络广播电视台1座，广播、电视节目套数分别为109套和115套；全省制作广播和电视节目分别达到44万小时和14.9万小时，较“十五”末期分别增加0.76万小时和2.43万小时，全省广播和电视年播出能力分别达到69.5万小时和70万小时，较“十五”末期分别增加了5.75万小时和10.66万小时；全省各级广播电视台办有对农栏目总数超过560档。

2. 安全播出巩固加强。初步构建集节目监管、技术监测、安全指挥于一体的安全播出监管体系。加强技术装备，提高监控手段，推进制度化、规范化的安全工作机制建设。全省杭州、丽水等7个市建立了广电监测机构，加强了防范重大技术事故、突发事件、自然灾害及敌对势力干扰破坏等方面的能力，顺利完成重大节会保障期和敏感时期的广播电视安全播出任务，连续9年实现安全播出“平安年”的工作目标。

3. 广电惠民深入推进。实施新一轮广播电视村村通、村村响、广电低保、“彩虹行动”、对农节目和农村电影放映等广电惠民服务工程建设，初步建立农村广播影视公共服务体系。到2010年底，全省有线广播电视干线网21.45万公里，比“十五”末期增加了7.72万公里，基本联通所有市县、乡镇和行政村，乡镇和行政村有线电视联网率从5年前的95.8%和87.4%分别提高到100%和99%以上，城乡有线电视用户数1280余万户，比“十五”末期增加了380余万户。农村有线电视用户807.3万户，实际入户率从5年前的50%提高到90%左右，提前5年基本实现“户户通”。全省广播电视综合人口覆盖率分别达到了99.17%和99.35%，居全国前列。加快有线对农广播和应急广播建设，全省3万多个行政村安装各类音箱和喇叭近160万只，农户有线广播收听覆盖率从五年前的57%提高到80%以上。“广电低保”工程让全省40万户城乡“低保户”免费收看到有线电视，农村电影放映工程五年实施农村公益放映电影110万场，实现了全省农村中心村一月放映一场电影的目标。

4. 影视产业发展繁荣。2010年全省广播影视经营收入达到174.5亿元，提前两年实现规划目标，是“十五”末期的2.8倍，列全国第四位，其中广告收入达到59.35亿元，是“十五”末期的1.85倍，列全国第四位。深化广播影视体制机制改革，杭州、宁波等国有影视剧制作单位完成转企改制。民营影视机构快速发展，华谊兄弟和华策影视实现上市。2010年全省有影视制作机构614家，是“十五”末期的2.67倍，数量居全国第二，民营企业占90%以上。影视基地建设成效显著，产业积聚和辐射效应明显。全省有1个国家级影视产业实验区，4个国家级动画产业教学研究基地，横店影视产业实验区共有影视企业382家，实现营业收入30.17亿元，形成了十多个产业链；杭州高新区国家动画产业基地共有81家动漫游戏公司，动画片产量居全国各基地之首；中国国际动漫节永久落户杭州举办。影视动画节目创作生产能力大幅提升。2010年制作电影33部，比5年前增长90%；制作电视剧43部1500集，总量居全国第二，比5年前增长79%；制作动画片4.5万分钟，排名全国第二，是5年前的5倍。现代化影院建设步伐加快，影院票房收入快速增长。2010年全省有多厅影院86家、555个放映厅，建成时代、横店、雁荡、星光4条城市院线和11条农村数字电影放映院线，全省电影票房收入7.38亿元，是“十五”末期的5.6倍，列全国第五位。

5. 数字网络加快发展。大力推动全省有线数字电视联合发展，构建了以华数为主体全省统一的数字电视内容服务平台。积极推进有线数字电视整体转换和网络双向化改造，全省67个市县基本完成了有线数字电视整体转换，整转率达到90%以上，双向用户413.75万户，有线数字电视用户数超过700万户，其中农村达到200多万户。制定我省三网融合试点方案，积极推动杭州开展试点工作，努力推进IP电视、手机电视集成播控平台建设。省、市级台内和大部分县级台基本实现数字化网络化，浙江卫视开播高清电视，新建影院实现数字化放映。移动多媒体广播电视、网络电视、IP电视、手机电视等新媒体业务发展迅速。浙江中广传播有限公司成立，移动多媒体广播电视进入商业运营；“新蓝网”排名和经营收入大幅提升，浙江网络电视台获得国家广电总局批准。全省移动、车载、楼宇电视发展处于全国前列。

6. 依法管理力度加大。广播影视管理水平全面提升，广播影视法制建设得到加强，逐步理顺局台网关系，完成全省电影行政管理职能调整划转，广播电视播出机构、节目播出、互联网等新媒体管理逐步规范。队伍建设和党风廉政建设进一步加强，队伍素质得到提高。

同时，全省广播影视改革发展还存在一些矛盾和问题：一是在节目建设上，广播影视节目供给还不能很好满足广大人民群众多样化个性化精神文化需求；二是在均衡发展上，全省广播影视区域和城乡发展还不很平衡，覆盖城乡的公共服务体系有待进一步完善；三是在市场体系上，广播影视产业发展水平不高，拓展广电新业态不够，市场体系有待进一步培育；四是事业管理上，县乡基层广电事业发展有待进一步加强，对广电新媒体的管理有待进一步探索改进。

二、发展背景

“十二五”时期是我省贯彻落实科学发展观、深入实施“创业富民、创新强省”总战略的关键时期，是加快转变经济发展方式、加强和创新社会管理、全面建设惠及全省人民小康社会的攻坚时期。广播影视既承担着服务于全省经济社会发展大局的重要任务，又面临着深化文化体制机制改革、推进大发展大繁荣的重要机遇期。

1. 社会发展转型时期和信息传播渠道的深刻调整，要求广播影视必须加强主流媒体建设，创新新闻宣传，提高舆论引导能力，发挥思想和文化引领的主导作用。

2. 文化体制改革深入推进和文化产业日益振兴发展，要求广播影视必须建立既符合意识形态建设规律、又体现社会主义市场经济要求的体制机制，统筹发展公益性事业与经营性产业。

3. 数字网络技术的发展和新媒体业态的崛起，要求广播影视必须适应现代信息技术发展和三网融合要求，加快科技自主创新，推进网络升级改造，拓展新兴媒体领域和市场。

4. 人们精神文化需求和文化消费的不断增长，要求广播影视必须提高影视产品的供给能力，加快推进城乡公共文化服务均等化工作。

三、指导思想和总体目标

(一)指导思想

以邓小平理论和"三个代表"重要思想为指导,全面贯彻落实科学发展观,以加快转变发展方式为主线,以深化改革为动力,以技术创新为支撑,以广播影视惠民为目标,充分发挥广播影视引导社会、教育人民、推动发展的重要功能,实施品牌建设和重大项目带动战略,全面加强主流媒体建设,大力繁荣创作生产,加快事业产业发展,着力提升广播影视的舆论引导、安全保障、公共服务、内容生产、科技创新、产业发展、内外传播和依法管理能力,实现我省广播影视业健康快速持续发展,更好地服务于文化大省和全面小康社会的建设。

(二)总体目标

根据科学发展、转型升级、整体推进的总体要求,广播影视基本实现从传统媒体为主向传统媒体与新媒体融合发展转变、农村广播影视由工程建设向公共服务体系建设转变、内容生产由数量扩张为主向质量提高为主转变、广播电视网由专用网向全功能全业务基础信息网转变、管理由行政手段为主向综合运用法律、经济、行政、科技等手段的转变,使广播影视舆论引导能力显著增强,广播影视产品更加丰富多样,广播电视安全播出保障能力全面加强,广播影视公共服务体系优化完善,广播影视综合实力明显提升,广播影视各项工作继续走在全国前列。

1. 内容生产能力进一步提高。制作广播和电视节目分别达到46万小时和18万小时;电视剧年产量保持在1500部集,年递增5%,电影年产量达到30部,年递增10%,纪录片年产量200部集,年递增15%。

2. 公共服务体系进一步完善。到2015年广播电视人口综合覆盖率达到100%,实现一个行政村一月放映一场数字电影的目标。

3. 数字化网络化进一步推进。全省广播电视台全面实现数字化网络化,基本实现城乡有线电视数字化双向化,地面数字电视基本覆盖县以上城市(含县)以及中心镇,全省有线电视网基本实现规模化集约化产业化发展,移动多媒体广播电视、网络广播电视、高清电视等加快发展,下一代广播电视网建设取得成效,电影数字化放映基本普及。

4. 产业发展水平进一步提升。2015年力争全省广播影视经营收入翻一番,达到350亿元左右,新增现代化影院50家以上、银幕300块、座位4万个以上,电影票房收入达到15亿元,基本完成县级城镇多厅数字影院建设改造任务。

5. 基础设施建设进一步夯实。推进浙江国际影视中心、横店影视产业集聚区等重点影视基地和产业园区建设,规划推进14个市县广电中心建设。

四、主要任务

(一)加强主流媒体建设,构建广播影视舆论引导体系

1. 做大做强主流媒体。坚持新闻立台,推进新闻宣传内容、形式、载体、手段和方法创新,统筹安排重大宣传报道,增强广播影视的亲和力、吸引力、感染力。充分发挥各级广播电视台的舆论主导作用,扩大省、市级广播视台重要频率频道的有效覆盖,强化浙江卫视、浙江之声等主频率频道的龙头竞争优势,提高广电主流媒体的舆论引导能力。

2. 推进传播品牌建设。继续实施广播影视品牌化战略,培育一批导向正确、特色鲜明、效益显著的品牌频率频道和节目栏目,增强广播影视的传播力、影响力和竞争力。按照"三贴近"要求,大力推进优秀广播影视节目创作生产。继续扶持对农和少儿广播电视频率频道,扩大对农、少儿节目传输覆盖范围和播出渠道。办好浙商特色电视频道和义乌电视台商贸频道。

3. 加快发展新兴媒体。加快发展移动多媒体广播、网络广播电视、手机电视、公共视听载体等新媒体,拓展广播影视宣传新阵地。加快新媒体与传统媒体融合发展,推进广电多媒体、大平台联动传播。办好浙江网络电视台,抢占网上舆论引导主动权。

(二)提高广电惠民实效,构建广播影视公共服务体系

1. 深化惠民服务工程建设。实施全省广播电视对农节目服务工程建设五年规划(2011—2015年),进一步办好浙江电视台公共·新农村频道和市县广播电视对农节目,提高对农节目质量和宣传服务水平。实施农村广播电视全覆盖工程,推进"广电进渔船、进林场、进偏远用户"和广电节目无线覆盖工程建设,提高农村广播电视入户率。加快农村应急广播体系建设,满足各级政府发布应急信息的需要,更好地发挥"村村响"工程的重要作用。逐步推进"广电数字低保"工程,确保低保户免费收看数字电视的权益。推进农村电影数字化放映,完成农村电影放映工程任务。积极推进城乡有线广播电视数字化一体化发展。

2. 提高广电惠民服务实效。落实广播影视公共服务“五个纳入”，完善广电惠民服务工程建设标准，认真抓好监督考核验收和示范表彰工作。完善技术规划，建立有线、无线、卫星协调发展的农村公共服务技术保障体系。重视加强广电惠民服务技术保障队伍建设，确保广电公共服务体系有效运作。积极培育发展多种所有制的农村电影院线公司和农村电影放映队，加大培训力度，提高农村基层放映员队伍素质，探索农村电影市场化运作模式，逐步推进从流动放映向固定场所放映、从室外放映向室内场所放映的转变，基本实现每个学期为中小学生放映两场爱国主义教育影片的目标。

3. 健全广播影视公共服务体制机制。建立健全广播影视公共财政保障机制，完善广播影视惠民服务运营维护长效机制，加快由工程建设向公共服务体系建设转变，推动广播影视惠民服务制度化、优质化、均等化、数字化新发展。坚持公共服务优先，加快乡镇广电站设备设施更新改造，强化县、乡（镇）广播影视公共服务职能，建立健全以县为中心、乡镇为基础，增强自我发展能力、面向广大基层群众的广播影视公共服务体系。加大对广播影视系列惠民服务工程的财政投入，完善欠发达地区资金补助政策和对口帮扶机制。采取政府购买、项目补贴、特许经营、优惠政策等方式，鼓励和引导广播影视提高惠民服务质量和水平。建立和落实内容生产、传输覆盖、事业建设、运营管理等指标的广播影视惠民服务考核评价体系，切实维护人民群众的基本文化权益。

（三）推进数字化网络化，构建广播影视现代传播体系

1. 提高数字节目的制播能力。加快广播电视台数字化、网络化应用，构建全省互联互通、分发交换的广播影视节目内容资源库。加强新媒体视听节目内容建设，构建满足多种数字播出平台和接收终端需求的节目集成播控平台。积极推进节目制作高清化，全省杭州、宁波、温州等有条件的电视台具有5个以上高清频道的制作播出能力，省级和杭州、宁波等市电视台综合频道实现全高清制作播出。探索实验立体电视技术，力争试播1个以上立体电视频道。

2. 提升网络数字传输能力。全省基本完成有线数字电视整体转换和网络双向化改造，基本实现数字化双向化。大力推进节约型网络建设，推动光纤入户，80%以上网络光纤到楼。推进有线数字电视双向用户发展，逐步实现用户从看电视到用电视的转变。积极推动三网融合，努力实现网络资源共建共享。提高有线广播电视网络业务承载支撑能力，提供紧急广播、高品质视音频节目、电子政务、金融支付、远程教育、增值电信业务和比照电信业务管理的基础电信业务等综合业务服务。规划和开展地面数字电视覆盖工程建设，到2015年全省县级（含）以上城市和重点乡镇基本实现地面数字电视覆盖。积极参与下一代广播电视网（NGB）技术试点和示范建设，2012年杭州、宁波、温州和有条件的市初步建设安全高效和服务广泛的下一代广播电视网。

3. 大力推进电影数字化。推进电影数字化发展，实现电影制作、发行、放映、存储、监管等环节的数字化装备。到2013年主要影院基本实现数字化放映，全省数字银幕达到70%以上，到2015年全省数字银幕达到100%。加快院线影院数字化放映改造和管理，基本形成完善的数字电影发行网络，全省电影数字化发展走在全国前列。

（四）提高安全播出能力，构建广播影视保障监管体系

1. 加强日常安全播出管理。完善并严格执行播出审查、值班值守、安全保卫等规章制度，加强广播影视基础设施保护，提高预警监测、指挥调度等技术保障能力，扎实做好安全播出各项工作，确保各重要保障期安全播出。

2. 强化安全运行管理机制。按照省级广播电视安全播出调度指挥中心工程建设技术规范，建立安全播出综合管理平台。推进市县安全播出组织机构建设。构建省、市、县三级联动集节目监管、技术监测、安全指挥于一体的广播电视安全播出监管体系，完成连接到县的广播电视安全播出监测监管系统建设，对全省有线和无线广播电视发射、传输网络进行监测监管。

3. 完善广播影视监测监管能力。健全广播影视技术和内容监测体系，建立有线数字电视监管平台，完善数字电视监测、广播电视移动监测、广告及网上传播视听节目监控系统。建设和完善IP电视、手机电视和互联网视听节目的技术监管平台，探索三网融合下的网络信息安全和文化安全监管体制。强化电影市场监管，建立农村数字电影技术服务监管系统。

（五）提高产业发展能力，构建广播影视现代产业体系

1. 大力发展广播影视动画产业。在做强做优广

播影视广告经营的同时，大力发展广播影视动画产业，使浙江成为全国电影、电视剧、动画片、纪录片重要的创作、生产和交易中心，实现从影视创作生产大省向影视产业强省的转变。坚持支持国有、扶优民营的工作思路，鼓励多元资本在国家法规、政策允许的范围内共同参与发展影视动画产业。加强对优秀影视动画创作生产的引导，鼓励原创、多出精品、推动出口，加快产品由以数量扩张为主向以质量提高为主的转变。力争每年有10部作品在全国产生重大影响，其中有3—5部在中央电视台黄金时段播出，有1—2部获得“飞天奖”或“金鹰奖”等国家级奖项，适合新媒体播映的影视动画短剧年产量达到1000分钟，年递增30%。继续实施“一企一策”的工作措施，重点扶持和培育浙江影视(集团)公司等一批影视动画龙头骨干企业。推进浙江时代院线、长城影视公司等企业稳步上市。组建省级电影集团，做大做强电影产业市场主体。鼓励电影院线跨所有制、跨地区发展，完善全省电影发行放映网络。大力改善城镇电影放映条件，基本完成县级多厅数字影院建设改造，积极推进中心镇影院建设。加强基地建设，推动横店影视产业实验区、杭州滨江动漫创意园区、西溪创意产业园省级影视创作拍摄示范基地和中国美院、浙江大学、浙江传媒学院动画教学基地的创新发展，充分发挥其集聚辐射作用。

2. 加快发展数字电视网络产业。按照三网融合的要求，建成互联互通、全程全网、安全可靠的广播电视有线网络，建设安全可靠并具有内容管理、节目播控、电子节目指南(EPG)、版权保护、鉴权认证、用户管理等功能的集成播控平台，形成统一运营、可控可管、科学合理的全业务运营支撑体系。大力推进网络整合，深化网络联合发展模式，组建省级有线网络公司，并加入国家级有线网络公司。支持华数公司上市，培育全国性传媒企业。积极推进广电和电信业务双向进入，突出内容创新和业务开发，完善服务流程，提高服务质量，大力发展有线网络新业务。加强集约化经营、本地化服务、科学化管理，大力开发视频点播、高清电视、付费电视、生活信息等综合信息服务业务，使数字电视成为家庭信息化和现代服务业的终端平台。

3. 积极发展广播影视相关产业。加快发展IP电视、手机电视、网络广播电视、公共视听载体等新媒体业务。积极发展移动多媒体广播电视，全省县以上城市基本实现有效覆盖。依托广播电视资源，加快“新蓝网”及浙江网视联盟分、支站等重点广电网站建设。提高影视后期制作能力和服务水平，积极推动从节目创作、内容服务、网络传输到衍生产品的全产业链开发，开拓影视产业新领域。放手发展具有广播影视特色的旅游、演艺、会展等广电延伸产业，形成多种产业经营格局。大力实施广播影视“走出去”工程，参与国内外市场竞争。支持浙江电视台国际频道加强与境内外机构的合作交流，扩大外宣新渠道。推进华策影视、中南卡通等影视制作机构参与国际竞争，开拓影视产业新市场。力争5年内培育15家左右“走出去”重点企业，每年出口影视产品20部以上，出口额超亿元，在全国比重年增10%。

五、重点工程

按照合理布局、科学规划、突出重点、统筹兼顾的原则，着重抓好广播影视四大工程建设：

(一)广播影视惠民服务工程

1. 农村广播电视全覆盖工程项目。对无线、有线广播电视无法覆盖的林场、海岛、偏远山区、远洋渔民，采取“村村通”直播卫星等传输技术手段实现广播电视全覆盖，其中在全省1.8万艘海上渔船实施“广播电视进渔船”工程项目建设，满足群众收听收看广播电视的需要。

2. 农村应急广播体系工程项目。统筹“村村响”工程建设的宣传和应急管理双重功能，以市县广电台为重点，以有线广播电视网和农村有线广播“村村响”工程为依托，加快建立能够满足分级、分区域、多部门联动响应的农村应急广播技术系统、组织架构和运行机制，构建上下贯通、统一联动、覆盖广泛、安全可控、反应敏捷的全省应急广播体系。

3. 有线数字电视“广电低保”工程项目。扩大“广电低保”工程实施范围，建设“广电低保”数据管理平台，实施规范化、精细化、动态化管理，确保有线数字电视通达地区城乡低保家庭免费收看有线数字电视。

4. 农村电影数字放映工程项目。力争基本实现全省3万个行政村一月放映一场公益电影的目标。

(二)广播影视安全监管工程

1. 全省广播电视安全播出监管和指挥调度系统项目。建设连接到县的广播电视安全播出监测监管系统，并通过技术扩容实现网络到县(市)、视讯会议和公文收发到县(市)的业务扩展功能。

2. 全省数字广播电视监测监管系统项目。以构建数字电视监测系统为目标建设省市县有线数字广播电视监测网。

3. 全省IP电视和手机电视监管平台项目。建设浙江省IP电视和手机电视监管系统，并与国家IP电视和手机电视监管系统相衔接。

4. 全省农村数字电影监管平台项目。通过平台实时监控各地农村数字电影放映具体位置、影片名称、场次、时间和放映设备使用状态，实现全省农村数字电影放映的有效监管。

（三）广播影视数字化节目制播和传输工程

1. 省级新媒体集成播控分平台项目。建设面向IP电视、手机电视、网络广播电视等新媒体业态的内容集成播控平台和视音频节目资源库，实现对新媒体跨平台、跨终端的内容服务。

2. 有线网络数字化整体转换工程项目。目标到2012年底有条件的乡镇、村基本完成有线数字电视整体转换任务，到2015年底全省城乡基本完成有线数字电视整体转换任务，并停止模拟广播电视节目的传输。

3. 有线网络双向化改造工程项目。目标是到2011年底大中城市全面完成双向化改造任务，到2012年底全省城区全面完成双向化改造任务，有条件的乡镇、村基本完成双向化改造任务，到2015年底全省城乡基本完成双向化改造任务。

（四）广播影视基础设施和产业基地工程

1. 广播影视基建工程项目。建设浙江广电传媒大厦、浙江电影产业示范基地总部以及湖州梅地亚二期工程，续建义乌、东阳广电中心，新建余姚、镇海、平阳、苍南、海盐、浦江、常山、岱山、临海、天台、玉环、仙居、景宁、松阳等14个县级广电中心（见附件1）。

2. 影院建设工程项目。大力推动县城和中心镇现代化数字多厅影院建设，规划5年内新建或改建50个县级多厅影院，每年建设10个。

3. 影视产业基地项目。建设浙江国际影视中心、横店影视产业集聚区等10个影视产业基地（见附件2、3）。

六、保障措施

（一）加强工作指导，狠抓规划落实

各级政府要把广播影视业作为重点工作纳入国民经济和社会发展规划。有关部门要履行职能，及时解决广播影视业发展中的问题，广泛调动社会力量，形成推进广播影视工作的整体合力。同时根据本规划的目标任务，编制相关年度实施计划，建立健全规划实施的工作机制和目标责任制。广播影视基础建设项目选址要符合当地土地利用总体规划，积极盘活使用存量建设用地，倡导节约集约用地。

（二）深化体制改革，增强发展活力

按照中央关于文化体制改革工作的总体部署，公益性广播影视事业要增加投入、转换机制、增强活力、改善服务，经营性广播影视产业要创新体制、转换机制、面向市场、壮大实力，促进事业产业协调发展。积极推进全省国有电影发行放映单位和有线网络机构转企改制，增强企业发展的生机和活力。深化广播电视台内部机制改革，稳妥推进制播分离改革和人事、收入分配、社会保障制度改革，探索建立事业单位法人治理结构。完善电影管理体制和运作机制改革，推动电影产业繁荣发展。

（三）强化管理监督，促进行业自律

改进管理方式方法，综合运用经济、行政、科技、法律、教育等手段加强广播影视依法管理、科学管理，促进广播影视健康有序发展。理顺行政管理体制，转变政府职能，强化管理职责，切实履行导向把握、推动发展、公共服务、市场监管、社会管理等基本职能。加强宣传管理，健全新闻宣传选题、审查、播出等规范管理制度，探索形成宣传导向管理长效机制。创新视听评议工作，建立事前预警、事中审议和事后监管评议体系，探索试行收听收看情况向社会公示。加强广播影视节目和广告管理，切实抵制低俗之风。加强播出机构、频率频道和影视制作机构管理，维护广播电视传播秩序。加强广电新业态管理，规范网络和公共场所视听等新媒体发展。提高有线数字电视服务质量，建立服务运营和监督管理体系。加强行业统计管理，健全广播影视服务统计监测评价体系。坚持县对乡镇广播电视的垂直管理运营体制。发挥广电社会团体行业自律作用。

（四）加大扶持力度，营造良好环境

建立健全财政投入保障机制，加大公共财政对公益性广播影视事业的投入。继续支持广播影视惠民服系列工程建设，推进构建农村广播影视公共服务长效机制。大力支持广播影视监管工程建设，提升广播影视监管水平。继续支持有线数字电视整体转换和网络双向化改造等广电数字化工程建设，增强广播影视事业发展能力。继续扶持新闻、少儿、农村等公益性频道及节目、优秀国产影视动画作品、城镇影院建设、农村电影放映等工作，保障群众的基本文化权益。以国有资本为主，放宽市场准入，鼓励社会资本参与,加快广播影视产业发展。支持符合条件的广电企业通过上市、发行企业债券及股权置换等途径发展壮大。鼓励国有和民营影视文化企业平等参与市场竞争,营造公平、公开、公正的发展环境。

(五)加强人才培养,提高队伍素质

按照中央和省委关于人才发展规划的决策部署,加强广电系统人才队伍建设,努力形成人尽其才、人才辈出的良好局面。认真落实培训计划,围绕广播影视改革发展任务,重点加强管理、采编播、工程技术、产业经营等骨干人才的培养,为我省广播影视发展提供强有力的人才保障。加强培训和师资队伍建设,增加培训投入,拓展培训手段,丰富培训内容,着力加强广播影视领导干部和专业人才的培养,选拔一批广播影视名家和青年创新人才。完善职称评定、成果评奖等政策,提升广电队伍专业素养,激励职业创新精神。

(六)坚持依法行政,加强法治建设

加强广播影视法制建设,推进地方广播影视规章、规范性文件的立、改、废工作,制定实施《浙江省公共场所显示屏播放视听节目管理办法》,修订《浙江省广播电视设施保护实施细则》。加强广播影视执法监督,切实履行广播影视行政执法职能,维护广播影视法律权威。加强广播影视普法工作,增强依法行政、依法管理意识。加强行政复议和行政应诉工作,建立健全行政调解机制。加强广播影视知识产权保障工作,提高广播影视知识产权创造、运用、保护和管理能力。积极推动广播影视法制基础理论创新研究,促进广播影视法治建设。

附件:1.“十二五”浙江省广播影视基础设施建设工程规划表

2.“十二五”浙江省影视产业基地建设规划表

3.“十二五”浙江省影视产业基地空间布局图

附件 1：

“十二五”浙江省广播影视基础设施建设工程规划表

项目名称	建设时序	建设规模
一、续建项目	共 3 个	共 17.42 万平方米
1.浙江广电传媒大厦	2014 年建成	占地面积 10.3 亩，建筑面积 6 万平方米
2.东阳广电中心	2011 年建成	占地面积 80 亩，建筑面积 3.12 万平方米
3.义乌广电中心	2011 年建成	占地面积 70 亩，建筑面积 8.3 万平方米
二、新建项目		共 34.38 万平方米
1.浙江电影产业示范基地总部	2011 年开始前期工作，2015 年建成	占地面积 22 亩，建筑面积 3 万平方米
2.湖州梅地亚二期工程	2011 年开工，2012 年建成	占地面积 25 亩，建筑面积 4.3 万平方米
3.一批县级广电中心	共 14 个	共 27.08 万平方米
(1)余姚广电中心	2012 年开始前期工作，2015 年建成	占地面积 50 亩，建筑面积 3 万平方米
(2)镇海广电中心	2011 年开工，2014 年建成	占地面积 20 亩，建筑面积 2.5 万平方米
(3)平阳广电中心	2012 年开工，2014 年建成	占地面积 20 亩，建筑面积 2.8 万平方米
(4)苍南广电中心	2012 年开工，2014 年建成	占地面积 20 亩，建筑面积 2.5 万平方米
(5)海盐广电中心	2012 年开始前期工作，2015 年建成	占地面积 40 亩，建筑面积 2 万平方米
(6)浦江广电中心	2011 年开工，2013 年建成	占地面积 43 亩，建筑面积 1.9 万平方米
(7)常山广电中心	2012 年开工，2014 年建成	占地面积 66 亩，建筑面积 1.5 万平方米
(8)岱山广电中心	2011 年开工，2013 年建成	占地面积 18 亩，建筑面积 1.38 万平方米
(9)临海广电中心	2011 年开工，2014 年建成	占地面积 20 亩，建筑面积 1.8 万平方米
(10)天台广电中心	2012 年开工，2014 年建成	占地面积 25 亩，建筑面积 1.7 万平方米
(11)玉环广电中心	2011 年开始前期工作 2013 年建成	占地面积 43.35 亩，建筑面积 2.5 万平方米
(12)仙居广电中心	2011 年开工，2013 年建成	占地面积 15 亩，建筑面积 1 万平方米
(13)景宁广电中心	2014 年开工，2015 年建成	占地面积 10 亩，建筑面积 0.5 万平方米
(14)松阳广电中心	2012 年开始前期工作，2014 年建成	占地面积 10 亩，建筑面积 2 万平方米
总　计		51.8 万平方米

附件 2：

“十二五”浙江省影视产业基地建设规划表

序号	项目名称	建设地点	建设内容和发展定位
1	浙江国际影视中心	杭州	规划面积 424 亩，一期工程总建筑面积为 28.5 万平方米，建设目标是浙江省影视后期制作产业的集聚地、影视动漫后期制作人才的培养基地、影视后期制作企业的孵化基地、以及影视后期制作企业的创业服务中心。
2	横店影视产业集聚区	东阳	规划 365 平方公里，其中核心区块 3000 亩，建设目标是逐步建设成为中国最大的影视产业中心、影视文化中心，新建 8 座高科技摄影棚、演艺培训中心、演员公会制作和发行中心、实应景拍摄场景中心。
3	象山影视城（二期）	象山	规划面积 2600 亩， 建设目标是适应浙江海洋经济发展需要，凸现海洋文化，逐步建设成集影视场景区、影视拍摄配套区、影视文化展示区、影视作家创作区、影视制作区、影视服务商业区和高科技影视体验区等七大功能区。
4	“中国坞” 文化创意产业园	杭州	建设目标是打造特色鲜明的“东方好莱坞”。
5	西溪创意产业园	杭州	建设目标是以剧本创作、影视拍摄、发行为主要特色的影视创意产业园区。
6	杭州中国影视动画原创研发中心	杭州	建设目标是国内首家以影视动画题材的搜集整理、开发研究、信息交流为一体的影视动画原创研发中心。
7	杭州白马湖影视产业国际合作实验区	杭州	建设目标是集影视文化专业人才培训、影视文化国际交流和合作实验区。
8	湖州南浔文化（影视）创意产业集聚区	湖州	建设目标是集长三角影视拍摄服务和文化休闲集聚区。
9	安吉竹海园（影视）创意园	安吉	建设目标是打造生态影视棚为亮点的“中国大竹海”影视新高地。
10	诸暨长城国际影视网游动漫创意园	诸暨	建设目标是集主题影视拍摄和教学区、网游动漫创意产业区和旅游会议休闲区的影视文化创意的总部基地。

附件 3：

“十二五”浙江省影视产业基地空间布局图

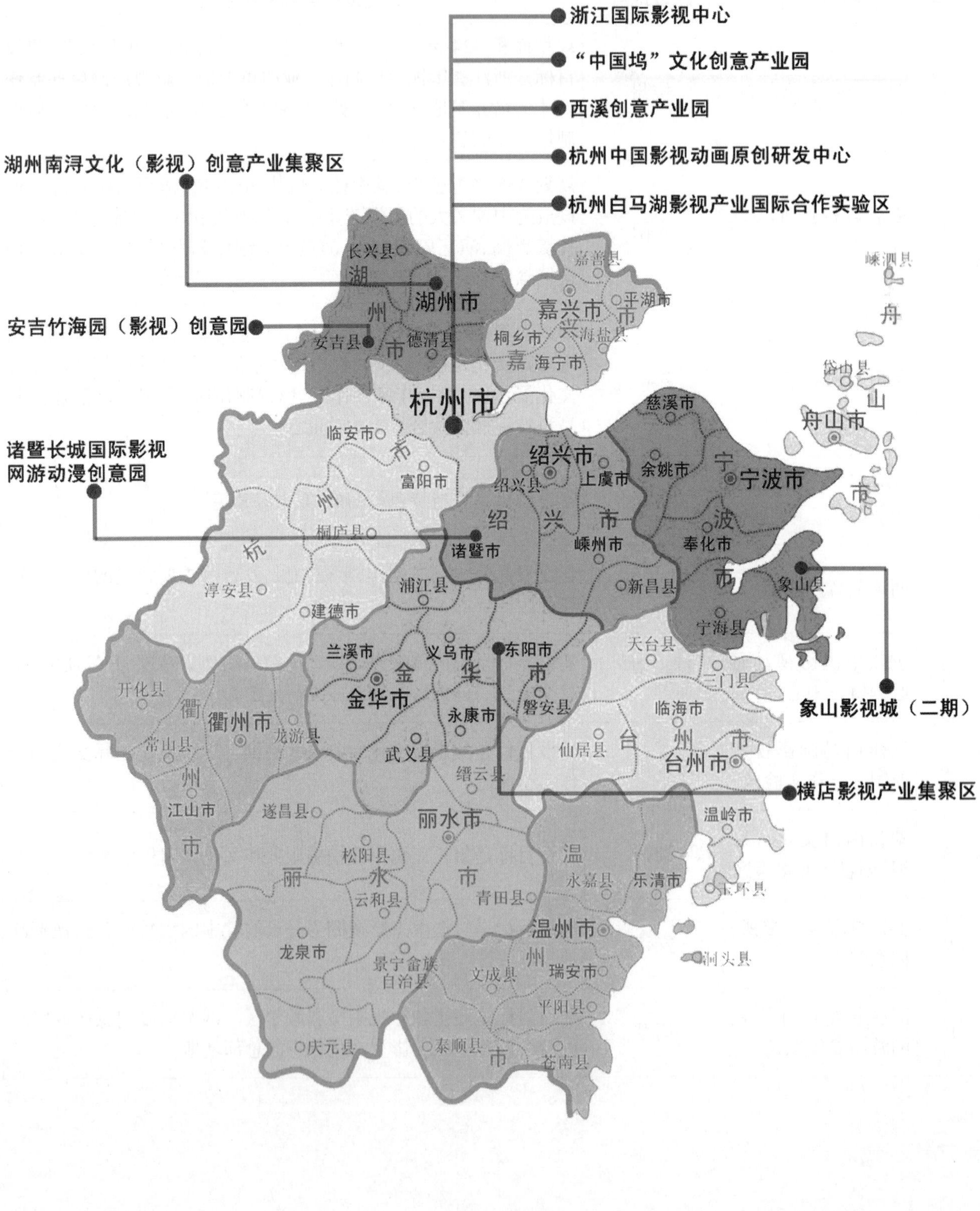

浙江国际影视中心
“中国坞”文化创意产业园
西溪创意产业园
杭州中国影视动画原创研发中心
杭州白马湖影视产业国际合作实验区
湖州南浔文化（影视）创意产业集聚区
安吉竹海园（影视）创意园
诸暨长城国际影视网游动漫创意园
象山影视城（二期）
横店影视产业集聚区

长兴县 湖州市 安吉县 德清县 湖州市
嘉善县 嘉兴市 平湖市 桐乡市 海盐县 海宁市 嘉兴市
嵊泗县 岱山县 舟山市 舟山市
杭州市 临安市 富阳市 桐庐县 淳安县 建德市 杭州市
绍兴市 绍兴县 上虞市 诸暨市 嵊州市 新昌县 绍兴市
慈溪市 余姚市 宁波市 奉化市 象山县 宁海县 宁波市
浦江县 兰溪市 义乌市 东阳市 金华市 永康市 磐安县 武义县 金华市
开化县 衢州市 常山县 龙游县 江山市 衢州市
天台县 三门县 临海市 仙居县 台州市 温岭市 玉环县 台州市
缙云县 遂昌县 丽水市 松阳县 云和县 青田县 龙泉市 景宁畲族自治县 庆元县 丽水市
永嘉县 乐清市 温州市 瑞安市 文成县 平阳县 泰顺县 苍南县 洞头县 温州市

浙江广播电视集团

重温辉煌历程　坚定理想信念

浙江广播电视集团纪念建党 90 周年新闻宣传综述

庆祝中国共产党成立 90 周年，是 2011 年党和国家政治生活中的一件大事，也是新闻宣传工作的重中之重。浙江广播电视集团紧紧围绕中央确定的庆祝活动主题，按照中宣部和省委宣传部的总体部署，精心策划、周密安排，创新手段、注重实效，发挥特色、打造精品，广播、电视、报刊、网络多媒体推进，系列报道、新闻行动、文化活动、影视剧集多形式并举，形成了喜迎建党 90 周年新闻宣传大合唱。

一、精心策划，注重特色，着力提升影响力

集中精兵强将，紧扣频道和栏目定位，各尽所能、抓住特色，做精做优大型系列报道，着力提升主题宣传的感染力、影响力和贴近性，是集团喜迎建党 90 周年主题宣传的重头戏和主攻方向。集团各宣传单位早在 2010 年下半年就着手策划，集思广益、反复研讨，制定详细的报道方案，深入采访、巧选角度、强化时效、彰显个性，宣传报道“叫好又叫座”。2011 年第一季度开始推出，“七一”前后形成高潮，唱响了重温辉煌历程、歌颂丰功伟绩的主旋律。

省内最具影响力的主流媒体——浙江卫视，再次发挥重大主题报道中的领军示范作用，浓墨重彩推出《红船新航程·红色印迹》、《红船新航程·时代先锋》、《我家的红色故事》等大型系列报道。其中，《红船新航程·红色印迹》重温嘉兴南湖“一大”纪念地、萧山衙前农民运动、中共中央西湖会议等，我省在建党历史上具有重大影响的历史事件、历史遗迹和历史人物；《红船新航程·时代先锋》展示历年来中共浙江省委表彰过的各个时期优秀共产党员的先进事迹、时代精神和楷模作用；《我家的红色故事》讲述革命先辈、老党员为党的事业鞠躬尽瘁、无私奉献的生动故事。这些报道角度新颖、采制精致、注重细节、贴近可看。

作为省内广播主频率的浙江之声动足脑筋，策划推出了大型系列报道《红色记忆》，寻访嘉兴南湖、金华刘英烈士陵园、浙东抗日根据地旧址、宁波北仑港等数十处播撒在浙江大地上的“红色记忆”，讲述发生在这片土地上的沧桑巨变。大型系列报道《身边的党员》，报道百姓身边的优秀共产党员的感人故事、闪光言行，展示优秀共产党员的时代风采，声情并茂，反响良好。

集团地面频道中钱江都市频道启动较早、篇幅较大，及时掀起喜迎建党 90 周年新闻宣传“激情红色季”，系列报道、红色剧目、原创纪录片、文艺活动多种形式同步推进。其中，系列报道《夸夸身边好党员》，通过百姓推荐、微博互动，讲讲百姓身边好党员的动人故事；大型专栏《红色档案》解读鲜为人知的党史传奇；专栏《榜样人物》浓缩历届“浙江骄傲”提名人物的事迹片段。

在主题报道中运用民生视角、精选题材、做出影响，是民生休闲频道的长期形成的好做法、好经验。在迎接建党90周年宣传报道中，民生休闲频道播出的大型系列报道《使命九十年》分为两大篇章：《我身边的好党员》用民生视角挖掘基层优秀党员的感人事迹，感受时代先锋的高尚品德；《入党那一天》回忆优秀党员的入党经历，追述“入党那一天”的激动时刻。报道既有时代感，又有贴近性。

经济生活频道推出大型系列报道《走近红色CEO》，从细节入手近距离观察非公企业党建工作，发现党建工作对企业生产和队伍建设方面的重要推动作用，以独特的视角阐述企业党建的重要性；系列报道《红色之旅》重游红色革命景点，见证90年发展成就。

教育科技频道运用多个播出平台，在主题宣传中打“组合拳”，采制播出大型系列报道《红船从这里起航》，从嘉兴南湖出发走遍浙江，寻访90年来我党在浙江大地上留下的浴血印记、记录党建史上一座座丰碑。公共·新农村频道的特别节目《让开化飞》，帮助经济相对欠发达的开化县加快发展，跟上全省发展步伐，产生良好反响。

广播经济频道的《光辉历程》、《我党历史上的重大经济事件》、《岁月如歌》，音乐调频的《红色足迹》，旅游之声的《党史上的今天》，少儿频道的《童心向党》，浙江城市广播电视报的《纪念建党90周年》，《交通旅游导报》的《我为党旗添光彩》等系列报道和专栏专题，都精心采制、富有特色。

二、创新形式，丰富载体，着力提升感染力

在重大主题宣传中，倾情推出集系列报道、专题节目、宣传活动于一体的大型新闻行动，是浙江广电集团近年来创意应用并屡屡产生重大社会影响的宣传作品。在纪念建党90周年宣传报道中，各宣传单位纷纷策划实施大型新闻行动，并且在宣传内容、环节设置、媒体合作、传播方式等方面不断创新，传播载体越来越丰富，报道感染力越来越强。

浙江卫视的大型新闻行动《红船新航程》，以“90年光辉历程中的9大浙江印迹”为宣传重点，包括14个系列选题，采访团从嘉兴南湖出发，通过探寻共产党人在浙江的历史足迹，聚焦浙江人民敢为人先的首创之举，展现浙江大地波澜壮阔的发展画卷，全面反映实施“创业富民、创新强省”总战略取得的显著成就，见证浙江大地的沧桑巨变。报道以“今天”的视角观察历史，感悟共产党人的时代精神。新闻行动《红船新航程》包括系列报道、专题节目、寻访活动等形式，由“光辉印迹”、“记者寻访”、“专家点评”等三大部分组成。采用先进传输技术，在嘉兴南湖纪念馆设立演播室，邀请全国著名党史专家作精彩点评，增强报道厚实度、权威性和可看性。

浙江之声携手陕西、江西、贵州、湖南、湖北、河北等全国12家省级广播电台，创意推出大型新闻行动《红色信念》。联合采访团从延安出发，走进枣园革命旧址、黄麻起义纪念地和鄂豫皖苏区革命纪念馆、湘南起义旧址等数10处革命纪念圣地，以现场连线、录音报道、新闻特写、特别直播等报道手段，记录革命老区光荣传统和崭新成就，反映先进基层党组织、优秀党员的感人事迹，向建党90周年献礼。

交通之声联合嘉兴《南湖晚报》、新华社《瞭望东方周刊》、新浪网浙江频道等媒体，倾情推出多媒体联动的大型新闻行动《追寻历史的足迹——红船精神永相传》。这项新闻行动围绕“红船精神永相传”的主题，历时一个半月，穿越全国20多座城市，行程近两万公里。在采制播出记者现场连线报道、推出特别直播节目的同时，邀请著名党史专家杨凤城和何虎生、时事评论员曹景行、著名作家叶永烈等作史实解读和精彩点评，以此强化报道深度，提高报道的史实感和可听性。

城市之声在浙江省委组织部协助下，策划推出特别新闻行动《我是党代表》。省委组织部推荐全省范围内各级各界的90名党代表，城市之声派出报道组深入采访，挖掘党代表“艰苦创业、为民服务、先锋模范、创先争优、闪光言行”等亮点，采用系列报道、专题节目、出版专著等形式，让听众加深了解党的光辉历程，增强对党的认识，激发建设中国特色社会主义的激情。

浙江之声的“红色记忆、绿色希望”大型公益活动；影视娱乐频道的《“美食兄弟连”走进革命老区忆苦思甜》新闻行动；旅游之声的“寻访红色印迹、寻访奋斗青春”——浙江青少年纪念建党90周年系列寻访活动；新蓝网的“和谐浙江、快乐生活”快拍微博新闻行动，都精心组织、注重实效，形成纪念建党90周年的新闻宣传强势。

三、突出互动，强化效果，着力提升参与性

集团根据省委和省委宣传部的部署要求，充分发挥广播电视的传播特色和优势，综合运用近年来创意积累的组织大型宣传活动的宝贵经验，围绕“缅怀峥嵘岁月，珍惜美好今天，展望璀璨未来”的主题，多层次策划举办丰富多彩的大型文艺晚会和群众文化活动，让党员干部和广大群众在互动参与中歌颂90年来党领导人民改天换地、走向繁荣富强的丰功伟绩，表达人民群众永远跟党走的决心和信心。

2011年，创办于2001年的《五月的鲜花》这项活动，以“纪念建党90周年”为主题，由中宣部、教育部、团中央主办，浙江广播电视集团和中央电视台联合承办。5月4日，《五月的鲜花，永远跟党走》——全国大学生纪念建党90周年校园文艺会演，在中央电视台演播大厅隆重举行。中共中央政治局常委李长春，中共中央政治局委员、书记处书记、中宣部部长刘云山，中共中央政治局委员、国务委员刘延东等领导，与全国高校学生代表一起观看演出。晚会获得圆满成功，中央电视台、人民日报、新华社、中国青年报、浙江日报和凤凰网、新浪网、搜狐网等媒体对晚会进行充分报道。

由省委宣传部等主办，浙江广播电视集团等承办，浙江卫视实施的《红船向未来》——庆祝中国共产党成立90周年大型文艺晚会暨第二届浙江文化艺术节开幕式活动，于“七一”前夕精彩上演。晚会以热烈庆祝中国共产党成立90周年为宣传主题，以胡锦涛总书记关于“三次革命”的重要论述为叙事主线，以“为人民谋幸福”为切入点，追求激情澎湃、史诗情怀、热情洋溢、大气庄重的艺术特色；运用富有浙江元素的综艺节目、情景朗诵、戏曲曲艺和大型歌舞等艺术表演手法，回眸我党革命战争年代、社会主义建设、改革开放时期、建设和谐幸福小康社会的璀璨历程，表达浙江人民“红船向未来”、“永远跟党走”的坚定信念。

由省广播电影电视局、浙江广播电视集团、浙江省广播电视学会联合主办，钱江都市频道、交通之声和全省11市广播电视台（集团）联合承办的大型群众文化活动《心中有爱献出来》，一经推出就受到社会各界的热烈追捧，吸引了社会各界的广泛参与。《心中有爱献出来》通过唱歌、舞蹈、鼓词、道情、小调、皮影、剪纸、雕塑、农民画等民间文化项目比赛，不仅成为体现浙江文化特色、展示浙江丰富多彩民俗风情的大舞台，而且成为广大群众表达对党、对祖国、对中国特色社会主义事业无限热情的大平台。

5月30日，由省妇联、团省委、省文明办、省教育厅、省文化厅、浙江广电集团等单位联合主办，少儿频道承办的《沐浴阳光，共同成长》——浙江省庆“六一”老少同乐联欢活动成功举行。晚会以“回顾历史”、“展望未来”为叙事主线，以歌颂党的丰功伟绩为主题，展现一代代少年儿童在党的阳光普照下幸福成长、在祖国建设发展历程中挥洒青春和热血的情怀。

浙江省委创先争优活动领导小组、浙江广播电视集团主办，浙江卫视承办的“党旗高扬党徽闪光——2011浙江省创先争优暨浙江卫视党建栏目《时代先锋》开播一周年”主题晚会；集团和省作协、嘉兴市委宣传部等主办，教育科技频道等承办的《诗行浙江》——庆祝建党90周年大型诗歌朗诵会；广播音乐调频和省直机关工委联合主办、教育科技频道协办的《颂歌飞扬90年》——浙江省省级机关纪念建党90周年大型歌舞晚会；交通之声主办的“和谐之歌，唱响杭城”80场社区演出；旅游之声的《十二女主播，天天唱红歌》特别节目等宣传活动，唱响红色经典，汇聚激情旋律，表达对党恩情，吸引了数以千计的干部群众踊跃参与。

四、发挥优势，整合资源，着力提升艺术性

在喜迎建党90周年之际，集团重点摄制一批向建党90周年献礼的优秀影视剧、文献纪录片、重点专题节目，精心编排播出经典电视剧、经典革命歌曲、经典小说联播等，在“七一”前后，荧屏声频全线飘“红”，让受众在欣赏高雅艺术的同时，感受红色经典魅力，接受革命传统教育。

集团倾力打造的纪念建党90周年“红色经典三部曲”：电影《建党伟业》、电视剧《中国1921》和《我的燃情岁月》，“七一”前夕陆续与观众见面。其中，史诗电视连续剧《中国1921》由中国电视剧制作中心、浙江广播电视集团、浙江影视集团共同打造，5月16日起率先抢滩央视一套黄金档，奏响了庆祝建党盛典的第一强音。该剧围绕1918年中国成为“一战”战胜国到1921年中共“一大”召开的历史而展开，描绘中国共产党成立前后中国社会的真实面貌，讲述中国共产党诞生的全过程和建党史上重要人物的传奇故事。《中国1921》作为央视首部庆祝建党90周年献礼剧播出后，凭借其鲜明的故事性和强大的主创班底，在社会各界掀起了一股红色爱国热潮，赢得了广大观众的喜爱和社会各界的广泛好评，被中宣部列入建党90周年献礼片向全国推荐。

电视剧《我的燃情岁月》是浙江影视集团摄制的一部反映中国女兵成长经历的红色青春励志剧。这是影视剧首次将视角落在女兵身上，以“全女班”的形式展现一代女军人的成长风采。该剧已在河北等省多家地面频道热播。

浙江卫视发挥人文节目方面的传统和强项，创作摄制了5集文献纪录片《先驱》，并于“七一”前后播出。文献纪录片《先驱》通过历史影像资料、人物访谈、新闻纪实、情景再现等多种艺术表现手法，讲述蔡元培、陈望道、俞秀松等优秀知识分子，传播新文化、新思想，传播马克思主义的历史过程，为“建党伟业”做出的重要贡献。纪录片中许多影像资料和传奇故事首次向观众呈现。

钱江都市频道组织大量人力物力，自主拍摄了三部大型原创纪录片《镇海的女儿——朱枫》、《中国工农红军第十三军》和《台湾义勇队》，已陆续与观众见面，为观众揭开岁月的面纱和尘封的史实。其中，《镇海的女儿——朱枫》讲述新中国诞生8个月后牺牲在台北刑场的浙江镇海女儿朱枫，从名门闺秀到红色特工的传奇人生；《中国工农红军第十三军》全面展现71年前诞生在浙江永嘉楠溪江畔的红十三军，前赴后继、团结战斗的历史画卷。这些纪录片艺术性与史实性兼备，是爱国主义教育的生动教材。

民生休闲频道创作拍摄的3集纪录片《党委书记》，以“基层党员干部的无私奉献事迹”为故事主线，记录我省三位基层乡镇党委书记的工作和生活，以平实的电视语言还原三位优秀基层党员干部一心为民的真实状态，用质朴的电视画面打动人心。这三位基层乡镇书记分别为：要让全镇人住进高档小区、在家门口进咖啡屋、看上3D电影的嘉兴市王江泾镇党委书记陈天荣；带领百姓建成海岛经济强镇、全镇工业年产值实现25亿元的玉环县沙门镇党委书记舒欢；从一名普通中学教师转型为党员干部，带领群众脱贫致富的景宁县大均乡党委书记钟利海。

各频道还在黄金时段安排播出一大批红色经典剧目，为观众听众提供优秀文艺作品。如浙江卫视播出的电视剧《东方》、新版电视剧《亮剑》，钱江都市频道播出的电视剧《战火中青春Ⅱ》，影视娱乐频道播出的电视剧《水上游击队》等扎堆黄金档。浙江之声播出的10集历史讲座《长征》、广播经济频道播出的《长征》长篇小说联播，重温峥嵘岁月，讲述传奇故事，传承时代精神。

营造良好舆论环境
服务经济社会发展

浙江广播电视集团做精做优重点主题报道

2011年，浙江广播电视集团紧紧围绕省委省政府中心工作，以浙江卫视、浙江之声两个主频道为主导，经济生活频道和广播经济频道发挥优势，其他专业频道做出特色，做精做优重点主题宣传，充分挖掘全省深入贯彻“八八战略”和“两创”总战略的生动实践、最新经验、显著成就。全年主题宣传保持强劲态势，为经济社会又好又快发展营造了良好舆论环境。

一、创新经济转型升级报道

浙江卫视、浙江之声和经济生活、广播经济等频道，在主要新闻栏目中开辟“富民强省开新局”、“转型升级进行时”等贯穿全年的专栏，报道各地创新创业、改善民生的生动实践，实施“十二五”发展规划新思路，经济转型升级新举措。

从2011年年初开始，浙江卫视、浙江之声同步推出大型专栏《富民强省开新局》，通过高端访谈、连线直播、系列报道等手段，回眸“十一五”发展成就，展望“十二五”规划美好蓝图、崭新思路；发现各地加快经济转型升级新动态，为做好全年经济工作打造声势。

浙江卫视联合全省市县电视台，大密度播出系列报道《创业创新在基层》，展示各地落实“两创”总战略，经济社会发展取得的成就，着力扩大重点主题宣传的收视效果。3月份起，浙江卫视推出大型系列报道《四大建设一线行》，全面反映我省实施“大平台、大产业、大项目、大企业”战略的新进展、新成就。4月初，为配合省委省政府代表团赴广东、江苏学习考察活动，浙江卫视在及时报道相关动态消息的同时，推出“他山之石”专栏，两路报道组提前到江苏、广东两地采访，挖掘两地大胆创新、走在前列、加快经济社会发展的生动实践和典型经验，为浙江加快经济发展方式转变提供借鉴。

经济生活频道和广播经济频道，分别推出“转型升级进行时”、“关注转型升级”等专栏，报道各地企业加快经济转型升级的新闻事例，介绍省内外浙商实现经济转型升级的典型经验。民生休闲频道采制播出系列报道《“十大民生工程”新春再回眸》，通过对我省2010年度十大民生工程现状以及受益群众的回访，展现民生工程给我省基层群众生产生活带来的好处，同时介绍十大民生工程的新年工作目标。

9月份，各宣传单位分别采制播出“关注中小企业发展”系列报道，介绍各地各部门出台政策、帮扶中小企业脱困的情况。其中，浙江卫视的《走基层——中小企业一线行》，浙江之声的《为企业减负》，经济生活的《度难关，促转型》，钱江都市的《合力帮扶，共度难关》，教育科技的《浙江凝聚力》，广播经济的《看中小企业再发展》等系列报道，多角度、全方位介绍各地帮扶中小企业、加快转型升级的新闻事例。2011年，音乐调频、交通之声、城市之声、少儿频道、国际频道、交通旅游导报、浙江城市广播电视报等，分别播发系列报道，介绍各地加快经济转型升级、全面实施“十二五”发展规划的新进展。

二、海洋经济报道浓墨重彩

2011年，浙江海洋经济发展示范区规划、舟山群岛新区建设、义乌国际贸易综合改革试点分别上升为国家战略，海洋经济成为浙江“十二五”发展的重要增长极。集团围绕“三大国家战略”，精心策划、周密部署，系列报道、大型直播、新闻行动同步推进，浓墨重彩开展加快发展海洋经济的重点主题宣传，受到省委省政府和社会各界好评。

浙江卫视从3月初起推出系列述评《富民强省开新局·海洋篇》，紧紧围绕省委省政府中心工作，抓住浙江海洋经济上升为国家发展战略的契机，解读省委省政府《关于加快发展海洋经济的若干意见》，充分展示我省海洋资源优势、海洋经济发展现状和前景，展望“十二五”规划中发展海洋经济的战略步骤等。4月初，浙江卫视启动集团年度重点宣传项目——大型新闻行动《走向蓝海》，频道调动“中国蓝”号直升飞机和采访船，从陆地、海上、空中，多视角、全方位报道浙江发展海洋经济的资源优势、建设成就、美好蓝图，产生了良好宣传效果。8月，浙江卫视播出系列报道《飞越万里海岸线》，充分展示我省黄金海岸线、丰富海洋资源、蓬勃发展的海洋产业。

浙江之声从3月初起播出系列述评《面向大海，浙江经济春暖花开》和系列综述《浙江海洋经济发展纪事》。其中，系列述评《面向大海，浙江经济春暖花开》，回顾浙江建设“海洋强省”重大战略的决策经过，介绍浙江海洋经济现状，展示浙江海洋经济发展蓝图；系列综述《浙江海洋经济发展纪事》，全面介绍我省“十一五”期间发展海洋经济的战略举措、重大事件、显著成就。

经济生活频道采制播出系列报道《关注海洋经济》，深入报道浙江发展海洋经济的资源优势、战略构想、发展蓝图。广播经济频道推出系列报道《我的蓝色梦想》，记者深入到宁波、舟山、台州等地沿海，报道各地群众对发展海洋经济的新期待、新设想。影视娱乐频道与新蓝网共同策划实施大型新闻行动《浙江海岸线》，系统介绍浙江沿海经济转型升级、海洋文化建设等情况，历时3个月，共播出报道20篇。

三、全面报道创新社会管理经验

2011年，浙江卫视、浙江之声把做好“创新社会管理”主题报道作为一项重要任务，安排采编力量、开辟专栏、采制系列报道，生动介绍我省创新社会管理的好做法、好经验。

浙江卫视年初起采制播出系列报道《创新社会管理，服务基层群众》，挖掘浙江各级党委政府和职能部门开拓思路、创新管理、服务基层、树立良好形象的鲜活典型。9月，推出系列报道《社会管理创新的浙江样本》，全面介绍我省健全大调解体系、完善村级民主监督、建立和谐劳动关系等方面的生动实践和成功经验。

浙江之声采制播出贯穿全年的系列报道《创新社会管理》，介绍各地实施网格化管理、组团式服务，加强和创新社会管理的生动实践和成功经验。此外，浙江卫视和浙江之声分别开辟“形势政策宣讲面对面”专栏，反映我省各地生动活泼地开展形势政策宣传、创新社会管理的情况。教育科技频道播出系列报道《化解矛盾促和谐，调解员来了新助手》，记者体验基层调解员的工作生活，介绍我省加强社会管理的创新经验。

四、精心策划建设文化强省报道

2011年初起，集团以浙江卫视、浙江之声为重点，影视娱乐、音乐调频同步跟紧，其他宣传单位密切配合，深入开展“促进文化大发展大繁荣”报道。十七届六中全会和省委十二届十次全会召开后，各宣传单位立即投入精干采编力量，全力开展“建设文化强省”主题宣传。

浙江卫视先后推出系列报道《深化文化体制改革》，介绍浙江文化体制改革最新进展；系列报道《文化大发展大繁荣》，展示各地文化建设创新举措；系列报道《我的文化梦想》，讲述文化艺术界人士对建设文化强省的畅想；系列报道《文化惠民一线行》，全面反映我省基层文化建设成就；系列报道《省委十二届十次全会〈决定〉关键词解读》，生动阐述省委“大力推进文化强省建设"决定的战略措施。

浙江之声播出的系列报道《我的文化梦想》,反映社会各界对建设文化强省的美好愿景；系列综述《风起浙江》，介绍我省文化体制改革和基层文化建设创新发展情况；系列报道《文化惠民，走读浙江》,展示各地实施文化惠民工程带来的崭新面貌。

钱江都市频道播出系列报道《感受身边的文化》,展示浙江深厚文化底蕴,感受文化无穷魅力。教育科技推出系列报道《文化浙江一线行》,展示浙江基层文化建设成就,反映基层群众对文化发展的期待。

转变作风增强才干 注重实效形成制度

浙江广播电视集团扎实开展"走转改"活动

按照中宣部和省委宣传部的统一部署，浙江广播电视集团自 2011 年 8 月开始,在全体采编播人员中开展"走基层、转作风、改文风"活动。集团成立"走转改"活动领导小组,制定活动方案、明确活动目标、出台考核办法、建立长效机制。集团各宣传单位精心组织、认真实施,结合喜迎建党 90 周年、经济转型升级、文化建设、服务"三农"与改善民生等重大主题报道,采制播出了一大批贴近实际、贴近生活、贴近群众的鲜活作品,锻炼了新闻采编队伍,体现了良好职业风貌,取得了喜人丰硕成果。

一、组织缜密有力,形成良好氛围

倡导深入基层、树立良好作风、培育清新文风，是集团编委会根据"围绕大局、服务中心"宗旨、深化新闻立台理念、提升舆论引导水平、强化新闻队伍建设而作出的一项重要举措。早在 2010 年年底,集团编委会就确定将这一主题作为 2011 年新闻宣传工作重要抓手,2011 年伊始下发文件，要求各宣传单位结合中宣部、省委宣传部开展的"记者新春下基层活动",认真抓好这项工作。集团各宣传单位共建立 120 个基层联系点,集团编委会、"走转改"领导小组和各宣传单位负责人,都有各自的基层联系点。每个基层点明确负责领导、联系记者等,并对记者深入基层联系点次数和时间作出明确规定。2011 年 1 月至 6 月,集团成功举办"深入基层采访报道"报道大赛；2011 年 9 月至 2012 年 2 月，集团再次举办 "改文风"大赛。

"走转改"活动得到集团党委的高度重视和积极支持，集团领导带头到基层调研采访。集团党委书记、总裁王同元率先垂范,亲自带领记者到临安青山湖科技城,调研采访科技城建设情况。党委副书记、总编辑程蔚东带领记者到长兴调研采访现代农业的推进实施情况；副总编辑施泉明带队到德清调查采访农村土地流转；副总编辑顾顺坤带队到云和县调查采访欠发达乡村农民脱贫致富情况；副总编辑董传亮带队到我省海拔最高的庆元县荷地交警中队调研采访。集团编委会委员周羽强、夏陈安、庄临安也分别带领记者深入到全省各地采访调研。

各宣传单位集思广益、精心策划、缜密落实,把搞好"走转改"活动,作为深化新闻立台理念、提高新闻宣传创新水平和舆论引导能力的重要措施，长期规划、系统谋划、分阶段实施;精心组织"深入基层采访报道"和"改文风"大赛。各级领导以身作则,全体采编人员积极行动,迅速掀起深入基层调查研究、深入群众采访报道的热潮，形成了深入基层、深入群众、深入生活的浓厚氛围。浙江卫视明确提出把深入基层作为贯穿全年的一项重要工作，新闻中心做好全年规划,要求每一位记者选好长期联系点,精心设计、明确主题、寻找载体,结合各个阶段的报道重点,持之以恒、务求实效。新年伊始,采编人员就上海岛、进山村、下厂矿、驻车间,在《浙江新闻联播》中推出"来自蹲点一线的报道"等专栏,集中播出采编人员采自基层一线生动鲜活的报道。浙江之声开展"百名广播记者下基层"新闻行动,在《浙广早新闻》中推出"记者新春基层行"、"来自基层的报道"两大专栏,大密度播出"走基层"报道。

专业频道和报刊、新蓝网根据各自的特色定位,在做深做活、出新出彩上下工夫。钱江都市频道在思想发动、机制保障、干部带队等方面做了充分准备,提出在表现形式、传播手段、工作作风上有新突破。经济生活频道紧扣频道定位，以加快经济转型升级为主题、围绕新时期浙商群体,组织采编人员深入各地企业采访报道。教育科技频道确定《调解员来了新助手》、《为了一江清水的努力》和《牵手》三大系列选题,全体采编人员围绕"三大系列"到基层挖掘新鲜事例。影视娱乐频道把"下基层"与全省文化下乡活动结合起来,做足基层文化建设这篇文章。民生休闲频道成立特别策划小组,研究报道选题、务求做出精彩,积极探索长效机制,确保每一位记者都能经常性地下基层采访锻炼。

广播经济频道确定以“浙江发展海洋经济”为报道选题，根据人手少、任务重的实际，合理安排人员，扎实开展“下基层”活动。音乐调频围绕“浙江希望工程20年”的成就和经验，先后安排十多批次记者下基层采访。交通之声先后组织20多个采访组，以亲身体验的方式，采制播出11组调查报道。城市之声把“80后”采编人员全部“赶”下去，根据各自业务方向申报选题，到基层去锤炼成长。交通旅游导报确定五大系列、分四个阶段，先后组织10路记者下基层采访报道。少儿频道把下基层活动与新闻栏目的质量提升结合起来，通过强化来自基层的报道，提高新闻栏目的贴近性和可看性。国际频道、新蓝网、浙江城市广播电视报，都精心组织、认真实施、有声有色。

二、涌现优秀作品，促进新闻创新

2011年，集团19个宣传单位共开辟“深入基层采访报道”等专栏50多个，播出刊发“走基层”报道2000多篇。其中，参加集团“深入基层采访报道”大赛优秀作品评选的有49件作品。事实证明，基层是新闻报道的富矿宝库，基层是新闻创新的源头活水、基层是新闻实践的最好舞台。

“走转改”活动中，采编人员扎扎实实沉下去，发现真正新闻，捕捉鲜活题材，创作出饱含温度、充满力度、富有深度，能够真正打动人、感染人的优秀作品。民生休闲频道带着高龄单身老人生存状态这个民生大问题，走进宁波市海曙区“银龄单身俱乐部”和镇海区总浦桥社区日间老人护理中心，以义工的身份在这两个单身老人服务中心度过四个日日夜夜，四天体验采访捕捉到了一个个生动感人的细节，从“八字秘诀”到“五个数字”，从“六元食堂”到“送餐义工两大特长”，一组饱含深情的系列报道跃然屏幕。《宁波居家养老体系的“数字解读”》在吸引观众关注的同时，也向各地推介了一个解决单身高龄老人居家养老难题的成功范例。为采访“一条线路，一辆公交车，一个司机”、被山民们称为“专属司机”刘景福感人细节，记者余云等深入到有“温州青藏高原”之称、最偏远的小山村——北林垟村，连续三天吃住在村民家里，每天凌晨4点到晚上10点、来回跟车8趟，与刘师傅一起一趟趟走完103个弯道、88个急转弯、温州最危险的这条公交线路。记者不怕艰苦、真情投入的采访，挖掘到了最能体现这位深受群众好评、河南籍司机刘景福先进事迹的一个个生动细节，向人们展示了这位坚守山区16年、安全行车60多万公里、与当地群众血肉相连的共产党员朴实形象。这两篇报道都值得大家细细品味、认真学习。浙江卫视的《果园滴灌：“江南吐鲁番”果农的期盼》、《农民喜欢这样的土地流转》、钱江都市频道《消失的盐田》、广播经济频道的《温州产业空心化的隐忧》、交通旅游导报的《通村公路解开华侨17年乡愁》等，都是记者在深入基层中挖掘到的鲜活事例。

“走转改”活动中，采编人员扎扎实实沉下去，真正了解基层群众生产生活中遇到的新情况、新问题，帮助群众找到破解难题的新思路、新经验，充分发挥新闻媒体促进经济社会又好又快发展的作用。2010年以来，浙江各地企业普遍出现“招工难”问题，有的中小企业甚至处于濒临停工的窘境。经济生活频道围绕如何破解“民工荒”这个主题，派出4名记者跟随回家过年的农民工，到浙江民工重要来源地——重庆开县调研采访。记者深入到开县最偏远的乡村记录农民工生活状况，到县劳动部门了解农民工输出动态，到当地企业调查用工情况，经过一个多星期调查采访，掌握了重庆农民工输出逐年减少的基本原因，提出了企业破解“民工荒”的建设性对策。系列报道《“民工荒”调查——重庆行》，有事例、有观点、有深度，播出后反响很好。浙江之声记者采制的系列报道《菜贱伤农反思录》，通过对海盐、温岭等地出现的农副产品卖难问题深入调查，提出了发挥产业合作社作用、实施“农超对接”、降低流通成本等合理化建议。浙江卫视记者采制的系列报道《茅洋村纪事》，深入剖析温岭市茅洋村村级民主监督组织的实践和经验，积极探索加强和创新社会管理的途径和方法，很有思想性。浙江卫视《山里娃的上学路》、交通之声《村民无奈横穿高速，记者干预破解难题》等报道，有事例、有建议，报道播出后，群众的这些实际问题很快得到解决，社会效果很好。

“走转改”活动中，采编人员扎扎实实沉下去，激发创新新闻宣传传播形式和手段的灵感，拓展报道思路，扩大传播影响，提高贴近性和参与性，实现传播效应的最大化。钱江都市频道记者四赴经济相对欠发达的云和县山区采访体验，采制播出系列报道《山乡云和新发现》。记者在与村民们同吃、同住、同劳动中，了解到发展高山本土猪养殖是当地农民脱贫致富的一条切实可行的路子，但农民们苦于缺少启动资金。这个难题光靠几篇报道解决不了。采访记者把这个问题向频道领导汇报，并提出了自己的想法。频道马上召开“诸葛亮会议”，决定开展全媒体联动、媒体与职能部门协动、农民与观众互动的大型公益新闻行动《我们养猪吧》，频道联手云和县畜牧兽医站、新蓝网、城市之声、青年时报等，共同推出受众认养热线、网上订养专卖店、开展广场结对活动等。不仅筹集资金90多万元，为300多户农民解决难题，而且实现了“记者受锻炼、受众共参与、百姓得实惠”的最佳传播效果，一举多得。同样，教育科技频道把已连续播出三年的系列报道《牵手》，作为记者深入基层活动的一大选题，派出大批记者走进山区农村学校，走进贫困学生家庭，调查探索扶贫助学的新路子。记者采访中了解到，衢州市衢江区唯一的一所残障学校因资金缺乏濒临关闭。频道决定在大密度播出新闻报道的同时，综合运用各种传播手段，推出《牵手·一个都不能少》大型新闻行动，最终筹集到6万元捐款，不仅留住了这所特殊学校，也为动员鼓励社会力量参与残障儿童教育事业提供了思路。

三、锻炼采编队伍，提升职业素养

2011年年初，程蔚东总编辑在集团2011年宣传例会扩大会议上，对深入基层采访报道活动提出了三点要求：深入基层，必须要“勤”，必须要“情”，必须多“思”。在“走转改”活动中，各宣传单位组织安排记者编辑真正深入下去，按照“三点要求”，到基层锻炼才干、提升素质，效果很好。无论从“深入基层采访报道”大赛参评作品、组织奖申报材料，还是集团《编播导刊》刊登的采编人员手记中，都可以看出，大家凭着新闻工作者的使命感和责任感，带着对基层群众的满腔热情沉到基层，快乐着群众的快乐，忧思着群众的忧思，真正净化了心灵、提升了素质。

嵊泗县壁下岛是舟山有人居住的最偏远小岛之一。新年伊始，浙江卫视张宏等五位记者深入壁下岛，跟踪采访坚守海岛36年的乡村医生钟杏菊。正值严冬季节，海上风大浪高，通往小岛的航船停开。5位记者租来渔船，背着沉重的直播设备，艰难地登上小岛。岛上买不到新鲜蔬菜，记者们就有什么吃什么；岛上没有旅馆，记者们支帐篷、打地铺，连续5天上渔船、进渔家、访渔民，与钟杏菊一起出诊、一起生活，顶着刺骨寒风进行现场直播。《壁下岛的坚守：小岛医生钟杏菊》用一个个真真切切的事例，回答了观众最想知道的一个问题：是什么力量支撑着钟杏菊不计得失坚守小岛36年？报道播出后，无数观众被钟杏菊的事迹深深打动，省委书记赵洪祝对这篇报道多次予以表扬。

位于海拔1040米的庆元县荷地交警中队是我省海拔最高的交警中队，整个中队只有两位交警。辖区道路弯急、路窄、坡陡，直线道路最长不超过500米，是329省道的“卡脖子”路段，却多年保持交通事故死亡“零”记录。2月底，交通之声的记者走进这个交警中队，跟随采访两位交警。记者们每天天不亮就与交警一起上岗，天漆黑时才回到住地，3天的亲身体验真正感受到两位交警一心为民、忠于职守，在平凡的岗位默默奉献的崇高精神。交通之声赴温岭牛山岛采访守护灯塔老人的记者，第一次因风浪太大，船无法靠岸，无功而返。但记者们不放弃、不畏难，等候数天后再次向远离大陆的小岛进发，终于采访到在荒无人烟的孤岛上守护灯塔15年的老人戴春友。这是老人第一次见到记者。

交通旅游报记者以我省“十一五”规划中的民生实事工程“村村通公路”为背景，蹲点衢州、丽水最偏远山村；教育科技频道记者以“调解员新助手”的身份，走村串户记录农村民间调解员的“酸甜苦辣”；广播经济频道记者围绕“渔业用干电池的回收处理难题”，到嵊泗县各部门调研采访；音乐调频记者长途跋涉，采访长兴县“大山深处的好医生”；城市之声记者走进嘉善县“水上人家”，讲述渔民们的生活变迁；少儿频道记者走进浙江最南端的泰顺县大安乡，感受留守儿童的悲喜童年；国际频道记者深入青田、文成、瑞安等地乡村，调查采访侨乡“空巢”现象。各频道、报社、网站这样的例子俯拾即是、不胜枚举，充分体现了集团采编人员良好的职业精神。

举集团之力　创一流水平

浙江广播电视集团圆满完成全国第八届残运会宣传报道任务

第八届全国残疾人运动会是我省有史以来承办的规模最大、规格最高的一项体育赛事。按照省委省政府和省委宣传部的指示精神，浙江广播电视集团举集团之力、聚全员智慧，倾力投入第八届残运会的宣传报道。各频道遵照集团党委和编委会的部署要求，早动员、早策划、早安排，年初就着手制定报道方案，倒计时100天时报道逐步升温。比赛期间，集团全方位整合技术资源，统一调配采编力量，优质、高效、全面、精准，圆满地完成了残运会的报道任务，达到了“为残运添彩、为浙江争光”的目标。

据统计，残运会期间，集团直接参与宣传报道的采编播和技术保障人员超过200人；采制播出的新闻报道达1100多条次；开幕式和闭幕式直播时长480分钟，其中浙江卫视、浙江之声各承担了240分钟；制作提供各场次比赛赛事公共信号1400 多分钟，其中浙江卫视350分钟，民生休闲频道1050分钟。浙江卫视还制作播出了9期残运会特别节目和人物专访，时长达400分钟。

残运会开幕前，浙江卫视先后进行了“残运会火种采集仪式”、“火炬传递启动仪式” 等现场直播，并对火炬传递全过程进行跟踪报道。教育科技频道先后举行了“倒计时一周年暨会徽、会标、吉祥物揭晓仪式”、“倒计时100天活动”、“首届浙江省爱心家庭评选”活动等现场直播。

集中力量、创新思路，着力做好开闭幕式直播

做好开幕式和闭幕式直播，是第八届残运会报道的重中之重，各级领导和社会各界对此都寄予很高的期望。开闭式直播难度大、要求高，为此，集团编委会多次召开协调会议，精心研究直播方案，调集精兵强将，全力以赴确保现场直播万无一失。各频道牢固树立“集团一盘棋”思想，齐心协力、密切配合，无论采编人员和技术装备，都自觉服从集团编委会的统一调配。集团成立由编委会领导亲自带队，以浙江卫视为主体，钱江都市、影视娱乐、教育科技、经济生活、民生休闲、国际频道、少儿频道以及电视制作中心等部门40多人组成的直播队伍。这是集团有史以来承担规模最大、技术要求最高、投入人员和设备最多的一次大型现场直播。

浙江卫视动用了卫星车、直升飞机、飞猫、斯坦尼康等多种先进设备和技术，把开闭幕式的精彩场景、恢弘气势全景式展示在观众面前。开幕式直播取得了圆满成功，赢得了各级领导和广大观众的一致好评，省委省政府主要领导和中央电视台领导都予以充分肯定。与此同时，浙江卫视还派出多路记者蹲守现场，抓拍精彩瞬间，开幕式一结束，第一时间邀请总导演走进《残运会特别报道》演播室，从各个角度揭秘、解读开幕式，不仅让观众再次分享精美绝伦的开幕式画面，而且展示开幕式演出中的高科技应用，大大增强了报道的影响力和可看性。闭幕式直播也同样取得了良好效果。

根据中央人民广播电台的要求，浙江之声与中央电台对第八届残运会的闭幕式进行并机直播。浙江之声报道团队主动与中央台协商制定直播方案，彩排期间多次到开幕式现场踩点预演，不断修改完善方案的各个细节，并抽调最优秀的主持人、记者和技术人员参与直播，高质量地完成了开幕式直播任务。直播结束后，中央台领导专门致电浙江之声，表示祝贺和感谢。同时，浙江之声推出特别节目，通过记者连线、现场解说等手段，让听众回味开幕式的精彩瞬间。浙江之声的闭幕式直播也赢得了领导和听众好评。

明确定位，注重特色，全面展示残运会盛况

各频道根据各自的频道和栏目定位，集思广益、周密策划，开辟专栏专题，调整节目编排，注重报道特色，浓墨重彩报道残运会，做到既全面反映残运会赛前、赛中的方方面面，又力求做出与众不同的新闻报道。

浙江卫视从6月起先后推出《当好东道主，办好残运会》、《人文残运，精彩人生》等专栏，及时报道残运会的筹备进展。残运会开幕后，浙江卫视采用多栏目滚动、大容量编排、高密度播出的方式，倾情为残运加油、为浙江喝彩，在突出报道好开闭幕式、中央和省领导参加的重要活动同时，及时报道组委会发布的各项重要信息。频道大幅度调整节目编排，如，把《午间新闻快报》开辟为残运会特别节目，时长从5分钟延长至15分钟；把评论节目《新闻深一度》调整为《生命、感动——第八届全国残疾人运会特别节目》，并提前到晚间21:21黄金时段播出；在《浙江新闻联播》和《新闻直通车》中分别开辟“精彩残运会”专栏。各栏目按照前期策划，精准定位，分工明确，各具特色。《午间新闻快报》主打资讯和赛事快播，《浙江新闻联播》除了赛事精彩盘点，还从不同侧面生动展现残运会的精彩瞬间。

浙江之声7月份起推出《第八届残运会报道》专栏，报道残运会的筹备情况。从倒计时100天起，抓住取火仪式、火炬传递等各个节点，加大报道力度。同时以深度报道的形式，介绍第八届残运会的办会特色，以及我省运动员的备战情况。比赛开始后，频道利用新闻栏目全天密集布局的优势，开辟“残运会快报” 窗口，第一时间播出记者现场连线和录音报道，充分发挥广播传播便捷快速的优势。同时通过专访、特写等形式，介绍“游泳首金获得者杜剑平”、“残运会会歌词曲作者”等故事，丰富报道内容，提高了贴近性和可听性。

经济生活频道推出“助阵残运会”专栏，除了全面反映残运会的进展同时，还特别注重新闻的时效性。例如《经视新闻》中播出的《残运会礼仪小姐培训》、《汶川幸存者舞动残运会”》、《残运会运动员游西湖》等报道，都是首发或者独家报道，体现了栏目的报道特色。

教育科技频道先后推出“残运会倒计时”、“聚焦残运会”两个专栏。其中，“残运会倒计时”展示残运会筹备情况和我省运动员、志愿者、工作人员的辛勤工作情况；“聚焦残运会”全面报道残运会各项赛事的精彩亮点。报道形式既有连线直播，又有人物专访、现场特写等，有声有色。

民生休闲频道除了在《1818黄金眼》中开辟“聚焦残运会”专栏，及时报道赛事进展，还承担了“轮椅篮球”、“坐式排球”、“盲人足球”和“盲人门球”以及田径、游泳部分项目的赛事信号转播制作任务。在集团统一协调下，民生休闲频道30多人组成的转播团队认真负责、一丝不苟，高质量完成转播任务，体现了良好的团队意识和业务水平。

新蓝网推出专题“生命阳光，情满浙江——中华人民共和国第八届残疾人运动会”专题，整合发布集团各兄弟频道和自行采制的残运会图文新闻300余篇、视频新闻250余条。同时对残运会开闭幕式进行了同步直播。

交通之声记者将话筒对准运动员、志愿者，共播发31篇。广播经济频道派出记者采制播出录音报道和现场连线30多条。城市之声在各档新闻栏目中，采用现场连线办法，播出残运会报道近100篇。少儿频道、国际频道等也都开辟“残运会”专栏，及时报道残运会的精彩内容。

挖掘细节，烘托主题，充分彰显人文关怀

残运会不仅是一项全国性的重大体育赛事，而且是反映各级党委政府重视和发展残疾人事业、社会各界帮助爱护残疾人健康成长、展示残疾人自强不息精神的重要平台。各频道在报道紧扣“生命阳光、情满浙江”和“人文残运、精彩人生”的主题，通过挖掘生动细节，体现人间真情，彰显人文残运的理念。

浙江卫视早在8月份就推出系列报道《爱在身边》，全面反映我省各地切实抓好残疾人事业、社会各界帮助残疾人解决困难的情况。残运会期间，频道把“体现人文关怀气质”作为报道追求，采编播、前后方，都努力践行人文关怀，从叙事手法、细节描写、画面剪辑乃至配音等各个环节，着力体现残疾人自强不息的精神和社会人文关怀的精神。一大批富有温度的报道给人留下了深刻印象，如《掌声送给最后的冲刺着》、《残运夫妻档，有你在身边》、《特殊的替补队员》、《他们，是运动员的眼睛》等报道，都给观众以极大的震撼，产生很好的传播效果。10月10日，《新闻直通车》播出专题节目《爱在浙江——浙江省残疾人事业发展纪实》，全面回顾了近年来我省残疾人事业发展的显著成就。

浙江之声要求记者在报道中，不仅要关注运动员比赛成绩，更要深入挖掘运动员们自强不息的精彩人生、社会各界关心残疾人事业的感人故事。例如，长篇通讯《残运会首金江建寻亲》、现场特写《赛场上的生日祝福》等报道，讲述残疾人运动员幕后故事，生动贴切、感人至深。

钱江都市频道开设的《闪亮残运会》专栏，在全面报道赛事动态的同时，挖掘热点人物，感人瞬间，通过生动场景和细节，反映残疾人运动员的良好精神状态。如，讲述盲人薛雷打破残运会纪录的《今天是国际盲人节，我用金牌和破纪录来庆祝自己的节日》、反映快乐运动精神的《屡败屡战，快乐比赛》等报道，都在观众中留下深刻印记。《新闻007》的《特别报道：残运会，我们准备好了》，全方位报道杭州市民为办好残会付出的极大热情和志愿者无私奉献精神。

影视娱乐频道推出“梦想的力量”专栏，把镜头对准运动员、工作人员、志愿者等，既反映残疾人运动员的坚强意志，又报道现场工作人员和志愿者默默奉献，体现了新闻报道的人文精神。

团结协作，整合资源，实现传播效果最大化

残运会报道、特别是开闭幕式和主要赛事直播，是一项系统工程，需要集团军作战，光靠一个频道很难做到完美无暇。本次残运会报道中，集团对采编人员和技术力量进行了大规模的整合。集团组成由编委会领导挂帅、集团总编室协调、以浙江卫视和民生休闲频道为主体，各单位全力参与的直播、报道团队。各频道自觉服从集团的调配，兄弟频道之间相互配合、资源共享，最大限度地扩大了传播影响。

在整个残运会报道中，集团频道与频道之间拧成一股绳，真正做到了人员互助、设备共用、资源同享；主会场与分赛区电视台之间密切配合；集团频道与中央台之间高度默契，共同为全国电视、广播台提供各项赛事高质量的公共信号。尤其是浙江卫视、民生休闲频道分别承担的3场和4场重要赛事直播，兄弟频道全力支持，充分体现了集团采编和技术人员强烈团队意识和敬业专业精神。

浙江卫视、浙江之声与中央台密切配合，不仅协助中央台做好报道，还千方百计加大新闻上送力度。残运会期间，浙江卫视上送的新闻共有45条被央视各栏目采用，其中3条在《新闻联播》播出。浙江之声上送的新闻也有数十条被中央电台采用，其中有5条在《新闻和报纸摘要》、《全国新闻联播》中播出。

杭州文化广播电视集团

杭州广播电视台举办“红湖的记忆”大型采访活动

为庆祝建党90周年，杭州广播电视学会、杭州广播电视台联合主办 “红湖的记忆”——庆祝中国共产党诞辰90周年大型采访活动。活动于6月17日正式启动后，综合·生活频道、FM105.4西湖之声以及两区五县（市）的广播电视台共同组成了强大的采访团队，分赴党的诞生地嘉兴南湖以及全国十多个留下革命足迹的湖泊进行采访，通过寻找红色记忆、探访见证人物、描述发展变迁、讲述当地与杭州有关的人和事，感悟90年伟大历程，凝聚新时代的奋进力量。

一是以“红色宣传”为主题，通过联制联播实现资源共享。这次活动是杭州广播电视台首次尝试重大活动的联制联播机制，充分整合了“大杭州”的广播电视资源。建党90周年是每个台今年的“必修课”，但是受人力物力影响，要做大做强并做出影响并不容易。采取联制联播的形式，每个台只要出一到两路记者，然后统一形式、统一话标、统一制作、统一包装、统一风格，并实现统一播出。这种形式使各台的投入最小化、影响最大化，实现了杭州区、县（市）媒体资源共享，共同做强做大主题宣传。

二是以“红色湖泊”为载体，通过独特角度探寻发展变迁。这次大型采访活动以南湖为缘起，集合了在中国革命史上留下红色故事的湖泊为主线，主题鲜明、角度新颖、策划精心、脉络清晰。自古以来，湖泊就与人类生存发展密切相关，以湖为载体，能让受众感到亲切，接受度相对比较高。本次采访活动所涉足的湖泊除了南湖外，还包括西湖、千岛湖、鄱阳湖、镜泊湖、大明湖、阳澄湖、武汉东湖、洪湖、巢湖、玄武湖、木格措、微山湖等。这些知名湖泊不仅蕴涵了中国共产党诞生、发展、壮大的风雨历程，还见证了所在地区的发展变迁历史。

三是以“红色记忆”为主线，通过全面对比展示伟大历程。在采访活动中，记者们注重回忆革命历史事件的同时，还用镜头纪录90年后的今天，生动描述在党领导下翻天覆地的变化。每组报道由两部分组成，第一部分讲述发生在当地的重大革命事件；第二部分描述当地的发展与变化，这部分还巧妙融入了杭州与当地的联系与合作，凸显了杭州的发展影响力。活动中，各路记者还带回所访“红湖”的水，并将于“七一”节举行一个特别活动，在西子湖畔种一棵绿树，用带回的“红湖”水进行灌溉，寓意全国各地在党的领导下，向着全面建设小康社会的宏伟目标继续奋斗。

四是成立“红色小组”，通过采访活动教育党员记者。本次活动的启动仪式在嘉兴南湖设立了分会场，并在那里成立了“红湖的记忆”采访组临时党小组，党员记者们重温了入党誓言。对于参加采访活动的年轻党员记者来说，既担负了发掘红色记忆、激发奋斗热情的任务，对于自身也是一次接受革命教育的过程。大家纷纷表示：不仅要在寻访“红湖记忆”的路上，发扬共产党员吃苦耐劳和认真细致的工作作风，胜利完成寻访任务，更要时刻牢记全心全意为人民服务的宗旨，在各自的工作岗位上加倍努力工作，充分发挥党员的先锋模范作用，使自己无愧于共产党员的光荣称号。

杭州文广集团20余场文艺活动追忆党的光辉历程

“七一”前后，杭州文广集团积极运用文艺资源，组织各基层文化单位围绕红色主题，精心策划推出为期18天的“光辉的历程”——杭州文广集团纪念建党90周年系列文艺活动。活动包括书画展、越剧、歌剧、杂技、魔术、曲艺等形式的各类展演共20余场，用群众喜闻乐见的形式，创作和展演一系列反映中国共产党伟大历程、辉煌成就、宝贵经验的优秀文艺作品，推动形成喜庆祥和、团结奋进的浓厚节日氛围。

一是书画名家热情创作齐贺党的生日。作为系列文艺活动的开幕式，由集团所属西泠书画院承办的“名人名景名诗”中国书画名家主题创作作品邀请展于6月22日至27日在中国美院美术馆举行。顾生岳、梁平波、吴山明、王冬龄、曾宓、卢坤峰、闵学林等139位全国知名书画艺术家齐聚一堂，以杭州的领袖足迹、名人事迹、人文景观、相关诗词为主题内容，以真性情、真才情、真天趣的创作来展现党的光辉历史、感染普通大众，让人们在书画传情中产生愉悦感与审美感的同时，得到了心灵的交流和精神的升华。省委常委、市委书记黄坤明为本次展览题写了展标。活动期间，中国美协会员、著名雕塑大师刘永刚的"九州太和"系列雕塑作品也在杭州大剧院展出，用凝固的音符为党的生日唱响赞歌。

二是文艺院团各展所长齐唱对党赞歌。集团所属各文艺单位举办各类以庆祝建党90周年为主题的文艺专场。6月28日，由杭州爱乐乐团、杭州歌剧舞剧院担纲演出的"杭州市庆祝建党90周年大型文艺晚会"在杭州体育馆举行，《映山红》、《黄河大合唱》、《解放区的天》等精彩节目，生动表达了全市广大党员群众对党的热爱之情和永远跟党走的坚定信念。6月30日至7月1日，由文化部艺术司主办、国家京剧院和杭州爱乐乐团主演的大型交响京剧演唱会《壮丽航程》在杭州大剧院上演，?音乐会由"壮志凌云"、"激情岁月"、"走向复兴"三个篇章构成，重新唱响红色经典，再次激起观众红色热情。6月22日至7月1日，杭州市文化中心、杭州越剧院、杭州杂技总团、杭州滑稽艺术剧院在东坡剧院、运河广场、吴山广场、城北体育公园等地，为市民和游客献上了10余场"党的光辉"专题文艺演出。

三是大型歌剧《党的女儿》重现红色经典。7月7日晚，由市委组织部、宣传部联合主办，集团所属杭州歌剧舞剧院演出的红色经典歌剧《党的女儿》将是本次系列活动的压轴好戏。杭州歌剧舞剧院在52年的建院史中，曾创作演出了多部大型歌剧，如《南方来信》、《不准出生的人》，并移植演出了歌剧《江姐》，在浙江以及华东地区连演不衰。红色经典歌剧《党的女儿》诞生于1991年，描绘了红军北上抗日时期江西苏区人民对敌斗争的历史画卷，塑造了女党员田玉梅为革命英勇牺牲的感人形象。杭歌对此次复排歌剧工作非常重视，特别邀请了业内专家进行舞台指导和台词训练，选派最精干的声乐演员投入到歌剧复排工作中来，该院国家一级演员、维也纳国际声乐大赛金奖获得者陈芬芳饰演本剧女主角田玉梅，并汇集了多位国内外金奖演员在党的90华诞之际送上最崇高的敬意。

电视文献片《省委书记(1927–1929)》播出

杭州文广集团围绕建党90周年主题，积极创作影视精品，大力弘扬红色文化。集团与市委党史研究室联合摄制的电视纪录片《省委书记(1927–1929)》播出后，得到了社会各界的高度评价。该片长度为75分钟，分为上下两集，"七一"节当晚在杭州电视台综合频道首播，当晚的央视索福瑞平均收视率达到了3.29%，创频道近期同时段收视率新高。

电视纪录片《省委书记(1927–1929)》反映了在1927年6月到1929年4月这短短22个月里，先后担任过中共浙江省委书记或代理书记的10位年轻共产党员的英勇事迹。王家谟、张秋人、夏曦、卓兰芳、龙大道、徐英、罗学瓒等10位建党初期的浙江省委领导人，在当时严重的白色恐怖中，为了实现救国救民的理想，领导全省数千名党员，与反动势力作坚决的斗争，其中的八位都在这期间被国民党当局杀害，平均年龄不到30岁，最小的只有21岁。

《省委书记(1927–1929)》是市委党史研究室和文广集团合作开展的重点精品创作工程，受到市委、市政府的高度重视，并得到省委党史研究室的大力支持。该片创作历时近一年，摄制组先后到四川、贵州、广东、海南、湖南、上海以及浙江的30多个县(市)，实地拍摄片中英雄的出生地、工作地和牺牲地。期间采访了40多位烈士子女、亲属以及当地的党史研究工作者，积累了30多个小时的珍贵录像素材，获得了大量的第一手珍贵材料。

杭州文广集创作大型话剧《秋瑾》献礼辛亥革命100周年

杭州话剧团突破自有演艺资源限制，开放合作大手笔打造艺术精品献礼辛亥革命100周年。8月，由杭话倾情排演的原创大型话剧《秋瑾》在杭州大剧院连演两场，宏大的历史背景、高超的艺术水准引起了戏剧界的广泛关注。作为一家演职人员不到40人的小院团，杭话在该剧的创排中积极"搭台唱戏"、"借船出海"，吸引重量级导演、编剧、演员加盟，一改近年来主要排演小剧场作品的局面，冲刺打造国家级艺术精品，得到了上级领导、业内专家、市民观众的高度肯定。

一是八方求贤转变创作模式，"小团"排"大戏"。首演散场后，不少学者、专家的评价是："真没想到杭话能排出这样一部大气恢弘的戏。"市委副书记叶明观演后鼓励杭话人："小团演大戏，可喜可贺！实践再次证明，只要有坚守、有追求、有决心，就会有办法、有出路、有成功！"杭话目前全部演职人员不到40人，在筹备《秋瑾》期间，人员、经费、器材等数次遇到瓶颈，两位团长乐观自勉："论身板，杭话只能挑60 斤,《秋瑾》是一副 100 斤的担子,但是这个机会百年一遇,我们只有千方百计拼一拼。”以打造国家级大戏为目标，杭话积极借助各方平台向国家一流编剧邀约。趁杭州投拍电视剧《东方》、编剧刘星入驻西溪创业产业园,杭话向其邀约《秋瑾》的剧本。此后,又紧锣密鼓地邀请以“曹禺三部曲”获得业内好评的导演王延松、获第四届华鼎奖最佳女配角的资深演员王静以及国内一流的灯光设计师周正平加盟,话剧《秋瑾》在 2011 年 5 月正式建组。杭话还先后于 2010、2011 年邀请中国文联、国家话剧院的专家参加剧本研讨,并拜访秋瑾家族的后人,对剧本进行巩固和完善。

二是兢兢业业发挥团队精神,“绿叶”衬“红花”。在《秋瑾》的舞台上,一共有 30 名演员,除“秋瑾”的主演外,另外的 29 名演员都来自杭话。在创排过程中,每一位杭话人都甘做绿叶,在台词、台步乃至生活上的点滴,都给予主演王静以最大的帮助和鼓励。同时,杭话的演员们在自己的角色上力求细节完美,比如,扮演慈禧的刘薇从排练的第一天起,就要求自己顶着头饰、穿着清宫女子的“花盆底”鞋练基本功;扮演孙中山的华明伟从其他戏剧影视剧中学习和研究孙中山的“神”。演出结束后,专家学者对吴芝瑛、慈禧、孙中山、徐锡麟、王子芳等角色的扮演者王小红、刘薇、华明伟、王伟军、钱志的演技给予了充分肯定。杭话的一批青年演职员也在这次排演中崭露头角,青年编剧夏强、音效设计李怀珠、舞台监督余膑等得到了导演的表扬。为杭州的话剧事业锻炼人才,也正是杭话积极创排《秋瑾》的初衷之一。

三是虚实结合创新艺术手法,“经典”成“新篇”。上世纪 80 年代,杭话创演的《秋瑾》曾是剧团的重点剧目之一。为纪念建党 90 周年和辛亥革命 100 周年，杭话从 2010 年起筹备重新排演这一经典剧作。新版话剧《秋瑾》自剧本一诞生就吸引了国内戏剧届的关注。国家话剧院院长助理罗大军认为:“就剧本而言,慈禧和秋瑾出现在同一个戏里,两个女人的对比就是这部戏很大的亮点。”30 年前曾经在杭话导过《秋瑾》的王复民认为:“刘星笔下的《秋瑾》有了诗化的升华,事事有据、处处是虚。”以重新解读经典戏剧见长的导演王延松阐述了他的理解:“这是一部视角新、信息量大、风格独特、充满时代激情的大戏。一百年前的仁人志士是中国进入现代化进程最早的先行者。”值得一提的是,新版话剧《秋瑾》还运用了大量多媒体的表现方式，景随人移的舞美效果让观众感觉新奇,也提供了大量的背景信息。首演结束后,不少学者专家提出,杭州出一部《秋瑾》不容易,建议在良好的起点上继续打磨，将其打造成代表杭州艺术水准的保留剧目。

杭州文广集团精心策划报道第八届残运会

杭州文广集团充分调动广播电视资源，全情投入第八届残运会宣传报道。从倒计时 100 天起,在近 4 个月的时间里，组成了近 150 人的报道队伍,以 2000 余条次的新闻密度、6000 余次的宣传片(带)播出、超过 1 万次的拉滚字幕,保质保量完成了残运会宣传任务，在全国残运健儿面前展现了东道主的热情,在全社会掀起了关心关爱残疾人的热潮。

一是新闻报道全面深入,精彩展示残运会风采。各频道频率集中开辟专栏专题，派出骨干精英做好新闻报道。以综合·生活频道的直播团队为主体,全程转播了开幕式、闭幕式、倒计时 100 天活动,对三场火炬接力进行了直录播。明珠频道派驻 6 位注册记者,残运会期间开辟了《明珠新闻》的一半版面,《明珠手语新闻》栏目更是在报道中发挥了主力军作用。影视频道《新闻搜搜看》栏目播发的残运会稿件总数超过 50 篇。杭州新闻广播结合“走转改”活动,跟随残疾运动员发布了一系列体验式报道。中波 954 的残疾人节目《希望的太阳》邀请了第八届残运会筹委会的负责人走进直播室，并对中残联主席张海迪作了专访。交通 91.8 推出了“聚焦残疾人运动会”版块。

二是典型宣传生动鲜活,充分展现东道主热情。在全面报道赛事进展的同时，广播电视各频道频率着力塑造和展示杭州的助残爱残典型。综合·生活频道围绕公交导盲仪、宾馆特设服务、无障碍庭院、无障碍电影等一系列无障碍设施以及杭州聋人学校、杨凌子学校等,推出了一系列报道,凸显杭州在残疾人事业上的成果，以及杭州为本届残运会所作的大量工作;明珠频道在报道中关心残疾人生活实际,报道浙江省和杭州市残疾人事业的成就以及残疾人自强不息的事迹，如《残运会开幕在即　工疗员来出力》、《盲人足球—听音辨位他们是高手》、《奔跑中你是我的眼》等。

三是信息发布准确及时,密集播报残运会动态。本次残运会,文广集团共制作了 8 个版本的宣传片、宣传带，各频道频率放弃黄金时间广告位进行密集播放。各电视频道每天播出宣传片均超过了 20 次,各广播频率更是达到每天30次以上。广播电视编排人员加班加点，及时更新信息动态，拉滚字幕、动态信息播报超过了1万次。为确保残运会的各项宣传报道准确，防止各类负面报道引发不良舆论，各频道频率的总监、总编靠前指挥，严格三级审片制度、加强舆情研判、强调报道的严谨准确，从而顺利、圆满地完成了本届残运会的宣传报道任务。

宁波广播电视集团

一、建党90周年宣传报道

2011年是中国共产党成立90周年，也是实施“十二五”规划的开局之年。按照市委宣传部重点做好建党90周年宣传报道的工作部署，宁波广播电视集团组织各频道频率群策群力、及早谋划，制定了《纪念建党90周年宣传报道方案》。各节目部门根据方案确定的分工和时间节点，紧密配合，在做好动态报道的基础上，有计划有重点地组织实施。

新闻综合频道以《宁波新闻》为主要阵地，先后推出了一批重要专栏，播发了90多篇相关新闻报道，大力宣传中国共产党的光辉历史和丰功伟绩以及我市各个时期、各条战线基层党组织和广大党员在革命、建设、改革中作出的突出贡献，全面唱响共产党好、社会主义好、改革开放好、伟大祖国好、各族人民好的时代主旋律，营造隆重热烈、欢乐喜庆、团结奋进、科学发展的舆论氛围。

5月下旬，《宁波新闻》推出了《红色记忆》专栏，围绕宁波党史上的重大事件和重要人物，精心制作了“党史事件”和“党史人物”76篇。专栏立足宁波的党建历史，从1919年“五四”运动在宁波开始，回顾党的光辉历程，缅怀革命先烈，展示党领导人民浴血奋战、奋发图强所取得的丰功伟绩；6月初起，《宁波新闻》又推出《时代先锋》专栏，选取30多位基层党员在推进“六个加快”建设中的风采；6月下旬，《宁波新闻》再推《党旗下》专栏，集中报道基层先进党组织在创先争优活动中，充分发挥战斗堡垒作用的典型事迹。5月下旬，《看看看》开设观众互动板块——《党史百问》，每天介绍一个党史知识，然后根据当天的内容，设置两个问题让观众回答。在直播过程中，观众通过短信平台或看看看QQ、967890回答问题并发表感言。

经济生活频道推出16集大型系列专题报道《重访四明》。探寻中国共产党在四明大地上，从萌芽到燎原、从斗争到胜利的伟大历史。回顾历史、激励当前、展望未来，真实展现改革开放丰硕成果，从功勋中体会精神，从成功中感受幸福来之不易，以更大的信心和决心投入到建设宁波、发展宁波的工作中去，创造“十二五”更大的辉煌。这组系列报道有三大特点：一、抓住历史的细节讲故事，可看性和主题宣传效果得到较好的结合；二、充分利用本台多年积累的历史性镜头，画面丰富。三、历史和现实相结合，注重当前的发展成就。该系列报道从策划、采访到最后播出，历时3个多月。宁波电视台经济生活频道整合各栏目的精兵强将，合力打造这个献礼大片。采访的足迹走遍宁波各县市区、并远赴杭州、上海等等，采访了不少高龄老革命、离休干部，留下了难得的历史影像。节目在频道两个主打栏目《来发讲啥西》和《生活现场》中同步播出后，取得了很好的播出效果。

少儿频道为纪念中国共产党建党90周年，策划推出了重大宣传报道——“闪闪红星”夏令营。《闪闪红星》是一部小小的专题片，全长20分钟。它讲述了20名宁波小学生在少儿频道组织的红色夏令营中磨练成长的故事。三台摄像机拍摄孩子们在面对困难和挑战时的各种反应，成功塑造了谢凯路、刘钱锋、潘圣益等一批典型的中国独生子女的形象，对青少年起到了较好的教育作用。节目寓教于乐，将我国革命战争中的英雄人物和感人故事等“红色元素”巧妙融入精心设计的拓展和体育竞赛中，以游戏方式呈现中国特定历史时期军民的革命战斗生活，让孩子在强身健体的同时接受革命传统教育。在2011年度浙江省广播电视青少节目奖评比中，《闪闪红星》获得了专题类节目一等奖。

新闻综合频率隆重推出《纪念中国共产党成立90周年·广播协作联盟特别奉献——讲述红色的故事》栏目，自5月1日始每天讲述一个故事，共播出70余篇；3月底新闻综合频率正式启动庆祝中国共产党成立90周年“我心目中的共产党员形象”系列广播评论征文活动，共收到征文稿件近50篇；8月4日上午11点至12点，由新闻综合频率联手中央人民广播电台中国之声共同策划、精心制作、并机直播的纪念建党90周年特别直播节目《光辉足迹—宁波跨越》，追寻中国共产党走过的光辉历程，探访不同历史时期党在宁波的印记。经济娱乐频率开设“经广记者走基层——红色之旅”系列报道，记者深入余姚梁弄等革命老区，踏着前辈的足迹寻访当年的红色故事。开设“身边的共产党员”系列报道，集中介绍来自工厂企业、社区街道、重点工程一线和市容环卫、铁路公路等窗口单位基层优秀党员的感人事迹和动人风采。交通频率《交通直播网》在“七一”前后的15天时间里，围绕建党90周年推出了“交通行业党员巡礼”，连续每天介绍一名交通行业中的优秀党员代表，记者通过深入采访向听众还原了这些优秀党员代表看似普通却不平凡的精彩人生。老年与少儿频率配合建党90周年宣传，以弘扬传统文化为主题，圆满完成“红戏会”大型走基层实践活动。在建党90周年宣传中，交通频率、音乐频率还联合推出了大型红色巡礼《浙江红色足迹》30期，同时结合宁波地方红色遗迹，制作了《永不褪色的红枫》、《四明山我们来看你——全国红色旅游论坛》、《纪实文学专题——红色1946》等专题。音乐频率围绕建党90周年，结合频率特色定位，制作了一系列专题音乐节目，如《红歌经典推荐》、《歌声中的红色记忆》等大型音乐专题系列，并播放了一批具有宁波地方特色的红色歌曲。

二、开展“走、转、改”活动报道

为了贯彻落实市委宣传部在全市新闻文化系统开展“走基层、转作风、改文风”活动的总体部署和要求，宁波广播电视集团积极行动起来，在年初就开展了“记者走基层”活动，并不断总结经验、改进活动方案，丰富活动形式，通过开展系列活动，更好地反映基层心声、通达社情民意，同时达到转变记者作风，改变记者文风的目的。

新闻综合频道建立了36个基层联系点，其中5个为频道重点联系点，覆盖了频道全体记者、编辑、主持人，目前，全体采编播人员已完成至少一次“走基层”联系点的走访。《宁波新闻》年初开设“记者走基层”专栏，围绕“六个加快”主线，把关注的重点投向社区、农村、企业等民生的最基层，着力反映基层群众围绕“六个加快”，推进创业创新的生动实践；盛夏，记者走近露天作业者，体验他们辛勤的工作，反映各方面对他们的关心；在“走基层·文化惠民”报道中，记者深入基层文化站点，感受群众文化的新变化；在采访“破解融资难之宁波解法”系列报道时，记者到慈溪、北仑、宁海、奉化等地，实地了解中小企业的想法，挖掘金融机构在破解中小企业融资难方面的创新亮点；《看看看》在9月份推出了《走一线　看民生》板块，记者结合学生开学、中秋国庆等节日，深入到各行各业的基层一线，紧紧抓住“走”和“看”字做文章，选取一些和市民关系密切、平时工作比较辛苦的工种岗位，以鲜活的事例、身边的故事、朴实的语言为内容，通过记者体验、现场记录、对比报道等方式，充分反映近年来身边发生的显著变化，充分反映群众分享改革发展成果的美好生活。

经济生活频道强调记者、主持人要沉下去，参与体验，深入细致体验各行各业最基层劳动者的生活工作状态和酸甜苦辣，挖掘有特色的新闻故事。频道多次开会研讨选题，精心策划，要求选题典型，细节生动，以情动人，现场感强。5月份在频道主打栏目《来发讲啥西》和《生活现场》中推出了《记者走基层》和《记者在基层》两个小栏目，播发了一批来自基层，文风清新、真实生动的好稿件；《娘舅大石头》栏目采访的对象是家里出现矛盾、邻里出现纠纷的当事人，栏目用平民视角解读社会问题，严格团队纪律，一切为当事人着想，尽力帮助一切可以帮助的对象，栏目组还加强调解之后的跟踪和善后服务，为矛盾的缓和或者解除做最大的努力。

文化娱乐频道新闻类栏目《讲大道》栏目一直致力于反映普通百姓的生活状态，强调政府部门与人民群众的沟通协调，努力帮助社会弱势群体解决实际困难。在“走、转、改”活动中，栏目要求所有采编人员要认真收集筛选人物报道素材，为各行各业的基层服务人员和需要社会帮助的弱势群体采写人物专题，忠实记录他们的工作生活环境，重点要为他们出谋划策，尽力解决所碰到的困难。

少儿频道结合受众特点，开展“走百家校园，进百家社区”活动，与观众零距离接触，面对面互动，构筑频道和观众的有效沟通平台。《快乐开卖啦》栏目开展“进百家校园”活动。《快乐开卖啦》是一档立足6周岁以下的幼儿及其家长，面向各年龄层观众，以儿童为载体的原生态户外真人秀节目。自2011年9月份开始走进全市各大幼儿园进行海选，受到了小朋友的热烈欢迎，报名非常踊跃。半年不到，已有40多所学校，近2万多人参与了节目；《第5擂台》推出“进百家社区”活动。《第5擂台》是宁波首档本土体育打擂节目，2011年10月栏目开始走进街道社区举办比赛，与社区居民零距离接触，面对面交流，把擂台搬到了居民家门口，让更多的普通群众成为了荧屏画面的主角。至今，已有30多个社区，近万人参与了活动。各频道的“走、转、改”活动与市委市政府的中心工作相结合，围绕三思三创活动，扎实开展来自一线的破难创新报道；围绕争创全国文明城市三连冠，策划走基层报道；围绕推进“六个加快”，策划更具鲜活性的典型报道，取得了良好的效果。

新闻综合频率年初推出“广播记者新春基层行”专栏，记者编辑深入一线扎扎实实开展工作。8月初，制订了《广播记者走基层系列特别策划方案》，确定了“听民声、知民情、解民忧”、“破难在一线”等十多个系列的记者走基层报道选题。据统计全年共播出“走转改”稿件300多篇。2011年11月，新闻综合频率“走转改”栏目被宁波市记协评为“走转改”好栏目；2012年2月被评为2011年全省新闻战线开展“走基层、转作风、改文风”活动先进集体，这是宁波唯一受到表彰的新闻媒体。经济娱乐频率把组织推动记者深入基层、报道基层，收集社情民意，反映社会民生的报道活动贯穿全年。共推出了七大系列报道：一是“经广记者走基层——新春基层行”报道；二是“经广记者走基层——平凡一日”报道；三是“经广记者走基层——海岸生态行”系列报道；四是“经广记者走基层——红色之旅”系列报道；五是“经广记者走基层——社区文明行专栏”；六是推出“经广记者走基层——社区面对面”、“经广记者走基层——一线见闻”、“经广记者走基层——民生追踪”、“新农村创富行——创富故事” 等系列专栏；七是策划实施“爱心团购紫土豆”活动。爱心团购紫土豆活动还被评为宁波市“走、转、改”优秀活动奖。《看不见的战线》报道获全省基层行报道评比二等奖。交通频率推出《交广记者在基层》专栏，记者奔赴交通一线深挖亮点，搜集最有价值的新闻。他们深入到轨道交通、象山港大桥、公路路政、公交窗口等交通前线，体验式采访交通一线工作者的艰辛与奉献。采访过程中突出以小见大，由表及里，在这些由浅入深的现场体验中，采访对象和记者的真情实意都得到了进一步的宣扬，也让平实的事件更具感染力。老年与少儿频率积极开展“主持人在基层”活动，《金色年华》和《小星星乐园》栏目用“主持人走出去”、“小明星请进来”的方式办节目，2011年共走进镇海中学、宁波二中等十余所中学和镇安小学、广济中心小学等十余所小学。“红戏会”是老年与少儿频率走进基层、服务基层的一项大型实践活动。从2011年5月到10月，活动历时五个月，历经广播海选、七场预赛、一场总决赛、一场颁奖典礼，在全市戏迷中产生了广泛的影响。

三、联合中广协会经济广播工作委员会所属各省、市、自治区经济电台隆重推出纪念伟大的辛亥革命100周年特别节目——《百年振兴》

宁波电台经济娱乐频率与湖北经济台、广东经济台、上海第一财经、南京经济台、北京城市服务管理电台等全国十多家经济台共同策划制作并播出了大型广播直播特别节目——《百年振兴》：以“百年回望——缅怀英烈”、“百年振兴——梦想成真”和“百年启示——继往开来”等三个篇章，分别直播报道辛亥革命首义地、孙中山家乡、中山陵等全国各地纪念辛亥革命的盛况，记录秋瑾、林觉民家乡、中山先生规划的东方大港等地百年的沧桑巨变，通过对一批辛亥革命先烈子女的采访来追忆过去、展望未来。

四、宁波广电集团推进网络视听等新媒体发展，增加广播影视竞争力

宁波广电集团加强新兴媒体建设，重视和推进传统媒体与新媒体的融合发展，2011年8月25日，由深圳广电集团、宁波广电集团等19家媒体联合投资的城市联合网络电视台（CUTV.com）正式上线，城市联合网络电视宁波台也在当天同步正式开播，并成为浙江首家获得国家广电总局批准设立的城市网络电视台。

与此同时，通过与中国网络电视台的全面战略合作，2011年5月，成功实现了宁波电视台一套、二套、三套视频信号在中国网络电视台（CNTV）的落户，利用中国网络电视台的国家网络视听公共服务平台和其海内外庞大的镜像站点体系，宁波广电集团旗下三个电视节目频道实现了全球落地，为宁波的网络外宣探索出了一条新路子。

五、宁波广电网络整合取得重大成果

12月22日，宁波广电网络股份有限公司举行了隆重的揭牌仪式，省广电局局长张宝贵，市委常委、宣传部部长宋伟为宁波广电网络股份有限公司揭牌并致辞。

加快推进广电网络整合，是中央和省委、省政府部署的关于深化文化体制改革的一项重要任务。市委、市政府对此高度重视，市委常委会、市委专题协调会、市文化体制改革工作领导小组会议多次进行研究，确定了先内容统一、后资本合作，先实现“全市一网”、后以“全市一网”加入“全省一网”的工作步骤。市委十一届十四次全会之后，宁波市进一步加大力度、加快进度，推动文化体制改革不断深入。日前，在市委、市政府的高度重视下，宁波广电集团出资

1.5亿元，余姚、慈溪、奉化、宁海、象山、鄞州、镇海、北仑8个县(市)区广播电视台(中心)各出资600万元，江北区广播电视中心出资300万元，共同组建宁波广电网络股份有限公司。宁波广电网络股份有限公司的揭牌成立，标志着宁波市广电网络整合工作取得了重大阶段性成果，这是贯彻市委十一届十四次全会精神，深化文化体制改革的重要成果，对于进一步强化和优化基层群众的公共文化服务，顺应“三网”融合趋势，进一步壮大宁波市广播电视事业，切实增强文化市场竞争力将产生积极的影响。

宁波广电网络股份有限公司将按照省、市的统一部署，积极处理好改革与发展的关系，事业与产业的关系，始终把服务大局、服务县(市)区、服务群众作为广电网络整合的出发点和落脚点，切实履行宣传文化单位职责，坚持正确舆论导向，唱响主旋律、打好主动仗、守好主阵地，为全市经济社会又好又快发展营造良好的舆论氛围。坚持面向基层、服务群众，努力创作生产更多更好的、群众喜闻乐见、丰富多彩的作品，增强服务意识，不断满足人民群众日益增长的精神文化需求，进一步强化创新意识，主动顺应文化体制改革发展要求，在内容创新和技术创新上下功夫，增强内生动力，进一步推动文化产业做大做强。

同时还举行了宁波广电网络股份有限公司和余姚等9个县(市)区广电播出机构组建广电网络合资公司签字仪式。宁波广电集团与浙江华数广电网络股份有限公司签订合作框架协议。

温州市广播电视台

一、搞好纪念中国共产党建党90周年、辛亥革命100周年宣传报道

2011年5月开始，温州台整合广播、电视、广电报、网络等四方面的资源，策划组织了为期三个月的“红色宣传季”活动，通过举办一批红色活动、推出一批红色节目、播出一批红色剧作、展现一种红色情怀，做好“红色”文章。期间，举办各类“红色活动”12个共30多场次，开设相关专题、专栏19个，播出“红色节目”100余期。其中，《百晓讲新闻》栏目开设了新闻专栏《新时代风采》，通过宣传优秀党员的突出事迹和个人优秀品质，展示温州市广大优秀党员的风采，同时联合《温州日报》瓯网等几家合作单位举办温州市首届“唱首红歌给党听”——十大小红星歌手大奖赛，联合市机关党工委、市总工会、温州大学等单位共同举办温州市首届红色运动会。都市生活频道《温州零距离》、《谦言万语》等栏目策划播出了“红色经典故事”、“心中有爱献给党”、“先锋”、“讲光荣传统，看精神道德”等专栏报道。《都市新闻》栏目开设了“重访红色土地”、“身边的老党员”、“非公党建在三区”等专栏。整个宣传为纪念建党90周年和辛亥革命100周年营造了浓厚热烈的氛围。

二、巩固发展应对国际金融危机成果，积极组织促进经济转型升级、创新社会管理和富民强省、文化强省建设的有关重要活动和宣传报道

9月下旬开始，温州台针对全市严峻的经济和金融形势，围绕“稳定规范金融秩序、促进经济转型发展”的主题，开展宣传报道，呈现出三大特点。一是注重正面引导。在集中正面宣传报道温州经济形势、特别是企业发展态势的基础上，加大对金融维稳的相关报道力度。及时动态报道包括市委、市政府为稳定温州金融形势而出台的举措及成效，各职能部门和各地稳定金融形势的做法及成效；及时、全面、大篇幅地报道了温家宝总理来温考察的情况和省委、省政府专题研究温州工作的会议精神，以及温州各级党委政府贯彻落实温家宝总理在温视察时的重要讲话精神；规范民间金融秩序新闻发布会召开当天，经济广播记者第一时间采制录音报道，并在《中国财经60分》播出，全国20家经济电台同步发布了该消息。二是注重成效报道。记者深入行业和企业，了解企业的实际困难，展现企业千方百计度难关、行业共克时艰的做法和成效，报道政府、银行和社会各界共同帮扶困难企业的典型。如《瓯联温州台抽调2亿元帮扶资金　民企抱团发展渡难关》、《五家企业联合成立财务管理公司　抱团合作增加信用履约能力》、《温州担保行业发倡议　助力中小企业度难关》、《应对企业倒闭风波　温州政府积极出招》、《化危为机引导民间资本走上阳光之路》、《“信泰”老板回温员工信心倍增》、《协会对接金融机构　行业抱团应对融资难》等，报道了温州企业抱团渡难关的情况。三是注重对外宣传。通过加强通联工作，积极在中央、省级媒体等上级媒体播发关于我市金融维稳和建设中国金融综合改革实验区的正面报道。先后在中国之声“全国新闻联播”和“新闻纵横”重点新闻节目播出相关稿件5篇；在央视新闻频道、省卫视《浙江新闻联播》分别播发报道十余条，其中央视《新闻联播》报道2条。

三、开展“走基层、转作风、改文风”活动，改进有关宣传报道

8月29日，温州市新闻战线“走基层、转作风、改文风”活动正式启动后，温州台专门制定了活动实施方案，先后组织开展党的群众路线学习教育，广泛建立基层联系点，积极开办面向基层、服务群众的专栏专题节目，大力深化“新闻扶贫”和结对帮扶工作，建立健全贯彻群众路线、提高宣传质量的长效机制。对学习教育、蹲点调研、监督反馈、总结交流等工作提出了明确要求，建立配套考核激励机制，将下基层采访情况作为编辑、记者年度业务考核的重要内容，在稿酬发放、创先评优等方面予以倾斜，开展“走转改”好作品专项评选和“十佳走基层记者”专项评比活动，对“走转改”活动中涌现的优秀作品和先进人物进行表彰。9月起，在全市11个县(市、区)和市属重要行业设立35个基层联系点，将其作为开展“走转改”活动的支点，各联络点确定牵头负责人和蹲点记者，组织采编播人员奔赴基层一线，让采编播人员换位体验一线工作者的工作，认真倾听、积极反映他们的心声；安排记者进驻社区联系点，与社区工作人员一起接受群众咨询投诉，努力为群众排忧解难。广播、电视均在重要时段、版面推出面向基层、服务群众的专栏专题节目。

四、参与“三网融合”、加快有线广播电视网络联合发展与数字化整转

温州台参股的的中广有线温州分公司借鉴项目管理的模式，成立了整体转换项目部，并下设21个项目组，采取“整体策划、分区分片、逐步推进”的方式，整体运作数字电视整体转换。根据原模拟电视用户的分类情况，推出了不同阶段的实施方案，按计划分步骤进行实施。同时制定了系列宣传方案，利用报纸、电视、互联网站等公众媒体发布信息，以新闻报道、专题访谈、答疑解惑等方式宣传有线数字电视整体转换的相关政策。在温州新闻综合、经济科教、都市生活、公共民生中开辟专栏，在导视频道、点歌频道开设整转宣传时段，用于介绍数字电视的使用、功能、内容、服务及相关政策。在各居民住宅小区成立公关小组，与社区、物业密切联系，取得他们的配合，为在各社区全面推进整体转换奠定基础。在整体转换过程中，为用户提供“一站式”上门服务，一次性上门安装、转换，简化业务办理手续，提高了现场整体转换的效率。同时在每个整转小区设立现场办理点，为用户办理相关业务，并提供演示、咨询、复印等周到服务。至2011年底，全面完成市区数字电视平移工作，有线电视双向化网络覆盖用户达51.5万户。中广有线公司进一步完成了数字电视节目平台的建设，包含了内容集成技术平台、多媒体信息平台、数字电视广播平台等。同时建立和完善了运营支撑系统(BOOS系统)，扩大呼叫中心(Call Center)规模，提供7*24小时全业务咨询、报装修、回访等服务。

湖州市广播电视台

一、纪念中国共产党建党90周年宣传报道

湖州市广播电视台根据湖州市委宣传部的总体部署，精心策划、周密布置，分阶段、抓重点、多形式，全力做好建党90周年的广播电视宣传报道。新闻综合频道开设了《红色记忆》、《红色荣光》、《南太湖先锋》等专栏，仔细梳理在建党90周年光辉历程中，富有湖州特色的故事、人物、事件，同时也大力宣传报道在近期创先争优活动中涌现出来的先进党组织和优秀共产党员，以满腔热情讴歌在党的光荣历程中做出重要贡献的人物与事件。文化娱乐频道积极开展建党90周年红歌会系列活动。从3月12日开始，连续2个多月的周六、周日，深入湖州织里、菱湖、双林、善琏等10个乡镇，组织开展了“欢乐红歌行”下乡文艺演出。公共民生频道结合自身“民生、公益、服务”定位，分别在《和谐家园》和《阿奇讲事体》中推出系列报道，共计播出农村党员先进个人报道3篇、动态活动报道12篇。FM105新闻综合频率《党史上的今天》从3月份开始到年底共播出275期，《“双百”任务中的共产党员》共介绍了14位优秀的共产党员，专题《天籁中华系列节目》共播出14期；FM98.5都市文艺频率“难忘的旋律”共计播出红歌91首，音乐节目《放肆幻听》特别单元“赛红歌”共有300多人参与。广播电视报还根据报纸的定位，推出了《我市隆重集会庆祝中国共产党成立90周年》、《“同心向党”歌咏大会嘹亮举行》、《湖州籍“双百人物”将亮相声屏》、《建党90周年书店“红书”总动员》、《红色经典演出月将在湖州大剧院拉开序幕》等报道，全面反映湖州纪念建党 90 周年的情况。

二、纪念辛亥革命 100 周年宣传报道

湖州市广播电视台新闻综合频道《新闻 60 分》栏目特别推出了系列报道《湖州人与辛亥革命》。整个系列报道以人物传记的报道形式来展现陈英士、张静江、朱家骅、戴季陶和许许多多湖州籍同盟会会员为了辛亥革命前赴后继、慷慨赴死的英雄气概。报道从 10 月 8 日至 12 日播出，共《“革命圣人”张静江》、《辛亥革命首功之臣陈英士》、《朱家骅与“中国敢死团”》、《国民党最年轻的元老戴季陶》、《同盟会里的湖州兄弟》五篇。另外，为了让湖州的观众能更全面地了解历史纪录片《铁血英士》台前幕后的故事，湖州台新闻中心根据市委宣传部的要求特别采制了题为《纪录片 < 铁血英士 > 的台前幕后》的专题片。公共民生频道《阿奇讲事体》栏目采用活动与报道相结合的方式，有策划、有重点地推出系列报道《“奇”看辛亥 100 年》。根据栏目特色，以讲故事的形式来反映主题，从时间、空间、地域等方面来进行宣传报道,分别推出了《听老人讲那过去的事情》(每周定时开辟一块时间让主持人介绍关于辛亥革命的小故事，和观众进行互动)，《辛亥革命与湖州人》(重点介绍陈英士、张静江等与辛亥革命有关的人物)等，还举行了相关的画展、演出和社区纪念活动等，有策划地营造好辛亥百年纪念氛围。广播中心新闻综合频率以新闻专题栏目、新闻报道为主要宣传内容，《深度 105》开设专栏“回望辛亥百年”，在距离辛亥革命 100 周年倒计时 100 天时开播，共播出 13 期，每期 5 分钟；《午间新闻》开设专栏“辛亥百年名人系列”，每周一期，开设 13 期；都市文艺频率从 9 月起，逢半点推出《百年辛亥》歌曲赏析，分《祖国篇》、《先烈篇》、《妇女篇》、《青年篇》和《励志篇》共 5 个系列，播出《山海关》、《天下为公》、《爱我中华义勇队》、《凯旋》、《自省歌》、《劝勉少年青年歌》和《实业计划歌》等歌曲；交通经济频率，《乐活二人行》的板块《时间简史》中增设“距离辛亥革命 100 周年倒计时”。广播电视报开辟了三个《辛亥百年》专版，推出《辛亥革命：开启中国进步之门》、《辛亥风云中的湖州志士》等专题报道。传媒湖州网体现新媒体“全、快、新、活”的特点，全面整合广播电视和广电报文字、图片、视频，及时刊载重大主题报道。

三、“走转改”活动和有关宣传报道

2011 年，湖州市广播电视台把“走基层、转作风、改文风”活动与做大做强主题宣传相结合，与湖州台创新创业相结合，与各平台、栏目的特色、定位相结合。各平台编辑记者深入一线，扎根基层，在群众中采集最新鲜、最动人、最感人的新闻事件，以百姓的视角、通俗的语言作积极向上的主流意识引领。采制了一大批源自普通民众工作、生活的生动鲜活的新闻、专题，并在活动中着力培养、提升自身发现问题、解析问题的能力，取得了较好的实际成效。湖州台 11 个宣传平台共确立了 120 多个基层联系点，派出下基层蹲点记者百余名，开设了 77 个专栏专题，已播发走基层稿件 1338 篇。开展扶贫结对等公益活动 115 次，募集帮扶资金 45.64 万余元，解决了 76 个基层反映的问题，出台、完善了十多项制度，组织 25 次培训，参加人员 993 人次。

一是周密部署，强化策划，确保阶段重点和宣传成效。湖州台强调从“最现场”看起，到“最基层”采访。通过强化策划、周密部署，在不同媒质推出基层采访报道专栏，多形式播发来自基层的消息、述评、现场连线、系列报道，深入推进“走转改”活动。

为使宣传报道范围更广，在最初 78 个基层联系点基础上，拓宽层面，新增基层联系点近 50 个。除社区、乡镇外，足迹涉及军营、行政村、学校、部门等。并制定、实施了“台领导蹲点联系计划”、“记者编辑长驻计划”，以获取最新鲜的新闻素材，反映湖州近年来的社会生活各个方面的显著变化，反映群众分享改革发展成果的美好生活，折射湖州走科学发展，建设“富饶、秀美、宜居、乐活”的现代化生态型滨湖大城市的方方面面。

在策划推出“走、转、改”活动新的宣传主题和系列时，更加注重突出经济社会文化发展的主流，不断加大深度报道的力度，陆续推出了《又到一年秋收时》、《来自产业集群的报告》、《文化新魅力》等系列报道，全方位反映湖州加快科学发展，建设“四区一市”的实践与成效，充分显现市民群众和谐向上的精神风貌。

二是创新形式，强化手段，不断提升宣传质量和水平。“走转改”活动不仅要求走基层，更要转作风，改文风，因此深入基层，开展丰富多样的体验式、纪录式报道也是广电媒体要整改的重点。记者编辑们更多地采用纪录和体验的方式，以当事人同期声，以记者体验同期声等还原现场，捕捉细节，使报道更生动、鲜活。除体验式、记录式报道外，以人物报道的形式进行采制也是各平台开展此项活动的亮点。《“三八红旗手”张丰：平凡而圣洁的白衣天使》、《知心大

姐乐于助人 乡村社会更加和谐》、《长兴“拒谢哥”拾金不昧温暖人心》、《外来科技人才坚守岗位 第二故乡过大年》、《人残志坚 湖羊致富》、《走村串户“说唱”忙》、《俞如傲:“尽心好员工”是这样练成的》、《周艺琴的琴书梦》、《独居老人的志愿者生活》、《情暖寒冬 民警为困难群众送温暖》等,生动地展现了基层群众与基层工作者的精神风貌。融入了“走转改”内涵的“走基层”活动,让广电新闻栏目更加有了温度、广度和深度,既丰富了广电新闻节目的内涵,又提升了广电新闻节目的质量。

三是强化调研,提升培训,紧抓团队建设的重点和亮点。不断完善学习和调研制度、编辑记者岗前和在岗培训制度、考评和奖励制度,紧抓活动开展的难点、重点,扩大亮点效应,提升编辑记者发现问题、思考问题、评析问题的能力,提升队伍的综合素质,也是湖州台的工作重点,各宣传平台充分利用周三讲坛、周四课堂、月月谈、编前会等一批成熟的业务交流平台,围绕新闻宣传工作的热点、难点以及推进新闻宣传改革创新等问题,开展辅导讲座,加强广大采编人员特别是年轻编辑、记者的培训教育,切实提高新闻记者在会议、经济类报道的策划能力,提高新闻记者解决实际问题的能力。

在首席、导师帮带制运行基础上,通过强化考核、加强督导等方式,实现多项转变:在帮带对象安排上突破单一新闻采编岗位结对的限制,尝试在全台各个重要岗位范围内组织帮带结对;在导师安排上改变以往“一对一”简单结对形式,实施“一对多”或“多对一”的模式,并根据年轻员工的实际情况及时调整帮带内容。同时,改变传统传帮带的单向帮带方式,注重师徒双向互动,强化导师与年轻员工“互学、互帮”的理念,确保“帮带导师制”真正达到提高本领、促进工作的目的,为“走、转、改”活动持续、有效开展助力。

此外,为进一步提高社会监督的水平和质量,提升新闻宣传质量,规范队伍管理,湖州台还聘请社会监审员、观察员队伍每月以书面梳理小结的方式对开展活动及活动成效进行社会监督,助推“走转改”活动真正落在实处,取得实效。

嘉兴市广播电视台

开展建党 90 周年系列宣传活动

2011 年是中国共产党成立 90 周年,作为党的诞生地的主流媒体,嘉兴市广播电视台(以下简称嘉兴台)利用党的诞生地这一独特政治优势,策划推出庆祝建党 90 周年系列专题报道、大型新闻行动和大型直播活动,营造党的诞生地庆祝建党 90 周年的喜庆氛围。

一、联合红色城市,弘扬红色精神,组织实施“红色耀中国”大型新闻行动。2011 年,庆祝建党 90 周年报道成为中央及省、市各级媒体的宣传重点,为在众多报道中体现嘉兴特色及嘉兴台的策划、采制能力,2011 年 5 月初,嘉兴台联合吉安、遵义、延安、石家庄四地广播电视台共同组织实施纪念建党 90 周年大型新闻行动“红色耀中国”,新闻行动以红色精神为主线,通过新闻报道、主题活动、创作广播电视原创歌曲、开通官方微博等形式,全国性视角、多媒体联动、立体化传播,弘扬红船精神、井冈山精神、长征精神、延安精神和西柏坡精神。

1.新闻报道强调以史说事、以情动人、以理喻人。《红色耀中国》新闻行动通过记者的体验、追寻、调查、印证,讲述革命战争年代的红色故事、红色记忆,展示各红色城市目前取得的成就,以推动“红船精神”、“长征精神”等红色精神的有效传承。据统计,活动期间嘉兴台《嘉兴新闻》、《嘉广早新闻》等广播电视栏目播发相关稿件 120 多篇(次)。

2.主题活动突出互动性、针对性、有效性。在活动中,红色城市互增纪念品、友好乡镇共建结对、两地青年共同倡议共建未来等内容,营造了红色城市之间平等、互助、携手共进的和谐氛围,也大大拓展了报道空间,扩大了报道影响力。

3.千方百计借助外力,扩大“红色嘉兴”影响力。在这次大型新闻行动中,嘉兴台积极与央视、央广等中央媒体和新浪网等全国性网络媒体合作,扩大自身宣传的影响力。“红色耀中国”稿件在央视新闻频道多次播出;6 月,央视财经频道连续播出 15 篇由嘉兴台在各红色城市采制的红色旅游方面的报道。嘉兴台还与新浪网合作开设专题、开通“红色耀中国”官方微博。通过上述方式，进一步扩大了嘉兴作为党的诞生地的影响力。6月13日，省委宣传部《新闻阅评动态》对《红色耀中国》大型新闻行动进行了单篇点评并给予了高度评价。

二、开辟专栏（系列报道）大力宣传先进基层党组织和优秀共产党员，以党组织和党员的先进性鼓舞人、感染人，激励全市人民奋发有为再建新功。嘉兴台及时报道全市创先争优活动的进展情况、鲜活经验和取得的成效，及时报道创先争优活动中涌现出来的先进基层党组织和优秀共产党员典型，营造良好的舆论氛围，引导和推动全市创先争优活动深入开展。在新闻频率、频道开设专栏《红船先锋创先争优》，及时报道创先争优活动的工作要求、进展情况、鲜活典型以及人民群众对创先争优活动的积极反响；推出大型人物系列报道《信念》，围绕“信念”主题，选取具有深厚的嘉兴地缘关系的人物，充分运用多年来积累的历史视频、音频素材，深入挖掘典型事例，以实例教育和激励年轻一代。该系列报道同时得到省、市宣传部门领导的批示肯定。

三、联合外媒推介嘉兴，立足自身开展直播、举办各类活动，营造嘉兴庆祝建党90周年喜庆氛围。嘉兴作为中共一大会址所在地，在建党90周年之际，引来了国家级和众多省、市级媒体关注。中央电视台、中央人民广播电台，浙江广电集团以及上海、吉林、内蒙古、广东、贵州等地广电媒体先后和嘉兴台合作，在嘉兴开展新闻直播和采访报道活动。5月6日，嘉兴台新闻广播联合中国之声、东广新闻台、嘉兴新闻广播在上海共同推出大型特别直播《光辉足迹——上海嘉兴1921》。5月22日，由中央人民广播电台经济之声策划并列入央广和中宣部纪念建党90周年重点宣传计划的《领航中国——中国共产党执政与发展纪事》大型系列报道在嘉兴南湖启动，嘉兴台抓住契机与央广经济之声联合推出《领航中国——直播南湖》大型直播节目。6月30日，嘉兴台联合浙江广电集团对浙江省庆祝建党90周年纪念大会、南湖革命纪念馆新馆开馆仪式、第八届全国残运会圣火采集仪式进行现场直播；录播和直播嘉兴市“七一”红船节开幕式暨红船杯红歌赛、嘉兴市庆祝中国共产党成立90周年大会暨红船先锋表彰典礼。

此外，围绕庆祝建党90周年，嘉兴台文化影视频道协助中央电视台录制七一特别节目《红歌颂党——嘉兴篇》，公共频道推出“快乐唱红歌　真情献给党”主题红歌会，交通经济频率开展“红色之旅”主题自驾游活动，城乡生活频率推出“迎六一　折红船”手工创造力比赛，艺创中心连续策划推出12场《传出心中的爱》综艺特别节目等，丰富多彩的活动在提高市民参与度、增强节目互动性、烘托喜庆氛围方面起到积极作用。

“辛亥百年”报道在宏观历史背景中强化嘉兴地缘概念

1911年10月10日，孙中山先生领导的辛亥革命，结束了统治中国2000多年的封建君主专制制度，对推动中国社会进步具有重大意义。弹指一挥间，到2011年，辛亥革命已过去了整整100年。为纪念辛亥革命的历史功绩，缅怀革命先烈，深化爱国主义教育，嘉兴市广播电视台“声、屏、报、网”联动，于9月份启动大型报道《辛亥百年》，回顾辛亥革命历程，反映辛亥革命在历史发展进程中重大、深远的意义，揭示中国人民选择中国共产党、选择马克思主义、选择社会主义道路、选择改革开放的历史必然性。

在这次报道中，嘉兴市广播电视台始终以辛亥革命和嘉兴的结合作为报道出发点和落脚点，以辛亥革命中的“嘉兴人”和“嘉兴城”、“嘉兴事”作为报道的主要内容，全面反映嘉兴在辛亥革命中的地位和作用。嘉兴台“声屏报网”分别结合各自的栏目特色，积极宣传辛亥革命的相关知识和发生在嘉兴的相关事例，向受众普及辛亥革命及在嘉兴发生的故事。在报道内容上，突出做好嘉兴“辛亥七烈士”人物故事报道，尤其是做好“褚辅成、龚保铨、敖嘉熊”等重点人物的报道，通过对当时事例的回望，全面阐述这些代表人物在辛亥革命中的作用与地位，从而凸显嘉兴这座城市在辛亥革命中的重要地位。在报道形式上，各频率、频道和嘉兴广电报、嘉兴人网先后推出了“辛亥百年”、“辛亥人物”、“辛亥革命在嘉兴”、“辛亥革命常识”等多个专栏（系列报道），避免了空洞说教的报道形式。整组报道累计刊播广播、电视稿件120篇（次）。

关注地方经济发展，着力报道经济转型升级

2011年是“十二五”规划的开局之年，嘉兴市提出要围绕“十二五”发展的指导思想和目标任务，按照“保持平稳增长、突出转型升级、深化统筹协调、坚持务实为民”的总体要求，抓好开局之年的各项工作。嘉兴市广播电视台（以下简称嘉兴台）积极配合市委、市政府的目标任务，挖掘转型发展的经验做

法，大力报道地方经济转型升级之举，形成了一定的力度和声势，为部门、企业提供交流借鉴的案例，为地方经济转型升级营造氛围，发挥了主流媒体的积极作用。

一、开办专栏报道经济转型升级。年内，嘉兴台广播、电视新闻节目开辟《转型发展　开好新局》、《转型发展进行时》、《穿越转型之痛》等专栏，推出了多组关注经济转型发展的系列报道，播出相关稿件100余篇。其中，《转型发展开好新局》栏目播出了《南湖区：首要战略锁定现代服务业》、《嘉善：全方位融入上海》等稿件，报道“十二五”开局之年，嘉兴各地各部门转型发展的构想，既有对现状的分析，更有面对困难将采取的实际举措。《转型升级进行时》专栏中播出了《淘汰落后产能　腾出发展空间》等稿件，介绍2011年上半年嘉兴市关闭涉及落后产能企业20家，淘汰落后设备4家，通过淘汰落后产能，既实现了节能减排，又腾出了土地空间；《南湖区“六六行动”助推服务业倍增计划》报道，介绍了2011年上半年南湖区围绕服务业倍增计划，全面实施包括“百项百亿”工程等在内的“六大专项行动计划”，服务业总共完成投资59.6亿元，同比增长了30%。此外，还报道了嘉兴市的一些企业依靠科技创新、产品创新、管理创新、打造自主品牌、引进创新性科技人才等形式，坚持走创新之路，推动自身实现产品、技术等转型升级。

二、关注未来经济新的增长点。在2011年的经济转型升级报道中，嘉兴台根据全市经济增长规划，在报道传统产业发展的同时，重点报道了政府引导扶持的产业和重点项目。“十二五”时期，嘉兴市将大力实施“三大倍增计划”（即：服务业倍增计划、战略性新兴产业倍增计划、大企业倍增计划），《嘉兴新闻》依据服务业倍增计划，关注物流、服务业、软件外包、会展、总部经济等三产的发展，如播出的《嘉兴现代物流园：向制造商贸物流三产联动转型》，介绍了嘉兴现代物流园作为全省五大重点物流基地之一，近年来依托不断集聚的规模优势，注重项目投入产出率，不断延长物流供应链，推动园区由单纯的物流配送，向第三方物流集聚和物流资源整合为核心的制造业、商贸业、物流业三业联动转型；还报道了海宁市在服务业优先发展战略的引领下，率先在嘉兴市各县（市、区）实施“服务业兴市”战略；嘉兴工业园区狠抓总部商务建设；市本级财政每年筹集5亿元专项资金，重点支持战略性新兴产业发展规划和导向目录确定的、起引领带动作用的项目和平台建设；为鼓励企业做大做强，嘉兴市出台“大企业倍增计划实施意见”，在资金奖励、用地、用电等方面，明确六大扶持政策，给力大企业倍增发展，等等。

随着浙江省海洋经济发展战略上升为国家战略，嘉兴经济发展也面临新机遇，贯彻滨海开发战略，《嘉兴新闻》及时报道有关海洋经济、嘉兴港区发展的消息。此外，还关注传统优势产业的转型发展，如报道了电子商务助力毛衫业提升发展，毛衫业是嘉兴市传统优势产业，现有各类中小企业6500多家，2011年以来有10%左右的企业利用网络平台，做起了电子商务，网货交易量已接近这些企业销售收入的8%，电子商务正日益成为毛衫产业发展的新方向。

三、报道破解经济发展“瓶颈”之举。2011年是“十二五”开局之年，也是嘉兴经济发展的关键之年，随着土地、环境容量、劳动力等各类要素制约，嘉兴经济的转型升级受到更多限制，如何谋求进一步发展？《嘉兴新闻》推出系列报道《穿越转型之痛》，重点报道了“电力荒”、用工荒、限制污染物排放等要素指标制约，倒逼嘉兴企业转型发展的现实，同时也对嘉兴企业和部门通过产业适度转移、淘汰落后产能、用地“零增长”、培育大企业等创新举措，破解要素制约的成功案例进行详细的解读。《嘉兴新闻》正面报道全市各地方单位、企业等节能降耗的做法，如2011年全市力争公共机构能耗比去年下降3.5%，为此开展了一系列节能宣传月活动，确定了“低碳体验日”，在这一天全市政府机关和企事业单位的空调、电梯都全部停开等等；为了保证居民用电，相关部门制定了有序用电方案，根据计划嘉兴港区部分高能耗企业，将集中在七、八、九三个月进行停产检修，让电于民；嘉兴经济技术开发区外资企业也纷纷响应政府号召，履行社会职责，加大技术改造力度，节能降耗，让电于民。《嘉兴新闻》积极关注政府部门为破解融资难题而采取的举措。2011年7月，嘉兴市财政、经信委、人民银行、银监分局共同出台新的《市区中小企业专项信用贷款管理办法》和《市区中小企业专项信用考核办法》，通过财政资金，更好地吸引银行资金投向全市中小企业，促进地方经济又好又快发展；还报道了南湖区在全省首家以供销社集体资产发起组建小额贷款公司，在服务“三农”融资方面进行了创新性尝试等消息。

走进基层与百姓心贴心——持续深入开展“走基层、转作风、改文风”活动

从2010年底的“记者基层行”活动启动以来，嘉兴市广播电视台(以下简称嘉兴台)上至台领导下至一线采编播人员共260多名人走进基层乡镇、村、社区和厂矿企业，与基层群众面对面交流，敞开心扉倾听群众呼声，感知一线冷暖，把握时代发展最真切的脉搏。在下基层中贴地气、改变作风、改革文风，在走基层中进一步改善媒体公信力提升舆论引导力，这对于媒体及其从业人员都是一次生动的群众路线再教育。通过“走、转、改”活动的深入开展，真正使抓“鲜活新闻”成为采编人员共同努力的目标，讲业务、求创新的氛围日益曾浓，群众反映嘉兴台的节目变得更可亲可看了，取得 “群众欢迎、市场认可、锻炼队伍”等多赢局面。

一、走基层，每个记者都要、都能下到基层。2011年初，根据省委宣传部、嘉兴市委宣传部统一部署，嘉兴台启动了“以真情记录时代、真情关爱民生”为主题的“记者新春基层行”活动，采制播出了一大批事例鲜活、表现生动的新闻稿件，对于实践新闻三贴近、改善文风起到了较好作用，得到了受众欢迎。为延续这一优良作风，2011年7月开始，嘉兴台在全体采编人员中再次集中开展“群众路线主题教育基层行”活动，通过“走基层”来带动“转作风”、“改文风”，推动一线采编队伍情系群众、深入基层，体察民情、反映变化，在基层实践中磨练思想、磨砺作风。

7月8日，嘉兴台正式启动“群众路线主题教育基层行”活动；7月16日，嘉兴台邀请《浙江日报》记者、全省优秀农村工作指导员俞佳友同志作“增强社会责任感、提升业务能力”专题辅导报告。俞佳友同志以自己亲身实践，畅谈与群众心贴心、践行一个记者职业责任，让采编人员切实感触到，记者就应该走下去和群众在一起，在第一现场把真正鲜活的、贴近百姓需求的新闻采上来，这样才无愧于时代赋予记者的神圣职责。根据活动安排，嘉兴台所属各频率、频道及广电报社迅速行动，分别和镇(街道、村、社区)、企业等单位建立频率、频道层面10个联系点；260多名采编播人员则以采访报道条线形式建立联系点110多个；各频率、频道结合自身特色开辟出《记者基层行》、《走读嘉兴——来自蹲点一线的报告》、《“五朵金花”跑基层》、《小江带你到一线》等7个专栏。通过频率频道的基层联系点及普通记者层面的采访联系点，通过建立“专栏”等播出平台，使“走基层”活动真正实现了记者参与全覆盖、活动的长期延续性，年内，还对活动期间播出(刊发)的鲜活新闻、优秀调研文章进行了评选，并给予嘉奖。

二、转作风，让采编人员更贴地气。嘉兴台“群众路线主题教育基层行”活动明确要求广大采编人员：不以稿件数量评价业绩，告别浮光掠影、来去一阵风的“快餐”式采访，沉下心来走进农户家中、走进田间大棚，与农民交朋友、走进企业车间里与工人打交通、与新居民交流；要会说群众听得懂的话，更要听得懂听得进群众说的话，多些想法少些浮躁，抬起头思考问题、挖掘新闻背后的新闻，才是真正的下到基层。真正沉到基层，才能真正转变作风。8月中旬，新闻频道记者在嘉兴建设局质检站蹲点采访时得知海盐一村民安置点由政府统一代建的地基存在严重质量问题，导致200户村民无法按期建房。记者当即赶往现场，分别采访农户、建设单位、监理单位，通过大量的对比分析、举证、述评等方式，在刊播消息的同时促成了事件得到较为圆满的解决，受到了当地百姓的支持和欢迎。

三、改文风，让新闻作品给受众耳目一新。改文风，要求记者在内容上摒弃炒冷饭，发掘真正的新闻人物和事例；在形式上，要求以生动形式表现新闻作品，用百姓的话说百姓的事、让百姓听得懂看得明白。到基层，没有事先准备好的汇报材料，没有舒适的采访和吃住环境，真是在这些“没有”中实现记者的作风“有”、干劲“有”、新闻敏感“有”、新闻热情“有”、新闻作品“有”。8月14日，广播新闻频率记者在秀洲区农村采访晚稻长势时了解到：今年晚稻病虫害较往年有大幅减少，晚稻长势良好预计收成好于往年。记者发现，农民还在按照惯性思维准备播散农药，这对于晚稻的无公害生产也是一不利因素。于是记者改变思路，刊播了一篇提醒农民减少农药播散量、提高晚稻质量的稿件。类似稿件，正是在记者深入采访和细微观察中，以通俗语言告知农户而提高了传播效力，增强了稿件的实用价值。

自“走基层、转作风、改文风”活动开展以来，嘉兴台健全活动机制，进一步提高监督考核力度，加大对鲜活稿件的考核倾斜。加大时政报道尤其是会议报道改革力度，压缩一般性时政报道篇幅，放大时政新闻有效信息，杜绝空话、套话、废话出现在稿件中；提倡短、实、新写作文风，不拘一格鼓励记者创新报道形式，拉开稿件评分差距，尤其是量化求活求深的现场报道、录音报道、观察与思考等的考核加分力度;以新闻频道为重点实施新闻直播常态化理念,引入"3G"、"全球眼"等新技术丰富电视直播手段;完善审片制度,坚持重要新闻必须由台分管领导实行专人负责审查,推行每日实时的节目监听监看及每月两次的专家评议制度。

第八届残运会报道在赛事背后强化嘉兴"爱心城市"品牌

2011年,第八届全国残疾人运动会在浙江省举行,嘉兴作为分会场,承办了飞镖、盲人柔道和乒乓球等三项比赛。为了重点宣传好这三项赛事(活动),嘉兴市广播电视台整合"声屏报网"资源,通过广播、电视、报纸、网络等手段,分阶段对残运会的备战情况、参与残运会的人员、嘉兴市民支持残运会的热情等进行全方位、多角度地立体报道。从赛前预热开始,先后开展了一系列主题鲜明、内容丰富、形式新颖的宣传,一直到开赛形成报道高潮。在残运会比赛期间,嘉兴台上送稿件在浙江卫视共播发稿件21条,在浙江之声刊播近10条,较好地宣传了嘉兴"爱心城市"形象;同时,嘉兴台"走到一起来"、"听友俱乐部"等品牌活动以残运会为契机,走进社区开展了趣味健身运动会等一系列大型公益活动,关爱残疾人,丰富残疾人的生活,让他们融入残运会大家庭。

一是会前报道。新闻综合频道在圣火采集仪式当天对全国第八届残疾人运动会直播圣火采集仪式进行现场直播,扩大活动影响力,宣传第八届全国残疾人运动会;同时,频道开设的《八残会倒计时》专栏及时报道了嘉兴承办比赛项目的各类进展情况;新闻综合频率开设《残运会进行时》专栏,主要针对赛事安排、运动员竞技训练、普通市民以何种姿态或行为参与支持残运会等方面筹备工作进行报道,营造人人关心残运的良好氛围。新闻综合频率民生新闻《阿德对你讲》专栏中开辟《运动带给我快乐》板块,以"爱"为主题,主打温情牌,介绍嘉兴残疾人运动员的风采,以及展示嘉兴在关爱残疾人、帮扶残疾人自主创业等方面取得的成就。从启动"100天倒计时"开始,频率、频道通过在主要新闻栏目中播放倒计时宣传片、播出公益广告等,进一步提高活动知晓度,扩大社会参与度,宣传残运会,引导全社会关注残运会,重视残疾人事业。二是会中报道。投入优势力量,整合嘉兴台宣传口各节目资源,除了新闻报道外,还通过评论、访谈、专题等多种形式,及时播发赛事消息,全程报道好三项赛事活动,展现运动员们自强不息的拼搏精神,为整个比赛营造热烈、感人的氛围;同时,关注赛场内外,特别是作为嘉兴媒体的主要宣传力量,积极配合好兄弟地市台、省台的宣传报道任务,提供多样化服务。三是会后报道。回顾参与残运会的嘉兴运动员表现情况,嘉兴组织赛事的能力等,对残运会的后续效应进行报道,推进嘉兴残疾人事业。

积极推进网络视听等新媒体发展

2011年,"嘉兴人"网(www.jxrtv.com)以打造嘉兴第一生活门户网站为宗旨,加强网站内部管理,强化网站实用功能,强化"声屏报网"互动整合,推进网站各项工作上一个新的台阶,确保网站安全、有效、可靠运行,为广大网民提供及时、高效的生活资讯,成为嘉兴市形象宣传的重要窗口。年内,"嘉兴人"网进行架构重组,重新调整考核标准。内容上相继完成嘉兴广电报电子版改版、"嘉事连连看"栏目改版;增设"3·15板块",联合南湖区、秀洲区消保科在线受理网友投诉。升级论坛从8.3升级至8.5版本,增加图酷功能。此外,"嘉兴人"网在嘉兴首家推出微博,与新浪微博数字对通,年内有1000多个网友与新博数字对通,在嘉兴是最多的。调整经营思路,拓宽创收领域,加强与乡镇的合作,利用现有新闻碎片化的资源,整合后打包和各乡镇合作,通过对乡镇的介入和渗透,进一步提升了网站的影响力。

参与"三网融合"、加快有线广播电视网络联合发展与数字化整转

一、有线电视数字化整体转换工作。嘉兴市广播电视台认真贯彻落实嘉兴市委、市政府《关于推进有线电视数字化整体转换工作实施办法》(嘉委办发〔2010〕66号)文件精神,在嘉兴市有线电视数字化工作领导小组的协调和指导下,按照"积极、稳妥开展有线电视数字化整体转换"的工作思路,领导下属企业嘉兴华数电视通信有限公司精心组织、稳步推进嘉兴市区有线电视数字化整体转换工作。自2010年9月18日嘉兴市区有线电视数字化整体转换工作全面启动以来,通过现场设摊等形式,对市本级384个小区(区域)的用户进行了整转普及和付费频道、互动电视、高清电视的销售推广。到2011年6月初,嘉兴市区有线电视数字化整体转换工作顺利完成,10月中旬完成停模工作。这是嘉兴广播电视发展史上的一个里程碑,标志着嘉兴正式进入了"数字电视时代”。

二、地市级地区广电网络加入省级网络公司。

11 月 2 日,浙江省“一省一网”工作暨项目投资签约仪式在嘉兴市举行，嘉兴成为全省首个整体加入浙江华数“一省一网”合作框架的统一签约城市。嘉兴华数电视通信有限公司股权变更工商手续于 2011 年底完成。

按照中央关于深化文化体制改革、加快推进广播电视有线网络整合发展的总体部署，浙江省结合实际,根据全省广播电视有点网络“一省一网”整合发展的要求，以华数数字电视传媒集团有限公司为基础,省、市县(市、区)广播电视播出机构共同参与,依据产权明晰、权责明确、利益共享、风险共担的现代企业制度,于 2011 年 7 月注册成立了浙江华数广电网络股份有限公司,该公司是以嘉兴、金华、湖州、衢州、丽水等五市广播电视播出机构各自持有的当地有线网络全部股权与华数集团公司持有的上述广播电视有线网络的全部股权作为投资额，共同发起成立的。

绍兴市广播电视台

纪念建党 90 周年宣传有气势

各频道频率、广播电视报精心策划、周密组织建党 90 周年宣传活动,创造了总台近年来单个主题宣传跨度时间最长、投入力量最多、宣传形式最丰富、社会反响最热烈的记录。《绍兴新闻联播》的专栏报道《党旗飘飘》共三个单元:“红色纪行”以寻访绍兴地方党史上的英烈遗迹和历史遗存为报道形态,“时代先锋”突出报道我市各行各业优秀共产党员典型,“基石之力”宣传先进基层党组织发挥战斗堡垒作用的事迹。整组报道从 4 月 25 日开始到 7 月 23 日结束,共 90 天时间;公共频道与市委党史研究室联合组织的《寻访“红色地标”》大型新闻行动由党史专家、部(台)领导、频道总监、骨干采编人员组成采访团,赴上虞、诸暨等地的革命老区采访,6 月 18 日起正式播出,播出报道 19 篇;《738 早新闻》推出的《飘扬的党旗》系列报道由丰碑、心声、足迹三部分组成,整组报道在近 2 个月时间里密集播发了 50 余篇;新闻频道组织的《知党、爱党、跟党走》主题论坛,邀请了党史研究室、市委党校、老党员代表等进演播室,谈党的历史,话对党的情怀,表跟党走的信念,并与大学生、青年工人开展互动。2011 年 11 月份,《知党、爱党、跟党走》主题论坛、《童心向党——绍兴优秀童谣传唱展演》同时获得中国文联和中国电视艺术家协会联合颁发的全国电视艺术特别节目好作品和电视文艺晚会好作品奖。

纪念辛亥革命 100 周年宣传出精品

在纪念辛亥革命 100 周年活动中，我台组织了形式多样的动态、专题报道,推出了《辛亥星光》、《纪百年辛亥、访故地旧人》等专栏报道和系列报道 40 多篇。还以强烈的历史文化责任心,组织了电视纪录片、广播剧的拍摄录制工作,创出了精品。由我台拍摄的大型电视文献纪录片《风雷激荡光复会》被国家广电总局列入国家重大题材文献专题片，并获得理论文献影视片播映许可证，于 11 月 17、18、19 日同步在央视十套的《探索·发现》栏目和我台新闻综合频道播出;以 1907 年秋瑾在绍兴发动光复会起义为主线的广播连续剧《风雨 1907》喜获第十一届中国广播剧专家奖金奖。专家评委对该剧作了专场点评,给予很高的评价,认为该剧故事刻画细腻、戏剧冲突强烈,人物塑造生动鲜明、有血有肉。此剧除在我台播出外,还在中央人民广播电台《午夜剧场》栏目完整播出。

“走转改”活动和促进新闻的改进与提升报道

在 2011 年下半年开始的“走基层、转作风、改文风”活动中,我台各频道频率都建立了“基层采访联系点”,成立了“基层采访小分队”,及时开设了“越中走读”、“记者走基层”、“记者走社区”等专栏,各基层采访小分队深入基层，亲身体验基层劳动者工作生活常态,用心采写了《新昌镜岭有个“心连心”工作室》、《大桥边的坚守》等一大批报道。这些报道贴近群众,聚焦基层,既真实反映了基层的生动实践,也为我台的声频荧屏吹来了一股清新文风。《绍兴新闻联播》的现场报道《诸暨日溢村十年铺设民心路》是记者蹲点日溢村,走访海拔 700 多米的上英山、飞凤岗和上王山后的真切感受。报道播出后,诸暨市委主要领导专程到日溢村看望鼓励村民，诸暨市财政下拨专项资金 50 万元资助日溢村修路,另有一家单位和一名个人也愿意各出 10 万元支助款。一位远在甘肃兰州的诸暨商人在网上看到报道后，也表示要到日溢村走访捐助。9月28日,省委宣传部、省新闻战线“走转改”活动协调领导小组对我市“走转改”活动进行督导时,充分肯定了我台“走基层”的宣传报道成绩,还专门调取了20多篇报道资料,作为“走基层”的汇编材料。10月31日,国家广电总局第205期《值班日报》刊登直报信息《绍兴台积极推进“走转改”活动》,通报了我台的工作进展和工作方法。

残运会宣传报道情况

一是组织现场录制。9月22日上午,我台以大型活动部、技术部为主,抽调部分频道摄像人员,组建了一支30多人的残运会火炬点火起跑仪式现场录制团队,以13个机位对火炬点火起跑仪式及传递过程进行了全方位录制。加解说词的完整节目当晚在我台影视娱乐频道播出,并向中央电视台、浙江卫视等上级台提供了高质量的视频资料,残运会火炬点火起跑仪式在绍兴举行的相关报道也在当晚的央视、浙江卫视等平台第一时间播出。

二是开设报道专栏。在第八届全国残疾人运动会绍兴赛场游泳比赛开始前的10月上旬,我台分别在《绍兴新闻联播》和《738早新闻》中开设了“当好东道主、办好残运会”专栏,《直播绍兴》开设了“走进残运会”专栏,《第一热线》开辟了“残运进行时”专栏,这些专栏此后每天播出,并至少安排2至3条报道,取得了很好的集约宣传效应。

三是组织赛事报道。绍兴赛区比赛开始后,我台相关频道频率依托专栏组织开展全方位的赛事报道。对每天的赛事活动进行全方位报道,及时向全市报告赛事进程;对赛会组织工作进行深入报道,报道绍兴赛场周密、细致、高效的组织工作;对运动员、志愿者、安保人员、后勤保障人员等开展专题专访报道,弘扬了运动员在赛场上的拼搏精神,报道了赛事保障人员的奉献精神;对当日或次日的赛事安排进行预告式报道,方便了广大市民安排观看。

四是开展赛程外宣。新闻频道分别于10月12日、10月17日两次与浙江卫视实现连线报道,通过卫星连线,报道了绍兴的赛事组织工作和运动员在赛场上的比赛情况。此外,除在我市举行的点火起跑仪式报道及时在央视、浙江卫视播出外,新闻频道、新闻频率、公共频道每天坚持对外发送稿件,宣传赛事赛程,宣传赛场上运动员的拼搏故事,宣传绍兴人民关注残运会、支持残运会的热情和行动。据统计,比赛期间我台共对外发送稿件30多条次,在《浙江新闻联播》、《午间新闻》等栏目播出稿件10多条。

五是公益广告宣传。9月份以来,我台在所有电视频道、广播频率都安排了“全社会都来关心残疾人”、“支持残疾人事业”、“当好东道主、办好残运会”、“我们因奉献而快乐”等主题的公益宣传片和公益广告。截止到10月19日,广播共滚动播出1000多次,电视共滚动播出600多次。

推进有线广播电视网络发展与数字化整转

2011年,网络公司继续推进市本级数字电视整体转换工作,努力提高整转率和服务质量,取得了较好的成效。

第一,居民用户整转率持续提高。截至2011年12月底,市本级数字电视用户24.85万户,平均转换率97.69%,其中城区转换率98.29%。同时,积极拓展思路,开发数字电视在农村中的应用服务,启动建设东浦镇南村个性化互动电视服务平台。该平台建成后除了公共版本的高清互动电视服务,还将提供各类村级自办的信息服务,如村情概况、通知通告、村务公开、乡风文明、政策法规、信息集萃等栏目,惠及300余户农村家庭。

第二,积极推进非居民用户整转。采取书面通知、上门走访、电话联系等方式,严格做到全程服务、事后回访,有效提高非居民用户数字化率。截至2011年12月底,新增或整转一定规模的非居民用户近200家,共计6000余个终端,市本级非居民用户的整转率达到65.18%。

第三,以“和谐推进、平稳过渡”为原则,有序推进停传模拟电视工作。将原准备庆祝建司十周年的经费让利用户,全面推出机顶盒优惠政策。至今已走进155个居民小区开展“有线电视停模进小区服务”活动,并向56798户居民有线电视用户赠送付费节目包(共62套付费节目),受到市民的好评。

2011年,网络公司大力推进农村有线电视网络双向化改造。截至12月底,全年共完成62个小区(村)的改造,覆盖用户4万余户。袍江新区、鉴湖镇、皋埠镇、东浦镇等部分农村区域均开始提供宽带、互动等双向服务,进一步丰富了农民业余文化生活,推动了城乡服务均等化。截至12月底,绍兴市本级有线电视网络双向化达77%,其中,城区双向化率100%。

深化广播影视惠民服务

2011年,按照省广播电影电视局《关于印发

<2011 年度浙江省广播影视惠民服务工作标准 >》的通知(浙广局发[2011]93 号)的有关要求,公司坚持“利民、惠民、便民”原则,积极争优创先,努力推动广播影视惠民服务工作去的新进展。

一、绍兴市本级“广播电视低保”工程

2011 年,网络公司继续做好宣传、办理等常规工作,系统开展广播电视低保工作,做到年初计划、每季度小结和年终总结,进一步强化管理,深化服务,细化举措,较好地完成了工作任务。截至 11 月底,绍兴市本级共有低保户 2963 户,除其中 472 户因居所无电源、无电视机、低保对象聋哑、失明、智障、罹患精神疾病、长期外出、亡故、服刑、居住船上等客观因素,现阶段暂时无法实施该工程外,目前已享受到免费收看有线电视政策的低保户家庭为 2469 户,完成率为 99.12%。

2011 年,为提高服务效率,网络公司特别将该项服务纳入“营业厅阳光工程”,为低保户单独设立服务柜台,便于他们更好地办理享受优惠政策。进一步明确低保家庭走访标准和具体责任人,在坚持 5、6 月份走访的基础上,不定期走访新增低保家庭和特殊困难低保家庭,有效提高服务主动性和低保户满意度。

二、村村通

截至 2011 年 11 月底,绍兴市本级有线电视村村通工程情况如下:

1.有线电视联网率:乡镇 100%;行政村 100%;20 户以上自然村 100%。

2.有线电视入户率:97.49%。

三、村村响

2011 年,网络公司继续做好农村有线广播网络的维护管理工作,全力确保有线广播系统稳定、安全运行,做好“时时通”、“长期响”、“优质响”。

一年来,网络公司规范管理有线广播维护队伍,做好培训、考核,并与各村村委政府保持长期联系和沟通,做到共抓共管。严格执行“重大故障 48 小时内修复,一般故障 24 小时内修复”的服务承诺制度。今年 8 月,对 3000 多只室外广播音箱进行了一次检查维护,有效保证了设备的稳定运行。

四、乡镇站标准化建设

按照“无差异”服务的原则,对乡镇站和城区的服务硬件进行统一规划、采购和配置。目前,4 个乡镇站均建有标准化营业厅,用户的投诉、咨询电话统一纳入呼叫中心服务体系,所有农村用户均可享受到 24 小时全天候自助式的客服服务。

针对乡镇站工作内容较为全面的特点,将相应的岗位纳入公司整体培训、考核体系,如由主要负责临柜服务的营业部对乡镇站临柜业务能力进行培训和指导,组织营业员操作技能大比武等活动,带动提高乡镇站临柜服务水平。在乡镇站季度例会中,增设站长授课制度,由各乡镇站站长自选课题进行培训交流,同时邀请公司其他部门的相关人员参加,提高乡镇站管理水平。

乡镇站和公司其他部门统一纳入公司规章制度管理体系,今年重点对乡镇站制度进行完善和修订,编制了《乡镇站内部规范》,进一步规范宣传工作管理制度和操作规范。

金华市广播电视台

金华市广播电视台加快推进新媒体发展、增强广电竞争力

2008 年,为了适应社会发展的需要,金华广播电视总台决定大力发展网络新媒体,使之与广电其他舆论载体有机结合,更好地扩大舆论宣传阵地,准备筹建门户网站。同年 8 月,广众网应运而生。作为一家定位“浙中第一视听网络新媒体”、“金华综合门户”的网站,广众网始终把顺应网络发展规律放在第一位,同时积极创新网络管理手段,坚持以正面宣传为主,牢牢把握正确的舆论导向,狠抓新闻宣传、技术创新、经营创收、网站互动和内部管理,高起点、快起步、强突破,网站取得了跨越发展。网站已由初办时的“第四媒体”转变为主流媒体,并逐渐朝“第一媒体”方向发展,已经成为金华对内对外宣传工作的一支生力军和世界了解金华的重要信息窗口。

一、发展金华广众网

金华广众网是由中共金华市委宣传部、中共金华市委外宣办、金华市人民政府新闻办主管,金华广播电视总台主办的新闻互动宽频门户网站,是金华市对外发布新闻的权威平台。自 2006 年开始建设(原名“金华广电在线”),2008 年 8 月 1 日进行全面改版上线以来,起步顺利,开局良好。广众网现持有国家广电总局颁发的《信息网络传播视听节目许可证》和浙江省文化厅颁发的《网络文化经营许可证》,

并取得了国家工信部门ICP证书。

广众网依托金华广播电视总台广播、电视、报纸资源优势办网的优势，采取“自采+编辑+节目库”联动模式，已成为金华地区发布新闻资讯最迅速、内容最丰富、信息最全面的媒体。

二、积极探索网络发展规律，架起党委政府与人民群众沟通的桥梁

自成立以来，广众网上下一心，积极探索网络发展规律，尊重网民对互联网信息和内容形式的需求，利用广电办网的优势，在党委政府与人民群众之间架起沟通的桥梁，既做好党的喉舌，又反映人民的心声，力求做到两者有机结合、和谐统一，以增强网上宣传的影响力和吸引力。

根据互联网在我国发展的这些年分析，从本质上来看，互联网是一个网民需求满足中心，互联网应该以用户的需求为向导展开服务。广众网从建站之初就特别注重网站内容和形式的建设，把如何更好地发挥市委、市政府网上喉舌的重要作用、更好地反映广大人民群众的呼声和意愿作为工作的重点。加大民生、社会新闻原创和编辑的力度，加强贴近网民工作学习生活需求的功能性服务，并不断加强对网民在网络生活中产生的内容的组织和提炼。

这一点在广众网的内容、频道框架设置、传播形式及互联互动上有很大的体现。首先，在内容上，广众网发挥广电总台办网的优势，充分整合金华广电旗下3套广播频率、3套电视频道、1张广电报的资源，每天及时编发源自广播、电视、广电报等媒体的综合新闻资讯达数百条，并对这些音视频、图文进行再加工，力求符合网络受众的视听感受。积极发挥新媒体优势，派出网站记者介入社会焦点、热点问题，深入了解新闻事实，自采的新闻及时准确，各类专题报道深入生动，成为浙中地区网民及时获取区域新闻、热点大事的重要渠道之一。

其次，广众网在网站频道设置上，加大了服务性质的比例。根据市委宣传部外宣办的指导，开展了“网络，让生活更美好”相关主题活动，着重体现网络新媒体服务网民的本质。对当前网友特别关注的新闻、美食、房产、汽车、摄影、交友等，在广众网上都设有专门的频道，并开通有SNS交友社区(36圈)，以方便网友进行相关交易、加强交流与沟通，形成线上网络虚拟社区一家亲，线下有朋来相聚的良好氛围。

第三，在信息内容的传播形式上，有了更大的突破。传统媒体的劣势在于，电视只能出音视频，广播只能出音频，报纸只能出图片和文字。而网络新媒体则能音频、视频、文字、图片等多种传播形式并存，搭配使用，相得益彰，形式多样，能让受众有耳目一新的感觉。许多时候，对于重要信息和突发事件的报道传播，超越了诸多传统媒体。而广众网作为广电的官方新媒体，又同许多非专业网站或者报社主办的网站有着明显的区别。它告别了很多网站纯文字或者单调图片的发布模式，尽可能地搜集、制作图片、视频或音频，整合集束式发布，有效地扩展了信息的广度和深度，极大地丰富了网民对信息的需求。

第四，加强对现有的36圈(个人博客)、36洞天(社区论坛)等互动板块的引导和管理。这些互动板块也十分有“个性”。在做好内容服务的同时，以互动沟通为契合点，增强舆论正面引导的感染力，引导网民有序参与；同时抓住新闻热点，掌握网上舆论的主导权，及时释疑解惑，加强对公众网络道德观的引导，使网站发挥主导作用、引导作用、榜样作用。

三、创新网站管理手段，确立“立护强兴”办网理念

自2008年改版上线以来，经过两三年的实践探索，广众网根据发展需求，确立了“新闻立网、技术护网、运营强网、人才兴网”的办网理念，使网站的运营和发展朝着健康、快速、可持续方向发展。

1. 新闻立网。树立浙中地区“权威媒体”的形象，通过新闻介入、舆论宣传，不断提高舆论引导的权威性、公信力和影响力。

宣传上，广众网在金华广播电视总台的统一管理与调度下，与广播、电视、报纸一起参加全市大小活动的宣传工作，参与拟定和落实重大活动宣传方案。在很多重大新闻的报道上，广众网超前策划，迅速反应，充分利用网络优势，产生了良好的社会反响，受到社会各界的肯定。

2008年盛夏，新成立的广众网紧紧抓住奥运会即将在首都举办的机遇，精心策划了“奥运动一夏”活动，与市民、网友同欢，聚集了一定的人气，从而为今后广众网的发展奠定了基础。

2009年12月，广众网调整办网思路，着力发展新闻事业，着重打造《民声在线》互动板块，为网民答疑解惑，架起人民群众与党委政府部门沟通的桥梁，成为党和政府“问政”的重要窗口。时近年底，大量在金务工的人员要返回自己的家乡与亲人团聚，也出现了一些农民工讨薪不成的个例。新成立的广众网新闻部立即派出记者进行调查走访，通过宣传报道、联系沟通，成功帮助一湖北籍民工讨到一年的血汗钱。此事受到时任永康市市长卢跃东的嘉许,将网站记者的报道内容翻印,并在市政府常务会议上传阅,一时传为美谈。这是网站开办后迎来的首个重要的、漂亮的新闻报道战役,也让众多网民迅速熟悉记住了婺州大地上的这个新媒体。

2010 年,广众网同浙江、江苏、湖北、广东等地 28 家广电行业新媒体单位联手打造了“新媒体世博报道联盟”,并开设了广众网·世博会专题,同步图文、视频直播、转播世博会精彩内容,编发大量原创世博会精彩内容,吸引了大量金华市民点击浏览,很好地参与到重大题材的宣传报道中,担当起了新媒体的社会责任。

2011 年 3 月,省内各地不同程度地出现“盐荒”,不了解内情的市民纷纷上街抢购食盐,一度导致市区食盐断货。广众网记者第一时间赶至现场调查采访,同时紧急联系市环保局、农业局、盐业公司了解真实情况,并及时成文报道辟谣,成为金华地区第一家以官方姿态出现辟谣报道的媒体,阻止了谣言的散播,对稳定民心、正面宣传作出了贡献。8 月,浙江省委书记赵洪祝到金华视察,对广众网 QQ 群工作室等金华青年 Q 联会员单位给予了高度关注。

联合主流网络新媒体开展宣传活动,打出品牌,扩大影响力。广众网通过外联优势,先后与人民网、新华网、央视网、新浪网等多家国内主流网络媒体开展合作,资讯互通,并和浙江广播电视集团及省内各地市广电网络新媒体组建“浙江广电网联盟”,全方位宣传报道金华日新月异的发展变化和成就,让中国了解金华,让世界了解金华。外联宣传活动得到了市委、市政府主要领导的高度评价。同时,通过优秀稿件的转载,扩大了广众网在省内外的影响力和知名度,也奠定了广众网在浙中地区网络视听新媒体的龙头地位。

2. 技术护网。以技术开发为核心,大胆创新,开发了 36 棋牌游戏、手机版广众网及大量音视频应用;完善技术方案,保障网站安全运行。

网络新媒体是技术依赖性极强的传媒行业,技术是网站平稳发展的重要保障。广众网注重抓网站网络信息与安全问题,投入重金购买先进设备,升级网站服务器;同时加强技术学习与研究,制定了《广众网安全保障应急预案》等一系列制度,保证网站遇到安全问题时有章可循,及时解决。

音视频传播是广众网的核心竞争力之一,也是广众网与金华现有的网络新媒体抢占用户资源的一个重要砝码。广众网与金华电视台教育科技频道等 3 个电视频道、3 个广播频率实现完美融合,台网互动,让广大网友能更多地了解电视、广播等媒体背后的故事。重大活动实现音视频、图文、微博等多媒体现场直播。彻底将广播、电视节目从过去的“定点定量限时收听收看”变为“随时随地随意收听收看”,颠覆了传统媒体的局限性。网友可通过广众网随时随地自由点击、收看任何时段的新闻、节目。

而这一切的实现,是要靠强大的技术力量支撑的。目前,广众网技术创新成效显著,配备了专业摄录、编辑设备,拥有独立的演播室,只要有网络的地方就能实现重大活动(如发布会、演唱会、晚会)现场直播,直播或者室内访谈的内容可以在网站上长期保存,供网友随意点播。

3. 运营强网。建立贴近网民生活,注重服务的各类“频道”,通过线上线下活动积聚人气,靠人气拉动广告投入,增加收益。

广众网时常推出摄影采风、创作沙龙活动、志愿者活动以及大大小小的晚会(如圣诞晚会、“草根春晚”等),积聚人气。各频道采取责任制经营,加强频道内容建设,为网民提供周到、实用的信息服务,以绝对的内容支撑广告运作。

运营部门熟知区域用户的特性,及时、准确地提供金华本地丰富有效的信息,在线上线下开展互动活动,吸引金华地区用户,强化用户黏合度,大大加强了本地网友的回头率。

通过有效的市场调查分析,广众网开设了新闻、民声、宽频、汽车、微博、摄影、亲子、美食、房产、教育、旅游等 20 多个频道,极大地满足了网民获取与日常生活相关的实用信息需求。通过有效的运营,拉动人气,吸引广告商投入,增加创收。

4. 人才兴网。建立有效的管理制度,严格遴选,聘用优秀人才,通过业务培训,培养出一批业务骨干。

为了使网站工作有序化、规范化,广众网在认真执行金华广播电视总台有关规定的前提下,制定了一套符合网站本身运作规律的管理制度,如《广众网新闻发布审核制度》、《广众网编辑制度》《广众网故障恢复与应急预案》、《广众网舆论监督制度》等,起到了规范工作、提高效率的作用。

在用人方面,广众网进行了大胆尝试和创新。通过竞聘上岗、对外公开招聘等方式,成功地解决了人员总数的有效控制与现实需求之间的矛盾,并不断对岗位人员进行业务培训，经常开展讨论，营造了良性竞争环境，保持了网站活力。

四、积极探索网站运作新模式，大力拓展新媒体舆论宣传阵地和产业空间，实现更大价值。

当前，不断有劲爆的消息、重大事件从网络这一新兴媒体中产生，它所彰显出来的影响力非同凡响。事实说明网络正在变换角色，从新兴的第四媒体跃居成为“第一媒体”。作为地市级的视听门户网站，广众网的角色是复杂的，它应该有它的担当，年轻的它有责任、有能力发挥主流媒体的价值，为金华经济、社会的发展贡献力量。

“影响力越大，责任也就越大”。以“浙中第一网络视听新媒体”定位的广众网，面临着能否积极利用好网站平台，通过网络倾听人民的声音，真正使广众网网成为传播社会主义先进文化的新途径、公共文化服务的新平台、人们健康精神文化生活的新空间的多重考验。在不断发展前进的过程中，我们要不断加强思想认识，抓住机遇，大胆尝试，有效创新，争取通过几年时间的努力，使广众网成为社会知名度高、影响力大的区域性重点视听网站，实现更大的价值。

衢州市广播电视台

深入开展“走基层　转作风　改文风”活动

一、把“走、转、改”活动作为党的群众路线主题教育实践活动的重要载体，精心组织，周密部署

1. 强化领导责任。台成立了由台长任组长、分管副台长任副组长、各宣传部门负责人为成员的党的群众路线主题教育实践活动暨“走、转、改”活动领导小组，负责对台整个活动进行组织、协调和指导。

2. 制订活动方案。本台先后制订了《“学先进、找差距、强素质、争发展”学习讨论活动实施方案》、《衢州市广播电视台党的群众路线主题教育实践活动实施方案》等，将“走、转、改”活动作为开展党的群众路线主题教育实践活动、深化“三项学习教育”活动和学习衢州晚报活动的重要载体和抓手，与之前开展以及正在开展的“学讲话、转作风、强队伍”、“学先进、找差距、强素质、争发展”等学习讨论活动结合起来，推动广大采编人员切实将群众观点、群众路线体现在新闻宣传实践中，促进各媒体深入基层、深入群众进一步制度化、常态化。

3. 开展学习讨论。台召开全体员工大会，围绕会议精神和方案要求，围绕新闻战线开展“走、转、改”活动践行党的群众路线进行交流研讨，查摆问题，提出改进措施。台里对职工意见建议进行了梳理分类，涉及一线采编人员如何优结构、强素质，如何强化舆论监督，如何改进会议报道和文风等方面。台把整改落实的责任领导、解决措施、时间要求等汇总列表，并予以公开，接受监督。全台上下形成了强大的声势和浓厚的氛围。

二、以基层联系点为依托，扎扎实实开展“走转改”活动

按照上级要求，结合台实际，全面开展建立基层联系点活动。充分利用广播电视媒体平台和优秀对农节目资源，帮助当地农民分析致富门路，指导农民开展高效的种养殖业，邀请农业专家对农民进行农业技术培训，充分利用广电台全媒体优势帮助农民进行农产品的市场推广，打响品牌，广开销路，真正帮助农民增收致富。

台各媒体建立联系点近50个，涉及企业、工地、街道、部队、学校、乡镇、村庄等，联系点的选择综合考虑了行业代表性、职业特色、帮扶重点，如生态农场建设、鲟鱼基地、水利枢纽工程、居家安养试点、民族小学、民工子弟学校等。各媒体分别制订了具体实施计划，对深入联系点的次数、时间、任务加以明确，基本实现了两个“全覆盖”：一是蹲点采访活动实现台采编人员全覆盖，二是基层联系点遍布全市各地、各行各业，在经济、政治、文化、社会和党建领域的基层一线实现“全覆盖”。台领导和各媒体的总监、总编、采编部室主任亲自带队深入一线采访。广大采编人员以高度的政治责任感和职业使命感，进农村、进社区、进车间，入工地、入学堂、入警营，与广大基层干部群众同吃、同住、同劳动，真情倾听民声民情，真切体验群众疾苦，真实记录时代变迁。

一是真心诚意、竭尽全力为基层群众排忧解难。为百姓排忧解难也是记者“走基层、转作风”的题中之义。如记者在走基层时了解到柯城区白云街道压潮村经常出现医疗废弃物被随意丢弃在村口的情况，村民多次找相关部门都没有得到妥善解决，严重扰乱了附近村民的正常生活。记者经现场查看和深入采访，发现这些医疗废弃物的来源是市区某家妇保医院，当即找到该医院相关负责人。在记者的敦促下，院方当天下午就处理了医疗废弃物，并表示今后不再出现类似问题。

二是通过联系点工作，提升记者思想政治素质，强化群众观点。联系点作为记者走进基层、联系群众的落脚点，既为鲜活新闻找到了源头活水，也促进了记者作风的转变，让他们实实在在感受到了时代和生活的脉搏、人民群众的疾苦。记者们普遍反映，通过走基层活动，思想得到升华，与群众的感情更深了。

通过联系、结对，台各媒体拉近了与基层群众的距离，增进了广大采编人员与基层群众的感情，克服了疏远群众、淡漠群众，游离于群众之外、凌驾于群众之上的不良风气，进一步增强了做好党的新闻工作的责任感和使命感。

三、以"走转改"活动为契机，全面提升新闻宣传质量

"走、转、改"活动开展以来，本台各媒体根据各自的定位，均在重要时段、版面、页面开办了面向基层、服务群众的专栏、专题，如新闻综合频道的"记者走基层"专栏，广播频道的"乡村记事"、"城市故事"、"在路上"专栏，电视生活娱乐频道的"我在基层"专栏，广电报的"阳光周记"专栏等。灵活运用消息、小通讯、采访札记、调查报告、记者连线、广播漫谈等多种报道形式，持续推出记者深入基层、深入一线的报道，集中反映开展"走、转、改"活动的成果，并在新闻报道中大力倡导"短、新、实"的清新文风。

一是"记者走基层"播发了一批高质量的新闻报道。

本台各媒体已在相关专栏（专题）中播（刊）发"走、转、改"报道150余篇。电视新闻综合频道在《衢州新闻》节目中推出"记者走基层"专栏，要求有现场，记者出像，每天发稿不少于1篇。综观这批报道，主要涉及这样几方面内容：

1. 记者体验特殊岗位的报道。

广播频道在《衢广新闻》节目中开设了《走基层、访民情、听民声》专栏；在《城乡新时空》节目中推出了《乡村记事》专栏；在《975新闻——交通在线》中推出了《在路上》专栏。目前这些专栏已发稿30余篇。这些报道内容贴近群众，形式多样，文风清新自然。如《在路上》专栏播出的小通讯——《一个卡点和6个民警》，以清新的文风详实反映了基层干部的工作生活；《乡村记事》专栏报道了许多来自乡村的创业故事和基层农技人员、村干部的工作生活，让平凡的人在这个平台上发出自己的声音。广播还在"走、转、改"活动中创新宣传载体，充分发挥广播优势，将直播车开进社区，开到群众身边，直播车与直播室联动，策划开展了"走进社区送清凉"系列直播活动，先后走访8个社区、16户困难户，组织卫生机构为社区居民义诊1000余人次，发放清凉用品200余份，该活动受到广大居民和社区干部的一致好评。

2. 事关全局的民生创新举措。如电视《衢州新闻》头条播出的《衢州市投入22.97亿元　创建富美乡村》、《开化：财政兜底包干，实现贫困生助学全覆盖》等，报道了衢州市从实际出发，为解决群众困难、促进社会发展出台的新举措以及取得的实效。

3. 民生民情。如《荷西苑社区开通微博?服务民生促和谐》，反映小小微博架起了政府与百姓沟通的桥梁。

4. 基层工作新亮点。如《江山：外地种粮专业队田间地头种植新希望》，报道了安徽农民来到屡创水稻高产纪录的江山市包田种地，具有较强的指导意义。

5. 群众中涌现的新鲜事。如《江山老人生日不摆宴席省下万元修建凉亭》，为观众介绍了一位80多岁农村老太的善举，为我们展示了一幅母慈子孝、祥和欢乐的农村生活画卷。

二是努力创新，栏目改版改出新气象。

为适应收视市场新形势，满足观众新要求，使节目常变常新，电视三个频道于本月12日进行了节目改版。原电视《衢州新闻》中的子栏目《小齐说事》经过一年多的培育，在受众中已具有较高的知名度，主持人小齐在市民中也具备了较高的认可度，在本次改版中将《小齐说事》独立出来并扩版，确立了"关注热点、反映民生、服务大局"的栏目定位，加强了栏目采编力量，拓展了节目板块，该栏目作为新闻时评专栏，视角更加平民化，题材更加社会化，服务民生更加到位。

电视生活娱乐频道和经济信息频道的《百姓连线》、《新闻直白讲》是民生新闻节目，贴近基层、服务百姓是这两档节目的宗旨。根据"走、转、改"活动提出的新要求以及频道定位，在这次节目调改中，着重强化节目的民生导向，坚持在日常报道中贯彻群众观点，着力为百姓提供服务。在节目编排上，突出两档新闻在频道中的主导地位，以更适应受众的收视需求。结合品牌主持、品牌记者推介，频道开展了丰富多彩的社区推广活动，为更好地反映社情民意，百姓DV联盟、社区发言人等活动目前也正在筹划实施中。从近期节目阅评意见和节目收视等情况看，改版成效已逐步显现。

舟山市广播电视台

一、组织将中国共产党建党90周年重大宣传报道

为庆祝建党90周年，反映全市各级党组织、党员在舟山革命及经济社会建设过程中的核心作用，舟山广电台广播新闻综合频率《舟广新闻》于5月17日推出“九十年光辉历程，新时代再谱华章”主题报道。报道主要从两个方面展开：一是以史实为鉴，回顾我党在舟山发展的光辉历程，报道舟山第一个党组织诞生过程，舟山建党初期工人运动开展情况，舟山党组织领导的抗日救亡运动等内容，播出报道12篇。二是对新时期优秀共产党员的先进事迹深入采访报道，集中反映他们在改革开放和舟山经济社会发展进程中的示范引领作用，报道了全国“三八”红旗手、省劳动模范、省为民好书记余金红，“浙江骄傲”、小岛白衣天使钟杏菊，中国海军第一位随战斗舰艇远航的女士官向骄荣，见义勇为好党员纪晓飞，全国劳模、优秀长途司机郭超，社区好民警徐双燕，学雷锋标兵郭玲娣，全国优秀纪检干部张松年等先进人物，播出报道15篇。同时，频率及时报道全市各界喜迎建党90周年的各项主题教育活动，播出报道16篇。

广播城市生活频率全力做好建党90周年宣传报道工作，策划了一系列报道活动。5–6月，组织“我来唱红歌——纪念建党90周年舟山市少儿红歌大赛”，大赛持续近2个月，吸引近千名少儿参加。频率还在《广播书场》节目中播出红色题材长书《建党伟业》。“七一”临近之际，音乐节目《流行百年》推出“红歌天天送——庆祝中国共产党建党90周年红歌展播”。

6月9日开始，电视新闻综合频道联合市史志办，在《舟山新闻》中推出“红色印迹——建党90周年舟山大事记”专栏，以舟山党史的重大事件为脉络，回顾在中国共产党领导下，舟山人民开天辟地、艰苦奋斗建设美好家园的历程，共播出《中共定海独立支部成立并领导舟山工农运动》、《舟山建立全国渔业第一个人民公社》等15篇报道，这组系列报道回顾历史，对青少年一代进行一次党史和爱国主义教育。7月1日在北京举行庆祝中国共产党成立90周年大会，当天，《舟山新闻》派出多路记者在全市各地采访报道收看收听庆祝大会实况的情况，通过对老干部、企业界代表、部队官兵以及普通市民的采访，表达了大家对祖国和家乡发生翻天覆地变化的喜悦之情，坚定了投身浙江舟山群岛新区建设的信心。“七一”前后，大量报道各地唱红歌的情况，为建党90周年营造喜庆的氛围。

电视影视娱乐频道承办了全市“唱响千岛 经典红歌赛”活动。这次活动经过周密策划，精心组织，通过城镇、乡村、社区、团体、个人层层发动、层层推进，运用电视荧屏、网络连接，让红歌传遍千岛，达到了社会关注度高、大众参与性强、受众覆盖面广的效果，丰富了广大市民的文化生活，弘扬了核心价值观。

二、巩固发展应对国际金融危机成果，积极促进经济转型升级，创新社会管理和富民强市、文化强市建设

*1.巩固发展应对国际金融危机成果，积极促进经济转型升级。*2011年，舟山广电台广播新闻综合频率着重围绕浙江舟山群岛新区建设，结合国际国内经济形势，分阶段组织相关报道。2月14日全市金融发展工作座谈会召开后，围绕会议提出的有效开展“帮企业成长、助项目推进”活动，以如何将贷款规模及社会融资规模保持合理水平，有效满足全市海洋经济发展的实际需要，大力支持海洋产业集聚区重要项目的建设和推进为报道点，在上半年先后播发了《舟山经济开发区新港园区7个重点项目举行集体开工仪式》、《全市召开开放型经济工作会议研究金融自由贸易区实施战略》、《总投资50亿元的鼠浪湖铁矿石中转项目进展顺利》、《金塘——集装箱物流岛的今天和明天》、《册子岛华丽转身》、《摘箬山——新能源开发的热土》等相关报道26篇。6月14日全市工业联席会议召开后，围绕会议提出的政府应切实帮助中、小企业克服贷款难、出口难、利润低等困难，以政府搭建银企对接平台、争取差异化政策支持舟山中小企业发展为报道点，下半年组织播发了《市长调研中小企业融资情况》、《用工和金融支持中政府的作用》、《浙江银监局和舟山市政府联合举办浙江银行业支持舟山海洋经济发展恳谈会》、《银行界人士谈民间借贷》、《中小企业贷款难 银行放贷有潜力》等相关报道30篇。

广播交通经济频率在新闻资讯类节目中，播发了全市政、银、企携手共渡难关，中小企业创业创新、

转型升级以及各部门、工业园区支持企业发展等报道。加大了全市招商引资的宣传力度，播发了《首届中国海洋经济投资洽谈会　我市签约投资总额超过700亿元》、《首届世界浙商大会“浙江舟山群岛新区专题推介会”成亮点》、《中国(舟山)大宗商品交易中心10月底挂牌交易》等稿件。在融资方面，播发了《普陀稠州村镇银行打出“易字牌”为个体商户开辟贷款新领域》、《中国邮政储蓄银行舟山分行“创新创富”大赛正式启动》、《市人行推出八大举措缓解中小企业“用钱荒”》等稿件。同时加强港口、船舶及基础设施建设的宣传报道，《金海重工举行国内最大吨位原油轮入坞仪式》、《甬舟集装箱码头提前完成年度12万标准箱目标》、《舟山群岛国际邮轮码头工程在朱家尖岛开工》、《220千伏渔都变电站投入使用》等均在第一时间播发。

电视新闻综合频道关注中小企业融资难，合力解困中小企业。面对国家信贷规模缩减，融资难问题正困扰着中小企业的发展，政府相关部门想方设法为企业排忧解难，帮助企业树立发展信心，尽快走出困境。从10月21日起，《舟山新闻》推出系列报道《合力解困中小企业》，通过《我市出台加强金融服务十七条实施意见　力促中小企业健康发展》、《商业银行为中小企业解困》、《交通银行舟山分行全力支持中小企业》、《工行舟山市分行创新信贷产品　全力服务中小企业发展》等报道，反映政府部门和金融机构等提振信心携手克难，真心帮扶企业发展的情况。

2. *创新社会管理*。2011年，广播新闻综合频率把全市各级政府以“网格化管理，组团式服务”为抓手，创新社会管理工作为报道重点，播发了《北园社区有个党员“爱心网格”》、《普陀教师融入网格　知民情解民忧》、《东港街道建民工网格抓安全生产》、《定海向网格居民发放新区宣传信》等报道42篇。

3.*富民强市、文化强市*。党的十七届六中全会对深入推进文化改革发展作出全面部署，广播新闻综合频率围绕“科技富民”主题，以渔农民增收致富为重点，播发相关报道26篇。文化强市宣传报道分两个阶段展开，一是以宣传推介全市文化产品，做好文化产业招商工作，吸引市外资本和项目落户舟山为报道点，播发了《我市出台关于加快发展文化产业的实施意见》、《流动图书馆文化惠民受欢迎》、《新居民子女体验海洋文化》等报道35篇；二是以党的十七届六中全会提出的促进文化事业全面繁荣和文化产业快速发展为主题，着重报道全市文化体制改革、产业创新、提升文化服务能力，建设文化强市。报道了《我市文化工作者谈文化强市》、《我市海洋文化百花齐放、精品纷呈》，《衢山镇文化工作有声有色》，《余金红以文化产业带动村民致富》、《六横镇不造办公楼先建文化广场》等报道25篇。10月21日起，电视新闻综合频道在《舟山新闻》推出《文化惠民在舟山》系列报道，通过对《农家书屋成百姓“文化粮仓”》，《周末剧场丰富群众生活》、《“种文化”　开花结果》等内容的报道，反映全市各地文化改革成果惠及群众的情况。

三、深入开展“走基层、转作风、改文风”活动

舟山广播电视台按照上级要求，结合全市宣传系统开展的“贯彻党的群众路线推进群岛新区建设”主题教育实践活动，研究落实各项措施，多管齐下扎实推进，切实践行“三贴近”原则，把“走基层、转作风、改文风”活动落到实处。

广泛传达学习　精心组织部署　台召开领导班子专题学习会，就深入开展贯彻党的群众路线、“走基层、转作风、改文风”活动进行研究部署，成立以台一把手为组长的领导小组，确保组织到位，责任到人。同时制订《舟山广电台关于开展贯彻党的群众路线、“走基层、转作风、改文风”活动的实施方案》。随后，又召开全台动员会，传达学习中央、省市领导关于在新闻战线广泛开展“走基层、转作风、改文风”活动的讲话精神，要求编辑记者充分认识新形势下开展此项活动的重要意义，认清活动的指导思想、主要任务、方法步骤和目标要求，增强参与活动的使命感、责任感和积极性、主动性。要求各部门结合全市正在开展的“解放思想找差距　两创四敢建新区”主题教育实施活动，重点查找在宣传理念、策划能力、热点引导、节目创新、体制机制、工作作风等方面存在的突出问题，强化重大主题报道，提升舆论引导力；培育广电品牌栏目，提升核心竞争力；加大新闻创新力度，提升宣传影响力；加强新闻队伍建设，提升员工战斗力。全台上下要大兴三风：一是大兴深入基层之风，组织新闻工作者“走基层、转作风、改文风”；二是大兴学习研究之风，着力破解影响台科学发展的薄弱环节和难点问题；三是大兴爱岗敬业之风，全身心地投入到工作中去。

动员会后，广播各频率、电视各频道和社教中心、广电报都召开专题学习会，大家一致认为开展“走基层、转作风、改文风”活动，对于把握正确舆论导向，提升新闻队伍能力素养，提高新闻宣传的贴近性、有效性和感染力、影响力，具有很强的针对性和指导性，作为新闻从业人员要做到思想上高度重视、行动上高度自觉，坚持规范和创新相结合，坚持特色和实效相结合，切实抓紧抓好、抓出成效。在提高思想认识的基础上，各部门都制订了详细的“走基层、转作风、改文风”活动计划，并迅速推开，有序进行。

深入基层一线　扎实开展活动　在活动中，台要求各新闻业务部门编辑记者带着思考走，怀着感情转，迎着问题改，推动活动深入扎实地开展。

建立基层联系点　在全市四个县区基层一线建立16个联系点，确定近百个采访点，涵盖各行各业。各新闻业务部门组织编辑记者开展蹲点采访活动，听民情、解民忧。广播新闻综合频率安排采编人员分成四个组，由部门负责人带队分批到各县区蹲点采访，推出一批蹲点报道。首组记者来到渔民转产转业的典型——嵊泗县菜园镇金沙社区，通过4天蹲点采访，推出《小渔村依托资源优势大力发展休闲渔业》、《双转渔民娄岳贤》等报道，反映舟山渔民通过开办渔家乐等项目，取得经济效益和社会效益，走出一条可持续发展的新路。蹲点记者还倾听百姓呼声，报道《石柱村污水处理工程项目形同虚设》等存在的问题，起到舆论监督作用。电视新闻综合频道记者确定全市四个县区9个联系点，记者分期分批蹲点，推出来自基层联系点的报道。在舟山海洋经济发展的桥头堡——普陀区六横镇，记者上岛7天蹲点采访，跟随六横龙山船厂有限公司外轮总管蓝立霖，感受船舶修造者的忙碌与喜悦；跟随全国“五一”劳动奖章获得者、普陀区邮政局六横分局投递员方海潮，感受他一个普通工作日的辛勤付出。这些生动鲜活、清新朴实的报道，为电视荧屏增加亮色。电视经济生活频道几组记者先后到里钓、葫芦、嵊山、花鸟、东极诸岛等偏远岛屿，用真实镜头、朴实语言，反映小岛的民生现状。频道还把东极诸岛作为基层联系点，记者上岛蹲点采访，与小岛居民、驻岛官兵同吃同住同劳动，采制了《甜酸苦辣守岛人》等一组《来自东极的蹲点报道》，力求用第一手素材，以生动现场、感人故事，增强报道吸引力、感染力、亲和力。

开设专题专栏　各频率、频道、广电报都在重要时段、重要版面推出一批面向基层、服务群众的专栏，以小见大，以点带面，集中展示“走基层、转作风、改文风”活动的成果。广播新闻综合频率在《舟广新闻》中推出《听民声、知民情、察民意——记者来自基层的报道》。除了基层联系点的报道外，还播出了《莲花社区开展网格联户“阳光”党员活动》、《月岙村走出一条“互助养老”的爱心路》等新闻。电视新闻综合频道《走基层、看发展、采民风》专栏，报道嵊泗县枸杞贻贝养殖户恢复生产、留守渔嫂的新生活、新居民子女学校等内容。《汪大姐来了》开设专栏《汪大姐走基层》，播出了《谁来帮帮这个听话懂事的孩子》等稿件。电视经济生活频道推出系列报道《小巷创业者》，报道草根阶层创业的艰辛，反映他们的所想所盼。系列报道《小岛听民声》的采访工作也已完成。广电报开设《走小岛　听民声》专栏，拉近媒体与群众的距离。此外，深化上半年启动的《蓝色崛起群岛行》大型新闻行动，记者深入到全市多个岛屿，采取融入式、体验式、进行式的报道方式，报道各地抢抓机遇，加快建设浙江舟山群岛新区的最新进展，反映干部群众积极投身海洋综合开发的热情，展示港口物流、临港工业、海洋旅游、现代渔业、生态科技等各具特色的功能岛建设新貌。广播电视共播出了70篇，字里行间、镜头声音都体现了记者深入基层、贴近群众、用心用情，受到群众的欢迎。

“十大品牌栏目走基层”大型现场活动　依托《行风热线》、《汪大姐来了》、《舟广新闻》、《舟山新闻》、《小螺号》、《平安小鱼儿》、《新闻361°》、《讲拨侬听》、《海边人家》、《新闻周刊》等栏目的品牌优势，于10月30日和11月初，先后在普陀区展茅镇和定海区盐仓街道各举办一场“十大品牌栏目走基层”大型现场活动。通过品牌栏目下基层、进社区，与百姓群众近距离接触，进一步提高广电人面向基层、服务群众的能力和水平，展示舟山广电编辑、记者、主持人的精神风貌和才艺风采。同时使基层群众得到文化实惠。

加强队伍建设　建立长效机制　台注重把“走基层、转作风、改文风”活动与建设学习型党组织活动和创先争优活动结合起来，与“三项学习教育”活动结合起来，健全学习和培训制度，加强队伍建设。同时完善相关规章制度，建立长效机制。

形势教育　为使广电宣传报道工作适应新的形势，邀请市委、市政府政策研究室负责同志给记者、编辑、播音员、主持人作《浙江舟山群岛新区的设立及海洋经济发展前景》专题报告，使大家对浙江舟山群岛新区设立的背景及战略意义，舟山海洋经济发展的广阔前景，有了深入了解。邀请舟山市委党校领导为全台200多位党员上党课，讲解了全市正在开展的党员“创先争优”活动的现实意义和进展情况。

廉政敬业教育 邀请市纪委相关负责人给台系统副科以上干部上廉政教育课。会上，台领导要求大家在思想上严格要求自己，在行为上严格约束自己，做一名合格新闻工作者。组织采编播人员集中观看《新闻记者警示教育》光盘，对新闻从业人员进行一次法规教育。同时对近几年进台的新员工举办专题培训班，安排两天时间，对他们进行马克思新闻观、职业精神、职业道德教育。

业务培训 采取请进来走出去的方法，继续加强对采编播人员的业务培训。邀请浙江传媒学院、浙江广电集团专家学者来台举办业务讲座，先后讲授了《时政新闻如何出彩》、《怎样搞好舆论监督》、《新闻评论写作技巧》等课程。组织人员听取省广电局举办的广播电视讲座。同时安排采编播人员分期分批到浙江广电集团对口岗位实习，提高新闻从业人员的理论水平和实际操作能力。

为推动“走基层、转作风、改文风”活动深入扎实开展，台提出考核目标，明确量化要求，记入工作档案，纳入年度考核。要求新进的记者、编辑先到一线锻炼，锤炼思想作风，增长真才实学，为今后的工作积累经验，打实基础。各新闻业务部门将编辑记者“走基层、转作风、改文风”的情况逐步纳入综合考评体系，在稿件奖金分配上，向采自于基层一线的稿件倾斜，在稿件的文风上，努力减少官话、大话、套话，力求用百姓的语言说百姓的新闻。

四、全国残运会有关活动和宣传报道

10月11日，全国第八届残疾人运动会在杭州开幕，舟山广播电视台广播新闻综合频率在会前营造声势，报道全市运动员备战情况、火炬在全市的传递等。运动会期间，派出记者报道开幕盛况、赛事情况，对本市运动员参加的项目重点采访，播发相关报道12篇。广播交通经济频率围绕第八届残运会“传承残奥理念、弘扬浙江精神、实现共享文明、争创全国一流”的目标，大力宣传市委市政府对残疾人事业的重视和发展全市残疾人事业取得的成就，宣传参与残运会的积极行动和社会各界扶残助残的良好风尚，宣传广大残疾人乐观向上、自强不息、励志奋进的精神风貌。先后播发了《市残联向社会公开招募火炬手》、《残运会火炬传递仪式在新城举行》、《我市聋哑人选手丁开开获男子跳高T60组银牌》、《本届残运会 我市选手获得一金二银三铜》等报道。广播城市生活频率在《一路阳光》、《一路平安》节目报道了残运会比赛情况、志愿服务、安保工作、运动员风采等，弘扬残疾人自强不息、乐观向上精神，体现全社会对残疾人事业的关注和支持。

电视新闻综合频率从残运会开幕前一个月就在《舟山新闻》开头时每天播报倒计时。9月22日火炬传递活动开始时，专门派出记者赶赴绍兴，带来最新的报道，并为做好舟山站传递的报道做准备。随后几天，《舟山新闻》又连接报道了残运圣火抵达舟山的盛况。9月27日火炬传递当天，派出两组记者，报道火炬传递的全过程。残运会开幕后，记者亲临现场报道赛况，让大家看到舟山残疾人运动员奋勇拼搏，为家乡争光的情景，把残疾人自强不息的精神传递给观众。

五、推进网络视听等新媒体发展，增强广播电视竞争力

舟山广播电视台积极探索新媒体的发展道路，增强广播电视的竞争力。2011年，以广电总局无线覆盖计划为契机，积极推进拥有自主知识产权的地面数字电视无线覆盖工作，同时大力完善移动多媒体广播(CMMB)的无线覆盖网络，为手机电视的大面积推广应用作好准备工作。

地面数字电视的无线覆盖工作，是全台实事项目之一，技术部门利用现有的设施条件，将天馈系统通过与CMMB的发射系统的双工，进行无线发射。系统于8月初开始试播，圆满完成了地面数字电视的建设任务，中央台的节目通过数字信号在市本级无线覆盖。下半年，移动多媒体广播(CMMB)的覆盖工作全方位实施，分别在定海、普陀、岱山、嵊泗等地新增10个发射站点，手机电视的覆盖信号明显加强，同时为今后大规模市场推广打下基础。

舟山广电（舟山网络电视台，网址：www.zsgd.com)创建于2003年，2011年初改版，增设1个电视频道和3个广播频率的网络直播，以及18个品牌节目的网络视音频点播功能，努力打造舟山第一视频门户。至年底，舟山广电(舟山网络电视台)发布的视音频内容全部来自于下属3个广播频率和3个电视频道。并且开设主持人博客等多个热点板块，网站访问量在改版后大幅提升，月点击率接近10万。

在网站维护，内容管理方面，严格按照《信息网络传播视听节目许可证》载明事项开展网站的视听节目服务，并在网站首页的最下方标注国家广电总局网络传播视听节目许可证1103022号。建立健全节目内容审查制度，严格实行舟山广播电视台网站节目审查管理规定，当班编辑初审，责任编辑二审，策划中心负责人终审的审查流程。所有节目在网站上均可保留150天。建立完善信息网络视听节目应急预案，确保网站安全运行，

对于所有转载的新闻资讯、视频等都注明详细出处，严格保护著作权人的合法权益。游客浏览网页时，如下载和复制网站上的视频和文字，需注明详细出处。每天由专人登陆国家广电总局互联网视听节目信息库，了解国家对新媒体的最新管理动态，及时删除各类违规信息，以保证网站转载、链接、聚合、集成节目的合法化。

六、参与三网融合　加快有线网络联合发展与数字化整转

2011年，舟山广播电视台围绕三网融合和“一省一网”整合要求，拟订“一省一网”整合发展方案，加快推进有线网络数字化发展。按照“政府领导、广电实施、整体转换、分步实施”的指导思想，积极开展有线数字电视整转工作。整转工作得到市委、市政府的高度重视，在组织领导、工作指导、政策扶持、新闻宣传等方面都对广电部门给予极大关心和支持。市领导多次听取有线数字电视整体转换工作的专题汇报，研究解决在推进过程中出现的各种问题和困难。

同年3月，定海城区全面打响有线数字电视整转攻坚战。工作人员分综合协调、政策宣传、受理安装、后勤保障四个组，有计划、有步骤地进行，通过加强领导，精心组织；加强宣传，释疑解惑；加强营销，做好服务，促进整转工作顺利开展，从9月3日至12月24日，定海城区开始实施有线数字电视停模工作，该区域关闭了模拟信号的传输（按照政策暂保留6套模拟信号节目）。整转停模工作历时9月余，共关闭模拟信号光站222个，完成有线数字电视用户整转7.8万余户，整转率为97%。完成新城有线数字电视整转7800户，整转率为44%。全面启动定海11个乡镇（街道）有线数字电视整体转换工作，数字电视用户3.8万户，整转率65%以上，提前一年超额完成了省、市下达要求乡镇在2011年底完成50%的整转目标任务。

继续加强全市共同合作建设数字电视服务平台，共享平台资源，实现技术、内容、运营、资费、宣传、服务“六统一”。数字电视平台系统包含数字电视DVB系统、互动平台、综合运营支撑系统（BOSS）、数据广播、CA系统、监视监测系统、供电系统等，目前提供107套电视节目（其中14套高清、63套基本节目、15套付费节目、15套测试节目）、11套广播节目、1套数据广播（含阳光政务、生活资讯、股票行情）、25套电视回看和杭州华数互动点播，并推出天华高清节目，实现4套高清节目轮播和高清节目点播。

加快双向网络建设。市本级双向网络改造在前阶段HFC网络改造的基础上，在城区采用E-PON+EOC/LAN的技术方案进行双向化改造，是年，定海城区已经基本完成双向化改造，双向覆盖用户数约为8.5万户，占城区总用户数的98%以上。

台州市广播电视台

一、组织建党90周年宣传报道。

一是做强做大主题报道。上半年基本上做到月月有主题，推出《创先争优　争做先锋》主题报道，进一步大强度推出相关报道。如《创先争优　争做先锋　台职院党委：深化“品牌党建”　促进高校育人》，《仙居学习型党组织：重点环节寻突破　形成合力谋发展》、《台州船舶产业：稳步转型　打造产业基地》等等。4月还相继开出了《创新管理　再造流程》等子栏目，着力宣传党委政府改进工作方式服务群众。

二是树先进典型，做好人物报道。把建党90年活动报道与先进典型人物报道有机结合，以立足岗位做奉献为主题，推出了《巾帼风采》、《劳模风采》等专栏，并以真实的素材、鲜活的形象、感人的事迹全面地展示了先锋人物的先锋事迹，反映基层党组织的战斗堡垒作用、共产党员的先锋模范作用、党员领导干部的模范带头作用，营造良好的舆论氛围。

三是做好常规动态的宣传报道。把建党90周年列入宣传工作的重点，要求把宣传工作贯彻于全年，因此，在日常报道中，对各地开展的“送温暖、献爱心”、“公益义诊”、“结对帮扶”等活动进行了重点报道。以反映出党组织切切实实地在为基层群众办实事、办好事，把关怀送到弱势群体身上。如《黄岩：试点推行户代表推荐村党支部委员制度》，《玉环：发挥流动党员作用　架起发展维稳之桥》，《温岭：16镇、街道　网上齐晒“三公经费”》等。6月份，策划实施了大型新闻行动“老区共建行动”，通过重走红色革命路，缅怀先烈、弘扬革命精神，反映老区人民为中国革命所作出的牺牲和贡献，呼吁社会各界关爱老

区人民，参与老区共建，帮扶老区、反哺老区，让老区人民早日过上小康生活、实现共同富裕。这一行动通过服务老区发展，体现了媒体的社会责任。6月21日上午，启动仪式在革命老区三门县亭旁镇举行，并宣布落实了第一批10项共建项目，它们是台州市文广新局对接老区的电影下乡，台州市恩泽医疗中心对接老区的送医药下乡，台州市旅游局的“红色旅游推广季”，台州市妇联对接老区贫困儿童的“春蕾计划”，台州市慈善总会、黄岩区慈善总会对接老区的引水工程，台州市慈善总会和浙江红太阳车辆销售有限公司对接老区学校的助学帮扶，台州市义工协会对接老区留守儿童的快乐周末，台州市绿意物业管理服务有限公司对接老区建设电脑教室，耀达集团对接老区的贫困生奖学金，黄岩凯华模具对接老区革命纪念地文化推广。这10个项目中既有改善老区人民生活的民生工程，也有解决老区人民实际困难的结对帮扶项目，还有致力于弘扬红色文化，发展老区旅游产业的系列活动，以及一些送文化、送医药下乡项目等等。

二、深入开展“走基层、转作风、改文风”活动

确定77个基层联系点，推出《我在基层　我看见》、《基层蹲点报道》、《走基层，海岛行》等专栏，一大批记者走向基层，走进农村，把镜头对准百姓，把话筒交给群众，增强了报道的感染力和影响力，涌现了大量鲜活生动的报道。围绕加强基层党组织建设和“创先争优”活动，大力挖掘基层先进典型，推出了仙居生态养鸡的致富带头人吴立新（入围2011浙江“金牛奖”）、仙居县官路镇原纪委书记王益群、玉环“海山娘姨”吴棣梅、“长人师傅”舒幼民等一批先进人物代表。及时传递党和政府改善民生的政策信息，做好解读，将政策准确及时地传播到千家万户，推进政策的落实，以正确的舆论引导民众感受时代的变化，共享社会发展的成果。深入报道党和政府改善民生工作的举措，将“焦点”集中在劳动就业、社会保障、医疗卫生、教育收费、食品安全等人民群众最关心、最直接、最现实的利益问题上。同时发挥媒体优势，开展公益行动，服务弱势群体，慈善公益策划《爱心“季”动》、候鸟教室、公益电影专场等活动，彰显媒体责任，促进了社会和谐。

丽水市广播电视台

一、搞好中国共产党建党90周年重大宣传报道

2011年是中国共产党建党90周年，丽水市广播电视台各宣传部门早策划、早部署，展开了大规模、全方位、多层次的宣传报道，形成了强大的舆论声势，为党的90岁生日营造了浓厚的舆论氛围。

电视新闻综合频道和广播新闻综合频率担纲主力，唱响红色主旋律。根据市委宣传部的统一部署，在新闻栏目中开设“纪念中国共产党成立90周年”专栏，充分运用各种宣传报道形式，分专题、有重点地开展建党90周年主题宣传。从5月份开始，相继推出“光辉的足迹——领导人民求解放”、“英雄赞歌——赤胆忠心为革命”、“时代先锋——创业创新显本色”、“科学发展——党为人民谋幸福”等系列报道，大力宣传中国共产党90年伟大历程、辉煌成就和宝贵经验。

其他各频道、频率、报纸、网站也结合自身定位，组织多种形式、生动活泼的宣传报道。电视经济生活频道策划推出“重走红军路”系列报道，重访红军挺进师当年战斗、生活过的地方，感受革命年代红军的艰辛，传承革命精神。社区直通车的《愿望手牵手》开辟了“老党员小心愿”专栏，征集全市范围1949年前入党的老党员的小心愿，通过新闻平台发布，吸引热心观众参与，共同完成老党员的小心愿。电视文化休闲频道推出策划报道“大学生走革命老区”，组织在丽就读或丽水籍的大学生，走访各县（市、区）的革命老区和根据地，引导当代年轻人缅怀历史，坚定信仰。交通音乐频率《1069直播丽水》推出“红色记忆“专栏，与县市主持人、记者连线，讲述红色根据地和丽水党史故事。广播电视报推出“党史上的‘第一’”系列专栏，回顾和重温中国共产党在成长壮大中产生的许多有巨大影响的第一。丽水在线网站制作了“光辉历程·伟大成就——庆祝建党90周年”专题，从英雄赞歌、光辉足迹、革命老区行、党史知识大讲堂等方面全面宣传建党90周年的光辉成就。

此外，各宣传部门还组织开展了“党在我心中”征文活动、“唱响中国”、“红歌大家唱”等丰富多彩的宣传活动和文艺活动。台里举办了职工书法摄影作品展，展览以歌颂党的丰功伟绩为主题，展出了职工的40余件摄影作品和20余件书法作品。

二、巩固发展应对国际金融危机成果，积极促进经济转型升级、创新社会管理和富民强省、文化强省建设的有关主要活动和宣传报道

丽水台有关促进经济转型升级的报道贯穿全年，及时报道市委市政府积极引导企业转型升级的一些政策和举措；报道全市各地为转型升级所做的努力和效果；报道转型升级的典型企业。

做好创新社会管理的报道，如结合走基层活动，记者深入青田季宅乡，报道了把矛盾调解、解决在基层的“季宅模式”；到景宁基层采写了景宁乡镇干部手握“宝典”调纠纷化矛盾的报道；深入松阳县各乡镇，报道了他们以“民情地图”方式创新社会管理和服务。

做好富民强市、文化强市的报道，报道了丽水市委市政府走生态化发展的路子从而达到富民强市的宏图伟略及政策、举措。解读了《中共丽水市委关于认真贯彻党的十七届六中全会精神，大力推进文化强市建设的决定》，报道了我市文化强市建设的目标任务和具体举措。

三、开展“走、转、改”活动，改进宣传报道

丽水台认真贯彻落实中央、省、市有关部署要求，积极行动，精心组织，创新形式，丰富载体，扎实有效开展“走基层、转作风、改文风”活动。

各部门普遍实行基层联系点制度，在全市范围内设立了25个基层联系点。同时派出编辑、记者深入一线，体察民情，倾听民意，挖掘报道基层生动、鲜活、感人的新闻事件。

各部门纷纷在新闻栏目中开设基层采访报道专栏，如《来自蹲点一线的报道》、《百姓故事》、《记者调研》、《记者手记》、《偏远乡镇调查》、《美丽乡村行》、《春天里》、《寻找身边的美》、《高温下的丽水交通人》等等，每天播发来自基层的消息、通讯、述评、连线报道、系列报道、调查报道等，多形式、多角度做好宣传报道。

同时，积极创新活动方式，设计富有特色的活动载体，开展形式多样的帮扶活动和服务百姓活动，形成了浓厚氛围。电视经济生活频道开展了《愿望手牵手》——帮助孤寡老人实现愿望活动，目前已帮助15位孤寡老人实现了心愿。文化休闲频道《老白谈天》推出“春天里”走基层系列报道，报道以帮助乡村群众调解矛盾纠纷、促进社会和谐为主要目的，帮助群众排忧解难。广播新闻综合频率开展《百姓热线》走基层进乡镇街道活动，受理乡镇街道百姓咨询投诉，发放各类服务资料，受到百姓欢迎。广播交通音乐频率推出首届社区服务节，先后有20多家单位和企业参加，主持人在现场与听众互动，将交通法规宣传、健身运动、文艺演出等送到听众面前，扩大了社会影响。

四、推进视听等新媒体发展，增强广播电视竞争力

顺应“三网融合”的大趋势，丽水市广播电视台于2009年创办丽水在线网站，迈出了传统媒体影响力向网络延伸的第一步。网站设新闻、论坛、房产、汽车、健康、交友、生态等频道。目前网站已经有注册会员3万多人，Alexe网站全球排名在20万位左右。网站不断拓宽与其他媒体的互动渠道，现已推出手机版(网址：Http://lsol.com.cn)，可通过手机浏览网站内容。在丽水台全面推进数字电视整转工作之际，丽水在线实现了与数字电视的互动，可通过数字电视点播网站内容。2011年丽水在线网站成功举办了“老白谈天”模仿秀、“首届相亲大会”、丽水第一届“浙商杯”模拟炒股大赛等线下活动，增强了网站的吸引力，同时以活动为平台，加强与台内其他媒体互动从而推动创收。2011年丽水在线实现创收135万元。

五、参与三网融合、加快数字电视发展与数字化整转

2011年，丽水华数公司按照省、市政府的部署，持续推进有线电视数字化发展步伐。在技术措施上不断完善数字电视平台的功能，推进网络双向化改造，当年完成6050户规模的双向化改造，到当年底累计完成全网95%的双向化改造任务（按丽水市局统计上报数据），以适应数字电视及数字化后的多业务开发需求。在产品提供方面采取多样套餐，满足不同需求的客户群，尤其在增值业务互动电视的市场拓展上下功夫，全年净增3003用户，累计互动电视用户达到6700户。加快推进“模转数”，采取分片停模的方式加快全网整体向数字电视转换，当年完成5430户规模的整转，到当年底累计完成60763户整转，城区整转率达100.5%。

一是网络整合取得新进展。省领导高度重视做好“一省一网”整合工作，省委书记赵洪祝、原省长吕祖善、现任省长夏宝龙、省委常委、宣传部长茅临生、副省长郑继伟等领导多次听取“一省一网”整合情况汇报并提出工作要求，省委多次召开常委会进行专题研究。赵洪祝书记要求各地要把广电有线网络“一省一网”整合发展作为我省深化文化体制改革的三大重点任务加快推进步伐。省两办出台了《关于加快广播电视有线网络“一省一网”整合发展的通知》文件，并召开全省电视电话会议全面部署推进整合发展工作。省委、省政府还专门组织督查组分赴各地开展督查，全力推进这项工作。

在省委、省政府的强力推动下，各级党委、政府切实承担起了“一省一网”整合工作推进的主体责任，成立了领导小组，明确了主抓领导和主管部门，并把这项工作摆上了重要议事日程，列入了年度工作考核，出台了细化的实施方案，加强组织推动。在推进整合发展中，我省创新方式方法，多管齐下，合力推动“一省一网”整合发展。通过舆论引导、加大培训、实地指导、审核把关和编发简报等手段，推进各市、县在规定的时间节点、按统一的程序方法开展整合工作。

二是有线网络数字化发展扎实推进。三网融合给广电提出的一项基本任务是推进数字电视的转型升级，提高网络的支撑服务能力。截至2011年底，在我省1343.83万户有线电视中，数字电视用户达到了1016.24万户，平均数字化率为75.6%，高出全国平均数20个百分点，成为全国第3个数字用户超千万户的省份，双向化网络改造覆盖用户844.01万，覆盖率为62.8%，高出全国平均数30多个百分点。县以上城市全面完成数字化发展任务，整转率为97.1%。双向化改造率大中城市为98.5%，其他城市为90.8%。预计我省网络的数字化转型升级任务将在两年内完成。

三是有关试点城市广电服务业态不断创新。根据国家部署，有序推进杭州、宁波两市广电开展“三网融合”试点工作，支持推动试点城市网络开发新业务、新内容、新产品，并大力推进新融合的平台建设。目前，省网络公司正积极探索构建以“云服务、跨代网”为核心理念的数字前端、100G高速传输网和超宽接入网建设。项目建成后，能向全省有线电视用户提供云电视、云游戏、云桌面等云服务，还将提供视频会议、物联网、互联网接入等综合服务。我省广电行业在三网融合试点中的大胆创新，不仅有利于为广大群众提供更加丰富多彩的视听服务，推动社会的精神文明建设和文化大发展，还有利于为广电在三网融合中继续保持创新和发展活力，有效应对其他行业的竞争和各类挑战。

四是广播电视台制播数字化取得初步成效。各地广电台普遍重视并大力开展全台网的建设，已有相当一部分市县台实现了制播网络一体化。截至2011年底，省级广播电台和电视台的设备数字化率均达到100%，浙江卫视高清节目的同播率和高清率基本达到100%。市级广播电台、电视台的设备数字化率分别达到70%和94%，县级广播电台、电视台的设备数字化率分别达到50%和82%。同时，各级广播电视台主动抢占互联网等新阵地，积极应对新媒体对传统广播电视的冲击和分流，浙江广电集团成功开办了网络电视台，市级台普遍开展了网络视音频广播业务，半数以上的县级广播电视台参与《之江在线》视频播出业务。

五是新媒体和地面数字电视有了新发展。截止目前，移动多媒体广播（CMMB）在省、市、县三级布点工作基本完成，进入产业化运行阶段。杭州、宁波、温州三个市车载移动电视发展势头良好，其中杭州质量和效益走在了全国前列。完成各市地面数字电视的布点工作，全省地面数字电视广播覆盖网总体技术规划正在制订中。

六是IPTV集成播控平台加快建设。9月6日，由浙江广电集团和杭州文广集团共同出资组建成立了浙江广电新媒体有限公司，负责全省IPTV集成播控平台的建设和运营。到2011年底，IPTV集成播控平台基本建设完成，具有内容管理、用户管理、计费和认证鉴权等功能，能够提供100路的直播、20路的轮播以及近3万小时的点播节目。目前正按要求对接中央IPTV集控平台、浙江电信IPTV　CDN平台和BOSS系统，连接省市两级广电媒体和华数等内容提供商。完成了IPTV监管平台技术方案的草拟和报送，目前正按照“健全管理机构，统筹平台建设”要求，积极落实机构人员编制和平台建设经费。手机电视监管平台已基本建设完成，正进入技术试运行阶段。

全省构建公共服务体系，深化广播影视惠民服务

全省广电系统按照广电惠民工作标准，着力推动惠民服务工作由工程建设向全面体系建设转变。2011年，省、市、县各级共投入资金20.57亿元。广电

惠民系列工程地不断深入推进，不仅使广大群众直接获得实惠和好处，而且极大地促进了广电业自身的发展。在2011年度广电惠民考核中，评出示范单位31家、组织工作奖单位8家、优秀单位58家、达标单位163家。各项工作指标比去年有了进一步提升。制定下发2011年广电惠民服务工作标准，完成各项广电惠民工程专项资金核拨，推动广电惠民服务由工程建设向公共服务体系建设转变，向优质化、数字化、均等化的更高目标迈进。

1. 广电对农节目服务水平不断提高。召开全省广播电视对农节目服务工程建设工作会议，研究部署"十二五"期间对农节目服务工程建设规划，明确对农宣传服务工作任务及考核办法。通过对农节目服务工程建设考核、对农节目政府奖评选、编制300多档通用性对农节目等方式，推进广电对农节目转型升级，不断提高对农宣传服务水平。目前全省市、县两级广播电视播出机构均自办对农或涉农节目，开办总数已到560档以上，广播已达到每周3档以上，电视大部分台也达到了每周3档。

2. 扎实推进广播电视进渔船工程。在省委、省政府的高度重视和有关部门的大力支持下，沿海各地认真履行职责，克服时间紧、任务重等困难，截至12月31日，圆满完成省政府下达的3000艘渔船直播卫星安装任务，解决了3万多远洋作业渔民看电视听广播的难题。宁波市属、舟山市属、江北、镇海、鄞州、北仑、平阳、乐清等8县(市、区)已完成全部安装任务(要求三年完成),台州市属、奉化、宁海、瑞安、苍南、普陀、岱山、定海等8县(市、区)超额完成去年安装任务。

3. 广播"村村响"维护管理加强。面对农村网络数字化转型升级新形势，2011年，全省各地在保障原有通村率和农户覆盖率的基础上，适时研究提高应急广播功能。截止2011年底，全省乡镇建有广播站，98%以上的行政村建有广播室，各类喇叭共200余万只，有线广播农村覆盖人口80%以上。加强对广播"村村响"工程建设"回头看"工作，建立健全维护管理长效机制，研究加快推进农村应急广播体系建设。

4. "村村通"工程提升取得初步成效。村村通工程在实现有线电视基本户户通的基础上，重点推进模转数的提升发展。截至2011年底，全省农村有线电视用户为842.83万户，比"十五"末增加了40%，农村有线电视实际入户率为90.24%，基本实现了有线电视"户户通"。在此基础上，各地积极推进有线数字电视的城乡一体化发展，截至2011年底，全省农村有线网络数字化整转和双向化改造分别达到62.9%和44.1%，26个县级农村有线网络基本完成整转任务，占总数的34.2%，12个基本完成双向化改造任务，占总数的15.8%。其中，温州市本级和镇海、北仑、鄞州、德清、海宁等地基本完成农村整转和双改，提前实现数字电视的城乡一体化发展。金华、永康还采用高清机顶盒进村入户，高标准推进农村地区数字电视整转工作。

5. "广电低保"工程启动数字化发展。目前，"广电低保"已让全省41.6万城乡"低保户"免费收看到有线电视，在此基础上积极做好"广电低保"数字化工程实施准备工作，积极争取落实省级专项资金，已有21.25万户低保户收看到数字电视，超额完成预定18万户的服务目标，加快推进"低保户"免费享受数字电视服务。

6. 农村电影放映工程顺利推进。浙江新农村数字电影院线有限公司经营管理步入正规，努力扩大农村电影放映覆盖面，提高农村观众喜爱影片放映量。截至9月底，农村电影放映工程已放映25万场，完成省政府下达目标任务的93%。

7. 启动直播卫星进林场工程。根据中宣部、国家广电总局关于全国直播卫星公共服务试点工作会议要求和国家发改委、广电总局《关于"十二五"广播电视村村通工程建设规划的通知》(发改社会〔2011〕1673号)精神，为进一步加强和完善我省广播影视公共服务体系建设，切实解决我省未通有线电视的国有林场职工收听收看广播电视问题，我局主动与省林业厅相关部门商讨解决未通有线电视网络的国有林场(含林区、护林站)安装直播卫星电视接收系统的问题，并会同省林业厅制定《关于在国有林场开展直播卫星工程建设的通知》，2011年12月省广电局在开化文广新局和广播电视台的配合支持下，为当地林场安装了2台直播卫星接收设施，效果很好。

8. 巩固卫星电视专项治理成果，深入开展2011年度创建无非法卫星电视接收设施乡镇（街道)活动。按照省创建无非法卫星电视接收设施乡镇（街道)工作领导小组下发《关于开展2011年度创建无非法卫星电视接收设施乡镇(街道)工作的通知》(浙创卫〔2011〕1号)文件，明确提出 2011 年工作目标是：90%以上街道出现的非法卫星设施数量低于城镇总户数的5‰、85%以上乡镇非法卫星设施数量低于农村总户数的3‰。各地文化广电新闻出版局会同有关部门，认真制定创建工作方案，针对当地存在的突出问题，提出工作重点和工作目标，扎实有序的推进创建活动。在开展创建活动的过程中，我省各级广播电视管理部门会同公安、工商、安全等部门认真开展打击非法销售、安装和使用非法卫星电视接收设施行为，全年共出动执法人员4800余人次，取缔非法销售、安装团伙100余个，查获非法卫星电视接收设施6400余套，拆除非法卫星电视接收设施8000余座。

9. 中央无线覆盖工程成效良好。完成第四期工程建设任务即浙江广电集团的北高峰改造工程。全省前三期建设工程目前管理和运行基本正常良好。6年来全省先后完成66个发射台站的建设改造任务。目前，中央无线广播电视节目在我省农村的有效覆盖人口已达80%。

3. 概 况（一）

GAIKUANG

2011 年全省概况

浙江省广播影视工作概况

2011 年，在省委、省政府和省委宣传部正确领导下，全省广电系统坚持以邓小平理论和“三个代表”重要思想为指导，以科学发展观统领广播影视工作全局，按照党的十七届六中全会和省委十二届十次全会关于文化强国、文化强省建设的决策部署，紧紧围绕广播影视“繁荣发展、惠民服务、安全播出”三大主体任务，着力“抓导向、保安全、谋发展、惠民生、强管理、夯基础”，巩固壮大广电主流舆论，构建完善公共文化服务体系，提升发展影视动画产业，加强依法科学管理工作，广播影视各项工作继续保持了积极健康的发展态势，许多方面走在了全国前列。全省广播影视产业经营保持快速增长，2011 年经营收入达到 204.29 亿元，首次突破 200 亿元，同比增长 16.32%，其中广告收入 68.07 亿元，同比增长，14.69%；有线电视网络收入 49.13 亿元，同比增长 21.1%；其他产业收入 77.34 亿元，同比增长 12.26%，电影票房收入达到 9.75 亿元，同比增长 36.5%，实现了“十二五”时期的良好开局，为推动浙江从文化大省向文化强省迈进作出了积极贡献。

一、抓好重大宣传报道，舆论引导水平有新提高

紧紧围绕中央和省委工作大局，充分发挥广播影视传播优势，大力营造坚持科学发展、促进转型升级的良好舆论氛围。一是精心组织重大宣传报道。积极宣传应对国际金融危机冲击、保持经济社会平稳较快发展的决策部署、政策措施和典型示范，起到了鼓舞精神、振奋士气、凝聚力量、战胜困难的作用。精心组织重大宣传，出色完成庆祝中国共产党成立 90 周年、纪念辛亥革命 100 周年、第八届残疾人运动会、党的十七届五中全会、六中全会和省委十二届九次、十次全会精神宣传报道任务，营造了积极向上、团结和谐的主流舆论环境。妥善应对抗雪抗洪自然灾害、“7.23”动车追尾特大事故、日本核泄漏危机影响等重大突发事件和涉浙敏感问题，把握时机和节奏，有效引导舆论，稳定社会心理。以庆祝建党 90 周年宣传报道为主线，组织开展丰富多彩的红色纪念活动，举办“心中有爱献出来”大型群众活动，推出重点专栏和专题节目，组织重点革命题材创作，安排红色经典影视剧、专题片和文献片播出，开展优秀电影展映和送红色电影下基层、进农村活动，为庆祝中国共产党成立 90 周年营造了欢乐喜庆的浓厚氛围。二是广电主流媒体建设加强。深入调研新闻类节目建设和管理政策措施，研究制定《关于加强广播电视新闻立台工作的若干意见》，努力推进各级广电媒体增加新闻节目播出时间，提升新闻节目质量，优化新闻宣传格局，不断深化探索新闻立台实践。广播电视新闻创新和品牌建设成效显著，全省有 5 件作品获 21 届中国新闻奖，8 件作品获中国广播影视大奖，14 件作品获提名奖。浙江卫视在中央电视台播出浙江新闻 3000 多条，居省级卫视第一，其中《新闻联播》播出浙江新闻 382 条，头条 26 条，中国之声播出浙江新闻1530条,同比增26%,其中头条18条。突出办好对农、少儿、综艺、经济等栏目节目,满足各方需求,2011年我省获得国家广电总局少儿精品节目专项扶持资金161万元,名列全国前列。浙江国际频道名列长城平台对外宣传七强,海外覆盖面和影响力进一步增强,扩大了浙江外宣影响力。三是视听新媒体发展加快。专题研讨部署视听新媒体发展与管理工作,大力推进各级广电媒体加快与新兴媒体融合发展,积极抢占舆论宣传新阵地。浙江网视联盟实现网上广播电视联播,移动多媒体广播电视(CMMB)达60万多用户,浙江广电集团"新蓝网"打造成为浙江第一视频门户网站,浙江网络广播电视台和手机台正式上线播出,浙江卫视基本实现了高标清同播,移动数字电视发展领先全国,杭州、宁波、温州三市就有8450辆公交车覆盖接收。

二、加强创作引导扶持,影视动画产业迈上新台阶

紧紧围绕庆祝中国共产党成立90周年,精心组织策划,强化引导扶持,创作生产了一批思想性、艺术性、观赏性俱佳的优秀革命题材电影电视剧和重大理论文献片,浙江影视剧现象得到了中央领导的肯定表扬和全国业界普遍认可。一是影视动画产业主体快速发展。坚持"支持国有、扶优民营"工作思路和"一企一策"措施,积极推动一批重点影视动画骨干企业发挥产业示范带动作用。鼓励和引导各类资本进入影视动画产业,初步形成以国有为主、多种经济成分共同发展的影视产业格局,2011年新批影视公司114家,新增注册资金7.21亿元,全省共有影视节目制作机构660家,总注册资金62.2亿元,民营影视企业占总数的90%以上,注册资金在1000万以上的有120家。二是影视动画创作生产精品繁荣。通过组织全省广播电视文艺奖、电影"凤凰奖"、电视剧"牡丹奖"评奖研讨,加强创作规划引导,扶持在全国有影响力的重点影视精品。召开重大革命历史题材电视剧《五星红旗迎风飘扬》创作研讨会,推动主旋律精品电视剧创作生产。今年参与投资拍摄电影38部,超过目标任务的75%,动画电影取得突破,《梦回金沙城》获第14届电影华表奖,《新地道战—父子奇兵》等3部动画电影全部进入院线公映。以浙江本土企业为主导的大制作、高质量电影呈上升趋势,《岁岁清明》获第28届金鸡奖最佳编剧奖,《遍地狼烟》参加第23届棕榈泉国际电影节,第二部中澳合拍片《幸福卡片》参加了第59届悉尼国际电影节和第14届上海国际电影节展映,引发业界广泛关注;制作电视剧51部1778集,超过目标任务的18%,《五星红旗迎风飘扬》、《东方》、《中国1921》、《能人冯天贵》等6部浙产电视剧在央视一套、八套黄金时间播出,其中《五星红旗迎风飘扬》收视率在6大省会城市超过《新闻联播》,连续数日位居第一。《五星红旗迎风飘扬》等7部浙产电视剧获第28届中国电视剧"飞天奖"共8个奖项,获奖数量和等级居全国前列;制作动画片68部3535集48545分钟,超过目标任务的33%,《天眼神兔》等14部动画片被列入国家广电总局2011年度推荐优秀动画片。首次以省为单位组织全省15家影视企业参加法国戛纳电视节,与24个国家和地区达成签约意向40个共计1585万美元,"走出去"工程成效明显。四是影视产业基地跨越式发展。完善基地例会制度,协调产学研结合,落实相关优惠政策,积极指导推动横店影视产业实验区发展,今年新增入区企业53家,累计达到435家,实现各类收入33.71亿元,同比增长28.55%。杭州高新区国家动画产业基地集中了132家动画制作企业,年产量居全国动漫基地之首。推动西溪创业产业园区创建省级影视创作拍摄示范基地,集聚孵化效应初步显现。第七届杭州中国国际动漫节共吸引54个国家和地区的300多家动画企业和机构参展,会展总成交额达128亿元,继续保持了全国影视动画交易流通的重要平台。五是电影产业发展成效显著。认真贯彻落实省政府《加快电影产业繁荣发展的实施意见》和省发改委、财政厅、省广电局《关于加强县级多厅影院建设的意见》等文件精神,大力推动全省电影业繁荣发展。召开推进全省县级数字影院建设工作座谈会,郑继伟副省长出席会议部署推进县级数字影院建设,全省新建数字多厅影院34家199个影厅22691个座位,其中县级影院14家,镇级影院8家,超过目标任务的120%。目前,全省已建成数字多厅影院120家752个放映厅,累计已有35个县级城市建有数字多厅影院,城乡群众观影条件有了实质性改善。2011年我省电影票房列全国第四位,城市电影观影人次达到2600多万,同比增长29%。加强电影审查中心管理,完善机制建设,得到国家广电总局充分肯定,并在全国电影制片管理调研座谈会上介绍经验。

三、完善监管体系建设,安全播出保障得到新加强

紧紧围绕实现全省广电"第十个平安年"的目标任务,努力构建集技术监测、节目监测、安全指挥调度为一体的广播电视安全播出监管体系。一是广播电视实现安全播出。全省广电系统认真贯彻落实《广播电视安全播出管理规定》,建立长效机制,加强技术装备,提高监控手段,落实应急预案,加强群防群治,圆满完成了重大节假日、全国、全省"两会"、深圳世界大学生运动会、全国第八届残疾人运动会等11个重要保障期共80天的安全保障任务,连续10年实现了反入侵和日常安全播出"零插播",为平安浙江建设作出积极贡献。按照中央和省委、省政府要求,重点部署迎接建党90周年安全播出工作,认真开展反插播实战应急演练和安全播出工作检查,圆满完成建党90周年安全播出任务。组织开展全省广电安全播出执法大检查,落实各项防范制度措施,增强全省安全保障水平,受到广电总局的充分肯定,成为全国安全播出大检查中少数几个免检省份之一。二是安全播出基础设施加强。大力推动省市广电监测机构建设,广播电视安全播出监管系统一期项目工程建设顺利完成,二期建设已进入系统设备安装调试阶段,推动湖州市建立广播电视监测中心,目前全省已有8个市建立广电监测机构,监看监测监管和安全播出保障能力得到提升。进一步推动广电监测网由市向县延伸,努力实现省、市、县三级安全播出信息资源共建共享。完成全国首个省级手机视频节目监管平台一期工程建设,有效规范全省手机传播音视频节目秩序。完成广告监测系统升级扩容,加强了对华数自办节目的存储和监管。

四、深化广电惠民服务,公共服务体系建设有新成效

紧紧围绕广电惠民服务工作,坚持以人为本,不断创新和深化工作内容,推动广电惠民服务向优质化、数字化、均等化的更高目标迈进。制定并实施2011年广电惠民服务工作标准,完成2010年度广电惠民服务检查验收工作,评出示范单位31家,组织工作奖单位8家,优秀单位58家,达标单位163家。全省各级各地把广电惠民工作列入为民办实事项目,共投入广电惠民服务资金20.77亿元,其中省级投入1.47亿元,市、县投入17.98亿元,带动社会投资1.32亿元,推动广电惠民服务由工程建设向公共服务体系建设转变。一是广电对农节目服务水平不断提高。召开全省广播电视对农节目服务工程建设工作会议,研究部署"十二五"期间对农节目服务工程建设规划,明确对农宣传服务工作任务及考核办法。通过对农节目服务工程建设考核、对农节目政府奖评选、编制300多档通用性对农节目、指导省广电集团开展社会主义新农村建设带头人"金牛奖"评选工作和协调公共新农村频道办好第三届"新农村冲击播"活动等方式,推进广电对农节目转型升级,不断提高对农宣传服务水平。目前全省市、县两级广播电视播出机构均自办对农或涉农节目,广播电视栏目分别达到每周3档以上,开办总数达到870档以上,超过目标任务的50%。二是"广电进渔船"工作进展顺利。利用有线、直播卫星等多种传输方式,开展海岛、林场、偏远山区广播电视全覆盖工作,农村有线电视实际入户率达到90.74%。在试点成功的基础上,争取省政府办公厅转发省广电局、省财政厅、省海洋与渔业局《关于开展"广播电视进渔船"工程的实施意见》,成功召开现场会予以部署推进。沿海广电部门在当地党委、政府领导和财政、渔业部门支持下,克服时间紧、任务重等困难,全力推进"广电进渔船"工程建设,顺利完成省政府下达的3000艘渔船卫星电视接收设施安装任务,解决了3万多远海作业渔民看电视、听广播难的问题。三是加快推进农村应急广播体系建设。建立健全广播"村村响"维护管理长效机制,全省3万多个行政村已安装室内外各类调频音箱和高音喇叭近200万只,有线广播农村覆盖人口超过80%,在农村宣传和公共应急工作中发挥了广播的重要作用。四是启动"广电低保"数字化提升工程。在"广电低保"实现全省41.6万城乡"低保户"免费收看到有线电视的基础上,积极实施"广电低保"数字化提升工程,让21.25万户"低保户"免费看上了数字电视,超额完成目标任务的18%。五是农村电影放映工程顺利推进。浙江新农村数字电影院线有限公司经营管理步入正规,努力扩大农村电影放映覆盖面,提高农村观众喜爱影片放映量。农村电影放映工程送电影下乡29.95万场,观影7188万人次,数字化放映比例达到100%,超额完成省政府下达全年目标任务的11%。我省广电惠民工作得到了中央和国家广电总局充分肯定,《人民日报》、新华社、中央电视台、《光明日报》和省级各大新闻媒体作了大量宣传报道。2月6日,郑继伟副省长代表省政府在全国"十二五"广播电视"村村通"工作电视电话会上介绍了我省广电惠民工作的做法经验。

五、顺应三网融合趋势,广电有线网络数字化有新突破

紧紧围绕三网融合和"一省一网"整合要求,坚持改革创新,努力推动全省广播电视网络化、数字化发展。一是"一省一网"整合扎实推进。按照中央和省委、省政府深化文化体制改革决策部署，加快推进"一省一网"联合发展。在深入调研和广泛征求各方意见的基础上，省委、省政府批准省广电局制定的以华数为基础、充分兼顾地方利益和网台等各方关系的资本整合方案，下发了《关于加快广播电视有线网络"一省一网"整合发展的通知》，并召开全省加快广播电视有线网络整合发展工作电视电话会议，部署推进全省"一省一网"整合发展，茅临生部长、郑继伟副省长出席会议并作重要讲话。到2011年底，杭州、宁波、嘉兴、湖州、金华、衢州、台州、丽水市等8市已加入浙江华数公司，中广所属的温州、绍兴、舟山等3市已完成整合谈判。目前，全省各地正按照省委、省政府明确的"时间表"和"任务书"，加大力度、加快进度，有序推进全省有线网络整合发展。二是整体转换和网络双向改造大力推进。认真贯彻落实省委、省政府《关于加快广播电视有线网络数字化发展的意见》精神，全省县以上城市全面完成数字化发展任务，整体转换率达到97.1%，大中城市有线网络双向化改造率达到98.5%，其他城市达到90.8%，金华、永康等地还实现了高清电视整转，在全省1343.8万户有线电视用户中，数字电视用户达1016.2万户，数字化率为75.6%。同时，积极推进有线数字电视城乡一体化发展，全省农村地区整体转换完成率和双向化改造完成率分别达到62.9%和44.1%，整转率超过预定目标任务13个百分点。三是三网融合试点工作稳步推进。浙江广电集团和杭州文广集团联合基本完成IPTV集控平台建设，稳妥推进与浙江电信对接，不断丰富节目内容，积极开发增值产品。制定实施数字电视服务质量指导意见，全省数字电视服务水平明显提高。

六、全面履行管理职能，依法管理工作开创新局面

紧紧围绕以管理保导向、保安全、保稳定、促发展的工作目标，综合运用多种措施手段，扎实做好各项管理工作。一是宣传管理进一步强化。按照中央和省委要求，坚持不懈抓好净化社会文化环境，深入开展抵制低俗之风专项行动。推动收听收看和视听评议工作创新，建立节目评议监督新机制，加强市级视听评议指导服务，积极拓展评议范围，改进评议方法，加强对重大主题宣传及活动的跟踪评议，重点监管新闻、综艺、法制、谈话等节目。2011年省局编发《视听评议》简报、专报67期，及时督促整改，严肃宣传纪律，其中有22期受到国家广电总局、省委、省政府和省委宣传部领导批示肯定，省局被评为2011年度全国广播电视收听收看工作先进集体。按照中央要求，组织全省广播影视系统深入开展打击侵犯知识产权和制售假冒伪劣商品专项行动，配合工商等部门重点加强对医疗资讯服务类、电视购物、虚假违法广告的专项检查整治，对个别电视台存在混淆广告与节目界限、广告时长严重超标、夸大宣传误导消费等问题的电视购物广告栏目责令停播，全省广播电视低俗节目和不良广告得到了明显遏制。二是视听新媒体发展进一步规范。与通信管理局联合下发《关于加强IPTV和有线宽带接入服务管理的通知》，积极推进IPTV监管平台建设，有效规范市场秩序。全面梳理全省视听网站情况，完成《信息网视听节目许可证》统一更换，目前全省共有视听节目网站641个，其中持证网站45个，视听节目数量1665万个。开展打击侵犯知识产权和制售假冒伪劣商品专项行动，从源头遏制侵权盗版行为，切实做好知识产权保护工作。充分利用信息网络监测平台和省市两级协防的互联网视听节目监管机制，认真部署开展整治互联网和手机媒体淫秽色情及低俗信息专项行动，坚决清理查处网络和手机视听节目违法行为，核查违法违规网站29家。三是频道频率管理进一步加强。配合广电总局做好各地广电无线频率节目播出情况调查，完成全省广播电视台新办频道、频率审核上报，协调做好"中国气象频道"在我省落地，圆满完成新疆生产建设兵团电视新闻综合频道节目转播任务，推动全省广播电视频率、频道规划和布局进一步优化。与省无线电管理委员会协同推进广电无线电频率规范管理，及时通报个别台干扰民航频率的事件，督促频率自查和整改工作。四是境外卫视传播秩序整治扎实有效。全省各级广电部门按照中央部署，加强检查整治力度，严厉打击非法安装、销售卫星电视接收设施行为。全省共出动执法人员4800余人次，取缔非法销售、安装团伙100余个，查获非法卫星电视接收设施6400余套，拆除非法卫星电视接收设施8000余座。与公安、工商等部门联合考评验收2010年度全省无非法卫星电视接收设施乡镇（街道）创建工作，全省11个市均达到创建城市"无小耳朵街道"90%以上、农村"无小耳朵乡镇"85%以上的目标。认真落实中央要求，深入开展全省打击非法"网络共享"网站及设备产品专项行动，收缴各类"网络共享"产品800余件。五是依法行政水平进一步提高。按照广电总局和省普法办部署，认真总结"五五"普法工作，全省有13个单位和个人获广电总局表彰。完成《浙江省公共场所显示屏播放视听节目管理办法》文本修改和征求意见工作。抓好最高人民法院"破坏广播电视设施罪"司法解释的宣传贯彻，加大广播电视设施执法保护力度。完成全省广播电视节目制作经营机构业绩审核，依法撤销70家不符合要求的社会影视制作机构。

七、加强队伍行风建设，基层基础建设有新进展

紧紧围绕抓基层打基础，按照切实加强广播影视队伍思想、业务和作风建设的要求，着力提高广播影视队伍整体素质。一是行风建设深入推进。组织开展"深化作风建设年"、"之江先锋"争先创优、党的群众路线主题教育活动和"双服务"专项行动、"学争树创"党员先锋行动，切实加强领导班子和党员队伍建设。深化落实局机关"调研周"工作制度，圆满完成省局领导和机关干部到基层蹲点调研任务，努力解决群众反映强烈的突出问题。认真贯彻落实党员领导干部廉洁从政若干准则，精心制定《廉政风险防控机制建设工作实施细则》，局机关各处室和直属单位深入开展廉政风险查找，提出防控措施722条。在全省广电系统深入开展"一访、三送、四进"、"群众满意基层站所（办事窗口）创建"、青年文明号、青年岗位能手评比活动，有力促进思想政治建设和工作作风转变，提高服务基层、服务群众的能力水平。各地广电系统自身建设成效显著，不少单位获得了国家、省级表彰和肯定，玉环县广播电视台2011年被评为第三批全国文明单位，这是全省广电系统、也是全国广电系统唯一一家获此殊荣的县级广播电视台。二是"走基层、转作风、改文风"活动深入开展。部署和指导各级广播电视播出机构深入开展"走转改"活动，开办面向基层、服务群众的专题、专栏，设计和打造富有特色的活动载体，建立与基层联系制度，全面反映人民群众的创造和呼声。建立记者、编辑、主持人与群众对口联系制度，学习运用群众语言，增进同人民群众的感情，提高服务群众的能力，以"短、新、实"的清新文风，不断提升新闻报道的公信力、亲和力和感染力。三是人才队伍培训成效明显。实施《浙江省广播影视系统2009-2011年培训工作规划》和2011年度培训计划，举办广播电视台长、广播电视新闻现场报道、三网融合广电技术、广电系统事业单位岗位设置工作、文化创意与著作权保护等28期培训班，3190名业务骨干得到了培训，有力地提高了广播影视工作者的能力水平。首次承办组织大规模跨省实地培训，顺利完成新疆阿克苏地区和新疆建设兵团农一师宣传系统48名学员来浙70天业务培训工作，促进了两地新闻媒体和人员的交流合作。四是基层基础建设加强。与省发改委共同制定《浙江省广播影视发展"十二五"规划》。下发《关于加强我省乡镇广播电视站建设有关工作的通知》，制定全省乡镇广电站设备设施五年改造方案，并争取省财政每年2000万元的资金支持，顺利完成省政府要求的200个乡镇广电站改造任务，超过预定目标任务十个百分点。

广播电视宣传管理工作概况

一是精心指导开展重大主题宣传，提升广电媒体舆论引导能力

按照国家广电总局和省委宣传部的要求，坚持围绕中心，服务大局，指导全省各级广电媒体学习宣传胡锦涛总书记"七一"重要讲话、党的十七届五中全会、六中全会和省委十二届九次、十次会议精神，精心组织全省加快转变经济发展方式、实施"十二五"发展规划、推进海洋经济发展战略等重大主题报道，出色完成抗雪防灾、抗洪救灾、7.23动车追尾特大事故、日本核泄漏危机影响等重大突发事件宣传报道，严格把握春节、全国和省"两会"等重要时期的宣传基调。认真做好庆祝建党90周年和纪念辛亥革命100周年宣传报道的指导、督查，对省市广电媒体200多个节目进行及时跟踪和收听收看，形成并上报我省广电播出机构庆祝建党90周年和纪念辛亥革命100周年宣传报道的总结；做好省局、省广电学会与浙江广电集团等单位联合举办的"心中有爱献出来"等主题活动。做好与残运会组委会有关八残会的手语节目、宣传片、公益广告播放等的协调对接和落实，积极支持全国第八届残运会的宣传报道工作。做好"最高人民法院关于审理破坏广播电视设施等刑事案件具体应用法律若干问题的解释"在我省主要媒体的宣传工作。

二是加强主流媒体建设，大力推进新闻立台工作

开展新闻立台调研工作，完成我省广电播出机构新闻立台工作专题调研报告，首次掌握全省广电播出机构新闻节目数量、结构、硬件投入、队伍建设等情况，研究新闻类节目建设和管理政策措施，制定《关于加强新闻立台工作的若干意见（试行）》并广泛征求意见，推进全省广电媒体加强新闻立台工作，提升舆论引导能力。浙江卫视、浙江之声发挥省级主频道、主频率优势，增加新闻节目播出时间，提升新闻节目质量，优化新闻宣传格局。制订新闻采编播人员轮训计划，并分别与宁波、金华、嘉兴、温州等地联合举办新闻和对农节目研讨班。加强对青少节目创新创优的指导和推动工作，做好全省广播电视少儿节目精品工程建设评审和上报工作，做好广电总局少儿精品节目专项扶持资金的统计及下拨工作。今年全省获得专项扶持资金共14个项目161万元，名列全国前列。与省广电学会、省记协共同做好全省新闻奖和广播电视年度政府奖的评比工作。与省委宣传部、省记协等五部门下发《浙江省新闻战线"走基层、转作风、改文风"活动实施意见》，指导全省广电媒体开展"走基层、转作风、改文风"活动，促进广电媒体提高新闻采编播质量，提升新闻队伍职业精神。

三是加强对农节目建设，提升广电媒体公共服务能力

深入开展全省对农节目情况调研，在广泛征求各级广电部门、播出机构、省对农节目服务工程建设联席会议成员单位意见的基础上，制订印发浙江省广播电视对农节目服务工程建设十二五规划(2011－2015)》及《浙江省广播电视对农节目服务工程建设考核办法(2011－2015)》。组织召开全省广播电视对农节目服务工程建设工作会议，研究部署"十二五"期间对农节目服务工程建设规划，明确对农宣传服务工作任务及考核办法。通过对农节目服务工程建设考核、对农节目政府奖评选、编制300多档通用性电视对农节目等方式，推进广电对农节目转型升级。配合做好新农村建设带头人"金牛奖"评选和第三届"新农村冲击播"活动。全省市、县两级广播电视播出机构均自办对农或涉农节目总数达到560档以上，广播已达到每周3档以上，电视达到了每周3档。

四是加强日常节目监管，抓好视听评议工作

按照中央和省委要求，坚持不懈抓好净化社会文化环境，深入开展抵制低俗之风专项行动。对广播电视夜间节目进行专项检查，对内容低俗涉性、虚假夸大宣传的医药类专题栏目进行清理，对问题较严重的个别广播频率、电视频道下发整改通知。加强节目收听收看和视听评议工作，组织评议分析省市播出机构庆祝建党90周年、纪念辛亥革命100周年等重大主题报道和"7·23"动车事故等重大突发事件报道，关注新推出的栏目和新形态的节目，及时跟踪和分析典型性问题、热点问题和倾向性问题，对个别新闻评论类节目、调解类节目存在导向问题提出批评。聘用社会监督评议员，组建起一支由社会各界人士组成的40人社会监督评议员队伍，增强节目监管力量。加强对市级视听评议工作的指导服务，积极探索拓展评议范围、改进评议方式方法，加强对重大主题宣传及活动的跟踪评议，重点监管新闻、综艺、法制、谈话等节目。全年编发《视听评议》简报55期，专报12期，得到国家广电总局和省委宣传部领导多次批示表扬，《调解类节目应选好题把好度用好人》等6期文章被广电总局《收听收看清样》转载，《收听收看日报》第218期专门刊发题为《浙江省广播电视节目评议审查中心积极发挥监督管理作用》，对我省宣传管理工作予以表扬。组织开展杜绝虚假报道专项检查，促进新闻媒体加强自律，恪守新闻职业道德。

五是加强播出机构频率频道建设和管理

完成浙江电台增办"浙江新闻广播"、调整"流行音乐广播"呼号为"民主资讯"，温州广播电视台申办"瓯江先锋"数字电视频道，丽水广播电视台、金华广播电视台申办"新农村广播"频率等项目的审核上报工作。丽水广电台广播对农频率于7月11日获广电总局批准，温州电台对农广播于3月23正式开播，全省广播电视频率频道的规划布局进一步优化。按照中宣部和国家广电总局的要求，落实新疆建设兵团电视综合频道在浙落地覆盖工作。积极协调省气象局、华数数字电视公司做好"中国气象频道"在我省落地有关工作。做好我省部分广播电视播出机构频率频道呼号违规问题的整改工作。

六是严格广告播放和电视购物节目管理

开展电视购物短片广告专项检查，对存在播出时长超标、夸大宣传、内容涉嫌虚假的购物短片广告，及时下发整改通知书。9月，针对省本级和个别市级电视台播出的存在混淆广告与节目界限、广告时长严重超标、夸大宣传误导消费等问题的《全民大拼购》、《快乐拼购街》、《爱拼才会赢》等3档电视购物广告栏目责令停播。对以栏目形式播出广告内容的医药类专题进行了专项清理整治。及时处理广电总局批转和群众来信来访的各类广告投诉70多件，对存在播出时长超标、夸大宣传、内容涉嫌虚假和低俗不良的广告进行整改，并与省工商局等部门协同做好违法广告的处理工作。为促进我省广告播出秩序更加规范，11月中旬，举办了全省广播电视广告经营和播出管理培训班。

七是加强视听新媒体建设和管理

做好重点调研课题“视听新媒体发展与管理”的具体策划、资料搜集和实地调研，修改完成调研报告。指导浙江网络电视联盟、浙江网络电视台加强视听新媒体的宣传管理工作。

广播影视艺术管理工作概况

一、围绕庆祝建党90周年组织文艺宣传活动

组织全省各播出机构开展庆祝建党90周年电视剧展映展播活动，各播出机构共编排播出红色题材电视剧40余部。本着真实、真情、草根的宗旨，组织全省“心中有爱献出来”大型文艺活动，总决赛晚会在浙江电视台钱江都市频道直播。举办“影响2011—为浙江影视喝彩”主题晚会。组织《五星红旗迎风飘扬》研讨会、新闻发布会，配合光明日报、浙江日报等媒体做好电视剧浙江现象的宣传。在全省第二届文化艺术节期间，举办了影视作品展览，获得组织工作奖。

二、加强作品创作生产管理

组织2010广播电视文艺奖、电视剧牡丹奖评奖工作。组织专家评审，确定2011年省广电局重点扶持的《人民总理周恩来》、《创业年代》、《向东是大海》等5部电视剧。组织2011年动画片精品工程推荐工作，共推荐精品动漫创意类作品5部、精品动漫作品类7部。审核电视剧立项126部4410集、动画片立项78部7113集82341分钟；审查电视剧完成片50部1800集、动画完成片64部4132集47933分钟；引进剧立项审核2部40集；合拍剧立项审核1部26集；境外人员及机构参与综艺类节目制作审批65批次。

三、积极推动影视产业发展

加强影视产业发展调研，省人大、省政协、省民建等领导调研全省影视产业发展现状，提出影视产业发展的意见和建议。同时组织人员深入影视基地、动画企业、影视公司调研，摸清情况，掌握资料，并了解全省动画产业园区、各级政府出台政策扶持情况，对数据进行统计和分析，进一步推动各级政府加强对文化产业的扶持和政策优惠。在调研的基础上，制定了浙江省电视剧创作生产“十二五”规划。组织承办2011全国影视动画工作会议、年全省电视剧供片会议、全省影视动画骨干企业负责人座谈会。大力推动影视产品和服务“走出去”，组织全省15家影视企业参加法国戛纳国家电视节，参展企业完成约谈199场，初步达成签约意向40个，涉及金额1585万美元。积极参与第七届国际动漫节有关活动，配合杭州市动漫办做好有关宣传和接待工作。

电影管理工作概况

2011年，全省电影管理工作以繁荣创作、提高质量和加强管理、改进工作“两手抓”为原则，在电影产业迅速发展、电影产量快速增长、电影市场开放竞争新形势下，坚持严格管理、改善管理，促进浙江电影产业健康发展和良好秩序。

一、加快推进多厅影院建设

截止12月20日，全省2011年新建改建影院35家，其中多厅影院34家199个厅；其中县级多厅影院22家127个厅，有8个镇新建了多厅影院，填补奉化、象山、永嘉、开化、天台、兰溪6个县没有多厅影院的空白。全省多厅影院累计120家752个影厅。

二、积极鼓励电影院线发展

省内各条院线积极拓展市场空间，浙江时代、浙江横店位列全国电影院线票房收入前十位；新增北京新影联、北京红鲤鱼数字、重庆保利万和院线进入浙江，浙江省外院线增至10家，院线总数达14家。全省城市电影票房收入8.74亿元，同比增长38.93%。

三、积极完成农村电影放映任务

全省农村电影放映工程累计放映电影29.95万场，观影7187.8人次，数字化放映比例达到100%。农村电影放映监管工作取得进展。按照“数据集中、分级使用”原则，完成监管平台功能规划、建设模式、软硬件配置方案的起草、论证工作。

四、抓好电影精品生产

截止11月底，受理电影剧本立项申请90部，已取得公映许可证影片26部，还有8部影片完成内容审查、正待北京技审。电影片创作以浙江本土企业为主导的大制作、高质量电影呈上升趋势，如中澳合拍的首部影片《寻龙夺宝》等。动画电影有新成果，《新地道战2—父子奇兵》、《少年岳飞传奇》、《极速先锋》等全部进入院线公映。

抓好电影属地审查工作，进一步扩大了审查专家队伍，力求专业性、权威性相统一，浙江的电影属地审查工作得到国家广电总局电影局的肯定。完善

制度建设，根据浙江电影片生产的新形势和审查权下放的变动，重新修订《浙江省电影审查规定》。

五、抓好建党90周年献礼影片的放映工作

在城市院线、农村院线分别组织《建党伟业》千人首映礼和全国启动仪式，在余姚启动开展"送万场红色电影下乡"活动。在纪念辛亥革命100周年之际，与省政协联合组织被国家广电总局列为纪念辛亥革命重点影片的《竞雄女侠·秋瑾》首映仪式典礼。

六、加强国家电影事业发展专项资金征收管理

1. 完成电影专资收缴工作。全省新建影院发展迅速，应收缴专资影院达到130余家，专资上缴率达到100%。

2. 做好新建影院专项先征后返工作。2011年可以享受先征后返影院总计36家，享受返还金额近2000万元，符合要求的影院材料上报国家专项资金管委会审批。

3. 落实购买数字机补贴。全省可享受数字机补贴影院40家，享受补贴金额943万，符合要求的影院材料上报国家专资管委会审批。

4. 加强影院信息化管理。适应国家专资办试运行影院信息登录及数据上报、售票系统软件升级新平台的新情况，加强系列信息收集、登录数据工作，完善对新平台运行的监督管理。

七、开展省电影"凤凰奖"(电影片)评选和电影对外交流活动。

组织开展第五届浙江省电影"凤凰奖"(电影片)评选活动，入围影片的总体创作和制作水平均比以往有所提升。2011年5月，根据国家广电总局电影局的安排，举行第八届法国电影展杭州站展映活动，展映近两年法国影坛涌现的喜剧片、动作片、文艺片、动画片、悬疑片等20部优秀电影。

电影、动画电影概况

电影产量稳中有升。2011年，浙江共生产电影38部，其中出品22部，参与投资、拍摄16部，位居全国第四，比2010年增加1部。2011年取得摄制许可证的电影剧本(梗概)71部，比2010年增加7部。

影片商业化程度明显提高。2011年，以浙江本土企业为主导的大制作、高质量电影呈上升趋势。浙江横店影视制作有限公司制作的中澳首部合拍片《寻龙夺宝》上映首周就取得周票房冠军的佳绩。浙江制作和参与投资拍摄的《爱LOVE》、《失恋33天》、《关云长》等根据特定档期制作的影片取得了良好的票房业绩，其中《失恋33天》、《关云长》票房过亿，前者更是以不到1000万元的投资，取得3.44亿元票房的良好业绩，位居国产影片票房第三。

题材类型日趋多样化。既有类型化的商业电影《夏日乐悠悠》、《爱LOVE》等，又有《星空》、《岁岁清明》这样的文艺片；既有主旋律影片《秋瑾》、《女人河》等，又有历史古装片《西施》、《和合奇缘》；既有动画片《新地道战2—父子奇兵》等，又有戏曲片《流花溪》等。在第28届中国电影金鸡奖评选中，主旋律影片《岁岁清明》获得最佳影片、最佳编剧、最佳女主角提名，编剧程晓玲获得最佳编剧奖；越剧《流花溪》获最佳戏曲片提名。浙江电影企业参与制作的《星海》获第14届电影华表奖优秀少儿影片奖。

动画电影进入主流市场竞争。2011年，3部动画电影取得公映许可证，均进入城市主流院线放映，并取得较好的票房成绩。其中，《新地道战2—父子奇兵》票房400万元，《少年岳飞传奇》票房近600万元。《极速先锋》票房300万元。

走出去扩大海外影响。2011年，浙江与境外资本合拍影片10部，占总数的26%。浙江横店影视制作有限公司的中澳合拍片《寻龙夺宝》、《幸福卡片》远销海外市场。该公司的《遍地狼烟》在第23届棕榈泉国际电影节上受到好评。2011年10月27日，第七届"中美电影节"，由DMG娱乐传媒集团出品的电影《夏日乐悠悠》荣获电影节十佳最佳影片"金天使奖"。2011年10月，华谊兄弟传媒股份有限公司的《星空》入围16届釜山国际电影节主竞赛新浪潮单元。

5. 电影发行放映(包括农村公共服务、数字电影放映与发展)概况

(1)城市影院票房收入持续增长。

2011年，全省城市电影票房收入达到9.7亿元，比2010年增长35%，位列全国第五。城市电影观影人次达到2600多万，同比增长29%。

(2)农村电影公益放映成效明显。

2011年，省政府把农村电影放映工程列入十件

为民办实事工作。在省委、省政府的领导和有关部门的支持下，在全省各级政府的共同努力下，我省农村电影公益放映工作在去年的基础上有了进一步的提高。2011年，全省实际放映公益电影29.95万场，超额完成26800场，观影人次7188万。湖州市在安吉等县积极探索建设村级影院，受到了农村基层干部和农民群众的欢迎。目前，农村电影放映工程已覆盖全省58个县（市）、32个市辖区、1513个乡镇（街道）、20000余个中心村。

广播电视社会管理工作概况

一、巩固卫星电视专项治理成果，深入开展“创建”及打击非法“网络共享”设备专项行动

按照省创建无非法卫星电视接收设施乡镇（街道）工作领导小组下发《关于开展2011年度创建无非法卫星电视接收设施乡镇（街道）工作的通知》（浙创卫〔2011〕1号）文件，明确提出2011年工作目标是：90%以上街道出现的非法卫星设施数量低于城镇总户数的5‰、85%以上乡镇非法卫星设施数量低于农村总户数的3‰。各地文化广电新闻出版局会同有关部门，认真制定创建工作方案，针对当地存在的突出问题，提出工作重点和工作目标，扎实有序的推进创建活动。在开展创建活动的过程中，全省各级广播电视管理部门会同公安、工商、安全等部门认真开展打击非法销售、安装和使用非法卫星电视接收设施行为，全年共出动执法人员4800余人次，取缔非法销售、安装团伙100余个，查获非法卫星电视接收设施6400余套，拆除非法卫星电视接收设施8000余座。

根据中宣部等11部委联合下发的《关于开展打击非法“网络共享”网站及设备产品专项治理行动的通知》精神，全省各级党委、政府高度重视，各相关部门按照各自的职责分工，密切配合、齐抓共管，有计划、有步骤、积极稳妥地开展打击非法“网络共享”网站及设备产品专项治理行动，严厉打击非法销售、安装和使用“网络共享”网站及设备产品和卫星电视接收设施行为。全省各地通过联合发文、联席会议等方式，精心制订专项行动工作方案，认真部署督促工作，分头落实责任，形成了党委、政府统一领导，相关部门单位分工协作、密切配合的良好态势。据不完全统计，2011年全省共开展专项治理检查170次，其中出动人员4885人次，车辆800余台次，收缴各类“网络共享”产品800件，封堵非法网站20个，组织督办8次，向全国专项治理办公室上报信息10期。

二、提高广电惠民实效，积极推进广电全覆盖工程建设

1.推进广播电视进渔船工程。在省委、省政府的高度重视和有关部门的大力支持下，沿海各地认真履行职责，克服时间紧、任务重等困难，截至12月31日，圆满完成省政府下达的3000艘渔船直播卫星安装任务，解决了3万多远洋作业渔民看电视听广播的难题。宁波市属、舟山市属、江北、镇海、鄞州、北仑、平阳、乐清等8县（市、区）已完成全部安装任务，台州市属、奉化、宁海、瑞安、苍南、普陀、岱山、定海等8县（市、区）超额完成去年安装任务。

2.启动直播卫星进林场工程。根据中宣部、国家广电总局关于全国直播卫星公共服务试点工作会议要求和国家发改委、广电总局《关于“十二五”广播电视村村通工程建设规划的通知》（发改社会〔2011〕1673号）精神，为进一步加强和完善全省广播影视公共服务体系建设，切实解决全省未通有线电视的国有林场职工收听收看广播电视问题，省局主动与省林业厅相关部门商讨解决未通有线电视网络的国有林场（含林区、护林站）安装直播卫星电视接收系统的问题，并会同省林业厅制定《关于在国有林场开展直播卫星工程建设的通知》，2011年12月省广电局在开化文广新局和广播电视台的配合支持下，为当地林场安装了2台直播卫星接收设施，效果很好。

三、切实加强我省广播电视节目制作经营机构审批发证和日常监管

按照国家广电总局办公厅《关于对广播电视节目制作经营机构和<电视剧制作许可证（甲种）>机构进行2010年度业绩审核工作有关事宜的通知》（广办发媒字〔2010〕225号）精神，2011年第一季度，省局组织力量进行专题部署，落实人员集中精力开展业绩审核工作，并将业绩审核和换发许可证相结合，采取属地初审、实地抽查、调研走访、专题座谈、电话沟通等多种方式，组织指导和督促全省广播电视节目制作经营机构认真开展年度业绩审核。经整顿和年度审核，依法撤销了70家不在规定时间内增资到位或业绩不符合要求的制作机构。

2011年1月至12月，新批影视公司115家，办理变更等相关事项87余家。全省影视制作机构共660家，民营企业占总数90%以上。全省影视制作机构总注资62.7亿，新增注资7.2亿,1000万以上制作机构139家,机构数量居全国第三。

四、积极推进新媒体产业发展,切实加强信息网络视听节目市场监管工作

1. 浙江网络广播电视台于2011年6月28日正式开播，成为浙江网络视听新媒体发展的重要里程碑。全省共有45家网络视听服务持证网站,占全国总数的7.5%,持证网站数列全国第三(居北京、广东之后),华东地区第一位。其中民营商业视听网站21家,涌现出爆米花网、九州梦网、湘湖网等一批国内比较领先的网络视听服务运营网站。

2. 积极推动全省CMMB手机电视市场运营和布点工作,形成全省统一规划、统一运营、统一管理和用户快速发展的格局。截止2011年12月31日，全省已经建立136个50瓦~1000瓦的机站,形成省市县三级网络传输体系,11个市的有效覆盖率达到90%以上,活跃用户达60万户。湖州、台州、金华台等已初步显示经济效益。

3. 根据中央开展打击侵犯知识产权和制售假冒伪劣商品专项行动工作部署，进一步规范我省互联网视听节目持证网站节目管理，明确要求全省互联网视听节目持证网站报送2011年度网站购片合同等有关版权证明材料，从源头遏制侵权盗版行为发生,切实做好知识产权保护工作。我省45家持证网站均报送了2011年版权证明材料。

4. 2011年1月28日完成全国首个省级手机视频节目监管平台(一期)建设。平台已搜索到8个基于WAP方式传播和12个基于WEB方式传播的手机视听节目网站;手机视音频节目81968个,并对其开展了重点监控。

为维护视听新媒体播出安全，我局切实加强网上监测和市场监管工作,1-12月向各市文化市场综合执法机构下发核查单29张,其中国家广电总局要求督办的网站12家,省局监测发现问题要求核查的网站17家。在各级执法机构严格执法下,提请省通管局关闭2家，做出行政处罚1家，责令整改5家,取消虚假备案网站14家,立案1家,其余6家违规网站予以整改或停止传播视听节目的处理。2011年6月7日省局会同省通管局联合下发《关于加强IPTV和有线宽带接入服务管理的通知》(浙广局发〔2011〕126号),积极指导、协调、推动各地规范IPTV市场秩序。目前电信部门违规开展IPTV业务蔓延之势有所抑制。

广播影视科技管理工作概况

一、加快广播电视数字化发展

(一)积极推动全省广电有线网络“一省一网”整合发展。

1. 争取省委办公厅、省政府办公厅下发了《关于加快广播电视有线网络“一省一网”整合发展的通知》(浙委办〔2011〕100号),2011年8月18日召开全省加快广播电视有线网络整合发展工作电视电话会议,省委常委、宣传部长茅临生、副省长郑继伟出席会议并讲话,专题部署全省“一省一网”工作。

2. 有序推进市级网络整合工作。根据浙委办100号文件部署，把握几个关键时间节点全力推进相关工作:一是全面完成第一阶段的工作。2011年10月24日,浙江华数广电网络股份有限公司正式挂牌成立,嘉兴、金华、湖州、丽水等4市全资子公司也同时正式组建,衢州已签订合作框架协议。二是千方百计推动其余5个市加入浙江华数。省广电局主要领导带队多次前往北京与中广有线公司进行沟通对接,多次到相关市开座谈会,面对面反复协调沟通。

3. 逐步推开县级网络整合工作。2011年11月初,嘉兴、金华所辖各县全部选择组建全资子公司方式率先加入省网公司,并统一签订了合作框架协议。上述各县按要求认真开展清产核资和人员明晰等具体工作。其余各市所辖绝大多数也积极做好各项前期准备工作。2011年11月,两次举办县级广电有线网络“一省一网”培训会,省广电局主要领导到会授课,统一县级台在推进网络整合中的思想,提高认识。

4. 积极了解和掌握全省各地推进“一省一网”的具体工作进展。推进各市、县党委、政府按文件要求,成立网络整合领导小组,明确主抓领导和主管部门。督促省网络公司主动与各地做好沟通洽谈的对接工作，省广电局主要领导带队到多个市县推动网络整合工作。

5. 完成华数传媒公司完成上市前置审批的相关报批工作。

(二)积极推动有线网络和台内数字化。

1.大力推进广播电视有线网络数字化整转和双改。全省有线电视用户1343.83万户,数字电视用户1016.24万户,数字化率为74.6%。其中,城区用户数字化率为 97.1%,双向化率为 94.4%。

2. 大力推进全省各级广播电视台台内数字化。全省各级广播电视台台内数字化程度显著提高,省级广播和电视数字化率均达到 100%。市县两级电台台内设备数字化率为 59%,其中市级电台为 70%、县级电台 50%左右。市县两级电视台台内数字化率达到 87%,其中市级电视台 94%,县级电视台 82%。各地台普遍开展了全台网建设,相当一部分市县台实现了制播网络的一体化。

3. 制定下发了《浙江省有线数字广播电视客户服务管理指导意见(内部试行)》,积极跟踪各地贯彻落实情况,切实提高我省有线数字广播电视客户服务质量和水平。

(三)稳妥推进三网融合试点工作

1. 浙江广电集团基本完成省级 IPTV 节目集成播控平台建设。

2. 加强与省经信委、省通信管理局等相关部门的沟通协调,推进杭州三网融合试点工作。

3. 2011 年 3 月份举办三网融合相关技术培训会,全省各地 200 多人参加培训。

二、深化广电惠民工作

1. 完成 2010 年度广电惠民工作考核。在广泛征求意见的基础上制定下发了 2011 年工作标准。

2. 大力推进农村有线网络数字化整转和双改,2011 年底全省农村有线网络数字化整转率为 62.9%,双向化改造率为 44.1%。

3. 积极推进广电低保和数字低保的实施工作,全省 38.8 万户城乡"低保户"免费收看到有线电视,占"应保尽保"总数的 98.1%。启动数字低保工程,2011 年底 21.25 万户低保户享受了免费收看数字电视,超额完成全年目标任务。

4. 做好村村通、村村响的中央台无线覆盖的长效管理工作,农村有线用户为 842.83 万户,实际入户率已达 90.74%,基本实现"户户通"。

5. 对村村响的长效维护工作和建设基于广播电视有线数字网络的智能化农村应急广播体系进行调研,完成了调研报告。

三、做好日常科技管理工作

1. 加强广播电视无线电频率管理。一是根据国家广电总局部署,采取堵疏结合的办法,引导各地规范使用广播电视无线频率。促进浙江广电集团、台州、绍兴、金华等多个台对违规使用频率情况进行整改,并争取国家广电总局对整改后合理的频率需求予以支持。二是在国家广电总局广科院、规划院指导下,完成全省地面数字电视频道规划工作。三是协助省无线电管理局做好残运会的无线电保障工作。

2. 加强广电安全播出工作,根据国家广电总局 62 号令的要求,组织落实重大广播电视技术项目技术论证和安全评估;做好全省广播电视相关信息系统安全等级保护定级工作;协助做好援助阿克苏广电项目、全省乡镇广电站技术设备改造有关工作。

3. 认真完成其他工作:一是做好广播电视发射设备的进口审核;二是做好广电发射台迁址论证、验收及办理相关报批手续;三是按程序核发《广播电视节目传送业务经营许可证》;四是国家广电总局委托办理的广播电视设备器材入网认证质量管理体系的审核和产品抽样;五是完成省广电局科技委换届,召开省广电局科技委换届工作会;六是做好 2011 年广播节目技术质量奖、电视节目技术质量奖、科技创新奖、优秀技术论文奖、技术维护奖、安全播出奖、操作能手奖的省级评审和向国家广电总局推荐申报工作,促进提高全省广电系统科技创新能力和科技队伍水平。

广播影视干部职工教育培训及专业队伍建设概况

1. 培训工作。制定下发和组织实施全省广电系统全年培训计划,完成市级局台人事管理干部、市县广电台长培训,全省广播电视新闻现场报道培训,国外新闻节目视讯讲座、广播电视新闻传播与管理赴美国培训、电视节目制作业务培训、市县级台人事部门负责人培训等。完成历时最长、难度最大的是新疆阿克苏宣传系统 48 名专业技术人员在浙江为期 70 天的培训。据统计,省广电局全年组织完成各类培训 28 期,参加培训共 3190 余人次,落实完成国家广电总局人事司的培训任务 18 期 50 余人次。

2. 干部选拔任用、人员选调、年度考核。组织并完成省广电局办公室、宣管处、安全播出调度指挥中心 3 个正处级领导职务的选拔任用工作;完成 2 个正处级非领导职务的选拔任用工作。组织完成省广电局机关和省广电监测中心人员 2010 年度的考核;完成对省电影公司 2010 年度工作目标任务完成情况的考核。

3. 资格考试和职称评审。根据国家广电总局安排,组织全国广播电视新闻采编和播音员、主持人资格考试浙江考点工作,共计报名考生1700余名。组织完成新闻、文艺(含电影放映)、播音、工程技术四个系列的专业技术职务评审,申报参评达286人次。

4. 机构编制、工资等事项。加强与省编办、省人保厅及省公务员局等有关部门的联系沟通;根据省编委的批复意见,协调落实省广电节目评议审查中心与省广电监测中心由挂牌改为合署办公;做好机关增编后有关公务员的选调工作。做好每月工资报表,并根据职务、职级变化和政策补助等规定及时调整制作工资表。按规定审核上报省广电监测中心事业单位岗位设置、绩效工资方案等。

5. 离退休老干部工作。完成离退休老干部支部的换届选举;完成从事老干部工作人员的新老交替;制定和实施老干部工作全年计划;组织有关走访慰问等工作,落实好老干部的各项政治、生活待遇。

6. 人事档案管理。委托省档案事务所整理人事档案,整理人事档案149份,查补缺件近100人次,并按新规定进行分类、排序,立卷成档,基本解决了干部档案材料缺少、信息不准、整理不规范等问题。

7. "双服务"工作。根据上级有关部门和省广电局组织开展"学、争、树、创"先锋活动的部署要求,组织完成"服务基层、服务群众"、农村指导员等有关人员的选派工作;根据立足本职服务基层、在服务基层中创先争优的精神,制定省广电局"双服务""一访""三送""四进"工作方案。根据基层需要,组织专家下基层到泰顺、文成开展灯光、摄像和新闻、对农节目"送服务"活动。

8. 乡镇广电站建设管理。在开展全省乡镇站情况调研、站长培训、制定下发建设管理意见和标准的基础上,配合制定今后五年全省乡镇广电站设备设施改造方案,并争取省财政1亿元、每年2000万元的支持,完成20%左右的乡镇广电站设备设施改造任务。

广播影视执法指导监督工作概况

2011年,广播影视执法指导监督工作在完善法制建设、规范行政行为、强化行政监督等方面,认真履行职责,完成各项任务。

一、加强法制基础建设

1. 总结、规划、部署普法宣传教育工作

一是根据国家广电总局和省政府的要求,对照"五五"普法规划,认真部署"五五"普法总结检查,在各地自查、省广电局抽查的基础上,形成全省广播影视系统"五五"普法工作总结,并分别通过了国家广电总局和省政府的"五五"普法验收。其中,浙江广电集团办公室、省广电局执法指导监督处等7单位和陈建光、徐志英等6位个人获得总局表彰。浙江省广播影视系统"五五"普法工作总结作为全国广播影视系统2006~2010年法制宣传教育总结表彰会交流材料,省广电局执法指导监督处作为先进单位代表在会上作了交流发言。二是部署开展2011年普法工作,重点完成国家广电总局交办的《全国广播影视系统"六五"普法规划》课题。三是组织举办《文化创意与著作权保护》电视讲座,全省广电系统有300多人参加了学习。四是举办了一期全省广播影视行政执法培训班和二次广播影视行政执法专题研讨会,并先后赴金华、温州、湖州等地指导当地执法培训工作。举办全省广播影视法制工作会议,总结2011年全省广播影视工作,部署"六五"广播影视普法和2012年重点工作,同时以会代训,重点就刑法124条司法解释进行培训,邀请了最高人民法院研究室、总局法规司、保卫司有关领导讲座解读。

2. 做好相关立法工作

一是根据年初的工作计划,全力做好《浙江省公共场所显示屏播放视听节目管理办法》文本修改和征求意见工作。协助省法制办召开显示屏业主单位代表座谈会,广泛征求意见。在此基础上,再次修改《浙江省公共场所显示屏播放视听节目管理办法》文本,并多次与省法制办协调后续事宜。二是召开部分市、县卫星电视接收设施管理人员座谈会,征求《卫星电视广播地面接收设施管理条例》的存在问题和修改建议,及时完成国家广电总局交办的《卫星电视广播地面接收设施管理条例》修订问卷设计课题。

3. 规范行政审批行为

一是针对2010年省政府依法行政考核意见,多次召开局各处室行政许可审批经办人座谈会,梳理、调整行政许可审批程序,重新修改了行政许可统一文本样式,进一步规范了省本级行政许可相关文本和程序。二是根据《浙江省人民政府法制办公室关于开展行政许可案卷和行政处罚案卷评查工作的通知》要求,组织、督促有关处室对行政许可案卷案卷进行自查自评,并推荐10份行政许可案卷送省法制办评查。

4. 开展法制环境调研

认真开展《浙江省广播影视发展与法制环境研究》的调研。先后组织力量赴杭州、宁波、丽水、舟山等地开展实地调研，并形成调研报告。

二、开展重点领域执法监督指导

一是利用科技社管执法工作会议，确立了今年广播影视执法重点是各地违规开展 IPTV 业务活动，并部署了全省 IPTV 领域的执法任务。二是两次召开 IPTV 执法工作研讨会，明确法律依据、执法程序、取证要点等，做好执法准备工作。三是到杭州、湖州、温州、绍兴等地指导 IPTV 查处工作，重点指导杭州、湖州、平阳等地办案，其中湖州、平阳已对违规开展 IPTV 业务的相关单位作出了行政处罚决定。

三、强化广电设施保护

一是按照国家广电总局的要求，部署、督促各地开展 2010 年度广播电视设施保护工作的自查和总结。到各地实地抽查部分播出机构、管理部门的设施保护工作，完成 2010 年度全省广播电视设施保护工作总结，并通过了总局考核。同时对 2011 年全省广播电视设施保护重点工作进行了部署。二是协调浙江卫视、浙江在线、影视周报等媒体宣传报道最高人民法院关于“破坏广播电视设施罪”司法解释，并组织制作两集三维动画宣传片，提供给各播出机构播出，加大广播电视设施保护宣传力度。三是着重查处浙江广电集团勾庄发射台旁违章建筑案件，多次协调杭州市执法总队、余杭区执法局、良渚街道等单位，推进查处工作。

四、加强队伍建设

一是组织全省行政执法广电业务培训班，力争用三年时间，轮训各市、县行政执法机构的执法人员，提高广电行政执法能力和水平。二是举行小型广电行政执法研讨会，就 IPTV、互联网视听节目、卫星电视等重点领域执法业务进行研究，着力培养一支熟悉广电执法的骨干力量，以骨干带队伍，全面提高广电执法整体水平。三是组织执法机构进行办案交流。针对 IPTV 执法工作，组织温州、杭州、湖州等异地学习交流，提高实际办案能力。

广播影视规划与产业管理工作概况

一、完成广播影视业“十二五”发展规划发布

2011 年上半年，整理完成规划编制和衔接说明，经过组织对规划修改、衔接、论证，通过了省规划办会议审议，经省广电局党组审定，6 月初报送省发改委审核，8 月初由省发改委和省广电局联合发布。

按照规划提出的重点工程，已有广电进渔船、乡镇广电站设备设施更新改造、“广电低保” 数字化工程、全省农村数字电影监管平台建设列入 2011 年实施项目，投入省级财政资金 0.63 亿元。

二、完成工作目标和资金保障情况

（1）全省广播影视经营收入继续保持增长势头，预计全年将超过 170 亿元，比省政府下达的 150 亿元指标增长 13.33%。

（2）广播影视惠民服务工程全面完成。2011 年新增广电惠民工程省级财政资金 0.66 亿元，新增“广电进渔船”专项资金 1000 万元，农村电影放映工程专项资金增加到每年 2600 万元，同时广电低保数字化 3000 万元和乡镇站设备改造 2000 万元资金省财政到位拨付，与省财政厅制定了项目资金管理办法。

三、做好局财务收支管理工作

根据省级部门预算改革的总体要求，编制好 2010 年的财务收支决算年报和 2012 年度部门预算。加强交通费、接待费、会议费支出管理，2011 年交通费支出与上年同期持平、接待费和会议费支出同比将分别下降 8%、5%。根据省政府统一要求，做好 2011 年度预算公开发布。牵头抓好 “小金库”复查，组织局机关及所属 4 个单位复查，督促局有关处室将会议费和培训费结余上缴财政专户；配合省审计厅做好省广电监测中心会计信息审计调查和省电影公司国有资产审计，牵头开展局机关和省广电监测中心公车和房产清理。

四、继续健全广电指标统计体系

认真完成 2010 年统计年报，对 2010 年度和 2011 年各月度广播影视经营情况进行分析对比，共编写统计分析报告 7 份，并报送国家广电总局刊登。组织编制广播影视“十一五”发展报告和 2010 年广播影视发展指标统计汇编。根据国家广电总局新颁布的统计制度，组织两期市县广电系统和社会影视企业统计人员参加的培训班。

五、落实经济政策和其他工作

重点落实影视动画精品扶持财政资金，争取到“十二五” 期间每年全省影视创作生产扶持专项资金。做好省电影公司 2010 年的业绩考核，参与时代院线上市内部重组的报批工作。做好广电援疆项目申报和可行性研究报告编制的衔接工作，落实了 2011 年广电援疆项目资金,并协调项目建设三方协议签订和设备政府采购相关工作。做好2012年省广电局影视审查中心项目上报及省公建资金的落实,以及农民减负、"信用浙江"建设等考核材料报送工作。

浙江省广播电影电视学会工作概况

一、围绕中心,服务大局,加强新时期广播影视新课题研究,积极开展学术研讨活动

2011年3月28日,省广电学会和理论研究专委会召开会议,研究搞好理论业务研究工作,分析广播影视改革发展的新情况、新问题,列出了新闻立台理念与运作新路、三网融合的挑战与应对等课题,下发《关于推进学会各专业委员会深入开展理论业务研究活动的通知》。5月10日,省广电学会和杭州文广集团、《中国广播电视学刊》在杭州主办了"评论3.0传播新时代——FM89杭州新闻广播《连线快评》开播周年研讨会"。5月18日至21日,省广电学会与中国传媒大学亚洲传媒研究中心合作,在杭州举办了广播电视新闻现场报道、直播报道研讨班。10月31日,省广电学会在杭州召开以"新媒体发展形势下广播电视传媒作为"为主题的学术年会。11月11日,省广电学会和中国广播电视协会、宁波市广电学会和宁海县委宣传部等单位在宁海共同举办了由宁海广电台依靠本土力量、自行撰稿、自主摄制完成的30集电视人文系列片《人意山光》研讨会。

二、积极发挥学会优势,配合重大宣传任务,组织开展相关活动

2011年 4月至6月,省广电学会配合省广电局和浙江广电集团共同主办,浙江电视台钱江都市频道、浙江电台交通之声、全省11市广播电视台、浙江在线共同承办庆祝建党90周年"心中有爱献出来"大型群众活动。各市广电学会也围绕建党90周年组织"光辉90年红色之旅"异地采访等活动。省广电学会积极参与、主动配合省委宣传部和省广电局开展开展"走基层、转作风、改文风"活动。9月,省记协副主席、省广电学会常务副会长胡瑞庭率省新闻战线"走基层、转作风、改文风"活动督导组到湖州等4个市地进行实地督导;10月31日,省广电学会组织部分市、县广播电视台长召开"走基层、转作风、改文风"活动座谈会,省广电局局长、省广电学会会长张宝贵等对活动的开展进行指导和再动员。

三、遵循新闻传播规律和公正原则,改进政府奖评选工作,着力扩大评奖效应

省广电学会加强并改善与省记协的合作,共同改变过去新闻奖重复送评、标准不一、多头评奖等现象,使浙江新闻奖(广播电视部分)和浙江广播电视新闻奖评选工作更加合理、规范、公正、权威。重点对对农节目和青少节目等有关奖项的设置与评选进行梳理与改进,减少了重复评审。同时,努力科学设置奖项,规范评奖准则,更好遵循新闻传播规律,坚持先进文化方向,充分发挥评奖的导向和示范作用。3月8日至11日,省广电学会和省记协在湖州市共同举行浙江新闻奖(广播电视部分)和浙江省广播电视新闻奖的评选。3月至6月,完成了2010年度浙江省广播电视品牌活动·纪录片·内参奖、文艺奖、播音主持作品、学术论文奖评选。

在改进评奖中,省广电学会进一步改善评委结构、减少评委数量、改进评奖结果公示等工作。在此基础上,结合颁奖等活动,组织好各门类专业业务研究、交流、授课等活动,扩大评奖的效应。为了推动树立新闻立台理念,加强新闻宣传,促进广播电视新闻创新创优,提高广播电视新闻工作者的业务素质和创优水平,5月4至6日,省广电学会在杭州召开2010年度浙江省广播电视新闻奖颁奖暨新闻创新创优研讨会。为了探索创优规律,激励大胆创新,省广电学会于5月25至27日在杭州召开2010年度省广播电视文艺和播音主持奖颁奖暨创新创优研讨会。7月至10月,省广电学会积极配合省广电局和金华、嘉兴、宁波、温州市文广新局,分别在兰溪市、宁波市、瑞安市举办了4期县级台新闻和对农节目创新创优研讨班和专题辅导。

四、加大学刊改版力度,自觉紧跟广电实践,更好提供理论支持

2011年,《视听纵横》学刊进行改版,增设《卷首语》、《高端论坛》、《热点聚焦》、《频道亮色》、《往事钩沉》等栏目,使理论研究进一步贴近实际工作,特别是关注实践中的重点、热点、难点问题,更好地为全省广播电影电视改革和发展提供理论支持,对提高全省广播电影电视队伍素质发挥积极作用。《高端论坛》栏目刊登了省广电局局长张宝贵、浙江广电集团总裁王同元等撰写的文章,这些文章选题重大,视野开阔,思考深入,对实际工作有指导意义;《热点聚焦》栏目关注与介绍广播影视改革发展的热点、亮点问题,做到了理论和实践的结合;《频道亮色》栏目刊登全省广播电视频道频率中组织开展的特色活动、创新工作，并结合“频道亮色”撰写《卷首语》，这个栏目所选的事例在全省具有借鉴学习意义，受到全省广电系统的关注。《视听纵横》学刊还利用4个封页登载全省广播影视方面具有典型意义的照片，既增加了信息量又活跃了版面。在保证用稿质量的前提下，学刊根据来稿数量、优质稿件增加、广电从业人员学术交流氛围浓厚的实际，将页码由120页扩大到了128页。

五、放手发挥专委会作用，开展各种专业活动，增强活力，提高成效

省广电学会根据《专委会工作规则》，加强专委会组织建设和规范化运作，充分发挥专委会各自独特优势与作用，促进和支持各专委会紧密结合实际需要，开展多种形式的学术研讨、对口交流、合作协作等活动，激发专委会的积极性与活力。4月1日至2日，省广电学会交通广播专委会在杭州召开首次全体会议，讨论交通广播在相互竞争中加强合作、保持交通广播在与他媒体竞争中的优势、促进广播的良性发展，并确定了专委会年内要办好的“十件事”；10月21日，交通广播专委会第在温州召开二次工作会议，研究部署多媒体联动大型新闻行动，研讨交通广播寻找新的广告增长点、提高节目收听率和创优水平等问题。4月3日，对外传播专委会在杭州举行浙江省首届对外传播异地采访优秀节目颁奖仪式暨对外传播专题研讨会；10月24日，对外传播专委会与温州市委宣传部、温州林业局、温州广电台共同主办浙江省第二届对外传播异地采访活动——“走进绿色温州，展示山水风采”在温州举行开机仪式。7月14日，省广电学会和广播电视报刊专业委员会召开首次工作会议，研讨做好广电报刊新闻与专稿奖评选和专委会加强业务建设工作。12月14日至15日，市级广播电视台专委会在嘉兴召开年会，评选全省广播电视“走转改”节目。12月15日至16日，县级台与对农节目专委会在杭州召开首届全省电视对农宣传协作会议，研讨交流加强对农栏目协作和加强对农新闻节目协作。

六、重视史料积累，加强信息交流，编好《年鉴》、办好《季报》

为做好广播影视资料和史料的积累工作，提高质量，省广电学会两次召开年鉴编纂工作和编辑审稿会议，加快推进《浙江广播电影电视年鉴》(2010年版、2011年版)组编、出版工作，编辑完成《浙江广播电视获奖作品集》及光盘。省广电学会与省广电产业协会共同推出4期《学会协会季报》，刊登省学会、协会及各专委会、各市学会的重要工作和信息，加强信息交流，推动学会工作。此外，省广电学会还组织浙江广电集团、杭州、温州有关人员参加了8月17日至19日，由中国广播电视协会、光明日报社、国家广电总局宣传管理司、大庆市委市政府、中国传媒大学联合主办的“主流媒体的社会责任——第四届中国广播电视传媒论坛”和采风活动。

浙江省广播影视产业协会工作概况

一、完成《视听纵横》技术版改版工作

经征求多方意见，《视听纵横》技术版(双月刊)调整由省广电局、浙江广电集团、省广播影视产业协会主办，并成立指导委员会和编辑委员会。9月28日召开《视听纵横》技术版编辑指导委员会和编辑委员会会议，40多位来自省市广播电视台(集团)领导和技术部门的负责人出席了会议。省广电局副局长铁国强和浙江广电集团副总裁杨勇出席会议并就办刊宗旨、刊物定位、栏目设置等问题作了部署。

二、启动全省有线广播电视工程资质评审今工作

经中国广播电视协会批准和国家广电总局同意，中广协会有线电视工作委员会自2008年开始，在全国范围内开展有线广播电视工程资质评审工作，目前已完成对全国10多个省市100多家企业的评审和颁证。2011年4月26日至27日，省广电产业协会与中国广播电视协会有线电视工作委员会联合在杭州举办全省有线广播电视工程资质评审培训班，标志着浙江省有线电视工程资质评审工作的启动。全省各市、县(市、区)广播电视台、有线网络中心(公司)、有线广播电视工程施工、运维单位负责人或法人代表共130余人参加了培训班。省广电局副局长马乐其作了讲话，中广协会有线委员会会长陈晓宁等宣讲了有线电视工程企业资质管理有关法律规定和政策，介绍申报企业申报材料填写要求和工作程序，并解答工程企业有关申报问题的提问。全省列入第一批评审的企业有10家，其中申报一级资质的2家、二级的1家、三级的4家、专项资质的2家、临时资质的1家。

三、举行庆祝中国共产党成立90周年全省广播影视书画巡展

为了庆祝中国共产党90华诞，由省广电局、浙江广播电视集团、省广电产业协会和浙江华策影视股份有限公司联合举办“《心中的歌》——庆祝中国共产党成立90周年省广播影视书画展”。2011年6月28日书画巡展在浙江广电集团举行首展仪式。省广电局局长张宝贵、浙江广电集团副总裁沈金加、纪委书记赵力平出席开展仪式。之后，参展的74件作品先后在杭州、湖州、绍兴、宁波、温州、衢州、丽水、金华等地巡回展出，历时3个多月，受到好评。11月27日，浙江广电书画协会邀请了浙江美协、浙江书协和浙江画院的书画家对参展作品进行评审，确定25件作品获奖。

四、完成2010年度省广电广告作品奖评审

2011年4月26日在杭州举行2010年度省广电广告作品奖评审会，共有156件作品参加评审，51件作品分获一、二、三等奖。广告作品的创意、制作比上年有明显提高。

浙江省广播电视监测中心工作概况

2011年是实施“十二五”规划的开局之年，按照省局2011年工作要点，紧紧围绕“着力提高综合监管水平，不断加强广播电视安全播出能力”主要目标，开拓创新，严实履职，主要做好了以下工作：

一、圆满完成建党90周年等重要保障期及日常的技术监测保障工作

中心按照总局62号令《广播电视安全播出管理规定》和省局安全播出指挥部要求，认真值守，及时处置，圆满完成元旦、省两会、春节、全国两会、清明节、五一、5.13敏感日、端午节、建党90周年、世界大学生运动会、国庆及全国第八届残运会等11个重要保障期长达80天的第十个安全播出平安年的技术监测保障工作。2011年全年，监测中心对浙江广电集团及11个市等的648套节目进行24小时不间断监测，监测时长总计567,6480小时，除全省各市有线广播电视网停播率为1.24秒/百小时及省、各市电视中心停播率为0.42秒/百小时外，省、各市广播中心、无线发射转播台及省卫星广播电视地球站停播率均为0.00秒/百小时，省、各市光缆传输干线网和微波传输电路业务可用度100%，均优于总局62号令要求的安全播出年度运行一级指标；共发送安全播出预警短信81条，上报总局“安全播出零报告”10次，编发技术监测月报11期，接收全省“安全播出零报告”1185份，接收全省安全播出工作小结7次55份。

二、初步完成省安全播出监管系统等重要工程建设任务

中心干部职工根据省局领导指示，克服设备运行曾经不稳定、安装环境复杂等困难，经过连续作战，顺利建成省安全播出监管系统（一期）和手机音视频节目监管系统，6月份通过验收投入运行；初步完成省安全播出监管系统（二期）和省监测网IP数据传输平台升级改造项目的安装调试工作，本月底起全省绝大多数市县节目开始综合监管；完成全省广播电视安全播出指挥调度系统（一期）项目舆情分析子系统的招标采购合同签订工作，预警和楼宇信息发布子系统和车载移动监测分析仪器正在公开招标中；完成中心机房空调、UPS电源的改造扩容和省模拟监测网部分前端设备的更换维护等工作。

三、协助完成有关安全播出具体工作

中心统筹协调、穿插进行，很好地协助总局监管中心完成了相关监测系统设备维护及CMMB监测设备的安装工作；配合省安全播出调度中心召开2011年全省广播电视安全与监测工作会议，完成7个市11个县等全省广播电视安全播出执法大检查和全省各播出传输单位技术系统评估表、电台电视台供配电系统及管理情况调查表、浙江上星付费节目情况表和安全播出简报的接收上报等工作，指导协调支持11个市建立或完善市级监测中心相关建设工作。

四、建立健全并执行中心部分规章制度

基本完成中心事业单位改革人事定编定岗、岗位设置及绩效工资实施方案，完善制定并实施监测中心财务管理制度，完善并实施业务系统运行维护管理责任制，建立值班长制度、系统日常巡查制度及日报制度，积极参加各类技术展会和业务培训，积极培养入党积极分子，发展新党员1名。

浙江省广播电视节目评议审查中心工作概况

2011年，省广播电视节目评议审查中心在省广电局党组的正确领导和宣传管理处的具体指导下，牢牢把握正确的舆论导向,紧扣重大主题宣传报道、抵制低俗之风两大主线,开展积极有效、形式多样的视听评议工作,在拓展评议范围、改进评议方式、加强社会监督评议平台建设等方面进行了探索与努力。截至12月8日,共编发《视听评议》简报53期,专报11期。其中,有22期获得总局领导,省委常委、宣传部长茅临生等领导的批示与肯定。

1. 突出重点,强化节目评议

一是做好重大主题宣传及活动跟踪评议工作。如对部分媒体推出的全国"两会"、省"两会"、海洋经济大省建设、抗击雨雪冰冻灾害、汶川地震三周年、中国共产党建党90周年、抗洪救灾、"7·23"甬温线特别重大铁路事故、辛亥革命一百周年、全国残运会、贯彻十七届六中全会精神等宣传报道进行了关注和评议。其中,建党90周年报道是宣传报道中的重中之重,评议中心根据年初拟定的计划,对全省省市主要广播电视媒体播出的新闻、专题、重大活动及影视剧进行了专项收听收看,肯定大部分频道精心组织、全力营造舆论氛围的举动,同时对个别行动滞后的频道提出了批评。二是积极推进主流媒体建设。如继续开展"新闻立台"专项评议工作,做好少儿频道、公共·新农村等公益性频道的节目评议工作。三是加强对省市主要频道新版节目的视听评议工作。如对浙江卫视、浙江经视等今年新推出的栏目进行了全方位收看与评析。四是做好日常监管评议,将一些日常节目监管并有代表性的内容也及时在评议简报上进行了刊登,促进媒体及时加以纠偏。五是做好广告监管及投诉核查工作。

2. 建立社会监督评议机制,拓展评议范围,充实评议内容

2011年,在省记协的帮助下,省局聘用了一批来自各行各业、关注并热爱广电事业的社会监督评议员,建立了社会监督评议机制,也有效地拓展了视听评议的范围,改进原有评议的方式方法。

3. 开展满意度调查,丰富评议形式

年初,评议中心即与浙大传播研究所合作,对省级电视频道开展公众满意度调查活动。此项调查,旨在为建立科学的评价体系做一些有益的探索,对收视率评价体系做一个合理的补充。目前已完成2500多份的社会问卷调查、200多人次的受众走访座谈等大量工作。有关专家正在做最后的分析总结。

4. 合理调整评议队伍,加强评议队伍建设

2011年,根据工作需要和评议专家队伍的年龄现状,进行了必要的调整。同时,通过组织年度评议工作会议、评议员座谈会、评议工作例会等多种形式,及时传达上级最新指示精神,以会代训、以会促学,有效提高评议员的政治水平、理论水平和业务水准,加强了评议队伍建设。

5. 加强服务意识,指导相关市局开展视听评议工作

评议中心加强了与杭州、宁波、温州、金华、丽水等地市局的沟通联系工作,尤其是对金华、温州等新开展视听评议工作的市局进行了较为深入的沟通与联系,促进省市两级视听评议工作的共同开展。

2011年地方概况

杭州市广播影视管理工作概况

2011年,杭州广播影视管理工作坚持以科学发展观为统领,认真学习贯彻党的十七大五中全会和六中全会精神,创新工作、服务于民、依法行政、强化管理,扎实有效地推进各项工作。

一、加强舆论引导和宣传管理工作

1. 提高舆论引导水平。引导市、县两级广播电视媒体坚持正确舆论导向,坚持新闻立台、质量兴台,巩固和壮大积极健康向上的主流舆论。围绕建党90周年、辛亥革命100周年、西湖申遗成功、创建全国文明城市、践行社会主义核心价值、第八届全国残运会等重大主题开展媒体引导工作。落实《关于做好庆祝中国共产党成立90周年影视剧及文艺节目排播工作的通知》等上级文件精神,组织市、县广播电视台开展首次联制联播大型采访活动"红湖的记忆"、大型群众献礼活动"心中有爱献出来"杭州分赛区活动等,引导媒体为庆祝建党90周年营造良好的舆论氛围。

2. 落实媒体宣传管理。及时传达广电总局、省广电局宣传管理相关文件精神;规范证券类、调解类等广播电视节目;完善审读评议工作机制,出台《关于加强2011年视听评议和报刊审读工作的方案》,明确工作职责、人选要求等制度,全年编发《报刊审读通报》18期,《杭州视听评议》13期。杭州市委副书记叶明等批示肯定视听评议和报刊审读工作,杭州市

委常委、宣传部长翁卫军一行专赴省广电局调研评议审读工作。全年妥善处理群众关于广播电视节目内容的投诉14起,回复满意率100%。

3. 圆满完成广播电视政府奖评比工作。一是组织开展2010年度杭州广播电视政府奖评选，市、县两级广播电视播出机构共429件作品参评广播电视新闻奖等6大类项目评比,306件作品获市级政府奖,67件作品获省级政府奖。5件作品在省广播电视新闻奖评比中获一等奖，反映了杭州市广播电视台在坚持新闻立台,坚守社会责任上的良好表现。二是发挥优秀作品的示范作用,召开获奖作品评析会。邀请专家学者对我市获奖作品作点评，杭州电台西湖之声连续报道《西南的渴望》等一等奖作品的主创人员介绍创作体会,市、县两级广播电视台的80余位业务骨干参加了会议。三是组织编撰2010年度杭州广播电视获奖作品汇编,搭建优秀作品交流平台。

4. 加强广告播放管理。一是加强管理与引导。落实上级关于广告播出的相关文件精神和社会各界对媒体广告管理意见的整改措施；坚持管理与服务并举,联合出台《关于进一步加强广播电视广告播出管理的通知》,规范广告承接、内容审核、档案登记等流程管理;组织开展2010年度杭州市广播电视广告作品奖的评选,全市42件作品参评,26件作品获奖,7件作品获省级政府奖，作品的数量和质量较去年有明显提升,位全省前列。二是开展督查与整治。针对监测中心通报的广告违规播出问题,督促各台整改;通报月度广告信用情况,发布广告监测预警;落实总局关于停止播放"变通通便胶囊"等44条电视购物短片广告通知要求；组织两次夜间涉性广告节目的专项清查,对发现的14则违规广告(节目),第一时间责令播出机构予以停播；开展违法违规电视购物广告清查，及时叫停3个相关频道播出的一则违规电视购物广告;配合市工商局开展百日行动,叫停市属媒体发布的33则涉嫌违法广告;与工商等部门共同开展广播电视广告播出综合整治，文广集团停播广告涉及剩余合同金额1400余万元,全市广告播出违规率明显下降。三是加强沟通与服务。走访杭州文广集团、华数数字电视传媒集团有限公司,听取两大集团分管负责人就广告管理工作的情况汇报，了解播出(传输)机构在广告管理中的问题、难点,共商加强广告播放管理举措；召开广播电视广告播出管理座谈会,倾听人大代表、政协委员、行风监督员、市民代表的意见建议；进一步加强与工商、食品药品监督、卫生等部门的广告管理部门联席会议制度,积极发挥联合监管作用；全年受理各类广告投诉19件，二次交办和重复投诉率为零。

二、推动影视精品生产

完成2010年度广播影视制作经营机构业绩审核工作,配合省局取消了38家不合格影视制作公司的《广播影视节目制作经营许可证》,目前全市有属地影视制作机构240家。

指导重点影视机构做好奖项申报和扶持资金申报工作。杭产电视剧《毛岸英》、《五星红旗迎风飘扬》、《东方》等7部电视剧先后在央视一套播出,《毛岸英》、《五星红旗迎风飘扬》分获第28届中国电视剧"飞天奖"一等奖。杭州盛世龙图动画公司创作的动画电影《梦回金沙城》,入围奥斯卡最佳动画长片奖,实现了我国影视片在奥斯卡奖项上零的突破,并获得本届(14届)中国电影"华表奖";电影《岁岁清明》获得金鸡百花奖。在2010年度全国少儿节目精品及国产动画发展专项资金项目评审中，杭州市6个项目榜上有名,奖励资金总额为93万元,获奖项目总数和获奖金额继续位居全省第一。浙江中南卡通股份有限公司制作的《乐比悠悠教育系列》和杭州玄机科技信息技术有限公司制作的《秦时明月之诸子百家》获优秀国产动画片一等奖,体现了我市原创动画片的制作实力。

三、严格依法行政,加强科学管理

1. 强化安全播出管理。一是总结经验，明确部署。召开2011年度广播电视安全播出工作会议,杭州市广播电视安全播出领导协调小组组长、市委宣传部副部长余新平到会并作重要讲话;常务副组长、市文广新局长陈建一总结2010年工作,部署下一阶段任务。会议还表彰了2010年度广播电视安全播出先进集体29个、先进个人70名。二是强化责任,落实分工。与各区、县(市)广播电视安全播出领导协调小组组长单位,杭州文广集团、华数数字电视传媒集团有限公司,各区、县(市)文广新局、广播电视台、数字电视公司及持证视音频网站、电影院线、宾馆饭店等签定200余份安全播出责任书。三是加强预警,及时通报。组织开展全市广播电视安全播出演练,编发杭州市安全播出简报4期，杭州市广播电视监测月报12期,重要保障期通过安全播出预警信息平台先后141次向市、县两级安全播出领导协调小组、安全播出指挥部领导和成员发送相关信息共计47658人次；收到市、县两级广电部门安全播出文字报告单

558份，持证视听节目服务网站报平安电话840人次。四是加快推进广播电视监控中心改造建设步伐。做好庆春路凯旋门商业中心14楼广播电视监测中心改造工程和业务用房装修改造工程；完成广电监测中心白马湖项目前期启动工作。市广电监测中心实行7×24小时双人双岗值班制度，对杭州文广集团和二区五县(市)有线电视、无线电视、中波广播、调频广播及华数数字电视共1700余套广播电视节目进行实时监测。

2. 加强广电社会管理。一是继续深入开展创建“无非法小耳朵乡镇(街道)”活动，全市共拆除非法‘小耳朵’151座，取缔非法销售窝点3处。省创建工作领导小组对杭州市工作思路、机制和创建达标情况给予高度评价，下城、江干、桐庐、淳安4个区、县(市)和15名个人获省创建工作先进。二是加大整治力度，规范传播秩序。成立由10个部委办局联合组成的领导小组，开展打击“网络共享”网站及设备产品专项治理行动，先后出动执法检查人员1000余人/次，检查各类电子市场和相关经营单位1300余家/次，查扣、没收非法“电视棒”37个，立案查处相关案件53起，移交司法机关处理的案件1起，罚没金额共计18.78万元，删除本地区互联网站非法销售“网络共享”设备产品等违法信息45000余条/次等。三是做好指导、协调工作。指导影院规范文明用语，配合开展文明城市创建宣传工作；协助省广电局处理视频网站违规转播新闻节目的问题，配合市执法总队查处电信非法开展IPTV业务等。

四、加大广播电视公共服务体系建设

1. 广播电视对农节目服务工程。全市广播电视台每周开办广播和电视对农节目74档，其中广播50档，电视24档，达到省考核目标。开展第三届杭州市新农村建设优秀广播电视作品大赛暨2011年度广播电视对农节目政府奖作品评选，24件作品获奖。落实全市广播电视对农节目服务工程建设的专项扶持资金79.2万元，用于补助市级重点对农栏目、优秀对农节目、农村有线广播和通用性对农节目。联合下发《关于建立杭州市广播电视对农节目服务工程联席会议的通知》、《杭州市广播电视对农节目服务工程联席会议工作任务、工作机制和职责分工》，促进形成政府主导、多方参与的广播电视对农宣传服务新格局。在全省广播电视对农节目考核中，萧山台广播对农栏目、桐庐台电视对农栏目被评为优秀奖，余杭台和桐庐台的广播对农栏目、杭州台和临安台的电视对农栏目入选鼓励奖，另有4件作品获省广播电视政府奖，杭州文广新局获组织奖。

2. 广播电视“村村通”、“村村响”工程。深化农村广播电视“村村通”、“村村响”工程建设，加强村广播室建设，杜绝农村广播电视的“返盲”现象。组织各有关区县市对乡镇广播电视站主要设备配置进行调查，对覆盖情况反复进行调研、统计和督查，确保农村广播电视无“返盲”。上报“十一五”广播电视村村通综合验收材料。

3. “广电低保”工程。进一步实施广电低保工程，按照“能保尽保”原则，为全市低保家庭减免有线电视网络初装费和视听维护费，保障群众收听收看广播电视节目的权益。截止11月底，完成全市广电低保减免38227户，新安装1045户，合计减免729.41万元；其中市本级广电低保减免6648户，新安装127户，减免171万元。

4. 农村数字电影“2131”工程。推进农村数字电影“2131”工程，深化农村数字电影放映公共服务机制建设，努力使农村电影放映工作走在全省前列。做好2010年度农村电影放映工程的总结考核工作，完成2010年省、市、区(县)各级农村电影放映场次补贴的发放工作。春节期间专题部署了农村电影放映工作，选择较好的电影影片进行放映，丰富春节期间农村的文化娱乐生活。开展农村数字电影院线市场化运作的调查研究，分城区和县(市)数字电影放映座谈会。全年共放映公益电影27802场，中心村覆盖率100%，超额完成省、市下达的目标任务，实现全数字化放映。农村群众观影人数达到591.999万人次，取得了较好的社会效益。

五、推进广播影视科技发展

1. 积极推进三网融合工作。一是多次参加市数字城市领导小组组织的三网融合协调工作会议，制定杭州市三网融合监管平台建设方案，并与相关单位协调建立IPTV监测平台事宜。二是做好各类调研工作。参与国务院三网融合协调小组对我市三网融合进展情况的调研。组织市发改委、信息办、文广集团、华数集团、移动、联通、电信等单位座谈交流三网融合工作经验。

2. 积极扶持华数集团上市。多次参加市委办公厅、市政府办公厅、市数字办等部门召开的关于华数集团上市工作的协调会议，为该项工作出谋划策；积极沟通华数集团和杭州文广集团，从行业管理上为上市提供服务和支持。经报浙江省广电局批准，批复杭州文化广播电视集团关于华数集团借壳上市工作。

3. 组织广播电视科技类各项评比。推荐8项科技创新项目、6篇优秀论文参评省广电科技创新和优秀论文评审会。推荐3个集体和7名个人参评2011年度浙江省广播电视技术维护奖。组织开展2011年度杭州市广播电视节目技术质量奖评比,选送4家单位、4大类10个节目参加省级评比。完成广电系统工程技术人员职称评审工作,29名通过中高级技术职称评审。

六、大力发展影视文化产业

1. 加快电影产业发展,推进城镇多厅影院建设。深入贯彻国务院、中宣部、国家广电总局和浙江省人民政府先后出台的有关促进电影产业繁荣发展方面的指导意见,在广泛征求意见的基础上,草拟《杭州市关于城镇多厅影院建设和城镇电影公共服务专项资金的补助办法》。目前,杭州市11个区、县(市)拥有1家以上的5厅影院;尚未达标的拱墅区和淳安县,今年也已新建。23个省级中心镇中,余杭区余杭镇和桐庐县分水镇新建的多厅影院已完成主体建筑;萧山临浦镇、临安昌化镇也已着手多厅影院新建工作。

2. 积极发展文化类民办非企业单位。组织召开全市文化类民办非企业单位工作总结暨年检工作会议,配合做好民非企业年检年审工作。全市有文化类民办非企业单位33家,今年新增5家。

3. 组织参与和扶持重点文化产业项目。组团参与中国义乌文化产品交易博览会,超额完成额定的70个展位招展任务。

宁波市广播影视管理工作概况

2011年,是"十二五"规划的开局起步之年,是宁波市实施"三思三创"主题教育活动的关键一年,宁波市广播影视系统紧紧围绕市委、市政府和上级广电部门的中心工作,创新工作思路,履行工作职责,狠抓工作落实,深入实施广播影视惠农惠民工程,切实加强广播影视产业建设和管理,各项工作取得了较好的成绩。

一、深入实施广播影视惠农工程,着力构建广播影视公共服务体系

1. 在全省广播影视惠民服务工程考核中取得优异成绩。以省广电局组织的广电惠民服务考核工作为契机,采取有效措施,狠抓落实,不断提升广播影视公共服务水平,使宁波市的广播影视惠民服务工程建设走在全省前列。宁波文广新局获省惠民服务工作组织奖,鄞州、北仑广播电视台和江北广电中心,鄞州、镇海、奉化文广新局获示范单位奖,宁波、余姚、奉化、镇海台,江东、北仑、余姚文广局获优秀单位奖。

2. 加强广播电视对农节目服务工程建设。制定"十二五"期间全市对农节目服务工程建设目标规划和考核办法,5月份组织全市播出机构参加了全省广播电视对农节目服务工程表彰会和业务培训讲座。宁波文广新局连续三年获得全省对农宣传服务工程建设组织工作奖,全市有5家单位获得2010年度全省对农宣传优秀奖和鼓励奖。截至10月份,宁波市、县(区)10个广播电视播出机构每周共播出广播对农节目93档,电视对农节目38档,完成每周3档以上对农广播电视节目的任务。在数量达标同时,对农栏目的质量不断提升,培育了一批针对性、服务性较强的优秀对农栏目。9月份在全省对农宣传服务工程建设考核工作中,镇海区广播电视台《绿色田野》获得对农节目二等奖、对农栏目三等奖,余姚市广播电视台《新农村》获得对农活动二等奖。

3. 扎实做好"村村通"、"村村响"和"广播电视进渔船"工作。全市所有行政村和20户以上自然村均接通有线电视信号,农村有线电视总入户率达94.88%,市财政还安排75万元/年专项用于农村有线广播电视管理维护。全面做好"村村响"通响维护工作,所有行政村均通有线广播,开通一套有线对农节目并具备应急广播功能。在村村通、村村响工程基础上,配套完成"广电低保"工程,继续跟踪低保户的动态信息,做好新增低保户的安装入户工作。启动全市"广播电视进渔船"工程,制订"广播电视进渔船"实施方案,继续实施广电普惠工程。

4. 稳步推进农村电影放映工程健康规范发展。2011年全年放映农村流动数字电影25018场,超额完成全年指标,圆满完成市政府实事工程项目任务,继续实现每月每村放映一场电影的工作目标。为了规范农村电影放映行为,完成所有流动数字放映设备的升级换代,并建立GPS/GPRS远程技术监控平台,实现了对农村电影放映情况的实时监控。同时,推动市电影公司数字电影管理系统(TMS)建设。制订方案,实施设备和系统招标,目前工程进展顺利。

5. 成功举办《建党伟业》全国农村首映式暨第四届农民电影节。本届电影节以“农民的节日，电影的盛会”为主题，从7月15日起，举办了《建党伟业》全国农村首映式暨第四届中国（宁波）农民电影节开幕式、全国农村电影成就展、“新起点·新态势·新发展”——全国农村电影发展战略高峰论坛、农民评选“最喜欢的影片和最喜欢的男、女演员”、建党90周年新片展映活动、电影金曲献给党主题晚会等六项系列活动。通过举办面向全国性的一些活动，助推电影节向更高层次及规模化发展，使宁波的电影文化在国内外形成更大的影响力，初步具有一定特色的农村电影文化盛会，打造了电影文化品牌。

二、全面推进广播影视事业建设，加快广播影视产业健康发展

1. 积极推进全市数字电视整体转换。有线数字电视整体转换是适应科技进步形势，加快广播影视改革发展，适应“三网融合”发展的需要，将为宁波市建设智慧城市提供强有力的技术、设施支撑。宁波文广新局对数字电视整体转换工作高度重视，明确指标任务，落实责任，1~10月，全市有线电视数字化转换20.1万户，超额完成全年指标，全市乡镇地区网络双向化改造覆盖率达60%。

2. 认真做好全市广电有线网络整合发展工作。根据省、市委工作部署要求，宁波文广新局牵头于6月份启动实施全市广电有线网络整合工作。组建工作领导班子，加强调查研究，制订具体工作方案，下发《宁波市广播电视有线网络“一市一网”整合发展实施方案》，力争12月底前，完成“全市一网”网络整合工作，2012年上半年完成交互电视平台，骨干传输网络、业务运营支撑系统等项目技术升级建设，融入“全省一网”运营体系，全面实现“五统一”目标。

3. 圆满完成智博会“三网融合高层论坛”各项工作。本届论坛活动规模大、层次高、内容丰富。论坛邀请了国家广电总局副局长田进及省广电局领导、全国12个三网融合试点城市部分广电部门领导、省内地市广电部门、全市广电系统领导、技术骨干和有关广电行业企业家参加，与会代表达300余人，超过了原定200人规模，同时有7位专家进行精彩演讲，广泛交流三网融合在技术、运营、管理中的最新成果和亮点，为加快宁波智慧城市建设和推进新一代广电信息网络发展提供了具有积极借鉴意义的理论支撑和实践启迪。展览工作共招展21家企业34个标准摊位设立了广电展区，主题馆135平方形象展设计新颖，形象突出，受到各级领导和参观嘉宾的好评。

4. 推进广播电视精品工程建设。2011年组织召开2010年度宁波市广播电视政府奖复评会议，共有239件作品获奖。推荐送省的共有70件作品获得省广播电视政府奖，其中一等奖23件、二等奖21件、三等奖26件，继续保持在全省的前列。同时将获奖的优秀作品汇编成册，并请专家对每件优秀作品提出评析意见，供全市采编播人员交流学习，充分发挥优秀作品在广播电视精品创作中的示范效应。完成全市广播电视节目制作技术质量奖评奖工作，进一步推动全市广播电视节目制作质量的提高，为申报国家政府奖（金帆奖、金鹿奖）打下基础。加强少儿节目精品创作，宁波电台《小星星乐园》获得全国优秀少儿广播栏目三等奖（全省共2个），余姚广播电视台《七彩风铃》获得全国优秀少儿电视栏目鼓励奖（全省共1个），宁波电视台少儿频道获得优秀少儿、动画频道三等奖（全省共2个）。

5. 积极扶持影视、动漫制作机构创作生产。目前全市持有广播电视节目制作许可证的单位已增至25家，通过规范管理、加强行业自律，各制作机构创作能力、制作水平和节目质量有较大提高。由宁波广电集团等联合出品摄制的重大史诗性题材电视连续剧《五星红旗迎风飘扬》获得中国广播影视大奖·第28届长篇电视剧“飞天奖”一等奖，这是宁波市首次获得的长篇电视剧“飞天奖”一等奖。另外，《家常菜》获得长篇电视剧“飞天奖”二等奖。另外，动漫产业发展迅猛。为纪念中国共产党建党90周年，宁波卡酷动画公司制作了一部抗日题材的12集动画片《红色通道》，该片已被宁波市委宣传部列为文艺精品项目，将参与国家“五个一工程”奖评选；52集动画连续剧《麦圈可可宝岛奇遇记》代表宁波动漫参加了赴台文化交流活动。宁波莱比特文化传媒公司的40集原创动画片《外星棒棒兔》自2010年在中国教育电视台首播后，观众反映良好，故今年被教育部推荐到中国黄河电视台播映。此后，莱彼特公司的另一部作品《三字经的故事》又成功在央视少儿频道播出。天维文化公司创作的动画作品《漫画英语》在13个省级电视台播出。随着动漫大鳄迪士尼基地落户宁波，将能带动周边动漫产业和其他衍生产品的发展，发挥鲶鱼效应，加速宁波动漫产业的集聚。

6. 积极推介宁波影视动漫产业，甬港文化合作论坛显光彩。甬港经济合作论坛10年来，今年首次设立甬港文化合作论坛和甬港影视合作论坛，而且档次高,专业性强。论坛嘉宾阵容强大,宁波市政协主席唐一军、香港电影发展局副主席林建岳出席论坛并讲话;中国电影资料馆副馆长张建勇、香港电影发展局委员、香港国际电影节协会主席王英伟先生、香港电影发展局委员、香港电影工作者总会会长吴思远先生、宁波广电集团副总裁张晓东先生、香港著名演员、电影制作发行协会会长黄百鸣先生也出席论坛并发表演讲。宁波电影人与香港电影有着深深的历史情缘,围绕“搭建甬港文化合作平台,推动影视动漫携手发展”主题,宁波的20家文化企业赴会寻求合作,共有40多个项目参加论坛推介,涉及影视剧本、影视动漫制作、影视培训、项目投资、影视拍摄基地服务、形象授权、游戏运营代理、企业招商等,总投资超过12亿元。

三、加强广播影视行政管理工作,增强广播影视监管能力

1. 切实加强对播出机构的宣传指导、广告监管。一是指导播出机构围绕中心工作,做好主题报道。重点做好“三思三创”、“建党90周年”、“文明城市创建”、“走基层、转作风、改文风”等主题活动宣传,为宁波的政治、经济、社会全面发展和建党90周年营造强大舆论声势。二是以播出机构综合评估、广播电视监测评价工作为抓手,进一步抵制低俗之风,净化荧屏声频。2011年2月至3月展开了抵制低俗之风专项行动,特别对选秀类节目、竞赛类节目、综艺类节目进行排查自查,加大监管力度,坚决查处整治违规行为,努力使播出机构和频道频率管理在改进中加强,在规范中提高。三是进一步发挥广播电视监测评价研究中心功能,加强对市级广播电视节目的监听监看力度。今年共刊出16期宁波广电评议,其中第四期《主题鲜明 内容丰富 创新手法 温暖人心 ——宁波电视台<温暖2011圆你新年梦想>系列节目评议》得到宁波市委常委、宣传部长宋伟的批示肯定。四是围绕《广播电视广告管理办法》的实施,积极开展监督,组织检查,宁波市的广告管理工作得到了国家广电总局和省广电局的充分肯定,江苏徐州文广局等兄弟单位还率队来宁波考察学习广告经营和管理。

2. 全力确保全市广播电视安全播出。广播电视安全播出是一项长期性和基础性的政治任务,防插播、防破坏形势不容乐观。全市广播电视系统全力做好元旦、春节、全国、省“两会”、五一、十一等广播电视安全播出重要保障期的安全播出工作,为维护我市社会稳定提供了良好的舆论环境。

3. 指导学会开展工作,充分发挥学会研究阵地和沟通桥梁的作用。对学会主办学术刊物《浙东声屏》进行改版,2011年共刊发4期刊物,发表各类论文100多篇,为我市广播电视事业发展提供有力的理论支持。举办各类研讨会、培训讲座、专业活动,如组织对农节目研讨会、全市广播员主持人朗诵大赛等活动。召开宁波市广播电视学会第四届会员代表大会,完成学会五年一届换届工作。

4. 加强卫星电视接收设施管理。一是完成对合法用户卫星电视接收设施的年度审核工作,全市114家卫星电视用户通过年度审核。开展卫星电视接收方式整治工作,严防非法接收境外卫星电视节目,确保所有节目都来自中央卫星平台并做到持证接收,发现并关闭了3家酒店无证接收境外卫星电视节目。二是积极开展无“小耳朵”乡镇(街道)创建活动。宁波市2010年度创建工作全部达标,其中镇海区、奉化市、鄞州区、江东区被评为先进单位。三是开展打击非法“网络共享”网站及设备产品专项行动及配合610办公室开展非法卫星电视接收设施集中整治行动。建立由9个部门组成的领导小组,下发实施方案,指导县(市)区开展整治。截止9月份,全市共出动检查155次,出动检查人员1279人次,收缴进口车载卫星天线5套、非法“电视棒”12套,摸清非法安装的卫星电视接收设施1096个,下发限期拆除通知书1200多份,其中强制拆除125 套,没收4套,查处非法接收境外卫星电视节目的酒店3家,取缔“小耳朵”非法销售点5家,关闭违规网站12家,删除相关信息80多条,整改违规版块30多个。通过整治,有效遏制非法“网络共享”设备的蔓延,有力打击了非法生产、销售、安装、使用“小耳朵”的行为。

5. 强化网络视听媒体的内容管理。加强对持有互联网传播视听节目许可证网站的日常监管,积极营造绿色、文明的网络活动空间,促进互联网视听节目的健康发展。确保网上播出的节目内容符合《互联网等信息网络传播视听节目管理办法》的有关规定。宁波文广新局及时阻止东方热线计划进行视频直播由网友自办的网络春晚节目。查处了宁波城市免费影院等2家网站违规开办的网上视听节目。开展整治和规范网上资本市场信息传播秩序的专项行动工作,要求持证视听网站加强规范网上资本市场信息传播秩序的管理,及时封堵删除各类违法信息,加强网上舆论的正面引导。

6. 积极推进新媒体发展。加强对移动公交电视、手机电视、IP 电视的管理。协助宁波广电集团与其他城市电视台联合申报筹备开办城市联合网络电视台，并于 2011 年 8 月正式开播城市联合网络电视台宁波台（nb.cutv.com），提升宁波广电媒体的影响力和竞争力，成为宁波市新的外宣平台。及时对电信公司违规开展 IPTV 进行检查，两次召集上海文广集团和宁波电信相关负责人商谈，依据有关法规，叫停了宁波电信向公众开展 IPTV 宣传安装活动。

7. 加快宁波市广电监测中心建设。克服困难，积极推进宁波广电监测中心自筹建工作。完成设备招标及设备采购计划、装修初步设计、电力扩容、房产过户流程、网络通道建设等工作。同时加强规划，加快建设，积极建立有线数字电视监管平台，探索建立三网融合模式下的网络信息安全和文化安全监管体制，保障三网融合顺利开展。

温州市广播影视管理工作概况

温州市广播影视管理工作以十七届四中全会精神为指导，贯彻落实科学发展观，紧紧围绕党委政府全局工作和中心任务，加强广播电视安全播出，落实广播电视惠民服务任务，进一步强化广播电视管理，努力促进全市文化大发展、大繁荣和广播电视社会服务均等化。

一、加强广播电视安全播出工作

为健全安全播出领导机制，4 月下旬温州市调整了市广播电视安全播出协调领导小组，各县（市）也相应完成了机构人员调整，建立健全市、县两级广播电视安全播出管理网络。6 月 2 日，温州市文广新局召开了全市广播电视工作例会，各县（市、区）文广新局分管局长、广电科科长、广播电视台台长到会。会议分析了当前的严峻形势，进一步明确局、台的职责，落实属地管理原则，重点部署安全播出大检查工作。同时在节假日、敏感日等重要安全保障期期间局主要领导和局分管领导具体部署，各职能部门严守阵地，全体工作人员紧绷安全播出这根弦不放松，严格执行安全播出值班制度和“零报告”制度，没有发生安全播出事故。

为扩大广电监测范围，切实提升安全播出技术保障，温州市广电监测中心建设工程得到实质性地推动。6 月上旬，500 余平方米的广电监测中心新址已经装修完毕，价值 434 万元的机房设备已陆续进场安装。6 月底完成了移动监测车的招投标工作，进入车辆改装阶段。7 月份中心完成了移动监测设备招投标工作，设备已在安装调试。

以全省广播电视安全播出执法大检查为契机，一方面市本级加强了对本部门的自查和相关台帐整理。一方面温州市文广新局于 6 月 8 日至 13 日开展了全市广播电视安全播出执法大检查行动。检查行动由分管领导带队，重点就安全播出制度建设、协调机制落实、播出机构系统配置、安全播出责任分解等事项进行实地检查。检查中，就个别县存在的安全隐患和制度漏洞，如广电设施巡查制度不够健全、安全播出演练尚未开展等，检查组要求当地责任单位及时处理，限期整改，确保防范到位、制度到位、责任到位。6 月下旬，温州市广电部门积极参与省交叉检查行动，学习兄弟县（市）的先进经验，对比自身工作的不足，不断完善本市的安全播出制度建设和工作流程。

二、推进广播影视惠民工程

2010 年温州市广电惠民工程推进不力，尤其是县级数字化整转和市本级广电低保工作未能达标，2011 年的任务尤显艰巨。同时，2011 年适逢温州市实施区划调整，许多惠民任务的基数需要重新核算。为此，温州市在省广电局下达年度任务前开展了前期基础性工作，采取了三项措施推动广电惠民工作。

年初，温州市开展了全面的调查摸底工作，于 5 月上旬完成了基本数据采集和相关信息收集。温州市已经完成区划调整，由原来 290 个乡镇（街道）调整为 140 个乡镇（街道），其中街道 69 个、镇 64 个、乡 6 个。同时，通过进一步的调查核实，掌握了较为准确的各项工作基数，根据省广电局广电惠民标准，将比例标准换算为具体的数值，令年度工作任务更为直观。同时，温州市文广新局对比 2010 年的工作标准以及 2011 年的工作任务，找出工作重点和难点。局主要领导对广电惠民工作非常重视，8 月上旬旬召开了全市广电惠民工作现场推进会，8 个县（市）台长参加会议。为加快数字化整转等广电惠民工程的推进力度，还清欠账、年底达标，温州市文广新局还出台了《温州市文化广电新闻出版局 2011 年度重点工作督查方案》，将数字化整转、农村数字电影放映等工作列入其中，明确责任部门和责任人，按季度召开督查推进会，建立督查反馈制度。广电部门按照工作安排建立了事前指导、事中督导、节点督查三项措施。制定《温州市广电惠民服务工作指导手册》按月制定工作倒排时间表，建立月度统计汇报制度，及时掌握信息把握工程进度。提出重点抓好基数大、任务重、推进难的县(市)督促工作，借助市政府、市局两级的重点工作督查机制，通过与当地政府的沟通协调争取政策有支持、工程有推动、工作有成效。把握每个月末的时间节点，定期通报月度目标落实情况，对未完成指标的县(市、区)采取个别沟通、专题研究的方式深入分析问题、及时提出对策措施。

温州市将广电惠民工作中的数字化整转工作和农村数字电影放映工作列入政府重点建设项目，提升了工作推动力。温州市广电台实施了每周 6 天的工作制度，整合人力物力全力推动整转工作，市辖三个区已完成整转 31.7 万户，完成农村用户整转 19.8 万户，年度任务已经基本完成。2011 年初的全市文化广电新闻出版工作例会就广电惠民工作做出部署，各县(市)积极贯彻落实率先启动。目前，各县(市) 分别制定了整体推进计划并已经组织实施；瑞安市争取政府贴息贷款，并发动经济条件好的村集体以建“高清电视村”、“互动电视村”的新型合作模式拓展整转业务空间；泰顺县借助省“双服务”活动的契机，积极争取贴息贷款。全市累计完成有线电视整转用户 103.32 万户，完成双向化用户 110.4 万户，完成年度目标。2011 年农村数字电影放映场次有较大幅度提升，温州市文广新局及时与市财政局协商，落实了市级财政补助资金额度，确保增加的场数的财政补贴到位。6 月上旬，温州市文广新局与财政部门联合制定了《温州市农村数字电影资金管理办法》，规范了专项资金的使用和发放。同时，温州市文广新局指导市农村院线公司利用灵活的运营机制，以“五优三无”质量建设、农村电影示范点创建等工作为抓手，全年放映 52026 场，超额完成年度任务。

在重点工作的带动下，温州市的广电对农节目在量上已经达标，村村通工程、县级广电低保工程也基本达标，部分县(市)有能力争取达到最佳类标准。市辖三个区的“村村响”工程，已经完成了乡镇、行政村广播室建设，但户外喇叭安装工程遇到阻力。为此，温州市文广新局多次与市广电台协调，研究市区农村的村村响广播喇叭落地问题。并将龙湾区作为工作的突破口，会同区文广新局赴乡镇开展调研和协调，争取政策落地，工程开工。县级应急广播体系基本建成，但大部分的县级广播应急平台建在广播电台。市区在“村村通”工程验收的基础上，2010 年底完成了龙湾区灵昆镇的村村通工程，为该镇 9 个行政村、17 个自然村的近 1200 余户群众解决看电视难问题。6 月底，该工程经过半年调试运行完成进入验收程序，温州市文广新局在一周内组织市县两级开展了工程验收。

三、加强广播影视事业管理工作

1. *做好广播影视政府类奖项评比工作*。为保证广播电视政府奖的权威性，2011 年度的政府奖评比由市广电行政部门负责实施，并圆满完成了全部评奖工作。为确保评比活动顺利开展，温州市文广新局从三个方面加强了工作保障：一是积极与财政部门沟通，落实专项资金 10 余万元，专款专用，实现资金保障；二是完善评审程序，通过初评、定评、公示等程序环环相扣、层层把关，客观公正地开展评审工作，实现了程序保障。三是建立评审委员会、定评委员会为基础的评审机构，对重点奖项评审邀请省级专家指导，实现了组织保障。全市共有 183 件作品参评。经评委会认真评审，共评出一等奖 23 件、二等奖 42 件、三等奖 64 件。

2. *加强广播电视节目内容监管工作*。温州市文广新局还切实加强了对频道频率内容的监管，特别是在受理群众举报方面能够理顺处置机制，及时应对处理。针对涉及广告播出违规较多的特点，温州市文广新局建立和规范举报处理流程。接报后，区分所举报内容的性质，涉嫌违法行为抄告工商等相关部门核实查处，涉嫌违规行为由广电监测部门进行核实，并函告播出机构责令整改。全年共收到举报 7 起，其中省局督办 3 起，能够及时予以答复、上报。

3. *加强广播电视社会管理工作*。针对网络共享设备经营、电信 IP 电视运营等非法视听节目经营行为，温州市文广新局领导高度重视，强调要求加强领导，组织专门力量予以查处。2011 年上半年，温州市成立了非法网络共享设备专项整治领导小组，出台了行动方案，并联合工商部门抽查了两大电脑市场，流通领域，查获 60 余套设备。针对 IP 电视违规运营的恶劣形势，温州市认真贯彻省广电局专项会议精神，下狠决心、下硬任务，迅速组织执法力量查办典型案例。温州市文化市场行政执法机构会同当地执法机构对平阳县一电信 IP 电视非法运营案挂牌督办，争取做成“铁案”，为全市下一步的整治工作提供一个范本。

4. *加强城市电影管理工作*。温州市以扩大本土院线规模、提升城市院线档次、扩张电影市场为主要抓手,大幅提升电影产业的经营规模。全年投放市场新片283部(其中国产影片207部),创造票房12674623元(其中国产片票房收入64339969元,占总票房的50.39%。),与2010年同比增长30.33%,年度放映场次97280场,同比增长30.8%,观影2805218人次,同比增长24.36%。新时代、新中国、白鹿三家市直属国有影院票房为5106.8万元,全部进入全国票房百强影院行列。雁荡院线共有加盟影院35家(其中新建影院3家),合计106块银幕,22156个座位。目前正常营业影院除两家为胶片放映,其余全部实行数字化放映。

全年国有影院加快了工程建设步伐,白鹿影城对广场和4个影厅进行整体改造,其中建成700座观众席、银幕尺寸为23米×11米"巨幕影厅"一座;新中国影都改造售票室,增建影厅1座,改建4D放映厅1座;苍南影城整体改建将原来1座大厅,改造成4个数字小厅,具备3D放映功能。各大影院围绕纪念建党90周年开展系列活动,雁荡院线联合温州日报于3至6月举办的"重温红色经典系列活动";白鹿影城承办的6月15日"《建党伟业》温州首映式"活动。此外,各单位还开展了公益性电影放映活动,雁荡院线配合温州市第二届广场文化艺术节承担了5个周末的广场电影展映活动,观影人数超过了1万人次。新中国影都、新时代电影大世界于11月26日始开展了为期8天的"新中国电影选萃"回顾展映活动,上座率达到了80%以上。

四、积极推进广播影视重点工作

*1. 大力实施广电进渔船工程。*该项工作启动早,完成快,抓住了工作的三个关键点:一是抓财政资金的保障,二是抓机器安装时效性,三是抓维护和服务的到位。全年完成466条渔船的安装任务。全省现场会后,温州市文广新局立即部署各地及时向党委政府汇报,争取重视。各地纷纷落实政策政府的领导出面落实了县级财政补贴,平阳、苍南两县还争取到了乡镇财政支持,使部分辖区内的渔民获得了免费安装机器,其中平阳县用一年时间完成了三年的安装任务。各地海洋渔业部门和渔业协会大力配合,提升了工作效率。禁渔期将过,真正开展工作的时间不多,温州市文广新局业务处室每周与各县局保持沟通,及时掌握进度,并多次到现场督促工作。终于在禁渔期内基本完成了安装工作。为保证渔民使用效果,各县(市)文广新局要求中标单位将其公司的售后服务情况说明书报各有关局备案。在安装过程中,监督中标公司严格执行操作规范和程序,认真为渔民做好设备的调试,主动向渔民了解收视效果和使用情况。安装工作完成后,中标公司在当地建立了维护点,并及时跟踪第一批安装船只回港后的使用效果。工程安装公司与维修站人员上门对到港船只进行设备监测、调试,在充分了解出现信号不稳的原因后,制定出了技术更新和维护方案,对出海回港的渔船逐一进行维护。目前,渔民均掌握了设备使用性能,对收视效果反映良好。

*2. 完成农村数字电影放映工作。*温州市的农村数字电影放映工作一直走在全省的前列,2011年加强了三个方面的工作:一是数量质量有所提升。今年放映场次达到52026场,较去年增长了3000余场,观众1215.4万人次。2011年9月更新了96台放映设备,全面提升了放映质量。结合建党90周年、春节元旦等节假日和纪念日开展主旋律电影放映活动,还围绕政府中心工作,做好各类公益性专题电影放映活动,获得了良好的社会效应。二是管理更加先进规范。2011年温州市文广新局指导市院线公司建立了《农村数字电影放映工作目标责任制年度考核办法》等7项管理制度,规范放映纪律。率先在96台新放映设备上安装了GPS卫星监测设备,能够时时监控放映情况。为日常监管加强了科技支撑。三是突出了两大工作抓手。其一,温州市文广新局指导市院线公司在全市开展"五优三无"竞赛活动即"优质责任意识、放映服务、放映宣传、设备管理、统计报表和无投诉、无违纪、无事故",切实加强了放映队伍建设。其二,深化了农村电影示范点创建,即立一些相对固定的室内放映点,有利于开展宣传、便于管理和安全放映要求。符合农村群众观影的舒适度需求,受到当地村级组织的支持和群众的欢迎,永嘉、泰顺、鹿城、瓯海、乐清等地加大创建农村电影示范放映点的力度。

*3. 积极开展创建无非法卫星电视接收设施街道(乡镇)工作。*温州市文广新局高度重视此项创建工作,把创建活动列入全年"扫黄打非"重要的工作内容,健全组织、明确责任,制定整治实施方案,建立工作台帐。加强对各县(市、区)创建工作的督促指导,积极动员,制定工作计划,把无非法生产销售、安装使用卫星电视接收设施作为基层综治和平安创建的基本目标,实现了创建工作发动于基层、落实到基层,确保创建工作的顺利开展。平阳县采取各部门职责、任务层层落实,重点区域监管、违法安装点清理

建档等方式夯实了工作基础；泰顺县实行定期检查制度,完善义务监督员制度,建立考核检查制度;乐清市各级文化执法机构与各街道、公安派出所、社区及物业等部门积极有效配合,共同收集、汇总辖区内的非法安装信息,依法严打非法生产、进口、销售、安装"小耳朵"行为,努力形成齐抓共管、全民参与的工作格局。全市全年组织宣传 31 场次,发放宣传资料 23135 多份，全市文化市场行政执法机构共出动 1274 人次，取缔非法窝点 7 个，没收非法设施 259 套,居民主动拆除"地卫"设施 656 套,执法人员强制拆除 110 套,创建无非法卫星电视接收设施街道(乡镇)132 个,达标 131 个,较好地完成了创建任务。

湖州市广播影视管理工作概况

2011 年,湖州市广播影视系统按照"繁荣发展、惠民服务、安全播出"的要求,在"抓导向、强服务、保安全、促改革"上取得了明显实效,为湖州市推进"十二五"时期广播影视工作奠定了扎实基础。

一、强化宣传管理,提升舆论引导能力

一是抓好重大主题宣传工作。围绕庆祝建党 90 周年等重大主题,按照中央和省的要求,积极做好全市各播出机构建党 90 周年献礼影视剧及文艺节目备案工作,"七一"前后共有 15 部电视剧在湖州文广新局备案；积极号召和组织全市广播影视机构开展优秀广播影视剧展映展播活动,通过下发文件,要求集中排播、放映一系列红色经典影视剧和重点影片,展示党的丰功伟绩,大力唱响时代主旋律。

二是抓好节目精品创优工作。以湖州市广电学会为平台,精心组织 2010 年度省、市广播电视政府奖和新闻奖的评选和推荐工作，鼓励引导全市各级播出机构正确把握舆论导向，推动广播电视节目创新创优。共组织评选作品 150 件,其中获评省级一等奖 7 件、二等奖 19 件、三等奖 20 件,另获得品牌活动奖 1 项,(去年一等奖 4 项、二等奖 7 项、三等奖 16 项)不但获奖数量超过 2010 年,而且在作品质量上有较大的提升。

二、推进惠民工程,提升公共服务能力

一是努力构建公共服务体系。继续实施有线电视网络数字化工程,2011 年底有线电视数字化整转率和网络双向化覆盖率县级以上城区均达到 99%以上,农村地区分别为 92%和 55%以上,全面达到省广电惠民工程的基本要求;推进"广电数字低保"工程,全面实现我市 7808 户低保户免费收看数字电视的权益;把广电对农节目服务工程建设摆上重要位置,积极完善各种机制和措施保障,抓好节目内容和质量,在 2011 年全省组织的考核中,湖州市本级及所辖三县广电台均为考核优秀单位受到表彰,是全省 11 个市中唯一一个全部受表彰的市；在全省率先启动了乡镇广播电视站标准化建设工程,并积极争取湖州市委宣传部的重视支持,联合组织开展了市级先进乡镇广电站考核评选;继续推进农村数字电影放映工程，通过卫星跟踪监控等技术手段，实现农村电影数字化放映的可持续发展,完成放映任务 1.1 万余场,实现一村一月放映一场电影的目标。

二是强化惠民服务保障机制。根据《浙江省广播电视惠民服务工程专项资金使用管理办法》,指导湖州市本级惠民工程实施单位申报省级广电低保工程专项资金;推动有线广播"村村响"工程、广电低保工程和农村电影"2131"工程列为湖州市公共服务均等化行动计划,落实市级财政补助政策,将运维费和补助费列入市和区财政预算；指导服务辖区广播电视台申报 2011 年度乡镇广播电视站设备设施更新改造工程和"广电低保"数字化工程实施计划;针对农村数字电影因放映成本提高而影响工程实施的情况,积极汇报并协调市财政部门,争取到新增年度补贴 10 万元的扶持政策,受到基层好评。

三、加强行政监管,提升安全播出能力

一是进一步完善了安全播出工作机制。由于人员工作岗位变动，及时调整了湖州市安全播出领导小组名单，出台《湖州市广播电视安全播出应急预案》,召开全市安全播出工作会议,成功组织了市级安全播出应急演练，提高了广电系统应对突发事件的组织指挥能力和应急处置能力；在认真自查的基础上,配合省广电局做好安全播出大检查专项活动,通过查漏补缺,夯实基础,加强预防;强化联络沟通,在各重要保障期间,一律实行零报告制度,圆满完成全国"两会"、"五一"、"七一"等 7 个重要保障期的安全播出任务,获得了省广电局颁发的安全播出奖;进一步深化了广电监测中心的调研工作，争取市编委的重视支持,落实了人员编制,广电播出监测机构建设取得突破性进展。

二是进一步加强了社会管理工作力度。加强对广电新媒体的监管，实现从行业管理向社会管理的转变。配合湖州市委宣传部完成对城市大屏幕管理的调研，为全市加强对新兴媒体的安全管理提供依据；在省广电局的指导下，加强对IP电视的管理，针对电信违规开展IP电视业务，主动联系，通过协调、督促整改等方式，规范IP电视业务经营；规范互联网视听节目持证网站传播新闻类节目的业务，，湖州文广新局责令未取得相关资质的湖州在线整改擅自制播和转载时政新闻的情况并及时上报省广电局，维护了互联网传播视听节目的秩序；认真做好广播电视广告播出的监管，积极协调工商、药监等部门治理虚假违规广告，处理回复因内容和播放违规的广告投诉各2件，涉及3个播出机构，有效净化了荧屏声频。

四、深化体制改革，提升产业竞争能力

一是稳步推进广电有线网络整合发展。广电有线网络整合发展是2011年省委、省政府部署的深化文化体制改革的重要任务，根据湖州市委、市政府的要求，湖州文广新局加强与湖州广电台、所辖三县的沟通联系，汇总制定实施方案，有效推进了各项工作。目前，广电网络整合的总体进度符合省里要求，市级层面的工作已基本完成。三县的整合实施方案、推进时间表已上报，确定了直接加入浙江华数公司的合作方式，着手加快推进广电网络公司化改造。

二是加大培育市场主体。湖州市早在1999年对市电影公司进行转企改制，改制后新组建的湖州银都电影娱乐有限公司焕发了生机活力，实力显著增强。公司已建有多厅数字影院3家，银幕16块，全年总票房达到2000万元。随着湖州银都电影娱乐有限公司等一批实力较强的骨干电影企业的发展壮大，新兴电影公司逐渐兴起，2011年全市新开设3家多厅影院，影院总数达到8家，银幕40块，全年票房收入突破3000万元。

嘉兴市广播电视行政管理工作概况

2011年，嘉兴市市、县文化广电新闻出版局围绕“发展繁荣、惠民服务、行政监管、确保安全”的四大任务，依法行政，科学管理，努力做好广播影视管理工作。

一、全面落实广播电视安全播出工作

嘉兴市文广新局始终把广播电视安全播出列为广播影视管理的重要工作。按照“政令畅通、反应快捷、保障有力”的总体要求，及时贯彻落实上级关于广播电视安全播出的工作部署，着力推进安全播出保障体系和技术监管能力建设。以抓好各个重要保障期安全播出工作为重点，不断推动完善组织机构、应急机制、演练方式、技术装备和基础设施建设，不断提高队伍综合素质和有效应对、及时处理突发事件及自然灾害的安全防范、应急保障能力。

2011年，按照国家广电总局、省广电局部署，重点抓好全国、省“两会”和五一节、6.4敏感期间以及中国共产党成立90周年等重要保障期安全播出工作。根据国家广电总局对互联网视听节目安全播出管理的要求，抓好互联网视听节目安全播出管理。在各个重要保障期间，要求全市各广播电视播出机构、互联网站明确职责，严阵以待，加强值班力量，完善应急预案，严格执行安全播出“零报告”和重大突发事件第一时间报告制度，确保各项防范措施可靠有效。同时，要求各地各单位按照上级工作部署，认真开展安全播出大检查和技术演练工作。5月31日，嘉兴市安全播出领导小组组织了广播电视“反插播”演练，市委宣传部、市委610办、市公安局、市文广新局、市广电集团、市无管委等部门和各县（市）安全播出领导小组成员单位领导在演练指挥部现场观摩。在市公安局、市文广新局、市广电集团、市无管委等各部门共同努力、通力合作下，“反插播”演练达到预期的效果。演练结束时，市委常委、宣传部长武亮靓作了重要讲话，进一步强调了广播电视安全播出工作的重要性，对全面加强广播电视安全播出作了部署要求。根据省、市的工作要求，各县市也都结合本地实际，认真组织了广播电视“反插播”演练。8~9月，根据省局的统一部署，在各播出机构自查的基础上，专门布置开展了全市广播电视安全播出大检查，按照国家广电总局《广播电视安全播出管理规定实施细则》的要求逐条进行对照检查，消除安全隐患，提高全面防范能力。由于全市上下高度重视，各相关部门密切协作，2011年嘉兴市较好地完成了广播电视安全播出的各项目标任务。

二、依法加强广播电视行政管理

根据国家有关法律法规和工作职责，努力做好全市广播电视日常行政管理和协调工作。

1.加强广播电视广告播出管理。根据《广播电视广告播出管理办法》（广电总局61号令），加强对广告播出的监管，要求各广播电视播出机构，加强对播出广告的审查和监督管理。对上级交办的举报信件做到件件认真查处、妥善答复。

2. 根据省局关于打击"网络共享"网站及设备产品专项治理行动的工作部署，市文广新局在认真开展调查摸底的基础上及时向市有关领导作好汇报，并提出了嘉兴市工作方案。在市委宣传部、市政法委领导重视下，由市委宣传部、市政法委、市文广新局牵头，召开了全市"网络共享"网站及设备产品专项治理工作会议，下发了《关于开展打击"网络共享"网站及设备产品专项治理行动的通知》(嘉文〔2011〕51号)文件和工作方案，并通过部门联合执法，多次检查有关市场和商家，并对从事违法销售的网站及商家进行了处罚。

3. 积极争取筹建嘉兴市广播电视监测中心。在前几年认真汇报的基础上，2011 年初，嘉兴市文广新局又根据广播电视数字化进程加快的实际情况，邀请省广电监测中心协助对嘉兴市广播电视监测中心建设方案作了新的修改，并再次向市领导和有关部门认真汇报，使市广播电视监测中心建设列入了第 57 次市长办公会议议程，并在第 57 次市长办公会议纪要中原则同意组建嘉兴市广播电视监测中心。根据第 57 次市长办公会议纪要的要求，嘉兴市文广新局又在向周边兄弟市学习调研的基础上对嘉兴市广播电视监测中心建设方案作了进一步修改，并分别正式行文向市发改委申请项目立项，向市编委提交机构设置和编制请示，力争尽快开始筹建嘉兴市广播电视监测中心。

4. 根据广播电视社会管理和新媒体管理工作的要求，进一步依法加强 IP 电视(IPTV)管理工作。今年 3 月初接到有关反映中国电信嘉兴分公司公开进行违规营销 IPTV 业务活动的举报后，嘉兴市文广新局高度重视，于 3 月 8 日上午由广电处和执法支队有关人员到中山路电信营业大厅和中环北路的中国电信嘉兴分公司实地了解情况、取证调查，并依照有关规章，向电信部门明确提出了必须立即整改的要求。5 月份，根据全省广播电视社管科技法制工作会议精神，针对违规营销 IPTV 业务的有所回潮的情况，局职能处室和执法支队又进行了实地调查取证，并向市委宣传部领导作了专题书面汇报，使有关违规行为得到了遏制。

三、认真开展广播电视有线网络"一省一网"整合发展工作

根据 8 月 8 日召开全省"一省一网"工作电视电话会议精神和省委、省政府《关于加快广播电视有线网络"一省一网"整合发展的意见》(浙委办〔2011〕100 号)的工作部署，嘉兴市文广新局认真向市领导作好汇报，并积极协助做好领导小组机构组建等有关工作。为全面推进这项工作在我市的落实，市委宣传部于 8 月 30 日召开了市相关部门协调会议。9 月 2 日，又召开了全市广播电视有线网络整合发展工作，会议由柴永强副市长主持，市广电集团作了嘉兴华数的运作情况介绍、市发改委等部门作了资产清理、登记、划分、评估等工作的指导，最后，市委宣传部部长武亮靓作了重要讲话，明确提出全市开展广播电视有线网络"一省一网"整合发展工作的部署要求。10 月上旬，市委常委、宣传部长武亮靓又亲率市委宣传部、市文广新局、市广电集团等部门领导到各县(市)了解进展情况，指导各地工作。在领导重视和各方共同努力下，11 月 2 日，嘉兴市在全省率先举行了"一省一网"工作暨项目投资签约仪式，省广电局张宝贵局长，中共嘉兴市委常委、宣传部长武亮靓以及省、市和嘉兴市各县(市、区)有关部门的领导出席仪式。仪式上省华数公司与嘉兴市各县(市)广播电视台签订了"一省一网"整合发展框架协议，中共嘉兴市委常委、宣传部长武亮靓和省广电局张宝贵局长分别作了重要讲话。签约仪式的举行，标志着嘉兴市"一省一网"工作已取得阶段性成果，对全省"一省一网"工作起到了推动、示范作用。

四、大力推动电影产业发展

根据国务院和省委、省政府关于促进电影产业繁荣发展的有关文件精神，嘉兴市文广新局积极引导、发挥好国有控股电影企业的作用，加快县市及新市镇现代多厅影院建设，努力满足广大观众日益增长的看上电影、看好电影的文化需求。

一是积极协调出台指导扶持政策。按照国办和省政府有关文件精神和嘉兴市"文化兴市"的决策部署，市文广新局在认真作好市场调研分析的基础上，及时向市委市政府领导作好汇报，并积极与各有关部门协调会商、征求意见，得到了市委市政府领导高度重视，市政府于 2011 年 5 月 16 日颁发了《嘉兴市人民政府办公室关于印发嘉兴市促进电影产业繁荣发展实施意见的通知》(嘉政办发〔2011〕70 号)，提出了嘉兴市电影产业发展的指导思想、基本原则、发展目标和加强电影产业发展规划指导、电影产业发展政策扶持、电影公共服务工作、电影产业发展用地保障、电影产业发展金融支持、电影产业市场监督管理等"六个加强"的主要措施，对积极推动电影交流和节展活动、鼓励社会力量参与电影产业发展等提出了指导和要求。《嘉兴市人民政府办公室关于印发嘉兴市促进电影产业繁荣发展实施意见的通知》的颁发，对优化电影发展环境，推动嘉兴市电影产业健康快速发展起到了积极的指导和推进作用。

二是积极探索开展新市镇多厅影院建设。根据城乡统筹发展、城乡公共服务均等化和让广大人民群众共享文化发展成果的要求，嘉兴市电影主管部门和国有控股电影企业积极配合新农村、新市镇建设，积极尝试在具备一定条件的新市镇建设数字多厅影院 2011 年 5 月 8 日，投资 350 万元的嘉兴首家农村新市镇多厅数字影院——洲泉银河电影城在桐乡洲泉镇开业。至 12 月底，影院接待观众 33283 人次，票房收入 88.38 万元，在起到较好的社会效益的同时也取得了一定的经济效益。

三是努力优化提升服务档次水准。近年来，随着经济社会发展和人民生活水平不断提升，观众对电影环境和放映质量的要求也越来越高，因此，嘉兴市在加快多厅影院建设的同时重视原有影院的改造，努力优化内涵，提升服务水准档次，以更好地满足人民群众日益增长的精神文化需求。2011 年 2 月，投入 1000 多万元的嘉兴中山影城改造提升工程顺利完工投入使用，影城从原来的 4 个电影厅改扩建为 6 个厅，座位数达到 1068 余座，特别是改造后的 3D 巨幕电影厅，银幕达 11 米高 22 米宽，有效提升了嘉兴市电影服务的水准和档次，较好满足了嘉兴和周边地区观众观赏 3D 巨幕电影的需求，成为本地区观赏电影的一个新亮点。同样在今年 2 月建成开业的嘉兴大剧院银河电影城，填补了嘉兴市区整个东南区块没有多厅数字影院的空白，为我市东南新区数十万人口观看电影提供便利和良好服务。县级多厅影院建设不断发展，如海宁横店电影城，于 2011 年 6 月建成开业，嘉善孙道临影城投入 250 万元实施改造，影城全部实现 2K 数字设备放映，显著提高了放映质量。优化提升服务档次水准，在更好地满足人民群众日益增长的精神文化需求的同时，进一步促进了影院社会效益和经济效益的提升。

四是不断加强电影公共服务。2011 年，嘉兴市在继续全面完成好广场(社区)和农村“2131”公益电影放映工作的同时，进一步重点组织举办了第三届嘉兴大学生电影节。本届嘉兴大学生电影节的最大特点，是紧紧围绕建党 90 周年主题，在各项主题活动策划中重点突出了“红色电影”特点，形成了新的特色和亮点。一是结合“建党 90 周年优秀影片展播”，通过 “红色经典影片进校园”、“红色电影配音大赛”、“红色影评微博大赛”、电影 DYI 等活动，组成了“红色”电影文化系列活动。突出“红色”系列，使广大大学生在参与电影节活动的同时，受到了良好的世界观、价值观熏陶。二是突出了互动性和参与性。电影节各项活动由各院校具体承办，每个项目全部由大学生策划、设计、制作和布台，充分发挥大学生的智慧才能和想象力，让大学生自己办节，让大学生自主观影、自由参与、自我展现，把电影节办得生动活泼，真正办成大学生自己的电影节。电影节期间，通过“经典电影进校园”在各高校放映国内外优秀经典影片和以优惠价进影城观影的大学生人数达 1.2 万余名，较好地体现了为大学生群体提供优秀电影公共文化服务的宗旨。

五.积极抓好对农节目服务工程建设

*1. 加强对农节目工程机制建设。*经多次协调会商，7 月 15 日召开了嘉兴市广播电视对农节目服务工程建设联席会议。会上，市文化广电新闻出版局向各成员单位介绍了省委宣传部、省广电局开展广播电视对农节目服务工程建设的要求和嘉兴市各局、台开展对农节目服务工程建设的情况，市农办、农经委介绍了“三农”工作的重点，市广电集团介绍了市台的广播电视对农节目基本情况和下步工作设想。各成员单位开展了交流讨论，提出了“十二五”期间以联席会议为平台，加强多方合作，形成以“三农”为服务对象，广播电视与各部门协作联动、社会各界积极参与的广播电视对农宣传服务新格局，为促进城乡经济社会一体化发展，建设惠及全市人民的小康社会提供更好服务的看法与建议。

*2. 坚持抓好两年一次的全市乡镇广播电视站广播自办节目抽查评选活动。*2011 年，为了进一步了解和掌握全市乡镇广播电视站广播自办节目的开办情况，有针对性地搞好抽查评选工作，嘉兴市文化广电新闻出版局专门发出通知、设计表格进行节目开办情况摸底调查。在此基础上，对全市 10 月 10 日至 10 月 16 日一周播出的乡镇广播电视站广播自办节目进行了抽查评选，评出了 2011 年嘉兴市乡镇广播电视站“十佳”广播自办节目和鼓励奖。由于抽评方法程序更为规范，抽评方式更加符合实际，较真实地反映了各地常态节目开办实际情况和水平质量。为总结交流经验，进一步推动全市乡镇广播电视站办好广播自办节目，12 月 8 日，市文化广电新闻出版局又召开嘉兴市乡镇广电站广播自办节目抽评表彰

暨乡镇广电站建设工作座谈会,会议表彰了 2011 年度乡镇广播电视站自办广播节目抽评“十佳”节目及获得鼓励奖的单位,现场参观了南湖区余新镇广播电视站,各地交流了加强乡镇广播电视站规范化建设、办好广播自办节目的做法和经验,还探讨研究了在加快广播电视有线网络“一省一网”整合发展中,如何继续办好乡镇广播电视站广播自办节目,进一步巩固农村宣传舆论阵地,加强贴近“三农”的广播电视服务的措施和建议。

*3.以培训创优为抓手,促进广播电视对农节目质量提高。*为了加强广播电视对农节目工程建设,2011 年 9 月 24 日专门邀请了省广电学会常务副会长胡瑞庭和广电学会会长助理邬金龙、省广电局宣传管理处处长林勇毅等广电资深领导、专家来我市作广播电视对农节目评析辅导讲座,由于讲课紧密联系省广电局对农节目抽评工作和我市选送节目的实际,又在点评基础上开展了双向互动,受到了基层一线广播电视对农节目采编骨干的普遍欢迎。

绍兴市广播影视管理工作概况

2011 年,绍兴市文化广电新闻出版局在浙江省广电局的指导和绍兴市委、市府领导下,以科学发展观为行动指针,通过市、县有关部门的密切配合,广泛动员,周密部署,认真抓好广播电视安全播出、广播电视惠民工程和广播电视社会管理等有关方面工作,并取得了显著成效。

一、广播电视安全播出全年无事故

加强安全播出监管工作,全年无重大安全播出事故、认真监看监听和检查、加强值班,特别是在建党 90 周年和世界大学生运动会期间,及时传达上级指示精神,按时上报有关信息。健全组织,加强协调,全年下发安全播出文件 4 个,召开专题会议 2 次,组织开展演练 3 次,开展安全播出执法大检查 5 次。全市广播电视传输播出安全无事故,市局获省广电局颁发的《全省广播电视安全播出组织奖》。绍兴市没有真正意义上的广播电视监测中心,因此,目前只能靠最简单的监看监听作为监管手段。要求绍兴市文化市场执法支队对市本级的广播电视节目,随时注意日常监看监听,并切实加强广播电视安全播出特别保障期期间互联网及公共视听载体传播视听节目的检查监管。在安全播出特别保障期,要求全市广电部门领导带头值班靠前指挥。各地有线电视播出机构都实施单位领导带班双人双岗值班,各地文化市场执法支(大)队加强值班和巡检,特别关注绍兴辖区内互联网及公共视听载体传播视听节目的动态,加强了 IPTV 的管理。各县市每天均按时向市安全播出协调领导小组办公室报告当地安全播出情况,市安全播出协调领导小组办公室则以书面的形式每天按时向省局监测中心“零报告”。

二、广播电视惠民取得新进展

绍兴市局认真积极抓好广播影视惠民服务工程建设等工作。全年放映农村数字电影约 25771 场。举办百场电影放进社区进老区活动;并代表浙江省电影放映单位去北京参加“百花放映——百县千村万场”公益电影放映启动仪式并作为放映基地接牌;继续实施 “广电低保”工程,确保低保群众免费收看有线电视;完善农村应急广播体系,将“应急”提升为第一功能,积极在全市推广,使有线广播真正成为应对突发事件的重要工具;广播电视对农节目服务工程扎实开展,启动为期三年的广播电视“户户通”工作。2011 年,获省广电局颁发的《全省广播影视惠民服务工作组织奖》。

三、有线电视数字化转换工作上新台阶

积极推进有线电视数字化转换工作。积极推动有线电视数字化,到年底,全市约 92%以上的有线电视用户已经转换成数字电视。各地城区有线电视数字化转换工作已经完成。

四、广播电视行政管理机制不断完善

为改善对广播电视播出机构的管理,绍兴市加强例会工作机制和广电工作评价机制,全年组织召开四次全市广电局台长例会,传达上级指示精神,交流情况部署工作,着力加强行业管理。组织开展了全市广播电视新闻、社教、青少、文艺、播音主持、学术论文和节目技术质量、科技进步等政府奖评选活动,有效地推进全市各广播电视台节目采、编、播的水平。

五、广播电视学会活动丰富多彩

积极开展广播电视学会活动,增强活力和凝聚力。为提高广电工作关人员的业务水平,市广播电视学会还结合全市广播电视新闻作品政府奖评选,组织各县市有关领导和有关业务负责人召开研讨会,进行了广播电视新闻业务研究探讨,收到了良好的效果。另外还举办了绍兴市广电系统首届羽毛球比赛,使各播出机构多了一个交流沟通的平台。

六、广播电视社会管理工作显著提升

2011年继续认真贯彻落实省广电局《关于创建无非法卫星电视接收设施乡镇(街道)的通知》精神;抓好宣传,营造高压的舆论氛围;突出重点,着力指导绍兴县的境外卫星电视接收设施专项整治工作并进行检查验收;乡镇(街道)达标率均在90%以上,超额完成 "创建"任务,市局被省广电局评为"创建"无小耳朵工作先进集体。继续开展创建无非法卫星电视接收设施乡镇(街道、社区)活动,2011年重点抓了越城区北海街道王塘南甲堂村卫视整治工作。着力加强互联网视听节目等新媒体管理工作;配合"三电"设施保护工作,切实履行广播电视设施保护的职责。进一步加强IPTV管理,敦促市政府专门召开了电信公司违规擅自开展IP电视业务的协调会议并形成备忘文件,责成电信公司规范经营。积极开展打击非法"网络共享"网站及设备产品专项治理行动,全市基本上没有明目张胆销售"电视棒"经营行为。加强无线频率管理,排查非法无线广播电台、电视台,对有问题的频率频道督促整改,重新向广电总局申请,将绍兴广电台96M调频广播频率调整为93.6M。加强对市本级电台、电视台节目阅评工作,每月2篇以上节目阅评及时送达市委宣传部等各有关部门和单位。在加强广告监管方面,检查绍兴广电台广告播放的情况,依法认真办理"北方狼商务调查有限公司"和广东公民对绍兴广电台的多起广告投诉案件。认真贯彻省委办公厅、省政府办公厅《关于加快广播电视有线网络"一省一网"整合发展的通知》精神,推动省、市、县(市)建设全程全网的有线网络管理运营服务体系。2011年,先后获国家广电总局颁发的《全国广播影视系统2006-2010年法制宣传教育先进办公室》荣誉称号,省综治委、省文市办、省广电局联合颁发的《浙江省创建无非法卫星电视接收设施乡镇(街道)工作先进集体》荣誉称号。

七、电影节活动等有关重要工作全面兼顾

认真做好文明城市创建相关工作。配合做好由中国电影家协会、浙江省文联、上虞市人民政府主办,浙江省电影家协会、绍兴市文广局、上虞市文广局承办的谢晋电影艺术纪念活动,该活动将作为电影节的重要组成部分;开展明年在我市举办的第21届金鸡百花电影节前期工作;贯彻落实《浙江省人力资源和社会保障厅、浙江省财政厅关于调整城乡居民社会养老保险部分参保人员待遇的通知》精神,完成原农村电影放映员身份和工龄认定工作。

金华市广播影视管理工作概况

2011年,金华市文广新局深入贯彻落实科学发展观,坚持围绕大局、服务人民、改革创新的工作方针,始终致力于开展促进广电事业发展和加强监管服务的各项工作,为全市广播电影电视"十二五"发展开好局,起好步。

一、认真做好广播电视安全播出工作

按照国家广电总局和省广电局的有关指示精神,严格履行职责,狠抓工作落实,确保了元旦、春节、"五一"、"六四"、中秋节、"十一"、全国残运会等重要保障期广播电视的安全播出。尤其在国家召开"两会"期间,全市广电系统更是高度重视,严阵以待,以高度的政治责任感和历史使命感,精心组织,团结协作,全力做好各项安全防范保障工作, 确保播出安全。

1. 领导重视,完善组织。金华文广新局高度重视广播电视安全播出工作,多次召集相关部门领导及全体人员召开安全播出主题会议,及时传达上级有关安全播出的文件精神,部署各重要保障期的安全播出工作,力求做到安全制度全覆盖,安全监管全天候,安全保障全方位。按照上级要求,金华市及时成立了由市委宣传部、市委610办公室、市文化广电新闻出版局和市广播电视总台领导及相关处室负责人组成的金华市广播电视安全播出协调领导小组,同时,根据人事变动情况,及时调整广电安全播出协调领导小组成员,建立健全了安全播出指挥机构,把责任落实到具体的负责人和岗位人员。每到安全播出重要保障期,提前部署并反复检查,启动安全播出预案,组织技术和维护人员对各县(市)网络进行全面巡查,确保安全播出工作落到实处。全国"两会"前期,为保证"两会"安全播出工作顺利进行,金华市文广新局根据国家广电总局关于加强防范接收中新一号卫星节目工作的通知精神,就进一步防范反动宣传,防范敌对势力的破坏活动迅速展开行动。在全国"两会"期间,局领导坚持带班靠前指挥,检查落实各单位、各岗位的安全防范工作,发现问题立即组织整改,真正做到早发现、早预防、早处置,确保广播电视安全播出。

2. 建立机制,加强监督。为确保广播电视安全播出,金华市文广新局不断强化落实安全措施和制度:

一是严格执行安全检查制度。在重要保障期间,深入各播出机构进行安全检查,要求各单位一定要调配人员,加强对机房和网络安全值班、巡逻,重点检查设备是否被破坏,是否有非法串接器件、是否有非法搭接电缆。二是严格落实值班制度。落实24小时和重要岗位双岗值班制度,以便及时排除各项设备故障,保证措施到位、备份到位。三是严格落实"零报告"制度。在重要保障期间,各播出机构都能在每天的16:00时前向市广播电视安全播出领导小组办公室报告当天的安全播出情况;金华市广播电视安全播出领导小组办公室也能按照省局的要求于每天17:00时前向省广电局安全播出指挥部值班室报告当天的安全播出情况。四是及时启动应急处置预案,严格落实各项防范措施。2011年4月,金华市文广新局根据人事变动,调整了指挥部成员,修订并下发了《金华市广播电视安全播出应急预案》,指挥部明确责任,落实分工,下设应急处置组和应急保障组,把安全责任落实到每个人。5月,金华市文广新局组织相关工作人员对《金华市广播电视安全播出应急预案》进行认真学习,并组织了应急处置演练。通过学习和演练,进一步强化和提高了干部职工的安全播出意识和应急处置的能力。

3. 加强监测,全力保障。金华市广播电视监测中心在保障广播电视安全播出,加强广播电视事业管理,改善广播电视传输和播出质量等方面发挥了重要作用。广播电视监测中心自2011年初运营以来,各项工作已陆续走上了正轨,中心执行24小时值班制度,确保全天进行实时监测。在各类重要保障期期间,中心认真贯彻24小时双人双岗值机制度,确保第一时间发现问题,第一时间处理问题,第一时间上报情况。在做好技术监测的同时,金华市文广新局积极开展对广播电视的内容监测工作。成立了广播电视节目评审领导小组,并于2011年6月启动视听评议工作。视听评议工作的开展和完善,进一步加强了金华市文广新局监管职能的履行,促进了电视节目质量的提高,确保了金华市广播电视的安全播出。2011年,全市没有发生广播电视安全播出事故。

二、全力推进农村数字电视整体转换

有线数字电视整体转换工作是金华市一项重要的民生工程,金华市文广新局认真贯彻上级文件精神,履行督查职责,并取得了一定的工作成效。2011年1月15日,全市有线数字电视用户总数已经达到38.67万户,各城区有线数字电视整转率达96%以上,其中义乌、东阳、永康、武义、磐安整转率均达100%,顺利完成90%的工作目标。目前,农村数字电视装转工作正在稳步推进,义乌市、磐安县已完成农村整转,其他各县(市)均已进行试点运行,其中,东阳市农村有线数字电视整转试点工作取得初步成效,南溪农村的有线数字电视整转试点整转率达127%,整转试点任务顺利完成。各县(市)全力推进农村数字电视整体转换工作,力争今年年底实现50%的工作目标。农村双向网改造工作也全面铺开,各县(市)都取得一定的成效。

三、巩固完善惠民工程长效机制

金华市各级广电部门按照省委、省政府实施广播电视惠民工程的总体要求,着力构建农村广播电视公共服务体系,积极巩固并完善各项惠民工作成果。广播电视"村村通"、"村村响"工程作为金华市委、市政府的一项民心工程和德政工程,作为市委、市政府为民所办实事之一。金华市文广新局始终把该工程作为广播电视事业建设的重要工作来抓,作为统筹城乡协调发展,满足广大农村群众日益增长的精神文化需求的民心工程来抓,并取得成果。为确保"村村通"正常通、长期通,"村村响"长期响、优质响,金华市文广新局在抓好"村村通"、"村村响"工程建设的同时,还积极探索"村村通"、"村村响"的长效机制建设,注重抓好乡村一级维护管理人员的选配与培训,全面完善一系列便民服务措施,敦促播出机构为各村配备维护人员,使小故障不出村,一般故障不出乡镇,大故障不出县。

四、全面推动广播电视有线网络整合发展工作

为了进一步贯彻落实全省"一省一网"整合发展工作的有关要求和相关文件精神,金华市各级领导高度重视,明确目标,严格执行,扎实稳妥地推进我市广播电视有线网络整合工作。2011年9月,金华市文广新局组织各县(市)广播电视台台长召开全市广播电视有线网络整合发展工作座谈会,此后金华市委市政府又召开了全市广播电视有线网络整合发展工作会议。2011年10月,金华市出台"一省一网"实施意见,确定了各县(市)广播电视台以全资子公司的合作方式加入省广电网,全面推动我市广播电视有线网络整合发展工作。

五、强化新媒体的视听监管

为落实国家广电总局、省广电局关于查处违规软件的工作要求,2011年3月,金华市文广新局就互联网的传播安全等问题召开了互联网站管理工作会议。金华电视台广众网、金华市维特网络信息有限公司(炎黄互动)等持有视听许可证的网站和浙江天格信息技术有限公司(9158)、金华比奇网络技术公司(5173)、金华汇鑫信息技术服务有限公司(凤凰山庄)等有一定规模和影响的网站的相关负责人均参加了此次会议。此后,各网站严格贯彻文件精神,认真做好自查工作,及时上报自查情况。为进一步落实违规软件的查处工作,广电处携同市文化行政综合执法支队开展了清查违规软件的专项行动,以确保彻底删除违规软件,防止其在互联网上传播,全力保障网络传播安全。

根据国家广电总局、省广电局关于排查整治非法办台文件精神,切实维护广播电视传播秩序,维护国家文化和舆论安全。金华市文广新局联合市国家安全局和市无线电管理局于2011年3月29日至4月6日期间,开展了集中整治非法广播电视频率频道的专项行动。对位于金义东南线和武丽线沿线的城区、城乡结合部及郊区进行全程检测,并对沿线的佛堂镇泽塘村、义乌西区江东南路徐江楼、西城路出城口、金华市鞋塘镇曹村、永康市榭垛村、武义县桐琴镇、武义县大莱村等12个监测点进行重点彻查。此次信号监测,运用DDF255监测测向系统和H600信号侦测仪,采用全频段搜索、单频点解调等手段,对无线电视信号频段进行全面监测分析。检测结果显示,在专项整治行动的检测中,只监测到CCTV-1、CCTV-7等合法电视台信号,没有发现未经审批的无线电视信号。

为进一步加强市场监管,提升系统管理效能,保障社会文化传播环境的健康安全,根据国家广电总局、省广电局文件精神,2011年4月28日,金华市文广新局与市工商局、市安全局联合开展了一次以查处非法销售“网络共享”产品为重点的专项执法行动。行动中执法人员对位于市区的龙腾、颐高数码市场的商户进行了逐户清查,在两市场内发现从事“网络电视棒”销售经营户7家,现场查扣电视棒22只。通过专项检查有效地遏制了非法销售网络共享设备产品的势头,对规范市场秩序、保护知识产权起到了积极作用。

六、依法查处IP电视业务

针对金华电信违规开展IP电视的情况,根据上级部署,2011年五六月份,金华市文广新局积极落实要求,多次约谈相关负责人,下发整改通知书,加大查处力度,组织执法人员依法查处违法办理IP业务行为。

七、做好农村电影放映工作

一年来,金华市农村电影放映工作得到了各级党委和政府的高度重视和关心,送电影进乡村、进社区、进福利院、进企业、进校园活动形式多样,服务周到,深受农民群众和外来务工者的喜爱和赞誉。2011年全市共订购影片387部,总计30617场。其中故事片26196场,科教片1397场,纪录片1011场,儿童美术片398场,戏曲片1615场。全年在农村电影“2131”工程中共为广大人民群众免费放映电影33088场次,金华市本级放映影片9257场,超额完成了57场,观众人数达1398833人次。

衢州市广播影视管理工作概况

2011年,衢州广播影视系统认真贯彻落实党的十七大精神,深入学习、实践科学发展观,围绕中心工作,坚持服务大局,繁荣事业,发展产业的方针,较好地完成各项工作任务。

一、认真做好广播影视安全播出工作

按照国家广电总局和省广电局的有关要求,全市广电系统高度重视,以强烈的政治责任感和历史使命感,严格履责,团结协作,严密防范,狠抓落实,确保了元旦、春节、“五一”、建党90周年、深圳大运会、国庆以及党的十七届六中全会等重要保障期广播电视的安全播出。

1. 领导重视。衢州市委、市政府领导高度重视,多次召开部门以上领导及全体人员会议,及时传达上级有关安全播出的文件精神,部署重要保障期安全播出工作。各级广电领导坚持带班靠前指挥,检查落实各单位、各岗位的安全防范工作,发现问题立即组织整改,真正做到早发现、早预防、早处置,确保广播影视安全播出。

2. 认真督查。根据全省广播影视安保工作电视会议精神,衢州市广播影视安全播出协调领导小组组织人员,分别对各县(市、区)广播电视台的广播电视安保工作进行督查。衢州文广新局认真贯彻总局、省广电局有关精神,及时转发文件,召开会议,加强值班,严格督查。

3. 落实制度。强化落实安全措施和制度:一是严格执行安全检查制度。深入各播出机构进行安全检查,要求各单位一定要调配人员,加强对机房和网络安全值班、巡逻,重点检查设备是否被破坏,是否有非法串接器件、是否有非法搭接电缆。二是严格落实值班制度。落实24小时和重要岗位双岗值班制度,以便及时排除各项设备故障和各种不良现象,保证措施到位、备份到位。三是严格落实“零报告”制度。在重要保障期间,明确各播出机构在每天的16:00时前向市广播影视安全播出领导小组办公室报告当天的安全播出情况。四是及时启动应急处置预案,严格落实各项防范措施,确保各重要保障期间全市广播电视安全有序播出。

二、全力推进广播电视有线网络“一省一网”整合工作

衢州市委、市政府高度重视,将广播电视有线网络“一省一网”整合工作作为全市工作的一项重要内容,在市本级及各县(市)范围全面推进。衢州文广新局在做好面上摸底调查的基础上,积极履行督查职责,要求各县(市)倒排计划,稳步推进,扎实做好整合工作。全市各级广电部门作为主要的责任单位,积极筹备,明确分工,扎实推进。年底,市本级已完成清产核资工作,并与省公司签署了框架协议。

三、严格广播电视视听节目监管工作

对市级擅自从事互联网视听节目服务单位及个人和公共场所显示屏播放视听节目情况进行专项检查,并加强对本辖区内持证单位视听节目传播动态的监管,在特殊时期,安排24小时专人值班,做好每日一报等工作。

根据《广播电视播出管理办法》,认真开展广播电视广告播出专项整治。一是根据协查通报和群众举报,认真查处违规违法广告。二是积极开展打击利用互联网等媒体发布虚假广告及通过寄递等渠道销售假药专项整治行动。高度重视和规范IP电视业务,有效地制止电信公司擅自从事互联网视听节目业务的行为。

四、大力推进广播影视惠民服务工作

全市各级广电部门高度重视,加强督查、落实,保障广电惠民服务的顺利开展。利用广电“村村通”、“村村响”系统,结合农户的实际需求,共推出了54档对农广播节目和39档对农电视节目,以传递各类为民服务信息,为推动新农村建设提供积极的公共文化服务和有力的舆论支持。全市完成“低保户”免费收看有线电视33000余户,完成农村电影放映22025场。

五、大力加强“地卫”管理工作

结合国家广电总局《关于加强境外卫星电视节目落地管理的紧急通知》精神,专项检查市区持有《接收卫星传送的电视节目许可证》的宾馆饭店、机关企事业单位,确保国内落地接收的境外卫星电视节目统一来自中央境外卫星电视监管平台。组织全市范围“小耳朵”专项整治10次,出动人员1000余人次,用户自行拆除137座,查缴拆除“小耳朵”900多座,通过专项整治行动,逐步形成政府牵头、行政主管部门为主、相关部门配合的长效管理机制。经市、县创建活动领导小组考核,全市101个创建无非法卫星电视接收设施乡镇(街道)已达标99个,达标率为98%。

舟山市广播影视管理工作概况

2011年,根据省广电局的工作部署和全市文化工作的总体思路,舟山市各级广电行政部门建立健全工作机制,努力创新工作理念,改进工作方式方法,不断增强广电行政管理工作的针对性、服务性和有效性,积极推动全市广电事业繁荣发展。

一、坚持以广播电视安全播出为重点,不断推进广电行业管理

1. 加强组织领导,进一步完善广播电视安全播出

2011年6月2日,召开全市广播电视安全播出协调领导小组成员单位会议,通过会议调整了部分人员,组成了由市委宣传部副部长任组长,市文广新局局长、舟山广电台长任副组长,市委宣传部、市委610办公室、市公安局、市无线电管理处等10家单位为成员单位的舟山市广播电视安全播出协调领导小组,在组织领导上保障全市广播电视的安全播出;修订完善了《舟山市广播电视安全播出综合应急预案》,并讨论制定实施了迎建党90周年安全播出应急演练方案。

2. 确保重要保障期和特殊敏感时期广播电视的安全播出

根据省广电局关于在重要安全保障期间实行“零报告”制度和重大突发事件随时报告制度的相关规定,认真落实和部署广播电视安全播出工作,在全市范围内实行乡镇(街道)、各县(区)、市三级报告制度。认真组织开展各项安全检查,落实重点部位及各个环节的安全防范措施,督促各播出机构严格遵守广播电视播出各项规定,确保了元旦、春节、“七一”、

“十一”长假及残运会等重要保障期间我市广播电视安全播出。

3. 全力以赴做好广播电视安全播出“反插播”演练活动

为了提高各部门安全播出意识，加强安全播出应急能力，确保广播电视信号安全优质播出，维护用户收听收看广播电视的权益，2011 年 6 月 16 日，舟山在临城新区绿岛社区进行了广播电视“反插播”演练活动。市广电安全播出协调领导小组办公室、市委宣传部、市委 610 办公室、市文广新局、市公安局、市交通委、市卫生局、市安全监督局、市无线电管理局、舟山广电台、市电力公司等 10 余家单位参加了此次演练活动。在整个过程中，各项程序清晰，指挥协调到位，部门配合密切，应急反应迅速，现场处置果断，基本达到了演练目的，取得了预期效果。此次演练中各单位的应急处置能力得到了充分锻炼，并认识到在今后的工作中仍要时时保持警惕，完善工作流程，保持良好战斗状态，确保重要保障期的安全播出。

二、坚持以搞好服务共谋发展为原则，不断促进广电惠民服务工作

1. 积极推进船载移动卫星电视“广播电视进渔船”工程建设

“广播电视进渔船”工程作为一项丰富渔民群众文化生活的民心工程，是广电惠民、广播电视“村村通”工程的延伸，是建设浙江舟山群岛新区、加强渔农村思想文化建设、完善广播影视公共服务体系的重要任务。2011 年 7 月，省广电局在 2010 年试点工程的基础上正式启动全省 “广电进渔船”工程。在省广电局的统一部署下，全市积极响应并及时召开专题会议，于 8 月份成立了工程领导小组，制定并下发了实施方案，确立了“财政补助、渔民自筹、企业让利”相结合的原则。由省财政专项资金定额补助标准为 137 千瓦功率(含)以上到 300 千瓦以下中型海洋捕捞船每艘船补助 3500 元；300 千瓦功率(含)以上大型海洋捕捞船每艘船补助 1500 元。市财政对市本级辖区 137 千瓦功率(含)以上大中型海洋捕捞船每艘船补助 2000 元。县(区)财政对各自辖区海洋捕捞船进行定额补助。2011 年底，市本级 8 艘渔船已全部安装完成，定海区已安装 61 艘，普陀区完成 690 艘，岱山县完成 396 艘，嵊泗县完成 114 艘。力争到 2013 年底，基本完成全市 4000 余艘大中型海洋捕捞船只安装船载卫星电视接收设施。

2. 努力加强对农广播电视节目建设

加强资金、人员、设备等投入，确保各播出机构对农节目档数达到省广电局每周三档的要求。认真做好广播电视对农节目服务工作，进一步提升对农节目服务水平，发挥主流媒体宣传服务“三农”的作用。积极支持各级广电部门和播出机构在基层广电内容建设方面的探索实践，进一步拓展了农村广播电视内容建设领域，巩固了农村思想文化阵地。

3. 认真推进“村村通”、“村村响”工作重心向“长期通”、“长期响”转变

“村村通”、“村村响”工程建设是推进渔农村广播电视公共服务体系建设的重要内容。截止 2008 年底，经过三轮“村村通”工程建设，全市累计完成了 442 个村的“村村通”工程建设任务。2009 年以来，为确保广播电视“长期通”、“优质通”、“安全通”，广播电视“村村通”工程工作重心开始由原来的工程建设逐步转为服务体系的建设，积极探索长效管理机制，努力争取政府财政保障和技术服务支撑。2011 年“村村通”工程工作重点继续以建设“长期通”、“优质通”的长效服务体系为主。

“村村响”工程中，全市已累计完成了 434 个村的建设任务，共投入资金 840 余万元，并于 2009 年年底组织有关专家对有线广播“村村响”工程进行了初步验收。“村村响”工程建设完成后，后续的设备、网络维护、维修成为工作的重点和难点。2011 年以来，为确保“村村响”工程的长期通，优质通，全市完善有线广播日常运行、维护管理制度，采用属地管理的办法。县广电台负责网络的建设，工程结束后移交给各乡镇广电站，以乡镇广电站为工程落实的主体，配备相应的有线广播技术维护和管理人员，并把任务进行分解和落实，实行设备定期保养、网络日常巡查等举措。每个村、社区配有一个专职有线广播管理人员，人员工资主要由村或社区承担，县、乡财政给予一定的补助。2011 年 6 月份，按照省广电局要求，配合完成了全市农村有线广播网络运行维护现状的调查。7 月对嵊泗绿华广播电视无线覆盖工程进行了验收。

4. 顺利开展数字电视整体转换工作

针对这项工作起步迟、时间紧、任务重等因素，舟山市委、市政府，全市各级广电行政管理部门和播出机构十分重视。积极完善领导机制，总结研究其他地市先进经验，认真制定切实可行的实施方案。从 2011 年 9 月 3 日起，市本级网络传输中心启动实施了定海城区分片分期停模工作，至 2011 年底，定海

城区停模工作全部完成,整转率达到98%,农村整转率达74%,双向化改造率达到97.5%;普陀区城区整转率为92%,农村为32%,双向化改造率达到91%;岱山县城区整转率达到100%,农村达62%;嵊泗县城区整转率为89.1%。各县(区)双向网改造正在逐步推进中。

三、坚持依法监管与扶持引导相结合,不断规范广电社会管理

1. 切实加强非法“小耳朵”整治管理

为贯彻落实《关于开展2011年度创建无非法卫星接收设施乡镇(街道)工作的通知》(浙创卫〔2011〕1号)精神,加强全市境内外卫星电视传播秩序管理,构建和谐的舟山群岛新区形象,舟山市文广新局在巩固以往创建活动所取得的良好局面的同时,2011年早谋划,早部署,持续深入推进非法地卫设施整治工作,同时把打击非法“网络共享”网站及设备产品专项治理活动作为全年工作的重点。经过全市各地各级相关部门的协作与配合,努力营造“无小耳朵乡镇(街道)”创建活动的良好舆论氛围和社会环境,不断加大对非法“小耳朵”的整治工作力度,切实维护境外卫星电视传播正常秩序,取得了阶段性成效。据统计,2011年以来,全市各级、各部门共没收和拆除非法“小耳朵”70余套,有力地推进了我市“无小耳朵乡镇(街道)”创建活动。

根据省综治办、省文化市场管理工作领导小组办公室、省广电局《关于对创建无非法卫星电视接收设施乡镇(街道)活动检查考评的通知》要求,舟山市文广新局会同市综治办、市公安局、市工商局等部门组成检查组,对各县(区)“无小耳朵乡镇(街道)”创建活动进行了检查验收。验收组先后对各县(区　)“无小耳朵乡镇(街道)”创建工作进行了现场检查,并听取了各县(区)关于“无小耳朵乡镇(街道)”创建活动情况的介绍,还仔细查看了创建工作台账和相关档案资料。通过初步验收,舟山市2011年“无小耳朵乡镇(街道)”创建活动已基本达到了省里明确的工作任务和创建目标。

2. 认真做好打击非法“网络共享”网站及设备产品专项治理行动各项工作

根据中宣部等11部委联合下发的《关于开展打击非法“网络共享”网站及设备产品专项治理行动的通知》(广发〔2011〕17号)和浙广局发〔2011〕55号文件精神,舟山市成立了由市文广新局局长任组长,市委外宣办主任及市综治办副主任任副组长,市经信委、市公安局、市国家安全局、市商务局、舟山海关、市工商局、市质监局等单位为成员单位的打击非法“网络共享”网站及设备产品专项治理行动领导小组,在全市范围内开展打击非法“网络共享”网站及设备产品专项治理行动。

舟山市文广新局牵头召开了专项治理行动领导小组专题会议并研究制订工作方案。明确了工作任务、治理对象及各单位职责,布置了各阶段具体工作安排。2011年11月,经前段摸底排查和周密部署,市文化、工商职能部门再次联合开展非法销售卫星电视广播地面接收设施整治工作。行动中,执法人员耐心的对商家讲解国家关于卫星地面接收设施的法律法规,并责令商家停止违法销售卫星地面接收设施行为。在积极开展整治同时,舟山市坚持以人为本,处罚与教育相结合、以教育为主的原则开展清理工作,并加强对安装卫星电视接收设施的宾馆、学校等单位的巡查,保证收看规定的频道和节目,严防收看违禁节目和“网络共享”等非法节目。对拒不执行,又确实存在违规行为,坚决实行强制性拆除。通过一系列的灵活处置和整治行动,不但规范了卫星地面接收设施的安装和使用的管理,同时也得到了人民群众的理解。

3. 创新工作思路和方式,强化新媒体建设管理

舟山市委、市政府在新媒体业务管理上坚持一手抓建设、一手抓管理,完善互联网视听节目监测技术系统,推进对传统媒体和新媒体的统筹监管。集中开展整治互联网淫秽色情及低速信息专项行动,净化互联网视听服务环境。严肃查处无证网站法非经营,规范视听网站有序运营。积极探索加强新媒体业务管理的方法和途径。为了深入探索舟山市广电新媒体发展趋势和管理对策,进一步维护舟山市广播电视播出秩序,确保广播电视安全播出,开展广电新媒体调研活动,对舟山市从事广播电视新媒体业务的单位进行了调查摸底,以了解现状,发现问题,寻找对策,规范和推动我市广播电视新媒体健康有序的发展。目前舟山市广电新媒体以在公共场所设置的视听服务载体为主,如车载移动电视、船载电视、楼宇电视、户外大型电子显示屏、室内显示屏、卖场电视等多种。另外还有舟山广电网、舟山网网站。舟山市对网站等新媒体进行严格监管,及时开展网络“扫黄打非”行动。各类新媒体播出内容等运营能做到有序运行。

4. 加强广告监管力度,净化荧屏

对群众举报的虚假、夸大、不实广告进行监测，发送整改通知，督促播出机构及时清理、整顿，转变理念，杜绝违规广告，净化荧屏环境。全年一共处理3起违规广告举报。

四、统筹各项基础工作

1. 积极开展全省广电网络"一省一网"整合工作

根据中央和省委、省政府关于加快推进全省广播电视有线网络"一省一网"整合发展工作的会议文件精神，舟山市委、市政府高度重视，在省委、省政府电视电话会议后，立即召开"一省一网"工作部署会议，要求根据省委省政府工作要求，开展相关工作。一是确定了工作的组织领导。市及各县(区)基本明确了各地对该项工作的领导人员名单，并确定了各地的文广新局作为牵头组织单位，在当地党委政府领导下，加强督促检查。二是根据省印发的实施方案，要求抓紧制定工作方案和计划，由各地党委政府研究同意，报省领导小组后实施。三是加快有线电视数字化改造，以及乡镇广电管理体制调整工作，为"一省一网"整合工作制造良好的条件。

2. 加快推进市广播电视监测中心建设

舟山市广播电视监测中心于2009年获批成立，开始建设。监测中心总体规划是建立以市广电监测中心机房为主体，分布全市四个县、区的技术监测网络，采用固定和流动、人工和自动相结合的广播电视监测体系，实现对舟山地区广播电视的空中、无线、有线节目和互联网视音频节目全方位的监测监控监管。在技术构架上为完成内容监测、技术监测、安全播出监测打下基础。舟山广播电视监测网规划做到固定监测和流动监测相结合，充分利用广播电视网络资源，在全市范围内建立完整的广播电视播出质量监测反馈体系，保证广播电视节目和互联网视听节目的安全优质播出，并为实施行业管理提供依据和手段。

舟山市文广新局于2011年2月完成与移动公司关于合作建设监测中心的协议谈判，并在省广电监测中心召开广电监测中心设备招标方案论证会，确定设备招标工作的各项议程。3月、4月分别完成了监测中心的设备招标和装修招标工作。7月机房各项装修工程完工。8月完成了监测设备的安装调试、人员上岗培训、制度落实等工作，并协助做好中心办公设备采购等工作。工作人员于9月份上岗，由厂家进行现场培训，完成初步验收。同时完成了各县(区)监测站设备的安装。11月开始进入试运行阶段，12月完成二期互联网检测设备的采购、安装调试工作，并完成总验收和正式启动仪式。

3. 认真做好广电统计和年鉴工作

年初，市文广新局认真完成了2010年度广播电视年报统计工作，并参加省广电局2011年广电统计年会及培训。每个月及时向省广电局上报统计报表。同时不断强化和完善上报单位的基础工作，督促建立健全原始记录，认真制发统计台账，以确保统计出真数据、准数据。2011年10月份参加国家广电总局在杭州组织的统计培训。参加省广电局2011版广播电视年鉴会议，并及时将会议精神传达至各县(区)具体工作人员，完成培训；4月底完成年鉴舟山部分初稿的纂写并发送省广电局；6月参加省广电局组织的编审会议，对初稿进行修改、完善。

4. 配合完成省广电局关于全省广播影视发展与法制环境调研

为提高广电执法能力，2011年5月，省广电局调研组对舟山市广播影视发展与法制环境进行了调研。总体来看，舟山市广播影视法制环境良好，但仍存在一定困难。主要表现在：一是城乡之间的执法效果不平衡；二是存在着现实困难和法理困惑；三是执法专业设备和人员较缺乏；四是国有法人违法处罚主体不确定。

5. 组织完成政协、民进党委员关于广电工作的相关提案的答复

2011年5月，舟山市文广新局在市民政局、舟山广电台的协办下，对政协提案《加强渔农村文化建设　提高渔农村广播电视公共服务供给的有效性》、《关于减免老年人群数字电视收视费的建议》进行了办理，相关人员赴岱山、定海进行当面答复，提案委员均表示满意。

6. 做好广电行业各项评奖、工程实施计划等上报工作

参加了省广电局组织的对农节目考核评奖；组织完成"广电低保"数字化工程实施计划、乡镇广播电视站设备设施更新改造工程实施计划、广播电视技术维护奖和乡镇广播电视站建设管理先进典型上报；汇总各县(区)安全播出奖各奖项材料并报省广电局。

台州市广播影视管理工作概况

2011年广播影视管理工作在省广电局的指导下,在市局党组的领导下,在县(市、区)局台的配合支持下,根据年初制定的工作计划,坚持完成好省广电局交办的工作任务,服务好市县两级局台的工作需要和指导好面上的工作开展为原则,以积极的工作态度,务实的工作作风,抓好各项工作的落实。

一、重点抓好广播电视安全播出工作

一是做好各重要保障期间广播电视安全播出工作。根据元旦、春节、全国和省"两会"、"五一"、"十一"等重要保障期间广播电视安全播出"零报告"工作要求,以及建党90周年"七一"重要保障期间、全国残运会期间广播电视安全播出工作特殊要求,及时对广播电视安全播出的有关文件和会议精神进行了部署安排,同时调整充实广播电视安全播出值班人员,落实专用手机,对重要情况及时做到上情下达下情上传工作,并认真做好值班记录。二是做好广播电视安全播出执法大检查工作。根据省广电局对全省广播电视安全播出执法大检查的工作要求,一方面对市本级安全播出协调领导小组、安全播出预案、会议记录等进行了充实、完善和整理归档。另一方面加大对县(市、区)台做好迎接检查的相关准备工作的指导力度,6月13日至15日台州市广播电视安全播出工作顺利通过省里组织的执法检查验收。2011年没有出现广播电视安全播出事故。

二、突出抓好广播电视线上考核工作

一是抓数字电影放映工作。年初数字电影放映工程继续被台州市政府列入为民办实事工程后,将市本级3000场放映场次降低到2010年的1660场,再降到2011年的360场,将1300场次分解到临海、温岭,与两地多次协商沟通,得到理解与支持,并及时将全市36732场放映任务分解到县(市、区)。同时,市本级还协助相关部门开展送数字电影进革命老区和繁荣东商务区夜市等相关工作。截止年底全市已累计放映数字电影37936场,完成全年任务的103.28%。二是指导督查播出机构办好广播电视对农节目。根据新农村建设考核和省广电局文件精神,年初及时将今年48档广播电视对农节目建档任务分解到各播出机构,期间以各种方式加强检查指导,确保年底前按时完成了建档任务。三是协助抓好广播电视的日常监管工作。首先是认真贯彻落实国家广电总局61号令《广播电视广告播出管理办法》的有关规定,加强对播出机构的广告监管工作,进一步净化荧屏。再是积极向省广电局推荐各类先进及奖项的参评工作。此外,还十分注重日常工作资料的积累,及时收集、整理完成了2012年版《浙江广播影视年鉴》台州市局部分的组稿工作。还积极做好省广电局对我市无非法卫星地面接收设施的检查验收工作,5月13日省检查组抽查天台县并顺利通过验收。另外,对领取国家定期抚恤补助金的优抚对象没有及时落实数字电视基本收视维护费减半政策的5个县(市、区)进行了协调、督查。四是积极做好"广播电视进渔船"工作。在温岭现场会之后,市文广新局会同市海洋渔业局多次到市财政局商讨市本级的资金补助办法和标准,争取到了市财政口头同意市本级海洋捕捞船按省里1:1配套补助资金的政策。 8月25日,在三门县召开了全市"广播电视进渔船"工程工作推进会。相关县(市、区)文广新局分管领导、台州市和三门县海洋与渔业局相关负责人参加了会议。还邀请了一家省中标企业供应商代表介绍"广播电视进渔船"设备安装、调配、售后服务等相关情况。会议进一步统一了思想,明确了各单位的工作职责和目标任务。截止年底,全市"广播电视进渔船"工作有序开展,市本级已完成全年渔船安装卫星接收设备任务。此外,还召开全市直播卫星公共服务工作会议,调查摸底全市广播电视有线联网盲点村情况,进一步做好广播电视"村村通"向"户户通"的延伸。

丽水市广播电视管理工作概况

2011年是建党90周年和纪念辛亥革命100周年的大庆之年,丽水市广播影视工作在丽水市委、市政府的正确领导下,在省广电局的积极支持下,全市各级播出机构围绕党委、政府中心工作,精心组织开展了一系列主题宣传报道活动,有效地起到了稳定、鼓劲的左右。为促进全市各播出机构多出精品,提高新闻宣传水平,增强媒体的服务能力,我们适时借助各种广播电视创优载体活动,起到了很好的作用。全市广播电影电视宣传舆论导向正确,广电惠民工程建设成绩显著,确保了建党90周年和纪念辛亥革命100周年等庆典及其他重要保障期的广播电视播出安全。全市广播影视工作呈现良好的发展态势。

一、坚持新闻立台，加强导向管理，强化广播电视宣传作用

1. 抓职责，宣传导向正确。牢记广电人的使命和神圣职责，常要求各播出机构进一步增强政治意识、大局意识和责任意识，强化新闻立台的理念，并积极引导广播影视单位围绕党委、政府中心工作开展宣传工作，为党政中心工作营造良好的舆论氛围。首先是抓好建党90周年活动的宣传报道工作。2011年初，我们就召开宣传例会，要求全市广播电视系统高度重视重大题材的宣传工作，做到了主题鲜明、重点突出、导向正确、成效明显。各县(市、区)台也就宣传报道工作进行了全面安排部署和精心策划。一是抓好爱国主义等重大题材的宣传报道。如建党90周年和纪念辛亥革命100周年重大宣传报道工作。从2011年5月份起，全市各地庆祝“七一”开展的丰富多彩活动，广电系统也掀起了形式多样的宣传报道。如青田台的《青田在线》网站现场直播了“永远跟党走”庆祝建党90周年广场大合唱实况，《侨乡大舞台》录制播出了庆祝建党90周年《红歌大家唱》复赛、决赛情况；缙云台推出了红色传承——纪念建党90周年新闻采访活动。在此的基础上，各县(市、区)还开设了形式多样的宣传子栏目和一系列宣传报道栏目，如青田台在电视《青田新闻》和广播《青田新闻》节目中同时推出庆祝建党90周年专栏——“党旗飘扬”。“党旗飘扬”专栏下设“走近共产党员”、“探访革命老区”、“我想对党说”等小栏目；松阳台在《松阳新闻》节目中开设《庆祝建党90周年》专栏；景宁县广播电视台《畲乡新闻》也开设栏目；云和台在《云和新闻》、《点滴》、《云山箬水》中开辟专栏，全方位报道各地庆祝建党90周年活动，先后播出各类稿件1000多条。并推出了一系列专题报道，如青田推出了《辉煌九十年》特别栏目和《红色之旅在青田》栏目；松阳台推出了“红色印记”系列报道；青田还开通了热线电话551122和新浪微博，让观众参与“我想对党说”栏目互动，并选择好的言语、祝福在广播和电视节目中播出，收到了很好的社会效应。在庆祝建党90周年优秀影视剧展播中，全市还播出了一大批反应抗战时期的影视剧，收到良好的效果。二是抓重大题材。如2011年是辛亥革命100周年，为隆重纪念这一伟大历史事件，缅怀孙中山先生等民主革命先去的光辉业绩，继承和发扬爱国主义精神，各县(市、区)台结合本地实际，及时、广泛报道了各地开展的各种纪念活动，同时推出庆祝“纪念辛亥革命100周年”专栏，着力宣传孙中山先生等革命先辈致力国家统一、民族团结和中华振兴的伟大业绩，大力弘扬爱国主义精神。其次是做好巩固发展应对国际金融危机成果、积极促进经济转型升级、创新社会管理和富民强省建设的宣传报道。与此同时，全市各电影放映单位积极组织开展“红色经典影片”回放等电影宣传放映活动。全年舆论引导正确，为丽水的健康发展营造了良好的氛围。

2. 抓管理，节目丰富规范。一是开展“走基层、转作风、改文风”活动和有关宣传报道工作。召开宣传例会，贯彻落实和部署中宣部等部门关于在新闻战线广泛深入开展“走基层、转作风、改文风”活动。全市各台高度重视，把开展“走基层转作风改文风”活动作为推动新闻事业发展、加强新闻队伍建设的重要工作来抓，切实抓实、抓好。一方面以活动为抓手，启动“我在基层”活动，组织记者深入基层、研究基层、报道基层，密切联系群众，体验基层甘苦，收集社情民意，做到“重视群众实践、重视群众期盼、重视群众创造”，“走近群众建立联系点，服务群众找到切入点，引导群众有成效点”。在基层实践中磨练思想、磨砺作风、增长本领，以“我在基层”的丰硕成果来丰富节目，促进现代传媒综合体建设，提高全市广电的公信力和美誉度。另一方面纷纷开设专栏，如云和在《云和新闻》节目中开设“走基层、转作风、改文风”专栏，推出《记者蹲点》、《百姓故事》、《赞美劳动》3个小版块。青田在在电视《青田新闻》、网站中推出“我在基层”专栏。此外，还进行了完善学习培训制度、建立有效机制推动活动见实效和常态化等促进“走基层、转作风、改文风”工作上台级。二是积极引导广播电视广告经营工作健康发展。及时处理和反馈针对各电视台的广告投诉，做到件件有反应，事事有有落实。

3. 抓创优，宣传工作上台级。采取点评会、广播电视节目抽评等措施，强化创优意识，加强品牌建设，各广播影视机构也目标、精心策划制作了一大批优秀作品，取得了突破性的成绩。同时，采取邀请省、市、县专家联合评选的机制开展广播电视政府奖评比。2011年度全市广播电视政府奖共评出广播电视新闻奖、文艺奖、播音主持奖92件，其中一等奖18件、二等奖30件、三等奖44件。在2010年度浙江省广播电视政府奖评选中，我市也获得较好成绩，共获得奖项29件，其中一等奖2件，二等奖11件，三等奖16件。比往年有了较大的提升，和去年相比有三项突破:一是一等奖从1件提到2件, 二是县台获二等奖从1件提到3件,三是县台获奖数从3件提到8件。

二、积极推进整转,强化惠民工程落实,加快广播电视事业发展

2011年丽水市广播电视惠民工作在各级党委、政府领导下,全体广电系统工作人员积极努力,圆满完成各项惠民工作任务。全市有线电视数字化发展工作提前一个月圆满完成今年任务,其中乡村用户数达到208038户,整转率达到86.7%;乡镇整转率达到88%;乡镇双向化改造率达到83%。超额完成全年要求的乡村用户整转率45%、乡镇整转率50%和乡镇双向化改造率30%的任务。使全市有线数字电视用户已达407042户,90%的电视用户看上了有线数字电视,超额完成了省里下达的任务。全市广播电视对农节目每周达到62档。全市所有乡镇完成农村应急广播系统建设;有线对农广播覆盖率达到87.3%。免费为37206户低保户安装了有线电视及免费收看。全年实施"2131"工程放映电影29716场次,超额完成了任务,中心村电影放映率达到100%,数字化放映占有率达到95%。

1. 重点抓好农村有线电视数字化发展。一是加快有线广播电视网络联合发展与数字化整转。全市各地自圆满完成2010年度城区有线电视数字化整转工作后,迎难而上,把工作重点从城区转到农村,积极稳妥地推进农村有线电视数字化工作,全市有线电视整转工作提前一个月圆满完成2011年任务,其中乡村用户数达到208038户,整转率达到86.7%;乡镇整转率达到88%;乡镇双向化改造率达到83%。超额完成全年要求的乡村用户整转率45%、乡镇整转率50%和乡镇双向化改造率30%的任务。使全市有线数字电视用户已达407042户,90%的电视用户看上了有线数字电视。主要工作有:①善抓机遇,趁势而上。丽水市各县(市、区)在2010年完成城区有线数字电视整转任务后,认真总结经验,分析形势,把今年的工作任务进行了分解落实。特别是青田、景宁两县在年初迅速启动了农村有线电视数字化发展工作。②网改为先,夯实基础。2011年在发展农村有线数字电视时,缙云、遂昌、松阳等县都把网络改造作为首要问题来抓。缙云县把农村有线电视网络改造工作列入政府工程,政府补贴4500万元贷款的5年利息,以加强网络改造工作,并将其作为今年县委县政府十件惠民实事之一。③加强领导,合力推进。各级党委、人大、政府和有关部门高度重视有线电视数字化发展工作。4月中旬,丽水市人大常委会组织人员先后到景宁、云和、市华数公司进行专题调研,同时,组织部分常委会组成人员和市人大代表对该项工作进行视察,之后,形成视察意见送交市政府办理。为做好这项工作,莲都、青田、景宁、遂昌、缙云等县、区将有线电视数字化整转工作纳入当地政府对乡镇的考核内容。④扩大宣传,加强服务。为顺利推进丽水市农村有线数字电视发展工作,各地充分发挥媒体优势,开展行之有效的宣传活动。以图片、宣传资料的发放形式,帮助广大农民朋友解惑释疑,引导广大用户转变消费观念,改变收视习惯,克服收视数字电视的技术障碍。各地在扩大宣传的同时,加强了对广大农民朋友的服务工作,以快速、优质的服务水平满足用户需求。二是积极推进广播电视"一省一网"工作。①组织动员。2011年9月,召开了全市广播电视有线网络整合工作研讨会,会议学习省委、省政府有关加快广播电视有线网络"一省一网"整合发展有关文件;研究讨论制定丽水市贯彻落实省委、省政府文件精神的指导意见。②落实措施。2011年12月,市政府召开第100次常务会议,市长王永康主持会议。会议审议通过了《丽水市贯彻落实省委省政府有线网络"一省一网"整合发展工作的实施方案》。

2. 全力抓好农村应急广播建设。2011年,丽水市计划为全市174个乡镇,3235个行政村安装广播远程控制设备。在局领导的重视下,5月份,丽水市文广新局向市政府请示启动这项工作。市政府领导非常重视,下发了政府抄告单同意开展这项工作,并明确项目经费从水利专项资金列支。10月份,丽水市文广新局同水利部门联合下发了《关于加快丽水农村应急广播远程控制建设的通知》。12月份,丽水市文广新局会同水利部门联合召开了全市农村应急广播远程控制系统建设工作现场会。会议提出了在春节前,各地完成乡镇农村应急广播远程控制系统建设。

3. 把广播电视对农节目作为县级播出机构的主打品牌来抓。2011年以来,丽水市文广新局围绕这一中心任务,开展一系列着重办好对农节目活动:一是在年初提出各播出机构的对农广播电视节目要以最佳类标准为创建目标,即广播自办对农栏目每周3档以上,电视自办对农栏目每周达到3档的目标。二是全面提高广播电视对农节目质量。为实现广播电视对农节目的宣传效果，使对农节目真正成为各播出机构的主打品牌。丽水市文广新局强化学习研讨，充分利用广播电视对农宣传例会这一平台，让各播出机构分管领导、对农节目负责人交流、学习。2011年，丽水市文广新局召开了四次研讨例会，其中一次是对播出机构选送的对农节目进行点评，在此基础上，评出本年度对农节目的优秀作品。另外，我们强化了对农节目的视听评议，以此促进各地对农节目质量的提高。

4. 加强电影工作，产业事业双丰收。2011年以来，丽水市文广新局一方面继续抓好农村电影“2131”放映工程，另一方面推动电影放映单位转企改制，强化市场主体建设，加快多厅影院改造步伐，以不断满足市场需求。全市共完成农村电影放映29716场（全年任务是25000场），观众5310千人次。6月初，丽水市文广新局组织调研组，对部分县进行了调研，督促他们加快转企改制步伐。目前，完成的有市电影公司，松阳，云和，遂昌。外出学习制定方案的有莲都、龙泉、缙云，多厅影院建设也是丽水市主抓的一项重要工作。市电影公司多厅影院改造结束并投入使用，庆元一个新的多厅影院也在筹划中。莲都的多厅影院改造方案已上报有关部门。全面实施数字电影放映，为适应农村文化新的需求，充分运用现在科技，丽水市在城市影院实施数字电影放映的基础上，积极向农村电影放映市场延伸。目前，全市各县(市、区)农村电影放映全部采用数字放映。

三、加强安全播出管理，确保广播电视优质播出

2011年，重要保障期多，安全播出工作任务重，尽管如此，全市广电战线的同志，始终牢牢把握安全播出这根弦，以高度责任心，勤勤恳恳，确保了我市广播电视全年的安全播出。

一是突出重要工作。2011年的重要保障期长，除了元旦、春节、全国“两会”等传统节假日外，建党90周年等重大节庆活动多。另外，国际摄影节等，自然也是重要的保障期。为此，全市广播电视部门未雨绸缪，在年初，就进行了精心部署。及时启动防范预案，利用市广电监测中心短信平台，将保障期的工作要求发给相关工作人员。另外，加强同610办公室、公安等职能部门的工作联系，建立联席会议制度，对保障期内有可能出现的问题，工作薄弱环节进行认真筛选，以有针对性的进行防范。严格实行“零报告”制度，在重要保障期期间，是广电监测中心加强24小时值班制度，每日实行“零报告”制度，确保安全播出情况上传下达，信息畅通。抓好细节工作，一方面，要求值机员在重要保障期对每个电话都进行录音，另一方面，要求各级播出机构，增加巡机次数，巡查不仅局限于机房，而且还要对各重要出入口实行严格的管理。二是狠抓常态化工作。强化安全播出运行机制建设。继续完善安全播出例会制度，继续坚持逢会必讲制度。加大安全播出运行设备设施的投入。要求各播出机构在全面检查安全播出设备设施的基础上，加大投入，对重要的设备设施要备份，以备急之需。对明显老化的设备设施，要果断予以更换。举行了全市性的安全播出演练。市610办、公安、电力等广播电视安全领导小组成员单位都参加了演练。通过演练，加强了成员单位的联动关系，进一步检验了广电队伍的应急处置能力，同时也查找了安全播出中存在的问题，进行了及时纠正，完善各个工作环节。

浙江广播电视集团

2011 年，在省委、省政府和省委宣传部的领导下，集团坚持以科学发展观为统领，认真贯彻“两创”总战略，紧紧围绕实施“六大提升工程”的目标任务，着力抓思想解放、谋开篇布局，抓广播影视、促转型升级，抓平台建设、拓事业空间，抓人才队伍、强发展保障，呈现出宣传和经营“双丰收”、规模和效益“双突破”、事业和队伍“双提升”的良好态势，为加快“十二五”新一轮发展提供了强劲动力。具体表现在以下几个方面：

1. *舆论引导正确有力*。紧紧围绕省委中心工作，全力抓好中央和省委全会精神、建党 90 周年、辛亥革命 100 周年等重大宣传，组织开展“富民强省开新局”、“经济转型升级”、“创新社会管理”、“迈向文化强省”等主题报道，制作播出《先驱》、《走向蓝海》、《辛亥三杰》等专题节目，为我省经济社会建设大局提供有力支持；合力办好“红船向未来”、“创先争优”等大型晚会，策划推出《红色印迹》、《红船新航程》、《身边的党员》等系列报道，回顾光辉历程，展示丰功伟绩，掀起宣传热潮，营造了我省庆祝建党 90 周年的浓厚氛围。认真抓好全国和省“两会”、“首届浙商大会”、“全国残运会”、“富春山居图合璧直播” 等重点报道以及“甬温线特大铁路交通事故”、“钱塘江特大洪水”等突发事件报道，壮大主流声音，引导社会舆论。全年在中央电视台《新闻联播》播出浙江新闻 382 条，其中头条 26 条，单条 139 条，连续三年实现“平均一天一条”的目标任务；在中央电台播出浙江新闻 1530 条，扩大了浙江的全国影响力。同时，继续抓好国际频道和“新蓝网”的培育建设，开播浙江网络广播电视台和手机台，优化了网络外宣的格局。深入开展“走基层、转作风、改文风”活动，创新举办“记者新春基层行活动”和“来自基层的报道大赛”，制定出台“微博、博客管理”和“舆论监督政治导向管理”等内部规定，新闻宣传队伍的政治素质、职业道德和工作作风得到增强。

2. *品牌品质优化提升*。深入践行“以精英的实力创造大众文化”的基本理念，扎实推进节目、栏目、活动、主持人和频道“五大品牌战略”，着力提升集团品牌整体品质。继续合力打造浙江卫视“中国蓝”，升级改造“新闻纵贯线”和“综艺纵贯线”，创意推出《中国梦想秀》和“中国蓝剧场”，全国覆盖人口连续三年位居省级卫视第一，有效巩固了“前三强”的优势地位。第三届“未来主打星”活动成功举办，广播研发取得进展，“潮频道”、“新青年创造”、“6 频道”、“交通第一广播”、“私家车电台” 等特色频道建设纵深推进，《新闻深呼吸》、《厨星高照》、《小智情报站》、《方雨大搜索》、《中国新歌榜》 等品牌栏目培育成效显著，广播评论《善待民工才能够缓解民工荒》、电视系列《6000 亿温州民资投向调查》 等荣获中国新闻奖，“浙江骄傲”、“风云浙商”、“新农村建设带头人”、“十大民生工程”等年度活动和青春版《牡丹亭》大型展演影响广泛，特别是全力办好“第六届中国电视观众节”，隆重纪念集团成立10周年，进一步扩大了浙江广电品牌的全国影响。投资拍摄《建党伟业》和《中国1921》、《延安爱情》、《风语》、《古今大战秦俑情》等精品力作，实现一年四部电视剧登陆央视的重大突破。集团成功跻身“中国500强最具价值品牌”，取得了“排名全国媒体前十，位居浙江媒体第一”的佳绩。

3. 经营创收效益显著。坚持“立足主业、多元拓展、加强管理、注重效益”的产业发展新方略，努力壮大广告主业，加快培育重点产业，实现创收总量和经济效益“双增长”。集团经营创收总量首次突破50亿元，达到55.6亿元，同比增长25.0%；实现利润15.1亿元，同比增长50.8%，成为全国省级广电经济效益最好的单位之一。其中，广播电视频道加快广告经营方式的“三个转变”，实现广告创收36.5亿元，同比增长27.1%，其中浙江卫视创收突破20亿元，同比增长23.1%。直属单位经营收入19.1亿元，同比增长21.9%，特别是明确提出“合力打造好易购”的战略决策，家庭购物、影视生产等新兴产业经营规模迈上新台阶，发展质量跃上新层次，先导性、支柱性作用更加凸显。

4. 事业平台取得突破。全力抓好两大省重点工程，传媒大厦项目新购安置用房，动迁工作稳步开展；国际影视中心项目正式开工，主楼桩基工程提前完工，地下工程顺利推进。全面完成新祥利大楼整体搬迁，组织实施时代大厦办公室装修、音乐厅二楼导控室改造等多项工程，加快基础设施建设步伐。投资组建浙江广电新媒体有限公司，加快建设我省IPTV集成播控平台。浙江卫视基本实现高标清同播，3号、6号高清转播车投入使用，“摩托化电视单兵直播装备”、“3G无线音频传输专用网络”、全省电视收录平台和集团电视播出新系统成功启用，加强广播频率省内覆盖，更新改造广播制播网安全播出系统和北高峰电视天馈系统，圆满完成“第八届全国残运会”、“世界大学生运动会”等大型赛事直播，“金帆奖”评选取得优异成绩，进一步提升集团技术装备整体实力和技术队伍实战能力。

5. 内部改革持续深入。加强对人、财、物和信息、版权、法务等重要资源的统筹管理，制定实施“基本建设财务管理办法”、“基本建设会计核算办法”等规章制度，启用升级集团“合同管理”、“广告信息”、“设备采购”和“人事信息”等管理系统，充实加强固定资产管理员队伍，集团化管理效能得到进一步提升。扎实推进以“三能”为核心的人事制度改革，推广“星级员工”、“首席制”、“工作室”等新型工作机制，充分调动干部员工的积极性和创造性。全面完成浙江音像出版社、浙江电影制片厂和省电视剧制作中心三家单位的转企改制任务，直属单位“事转企”改革取得明显进展。

6. 队伍建设展现新貌。全面开展“学习型党组织”、“创先争优”和“三项学习教育”、“党的群众路线主题教育”活动，制定实施“加强和改进思想政治工作实施意见”，在各个单位增设人事机构，强化党建工作，提升党员干部政治素质和综合素养。加强廉政风险防控机制建设，排查风险隐患，细化惩防措施，制定出台“职工处分暂行办法”、“基建项目廉政建设若干意见”，有力推进了集团反腐倡廉工作。全力抓好高素质干部员工队伍建设，充实和加强管委、编委力量，完成处级干部任期届满考核续聘，竞争性选拔4个处级和53个科级岗位，提任、交流和调整了一批中层骨干，优化了干部队伍结构。首次与中国传媒大学联合举办两期高级管理人员研修班，首批15名年轻骨干到市县挂职锻炼，第五批20名优秀人才赴美国进修，集团员工“四级培训体系”进一步确立。加强老干部、工会、共青团工作，组织开展“广电青年走进基层”、“我为集团创新业”演讲比赛、“单位文明形象建设”活动，做好对口帮扶工作，完成专用房出售，实施住房补贴和物价补贴发放、食堂优质农产品采购等民生工程，切实改善员工福利待遇和工作生活条件，为集团科学发展营造良好氛围。

浙江省电影有限公司与全省四大院线及外省院线在我省发展的概况

（附全省院线概况一览表）

2011年，公司在国家广电总局电影局、省委宣传部、省广电局的领导下，根据省广电局的总体部署，按照年初制定的目标任务，始终把发展作为第一要务，紧紧围绕年度经营目标和重点工作，全力拓展电影放映市场，积极做好院线营运管理，努力做好制片筹划拍摄，依靠全体员工的共同努力，较好地完成了全年工作任务。

一、2011年主要目标完成情况

（一）时代院线三项业务指标完成情况

截至2011年底，浙江时代院线已拥有93家影院，共有银幕480块（其中3D银幕225块），座位

72729座,其中新增影院19家,银幕117块,座位13672座。全年完成放映场次67.2万场,观众人次1552.9万人,票房收入55665万元。与去年同期相比:银幕增加31.51%,座位增加14.55%,场次增加62.05%,观众增加26.63%,票房增加32.40%。其中,票房增幅高于全国同期水平3.47个百分点。

(二)影院建设完成情况

2011年新建开业的影院有19家(包括加盟影院),分别是:开化时代电影大世界、湖州银都时代电影大世界、德清银都时代电影大世界、嘉兴大剧院银河电影城、桐乡洲泉银河电影城、义乌时代电影大世界、慈溪奥克雷影城、台州和平影都、奉化豪盛时代电影大世界、余姚新泗门时代影院、诸暨大世界影城、湖北荆州时代电影大世界、九江南湖时代影城、南通时代金球高迪影城、安徽滁州水石影城、安徽正鼎影城、舟山时代金球影城、南通时代金球飞越影城、兰溪时代国际影城。其中,公司全资影院3家,参股影院8家,加盟影院8家。

(三)电影制作完成情况

今年完成电影项目8个,其中动画片4个:《新地道战2—父子奇兵》、《我和拉拉》、《可乐山林之丰收的季节》、《可乐山林之多彩的家园》;故事片4部:《桃花红杏花白》、《极速先锋》、《女人河》、《恋爱浅规则》。

二、2011年做了以下主要工作

(一)全力投入影院建设,大力开发终端市场

一是充分利用时代金球公司平台,加大影院开发建设力度。2011年以来,时代金球公司通过扩充人员,建立了一支市场开拓、工程装修分工协作的专业队伍。通过完善制度,建立激励措施,为积极拓展市场、快速推进项目建设提供了保障。通过平衡全年资金使用,以灵活多样的合作方式,用有效的资金参与了更多项目,为做大时代院线票房收入奠定了基础。

二是抓紧做好项目的选址、洽谈、签约、工程装修以及开业工作。项目选址是影院建设的前提,除寻找省内外项目新建外,还注重寻找现成物业上,以加快建设速度,快速占领市场。工程装修是影院建设的重点,通过建立招投标程序,完善了专业监理环节,进一步加强了施工队伍的管理和监督,使工程装修在保证质量的前提下按时完成。开业筹备是影院建设的根本,为跟上建设进度,不断加强筹备力量,通过建立开业筹备规范化流程和菜单式任务设置,顺利完成了证照审批以及营运、营销等各项工作。

通过以上措施,全年新建影院19家,储备项目46个,区域涉及江苏、江西、河北、四川、福建、河南、湖南、安徽、湖北、广东、深圳、上海、山东等地。

(二)积极做好建党90周年展映活动和各类惠民公益放映活动,把社会效益放在首位

一是根据省委宣传部和省广电局的总体部署,公司积极开展"庆祝中国共产党成立90周年优秀电影展映活动"。公司多次召开专题会议,研究措施、制定方案、部署任务。展映分为城市院线展映和农村院线献映两大板块。公司分别承办了两大板块的活动启动仪式。为使展映活动取得好成绩,公司除了重点做好影片供应、宣传安排、营销策划、安全保障外,还针对团体观众组织工作下了功夫,专门提出了团体票考核奖励办法,还依托时代院线的品牌规模,设计了《建党伟业》通用券,对团体票的发售起到了很好的促进作用。展映活动累计放映展映影片近2.9万场,观众93.9万人次,票房收入3266.3万元,其中,《建党伟业》票房收入1841万元,《飞天》票房收入508万元,《扬善洲》398万元,圆满完成了此次展映活动,各项业绩都达到了国家电影局要求的指标,《中国电影报》专门刊登整版文章对公司此项工作作了全面总结。这是政府部门和行业部门对我们的肯定。归纳起来,有以下几方面成功因素。一是上级主管部门高度重视,给予浙江时代院线、浙江新农村数字电影院线开展展映活动有力的保证。二是时代院线积极响应,把各项工作"做在前、做到细、做得实",全力推进活动开展。三是重视做好启幕影片《建党伟业》的宣传发行放映工作,积极推动展映活动朝纵深发展。

二是响应省政府和省广电局号召,公司积极组织各发行放映单位举行了各类电影惠民公益放映活动,切实保障特殊群体的基本文化权益,把社会效益放在首位。特别是年初"送温暖"惠民放映活动,公司除做好组织工作外,还专门出资购买了50多场电影送到农村,惠及的农民观众达到1万多人次。受到了省广电局的肯定。在庆祝建党90周年展映活动中,公司还举办了向社会征集老年党员免费看片、向弱势群体免费送票以及送千场电影下农村活动。暑假期间,公司各影院积极为外来民工子女开设特色专场,除了供应喜闻乐见的动画片,还组织暑期儿童安全教育等活动,深受"小候鸟"和家长们的欢迎,体现了国有公司的社会责任感。

(三)围绕票房目标,做好发行放映各项业务工作

公司通过召开专题业务会,强化影片供应、营销策划和影院管理等各项工作,根据全年影片安排,对全年票房实行月度目标监控管理。公司重视对元旦、春节、情人节、圣诞节以及暑期档等重要电影档期的业务管理,特别是指导各直营影院针对不同档期和影片,推出个性化的促销活动。公司加强与片商的联络,充分运用演员资源,全年共组织了30多场首映活动。

(四)做好电影策划拍摄工作

公司以今古公司为平台,参加了第七届中国国际动漫节,在动漫节期间,主办了"首届杭产原创动画电影展"和"杭产动车电影的发展探索"主题研讨会。制作完成的影片《麦包系列之新地道战2》举行了全国首映式,投入拍摄的3D电影《极速先锋》也即将公开发行。

(五)努力做好农村数字院线工作

农村院线公司成立后,对全省数字放映设备进行了"家底"大调查,印发了宣传手册,加强了市场营销和开拓力度,建立了全省农村数字电影信息沟通渠道,为开展下一步工作打下了基础。农村公司加强调研学习,对甘肃等省份的农村电影工作进行了考察。农村公司通过省局电影处积极与省委宣传部、省财政厅等部门沟通,争取GPS监控系统建设资金,年前300万元资金已经到位,即将投入建设。

(六)加强制度建设,抓管理抓执行

为进一步科学组织影院的经营管理,公司对影院实行区域管理进行了研究,同时组织两个调查组对全国主要院线公司进行了调研,通过学习考察研究,正在逐步梳理和优化公司的管理规范,通过加大改革步伐,使公司的管理机制能够适应快速发展的需要。公司积极推进协同管理平台(OA系统)建设,目前已经上线运行,通过程序化的管理,使公司管理更加规范和科学。公司加强制度建设和内部管控,陆续出台了《投融资管理办法》、《物资设备采购管理办法》、《建设工程管理办法》、《财务人员委派管理办法》、《房屋出租管理办法》、《考勤管理办法》等制度,使公司在经营管理和运行操作中,有据可依,按制度办事。同时,公司加强对制度的执行力度和对执行的有效监控,进一步规范管理,向管理要效益。

(七)紧跟技术进步,服务经营管理

公司重视电影发行放映数字化进程,在投入资金采购、更新放映设备的前提下,率先在全国试点实施数字影院管理系统(TMS)项目。在此基础上,与国家广电总局下属的电影技术科研所合作,搭建了卫星传输影片的试点项目。今年9月,公司组织承办了全国数字影院信息化管理交流会,与会代表现场参观了在翠苑电影大世界试点的该项目。同时,公司正在通过各种途径积极尝试网络售票、自动售票等先进手段,尽快实现"电子影票"常态化销售。

(八)抓好队伍建设,积极开展培训

公司重视抓好影院员工队伍建设,特别是影院经营班子建设。为适应不断新增的影院数量,公司尝试对外招聘和对内竞聘等多种方式招募影院高端管理人才。为给公司本级增加新鲜血液,公司加强了主要业务部门的力量。为提高员工特别是管理人员素质,公司开展了不同层面、不同内容的培训,有影院经理培训、OA系统培训、数字技术培训、财务统计人员培训、影院营运培训等。另外,公司与省艺校合办的时代电影班的专业讲课的教材编写也正在进行。

(九)重视做好安全放映和社会治安综合治理工作

公司历来十分重视安全放映和社会治安综合治理工作。在元旦、春节、五一、国庆等重要节假日,都会对各部门和单位布置安全任务,进行自查和巡查,做好各类预案的演练等等。这次我们针对建党90周年活动和高温季节到来情况,安排了专项安全检查。与以往不同,这次检查组专门聘请了专业电工,对照图纸,对各类电器线路进行全面细致认真的检查,安全检查组专门召开会议,研究检查内容,还特别针对放映设备、电脑售票设备等组织专业人员进行检查,以应对可能到来的限电、断电以及设备损坏等带来的影响经营的后果。

(十)努力做好党工团及老同志工作

公司党组织努力发挥核心作用,强化思想政治工作,为公司改革和发展创造良好条件。公司通过形式多样的活动,丰富职工精神生活,特别是迎新联谊会等,营造了企业文化,凝聚了员工力量。公司搬迁西溪湿地后,专门设置了活动室,供员工活动休息。公司组织年轻员工参加知识竞赛和征文比赛,获得了省局的肯定。公司对老干部工作十分重视,尽力安排好他们的各种待遇,做好体检,参加休养,订阅报刊,定期组织各类活动,让老干部享受到公司发展带来的成果。

(十一)公司取得多项荣誉称号

2011年,公司取得了多项荣誉称号,主要的有:时代院线公司被浙江省人民政府授予浙江省服务业

重点企业；时代院线公司获得由中国电影发行放映协会颁发的中国城市电影院线贡献奖；公司被评为2011至2012届西湖区文明单位；奥斯卡电影大世界被推选参加“省级巾帼文明岗”争创活动。

附:全省影院概况一览表

2-1.浙江时代电影大世界有限公司

截至2011年底，浙江时代院线已拥有93家影院,共有银幕480块(其中3D银幕225块),座位72729座。

2011年,新建影院19家。其中,公司全资影院3家,参股影院8家,加盟影院8家。新增银幕117块,座位13672座。与2010年相比,银幕增加31.51%,座位增加14.55%。储备项目46个,区域涉及江苏、江西、河北、四川、福建、河南、湖南、安徽、湖北、广东、深圳、上海、山东等地。

完成电影项目8个，其中动画片4部:《新地道战2》、《我和拉拉》、《可乐山林之丰收的季节》、《可乐山林之多彩的家园》；故事片4部:《桃花红杏花白》、《极速先锋》、《女人河》、《恋爱浅规则》。

2-2.浙江横店电影院线有限公司

浙江横店电影院线是经国家广电总局电影局批准的民营跨省院线,由浙江横店集团投资组建,注册资本2亿元,于2009年1月正式运作。

2011年,横店院线抓住国家产业政策和电影市场发展机遇，依托横店集团雄厚的资本实力及横店影视产业链优势,以电影发行放映为主要业务,积极拓展市场，加快自身发展,2011年新建影城37家,旗下影城总数近60家,银幕356块,座位49320个。

2-3.浙江星光电影院线有限公司

2011年,公司围绕着“立足长江三角,向周边辐射性拓展”的战略目标,投资杭州周边、丽水莲都区、江苏苏州、广东顺德、广州番禺等7家5厅以上多厅影城(包括两个IMAX影城),预计在2012年陆续开业。

2011年，公司继续打造自己传统的品牌活动，“突围·电影部落”活动共举办了54场独立艺术电影鉴赏沙龙;4月~5月,举办“少年儿童电影节”活动;8月~10月,“庆祝建党90周年重点国产影片展映”活动在100个社区放映10多部红色经典影片。

2-4.温州雁荡电影院线有限公司

2011年，雁荡院线继续发掘本土市场的潜力，携手影院投资者,加快对县城数字影院的建设。新建永嘉瓯北金汇影城、瑞安冠旭电影城、瑞安塘下亿嘉国际影城加盟雁荡院线。截至12月底,公司共有加盟影院35家。

同时,对老影院进行改造。白鹿影城建成了拥有700个座位的浙江最大巨幕影厅，新中国影都建成了温州市区首个4D影厅。

2-5.外省院线在我省发展概况

2011年，外省共有5条院线在浙江新建15家影院,共77个厅。其中,上海联和电影院线6家,33个厅;广东大地院线在我省新建影院5家,共25个厅;北京新影联电影院线2家,共8个厅;北京红鲤鱼数字电影院线1家,共5个厅;重庆保利万和电影院线1家,共6个厅。

2-6.2011年我省已审批的新建改建数字影院

2011年,我省审批新建改建影院35家,其中34家多厅影院,共199个厅。如图:

序号	影院名称	影厅数	地点	所属院线	座位数	3D 影厅	备注
1	嘉兴大剧院银河电影城	4	嘉兴市中环南路南湖大道口	浙江时代	360	1	
2	慈溪新浦鑫亮数字电影放映公司影院	3	慈溪市新浦镇浦沿村大街路	广东大地	299	1	镇级
3	上虞横店影视电影有限公司影城	6	上虞市市民大道 621 号时代百货 6 楼	浙江横店	759	2	
4	湖州银都时代电影大世界	7	湖州市爱山广场 5 号楼三楼	浙江时代	904	3	
5	义乌时代电影大世界	9	义乌市城中中路 111 号	浙江时代	995	4	
6	★开化时代电影大世界	6	开化县呑滩新区江东中路 1 号	浙江时代	660	4	
7	台州和平影都	8	台州市椒江区中山东路 172 号二楼	浙江时代	808	4	
8	慈溪恒丰数码影院	5	慈溪市观海卫镇广义路 455 号	广东大地	540	2	镇级
9	德清银都时代电影大世界	7	德清县武康镇永安镇 158 号	浙江时代	846	3	
10	慈溪周巷奥克雷影城	3	慈溪市周巷镇兴业北路 528 号	浙江时代	326	2	镇级
11	★天台大世界电影城	5	天台县赤城街道水闸门路 10 号	上海联和	308	1	
12	诸暨大世界影城	4	诸暨市璜山镇璜山村太子龙时代广场	浙江时代	280	2	镇级
13	桐乡洲泉银河电影城	3	桐乡市洲泉小商品城 3 幢 D 区	浙江时代	421	1	镇级
14	义乌横店电影城伊美广场店影院	6	义乌市城中中路 128 号	浙江横店	536	2	
15	★永嘉金汇影城	6	永嘉县瓯北镇阳光大道	温州雁荡	683	3	镇级
16	海宁横店影视电影城	6	海宁市联合路 97 号正翔商业广场三楼	浙江横店	708	2	
17	★奉化豪盛时代电影大世界	6	奉化市金钟路金钟广场 2 幢 6 号	浙江时代	625	2	
18	台州欧尚影院	7	台州市椒江区东海大道 455 号	广东大地	767	3	
19	台州路桥数码城影院	5	台州市路桥区腾达路 669 号	广东大地	723	2	
20	瑞安冠旭电影城	11	瑞安市瑞安广场东首文化中心	温州雁荡	1155	4	

21	苍南影城	4	苍南人民广场	温州雁荡	992	2	
22	宁波东钱湖影剧院	1	宁波东钱湖旅游区环河北路 376 号	上海联和	510		
23	慈溪欢乐小马电影城	8	慈溪市新城大道北路 269 号香格国际广场四楼	上海联和	794	2	
24	瑞安亿嘉国际影城	9	瑞安市塘下镇亿嘉国际广场 C 栋 2 楼	温州雁荡	566	2	镇级
25	衢州新新天地数字影城	5	衢州景文百货大厦	广东大地	434	2	
26	衢州环中国际影城	5	衢州柯城区仙霞中路 266 号	北京红鲤鱼数字电影	219	1	
27	余姚新泗门时代影院	5	余姚泗门镇湖心江路 15-3 号	浙江时代	500	2	镇级
28	镇海海尚影城	6	宁波镇海区静远西路 405 号海尚广场	重庆保利万和	1306	3	
29	杭州贝弗利影院	3	杭州延安南路天风商厦	北京新影联	168		
30	杭州比高影城	10	杭州小河路 488 号运河天地	上海联和	1323	4	
31	临安比高影城	6	临安钱王街 855 号万华广场	上海联和	1293	3	
32	★象山宝龙影院	3	象山县丹城天安路 119 弄 37 号	上海联和	303	1	
33	舟山时代金球影城	7	舟山普陀区东港兴普大道 288 号彩虹广场	浙江时代	815		
34	★兰溪时代国际影城	6	兰溪市云山街道捷盛街 123 号捷盛中央广场	浙江时代	948	3	
35	温州中环影城	5	温州鹿城区车站大道 391 号华昌大厦	北京新影联	327	1	
	合计	200			23201	74	8

注:加★\下划线为填补当地多厅影院空白

杭州市文化广电集团

2011年,是该集团实施“十二五”规划的开局之年。一年来,集团上下认真学习贯彻党的十七届六中全会精神,全面落实市委市政府的重要部署,以解放思想大讨论活动为先导,克难攻坚,团结奋进,在转型升级上取得了新成绩,在跨越发展上迈开了新步伐。集团全年经营总收入达到27.2亿元,同比增幅32.2%,继续保持快速发展态势。各单位、各部门在严峻的经济形势下有勇有谋,在激烈的行业竞争中有作有为,广播电视的传播力和品牌影响,文化单位的作品质量和管理水平,产业单位的经济效益和体量规模,都有显著的提升和明显的壮大。

一、体制改革求“突破”,推进完成院团改制目标,着力调整广告经营体制,凝聚了新的发展动力

1. 深化文化单位体制改革。以《杭州市市属文艺院团深化改革总体方案》在年底出台为标志,完成了文化单位改制的阶段性目标。在调研、部署、实施改制的过程中,集团始终坚定一定要改的目标不动摇,按照中央和省、市委确定的“路线图”、“时间表”和“任务书”,积极稳妥地推进改制工作;始终明确改革的目标,确保有利于院团的繁荣发展,确保在职和离退休人员的利益;始终把改革当作院团加快发展的机遇,积极争取在硬件设施建设、加大院团投入、注册资本金保障等方面政策和资金扶持,并通过改革解决了一批影响院团稳定和发展的现实或历史遗留问题。此外,以培育合格市场主体为目标,组织了多次专题培训会,通过各种方式帮助各演艺类公司完善公司治理。

2. 实施广告经营体制调改。近年来,宏观经济不振、电视“马太效应”加剧、收视数据失真等外部因素挤压城市台生存空间。面对新形势新变化,集团“坚持频道制,完善频道制,创新频道制”,在充分调研、反复论证的基础上,对电视广告经营体制进行调改。新成立了电视广告营销中心,整体运作外地业务和部分本地业务;各频道保留广告部,各自运作本地业务和专项活动业务;在整体上,形成了“统分结合、管办分离”的电视广告经营管理格局。通过本次调改,集团的广告资源得到有效整合,有利于进一步掌握经营的主动权,有利于发挥频道的积极性,有利于提升电视广告的议价能力。在调改过程中,相关单位和部门大局意识强、执行效率高、各方关系顺。中心成立后工作开局良好,思路清晰、举措扎实,工作信心足、精神状态好。

3. 抓好媒体产业平台建设。大力推动优势子媒组建媒体经营公司,实施品牌经营,拓展衍生产业。重点推进综合·生活频道和明珠频道的公司组建,分别制定了详细的组建方案,两家公司于年底顺利组建完成,为两大媒体突破发展瓶颈、形成创收增量创造了有利条件。此外,已有的媒体经营公司进一步发挥经营创收平台作用。都快交通久一点吧传媒做大房产、汽车广播广告代理业务,成为交通91.8广告创收的重要增长点。西湖之声传媒继续进行品牌和管理输出,打造的第四家专业合作频率临安“乐活964”正式开播。梦想传媒探索创新型媒体建设,在活动营销、栏目发行、影视剧投资、新媒体开拓等方面做出了成绩。好朋友传媒依托少儿频道影响力,开展了童博会、体育赛事转播等项目经营。

4. 推动导视频道转型升级。为助推杭州学习型城市建设,充分利用频道资源,分步推动原导视频道升级为导视·记录频道,并从10月1日起试播。新频道组建后广泛整合集团内外纪录片资源,打造了《经典纪录》、《军事档案》、《传奇天下》、《探索奥秘》、《最忆是杭州》等板块,有力提升了频道的节目质量和文化品位。为迅速扩大新频道影响,集团主办了中广协会纪录片委员会2011年会活动,以“伟大时代的文化影像”为主题,举办了纪念钱学森诞辰百年大型人物传记电影《仰望星空》首映式、纪念建党90周年全国优秀纪录片评析、杭州导视·记录频道优秀纪录片展播周等三大活动,并邀请全国优秀纪录片人汇聚杭州,为导视·记录频道的发展建言献策。

二、广播电视抓“创新”,不断改进重大主题报道,持续扩大媒体品牌影响,形成了新的传播优势

1. 主题宣传有声有色。集团广播电视“围绕中心,服务大局”,以推进社会主义核心价值体系建设为重点,创新内容、创新手段,注重策划、注重执行,推出了40多项重大主题宣传。为庆祝建党90周年,推出了三组系列主题报道、六项大型主题活动、一部大型文献记录片和集中的红色影视剧展播。集中开展十七届六中全会精神宣传,推出了《文化体制改革看杭州》等多组系列报道。大力宣传“三型城市”建设,围绕“我们的价值观”主题,策划了“清明颂感恩”、“五一学奉献”、“七一说信仰”、“中秋颂和谐”系列宣传,持续报道吴菊萍救人事件背后的人性大爱。

推出了历时4个月、由12项子活动组成的“文明杭城动起来”大型系列活动，为杭州创建全国文明城市造势。其他重大主题宣传包括统筹城乡区域发展、转变经济发展方式、创先争优、辛亥百年、保障和改善民生、西湖申遗、第八届残运会、双拥模范城市、效能亮剑、动漫节、西博会、休博会、文博会等。

2. 引导能力不断提升。坚持“新闻立台”战略，牢牢把握正确舆论导向，按照“三贴近”要求走好群众路线，充分发挥广播电视的团结稳定鼓劲作用。扎实开展“走、转、改”活动，建立了200多个基层联系点，并实施“百名记者走基层”大型新闻行动。强化突发事件报道，采用最新直播技术，抢占舆论高地，在新安江水库泄洪、苕溪水污染、“7.23”甬温线特别重大铁路交通事故等事件中，第一时间传递了权威信息、厘正了社会视听。在联合央视和浙江卫视的钱塘江大潮直播、“金盾-11”演习实时传输等大型直播活动中，集团的电视直播能力得到充分展现。发挥媒体的创新社会管理作用，打造了《我们圆桌会》、《直播12345》、《民情热线》、《和事佬》、《我的汽车有话说》等一批互动协调节目，着力构建“三位一体”的民主民生互动平台。健全把关防错机制，制定了《维护社会稳定广播电视突发事件应急预案》，不断完善三级审片、重播重审、监听监看、违规违纪处罚等管理制度，确保安全播出万无一失。

3. 节目创新有效推进。举办了“激发活力、点燃创意——杭州文广集团节目研发大赛”，面向台内及全社会征集广播电视节目创新方案，进一步发现优秀创意、激励创新人才、营造创新氛围。通过大赛，《好好学习》等新节目脱颖而出并被采用播出，一批好点子、好创意被运用到了新一轮节目调改之中。这次大赛充分发挥了各频道频率的创新主体作用，以及相关部门的创新服务作用，为集团改进广播电视节目研发模式积累了有益经验。各媒体认真研究传播规律和受众市场，注重提升老节目品牌，扩大新节目影响，不断制造保持收视收听强点。《我们圆桌会》、《文化风情》、《和事佬》、《生活GOGOGO》等一批电视新节目逐步形成影响，各广播频率通过节目调改加大力度抢占移动收听市场。

4. 型活动亮点纷呈。继续以活动“品牌化、节目化、系列化、市场化、合作化”为目标，立足“两个效益”，整合各种资源，推出了一批有影响、有特色的大型活动。“红旗飘飘”、“红歌嘹亮”、“童心向党”等活动激发爱党爱国热情，“心灵的感恩”、“劳动最光荣”、“中秋颂和谐”、“手的力量”等大型晚会宣扬主流价值，“道德模范(十大平民英雄)”评选、“美德·阳光少年”评选、“文明杭城动起来”等活动倡导社会先进风尚，“祈福2011”、“杭帮盛宴·民间厨神秀”、“越·聚·凤”系列戏曲活动、“我是星主播”、“群星耀钱塘”、“一鸣惊人”主持人选拔赛等丰富市民文化生活，一批营销活动获得了良好的经济效益。这些活动既体现了媒体的社会责任，又彰显了媒体的传播价值。

5. 品牌建设卓有成效。通过大力实施栏目、活动、主持人和频道“四大品牌升级战略”，各媒体的传播力、影响力持续提升。交通91.8和明珠频道凭借突出的创收力、影响力，确立全国城市台的媒体标杆地位，两家媒体同时入选“2010-2011中国媒体品牌价值排行榜”、“全国广播电视民生影响力30强”，分获“中国最具投资价值媒体”、“中国最具广告影响力城市电视台”称号。西湖之声、生活频道、影视频道、杭州新闻广播、时尚周末等也都获得了全国性荣誉。杭州电视台连续第三年获得“中国网络影响力十大城市台”。集团高度重视媒体品牌打造和媒体文化建设的系统相关作用，积极鼓励各媒体提炼核心价值、培育文化环境，使品牌打造融入于文化建设的全过程，使文化建设成为品牌打造的实践途径。

6. 精品创作再创佳绩。明珠频道的电视专题《傲慢的丰田向浙江车主低头》捧回中国新闻奖二等奖，这是该频道成立以来第一次获得全国优秀新闻作品最高奖。综合·生活频道的电视新闻评论《救人后“求表扬”“炫善”行为应提倡》、杭州新闻广播的广播消息《我眼中的中国军队之好兵卢家胜》获“中国广播影视大奖”，电视专题《傲慢的丰田向浙江车主低头》、中波954的广播剧《突然寒冷》同时入围提名奖。在两个省级政府奖评选中，集团共获得52个奖项，其中一等奖17个。全年在中央电台发稿36篇(次)，在中央电视台发稿350篇(次)，其中央视《新闻联播》27篇，综合频道选送的三篇“最美妈妈”相关稿件播出后在全国引发广泛关注。集团作为主要出品方，投拍了大型人物传记电影《仰望星空》，该片得到了业内专家的高度评价。集团还积极开辟外宣渠道，向各涉外媒体平台送片并播出节目百余部集，《走遍杭州》海外覆盖范围扩大。

三、文化演艺重“效益”，扎实提升服务大局作用，有效增强院团经营能力，制造了新的文化热点

1. 文艺创作有突破。贯彻“二为”方向和“双百”

方针，坚持正确创作方向，精心制作推出了一批具有鲜明时代特征和浓厚地域特色的剧目精品。杭越创排“杭越版”经典大戏《红楼梦》，填补了浙江专业院团从未排演越剧《红楼梦》的历史空白，大大提升了杭州文化院团在全国的知名度和影响力，“杭越现象”引起《光明日报》、《人民日报》、中央办公厅《每日汇报》等的重点关注。各文化单位强化服务中心工作的理念，围绕重大题材打造了多部主旋律作品，杭歌复排红色经典歌剧《党的女儿》，这是杭歌时隔近30年后推出首部歌剧；杭话“小团排大戏”，打造了大型话剧《秋瑾》；杭越排演了革命经典红剧《巾帼血染天地红》。此外还创排推出了大型声乐交响乐作品《七阙西湖》、大型滑稽戏《双面局长》等一系列作品，在杂技、魔术、书法美术等方面的创作也有新的成绩。

2. 作品获奖有提升。各文化单位在国内外重大艺术赛事中获奖丰硕。其中国家级重要奖项9个：由集团参与摄制的电视剧《毛岸英》获“飞天奖”长篇电视剧一等奖，这是杭产电视剧在国家电视最高奖上的重大突破；杭越演员徐铭凭借《一缕麻》中的出色表演，荣获第25届中国戏剧梅花奖，成为杭越的第四朵“梅花”；越剧电影《流花溪》获“金鸡奖”最佳戏曲片提名奖，这是杭州戏曲电影第一次入围该类奖项；杭滑的3个节目获中国曲艺节优秀节目奖，2个节目获中国非遗博览会优秀表演奖；胡进曦的《咫尺天涯》获全国中国画作品展优秀奖。此外，杭歌声乐演员唐云霄获得韩国首尔国际华人艺术节声乐大赛银奖。

3. 市场拓展有进步。集团加强演出规划，整合演出资源，积极部署各院团、剧场加大演出力度，特别是发挥各演艺类公司的作用，通过项目制等手段积极走市场。杭州大剧院、文化中心、红星剧院、演出公司等引进了白先勇青春版昆曲《牡丹亭》、话剧《柔软》等一批热门项目，票房收入增长明显，《西湖之夜》、《暗恋桃花源》等演艺产品进一步扩大了品牌影响。各院团在推进改制的同时，积极探索企业化运营，成功推出了一批演出项目、打造了一批演出产品，如杭歌创立了国内首个动漫剧场，杭越进行了“西子红妆映浦江——上海行三部曲”商业巡演，杭话以“制作人制”排演了商业话剧《榴莲》，杭滑和杭杂扩大了基层演出的规模等。

4. 文化服务有成绩。积极调动演艺资源，加大公共文化服务，推出了丰富多彩的演出活动，为市委市政府中心工作造势，为杭州建设“文化名城”出力。各文化单位围绕红色主题，策划了为期18天的“光辉的历程”——纪念建党90周年系列文艺活动，推出“名人名景名诗”书画作品展等20余场活动。承办了2011西湖国际音乐节，其中的“太子湾音乐嘉年华”再次创下杭城户外音乐会多项之最。推出“爱在深秋”——2011观众听友喜乐会，50场文艺演出精彩纷呈。组织了73场2011年春节演出，将“文化春风”公益行动引向深入。各院团全年组织特色文化广场演出260余场。此外，还圆满完成了杭州市纪念建党90周年晚会、休博会和西博会开闭幕式等活动的演出任务。

5. 对外交流有影响。响应“文化走出去”战略，各类文化交流项目内容丰富。爱乐乐团赴德国、斯洛文尼亚和意大利三国进行了为期18天的欧洲巡演。杭歌赴韩国参加了“中韩建交19周年”纪念活动，与卡拉卡拉剧团合作赴美表演舞台剧《扎伊德之梦》。杭越赴香港演出了《一缕麻》等四台大戏，并获40多万港币的演出收入。杭州大剧院引进了中日合作创排的大型音乐剧《金色的凤凰》。西泠书画院赴美国进行了为期12天的文化采风。这些交流活动既扩大了中国和杭州的文化影响，又有效地提升了各院团单位的创作和演出实力。

四、产业经营拓“空间”，全面实施产业战略布局，重点开发集团优势产业，取得了新的发展业绩

1. 广播电视广告经营稳中有升。各频道频率广告播量总额全年达到5.5亿元，同比增长近10%。总体看来，广播广告经营继续保持快速增长态势，电视广告经营不容乐观。交通91.8继上一年广告“破亿”后，继续保持迅猛发展，成为各频道频率的创收领头羊。综合频道摆脱经营颓势，全年广告创收超过9000万元。各媒体重视整合营销，活动创收成为广播电视新的经济增长点。面对激烈的媒体竞争，尤其是广播电视的“同城竞争”压力，各频道频率审时度势、积极应对，加强客户沟通，努力做好服务，根据形势及时调整营销策略、完善经营模式，千方百计挖掘创收潜力，为保持集团广告经营整体稳定增长作出了贡献。

2. 控股板块收入突破20亿大关。2011年，文广控股产业板块实现经营收入20.95亿元，首度突破20亿元大关，其中净利润1.38亿元，同比增长69%。整个板块呈现主业突出、产业规模和盈利能力大幅提升的良好局面，成功实现了集团“十二五”产业发展的“开门红”。比如，文物公司转企改制以来，不断扩大经营规模，自购自销和库存商品保持良好购销循环，产业规模和盈利能力逐年大幅提升，2011年收入近2000万元，利润约1000万元。都快交通久一点吧传媒成立后短短两年，已从注册资本200万的小公司发展成为资产总额达2139万的优质企业，2011年经营收入突破8000万元，利润超过2000万元。

3. 产业平台投融资功能充分显现。着力发挥控股公司的平台作用，多渠道、多手段开展投资理财，取得了丰厚的收益。一是借船出海战略成效显著。参与发起的睿银、盛银、泰信三支基金，已累计投资22个项目，仅浙富股份项目的分红就超过3470多万元，一批项目进入投资收获期。二是自主拓展投资领域取得阶段性成果。先后发起成立"杭州文广创业投资"、"杭州文投创业投资"等两支文创基金，正积极筹备"杭州文创产业投资"基金。三支基金总规模近3亿元，引领杭州文创产业发展。三是积极开辟投资新领域。发起成立了"满陇桂雨"集合债项目并已正式运作，联合市文创办等发起设立了杭州文化产权交易所，正加紧成立杭州文广小额贷款公司，抢抓文化产业发展机遇，探索新兴投资渠道。

4. 对外拓展整合取得重大进展。华数加快"一省一网"整合，加快网络提升改造，加快跨地区、跨行业市场拓展，加快对接资本市场，从单一的、区域性的广播电视传输企业向综合性的、全国性的"网络传播+新媒体"的现代文化企业跨越。以华数为主体，由省、市、县广播电视播出机构共同参与组建的"浙江华数广电网络股份有限公司"正式挂牌，成功确立了华数在全省广电网络"一省一网"整合发展中的主导地位，也标志着全省"一省一网"工作取得实质性成果，为下一步实现全省广电网络资本联合打下了坚实基础。华数针对杭州实际，提出了"跨代网、云平台"的三网融合发展理念，加快发展互动电视和新媒体业务。在市委市政府的大力支持下，举集团之力推进华数上市进程，先后争取中宣部和广电总局同意通过华数上市的前置审批，借壳上市的申报材料已报证监会审核。力合新媒体继续构建跨区域联播网取得实质性进展，多个省市的合资公司取得了较好的拓展，为打造全国联播网奠定了基础。

5. 多元产业经营取得发展实效。杭州移动电视克服华视退出的不利影响，迅速调整广告经营模式，全年收入达到4280万元。嘉艺影视完成电视剧《决战前》拍摄，与上海东方电影频道签订了购片协议，预计毛利在1000万元以上，并开始《东方开埠》、《我的老婆是八零后》等剧本创作。汉唐影视制作完成动画片《小龙阿布》并在央视播出，积极进军影视剧后期制作产业，完成了三个中南外包项目。红星文化大厦有效应对酒店业竞争，推出《暗恋桃花源》、《云门舞集》等大型演出活动，扩大了红星的品牌影响。实力传播创新调整《时尚周末》广告经营体制，品牌影响力明显提升。电影公司做好西湖电影院拆建安置方案谈判，两个影院保持稳定票房。红星服务公司有效提升物业管理水平，完成了多项大型活动的接待任务。楼市传媒在风行传媒注资后，着力打造房产电视品牌。西湖之声传媒进一步打造"杭州都市经济圈广播网"。

6. 文化产业战略布局加快推进。按照集团"十二五"规划打造"大型综合性现代文化传媒集团"的目标，在已有产业的基础上，加快战略布局，着力构建现代文化产业体系。其中包括：加大影视剧投资，联合横店影视、麒麟网影视传媒等，先后投资了《画皮Ⅱ》等8部影视作品，参与投拍的《延安爱情》、《寻龙夺宝》等影视剧上映播出；积极推进集团影院的翻修、新建工作，星光院线首度跨入了"亿元院线"行列；加快推进两个大型房产项目的开发，"千岛湖红星文化度假村"的主体酒店土建工程基本完成，"太平洋文化中心"完成前期招标。此外正积极开展旅游演艺、地铁电视、电视购物、文创产业园等项目的合作洽谈。

五、基础建设大"加强"，集中推进重点项目工程，完善提升技术设施水平，搭建了新的发展平台

1. 按计划推进重点工程建设。杭州艺苑东区一期工程顺利竣工，西区完成年度改造任务。集团现场办与代建、监理、施工单位通力合作，紧抓年度目标不放松，深入现场跟踪督查，及时发现和解决重点难点问题，确保工程顺利推进。已完成艺苑西区1、3号楼的装饰任务，7号楼的屋面和外装饰改造，9号剧场的结构施工，10号剧场的结构加固修复改造等。杭州杂技总团项目克服了承租户清退等困难，1、3号楼改造完成，2号楼结构施工全面展开。太平洋文化中心项目完成了与青年会的产权置换谈判，基本完成承租户清退工作。此外，完成了广电中心一期的决算审计和扫尾工作，积极做好广电中心二期、莫干山路86号、杭州话剧团拆复建等项目的筹划准备工作。

2. 高质量完成杭州艺苑搬迁工作。艺苑东区竣工后，杭滑、过渡的杭杂以及杭越先后紧张有序地搬迁入驻指定区域。本次搬迁是集团继广电中心建成入驻后的另一个大手笔，为确保三个院团有序搬迁，集团党委高度重视，专门成立了搬迁工作领导小组，并下设"一办三组"统筹协调搬迁工作。各院团和相关部门在搬迁过程中顾全大局、克难攻坚、团结互助、加班加点，充分发扬了主人翁精神。通过努力，整个搬迁工作提前完成，期间快速、妥当地解决了杭杂过渡场地、西湖大道杭杂旧团部临时搬迁等诸多难题，得到了有关市领导的高度肯定。

3. *大力度提供资金技术支持*。加快广播电视技术升级，完成139号电视发射塔装修和调频天馈系统改造，完成了明珠演播室、生活资讯网、明珠新闻网、4G直播车等一批项目的建设改造工作。着力做好安全播出管理，完善应急预案，确保重要保障期内万无一失，杭州市在全省安全播出执法大检查中得分名列第一，集团作为主要承担单位作出了重要贡献。切实为各控股、参股公司提供资金服务，通过短期借款、贷款担保等方式为有关公司解决资金困难，大力支持华数的股份调整和上市，积极帮助相关公司争取税收和政策支持，争取各改制院团注册资本落实到位，为各单位提供科学完善的财务服务，落实集团固定资产的保值增值工作。

六、党建工作夯"基础"，提高党员干部综合素质，不断推进人才队伍建设，提供了新的组织保障

1. *全方位加强党政工团建设*。从年初开始，在全集团开展了为期3个月的"解放思想，加快推进跨越式发展"大讨论活动，广开言路，共谋发展，通过"金点子"征集、总部作风建设、座谈讨论会等活动载体，破解发展障碍，增强发展意识，有效提升了各单位、各部门的凝聚力、创造力、战斗力。积极组织学习十七届六中全会精神，邀请了市委常委、宣传部长翁卫军亲自来集团作专题辅导。统一部署党的群众路线主题教育实践活动，打造了一批服务群众的工作品牌。强化基层党建，抓好党员发展，建党90周年系列活动有声势。工青妇等群团组织发挥战斗堡垒作用，为集团加快发展凝聚活力，着力化解了一批信访矛盾纠纷。此外，积极做好普法教育、结对帮扶、文明共建、离退休人员服务等工作。

2. *制度化推进党风廉政建设*。一是纪检工作向规范化推进。通过党委班子民主生活会、纪委季度情况通报会、基层纪检委员联席会议、实施廉政谈话制度等，全面落实党风廉政责任制，不断完善惩防体系。二是廉政宣教向各层面渗透。分层分岗开展反腐倡廉教育，以党政领导干部、总部员工、新提职干部、新闻骨干为重点，分别开展了有针对性的教育活动，筑牢拒腐防变思想道德防线。该做法得到了市委、市纪委、市委宣传部领导的批示肯定。组织开展多种形式的廉政文化活动，在建党90周年前夕举办了"风清气正党旗红"廉政主题晚会，展示了集团文化院团和广播电视的风采。三是监督制约从源头上治理。强化重要招投标项目的动态监督，建立干部选拔任用的廉政考核指标，完善财务内部审计并对"小金库"治理进行全面复查。四是纪检信访从细核查入手。进一步规范纪检信访举报工作，主动开展信访排查。

3. *多层次优化人才团队建设*。紧紧围绕集团事业产业中心工作，进一步充实了干部队伍和人才队伍力量。着力优化中层干部人才结构，开展了部分正、副职岗位的竞争上岗工作，重点完成了新组建电视广告营销中心的干部配备、完善了文化单位的班子配备。配合文化体制改革，组织专项调研，处理好已改制人员的身份待遇问题，确保改制平稳推进。创新人才引进机制，集中招聘了近30名优秀毕业生充实到一线岗位，加强了高端领军人才的引进力度。完善人才管理制度，稳步提高员工收入水平，组织员工参加各类培训，《文广大讲堂》培训各类专业人员2000多人（次）。此外，完成了员工考核、人才推优、人员交流、职称评定、岗位设置等一系列工作。

宁波广播电视集团

2011年，宁波广电集团在市委、市政府的正确领导和市委宣传部的有力指导下，以邓小平理论和"三个代表"重要思想为指导，深入贯彻科学发展观，认真学习落实党的十七大和十七届三中、四中、五中、六中全会精神，按照"高举旗帜，围绕大局，服务人民，改革创新"的总要求，以科学发展为主题，以加快转变经济发展方式为主线，以"出精品、出人才、出效益"为目标，深化改革，推进发展，狠抓落实，提高了舆论引导能力，扩大了媒体传播能力，增强了文化服务能力，提升了产业竞争能力。

一、主要目标任务完成情况

（一）*认真抓好新闻宣传，舆论引导水平不断提高*。2011年度，集团按照市委宣传部的部署，紧紧围绕市委、市政府的重大决策，重大主题，重大活动，重大典型和重大成就展开宣传，组织了一系列的宣传战役。一是深入做好经济报道，加大了主题主线和“六个加快”的宣传力度，在“十二五”开局，企业转型升级，节能减排，海洋经济等方面组织了一系列的宣传报道，为全市保增促调营造了良好的舆论氛围；二是做好“三思三创”主题教育实践活动的宣传，围绕“三思三创”活动进展和取得的成就，积极宣传报道全市上下针对先进城市找差距、树标杆，寻求宁波发展新目标，新路径的做法和举措；三是扎实有效的推出“争创全国文明城市三连冠”宣传报道，围绕“文明城市大家共建，文明成果大家共享”创建主题，宣传报道了文明出行、文明施工、文明环境、文明礼仪等文明创建的新风尚，新举措，积极引导市民树立良好的文明行为；四是做好社会管理创新的报道，积极宣传我市社会管理创新的做法和经验；五是做好纪念中国共产党成立90周年的报道，报道了我市纪念建党90周年的系列活动，报道了我市干部职工收看大会和学习胡总书记重要讲话的情况；六是做好重大节庆活动宣传报道，对首届中国旅游日、浙洽会、消博会、智博会、住博会、开渔节等重大节庆活动，组织力量精心策划，进行集中报道；七是做好重大典型的宣传报道，宣传报道了江小金、卢培恩、马素明、葛明霞等先进典型的事迹。在做好新闻宣传工作的基础上，集团所属媒体认真做好外宣工作，积极努力地向中央电视台、中央人民广播电台和浙江卫视送稿，所送稿件大量在中央级、省级卫视播出，电视外宣第三次蝉联全省市级电视台上送《新闻联播》用稿第一名，继续获得浙江省电视新闻协作一等奖，扩大了宁波对外影响，市委王辉忠书记、市委宣传部宋伟部长做出批示，对电视外宣工作予以充分肯定。

认真组织开展“走基层、转作风、改文风”活动，广播电视各频率频道都开设了一批新专栏，策划了一批新活动，建立了多个基层联系点，并组织采编人员深入基层体验生活，挖掘有特色的新闻，采编并播发了一批来自基层，文风清新，真实生动的好稿件，推动了“走转改”活动的深入开展。

(二)加强文化精品的生产播出，创优工作再创佳绩。全面贯彻“二为”方向和“双百”方针，努力为人民大众提供更好更多的精神食粮。在精品生产方面，省、市确定的2011年文化精品创作项目——长篇电视连续剧《向东是大海》(原名《宁波商帮》)于5月份在横店影视城开机，8月份完成拍摄，2012年1月前完成后期制作；电视连续剧《我是你的阳光》于12月开机拍摄。完成了广播剧《绿荫的守望》的生产和播出，广播剧《辫子坟》的创作生产正在进行之中。在作品播出方面，长篇电视连续剧《五星红旗迎风飘扬》在央视一套黄金时间播出，并被国家广电总局推荐为向建党90周年献礼的四十部主旋律电视剧之一。由集团广播影视艺术中心公司联合出品摄制的长篇电视连续剧《家常菜》于4月2日在北京卫视、东方卫视、天津卫视和辽宁卫视上星播出后，引起了社会广泛而热烈的反响，收视率一路攀升，其中北京卫视平均收视率超过了9%，四家卫视均进入29城市收视率排行榜前10名；电视连续剧《雪花那个飘》5月17日相继在北京卫视、黑龙江卫视、吉林卫视、辽宁卫视、山东卫视等首播，赢得了各个层面观众的共鸣，均获得超高的收视率和关注度，并在搜狐娱乐、搜狐视频、《综艺报》联合主办的“2010夏季电视剧互联网盛典”评选中，一举包揽最佳电视剧、最佳编剧、最佳导演、最具突破演员、第二季度网络点击TOP5五项荣誉，成功称王；电视连续剧《双城生活》11月6日在北京、东方、深圳、陕西四大卫视热播，在湖南、江苏地区收视率夺冠，在天津电视二套播出以超越新版《水浒传》的高收视率夺下天津地区收视桂冠。在获奖方面，《五星红旗迎风飘扬》获第28届电视剧“飞天奖”长篇电视剧一等奖，《家常菜》获长篇电视剧二等奖。四件作品获中国广播影视大奖节目奖，《群星故事群星梦》获优秀广播专题奖，《致最后的七月》获优秀文学节目奖，《小镇民警维稳事》获优秀电视专题奖，《来吧　来吧》获优秀对外节目奖，另有3件作品获中国广播影视大奖提名奖。电视外宣片《来吧　来吧》获中国新闻奖一等奖。此外，在浙江省新闻奖、政府奖评选中共有26件作品获得一等奖，继续保持在全省各城市台的领先地位。与中广协会成功举办“宁波广电杯·十二五广播电视科学发展”有奖征文活动，集团有7篇作品获奖。由集团申报承担的《三网融合背景下广电制播分离改革研究》经严格评选，成功入选2011年度总局部级社科研究课题，实现集团承担国家社科课题“零”的突破。

(三)深入推进文化体制改革，发展活力进一步增强。继续做好事转企的有关工作。集团四家事转企单位，在去年授牌仪式后，已经完成了事业法人注销，企业工商注册，并正式挂牌经营，企业内部都按照现代企业制度的要求，制定了相应的规章制度。努力促进广播电视网络整合工作，认真贯彻全国文化体制改革工作会议精神和省委、省政府关于“以华数为主体组建省级网络公司,实施全省网络资本整合”的要求,在市网络整合工作领导小组的领导下,基本完成了全市广电网络的整合工作,12月22日,举行了宁波广电网络股份有限公司揭牌暨签约仪式,这标志着宁波市“一市一网”工作取得了重大阶段性成果。积极推进扁平化管理,深化频道制改革工作。在市委宣传部的具体指导下,集团对改革工作进行了动员部署,并按照改革实施方案稳步推进,先后组织了二次干部竞聘上岗,到年底,提任干部基本到位,为推进频道制改革打牢了基础;集团进一步明确了党委会、编委会的职责,并陆续在决策、执行、监督等机制方面建立了相关制度。

(四)积极推进新媒体开发,宣传平台有新的拓展。8月25日,“联合城视、网聚中国”——CUTV开播暨战略联盟成立大会在北京钓鱼台国宾馆召开。城市网络电视台首批股东成员由深圳、宁波等14家电视台和5家平面媒体组成。目前,新媒体联合体成员达到42家,CUTV旗下传媒网络已覆盖北起黑龙江、南至广东,西到新疆、东达上海,全国22个省市,近8亿用户人群。CUTV是国家广电总局正式批准、具有“城市联合网络电视台”播出呼号的新形态广播电视播出机构,CUTV充分借力成员的内容制作、推广、播出资源,实现电视台与网络互为推广、互动播出,线上线下支持配合。城市网络电视台宁波台(nb.cutv.com)也在当天同步正式开播,并有三个电视频道(网络版)实现了全球落地,借助CUTV的品牌效应,不仅大力提升宁波广电媒体的影响力和传播力,也为我市建设了一个更加强大,更为优秀的外宣平台。此外,宁波电视台的第一、二、三套节目在央视地方频道实现了同步直播,并随着浙江网络电视台的上线开播,浙江网络电视台宁波分台也随之开播。宁波电视台再次荣获“中国最具网络影响力的十大城市电视台”称号。

7月份,宁波广播在线“绿风网络台”正式开播,该台以“关注三农,共创和谐”为宗旨,整合了宁波广播协作联盟市县两级共10家广播电台对农宣传的丰富资源,荟萃集团5套广播频率的各档精品节目,以文字、图片、音视频等多媒体表现手段,将传统广播与新兴网络有机融合,形成了可阅读、可收听、可观看、可参与的全新对农服务的综合传播集成平台。

(五)大力加强队伍建设,人才工作取得新的进展。集团根据上级统一部署,在所属新闻单位先后组织开展了反对虚假新闻,反对低俗之风和“记者基层行”三个教育和实践活动以及“走基层、转作风、改文风”活动,这些活动的开展取得了良好的效果,锻炼了新闻队伍,提升了新闻工作者的素质,密切了与人民群众的关系,受到了省委宣传部,省记协和市委宣传部,市记协的充分肯定。在人才队伍工作上继续取得新的进展,陈建方同志进入中宣部“四个一批”人才;辛雪莉同志获得国务院特殊津贴;安建同志被评为浙江省优秀共产党员、省有突出贡献中青年专家,并被中国广播电视协会、中国电视艺术家协会授予“中国电视剧产业二十年突出贡献人物——导演”称号;周洋文获得省“飘萍奖”,并被国家广电总局评为“广播影视走出去工程”先进个人;王玮同志进入省“151”工程第一层次;李飒同志被评为宁波市首届“十大杰出女性”;张炜同志被评为第10届市“十大杰出青年”;谢宇航、章正跃、任元君、贾军4名同志被列入市宣传文化系统“六个一批”人才。

(六)注重调整产业结构,产业经营收入有新的增长。广告经营以频道制改革为契机,以品牌营销为手段,保持了良好的上升势头,全年经营收入有二位数的增长;网络经营方面,宁波数字电视公司面对新增用户减少,老用户不断流失和IPTV的严重冲击,采取多种手段保增长减亏损,公司全年经营创收总额比去年增长10%以上;宁波大剧院创新营销模式,兼顾多元化经营,打造平民剧院的做法再次得到省委市委领导的充分肯定;宁波市民卡公司主营业务稳中有升,并多渠道拓展新的业务,首次实现赢利;宁波广电报社、宁广传媒公司的经营效益有了进一步的提升。在抓创收的同时,集团加强了对投资项目的监管,加强了对固定资产的管理,制定下发了对控股公司的考核办法和固定资产管理办法,以确保国有资产的保值增值。继续实施项目带动发展战略,6944影视产业基地正式开工建设,预计明年建成投入运营。

(七)加快技术改造步伐,技术保障能力有新的增强。加快数字化建设和技术改造步伐,完成了广播新闻、经济、交通三套节目直播室的广播专业设备升级改造,同时实现了广播视频化;全面完成广播总控系统智能化建设,信号的容量和质量都取到了较大的提高;新建了中波1323音频播出通道,完成了新闻广播调频和中波的分离,拓展了广播业务空间;建成了高速交警指挥中心直播室,将市区、高速路况与广播直播室互动联播;完成了广播流媒体生产发布系统的安装调试;完成了高清转播车系统项目建设,完成了抢救性媒资管理系统的建设，新闻非编演播室播出系统正式上线运行。有线电视数字化整体转换工作通过了国家广电总局的验收，继续推进有线网络双向网改造，全年共完成50个新建小区、18个网改小区的改造，双向网络覆盖用户数超30万户，覆盖率达到99%，为开展交互业务提供了网络保障。完成了茅洋山发射台申报、技术论证等工作，启动茅洋山发射台工程建设；完成了CMMB宁波区域覆盖网的规划设计和施工协调；完成了宁海中波转播台迁址可行性论证及技术方案的设计工作。712发射台技术改造工程获中国新闻技术工作者联合会2011年度王选新闻科学技术奖工程类一等奖，填补了我市获此奖的空白，并获全市宣传思想文化工作创新奖提名奖；二个项目获浙江省广播电视科技创新奖，8件作品获浙江省电视节目录制技术质量奖。

认真贯彻落实国家广电总局第62号令，完善广播电视安全播出的各项制度，接受了全省安全播出大检查并获得好评，组织了安全播出应急演练，与市三电办、市610办、市公安局、市文广新局、市无线电管理处等部门建立了安全播出协作机制。圆满完成了全国、省、市两会，建党90周年、大运会、残运会及重要节假日等安全播出期的保障任务。

*（八）加强党建和综合治理，积极开展“三思三创”活动。*按照市委、市政府统一部署，集团党委多次召开专题会议研究部署“三思三创”活动在集团的开展，制定了活动的实施意见和“解放思想大讨论”、“服务发展服务基层服务群众”、“优化体制机制”、“作风建设专项治理”等四个专项活动的实施方案。同时成立相应的领导小组，召开动员部署大会，明确活动的目标和措施。在支部、党总支、党委各层面开展了破除“守旧、守成、守业思想”的解放思想大讨论；举办了以“解放思想谋发展，对照标杆创一流”为主题的党委中心组专题读书会，对照“五找八问”深刻剖析，探索提高发展的好路子，寻找加快发展的新途径；开展了解题破难行动，在对照标杆、分析标杆、研究标杆的基础上，梳理出集团在转型升级，会战攻坚中牵动全局、影响长远的难点问题，并成立了三个难题攻坚小组，组织会战攻坚。

根据集团扁平化管理和频道制改革的需要，认真组织实施了体制改革过程中的组织建设和干部调配等工作。调整新建党总支2个、党支部22个；调整配备中层正职16名、副职41名；选拔任用正处级干部8名、副处级干部5名；配合市委组织部、宣传部做好对4名市管干部、9名部管干部的选拔工作。积极开展了纪念建党90周年活动。

按照“标本兼治、综合治理、惩防并举、注重预防”的方针，全面推进廉政风险防控机制建设。通过排查廉政风险、评估风险等级、梳理权力清单、完善相关制度和创新监督制约机制等手段，在工程项目招投标、大宗物资采购、业务费开支、重要岗位人事变动、干部任免等方面，建立起系统化、标准化、程序化的廉政风险防控体系，行之有效地控制廉政风险，从源头上预防和遏制腐败行为的发生。

健全完善了各级群团组织，成立了集团工会。妇委会和共青团组织开展了“巾帼建功”、“巾帼文明示范岗”和“青年文明号”等活动；认真做好扶贫帮困工作，全年共投入扶贫帮困资金30多万元；认真抓好议（提）案办理工作和信访工作。安全生产的各项制度得到有效落实，全年无安全责任事故。

二、新媒体（音视频网站等）发展概况

宁波广电集团旗下目前拥有“宁波电视台网站”、“宁波广播在线”和“城市联合网络电视台宁波分台”三家视音频网站。

*1. 宁波电视台网站。*宁波电视台网站（NBTV.COM）2011年开通了23个自办电视栏目的网上视频点播，全年共上传发布自办电视节目近1500个小时，并成功实现了电视新闻栏目《看看看》和《宁波新闻》的网络同步直播。网站页面更新发布数量和上传自办电视节目视频长度，均比上年增长50%以上。

配合主题宣传、配合电视台节目和活动，宁波电视台网站今年还先后制作发布了《热烈庆祝中国共产党成立90周年》、《三思三创》、《“快乐兔宝宝”评选》等相关专题网页22个，完成了宁波市“两会”开幕式、第15届宁波国际服装节等8个大型活动的电视网上视频直播。

同时，网站继加入央视网络联盟，在中国网络电视台开设宁波频道后，2011年又与新华新闻电视网建立了合作关系，并在新华新闻电视网专设了宁波频道；另外，宁波电视网还与浙江卫视的新蓝网、东方卫视的百视通等建立广泛紧密的协作关系。通过拓宽外宣渠道，搭建外宣平台，宁波网络电视的知名度和影响力不断提高。据不完全统计，2011年全年宁波电视台网站向中国网络电视台“新闻链播”上传视频新闻1136条，约1000分钟，提供了26000次的点击量，其中有8条进入央视“新闻链播”的头版头条。2011年在北京举行的，由中国广播电视协会、中国传媒大学、南开大学和中央民族大学联合主办的第四届中国网络影响力颁布盛典上，宁波电视台再次荣获“2010年中国最具网络影响力的十大城市电视台”称号。

2. 宁波广播在线。“宁波广播在线”网站坚持“广播与网站联动”的办网宗旨，不断创新载体，2011年除对电台透明直播室和《阳光热线》、《守护生命》栏目实行网络同步直播外，还对各广播频率、各个栏目开展的特别节目进行专题视频报道，全年共完成近100小时节目的各类视频节目录制发布。在宁波电台第五届“宁波广播月”活动期间，以专题网页宣传、频率活动报道、论坛线下活动等多种形式加以充分展现，有力扩大了电台节目的传播力和影响力。

在配合好中心宣传工作，做好广播节目和活动配合的同时，宁波广播在线还于2011年7月推出了宁波市首家对农宣传的音视频综合集成平台——“绿风网络台”。“绿风网络台”整合宁波广播协作联盟市县两级共10家广播电台对农宣传的资源，荟萃宁波广电5套广播频率的各档精品节目，以文字、图片、音视频等多媒体表现手段，将传统广电与新兴网络有机融合，形成了一个可阅读、可收听、可观看、可参与的全新综合传播集成平台，开播以来，在线收听人次逐月提升。

3. CUTV宁波分台。2011年8月，城市联合网络电视台宁波分台随CUTV同步正式上线，上线至今，CUTV宁波分台发布视频内容5000多条，发布视频总长度超过50个小时。作为CUTV发起台之一，借力CUTV品牌，不仅大大提升宁波广电媒体的影响力和竞争力，也为宣传宁波建设增添一个优质的网络外宣平台。

温州市广播电视台

2011年，温州广播电视台在市委、市政府和市委宣传部的正确领导下，深入学习贯彻党的十七大和十七届六中全会的精神，坚持新闻立台，坚持改革创新，紧密围绕市委市政府的中心工作，牢牢把握舆论导向，认真落实“十大项目”建设，着力提升新闻宣传的影响力、广电文化的服务力和整体实力，在体制改革、新闻宣传、广告创收、产业经营、技术改造、队伍建设等方面呈现出诸多亮点。

一、体制改革重点突破

今年，我们按照市委批复的“一个集团、两大体系、分类管理、协调发展”的体制改革新框架，着力构建一整套与之相适应的管理体系。一是行政后勤部门进行调改。新增产业拓展中心，加快推进产业发展；完成了广播技术中心、电视技术一部和电视技术二部的机构改革，使内部资源得到进一步整合，生产关系更加顺畅。二是新闻宣传机构进行扩充。对五个广播频率采取扁平化管理，有效地促进了宣传经营工作。截至11月底，广播市场占有率达到81.8%；广播广告创收同比增长17.1%。3月23日，新开办的对农广播绿色之声正式对外播出，这是我省唯一名符其实的对农广播频率，在全省2011年广电对农栏目抽查考核及政府奖评选中，排名市级电台第一名。7月1日，电视瓯江先锋频道对外试播，仅仅用了2个月的时间就完成了筹备工作，受到中组部领导和省委常委、组织部长蔡奇的高度评价。三是产业板块进行重组。6月15日，温州广电传媒集团有限公司正式成立，并组建了集团决策管理委员会，负责集团有限公司重大事项的决定和管理。随后，注册成立了文化创意产业园区有限公司和广电传媒网有限公司，进一步理顺了产业发展思路。此外，电视剧制作中心、广播电视发展公司两个事业单位的改制工作已经准备就绪，根据市府办的要求，等我市有关事业单位改革新政策出台后即可付诸实施。

二、新闻宣传重点突出

坚持新闻立台的方针不动摇，围绕省委、市委的中心工作，通过加强主题策划、创新宣传形式、拓宽宣传渠道，宣传影响力和舆论引导力进一步得到提升。一是突出主题宣传。今年，我们围绕建党90周年、“十二五”规划、各级“两会”、稳定金融秩序、城市转型破难攻坚七大行动、“互学互比”、行政区划调整、“六城联创”等主题，开展了卓有成效地宣传。尤其在建党90周年的宣传中，先后组织了一批富有影响力的活动，推出了一批专栏、专题、系列节目和特别节目，播出了一批红色经典广播剧、电视剧和音乐作品；在《7.23》动车事故报道中，广播电视迅速反应，先后打破常规推出直播报道，热情讴歌了温州人大爱无私的精神，使温州人的形象在全国人心目中有了较大地提升。此外，在纪念刘基诞辰700周年系列活动中，经济生活频率制作播出了大型评书节目《刘伯温出山》，影视剧制作中心摄制完成了电视专题片《刘基》。二是突出精品创优。以开展宣传质量年活动为载体，通过完善管理制度、健全奖惩机制、开展业务培训，着力提高节目的宣传质量、策划质量、制作质量、品牌质量、创优质量和从业人员业务水平。我们出台了一批规章制度,确保该项活动有序推进。今年,集团创优工作继续保持良好的势头。在年度全省政府奖和新闻奖的评选中,共有57件作品获奖,其中一等奖14件,二等奖20件,三等奖23件,名列全省城市台第二。此外,还有一批优秀作品获得各级行业协会奖。三是突出舆论监督。在"城市破难攻坚"七大行动宣传中,推出了三次现场直播,新闻广播和电视新闻综合频道联合成立"广电集团市民监督团",发动广大热心市民,对的薄弱环节和存在的问题,进行曝光和监督,先后开展了十几次督查行动。《早安温州》、《温广新闻调查》、《闲事婆和事佬》、《有话直说》、《百晓讲新闻》、《温州零距离》、《政情民意中间站》、《天天讲闲谈》等栏目选取与百姓生活息息相关的事例,充分发挥监督作用,营造了浓厚的舆论氛围。副省长、市委书记陈德荣高度评价:"摄像机胜过推土机。"此外,今年内参已经报送了8期,均受到市领导的高度重视。四是突出对外宣传。今年,我们有2条广播新闻在中国之声的《全国新闻联播》栏目头条位置播出。外送新闻稿件被中央级媒体采用277条,同比增长47.3%。中央人民广播电台授予我们优秀供稿奖,中央电视台新闻中心授予我们新闻协作优秀集体奖。电视新闻稿件被浙江卫视录用339条,位居全省城市台第一位。广播新闻稿件被浙江电台录用109条,位居全省城市台第二位。根据省台年度通联协作评比规定,得分在前三位的可获一等奖名次。此外,广播节目《魅力温州》通过国际广播电台实现3个国家和地区落地,电视《闲事婆和事佬》、《百晓讲新闻》等栏目进入了欧美等国的有线电视网;今年,我们还与欧洲、澳大利亚的三个媒体签订了战略合作关系,建立记者站,延伸了新闻触角。

三、广告创收重点明确

台领导高度重视广告创收工作,与各经营单位签订年度创收目标责任书,经营管理中心每周一次进款通报,每月组织一次进款任务落实会,每两个月召集一次经营例会,分析经营形势。各经营单位充分挖掘资源优势,加强宣传和经营联动,创新广告营销模式,积极落实经营任务,实现了广告收入实现稳步增长。一是加强广告推介。5月份组织了家居装饰行业客户宣传交流会,各经营单位与家装行业的客户签订不少广告合同或协议,公共民生频道与联结福家居共同举办了家居文化节,取得了较好的经济效益。此外,集团还在上海、杭州等地主办了核心客户推介会,成效较为显著,4A客户广告投量同比提升47%。11月份召开的广告客户联谊会上,与9家大客户签订了战略合作协议,协议投放总额为1.18亿元,为2012年广告经营工作打下良好基础。二是创新营销方式。以年度广告价格政策为基础,在充分调研兼顾原则性和灵活性的同时,推出了多项个性化的广告营销特殊政策,包括《特殊品牌优惠政策规定》、《家居行业特殊优惠政策》以及《对农频率开播的特殊扶持政策》等。广播电视报纸各经营单位通过构建核心竞争力、提升广告承载量、主办各类活动、强化个性化服务、拓宽发行渠道等经营手段,保证了广告创收稳步增长。三是加强广告管理。组织人员到杭州、苏州等地考察学习广告监管的先进经验,出台了《广播广告管理暂行规定》和《补充管理办法》,修订了《电视广告经营管理办法》,进一步规范合同、订单、发布、进款等各个环节的管理。组织开展了两次抽查活动,对发现的问题及时进行整改,进一步规范了广告经营活动。此外,还加强了医疗广告和涉嫌违法违规广告的管理,出台了《专题广告与医疗广告的专人审核制度》,停播、整改了一批违法广告,整治成效明显,今年,台广告信用分数排名全省第4,同比上升了6位。

四、产业经营重点拓展

以集团有限公司为投融资平台,积极谋划理顺公司的内部管理体系,规划产业发展方向,确定了集团公司发展基本思路,即以新兴产业经营为龙头,以市场化运作为导向,以板块集群为核心,把集团公司发展成为温州乃至全省的文化产业龙头企业。一是全力建设文化创意园。多次组队到北京、上海、福州、长沙、嘉兴、常州等地学习考察,明确园区建设方案。经过多方协调,最终确定园区选址在瓯海区丽岙街道的泊岙单元A—02地块。至今,我们已经完成了文化创意产业园区项目可行性研究报告和项目建议书,完成了园区所在地的控制性规划、工程测绘和概念性规划设计。因全市用地指标极其困难,园区启动开发一事计划在明年进行。二是积极提升有线网络业务。抓住数字电视整体平移的契机,有线网络中心积极开发增值业务,在高清机顶盒的销售、有线通宽带业务的发展、有线数据业务的拓展等方面,都取得了骄人的业绩。三是稳步推进相关产业。在影视剧创作方面,与浙江影视集团等联合投拍30集大型长篇电视连续剧《创业年代》,该剧以反映改革开放30年温州人艰辛创业足迹为主题,由全国一流的影视剧创作团队摄制，9 月 28 日在温开机，现已杀青。数字移动电视逐步扩大覆盖面，车载终端新增加到了 1500 个，各项经营指标实现稳步增长，创收同比增幅超 10%。集团幼儿园顺利通过“浙江省二级幼儿园”的评估验收，幼儿园核心竞争力逐渐形成。

五、技术改造重点投入

全年共投入 5000 万元用于设备改造和新建工程项目，为确保任务完成，技术中心各部门按月分解任务，明确责任，限期完成。一是完成了 300 平方米全高清新闻演播室的工程建设。二是完成了 800 平方米演播室 LED 大型显示屏和电力系统的技术改造。三是新建了一套广播频率和一套电视频道。四是完成市区数字电视整体平移的任务。从 3 月份开始，网络中心克难攻坚，每周实行 6 天工作制，中层干部和业务骨干全部充实到一线，参与用户的设备安装工作，使得平移工作顺利推进。五是完成了电视新闻文稿系统和广告智能化管理系统的升级工程。六是完成了广播和电视转播车、全台网项目的设计、论证、立项等工作，并进入招投标流程。七是完成了高清转播车项目的技术设计方案。

六、队伍建设重点推进

以“五型”机关创建活动为载体，深入开展“走、转、改”专项活动，不断深化劳动、人事、分配三项制度改革，着力提升集团的核心竞争力。一是加大人才引进。面向社会公开招聘和选调了 4 名硕士研究生，招聘了 59 名广播电视专业人才。今年还特地赴北京、上海开展招聘工作。二是建立人才激励机制。实施岗位设置管理制度，积极推行聘用制度，实现人事管理的科学化、规范化、制度化，从身份管理向岗位管理转变，调动各类人员的积极性、创造性，促进事业良好持续发展。同时出台优惠政策，鼓励事业编制的人员向企业流动。三是加强职工培训力度。重点抓好中层以上干部和优秀中青年后备干部、优秀媒体经营管理人才、高层次工程技术专家和采编播复合型人才的培训。集团已连续两年在清华大学举办高级研修班，今年还在浙江传媒学院开办了温州广播电视业务骨干培训班。同时，把高端业务讲座固定化、常规化，每季度至少举办一期。此外，大力实施“1258”人才导航工程，先后选派了 8 名优秀干部赴外挂职锻炼。四是完善薪资分配制度。制订实施岗位设置管理工作方案，实现了由身份管理向岗位管理的转变，着手实施绩效工资，建立了以工作业绩为主要依据的考核体系，逐步完善按岗定酬、按任务定酬、按绩效定酬的薪酬体制，形成以岗位工资为主要内容、以工作业绩为主要依据的多种分配形式和办法。

湖州市广播电视台

2011 年，湖州市广播电视台按照“十二五”期间关于“整合全媒体，打造融媒体”的转型升级方向，围绕“机制融合全媒体、资源兼容全业务、经营拓展全力推、管理保障全创新”的年度工作重点，良好地完成了各项目标任务。全年广播、电视共播发各类新闻报道 790 多小时、13780 篇，专题 1265 期(档)。其中，发布主题报道 2790 余篇、经济报道 6160 余篇、开设专栏 65 个。三个自办电视频道市场份额平均达到 28%，同比增长 12%，收视份额保持在前三名，广播收听份额为 50.7%；全年新增数字电视用户 3.2 万户，累计整转户数达 32.7 万户，数字电视整体转换工作，列全省第一；全年实现系统总创收 2.89 亿元，同比增长 22.7%；广告信用指数位居全省第五。

一、主体目标任务完成概况

(一)坚持正确舆论导向，声、屏、报、网、团创优成效明显

一是重大主题宣传到位，精品创优成效明显。充分发挥“声、屏、报、网、团”整体资源优势，围绕湖州市委、市政府中心工作，牢牢把握正确舆论导向，认真开展“深化‘三个年’”、“走、转、改”等重大主题宣传活动，以广播电视重点新闻栏目为主阵地，坚持“三贴近”(贴近实际、贴近生活、贴近群众)原则，加强舆论引导，履行社会责任；以“走、转、改”活动为契机，切实改变采访作风和报道文风，狠抓节目质量；以加快科学发展、建设“四区一市”、建党 90 周年和辛亥革命 100 周年等重大宣传报道为主题，开展了一系列大型活动，并积极挖掘各类典型，推出了多个重点栏目和系列主题报道，做到每天有报道，每周有重点，主题明确，重点突出，形式多样、点面结合，有效地发挥了主流媒体引导舆论的积极作用。“两会”期间，推出多个系列报道，形式创新、触角敏锐、亮点频现，在社会上引起很好反响，并得到湖州市领导的肯定。此外，在扎实开展“走基层、转作风、改文风”活动中，各宣传平台不断改进、创新活动方式，进一步丰富了主题宣传报道的内容并增强了亲和力、吸引力和感染力，实现了主流媒体社会影响和收视份额的全面提升。全年共 21 件作品获得省级以上奖项，

位居全省设区市媒体获奖的前列。

二是对外宣传报道有力，树立湖州对外良好形象。全年完成中央级媒体外宣报道95条，境外播出电视专题23期。完成电视专题片4部，均在央视及省级以上媒体播出。同时，积极配合湖州市重大外宣活动，协助央视拍摄了反映钱壮飞革命生涯的纪录片《壮别天涯》，获得中国文联和中国电视艺术家协会建党90周年文艺节目创新作品奖和最佳作品奖；拍摄的电视电影《盖世武生》被评为浙江省电影凤凰奖，并被CCTV电影频道选送参加在纽约举行的第二届中国电影周展播；协助上海卫视纪实频道拍摄讲述辛亥革命志士陈英士传奇的纪录片《铁血英士》等，为树立湖州市良好对外形象作出贡献。

三是服务民生，热点引导入情入理。主要新闻、热线监督类栏目及广电报、传媒湖州网，始终以积极、正确姿态关注社会热点问题，关注自然灾害对群众生产、生活的影响，充分做好热点引导、突发事件宣传。2011年，针对社会热点话题，及时推出各类报道和评论。在应对雪灾、食盐抢购等突发事件方面，及时启动宣传应急平台，强化新闻滚动播出，并通过公益广告宣传片及广播“村村响”等多种形式和渠道，有针对性地传播科学知识，坚持打好舆论引导战，为科学减灾、降低损失起到较好的舆论指导作用，体现了主流媒体的神圣职责及社会核心价值。

四是创新内容，社教专题倍受好评。近年来，通过节目调改、优化质量和打造品牌等一系列手段，使原有品牌栏目节目推陈出新，特别是社教专题节目广受好评。其中，公共民生频道的《和谐家园·农事新说》栏目已连续四年获得浙江省对农广播电视节目评比第一名；以融媒体方式，集精英团队重点推出的《美丽乡村》栏目，被中国电视艺术家协会评为优秀栏目，使之成为全省乃至全国的对农节目品牌。其他各品牌栏目节目也都按照“转型升级”要求，融入了更多的时代特征和创新元素，使品牌价值得到进一步再造和提升，社会影响力不断扩大。

五是承担责任，公益宣传传承文明。以“广告传播文化、细节彰显品味”为理念，围绕文明城市创建、安全生产、生态文明和节能减排等不同主题，策划拍摄、推出公益宣传片和公益广告总量占广告总数的15%，是国家广电总局公益广告播出量要求的5倍以上。此外，还承担了大量的宣传片制作任务，为全市各项创建工作及重大宣传活动提供了有力的支持。全年共举办各类活动97次，其中公益活动82次，文化“大蓬车”下基层演出21场。

（二）经营拓展全力推，经济效益有提升

一是制定产业发展规划。按照媒体转型升级的要求，及时制定了《湖州广播电视台“十二五”产业发展实施方案（2011~2015年）》。全年完成系统创收2.89亿元，良好的实现了国有资产的保值增值。

二是广告经营打造绿色声屏。按照广告经营转型升级的要求，对不良广告进行整理、排查和清理，有效地减少了医疗药品广告数量，广播已达到清频。全年超额完成广告创收任务，达到9212万元。

三是产业发展稳步推进。重点推进“广电梅地亚文化中心”等重大项目，于2011年12月6日奠基开工，已完成投资1218万元；为加快湖州市影视剧产业发展，2011年，成立了天开影视文化传播公司，并启动电视剧《理想男友塑成记》和《梦想女友成长记》；继续开拓车载电视、移动多媒体广播（CMMB）等子项目。全年产业创收完成3077万元，同比增长146%。

四是网络事业蓬勃发展。2011年，继续推进有线电视数字化建设，良好实施城乡网络“一体化”运行，全年网络创收取得了历史性突破。“一户通”、互动等增值业务实施良好，完成了公共信息平台的搭建并开始试点。

（三）加快技术和网络改造，全力推进有线电视数字化

一是加快技术改造。及时制定了《湖州广播电视台技术事业五年发展实施方案（2011~2015年）》，根据年度技术改造计划，重点推进交通频率同频广播、摄录设备改造等技术方案的可行性论证和具体实施，移动多媒体广播单频网在三县范围的布点和校园网的布点工作的完成，地面数字电视发射设备的安装调试完毕，为提高无线广播电视覆盖水平和质量奠定了基础。通过技术创新，在3G无线宽带技术运用于现场信号传输和台内视音频数据流转互联方面取得了突破。全年广播、电视完成大型活动的直录播及大型会议保障近200场，累计完成节目播出73498小时，广播电视、电视无线转播和移动多媒体广播（CMMB）均无重大安全播出突发事件、无人为安全播出责任事故，停播率、机房设备安全运行，播出质量、技术运行指标符合国家广播电影电视总局《广播电视安全播出管理规定》相关规定，高标准通过了全省广电系统安全播出大检查。

二是推进有线电视数字化。根据数字电视多功

能业务的需要和适应网络双向业务的开展，湖州华数公司完成了第二期模拟信号的停播，关停了城区24套模拟节目，实施了数字电视新老平台的切换，启用新平台后，新增8个频道，并增加传输了4套高清轮播节目。为顺应三网融合和创新社会管理的新形势、新需要，以数字电视平台为基础，以有线、无线两种通道传输为手段，以电视机、户外屏幕、电脑、手机和手持接收机为终端，初步搭建起公共信息发布平台，及时发布各种公共管理的政策和法律法规，以及各类动态信息，多渠道、多方式地宣传相关业务。为切实加快广播电视有线网络数字化发展。根据省委、省政府关于广电网络整合的有关文件精神，以及“三网融合”新形势下的迫切要求，落实“一省一网”整合发展的工作进展顺利，湖州华数公司通过股权出资参与组建了省级公司，2011年10月24日，浙江华数广电网络股份有限公司挂牌成立。

三是加快网络改造。进一步加快城乡一体化的广电网络双向化、光纤化改造，提高网络承载能力和综合业务支撑能力。全年双向化覆盖用户20万户，网络建设新增光节点2181个，新增光缆1360千米，双向网改造行政村37个，完成主杆线网改行政村58个，主杆线网改自然村(小区)574个；完成地埋工作7项，施工段长5.06公里，根(管)长11.66公里；完成IP城域环网120.6公里的建设。确保“两会”、国庆等重点保障期间的安全播出与传输。

四是加强“村村响”和低保工程实施。进一步完善有线广播“村村响”工程建设，全年新增广播联网数28个，累计联网数达221个，完成总联网63%。继续办好《王金法广播》等对农节目，确保农村有线广播长期响、优质响，全面落实市政府惠民生工程项目。会同湖州市财政局、民政局认真做好湖州市政协关于加强对低保边缘户救助提案的落实工作，共同研究制定相应工作方案。

(四)“深化‘三个年’”和“走、转、改”活动，加强队伍建设

重视人才队伍培养工作，深化首席、导师帮带制度，继续投入50万元用于素质提升工程，制订培训计划，不断加强干部、职工廉政行风建设和单位文化建设。全年分别组织中层干部和新员工培训班24期，有2100人次参加，其中对2009年以来的60名新员工进行集中培训，对湖州华数公司的全体员工进行了轮训；外派学习30人，上挂互派3人次，新闻采编人员培训率达到92%，培养全媒体记者3名。全年共受理市长热线、消协和110投诉172起，得到了圆满解决，满意率达100%。全年数字电视客服部维护人员为用户上门服务28275人次，话务受理131289次，服务回访10982人次，回访率达到41.22%，回访满意率达99%。湖州华数公司获得省第八届消费者信得过单位。

二、新媒体发展概况

湖州市广播电视台旗下互联网新媒体传播平台——传媒湖州网(www.hugd.com)，于2008年1月1日正式上线运行。网站的定位是湖州地区第一视听门户网，2009年传媒湖州网与湖州广播电视报合并成立了广电报网中心，走出了传统媒体与新媒体融合的第一步，也为传统报纸与网络新媒体的互动打下了基础。

传媒湖州网(www.hugd.com)目前主要提供湖州广播电视台三个电视频道网络电视同步实时直播、三套调频广播网络广播同步实时直播；提供湖州广播电视台自办精品栏目整版节目的视频在线点播和碎片化单条视频新闻在线点播。除了视音频内容在线点播外，网站还转载国内主要新闻网站内容，开设了以图文资讯内容为主的分类频道，资讯频道除了湖州本地新闻栏目外，还包括浙江各地、纵览天下、社会广角、时事新论等栏目；此外还开设了娱乐频道、长三角频道、汽车频道、房产频道、健康频道、财经频道、博阅频道、生活频道等。此外，网站还提供湖州广播电视报网络数字报(epaper.hugd.com)，大大地丰富了网站的内容。

传媒湖州网(www.hugd.com)还倾力打造以论坛为基础、网友互动为主的湖州社区(bbs.hugd.com)平台，为网友互动、交流提供了一个强有力的技术平台，同时也为传统的广播、电视媒体与受众之间架起了互动、沟通的桥梁。2011年，在网友中发展组建了一支相对稳定的摄影爱好者队伍，他们在湖州社区发布的摄影作品上千件，有效拉动了论坛的点击量，增强了社区的活跃度。这些摄影爱好者同时为广播电视报的版面带来了大量真实、鲜活的内容，增加了广播电视报的可看性。

2011年，传媒湖州网(www.hugd.com)依托湖州广播电视台的各种视听资源，在丰富网站内容、创新网站互动模式、强化网站服务功能、扩大网站影响力、增强网站影响力等方面进行了不懈的探索和努力，有效提升了传媒湖州网的整体技术水平和社会影响力。2011年，网站发布各类新闻稿件8万多篇；

包括本地视频的新闻稿件3万多篇；制作不同宣传主题的专题网页20多个，与湖州广播、电视宣传平台进行了更深入的合作和互动。

嘉兴市广播电视台

2011年，嘉兴市广播电视台(以下简称嘉兴台)坚持以邓小平理论和“三个代表”重要思想为指导，深入贯彻落实科学发展观，紧紧围绕嘉兴市委、市政府中心工作，以开展“品牌建设年”活动为抓手，进一步增强政治意识、大局意识、责任意识和创新意识，开拓创新，全力打造主流媒体、安全播出、多元经营、公共服务、内部管理、团队形象等六大品牌，新闻的传播力、影响力有效提升，综合实力明显增强。年内，有49件新闻作品获得省级及以上奖项；三个电视频道的市场份额同比增长1.3%，三个广播频率的市场份额同比增长2.6%；全年经营创收同比增长15.22%；同时荣膺“金长城传媒奖·2011中国十大城市传媒集团”、“金长城传媒奖2011中国十大地面广播电视台（地市）”、“2006-2010年全国广播影视系统法制宣传教育先进集体”等10个省级及以上荣誉奖项。

一、主题目标任务完成情况

(一)创新新闻宣传，打造主流媒体品牌

嘉兴台着力强化新闻立台、精品创优理念，加快传统媒体和新媒体的融合发展，加强“声屏报网”联动机制，深化“走转改”活动，不断提高广播电视主流媒体舆论引导力、影响力和传播力。年内，新闻频道在浙江卫视发稿403条，列全省各地市台第二，在央视《新闻联播》、《焦点访谈》发稿8条，有11期节目通过国际频道《发现浙江》栏目在境外播出；广播在省台浙江之声播出稿件289篇，同列全省地市台第一，22篇稿件在中央台播出，其中8篇在《全国新闻联播》、《新闻和报纸摘要》播出。

1.建党90周年重大主题宣传浓墨重彩，意义深远。嘉兴台充分利用党的诞生地这一独特政治优势，开设新闻专栏，策划推出庆祝建党90周年系列专题报道、大型新闻行动，营造党的诞生地庆祝建党90周年的喜庆氛围。一是开辟《红船先锋　创先争优》等新闻专栏，及时报道创先争优活动的进展情况、鲜活经验和成效，展示创先争优活动中涌现出来的先进基层党组织和优秀共产党员典型，引导和推动全市创先争优活动深入开展，其中，大型人物系列报道《信念》得到省、市宣传部领导的批示肯定。二是举办“红色耀中国”大型新闻行动。嘉兴台联合吉安、遵义、延安、石家庄等四地兄弟台以及央视财经频道和新浪网等，举办“红色耀中国”纪念建党90周年大型新闻行动，以全国性视角、多媒体联动、立体化传播，弘扬红色精神，共播发稿件达120多篇(次)。省委宣传部《新闻阅评动态》给予此次新闻行动高度评价。三是联合外媒推介嘉兴。嘉兴台联合央视、央广中国之声、经济之声等中央级媒体，相继开展《领航中国——直播南湖》、《光辉足迹——上海嘉兴1921》等大型新闻直播活动，协助央视录制“七一”特别节目《红歌颂党——嘉兴篇》；联合浙江卫视直播浙江省庆祝建党90周年纪念大会、南湖革命纪念馆新馆开馆仪式、第八届全国残运会圣火采集仪式等活动，打响“红色嘉兴”城市品牌。

2.重要活动报道出彩出新，特色鲜明。一是权威、全面宣传十七届六中全会精神，在全市掀起学习热潮。结合嘉兴实际解读“十七届六中”全会精神，在主新闻频率、频道中推出《文化兴市新征程》专栏，充分展示嘉兴实施“文化兴市”战略的举措和实效；“声屏报网”还结合“走基层、转文风、改作风”活动推出《走基层》、《好人好事》、《文化嘉兴》等栏目(专题、网页)及相关文化综艺类节目，加大对社会主义核心价值的宣传力度。二是“两会”报道规范有创新。在市“两会”期间推出人代会开幕式、专题审议等直播活动，在报好程序的同时推出“约会代表委员”、“王可两会日记”专题节目、《听两会　说民生》、《“两会”同期声》、《热议“十二五”》、《小王说新词》等形式多样的特色报道，充分反映城乡居民对“两会”和“十二五”开局之年的期许。三是大型报道《辛亥百年》以辛亥革命中的“嘉兴人”和“嘉兴城”、“嘉兴事”为诉求，全面反映嘉兴在辛亥革命中的重要地位和作用，共播发稿件120篇(次)。四是第八届全国残疾人运动会报道强化嘉兴“爱心城市”品牌。在充分报道嘉兴分会场承办的飞镖、盲人柔道和乒乓球三项赛事同时，以新闻评论和综述等方式注重挖掘报道赛事精神内涵。五是统筹做好经济报道、创建全国文明城市、第三届端午民俗文化节等，推出贯穿全年的“转型升级进行时”等专栏，有效提升了嘉兴城市影响力。

3. 突发公共事件和热点难点报道严谨准确，引导有序。坚持突发公共事件新闻应急报道机制，在追求时效中力求严谨，第一时间传递主流媒体的权威声音，做到公开透明、及时准确、有序有度，正确引导社会舆论;严格遵守新闻采访有关规定,准确、科学、依法、建设性地开展广播电视舆论监督。围绕"2.24"臭气污染事件、春运雪灾、日本大地震以及由此引发的"抢盐"事件等突发性事件,"声屏报网"迅速反应,在第一时间让市民了解真相,为危机处理赢得主动。围绕"桐乡华庄农家乐关门歇业"、"海盐包心菜滞销事件"、出租车群体信访、海宁晶科污染、"残的"整治等热点事件,记者深入基层挖深挖透题材,通过系列式、组合式、追踪式报道,扩大报道影响力,让观众了解事件本身,有效疏导、缓解社会矛盾。

4.强化宣传管理,创新节目传播形态。一是深入开展"走基层、转文风、改作风"活动,建立"走、转、改"活动常态化机制,各频率、频道分别与镇(街道、村、社区)、企业等单位共建立10个常年联系点;推出《记者基层行》、《走读嘉兴——来自蹲点一线的报告》、《"五朵金花"跑基层》、《小江带你到一线》等7个专栏,播出了一大批反映基层并为基层百姓喜闻乐见的稿件;同时,深化"新闻扶贫"和帮困结对活动,《阿秀嫂帮你忙》、《圆梦》、《帮困100》等节目(活动)与基层单位开展结对、定点帮扶活动,拉近了媒体与基层群众的距离。二是强化"新闻立台"理念,改版调整部分节目栏目。新闻综合频道在《嘉兴你早》增加交通、气象、菜价、理财等服务信息,《午间在线》利用3G技术加大新闻直播力度,《新闻评道》增设"网佳评论"板块吸引网民参与、聘请12名特约观察员加大对本地热点新闻的评论力度。文化影视频道《今朝多看点》在做精做强"为你圆梦"、"百姓说话"、"文化嘉兴"等特色板块的同时,重点推出《特别关注》、《老嘉兴》两档全新子栏目。公共频道在《新闻一线》、《阿秀嫂帮你忙》增设言评论板块"言之有理",强化新闻节目张力和厚度。城乡生活频率巩固《阿秀嫂的家常话》、《异乡新嘉园》品牌栏目,推出《早听天下》、《消费有理》、《饮食男女》等新栏目;《嘉兴广播电视》报改版尝试以一报二册的形式发行,栏目定位更加明确。三是建立全媒体策划体系,推进"选题系列化"。整合"声屏报网"优势,以新闻策划带动、推动新闻宣传,形成宣传强势。年内,围绕市委市政府各项重大主题和主要活动,相继精心策划推出《转型发展 开好新局》、《拥抱蓝海》、《创文明城市 建宜居家园》、《社会管理 嘉兴经验》、《穿越转型之痛》、《转型升级进行时》、《记者基层行》、《跨入十二五》、《我们的节日——端午》等40多组系列专题(专栏)报道,使重大主题报道宣传做到针对性更强、可看性更佳、贴地性更近,如"创新社会管理服务"报道得到市委领导的批示肯定。四是"微博"、"3G"直播成为部分节目栏目传播的新亮点。在大型新闻行动《红色耀中国》活动中,嘉兴台和新浪网合作,开通"红色耀中国"官方微博,全国大批受众正是通过这一平台对该新闻行动有了更多了解。嘉兴台各栏目节目在直播进行中通过微博征集话题、征求线索、发表意见,城乡生活频率、《嘉兴新闻》、《新闻评道》等频率频道和栏目已经开通官方微博。新闻现场直播实现常态化,新闻频道已在《午间在线》、《嘉兴新闻》栏目中实施3G连线直播40多次,为新闻直播提速,为受众提供真正的现场新闻。

(二)创新技术手段,打造安全播出品牌效应

继续加大投入,积极推进广播电视数字化制作和传播体系建设,进一步提高技术保障能力。一是围绕全国"两会"、建党90周年、辛亥革命100周年等系列重大活动,加强对广播电视技术值班人员的岗位业务培训和操作技能、应急预案演练,成功举办有线广播电视"反插播"演习,提高应急处置能力,确保了各个重要播出保障期间广播电视节目安全优质播出和重要节目的转播工作。二是利用数字、网络等高新技术推进采编播设备的更新改造,不断提高广播电视自办节目制作质量。完成了广电总局数字地面电视无线覆盖工程、新闻制播网建设、广播直播车技术改造等项目,完善了3G新闻直播传输系统,新闻频率新的3KW调频发射机投入运行;全面升级、更新改造硬盘播出系统FSC服务器;完成了媒资系统的扩容技术改造,累计上传节目共10700条,上传容量21TB,为嘉兴台的历史资料节目保存和检索提供良好平台。年内,嘉兴台共有10个广播电视节目在省节目技术质量奖评比中获奖,其中一等奖1个,二等奖7个。

(三)创新发展模式,打造多元经营品牌

深化内部改革,注重完善制度建设,企业管理逐步走向科学化、规范化、法制化轨道。一是重视巩固品牌意识、市场意识和服务意识,加强公益广告的制作和播出,不断净化广告内容,保持了广告经营的平稳增长,广告信用指数年度总排名列全省第二名;网络建设、传媒经营、器材销售服务等本源产业强势不减;影视传播、传媒文化活动营销等延伸产业升势显现;娱乐业和创意产业园区建设等关联性产业稳定运行。其中,江南传媒文化创意产业园建设坚持以招商引资为核心,以项目建设为重点,积极拓展发展空

间。到 2011 年底,园区共引进企业 23 家,注册资金 7818 万元,项目计划总投资超过 6 亿元,园区被列入 2011 年浙江省服务业重大项目计划、嘉兴市重点建设项目。

二是基本完成市本级有线电视数字化整体转换工作,服务能力全面提升。顺应"三网融合"要求,加大基础建设投入,城市管道、主干线建设、小区配套建设任务全面展开,HFC 网络建设和改造工程全面完成,数据专线建设工程步入高质量快速发展轨道,18 个小区 IPTV 接入网建设工作全部竣工。有线电视服务平台逐步完善,服务能力全面提升。城域网建设有成效,完成了 TV2.0 嘉兴测试平台的建设和中心机房 UPS 扩容等工作,市本级 384 个小区的数字电视整体转换工作顺利结束。推进增值服务建设,企业服务手段不断丰富。集团用户快速增长,年内共新建、新开单位用户 181 家,完成新增线路为 145 条;互动数字电视业务有长足发展。以华数全部股权作为投资额,与省华数、省内部分地市共同发起成立浙江华数广电网络股份有限公司,推动浙江广电有线网络"一省一网"整合取得重大进展。

(四)坚持为民服务原则,打造公共服务品牌

积极推进惠民工程。配合"两新工程"建设,巩固"村村通"、"村村响"和"广播电视低保工程"建设成果。加强新农村应急广播体系建设,办好对农广播节目,积极推进对农节目的转型升级。年内,城乡生活频率共录用乡镇站稿件 1919 篇,其中录音报道 371 篇,同比录音报道增长 49%,稿件质量有了明显提升。市本级王江泾广电站等 4 家乡镇站的自办节目获得 2011 年度全市"十佳"乡镇广播自办节目称号。继续加大农村广电事业建设投入,改善便民服务环境,总投资 1500 万元的油车港、余新镇广电中心投入使用;大桥站、新丰站、王店站、新塍站等便民服务窗口完成改造装修。

积极开展媒体活动。嘉兴台发挥广播电视优势,广泛开展"走到一起来"社区大型公益活动及阿德邀你看电影、"圆梦行动"、"好人有好报" 义卖等活动,筹措慈善资金,捐助困难家庭;通过"12355"青少年服务台和彩虹社工事务所,开展社工服务,构建家庭、学校、社会之间互助互爱的支持网络;通过"阿秀嫂进社区、义工连线"、帮困 100 活动、端午民俗进社区等一系列活动,奉献爱心,服务社会。

(五)创新管理体制,打造内部管理品牌

坚持制度创新,深化内部管理。不断深化内部改革,积极探索产业发展新路径,在完成了集团化、公司化改造,产业板块积极构建以全资、控股、参股等多种形式经营实体并存的公司架构的基础上,注重完善制度建设,提高运行质量和精细化管理程度,基本形成了与新体制相配套的内部机制和管理制度,企业管理逐步走向科学化、规范化、法制化轨道。强化绩效考核,建立健全事业单位岗位设置管理制度。继续深化事业单位人事制度改革,根据省委办、市人事局的要求,实现事业单位人事管理的科学化、规范化和制度化,推进事业单位岗位设置工作,完成台及下属事业单位岗位设置方案。通过建立岗位管理和人员聘用制度,转换用人机制,实现由身份管理向岗位管理转变,由固定用人向合同用人转变,为下一步的发展奠定了良好的基础。

(六)坚持以人为本,打造团队形象品牌

坚持从可持续发展的战略高度,努力打造一支充满生机活力、具有良好素质、能打胜仗硬仗的广电队伍。一是深化创先争优活动,优化内部软环境。开展"争当广电先锋,争创一流品牌"主题实践活动,在全体党团员中形成了讲奉献、争优胜、促发展的良好氛围。新闻频道《嘉兴新闻》栏目被新评为"省级青年文明号";新闻频率通过复评被继续认定为"省级青年文明号"。二是深化"走转改"活动,队伍作风建设明显转变。相继开展以"真情记录时代、真情关爱民生"为主题的"记者新春走基层"、"走基层、转作风、改文风"主题活动,着力培养踏实清新的采编作风。继续深入开展创建"群众满意广电站"活动,提高基层服务水平。三是加强培训培养,切实提升素养。通过"走出去,请进来"、"以评代训"、实施首席播音制度、鼓励员工在职继续教育等各类途径,不断提高队伍业务能力与素质。年内,评选出第五批专业技术带头人共 22 人;开展规模不一的各类学习培训达 30 余次,参训人员 1000 多人次;共有 11 名员工上挂省台挂职锻炼,9 名业务骨干到香港凤凰卫视等媒体参观学习;8 名员工获得省宣传文化系统 "五个一批"人才、"省广播电视优秀播音主持人奖"等省级以上荣誉。

二、新媒体(音视频网站等)发展概况

2011 年,"嘉兴人"网(www.jxrtv.com)加强网站内部管理,强化网站实用功能,确保安全、有效、可靠运行,推进了网站各项工作再上新的台阶,为广大网民提供及时、高效的生活资讯,成为嘉兴形象宣传的重要窗口之一。

年内，嘉兴人网坚持正确舆论导向，积极配合嘉兴广播电视台组织的“纪念建党90周年”、“辛亥革命100周年”等各项大型宣传报道活动以及各频道、频率组织的媒体活动。为配合“红色耀中国”大型新闻行动，“嘉兴人”网派出摄影记者通过专题页面、热帖推荐多种方式随时报道行动进展及成果，在网友中引起了极大反响。围绕纪念建党90周年报道，“嘉兴人”网联合北京、西柏坡、延安、遵义、井冈山5地广电网站联合开展了“红色革命圣地图片征集网络巡展”，得到网友的热烈响应。为了扩大影响力，加强自我宣传，“嘉兴人”网还围绕“母亲节”、端午民俗文化节、六一节、禁烟日、爱眼日、“十一”国庆节等节假日主题，推出了一批专题报道和群众喜闻乐见的媒体活动。此外，“嘉兴人”网积极配合宣传嘉兴台各频道、频率开展的活动，相继参与了新闻频率的《少儿故事大王》比赛、城乡生活频率《我的青春我来唱》活动、交通经济频率的《领航中国　直播南湖》活动等。此外，“嘉兴人”网站还以直播、录播或者新闻采访的方式积极参与第八届残运会、市运会、“秀洽会”、余新镇渔里之谣文化节、油车港麟湖之声文化节等各类大型活动，有效提高了品牌效应和社会影响。

继续加强与创新内部管理。“嘉兴人”网进行架构重组，重新调整考核标准。在内容上，完成《嘉兴广播电视》报电子版改版和“嘉事连连看”栏目改版；增设3·15板块，联合南湖区、秀洲区消保科在线受理网友投诉；升级网站论坛从8.3升级至8.5版本，增加图酷功能。同时，“嘉兴人”网在嘉兴首家提出微博，与新浪微博数字对通，已有1000多个网友与新博数字对通，在嘉兴是最多的。在经营上，调整思路，加强与乡镇的合作，利用现有新闻碎片化的资源，整合后打包和各乡镇合作，拓宽创收领域。

绍兴市广播电视台

2011年，绍兴市广播电视台紧紧围绕市委“创业创新、走在前列”的战略部署，按照“致力转型促发展、强化宗旨惠民生、创先争优开好局”的工作基调，在绍兴市委宣传部的指导下，着力做好以“加快转变经济发展方式”、“发展战略性新兴产业”为主题的经济宣传，集中开展庆祝建党90周年、贯彻党的十七届六中全会精神和全国文明城市创建、“走转改”活动等主题宣传，为绍兴市迈好“十二五”开局第一步积极鼓与呼，不断壮大主流舆论的社会影响力。同时，紧扣“转型发展”这一主题，进一步增强自身发展的机遇意识和忧患意识，积极探索自身网络媒介的建设，推动传统媒体与新媒体融合发展，加快全媒体建设步伐。

一、主要工作完成概况

一年来，绍兴市广播电视台围绕经济、社会、文化三大主题积极有为，唱响主旋律，不断提升传播手段和水平，加强对新闻的深度解读能力。全年共推出专题专栏近30个，播发系列报道90多组，在主题宣传、重大活动报道、突发事件引导等方面出新出彩，充分发挥广电时效性强、生动直观、可视性大、覆盖面广的传播优势，着力营造“媒体舆论场”与人民群众“口头舆论场”的和谐统一。全年电视频道平均市场份额达36.45%；广播频率平均市场份额为73.43%，创历史新高；相关宣传工作得到市委市政府主要领导批示表扬，浙江省广播电视节目评议审查中心和市委办《绍兴信息专报》、市委宣传部《新闻阅评》也多次刊发专稿予以肯定。

一年来，绍兴市广播电视台进一步强化与中央电视台、中央人民广播电台、浙江卫视、浙江电台的深度合作，累计共在四个媒体播出新闻822条（次）。尤其是12月18日，中央电视台《新闻联播》在头条（单条）位置播发该台与央视联合采制的的新闻《浙江新昌：坚守主业　逆势增长》，并上新闻提要和加配编后话，这在绍兴市对外宣传工作上尚属首次。该台创制的大型电视纪录片《风雷激荡光复会》被列入国家重大题材文献纪录片，并登陆央视播出；广播剧《风雨1907》在中央人民广播电台中国之声播出，获得第十一届中国广播剧专家奖金奖。下半年，绍兴市广播电视台还出资300万元参股城市联合网络电视台CUTV，与全国40多家电视台和平面媒体一起获得了全国性新媒体业务运营的资质，第一次拓展了全国性网络外宣渠道和平台。

一年来，绍兴市广播电视台的精品创优工作也是喜讯不断。到12月中旬，共有30多件作品获得省级二等奖以上奖项。其中《知党、爱党、跟党走》主题论坛、《童心向党——绍兴优秀童谣传唱展演》同时获得中国文联和中国电视艺术家协会联合颁发的全国电视艺术特别节目好作品和电视文艺晚会好作品奖；该台选送的《记录绍兴》节目作为全国唯一的城市台获国家广电总局标清专题类录制技术质量奖（金帆奖）一等奖，此次一等奖共设5个，其他4个获奖的单位分别是中央电视台、浙江广电集团、广东电视台、陕西电视台。11 月 5 日下午,第 9 届世界荷球锦标赛决赛和闭幕式在绍兴举行，该台制作了公共信号,通过卫星传送给欧洲电视网(Eurovision),实时为欧洲观众直播了荷兰队与比利时队的决赛。这是该台首次为大型国际体育赛事制作公共信号,也是第一次通过卫星同步向国外传输电视信号。

一年来,绍兴市广播电视台进一步深化“争先创优”活动,重抓学习型党组织建设和党风廉政建设,深入开展“三项教育活动”和“走转改”活动,以制度建设规范新闻宣传管理。今年,该台推行的新闻流程“六个把关”工作经验引起业内的高度关注,中国记协以《绍兴广电构建新闻全流程控制链》为题向全国同行推广；国家广电总局也刊文介绍该台的“走转改”活动经验。

一年来，绍兴市广播电视台的媒体经营紧扣发展主题,业绩大幅度提升。广告经营在结构调整中完成了风险规避，全年完成广告播量 11700 万,同比增加 3.5%;网络经营瞄准市场需求提档升级,全年完成经营收入 13241 万元,创利 2400 万元,同比分别增加 2.1%和 39%。

二、绍兴网络电视台发展概况

绍兴网络电视台(www.sxtv.com.cn、sx.cutv.com)初建于 2010 年下半年。2011 年 3 月完成所有设备安装调试，软件开发，与电信签订 300M 带宽使用权,新版“绍兴广电网络台”页面完成开发。5 月 1 日起正式开始内部测试。2011 年底,绍兴网络电视台有限公司完成工商注册,注册资本 500 万。

2011 年 10 月，绍兴广播电视台与华夏网络电视股份有限公司正式签定增资扩股协议书，投资 300 万元入股 CUTV,占 1.85%股份,CUTV,是城市联合网络电视台的简称。绍兴网络台的正式呼号定为:城市联合网络电视台绍兴台。

绍兴网络电视台以直播和视频为特色，以网络访谈、网络直播、网络活动为主要内容,充分利用 BBS、微博等互动平台,构建以视频、直播、活动、新锐传受平台为框架的综合网络电视台。网络台现有直播、点播、电视剧、专题、互动(乌篷船社区)五大板块。

绍兴网络电视台开设网络演播室，配有小型 EFP 现场直播系统及音视频等设备。网络台总共拥有服务器 18 台,主要承担数据库、CMS 应用、门户访问、论坛、播客、流媒体、视音频编码、VMS 后台管理等服务；交换机 5 台，主要承担网站内外网的组网,以及连接机房与一楼办公区域的工作。

三、行业文化建设概况

绍兴台坚持以促进发展为宗旨，以人为本为核心,学习创新为动力,努力建设符合先进文化前进方向、具有鲜明时代特征和丰富管理内涵的台文化,弘扬“爱岗敬业　合作奉献”精神,把社会主义核心价值体系融入文化建设的全过程，进一步增强广电台的凝聚力、感召力,进一步增强员工的认同感、归属感，为促进绍兴台科学发展提供强大的智力支持和精神动力。2011 年,精神文化得到提升,制度文化进一步规范,行为文化有序推进,物质文化明显改善。

一是弘扬先进文化。充分发挥先进典型的示范作用,大张旗鼓地表彰各类先进典型。作为绍兴台最高荣誉，继续开展季度明星员工和年度明星员工评选活动,在评选中坚持“公开、公平、公正”的原则,每季度评选出 10 名季度明星员工,制作光荣榜在大厅表彰;评出 10 名年度明星员工,在全台年度总结大会、元宵晚会上大张旗鼓进行表彰宣传。根据《绍兴广播电视台聘用企业编制员工的若干规定》,对二次获得年度明星员工称号的劳动代理制员工，其劳动关系转为企业编制。

绍兴台党委还对在 2011 年度各项工作中作出积极贡献的优秀共产党员和 51 名优秀采编人员、优秀播音员(主持人)、优秀经营人员、优秀技术人员、优秀服务人员、优秀中层干部等专项先进予以表彰、奖励。在评先推优时向一线倾斜,形成政治硬、业务精、纪律严、作风良的从业导向,从而激励激励和带动全体员工人人爱岗敬业、遵章守纪、勇于创新、创先争优的工作热情和聪明才干,培养员工追求卓越、甘于奉献的行为意识，营造团结进取的台氛围和健康向上的良好风气。

二是强化团队文化。继续举办“赢在团队”文化展示暨年度“明星员工”颁奖晚会,全台各部门组成 13 个代表队,自编自导自演反映广电员工日常工作生活状态的情景剧、歌舞串烧等节目。每年一度的团队文化暨“明星员工”颁奖晚会,使全台员工在参与中放松了心情,展示了才艺,感受榜样的力量,团队协作精神进一步得到弘扬。台乒乓球俱乐部被市总工会评定为绍兴市“优秀文化团队”一等奖。

为庆祝建党 90 周年,绍兴台组织各支部组队开展“红歌大展唱”;展出“心中的歌”书画作品展和“我和祖国”书画摄影展览,以此为契机加强党的基层组织建设,深化党员教育管理,激励广大干部党员干部热爱祖国、热爱人民、热爱中国共产党的热情。

三是创新励志文化。为引导员工自觉地把个人发展融入绍兴台发展，形成统一的发展理念和价值观念，为绍兴台的和谐与发展提供强大的精神动力，有效整合台文化资源，通过台外网、内网、宣传橱窗、楼宇电视、门口电子屏、QQ群和微博等载体传递台文化理念，创新励志文化。如通过在楼宇电视播放台各内容生产部门收视率动态分析图表、领导批示、荣誉通报和优秀广播电视作品，在等候电梯片刻也能让员工感受昂扬向上的文化氛围。

组织开展读书活动，选读励志书籍《你可以不抱怨》，组织全员撰写一句话体会，刊登在台《绍兴传媒》专刊上；组织观看著名教授于丹关于《学习之道》、《诚信之道》等视频讲座。大力开展员工喜闻乐见的文体活动，通过开展“记者现场报道比武”、“食堂烹饪比武”、“技术维修比武”、“消防比武”、“网络营业厅服务比武”等岗位技能比武，积极营造健康向上、团结协作的文化环境氛围；参与了市直机关“青年员工计算机操作技能比赛，取得团体第三名的好成绩；

2011年各项体育竞赛收获颇丰。在2011年全国乒乓球协会会员联赛30岁组别团体赛上，绍兴台两名参赛员工获得(南京站)冠军和总决赛亚军，并同时获得中国乒协颁发的“乒乓球国家级业余运动健将”称号；举办了“台首届棋类运动会”、女职工“三八”冰雪运动体验、“三人制羽毛球赛”、“混合排球比赛”等活动，组织并参加了首届全市广电系统羽毛球比赛，取得了团体第一和男女单打冠军的好成绩。在绍兴市直宣传系统组织的篮球比赛上，绍兴台篮球队夺得冠军。还选派人员参加机关健身气功培训，积极参加市直机关体育俱乐部举办的乒乓球、羽毛球、游泳、登山等多项比赛，均取得良好成绩。

四是共建和谐文化。组织全台党员开展“台转型我先行”献一计活动，全台员工围绕体制改革、新闻宣传、经营创新、人力资源、技术管理、行政管理和文化建设、物业管理等方面，共提出154条意见建议；组织全台党员开展“党员奉献服务周”活动，带头义务献血，50多名员工参加义务献血，共献血10800毫升，被评为绍兴市“2010-2011年度无偿献血先进单位”；参加“垃圾不落地”清洁城市行动，168人次上街义务执勤；“冬日暖阳关爱外来务工人员”志愿服务项目被评为2011年绍兴市优秀志愿服务项目。

五是情系关爱文化。关怀员工身心健康，建立员工健康档案；关心员工家庭生活，帮助员工解决实际困难，设立五必访制度。对新婚员工以工会名义进行祝贺；对困难员工进行帮扶，慈善周“慈善一日捐”活动总捐款金额达95950元；看望生病的员工，对员工家属去世进行慰问，对员工去世帮助安排后事。一年间共慰问职工80余人次；开展新一轮的帮扶结对活动，帮助新昌县羽林街道枫家潭村理清发展思路、树立发展信心，并送去发展资金15万元，增强集体经济造血功能；给结对社区越城区稽山街道鹤池苑社区在送去共建资金的同时，给社区阅览室送去杂志书籍。

金华市广播电视台

2011年，金华广播电视总台在创新新闻宣传，深化体制改革，推进数字电视“整转”，加快“一省一网”整合，拓展广播电视产业等方面都取得了显著成效。

(一)新闻宣传方面

2011年，金华广播电视总台继续坚持“新闻立台、本土特色”的原则，按照“三贴近”的宣传要求，唱响主旋律，打好主动仗。具体体现是：

一是突出重大主题宣传，坚守阵地鼓好劲。2011年主要是两大重点：做好纪念建党90周年和“十二五”开局之年的宣传报道。各栏目先后推出了“寻访红色坐标”、“我家的红色故事”、“信念的力量”等多个系列报道，共播出新闻近300篇。推出了“红星闪耀 我心飞扬——庆祝建党90周年”大型媒体活动，通过播放红色经典影视剧和组织广大群众唱红歌、跳红舞、诵红文，让观众接受爱国主义教育，取得了良好的社会效果。2011年是“十二五”开局之年，重点宣传了展示金华市“十一五”期间取得的巨大成就，并为“十二五”规划的顺利实施营造良好舆论氛围，电台、电视主要时政新闻栏目推出了“回眸十一五展望十二五”系列报道，民生新闻栏目从民生角度纷纷推出“十二五看民生”等系列报道，共播出相关新闻310多篇。在打造浙中城市群、工业强市、精品城市建设等方面，宣传声势很大，社会反响也很好。

二是突出民生新闻报道，架通桥梁引好路。2011年金华广播电视总台重点是增强民生新闻的亲和力，在服务上下功夫，在沟通上做文章。《百姓零距离》、《小马开讲》、《天天三句半》和《新闻节节棒》，这几档民生栏目每个月都组织开展各类为民服务活动和公益活动，如新闻综合频道与经济频道组织开展的“暖冬行动”，组织社会各界捐献爱心冬衣；“助学行动”，向爱心人士募捐为30多位考上重点大学的贫困学生每人资助5000元爱心助学款。教育科技频道组织开展的“助农行动”，帮助义乌农民销售土豆5000多吨，帮助金东区源东乡农民销售柑桔几十万斤，为广大农民群众办了实实在在的好事。《百姓零距离》和《小马开讲》栏目还联系福泰隆等超市与农村种养殖户进行“农超”对接，金华广众网也帮助箬阳乡农民开通农副产品销售微博为茶叶和黄牛养殖户打开销售渠道。《天天三句半》栏目也在引导和沟通上做足文章，开设“娘舅来了”板块，让资深律师充当调解员进入当事人家中，解决矛盾，构建和谐社会。电台《行风热线》继续发挥百姓与职能部门沟通平台的角色，在政府与群众之间的桥梁和纽带作用进一步凸显。

三是突出“品牌强台”、“活动兴台”，广播电视社会影响力进一步增强。电视各频道重视品牌打造，频道的特色与定位进一步明晰。新闻综合频道突出时政特色，在服务市委市政府上下工夫，主打“幸福频道”；经济生活频道立足城市社区，营造轻松和谐氛围，主打“快乐频道”；教育科技频道突出民生主题，主打“百姓频道”。总台活动的举办水平进一步提升，社会影响力进一步扩大。全年举办各类大小活动约20项。第三届“赢在职场”活动，历时两个多月，共有1万多人通过活动找到就业或实习岗位。“赢在职场”活动已连续举办了3年，成为金华就业、创业的一项品牌活动。先后为青年人提供就业机会2.5万个，帮助2.1万人找到了就业岗位或见习岗位。2011年还走出市区，到武义县承办了“爱在武义泉是幸福——中国武义第五届温泉节暨第二届国际养生博览会”节庆活动，这是金华广播电视总台首次到县(市)承办大型活动，为拓展经营思路积累了经验。

四是高度重视外宣工作，金华形象得到较好展示。2011年上送新闻被中央台录用50多条，被浙江卫视录用253条，其中在《浙江新闻联播》播出170条，荣获新闻协作二等奖。“走转改”活动中拍摄的数字电影《茶花村的幸福生活》，受到了中央电视台、人民网、中国记协网、浙江日报、浙江卫视等众多媒体的关注和报道。

2011年，金华电视台三个频道平均市场份额达到36.3%，《小马开讲》、《新闻节节棒》和《百姓零距离》的收视率持续保持在10%左右的高位。

(二)事业建设方面

1. 整转工作比原定计划提前一年完成任务。到2011年底，市本级共整转23.5万户，其中，主城区已全面完成，整转用户13万户；农村整转10.5万户，整转率达86%，超额完成市委市政府年初确定的目标，并提前一年基本完成市本级整转任务。总台还与移动公司的合作，将婺城区蒋堂镇界首、杨梅陇等村建成集互动电视、宽带和无线座机为一体的农村数字电视信息化村，让村民提前享受到三网融合带来的实惠。在整转过程中，同步实施数字化低保工程，为低保家庭免费安装了有线电视，市本级核定的8138户低保户基本做到“应保尽保”，并按规定减免了有线电视收视维护费，总计减免费用180多万元。值得一提的是：金华广播电视总台高起点、高标准，用高清技术实施“整转”，这在全国是第一家，为今后的发展和参与市场竞争打下了良好的基础。“三网融合”需要高清，收看3D电视也以高清为基础，总台一步到位用高清技术实施整转的做法，不仅可以让广大观众率先享受高清电视，而且避免了普通数字电视二次升级造成的巨大浪费。2011年金华广播电视总台加快推进电视制播的高清化技术改造，第一阶段投资840多万元，12月28日开通试播高清频道，成为全国地市台中首个推出高清频道的电视台，这也得益于总台实施的高清“整转”。在省广播电视局编印的《浙江广播电视》第3期，刊载《金华市高清电视发展全国领先》文章，此经验和做法在全省范围内进行交流。

2. “一省一网”工作走在全省前列。在金华市委宣传部的重视下，金华广播电视总台积极协助做好全市广播电视有线网络整合发展工作，2011年11月3日，浙江华数广播电视网络公司与金华各县(市)广播电视台签订“一省一网”整合框架协议，使金华市成为全省首批加入浙江华数公司的地市。金华市还与浙江华数签订战略合作协议，在金华成立华数数字电视云计算数据处理中心，以超高速跨代网为网络平台，全力推进“跨代网、云服务”战略，为金华市的广播电视有线网络跨越式发展奠定坚实基础。

3. 新兴媒体稳步成长。为了抢占新的舆论阵地，金华广播电视总台加强了以广众网(www.36tv.cn)和手机电视(CMMB)为主要内容的新媒体建设。广众网突出服务性，增加版块，丰富内容，网站的社会影响力进一步增强，日均独立IP访问量2.5万以上，日均网页浏览量春节期间达100万。CMMB目前的用户保有量稳定在2.2万多。2011年6月，省广播电视局局长张宝贵来金华台调研，认为金华广播电视在网络新业态发展方面处于全省前列。

4. 科技保障能力得到新提升。2011年的安全播出工作重点围绕市"两会"、纪念建党90周年等重要保障期进行，全年实现安全播出目标。有线网络维护与服务水平进一步提升。在技术改造与升级方面，先后完成了电视播出双通道系统、电视节目制作播出双UPS系统、北山调频发射系统更新和车载电源、UPS电源、托管机房集成、灾备机房建设等技术改造。在6月全省广播电视安全播出执法大检查中，对金华台的工作给予了充分肯定，总台获得了97.621分的成绩，居全省第四名。

（三）体制机制改革方面

金华广播电视总台在2011年11月份，广播电视运行体制进行了调改。

一是撤销原来的两个电视频道群，以三个主频道为单位独立运行，重新确立三足鼎立之势。

二是广播电台以三个频率为经营主体，实行责任制考核，直接对总台负责。

三是进行了"统分结合，集中经营，责任分解"的广告运行机制改革，实行"电视广告经营中心制"，通过经营招标，确定了一名电视广告总承包人。

三个电视频道和三个广播频率的总监都进行了公开竞聘，员工则保持了基本稳定，做到了大调整、大稳定。

此外，2011年还修订完善了总台近20项规章制度，并对节目点评制度进行了补充完善。

（四）"走转改"活动和队伍建设方面

2011年，金华广播电视总台大力做好员工的教育培训工作，全年共开设培训讲座20多次，有近2000人次参加，起到了较好的效果。

2011年全国新闻战线开展"走转改"活动，以此为抓手，把活动当成培养记者的载体，把基层当成锻炼队伍的基地。各频道和新闻栏目在全市各地共设立了50多个基层联系点。总台领导带头参加到活动中去，带领采编人员深入一线，电台电视各频道的总监、副总监、部门主任，都参与走基层活动。各主要新闻栏目都开设了相关专栏，推出系列报道。全体采编人员工作积极性高，尤其是青年骨干记者都非常主动，一方面利用休息时间主动向上级媒体学习，学习他们的报道样式和创作手法；另一方面主动寻找、联系蹲点联系点，一旦确定好了联系点便迅速行动。由于记者不辞辛苦的深入采访，真诚倾听，静心编写，新闻报道明显少了以往的"八股味"、"抄写味"，多了群众喜闻乐见的"鲜活味"和"泥土味"。尽管记者累了，但新闻却活了；官腔少了，群众的语言多。通过走基层活动，明显感觉到记者的采访作风变得扎实了，记者的写作文风变得较为清新了。《高山蔬菜的甜与苦》因深入扎实，在12月15日省记协、省广播电视局组织的"走转改"活动新闻作品评比中获得一等奖。在"走转改"过程中，总台还注意依托栏目积极开展各种助农惠民活动，为广大群众带来实实在在的好处。通过"走转改"活动，广大采编人员为人民服务的宗旨观念得到加强，新闻采编业务素质和能力得到提高，采编队伍整体精神面貌和工作状态明显改观，大家都真切地感受到"基层蹲点采访的经验是人生的一笔宝贵财富"，由衷地感叹"走基层是一次心灵的洗礼"。

在全台员工的共同努力下，2011年金华广播电视总台获得了如下荣誉：浙江省广播电视安全播出"平安单位奖"，市级机关部门（单位）2011年度考核"表扬单位"，《先锋广角》栏目制作的电视访谈节目《说到做到——村干部"晒承诺"电视访谈》荣获省创先争优领导小组、省委组织部、省委宣传部联合组织的全省创先争优活动优秀新闻宣传作品评选一等奖，浙江省广播电视新闻协作先进集体二等奖，国家广播电视总局"移动多媒体广播电视安播竞赛先进台站"，2009—2010年度市直机关"党建工作先进单位"，2006-2010年全市法制宣传教育先进集体，浙江省绿化工作模范单位，金华市"先进职工之家"等。

衢州市广播电视台

一、2011年衢州市广播电视台的主要工作

（一）坚持新闻立台，围绕中心，服务大局，始终把握正确的舆论导向。按照市委宣传部的总体部署，全年精心策划组织重大主题报道14个，始终把握正确的舆论导向，营造了良好的舆论氛围。受到市领导多次肯定，在社会上引起很大反响。

1. 围绕科学发展、创业创新加强宣传报道，凝聚人心、激发斗志。紧扣加快发展主题，大力宣传"十一五"成就和"十二五"规划蓝图，宣传创业创新、推动发展的典型，宣传市委市政府的重大决策部署。特别是年初开辟的"发展最快的五年、满怀激情的衢州"

主题报道、市“两会”宣传报道、“富民强市开新局，科学跨越在衢州”主题报道等，及时展示衢州市经济、社会发展和民生亮点，营造了科学发展、创业创新的浓厚氛围。

2. 围绕重大活动、重要事件加强宣传报道，形成声势、扩大影响。围绕“绿色中国行·走进衢州”大型公益活动、庆祝中国共产党建党 90 周年系列主题报道、抗洪救灾报道、十七届六中全会精神报道、“希望工程 20 年”等重大活动和重要事件，充分发挥“声屏报网”多媒体优势，创新报道方式，大容量、全方位、多角度进行宣传报道，有力配合了中心工作，取得良好的社会效果。

3. 围绕正面典型加强宣传报道，弘扬正气、传播文明。“最美爷爷占祖亿”、“最美教师”的事迹发生后，广播电视台以最快速度推出了大量形式丰富、内容鲜活的报道，通过系列报道、新闻特写、人物访谈、通讯、评论等多种形式，密集展开宣传。此外还配合“第二届衢州市道德模范”、“民兵道德模范”、“十大杰出女性”等评选，讲述身边典型、彰显平民英雄、形成舆论声势。

4. 围绕服务民生开展宣传报道，推动落实、促进和谐。台各媒体先后推出“记者新春基层行”、“记者走基层”专栏，通过记者深入群众、深入基层，播发了 500 多篇有新意、有价值、有份量的报道。更加关注民生，及时反映群众关心的热点难点问题，通过适度的舆论监督，促进各级各部门把市委市政府政策部署落实，帮助群众解决实际问题，理顺群众情绪。敏感性信息通过文字内参和影像内参的形式及时上报，全年有 3 篇内参受到市领导批示，为领导决策提供了重要参考。

5. 围绕扩大衢州知名度、美誉度加强宣传报道，扩大影响、提升品质。全年在上级台发稿 300 多条次，其中中央电视台 30 条，在《新闻联播》发稿达到 8 条，破本台在央视发稿的历史记录；在中央人民广播电台播出 29 条，其中《新闻和报纸摘要》2 条、《全国新闻联播》11 条；在省级媒体播出 231 条，其中浙江卫视《浙江新闻联播》124 条(含 7 个头条)，“浙江之声”39 条。特别是在央视《新闻联播》、《新闻 1+1》等重要新闻时段播发了反映衢州正面典型的重头新闻。

此外，台各媒体还积极开展了“浙商家乡行”、“海外人才在衢州”、“乡土人才在基层”、“高温下的劳动者”、“第九届科工会”、“祭孔”等主题宣传和宣传战役。台各媒体 2010 年度以来创作的各类新闻作品共获得省级好新闻三等奖以上奖项 40 多件，其中品牌栏目《非常悦读》荣获浙江省委宣传部优秀理论专栏，《读红书·忆红书·品红书》特别节目被中国文联评为纪念建党 90 周年电视文艺专题节目优秀作品。

(二)坚持经营强台，提升质量、多元经营，努力保持经营创收稳步增长。面对复杂的经济形势和日益激烈的市场竞争，创新机制、创新方法，千方百计拓宽经营渠道，努力保持较好的增长态势。全年经营创收总量突破亿元，其中广告收入 5500 万，分别同比增长 19%和 9.8%，电视广告经营超额完成全年奋斗目标。

(三)坚持科学发展，确保播出安全，促进广电事业发展。

1. 坚守底线，全力抓好安全播出。圆满完成了全国及省市“两会”、“绿色中国行–走进衢州”、“建党 90 周年”、“大学生运动会”、“残运会”等 66 个重要播出保障期及日常安全播出任务；自 2009 年至今，台自办节目“播出异态”次数为零，实现了安全播出。全年完成近 100 场次的广播电视直录播活动，未发生任何差错。

2. 借力创新，弥补专业设备弱势。台在加强设备日常管理维护的同时，通过借力借智、技术革新等手段，弥补专业设备的不足。在市“两会”、“绿色中国行–走进衢州”大型公益活动等重大活动中，通过外借设备、邀请专业技术人员等途径，保障了技术支持。在技术创新方面，完成衢州所有城区的 CMMB 手机电视信号覆盖，稳步开始手机电视商用；与联通公司合作，成功使用 3G 网络技术，实现了对市人代会开幕式的低成本高质量直播。

3. 着眼长远，推动有线广播电视事业稳步发展。积极应对“三网融合”大趋势，大力推进数字电视整体转换并逐渐延伸数字电视的服务功能。城区数字电视整体转换率居全省首位，全省最低标准的数字电视收费政策已开始实施。柯城农村数字电视整体转换用户 4 万户，占全区乡镇有线电视总用户数 6 万户的 70%(市里要求完成 60%)；农村网络双向化改造完成 2.4 万户，占有线电视总户数 6 万户的 40%(市里要求完成 30%)；推进广电惠民工程，市本级和柯城区 3755 户城乡低保、特困户免费收看数字电视，应装尽装、应保尽保。同时，扩容客户服务中心、推出故障维修承包制度，尽最大可能快速解决群众在收视过程中遇到的问题。按照省、市统一部署，积极推进“一省一网”整合工作，目前各项工作有序推进。

（四）坚持合力兴台，加强队伍建设，强化管理，推动和谐发展。

1. 加强台内部管理。加强和完善理论中心组学习，要求班子成员结合分管工作确定一个课题，在调查研究的基础上，结合工作实际在中心组学习扩大会上开设专题讲座；完成了台事业单位岗位职数设置并报批；推进内部管理制度建设，修改完善部分现行制度，加强台在新闻宣传、经营创收、设施设备和日常管理等方面的宏观指导和综合管理；通过公开竞聘的方式组建新一届团委班子，通过公开竞聘、民主测评推荐与组织考察考核相结合的办法，调整了部分中层干部，形成了良好的用人导向。

2. 深入开展“学先进，找差距，强素质，争发展”学习讨论活动和“做一个有责任心有爱心的广电人”学习讨论活动。

在“学先进，找差距，强素质，争发展”学习讨论活动中，对照衢州晚报和兄弟台等媒体的典型事迹和经验，组织、发动全体员工开展学习讨论活动，全面查找台在新闻宣传、经营创收、事业发展、内部管理及思想观念、机制体制、队伍建设、作风建设等方面存在的差距，深刻分析和认识当前台面临的新形势、新挑战。研究出台了一批加快台发展的对策、措施。从干部职工的500余条意见建议中选择了有代表性的50条开展整改，破除了一批制约台发展的矛盾、问题。市委作出《向‘最美教师’学习，开展‘做一个有爱心有责任心的衢州人’学习教育活动的决定》后，台专门成立组织领导机构，下发文件，在全台广泛深入开展这项活动。

3. 认真学习贯彻十七届六中全会精神。从10月19日起，以党委理论中心组学习扩大会、支部讨论、部门学习会等形式，深入学习贯彻党的十七届六中全会公报和全市宣传文化系统专题读书会精神。在此基础上，结合自身实际和市委书记赵一德等领导在广电调研时的指示精神，经台党委会研究，按照“明确分管领导、明确责任部门、明确时限要求”等原则，制定了“论证启动广电二期工程”、“发展一批文化产业项目”、“组建广电传媒集团”、“推进高清设备改造”等12个项目的分工抓落实推进表，相关工作稳步展开。为加快推进广播电视产业化建设，成立了由台长任组长的文化产业发展领导小组和工作班子。

4. 广泛深入开展“走转改”活动。台“走基层、转作风、改文风”活动启动早、行动快。建立50多个基层联系点，各媒体分别制定了具体实施计划，领导班子和中层干部带领采编人员一起，带着感情、带着问题、带着调研课题、带着服务内容进农村、进社区、进车间，入工地、入学堂、入警营，与广大基层干部群众同吃、同住、同劳动，真情倾听民声民情，真切体验群众疾苦，采制一批有真情实感的稿件，真实记录时代变迁和基层新貌，在新闻报道中大力倡导“短、新、实”的清新文风，有效促进了新闻宣传质量的提升。

5. 加强广电文化建设。利用“庆祝建党90周年”契机开展丰富多彩的纪念活动，出台“职工疗休养规定”、举办“第二届职工运动会”等，以各种载体丰富干部职工文化生活，增强凝聚力和向心力。完善“员工之窗”等载体，交流工作经验体会、沟通兴台智慧，敞开建言献策通道，激扬员工职业感情、工作热情和创造激情，提升集体向心力和团队凝聚力，推进和谐广电建设。举办首届电视观众节，通过一系列丰富多彩的活动，向社会充分展示了广电文化的魅力，有效提升了广播电视台的社会影响力和美誉度。

6. 加强党风廉政建设。根据统一部署深化作风建设活动，切实转变工作作风、提升执行能力；严格开展小金库自查自纠工作，并及时将自查情况向市里反馈；以规范经营行为和严肃工作制度为落脚点，继续坚持和完善内部审计制度，对2010年末的内审中暴露出的一些问题，实施了“回头看”加强对整改情况的督查。对少数违反制度、拒不整改的工作人员予以辞退；对两名违规使用公车的责任人、一名违反台有关规章制度的中层干部进行了处理。

二、衢州信息港网站发展概况

2011年，衢州信息港网站在新闻宣传、事业建设、经营创收等各方面都取得了长足的进步。

一是宣传上坚持正确的舆论导向，贯彻台党委、行政的各项决议，配合好台的各项主题报道并开设相应专题，严格执行总编室和网宣办下达的宣传纪律，遵守国家关于互联网管理的各项规章制度。全年未出现重大新闻责任事故。衢州信息港网站对123论坛进行改版和整合，搭建了新的框架，并开设了新的版块。品牌栏目《市民热线》也进行了改版，并纳入123论坛统一管理，继续先审后发的原则，确保舆论导向正确。在“最美老师”的宣传上，网站发挥网络媒体速度快，形式多样的优势；在先进事迹报告会直播结束后第一时间制作好视频放在网站本地新闻头条供网民点播，当晚该条视频的点播达到2000多次，网站的访问量也在那一周达到最大值。网站还对两会开幕式、绿色中国衢州行、高考招生热线、祭孔、“最美老师”报告会进行了网络直播，特别是绿色中国衢州行实现了网站真正意义上网络直播。网站实现日点击量4万人次以上，在全市网站评选中名列前三位。

二是事业建设上有创新，积极开拓新领域，开展各种扩大网站社会影响力的活动。2011年衢州信息港《汽车频道》的广告有了较大的突破，良好的市场前景使竞争对手不断涌入，面对竞争，网站积极应对，本着“人无我有，人有我新”的指导思想，努力提高汽车频道质量，形成自身特色，保持领先优势。一方面不断地调整栏目内容，力求贴进本地市场，追踪市场热点、及时反映市场动态，另一方面打造汽车论坛《浙西车友会》，面向社会开展有奖发贴活动，邀请台内部有车同事参与论坛的发贴、跟贴，目前《浙西车友会》在本地汽车论坛保持了一定的影响力。同时还开展了汽车用品和汽车的团购，以“服务经销商，服务受众”为宗旨，取得了良好的效果。

三是经营创收完成进款60万元。超额完成全年50万任务。网站广告经营竞争非常激烈的，全市大大小小的网站有近两千家。年初将任务分解到每个员工身上，树立员工的危机意识和责任意识，进一步发挥业务骨干的表率作用，做好老客户的维护和新客户的开发。

四是日常管理日趋规范，营造“紧张严肃、和谐快乐”的工作环境，增强员工的凝聚力和归属感。2011年，网站严格执行《岗位责任考核制度》、《安全播出制度》、《广告经营管理制度》等一系列规章。建立健全各种学习培训制度，提高员工的职业道德和专业技能。定期组织各种学习会，提升员工的政治意识和责任意识，把好网站舆论引导，遵守宣传纪律和台各项规章制度，加强行风和党风建设，制度健全、规范行业行为，无违法乱纪出现。同时结合网络技术特点，组织进行技术培训和探讨。全年无重大人为责任停播事故。

舟山市广播电视台

2011年是实施“十二五”规划的开局之年，也是浙江舟山群岛新区的批复之年。舟山广播电视台以邓小平理论和“三个代表”重要思想为指导，以科学发展观统领广电工作全局，积极开展“解放思想，两创四敢”主题教育活动，把握正确舆论导向，不断创新工作思路，提高节目质量，增强舆论引导能力，整体提升广播电视数字化、网络化水平，新闻宣传、事业建设和产业发展都取得新的进展。

(一)新闻宣传突出重点 凸显亮点

是年，围绕建设浙江舟山群岛新区、“解放思想、两创四敢”主题教育实践活动、庆祝建党90周年和宣传贯彻党的十七届六中全会精神等重大主题，广播电视各频率频道和广电报等围绕中心、服务大局，牢牢把握舆论引导的主动权，做到主题宣传声势强劲，节目调改推陈出新，宣传活动有声有色，媒体服务社会的能力不断增强，各项宣传报道工作取得明显成效。

主题报道高潮迭起　台把建设舟山群岛新区的主题报道作为宣传的重中之重，全台上下高度重视、全力以赴、精心策划、形成规模。年初，结合贯彻落实市“两会”精神，把“回眸十一五　展望十二五”报道作为宣传重点，并推出了“解放思想绘蓝图　先行先试促跨越”为主题的各县区、大岛和市属部门一把手的访谈，描绘舟山未来5年发展的美好蓝图。自3月底始，相继组织了“蓝色崛起群岛行”、“东西南北观潮涌异地行”等大型新闻采访行动。7月起，结合舟山群岛新区获国务院批复和舟山承办2011中国航海日活动，着力营造新区建设的舆论氛围。这期间，记者深入到全市重要岛屿，宣传各地抢抓机遇，加快建设新区的最新进展，反映广大干部群众先行先试，积极投身海洋综合开发的建设热情，展示港口物流、临港工业、海洋旅游、现代渔业、生态科技等特色独具的海洋经济。8月中旬，市委启动“解放思想、两创四敢”主题教育实践活动后，台相继推出《解放思想找差距、两创四敢破难题》、《解放思想找差距、两创四敢建新区——学标杆、亮差距、破难题》、《凝心聚力建新区》等专栏。

8月始，结合新闻战线开展的“走基层、转作风、改文风”活动，在全市设立了16个基层联系点，确定了近百个采访点，范围覆盖四个县区，涵盖各行各业。多路记者深入基层采访，先后开设《听民声　知民情　察民意——记者来自基层的报道》、《我们在基层》、《走基层　看发展　采民风》、《走小岛　听民声》等一批面向基层、服务群众的专栏，推出了一大批清新朴实、生动鲜活的报道。

各频率频道围绕庆祝建党90周年这一重大主题，推出了《九十年光辉历程，新时代再谱华章》、《红色印迹——建党90周年舟山大事记》、《红色档案》等专栏，全景式地回顾了党的历史和舟山人民在党的领导下艰苦奋斗、建设家园的历程，集中反映了全市各级党组织和广大党员在舟山革命及经济建设过程中的核心作用，营造了爱国主义和党史教育的浓烈氛围。10月份后，广播电视各频率频道、广电报把全市上下学习贯彻党的十七届六中全会精神作为宣传重点，做到动态新闻及时跟进，专栏节目做深做实。除了及时跟踪报道各地各单位的学习情况外，还推出《文化惠民在舟山》等专栏，通过《农家书屋成百姓"文化粮仓"》、《周末剧场丰富群众生活》、《"种文化"开花结果》等深度报道，全面反映全市各地文化改革发展惠及群众的成果，使十七届六中全会精神深入人心。

节目创新强化服务　是年，各频率频道节目改版的最大亮点是推出了FM91舟山城市生活广播，广播城市生活频率的成功转型在于将大服务的理念贯彻于所有节目之中，将听众最需要的服务作为传播的重点。同时，各频率频道也不断创新宣传的内容与形式。广播新闻综合频率着重在增加新闻节目的信息量和充实新闻内容上做文章，所有新闻节目恢复直播，推出整点新闻，并对即时发生的新闻进行连线播报，新闻时效性增强。广播交通经济频率将整点新闻《新闻加油站》增至10档，并增加《新闻快车道》和《97夜新闻》栏目，全面提速资讯传播。新增的《97新观察》和《媒体声音》等强化评论力度。电视新闻综合频道根据《舟山新闻》直播的运作特点，不断增加当日新闻容量。为做好《蓝色崛起群岛行》报道，频道公开向社会招募了一批百姓记者，随频道记者一起下基层采访，拉近了主题报道与受众之间的距离。同时，电视新闻直播也从演播室直播发展到对新闻事件的直播，9月16日，电视经济生活频道利用电视新闻直播车，成功进行了"千帆竞发开捕时——2011冬汛开捕现场直播"，向观众同步介绍伏休渔船的开捕盛况，这也是台首次自行实施电视新闻的户外直播。频道还结合《新闻361°》、《讲拨侬听》节目的微调，重点做精做强深度报道，宣传舟山的民间故事与非遗文化。建立突发事件快速反应机制，推出全新的"新闻搜街"采访方式，增加节目的鲜活度。完善评论员机制，把评论员请到演播室与主持人对话，使栏目风格更多样化。电视社教栏目和远程教育针对各自定位，突出特色。《海边人家》栏目在事件、人物选择上更贴近时代，并关注舟山历史上独特的人文景观，制作的《舟山最后的拨贡汤俊》、《鉴真在舟山的日子》、《鸦片战争》等专题深受好评。《平安舟山》栏目延伸节目的视野和触角，增加了评论。《渔农天地》栏目丰富为渔农民服务的内容。《东海长城》栏目确定新闻资讯版块《军营速递》和纪录板块《军营视点》、《国防广角》相结合的节目模式，使军旅节目更富魅力。远程教育内容涉及了渔农村生产生活及现代科学技术与信息等各个方面。

宣传活动丰富多彩　台将媒体行动与宣传工作有机结合，深入开展新闻战线"走基层、转作风、改文风"活动和宣传系统"贯彻党的群众路线　推进群岛新区建设"专题教育实践活动，既丰富宣传形式，与受众形成互动，也以此实践着"开门办台"的理念。6月底，台统筹力量，精心准备，圆满完成主题为"争先创优　共建新区"的庆祝建党90周年纪念大会暨"群岛先锋"颁奖典礼的承办工作，生动形象的电视视频资料为晚会的成功举办增光添彩。7月11日，台成功承办了2011中国航海日庆祝大会，这也是舟山首次承办带有文艺表演的国家级重大活动。台对庆祝大会方案作了多次研究，精心策划，确定庆祝大会以国家航海日组委会设置的各项规定议程为主体，以主题文艺节目表演为辅助，运用"大视野、大版块、大写意"的艺术形式，从国家的高度与胸怀，艺术地阐释海洋的历史和未来，演绎航海的精神与活力，展示舟山的风采与魅力，使整个大会既体现航海日活动的主题，又具有鲜明的舟山特色。同时，在大会上充分体现国务院批准设立浙江舟山群岛新区的内容，把新区的三大功能定位、五大发展目标有机地融合在主持词和文艺节目中，展示了舟山群岛新区的战略地位和美好前景。整个大会隆重大气、场面恢弘、特色鲜明、高潮迭起，得到了有关方面的高度评价。下半年，台依托《行风热线》、《汪大姐来了》、《舟广新闻》、《舟山新闻》、《小螺号》、《平安小鱼儿》、《新闻361°》、《讲拨侬听》、《海边人家》、《新闻周刊》等十大栏目的品牌优势，在定海区和普陀区的乡镇街道举办了"品牌栏目走基层"大型现场活动。参加演出的全是台的记者、编辑和主持人，节目都由栏目组自编自演。11月份，台又与市委宣传部、舟山日报社共同启动"舟山魅力——2011年度最具影响力人物评选"活动，采用"组织推选"和"市民推选"两种方式，旨在以媒体的合力和公众的口碑，评选出独具传统美德、时代精神和舟山特质的魅力人物,2012 年春节后评选产生 10 位年度最具影响力人物。

台各频率频道也结合自身工作，使各类宣传活动有声有色。广播新闻综合频率和新疆阿克苏人民广播电台携手推出 1 个小时直播节目《浙江援疆广播在行动》。广播交通经济频率结合开播 5 周年,举办为期一个月的听众嘉年华系列活动。举办《97 星主播》主持人大赛、“大海的故乡——美丽嵊泗”全省 12 家交通电台嵊泗列岛大型采风,广播城市生活频率与市教育局联合主办了“我来唱红歌——舟山市少儿红歌大赛”。电视新闻综合频道《舟山新闻》栏目联合市协作办组织较大规模的跨省市大型新闻宣传活动,推出特别报道《天南地北看舟商》。电视经济生活频道继续举办“阿德与你话文明”活动。电视影视娱乐频道举办历时三个月的“唱响舟山 经典红歌”大赛。

(二)事业发展技术引领 有序推进

台牢牢抓住广播电视安全播出这条主线，以广播电视新技术为先导,积极改造提升设施设备,广播电视的播出质量、覆盖范围、播出效果等均得到较大改善,有力地保障了广播电视节目安全正常播出。

安全播出常抓不懈 在节假日和众多的安全播出重要保障期,各播出岗位都加强内部管理,增加值班力量,通过开展以部门为单位的应急演练,在思想上牢固树立安全意识、责任意识和大局意识,进一步加强了广播电视值班人员的工作责任心和政治使命感。上半年,台会同市相关部门联合开展反广播电视有线插播的演习,提高应对突发事件的技能。开展对涉及广播电视播出的电力设施自查自纠工作，改进供电系统存在的问题，使广播电视的安全播出做到万无一失。台累计安全播出广播电视节目 21.6 余万小时,安全无线发射电视节目 2.4 万小时,无线发射调频广播节目 3.1 万小时。其中,市本级媒体安全播出广播电视节目 4.3 万多个小时，无一起人为责任事故和技术事故。

设施设备不断完善 市重点工程蚂蝗山发射台整体改造工作稳步推进。总面积 802 平米的发射机房、发电机房和生活用房的基础工程已完成主体工程。相配套的接地防雷系统等设施也进行改造。台实施了广播电视设备的提升改造,重点对 6945 中波发射台的 10 千瓦发射机进行安装调试,建立应急广播系统;对 6945 的光缆线路进行改造,更新原 4 芯的多模光缆为 12 芯的单模光缆,使广播信号源的传输更加稳定可靠;对 6945 自立式中波发射天线进行保养维护。完善各频率的播音录制室,更新广播直播调音台，并首次在普陀东港建立广播交通经济频率第二直播室，开创广播节目走出去，直接面向听众先例。加大投入,完成电视非编系统的升级改造,新增高清制作站点,满足电视新闻、专题、社教类节目制作的需要。增添电视硬盘播出系统备份设备、对已运行多年的电视转播车进行升级改造,配置 UPS 电源车,确保电视转播车安全使用。新闻直播车在 9 月份航海日活动首次现场直播中启用。技术部门全年共配合广播电视各频率、频道完成了 40 多次广播电视现场直录播。认真执行设备维护条例，做好各类播出、制作设备的维护保养,确保广播电视设备的正常运作。根据国家广电总局无线覆盖的相关要求,完成无线覆盖计划地面数字电视的建设任务，中央台的节目通过数字信号进行无线覆盖。针对移动多媒体的覆盖要求，台在全市四个县区新增 10 个发射站点,手机电视的覆盖信号得到明显加强,为今后大规模开发移动多媒体市场打下较好基础。

数字电视全面整转 市本级数字电视整转工作有序推进。9 月 3 日起,定海城区率先实施停模,关停模拟信号区域的有线数字电视整转率最高达到 98%。为顺利推进整转停模工作,台采取积极措施,把工作做实、做细、做到位。至 12 月底,完成市本级和定海乡镇有线数字电视整体转换用户 11.4 万户,第二以上终端 1.8 万户。历时 4 个月,顺利完成了定海城区 4 个街道 200 多个规模小区和 13 个自然村有线数字电视整体转换现场设点服务和关模工作,关闭模拟信号光站 222 个,完成整转 7.8 万余户,数字化率 97%以上。与此同时,全面启动定海 11 个乡镇(街道)整转工作,并完成了 60%以上用户的整转,提前一年完成省、市下达的目标任务,为乡镇整转停模工作奠定坚实的基础，有线网络数字化整转工作后来居上,走在全省前列。

拓展延伸广电网络 以推进有线数字电视整转,促进增值业务发展为契机,有序推进双向网络的改造。投资 13.5 万元，完成定海城区土城墩路 245 户用户的分配网改造。投资 1200 余万元,完成定海 101 个小区,计 8 万用户的双向网改造。舟山广电大楼至盐仓驻军公寓总长 6.1 公里的全市最后一段大陆联网光缆铺设任务的完成，标志着全市广播电视大陆联网光缆铺设工程的全线完工。敷设 5.1 公里定白线光缆,启动乡镇环网建设工程,有效提升网络的安全性、可靠性。同时,积极探索广播电视新技术、新领域,实施 “国家863计划——下一代网络与业务国家实验床”的NGB试验区建设和IP城域网长远规划建设。加强与各县(区)的合作,完成SDH系统的双链路实施方案。此外,还实施了以“村村通”、“村村响”、“低保工程”及无线覆盖为重点的广电惠民工程。

(三)经营创收多元发展　稳步增长

台抓住广播电视广告这一主业,通过优化广告结构,大力开发本地广告和品牌广告,搞活活动经济,拓展多元化经营,不断培育新的经济增长点,经营创收实现稳步增长。2011年,台本级经营创收额超过4500万元,创历史最高水平。

强化经营策划　优化广告结构　是年,台各创收部门强化营销理念,主动寻找市场,了解客户需求,提高服务质量,推广精细营销。在巩固广告老客户的基础上,下工夫开发市内外新客户,努力增加广告播出量。大力开发本土品牌广告,努力把扩大品牌广告份额作为创收的重要增长点。舟山本地商贸、服务、金融行业的品牌广告较去年均有一定幅度上升,成为广电媒体广告新的增长点,并较大程度地优化广告结构,提高品牌广告在广电媒体广告中播出的比重。同时,逐步减少医疗、药品、保健品广告比重,全年减少此类广告播出量400万元。

发展活动经济　增加经济效益　在抓好广告主业同时,发展活动经济和会展经济,以活动促创收,实现经营结构的多元化。广播电视各创收部门和单位在继续做好常规广告工作的基础上,加强活动营销。电视经济生活频道和影视娱乐频道联合打造了“2011蓝色印象——首届浙江舟山群岛新区房产与汽车产业博览会”,取得良好的经济效益和社会效益。广播城市之声频率组织的“金秋服装文化节”等活动效益不菲。广播交通经济频率举办的庆祝开播5周年、爱心彩虹文明出行、97星主播主持人大赛等系列活动,广播电视报举办的老百姓满意家装建材品牌评选、“花园城市,美丽家园”摄影大赛等活动,将活动与经营有机结合,形成以活动促进节目、以节目带动品牌、以品牌引进广告、以广告反馈活动的良性循环,实现以活动促创收的目的。

开发多元经营　寻找创收亮点　台通过重点开发城区、跨海大桥沿线的户外广告,拓展新的创收渠道,初见成效。调整好易购频道的电视购物经营部门,将其原来由网络传输中心经营划归为由台统一经营开发,并举办了多场活动,成为新的经营亮点。

维护信用指数　提升传媒信誉　为创造良好的广告营销环境,采取有效措施,加强对广告播出的监督管理,严格广告准入门槛,加大对违规广告的处罚力度,将全省广告信用指数与各频道、频率人员的奖惩挂钩,大幅降低医疗药品类违规广告的播出总量,同比减少12%。广告的贴近性和服务性随之增强。同时,加强对广告信息系统的管理,努力提高服务客户的质量,维护受众的合法权益,营造良性循环的经营环境。

(四)队伍建设有的放矢　注重实效

是年,台党委抓住舟山群岛新区建设这一重大课题,结合“解放思想、两创四敢”主题教育实践活动,在广大党员和职工中深入开展学标杆、找差距、破难题活动,要求每个人从自身做起,实实在在地改进工作作风,提高自身工作技能。

抓学习　活机制　台继续推行广播频率、电视频道制改革,深化竞争机制,实施新一轮的“竞聘上岗、双向选择”工作,不断完善各项目标考核管理责任制,进一步激发广大干部职工的积极性、主动性和创造性。台党政群团组织也积极创新载体,开展丰富多彩的活动,增强全台员工的凝聚力。台加强以党委理论学习中心组为核心的学习活动,通过举办“党在我心中”职工红歌演唱比赛、请市委党校老师讲授党的历史、组织一线采编播人员参加党史知识竞赛、组织党员深入老区接受革命传统教育等活动,坚定广大党员的理想信念。同时加强党风廉政建设和反腐倡廉教育,在开展数字电视推广服务中,网络中心设置的党员先锋岗免费为用户检修广电信号,安装有线数字电视。舟山广电网络传输中心营业厅荣获“全国巾帼文明岗”和“浙江省五一巾帼标兵岗”荣誉称号。

重教育　抓培训　为切实提高广电从业人员的政治素质、理论素养、业务水平,台加强广电业务的学习和研讨,深入开展新闻战线“走基层、转作风、改文风”活动和“杜绝虚假报道　增强社会责任　加强新闻职业道德建设”专项教育活动,舟山广电坚持新闻立台的经验受到省“三项学习教育”活动协调领导小组督导组的充分肯定。同时积极探索人员培训新方式,在以往每年邀请专家学者上门讲学基础上,台选派一批新闻一线的年轻编辑、记者、播音员、主持人,赴省广电集团相关频率频道对口岗位进行为期一个月实习,让年轻同志得到锻炼,提高工作能力。

重管理　抓服务　进一步推行事业单位岗位设置管理工作，完善各项规章制度，通过制度来管理人、约束人。加强服务和后勤保障，为采编播一线提供有力支持，推进事业可持续发展。同时发挥工青妇等群团组织的作用，通过完善职代会制度、举办职工趣味运动会等形式，提高职工参与单位事务民主管理、民主监督的意识和水平，维护职工合法权益，为员工创造民主、和谐的工作环境。正确处理市长信箱、舟山论坛、舟山效能网等媒介中对市本级广电工作的投诉与反映，做到及时答复，释疑解惑，不包庇、不袒护、不护短，自觉接受群众监督，实实在在解决问题，从而减少矛盾，促进和谐，提高舟山广电的社会认知度和美誉度。

台州市广播电视台

2011年，在市委、市政府的正确领导下，经过全台上下的共同努力，台州市广播电视台始终坚持围绕中心，坚持正确导向，大力弘扬主旋律，坚持改革创新，不断深化广播电视频道制改革，新闻宣传引导有力，广播电视市场占有率保持区域强势地位，经营创收继续平稳增长，队伍素质不断提升，较好地完成了各项预定的重要工作任务，全台上下呈现良好的态势，集团化改革稳步推进，事业和产业实现同步发展。

一、围绕中心，服务大局，宣传工作亮点纷呈

紧紧围绕各项重大宣传主题，加强节目策划，创新报道形式，继续推进“一月一主题一策划”主题报道行动；坚持新闻立台，遵循新闻传播规律，强化新闻创新；认真贯彻“三贴近”原则，做好社会热点引导，不断改进和加强新闻监督，牢牢掌握主流媒体的话语权和主导权，完成了各项宣传任务。

一是重要会议的宣传报道稳中求新。统筹协调，精心策划，圆满完成了市党代会和市“两会”的宣传报道任务，以《台州新闻》栏目为重点，制定了详细周密的报道计划，对三个重要会议的开幕式进行了现场直播。首次推出了持续七天的市“两会”全程直播报道，并在主会场设立透明直播间，邀请嘉宾访谈，解读《政府工作报告》和《台州十二五规划纲要(草案)》等内容，会议期间，总计有16名嘉宾作客直播间。市长吴蔚荣亲自走进直播间接受专访并对直播报道给予高度评价，市委常委、宣传部长胡斯球多次亲临直播间视察、现场指导直播工作，并称赞这是一次很好的创举。

二是主题报道媒体联动浓墨重彩。继续推进“一月一主题一策划”活动，整合媒体资源，“声屏报网”联动，主题宣传全方位，声势足。在庆祝建党90周年的宣传中，努力营造浓厚氛围，推出多个专栏，开展了“老区共建”、“寻访红色足迹”、“红色征途”、“跨越90年”等新闻行动，营造了浓厚的气氛。电视各频道开展了纪念中国共产党成立90周年优秀电视剧展播，广播各频道播出了形式多样的“唱红歌”节目。各频道、两中心、广电报和网站发挥各自优势，多种传播手段联动，开展灵活多样的宣传报道，达到了最佳的宣传效果和社会影响力。围绕科学发展以及全市开展的“解放思想　创业创新”大讨论活动，推出《解放思想　创业创新》专栏，先后策划了系列报道《六个为什么》、《它山之石　可以攻玉》、《一把手公开承诺》等，直面台州经济社会的薄弱环节，客观剖析其内在原因。台党委班子7名成员各率领一支由频道总监、电视记者、广播记者组成的采访队伍下基层进行“解放思想、创业创新”为主题的采访报道，把报道做深做透。这组报道推出后，取得了良好的社会反响。在加快沿海产业带建设的宣传报道中，按照市委、市政府主攻沿海，实施四大战略，推动创新转型等要求，策划实施了《质量强市》、《数字台州》、《重点工程巡礼》等系列报道。此外，“十二五”规划解读，清洁家园，水环境整治，学习贯彻党的十七届六中全会精神，全民读书月等主题，也是台内各媒体的报道重点，这些报道的推出，有力地配合了市委市政府的中心工作。

三是引导社会热点，加强舆论监督。关注社会热点，引导社会舆论是新闻媒体的生命和最本质的价值体现。重点关注了温岭豪华葬礼、日本核泄漏导致的抢盐风潮、路桥峰江村民集体血铅超标、“7.23”甬温线特大铁路交通事故、“9.9”温岭横峰特大火灾、“10.6”路桥重大交通事故以及醉驾入刑、血燕事件、塑化剂污染等热点事件。针对每一起事件，仔细分析，认真应对，在遵守宣传纪律的前提下，力争第一时间介入，把握事件真相，客观报道事实，掌握舆论的主导权，通过舆论引导和积极监督，向社会传导真实正确信息，平息纷争、化解社会矛盾、维护公平正义和社会稳定。

四是关注民生，促进社会和谐。深入开展“走基层、转作风、改文风”活动，确定77个基层联系点，推出《我在基层　我看见》、《基层蹲点报道》、《走基层，

海岛行》等专栏，一大批记者走向基层，走进农村，把镜头对准百姓，把话筒交给群众，增强了报道的感染力和影响力，涌现了大量鲜活生动的报道。围绕加强基层党组织建设和"创先争优"活动，大力挖掘基层先进典型，推出了仙居生态养鸡的致富带头人吴立新(入围2011浙江"金牛奖")、仙居县官路镇原纪委书记王益群、玉环"海山娘姨"吴棣梅、"长人师傅"舒幼民等一批先进人物代表。及时传递党和政府改善民生的政策信息，做好解读，将政策准确及时地传播到千家万户，推进政策的落实，以正确的舆论引导民众感受时代的变化，共享社会发展的成果。深入报道党和政府改善民生工作的举措，将"焦点"集中在劳动就业、社会保障、医疗卫生、教育收费、食品安全等人民群众最关心、最直接、最现实的利益问题上。同时发挥媒体优势，开展公益行动，服务弱势群体，慈善公益策划《爱心"季"动》、候鸟教室、公益电影专场等活动，彰显媒体责任，促进了社会和谐。

*五是着力做好外宣，扩大台州知名度。*把做好对外宣传作为围绕中心、服务地方经济社会发展、扩大台州知名度和美誉度的重要工作来抓，外宣工作取得新突破。电视有67篇上送稿件被央视录用，206篇稿件被省级媒体录用。其中央视《新闻联播》11篇，与浙江卫视记者合作采制的新闻稿件《浙江：结构调整让经济有质量增长》在12月4日央视《新闻联播》中播出，获省委书记赵洪祝批示。广播新闻综合频道在中央级媒体发稿50余篇，省级媒体70余篇，为历年来最多，并获得了中央人民广播电台优秀供稿奖。三集广播剧《何小川和他的挂帘村》在中央台文艺之声频道连续三天播出。利用新疆阿拉尔市电视台派员来台挂职学习的机会，开展了与阿拉尔电视台的合作，共向阿拉尔电视台传送台州新闻稿件44条，接收并播出阿拉尔市相关援建报道20余条。

*六是勤练内功，创优获佳绩。*国家级奖项取得重大突破，电视新闻综合频道主持人陈异丹获得2011年中国播音主持"金话筒奖"，这是台州广电首次问鼎中国播音主持界的最高奖。财富频道主持人王天一获第2届"夏青杯"全国朗诵大赛总决赛成年组三等奖。电视栏目《大民讨说法》获得第7届制片人论坛暨电视名优栏目总评榜活动"2011年十大创新电视栏目"；广播栏目《987城市节拍》荣获由中国广播电视协会授予的"全国广播栏目民生影响力60强"称号。台州广电报在第4届中国品牌媒体高峰论坛获得"2010-2011中国最具品牌创新力"城市周报的称号。由影视文化频道和总编室共同创作的论文《主持人"帮忙"的是与非》获中国电视艺术家协会主持人专业委员会举办的"2011全国主持人优秀论文(金笔奖)评选"一等奖。在2010年度浙江新闻奖和浙江广播电视政府奖评选中，台州台共有15件作品获浙江新闻奖、23件作品获浙江广播电视政府奖。其中，5件作品获6项一等奖，7件作品获11项二等奖，18件作品获26项三等奖，是历年来台州台参评省级新闻奖获一等奖数最多、获奖作品数量也是最多的一年。

二、加强品牌栏目建设，提升媒体竞争力

继续抓好改版和节目调整工作，鼓励频道进行品牌节目创新，改进和提高节目质量；认真听取观众意见，不断深化品牌节目内涵，努力提升收视、收听率。电视三个频道总收视率为12.2%，总市场份额达到44.2%，创历史最好水平。广播三个频道总收听率为2.3%，市场份额总占有率为70.07%。

*一是品牌栏目创新发展。*电视新闻综合频道实现全面改版，《台州新闻》栏目实行男女对播，走综合性新闻之路，节目内容、节目风格更加亲民。《百姓说话》改版为《第一时间》，定位为一档以重大事件类报道为主的民生新闻类栏目，强化"事件"、"时间"概念，突出"现场"和"鲜活"。《大民讨说法》栏目进一步强化新闻维权和服务属性，引入人民调解员元素，与原有的随行律师一道，形成草根意见、司法解释和媒体观点的有效结合，相得益彰。《600全民新闻》提高信息量，节目时长从45分钟扩展到1小时，成为台州目前容量最大，收视率最高的新闻栏目。新开设《直播12345》栏目，通过行政督办和舆论监督双重力量，促进相关部门改进作风，为民服务。《阿福讲白搭》改一人播报为男女主持人对播，形式更加活泼，语态更加通俗易懂。增加了外阜新闻，使台州观众通过方言也能了解天下大事。《直通现场》栏目固定了新闻评论员，提升了评论档次，并将视野拓宽到国内热点事件，让评论更加贴近观众。广播节目《阳光热线》积极尝试视频直播，得到市委宣传部、市纪委和市政府纠风办的支持和肯定，受到了听众和网友的欢迎。交通广播频道完成节目改版，《路家兄妹》提升策划能力，增加现场连线，影响力进一步扩大。广播节目《聆听台州》内容扩版，从原先单一的本土音乐文化展示，扩大到全领域的文化报道。

*二是节目板块不断丰富。*电视新闻综合频道通

过改版推出了早间节目《台州您早》和晚间节目《晚安台州》，标志着全台已经形成全天候的自办栏目群，新创办的生活服务类栏目《有点名堂》，以演绎生活小窍门、小妙招为主，用轻松活泼的综艺方式与观众互动。全台首档娱乐节目《台州我最 LONG》圆满结束第一季活动，在城市台自办娱乐节目的道路上进行了探索，初步打响了影响力和知名度。

三是评析载体逐步健全。不断完善节目评析制度，将具有中级职称以上的采编人员组成大众评委参与节目的评析。将以评为主转变为以抽查节目和评析并重的方法，对各频道的重点名栏目进行抽查打分，现场点评。连续第六年在全市范围的不同地域、不同层次人群中开展“万人问卷调查活动”，为改进节目，提高宣传质量提供了参考。

三、努力打造文化精品，文艺活动精彩纷呈

牢固树立精品意识，把打造文化精品作为增强台影响力的一项重要工作来抓，依托台州丰富的旅游文化资源，树立台州广电的文化品牌，丰富群众文化生活。

一是打造文化精品。把纪录片、电视剧、数字电影、广播剧等作为文化精品工程建设的突破口，继续做好反映两岸题材的 32 集电视连续剧《兄弟》立项拍摄工作，完成了剧本纲要。启动拍摄讲述两岸大陈人故事的纪录片《血脉》。筹拍数字电影《造像传奇》、《乱弹情缘》等，组织了校园系列微电影的拍摄。启动历史纪录片“台州名城名山”前期准备工作。

二是办好文艺活动。精心策划排演兔年春晚，顺利完成兔年春晚的演出录制播出工作。积极筹备龙年春晚、CUTV 网络春晚台州节目和少儿春晚。组织、策划好第四届感动台州人物颁奖晚会、第三届台州市道德模范颁奖晚会、台州首届鉴宝大会、浙江省第二届青年书法电视大赛、台州市庆祝建党 90 周年大会暨大型红歌会、中国电视观众节(台州站)等文化文艺活动。组织了每周一期、贯穿全年的“全民唱红歌”活动。

三是推动群众文化发展。努力搭建平台，积极组织了“乡村打擂台”活动，整理展示台州乡村文化，通过《台州我最 LONG》、《我来跳排舞》等栏目，活跃基层文化。建设网络文化俱乐部，为全市 100 家优秀基层文化俱乐部分别开辟网页，完善内容，促进交流。打造东海艺术网，繁荣台州文化事业。

四、强化技术设备保障，实现广播电视安全播出

安全播出是广播电视的生命线，确保广播电视安全播出是一项长期任务，强化了技术保障，把各项防范措施落到实处，全年实现了零插播零停播，未发生任何安全播出事故。

一是确保安全播出。定期组织召开安全播出工作例会，认真贯彻上级有关安全播出指示精神，分析安全播出工作中存在的隐患，在全国“两会”、省市“两会”、元旦、春节等重大节日以及其他安全播出保障期、敏感期，提前做好工作安排和节前检查，突出工作重点，消除各种设备隐患，将各项防范措施落实到实处，杜绝发生各类安全播出事故。全年共完成 7 个安全播出保障期共 60 天的安全播出任务，实现广播电视安全播出零停播、零插播。

二是强化技术保障。投入约 1000 万元对广播电视设备进行改造和更新，完成了电视播出机房及广播机房 UPS 电源的更新改造、广播总控系统的更新改造、电视转播车切换台及摄制设备的高清化更新改造，新闻频道新闻演播室改造及在线包装系统的应用；新建了公共财富频道新闻演播室，实现共公频财富道的新闻直播；新增了广播发射机、微波等备份设备以及括苍山发射台监测监控系统；完成了城市生活频道开办设备的安装调试工作。全年共完成 20 余场次重大活动的广播技术保障工作和 50 余场次的电视直录播任务。

三是推动科学管理。基本完成科技事业中心实体化改革方案，为 2012 年实体化运作提供了可操作的框架体系。强化管理，全面开展了发射台站设备安全隐患的排查及整改，做好广播电视发射台站专项检查工作。

五、创新经营方式，促进广告增收

受国内外经济环境的影响，广告市场明显趋冷，尽管如此，台州台在继续推进广告转型升级的基础上，创新经营方式，不断开辟新的广告增长点，挖掘市场潜力，年度广告收入再创新高。

一是广告创收稳步增长。圆满完成了年度创收任务，广播电视 6 个频道本年度广告创收额突破 1.5 亿元，比去年同期增长了 16%，超额完成了台里制订的三级指标。其中电视创收约为 1.16 亿元，同比增长约 13.8%；广播创收约 3400 多万元，同比增长约 30%。各频道活动营销创收达 420 多万元，台州电视鹊桥会、台州电视鉴宝大会、台州精品楼盘展示交易会、阿福排舞大赛、汽车巡展等活动受到观众热捧。成功举办了 2012 年度台州台黄金资源广告招标会，现场招标 21 项，招标额达 736.5 万元，网上挂牌

65 项，达 2495 万元，总额共计 3231.5 万元，再创历史新高，为 2012 年广告创收打下坚实的基础。

二是经营管理更加到位。继续狠抓广告整治工作，加强对广告内容的审查，坚决撤销或拒绝不良内容的广告播出，切实规范广告播出行为，大力倡导绿色广告，品牌广告，广告信用指数在全省城市台中保持前列。进一步完善规章制度，修正经营考核政策，奖励分配更加公平合理，激发了创收活力。补充升级全台广告管理系统，广告管理软件体系建设逐步规范，促进了统一管理。

三是市场调研凸显成效。根据尼尔森广告监测数据定期分析整理出各频道广告品牌收视监测报告，为频道科学编排广告节目提供依据。继续开展市场调研，开拓潜在广告投放市场，数据显示，去年进行调研的行业今年广告投放增长明显。积极搜集台州台广告投放数据和周边一些城市台的广告投放数据，通过比对、分析，形成调研报告，为各频道了解广告市场情况和适时调整广告经营策略提供决策参考。树立创新活动营销的意识，增加新的创收点，探索植入式广告的播出形式，规范植入式广告价格体系；引导频道加强公益广告策划，实现媒体与企业的“双赢”。

六、推进体制改革，加快新媒体新产业发展

面对各种新媒体抢占传媒市场的紧迫形势，大力推进新媒体产业的发展，积极参与市场竞争，全年产业创收达到 1.5 亿元。

一是加快体制改革步伐。积极开展调研，起草广电体制改革方案，经过市文化体制改革领导小组成员单位多轮商讨，并向市委、市政府分管领导多次汇报，修改十余稿，台州广电集团组建方案顺利获得了市委常委会、市长办公会通过。完成对台州市广播电视网络传输中心、路桥区镇（街道）广电管理总站、路桥广播电视中心的网络经营管理职能三方合并重组，成立了台州市广播电视网络管理中心，顺利实现两区网络的整合。成立了台州广电网络有限公司，由正略钧策管理咨询公司设计全套人力资源管理方案，顺利完成公司中层干部竞聘上岗等相关工作，为 2012 年市本级有线电视网络转向企业运行创造了条件。

二是推动网络联合发展。根据省委、省政府关于“一省一网”整合发展的实施要求，分析研判发展形势，积极探索广电网络整合发展路径，与浙江华数广电网络有限公司深入洽谈，并签订了框架协议。按照市委、市政府的要求，积极推动全市广播电视网络联合发展。

三是基本完成新媒体建设布局。投资 600 万元入股华夏城视网络电视有限公司，台州台当选为董事单位，台州台加盟城市联合网络电视台（简称 CUTV），在原台州网络电视的基础上建立 CUTV 台州台，共享 CUTV 的发布平台和执照，充分借助 CUTV 的节目推广和播出资源，实现台州电视节目与互联网站互为推广、互动播出，同步观看，跨屏续播的功能。这是总台继发展数字电视、移动电视之后，在新媒体领域实施的又一重要的战略举措，至此，总台基本完成了网络电视、数字电视、移动电视新媒体“三驾马车”的战略布局。数字电视大规模整体平移进入扫尾阶段，截至 12 月 25 日，整转率达到了 112.99%，数字电视用户数达到 145.5 万；市本级广电有线网络城区部分，在完成双向网改造的基础上，光纤逐步向楼栋延伸，提升双向网素质。完成部分镇（街道）所在地的网络双向改造任务。继续办好移动电视，基站建设已达到 17 座，各县（市、区）及主要集镇全面实现信号覆盖。开办移动电视自办栏目并进入有线网络。

七、加强队伍建设，党建工作扎实有力

高度重视党建工作和人才队伍建设，充分发挥党组织的政治核心作用、战斗堡垒作用和党员先锋模范作用，不断提高党建工作水平。大力开展学习型机关建设，努力提升队伍素质，深化对外合作，为台州台事业的科学发展提供了有力保证。

一是不断夯实队伍力量。继续坚持开展党建“三培养”工作，把非党的优秀员工培养成党员，把党员培养成业务骨干，把党员业务骨干培养成中层以上干部；试行了入党积极分子“公推优选”制度，通过群众“海推”；群团组织负责人“共推”；支部班子成员“联推”等方式将竞争机制引入入党积极分子的发展领域，拓宽选人渠道，扩大党内民主。积极配合市机关工委组织入党积极分子和预备党员进行政治理论培训教育，有 13 名入党积极分子参加了党课培训，发展预备党员 4 人，预备党员转正 9 人，为党员队伍注入了新鲜的血液。积极举办建党庆祝 90 周年纪念活动，增强党员意识和党组织的凝聚力。举办“青年沙龙”，充分发挥青年在工作中的主力军作用。以“解放思想、创业创新”大讨论活动为契机，紧密结合广电实际，分阶段推进大讨论，寻找发展差距，树立学习标杆，制定改进举措，激发了队伍工作热情。严格坚持公平公开公正的招考程序，全年共组织了6批次的公开招考，涉及岗位有播音员主持人，采访和摄像记者，广告业务员，广播电视技术人员，化妆师，网站程序员和网页设计师，大楼安保人员，特种车辆驾驶员等，几乎涵盖了所有业务岗位。择优录用了53人。完成B2档、B3档人员的晋升工作。在市人事部门的支持下，首次搭建起聘用人员进编的通道，通过公开考试和考核，有3名员工进入了编制。

二是持续推进党风廉政建设。健全和完善党建工作领导责任制，制定完善了《台州广播电视台党风廉政建设责任制》、《中层干部党风廉政承诺制》等制度，使廉政责任更加细化，分工更加明确。扩大延伸中层干部廉政承诺的范围，重点岗位、重点项目人员也要积极做出承诺，并签订承诺书。结合全员培训开展党风廉政教育和职业道德、职业精神教育，增强了教育的针对性，扩大了教育覆盖面。相继组织召开纪律监督员座谈会、警示教育会、重点岗位人员集体谈话会，提高廉洁自律意识和廉洁履职能力。切实加强作风效能建设，改进机关作风评议办法，把作风评议与年度各项工作目标任务、明查暗访、信访举报等有机结合。全面查找廉政风险点，分级实施风险管理，制定落实风险防控制度，组织开展重点岗位、项目监管，编印下发廉政风险排查防范工作手册，初步建立了廉政风险防范体系。

三是继续开展全员培训。全台继续开展全员培训，制订了新一年的全员培训工作计划，重点加强理论联系实际的培训，先后从北京、上海、杭州和台州当地，广邀师资，内容涉及新媒体环境下的舆论引导、节目采编，财务风险管理、技术保障、台州"十二五"发展规划等32个主题性授课。在此基础上，创新培训形式，增加了考察学习、外派挂职等项目，大规模开展了岗位技术比武，在全台内部形成了"比、学、赶、帮、超"的良好氛围，激发了队伍活力。

四是深化对外交流合作。继续与中国传媒大学、浙江传媒学院等院校开展教学研合作，与中国传媒大学南广学院签订协议，双方将在教学科研实践等方面进行深度合作。同新疆阿拉尔市(农一师)广电局结成了友好帮扶关系，首批接收了5名来自农一师电视台的新闻采编和技术人员到本台挂职见习，做好结对培训工作。加强了与国内外广电媒体的交流合作。

八、深化频道制改革，完善全台管理体系

继续深化频道制改革，不断完善管理体系，努力探寻频道制下的资源整合，推动机制创新和管理创新。

一是完善财务管理制度。根据各频道财务运行状况，测算和分析未来几年的财务管理，对现行的《财务体制试行办法》进行了适当的修改和补充。

二是调整广告线绩效考核政策。按照政策规定，重奖绩效优异的广告业务员。继续调整绩效奖励政策，完善奖励制度，重点奖励业务量做得最多和新增业务量最多的广告业务员。各个频道在制定实施细则时，也重点向上述人员倾斜奖励，调动了广大广告业务人员的积极性。

三是推动机制创新。召开中心组(扩大)学习会，梳理频道制成果，分析存在的不足，重点研究讨论全台机制的创新与改革的深化，为2012年推进集团化改革预热。加强调研，集思广益，在加强综合目标考核体系、深化人事、财务制度改革，落实频道主体责任和主体地位等方面进行了深入的思考，纳入到台州广播电影电视集团组建方案中。制定了台"十二五"发展规划，明确了发展方向。

九、强化发展基础，事业建设稳步推进

在全面完成各项宣传任务的基础上，积极推进全台事业建设，拓宽发展路径，搭建新的发展平台，抢抓发展机遇，为台州台长远发展打下了坚实的基础。

一是频道再添生力军。城市生活频道不断充实内涵，丰富节目形态，推出自办新闻栏目《看8点》，频道全天自办栏目首播时间达5小时以上。对农频道"大地"广播1月1日实现试播，推出自办节目《农家乐》、《乡村快车》、《健康新呼吸》、《农科随身听》和《气象站》等，开展了一系列活动，社会反响良好，报批材料和手续已完成，等待上级部门批复。用于转播广播综合节目的玉环107.8MHz和温岭101.3MHz调频频率，以及用于转播音乐广播节目的玉环发射点广播105.9MHz频率获批启用。积极报批交通广播102.7MHZ同步网。

二是网络电视提升影响力。入股加盟CUTV，完成视频光端仪及索贝直播流转发系统采购，和CUTV实现技术对接。台州台官网台州在线www.576tv.com和中国网络音乐网www.zgwlmusic.com域名在工信部注册备案。

三是基础设施建设加快推进。路桥广电中心新大楼顺利结顶，基本完成内墙砌筑，累计完成工程总投资2200万元左右。积极做好广电数媒大厦的立项工作。启动总台全媒体中心建设可行性方案的研制。

丽水市广播电视台

2011年,丽水市广播电视台根据年初提出的指导思想和总体要求,努力提高舆论引导水平,积极拓展创收渠道,进一步改善事业基础条件,注重建设和谐务实队伍,各项工作进展良好。

一、主体工作任务完成概况

(一)围绕中心抓宣传,舆论引导能力有新提高

紧紧围绕市委市政府的中心工作,坚持正确舆论导向,推动新闻创新,精心组织重大主题宣传,加强改进热点引导和舆论监督,大力推进品牌建设,努力服务受众,为丽水生态文明和全面小康社会建设营造了良好的舆论氛围。

1. 主题宣传亮点纷呈。认真组织开展了贯彻落实胡锦涛总书记“七一”重要讲话、学习贯彻十七届六中全会精神、建党90周年、深入学习实践科学发展观活动、“回眸十一五·展望十二五”、加快经济转型升级、生态文明建设,瓯江文化大发展大繁荣、“秀山丽水、养生福地”、“创先争优”活动、“市两会”、2011中国·丽水国际摄影文化节等。这些报道策划到位、报道创新、亮点纷呈,形成声势,充分发挥了主流媒体的舆论引导作用。

2. 典型报道效果良好。对浙江省第七地质大队、农村工作指导员俞佳友、丽水武警中队教导员程璋、“最美姑娘”叶霄雯、青田舒桥乡党委书记季欣林等先进典型进行了深入地采访报道,先后推出系列报道、专题报道,全面生动地展示了先进典型的感人事迹,取得良好的宣传效果。特别是对省第七地质大队的宣传十分出彩,受到了市委宣传部的通报表彰。

3. 宣传活动丰富多彩。“走基层、转作风、改文风”活动扎实推进。活动部署后,台采编人员纷纷到基层一线,走到群众当中寻找新闻题材、作深入采访报道。频道、频率先后开设了“来自蹲点一线的报道”、“春天里”、“寻找身边的美”等“走、转、改”专栏,集中反映了基层群众“所思所想所盼”,生活展示了丽水各地经济发展和改革成就,使台的新闻报道更加贴近实际、贴近生活、贴近群众。

配合浙江卫视精心组织浙江省第七地质大队先进事迹报告会等各项活动。电视经济生活频道成立十周晚会、《欢乐天地》六周年大型少儿综艺晚会、老白快乐运动会、“赢在创业”大型公益活动、高考应急服务公益活动、请让我来帮助你—手拉手结对公益活动、胡杨带你去植树活动、“温暖岁末,传递幸福”公益活动等。全年完成广播电视直录播120余场。

4. 品牌建设大力推进。各宣传部门深入实施品牌化战略,品牌化建设成果不断呈现。《丽水新闻》、《瓯江报道》、《老白谈天》、《新闻追踪》、《社区直通车》、《瓯江警视》、《纪事》、《欢乐天地》、《绿谷采风》、《乡里乡亲》、《百姓热线》、《绿色淘金》等栏目不断加强和改进,品牌影响得到巩固和提高。《瓯江报道》“直播丽水”共进行了20多次的外景直播,直播效果好,直播技术日益成熟。《老白谈天》推出评论性板块“老白有话讲”,选取当前热点话题,从情理层面、道德层面进行张弛有度,分寸得体的评说和理性解读,凸显了新闻媒体的强烈社会责任感。广播《百姓热线》栏目今年推出“民生版”,改变了部门上线直播、领导坐镇接听百姓电话的单一模式,纳入了更丰富、新鲜的民生新闻。电视《百姓热线》进行了改版,增加播出容量,固定出镜记者,改变播报形态,经过一段时间的尝试,在观众中赢得了较好口碑。录制播出丽水首档公益性人文社科知识讲座栏目《丽水人文大讲堂》,获得社会各界的好评。

5. 传播效果有效提升。2011年三个电视频道收视份额平均为32.7%;广播两个频率占了丽水地区约68%的市场份额,在本地占主导地位。《丽水广播电视报》增加了丽水本地报道,使版面内容得到较大充实,报纸影响力得到进一步提升。丽水在线网站的影响力不断扩大。

6. 对外宣传亮点突出。积极向中央台和省台上送新闻,在全省广播电视新闻协作中,广播和电视均名列全省市级台第7名。11月17日晚,中央电视台《新闻联播》头条播出了我市积极推进林权制度改革的经验性新闻报道—《浙江龙泉:山上文章怎么做?》。这是丽水市的工作经验首次在央视《新闻联播》头条单条播出。

7. 创优工作再创佳绩。在2010年度浙江新闻奖和浙江政府奖评比中,共摘得32个奖项,其中一等奖5项、二等奖12项,分别比上年增66.7%和33.3%。这是继2009年创下历史最好成绩后,再次取得新突破,尤其是高奖创下了历史之最。广播长消息《丽水32万本信用证医治农村“金融贫血”》、广播社教专题《四代世博情》双双荣获浙江新闻奖一等奖和省广播电视新闻奖一等奖;《百姓热线》走基层活动荣获浙江新闻奖社会活动奖,这是丽水新闻界迄今为止获得的唯一的社会活动奖。

(二)积极拓宽创收渠道,综合实力进一步增强

2011年,各经营单位自我加压,深入挖潜,不断开拓广告经营创收新领域,经营创收保持较高增长水平,全年实现广告创收5600多万元,超额完成预期创收目标。

电视广告稳步发展。电视广告中心转变经营思路,针对具有电视广告竞争优势的行业,出台优惠政策,成功吸引汽车和家装建材客户投放电视广告。成功举办了汽车夜市和家装建材博览会,活动创收效益良好。开拓旅游广告市场,旅游广告创收大幅增加。同时优化广告播出质量,提升了广告信用指数排名。通过几年探索和实践,广播广告结构趋于合理,金融保险、旅游、汽车等行业增幅较大。通过印制《百姓热线》宣传册,举办"安全生产月"、"丽水市'绿谷之秋'文艺系列比赛"等活动,有效拉动了广告创收。电视报挖掘封面广告,开展"丽水三宝人物志"之青瓷篇等宣传活动,同时成立了旅游美食工作室,开拓广告业务,新增了不少长期合作对象。丽水在线网站增设"地图板块"等新项目,进一步提升服务功能。同时以活动为平台,加强与台其他媒体互动,有效地推动了网站的创收。电视发展公司成功代理贵州茅台名将酒等产品,为探索多元化经营路子作了有益尝试。

丽水华数公司运营良好。全年实现经营收入2732万元,利润439万元,分别比上年增长13.8%和85.7%。公司强化技术创新与应用,大力推进网络建设与升级改造工作。实施分块停模促进整体转换,全年完成5430户规模的整转。着力拓展互动业务,净增互动用户3003户。完成6050户规模的双向改造,累计完成96%。进一步完善数字电视功能,提高服务质量。机房实施扩容建设,对配电系统进行了改建。新营业厅投入使用和机顶盒维修点的设立,改善了窗口形象,方便了客户。丽水华数公司还完成了以全资公司方式参与浙江华数公司的组建。

(三)设施设备更加完善,技术保障能力增强

1. 认真落实保障措施,确保安全播出。重视落实日常设备维护制度,强化重大节日、重要活动前的检查力度,确保设备安全可靠的运行。认真做好法定节假日、全国两会、省市两会、全国残奥会等重要保障期的安全检查。对部分技术岗位安排了副岗保障,达到全天候的技术力量保障服务工作能力,保证了安全播出。调频覆盖网也较好的完成了转播任务。

2. 积极谋划拓展项目,推进设施设备改造。利用旧设备搭建了一个演播录像系统,对630演播厅视屏系统进行扩屏升级。新建了新闻综合频道新闻收录系统,对新闻综合频道前期拍摄制作设备进行了转型升级。对电视播控机房进行了改良,增加了数字信号输出,提升了3个频道数字电视信号传送的质量。引进了基于3G通讯技术的电视节目传输系统和部分高端摄制设备,进一步提高了电视节目的摄制技术和摄制质量,丰富了电视新闻直播形态。新购二台自备发电机组,确保陈寮山发射台和广电中心大楼的应急供电。对广播、电视播控机房的供配电系统进行了改造,实现了双路不间断电源(UPS)供电和关键设备主备电源的双路供电,提高了广播电视播出安全系数。完成了移动数字多媒体广播各县市布点、市交通指挥中心广播电视联线直播项目论证、中山街多媒体广播系统论证、无线覆盖网远程智能监听监测系统研发测试以及第三套广播节目播出频点申报的技术测试、设备招标采购等相关工作。大楼工程的整改扫尾、审计、结算、档案整理等工作也在有序进展中。

3. 加强技术培训,增强应对能力。认真开展了电视摄、制人员用机资格培训工作。认真筹备,先后成功承办了浙江省城市电视台技术协会第21届年会和浙江省广播节目录制技术质量奖评审会,得到了全省同行的肯定。积极组织参加广播电视节目技术质量评比并取得较好成绩。有2个广播节目拿了一等奖,2个技术项目获2011年省局科技创新二等奖。大楼工程的整改扫尾、审计、结算、档案整理等工作也在有序进展中。

(四)强化内部管理培训,队伍素质得到提升

强化内部管理。强化全台宣传统筹、协调、运作。深入开展全能型媒体建设、广播新农村频率、《县市播报》栏目、导视频道改版、"视频浙江"合作项目、广播音乐著作权有偿使用等多项调研活动,宣传改革和重大决策提供科学依据。加强与浙江网络广播电视台合作,出台了《关于"视频浙江"新闻的选送办法》,对上送新闻的稿件选择、报送流程、稿件审核等都做了明确规定。积极做好省、市级好新闻,三优两品牌,首席(优秀)记者、编辑,鲜活新闻,优秀栏目等报送评比工作,努力提高新闻宣传队伍的业务素质和专业技能。开展广播收听份额考核,进一步调动采编人员的积极性。进一步完善广播电视新闻用稿信息报送机制,组织召开全市广播电视新闻协作会议,加强与各县(市、区)台的广播电视新闻协作,不断提

高广播电视外宣节目质量。经营管理部严格按照经营管理制度规定开展监督管理工作，做好经营情况统计、数据分析和汇总工作。技术发展部加强技术管理，组织对各种技术管理规定进行了强化学习，增强对突发事件的处置能力。开通内部办公系统，提高了文件阅办的效率。通过组织消防知识培训和器材使用演练、安全检查等措施，促使消防、保卫、用电和餐饮等安全工作进一步得到加强，日常内部管理更加规范有序。

加强党建工作。发挥各级党组织、全体党员的先锋模范作用。按照市委的部署，扎实抓好创先争优和深化作风建设年活动，开展党支部、党员闪光言行征集展示活动，评选出了2009～2010年度全市优秀党支部、优秀党务工作者和优秀党员。组织党员开展社区志愿者、义务植树、党员服务一条街、"党在我心中"捐赠活动、我为七一献热血等系列活动。制定了《丽水市广播电视台廉政风险防控机制建设实施方案》，认真开展风险点自查、风险等级评估和风险防范措施制定等工作。通过开展学习会、举办廉政建设专题报告会、举办建党90周年廉政文化书法摄影展、参观浙西南革命纪念馆、观看反腐警示教育片等多种形式，进一步增强了广大党员干部的廉政意识。

加强队伍建设。采取送出去、请进来相结合的办法，加大对新闻宣传、经营创收和技术人员的培训力度。全年共举办讲座9次，培训千余人次。切实加强人才引进力度，从兄弟台调入事业在编职工1人，录用编外合同工21人，公开招录编辑记者7人。根据自身的经济能力，提高了职工的经济待遇。规范用工，对编外合同工签订了第二轮劳动合同。认真做好新疆阿克苏地区新和县电视台3名人员的教育培训工作。积极推进事业单位岗位设置工作。结合实际，制定了岗位设置方案，确定合理的岗位总量和结构比例，做好岗位等级设置，并做好岗位聘用工作。积极开展"杜绝虚假报道，增强社会责任感，加强新闻职业道德建设"专项教育活动，采取措施，加强制度建设，规范管理，在建立长效机制、探索治本之策方面进行了有益的实践，取得了明显的成效。

切实抓好社区共建、结对帮扶、文明单位创建等工作。发动职工开展"党在我心中"慈善捐款活动，全台职工踊跃捐款7万多元。同时做好"一户一策一干部"结对帮扶、文明单位以及与结对街道社区的创建活动。工会、团委、妇委会等群体积极组织开展职工春节联欢晚会、青年志愿者服务、三八妇女节等形式多样的活动，增强了凝聚力。

二、丽水在线网站发展概况

顺应"三网融合"的大趋势，丽水市广播电视台于2009年创办了丽水在线网站，迈出了传统媒体影响力向网络延伸的第一步。网站设新闻、论坛、房产、汽车、健康、交友、生态等频道，自成立以来，依托广电优势，不断拓展网站架构，丰富自身内容，影响力逐渐扩大。2011年网站已经有注册会员3万多人，Alexe网站全球排名在20万位左右。

丽水在线在建设过程中充分利用广播电视资源，实现台网互动。网站开通了丽水台各频道、频率节目的网络点播功能，市民随时可以通过网络点播收看《丽水新闻》、《瓯江报道》、《社区直通车》、《老白谈天》等节目，进一步扩大了节目传播的广度和深度。在论坛开通了《媒体互动》板块，加强主持人与网友的互动交流，拉近与观众距离。同时还将《百姓热线》、《社区直通车说你说我》等板块嵌入论坛，征集网民意见，近距离反映民生民意。与丽水广播电视报联合开辟了一个论坛专版，汇集论坛每周的热点话题，实现报网互动，扩大论坛阅读延伸。丽水在线与广播新闻综合频率联合打造的《百姓热线》节目，每天在广播和网站的"在线直播室"同步直播，并且不定期地开展"百姓热线"走基层、进乡镇活动。

丽水在线着力打造了"我是小秋"民生服务品牌，努力帮助网友解决实际困难，宣扬社会道德典型，曝光社会不良现象，引导社会舆论导向。先后开展"小秋走社区"、"小秋走县市"系列活动，将法律咨询、家电维修、血压测量等免费服务送到老百姓家门口。网站成立以来，就确立了以内容吸引人，以活动凝聚人的方针，每月推出3~4个小活动，不定期策划组织大型活动。同时，不断拓宽与其他媒体的互动渠道，现已推出手机版(网址：Http://lsol.com.cn)，可通过手机浏览网站内容。在全面推进数字电视整转工作之际，丽水在线实现了与数字电视的互动，可通过数字电视点播网站内容。

义乌市广播电视台

2011年，义乌市广播电视台以科学发展观统领全局，解放思想，改革创新，新闻宣传、事业建设和产业经营都迈向新台阶，呈现出良好的发展态势，并被中国广播电视协会评为"全国县级十佳电视台"。

一、新闻宣传围绕中心,营造良好舆论氛围

1. 主题报道舆论声势浩大

2011 年,义乌市广播电视台紧紧围绕市委、市政府中心工作和各时期重点工作,认真制定主题宣传报道计划,突出重点,营造了浓厚的舆论氛围。2 月,义乌市委、市政府召开深化“创新创优 提质提效”主题活动动员大会。会后,义乌市广播电视台及时推出《两创两提在深入》、《一把手访谈》、《重点工程巡礼》等七组报道,大力营造“两创两提”主题活动舆论氛围。5 月 6 日,省委、省政府在义乌召开浙江省义乌市国际贸易综合改革试点动员大会,义乌市广播电视台对动员大会进行了及时报道,随即又在电视《义乌新闻》、《商贸信息联播》以及广播《义广新闻》等栏目开辟《省领导讲话摘播》、《两创两提 先行先试》、《媒体看试点》等专栏,报道贯彻落实的新闻,每天不少于 5 条。5 月底,广播与电视两个频道采编人员共同合作,兵分四组,奔赴全国九个改革试验区,采访各地的试点经验和改革措施,推出“九地试点新闻行”系列报道。8 月,围绕义乌物流业发展、市场转型升级、外贸新型方式、制造业和会展业等重点内容,播出了“改革试点进行时”系列报道,内容涵盖现状、问题剖析和未来展望等,宣传效果良好。

2. 重点报道服务大局,成效突出

义博会、文博会、森博会、旅博会是义乌每年举办的四大国家级展会。义乌市广播电视台各栏目全面加强了报道力度。电视《义乌新闻》栏目从会前策划宣传,到会中集中报道,再到会后总结综述,每个展会都尽量做到善始善终,在全市上下营造了浓厚的展会氛围。7 月 4 日,《百姓关注》栏目特别策划了大型电视新闻公益活动“留守儿童圆梦之旅”系列报道,全方位地报道了贵州、重庆等地贫困家庭留守儿童生活和求学上的艰难现状,报道引起了强烈社会共鸣,一批有能力的爱心人士因报道与这些贫困留守儿童结缘,让他们感受到社会的关注和温暖。2011 年,围绕纪念建党 90 周年、安全生产、十大民生实事和节能减排等工作,义乌市广播电视台有条不紊地推出《喜迎两会》、《回眸十一五》、《暑期安全》、《美丽乡村》、《一辈子一件事》、《道德模范》等多组特色鲜明的系列报道,受到观众的一致好评。

3. 精品节目接连获奖

由义乌市广播电视台记者陈仲龙多年追踪采访制作的系列片《揭秘细菌战》获得 2011 年度浙江广播影视政府奖纪录片一等奖,电视消息《义乌国际贸易综合改革试点方案获批》和广播《入世十年:义乌从小商品城到国际贸易城》分别获得 2011 年度浙江广播电视新闻奖二等奖和三等奖。全年六件作品获得金华市广播电视政府奖一等奖,五件作品获得金华市广播电视政府奖二等奖,十件作品获得金华市广播电视政府奖三等奖。其中,《义乌电视台商贸频道专业化实践的若干思考》获金华市广播电视学术论文奖(节目研究)一等奖;《义乌民谣——义乌民风民情的活化石》获金华市广播电视文艺节目奖(广播音乐节目)一等奖;《别伤害爱你的人》获金华市广播电视广告奖(广播公益广告)一等奖;《三鼎贷款》获金华市广播电视广告奖(广播商业广告)一等奖。

4. 外宣工作迎难而上创佳绩

2011 年,义乌市广播电视台积极拓展外宣渠道,扩大外宣宣传力度。全年在中央电视台《新闻联播》用稿 14 篇,计 310 分,在全省县级台中名列第一;在《浙江新闻联播》用稿继续保持全省领先地位,连续六年获得浙江电视新闻协作“特等奖”。2011 年 3 月 4 日,国务院正式批复义乌市国际贸易综合改革试点总体方案。5 月 5 日,国家相关部委和省委、省政府在义乌召开浙江省义乌市国际贸易综合改革试点动员大会的前一天,中央电视台《新闻联播》头条报道了义乌市工业、市场转型升级的新闻,第二天的《新闻联播》又播出了义乌市综合改革试点的新闻,中央电视台新闻频道《新闻直播间》以 6 篇的大容量报道了义乌改革试点工作。从《义乌小商品城一季度成交额创历史新高》到《义乌国际贸易综合改革试点正式启动》,从义博会到森博会,义乌市广播电视台紧紧抓住义乌市场经济、展会物流高地建设和综合改革试点不放松,积极借助中央台《新闻联播》栏目,把义乌市委、市政府的最新决策和义乌市场的最新动态向全国、全球发布,为义乌改革和事业发展营造了良好的舆论氛围。

5. 栏目调改创新,贴近观众,提升品位

按照“三贴近”的要求,义乌市广播电视台在不断推进频率、频道的专业化和节目、栏目的贴近性上下工夫,品牌建设迈出坚实步伐。2011 年 3 月 31 日,电视新闻综合频道《百姓关注》栏目复播。栏目自开播以来,始终秉承“服务百姓解民忧”的宗旨,关注百姓冷暖,为民排忧解难,不断完善和丰富栏目报道内容,使之更加贴近百姓,服务百姓。7 月 15 日,在《同年哥讲新闻》栏目开播 5 周年之际,实行栏目改版,根据观众的要求,播出时长从 20 分钟延长到 30

分钟,信息量大大增加,可看性也进一步增强。《经济与法》栏目由整篇通档的样式转变为以案说法、律师解读和预警快讯三大板块,节目内容更加丰富,主题进一步深化。《义乌指数》从增强节目的参与性和互动性入手,采用《新品体验》等新的节目形式,让更多的观众参与到节目中来,增强了节目的可看性。广播FM106.2新闻广播在原有节目板块不变的基础上,对节目内容进行了调整,综合电视、报纸和网络的新闻资源,融新闻报道、名嘴点评和嘉宾访谈于一体,打造了早间精品新闻直播节目《阳光直播室》。

二、事业建设突飞猛进

1. 顺利完成全市数字电视整体转换工作

2011年5月底,义乌市数字电视整体转换工作全面完成,截止年底,全市数字电视用户达到25.8万户,用户主终端数量达到27.2万个,发放和销售机顶盒48万台,整体转换率达到125%,居民购置第二台及以上机顶盒占了95%以上,购买增值业务的用户占了60%,用户缴费银行代扣委托率达到90%,在全省较早实现了有线数字电视整体转换任务,并达到了社会效益和经济效益双赢的目标。

2. 新广电中心大楼工程建设进展顺利

2011年10月,义乌新广电大楼土建工程基本完工,资金投入达2亿多元。5月底,涉项金额达2100多万元的新广电大楼数字电视平台系统、城域网系统、CDN分中心监视监测系统招标工作顺利完成;12月,涉项金额达9608.5万元的新广电大楼总控系统、数字直、录播系统和音频工作站的招标工作顺利完成。12月底,室外景观工程已经完成雨、污水管道安装。

3. 加快农村网络改造,提升数字电视信号传播质量

2011年,义乌市广播电视台制定了专门的网络改造实施方案,到12月底,共完成247个有线数字电视工程的施工和验收,为有线广播电视网络建设和数字电视整体转换工作做好了基础保障。全年共完成农村有线电视网络改造用户6万户,其中4万户实现网络双向化,提高了传输质量,保证了农村数字电视整体转换工作的顺利进行。

4. 广电台网站建设成效初显

2011年6月底,由义乌市广播电视台主办的义乌城市网开始上线测试运行。11月初,网站的主页、新闻、宽频、论坛、房产和汽车等各版面正式运行,在广播电视媒体与网络媒体的互动融合上迈出了重要一步。截至年底,义乌城市网日点击量在5万人次以上,每天的访客超过6000人。

三、队伍建设得到加强

2011年义乌市广播电视台进一步健全内部规章制度,完善内部管理,加强职工队伍培训和管理。按照上级统一部署,义乌市广电台逐步建立了聘用制度和岗位管理制度,完成全台工作人员的岗位聘用,全员签署新的劳动合同,为广播电视事业长远发展奠定坚实基础。同时,网络维护人员分片包干、考核取酬的分配方式覆盖至全体网络维护人员,较好地调动了网络维护人员的积极性,达到了减人增效的目的。为适应义乌市广播电视事业高速发展的需要,义乌市广播电视台专门赴北京大学和清华大学等地开展校园现场招聘工作,就新闻传播、中文、计算机、通信等岗位进行招贤纳才,共引进北大本科毕业生2名,浙大硕士毕业生1名,进一步完善了人才结构。同时加大教育培训的投入和力度,针对工作专业性强的特点,安排电视新闻频道人员到省卫视进行顶岗培训。8~9月,电视商贸频道全部采编人员和主持人到浙江电视台民生休闲频道"1818黄金眼"栏目顶岗培训;数字电视客服中心人员到杭州华数跟班学习、到金华进行培训,成效明显。

全省新媒体(音视频网站等)发展概况

1. 浙江网络广播电视台于2011年6月28日正式开播,成为我省网络视听新媒体发展的重要里程碑。全省共有45家网络视听服务持证网站,占全国总数的7.5%,持证网站数列全国第三(居北京、广东之后),华东地区第一位。其中民营商业视听网站21家,涌现出爆米花网、九州梦网、湘湖网等一批国内比较领先的网络视听服务运营网站。

2. 积极推动我省CMMB手机电视市场运营和布点工作,形成全省统一规划、统一运营、统一管理和用户快速发展的格局。截至2011年12月31日,全省已经建立136个50瓦~1000瓦的机站,形成省市县三级网络传输体系,11个市的有效覆盖率达到90%以上,活跃用户达60万户。湖州、台州、金华台等已初步显示经济效益。

3. 根据中央开展打击侵犯知识产权和制售假冒

伪劣商品专项行动工作部署，进一步规范我省互联网视听节目持证网站节目管理，明确要求全省互联网视听节目持证网站报送2011年度网站购片合同等有关版权证明材料，从源头遏制侵权盗版行为发生,切实做好知识产权保护工作。我省45家持证网站均报送了2011年版权证明材料。

4. 2011年1月28日完成全国首个省级手机视频节目监管平台(一期)建设。平台已搜索到8个基于WAP方式传播和12个基于WEB方式传播的手机视听节目网站;手机视音频节目81968个,并对其开展了重点监控。

为维护视听新媒体播出安全，我局切实加强网上监测和市场监管工作,1~12月向各市文化市场综合执法机构下发核查单29张,其中国家广电总局要求督办的网站12家,我局监测发现问题要求核查的网站17家。在各级执法机构严格执法下,提请省通管局关闭2家,做出行政处罚1家,责令整改5家,取消虚假备案网站14家,立案1家,其余6家违规网站予以整改或停止传播视听节目的处理。2011年6月7日我局会同省通信管理局联合下发《关于加强IPTV和有线宽带接入服务管理的通知》(浙广局发〔2011〕126号),积极指导、协调、推动各地规范IPTV市场秩序。目前电信部门违规开展IPTV业务蔓延之势有所抑制。

1月

1日 嘉兴广电台新闻综合频道的《嘉兴新闻》节目首次推出首席播音员制度。

2日 德清广电台制作的《德清农民"吉祥三宝"迎新年》首次登上中央电视台《新闻联播》头条播出。

5日 以全省优秀共产党员、感动中国人物候选人、台州市优秀乡村干部何小川事迹为原型的三集广播剧《何小川和他的挂帘村》在中央人民广播电台"文艺之声"频率《黄金剧场》栏目播出,这是台州广电台创作的广播文艺作品首次在中央人民广播电台播出。

6日 2010年度浙江新农村建设带头人"金牛奖"评选揭晓,颁奖典礼在浙江广电集团800米演播厅隆重举行,省委副书记夏宝龙,省委常委、副省长葛慧君,省委常委、宣传部长茅临生,省人大常委会副主任程渭山,全国政协常委、省政协副主席冯明光等领导出席颁奖典礼,并为"金牛奖"获得者颁奖。

6日 浙江广电集团召开全省广播电视新闻协作会,集团总裁王同元到会并讲话,总编辑程蔚东主持会议,副总编辑施泉明作工作报告,副总编辑董传亮宣读表彰决定。

6日 省委省政府召开全省上海世博会"环沪护城河"安保工作总结表彰会,浙江电台广播交通之声被授予全省世博安保先进单位称号,是唯一获此殊荣的媒体单位。

6日 磐安举行有线数字电视整体转换启动仪式。

6日—7日 2010年度宁波电视新闻协作会议在象山举行。

6日—7日 丽水市文化广电新闻出版工作会议召开,传达贯彻丽水市委第二届第十四次全体会议精神,总结回顾2010年工作,研究部署2011年全市文化广电新闻出版工作的主要目标任务。

7日 省广电局局长张宝贵出席省电影公司召"十二五"规划座谈会。

7日 绍兴广电台召开专题动员会,部署深入开展"杜绝虚假报道,增强社会责任,加强新闻职业道德建设"专项教育活动。

8日 浙江国际影视中心在杭州市萧山宁围镇顺坝村奠基开工。该项目总投资达20多亿,建成后将成为全省规模最大的集影视拍摄、后期制作、演播、文化企业孵化、动漫会展旅游于一体的综合性文化创意产业园区。省委书记、省人大常委会主任赵洪祝,省委副书记、省长吕祖善发来贺信。省委常委、宣传部长茅临生、副省长郑继伟等出席了奠基开工仪式。

8日 由中国电影评论学会主办,萧山广播电视台、萧山区文创办承办的全国首届大众网络剧奖在萧山揭晓,杭州萧山九天传媒有限公司拍摄的《我为天使狂》荣获最佳大众网络剧奖。

8日 第二届嘉兴大学生电影节系列活动之一的"电影歌曲大家唱"决赛在嘉兴职业技术学院举行,标志着为期两个多月的第二届嘉兴大学生电影节圆满落下帷幕。

9 日 绍兴特立宙电脑动画有限公司在咸亨新天地举行了绍兴首部原创动画片《少年师爷》第二季开拍仪式。

10 日 武义县城城区范围内完成数字电视整体平移工作，共整转平移数字电视用户 2.6 万多户。

10 日 常山广电台荣获常山县级先进集体一等奖荣誉称号。

11 日 省委宣传部、省广电局联合下发《关于加强我省乡镇广播电视站建设的若干意见》，要求进一步提升乡镇广播电视站建设管理水平，改善公共文化服务质量，积极应对新兴媒体发展带来的农村传播格局新变化，不断满足基层人民群众精神文化需求。

11 日—12 日 省广电局局长张宝贵参加国家广电总局在北京召开的 2011 年全国广播影视工作会议。

12 日 由浙江广电集团主办，浙江电视台经济生活频道等单位承办的 2010 年度“风云浙商”颁奖典礼在杭州洲际酒店举行。省委书记、省人大常委会主任赵洪祝发来贺信。全国政协常委、上海世博会执行委员会副主任周汉民，全国总工会副主席倪健民，省委常委、宣传部长茅临生，省人大常委会副主任冯明，副省长金德水，省政协副主席徐冠巨、黄旭明等领导出席颁奖典礼并为年度人物颁奖。

12 日 宁波市应对突发公共事件电视新闻应急保障系统（一期）正式启用。

13 日 “浙江骄傲——2010 年度最具影响力人物评选”颁奖典礼在省人民大会堂隆重举行。省委书记、省人大常委会主任赵洪祝发来贺信。省委常委、宣传部长茅临生，省人大常委会副主任徐宏俊、副省长郑继伟、省政协副主席徐辉等出席颁奖晚会。

14 日 省广电局召开党组扩大会议，认真学习全国广播影视工作会议精神。

14 日 经国家广电总局批准，浙江广电集团在新蓝网（www.cztv.com）基础上，正式开办浙江网络广播电视台。这是总局同意开办的首批省级网络广播电视台，新蓝网由此正式成为浙江广电集团第 19 个播出平台。

15 日 由省政府新闻办、浙江广电集团主办，浙江电台浙江之声承办的《跨越“十一五”——直播浙江》结束。省委宣传部副部长鲍洪俊、吕建楚分别批示，认为“活动紧贴省委、省政府中心工作，并与网络媒体互动，达到了预期的宣传效果，受到了各市县的欢迎，是一次重大主题的创新实践”。

17 日 国家广电总局正式批复同意浙江电视台与浙江人民广播电台联合开办浙江网络广播电视台。浙江网络广播电视台是在原“新蓝网”（www.cztv.com）的基础上联合开办，播出呼号为“浙江网络广播电视台”，浙江电视台为直接责任主体。

17 日 仙居县举行有线电视数字化整体转换表彰大会。

18 日 副省长郑继伟到省广电局考察广播影视工作，在听取了张宝贵局长关于 2010 年工作汇报和 2011 年工作打算后，郑继伟表示，省广电局 2010 年工作做得很好，全省广播影视工作取得很大成绩，希望 2011 年取得更加优异成绩。

18 日 省广电局局长张宝贵向西溪创意产业园授“省影视创作拍摄示范基地”、“浙江省广播电影电视局电影审查中心”牌，副局长王国富宣读建立省级影视创作拍摄示范基地的批复，杭州市委副书记叶明，市人大常委会副主任、西湖区委书记郑荣胜及省市有关领导及入驻园区的名人名企代表参加了授牌仪式。

18 日 省电影公司本部由杭州西溪路 511 号搬迁至杭州文二西路 683 号西溪创意产业园。

18 日 黄岩广播电视台广播、电视荣获 2010 年度全省广播电视新闻协作先进集体二等奖。

18 日 永康广播电视台举办“关爱老年人基金”慈善活动。

18 日 2011 武义县第 22 届壶山之春文艺晚会在武义广电台综合演播厅举行。

19 日 省广电局发出通知，要求全省广电系统要紧急行动起来，积极应对雨雪冰冻灾害，确保全省广播电视安全播出。

19 日—20 日 省电影公司召开浙江时代院线 2011 年电影工作会议。省广电局副局长王国富出席会议。

19 日 林毅任三门广播电视台党组书记、台长。

20 日 由省文明办、浙江广电集团等联合主办，浙江电台交通之声承办，浙江电视台影视娱乐频道、新蓝网等联合协办的“改变——2010 年度浙江省文明出行现状发布会”举行。这是我省首次以大型晚会的形式，由政府职能部门与专业媒体联手，以多媒体传播的方式，对全省的文明出行现状进行权威发布，在国内尚属首创。

20日 杭州楼视传媒有限公司正式成立。

20日 舟山市委常委、市纪委书记胡志权到舟山广电台调研,慰问广播《行风热线》和《阳光投诉》节目组采编人员。

21日 在中国报业协会组织的全国报业经营管理创先争优评选中,浙江城市广播电视报社、大众电视社和交通旅游导报社社长刘小杰被评为“报业经营管理优秀个人”。

21日 位于浙江省宁波市杭州湾新区新浦镇的鑫亮数字电影院正式开业,这是宁波市乡(镇)出现的第一家多厅数字化影院。

21日 浦江广电台推出三档综艺类节目《今天我休息》、《金色童年》及《仙华大舞台》。

22日 仙居广电台数字电视新平台系统建成运行。

23日 省十一届人大四次会议通过了《浙江省国民经济和社会发展第十二个五年规划纲要》,广播影视五项重点工作列入其中:一是推进三网融合发展,加速推进广播影视数字化进程,实现城乡有线数字电视整体转换和双向化改造;二是继续推进以“户户通”为主要目标的广播电视“村村通”工程;三是抓好主旋律影视作品的创作生产,提高影视后期制作能力和服务水平,大力推进电影院线和城镇数字影院建设,拓展横店国家影视产业实验区及其他重点影视产业基地产业链,鼓励新媒体发展;四是推进“广电低保”工程,确保有线(数字)电视通达地区城乡低保户免费收看有线(数字)电视;五是建设农村应急广播体系。

23日 省广电局局长张宝贵一行到临安市潜川镇广电站送温暖,看望慰问了广电站职工,调研了乡镇广电站发展情况,实地考察了临安数字兴农工程和潜川镇广电运行维护及农村应急广播等情况。

24日 浙江广电集团副总编辑董传亮到衢州慰问中波台。

24日 常山广电台到联系乡镇招贤镇开展“访民情、送温暖”活动。

25日 省广电局副局长铁国强带领检查组,分别对桐庐县和淳安县的局、台、网节前安全播出工作进行了专项检查,并向全省进行了通报,有效促进了各地防范措施的落实。

25日 省广电局和杭州市委宣传部在杭州西溪文化创意园联合召开重大革命历史题材电视剧《五星红旗迎风飘扬》新闻发布会。

25日 在浙江省宣传思想工作会议上,举行了2010年度浙江省文化传播创新十佳网站颁奖仪式。浙江广电集团主办的新蓝网因在“创新发展、健康传播”方面的示范带头作用,被省委宣传部、省委外宣办(省政府新闻办)、省广电局、省新闻出版局等联合评选为全省“文化传播创新十佳网站”之一。

26日 浙江长城影视有限公司出品的电视剧《五星红旗迎风飘扬》登录中央电视台一套黄金档,成为2011年度央视开年大戏和首部在央视播出的建党90周年献礼剧。

27日 省广电局联合省委宣传部转发中共中央宣传部、国家广播电影电视总局《关于对口援疆省市有线广播电视网转播新疆生产建设兵团电视台综合频道的通知》(广局〔2011〕42号),要求全省各级广播电视台和有线网络运营机构按时、按要求完成转播工作。

27日 根据新闻出版总署转企改制的有关文件精神,浙江广电集团批复同意“浙江音像出版社”更名为“浙江音像出版社有限公司”。

28日 省广电局副局长铁国强实地检查淘宝网、播视网、爆米花等三家视听节目服务网站,并向播视网颁发了2010年度文化传播创新奖。

28日 绍兴市委书记张金如、市长钱建民,市委副书记、市政法委书记谭志桂,市委常委、宣传部长尹永杰,市委常委、市委秘书长魏伟,副市长丁晓燕等领导到绍兴广电台慰问。

28日 金华市委常委、宣传部长陶诚华到金华广播电视台向广大新闻工作者表示新春的问候。

28日 永康广电台制作的第26届《华溪春潮》晚会上演。

29日 由浙江广电集团投资,浙江影视(集团)公司承制,全国首部为主持人群体定制的电视电影《生日快乐》在杭州新远国际影城放映。

29日 开化广电台和开化县就业局联办的《就业之声》广播专题节目在黄金时段推出。

30日 华数集团与嘉兴、金华、湖州、丽水等地的广播电视台签约,在原华数与各地合资公司的基础上,将当地网络公司的人、财、物等资产并入新成立的由华数集团控股的、各地市参与的浙江华数广电网络有限公司。

31日 省委常委、杭州市委书记黄坤明代表市四套班子领导赴杭州文广集团慰问新闻工作者。杭州市委副书记叶明,市委常委、秘书长许勤华,市委常委、宣传部长翁卫军陪同慰问。

31 日 省广电局局长张宝贵召集会议,专题研究安全播出工作,部署落实安全播出任务。

本月 中共中央、国务院授予浙江卫视“上海世博会先进集体”荣誉称号,成为除东道主东方卫视外唯一获此殊荣的省级卫视媒体。

本月 2010 年省广电局上报国家广电总局信息质量系数列全国各省(市、区)广电局(集团)第一名,这也是继 2009 年之后第二次获此殊荣。

本月 省广电局获 2010 年度省减轻农民负担工作省级优秀奖。

本月 宁波电台被评为宁波市文卫系统和谐单位。

本月 2010 年浙江全年电影总票房 7.38 亿元,位居全国第五位;新建、改建影院 35 家,影厅 234 个,位居全国第一位。

本月 温州新农村数字电影院线公司被评为全国农村电影放映工作先进集体,这是全省唯一一家获此殊荣的农村电影院线公司。

本月 嘉善县广播电视台、诸暨市广播电视台、丽水市广播电视台、缙云县广播电视台获省级文明单位称号。

本月 2010 年萧山广播电视台在中国之声中央电视台发稿双创全省同级台第一。

本月 北仑区新农村有线广播暨北仑区应急广播室正式成立并开通。

本月 瑞安市仙降镇林光村为所有村民办理了数字互动电视业务,成为瑞安市数字互动电视第一村。

本月 永嘉广播电视台进行节目改版,推出民生新闻栏目《左邻右舍》。

本月 洞头县举行数字电视整转暨高清电视开通仪式,洞头县委书记胡剑谨、温州文广新局长吴东等参加仪式,

本月 嘉兴广电台新闻广播举办 2011 年新节目推介暨新闻广播听友俱乐部成立仪式。

本月 嘉善广电台集中开展了“暖心惠民 凝心聚力”慰问走访活动。

本月 平湖广电台完成对全市 9 个镇、街道广播电视站 2010 年度目标绩效考核。

本月 绍兴市文广局文化市场行政执法支队被文化部评为“平安世博”、“平安亚运”文化市场专项保障行动全国文化市场综合执法先进单位。

本月 永康广电台和永康市交警大队联合推出新栏目《畅通进行时》。

本月 开化广电台投资近 30 万元改造装修的电视演播大厅正式投入使用。

本月 开化广电台推出首部以开化本土方言配音的电影《疯狂的石头》受欢迎。

本月 丽水市在市本级各敬老院、养老院、孤儿院、福利院等地开展“送温暖”电影惠民流动放映活动。

本月 青田县县城区 3 万多广电网络用户双向改造完成。

本月 位于青田与景宁交界的滩坑库区偏远山村北山镇李坑村群众与县城同步收看到数字电视。

本月 松阳广电台完成县城城区数字电视整转工作。

本月 浙江新农村数字电影院线公司启动“送温暖”电影惠民放映活动。

本月 “2010 年度文化新浙商”评选结果揭晓。横店集团总裁助理、浙江横店影视娱乐有限公司董事长、浙江横店电影院线有限公司董事长徐天福等 10 位浙江民营企业家上榜。

本月 2010 年,浙江横店影视产业实验区共接待剧组 143 个,拍摄影视剧 3697 集,占全国影视剧产量(436 部、14685 集)的四分之一。

2 月

2 日 除夕夜,省广电局局长张宝贵一行前往翠苑电影院和省广电监测中心,看望慰问坚守工作岗位的工作人员,送上新春美好祝福,并坐镇省广电监测中心指挥全省广播电视春节联欢会安全播出工作。

2 日—8 日 全省广电系统实现春节重要保障期安全播出。

2 日—8 日 浙江时代电影院线共放映电影 13042 场,观众 40.40 万人次,票房 1430 万元。

8 日 金华市委副书记、代市长徐加爱到金华广电台北山发射部慰问节日坚守岗位的工作人员

9 日 省广电局召开党组扩大会,传达学习全省“服务企业、服务基层”专项行动推进会议精神,研究部署广播影视“双服务”行动。

9 日 江山广电台组织干部职工来到联系乡镇江山市大桥镇参加义务植树活动。

10 日 青田广电台获 2010 年度青田县直部门工作考核先进

单位。

10 日 三门广电台被省委宣传部、省委 610 办公室、省广电电局授予安全播出平安单位奖。

10 日—12 日 嘉兴市广播电视新闻奖评选会在平湖市举行，经初评、定评，共评出获奖作品 76 件。

11 日 由杭州文广集团和浙江广电集团、北京时代东华公司等单位共同出品的 38 集电视连续剧《延安爱情》，在东方卫视首播。

14 日 副省长郑继伟批示：过去一年，我省广电系统坚持正确舆论导向，强化安全播出监管，扎实推进服务体系建设，大力促进影视动画产业发展，各项事业取得了可喜成绩。望在新的一年里再接再厉，力争各项工作再上新台阶。

14 日 全省各市有线数字电视服务平台前端按要求完成转播新疆生产建设兵团电视台综合频道节目的任务。

15 日 省委常委、省委宣传部部长茅临生批示：过去的一年，全省广播影视战线以科学发展观统领工作全局，认真贯彻省委、省政府的一系列重大战略部署，坚持以改革为动力，以创新促发展，以惠民为目标，在“抓导向、强基础、提质量、求突破”上取得显著成效，不断提升舆论引导能力和文化服务能力，开创了我省广播影视繁荣发展的新局面。“十二五”期间，是我省广播影视加快发展、促进转型的战略机遇期。今年是中国共产党成立 90 周年，是实施“十二五”规划的开局之年，广播影视工作任务艰巨，责任重大。希望各地和各级广播影视部门站在战略和全局的高度，按照全省宣传思想工作会议的部署，牢牢把握经济社会发展的主题主线，紧紧围绕加快文化大省建设的目标任务，进一步适应新的形势和要求，着力提高舆论引导水平，强化广播影视现代传播能力，加快构建广播影视公共服务体系，加快广播影视产业发展，加强创作生产引导，努力满足全省人民群众不断增长的精神文化需求，切实把新一年的各项任务部署落实到位，使我省广播影视领域的各项工作继续走在前列。

15 日 据《中国广播影视》杂志发布，浙江广电集团 2010 年度电视和广播广告收入双双名列全国前茅，其中电视广告收入名列全国前三，广播广告收入位列全国第七。此外，浙江电台交通之声以“在成长快车道上持续高速奔跑”入选广电行业“榜样 2010”榜单。

15 日 浙江卫视联合省人力资源和社会保障厅推出“暖春行动——电视招工大会”公益性电视直播活动。

15 日 浙江时代电影大世界有限公司发文（浙影时代人字〔2011〕1 号）通知，经浙江时代电影大世界有限公司总经理钱大钧提名，董事会聘任张红阳同志为浙江时代电影大世界有限公司副总经理。

15 日 衢州市副市长罗卫红到衢州广电台视察工作。

16 日 国家广电总局公布了 2010 年度全国电视动画片制作发行情况：浙江动画片创作生产量位居全国第二；浙江在全国原创动画片制作生产十大机构中占了五家，分别是：杭州漫奇妙动漫制作公司、浙江中南卡通影视有限公司、宁波水木动画设计有限公司、杭州时空影视文化传播有限公司、杭州宏梦卡通发展有限公司；杭州市位居国产动画片创作生产数量十大城市之首、宁波位列第七；杭州高新技术开发区动画产量位居全国动画片产业基地之首；浙江被国家广电总局推荐播出的优秀国产动画片数量位居全国第二。

16 日 省广电局局长张宝贵到萧山广播电视台调研。

16 日 绍兴广电台举行第四届“赢在团队”文化展示暨年度“明星员工”颁奖晚会。

16 日 平湖广电台召开“三项学习教育”活动动员大会。

16 日 东阳广电台举办了有线网络数字化改造技术培训班。

16 日 天台广电台荣获 2010 年度天台县县级机关单位工作目标责任制考核“优秀单位”称号。

17 日 省委书记、省人大常委会主任赵洪祝在有关材料上批示肯定全省新农村建设带头人“金牛奖”评选活动“主题鲜明，影响广泛，效果良好”。批示中说：“我省‘金牛奖’评选活动突出反映新农村建设带头人创业创新实践，大力营造新农村建设的良好舆论氛围，对于加快建设惠及全省人民的小康社会具有积极推动作用。”他还勉励集团和广播电视频道继续努力，办得更好。

17 日 省广电局召开全省治理非法经营电视接收设施视讯会议视讯会议，省广电局局长张宝贵部署治理非法经营电视接收设施工作。

17 日 省委副书记夏宝龙批示祝贺浙江长城影视有限公司出品的浙产电视剧《五星红旗迎风飘扬》央视热播，认为这是一部非常好的电视剧。

17 日 萧山广播电视台启动“记者进百村”活动。

18 日 省委书记、省人大常委会主任赵洪祝专门就浙江网络广播电视台成立作出批示，指出“开办网络电视台，是我省媒体形态的一大创新，是广电总局对我省工作的关心和支持，也是我省广电集团改革发展的重大机遇”，要求“高度重视，深入研究，精心策划”，切实把浙江网络广播电视台办好，“充分发挥其传达政令、宣传浙江、服务受众、引导舆论的重要作用。”省委常委、宣传部长茅临生在批示中就办好浙江网络广播电视台提出了具体指导意见。

18 日 省广电局局长张宝贵批示肯定省电影公司组织开展的“送温暖”电影惠民放映活动。

18 日 浙江广电集团 2010 年度总结表彰大会在杭州剧院举行。集团党委书记、总裁王同元讲话，党委副书记、总编辑程蔚东主持会议，。王同元代表集团党委在会上作题为《解放思想，团结拼搏，努力开创集团“十二五”发展的新局面》的讲话。

18 日 桐庐人民广播电台的播出频率从 FM92.8 调整为 FM89.3(分水地区使用 FM92.8)，调改节目，做强新闻和资讯。

18 日 由中央电视台中文国际频道与长兴广电台合作拍摄的“《远方的家》—水陆并行游长兴”节目在中央电视台中文国际频道播出。

20 日 衢州广电台被衢州市评为 2010 年全市社会主义新农村建设考核优秀单位。

21 日 全省文化广电新闻出版局长会议在杭州召开，会议的主要任务是：学习党的十七届五中全会精神，传达贯彻全国文化、广电、新闻出版和版权工作会议和全省宣传思想工作会议精神，回顾总结“十一五”和 2010 年全省文化广电新闻出版工作，研究部署“十二五”和 2011 年工作任务。省委常委、宣传部长茅临生、副省长郑继伟在会上讲话。省政府副秘书长马林云，省委宣传部副部长胡坚、龚吟怡、鲍洪俊，省文化厅厅长杨建新，省广电局局长张宝贵，省新闻出版局局长陈昆忠在主席台就座。省文化、广电、新闻出版三局有关领导和全省市县(市、区)文广新局领导参加会议。

21 日 全省广播影视工作会议在杭州召开，这次会议的主要任务是：认真学习贯彻全国广播影视工作会议、全省宣传思想工作会议和全省文广新局局长会议精神，总结“十一五”时期和 2010 年全省广播影视工作，分析形势任务，统一思想认识，研究部署 2011 年重点工作。浙江省广播电视电影局党组书记、局长张宝贵作主题发言。省广电局副局长铁国强主持会议并作会议小结，浙江广电集团总裁程蔚东讲话，会上对首届全省广播影视鲜活新闻大赛奖、全省广播电视安全播出奖获得者进行颁奖，省广电局副局长马乐其、王国富，省局党组成员、副巡视员傅宏章，浙江传媒学院副院长沈兵虎，全省各市县(区)文化广播电视新闻出版、广电台(集团)影视企业领导参加会议。

22 日 浙江广电集团总裁王同元带领浙江卫视新闻中心报道组，深入省科创基地临安青山湖科技城采访。

22 日 建德广播电视台开播《透视政风行风》专题节目。

23 日 杭州市委副书记、市长邵占维受邀参加杭州电视台《我们圆桌会》栏目，畅谈杭州“十二五”发展。

23 日 浙江广电集团总编辑程蔚东带领记者深入长兴农村展开采访调研。

23 日 丽水市文广新局召开全体干部职工和直属各单位负责人参加的学习会，传达学习全省文化广电新闻出版局局长会议精神。

23 日 黄岩广播电视台技术中心被评为 2010 年度省广播电视安全播出先进集体，

24 日 省广播电视安全播出协调领导小组会议在杭州召开，会议总结 2010 年度安全播出工作，研究部署今年工作任务。省广播电视安全播出协调领导小组组长、省委宣传部副部长鲍洪俊到会讲话，省安全播出协调领导小组副组长、省广电局局长张宝贵主持会议并作主题发言。省安全播出协调领导小组副组长、省公安厅副厅长陈重天作交流发言。省安全播出协调领导小组各成员单位有关负责同志参加了会议，并进行了安全播出工作交流。

24 日 省广电局下达全省农村电影放映工程 2011 年度场次目标任务共计 285920 场。

24 日 浙江省首个电影博物馆——湖州电影博物馆在湖城开馆。

24 日 金华广电台举行 2011 年度全员培训开班仪式。

24 日 舟山广电台开展“杜绝虚假报道 增强社会责任 加强新闻职业道德建设”专项教育活动。

28 日 省广电局召开局长办公扩大会议，局长张宝贵部署落实今年重要工作，省广电局副局长铁国强、马乐其、王国富和局党组成员、副巡视员、傅宏章参加会议，省局机关各处室、省监测中心、省广电学会、省广电产业协会有关负责同志，省电影公司负责人在会上汇报交流了工作情况。

28 日 省广电局副局长铁国强与来访的新疆建设兵团宣传文化考察团进行工作交流。

28 日 平湖广电台召开会议传达近全省广播影视工作会议精神。

28 日 桐庐县广播电视台主办的视听网站“潇洒桐庐网”开通，中文域名：潇洒桐庐网.com 英文域名：www.tlcatv.com。

28 日—3 月 1 日 浙江电台交通之声组织召开 2011 报广合作恳谈会，商议广播与报纸在新闻、活动、经营、受众互动等方面的合作。

28 日 温州新农村数字电影院线公司召开全市 2010 年度农村数字电影放映工作总结表彰大会，温州新农村院线公司荣获了中宣部、文化部、国家广电总局、新闻出版总署授予的“全国农村电影放映工作先进集体”和中国电影发行放映协会授予的“全国农村数字电影放映先进集体”荣誉，永嘉县放映员徐行被中国电影发行放映协会评为“全国农村数字电影放映先进个人”。

本月 省广电局部署全省广电系统开展了一次以自查自纠、加强监管、完善制度为主要内容的抵制低俗之风专项行动。

本月 省广电局获 2010 年全省党委系统信息工作先进集体和先进个人二等奖。

本月 浙江广电集团开展“记者新春基层行”活动，仅浙江卫视和浙江之声两个主频道就推出相关报道 100 多篇，在全社会引起反响。

本月 据浙江省广告监测中心发布的数据：2010 年宁波电视广告信用指数综合排名全省第一。

本月 宁波广电集团召开了“三思三创”动员大会，会议传达学习了全省广播影视工作会议精神。

本月 宁波电台被宁波市委、市政府评为宁波市支援青川县灾后重建先进单位。

本月 宁波电台交通音乐频道被宁波市总工会评为 2010 年度宁波市“工人先锋号”。

本月 绍兴影业有限公司流动公益电影放映队为市劳教所服刑人员放映抗日战争题材电影《马石山十勇士》。

本月 东阳广电台在东阳市为民为企服务工作群众评议中荣获全市第二名，受到东阳市委、市政府的表彰。

本月 松阳县 20010 年度有线电视数字化建设工作顺利通过丽水市有线电视数字化建设工作考核组考核。

3 月

1 日 中国电视艺委会、中央电视台、中国视协在北京联合召开《五星红旗迎风飘扬》研讨会，中宣部文艺局副局长汤恒、中国电视艺委会副主任兼秘书长王丹彦等专家学者参加了会议，浙江省广电局局长张宝贵出席会议并发言。会议由中央电视台副台长胡恩主持。

1 日 舟山广电网络传输中心营业厅荣获全国妇联授予的“全国巾帼文明岗”荣誉称号，这是舟山广电系统唯一获得全国级殊荣的单位。

1 日 武义广电台在该县壶山街道草马湖村进行农村有线数字电视整体转换工作试点。

1 日—2 日 仙居广电台首次对仙居县十四届人大五次会议和县政协七届五次会议开幕式进行现场直播。

2 日 省委书记赵洪祝在《国家广电总局调研高度肯定我省电视剧创作生产》(《浙江广电》88 期)中批示：电视剧创作取得如此成果，令人欣喜，望在基础上继续加劲努力，创作出更多精品力作。

2 日—14 日 全国“两会”在北京举行，浙江广电集团进行了连续 13 天全方位、多角度、高密度的宣传报道，充分发挥浙江卫视、浙江之声舆论主渠道作用，统筹整合网络、微博、手机电视等新兴媒体，扩大传播覆盖面，强化整体宣传合力，在中央电视台《新闻联播》播出浙江新闻 17 条，形成舆论声势。“两会”期间，省领导赵洪祝、吕祖善、乔传秀、王永明、郑继伟等先后来到浙江广电集团北京直播室，亲切看望工作人员，提出希望要求，给予勉励肯定，集团总编辑程蔚东、副总编辑施泉明等陪同看望。

2 日 省记协副主席胡瑞庭带队到舟山广电台检查指导“杜绝虚假报道 增强社会责任 加强新闻职业道德建设”专项教育活动。

2 日 武义广电台开展“送政策、送服务、促转型”企业服务年活动。

2 日—3 日 省广电局副局

长铁国强带队到宁波、舟山市检查验收创建无非法卫星电视接收设施乡镇(街道)和"广电进渔船"工作。

2日 宁波电台副台长辛雪莉经国务院批准,享受2010年度政府特殊津贴。

3日 省委书记、省人大常委会主任赵洪祝在省人大常委会副主任王永明等陪同下参观浙江卫视北京直播室。

3日 浙江广电集团召开2011年度共青团工作会议,集团纪委书记赵力平出席会议并讲话。

3日 湖州市召开全市文化广电新闻出版会议。

4日 杭州电台西湖之声与临安广电台合作的FM96.4乐活电台广播合作项目正式签约。

4日 宁波广播电视集团新闻综合频道与宁波市妇联等单位联合发起了"春天花开会"青年联谊活动,引起中央媒体关注,中央电视台新闻频道和财经频道《第一时间》作了报道。

4日 为迎接中国共产党成立90周年,湖州广电台参与的中央电视台纪录片《壮别天涯》在湖州开机拍摄。

4日 平湖市市长翁建荣批示肯定平湖市广电台强化新闻宣传推进主流媒体建设工作。

4日 湖州广电台两名黄丝巾志愿者《阿奇讲事体》主持人陈绍齐、文化娱乐频道《开心茶馆》制片人仰诚民双双荣获省级杰出志愿者称号。

7日 浙江省电影公司召开会议贯彻落实全省广播影视工作会议精神。

7日 舟山广电网络传输中心营业厅荣获浙江省总工会授予的"浙江省五一巾帼标兵岗"荣誉称号。

7日 2010年度金华市电视新闻协作会议在浦江县举行。

8日 金华广电台召开各党支部书记会议,部署台2011年党建工作。

9日,14日 丽水市人大常委会副主任刘国安带领调研组到景宁县、云和县调研指导有线电视数字化发展工作。

10日 省广电局下发通知,要求全省各级广播电视台(集团)严格按照国家有关无线电管理的法律法规,进一步加强广播电视无线电频率管理。

10日 浙江广电集团召开2011年度安全保卫工作会议,集团副总裁何跃新到会并讲话。

10日 浙江广电集团召开直属党委工作会议,集团纪委书记赵力平主持会议并讲话。

10日 东阳市委市政府召开全市广播电视工作会议暨农村数字电视整转推进会,部署实施农村有线数字电视整转工作。

11日 省广电局牵头省委宣传部、省委外宣办、省委政法委等12个部门在杭州召开省级打击非法"网络共享"网站及设备产品专项治理行动领导小组办公室全体成员联席会议,省广电局副局长铁国强出席会议并讲话。

11日 省广电局按照国家广电总局网络司要求,会同省外宣办、省工商局督查淘宝网删除各类"网络共享"设备销售、安装服务等有关信息。

11日 浙江横店影视制作公司、澳大利亚AMPCO电影公司等单位联合拍摄的电影《寻龙夺宝》在全国院线上映。

12日 嘉兴广电台城乡生活频率在嘉兴市余新镇现场提供消费维权服务。

12日 丽水广电台组织干部职工植树造林活动。

14日 省委宣传部副部长吕建楚在省广电局副局长铁国强陪同下,考察调研省广电监测中心手机监控平台。

14日 温岭广电台组织开展"解放思想,创业创新"大讨论活动。

14日 永康召开全市广播电视工作暨农村数字电视整体转换动员大会。

14日 天台广电台召开2011年度广电工作会议。

17日 省广电局局长张宝贵检查验收杭州市创建无非法卫星电视设施乡镇(街道)工作

17日 宁波广播电视集团广播数字化卫星直播车通过专家验收,并正式投入使用。

17日 章建平同志担任衢州广电台党委书记、台长。

15日 省广电局组织的三网融合广电技术培训班在杭州开班。省广电局副局长铁国强、浙江广电集团副总裁杨勇出席开班仪式。

15日—16日 浙江广电集团召开2011年度广告工作会议,集团总裁王同元出席会议并讲话,集团副总裁沈金加、副总编辑顾顺坤分别主持会议。

15日 浙江电台交通之声联合钱江晚报及全省各市10家主流报纸共同组建的浙江"第一跨媒体消费维权协作网"正式启动。副省长王建满充分肯定协作网是"关心民生、维护民生"的"大好事",要求把消费维权和"月月3·15"的宣传工作做实做好。

15日 安吉广电台《百姓连

线》栏目组开展3.15维权活动。

16日 浙江广电集团重点打造的工程项目——新祥利大楼正式启用。

16日 瑞安广电台首次运用直播车在瑞安湖岭镇进行"廉政进社区"大型广播现场直播活动。

16日 台州广电台组织广播电视各频道广告从业人员参加台州市工商局举办的广告审查员培训，25名学员通过考试获得广告审查员资格证书。

17日 面对日本核泄漏危机引发我省部分地区抢购食盐的公共事件，浙江之声第一时间推出特别节目《揭开核辐射的神秘面纱》，邀请有关家等做客直播室，直接解答听众疑问。

17日 萧山广电台举行通讯员座谈会。

18日 省委常委、宣传部长茅临生在有关材料上批示肯定集团"浙江骄傲"、"风云浙商"、"金牛奖"、"十大民生工程"等宣传活动。他指出，"四大年度评选活动创意好，立意高，活动组织得好，教育引导效果也很好，真正体现了媒体履行基本职能责任，弘扬核心价值导向，引导群众广泛参与，具体生动，耳濡目染的活动效果"。他要求集团继续努力，把这些活动"进一步办出特色和水平，服务大局中心，贴近百姓生产生活实际，既教育群众，也扩大电视影响，使社会效益和经济效益相统一"。

18日 省广电局围绕本年度全省广电系统工作重点，制定出台2011年度全省广播影视系统培训工作计划。

18日 浙江广电集团召开2011年度党风廉政建设工作会议，集团党委书记、总裁王同元到会讲话，党委副书记、总编辑程蔚东主持会议，党委委员、纪委书记赵力平作工作报告。

18日 在《新周刊》杂志发布的"2010中国电视榜"上，浙江卫视朱丹获"最佳娱乐秀主持人"称号，浙江电视台经济生活频道《新闻深呼吸》以唯一的地面节目身份入围"最佳时评节目"，主持人舒中胜入围"最佳时评节目主持人"。

18日 磐安广电台召开2011年广播电视工作会议，部署全年工作目标与任务。

20日 杭州盛世龙图动画公司《梦回金沙城》参加第二届纽约儿童电影节进行特别放映受欢迎。

21日 省广电局副局长铁国强与来访的甘肃省广电局领导交流工作。

21日 由国家广电总局主管，中国广播电视出版社主办的《综艺》杂志在北京举办第4届全国电视节目暨电视人评选大赛的颁奖典礼。浙江卫视《非同凡响》入选"年度节目"，《婚姻保卫战》入选"上星频道节目30佳"，浙江电视台民生休闲频道《钱塘老娘舅》入选"全国地面频道20强"，浙江卫视左岩获选"年度潜力主持人"称号。

21日 根据宁波市机构编制委员会《关于调整宁波广播电视集团体制和机构编制的批复》，宁波广播电视集团、宁波人民广播电台、宁波电视台进行整合，整合后单位名称为宁波广播电视集团，挂宁波人民广播电台、宁波电视台牌子，不再保留宁波人民广播电台、宁波电视台独立事业法人资格。

21日 永康市在江南街道马竹岭村开展首个农村数字电视整转试点。

21日 海宁广电台召开干部职工大会，动员和部署2011年度"建一流团队、创一流业绩"主题教育活动。

22日 《人民日报》整版刊登关于浙江影视(集团)有限公司投拍的38集革命励志情感电视剧《延安爱情》的文艺评论，高度评价该剧是"革命与爱情的另一种书写"，"为中国优秀知识分子的精神史谱写艺术篇章，对于推动中华民族文化的伟大复兴有着特殊的意义"。

22日 浙产39集大型史诗电视连续剧《东方》在中央电视台一套黄金时间播出。

22日 建成于1989年建筑面积1486平方米的磐安广电大楼经整体装修后重新投入使用。

23日 经国家广电总局批准，温州广播电视台第五套广播频率——温州对农广播（绿色之声）(F M 9 3.8)正式开播，省广电局副局长铁国强应邀参加开播仪式并讲话。

24日 全省广播影视系统党风廉政建设工作会议在杭州召开，省广电局局长张宝贵出席会议并讲话，省广电局副局长马乐其传达了第十七届中央纪委六次会议、省纪委第十二届七次全会和全国广播影视党风廉政建设工作会议精神。

24日 台州广电台广播新闻综合频道《987城市节拍》栏目被中国广播电视协会授予全国广播栏目民生影响力60强称号。

24日—26日 第4届中国茶商大会·松阳茶叶节在松阳举行，中央电视台等30多家媒体采访报道。

25日 由浙江卫视、省发改委、省交通厅等、省海洋与渔业局、省海事局、国家海洋局第二海洋研究所共同主办，宁波、温州、舟山、嘉兴、绍兴、台州等电视台协办的大型新闻行动《走向蓝海》在杭州湾跨海大桥启动。

25日 金华市本级农村数字电视整转工作在婺城区白龙桥镇叶店村进行试点。

26日 浙江电视台影视娱乐频道推出"地球一小时"公益晚会，传播环保生活理念，倡导人与自然和谐相处，浙江电视台国际频道、新蓝网同步直播。

27日 浙江卫视《时代先锋》栏目在全国37个主要城市的收视份额列省级卫视同时段前三，创下收视新高。省委常委、组织部长蔡奇为此作出批示，向栏目组同志所付出的努力表示感谢。

28日 余杭广电台推出《美丽之洲新征程》"十二五"开局采访系列报道活动。

28日 中央电视台《新闻联播》播出了中央台、浙江台与天台广电电台合作的新闻《浙江创新村务监督制度》，重点介绍了天台县村务监督委员会的好做法。

28日—4月1日 国家广电总局电影局在杭州召开全国部分省（市）电影制片管理调研座谈会。浙江广电局作为全国六个之一、华东地区唯一的具备属地审查职能的省级电影管理部门在会上介绍了经验。省广电局副局长王国富出席会议并讲话。

29日 省委常委、宣传部长茅临生在有关材料上批示，肯定集团"以浙江经视为责任主体，采取'定位转型'、'内容改版'、'服务升级'三大举措，进一步打响浙商宣传品牌，做得很好。"他要求集团"继续努力，特别要从浙江省的经济已领先、着眼全国全球配置资源的高度，成为省委省政府指导浙江经济工作的平台，尤其落脚到活跃在全国各地世界各地的浙商身上，使浙江经济更好地发展，转型升级，增强竞争力，同时，也通过电视的宣传，进一步打响浙商品牌。"

29日—30日 省广电局局长张宝贵到湖州市、长兴县、安吉县等地验收广电惠民服务示范单位，调研视听新媒体发展管理和广播影视改革工作，并就做好广播影视工作与湖州市长马以等当地领导交换了意见。

29日 省广电局局长张宝贵考察湖州市织里镇广播站王金法广播热线。

29日—4月1日 省广电局副局长马乐其到温岭、玉环、临海、永康广电台检查验收广播影视惠民服务示范单位工作。

29日—4月6日 金华文广新局联合市国家安全局和市无线电管理局开展集中整治非法广播电视频率频道的专项行动。

30日 省委宣传部《新闻阅评动态》肯定电视钱江都市频道推进新闻栏目联动机制，紧扣热点快速反应，形成宣传合力效果良好。

30日 萧山区新闻工作者协会成立。

30日 永嘉广电台正式开通官方网站永嘉广电网，网址为http://www.yjgd.net/。

30日 湖州广电台召开《美丽乡村》宣传实施计划研讨会。

31日 省发改委和省广电局在杭州组织召开《浙江省广播影视业"十二五"发展规划》专家论证会。

31日 永嘉县文化市场行政执法大队联合永嘉县公安局网监大队在瓯北镇龙桥村查处一个涉嫌侵权的电影网站，

本月 省广电局副局长铁国强到宁波、舟山、绍兴、温州、丽水等地检查验收广播影视惠民工作。

本月 全省广播电视媒体积极围绕全国"两会"召开重大宣传主题，全方位、大强度、多形式地开展宣传报道。

本月 受国家广电总局领导委托，总局中星九号直播卫星公司考察组到浙江考察"广电进渔船"试点工作进展情况。

本月 全省广播影视系统开展打击侵犯知识产权和制售假冒伪劣商品专项行动。

本月 省广电局获2010年度省级部门服务业统计工作考核优秀等次。

本月 省广电局获2010年度全省政务信息、全省宣传信息工作先进单位称号。

本月 省广电局获2010年度依法行政工作考评良好单位称号。

本月 省广电局选送的《关于浙江省有线数字电视发展的调研报告》、《关于新形势下探索加快乡镇广播电视站建设与发展的调研报告》分别获2011年全省宣传系统优秀调研报告二、三等奖。

本月 省广电局根据国家广电总局《关于加强对广播夜间节目管理的通知》要求，全面排查、整改省市部分广播电视夜间节目。

本月 一季度全省广播影视业经营收入为36.18亿元，同比增长24.24%。

本月 浙江电视台影视娱乐频道《快乐一点通》栏目开办100天，该栏目是目前省级电视频道唯一一档文化新闻栏目。

本月 省精神文明建设委员会公布绍兴市广播电视台、兰溪市广播电视台、长兴县广播电视台、安吉县广播电视台、玉环县广播电视台继续保留浙江省文明单位称号。

本月 中国广播电视协会联合央视索福瑞、赛立信公司组织了全国广播电视民生影响力调查。杭州电台交通91.8、杭州电视台明珠频道分别成为“全国广播电视民生影响力广播、电视30强媒体”，杭州电台交通91.8《我的汽车有话说》、杭州电视台明珠频道《阿六头说新闻》分别获得“全国广播电视民生影响力广播、电视60强栏目”。

本月 江、浙、沪三地10余家广播电视台将联合推出“唱游长三角”大型电视综艺活动。

本月 宁波海关在宁波机场查扣了5套涉嫌违法进口的车载卫星电视接收设备。

本月 嘉兴市文化市场行政执法支队对擅自非法从事互联网视听节目服务的嘉兴南湖网(www.jxnanhu.com)和嘉兴人论坛(www.0573ren.com)作出行政警告处罚。

本月 嘉善广电台组织开展“如何应对挑战 实现科学发展”大讨论活动。

本月 海盐广电台2006年至2010年连续五年安全播出无事故，荣获“全省安全播出先进集体”、“全省安全播出平安单位”称号。

本月 绍兴广电台启动广播电视精品创作工程。

本月 临海市全面完成有线电视数字化整体转换工作。

本月 仙居广电台启动乡镇集镇区有线网络双向改造工程。

本月 诸暨广电台和诸暨市文明办联合开展“万朵鲜花送雷锋”活动。

本月 中央电视台中文国际频道《快乐汉语》摄制组在嵊州市摄制“走进嵊州系列专题”节目。

本月 景宁县农村有线电视数字化整体转换全面启动。

4月

1日 省委常委、宣传部部长茅临生到长兴广电台调研工作，充分肯定长兴广电的发展理念、创新机制。

1日 由中国广播电视协会首次联合央视索福瑞等组织的全国广播电视民生影响力调查活动中，宁波电台经济娱乐频率荣获中国广播电视民生影响力广播媒体30强称号。

2日 新疆阿克苏地区和新疆建设兵团农一师宣传系统干部来浙业务培训班举行开班典礼。省广电局局长张宝贵出席典礼并讲话。

2日 安吉广电台策划采制的纪录片《亿元大奖的背后》在中央电视台2套《中国财经报道》播出。

2日 天台广电台举行“提振工作精神、提升服务水平、提高执行力”主题讨论会。

3日 嘉兴广电台交通之声在嘉兴南湖启动2011庆祝中国共产党诞辰90周年暨车友俱乐部“红色之旅”主题自驾采风系列活动。

4日 由中共宁波市镇海区委、镇海区人民政府出品，镇海广电台等单位联合拍摄的26集电视剧《郑氏十七房》在镇海开机。

6日 浙江广电集团召开2011年科技工作会议，集团总裁王同元到会并讲话，集团副总裁杨勇作工作报告。

6日 嘉兴广电台与浙江传媒学院新闻与传播学院签署关于《构建广播电视节目评价体系》的合作协议。

7日 杭州市召开了文艺名家名企恳谈会，对主旋律电视剧《东方》和《五星红旗迎风飘扬》各奖励300万元。

7日 宁波广播电视集团广播智能化总控系统项目通过整体验收并投入使用。

8日 省委常委、宣传部长茅临生在有关材料上批示，肯定浙江广电集团“以浙江经视为责任主体，采取‘定位转型’、‘内容改版’、‘服务升级’三大举措，进一步打响浙商宣传品牌，做得很好。”他要求集团“继续努力，成为省委省政府指导浙江经济工作的平台。”

8日 温岭广电台召开创新广播电视新闻宣传座谈会。

9日 由绍兴广电台和绍兴市民政局、市慈善总会联合主办启动“春暖我心——与外来务工人员子女手拉手”活动。

9日 由金华广电台、共青团金华市委等单位联合主办的“赢在职场——2011金华青年就业创业挑战赛”大型现场招聘会及创业项目博览会在金华市人民广场举行，金华市委常委、宣传部长陶诚华，副市长蔡健出席活动。

9日 杭歌影剧院成为杭州首个动漫剧场并首演。

9日 萧山广电台举行“我爱

唱红歌·闪亮我舞台”活动。

10 日 全国人大常委会副委员长、民建中央主席陈昌智一行到东阳横店影视产业实验区视察，充分肯定横店影视文化产业发展取得的成绩。省人大常委会副主任、民建浙江省委会主委吴国华,金华市委常委、东阳市委书记张仲灿等陪同视察。

10 日 海盐广电台举行广电信息工作业务交流会。

11 日 德清广电台结合自身定位和节目主持人特点，推出《我爱我家》和《你的故事我的歌》两档节目。

11 日 海宁广电台举办《岗位有风险、从政须谨慎》廉政风险防范知识讲座。

12 日 省委宣传部常务副部长胡坚在有关材料上批示,肯定浙江电视台影视娱乐频道的文化报道“谋划精到、主题突出、题材多样、形式创新”,“节目思想性、可看性、艺术性都很强”。他还要求广播电视“多推文化专题,发挥优势,形成合力,为推进文化大发展、大繁荣作出新的贡献！”

12 日—13 日 由浙江广电集团承办的 2011 年长三角广播广告协作会议在杭州召开，集团副总裁沈金加出席会议并讲话。

12 日 由嘉兴广电台发起，联合江西吉安、贵州遵义、陕西延安、河北石家庄四个城市广电台共同协作实施的“红色耀中国”大型大型新闻行动在嘉兴市启动。

13 日—15 日 省广电局局长张宝贵到宁波、镇海、宁海三地调研视听新媒体发展与管理工作，并就做好广播影视工作与宁波市委常委、宣传部长宋伟等当地领导交换了意见。

14 日 省广电局机关干部到省人民大会堂参观全国检察机关惩治和预防渎职侵权犯罪展览。

14 日 嘉兴广电台组织召开市本级乡镇广电站一季度农村数字电视整转工作推进交流会。

14 日 平湖广电台开展为期半年的“蹲点一线”鲜活新闻大赛活动。

15 日 三门广电台举行“解放思想、创业创新”主题演讲比赛。

16 日 中央电视台中文国际频道《走遍中国》平湖专辑开机仪式在平湖市东湖景区举行。

16 日 由杭州市委宣传部、市文明办主办，杭州文广集团等协办的杭州市“红旗飘飘——庆祝中国共产党成立 90 周年群众性歌咏活动”首场演出暨启动仪式在临安市举行。

18 日 中国社会科学院知识产权中心副主任、博士生导师李明德教授通过视讯系统为浙江省广电系统干部职工讲座《知识产权和文化保护》专题。

18 日 浙江卫视推出“中国蓝新锐人文季”的纪录片，启动《先驱》、《走向蓝海》、《南宋》、《艺术北纬 30 度》四大人文工程。

18 日 丽水市人大常委会主任焦光华,副主任刘国安、占志妙以及部分市人大常委会委员和市人大代表视察丽水市有线电视数字化发展工作情况。副市长廖思红、市文广新局局长赵碧华、市广电台台长戴邦和等陪同视察。

18 日 永嘉广电台干部人事档案管理工作通过省委组织部考核组省一级达标验收。

19 日—23 日 由全国省级广播电视报专业委员会主办、浙江城市广播电视报承办的 2011 年全国省级广播电视报年会和全国省级广电报第 20 届新闻作品评选会在杭州举行。浙江城市广播电视报 2 篇作品获一等奖,社长刘小杰在会上当选新一届全国省级广电报专业委员会副会长。

19 日 定海区北蝉乡有线数字电视整体转换工作的启动,标志着定海乡镇数字电视整转全面铺开。

19 日 东阳广电台邀请浙江传媒学院副院长朱旭光教授作如何提高干部管理艺术为内容的讲课。

20 日 中国电视艺术家协会四届六次理事会议在梅地亚宾馆召开,浙江广电集团总编辑程蔚东出席会议,集团总裁王同元、副总编辑顾顺坤参加了欢迎晚宴。

20 日 浙江卫视重点打造的《江南》栏目成功入选国家广电总局“2010 年度创新创优栏目”,向全国广电系统推荐。本次总局共评出包括中央电视台在内的十个栏目,《江南》是唯一入选的人文类栏目。广电总局充分肯定《江南》栏目兼具“思想性、知识性和趣味性，在全面提升观众的审美情趣、欣赏水平和正确引导观众的价值取向等方面都起到了积极作用”。

20 日 浙江广播电视技术研究所（由浙江广电集团和浙江传媒学院联合成立）组织召开科研项目验收会,集团副总裁杨勇、浙江传媒学院副校长沈兵虎等出席会议。

21 日—22 日 浙江省 2010 年度广播电视播音主持奖评选会在嘉兴举行。

21 日 东阳市委市政府在南市街道上朱村举行全市农村数字电视整转启动仪式。

25日 省电影公司召开第六次股东会，审议通过了董事会工作报告、监事会工作报告、财务决算报告和利润分配方案。

25日 绍兴广电台在北京举行广播剧《风雨1907》剧本研讨会。

25日 舟山市召开打击非法“网络共享”网站及设备产品专项治理行动工作会议。

26日 “浙江广电青年走进嵊州”大型歌会在嵊州爱德外国语学校隆重举行，浙江电视台教育科技频道、民生休闲频道分别播出歌会实况。团省委副书记王征、集团纪委书记赵力平观看了演出。

26日—27日 浙江广电集团召开年度产业工作会议，集团总裁王同元到会并讲话，集团副总裁沈金加在会上作工作报告。

27日 金华市广电行政执法人员联合工商、国家安全等部门检查市区龙腾、颐高两家电子市场，查扣22套非法“网络共享”设备。

27日—28日 温岭市开展非法卫星电视地面接收器专项整治行动，收缴380多个非法卫星电视地面接收器。

28日 第7届中国国际动漫节开幕，杭州文广集团统一部署10大媒体，派出近40路记者，利用卫星和3G等多种设备，全方位、多角度开展动漫节报道。

28日 杭州市委常委、余杭区委书记朱金坤走进余杭区广播电视台“在线访谈”直播间，与广大网友在线互动交流。

28日 新蓝网上线浙江手机台，并推出收费服务业务，迈出从点(直)播工具向节目互动平台的转型，开启浙江广电集团手机新媒体的商业化运营。

28日—5月3日 浙江卫视蓝巨星公司的50余款专属产品在第七届中国国际动漫节上首次发布。

28日—5月3日 杭州市围绕“动漫的盛会，人民的节日”办节宗旨，以“动漫我的城市，动漫我的生活”为主题举办第7届中国国际动漫节。本届动漫节设立了1个主会场、11个分会场，围绕会展、论坛、大赛、活动等四大板块共组织实施50多项内容，吸引了54个国家和地区参与、425家中外企业参展；202万人次参加了包括产业博览会在内的各项活动；签约项目212个，涉及金额106亿元，现场成交金额22亿元，总金额达到128亿元。

28日—5月11日 中央电视台数字电视·气象频道的《一方水土》栏目到湖州拍摄反映自然风光和风俗民情的系列片《湖州》。

29日 中国广播电视协会电视版权委员会在北京成立，大会推选浙江广电集团等为副会长单位，集团副总编辑顾顺坤等任副会长。

29日 浙江电视台经济生活频道总监许东良获得中华全国总工会授予的“全国五一劳动奖章”，并参加浙江省庆祝“五一”国际劳动节暨劳模先进表彰大会，接受省领导的颁奖。他还同时获得省政府颁发的“浙江省劳动模范”荣誉称号。

29日 绍兴广电台与绍兴市委党史研究室联合举行“寻访‘红色地标’”大型新闻行动活动，绍兴市委常委、秘书长魏伟参加启动仪式。

29日 衢州市第6届人大一次会议第四次全体会议结束，新当选的市长尚清同志接受了衢州广电台记者采访，并肯定广电宣传工作。

29日 玉环广电台举办“党在我心中”红歌大家唱活动，启动纪念建党90周年“走红色之旅，读红色经典书籍，唱红色旋律，写红色征文”系列活动。

29日—5月2日 湖州广电台派记者随湖州援建指挥部赴援建的四川省青川县马鹿乡进行实地采访报道。

30日—5月7日 由国家广电总局、法国驻华大使馆、法国电影联盟共同主办的第8届法国电影展分别在杭州、北京、成都、深圳城市展映，杭州百老汇影城展映9部电影长片和11部短片。

本月 省委宣传部《新闻阅评动态》肯定浙江电视台钱江频道推进《范大姐帮忙》、《新闻007》、《九点半》和《浙江名医馆》四档新闻栏目联动机制，紧扣热点快速反应，形成宣传合力效果良好。

本月 由省广电局、浙江广电集团、省广电学会主办，全省11个市文广新局联合主办，浙江电视台钱江都市频道、浙江电台交通之声、全省11个市广播电视台(集团)、浙江在线共同承办的全省庆祝建党90周年“心中有爱献出来”大型群众活动启动。

本月 浙江卫视《快乐蓝天下》推出“梦想季”，以全新明星互动秀的方式打造为平民百姓圆梦的综艺节目。

本月 浙江电视台好易购频道成功实现全省覆盖。

本月 宁波电台被宁波市社会治安综合治理委员会办公室、宁波市公安局评为宁波市治安安全单位(四星级)。

本月 绍兴市文广局联合相关部门开展集中整治非法生产、销售“网络共享”及设备产品专项行动。

本月 淳安广电台深入开展“记者新春基层行”活动。

本月 海盐广电台出台《加强作风与效能建设实施意见》。

本月 嘉善县出台高标准创建广播电视示范村(镇)的实施意见

本月 嘉善广电台的“嘉善新闻网”被浙江在线新闻网站授予“2010年度进步奖”称号。

本月 武义广电台推出《武义达人秀》节目。

5月

1日 位于宁波高速交警支队的宁波广电集团台外直播室正式启用。

1日 海宁广播电台撤销全部医药类专题广播广告,打造“绿色广播”。

3日 第7届中国国际动漫节落下帷幕,全国人大常委会副委员长韩启德及国家广电总局相关领导在浙江广电集团展区参观时,对集团动漫工作予以充分肯定。

3日 宁波台电视一套、二套、三套视频信号落户中国网络电视台(CNTV),利用中国网络电视台(CNTV)的国家网络视听公共服务平台和海内外庞大的镜像站点体系,实现了全球落地。

3日 瑞安广电台推出广播栏目《整点快报》。

3日 桐庐广电台推出电视访谈栏目《春江会客厅》。

3日—4日 全省广播电视对农节目服务工程建设工作会议在杭州召开。会议总结了2008年至2010年三年目标规划实施情况,研究部署了“十二五”期间对农节目服务工程建设的规划,明确了省、市、县台“十二五”期间对农宣传服务工作的任务及考核办法。会上通报表彰了2010年度对农节目服务工程建设考核先进单位和“农业增收致富100例”电视节目竞赛评选结果。省广电局局长张宝贵到会讲话省委宣传部和省农办、省财政厅、省农业厅等全省对农节目服务工程建设联席会议成员单位有关领导及浙江广电集团、各市广电部门、各市、县广电播出机构有关负责人参加了会议。

4日 由中宣部、教育部、团中央主办,浙江广电集团和中央电视台联手打造的全国大学生校园文艺会演《五月的鲜花——永远跟党走》在北京举行。中央政治局常委李长春,中央政治局委员、书记处书记、中宣部部长刘云山,中央政治局委员、国务委员刘延东,全国政协副主席、中国社会科学院院长陈奎元等中央领导与首都高校学生代表一起观看演出。

5日 由浙江电视台公共·新农村频道承办的第3届“新农村冲击播”电视助推行动在钱江源头开化县启动。省人大常委会副主任程渭山,省委宣传部副部长来颖杰,浙江广电集团副总编辑顾顺坤等出席活动并致辞。

5日 以“让开化飞”为主题的浙江省第3届新农村冲击播电视助推行动在钱江源头开化县隆重启动,省人大副主任程渭山出席了启动仪式。

5日 省电影公司举办“激扬青春,活力五四”电影歌曲竞赛。

5日 宁波广电集团电视卫星接收机房技术改造工程顺利完成投入使用。

5日 由瑞安广电台和瑞安市红十字会等单位共同组建的“百姓直通车”爱心基金会举行“爱在行动”慈善拍卖晚会。

5日 天台广电台组织开展“关爱留守儿童”捐赠活动。

7日 省委书记赵洪祝在有关浙江卫视《江南》栏目被国家广电总局评为创新创优栏目的材料上批示,肯定这一成绩“是浙江卫视坚持正确舆论导向,弘扬主旋律,增强影响力的又一成功尝试。要继续努力,为宣传浙江文化、建设文化大省作出新贡献。”

7日 衢州市委常委、宣传部长诸葛慧艳到衢州广电台检查指导《富民强市开新局,科学跨越在衢州》主题报道工作。

7日 中央电视台新闻频道在《新闻直播间》栏目中,以3分多钟的时长播出题为《衢州信访听证,沟通化解矛盾》的报道,讲述了衢州市创新推行信访听证制度,沟通化解基层矛盾的做法与经验。

7日 绍兴广电台交通频率连续第6年启动了“爱心送考”公益活动。

8日 浙江电台交通之声策划、承办的《追寻历史的足迹——红船精神永相传》多媒体联动大型新闻行动在嘉兴市南湖革命历史纪念馆启动。

8日 丽水市广播电视安全播出协调领导小组组织全市广播电视防非法插播安全播出演练。

8日 东阳市南溪农村有线数字电视整转试点工作全面完成。

9日 浙江之声联合陕西、山

西、江西、贵州等11家省级电台特别策划推出的大型广播献礼宣传活动《红色信念》在延安举行启动仪式。

9日 浙江电视台民生频道在《1818黄金眼》中推出大型特别报道《使命90年》，从民生的角度以最贴近老百姓的方式来表现中国共产党90年来的宏伟历史。

9日 由解放军报、国防部网、中国军网和中共萧山区委、萧山区人民政府联合主办大型访谈节目“九十年的跨越”大型电视访谈节目在萧山广电台600平米演播室进行。

9日 海盐广电台调频广播每周一至周五上午推出一小时常态直播节目—《阳光9点档》。

10日 浙江广电集团正式启用“摩托化电视单兵直播装备”。集团副总编辑施泉明、副总裁杨勇出席启用仪式。

10日 嘉兴广电台举行纪念建党90周年大型新闻行动“红色耀中国”启动仪式。

11日 省广电局召开局长办公扩大会议，研究部署落实近期重要工作，局长张宝贵强调，要统一思想、振作精神，抓大事，破难题，重基层，保安全，扎扎实实按计划好上半年工作，为全面完成全年各项目标任务打好基础。

11日—13日 浙江省城市电视台技术协会第21届年会在丽水召开。省广电局副局长铁国强、丽水市委副书记沈仁康出席开幕式。

11日 余杭区区长姜军到余杭广电台调研工作。

13日 宁波广电集团参加第七届深圳文化产业博览会，省委常委、宣传部长茅临生充分肯定宁波广电集团的电视剧创作生产。

13日 平湖广电台制定《平湖市广播电视台工作人员日常行为管理考核办法》。

13日—16日 浙江广电集团参展第7届中国(深圳)文化产品博览会。中央政治局委员、书记处书记、中宣部部长刘云山在视察集团展台时听取程蔚东总编辑的汇报，称赞说，你们的《中国1921》很好，是在中央电视台播出的第一部纪念建党90周年的电视剧。

15日 省广电局组织开展纪念中国共产党成立90周年党史党建知识竞赛。

16日 由中国电视剧制作中心、浙江广电集团、浙江影视(集团)有限公司共同打造的史诗电视连续剧《中国1921》在中央电视台一套黄金档首播，成为中央电视台庆祝建党90周年首部献礼剧，并被中宣部列入建党90周年献礼片向全国推荐。

16日 金华市副市长傅利常到金华广电台调研了解数字电视整转及广电产业发展情况。

16日 舟山广播电视举行“反插播”演练活动。

17日 由国家广电总局中国电视艺术委员会、省广播电视学会、长兴县人民政府主办，长兴广电台承办的首届两岸三地播音主持论坛在长兴落下帷幕。中国电视艺术委员会秘书长王丹彦、副秘书长张效岩，省广电局局长张宝贵等出席活动。

17日 第三届金华电视观众节暨“红心闪耀我心飞扬”纪念建党90周年大型媒体活动在广电中心举行启动仪式。

17日 作为舟山市最后一段大陆联网光缆——舟山广电大楼至盐仓驻军公寓总长6.1公里72芯的大陆联网光缆铺设完工。

17日 平湖广电台推出电视谈话类栏目《民生站点》。

18日 由嘉兴市电影有限公司、嘉兴日报社、嘉兴广电台合资组建的嘉兴市银河影业投资有限公司投资建设的桐乡市洲泉镇洲泉银河电影城开业。

18日 德清广电台雷甸广电站率先成为全县首个数字电视整转乡镇。

18日 萧山广电台党建电视栏目《萧山党建》全新改版首播。

18日 永康市政协开展数字电视整体转换主席议政日活动。

20日 省广电局召开局党组专题会议，研究部署创先争优、双服务工作，重点做好“一访”、“三送”、“四进”工作。

20日 省广电视局下发关于做好中国共产党成立90周年优秀影视剧展映展播活动的通知。

20日 由中国文联、中国电影家协会联合举办的“百花放映·红色之旅”大型农村公益电影放映及慰问演出活动启动仪式在全国政协礼堂举行，绍兴影业有限公司受邀参加启动仪式。

23日 最高人民法院审判委员会第1523次会议通过关于审理破坏广播电视设施等刑事案件具体应用法律若干问题的解释。

23日 由浙江广电集团和团省委等部门单位联合主办，浙江电台承办的“寻访红色印迹、寻访奋斗青春”全省青少年纪念中国共产党成立90周年系列寻访活动在浙江革命烈士纪念馆广场启动。副省长陈加元，集团副总编辑董传亮出席启动仪式。

23 日 浙江广电集团成立宣传网络交流平台工作领导小组,下设办公室负责日常事务。集团副总裁何跃新任组长，管委委员、办公室主任姚休任副组长。

23 日 由绍兴广播电视台与中央电视台联合拍摄的大型电视纪录片《光复会》在市区大通学堂举行开机仪式。

23 日 绍兴广电台音乐频率联合深圳音乐台、湖北楚天音乐台、昆明都市调频、唐山音乐台等电台推出广播联播音乐节目《音乐种子》，辐射全国 200 多家电台。

23 日 仙居广电台与县委宣传部等部门联合举办的中国好人榜仙居颁奖晚会在仙居剧院举行。

24 日 海盐县委书记张仁贵批示数字电视发展工作。

25 日 省广电局在泰顺县广播电视台举办一期“双服务”广电业务培训班。

25 日 国家广电总局《关于公布 2010 年度少儿精品发展专项资金及国产动画发展专项资金项目评审结果的通知》,宁波电台《小星星乐园》获优秀少儿广播栏目三等奖,奖励 5 万元。《一堂奇妙的数学课》被评为浙江省政府奖青少节目一等奖。

25 日,27 日 安吉县人大常委会主任吴向明、县政协主席梁为民视察安吉县广播电视工作。

25 日 临安广电台推出《天目岁月—临安党史关键词》系列报道。

25 日 松阳广电台开展有线电视网络防插播安全演练。

26 日 瑞安广电台拍摄的首部网络电视剧《云的风采》开机。

26 日 建德市“加快城乡统筹,推进转型升级,为十二五发展开好局起好步——乡镇(街道)部门一把手走进直播间”大型广播直播活动结束。

26 日 武义广电台与武义县人大常委会联合开办电视专栏《人大视点》。

28 日 浙江广电集团影视公司投拍的红色题材电视剧《延安爱情》登陆中央电视台八套黄金时间。

28 日 宁波广电集团“广播、电视同步直播‘阳光热线’”工程项目完成并开播。

28 日 磐安广电台直播节目《民生热线》栏目举行“红心闪耀 我心飞扬”文艺晚会。

30 日 无障碍影视片《说好不分手》在浙江省绍兴市图书馆首映。

31 日 省广电局机关开展干职工作消防安全讲座。

31 日 金华市本级有线电视数字化整转突破 10 万户。

本月 省政府公布浙江省服务业重点企业名单，浙江时代电影大世界有限公司被列入浙江省服务业重点企业。

本月 浙江广电集团办公室、杭州文广新局、宁波文广新局法策法规处、嘉兴广电台获得全国广电法制宣传教育先进单位称号,温州文广新局潘善飞、金华文广新局琚丽萍、台州文广新局俞赵飞、衢州文化市场行政执法支队陈延良获得全国广电法制宣传教育先进个人称号，省广电局行政执法指导处、湖州文广新局、绍兴文广电新局广电处获得全国广电法制宣传教育先进办公室称号,丽水文广新局陈建光、舟山文广新局徐志良获得全国广电法制宣传教育先进工作者称号。

本月 浙江省首届对外传播异地采访优秀节目颁奖仪式暨外宣专题研讨会在杭州举行。省广电学会常务副会长胡瑞庭出席会议。

本月 省广电监测中心配合总局完成浙江省市 12 个点的总局监测业务系统巡检及 CMMB 监测设备安装工作。

本月 宁波广电集团召开体制改革动员大会。

本月 嘉兴广电台新闻广播联合中央人民广播电台中国之声、上海人民广播电台共同策划纪念建党 90 周年《光辉足迹》特别节目三地联合直播活动。

本月 义乌市数字电视整体转换工作全面完成。截至年底,全市共有数字电视用户 25.8 万户。

本月 武义广电台实施工作日志制度。

本月 嵊泗广电台谢莹艳被评为 2010 年度“全国优秀共青团员”,成为嵊泗首个荣获“全国优秀共青团员”称号的青年,也是舟山市唯一一个荣获 2010 年度“全国优秀共青团员”称号的青年。

本月 临海广电台新闻栏目《民生 988》启动了迎“六一”捐书活动。

本月 遂昌县委对遂昌广电台十年工作取得全市第一的成绩给予通报表彰，并奖励公务用车一辆。

6 月

1 日 由团省委、省教育厅和浙江广电集团指导，浙江电视台少儿频道联合省关工委举办的“飘扬的红领巾”——浙江省少先队庆“六一”暨 2011“浙江四好少年” 颁奖晚会隆重举行。省委书记、省人大常委会主任赵洪祝发来贺信,省委常委、宣传部长茅临生在晚会上与少先队员一起启动“海洋生态环保行动”,省人大常委会副主任厉志海、副省长郑继伟、省政协副主席王永昌等为“四好少年”颁奖。

1日 作为浙台文化交流之旅的重头戏,“山水合璧——黄公望与富春山居图特展”在台北故宫博物院开幕。这是传世名画《富春山居图》遭遇火劫,分离360年后的首次复合。中国国民党主席马英九发来贺信。省委书记赵洪祝,省委常委、秘书长李强,副省长龚正等出席活动。浙江卫视联合台湾媒体推出“跨越海峡的合璧”直播特别节目,全面报道“山水合璧”盛况,反映文化交流盛事,传递两岸亲情,赢得各方的好评和肯定。省委书记赵洪祝批示肯定报道团队“全力以赴,密切配合,选派业务骨干全程进行采访,采写了许多非常精彩,很有分量的报道,展示了良好的精神风貌和工作能力,为本次活动的成功举办作出了重要贡献。”

1日—3日 浙江广电集团15位年轻干部分批赴基层挂职锻炼。集团总裁王同元、纪委书记赵力平为大家送行。

1日 金华广电与金华移动联合在蒋堂镇界首村实施农村“三网融合”试点,使之成为该市第一个集互动电视、宽带和无线座机为一体的农村数字电视信息化示范村。

1日 黄岩区各乡镇模拟信号在保留6套节目的基础上全部关停,至此全区已全部完成数字电视整转及关模工作。

2日 2011谢晋电影艺术纪念活动新闻发布会暨启动仪式在北京举行。

2日—3日 省广电局局长张宝贵到金华市调研视听网站发展管理工作,并就广播影视工作与金华市长徐加爱、市委常委、宣传部长陶诚华、副市长傅利常等当地领导交换了意见。

2日—3日 省广电局局长张宝贵到金华市调研,专程看望慰问了在金华广电台挂职学习的4位阿克苏广电学员,并和他们座谈交流。

3日 省委常委、宣传部长茅临生在有关材料上批示,对浙江广电集团投拍的电视剧《中国1921》成为央视一套首部庆祝建党90周年献礼剧予以肯定,赞誉《中国1921》“开播后,受到电视和网络观众喜爱,取得了又叫座又叫好、两个效益双丰收的喜人成绩,为近期不断扩大的浙派影视增添了新彩”,希望“再接再厉,继续创作效益好、受观众喜爱的主旋律影视作品,提前研究策划好一些重大历史题材的影视作品,在思想宣传和文艺创作上不断努力,取得新成效。”

3日 浙江广电集团“十二五”期间两大平台建设项目之一、省重点工程、浙江国际影视中心项目的影视制作综合大楼桩基工程提前7天顺利完工。影视制作综合大楼总建筑面积近19万平方米,地上42层,总体高度达218米,设计工期93天。经试桩检测,桩基工程全部达到设计要求。

3日 嘉兴广电台交通经济频率、大连电台共同推出建党90周年特别节目《光辉的历程》。

3日 绍兴广电台和绍兴市文广新局联合启动百场红色电影进社区(村镇)活动。

3日 景宁广电台举行慈善捐款暨创建文明楼院启动仪式。

6日 NBTV网站加入了浙江网络电视台“视频浙江”联盟。

6日 常山广电台积极应对2011年最大的一次强降雨天气,全力做好机房漏水抢修,确保广播电视节目信号安全畅通。

8日 省广电局在杭州召开社会监督评议工作座谈会,省广电局局长张宝贵出席会议并讲话。

10日 鄞州广电台出资5万元帮扶景宁县东坑区域广播电视管理站建设,近3年来,鄞州广电台帮扶资金已累计达34.5万元。

10日—7月20日 浙江时代院线所属发行放映单位举办庆祝中国共产党成立90周年优秀电影展映活动。

12日—17日 浙江广电集团首期管理人员研修班在中国传媒大学举办,集团总裁王同元,副总编顾顺坤、纪委书记赵力平等参加了学习。

12日 浙江电台交通之声、杭州市文明办等单位联合主办,浙江电视台影视娱乐频道、新蓝网等媒体共同推出的“和谐之歌”纪念建党90周年暨杭州市创建全国文明城市社区巡回歌会在杭州西城广场启动。

13日 省广电局局长张宝贵会见《美国侨报》社长。

13日 由省委宣传部、省直机关工委和省广电局联合主办、浙江时代院线等承办的浙江省庆祝中国共产党成立90周年优秀电影展映活动在杭州剧院举行启动仪式。

13日—24日 省广电局在全省组织开展了广播电视安全播出执法大检查。

14日 为期两天的中国电视长城平台工作会议在杭闭幕。国家广电总局国际合作司巡视员、副司长曹寅，省委宣传部副部长吕建楚，中视国际有限公司总裁魏平，浙江广电集团副总编辑施泉明出席会议。

14 日 省广电局会同省通信管理局联合下发《关于加强IPTV和有线宽带接入服务管理的通知》(浙广局发〔2011〕126号),进一步规范IPTV业务、有线宽带接入服务市场秩序，促进三网融合顺利开展。14日 中国电视长城平台工作会议在杭州闭幕。

15 日 全省服务业发展大会召开，浙江时代电影大世界有限公司被省政府授予服务业重点企业。

15 日 由浙江影视集团(集团)有限公司与中国电影公司等多家机构联合拍摄《建党伟业》在全国各大影院公映，国内票房累计2.18亿元，并获得了第14届中国电影华表奖优秀故事片奖、优秀导演奖和优秀编剧奖。

15 日 绍兴文广新局等五部门共同主办电影《建党伟业》首映暨优秀电影展映活动。

15 日—8 月 15 日 全省各级电影管理部门组织农村放映队在农村地区广泛开展庆祝中国共产党成立90周年优秀国产影片献映活动。

15 日—8 月 15 日 浙江新农村数字电影院线所属发行放映单位开展庆祝中国共产党成立90周年优秀电影献映活动。

16 日 浙江广电集团下发文件,在广大干部职工中开展“看红剧、读红书”主题活动,向建党90周年献礼。

17 日 省广电局召开党组扩大会议，学习中共浙江省委十二届九次全体(扩大)会议和中共中央政治局委员、中宣部部长刘云山在浙江出席全国学习型党组织建设工作经验交流会和考察调研时的讲话精神。局长张宝贵作主题发言，局领导铁国强、马乐其、王国富、傅宏章同志及各处室、监测中心正副处长(主任)、广电学会、产业协会、省电影公司主要负责人等出席了会议。

18 日 由浙江横店影视制作有限公司和澳大利亚波特电影公司合拍的电影《幸福卡片》(又名《33张明信片》)参加第14届上海国际电影节展映，是横店影视制作有限公司和澳大利亚电影界的第二部合拍片，此前刚刚参加了第59届澳大利亚悉尼国际电影节进行全球首映。国家广电总局电影局局长童刚、省委宣传部副部长龚吟怡、省广电局副局长王国富出席招待酒会。

19 日 首批新疆阿克苏地区和新疆建设兵团农一师宣传系统来浙业务培训工作全部结束，这次培训是浙江省宣传系统首次组织的较大规模的跨省实地培训。

20 日 省委书记赵洪祝充分肯定浙江省“十一五”广播电视村村通工作取得的成绩，批示要求“再接再厉,把这项惠民工程扎扎实实搞好。”

20 日 由省委创先争优领导小组主办,浙江广电集团承办,浙江卫视主创摄制，作为全省纪念中国共产党成立90周年重要活动之一的《党旗高扬，党徽闪光——2011浙江省创先争优主题晚会》在省人民大会堂上演。省委书记赵洪祝专门来电对创先争优活动中涌现出来的闪光言行之星和先进典型表示祝贺。中央创先争优活动领导小组办公室副主任傅思和，国土资源部副部长张少农，省党政军领导夏宝龙、李强、蔡奇、林恺俊等出席晚会,全省100位闪光言行之星和来自各行各业的基层党员代表共同观看了晚会。

20 日 平湖台《民生站点》推出特别节目——“20年，城市回眸”,庆祝平湖撤县设市20周年。

20 日 浦江广电台组织开展消防安全培训和应急疏散逃生演练。

21 日 浙江时代院线恒隆电影大世界举行火灾及停电突发事件应急演练。

22 日 省广电局下发《关于进一步做好广播电视防汛抗灾有关工作的通知》，部署防汛救灾工作。

22 日,24 日 东阳市委市政府分别召开了市机关部门和镇乡街道座谈会，讨论东阳市数字电视城乡信息服务平台建设方案。

23 日 浙江广电集团纪念中国共产党建党90周年暨“我为集团创新业”主题演讲比赛决赛在800平米演播厅举行。

23 日 “手机视频节目监管系统建设”项目通过省广电局组织的验收。

23 日 仙居县人大常委会召开主任会议专题听取了县广播电视工作情况汇报。

24 日 省广电局机关和直属单位党员干部职工以上党课的形式纪念中国共产党建党90周年。省广电局局长张宝贵作了“学习党的历史,传承革命精神,开展先锋行动争做创先争优的模范和表率”的主题报告。

24 日 省广电局局长张宝贵走进浙江之声《阳光行动 厅长在线》直播节目,就全省广播影视发展与管理工作与听众、网友互动交流。

24 日 宁波市广播电视安全播出协调领导小组在象山开展防插播安全播出演练。

25 日 第 4 届中国网络影响力颁布盛典在北京举行，杭州电视台获“中国网络影响力 2010 年十大城市台”的称号。

26 日 湖州广电台联合市新农办等单位开播电视《美丽乡村》栏目。

27 日 省广电局局长张宝贵出席“心中的歌——庆祝中国共产党成立 90 周年省广播影视书画巡展”启动仪式。

27 日 “浙江省广播电视安全播出监管系统(一期)项目”通过省广电局验收,投入正式运行。

27 日 5 集文献纪录片《先驱》在浙江卫视晚间黄金档播出。

27 日 杭州电视台影视频道参与投资拍摄的古装神话剧《活佛济公 2》在杭州举办了首播礼暨观众见面会。

27 日 萧山广电台开播《政情民意直通车》广播专题节目。

27 日 嘉善广电台网络电视播控平台暨联通手机电视正式开播，这是全省首家县级广电台开播的手机电视。

28 日 省广电局在余姚革命老区举行庆祝中国共产党成立 90 周年千场红色电影进农村赠送仪式。省广电局副局长王国富出席仪式并致辞。

28 日 浙江广电集团在省人民大会堂举行浙江网络广播电视台上线仪式。浙江网络广播电视台是第一批获得国家广电总局批准设立的省级网络广播电视播出机构之一，它的正式上线标志着新蓝网初步完成“一网两台,复合传播、立体发展”的战略布局。

28 日 在 2011 年世界品牌大会上，世界品牌实验室董事会主席罗伯特·蒙代尔教授授予浙江广电集团“中国 500 强最具价值品牌”称号,浙江广电集团品牌价值排名全国第 143 位，位居浙江上榜品牌前十强。在入围的 46 个传媒品牌中，集团排名全国媒体前十,位居浙江媒体首位。集团总编辑程蔚东，管委委员姚休出席活动。

28 日 舟山市委常委、宣传部部长江建国到舟山广电台专题调研市本级有线数字电视整体转换工作。

28 日 绍兴广电台举办的“颂歌献给党”——庆祝中国共产党建党 90 周年红歌大展唱落下帷幕。

28 日 海宁广电台网络建设安全技术现场操作观摩会暨广电网络建设维护安全月活动在盐官镇郭店村举行。

29 日 以建党 90 周年为主旨的“心中有爱献出来”大型群众文艺活动举行了总决赛暨献礼汇报演出。

30 日 由省委宣传部、省文化厅、浙江广电集团主办,浙江卫视承办的“红船向未来——浙江省庆祝中国共产党成立 90 周年文艺晚会暨第二届浙江文化艺术节开幕式”在杭州黄龙体育馆拉开帷幕。省委书记、省人大常委会主任赵洪祝致辞。省委副书记、省长吕祖善宣布第二届文化艺术节开幕。

30 日 在天台县“庆七一 唱红歌 促‘三提’”纪念建党 90 周年大型歌咏晚会上，天台广电台合唱团获歌咏晚会一等奖及“最佳演出奖”。

30 日 三门县全面完成有线电视数字化整体转换，关停模拟电视信号至 6 套。

本月 我省发生近十年来最强的梅雨降水过程，并导致钱塘江流域发生 20 年来最大洪水。在省委、省政府和省防指的领导下，在省委宣传部的指挥部署下,浙江广电集团领导靠前指挥，浙江卫视、浙江之声等频道快速反应，打破常规编排，多档新闻节目联动直播，并出动直升机进行灾情航拍，全力以赴展开抗洪抢险宣传报道。省委书记、省人大常委会主任赵洪祝在有关材料上批示，表扬浙江卫视在汛情来袭之际“快速反应,深入一线,全面报道,影响广泛，为夺取抗洪救灾斗争的胜利营造了良好的舆论氛围，充分体现了服务大局、关注民生的意识,体现了不怕疲劳、连续作战的作风。”

本月 浙江广电集团高清全流程新闻制播系统通过总局检测。

本月 由浙江广电集团主办、浙江电台交通之声策划承办的大型新闻行动系列报道《追寻历史的足迹,红船精神永相传》完成采访任务。

本月 共青团中央授予华数黄龙营业厅“全国级青年文明号”称号。

本月 宁波电台被宁波市委、市政府评为 2006—2010 年法制宣传先进单位。

本月 绍兴县广电台完成电视播出系统的全自动全数字改，至此,该台广播电视采、编、制、播系统已实现全台一网数字化。

本月 义乌广电台主办的义乌城市网开始上线测试运行。

本月 由浙江横店电影院线投资的五星级影城——开封横店电影城建成试营业,结束了开封无高档影院的历史，也是横店院线在河南省开出的第三家豪华影城。

7月

1日　省广电局在全省广电媒体中开展新闻类节目调查。

1日　建德广电台农村有线广播全新开播，同时建立农村应急广播指挥管理平台。

1日　全国劳模、东阳广电台白云广播电视站站长卢汉成到东阳市委组织部交了1万元人民币，以示对中国共产党成立90周年的心意。

2日　宁波广播电视集团新闻综合频道与宁波市委组织部合作的《宁波党建》栏目经过全新改版正式开播。

4日—5日　浙江广电集团召开年中广告工作会议。集团党委书记、总裁王同元出席会议并讲话，集团副总裁沈金加、副总编顾顺坤主持会议。

4日　松阳广电台组织采编记者开展新闻记者法规教育学习。

4日　省电影公司召开夏季消防安全专题会议。

5日　省电影公司印发《考勤管理实施办法》，实行指纹考勤。

6日　省委副书记夏宝龙在有关材料上批示肯定浙江广电集团承办的《2011浙江省创先争优主题晚会》"组织得好，具有很强的时代感、历史责任感和艺术性，很有感染力，是不可多得的文化精品"。省委常委、组织部长蔡奇也对此作出批示，肯定晚会办得好，希望"今后继续加强与浙江广电集团合作"。

6日—8日　浙江广电集团党委召开专题读书会，学习贯彻胡锦涛总书记在庆祝中国共产党成立90周年大会上的重要讲话精神和全国文化体制改革工作会议、省委全会精神。总裁王同元作题为《加强队伍建设，提升综合素质，为加快"十二五"新一轮发展提供坚强人才保障》的讲话，党委副书记、总编辑程蔚东作了题为《建设学习型媒体，做学习型媒体人》的讲话。党委委员，管委、编委委员和各部门、各单位主要负责人近60人参加会议。

6日　省电影公司党员干部认真学习胡锦涛总书记七一重要讲话。

6日　杭州文广新局召开2011年度广播电视广告播出管理座谈会。

7日　浙江广电集团成立广播电视设施安全保护工作领导小组，集团副总裁杨勇任组长，副总裁何跃新任副组长。

8日　省电影公司组织全体员工收看《激情奉献：2011年全国广播影视系统先进事迹报告会》。

9日　由中国文联、中国电影家协会主办，绍兴影业有限公司、绍兴市新世纪农村数字电影有限责任公司承办的"百花放映·红色之旅"大型电影文化惠民放映系列活动启动。

10日　浙江横店电影院线在全国同行中率先设立的服务质量投诉电话正式开通，随时接听观众的服务投诉。

11日　省委宣传部副部长、外宣办主任吕建楚到青田县广播电视台指导广播电视宣传工作。

11日　《浙江省广播电影电视局规范行政处罚自由裁量权工作实施办法（修订稿）》出台。

11日　中央电视台专门发来感谢信，感谢诸暨市委、市政府在"616"抗洪救灾报道过程中对中央电视台的大力支持和协助。

11日　天台广电台台长林国干被中共天台县委授予天台县第6届"拔尖人才"荣誉称号。

11日—15日　庆祝中国共产党成立90周年暨第二届浙江省文化艺术节动漫主题展在杭州市青少年发展中心举行。

12日　省广电局张宝贵局长参观庆祝中国共产党成立90周年暨第2届浙江省文化艺术节动漫主题展。

12日　宁波市首家对农宣传音视频综合信息集成平台——宁波广播在线"绿风网络台"正式开播上线。

12日—13日　省广电局联合金华文广新版局在兰溪市举办县级台新闻和对农节目创优创新研讨班。

13日　省政府办公厅转发省广电局、省财政厅、省海洋与渔业局《关于开展"广播电视进渔船"工程实施意见》，明确要求力争通过3年时间，到2013年底，基本完成全省一万艘大中型海洋捕捞船只安装接收中星9号直播卫星电视设备，让更多的渔民群众在船上收看收听到47套国内电视节目和50套广播节目。

13日　绍兴广电台党委理论学习中心组集中学习胡锦涛总书记在庆祝中国共产党成立90周年大会上的"七一"重要讲话精神。

13日　匈牙利国家电视台摄制组到云和县采访木制玩具企业。

14日　省委常委、宣传部长

茅临生在有关材料上批示肯定浙江广电集团为《红船向未来》晚会成功举办付出的艰辛和努力，认为这是我省庆祝建党 90 周年系列活动的一大亮点，充分展示了浙江形象，代表了浙江水平。

14 日 省广电局在温岭市召开全省"广播电视进渔船"工程现场会。主要任务是深入贯彻中央关于加强基层文化建设的要求和省委主要领导的批示精神，总结试点工作经验，全面部署和推进实施"广电进渔船"工程建设。国家广电总局计划财务司副司长于保安、省广电局局长张宝贵出席会议并讲话，省海洋与渔业局的领导充分肯定了"广电进渔船"试点工作，普陀区文广新局介绍了试点经验，省广电局副局长铁国强主持会议。与会代表还现场参观了温岭市松门镇龙门港渔船安装电视情况。

14 日 省广电局局长张宝贵调研温岭广电工作。

14 日—19 日 按照国家广电总局安排，来自 10 个阿拉伯国家的 33 位广播电视记者在浙江进行了为期 6 天的参观考察。

15 日 省委常委、宣传部长茅临生一行到浙江广电集团调研指导工作，就深入学习宣传贯彻胡锦涛总书记"七一"重要讲话精神，加强主题报道、壮大主流舆论进行研究部署。

15 日 省委宣传部、外宣办、省广电局、省新闻出版局和省新闻工作者协会联合印发《浙江省新闻战线"走基层、转作风、改文风"活动实施意见》。

15 日 省广电局局长张宝贵与阿拉伯国家广播电视记者团研修班记者团成员座谈交流。

15 日 浙江对口援疆阿克苏地区一周年之际，浙江之声与新疆广播电台推出特别节目"我们手拉手"。

15 日起 宁波市举办《建党伟业》全国农村首映式暨第 4 届中国（宁波）农民电影节系列活动。

15 日 宁波时代电影大世界开展"快乐暑假 与爱同行"公益活动。

15 日 嘉兴市文广新局和市农办(农经局)联合召开嘉兴市广播电视对农节目服务工程联席会议。

15 日 平湖广电台召开"三百基层行"活动动员大会。

15 日 平阳广电台推出"红七月·党员贴心服务进小区"活动，现场免费提供数字电视故障处理、业务咨询办理等服务。

17 日 省委宣传部召开全省新闻战线"走基层、转作风、改文风"活动电视电话会议，省广电局局长张宝贵部署全省广电系统广泛深入开展"走基层、转作风、改文风"活动。

17 日 2011 中国播音主持"金话筒奖"评选结果在北京揭晓，浙江电台浙江之声新闻主播维琳和台州广电台节目主持人陈异丹获 2011 年中国播音主持"金话筒奖"。

18 日—19 日 省政协影视产业发展调研组对横店影视文化产业进行调研，充分肯定横店影视文化产业发展取得的成绩，并将认真总结横店影视文化产业的发展情况，为省政府出台相关政策提供依据和建议。

19 日 由浙江广电集团主办的省市广播电视发展研讨会在台州召开。集团总裁王同元、总编辑程蔚东、副总裁沈金加、纪委书记赵力平、副总裁何跃新以及全省 11 市广播电视台(集团)负责人参加会议。

19 日 温故而知新—2011 雪花啤酒第 3 届中国古建筑摄影大赛浙江省广电赛组在省广电中心启动。

19 日 湖州市文广新局召开全市广电工作例会。

20 日 省委常委、副省长葛慧君在省政府办公厅转发省广电局、省财政厅、省海洋与渔业局《关于开展"广播电视进渔船"工程实施意见》上批示：这项工作很有意义，希望把这实事工程办好，办出成效。

20 日 金华电台交通广播举办"942 的士节"活动。

21 日晚 由武义广电台和武义县教育局联合主办的"情暖江南爱在武义"武义网络电视儿童故事大赛颁奖仪式举行。

22 日 经省委宣传部批准，郦海瑾同志任浙江广电集团管委委员，胡戎、张勤同志任浙江广电集团编委会委员。

23 日 省委常委、宣传部长茅临生在有关材料上批示，肯定浙江广电集团上半年经营创收工作所取得的成绩，勉励再接再厉，争创新业绩。

23 日 甬温线发生重大铁路交通事故后，浙江广电集团按照省委、省委宣传部的统一部署，多次召开专题会议，贯彻落实上级精神，周密安排宣传报道，各广播电视频道快速反应、精心组织，严格把握宣传导向，做到"全集团发动、全系统联动、全时段滚动"，充分发挥广播电视主流媒体在应对重大突发事件中的正面引导作用，为事故处置和善后工作提供了强有力的舆论支持，得到各级领导和社会各界的肯定和好评。国家广电总局《收听收看日报》专题点评集团“7·23”甬温线特别重大铁路交通事故报道，认为“体现了主流媒体的权威性和公信力”。

23 日 浙江卫视大型航拍《飞越万里海岸线》启动。

23 日 由衢州市文联、市广电台、市教育局和团市委联合主办的“向阳花开”2011 年衢州市少儿书法美术电视大赛落幕。

25 日 义乌市委常委、常务副市长宋英豪到义乌广电台调研指导有关义乌国际贸易综合改革试点宣传报道工作。

25 日 台州广电台影视文化频道发起“候鸟教室”公益活动。

26 日 浙江广电集团召开处级干部会议，集团总裁王同元出席会议并讲话，集团总编辑程蔚东主持会议，党委委员，管委、编委委员和各部门、各单位处级干部等参加会议。

26 日 由宁波广播电视集团新闻综合频道联手宁波市旅游集散服务中心、帅康集团推出的大型公益活动“全城关注留守儿童——千名小候鸟畅飞红色之旅”正式启动。

26 日 遂昌广电台全力抢修遭雷击受损广电网络。

28 日 省广电局召开第 7 次调度指挥中心工作会议，分析讨论了当前安全工作形势，传达和学习了国家广电总局科技司关于近期广播电视节目重大停播事故情况的通报，重点研究和部署了深圳大运会期间安全播出工作。省广电局副局长铁国强主持会议并讲话。

28 日 嘉兴广电台交通之声推出 2011“五朵金花送清凉”行动。

28 日 松阳县政协主席张增礼一行到松阳广电台专题调研数字电视整转工作。

28 日—29 日 金华广电台赴新疆阿克苏地区温宿县开展异地考察和采访。

31 日 省广电监测中心一行 11 人考察了广西监测中心，双方交流广播电视监测项目规划建设以及安全播出指挥调度等方面情况。

本月 在中国共产党成立 90 周年之际，浙江广电集团按照省委和省委宣传部的统一部署，以浙江卫视和浙江之声两大主频道为龙头，各地面频道和新蓝网紧密配合，开辟了《红船新航程》、《身边的党员》等专题专栏，组织了《红色信念》等大型行动，举办了《红船向未来》、《党旗高扬党徽闪光》等大型晚会，形成了强大的宣传声势；努力强化新闻上送，展现全省军民喜迎党的生日的热烈氛围，扩大宣传影响；拍摄播出《中国 1921》等献礼剧目，组织开展“送红剧进社区”等活动，合力奏响了“五好”主旋律，赢得了上级领导的肯定和广大群众的欢迎。

本月 在中广协第 3 届全国广播广告创优评析中，浙江广电集团参评作品首次双双荣获公益类和商业类广告一等奖。

本月 由中国广播电视协会等机构联合举行的中国网络影响力调查排行榜中，浙江卫视荣获“中国网络影响力 2010 年十大省级卫视频道”称号，主持人朱丹和《我爱记歌词》分别获得网络影响力“十大主持人”和“十大省级卫视栏目”荣誉。

本月 浙江广电集团“基于卫星传输的广播节目防插播系统”项目通过浙江省科技厅“三审一决策”立项审批程序，被列入 2011 年度浙江省级重大科技专项。这是浙江广电集团继“广播级宽带无线视音频传输系统”项目后再次获得省级重大科技专项立项。

本月 国家广电总局下发《关于同意宁波市有线数字电视整体转换通过验收的批复》。

本月 浙江时代院线实施数字影院管理系统(TMS)项目试点。

本月 暑期期间，浙江时代院线为中小学生安排丰富多彩的活动，受到中小学生和家长的欢迎。

本月 嘉兴广电台启动华数杯“全民健身 健康嘉兴”阿秀嫂进社区大型公益活动。

本月 国家广电总局批复同意丽水市广播电视台开办第三套广播节目——新农村广播。

本月 嵊泗县有线数字电视实现整体转换，整转率居舟山市第一。

8 月

1 日 舟山市召开了“广播电视进渔船”工程启动会议，副市长陈松菊出席会议。

1 日 玉环广电台启动走基层、转作风、改文风暨党的群众路线主题教育实践活动。

1 日 首部展现庆元廊桥文化的电影故事片《情缘廊桥》在庆元开机。

2 日 省广电局局长张宝贵、副局长铁国强带领机关职能处室有关负责同志对省广播电视监测中心近期安全播出工作进行检查，部署落实全省广播影视安全生产工作。

2日 省广电局向全省下发通知，要求全省广电系统认真做好防汛防灾，确保广播电视安全播出。

2日—3日 丽水召开全市数字电视发展研讨会暨技术例会。

3日 浙江电视台影视娱乐频道大型新闻行动《浙江海岸线》艺术作品捐赠仪式在洞头举行。

3日 《浙江宣传》工作交流第102期刊登了“台州黄岩区以‘乡村大使’为载体深化农村宣传思想工作”一文，省委宣传部副部长来颖杰对“乡村大使”活动在农村宣传工作中的所起的作用给予批示肯定。

4日 由省工业经济联合会、省企业联合会、省企业家协会联合主办，浙江电视台经济生活频道承办的2011年浙江省企业领袖峰会颁奖典礼在省人民大会堂举行。省委副书记、省长吕祖善出席并讲话，副省长毛光烈主持会议，省政协副主席黄旭明等出席活动。会议对浙江省“十大领军企业”、浙江省工业大奖“金鼎奖”获奖企业、浙江省企业家“终身成就奖”及2011年第10届浙江省优秀企业家进行了表彰。

4日 省委副书记夏宝龙在有关材料上批示，充分肯定浙江广电集团报道“7·23”甬温线重大铁路交通事故的工作成绩，认为及时准确，发挥了主流媒体的导向作用。省委常委、宣传部长茅临生，副省长郑继伟也对此作出批示。

4日 浙江广电集团全力以赴做好抗击强台风“梅花”宣传报道工作。

4日 浙江广电集团召开“深入基层采访报道活动”总结表彰会，集团总编辑程蔚东出席会议并讲话，副总编辑施泉明主持会议并作活动总结，副总编辑顾顺坤、董传亮和编委委员周羽强、夏陈安、庄临安、胡戎、张勤等出席会议。

4日 武义县委常委、纪委书记吕文革在《阳光热线》节目开播四周年之际到武义广电台检查指导工作。

5日 省广电局下发《关于做好广播影视防台抗台工作的紧急通知》，要求全省广电系统特别是宁波、舟山、嘉兴、温州、台州、杭州等地广电部门落实预案，切实做好应急处置准备。

8日 省委书记赵洪祝在有关材料上批示肯定浙江广电集团上半年新闻宣传工作，批示说，“浙江广电集团新闻报道工作亮点纷呈，可喜可贺。希望再接再厉，不断取得新成绩。”

8日 省发改委和省广电局联合印发了《浙江省广播影视业“十二五”发展规划》，提出了到2015年总体发展目标：广播影视舆论引导能力显著增强，广播影视产品更加丰富多样，广播电视安全播出保障能力全面加强，广播影视公共服务体系优化完善，广播影视综合实力明显提升，广播影视各项工作继续走在全国前列。

9日 中宣部等五部门召开新闻战线“走基层、转作风、改文风”活动动员会。浙江广电集团高度重视，先后召开党委会、编委会和新闻例会，迅速传达学习，研究贯彻措施，全面部署开展，并成立“走基层、转作风、改文风”活动领导小组，努力确保活动落到实处、取得实效。

9日 浙江广电集团高清全流程新闻制播系统通过省广电局鉴定，鉴定委员会肯定该系统技术设计理念先进、结构合理，而且运用全程高码率高清制作，构建的一平台二驱动三库新闻制播新体系、“文视结合”的业务管理模式、双线应急、三重备份安全体系属于国内新闻制播领域首创，总体技术处于国内领先水平。

9日 湖州市市长马以在湖州市委常委、宣传部长胡菁菁的陪同下，到湖州广电台调研广电传媒产业发展。

9日 温州市广播影视惠民服务工作现场推进会在苍南县召开。

10日 宁波市委常委、宣传部长宋伟到宁波广播电视发射中心三台（712台）和6944台影视创作基地工地视察工作。

12日 由国家广电总局和《中国广播影视》杂志社主办的“时代之声——2011全国广播业综合实力大型调研成果”发布会在北京举行，浙江电台浙江之声和交通之声凭借在新闻报道、广告收入和覆盖等项目上的优势，分别入选“全国最具实力省级新闻广播”和“全国最具实力省级交通广播”。

12日 湖州广电台联合湖州市慈善总会共同开展的“我来帮你上大学”黄丝巾志愿者现场募捐活动举行。

12日—14日 由湖州广电台承办的环太湖地区城市广播电视台“十二五”发展合作交流会在湖州太湖旅游度假区举行。

15日 绍兴广电台公共频道策划的大型公益活动《夏夜故事会》将绍兴人身边的优秀典型通过传统文艺的形式搬上舞台受到

市民欢迎。

15日 武义新农村有线广播FM97正式开播。

16日—17日 全省广播影视局台长座谈会在绍兴市召开。会议深入学习贯彻胡锦涛总书记"七一"重要讲话、省委12届第九次全会和全省宣传文化系统专题读书会、全国广电局长座谈会精神，重点研究加强视听新媒体发展与管理，深化广电公共服务，推动全省广电有线网络整合，交流上半年工作情况，布置下半年重点工作。省广电局局长张宝贵就推动广电传统媒体与新兴媒体融合发展、做好下半年的重点工作和自觉贯彻党的群众路线做主题发言。绍兴市副市长丁晓燕到会致辞，省广电局铁国强、马乐其、王国富副局长、浙江广电集团副总编辑顾顺坤在会上发言，省广电局党组成员、副巡视员傅宏章出席会议，各市文广新局分管广电副局长、广播电视台(集团)台长在会上发言交流了看法、省广电局各处室、省广电监测中心、省广电学会、省广电产业协会、省电影公司负责人参加会议。

18日 省委、省政府召开全省广播电视有线网络整合发展工作电视电话会议，省委常委、宣传部部长茅临生和副省长郑继伟出席会议并作重要讲话，部署推进全省广播电视有线网络"一省一网"整合发展，确保在党的十八大之前以资本联合方式全面完成各项整合任务。省广电局局长张宝贵就全省加快广播电视有线网络整合发展工作实施方案作了详细说明。省文体改领导小组成员及省直有关单位负责人，各市、县(市、区)党委或政府主要负责人、党委和政府分管负责人、文化建设领导小组成员、广电台台长、网络公司负责人参加会议。

18日 由省人民检察院、省司法厅、省律师协会和浙江广电集团主办，浙江电视台教育科技频道承办的"浙江省第二届控辩对抗赛"决赛在浙江广电集团演播厅举行。省委常委、副省长葛慧君，省检察院检察长陈云龙等出席活动。

18日 浙江广电集团成立"走基层、转作风、改文风"活动领导小组，集团总编辑程蔚东任组长，副总编辑施泉明、纪委书记赵力平任副组长。

18日 临安广电台召开"走基层 转作风 改文风"座谈会。

19日 富阳广电台举行本土电视连续剧《情满富春》投拍暨富阳网开通、《悦视》时尚休闲杂志创刊仪式。

21日 《宁波市突发公共事件多信源调度指挥平台系统》建成并正式投入使用。

21日—24日 省广电局局长张宝贵率浙江省广电系统部分单位赴西藏考察慰问和援助那曲地区广电系统，省广电局宣管处、人事处、工会及杭州、宁波、温州、义乌、长兴广电台的负责同志参加了此次考察慰问和援助工作。

22日 湖州广电台召开"走基层、转作风、改文风"活动的动员大会。

23日 省委办公厅和省政府办公厅联合下发《关于加快广播电视有线网络"一省一网"整合发展的通知》

23日 省广电局副局长马乐其、副巡视员傅宏章会见来浙考察的山东省广电局一行。

25日 浙江卫视打响"中国蓝"品牌三周年。连日来，浙江卫视对三年来的奋斗历程进行了全面总结，对未来三年的频道发展进行了战略规划，提出"顶层设计、基层做起"，"到2015年前综合指标力争全国第一"，舆论引导力、社会影响力、人文美誉度绝对领先，收视率、创收力、覆盖率保持第一阵营的目标任务。

25日 由杭州市委宣传部、杭州文广集团、中央新闻纪录电影制片厂等单位共同摄制的34集电视剧《毛岸英》获第28届中国电视剧"飞天奖"长篇电视剧一等奖。

25日 玉环广电有线骨干网络双向化改造全面完成，并在清港镇双塘村进行村居双向点播业务试点。

26日 "2011中国传媒投资年会"颁奖盛典在京举行，杭州电台交通91.8第三次获得"中国最具投资价值媒体"称号。

27日 中央电视台社会与法频道《道德观察》走进松阳，专题拍摄报道"最美姑娘"叶霄雯火场勇救两人的英勇事迹。

28日 浙江省唯一的对外电视传播平台——浙江电视台国际频道举办开播五周年庆祝活动。中国驻法国大使孔泉等驻外使节发来视频贺词，省委常委、宣传部长茅临生出席庆典并讲话，国家广电总局国际合作司副司长曹寅致贺辞，浙江广电集团总编辑程蔚东作汇报发言，省委宣传部副部长、省新闻办主任吕建楚、省广电局局长张宝贵、浙江广电集团总裁王同元、省侨办副主任陈重出席庆祝活动。

28日 建德广电台综合频道推出新闻、资讯类电视栏目《建德风采》。

29日 衢江广电台举行广播

电视信息传输中心开工奠基典礼。

30日 省广电局下发通知，要求各地广电播出机构自2011年9月8日起停止播出《全民大拼购》、《欢乐拼购街》、《爱拼才会赢》等电视购物广告。

本月 国家广电总局和团中央联合下发了《关于表彰2009—2010年度广电系统全国青年文明号 全国广电系统青年岗位能手的决定》，浙江卫视新闻综合频道新闻中心专栏部获 "全国青年文明号" 称号，湖州广播电视台周珏获 "全国青年岗位能手"称号。

本月 省委书记赵洪祝考察金华市青年QQ群联合会等工青妇工作新平台，对金华台广众网QQ群工作室等利用新媒体优势，广泛联系群众，坚持正确、正面引导舆论工作的创新做法给予肯定。

本月 省委常委、宣传部长茅临生在有关材料上批示，充分肯定浙江广电集团及时准确报道"7.23"特大交通事故以及随后的救治工作。茅临生在批示中说，"在'7.23'甬温线特大铁路交通事故舆论引导中，广电集团充分发挥自身优势，坚持正确导向，妥善把握报道重点、报道基调，维护稳定。同时又深入一线，生动反映了浙江人民在省委省政府坚强领导下，在大灾面前英勇顽强和爱心传递的感人故事情节，出色完成了应急报道任务，为这一突发事件处置舆论引导作了积极贡献。"

本月 省委宣传部召开新闻阅评工作座谈会，省委宣传部副部长鲍洪俊充分肯定了省广电局以视听评议工作为抓手，在加强对广播电视宣传舆论的宏观指导和日常节目的监督管理，促进各级广播电视播出机构把握正确的舆论导向，自觉抵制低俗之风，切实增强社会责任感，进一步提高办台办节目质量和水平方面，所取得的显著成绩。

本月 省广电局结合深化"作风建设"和"创先争优"活动，以"立足岗位比作为，创先争优当先锋"为主题组织机关、直属单位党员干部开展征文比赛活动。

本月 浙江广电集团开设一批新专栏，建立百个联系点，完善一套工作机制，部署开展"走基层、转作风、改文风"活动。

本月 由浙江电台交通之声制作的26集广播连续剧《诱惑之城》获2011年度第11届中国广播剧专家奖金奖。

本月 绍兴广电台戏曲音乐频率制作的广播连续剧《风雨1907》获2011年度第11届中国广播剧专家奖金奖，这是绍兴广电台成立以来首次获得的此项大奖。

本月 萧山广电台《萧山组歌》音乐电视摄制展播活动正式启动。

本月 在"全国县级广播电视系统十佳广播电视台" 评选活动中，诸暨人民广播电台获得全国县级广播电视系统十佳广播电台荣誉称号。

本月 湖州广电台公共民生频道"阿奇援助行动"获湖州市第二届湖州慈善奖的"志愿服务奖"。

本月 天台广电台获"2006-2010年台州市法制宣传教育先进单位"称号。

本月 东阳市已完农村数字电视整转107292户，发放机顶盒134121只，整转率达到125%。

本月 武义首部自拍自导自演的室内方言情景剧《阿俩介武义侬》正式播出。

本月 根据《永嘉县人民政府办公室关于转发温州市推行说理性行政处罚文书的指导意见及操作规范的通知》(永政办发〔2011〕158号)文件要求，永嘉县文化市场行政执法大队进一步完善说理性行政处罚文书制度。

本月 景宁广电台《畲乡风》栏目荣获全国县级广播电视作品评析活动一等奖。

本月 舟山广电台组织的2011中国航海日庆祝大会获好评。

9月

1日 浙江卫视在省人民大会堂成功直播《国土资源部、中共浙江省委授予浙江省第七地质大队荣誉称号命名大会暨先进事迹报告会——我把青春献给你》，得到国土资源部和省主要负责人等领导同志的赞扬。

1日 省广电局机关干部职工参观全国窃密泄密案例警示教育展。

1日 省广电局检查组到平阳县检查 "广播电视进渔船"工程进展情况。

1日 慈溪广电台召开表彰大会，授予在新闻一线、基层外线等方面业绩突出的职工 "十佳优秀员工"荣誉称号。

1日—2日 省政协副主席姚克带领农工党、文艺界、体育界、医卫界等在杭部分省政协委员，赴杭州和宁波就全省影视产业发展情况开展视察。视察团一行实地考察了杭州西溪创意产业园、象山影视城等有关影视企业，听取了省广电局和杭州、宁波两市影视产业发展情况的汇报。

1日—2日 浙江广电集团召开法务工作会议暨“六五”普法动员会，集团副总裁何跃新在会上讲话。

2日 省委书记赵洪祝一行来到吴兴区织里镇广电站视察湖州广电“村村响”对农广播“王金法广播”，湖州市委书记孙文友、市长马以等市领导陪同视察。

2日 由国家广电总局、宁波市政府等6家单位主办的2011中国智慧城市技术与应用产品博览会在宁波开幕，全国人大常委会副委员长陈至立出席开幕式，国家广电总局副局长田进出席并致辞。省广电局长张宝贵出席开幕式活动。

2日 省人大科教文卫委员会视察组视察影视动画产业，并实地考察了中南卡通、华策影视等企业，省广电局副巡视员傅宏章介绍了全省影视动画发展情况。

2日 浙江广电集团召开“走基层、转作风、改文风”活动动员大会，集团总编辑程蔚东在会上作动员报告，副总编辑施泉明提出具体要求，纪委书记赵力平主持会议。

3日 由省广电局指导、宁波市文广新局承办的智博会“三网融合”高层论坛在宁波举行。本次论坛围绕“推进三网融合，共享智慧未来”的主题，聚焦新形势下广电信息网络建设与三网融合发展。省广电局副局长王国富出席论坛并致辞，国家广电总局网络视听节目管理司司长罗建辉作论坛主题报告。

3日—5日 省委常委、宣传部长茅临生率领浙江省宣传文化慰问考察团赴对口支援的新疆阿克苏地区和农一师考察新一轮援疆工作，看望慰问我省援疆干部人才，落实有关宣传文化交流合作项目。省广电局局长张宝贵参加考察。

6日 由浙江广电集团与杭州文广集团共同投资组建的浙江广电新媒体有限公司宣告成立，公司负责全省IPTV集成播控平台的建设和运营。

6日 浙江广电集团第五批20名赴美国密苏里大学新闻学院进修学习的学员启程，开始为期20天的学习。

7日 磐安广电台在全县广电系统开展“感恩金秋、真情服务”为主题的“2011金秋服务月”活动。

7日—8日 浙江广电集团召开首次直属经营单位财务分析例会，集团副总裁沈金加到会并讲话。

9日 省委常委、纪委书记任泽民专门作出批示，肯定浙江广电集团廉政建设“紧密联系自身工作，抓风险防控机制的做法很好”，特别是对集团结合广播电视特点，构建完善具有浙江广电特色的“横向到边、纵向到底”的廉政风险防控机制的实践给予肯定。

10日 浙江广电集团新蓝网联合阿里巴巴集团联合推出的《天下网商》节目在浙江网络广播电视台播出，受到网友关注。

10日 浙江广电集团高清和3D电视摄像培训完成。

11日 由浙江横店电影院线投资的五星级影城——云南楚雄横店电影城建成开业，结束了当地无数字影院的历史。

13日 浙江广电集团发布《关于各宣传单位及其工作人员使用微博、博客的管理规定（试行）》。

14日 中国电影科学技术研究所、浙江时代电影大世界有限公司等单位共同举办的全国数字影院信息管理交流会在杭州召开。

14日 金华市召开广播电视有线网络整合发展工作会议，金华市委常委、宣传部长陶诚华、副市长傅利常等参加会议。

15日 省广电局局长张宝贵到金华广电台调研全省广播电视有线网络整合发展工作。

15日 农历八月十八，继2000年、2010年成功直播钱江潮之后，浙江卫视再次从空中、水面、陆地、水下全方位立体化直播钱江潮。

15日 由金华市委宣传部、金华广电台联合出品的数字电影《茶花村的幸福生活》举行开机仪式。金华市委常委、宣传部长陶诚华宣布开机。

16日 浙江广电集团召开廉政风险防控机制建设工作会议，集团总裁王同元到会讲话，纪委书记赵力平等参加会议。

16日 舟山广电台经济生活频道利用电视新闻直播车成功进行“千帆竞发开捕时——2011冬汛开捕现场直播”活动，这是舟山台首次自行实施电视新闻户外直播活动。

16日 桐庐广电台首届观(听)众节开幕。

18日 省委书记赵洪祝在中宣部新闻局《新闻阅评》评价浙江卫视大型公益节目《中国梦想秀》的有关材料上批示，肯定“这个栏目确实办得好”，勉励“继续努力，不断创新，取得更好的倡导主流价值观的业绩”。

19日 省广电局党组理论中

心组召开学习扩大会，邀请浙江理工大学马克思主义学院院长谭劲松教授作了题为“始终保持党和人民的血肉联系”的辅导讲座，围绕贯彻党的群众路线，深入学习胡锦涛总书记“七一”重要讲话精神。局领导张宝贵、铁国强、傅宏章，省广电局机关和直属单位干部职工到会听讲座。

19 日 由杭州汉唐影视动漫有限公司精心制作的52集杭产原创动画片《小龙阿布》在中央电视台一套黄金时间播出。

19 日 天台广电台组织全体新闻采编播制人员举行新闻记者“村村走、行行访”活动启动仪式。

19 日—21 日 以国家广电总局宣传管理司副司长李宗达为组长的全国三教办“走基层、转作风、改文风”检查组到浙江检查指导“走转改”工作。省记协副主席钱大成代表省三教办汇报了浙江省新闻战线开展“走转改”活动的情况，省广电局副局长王国富、省新闻出版局巡视员王汐、省委外宣办副主任干飞分别介绍了本系统开展“走转改”的情况。

19 日—25 日 中央电视台戏曲频道“快乐戏园”连续7天播出《快乐戏园·走进嵊州越剧艺术学校》(262—268集)专题节目。

20 日 开花广电台《三农直通车》栏目选送的《背起竹篓采茶去》获得了中国广播电视协会专题类三等奖。

21 日 浙江电视台影视娱乐频道“厨星争霸”电视烹饪大赛落下帷幕。省人大常委会副主任冯明、省政协副主席黄旭明等领导出席颁奖晚会，全国人大代表、劳模宗庆后、楼忠福、李邦良等为获奖厨师颁奖。

22 日 全省直播卫星公共服务工作会议在杭州召开，部署落实全省范围开展直播卫星公共服务工作。省广电局副局长铁国强到会讲话。

22 日 湖州广播电视发展有限公司旗下的湖州天开影视文化传播有限公司投资摄制的湖州首部电视情景喜剧《野蛮女友外传》在南浔正式开机，湖州市副市长沈建平、南浔区区长吴继平等参加开机仪式。

22 日 绍兴广电台新闻综合频道直播2011年绍兴市民主评议质监系统行风建设大会，这是浙江省首次对民主评议行风活动进行电视直播。

23 日 由浙江卫视承办并直播的第2届浙江省道德模范表彰活动《浙江好人，德行天下》晚会在集团演播厅举办，省委书记赵洪祝、代省长夏宝龙和省领导李强、葛慧君、茅临生、厉志海、陈艳华、徐辉等看望道德模范或出席表彰晚会。

23 日 由省广电局、省文联、省电影家协会共同主办的第五届浙江省电影“凤凰奖”评选揭晓，《西风烈》、《盖世武生》等7部影片分别撷取了7个类别的奖项。

23 日 由萧山区委宣传部、萧山广电台联合推出的“加强和创新社会管理—部门、镇街领导干部进广播讲堂活动”结束。

24 日 由中国电视艺术交流协会主办的2011年全国名优电视栏目总评榜在西安揭晓，浙江卫视五大栏目榜上有名，其中《非同凡响》获“十大最具影响力电视营销活动”，《爱情连连看》、《我爱记歌词》获“十大品牌电视栏目”，《新闻深一度》、《麦霸英雄汇》分获新闻类和综艺类“十大最具原创精神电视栏目”。台州广电台新闻综合频道《大民讨说法》获得新闻类“十大最具原创精神电视栏目”。

25 日 在中国广播电视协会城市(县级)工作委员会2011年全体理事会暨全国县级广播电视系统十佳广播电台、十佳电视台表彰大会上，义乌广电台、永康广电台荣获全国“十佳电视台”称号。

26 日 由浙江广电集团所属浙江电视台教育科技频道等9家省级地面频道联合组成的“全国省级强势·特色地面频道合作组织”在沈阳成立。

26 日 由浙江电视台影视娱乐频道和新蓝网共同承办的第6届中国电视观众节两大排行榜项目率先启动。

26 日 第4届嘉善广播电视听众观众用户节“惠民服务两大平台升级启用暨优惠活动周”启动，县委常委、宣传部长梁晓英参加仪式。

27 日 全省广电管理干部培训班在杭州举办，省广电局副局长铁国强参加开班仪式并为学员讲课。

27 日 由衢州广电台承办的衢州市第五届的士节在市区南湖广场闭幕。

28 日 省广电局局长张宝贵主持召开“国庆”和全国残运会期间广电安全工作会议，省广电局副局长铁国强出席会议。

28 日 《视听纵横》技术版指导委员会和编辑委员会会议在杭州召开，省广电局副局长铁国强、浙江广电集团副总裁杨勇到会讲话，省广电产业协会副会长兼秘书长李明月主持会议。

28 日 浙江电视剧制作有限公司取得企业法人营业执照，完成改制工作。

30 日 全省召开深化"走基层、转作风、改文风"活动电视电话会议，学习贯彻全国宣传部长座谈会精神，总结前一阶段新闻战线"走基层、转作风、改文风"活动开展情况，研究部署进一步深化拓展工作，全面推进我省宣传文化系统党的群众路线主题教育实践活动。省委常委、宣传部长茅临生出席会议并讲话，

30 日 省广电局局长张宝贵主持召开局党组成员及宣传管理处、艺术管理处等有关职能处室负责人参加的专题会议，认真学习刘云山同志在座谈会上的重要讲话精神，提出了贯彻落实会议精神的有关要求，并结合当前形势和广电工作实际，深入交流思想认识，研究贯彻落实措施。

本月 省委常委、纪委书记任泽民批示肯定浙江广电集团廉政建设：紧密联系自身工作，抓风险防控机制的做法很好。

本月 省广电局印发《浙江省电影片摄制管理工作实施细则》。

本月 浙江电视台钱江都市频道大型电视纪录片《千岛湖》启动摄制。

本月 由浙江广电集团所属浙江影视（集团）公司等出品，温州市委宣传部等单位联合摄制的30集电视剧《创业年代》在温州开机。

本月 由慈溪广电台出品、制片的慈溪市首部自制电视连续剧《上林恋歌》正式开拍。

本月 瑞安广电台技术员王海风获得第三届温州市敬业奉献模范称号。

本月 浙江华数传媒集团在全省开展了双向数字电视用户发展竞赛，东阳广电台以前三个月净增 5182 户的成绩名列全省第一，并在全省工作会议上介绍经验。

本月 衢州柯城区华墅乡数字电视平移整转工作全面完成，成为衢州市第一个完成数字电视整体平移的乡。

本月 青田县已整转有线电视用户 8 万余户，整转率 90%以上，停模率 60%以上，全县基本实现双向网覆盖。

10 月

1 日—6 日 省广电局、省商务厅、杭州市动漫（节展）办首次联合组织 15 家浙江省影视动漫公司百余部作品参加 2011 年戛纳秋季电视节。浙江省参展企业共完成约谈 199 场，初步达成签约意向 40 个，涉及金额 1585 万美元。

5 日 省委常委、省委宣传部部长茅临生在省广电局今年第46期《视听评议》上批示：省市主要广电媒体带头，广泛参与"走转改"，接地气、解民忧、看变化，既增强了队伍建设，又提升了业务水平。希望继续努力，使之成为广电新闻受欢迎的一次重要业务措施。

8 日 省委常委、宣传部部长茅临生在省广电局《关于全省各地贯彻广电有线网络整合发展工作电视电话会议和文件情况的报告》上批示：很好，在操作上还会涉及利益格局，有可能是一具体就受阻，一定要认真研究，做到一具体就深入就突破才行，因此前期要抓紧。

8 日 省委常委、宣传部长茅临生批示肯定了天台县广播电视台组织开展的"村村走、行行访"活动：天台县广播电视台的"村村走、行行访"活动很好，解决了处于基层的县级媒体怎么走的问题，如果能认真（而不是应付）走遍每一个乡村，访遍每一个行业，就一定能打造出人民喜听乐看的县级广播电视台。

8 日—12 日 辛亥革命 100 周年之际，湖州广电台新闻综合频道《新闻 60 分》栏目推出系列报道《湖州人与辛亥革命》，真实展现湖州人与辛亥革命的渊源。

9 日 由省委宣传部、浙江广电集团主办，浙江电视台教育科技频道承办的 2011 "十月的阳光·走向复兴"浙江儿女纪念辛亥革命 100 周年大型电视文艺直播活动在钱江新城市民广场举行。省委常委、宣传部长茅临生，省人大常委会副主任吴国华等领导出席活动。集团总编辑程蔚东，副总编辑顾顺坤，编委委员周羽强、庄临安等观看了演出。浙江卫视、浙江电视台教育科技频道、新蓝网、"武林巷"网站对活动进行了现场直播。

9 日 浙江本土企业制作出品的两部《秋瑾》题材影片在杭州举行首映仪式，献礼辛亥革命 100 周年，省政协副主席黄旭明出席《竞雄女侠·秋瑾》首映仪式并讲话。省广电局王国富副局长向《竞雄女侠·秋瑾》剧组赠送礼品。

9 日 全省广播影视系统办公室主任会议暨舆情信息工作会议在横店影视实验区召开，会议研究部署广播影视系统办公室工作和舆情信息工作，表彰 2010 年全省广播影视系统信息工作先进集体和个人，并进行舆情信息知识讲座，省广电局副巡视员傅宏

章出席会议并讲话。

10 日 浙江广电集团对浙江影视后期制作中心项目建设指挥部成员进行调整，集团总裁沈金加任总指挥，集团副总裁杨勇、何跃新任副总指挥。

10 日 黄岩广电台《957 新闻速递》直播节目正式开播。

11 日 第 8 届全国残疾人运动会在杭州开幕。浙江广电集团全方位承担残运会的广播电视新闻宣传、火炬传递直播、开闭幕式直播、重要赛事直播录播、运动会公共信号采制提供、为参会广播电视机构提供传输技术服务等。本届运动会的开幕式直播是集团有史以来承担的最大规模的直播任务。集团以卫视为主体组建开闭幕式直播团队，动用了卫星车、直升飞机、飞猫、斯坦尼康等多种先进设备和技术，全景展示开闭幕式的恢弘气势，取得了一流的传播效果。残运会期间，浙江卫视共播发残运会新闻 100 多条，特别报道和人物专访 9 期，累计播出节目时长近 400 分钟。浙江之声在《浙广早新闻》、《浙江新闻联播》等栏目开设残运会专题，推出丰富多彩的残运会报道。广播电视各专业频道也紧密配合，及时生动报道赛事赛况和重要活动。浙江卫视还围绕残运会主题，切实做好新闻上送工作，共在央视播出残运会新闻 45 条，其中央视《新闻联播》播出 3 条。此外，集团还为其他参会广播电视机构提供优质服务，制作提供了超过 350 分钟各场次比赛的视频公共信号。

11 日 省委常委、市委书记王辉忠到宁波数字电视有限公司进行视察。

11 日 由湖州广电台文化娱乐频道承办的湖州市首届“南太湖美德少年”评选活动举行颁奖仪式。

11 日 黄岩广电台举办的首届“乡村大使”评选活动闭幕。

12 日 2011 湖州广播电视台小记者选拔赛暨浙江星级小记者湖州赛区评选活动拉开决赛帷幕。

13 日 义乌市广播电视台有线网络整合工作领导小组成立，标志着义乌市广播电视台广播电视有线网络“一省一网”整合工作正式启动。

14 日—17 日 宁波广电集团电视技术中心圆满完成由中国电影电视技术学会主办的“全国高清节目鉴赏、交流会”的承办任务。

15 日 新蓝网在杭州举办战略发展研讨会，省广电局局长张宝贵对新蓝网提出了“一个担当，六个强化”的总体要求。

16 日，23 日 余杭广电台推出《纪念辛亥革命 100 周年》特别节目。

18 日 浙江电影厂有限公司取得企业法人营业执照，完成改制工作。

18 日 衢州市长尚清到衢州广电台检查指导工作。市委常委、宣传部部长诸葛慧艳，副市长罗卫红等陪同调研。

19 日 湖州广播电视台艺术团全体演员参加第八届全国残疾人运动会闭幕式文艺演出。

20 日 浙江广电集团召开第六届中国电视观众节新闻发布会，集团总编辑程蔚东，副总裁沈金加，副总编辑顾顺坤，副总裁杨勇、何跃新等出席。

20 日 省广电局向机关各处室、直属各单位发出通知，要求以本处室、本部门为单位，采用集中学习和个人自觉相结合的办法，精心组织学习党的十七届六中全会精神。

20 日 由中华全国新闻工作者协会主办的第 21 届中国新闻奖评选结果揭晓，浙江广电集团 4 件作品获奖。浙江之声的《善待民工才能够缓解民工荒》获广播评论一等奖，浙江卫视《6000 亿温州民资投向调查》获电视系列二等奖，浙江之声《军人的担当——记舟山警备区大学生军官纪晓飞》获广播专题三等奖，浙江电视台国际频道《瞧！这两口子（电视专题）》获国际传播三等奖。

20 日 宁波电台交通频率、音乐频率、宁波市公安局交警支队、宁波城市客运管理中心等共同举办的 2011 宁波首届司机文化节正式开幕。

20 日 杭州电视台西湖明珠频道采制的电视专题《傲慢的丰田向浙江车主低头》获中国新闻奖二等奖。

20 日 舟山广电台召开广播电视工作务虚会议，商议在舟山群岛新区建设背景下如何推进舟山广播电视事业可持续发展。

21 日 省委副书记、代省长夏宝龙在有关材料上批示，肯定浙江卫视圆满完成省政府四级干部会议直播及报道任务。批示中说，“浙江卫视这次任务完成得非常好，体现了一种精神状态，团结合作，同舟共济，提高效率，狠抓落实，需要这种作风。值得广大公务员学习”。

21 日 深圳第 26 届世界大学生夏季运动会主转播机构致信浙江广电集团，对集团在大运会跳水项目的电视公共信号制作工作表示感谢。

21 日 浙江广电青年再度走

进龙游,举办 2011 亚太汽车拉力锦标赛中国(龙游)拉力暨龙游旅游文化节开幕式晚会，浙江广电集团纪委书记赵力平为“浙江广电青年走进基层”活动授旗。

21 日 接宁波市人民政府任免通知:严玫、辛雪莉为宁波广播电视集团编辑委员会副总编辑。

21 日 临安广电台召开党委中心组(扩大)会议,传达学习贯彻党的十七届六中全会精神。

22 日 浙江广电集团召开广播电视广告工作例会，集团总裁王同元出席并讲话，副总裁沈金加等参加会议。

22 日 杭州越剧院主创的越剧电影《流花溪》获第 28 届中国电影金鸡奖最佳戏曲片提名奖。

22 日 衢州广电台举办的“2011 电视观众节”开幕。衢州市委常委、宣传部长诸葛慧艳等出席。

23 日—28 日 首届世界浙商大会在杭州举行。浙江卫视根据省委宣传部统一部署，周密安排,精心策划,在《浙江新闻联播》开辟专栏，浙江电视台经济生活频道推出“浙商强浙江”、“浙商闯天涯”系列报道。25 日,浙江卫视、浙江电视台经济生活频道并机全程直播“首届世界浙商大会开幕式”盛况。此外,浙江广电集团各频道还多角度报道“首届世界浙商论坛”等浙商大会情况。

24 日 浙江华数广电网络股份有限公司在杭州挂牌成立，标志着浙江广电有线网络“一省一网”整合发展迈出了扎实重要一步。省委常委、宣传部部长茅临生向浙江华数广电网络股份有限公司董事长方建生授予公司牌匾。省广电局局长张宝贵、浙江华数广电网络股份有限公司董事长方建生致辞。省委副秘书长胡庆国、省政府副秘书长马林云、省委宣传部副部长龚吟怡、杭州市委常委、宣传部长翁卫军、嘉兴委常委、宣传部长武亮靓、浙江华数广电网络股份有限公司总经理曹强等出席公司成立仪式。

24 日 省委常委、宣传部部长茅临生在省广电局《视听评议》第四十九期《省市主要广电媒体残运会报道评析》上批示:省市广电媒体对残运会的报道把握得十分准确,新闻很有感染力,画面也很美,是一次成功的报道。对残运会,既要从体育层面报,更要从人文视角报，应该是广大残疾人包括健全人学习他们自强不息、身残志坚的精神，假如残疾孩子的家人能够带着孩子来观看比赛，一定会对孩子人生观的教育起强烈推动,不能来现场观看,通过电视电台也能起到这个作用，对全社会所有人也会起到作用。因此,这次广电这样把握宣传是很有社会意义的。广播电视节目一定要放在弘扬社会主义核心价值体系高度来把握。

24 日 浙江广电集团党委召开处级干部会议,传达学习和研究贯彻党的十七届六中全会精神。集团总裁王同元主持会议并讲话，总编辑程蔚东传达全会精神。

24 日 新蓝网在首届世界浙商大会开幕之际推出“浙商频道”。浙商频道以“关注全球,服务浙商,互通信息,分享经验”为宗旨,融合视频、图文信息,全力打造全球互动、网聚浙商、服务浙商的多媒体平台。

24 日 建德广电台和建德市教育局联合推出电视专题节目——《市民文化大讲堂》。

25 日 由宁波市政府、香港贸易发展局共同主办，宁波市文广新局承办的 2011 甬港文化合作论坛在香港拉开帷幕。宁波市政协主席唐一军,全国政协委员、香港电影发展局副主席林建岳在开幕式上致辞。

25 日 三门文广新局、三门广电台等单位联合集中整治该县沿海工业城违法销售和私拉乱接小型卫星电视地面接收器的行为。

25 日 台州市纪委在温岭城北街道山马村召开“台州市创建廉洁村”现场会,观摩推广数字电视村务公开。

26 日 省委常委、省委宣传部茅临生部长就天台广电台“村村走、行行访”活动再次批示:很好,希望抓出经验抓出成效。

25—29 日 国家广电总局 2011 年度电视节目技术质量奖“金帆奖”评审会在淳安千岛湖召开。

26 日—27 日 省广电局局长张宝贵陪同江苏省广电局局长耿乃凡一行考察了横店影视试验区。

26—28 日 国家广电总局在杭州市举办广播电视统计制度及网上直报系统布置第三期培训班。

27 日 省广电局党组召开理论学习中心组扩大会议，认真传达学习党的十七届六中全会精神,并结合全省广播影视工作,提出了进一步深入学习贯彻六中全会的具体措施。省广电局局长张宝贵主持会议并作讲话，省广电局领导铁国强、王国富、傅宏章出席会议，局机关和直属单位主要负责人参加会议。

27 日 省广电局在杭州举办广播影视行政执法业务培训，副局长铁国强为培训班做了动员讲话。

27 日 由国家广电总局主办，总局科技委电视专业委员会和浙江广电集团共同承办的2011 年度国家广电总局电视节目技术质量奖(金帆奖)评审会在杭州举行。集团《2011 年跨年晚会——风尚盛典》、《遗落的汪洋之舟》分获标清综艺一等奖和标清专题一等奖，另获 6 个二等奖和 2 个三等奖，综合总分排名第二(仅次于中央电视台)，位居省级广电媒体之首。

27 日 嘉兴市委书记李卫宁到中山影城检查影城整体运作情况，嘉兴市委常委、宣传部长武亮靓、市政府副市长柴永强等陪同检查。中山影城拥有省内排名第二的 3D 巨幕。

27 日 绍兴广电台召开党委理论学习中心组(扩大)会议，学习贯彻党的十七届六中全会精神。

28 日 浙江广电集团总裁王同元与集团第五批 20 名赴美国密苏里大学新闻学院进修学习的学员座谈，听取学习成果汇报。集团副总编辑董传亮，纪委书记赵力平等参加座谈。

28 日 第 13 届全国电视覆盖及收视调研成果发布会公布最新调研成果，浙江卫视在全国省级卫视中实现全国覆盖“三连冠”。浙江卫视全国可接收人口达 9.28 亿人，比上年度增加 5000 万，蝉联全国覆盖第一。

28 日 衢州市委书记赵一德在市委常委、宣传部长诸葛慧艳，副市长罗卫红等陪同下到衢州市广电台调研。

28 日 台州市委常委、临海市委书记柯昕野到临海广电台调研新闻宣传、事业建设和“一省一网”整合等工作。

28 日 丽水广电台经济生活频道举办 10 大活动庆祝 10 周年 。

30 日 由华谊兄弟传媒股份有限公司投资、刘震云编剧、冯小刚执导的《温故一九四二》在山西开机。

31 日 省广电局局长张宝贵主持召开全省广播电视“走基层、转作风、改文风”座谈会，认真总结交流全省广播电视开展“走、转、改”活动经验，研究深化推进该项活动的工作要求和措施。

31 日 浙江传媒学院与绍兴广电台全面战略合作协议签约暨教学实习基地揭牌仪式举行。浙江传媒学院党委书记奚建华，绍兴市委常委、宣传部长尹永杰为教学实习基地揭牌；浙江传媒学院副校长李军、绍兴台总编辑邓港林代表双方单位签订协议。

31 日 平湖广电台举行“广播进企业，搭建企业文化新平台”现场推进会。

本月 国家广电总局副局长李伟在总局《收听收看清样》上批示肯定省广电局收听收看工作，同时总局第 218 期《收听收看日报》“地方收听收看动态”栏目还刊发文章表扬省广电局视听评议工作，指出，浙江省广电局注重发挥广播电视节目评议审查中心的职能，积极组织评议员收听收看辖区内节目，及时总结重大主题报道和重大突发事件报道经验，及时跟踪新节目，剖析新热点，及时研究新的节目形态，指出一些节目中存在的问题，提出相关对策建议。这些举措在宣传管理上发挥了重要作用。

本月 由省广电学会对外传播专业委员会和浙江国际频道、温州广电台联合主办的浙江省第 2 届对外传播异地参访活动在温州市举行。

本月 宁波市广播电视学会、宁波广播协作联盟共同举办“绿风网络台”开播百期暨对农广播节目交流研讨会。

本月 丽水市委常委、宣传部长陈建波到庆元广电台调研有线网络“一省一网”整合以及新闻宣传工作。

本月 湖州市编委批复同意调整湖州市广播电视监测中心的机构设置，将市广播电视监测中心由挂牌于市文化市场行政执法支队调整为独立设置。湖州市广播电视监测中心为市文化广电新闻出版局下属公益一类事业单位，核定事业编制 3 名，其中正科级领导职数 1 名，经费形式为财政拨款。

本月 长兴县县长吕志良到长兴广电台调研工作。

本月 诸暨广电台数字电视业务管理系统(“BOSS”系统)正式上线运行。

本月 温岭广电台的远程 IP 视频监测系统正式上线运行。

本月 平湖广电台印发《镇(街道)广播电视站自办节目宣传管理规定》，规范管理镇(街道)广电站自办节目。

本月 东阳农村数字电视整转全面完成，共整转用户 162692 户，发放机顶盒 209756 台，整转率达到 129%，比省政府规定完成整转时间提前了一年零二个月。

本月 常山广电台手语播音员在省残联组织的第八届全国残运会手语翻译选拔中被选为残运

会手语翻译，并担任了“残疾人事业展览馆”的手语翻译。

本月 岱山文广新局民主测评成绩列全县首位。

本月 浙江时代院线首个卫星传输影片项目成功试点。

本月 青田广电台采制的3篇反映青田华侨应对欧债危机的新闻报道分别在中央电视台新闻频道《新闻直播间》、财经频道《经济半小时》、《第一时间》、《经济新闻联播》等新闻栏目中播出。

本月 浙江横店电影院线投资的五星级影城——鄂尔多斯横店电影城、湖北通山横店电影城建成开业。

本月 由东阳新经典影业有限公司投资拍摄、陈凯歌执导的《搜索》在宁波开机。

11月

1日 省广电局在杭州召开了浙江省广播电视播音专业技术资格评审工作专题座谈会。

1日 仙居县代县长林虹到仙居广电台调研广播电视工作。

1日 桐庐县广播电视台联合有关部门开展“一心一意一起为农民”大型咨询服务活动 。

1日 路桥广电信息技术服务大楼结顶。

1日—8日 浙江广电集团成功举办了第六届电视观众节。省委常委、组织部长蔡奇在有关材料上批示，肯定“广电集团成功举办电视观众节，很有气势，很有影响，很有成效”。

1日—11日 省广电局党组成员分别带领机关处室人员深入衢州、温州、台州、绍兴、金华、舟山6市的十多个县（市、区）广电台站蹲点调研，以实际行动贯彻落实中央和省委开展“走、转、改”和双服务工作。

1日 浙江广电集团在省人民大会堂庆祝记者站建站30周年，集团总编辑程蔚东到会并讲话。

2日 省委宣传部出台《浙江省电视剧播出奖励办法(试行)》。

2日 海宁、桐乡、嘉善、平湖、海盐等嘉兴五县（市）与浙江华数广电网络股份有限公司举行“一省一网”整合工作暨项目投资签约仪式，选择以全资方式在全省率先加入省网络公司，省广电局局长张宝贵、嘉兴市委常委、宣传部部长武亮靓、浙江华数公司总经理曹强出席了签约仪式。

2日 海盐县委书记张仁贵到海盐广电台台了解海盐县广播电视有线网络整合发展工作进展情况。

2日 省广电局副局长马乐其带队来到天台县广播电视台开展调研活动。

2日—4日 省广电局局长张宝贵到衢州蹲点调研，了解“一省一网”整合发展等广电重点工作进展情况。

2日—5日 省电影公司在杭州举办浙江时代院线电影院经理培训班。

3日 省委宣传部、省外宣办、省广电局、省新闻出版局、省新闻工作者协会联合下发《关于进一步规范新闻采编工作的实施意见》，要求进一步做好新形势下新闻采编工作，推动形成健康的新闻秩序，促进党的新闻事业发展。

3日 省委常委、省委宣传部茅临生部长在省委宣传部办公室《信息专报》第61期《宁波大剧院创新体制机制 实现社会效益和经济效益双赢》上作出重要批示。

3日 义乌、东阳、永康、兰溪、浦江、武义、磐安等金华七县（市）与浙江华数广电网络股份有限公司签订合作框架协议，金华市委常委、宣传部长陶诚华，副市长傅利常，浙江华数广电网络股份有限公司总经理曹强出席了签约仪式。

3日 金华市委常委、东阳市委书记张仲灿到横店影视产业实验区调研。

3日 云和广电台组织召开了学习会学习党的十七届六中全会精神。

4日 浙江省农村电影放映GPS监管平台建设论证会在杭州召开，会议论证了《浙江省数字电影监管平台建设方案（讨论稿）》。

4日 常山县委书记童建中到常山广电台调研农村有线电视数字化建设和“一省一网”整合工作。

5日 第9届世界荷球锦标赛决赛和闭幕式在绍兴文理学院体育馆举行，绍兴广电台制作了荷兰队与比利时队决赛的公共信号，通过卫星传送给欧洲电视网（Eurovision），这是绍兴广电台首次为大型国际体育赛事制作公共信号，也是第一次通过卫星同步向国外传输电视信号。

7日 由省广电局、省工商局、省民营企业发展联合会等主办，海宁市人民政府、浙江华策影视公司承办的“文化产业在浙江”2011钱潮影视文化产业论坛在杭州举行。浙江省委书记赵洪祝发来贺信。国家广电总局电视剧司副司长宋鲁曼、中国作协副主席刘恒、省委宣传部常务副部长胡坚、省工商局局长郑宇民、省广电局局长张宝贵分别致辞。海宁市政府与浙江华策影视股份有限公司签署了共同开发海宁中国武侠（影视）文化产业基地的合作协议。

7日 省广电局局长张宝贵、副局长铁国强及省广电局机关和各直属单位干部职工40余人到省图书馆参观了“廉洁救灾·阳光重建”——汶川地震抗震救灾和灾后重建监督检查图片展浙江巡展。

7日 由省新闻工作者协会主办的第8届浙江飘萍奖揭晓。浙江广电集团浙江卫视张宏、浙江之声赵伟雯榜上有名。

7日 湖州广电台《美丽乡村》栏目在第3届全国新农村电视艺术节活动中获栏目类优秀奖、《地方台对农电视节目现状与发展策略》获论文类一等奖。

7日 磐安县委书记张荣贵考察磐安广电台办事大厅和新演播室。

9日 全省信息网络视听节目管理培训班在杭州结束。

9日 2011年嘉兴地区电视技术研讨会在嘉兴广电台举行。

9日 平湖广电台推出“文化强市大家谈”节目，将十七届六中全会精神宣传工作引向深入。

9日—12日 宁波广播电视集团新闻综合频道全力做好首届中国海洋经济投资洽谈会的宣传报道工作。

10日 按照省委统一部署，在湖州市委召开的党的十七届六中全会精神报告会上，省委宣讲团成员、省广电局党组书记、局长张宝贵到会作学习辅导报告。湖州市委书记孙文友、市长马以等市委理论学习中心组全体成员出席报告会，湖州市委常委、宣传部长胡菁菁主持报告会。湖州市直属各单位党委（党组）主要负责人及分管领导；市级宣传文化系统各单位中层正职以上干部等参加了报告会。

10日 宁波文广新局、市财政局和市海洋与渔业局联合在象山县石浦镇召开了全市“广播电视进渔船”工作会议。

12日 2011年度浙江新农村建设带头人“金牛奖”评选活动启动仪式在杭州市萧山区衙前镇隆重举行。省人大常委会副主任程渭山宣布评选活动正式启动。

12日—14日 华东六省一市广电局长协作会议在安徽黄山市召开。省广电局局长张宝贵围绕新闻立台、舆论引导、加强管理、惠民服务、网络整合、影视发展等作了发言交流。

15日 由湖州广电台吴兴广电中心、湖州织里镇政府主办的“王金法广播”进校园活动启动仪式在织里镇轧村小学举行。

17日 全省广播影视法制工作会议在杭州举行，会议邀请最高人民法院研究室主任胡云腾、国家广电总局法规司司长才华、保卫司副司长梁小燕就学习贯彻刑法第124条司法解释、依法保护广播电视设施进行辅导授课。省广电局副局长铁国强部署全省广播影视“六五”普法工作。

17日 省广电局组织全省部分影视动画企业召开学习贯彻十七届六中全会精神座谈会。

17日—18日 全国卫星电视安全播出工作会议在杭州召开，国家广电总局科技司副司长孙苏川、监管中心副主任谢东晖、省广电局副局长铁国强、浙江广电集团副总裁杨勇出席会议并讲话。

17日—19日 由绍兴广电台摄制的文献纪录片《风雷激荡光复会》在中央电视台10套科教频道《探索发现》栏目播出。

18日 国家广电总局检查组到浙江广电集团检查指导，肯定集团电力生产安全工作。

18日 国家广电总局《收听收看日报》肯定浙江卫视对首届浙商大会的宣传报道“报道规模盛大、渲染浓浓乡情、形成了关于浙江中小企业发展的正面宣传强势”。

19日—20日 由中国电视艺术家协会电视节目制作委员会举办的“2011名优电视节目创新研讨会暨名优电视栏目推选表彰活动”在南京举行，杭州电视台综合·生活频道《做给你看》、湖州广电台文化娱乐频道方言情景剧《开心一家人》荣获“2011十大创新电视栏目”称号。

21日—23日 省广电局举办县级广电有线网络“一省一网”整合发展实务培训班，省广电局局长张宝贵到会作辅导讲话，副局长铁国强主持会议。

21日—26日 平阳广电台在浙江传媒学院举办了中青年业务骨干培训班。

22日 省广电局党组召开理论学习中心组扩大会议，认真传达学习省委第12届十次全会精神，省广电局长张宝贵主持会议并讲话，省广电局领导马乐其、王国富、傅宏章出席会议，局机关和直属单位主要负责人参加会议。

23日 浙江卫视“青春梦想”明星主持人打造计划启动。浙江卫视将每年投入1亿元全方位力推左岩、伊一、沈涛、陈欢，创下国内电视台主持人包装打造运作新模式。

23日 金华市委常委、宣传

部长陶诚华调研金华广电台农村数字电视整转工作。

24日 省广电局、省证监局在杭州联合召开了广播电视证券类节目管理工作座谈会。

24日 由嘉兴市委宣传部、嘉兴市文广新局、嘉兴市教育局、共青团嘉兴市委员会联合举办的第3届嘉兴市大学生电影节2011红色电影配音大赛在同济大学浙江学院报告厅举行。

24日 萧山广电台“闪亮我舞台”系列的“我爱唱红歌”活动总决赛在萧山广电中心举行。

25日 浙江广电集团专题研讨“高清综艺类节目5.1环绕声音频制作研究”课题。

25日 浙江广电集团召开“新技术发展研讨会”，集团纪委书记赵力平、副总裁杨勇到会并讲话。

25日 台州数字电视转换用户数已经超过145万，整转比例达到112.65%。

26日 由浙江电视台民生休闲频道主办的“第五届彩虹计划大型公益助学活动”在杭州吴山广场举行。

27日 以“让开化飞”为主题的第3届新农村冲击播电视助推行动之一——开化生态农产品展销周在浙江省优质农产品展示展销中心隆重举行。省人大副主任程渭山、省广电局局长张宝贵、浙江广电集团副总编辑施泉明等出席启动仪式。

28日 由杭州文广集团和杭州西湖风景名胜区管委会共同主办的大型活动“一鸣惊人——西湖十景全国主持人选拔赛”在杭州广电中心举行启动仪式。

29日—30日 由浙江、江苏、上海三省市记协和香港新闻工作者协会、澳门记协、台北市报业商业同业公会共同举办的两岸六方媒体高峰会议——第5届3+3传媒论坛在台北举行。省记协副主席、浙江广电集团总编辑程蔚东率浙江新闻代表团参加了论坛。

30日 省委常委、组织部部长蔡奇到省广电局调研指导广播影视工作，局长张宝贵汇报了广播影视工作发展和省广电局开展创先争优情况，局领导铁国强、马乐其、王国富、傅宏章参加汇报会。

30日 浙江省对口支援新疆阿克苏地区指挥部、成都新光微波工程有限公司和省广电局三方正式签订《阿克苏地区广播电视农村无线数字电视系统发射端项目设备采购合同》，这标志着浙江省支援新疆阿克苏地区广播电视惠民工程首个项目正式进入开工实施阶段。

30日 省广电局再次组织专家赴文成广电台开展“双服务活动”，举办广电新闻专题培训班。

30日 省广电局在杭州举办2011年社会影视制作机构广播电视统计制度及网上直报系统布置培训会。

30日 浙江省杭州市举行十大产业发展专题会，决定2012开年举办首届动漫春晚。

31日 宁波广电集团徐明鸣同志被宁波市政府授于2011年度宁波市有突出贡献专家。

31日 总投入3000万人民币的宁波广电集团高清电视转播车工程圆满完成并投入应用。

本月 省广电局机关积极开展“六戒六要”作风建设活动，局长张宝贵局长要求通过活动，切实加强机关建设，以昂扬向上的精神状态和团结协作的整体力量，奋力拼搏，扎实完成全年广电系统重点目标任务。

本月 全省共有有线电视用户1343.83万户，有线数字电视用户1016.24万户，浙江成为列广东、江苏之后全国第三个有线数字电视用户超千万的省份。

本月 浙江广电集团电视制作中心创作省内首部3D实验性电视片。

本月 由中国电视艺术家协会电视节目制作委员会举办的“2011名优电视节目创新研讨会暨名优电视栏目推选表彰活动”在南京举行。温州广电台公共民生频道选送的《政情民意中间站》获“2011十大品牌电视栏目”称号。

本月 湖州广播电视台三集电视片《壮别天涯》获得中国文联和中国电视艺术家协会“纪念建党90周年”——优秀电视文艺节目“创新作品奖”和“最佳作品奖”。

本月 由舟山广电台经济生活频道完成“2011飞越群岛新区”大型航拍活动。

本月 丽水市广播电视监测机房搬迁改造项目获2011年度浙江省广播电影电视局工程技术类科技创新奖。

本月 国家广电总局批准义乌市广播电视台正式开办商贸频道，成为全国唯一可以开办两个电视频道的县（市）级广播电视台。

本月 安吉县下发《关于加快促进农村数字电影院(厅)建设的实施意见(试行)》，积极推进农村电影从室外流动放映向室内固定放映的转变。

本月 磐安广电台全面开展数字电视收视费银行代扣工作。

本月 黄岩广播电视台在中

广协会组织的2011年度全国优秀科教节目专家评析中荣获优秀组织奖称号。

12月

1日 2011雪花啤酒第三届中国古建筑摄影大赛浙江赛区(浙江广电赛组)评奖揭晓。

2日 浙江横店影视产业实验区在北京举行发展战略研讨会,国家广电总局副局长张丕民、省广电局局长张宝贵、金华市委常委、宣传部长陶诚华等出席研讨会。研讨会上,横店影视产业实验区管委会与中行浙江省分行签订战略合作协议。

2日 在2011年度全国广播电视技术能手竞赛全国总决赛中，浙江广电集团广播制播中心沈彬以全国第四名的成绩获广播中心系统一等奖，电视播出中心王昌辉获电视中心系统二等奖，并被国家广电总局授予“全国广播电视技术能手”称号。

3日—4日 2011长三角国际动漫嘉年华在嘉兴国际会展中心举行,嘉兴市委常委、宣传部长武亮靓等出席开幕式。

5日 由湖州广电台、湖州市第三人民医院和湖州师院的黄丝巾志愿者们共同发起的全市首个“黄丝巾—温暖魔方”社区心理服务站成立。

5日 金华市文广新局在永康组织召开广播电视新闻、广告管理工作座谈会。

6日 湖州广播电视传媒集团梅地亚文化中心工程奠基典礼隆重举行。省广电局局长张宝贵，省委宣传部副巡视员何启明,湖州市市长马以,市委常委、宣传部长胡菁菁，市人大常委会副主任孙新耀，市政协副主席叶鸣等领导出席典礼。

6日—7日 省广电局在杭州召开了全省广播电视广告播出与经营管理会议，传达学习了国家广电总局第66号令和关于贯彻执行《〈广播电视广告播出管理办法〉的补充规定》的通知及相关文件精神，部署全省广播电视广告播出与管理工作。省广电局局长张宝贵出席会议并讲话。

7日 杭州市召开第七届中国国际动漫节总结表彰暨第八届动漫节动员会。

7日 东阳代市长朱建军召集市发改、财政、国土、江北街道等部门和单位的领导视察了东阳广电中心。

8日 嘉兴市召开乡镇广电站广播自办节目抽评表彰暨乡镇广电站建设工作座谈会。

8日—9日 浙江广电集团召开固定资产管理工作会议，集团副总裁何跃新出席会议并讲话。

9日 省委书记赵洪祝在有关材料上批示，肯定浙江卫视2011年新闻报道工作,指出,“今年以来,浙江卫视紧紧围绕省委、省政府重大决策部署，深入基层调研采访,精心组织宣传报道,取得了显著成绩”。

9日—10日 浙江广电集团召开2011年度财务决算会议，集团副总裁何跃新参加会议并讲话。

11日—14日 杭州文广集团以“伟大时代的文化影像”为主题，主办推出了纪念钱学森诞辰百年大型人物传记电影《仰望星空》纪录片首映式、“旗帜”——纪念建党90周年全国优秀纪录片评析暨中广协会纪录片委员会2011年年会、杭州导视·纪录频道优秀纪录片展播周等三大系列活动。

12日 省广电局科技委换届工作会议在杭州召开，省广电局副局长、科技委主任委员铁国强到会讲话。

13日—14日 省广电局在杭州召开2011年度全省广电视听评议工作会议。

13日—17日 东盟国家电视摄制组到杭州、义乌两地进行采访拍摄。省广电局在省旅游局、义乌市外侨办、义乌市广电台等单位协同下做好接待和组织工作,确保采访活动顺利进行。

14日—15日 浙江广电集团召开年度新闻工作会议，集团总裁王同元到会并讲话，集团总编辑程蔚东主持会议，副总编辑施泉明、副总编辑顾顺坤、董传亮等参加会议。

14日 FM99.6获国家广电总局批准,改呼号为“民生资讯广播”，成为全国首家民生资讯电台。

15日 台州市广播电视有线网络整合工作会议召开，台州市委常委、宣传部长胡斯球,副市长叶海燕参加会议。

16日 “影响2011·横店之夜——为浙江影视喝彩”盛典晚会在横店影视城举行。省委常委、宣传部长茅临生，省广电局局长张宝贵、副局长王国富,浙江广电集团总编辑程蔚东等出席晚会并向电视牡丹奖、电影凤凰奖、德艺双馨奖获得者颁奖。

16日 省广电局、金华市政府、东阳市政府和横店集团控股有限公司共同出资设立中国（横店)影视“金牛奖”。

17日 浙江电台浙江之声联

合省卫生厅、省献血管理中心、省血液中心、省无偿献血志愿者协会,共同发起“让爱流动”无偿献血公益活动,引起社会广泛关注,副省长郑继伟转发活动微博 10 余条,充分肯定活动成效并与留言的听众网友热烈互动。

18 日 中央电视台《新闻联播》在头条位置播发片长 3′20″ 的电视新闻《浙江新昌:坚守主业 逆势增长》,并上新闻提要、加配编后话《坚守本业是责任也是智慧》,在全国影响深广。

18 日 丽水广电台经济生活频道启动“送福进万家”活动。

20 日 省广电局出台《加快全省县级城市数字影院建设的意见》。

20 日 玉环广电台被中央文明委命名为第三批全国文明单位,是浙江广电系统迄今为止唯一当选单位。

22 日 “浙江骄傲——2011 年度最具影响力人物”颁奖典礼在集团 800 平米演播厅隆重举行。省委常委、宣传部长茅临生,省人大常委会副主任程渭山,副省长郑继伟,省政协副主席黄旭明等领导出席颁奖典礼。

22 日 宁波广电网络股份有限公司举行揭牌仪式,并以资本合作方式加入浙江华数广电网络股份有限公司,省广电局局长张宝贵,宁波市委常委、宣传部长宋伟出席揭牌仪式并致辞。

23 日 省广电局召开党组会议,传达学习全省领导干部接待群众来访工作电视电话会议精神。

23 日 由中国广播电视协会、中国电视艺术家协会、中央电视台以及中国广播电视协会下属编剧、导演、演员各行业委员会联合主办的首届中国电视剧产业群英盛典暨中国电视制片委员会成立 20 周年庆典在北京举行。浙江广电集团总编辑程蔚东以编剧身份入选“中国电视产业二十年突出贡献人物”。

23 日 由北京大学联合清华大学、中国人民大学、新华社、中央电视台、中国青年报等组织开展的“2011 年中国电视掌声·嘘声”盛典在北京举行。浙江卫视《新闻深一度》以“利用公众的广度加强新闻的深度、对我国当前多元的舆论氛围起到推进作用”,被评选为唯一的“年度掌声栏目”。

27 日 浙江省 2011 年度“十大民生工程”颁奖典礼在浙江广电集团举行。省委常委、宣传部长茅临生,省人大常委会副主任、浙大党委书记金德水,副省长陈加元,省政协副主席王永昌等省领导出席颁奖典礼。

28 日 配备专用数字化摄录设备的磐安广电台虚拟演播厅投入使用。

30 日 浙江广电集团成立全网建设领导小组,副总编辑顾顺坤任组长,副总裁杨勇、何跃新任副组长。

30 日 “感谢有你·2011 衢州电视观众节暨新风朝‘好歌大家唱’社区达人秀活动颁奖盛典”在衢州广电台演播厅隆重举行。

本月 省广电局与省林业厅下发《关于在国有林场开展直播卫星工程建设的通知》,启动全省未通有线电视网络的国有林场安装直播卫星电视接收设施工作。

本月 全省 38.8 万户享受广电低保政策的城乡“低保户”中,已有 21.25 万户低保户免费收看到数字电视。

本月 浙江广电集团在省人民大会堂庆祝记者站建站 30 周年,浙江广电集团总编辑程蔚东到会并讲话。

本月 湖州广播电视台和浙江传媒学院联合摄制的电视电影《盖世武生》荣获第五届浙江省电影“凤凰奖”优秀数字电影、最佳编剧、最佳导演等三项大奖。

本月 由湖州广播电视台摄制、湖州市委宣传部推选的电视外宣片《笔墨江南 清丽湖州》获得 2011 年度浙江省对外传播“金鸽奖”一等奖。

本月 绍兴广电台交通广播参与由公安部交通管理局、中国广播电视协会交通宣传委员会共同主办的“畅行中国——文明交通在行动”百城百台大联播活动。

本月 由萧山广电台等单位联合摄制的电影《离婚进行时》在萧山湘湖完成拍摄。

本月 余姚广电台《姚江田野》栏目获全国对农电视栏目好作品奖,这是浙江省唯一获此殊荣的县市级对农电视栏目。

本月 经一年多时间,嘉兴华数电视通信有限公司基本完成了嘉兴市本级有线电视数字化整体转换工作,整个市区有线网络全部实现了数字电视节目传输。

本月 兰溪全年完成 248 个村的 850 公里网络线路改造,网络带宽升级到 860MHZ,完成 10.24 万用户数字电视整转工作,全市整转率达到 62%。

本月 义乌市广播电视台顺利完成全市有线网络工程验收工作,网络改造工作圆满完成,双向覆盖率达 70%。

本月 磐安广电台完成综艺演播厅和虚拟演播厅声学、灯光与音频系统集成工程项目建设。

浙江省广播电影电视局关于公布继续有效、废止和修改的规范性文件目录的通知

浙广局发〔2011〕1号

各市、县(市、区)文化广电新闻出版局:

根据《浙江省人民政府办公厅关于做好规章和规范性文件清理工作的通知》(浙政办发〔2010〕76号)和《关于规范行政规范性文件清理结果公布事项的通知》(浙府法函〔2010〕302号)要求,我局清理了自行制定的47件规范行文件,现公布如下:

一、继续有效的规范性文件目录

1. 浙江省广播电影电视局关于做好影院消防工作防范重特大火灾事故的通知(浙广局发〔2010〕254号)

2. 浙江省广播电影电视局关于印发《浙江省电影安全放映应急预案》的通知(浙广局发〔2010〕204号)

3. 浙江省广播电影电视局关于加强广播电视证券节目管理的通知(浙广局发〔2010〕183号)

4. 关于印发《浙江省广播电影电视局规范行政处罚自由裁量权工作实施办法》的通知(浙广局发〔2010〕176号)

5. 浙江省广播电影电视局关于加强IP电视管理的通知(浙广局发〔2010〕175号)

6. 浙江省广播电影电视局关于严肃宣传纪律强化导向管理的通知(浙广局发〔2010〕161号)

7. 浙江省广播电影电视局关于规范全省城镇数字影院建设的通知(浙广局发〔2010〕110号)

8. 关于大力加强县级多厅影院建设的意见(浙广局发〔2010〕74号)

9. 浙江省广播电影电视局关于加强广播电视发射台临时停机有关管理规定的通知(浙广局发〔2010〕3号)

10. 关于加强新闻、对农、少儿节目建设工作的意见(浙广局发〔2009〕205号)

11. 浙江省广播电视局关于印发《浙江省广播电视行业在农村有线电视收费行为中建立减轻农民负担责任制度》的通知(浙广局发〔2007〕207号)

12. 浙江省广播电视局关于进一步加强方言类节目管理的通知(浙广局发〔2007〕138号)

13. 关于进一步加强和规范我省广播电视播出机构利用互联网传播视听节目的实施办法(浙广局发〔2007〕102号)

14. 关于进一步加强和规范广播电视播出机构利用互联网传播视听节目的若干意见(浙广局发〔2007〕101号)

15. 浙江省广播电视局关于印发《浙江省广播电视行政许可实施与监督办法(试行)》的通知(浙广局发〔2007〕63号)

16. 浙江省广播电视局关于进一步规范有线广

播电视网络机构实验开办模拟点歌频道等视听类增值业务管理的通知(浙广局发〔2006〕141 号)

17. 关于启用行政许可事项电子申请表格和试行网上预受理的通知(浙广局发〔2005〕45 号)

18. 关于印发《浙江省广播电视局行政许可网上公示和预受理办法(试行)》的通知(浙广局发〔2005〕44 号)

19. 关于印发《浙江省广播电视局实施行政许可统一文本样式(试行)》的通知(浙广局发〔2005〕13 号)

20. 关于规范行政许可事项办理程序的通知(浙广局发〔2005〕12 号)

21. 关于下发《浙江省气象灾害与预警信号播发暂行办法》的通知(浙江省气象局、浙江省广播电视局联合发文,编号为浙气发〔2005〕66 号)

22. 关于印发《浙江省广播影视业中长期发展指导纲要》的通知(浙广局发〔2004〕187 号)

23. 中共浙江省委宣传部浙江省广播电视局关于切实做好中央和省级广播电视节目转播工作的通知(浙广局发〔2003〕151 号)

24. 关于加强对重大题材和敏感类题材电视专题片制作、播出管理的通知(省委宣传部、省广播电视局联合发文,编号为浙广局通〔2001〕58 号)

25. 关于重申未经批准有线电视网络不得擅自收转境外卫星电视节目的紧急通知(浙广局通〔2000〕19 号)

二、废止的规范性文件目录

1. 浙江省广播电影电视局关于向浙江卫视提供高清节目的通知(浙广局电〔2009〕66 号)

2. 浙江省广播电视局关于进一步严肃查处涉性下流节目的紧急通知(浙广局电〔2009〕12 号)

3. 浙江省广播电视局关于重申广播电视播出机构不得违法增办频道的通知(浙广局发〔2007〕175 号)

4. 关于印发《浙江省影视动画评奖实施细则(试行)》的通知(浙广局发〔2006〕31 号)

5. 关于印发《浙江省影视动画精品奖励实施细则(试行)》的通知(浙广局发〔2006〕29 号)

6. 关于印发《浙江省影视动画创作生产奖励扶持办法(试行)》的通知(浙广局发〔2005〕92 号)

7. 浙江省广播电视局关于加强广播电视方言节目规范管理的通知(浙广局发〔2005〕71 号)

8. 关于印发《浙江省电影审查暂行规定》的通知(浙广局发〔2004〕107 号)

9. 关于我省互联网传播广播电视播出视听节目管理工作的意见(浙广局发〔2003〕180 号)

10. 浙江省广播电视局关于加强有线广播电视网络实验开办点歌等增值业务管理的通知(浙广局发〔2003〕169 号)

11. 关于开:展车载电视管理工作的通知(浙广局发〔2003〕97 号)

12. 关于下放“公共场所播放电视节目的大型设施”等项目审批权限的通知(浙广局发〔2002〕24 号)

13. 关于行政区域性有线广播电视传输网络频道分配使用方案报批工作的通知(浙广局通〔2001〕53 号)

14. 关于印发《浙江省有线广播电视工程技术、安装许可证管理办法》(浙广厅通〔1998〕275 号)

15. 关于加强公共场所大型电视、电子显示屏设施播放电视节目管理的通知(浙江省广播电视厅、浙江省工商行政管理局联合发文,编号为浙广厅通〔1997〕125 号)

16. 关于加强有线电视工程建设管理的通知(浙广厅通〔1994〕98 号)

17. 关于巩固和发展农村有线广播建设的通知(浙江省广播电视厅、浙江省农业厅、浙江省财政厅联合发发文,编号为浙广厅通〔1994〕63 号、浙农发〔1994〕78 号、〔1994〕财行 51 号)

18. 关于印发《浙江省有线电视系统工程验收试行办法》的通知(浙广厅通〔1993〕28 号)

19. 关于印发《浙江省广播电视技术管理规定》的通知(浙广厅〔1991〕48 号)

三、需修改的规范性文件目录

1. 关于加快浙江影视产业发展的若干意见(浙广局发〔2004〕143 号)

2. 关于进一步调整和改进全省电视节目统一供片工作的意见(浙广厅〔2000〕3 号)

3. 关于印发《浙江省有线广电设备器材入网认定管理办法》的通知(浙广厅通〔1997〕87 号)

浙江省广播电影电视局

二〇一一年一月四日

浙江省广播电影电视局关于印发《浙江省有线数字广播电视客户服务管理指导意见(内部试行)》的通知

浙广局发〔2011〕79号

浙江广播电视集团,各市、县(市、区)文化广电新闻出版局、广播电视台(集团):

根据国务院和国家广电总局的有关法规,省广电局拟制了《浙江省有线数字广播电视客户服务管理指导意见(内部试行)》(以下简称《指导意见》),现印发给你们。该《指导意见》作为全省广电系统内部试行的规范标准,暂不对外公开。

请各级广电部门和单位结合工作实际,认真做好《指导意见》的试行工作,提高全省有线数字广播电视客户服务质量和水平,维护好广大有线数字广播电视客户的合法权益。

浙江省广播电影电视局
二〇一一年四月十九日

浙江省有线数字广播电视客户服务管理指导意见

(内部试行)

第一章　总　则

1.1 制定目的

1.1.1 为了提高有线数字广播电视服务质量,维护有线数字广播电视客户的合法权益,保证有线数字电视服务和监管工作的系统化和规范化,依据国务院发布的《广播电视管理条例》和国家广播电影电视总局发布的《有线电视管理暂行办法》等有关法规,制定本指导意见。

1.1.2 各级广播影视行政管理部门为有线数字广播电视管理机构,依法履行监管职责。

本指导意见中,通过有线广播电视网络或数据网络向客户提供有线(数字)电视网络信号传输及相关服务的网络运营机构统称为有线数字广播电视网络运营机构(以下简称运营机构);享有有线(数字)电视网络相关服务,及时缴纳数字电视服务开户费和相关服务费用,并履行相应义务的人群统称为有线数字广播电视网络客户(以下简称客户)。

1.1.3 本指导意见中,有线数字电视业务是指运营机构通过有线广播电视网络或数据网络向所有客户端同时提供的单/双向数字视、音频和数据业务。

1.1.4 本指导意见中,有线数字电视客户服务是指运营机构发现客户需求和满足客户需求的综合作业过程。

1.2 内容适用范围

1.2.1 本指导意见适用于在浙江省内依法提供有线数字电视业务的运营机构及其提供有线数字电视服务的全过程。

1.2.2 本指导意见为有线数字广播电视网络运营机构提供有线数字电视服务时应当达到的基本质量要求。运营机构提供有线数字电视服务,应当符合本指导意见规定的服务质量指标和传输质量指标。

本指导意见所称服务质量指标,是指反映满足有线数字电视服务固有特性要求程度的(主要反映非技术因素)一组参数。

本指导意见所称传输质量指标,是指反映有线数字电视广播信号传输的准确性、有效性和安全性的(主要反映技术因素)一组参数。

1.2.3 各市、县广播影视行政管理机构可以根据本地实际情况,对本指导意见的服务质量指标进行局部调整或补充。各运营机构可自行制定本单位的服务管理规章制度,但所制定的服务标准原则上不得低于本指导意见或当地管理机构报批通过的修订规范。

1.3 客户权利和义务

1.3.1 客户使用运营机构业务规定和经营范围内的所有业务,运营机构均不得以任何方式对其进行限定。客户要求开通、变更或终止有线数字电视业务时,运营机构无正当理由不得拖延、推诿和拒绝。

1.3.2 运营机构未经客户同意(确认方式包括书面、电视页面、电子协议等)擅自开通的业务,客户有权拒绝支付服务费用。

1.3.3 客户有权要求运营机构进行户内终端位置迁移,但需缴纳由此带来的相关成本费用。

1.3.4 客户有权向运营机构查询3个月内消费金额、缴费记录、可用余额等账户信息。

1.3.5 客户在接收有线数字电视广播及使用其他广电业务时如果遇到问题,有权向运营机构的客服部门报障报修，并且可以对运营机构提供的各类业务提出建议。

1.3.6 凡在客户合同中规定的权利受到损害，客户均有权通过各种渠道向管理机构投诉，并对投诉的处理情况享有知情权。

1.3.7 客户有义务提供详尽、准确的客户信息。客户信息如发生变更，需及时携带有效证件到运营机构指定营业网点办理变更手续。

1.3.8 客户接受运营机构提供的相关业务和服务，应按照规定按时缴纳相应的费用。

1.3.9 客户有义务协助保障有线数字电视线路和设施的安全：在有线数字电视系统中发现非法信号时，客户有义务迅速上报公安 110 或当地运营机构。

1.4 运营机构权利和义务

1.4.1 运营机构可以根据客户的特殊需要，约定有关的业务受理、开通时限、故障处理时限等问题。

1.4.2 对不按时交纳相关业务和服务费用的客户，运营机构有权终止提供相关业务及服务，但应在终止服务前 7 天内告知客户。

1.4.3 运营机构可以代理形式开展有线数字电视服务。代理人在提供有线数字电视服务活动时，应当执行本指导意见。运营机构应加强对其业务代理商的管理，并负责管理和监督检查代办有线数字电视业务单位或个人的服务质量。

1.4.4 运营机构应以书面合同形式或其他形式明确经营者与客户双方的权利和义务，其格式合同条款应做到公平合理、准确全面、简单明了。

1.4.5 运营机构应当采取有效措施，以客户为中心，持续改进有线数字电视服务质量。有线数字电视服务质量监督管理工作遵循公平、公正、公开的原则，实行政府监管、机构自律、社会监督相结合的机制。

1.4.6 运营机构应根据网络规模和客户分布情况合理设置服务网点或代办点，提供包括客户报装与开通、暂停与恢复、迁移、过户、报停等业务服务项目。有安装意向或者有恢复、迁移、过户、报停等其他业务需求的客户可通过到营业场所进行咨询，客服人员应针对客户的问题进行尽可能详细的解答，并开通服务。

运营机构应尽可能为残疾人和行动不便的老年客户提供最便捷的服务。

1.4.7 运营机构应当执行国家有线数字电视资费管理的有关规定，明码标价，并采取有效措施，为客户交费和查询费用提供方便。

运营机构在免除安装和收视费的同时，对其他服务费用应尽可能对特困家庭、低保家庭等特殊群体给予优惠。

1.4.8 运营机构应为客户提供多种沟通、建议和投诉渠道，听取客户的意见和建议，接受客户监督，自觉改善服务工作。

运营机构应当向客户提供业务咨询、查询和障碍申告受理等服务，并采取公布监督电话和设立专门职能部门等形式，受理客户投诉。

1.4.9 运营机构应提供不少于 2 种品牌的，且满足本地业务和技术测试要求的客户终端，供客户选择。

1.4.10 运营机构对客户信息有保密的义务，未经客户同意不能用作其它用途（法律另有规定的除外）。

1.4.11 运营机构在有线数字电视整体转换过渡期内，应免费向客户提供叫中央、省和当地电视台的六套模拟有线电视广播节目。

1.4.12 运营机构有权要求新建小区开发商按有线数字电视相关设计规范和施工规范进行管道及线路施工，否则可以拒绝开通相关业务。

1.4.13 运营机构有权要求客户终端设备遵循国家广播影视行政管理部门关于数字电视客户终端的各项技术规范、管理规定；有权要求客户终端具有国家广播影视行政管理部门颁发的入网认定证书。

1.4.14 运营机构有权根据国家、行业规范及相关电气安全认证标准制定当地运营机构入网业务和技术测试要求，并强制要求当地入网终端满足该要求。

第二章 基本服务质量指标

2.1 开机画面和广告

2.1.1 允许开机画面进行运营机构形象宣传和播出广告。但在客户选择广播式频道后，不得再播出广告或出现其他服务引导类画画。

2.2 有线数字电视开通、移机、暂停及恢复

2.2.1 客户提出安装申请后，运营机构应提供业务预受理服务，无论是否受理，都应在 3 个工作日内答复客户。对于因不具备安装条件而不能受理的

客户,应说明不能受理的原因。

2.2.2 经运营机构同意受理的客户，各运营机构应为其提供客户须知,内容包括业务说明、服务方式、资费标准、缴费方式、报修方式、客户服务电话和违约责任等,并与客户签订服务协议。

开通时限:不超过3个工作日,偏远地区不超过7个工作日。

2.2.3 客户暂时停止收看有线数字电视时,在填写申请表、出示有效证件后，业务人员对其核实缴费信息,办理业务暂停。

客户恢复收视服务时,在填写申请表、出示有效证件、办理相关手续后,业务人员应及时受理。

暂停生效时限:不超过3个工作日,偏远地区不超过5个工作日。

2.2.4 有线数字电视业务开通、移机、恢复时限指自运营机构受理客户业务开通、移机、恢复交费之日起,至有线数字电视业务开通、移机、恢复操作结束，客户能正常接收有线数字电视信号所需要的时间。

2.2.5 客户欠费,应提前1个月通知客户。运营机构因资费不足中断客户信号的，在客户交纳相应资费后,应在1小时内予以开通。

2.3 网络/业务变更

因网络频率资源变更、机房搬迁、缆线割接、业务调整和变更等可预见的原因,影响客户服务,涉及范围较及范围较广的,运营机构至少应提前24小时向客户进行公告。信息公告可通过报纸、网站、广播、手机短信、电视广告／字幕、电视邮件／短信、公告张贴等多种形式,尽可能保障客户获知公示信息。

2.4 网络障碍修复

2.4.1 运营机构应设立客服热线，为客户提供每天不少于16小时的业务咨询、故障申告、投诉受理等服务,暂不具备条件的应设置服务电话,电话号码宜为特殊服务号码：呼叫中心应根据网络规模和客户数量,设置相应数量的人工话务坐席。常规情况下,坐席服务运行负荷应不高于3万客户／坐席;特殊情况下(如有线数字电视整体转换期间等),要相应增加坐席服务。

2.4.2 在受理了客户的故障报告，确认其属于客服范围之内后，运营机构应派遣专业的维修人员为客户进行免费上门指导以及维修，并在故障修复时限内完成维修工作。上门维修人员应遵守预约时间，出示工作证明或佩带本企业标识，爱护客户设施,保持环境整洁。

2.4.3 有线数字电视业务故障修复时限指自客户提出门故障申告时起，至故障排除或采取其他方式恢复客户正常业务接收所需要的时间。

2.4.4 修复时限：普通故障在24小时之内解决,重大故障在48小时内解决,最迟不能超过72小时。客户询问时应主动作出解释。

2.4.5 发生重大传输问题时，运营机构应当按规定的要求和时限向有线数字电视管理机构报告。在事故处理过程中，运营机构应对所有与事故有关的数据进行采集、记录和保存,相关数据和书面记录至少保存六个月。

2.4.6 若遇雷暴、台风、地震等重大自然灾害时引起传输故障的,故障修复时限可适当延长,但应尽可能缩短修复时间。

2.5 投诉处理

2.5.1 客户投诉可分为针对有线数字电视广播及其他广电业务出现故障、中断、停播等问题的故障投诉,及针对营业厅、呼叫中心、安装、维修等服务部门的服务态度、工作能力等问题的投诉。

2.5.2 针对客户的故障报修和投诉，运营机构应在24小时之内予以答复,并在最短时间内对客户所投诉的问题进行解决。对较为复杂的问题,答复时间最长不得超过3个工作日。

2.6 费用

2.6.1 运营机构应提供多种收费方式，为客户缴费提供方便,包括:银行代扣、委托人代收(小区集体收费、单位代收)、网上缴费、营业厅缴费等。运营机构应向客户提供收费凭证，并免费为客户提供一年内缴费记录查询。

2.6.2 在客户暂停使用期间，运营机构免收视听维护费。

有线数字广播电视网络运营机构应明示收费标准,在收费标准调整时应提前发布公告。

2.6.3 运营机构在制定或调整有线数字电视服务资费过程,应严格按国家有关政策执行。

第三章 传输技术质量指标

3.1 有线数字电视广播通道传输质量技术指标

3.1.1 数字电视广播通道客户端特性阻抗应为 $75 \pm 3\Omega$：

3.1.2 数字电视广播通道客户端输出电平应控

制在 66 ± 4dBuV：

3. 1. 3 数字电视广播通道客户端载噪比(C／N)应不小于 43dB；

3. 1. 4 数字电视广播通道客户端载波复合二次差拍比(CSO)应不小于 54dB；

3. 1. 5 数字电视广播通道客户端载波复合三次差拍比(CTB)应不小于 54dB；

3. 1. 6 数字电视广播通道客户端输出频道间电平差≤8dB(任意 60~MHz 以内)，≤3dB(相邻频道间)；

3. 1. 7 数字电视广播通道客户端交扰调制比≥46+10lg(N—1)dB,N 为频道数；

3. 1. 8 数字电视广播通道客户端载波交流声比：≤3%；

3. 1. 9 数字电视广播通道客户端回波值：E≤7%；

3. 1. 10 数字电视广播通道客户端输出口相互隔离度：邻频传输系统≥30 dB，非邻频传输系统≥22 dB：

3. 1. 11 调制误差率(MER)≥26dB

3. 1. 12 误码率(BER)≤10^{-4}

3. 1. 13 图像质量

在正常情况下，客户端的图像质量等级应不低于 4 分。图像质量主观评价方法应符合 GB／T 7401—1987 规定的 5 级损伤制。

3. 1. 14 声音质量

在正常情况下，客户端的声音质量等级应不低于 4 分。声音质量主观评价方法应符合 GB／T 16463—1996 规定的 5 级评分制。

3. 2 有线数字电视交互通道传输质量技术指标

3. 2. 1 数字电视交互通道接入服务器忙时接通率：接通率≥ 90%。

接入服务器忙时接通率指接入服务器忙时接通次数与忙时客户请求总次数之比。

3. 2. 2 本地数字电视交互客户接入认证响应时间：平均响应时间≤8 秒，最大值为 11 秒。

本地数字电视交互客户接入认证平均响应时间是从客户提交完账号和口令起，至本地认证服务器完成认证并返回响应止的时间平均值。

3. 2. 3 数字电视交互通道接入认证成功率：接入认证成功率≥99%。

数字电视交互通道接入认证成功率指在客户输入账号、口令无误情况下的认证成功概率。

3. 2. 4 数字电视交互通道 IP 包本地传输往返时延：

往返时延平均值≤50 毫秒。

IP 包本地传输往返时延指从一个平均包长的”包的最后一个比特进入本地因特网业务接入点(A 点)，到达对端的本地业务接入点(B 点)，再返回进入时的本地接入点(A 点)止的时间。

3. 2. 5 数字电视交互通道 IP 包本地传输时延变化：

时延变化平均值≤20 毫秒。

IP 包时延变化指在一段测量时间间隔内，IP 包最大传输时延与 IP 包最小传输时延的差值。

3. 2. 6 数字电视交互通道 IP 包丢失率：

包丢失率平均值≤1%。

数字电视 IP 包丢失率指 IP 包在本地两点间传输时丢失的概率。

3. 2. 7 数字电视交互通道 IP 业务可用性：

IP 业务可用性≥99. 9%。

IP 业务可用性指客户能够使用”业务的时间与”业务全部工作时间之比。在连续 5 分钟内，如果一个 IP 网络所提供业务的丢包率≤5%，则认为该时间段是可用的，否则是不可用的。

第四章　客户终端

4. 1 有线数字电视客户终端选用标准

4. 1. 1 客户终端设备供应商应向运营机构提供符合其业务和技术测试要求的终端设备，并设立设备维修服务点。

4. 1. 2 客户终端设备应明码标价。

4. 1. 3 在正常工作条件下，客户终端设备 MTBF 大于 50000 小时。

客户终端软件升级的成功率必须达到或超过 99. 5%。

4. 1. 4 客户终端的插入损耗≈2 dB

4. 1. 5 客户终端的反射损耗：VHF 频段≥10dB，UHF 频段≥7dB

4. 1. 6 客户终端必须接有耐高压（≥2000V)设备隔离，以保证人身和系统设备安全。

4. 1. 7 客户终端应接负载使系统得以封闭。

4. 2 客户终端布线标准

客户室内综合布线可根据实际业务需求参照“附件”施工。

第五章　营业厅建设及客服中心标准

5.1 营业厅位置及面积

有线数字广播电视网络运营机构应根据所服务区域的人口总和人口构成情况，合理设置营业厅位置及面积，保障客户通过营业厅办理业务的方便性。营业厅配置密度应不小于5万客户/个。各乡镇均应设立有线数字广播电视网络服务点。

5.2 营业厅业务受理范围

5.2.1 营业厅业务办理：有线数字广播电视网络运营机构营业厅须办理有线(数字)电视各项基本业务及各项增值业务。

主要包括:新开户客户、过户、地址变更、增值业务开通及变更、客户信息新建或变更、费用收缴、账单查询/打印、票据补打、押金退还、暂停业务、销户等。

5.2.2 相关配套物品及增值业务销售：各类收视终端及配套物品的销售、各类增值业务的销售。

5.2.3 业务咨询:提供公司介绍、各类业务的资费标准介绍、办理业务咨询、新业务介绍、服务内容等信息介绍。

5.2.4 查询：提供与客户缴费及业务使用相关资料的查询。

5.2.5 投诉处理:接待客户的投诉,对于可答复的,及时回复客户;无法直接答复的,转至上级投诉处理中心统一处理,并限期回复。

5.3 营业厅服务功能设置

5.3.1 营业厅内应设各类公告内容，如有线数字电视重要条款、收费标准、业务受理流程、业务开通范围、服务公约、服务承诺、服务制度、服务电话、监督电话、各营业厅地点等。各类公告项目应内容准确,及时更新。公告方式可以电子显示牌、客户指南等多种方式表现。

5.3.2 营业厅应在显著位置公示有线数字广播电视网络运营机构的服务咨询电话，有条件的有线数字广播电视网络运营机构应设立并公布24小时服务监督电话。

5.3.3 营业厅应具备咨询、营业(含现场投诉)等基本功能,考虑到规模问题,不做原则性的划区要求,本着充分实现营业和服务功能的原则,由各有线数字广播电视网络运营机构根据具体情况自行确定。

5.3.4 营业厅为客户办理相关业务，应设有办理各项业务的开通变更、查询、缴费等综合业务受理柜台或席位。各类产品及增值业务要明码标价。

5.3.5 鼓励各有线数字广播电视网络运营机构在本区域内设置示范营业厅。示范营业厅内部可按照“咨询、演示、洽谈、营业、投诉、休息”等功能进行分区,为客户提供更细分及优质化服务,有条件的示范营业厅还可设立综合查询机(查询内容齐全,包括业务查询、资费查询等)、自助详单打印机、银行自动提款机等设备。

5.4 营业厅服务指标

5.4.1 营业厅服务质量投诉率小于2%。

投诉率计算方法：营业厅服务质量投诉率指营业厅服务质量投诉量/本有线数字广播电视网络运营机构营业厅业务处理量。

5.4.2 客户资料完整及时率大于98%。

客户资料完整及时率计算方法：营业厅录入营账系统的客户资料量/同一统计周期需录入的客户资料量。

5.4.3 客户资料差错率小于2%。

客户资料差错率计算方法：营账系统错误的客户资料量/录入营账系统的客户资料量。

5.4.4 在营业厅中，客户最长等待时间一般情况下不宜超过30分钟;单项业务柜台处理时长一般情况下最长不宜超过10分韦中。

5.5 呼叫中心/客服中心职能范围

5.5.1 业务咨询：提供有线数字广播电视网络运营机构介绍、业务介绍、各类业务的资费标准介绍、办理业务咨询、新业务介绍、服务常识等信息服务。

5.5.2 业务受理:提供非面对面的,不涉及现金交易和银行转账的业务办理服务,如报修、提供产品营销、业务办理等。业务受理需要进行相关信息的验证与资料核实,验证或核实通过后方可办理。电话受理时应有录音。

5.5.3 相关查询:包括资费与缴费查询,即提供收费政策、缴费信息等查询服务;业务查询,即提供业务缴费等客户业务信息查询服务;资料查询,即提供客户基本资料、业务受理历史记录、投诉处理情况等资料查询服务。

5.5.4 资料修改：提供对客户基本资料的修改服务。

5.5.5 投诉与建议处理:对客户投诉进行受理、

分类、处理、客户反馈、内部记录的完整闭环流程。对于能够即时答复的，应即时为客户解答，并记录信息;不能即时答复的,形成相应的工单转相关部门处理。

5. 5. 6 主动呼出：按照呼出策略进行的主动外呼服务,主要包括投诉回复、客户回访及调查、催缴费、维系挽留等。

5. 5. 7 客户服务信息管理：对客服代表受理业务、业务咨询、查询、投诉与建议等记录进行综合管理。

5. 6 呼叫中心/客服中心服务指标

5. 6. 1 语音服务台、客户服务中心和人工短消息中心的应答时限宜小于 15 秒。

应答时限指客户拨号完毕后，自听到回铃音时起,至话务员(包括电脑话务员)应答所需要的时间。

5. 6. 2 语音服务台或客户服务中心和人工短消息中心人工服务的应答时限宜小于 20 秒。

人工服务的应答时限指自客户选择人工服务后,至人工话务员应答所需要的时间。

人工服务的应答率≥85%。

人工服务的应答率指客户在接入客户服务中心后，实际得到人工话务员应答服务次数和客户选择人工服务总次数之比。

5. 6. 3 语音自动应答前信息插播时长≤20 秒。

5. 6. 4 客户从进入到离开语音服务系统平均等待的时间长度≤30 秒。

5. 6. 5 语音应答转人工服务时，需要等待的时间长度≤40 秒。

5. 6. 6 投诉回访及时率≥80%。

投诉回访及时是指单个统计周期内投诉客户回访电话数量和投诉工单数之比。

5. 6. 7 投诉回访接触率≥80%。

投诉回访接触率是指与客户联系上的投诉回访电话量和投诉回访电话量之比。

附件：

数字电视楼内综合布线基本要求

数字电视楼内综合布线，是指对用户室内的数字电视、宽带网络和电话线路走线进行统一安排,统一敷设。

数字电视楼内综合布线系统，包括建筑单体内配管与箱体、户内配管与箱体、建筑单体内接入线路等三部分。

1. 建筑单体内配管与箱体

1. 1 单体出墙管道

1. 1. 1 一般情况下各建筑单体单元的出墙管为外径 Φ60mm(内径 Φ50 mm)镀锌钢管 2 根,钢管壁厚应大于 4 mm。

1. 1. 2 对拥有贯通式大型地下室的建筑，出墙管应不少于外径 Φ89 mm(内径 Φ80 mm)镀锌钢管 2 根或外径 Φ60mm(内径 Φ 50 mm)镀锌钢管 3 根，钢管壁厚应大于 4 mm;对于贯通型地下室内设置有机房的建筑,出墙管应满足机房出线的需求。

1. 1. 3 出墙管埋设时钢管需保持正直水平,埋深应大于 50em,前端应埋出墙体外 1 米以上。

1. 1. 4 应采用相同管径的 PE 管与出墙钢管对接,并与相应的 1# 入户手孔沟通;施工时两管均需插到接头内的接头线为止;如无特殊要求,入户手孔长轴应与建筑单体展向平行。

1. 2 建筑单体内配管

1. 2. 1 对拥有贯通式大型地下室的建筑单体，水平沟通管路应采用金属桥架沟通，桥架尺寸应不小于 200 × 150 mm；对无贯通式大型地下室的建筑单体,一般情况下单体内不敷设水平沟通管路。

1. 2. 2 单体建筑内上下楼层之间的纵向沟通方式应根据实际情况选择相应沟通方式：

对于多层(七层以下)或没有弱电井道的高层、小高层建筑应采用预埋管道上下沟通，管道可采用厚壁钢管：在电磁环境允许的情况下，也可选用 HDPE 或 UPVC 管。

对于强、弱电共用井道的建筑物可采用井道内金属桥架或钢管上下沟通；在电磁环境允许的情况下,也可选用 HDPE 或 UPVC 管。

对于有专用弱电井道的建筑物可采用井道内金属桥架、线槽或钢管上下沟通:在电磁环境允许的情况下,也可选用 HDPE 或 UPVC 管。

垂直管孔数量一般可采用 2~3 根外径 Φ60mm (内径 Φ50mm)管道(有线、数据、语音各一根)；如上下楼层采用桥架沟通，则桥架尺寸应不小于 200 × 150 mm。

1. 3 建筑单体内箱体布置

1. 3. 1 应根据建筑单体内的管线结构选择相应类型的箱体:对于使用桥架、线槽等结构穿线的单体内应使用明装型箱体，对于采用暗埋管道的单体内则应使用预埋型箱体。

1.3.2 建筑单体每个单元底层应设置放大器箱（可放置数字电视光接收机、放大器、电缆接包，光缆熔纤盘等），尺寸为 400mm×500mm×180mm。

1.3.3 放大器箱的数量取决于该单元放置的设备型号和数量，一般情况下，每个放大器箱内可放置1台光机或2台放大器或1台供电器：各放大器箱均应采用 Φ20 mm PVC 管 1 根沟通单元总电表箱，箱体内接地螺栓均应通过接地线与入户钢管或其他接地体妥善连接，确保接地规程。

1.3.4 七层以下标准多层住宅楼应在每个单元的中间楼层（7层的住宅楼对应4层，5、6层的住宅楼对应3层）预埋喷塑数字电视集线箱一只，尺寸为 700mm×500mm×180mm（横向放置型箱体）或 500×700×180mm（纵向放置型箱体），所有用户数字电视同轴电缆和回传通道用5类线均应汇聚到中间层集线箱。

在放置数字电视集线箱楼层的下一层预埋数据（语音）集线箱一只，尺寸为 700mm×500mm×180mm（横向放置型箱体）或 500mm×700mm×180mm（纵向放置型箱体），所有用户数据（语音）五类线汇聚到此集线箱。

1.3.5 对于采用暗埋管道的建筑，在不放置集线箱的其余各层都应在楼道中布置穿线箱一只，尺寸为 250mm×200mm×110mm。

1.3.6 所有箱体均应布置在相应层地平上 1.60 米高度，电表箱安装侧的对面墙体上。

1.3.7 七层以上住宅楼（高层、小高层）可将每单元按楼层划分为多个接入区，将用户数均匀分配到各个接入区，在每接入区户数控制在14户之内的前提下尽量减少接入区数量。每区的中间楼层各布置数字电视集线箱一只（汇聚该区用户的数字电视信号线），数据（语音）集线箱一只（汇聚该区用户的数据（语音）五类线），尺寸参见 3.3.3。

1.3.8 接入区集线箱位置设置参见表一，典型楼宇单元集线箱位置设置参见表二；所有箱体均应使用膨胀螺丝挂装在相应层地平上 1.60 米左右的弱电管井中或电表箱安装侧的对面墙体上。

1.3.9 AC60V 供电器可采用喷塑数字电视放大器箱形式安装于室外立箱附近的高层建筑弱电管井内，或在多层建筑边套单元的底层增加喷塑数字电视数字电视放大器箱一只以布置供电器，安装位置应布置在相应层地平上 1.60 米左右、电表箱安装侧的对面墙体上；箱体采用 Φ20 mm PVC 管1根与单元电表箱沟通。

1.3.10 所有集线箱均应采用 Φ20 mm PVC 管1根沟通单元总电表箱；各集线箱的接地螺栓均应通过接地线与入户钢管或其他接地体妥善连接，确保接地规程；

表一 接入区集线箱布置

接入区覆盖楼层数	数字电视集线箱建议位置	数据（语音）集线箱建议位置
3	2层	1层
4	2层	1层
5	3层	2层
6	3层	2层
7	4层	3层

表二 典型楼宇单元集线箱设置

住宅类型	楼层数	每层住户数	接入区数量	每接入区户数	数字电视线箱位置	数据（语音）集线箱位置	集线箱总数
小高层	10	2	2	8-10	3、8层	2、7层	4
高层	20	2	3	12-14	4、11、17层	3、10、16层	6
多层（一梯多户）	7	3-4	2	10-14	3、层	1、4、7层	5
多层（标准）	6,7	2	1	12-14	3层	1、4层	3

注：1、"数字电视集线箱位置"中带括号的楼层当单元内部垂直管路为井道桥架时不设置集线箱；

2、实际楼层数、每层住户数与表中所列数据不符，则按照分区规则设置集线箱，其他管路布置则需根据线路实际分布情况进行设计。

2、户内配管与箱体

2.1 户内配管

2.1.1 用户入户管和户内管均采用 Φ20mmPVC 管，管道数量取决于用户户内线缆数。通常情况下，每根 Φ20 mm PVC 管可穿 SYWV-5 同轴电缆 1 根或UTP-5 双绞线 2 根。

2.1.2 在管道各转弯处均应设置过线盒，便于穿缆;管道内均应打入铁丝以便穿线。

2.2 户内箱体

2.2.1 每户均可在户内设置1只146型预埋接线盒加空白面板，尺寸150mm×150mm×50mm,面板上用醒目标签标明“华数智能信息盒”,预埋位置一般选择在临近进户门的侧墙上,距地面2米。

2.2.2 对于户内统一安装弱电智能箱的用户，可不再单独安装华数智能信息盒;语音、宽带数据与数字电视等缆线均应汇入统一安装的弱电智能箱。

2.2.3 用户户内应在客厅布置数字电视终端盒(含一个有线接口和一个不带模块的RJ45口)1只;在主卧室布置86型预埋接线盒和带有公司标记的面板1只(含一个不带模块的RJ45口和一个不带模块的叮11口),作为数据(语音)接入终端盒。

3、建筑单体内与户内接入线路

3.1 广播数字电视建筑单体内接入线路

3.1.1 光接收机位置可根据小区住户分布情况选择布置于小区接入机房内或小区内室外立箱中。

3.1.2 如无特殊情况，建筑单体内务单元用户接入分支器统一使用集中式不均匀分配器，技术规格可参考相应的技术资料。

3.1.3 建筑单体的标准单元，用户放大器的位置应布置于底层的放大器箱中，集中式不均匀分配器布置于中间楼层的放大器箱中（具体位置参见第3章相应章节)。

3.1.4 如果建筑单体为非标准单元，则每个单元均应设置放大器：放大器可根据电平设计需要直接布置于中间楼层的放大器箱中（具体位置参见第3章相应章节)。

3.1.5 供电器AC 60V输出应采用SYWV—75—12同轴电缆馈送。

3.1.6 建筑单体内各单元之间的沟通电缆原则上应使用SYWV-75—12型同轴电缆，并尽量减少分支/分配口,以减少信号损耗;建筑单体各单元内部垂直电缆原则上应使用SYWV—75-9型同轴电缆:对于部分垂直穿线有施工难度的场合,在保证信号质量的前提下允许使用SYWV-75—7型同轴电缆。

3.1.7 光接收机、主干放大器的输入/输出信号强度的计算值都应严格控制在一定范围内，计算参考值见下：

光接收机输入光功率:-1±ldBm;

光接收机输出电平值:-1dBm输入光功率下的标称输出电平:100 dBuV;

延长放大器输入电平值:75 dBuV(-1/+3dBuV)

延长放大器输出电平值:92 dBuV

用户放大器输入电平值:77 dBuV (-1 八 3dBuV)

用户放大器输出电平值:100 dBuV

光接收机每路输出的放大器级数应控制在:延长放大器0-2级;用户放大器0—1级;覆盖半径可控制在500米(实际线路距离)以内。

3.1.8 各条线路末端在不接入用户的情况下，均应设置75Ω负载,以吸收线路末端产生的反射。

3.2 交互数字电视建筑单体内接入线路

3.2.1 交互数字电视接入的方式遵循千兆到小区,百兆到楼幢,十兆到用户,单个小区机房覆盖的用户数控制在2000户以内。小区机房作中设置带有1000M端口的以太网接入层节点交换机，是小区内局域网与城域网的互联节点。

3.2.2 建筑单体内通过五类线与光收发器直接连接的楼道交换机称为光口交换机。光口交换机为建筑单体内网络与小区机房内接入节点交换机的唯一接口。当接入网采用EPON技术时，可使用0NU代替光口交换机。

3.2.3 各建筑单体光口交换机通过五类线和邻近数字电视集线箱内交换机级联，级联层次不应超过两级,级联拓扑方式根据具体管线结构确定。

3.2.4 级联的每两个集线箱之间有且只有一根作为级联的五类线(一般使用屏蔽五类线),一端连接上级交换机的普通端口，另一端连接下级交换机的级联端口(Uplink端口),每个交换机有且只有一个上级交换机。级联的五类线长度不超过100m。

3.2.5 光口交换机和与其相联的一级、二级级联交换机组成建筑单体内网络，光口交换机应选择覆盖区域的中间位置设置。

上述交换机所在的各个集线箱所汇聚的用户之和,称为光口覆盖户数,一般应控制在100户之内。

3.3 户内接入线路

3.3.1 入户接入线路，一般情况下应使用SYWV-75—5型同轴电缆。

3.3.2 如无特殊要求，用户端数字电视信号输出电平应控制在66±4dBuV。

3.3.3 广播数字电视信号线从所属接入区的数字电视集线箱起,通过相应管道,进户穿过用户信息盒至客厅的数字电视终端盒。集线箱端应标记户号，并留余线 100cm；信息盒中留余线 50cm，盘绕在信息盒中；在数字电视终端盒中留余线30cm。

3.3.4 交互数据（语音）五类线从所属接入区的数据（语音）集线箱起，通过相应管道进户，穿过用户信息盒至主卧室的终端盒。集线箱端应标记户号，留余线 100cm；信息盒中留余线 50cm，盘绕在信息盒中；在数据（语音）终端盒中留余线 30cm。

浙江省广播电影电视局关于印发《浙江省广播电视对农节目服务工程建设目标规划（2011 年—2015 年）》的通知

浙广局发〔2010〕108 号

浙江广播电视集团，各市、县（市、区）文化广电新闻出版局、广播电视台（集团）：

为促进“十二五”期间全省广播电视对农节目服务工程建设，我局制定了《浙江省广播电视对农节目服务工程建设目标规划（2011 年—2015 年）》，现印发给你们，请结合实际贯彻落实。

二〇一一年五月十九日

浙江省广播电视对农节目服务工程建设目标规划（2011 年—2015年）

为贯彻落实党中央、国务院关于加快推进社会主义新农村建设重要指示精神和省委省政府重大决策部署，促进我省广播电视坚持科学发展，更好地服务于“十二五”时期农村改革发展和社会主义新农村建设，在 2008 年至 2010 年实施浙江省广播电视对农节目服务工程取得显著成效的基础上，制定并实施广播电视对农节目服务工程建设 2011 年—2015 年五年规划。

一、目标规划

1. 总体目标

围绕社会主义新农村建设“生产发展、生活宽裕、乡风文明、村容整洁、管理民主”的总体目标，认真贯彻落实省委提出的我省“十二五”时期新农村建设的总体思路，通过 2011 年至 2015 年的五年努力，推动各级广播电视在适当增加对农节目数量的基础上，继续大力拓展对农节目服务内容，创新对农节目服务形式，提高对农节目整体质量。促进以省台为龙头、县台为主阵地、市台为纽带、省、市、县三级联动的服务格局更加完善；以“三农”为服务对象，广播电视与各部门协作联动、社会各界积极参与的运作机制更加健全；形成适应农村改革发展要求和满足农民多层次、多方面、多样化需求的全省广播电视对农节目服务新体系。

2. 基本要求

浙江卫视和浙江之声要充分发挥省级广播电视新闻主频道、主频率的优势，为我省推进农村改革发展和促进城乡经济社会一体化发展提供强有力的舆论支持。浙江电视台公共·新农村频道作为我省唯一以服务“三农”为宗旨的公共电视频道，在自办节目中以面向“三农”为主的新闻和专题节目要达到 60%以上，并创建形成一批有社会影响力的对农电视节目品牌和品牌活动，发挥好省级电视对农宣传服务平台的龙头示范作用。浙江之声要在拓展现有对农广播品牌节目的基础上，进一步加强与市、县台的合作联动，不断丰富节目内容和形式，发挥好省级广播对农宣传服务平台的龙头示范作用。浙江电视台经济生活频道要为我省推进农村改革发展和新农村建设提供通俗易懂的经济政策资讯和城乡生活服务。省级其他频道、频率也要从各自的专业定位出发，做好对农宣传报道和节目服务等工作。

县级广播电视台作为直接面向“三农”的播出机构，要以服务“三农”为主要目标，在进一步办好当地新闻节目的同时，要求每周自办的面向“三农”的广播专题和电视专题节目分别达到 3 档以上，并应分别安排在广播频率和电视频道的黄金时间段播出；有需求、有条件的地方应适当增加数量，实现天天对农节目服务，充分发挥对农服务主阵地的作用。

市级广播电视台要充分利用所在市对所辖县（市、区）经济文化等方面的辐射力和带动作用，加大对农新闻宣传报道力度，要求每周自办面向“三农”、城市新居民群体以及城乡融合的广播、电视专题节目分别达到 3 档以上，充分发挥广播电视沟通城乡、服务城乡一体化的桥梁纽带作用。

二、工作重点

1. 提高对农节目质量，打造对农服务品牌。各级广播电视播出机构要按照“十二五”规划加快社会主义新农村建设的总体目标和城乡一体化的要求，深入了解和把握“三农”实际需求，以对农节目为平台，重点做好政策宣传、典型报道、信息服务和文明生活的引导。要因地制宜，着力拓宽节目内容，增强节目的指导性、针对性和服务性；要创新手段，着力丰富节目形式，增强节目的感染力和吸引力；要加强互动，着力打造一批对农服务品牌节目与活动，增强对农宣传的影响力；要注重实效，着力提升节目质量，增强节目传播效果。通过不断努力，实现面向“三农”节目的转型升级。

2. 确保对农节目数量，拓展对农节目传播平台。各市县广播电视台和浙江电视台公共·新农村频道要按照本规划提出的目标要求，稳定及增加面向“三农”为主的新闻、专题节目播出数量和比例。在此基础上，各级广播电视播出机构要充分利用各地有线数字电视平台及互动点播功能，综合运用广播无线和有线的双重覆盖，积极借助视音频网站、农民信箱及其他新媒体便捷传播的优势，推进对农节目的集成与传播平台建设，扩大对农节目传输覆盖范围。

3. 完善联席会议制度，增强对农宣传服务合力。对农节目服务工程建设联席会议制度是有效整合资源、保障广电对农宣传服务良好的组织运行机制。要继续推动各地建立和完善对农节目服务工程建设联席会议制度，发动各级对农、涉农部门参与对农节目建设相关活动，提高全省广播电视对农节目采制的组织化程度，形成优势互补的服务“三农”的合力。省级和各市县已建立联席会议或工作领导小组的，要进一步优化完善并更好发挥作用；尚未建立的市县要在 2011 年 12 月底前全部建立。各成员单位要在上级党委、政府的领导下，根据我省农业现代化和新农村建设需要，加强交流合作，发挥优势，更好地实施对各地“三农”宣传的政策指导和信息服务。

4. 加强专业队伍建设，形成服务“三农”优良作风。各级广播电视播出机构要重视“三农”节目岗位采编播人员配置，在内部考核政策上向“三农”节目人员倾斜，通过考评等激励机制，推动优秀人才向“三农”节目岗位流动。在人才的培养和引进上，要充分考虑对农节目的特殊要求，合理安排梯度结构，形成对农宣传专业人才梯队，确保“三农”节目稳定发展。要坚持“三贴近”原则，深入开展“三项学习教育”活动，大力推进采编播人员改进作风，深入新农村建设第一线，调查了解“三农”实情和需求，增进与基层群众的感情，不断提高节目的针对性和实效性。省、市广电部门适时组织开展评选活动，表彰奖励敬业奉献、成绩突出的对农节目主创人员。

5. 建立科学评估体系，加强节目传播效果考核。广电等有关部门要改进对农节目服务工程建设的考核办法，以“三农”需求为导向，建立健全更加科学合理的评审考核指标体系，重点突出对农栏目、节目的影响力和满意度的考核，注重传播成效的测评。在组织专家、政府部门人员综合评审、督查考核的同时，与浙江农民信箱网站、统计部门等有关方面合作开展多形式、多渠道的测评调查，并将其作为考核评估的重要依据。政府的扶持奖励、补助政策要与考核挂钩，引导和推动对农节目创新创优，不断提升传播效果。

三、保障措施

1. 继续加大政府扶持力度。广播电视对农节目服务工程是公共文化服务体系的组成部分。为确保实现五年规划目标，在各级广电播出机构自身持续增加投入的同时，要争取各级政府财政继续加大专项经费的投入力度。要用好省级财政对农节目服务工程专项经费，提高资金使用绩效。财政经费重点扶持奖励优秀节目、适当扶持补助欠发达地区，同时加大通用性节目征集、制作与供给的支持力度。该项工程建设及财政经费使用情况应列入政府为民办实事行动计划和新农村建设指标项目予以督查考核。

2. 继续加强和改进行政推动。广电等有关部门每年在组织实施对农节目服务工程建设考核评审中，要进一步明确广电播出机构人财物投入和节目播出等要求，加大评优奖励机制的引导力度。要根据五年规划目标，定期召开会议进行部署，及时总结交流推广先进经验。要继续做好通用性广播电视对农节目征集、制作和供给的组织协调工作，注重节目质量和内容的审核把关。在五年规划期间，要进一步丰富对农节目源，每年组织提供 300 个以上通用性节目供各市、县广电台交流和选播。

3. 开展教育培训和岗位练兵活动。加强对全省广播电视对农节目采编人员“三项学习教育”和专业知识轮训，组织一线采编人员相互交流经验和考察学习。围绕“三农”主题，每年组织一次专题集中采访报道活动，以岗位技能练兵等方式，不断提高对农节目采编播人员的政治素质、政策水平和专业技能。

4. 加强理论研究和指导服务工作。依托学会、专业院校加强对农传播理论研究，继续组织专家下基层服务，指导帮助市、县台提升对农节目服务水平。各级广电行政管理部门和播出机构要加强对“十二五”时期“三农”宣传新需求的调查研究，经常性地组织开展座谈讨论、节目研讨、经验交流和观摩学习等学术研究活动，从实践中提炼理论成果，以理论指导实践，全面提升全省广播电视对农节目总体质量和服务水平。

浙江省广播电影电视局关于印发《浙江省广播电视对农节目服务工程建设考核办法（2011年—2015年）》的通知

浙广局发〔2011〕109号

浙江广播电视集团，各市、县（市、区）文化广电新闻出版局、广播电视台（集团）：

为了优化和完善浙江省广播电视对农宣传服务节目制作播出的评价体系和扶持机制，我局制定了《浙江省广播电视对农节目服务工程建设考核办法（2011年—2015年）》，现印发给你们，请结合实际贯彻落实。

二〇一一年五月十九日

浙江省广播电视对农节目服务工程建设考核办法（2011年—2015年）

为贯彻落实党中央、国务院关于加快推进社会主义新农村建设重要指示精神和省委省政府有关战略部署，促进我省广播电视按照科学发展观的要求，更好地服务于“十二五”时期农村改革发展和社会主义新农村建设，更好地发挥在我省全面建设惠及全省人民小康社会中的积极作用，确保我省广播电视对农节目服务工程建设2011年—2015年五年规划顺利实施，现制定本办法。

第一条　广播电视对农节目服务工程建设的总体目标

通过2011年至2015年五年努力，深化以省台为龙头、县台为主阵地、市台为沟通城乡主桥梁，省、市、县三级分工明确、联动协作的机制，形成适应农村改革发展要求和满足广大农村群众多层次、多方面、多样化需求的对农节目新体系，使我省广播电视对农宣传服务工作继续走在全国前列。

第二条　广播电视对农节目服务工程建设的基本要求

1. 浙江电视台公共·新农村频道作为我省唯一以服务“三农”为宗旨的公共电视频道，要继续承担并发挥全省电视对农政策指导、科技宣传、法律咨询、信息服务、文明指导和展示“三农”新貌等方面权威性龙头平台的作用。自办节目中以面向“三农”为主的新闻和专题节目达到并稳定在60%以上，创建形成一批有社会影响力的对农电视节目和活动品牌。

浙江之声要在拓展现有对农广播品牌节目的基础上，进一步加强与市、县台的合作联动，不断丰富节目内容和形式，发挥好省级广播对农宣传服务平台的龙头示范作用。自办的日播对农节目板块时长不少于60分钟。

2. 县级广播电视台作为广播电视直接面向“三农”的播出机构，要以服务“三农”为主要目标，在进一步办好当地新闻节目的同时，每周自办面向“三农”的广播专题和电视专题各3档以上，平均每档不少于10分钟，其中对农广播专题应安排在早上6:00~8:00、午间11:00~13:30、晚间17:30~21:00播出，并实现无线和有线两种传输方式播出；对农电视专题应安排在晚间18:00~22:00播出。各广播及电视对农专题应安排不少于一次的重播。

3. 市级广播电视台要充分利用所在市对所辖县（市、区）政治、经济、文化、社会发展等方面的辐射力和带动作用，在加大对农新闻宣传报道的同时，每周自办面向“三农”或城市新居民群体的广播、电视专题或综合性节目各3档以上，平均每档不少于10分钟。广播对农或涉农节目应安排在早上6:00~8:00、午间11:00~13:30、晚间17:30~21:00播出，电视对农或涉农节目应安排在晚间18:00~22:00播出，并安排不少于一次的重播。

第三条　广播电视对农节目服务工程建设考核分类

广播电视对农节目服务工程建设考核分等级评优类考核和补助类考核两类：

1. 等级评优类考核对象：各级广播电视台制作播出的对农节目。

2. 补助类考核对象：经济欠发达的市、县（市、区）广播电视台制作播出的对农节目。

省财政安排用于广播电视对农节目服务工程建设专项扶持资金，依据考核结果进行补助扶持，具体补助扶持按照省财政厅、省广局制定的《浙江省广播电视惠民服务工程专项资金管理办法》（浙财教〔2010〕293号）执行。

第四条 广播电视对农节目服务工程建设评优条件

1. 节目内容立足本地，导向正确，体现中央关于"加强农村基础设施建设和公共服务，拓宽农民增收渠道，完善农村发展体制机制，建设农民幸福生活的美好家园"的精神，以及新农村建设"生产发展、生活宽裕、乡风文明、村容整洁、管理民主"的总体目标和城乡一体化发展等方面的要求。

2. 市、县（市、区）广播电视台至少自办广播、电视综合性对农节目各一档，适当采用通用性节目编辑播出，但比例不应超过整档节目的1/3。其他对农节目可结合当地实际，围绕现代农业科普与技术服务、农村法治与道德建设、农民文化生活或新居民服务等内容，开办特色鲜明、实用性强的专题对农节目。

3. 节目编排科学合理，信息量丰富，适应受众需求；节目时效性强，采访深入，形态完整，制作精良；节目服务性强，通过农民信箱等多种途径实现与受众良好互动；节目可听性或可看性强，形式生动活泼，较好发挥广播电视的特色与优势。

4. 市、县（市、区）广播电视台每周自办广播、电视对农节目在达到每周各3档、平均每档不少于10分钟的基础上，2011至2012年每周播出时长总量分别达到30分钟以上；2013至2014年每周播出时长总量达到广播45分钟以上、电视40分钟以上；2015年每周播出时长总量达到广播60分钟以上、电视45分钟以上（上述指标均不包括重播）。鼓励有条件的台率先向对农节目日播化方向发展，实现广播、电视对农节目天天播出。

5. 节目有固定的采编人员，市、县（市、区）台广播、电视对农节目分别配备专职采编人员不少于2人和3人，采编经费有明确保障。

6. 按照《浙江省广播电视对农节目服务工程建设目标规划（2011年—2015年）》要求，2011年12月底前建立由当地政府相关部门作为成员单位共同组成的对农节目服务工程建设联席会议制度，节目的采制播出与农口等部门形成固定的协作机制。

7. 对农节目在数字电视平台与音视频网站等新媒体阵地均有播出。

8. 在省广电局委托有关部门或通过农民信箱开展的节目影响力、满意度和成效测评好评率高。

第五条 广播电视对农节目服务工程建设补助条件

1. 列为欠发达地区的有关市、县（市、区）广播电视台；

2. 节目定位准确，导向正确，内容立足本地，体现中央和省委省政府有关新农村建设的指示精神和要求；

3. 节目采编人员配置、经费有明确保障，按照《浙江省广播电视对农节目服务工程建设目标规划（2011年—2015年）》要求建立由当地政府相关部门作为成员单位共同组成的对农节目服务工程建设联席会议制度，节目的采制播出与农口等部门形成固定的协作机制；

4. 节目数量、时长和播出时间安排符合本考核办法基本要求；

5. 节目质量在年度考核中评定为合格以上等次，评定为不合格等次的广播电视台取消当年度补助资格。

第六条 广播电视对农节目服务工程建设的考核程序

省广电局组织开展对全省各市、县（市、区）广播电视台对农节目年度考核，对浙江电视台公共·新农村频道和浙江之声对农节目进行单独考核评议。

1. 根据省广电局相关考核通知要求，各县级和市本级广播电视台分别向所在市级广播电视行政管理部门提出考核申请；

2. 各市级广播电视行政管理部门牵头，会同农办等有关部门按本《办法》规定对所辖各市、县（市、区）广播电视台的申请进行初审并报省广电局；

3. 省广电局委托有关部门或通过农民信箱对省、市、县三级广播电视播出机构开办对农节目以及为农服务情况组织，开展影响力、满意度和成效测评；

4. 省广电局组织有关部门及专家审核各地上报材料，并对对农节目采编播出情况进行抽查评审。在综合评审考核的基础上，评定优秀、良好、合格和不合格四个等级，并在优秀和良好等级中评选出广播和电视优秀对农节目奖若干名，给予扶持奖励；同时确定对农节目服务工程建设符合条件的补助对象。

第七条　广播电视对农节目服务工程建设考核期限

广播电视对农节目服务工程建设考核每年进行一次。具体时间和材料报送等要求由省广电局另行发文。为完善常态化的考核机制，自2011年1月1日起，各市、县广电台要完整保存广播、电视对农节目播出录音和录像资料，以备随时抽查和及时报送。

第八条　本办法自发文之日起施行。

浙江省广播电影电视局　浙江省通信管理局　关于加强IPTV和有线宽带接入服务管理的通知

浙广局发〔2011〕126号

各市、县（市、区）文化广电新闻出版局，中国电信浙江分公司、中国移动浙江公司、中国联通浙江分公司、铁通浙江公司，各相关企业：

今年以来，我省一些企业未经国家批准，擅自开展IPTV业务和有线宽带接入服务，严重违反了国务院国发〔2010〕5号和国办发〔2010〕展35号文件关于三网融合试点工作部署和国家相关法规，扰乱了我省正常的广播电视传播秩序和有线宽带接入服务市场铁序，各地反映十分强烈。为认真贯彻落实国务院三网融合工作协调小组办公室《关于浙江省杭州市三网融合试点实施方案的复函》（国协办函〔2011〕6号）文件精神，进一步规范IPTV业务、有线宽带接入服务市场秩序，促进三网融合顺利展开，切实维护国家文化安全和信息安全，现就加强和规范IPTV、有线宽带接入服务管理工作提出如下要求，请认真贯彻执行。

1. 严格遵守国家政策法规。根据国务院三网融合政策，电信企业进入广电业务、广电企业开展电信业务要先行开展试点，先行试点单位须在取得国家相关部门批准并落实好监管措施后，方可开展相关业务。

根据《互联网视听节目服务管理规定》（国家广电总局、信息产业部令第56号）、《互联网等信息网络传播视听节目管理办法》（国家广电总局令第39号）等相关规定，任何企业单位未经国家广电总局批准，不得擅自开展IPTV业务。

根据《中华人民共和国电信条例》（中华人民共和国国务院令第291号）、《电信业务经营许可管理办法》（中华人民共和国工业和信息化部令第5号）等有关规定，国家对电信业务实行许可制度，未经批准取得电信业务经营许可证，任何组织和个人不得从事电信业务经营活动。

2. 严格限定IPTV传输范围和接入服务。广播电视具有强烈的意识形态属性，承担着宣传舆论导向功能。传播广播电视节目必须依法依规开展，不得擅自扩大传输范围。

目前，经国家广电总局批准，在浙江开展IPTV集成播控业务的是上海广播电视台，其在我省合法开展IPTV业务的范围限定在台州市和省内酒店。上述范围内的申办主体应与上海广播电视台在浙江的唯一授权单位上海百视通传媒有限公司签约对接后，方可传输IPTV信号。在开展IPTV业务代理活动中，代理商必须以IPTV业务经营者的名义、资源、业务品牌开展各类营销宣传并提供服务或收取费用。

杭州市作为国务院批准的三网融合试点城市，开展IPTV业务应按照国务院三网融合工作协调小组办公室《关于浙江省杭州市三网融合试点实施方案的复函》（国协办函〔2011〕6号要求进行，即经国家广播电总局批准后方可开展。

3. 严格依法纠正和查处违规行为。未经国家广电总局批准扩大IPTV传输范围、擅自开展IPTV业务的企业，必须立即停止并纠正违规行为，妥善处理已接入用户相关事宜，并积极配合广电行政管理部门做好依法处置工作。各级广播电视行政管理部门要贯彻国务院三网融合政策，依据《广播电视管理条例》、《互联网视听节目服务管理规定》和《互联网等信息网络传播视听节目管理办法》等规定依法查处违规行为。

4. 严格规范有线宽带接入服务。未经通信管理部门批准擅自经营有线宽带接入业务的企业，必须立即停止并纠正违规行为，妥善处理已接入用户相关事宜，确保用户合法使用电信业务的权利。在开展电信业务代理活动中，代理商必须以电信业务经营者的名义、资源、业务品牌、售后服务体系提供服务或收取费用，保证服务质量，维护用户合法权益。通信管理部门将依据《中华人民共和国电信条例》和《电信业务经营许可管理办法》等规定依法查处违规行为。

各企业必须严格按照国务院三网融合工作协调

小组办公室《关于浙江省杭州市三网融合试点实施方案的复函》(国协办函[2011]6号)要求开展相关业务。各级广播电视行政管理部门和通信管理部门要按照分业监管、属地管理的原则,认真落实各自职责分工,切实履行行业监管职责,加强协调配合,维护公平竞争、规范有序、安全健康的市场环,保障人民群众和企业主体的合法权益,共同维护和顺利有序推进三网融合。

浙江省广播电影电视局

浙江省通信管理局

二〇一一年六月七日

关于印发《浙江省广播电影电视局规范行政处罚自由裁量权工作实施办法(修订稿)》的通知

浙广局发〔2011〕146号

各市、县(市、区)文化广电新闻出版局:

根据省法制办的意见,我局对《浙江省广播电影电视局规范行政处罚自由裁量权工作实施办法》进行了修订。现将修订稿印发给你们,请遵照执行。原《关于印发〈浙江省广播电影电视局规范行政处罚自由裁量权工作实施办法〉的通知》(浙广局发〔2010〕176号)同时废止。

二〇一一年七月十一日

浙江省广播电影电视局规范行政处罚自由裁量权工作实施办法(修订稿)

第一章 总则

第一条 为规范行使行政处罚自由裁量权,促进我省广播影视依法行政,维护行政管理相对人的合法权益,根据《中华人民共和国行政处罚法》和广播影视法规、规章的规定,按照国务院《全面推进依法行政实施纲要》和《浙江省人民政府办公厅关于开展规范行政处罚裁量权工作的通知》要求,结合本省广播影视实际,制定本办法。

第二条 本办法所称的行政处罚自由裁量权是指我省在广播影视法规或规章规定的行政处罚种类和幅度内作出行政处罚时行使自由裁量的权限。

第三条 全省广播影视行政部门及执法机构在行使自由裁量权时,应当按照本办法以及各地制定的行政处罚自由裁量权执行标准执行。本办法未规定的,按照相关的法规、规章规定执行。

第二章 裁量原则

第四条 行使行政处罚自由裁量权应当遵循公正、公平、公开原则、过罚相当原则以及处罚与教育相结合原则,依法维护公民、法人和其他组织的合法权益,确保行政处罚自由裁量权行使的合法性、合理性。

第五条 实施行政处罚自由裁量权,应当以事实为依据,以法律为准绳,坚持以人为本,综合考虑、衡量违法事实、性质、情节及社会危害程度等相关因素,所适用的措施和手段应当必要和适当,符合法律目的。对违法主体、性质、情节相同或相似的案件,适用的法律依据、处罚种类及处罚幅度应当基本相当。对当事人的同一个违法行为,不得给予两次以上罚款的行政处罚。

第六条 法规、规章规定的处罚种类可以单处或并处的,可以根据案件具体情况,选择适用行政处罚的种类和幅度;对规定应当并处或应当先没收违法所得再作其他处罚的,不得选择适用。

第七条 同一违法行为违反了不同法律规范的,在适用法律时应当按照顺序遵循下列原则:

(一)效力高的法律规范优先适用;

(二)法律规范效力相同,有特别规定的优先适用;

(三)法律规范效力相同,生效时间在后的优先适用。

第三章 量罚情节与幅度

第八条 根据违法行为的事实、性质、情节、社会危害程度以及主观过错等因素,违法行为可分为轻微违法行为、一般违法行为、严重违法行为。

按照法规、规章设定的处罚幅度,行政处罚可分为不予处罚、从轻处罚、减轻处罚、一般处罚、从重处罚。

第九条 不予处罚是指违法行为轻微并及时纠正,没有造成危害后果的,不予行政处罚。

从轻处罚是指根据查清的当事人的违法事实、性质、情节,在法律、法规、规章规定的处罚种类和幅度范围内给予较轻的行政处罚。

减轻处罚是指根据查清的当事人的违法事实、性质、情节，在法律、法规、规章规定的处罚幅度以下给予行政处罚。

从重处罚是指根据查清的当事人的违法事实、性质、情节，在法律、法规、规章规定的处罚种类和幅度范围内给予较重的行政处罚。

第十条 当事人有下列情形之一的，依法不予行政处罚：

（一）违法行为轻微并及时纠正，没有造成危害后果的；

（二）证据不足，违法事实不能成立的；

（三）不满十四周岁的人实施违法行为的；

（四）精神病人在不能辨认或者不能控制自己行为时实施违法行为的；

（五）违法行为在二年内未被发现的，但法律另有规定的除外；

（六）其他依法不予行政处罚的。

第十一条 当事人有下列情形之一的，应当依法从轻或减轻行政处罚：

（一）已满十四周岁不满十八周岁，有违法行为的；

（二）主动消除或者减轻违法行为危害后果的；

（三）受他人胁迫有违法行为的；

（四）其他应当依法从轻或者减轻行政处罚的。

第十二条 当事人有下列情形之一的，依法从重行政处罚：

（一）隐匿、销毁违法证据的；

（二）妨碍执法人员查处违法行为、暴力抗法等尚未构成犯罪的；

（三）不听劝阻，继续实施违法行为的；

（四）胁迫、诱骗或者教唆未成年人实施违法行为的；

（五）在共同违法行为中起主要作用的；

（六）多次实施违法行为，屡教不改的；

（七）对检举人、举报人、证人或执法人员实施打击报复的；

（八）其他涉及人身健康、生命安全、公共安全、社会稳定、经济秩序等违法情节恶劣，造成危害后果的。

违法行为涉嫌构成犯罪的，应当依法移送司法机关追究刑事责任。

第十三条 在法规和规章规定的处罚范围内，按照以下规定实施处罚：

（一）罚款幅度的适用。行政处罚中适用罚款的，在法定幅度内将罚款数额分为较小数额的罚款、一般数额的罚款、较大数额的罚款三个层次。

（二）处罚种类的适用。严重违法行为适用的处罚种类包括较大数额的罚款、责令停业整顿、吊销许可证；一般违法行为适用的处罚种类包括责令限期改正、没收违法所得、没收非法财物、一般数额罚款；轻微违法行为适用的处罚种类包括较小数额的罚款和警告，依法不予行政处罚的除外。

第十四条 对于社会影响面大、公众关注度高的行政处罚案件，除涉及国家秘密、商业秘密或者个人隐私外，应当采用公开审案的方式，接受社会监督。

第十五条 对于情节复杂或者重大违法行为，拟在自由裁量权范围内作出适用听证程序的行政处罚或者依据本办法第十二条决定从重处罚的，应当由行政执法机关负责人集体讨论决定，并在作出决定之日起 30 日内将处罚决定书和必要的说明材料报本级政府法制部门和上一级主管部门。

第四章 监督机制

第十六条 各级广播影视行政管理部门及执法机构应当建立行政处罚自由裁量权的监督机制，将行政处罚自由裁量权规范工作纳入本部门行政执法责任制的工作范围。

第十七条 省、市两级广播影视行政管理部 I’刁应当对本级和下级行政管理部门及其执法机构行使行政处罚自由裁量权的情况进行监督，及时发现和解决问题。

第十八条 行使广播影视行政处罚自由裁量权的监督方式，主要通过行政执法投诉、行政执法监督检查、行政复议、行政处罚案卷评查等形式进行。

第十九条 执法人员滥用行政处罚自由裁量权的，视情节轻重，分别给予其批评教育、责令限期改正或者暂扣执法证件；情节严重的，报本级政府法制工作部门吊销其执法证件，涉嫌犯罪的，移交司法机关依法处理。

第五章 附则

第二十条 新颁布的法律、法规、规章涉及行政处罚的，各级广播影视行政部门应当及时进行梳理、规范和量化；需要对已实施的裁量权规范进行修改或调整的,应当根据实际情况及时予以修改或调整。

第二十一条 法律、法规、规章未规定行政处罚实施机关可在一定范围内自由裁量处罚的处罚事项, 各级广播影视行政部门和执法机构应当严格按照相关法律、法规、规章的规定执行。

第二十二条 各市广播影视行政管理部门应当参照本办法制定本地区广播影视行政处罚自由裁量权的裁量标准,并报省广电局备案。

第二十三条 本办法自发布之日起施行。

浙江省广播电影电视局关于调整浙江省广播电视播音专业中级职务评委会的通知

浙广局发〔2011〕178 号

浙江广播电视集团、各市文化广电新闻出版局:

原浙江省广播电视播音专业人员中级职务评委会任期已满。经研究决定,新一届评委会由王国富、严卫平、陈求是、李京、赵伟雯、唐克、李慧、席文、王志强、杨莅、张倩奕、信秋香、金重建、韩菊、廖炎等15 位同志组成。王国富任主任委员,严卫平、陈求是任副主任委员。

评委会任期一年。

二〇一一年八月三十日

浙江省广播电影电视局关于印发《浙江省电影片摄制管理工作实施细则》的通知

浙广局发〔2011〕181 号

浙江广播电视集团,各市文化广电新闻出版局,各电影制片单位:

根据《广电总局电影局关于浙江省广电局试行电影剧本(梗概)备案、电影片审查工作的批复》(〔2010〕影字 473 号)精神,自 2010 年 7 月开始,浙江省广播电影电视局履行浙江省行政区域内的电影剧本(梗概)备案、电影片审查工作职责。为了规范浙江电影审查工作,保证影片质量,特制定《浙江省电影片摄制管理工作作实施细则》, 现印发给你们,请遵照执行。2004 年施行的《浙江省电影审查暂行规定》(浙广局〔2004〕43 号)同时废止。

二〇一一年八月八日

浙江省电影片摄制管理工作实施细则

第一章 总则

第一条 为了更好地规范和加强电影剧本(梗概)备案、电影片审查等相关工作,根据国务院《电影管理条例》(国务院令第 342 号)、国家广播电影电视总局《电影剧本(梗概)备案、电影片管理规定》(总局令第 52 号)、《广电总局关于改进和完善电影剧本(梗概)备案、电影片审查工作的通知》(广发〔2010〕19 号)等规定,制定本实施细则。

第二条 受国家广播电影电视总局委托,浙江省广播电影电视局(下简称省广电局)电影审查机构负责本行政区域内电影剧本(梗概)备案的上报、批复和影片的初审、部分影片的终审。未经审查机构审查通过的电影片,不得发行、放映、出口。

第三条 本细则所称电影片摄制管理工作是指电影剧本(梗概)备案、电影片内容审查和技术质量审查。

第四条 本细则所称电影片是指各种形式、不同宽度的电影片,包括国产故事影片、戏曲影片、动画影片、纪录影片、科教影片、专题影片、特种影片等。

第五条 拍摄重大革命和重大历史题材影片、重大文献纪录影片、中外合作摄制影片,按照国家广电总局有关管理规定办理。

第二章 电影剧本(梗概)备案

第六条 省内持有《摄制电影许可证》的电影制片单位和在省、地市级工商部门注册登记的各类影视文化单位摄制电影片, 应在拍摄前由第一出品单位将电影剧本(梗概)送省广电局备案(需提交的材料目录详见附件 1)。

第七条 省广电局电影审查机构在制片单位提交材料齐备的情况下,对电影剧本(梗概)进行审查。

(一)一般题材:20 个工作日内做出备案决定,同意备案的, 上报国家广电总局公示, 不同意备案的,出具书面通知并说明理由。

如根据梗概难以作出判断,需调阅完整剧本的,审查时间可延长20个工作日。

(二)特殊题材:按照相关规定,对电影剧本进行审核,同时征求省级相关主管部门意见。剧本需请相关主管部门和专家评审的,审查时间可延长20个工作日。

(三)重大革命和重大历史题材影片、重大文献纪录影片、中外合作摄制影片,由省广电局电影审查机构审核电影剧本后,按相关规定报国家广电总局电影局立项审批。

第八条 国家广电总局公示备案结果后,省广电局对持有《摄制电影许可证》单位发放《电影剧本(梗概)备案回执单》,对其他电影制片单位发放《摄制电影许可证(单片)》。同意拍摄但需修改的,除发放上述证件外,还将附上书面修改意见。

第九条 未经备案公布或立项批准的电影剧本(梗概)不许拍摄,完成影片不予受理审查。

第三章 摄制管理

第十条 增加、变更、减少出品单位须报省广电局审批。

第一出品单位的变更涉及跨省级行政区域的,具体程序为:原备案省级广电部门同意转出,新出品单位所在省级广电部门同意转入并行使审查权。

公映(包括播映)后,不得进行出品单位的变更。

党政机关不得作为出品单位,可作为联合摄制单位。

第十一条 更改片名须报省广电局审批。省广电局在7个工作日内对更改片名作出批复。

电影完成片片名不得与已备案公示、公映的其它影片重名(含译制片)。公映或播映后不得更改片名。

第十二条 英文片名需上报省广电局电影审查机构审核,省广电局在7个工作日内将审核结果通知制片单位。原件留存备案。

第十三条 国产影片聘请境外主创人员须报省广电局电影审查机构审核,审核同意后,由省广电局在7个工作日内报国家广电总局电影局审批。

国产影片因题材、技术、角色等特殊需要的,可申报聘请境外主创人员,但境外的主要演员不得超过主要演员总数的1/3。

第十四条 下列事项须经省广电局审核后报请国家广电总局电影局批准:

(一)需要申请军队、公安、文物等部门协助拍摄的;

(二)涉及办理出入境手续的(人员、设备出入境,境外洗印加工)。

第四章 电影片审查

第十五条 省广电局电影审查机构对重大革命和重大历史题材影片、重大文献纪录影片、中外合作拍摄影片进行初审并报国家广电总局电影审查机构终审。

省广电局电影审查机构对其它各类影片进行终审(特殊题材影片由省广电局征求省级相关主管部门的意见)。

制片单位应向省广电局电影审查机构提出电影片审查申请,并提交相关材料(需提交的材料目录详见附件2)。

材料齐备后,省广电局电影审查机构进行影片内容审查。审查通过的,省广电局发给《影片审查决定书》。需要修改或审查不合格的,书面告知制片单位并说明理由。修改后再次送审时,审查期限重新计算。制片单位凭《影片审查决定书》到国家广电总局电影管理局领取电影片头。

制片单位将电影片头印制在影片拷贝第一本片头处,送省广电局电影审查机构进行影片技术审查。

第十六条 省广电局电影审查机构对影片进行技术审查(需提交的材料目录详见附件3)。审查合格的,省广电局发给《送审标准拷贝技术鉴定书》。

第十七条 制片单位持省广电局颁发的《送审标准拷贝技术鉴定书》,备齐相关材料,到国家广电总局电影局领取《电影片公映许可证》。

第十八条 省广电局电影审查机构对个别难以做出审查决定的影片,将提交国家广电总局电影审查机构审查。

制片单位对省广电局审查决定不服的,可以自收到《影片审查决定书》之日起三十日内向国家广电总局电影审查机构提出复审,但制片单位需说明书面理由。

第十九条 已经取得《电影片公映许可证》的电影片,发生情节变更或片名变更的,应当重新报审。

第五章 附 则

第二十条 本细则未作规定的,按照国家广电总局《电影管理条例》、《电影剧本(梗概)备案、电影片管理规定》、《广电总局关于改进和完善电影剧本(梗概)备案、电影片审查工作的通知》及有关规定执行。

第二十一条 本细则自公布之日起30日后施行。2004年3月25日发布的《浙江省电影审查暂行规定》(浙广局〔2004〕43号)同时废止。

附件1:

电影剧本(梗概)备案申请需提交的材料

1. 拍摄影片的备案申请,联合出品的,由第一出品单位申报。

2. 申报单位登录国家广播电影电视总局网站(http://www.sarft.gov.cn),在首页的"电影电子政务平台",按照相关提示操作,完成网上申报程序,并打印相关表格;然后,备齐以下材料,到省级广播影视行政部门提出备案申请:

(1)不少于1000字的故事梗概一份,使用规范汉字;500字的故事梗概电子文档一份。

(2)编剧允许使用其作品的授权书。

(3)营业执照副本复印件一份。首次申报的,应提供原件,核对后当即退回。

(4)首次申请出品影片的制片单位,须提供账户所在银行出具的近期对帐单(或资金证明)。制片单位实有资金原则上应达到所拍摄影片成本的1/3以上。

(5)《摄制电影许可证(单片)申请书》。

(6)凡影片主要人物和情节涉及国家安全、外交、民族、宗教、军事、公安、司法、历史名人和文化名人、敏感历史事件等方面的(以下简称特殊题材影片),需提供电影文学剧本一式三份(送相关主管部门审读)。描写英模、先进人物、荣誉称号获得者的,需出具本人或亲属的授权,以及相应级别宣传部门或荣誉授予单位的同意文件。

(7)如摄制数字电影,需提交《数字电影制作主要设备清单》。

(8)如已基本确定主创人员(导演、主要演员)的,同时报影片主创人员名单。

3. 重大革命和重大历史题材影片、重大文献纪录影片、中外合作摄制影片,由省广电局电影审查机构审核电影剧本后,按相关规定报广电总局立项审批。

附件2:

影片内容审查所需材料

1. 制片单位向浙江省电影审查委员会提出审查申请。

2. 胶片电影送BETA带一套,数字电影送高清数字节目带(HDCAM)一套。

3. 故事片(胶片、数字)送审清单一份国家(广电总局网站下载),须加盖第一出品单位的公章。

4.《国产影片审查报批表》一式三份并附电子文档(广电总局网站下载),须加盖第一出品单位的公章。

5. 影片主创人员名单一份并附电子版(国家广电总局网站下载)。

6. 影片英文片名译名的报告(需提前书面报告,经同意后印制在中文片名下面)。

7. 如影片的出品单位和摄制单位有变更的,需提交同意增加或变更出品单位和摄制单位的批复的复印件,须附合同;出品单位、摄制单位数量为两个或两个以上的,须附合同;在字幕中出品人数量和出品单位数量须一致,且出品人数量不得超过出品单位数量。

8. 完成台本的电子文档。

9. 交回该片的《电影剧本(梗概)备案回执单》或《摄制电影片许可证(单片)》。

10. 片名如有更改,提交同意更改影片片名的批复的复印件(须提前申请);

11. 聘请境外主创人员的,提交同意聘请的批复复印件。

12. 制作单位指派经办人领取公映许可证片头的授权书(须加盖第一出品单位公章)。

附件3:

影片技术审查所需材料

1. 胶片:标准拷贝1套。

2. 数字:数字电影D5带1套(片头须加公映许可证龙标,片尾加技术合格证)。

3. 影片DVD光盘三套。

4. 数字高清带HDCAM带或Beta带一套;

5. Beta宣传带(长度为10—15分钟)。

6. 终混八轨带一套(胶片影片所需)。

7. 定为民族语影片的,须交国际乐效一套。

8. 洗印加工单位出具的《送审标准拷贝技术鉴定书》。

9. 影片如有修改，送交最终完成台本的电子文档。

10. 相关剧照或海报(附光盘)。

11. 增加摄制单位的合同一份。

12. 经办人领取公映许可证的授权书(须加盖第一出品单位公章)。

浙江省广播电影电视局关于2011年度第一批通用性电视对农节目录用情况的通报

浙广局发〔2011〕188号

浙江广播电视集团，各市文化广电新闻出版局,各市、县(市、区)广播电视台:

为进一步丰富市、县广电台电视对农节目素材，2011年8月中旬,省广电局会同省对农节目服务工程建设联席会议成员单位,组织开展了2011年度第一批通用性电视对农节目的征集和制作工作，近期将下发省、市、县台供选编播出。现将有关情况通报如下:

一、节目征集制作情况

今年以来,根据《浙江省广播电视对农节目服务工程建设目标规划(2011年—2015年)》和《浙江省广播电视对农节目服务工程建设考核办法(2011年—2015年)》要求,省级农口部门和省市县台高度重视,继续加大人财物投入,积极摄制和提供新农村建设和现代农业生产发展中的典型人物、典型经验、典型事例及科普知识、实用技术、政策咨询等题材的通用性电视对农节目素材。截至2011年8月上旬，省广电局共收到对农节目素材373个，经过专家审评,鳞选了其中102个选题内容较好、普适性较强、制作转优良的节目,编辑制成2011年度第一批通用性电视对农节目集。

本次共有42家市县广电台上报送了通用性电视对农节目素材,其中市级台4家、县级台38家,宁波、温州、嘉兴、绍兴地区近85%的县级台都报送了节目素材。入选节目数量在4个以上的单位有富阳、奉化、瑞安、嘉善、平湖、海宁广电台。对录用的通用性电视对农节目,省广电局将根据《关于印发浙江省广播电视惠民服务工程专项资金管理办法的通知》(浙财教〔2010〕293号)规定,予以一定的资金补助。

二、需要改进的方面

(一)题材、内容需进一步开掘。今年报送的大部分通用性电视对农节目素材,能围绕“生产发展、生活宽裕、乡风文明、村容整洁、管理民主”和城乡一体化的总体要求,既有种植、养殖等现代农业科技方面的知识，也有农村文明和公共服务建设等方面的内容,题材上有所拓展。但是从整体上看,报送的通用性电视对农节目选题面还不够广,挖掘还不够深,一些节目对要传递的内容和信息没有讲透、讲明白。

(二)表现形式需进一步优化。主要问题有:一是部分节目等同于时政新闻报道,会议、领导活动方面的内容过多；二是过多地采用主持人和记者体验性现场出镜,影响内容完整表达。

(三)制作质量需进一步提高。主要问题有:一些台把平时播出的整档栏目直接报送，没有进行后期制作和提炼,不符合通用性节目的要求;节目节奏不够简洁明快,内容主次把握失当;节目标题不够简炼明确,有的标题甚至与表达的内容完全不一;实况音响和主持音响反差很大,声道也没合在一起。此外,也有一些节目还存在着镜头过于单调、镜头用光不好、画面抖动、字幕太密,片子内出现当地台标、联系电话、挂角广告和片子内“我市”、“我县”等缺乏明确地点指向等问题,影响了节目的通用性和采用率。

制作提供通用性电视对农节目是强化对农报道、提高对农节目服务水平、加强对农宣传队伍建设的重要举措。希望各单位按照《关于2010年度通用性电视对农节目第一批录用下发和第二批节目征集工作的通知》(浙广局〔2010〕203号)和《关于2010年度第二批通用性电视对农节目录用情况的通报》(浙广局发〔2011〕42号)文件要求,明确报送的通用性电视对农节目类型、专业(技术)、规格、提供电子文稿等规定,加强筹划,深入采访,精心制作,不断提高整体质量和水平,并按时按要求报送。

今年第二批通用性电视对农节目征集工作从现在开始至12月上旬结束,各台报送节目素材数量原则上控制在8至10个以内。

联系人:省广电局宣传管理处　徐卫华

联系电话:0571-56353079 88847596(传真)

电子邮箱:sgdxwh@163. com

附件:省市县台2011年度第一批通用性电视对农节目录用目录

浙江省广播电影电视局

二〇一一年九月十五日

附件:

省市县台2011年度
第一批通用性电视对农节目录用目录

一、浙江电视台公共·新农村频道

1. 省卫生厅副厅长王国敬讲解《浙江省新农合制度》
2. 省民政厅社会救助处蔡国华处长讲解《浙江省城乡居民临时救助办法(试行)》
3. 一个年轻人的土鸡王国
4. 大山里的雁爸爸
5. 吴晓虹——梅开东方
6. 石斑鱼工厂化养殖
7. 榨菜种植通用技术
8. 大棚梨高效优质栽培技术
9. 无土栽培草莓
10. "春果第一枝"诸暨樱桃

二、杭州市、县台

1. 彩色马蒂莲 杭州市广播电视台
2. "蛭"富路 杭州市广播电视台
3. 小小蜗牛"爬"出致富新路 桐庐县广播电视台
4. 发展中蜂生产 促进农民增收 富阳市广播电视台
5. "植物大熊猫"—铁皮石斛 富阳市广播电视台
6. 茭白泥鳅套养 创新致富思路 富阳市广播电视台
7. 小樟子带来大商机 富阳市广播电视台
8. 小桑果的大产业 富阳市广描电视台
9. 山坡地种出"蓝宝石" 富阳市广播电视台
10. 清凉峰下的养鹿人 临安市广播电视台
11. 高山蔬菜基地变身开心农场 临安市广播电视台

三、宁波市、县台

1. 科技领跑紫菜养殖新模式 宁波电视台
2. 榨菜地里的发明家 宁波电视台
3. 气体肥料成农户新宠 宁波电视台
4. 架设"沟通桥",发挥组织作用 镇海区广播电视台
5. 种田种出"快乐"来 镇海区广播电视台
6. 菜稻也能轮着种 镇海区广播电视台
7. 农业也"低碳" 余姚市广播电视台
8. 致富新模式:葡萄架下发展种养殖业 慈溪市广播电视台
9. 蜜蜂饲养技术 慈溪市广播电视台
10. 贵族蔬菜——香椿芽 奉化市广播电视台
11. "水面森林"增氧又降温 奉化市广播电视台
12. 岙口湖羊,"低碳"领头羊 奉化市广播电视台
13. 有野味的"浙香猪" 奉化市广播电视台
14. 菜牛养殖成''新宠" 宁海县广播电视台

四、温州市、县台

1. 养殖户管端顺的致富经 温州市广播电视台
2. 村里来了个女商人 温州市广播电视台
3. 山里的"致富"羊 温州市广播电视台
4. "天井洋粮仓"的便民服务 温州市广播电视台
5. 反季节玫瑰 乐清市广播电视台
6. 深山种红豆杉 乐清市广播电视台
7. 奶牛场里的致富经 乐清市广播电视台
8. 身价倍增的淮山药 瑞安市广播电视台
9. 我家的山药"躺"着长 瑞安市广播电视台
10. 松湾村的索华"蒙古包""墙"上种蔬菜 瑞安市广播电视台
11. 小牛犊住"别墅" 瑞安市广播电视台
12. 咱种的丝瓜不会苦 瑞安市广播电视台
13. 茶树巧修剪 茶农增收入 永嘉市广播电视台
14. 杂草锯末里的商机 永嘉市广播电视台
15. 一根羽根能辨雏鸽雌雄 平阳县广播电视台
16. 薰衣草情缘 平阳县广播电视台

五、湖州市、县台

1. 土猪:于走寻常路 德清县广播电视台
2. 亿牛花卉——玫瑰 德清县广播电视台
3. 螃蟹养殖 长兴县广播电视台
4. 一尺红茄子种植 长兴县广播电视台
5. 灰天鹅 长兴县广播电视台

六、嘉兴市、县台

1. 点点鼠标种蔬菜 嘉兴市广播电视台
2. 陶庄试种水果新贵——猕猴桃 嘉善县广播电视台
3. 民浴物品收集工作 嘉善县广播电视台

4. 精打细算养鸽子　嘉善县广播电视台
5. 咱们的排舞队　嘉善县广播电视台
6. 新农民王华荣　嘉善县广播电视台
7. 陈福权:推广农技富万家　嘉善县广播电视台
8. 朱为明的养羊经　平湖市广播电视台
9. 葛天仁的"种菜经"　平湖市广播电视台
10. 农民蒋师傅的水利新发明　平湖市广播电视台
11. 现代蜂农业——蒋云飞　平湖市广播电视台
12. 宋晓华创业记　海盐县广播电视台
13. 不走寻常路的姜建伟　海盐县广播电视台
14. 养龟致富经　海宁市广播电视台
15. 花农调结构 迷你盆栽种出新天地　海宁市广播电视台
16. 农村老人进学堂　海宁市广播电视台
17. 宁居家养老服务 让"空巢老人"幸福起来　海宁市广播电视台
18. 河道疏浚——清水绿岸惠百姓　海宁市广播电视台
19. 产销对接 建筑工人改行来养鸡　桐乡市广播电视台
20. 七尺男儿爱养花 租摆盆景年赚百万　桐乡市广播电视台

七、绍兴市、县台

1. 五星缎养猪场(上、下)　绍兴县广播电视台
2. 富盛山里飞出"天堂鸟"　绍兴县广播电视台
3. 庄锁明和地的泥鳅种苗繁育　诸暨市广播电视台
4. 走乡村:许昌盛养老鸭巧赚钱　上虞市广播电视台
5. 泥鳅巧饲养 绿色生态受欢迎　新昌县广播电视台

八、金华市、县台

1. 水生植物净化水体——生态养殖致富路　兰溪市广播电视台
2. 棉农致富高招:棉田套种荷兰豆　兰溪市广播电视台
3. 挖香根　永康市广播电视台
4. 轮作大球盖菇　永康市广播电视台
5. 准以琢磨的野生树莓　永康市广播电视台

九、衢州市、县台

1. 华文音:种葛养兔一体化　常山县广播电视台
2. 藏红花——食用菌周年循环利用模式　常山县广播电视台
3. 油茶树成了贫困乡的致富树　开化县广播电视台
4. 太阳能养石蛙效益高　开化县广播电视台

十、舟山市、县台

1. 登步黄金瓜的特殊待遇　普陀区广播电视台
2. 盛开孝敬之花的村庄　普陀区广播电视台
3. 海洋牧场 给鱼儿安新家　普陀区广播电视台

十一、台州市、县台

1. 杨梅挂"布帐",奇　临海市广播电视台
2. 朱法根的香瓜经　临海市广播电视台
3. 何绍虎的养殖生意经　临海市广播电视台
4. 水稻"迷"——倪福秋　天台县广播电视台
5. 农机"狂"——费礼清　天台县广播电视台
6. 黄茶"痴"——陈明　天台县广播电视台

十二、丽水市、县台

1. 畜禽免疫接种技术　青田县广播电视台
2. 黑膜覆盖技术提速油茶苗生长　缙云县广播电视台

浙江省广播电影电视局关于调整浙江省广播电视艺术专业中级职务评委会的通知

浙广局发〔2011〕200号

浙江广播电视集团、各市文化广电新闻出版局:

原浙江省广播电视艺术专业人员中级职务评委会任期已满。经研究决定,新一届评委会由王国富、严卫平、谢谦、顾俊杰、吴新如、夏燕平、陈奋、胡一民、倪政伟、麻宝洲、厉剑平、孙雪健、俞孟忠、郑金田、黄杭娟等15位同志组成。王国富任主任委员,严卫平、谢谦任副主任委员。评委会任期一年。

浙江省广播电影电视局
二〇一一年十月十四日

浙江省广播电影电视局关于加快全省县级城市数字影院建设的意见

浙广局发〔2011〕242 号

各市、县(市、区)文化广电新闻出版局,各电影院线:

为贯彻落实中宣部、国家广电总局全国县级城市数字影院建设工作现场会精神,加快全省县级城市数字影院建设,实现 2012 年底前全省每个县都有一家数字放映场所和“十二五”时期每个县都有一家多厅数字影院的目标,经商省财政厅同意,现就加快全省县级城市数字影院建设提出如下意见:

一、充分认识加快县级城市数字影院建设的重要性

加快县级城市数字影院建设,是改善电影放映公共服务网络,满足城乡群众均等观影需求,促进电影产业繁荣发展,全面构建公共文化服务体系的重要举措。近年来,全省各地认真贯彻省政府《关于促进电影产业繁荣发展的实施意见》和省广电局、省发改委、省财政厅《关于大力加强县级多厅影院建设的意见》、《浙江省多厅影院建设改造专项补助资金管理办法》等文件精神,扎实工作,努力创新,有效促进了县级城市数字影院的繁荣发展,较好地满足了城乡群众观影需求。

但是全省县级城市数字影院建设存在地区不平衡状况,相当一部分欠发达地区县级城市影院放映设备陈旧老化、配套设施简陋单一,无法满足当地城乡群众与大中城市观众同步优质观影的迫切需求,与中央提出的东部地区争取在 2012 年底前实现数字放映场所全覆盖的要求也存在较大差距。为此,各地要充分认识数字影院建设是发展文化事业产业的重要载体,关系到城乡人民群众基本文化权益均等化,关系到全面构建城乡公共文化服务体系和文化强省建设,要把数字影院建设摆上工作重要位置,加大力度,加快进度,采取有效措施,大力推动数字影院建设。

二、加快全省县级城市数字影院建设的基本原则

加快全省县级城市数字影院建设要坚持以下原则:

1. 坚持以人为本、服务大众。要着眼于保障人民群众基本文化权益,充分满足群众多层次、多方面、多样性精神文化需求。

2. 坚持市场运作、政府推动。要强化市场运作与政府扶持相结合,多渠道筹集资金,完善政府扶持政策,鼓励各类资本按照国家和省有关政策规定进入县级城市数字影院建设改造领域,增强电影产业发展的生机和活力。

3. 坚持突出重点、整体推进。要因地制宜,科学规划数字影院建设。已建有单厅数字影院的县,要进一步推动影院升级改造,尽快完成多厅数字影院的新建、改建;尚未实施影院数字化改造的县,要加快数字影院建设步伐,2012 年底前完成影院数字化改造,并积极创造条件加快多厅数字影院建设。

三、加快全省县级城市数字影院建设的具体措施

1. 加强对欠发达地区县级城市数字影院建设的领导。加快县级城市数字影院建设是贯彻落实国务院、省政府促进电影产业繁荣发展的重要任务。各有关部门要明确分工,落实责任,形成合力共同推进县级城市数字影院建设。省广电局重点抓好欠发达地区县级城市数字影院建设的指导和监督,将县级城市数字影院建设纳入省政府基本文化权益均等化行动计划和各级政府年度工作考核,完善配套扶持政策,大力组织和推动实施。各有关政府部门要加强对县级城市数字影院建设的政策性支持,把县级城市数字影院建设作为现代城镇建设的重要抓手和加强精神文明建设的重要举措,分解任务,层层落实,采取有效措施切实抓实抓好。

2. 加大对欠发达地区县级城市数字影院建设的扶持。充分利用国家电影专项资金的有关政策,重点对欠发达地区县级城市现有传统胶片影院的电影放映设备实施数字化改造,给予一次性设备或资金补助,使其成为基本符合数字电影放映标准的数字影院,努力实现数字化放映全覆盖。

3. 充分发挥浙江省多厅影院建设专项补助资金的效用。利用专资补助,进一步扶持欠发达地区多厅影院建设,对已有单厅数字影院或尚未开展数字化改造的欠发达县的多厅数字影院建设,优先安排专资补助。引导社会多元资本向欠发达地区倾斜,鼓励现有数字影院改造升级为现代化的多厅数字影院。

4. 积极扶持县级城市数字影院投资经营主体。充分利用国家电影专项资金,运用影院数字放映设备购置补贴、传统影院改造补贴、新建影院上缴国家电影专项资金先征后返等补助政策,鼓励社会各类资本参与欠发达地区数字影院建设和改造,在选址、立项、征地、投入、办证等方面给予支持。积极引导省内外各电影院线拓展欠发达地区市场，实现统一品牌、统一经营,扩大电影市场规模。

二〇一一年十二月二十日

浙江省广播电影电视局转发国家广电总局网络视听节目管理司关于严禁网站利用开办性教育、性健康等视听节目栏目传播淫秽色情信息的通知

浙广局发〔2011〕6 号

浙江广播电视集团,各市文化广电新闻出版局:

现将国家广电总局网络视听节目管理司《关于严禁网站利用开办性教育、性健康等视听节目栏目传播淫秽色情信息的通知》(网发字〔2011〕121 号)转发给你们。请按照《通知》要求,立即通知辖区内视听服务网站,不得开办“性教育、性健康、性讲座”等视听节目栏目。对已开办“性教育、性健康、性讲座”等视听节目栏目的网站,要立即督促整改,取消此类栏目;对拒绝整改的网站,要依法依规严肃查处。请各地将清查等工作情况及时报省广电局社管处。

联系人:单汝宏、钱褚佳

联系电话:0571—56352076、0571—56353306

传真电话:0571—56806334

浙江省广播电影电视局

二〇一一年一月十三日

关于严禁网站利用开办性教育、性健康等视听节目栏目传播淫秽色情信息的通知

网发字〔2010〕121 号

各省、自治区、直辖市广播影视局,新疆生产建设兵团广播电视局:

为加强互联网视听节目管理，整治网络淫秽色情,净化网络文化环境,根据中央有关精神,对网站利用开办性教育、性健康等视听节目栏目变相传播淫秽色情信息的行为要采取清理整顿措施，现将有关工作要求通知如下：

一、各地广电管理部门立即通知辖区内所有互联网视听服务网站,不得开办“性教育、性健康、性讲座”等视听节目栏目(专门负责计划生育等相关工作的机构除外),各网站要依照《互联网视听节目服务管理规定》和《互联网视听节目内容审核参考手册》,对视听节目内容严格审查，严禁淫秽色情节目上网传播。

二、各地广电管理部门对互联网络要加强检查,对已开办“性教育、性健康、性讲座”等视听节目栏目的网站,要立即整改,取消此类栏目,对于坚持不改的网站,要依法依规予以处置。

请各地广电管理部门及时将清查、处置等工作落实情况报总局。

联系人:何 涛 李爱君

电 话:010—86093487

传 真:010—86093488

广电总局网络视听节目管理司

二〇一〇年十二月三十一日

浙江省广播电影电视局转发国家广电总局办公厅 关于加强广播影视系统互联网网络信息安全管理的通知

浙广局发〔2011〕11 号

浙江广播电视集团,各市、县(市、区)文化广电新闻出版局、广播电视台(集团):

现将《国家广电总局办公厅关于加强广播影视系统互联网网络信息安全管理的通知》(广办发技字〔2011〕1 号)转发给你们。各级广播影视部门要按照《通知》要求,切实加强领导,进一步增强政治意识、责任意识,做好本单位本部门的网络信息安全管理工作。开办各类网站及开展经营性互联业务的广播影视部门,要针对可能发生的互联网网络信息安全事件,研究制定网络信息安全应急预案、防范措施等各项管理制度。一旦发生网络信息安全事件,要立即启动应急预案,快速处置,确保安全恢复,并在第

一时间上报省广电局。

浙江省广播电影电视局
二〇一一年一月十八日

广电总局办公厅关于加强广播影视系统互联网网络信息安全管理的通知

广办发技字〔2011〕1 号

各省、自治区、直辖市广播影视局，新疆生产建设兵团广播电视局，总局机关各司局、直属各单位：

当前，随着电子政务的全面推进、广播影视事业的不断发展和互联网影响的逐渐增强，全国各级广播影视行政管理部门开通了政府网站，许多广播电视播出机构开办了互联网站，部分有线网络运营机构也开展了经营性互联业务，广播影视系统中网络信息安全的重要性日益凸显。为加强广播影视系统互联网网络信息安全管理，特提出以下要求：

一、高度重视，加强领导。各级广播影视部门要充分认识广播影视系统互联网网络信息安全的重要性，切实加强领导，做好本单位本部门的网络信息安全管理工作，确保党和政府政令畅通，决不让有害信息侵入广播电视网络，决不给违法犯罪分子任何可乘之机。

二、制定预案，周密部署。开办各类网站及开展经营性互联业务的广播影视部门，要严格遵照有关法律法规及规范性文件，针对可能发生的互联网网络信息安全事件，结合本单位实际情况，认真制定网络信息安全应急预案，制定各项防范措施，规范应急工作流程，成立应急队伍，建设应急监测和控制系统，组织应急人员培训，开展应急演练。各级广播影视行政管理部门负责本级广播影视部门的互联网网络信息安全管理，并对相关应急保障工作进行监督检查。

三、加强监测，做好预防。各相关单位应加强广播影视系统互联网网络安全监测，采用多种技术或非技术途径发现、搜集网络安全事件信息和预警信息。要加强与网络信息安全相关管理部门的交流与合作，拓宽获取网络安全事件信息和预警信息的渠道。要加强与相关设备、系统供应商和网络安全服务企业的合作，做好网络信息安全预防工作。要严格依照国家网络信息安全有关管理制度和规定，并结合广播影视系统的实际和特点，牢牢把握本单位本部门互联网网络信息安全系统的控制权，保障相关系统安全可靠运行，保障相关内容安全有效传播。

四、快速处置，及时上报。各级广播影视部门在发生网络信息安全事件时，要立即启动应急预案，快速处置，针对暴露出的系统弱点和缺陷尽快进行安全加固和整改，确保安全恢复，同时要依照有关程序规定及时向上级单位和网络信息安全相关管理部门报告。各省（区、市）广电局、总局直属各单位，要按照《广电总局关于进一步做好应急管理工作的意见》（广发〔2010〕89 号）的要求，参照广播电视安全播出重大事件、事故上报制度及时将有关情况报告总局办公厅、安全播出调度中心、信息网络视听节目传播监管中心。

本通知自发布之日起施行。2008 年 1 月 25 日发布的《广电总局科技司关于加强互联网网络信息安全管理的通知》（技网字〔2008〕44 号）同时废止。

国家广播电影电视总局办公厅
二〇一一年一月四日

浙江省广播电影电视局转发国家广电总局办公厅 关于严格控制电影、电视剧中吸烟镜头的通知

浙广局发〔2011〕35 号

浙江广播电视集团，各市文化广电新闻出版局、广播电视台（集团），各影视制作单位：

现将国家广电总局办公厅《关于严格控制电影、电视剧中吸烟镜头的通知》（广办发剧字（2011）20 号）转发给你们，请严格执行《通知》要求的各项规定。

浙江省广播电影电视局
二〇一一年二月十八日

广电总局办公厅关于严格控制电影、电视剧中吸烟镜头的通知

广办发剧字〔2011〕20 号

各省、自治区、直辖市广播影视局，新疆生产建设兵团广播电视局，各省、直辖市广播电视台、总台、集团，各电影制片单位，中央电视台，中国教育电视台，解放军总政宣传部艺术局，中直有关单位：

近年来，电影和电视剧的创作、生产和放映持续繁荣发展，受到人民群众普遍喜爱、社会各界广泛关注。鉴于电影和电视剧在社会公众中的广泛影响，国家有关部门、社会各界要求严格控制电影和电视剧中吸烟镜头的呼声越来越强烈，电影和电视剧中过多的吸烟镜头，不符合我国政府控烟的基本立场，客观上有误导吸烟之嫌，容易对社会公众、特别是未成年人产生不良影响。

为避免电影和电视剧中个别镜头误导社会公众吸烟，特别是让未成年人远离烟草，倡导健康生活方式，培育社会文明，进一步控制电影和电视剧中的吸烟镜头，现要求如下：

一、电影和电视剧中不得出现烟草的品牌标识和相关内容，及变相的烟草广告；不得出现在国家明令禁止吸烟及标识禁止吸烟的场所吸烟的镜头；不得表现未成年人买烟、吸烟等将烟草与未成年人相联系的情节，不得出现有未成年人在场的吸烟镜头。

二、严格控制与烟草相关的情节和镜头。严格控制以“艺术需要”、“个性化表达”为名出现的吸烟镜头，应尽量用其他形式代替以吸烟表现人物心理、现场氛围的情节；对确因剧情需要出现的吸烟镜头，应尽可能缩减吸烟镜头的时长和频率。

三、各省级广播影视行政部门、中央电视台、总政宣传部艺术局要高度重视电影、电视剧控烟对全社会的示范引导作用，切实担负起管理监督职责，积极向所辖电影、电视剧制作机构倡导无烟电视剧，引导导演、演员不拍摄吸烟镜头。各省级电影审查机构、电视剧播出机构要加强电影片审查和电视剧播前审查，尽量删减剧中出现的吸烟镜头。对于有较多吸烟镜头的电影、电视剧，将不纳入总局举办的各种电影、电视剧评优活动。

本通知自公布之日起施行。2009 年 9 月 25 日国家广电总局电视剧司制定的《广电总局电视剧管理司关于严格控制电视剧中吸烟镜头的通知》（剧审字〔2009〕043 号）同时废止。

国家广播电影电视总局办公厅

二〇一一年一月三十日

浙江省广播电影电视局转发公安部等九部门关于进一步加强电力电信广播电视设施安全保护工作的通知

浙广局发〔2011〕71 号

浙江广播电视集团，各市文化广电新闻出版局、广播电视台（集团）：

现将《广电总局办公厅转发公安部等九部门关于进一步加强电力电信广播电视设施安全保护工作的通知》（广办发保字〔2011〕56 号）转发给你们，请认真贯彻落实。

浙江省广播电影电视局

二〇一一年四月六日

广电总局办公厅转发公安部等九部门关于进一步加强电力电信广播电视设施安全保护工作的通知

广办发保字〔2011〕56 号

各省、自治区、直辖市广播影视局，新疆生产建设兵团广播电视局，总局无线局，中国有线电视网络公司：

现将公安部、中央综治办、工信部、国资委、工商总局、广电总局、电监委、能源局、总参谋部等九部门《关于进一步加强电力电信广播电视设施安全保护工作的通知》（公通字〔2011〕6 号）转发给你们。请结合实际，进一步加强广播电视设施安全保护工作的组织领导；密切配合公安机关严厉打击盗窃破坏广播电视设施的违法犯罪活动；切实加强重点单位、重要部位、重要传输线路的安全防范工作；积极利用广播电视资源宣传群众，提高人民群众保护“三电”设

施的意识，确保广播电视设施安全运行。

国家广播电影电视总局办公厅
二○一一年三月二十五日

关于进一步加强电力电信广播电视设施安全保护工作的通知

公通字〔2011〕6 号

各省、自治区、直辖市人民政府：

为进一步加强电力、电信、广播电视（以下简称“三电”）设施安全保护工作，切实保障“三电”设施安全平稳运行，更好地服务经济社会发展和人民群众生产生活需要，经国务院同意，现就有关事项通知如下：

一、充分认识加强“三电”设施安全保护工作的重要性

“三电”设施是国家重要的基础设施和社会公用设施，关系国计民生。切实保障“三电”设施安全，事关国家安全、公共安全，事关经济社会全面协调可持续发展和人民群众切身利益。近年来，各地区、各有关部门和企事业单位认真贯彻执行《中华人民共和国电力法》、《电力设施保护条例》、《中华人民共和国电信条例》、《广播电视设施保护条例》等法律法规和有关工作部署，切实力口强“三电”设施日常管理和维护，深入开展打击盗窃破坏“三电”设施违法犯罪专项整治行动，有力保障了重要“三电”设施安全运行，服务了经济社会发展需要。当前“三电”设施安全保护王作面临的形势依然严峻，盗窃破坏及外力损坏“三电”设施案件频发，造成严重危害；一些地方对废旧金属收购、加工市场（站点）监管不严，被盗“三电”设施的销赃渠道畅通；针对重要“三电”设施的恐怖袭击威胁不容忽视；“三电”设施不断增多，安全保护任务日益艰巨繁重。各地区、各有关部门和企事业单位要充分认识盗窃破坏“三电”设施违法犯罪活动的严重危害，充分认识确保“三电”设施安全的重要意义，进一步增强责任感和紧迫感，不断加大安全保护力度，切实保障“三电”企事业单位正常生产经营秩序及“三电”设施安全运行。

二、进一步加强组织领导

各地要建立健全“三电”设施安全保护工作联席会议制度，完善政府统一领导、部门各司其职、有关方面齐抓共管的工作机制，形成企地共建、专群结合、综合治理、标本兼治的工作局面。各级联席会议要定期通报情况，加强信息交流，深入排查问题，强化督导考核，共同推进工作。各地要把“三电”设施安全保护纳入本地社会治安防控体系建设规划，加强统筹协调，督促部门履行职责，及时研究解决重大问题。各地区、各有关部门和企事业单位要加大投入，为开展工作提供必要的经费保障。

三、依法严厉打击违法犯罪活动

各地要进一步加大打击整治力度，坚决遏制盗窃破坏“三电”设施违法犯罪活动，坚决防止案件反弹，切实巩固工作成效。要滚动排查并挂牌整治一批盗窃破坏案件高发、窃电问题突出、废旧金属收购站点泛滥的重点地区，挂牌督办一批重特大案件，限期完成督办整治任务。要建立完善区域协作和信息共享机制，严厉打击团伙作案、流窜作案以及制售传播窃电器材等违法犯罪活动。对现行案件，要如实立案，及时查处。公安机关要加强与检察院、法院的沟通协调，依法办案，防止以罚代刑、降格处理。

四、切实加强安全防范和治安保卫

“三电”企事业单位要严格按照《企业事业单位内部治安保卫条例》（国务院令第 421 号）等有关法律法规规定，切实履行安全防范主体责任，加强内部人员教育管理和工程劳务外包施工队伍监管，认真落实人防、物防、技防等安全防范措施，严防企业内部人员和线路代维、工程外包施工人员内外勾结、监守自盗等案件的发生。要实行“三电”安全防范设施建设与“三电”工程建设同规划、同设计、同施工、同验收、同使用。要加大新技术、新产品研发应用力度，因地制宜开展重要“三电”设施报警系统与公安机关 110 报警服务台联网，积极推进电信光缆“光进铜退”。要加大力量投入，力口强案件多发线路、时段的巡护防控。“三电”治安保卫重点单位要按照国务院令第 421 号规定，设置与治安保卫任务相适应的治安保卫机构，配备专职治安保卫人员，对重要部位、重要设施实施重点保护，制定完善突发事件处置预案，加强实战演练，切实做好处突应急工作准备。公安机关和有关行业、系统土管部门要依法力口强对安全防范和治安保卫工作的指导、监督、检查，督促整改，消除隐患，堵塞漏洞。“三电”行业、系统主管部门、监管机构要督促“三电”企事业单位加强治安保卫机构和队伍建设，坚决扭转一些单位工作弱化的被动局面。

五、切实加强行政执法工作

“三电”行业,系统主管部门、监管机构要依照有关法律法规,建立健全行政执法工作机制,认真履行职能,切实加强监督管理和行政执法工作,依法加强对“三电”设施保护区内施工作业的审批管理,力口大对违法违章作业、野蛮施工等外力损坏“三电”设施行为的查处力度,及时消除危及“三电”设施安全运行的隐患。

六、积极推进综合治理

各地要将“三电”设施安全保护工作纳入社会治安综合治理责任目标和基层平安创建活动内容,层层落实领导责任制、单位部门责任制、岗位责任制和责任追究制,进一步细化考核机制,力口强督导检查,严格考核奖惩。对因工作不力或失职渎职,导致突出问题得不到有效解决的,要严格进行责任倒查。要深入开展企地共建、警企共建、军地共建和群防群治工作,切实把安全保护工作落实到基层、落实到单位。

七、切实加强废旧金属收购业监管

各地区、各有关部门要依照《中华人民共和国治安管理处罚法》、《废旧金属收购业治安管理办法》(公安部令第16号)、《再生资源回收管理办法》(商务部令2007年第8号)等法律法规,切实加大对废旧金属收购业的监管力度,督促业主严格遵守站点备案、物品登记、流向查验和情况报告等制度,引导建立行业自律机制。要建立健全信息通报、处罚抄告等制度,严肃查处和打击无照经营、收赃销赃等违法犯罪行为。“三电”企事业单位要切实规范报废的“三电”设施器材销售工作,统一销售凭证,实行定点销售。要定期或不定期地组织开展废旧金属收购站点专项整治,坚决切断违法犯罪分子的销赃渠道。

八、大力开展宣传教育工作

各地区、各有关部门和企事业单位要大力宣传有关法律法规、盗窃破坏“三电”设施的严重危害和保护“三电”设施安全的重要意义,教育引导群众积极参与、支持安全保护工作,不断提高全社会保护“三电”设施安全的自觉性和主动性。要在重要“三电”设施沿线农村、城乡结合部、外来人口聚居区、废旧物品收购站点集中地加强宣传教育,使宣传工作进村庄、进社区、进单位、进校园、进家庭、进网吧、进收购站点。要建立完善举报奖励制度,对举报有功人员给予奖励。要充分发挥综治、教育、文化、共青团、妇联等部门的职能作用,紧紧依靠学校、村(居)委会等单位和基层组织,力口强对中小学生、失学儿童、农村留守儿童的宣传教育,有效防范未成年人盗窃破坏“三电”设施案件的发生。

中华人民共和国公安总部
中央社会治安综合治理委员会
中华人民共和国工业和信息化部
国务院国有资产监督管理委员会
中华人民共和国国家工商行政管理总局
国家广播电影电视总局
国家电力监管委员会
国家能源局
中华人民解放军总参谋部
二〇一一年二月二十四日

浙江省广播电影电视局转发国家广电总局网络视听节目管理司关于加强互联网传播新闻类视听节目管理的通知

浙广局发〔2011〕128号

各市文化广电新闻出版局:

现将国家广电总局网络视听节目管理司《关于加强互联网传播新闻类视听节目管理的通知》(网发字〔2011〕39号)转发给你们。请你们按照《通知》要求,组织力量全面检查辖区内各持证网站,加强对持证网站传播新闻类视听节目的管理,督促各持证网站严格按照《互联网视听节目服务管理规定》和《互联网视听节目服务业务分类目录(试行)》有关规定,在获得播放新闻节目资质后方可传播新闻类视听节目服务。对于超出《信息网络传播视听节目许可证》载明业务范围,擅自传播新闻类视听节目的违规网站,要责令其立即整改。相关处理情况请及时报省广电局社会管理处。

联系人:钱褚佳,联系电话:0571-56353306,传真:0571-56806334。

浙江省广播电影电视局
二〇一一年六月十三日

关于加强互联网传播新闻类视听节目管理的通知

网发字〔2011〕39 号

各省、自治区、直辖市广播影视局，新疆生产建设兵团广播电视局：

近期，我司发现一些没有播放新闻节目资质的《信息网络传播视听节目许可证》持证网站，擅自设立“资讯”、“新闻频道”等新闻栏目板块，播出大量新闻报道、评论类视听节目，严重违反了《互联网视听节目服务管理规定》和《互联网视听节目服务业务分类目录（试行）》的有关规定。现将新闻类视听节目管理有关要求重申如下：

1. 从事新闻节目的自采、自制业务，应该持有《互联网视听节目服务业务分类目录（试行）》规定的“第一类互联网视听节目服务”业务许可。申请这一许可的机构，应当是地（市）级以上广播电台、电视台。

2. 从事新闻节目的转载业务，应该持有《互联网视听节目服务业务分类目录（试行）》第二类互联网视听节目服务中的第一项“时政类视听新闻节目转载服务”业务许可。申请这一许可的机构，应当是地（市）级以上广播电台、电视台及经国务院新闻办批准持有《互联网新闻信息服务许可证》的机构。

3. 整频道转播含有新闻内容的广播电视节目频道，应该持有《互联网视听节目服务业务分类目录（试行）》第四类互联网视听节目服务中的第一项“转播广播电视节目频道的服务”业务许可。

请各局对辖区内的持证网站进行检查，发现存在超出《信息网络传播视听节目许可证》载明业务范围，擅自播放新闻类视听节目的网站，要责令其立即进行整改，停止超范围业务，若不能停止，总局将注销其《信息网络传播视听节目许可证》。相关处理情况尽快报我司。

附件：持证视听网站超范围自制、转载新闻类节目网站名单

广电总局网络视听节目管理司

二〇一一年六月三日

浙江省广播电影电视局转发国家广电总局关于加强广播电视节目制作经营机构审批工作管理的通知

浙广局发〔2011〕130 号

各市、县（市、区）文化广电新闻出版局，浙江横店影视产业实验区管委会：

现将国家广电总局《关于加强广播电视节目制作经营机构审批工作管理的通知》（广发（2011）43 号）转发给你们。请各地认真贯彻落实总局通知要求，严把申报条件，切实加强日常监管，推进我省影视制作业快速健康发展。

浙江省广播电影电视局

二〇一一年六月十四日

广电总局关于加强广播电视节目制作经营机构审批工作管理的通知

广发〔2011〕43 号

各省、自治区、直辖市广播影视局，新疆生产建设兵团广播电视局：

2010 年 8 月，广电总局下发了《关于进一步加强广播电视节目制作经营活动管理工作的通知》（广发〔2010〕70 号，以下简称“70 号文件”），要求各地认真处理违规从事节目制作、发行、交易的行为，坚决清退外资变相进入广播电视节目制作经营领域。“70 号文件”下发后，各地认真贯彻执行，并结合 2010 年度制作机构业绩审核工作，将 595 家存在违规行为或有境外资金等原因的制作机构列为“审核不合格”机构，整顿工作收到预期效果。为巩固管理成果，根据《广播电视管理条例》（国务院令第 228 号）、《广播电视节目制作经营管理规定》（广电总局令第 34 号）等规定，现将进一步加强制作机构审批管理的有关事项重申如下：

一、各级广播电视行政部门要高度重视加强广播电视节目制作经营机构管理的重要性，要结合清理和业绩审核工作中反映出的问题，有针对性地研究加强制作机构管理和引导的有效措施和具体方

法，确保履行好对辖区内广播电视节目制作、经营和播放活动的管理职责。

二、严把准入关。自本《通知》下发之日起，各地在受理审批《广播电视节目制作经营许可证》时，要认真遵照总局相关规定，严格审核申请机构的申报材料，特别是股权构成和资金来源。企业法人机构需同时提供经工商部门盖章的本企业所有股东名单、持股比例等证明材料。如股东中有企业法人机构的，则需提供该企业的股东构成，逐层上溯，直至最终出资人。股东为自然人的，需注明国籍。

坚决禁止境外资金以各种方式变相进入广播电视节目制作经营领域。

三、各地在日常管理过程中，要将"70号文件"中列出的需要重点清查的12种情况以及其他各项相关要求，作为日常监管工作的重要内容，发现问题，及时纠正。

四、各地在广播电视节目制作经营机构管理工作中发现的新情况、新问题，请及时上报总局传媒机构管理司。请将本通知及时转发辖区内各相关机构，并认真执行。

国家广播电影电视总局
二○一一年五月二十六日

浙江省广播电影电视局转发国家广电总局网络视听节目管理司关于三网融合中有关合资、合作问题的通知

浙广局发〔2011〕148号

浙江广播电视集团，各市文广新局、广播电视台(集团)：

现将国家广电总局网络视听节目管理司《关于三网融合中有关合资、合作问题的通知》(网发字〔2011〕46号)转发给你们，请按照《通知》要求，认真贯彻执行。

浙江省广播电影电视局
二○一一年七月十八日

关于三网融合中有关合资、合作问题的通知

网发字〔2011〕46号

各省、自治区、直辖市广播影视局，中央人民广播电台、中国国际广播电台、中央电视台：

为确保三网融合工作有序进行，根据国务院《推进三网融合总体方案》(国发〔2010〕5号)和国办《三网融合试点方案》(国办发〔2010〕35号)的精神，持有IPTV、手机电视集成播控和内容服务相关牌照的广电机构，拟采用合资、合作模式开展相关业务的，在与相关合作方签署正式协议前（包括广电系统内单位之间或者持有牌照机构之间的合作)，须将有关协议报我司，经总局同意后方可签署正式协议。未经总局批准，不得将牌照载明的业务擅自转授其他机构运营或与其他机构合作运营。在本通知下发以前，已与相关方签署正式协议的，请于7月10日前将有关协议报我司审核。

互联网电视业务涉及的合资、合作问题照此办理。

广电总局网络视听节目管理司
二○一一年七月一日

浙江省广播电影电视局转发国家广电总局办公厅 关于规范使用情景再现和故事演绎等手法的通知

浙广局发〔2011〕170号

浙江广播电视集团，各市文化广电新闻出版局，各市、县(市、区)广播电视台：

现将国家广电总局办公厅《关于规范使用情景再现和故事演绎等手法的通知》(广办发宣字〔2011〕140号)转发给你们，请照此执行。

浙江省广播电影电视局
二○一一年八月十九日

广电总局办公厅关于规范使用情景再现和故事演绎等手法的通知

广办发宣字〔2011〕140 号

各省、自治区、直辖市广播影视局，新疆生产建设兵团广播电视局，中央三台、中国教育电视台：

近期，一些心理访谈、情感故事、涉案涉法等节目虚构人物、编造故事、不恰当地使用情景再现和故事演绎等手法，故意模糊真实和虚构的界限，给观众造成错觉和误导，影响了广播电视媒体的权威性和公信力。为规范使用情景再现、故事演绎等表现手法，现提出如下要求：

一、新闻消息类节目中不得：使用情景再现手法，新闻专题类节目确有需要使，用的，必须标注“模拟场景”字样。不得以新闻报道的节目形态（如主持人介绍、记者采访、演播室访谈等方式）讲述虚构或演绎的故事。

二、情感故事类节目必须确保细节真实，不得虚构故事情节或进行想象演绎。由演员或当事人表演再现发生过的故事情节，必须标注“情景再现”字样。

三、访谈类节目在当事人拒绝接受采访时，不得由他人冒充当事人参与节目讲述；有当事人在场时，未经当事人同意，不得使用情景再现和故事演绎的手法表现当事人的经历。

四、涉案涉法节目不得采用情景再现手法展示犯罪细节、破案细节和暴力、血腥场面，不得由当事人参与情景再现的表演。

五、全部由演员表演的故事，须在节目名称的画面上标注“栏目剧”字样，并在开始或结尾处出现演员表。栏目剧不得采用新闻报道节目形态，以免造成受众误解。

特此通知

国家广播电影电视总局办公厅

二〇一一年八月十一日

浙江省广播电影电视局转发国家广电总局办公厅印发《关于在广播影视系统广泛深入开展“走基层、转作风、改文风”活动的意见》的通知

浙广局发〔2011〕171 号

浙江广播电视集团，各市文化广电新闻出版局，各市、县（市、区）广播电视台：

现将《广电总局办公厅印发{关于在广播影视系统广泛深入开展“走基层、转作风、改文风”活动的意见）的通知》（广办发宣字〔2011〕141 号）转发给你们。

广泛深入开展“走基层、转作风、改文风”活动，既是贯彻落实中宣部和国家广电总局的部署要求，引导广大广播影视工作浙江省广播电影电视局转发国家广电总局办公厅印发《关于在广播影视系统广泛深入开展“走基层、转作风、改文风”活动的意见》的通知浙江广播电视集团，各市文化广电新闻出版局，各市、县（市、区）广播电视台：

现将《广电总局办公厅印发〈关于在广播影视系统广泛深入开展“走基层、转作风、改文风”活动的意见〉的通知》（广办发宣字〔2011〕141 号）转发给你们。

广泛深入开展“走基层、转作风、改文风”活动，既是贯彻落实中宣部和国家广电总局的部署要求，引导广大广播影视工作者牢记根本宗旨，树立正确新闻观，强化“三贴近”意识，提升队伍能力素质的重大活动，也是全省广电系统以实际行动深入学习贯彻胡锦涛总书记“七一”重要讲话精神，坚持和发扬党的群众路线优良传统，全面提高新闻宣传工作水平的重要举措。全省广播影视系统要深刻领会开展“走基层、转作风、改文风”活动的重要意义，积极主动地参与到这项活动中来。要切实按照广电总局的《通知》精神和日前下发的《浙江省新闻战线“走基层、转作风、改文风”活动实施意见》的部署要求，结合本地区、本单位、本部门的实际，加强组织领导，制订周密计划，落实具体措施，确保这项活动在全省广播影视系统全面铺开，扎实推进。各级广电管理部门要加强对这项活动的指导、督促和检查。各级广电播

出机构主要负责同志要带头到基层一线蹲点调研，示范带动广大广电新闻工作者深入基层，采播鲜活新闻，要迅速开办面向基层、服务群众的专题专栏，创设富有特色的活动载体，真正把“走基层、转作风、改文风”活动落到实处，抓出成效。全省广播影视系统要把开展活动与优化净化荧屏声频相结合，与解决广播影视发展中的实际问题相结合，大力推动活动常态化、制度化建设，切实增强广电媒体贯彻党的群众路线的自觉性和坚定性，全面提高广电媒体舆论引导能力和服务群众的。

浙江省广播电影电视局
二〇一一年八月十九日

广电总局办公厅印发《关于在广播影视系统广泛深入开展“走基层、转作风、改文风”活动的意见》的通知

广办发宣字〔2011〕141号

各省、自治区、直辖市广播影视局，新疆生产建设兵团广播电视局，中央三台：

根据中央要求和总局领导指示，现将《关于在广播影视系统广泛深入开展“走基层、转作风、改文风”活动的意见》印发给你们，请认真贯彻执行。

国家广播电影电视总局办公厅
二〇一一年八月十五日

关于在广播影视系统广泛深入开展“走基层、转作风、改文风”活动的意见

为贯彻落实中宣部等五部门联合下发的《关于在新闻战线广泛深入开展“走基层、转作风、改文风”活动的意见》，贯彻落实“走基层、转作风、改文风”活动动员（视频）会议精神，现就在全国广播影视系统广泛深入开展“走基层、转作风、改文风”活动制定如下意见。

一、指导思想

贯彻落实中央关于做好新形势下群众工作的部署和中央领导同志关于在新闻战线加强群众路线教育的指示精神，引导广大广播影视工作者牢记党全心全意为人民服务的根本宗旨，牢固树立马克思主义新闻观，牢固树立群众观点、群众路线，自觉站稳群众立场，坚持贴近实际、贴近生活、贴近群众，着眼于把握正确舆论导向，着眼于提升队伍能力素质，有针对性地解决突出问题，不断提高广播影视宣传质量水平，树立广播影视战线良好形象。

二、工作安排

1. 深入开展群众路线、群众观点学习教育。各级广播影视机构要组织干部职工特别是采编导播人员，认真学习胡锦涛总书记“七一”讲话和关于加强和改进新形势下群众工作的重要讲话精神，学习中央领导同志关于党的群众工作的重要论述，学习五部门关于开展“走基层、转作风、改文风”活动的《意见》和动员视频会议精神，学习马克思主义新闻观和党的新闻工作优良传统，以开展“走基层、转作风、改文风”活动为契机，在全系统开展一次全员性的群众观点、群众路线集中教育，使全系统干部职工牢固树立人民至上的观念，在思想上尊重群众、在感情上贴近群众、在工作上依靠群众，把基层当课堂、把群众当老师，写百姓故事、为人民放歌，进一步提高坚持广播影视事业性质宗旨、履行广播影视工作职责使命的自觉性、坚定性。

2. 扎实开展转变作风、密切联系群众活动。各级广播影视机构要建立基层联系点，组织编辑记者广泛开展蹲点调研实践活动，认真调查研究基层和人民群众生产生活的新情况新变化，进一步了解基层、融入群众，把握基本国情，增强对党和政府方针政策的理解，提高服务大局的能力。要认真总结推广“新春走基层”活动的经验，在日常宣传中体现群众观点，将话筒镜头对准基层、对准普通群众，深入田间、车间、民间，深入生产生活一线，多报道群众喜闻乐见的新闻，多报道振奋精神、鼓舞士气的新闻，多报道反映实际、反映基层、现场感强、现实性强的新闻。要通过与贫困边远地区结对子、定点帮扶、双向互动等形式，进一步增进与人民群众的感情，拉近与人民群众的距离，克服疏远群众、淡漠群众，游离于群众之外、凌驾于群众之上的不良风气，摒弃浮躁、净化心灵，更加自觉地增强做好党的新闻工作的责任感和使命感。

3. 切实开展转变文风工作，大力提倡清新文风。各级广播影视机构要在密切联系群众中，学习运用

群众的鲜活语言、群众的身边事例和群众喜闻乐见的形式手段,拉近新闻报道与人民群众的距离,切实提高宣传群众、组织群众、动员群众、鼓舞群众的本领。要通过开展学范文、评好稿等活动,大力倡导“短、新、实”的清新文风,使广播影视宣传生动活泼、情理交融,富有亲和力、吸引力和感染力。

4. 开办面向基层服务群众的栏目节目。各级广播影视机构要多办受到群众欢迎、引起百姓共鸣的节目。要在重要时段开办面向基层、服务群众的专题专栏,配发“开栏的话”,精心策划选题视角,以小见大,以点带面,持续推出记者深入基层、深入一线的报道,集中反映“走基层、转作风、改文风”活动的成果。中央三台、各省级上星频道频率和地面主频道主频率每周至少要推出3至5期反映基层的专栏、专题,上星综合频道都要开办反映人民道德实践的思想道德建设栏目,积极办好服务群众生活的民生服务类栏目节目。

三、工作要求

1. 高度重视,加强领导。各级广播影视行政管理部门和播出机构要把开展“走基层、转作风、改文风”活动作为践行党的群众路线的重要抓手,作为深化广播影视战线“三项学习教育”活动的重要组成部分,高度重视,精心安排。要迅速成立“走基层、转作风、改文风”活动领导小组,主要领导为第一责任人,分管领导具体负责。要把“走基层、转作风、改文风”活动列入重要日程,精心部署,广泛动员,结合各播出机构实际、频道频率部门实际和采编导播各岗位实际,制定明确周密的计划,确保“走基层、转作风、改文风”活动各项要求落实到广播影视宣传全过程,落实到采编导播各岗位。

2. 精心组织,形成声势。要改进创新方式方法,结合媒体格局变化、队伍结构实际、业务工作需要,设计富有特色的活动载体,开展形式多样、富有内涵的学习实践活动,通过范文学习、群众评议、交流座谈、主题论坛、演讲比赛、知识竞赛等形式,形成浓厚氛围,吸引采编导播人员广泛参与。

3. 突出实践,讲求实效。广播影视“走基层、转作风、改文风”活动要坚持突出实践,重在联系实际,贵在取得实效。要在坚定马克思主义新闻观上下工夫见成效,自觉贯彻党的新闻工作方针政策,落实好以正确舆论引导人的根本任务。要在把握基本国情、增强服务大局自觉性上下功夫见成效,进一步明确广播影视宣传的坐标,着力壮大主流思想舆论,更好地促进改革发展、维护和谐稳定。要在增强同人民群众感情、提高服务群众能力上下功夫见成效,回答好解决好“为了谁、依靠谁、我是谁”的问题。要在培育良好职业精神、职业道德上下工夫见成效,继续弘扬新闻工作的优良作风,始终把社会责任放在首位,树立新闻工作者的良好形象。要在学习群众语言、提升吸引力感染力上下功夫见成效,让群众爱听爱看,实现最佳宣传效果。

4. 完善制度,坚持常态。要完善学习、培训制度。加强对编辑记者的岗位培训,新入职人员正式上岗前要经过基层联系点驻点锻炼,无基层工作经历的编辑记者要分期分批赴联系点驻点。要建立调研制度。各级广播影视机构领导班子成员和编辑记者要经常性地深入基层调研,了解群众的所思所盼,反映群众所求所愿。要建立考评奖励制度。将“走基层、转作风、改文风”情况纳入播出机构、频道频率、节目栏目和采编导播岗位业务考核体系,纳入评优评奖标准,在业绩考评、职称评定、提拔使用、表彰奖励方面予以倾斜,通过“走基层、转作风、改文风”,发现选拔一批作风正、文风好、肯吃苦、能出活的骨干。要完善督导检查制度。总局“三教办”将对全系统“走基层、转作风、改文风”情况进行督导检查。各级广播影视行政管理部门、各单位“三项学习教育”活动领导小组要加强对“走基层、转作风、改文风”情况的督促指导,及时总结好做法、推广好经验。

国家广播电影电视总局

二○一一年八月十六日

浙江省广播电影电视局转发国家广电总局关于进一步加强广播电视广告播出管理的通知

浙广局发〔2011〕201号

浙江广播电视集团,各市文化广电新闻出版局,各市、县(市、区)广播电视台,华数数字电视公司:

现将国家广电总局《关于进一步加强广播电视广告播出管理的通知》(广发〔2011〕79号)转发给你们,请严格照此执行。

浙江省广播电影电视局办公室

二○一一年十月十四日

广电总局关于进一步加强广播电视广告播出管理的通知

广发〔2011〕79 号

各省、自治区、直辖市广播影视局，新疆生产建设兵团广播电视局，中央三台、中国教育电视台，电影频道节目中心：

《广播电视广告播出管理办法》(广电总局令第61号)实施一年多来，执行情况总体良好，社会各界普遍认可。但近来一些违规问题出现反弹，主要表现在：一是影视剧片头、片尾插播广告；二是超时插播广告；三是一些传输转播机构在传送转播节目时插播游动字幕广告；四是一些广告夸张宣传；五是一些时政新闻类节目商业冠名等。为坚决纠正这些问题，切实规范广告播出秩序，现就进一步加强广播电视广告播出管理工作，通知如下：

一、必须始终坚持把社会效益放在第一位。广播电视广告是广播电视节目的组成部分。广播电视播出机构要始终坚持把社会效益放在首位，牢牢把握广告内容的正确导向，认真履行对广告的依法审查职责，坚决抵制虚假违法广告，坚决抵制内容低俗的不良广告，严格依法经营和播出广告。

二、规范影视剧中间插播广告行为。电视台在影视剧中间插播广告时，必须严格遵守总局61号令规定：非黄金时间每集(以45分钟计)中可以插播2次商业广告，每次时长不得超过1分30秒；黄金时间(19:00~21:00)每集中可以插播1次商业广告，时长不得超过1分钟；插播广告时，应当对广告时长进行提示。同时要做到：(1)禁止在片头之后、剧情开始之前以及剧情结束之后、片尾之前插播任何广告；(2)在非黄金时间影视剧持续播出时间不少于15分钟、黄金时间影视剧持续播出时间不少于25分钟后，方可依据61号令规定插播商业广告；(3)播出片尾画面以及演职人员表等内容时，禁止播出任何形式的广告。

三、规范新闻节目中插播广告行为。新闻节目中插播广告时，应当安排在不同板块之间的自然间歇段内，不得在整点新闻的整点之后，以及新闻内容结束之后、工作人员字幕前插播广告。时政新闻类节目不得以企业或者产品名称等冠名。不得使用新闻报道及其素材，或以新闻采访形式作商业广告。新闻节目主持人不得为商业广告作形象代言。

四、清理违规电视购物短片广告。根据《广电总局关于加强电视购物短片广告和居家购物节目管理的通知》(广发〔2009〕71号)和《广电总局关于进一步加强广播电视广告审查和监管工作的通知》(广发〔2010〕21号)，广播电视播出机构必须严格审验电视购物短片广告投放企业资质，必须严格审查电视购物短片广告内容。对不符合条件的企业投放的短片广告，或者内容违反规定的短片广告，一律不得播出。对违规播出电视购物短片广告的播出机构，广播影视行政部门要依法依规查处。对在广播电视播出机构投放虚假违法电视购物短片广告的企业，总局将通报全系统禁止接受其投放的任何广告。

五、整顿虚假违法健康资讯广告。广播电视播出机构要严格审验医疗、药品、医疗器械、保健食品等健康资讯广告的资质、证明等法定材料。要严格把握健康资讯广告的内容导向和格调，坚决禁止播出涉性广告。要规范健康资讯广告形式，不得以健康资讯专题节目形式变相发布广告。健康资讯专题节目应当侧重介绍疾病预防、控制和治疗等科学知识，不得含有宣传医疗、药品、医疗器械、保健食品等广告内容，不得以患者和医生、药师、专家等名义作证明。

六、坚决禁止在转播节目时插播各类广告。广播电视播出机构、转播台(站)、发射台(站)和有线电视网络机构，在转播传送节目时，必须保证被转播节目的完整性，不得以游动字幕、叠加字幕、挂角广告、贴片广告等任何形式插播广告；不得以自行组织的商业广告替换被转播节目中的正常广告。

七、严格按规定要求播出公益广告。广播电视播出机构要切实履行媒体的社会责任，认真执行每套节目每日黄金时段公益广告播出数量不得少于4条(次)、全天公益广告播出时长不得少于商业广告总量3%的规定。因公共利益需要等特殊情况，广播影视行政部门可要求广播电视播出机构在指定时段播出特定内容的公益广告，各播出机构必须按要求播出。

八、从严查处各类广告违规行为。广播电视播出机构和转播机构要对照本《通知》要求，立即开展全面自查自纠，主动清理违规问题。省级以上广播影视行政部门要对自查不力、仍存在违规问题的，给予其警告、通报批评、暂停商业广告播出等处理，并追究违规机构主要负责人和直接责任人的责任。对被给予通报批评、暂停商业广告播出等处理的机构，取消其参加当年广播影视系统任何“评优评先”资格。省级广播影视行政部门在对违规行为作出处理决定后5个工作日内，应当将处理情况报总局传媒机构管理司备案。近期，总局将组织检查小组，对重点地区、重点播出机构进行抽查。

请接到本通知后，立即转发辖区内各有关机构，并督促切实贯彻落实，确保广播电视广告播出秩序继续明显好转。

国家广播电影电视总局
二〇一一年十月十一日

浙江省广播电影电视局转发国家广电总局《关于进一步加强电视上星综合频道节目管理的意见》的通知

浙广局发〔2011〕213 号

浙江广播电视集团：

现将国家广电总局《关于进一步加强电视上星综合频道节目管理的意见》（广发〔2011〕83 号）转发给你们，请你集团按照广电总局《意见》的要求，抓好浙江卫视节目的调整改进工作，要求浙江卫视坚持以新闻宣传为主的频道定位，增强新闻类节目的采制能力和播出总量，扩大经济、文化、科教、少儿、纪录片等多种类型节目的播出比例，建立健全科学全面的节目综合评价体系，完善节目报批备案等播出管理制度。

我局根据行政管理职责，进一步加强对浙江卫视各类节目建设的指导和管理工作，支持和推动浙江卫视通过创新创优，提升节目品质，提高制作水平，更有效地满足广大人民群众多样化、多层次、高品位的精神文化需求，进一步增强省级主流媒体的权威性、公信力和影响力。

有关浙江卫视节目调改情况请于 11 月 30 日前报送我局。

浙江省广播电影电视局
二〇一一年十月二十六日

广电总局关于进一步加强电视上星综合频道节目管理的意见

广发〔2011〕83 号

各省、自治区、直辖市广播影视局，新疆生产建设兵团广播电视局，中央电视台、中国教育电视台：

近年来，电视上星综合频道不断创新节目内容，积极拓展节目形式，在宣传各地改革发展成就、扩大传播覆盖面、增加观众收视选择等方面取得了可喜进展。但近一时期以来，部分电视上星综合频道出现过度娱乐化和低俗倾向，损害了广播电视媒体的形象和公信力，观众意见较大，反应强烈。为进一步促进广播电视健康繁荣发展，推动节目创新创优，鼓励商品位节目形态，提高广播电视节目制作水平，更有效地满足广大人民群众多样化、多层次、商品位的精神文化需求，现就进一步加强电视上星综合频道节目管理提出如下意见：

一、坚持电视上星综合频道定位。电视上星综合频道定位是以新闻宣传为主的综合频道。地方电视上星综合频道的主要任务是围绕中心，服务大局，宣传地方成就，展示区域特色，反映社情民意，引导社会热点，传播主流价值。电视上星综合频道要牢固树立马克思主义新闻观，坚持导向立台、新闻立台，坚持贴近实际、贴近生活、贴近群众，坚持团结稳定鼓劲、正面宣传为主，紧紧围绕党和国家工作大局，以及当地党委、政府中心工作，以宣传当地改革发展、服务当地人民群众为重点，营造健康向上、丰富生动的主流舆论，提高主流媒体的权威性和公信力、影响力。

二、增强电视上星综合频道新闻类节目采制能力和播出总量。电视上星综合频道要着力提高新闻类节目采编播能力，从发展规划、资源配置、人才保证、播出时间等各个方面实施倾斜政策，使电视新闻类节目比例明显增加、质量明显提高。要在最好的时段办好新闻类节目。从 2012 年 1 月 1 日起，每个电视上星综合频道每日 6:00~24:00 新闻类节目不得少于 2 小时，含转播中央电视台《新闻联播》节目；18:00~23:30 必须有两档以上自办新闻类节目，每档新闻节目时间不得少于 30 分钟，舍新闻专题节目、新闻访谈节目，不舍娱乐资讯节目。

三、扩大经济、文化、科教、少儿、纪录片等多种类型节目的播出比例。在着力办好新闻类节目的同时,电视上星综合频道要适应人民群众多层次、多方面的精神文化需求,扩大经济、文化、科技、教育、少儿、纪录片等类型节目的播出比例,加强教育服务功能,改善节目类型结构,着力提高节目质量,通过导向正确、知识丰富、内涵深刻、格调健康、贴近生活、制作精良的电视节目给人以教育、启迪和精神文化陶冶。各电视上星综合频道至少开办一个弘扬中华民族传统美德和社会主义核心价值体系的思想道德建设栏目。电视播出机构要认真研究广大群众精神文化生活的新特点、新趋势,不断把握大众审美需求的新变化、新规律,丰富和创新节目的题材、体裁、风格、样式,努力提商节目的思想内涵、格调品位和艺术质量,增强节目的吸引力、感染力和影响力。

四、建立科学全面的节目综合评价体系。各广播电视播出机构要坚持把社会效益放在首位,坚持社会效益和经济效益的有机统一,重视社会公众对节目、频道的评判和监督,建立科学客观公正的节目综合评价体系。不得搞节目收视率排名,不得单纯以收视率搞末位淘汰制,不得单纯以收视率排名衡量播出机构和电视节目的优劣,坚决扭转唯收视率的倾向。要加强对节目创作生产的正面引导。国家广电总局每年将根据节目播出情况,对在导向、内容、格调、形式等方面具有引导性、示范性、创新性的节目以及节目制片人、主持人予以表彰。省级广播电视行政管理部门也要建立相应的表彰制度。

五、完善电视上星综合频道节目播出管理制度。自2012年1月1日起,电视上星综合频道18:00至22:00播出的电视节目,需向国家广电总局和省级广电行政管理部门履行备案手续。省级广电行政管理部门对属地电视上星综合频道新开播的电视节目需提前两个月将节目名称、类型、内容、形式、时段、时长等情况报国家广电总局备案。国家广电总局根据报备时间、内容导向、违规记录等因素对所报节目进行备案管理。鼓励办好积极健康的娱乐节目,对节目形态雷同、过多过滥的婚恋交友类、才艺竞秀类、情感故事类、游戏竞技类、综艺娱乐类、访谈脱口秀、真人秀等类型节目实行播出总量控制。每晚19:30~22:00,全国电视上星综合频道播出上述类型节目总数控制在9档以内,每个电视上星综合频道每周播出上述类型节目总数不超过2档。每个电视上星综合频道每天19:30~22:00播出的上述类型节目时长不超过90分钟。总局还将对类型相近的节目进行结构调控,防止节目类型过度同质化。全国电视上星综合频道19:30~22:00播出的电视剧,要严格执行国家广电总局关于进一步规范电视上星综合频道电视剧编播管理的有关文件要求,坚持思想性、艺术性、观赏性相统一的原则,弘扬社会正气,传播主流价值,引导审美趣味,防止出现过度娱乐化和低俗倾向。

六、建立引进境外电视节目形态备案制度。各电视上星综合频道引进境外电视节目形态,须报省级广播电视行政管理部门审查。各省级广播影视行政管理部门要对境外制作机构的背景、节目模式、节目内容等进行认真审查,并提前两个月将本辖区电视上星综合频道引进播出境外电视节目形态的情况报国家广电总局备案。引进的境外电视节目形态,要遵守有关法律法规,适合中国国情,杜绝格调低下和内容庸俗。防止跟风、抄袭、简单模仿境外或他台的节目类型。国家广电总局将综合调控引进电视节目形态的数量、题材内容、类别比例等,防止集中引进同一地区、同一类型、同一内容的节目形态。

七、强化各级广播电视行政管理部门监管责任和播出机构的把关责任。按照"谁主管谁负责"、"分层管理"的原则,各级广播电视行政管理部门要切实履行监管职责,建立完善监看、审查、处置、表彰制度,把防止广播电视过度娱乐化和低俗倾向的工作作为制作播出机构年审、栏目节目调整、系统评价、业绩奖惩的重要依据。各级广播电视行政管理部门要按照国家广电总局宣传管理的各项规定,坚决做到依法依规管理,及时发现问题,果断严肃处理。对在节目中出现政治导向、价值取向、格调基调等方面的问题,有关广播电视行政管理部门和播出机构要视其性质和严重程度,对该节目分别采取批评、责令整改、警告、调整播出时间以至停播等措施。对违规节目放任不管或对重大违规情况漏查漏报的广播电视行政管理部门,国家广电总局将向全国通报批评。各播出机构要落实节目三审制度,严格节目把关。电视上星综合频道节目的管理实行播出机构一把手责任制。要进一步加强国家广电总局和地方收听收看机构建设,省级广播电视行政管理部门均须建立专门收听收看机构,并配备专业人员,定期报告监听监看结果,切实负起监管责任。收听收看机构要重点跟踪检查广播电视节目过度娱乐化和低俗问题,注意研究新节目形态产生的苗头性、倾向性问题,及时发现、及时警示、及时纠正。

八、切实加强行业自律和社会监督。广播电视行业组织要在行业自律方面发挥重要作用。广播电视行政管理部门要设立并公布投诉举报电话和信箱，随时接受社会各界关于过度娱乐化和低俗问题的意见，并及时作出处理反馈。要支持广播电视行业组织建立"听众观众委员会"，广泛听取社会各界对广播电视节目的意见建议，形成有效的社会监督机制。鼓励支持各媒体对广播电视节目开展科学理性健康的评论。深入推进"三项学习教育活动"、"走基层、转作风、改文风"活动和广播电视宣传管理规定的培训。国家广电总局将分别举办电视上星综合频道总监培训班和省级收听收看中心负责人培训班。各级广播电视行政管理部门和播出机构也要组织开展其他频道和收听收看机构负责人，以及节目终审人、制片人、主持人的教育培训。

各省级广播电视行政管理部门要切实履行行政管理职责，认真落实上述各项规定和要求，完成好电视上星综合频道节目调整和日常监管工作。

国家广播电影电视总局

二○一一年十月二十一日

浙江省广播电影电视局转发国家广电总局第66号令和关于贯彻执行《〈广播电视广告播出管理办法〉的补充规定》的通知

浙广局发〔2011〕98号

浙江广播电视集团，各市文化广电新闻出版局，各市、县(市、区)广播电视台：

现将国家广电总局第66号令《〈广播电视广告播出管理办法〉的补充规定》和关于贯彻执行《〈广播电视广告播出管理办法〉的补充规定》的通知(广发〔2011〕93号)转发给你们，请严格遵照执行。

浙江省广播电影电视局

二○一一年十一月二十九日

国家广播电影电视总局令

第66号

《〈广播电视广告播出管理办法〉的补充规定》经国家广播电影电视总局2011年11月21局务会议审议通过，现予发布，自2012年1月1日起施行。

国家广播电影电视总局局长：蔡赴朝

二○一一年十一月二十五日

《广播电视广告播出管理办法》的补充规定

为贯彻落实《中共中央关于深化文化体制改革推动社会主义文化大发燕尾服大繁荣若干重大问题的决定》，坚持把社会效益放在首位，充分发挥广播电视构建公共文化服务体系、提高公共文化服务水平、保障人民基本文化权益的作用，现对《广播电视广告播出管理办法》(国家广播电影电视总局令第61号)作如下补充规定：

一、第十七条修改为："播出电视剧时，不得在每集(以45分钟计)中间以任何形式插播广告。

播出电影时，插播广告参照前款规定执行。"

二、删除第十八条。

三、本补充规定自2012年1月1日起施行。

此外，根据本规定对《广播电视广告播出管理办法》(国家广播电影电视总局令第61号)部分条文的文字作相应调整和修改。

国家广播电影电视总局办公厅

二○一一年十一月二十五日

广电总局关于贯彻执行《〈广播电视广告播出管理办法〉的补充规定》的通知

广发〔2011〕93号

各省、自治区、直辖市广播影视局，新疆生产建设兵团广播电视局，中央三台，电影频道节目中心，中国教育电视台：

《〈广播电视广告播出管理办法〉的补充规定》(广电总局令第66号)将于2012年1月1日起正式实施。为确保新规定得到切实贯彻执行，现将有关事宜通知如下：

一、要统一思想认识。党的十七届六中全会强调要大力发展公益性文化事业，完善覆盖城乡、结构合理、功能健全、实用高效的公共文化服务体系。广播电视作为党和人民的喉舌、重要的宣传思想文化阵地,在公共文化服务体系建设中担负着重要责任,必须充分发挥优势,切实履行好自己的职责。各级广播影视行政部门和播出机构必须把思想统一到党的十七届六中全会精神上来,把取消电视剧中间插播广告作为广播影视系统构建公共文化服务体系、提高公共文化服务水平、保障人民基本文化权益、体现以人为本的服务宗旨的重要举措,采取有效措施,切实抓紧抓好,让人民群众满意。

二、要坚决贯彻落实。各级电视台要扎实细致有针对性地做好工作:积极调整212年广告招商安排,清理并撤销2012年电视剧的插播广告时段,重新组织好节目和广告时段编排,妥善处理好广告合同等相关事宜,确保自2012年1月1日起,播出电视剧时,每集(以45分钟计)中间不得再以任何形式插播广告。同时,《广电总局关于进一步加强广播电视广告播出管理的通知》(广发〔2011〕79号)中第二条“规范影视剧中间插播广告行为”的规定终止执行。

三、要确定重点监管内容。总局决定将2012年1月份列为“禁止电视剧插播广告专项监管月”。其间,各级广播影视行政部门必须加大监管力度,对辖区内各级电视台电视剧插播广告情况实施全面专项监管,发现问题,立即严肃查处。各省级广播影视行政部门需在专项监管结束后10个工作日内,将专项监管情况上报总局传媒司备案。

四、要加大对违规行为的查处力度。各级广播影视行政部门要严格依法管理,对播出电视剧时仍插播广告的播出机构,要依据总局61号令等规定,给予责令整改、警告、诫勉谈话、暂停商业广告播出等处理。作出相关处理决定的,应当按照总局61号令要求,于5个工作日内报上一级广播影视行政部门备案。

请各省级广播影初,行政部门接本《通知》后,立即转发有关单位,认真贯彻执行。

国家广播电影电视总局

二〇一一年十一月二十五日

浙江省人民政府办公厅转发省广电局省财政厅海洋与渔业局关于浙江省广播电视进渔船工程实施意见的通知

浙政办函〔2011〕55号

各沿海市、县(市、区)人民政府,省级有关单位:

省广电局、省财政厅、省海洋与渔业局制定的《浙江省“广播电视进渔船”工程实施意见》已经省政府同意,现转发给你们,请认真组织实施。

浙江省人民政府办公厅

二〇一一年七月十五日

(此件公开发布)

浙江省“广播电视进渔船”工程实施意见

省广电局 省财政厅 省海洋与渔业局

实施“广播电视进渔船”工程是贯彻落实党中央、国务院和省委、省政府有关决策部署精神,加强渔农村思想文化建设,完善全省广播影视公共服务体系的一项重要内容,沿海各地、各有关部门要高度重视,切实把“广播电视进渔船”工程作为政府为民办实事工程抓好落实。为顺利推进“广播电视进渔船”工程,现提出以下实施意见:

一、建设目标

力争到2013年底,基本完成全省大中型海洋捕捞船只这装接收中星9号直播卫星电视设备,让渔民群众在船上能收听收看“村村通”直播卫星的广播电视节目,丰富海上作业渔民的精神文化生活,进一步推进广播电视基本公共服务均等化。

对小型渔船、国有企业所属渔船,渔业辅助船及其他类型船只,由各地根据实际情况确定建设目标。

二、设备要求

“广播电视进渔船”工程建设所需高频头、天线、接收机等设备必须是国家广电总局“村村通”公开招标中标企业所提供的产品。“广播电视进渔船”工程建设所需卫星跟踪侍服等设备需经国家广电总局技术认可,并按照《中华人民共和国政府采购法》等有关法律法规的规定和要求进行采购。

三、实际方案

全省“广播电视进渔船”工程由省广电局牵头组织实施。各地要坚持“统一领导、统一规划、统一建设、统一管理”的原则,按照规定任务和程序,认真组织实施。

(一)编制规划和年度计划。各地要按照“先易后难、逐步推进”的原则,结合当地实际和渔船出海的特点,有计划、分阶段地推进“广播电视进渔船”工程。各沿海市、县(市、区)文化广电新闻出版局要会同财政、海洋与渔业等部门,按照统一部署要求,认真研究编制“广播电视进渔船”工程实施规划和年度建设计划,重点对工程规模、投资额度、资金来源、建设年限等内容,进行科学规划、统筹安排。

(二)认真组织工程实施。“广播电视进渔船”工程的设备安装工作,由具备卫星地面接收设施安装服务许可的单位负责实施。各沿海市、县(市、区)文化广电新闻出版局要加强管理,做好审核、审批和监管工作,确保设备使用合法、接收合法信号(中星9号直播卫星节目)。船载卫星电视接收使用审批工作要按照《卫星电视广播地面接收设施管理规定(实施细则)》组织实施。

(三)严格规范工作管理。“广播电视进渔船”工程要严格按照国家有关建设标准和规范要求,建立相应的管理和考核制度,分解落实职责任务,严格执行竣工验收、预决算审计和档案管理等各项制度,强化工程管理。建立项目监督和信息通报制度,各沿海市、县(市、区)政府要定期考核验收工程进展和绩效等情况,并及时进行通报,每年年底要上报全年工作进展情况。各地要在政府门户网站等媒体上公布“广播电视进渔船”工程年度建设计划项目、预决算资金、工作完成情况等,广泛接受社会监督,大力实施廉洁工程。各地要严格执行计划、控制进度,对确需变动项目计划的,要按程序上报审批。

四、资金管理

“广播电视进渔船”工程实施主体为各沿海市、县(市、区)政府,工程建设经费原则上由各沿海市、县(市、区)财政及用户共同承担。各沿海市、县(市、区)财政应将“广播电视进渔船”工程资金列入年度预算,并多渠道筹集资金。2011年至2013年,省财政设立“广播电视进渔船”工程建设专项资金,对沿海市、县(市、区)给予补助,并向欠发达地区倾斜。省级专项资金具体补助对象、标准和办法另行制定下发。

各地、各有关部门要加强对专项资金的监督管理。专项资金绩效评价工作由各级财政、广电部门组织实施。省财政厅会同省广电局、省海洋与渔业局对工程的实施及专项资金使用情况适时组织检查和评价,评价结果作为下一年度安排专项资金的重要依据。

各沿海市、县(市、区)财政部门要加强对专项资金的管理,提高资金的使用效率。专项资金要专款专用,任何部门、单位不得截留和挪用。对骗取、截留、挪用、挤占专项补助资金铁,要停止项目补助、追缴专项补助资金,情节严重的,要按照《财政违法行为处罚处分条例》等有关法律法规规定追究有关单位及人员的责任。

浙江省人民政府办公厅
二〇一一年七月十四日

关于王国富同志试用期转正的通知

浙组干通〔2011〕211号

省广播电影电视局党组:

王国富同志任浙江省广播电影电视局副局长一年试用期已满,经考核合格,同意转为正式任职;任职时期从2010年8月起计算。

中共浙江省委组织部
2011年9月9日

关于增加省广电局行政编制和处级领导职数的批复

浙编〔2011〕56号

省广电局:

你局《关于要求增加电影管理处行政编制的请示》(浙广局〔2010〕197)悉:经研究,同意核增你局行政编制3名、处级领导职数1名,用于加强电影管理工作力量。

调整后,省广电局行政编制42名,处级领导职数20名(含直属机关党委专职副书记1名);后勤服务人员编制5名。

浙江省机构编制委员会
二〇一一年六月二十二日

关于调整省广播电影电视局节目评议审查中心机构设置的函

浙编办函〔2011〕9 号

省广播电影电视局：

你局《关于要求将省广播电视节目评议审查中心转为独立法人事业单位的请示》（浙广局〔2010〕196 号）悉为加强广播影视节目评议审查工作，经研究，同意省广播电视节目评议审查中心由挂牌改为与省广播电视监测中心合署办公，核定省广播电视节目评议审查中心事业编制 6 名，所需编制从省广播电视监测中心划转，同时核增处级领导职数 1 名，经费按原渠道列支。调整后，省广播电视监测中心事业编制 20 名。

二〇一一年二月二十二日

浙江省广播电影电视局

机构设置

根据省政府下发的《浙江省广播电影电视局主要职责内设机构和人员编制规定的通知》(浙政办发〔2009〕166号)文,原浙江省广播电视局变更为浙江省广播电影电视局。省广播电影电视局是主管广播电影电视宣传和事业发展的省政府直属机构。内设8个职能处室:办公室(规划与产业管理处与其合署)、执法指导监督处、宣传管理处、电影管理处、艺术管理处、社会管理处、科技管理处(省广播电视安全播出调度指挥中心与其合署)、人事处和直属机关党委。行政编制38名,其中:局长1名,副局长3名;处级领导职数19名(含直属机关党委专职副书记1名)。后勤服务人员编制5名。

纪检、监察机构的设置、人员编制和领导职数按有关文件规定执行。

省广播电影电视局领导班子成员

局党组书记、局长张宝贵,局党组成员、副局长铁国强,局党组成员、纪检组组长、副局长马乐其,局党组成员、副局长王国富,局党组成员、副巡视员傅宏章。

人事任免

(一)2011年1月人事任免

1.严卫平同志任浙江省广播电影电视局艺术管理处处长,免去其浙江省广播电影电视局人事处处长职务;

2.严萍英同志任浙江省广播电影电视局人事处处长,免去其浙江省广播电影电视局宣传管理处处长职务。

(二)2011年2月人事任免

1.胡建同志任浙江省广播电影电视局办公室主任;

2.林勇毅同志任浙江省广播电影电视局宣传管理处处长;

3.昂朝明同志任浙江省广播电影电视局安全播出调度指挥中心主任;

(三)2011年4月人事任

1.郑玉生同志任浙江省广播电影电视局办公室调研员;

2.郁东同志任浙江省广播电影电视局规划与产业管理处调研员。

地址:杭州市莫干山路111号

电话:0571-88077050

邮编:310005

浙江省电影有限公司

机构设置

一、内设机构

1.办公室

2.人力资源部

3.财务管理部

4.发行业务部

5.影院管理部

6.营销策划部

7.技术服务部

8.投资开发部

9.后勤管理部

二、下属单位

(一)公司全资单位

1.浙江时代电影大世界有限公司

2.浙江银海影视设备工程公司

3.浙江庆春电影大世界有限公司

4.浙江奥斯卡电影大世界有限公司

5.杭州恒隆电影大世界有限公司

6.杭州近江电影大世界有限公司

7.慈溪时代电影大世界有限公司

8.衢州宏泰电影大世界有限公司

9.上海庆春电影院有限公司

(二)公司控股、参股单位

1.浙江时代金球影业投资有限公司

2.浙江翠苑电影大世界有限公司(控股)

3.宁波时代电影大世界有限公司(控股)

4.浙江新农村数字电影院线有限公司(相对控股)

5.杭州今古时代电影制作有限公司(参股)

6.杭州众安电影大世界有限公司(参股)

7.杭州华元电影大世界有限公司(参股)

8.富阳时代电影大世界有限公司(参股)

9.嘉兴华庭国际影城(参股)

10.台州新时代电影大世界有限公司(参股)

11.安吉时代电影大世界有限公司

12.海宁金像电影大世界有限公司

(三)委托管理单位

1.上海开元地中海影剧院有限公司

2.诸暨铭仕电影大世界有限公司

党总支委员会

总支书记:蔡文忠;委员:钱大钧、伍少康、俞孟忠、张红阳。

董事会

董事长:钱大钧;董事:蔡文忠、伍少康、俞孟忠、张红阳。

监事会

监事会主席:郭利刚;监事:柴红兵、卢金祥。

经营班子

总经理:钱大钧;副总经理:蔡文忠、伍少康、俞孟忠;财务总监:张红阳。

人事任免

(一)2010 年 3 月人事任免

1.俞力萍同志不再担任发行业务部顾问职务。

(二)2010 年 2 月人事任免

1.聘任张红阳同志为浙江时代电影大世界有限公司副总经理。

地址:杭州市文二西路 683 号西溪创意产业园 14 至 17 号

电话:0571-85027901

邮编:310012

浙江广播电视集团

机构设置

一、总部管理机构

1.办公室

2.总编室

3.人事管理部

4.计划财务部

5.科技管理部

6.产业发展部

7.影视后期制作中心项目办

8.广告管理中心

9.行政管理部

10.安全保卫部

11.直属党委(团委)

12. 监察审计室

13.工会

二、广播电视频率频道

(一)广播频率

1.浙江人民广播电台新闻综合频道

2.浙江人民广播电台经济频道

3.浙江人民广播电台音乐调频频道(流行音乐频道)

4.浙江人民广播电台交通之声频道(旅游之声频道)

5.浙江人民广播电台城市之声频道

(二)电视频道

1.浙江电视台新闻综合频道

2.浙江电视台钱江都市频道

3.浙江电视台经济生活频道

4.浙江电视台教育科技频道(公共·新农村频道、付费频道)

5.浙江电视台影视娱乐频道

6.浙江电视台民生休闲频道

7.浙江电视台少儿频道

8.浙江电视台海外中心(国际频道)

9.浙江电视台好易购数字电视频道(好易购家庭购物有限公司)

三、下属单位

1.浙江广播电视集团广播电视网站(新蓝网)

2.浙江广播电视集团广电新媒体有限公司

3.浙江广播电视集团广播制播中心

4.浙江广播电视集团电视制作中心

5.浙江广播电视集团电视播出中心

6.浙江广播电视传输发射中心

7.浙江广播影视资源研究开发中心

8.浙江城市广播电视报社

9.大众电视社

10.浙江音像出版社

11.交通旅游导报

12.浙江天元影视艺术中心

13.浙江省广播电视国际新闻交流中心(梅地亚宾馆)

14.浙江省广播电视服务中心

15.浙江省中波发射管理中心

16.浙江广播电视发展总公司

17.浙江广联有线电视传输中心

18.浙江广联信息网络公司

19.浙江天华广电演艺会展有限公司

20.浙江影视(集团)有限公司

集团领导班子成员

党委书记、总裁:王同元;党委副书记、总编辑:程蔚东;党委委员、副总裁:沈金加、杨勇、何跃新;党委委员、副总编辑:施泉明、顾顺坤、董传亮;党委委员、纪委书记:赵力平。

管委会、编委会委员

编委会委员:周羽强;管委会委员:朱建华;管委会委员、集团办公室主任:姚休;编委会委员、浙江卫视总监:夏陈安;编委会委员、集团总编室主任庄临安。

人事任免

(一)2011 年 1 月人事任免

1.聘任胡戎同志为浙江省电视节目交流中心主任;

2.免去周之明同志的浙江省电视节目交流中心主任职务。

(二)2011 年 7 月人事任免

1.任命郦海瑾同志为浙江广播电视集团管理委员会委员;

2.任命胡戎同志为浙江广播电视集团编辑委员会委员;

3.任命张勤同志为浙江广播电视集团编辑委员会委员;

4.聘任李萌华同志为集团监察审计室副主任。

(三)2011 年 8 月人事任免

1. 聘任陈建平同志为浙江影视后期制作中心项目建设指挥部办公室主任;

2.聘任黄捷同志为浙江影视后期制作中心项目建设指挥部办公室副主任。

(四)2011 年 9 月人事任免

1. 聘任许国法同志为好易购数字电视频道总监、好易购家庭购物有限公司总经理,免去其集团科技管理部主任职务;

2.聘任陈纪传同志为广播经济频道总监,免去其好易购数字电视频道总监、好易购家庭购物有限公司总经理职务;

3. 聘任周智敏同志为集团科技管理部主任,免去其浙江广播电视发展总公司总经理职务;

4.聘任朱益中同志为浙江广播电视发展总公司总经理;

5.聘任孙彪同志为集团工会调研员,免去其广播经济频道总监职务;

6.聘任吴宛雏同志为集团节目研发中心副调研员,免去其集团节目研发中心副主任职务。

(五)2011 年 10 月人事任免

1.聘任王虹同志为集团行政管理部副主任(正处级);

2.聘任陈小华同志为集团人事管理部副处级组织员;

3. 聘任陈九九同志为浙江卫视总编室副主任,免去其浙江蓝巨星国际传媒有限公司总经理(副处级)职务;

4. 聘任徐龙砂同志为浙江卫视新闻中心副主任;

5.聘任张晓晖同志为浙江卫视营销(广告)中心

副主任,免去其浙江卫视总编室副主任职务。

(六)2011年11月人事任免

1.聘任吴伟成同志为广播音乐调频副总监;

2.聘任林非同志为广播交通之声副总监;

3.聘任项勇同志为广播城市之声副总监;

4.聘任宋旸同志为电视播出中心副主任。

(七)2011年12月人事任免

1.聘任徐秀萍同志为集团节目研发中心副调研员,免去其集团节目研发中心副主任职务;

2. 聘任程珉同志为广播交通之声副调研员,免去其广播交通之声副总监职务;

3.免去蔡懿同志的电视钱江都市频道副总监职务;

4.聘任周建洪同志为集团直属党委专职副书记(正处级);

5.聘任高桂林同志为集团直属党委调研员;

6. 聘任郑红哲同志为集团科技管理部副主任,免去其浙江广播电视传输发射中心副主任职务

地址:杭州市莫干山路111号

电话:0571-88077050

邮编:310005

杭州市

杭州市文化广电新闻出版局

杭州市文化广电新闻出版局是主管全市文化艺术、广播影视、新闻出版和著作权工作的市政府工作部门。内设办公室、人事组织处(团工委)、政策法规处、财务处(基建处)、科技发展处、艺术处、社会文化处、宣传管理处、广播影视处、出版管理处、印刷管理处、市场管理处、对外文化交流处、纪委(监察室)、机关党委。局领导班子成员:党委书记、局长陈建一,副局长吴锡根(分管广电工作)、王茂康、麻捷、何平、周澍,纪委书记陈新,党委委员陶丽,巡视员王建,副巡视员洪昌荣。

地址:文二路268号

电话:0571-88228933

邮编:310012

杭州文化广播电视集团

杭州文化广播电视集团由杭州广播电视集团和杭州文化发展投资有限公司合并组建而成,为市委、市政府直属的正局级事业单位,归口市委宣传部管理。杭州文化广播电视集团实行党委领导下的管委会负责制,集团分为三大板块:媒体板块包括杭州电视台6个频道(综合频道、西湖明珠频道、生活频道、影视频道、少儿频道、导视频道),杭州人民广播电台3个频率(新闻综合频率、西湖之声、交通经济),以及杭州广播影视周报(时尚周末);演艺板块包括8家艺术院团(杭州歌剧舞剧院、杭州越剧院、杭州杂技总团、杭州滑稽艺术剧院、杭州话剧团、杭州爱乐乐团、杭州魔术团、杭剧团),以及杭州大剧院、红星剧院、文化中心、西泠书画院等文化单位;产业板块包括杭州文广投资控股有限公司、华数数字电视传媒集团有限公司、杭州红星文化大厦有限公司等30余家控股、参股、全资公司。

地址:杭州市之江路888号

电话:0571-89833025

邮编:310008

萧山区文化广电新闻出版局

局在编23人。局领导班子成员:书记、局长任关甫,副书记余汉老,副局长金宝贤、马建国、任张标(分管广电工作)、钟铭,纪委书记张利平。

地址:萧山区市心中路958号

电话:0571-83869025

传真:0571-83869123

邮编:311203

萧山区广播电视台

萧山区广播电视台是区委直属的宣传事业单位。下设行政办公室、人事组织保卫办公室、总编办、新闻中心、广播中心、电视中心、广告经营中心、技术中心、九天传媒有限公司、萧广传媒有限公司部门机构。全台事业编制130人,其中台领导5人。

地址:杭州市萧山区道源路188号

电话:0571-82727445(传真)

邮编:311201

余杭区文化广电新闻出版局

局现有行政编制19人,事业编制10人,工勤编制3人。局领导班子成员:党委书记、局长冯玉宝,党委副书记、纪委书记、副局长丁银华(分管广电工作),副局长胡德高、朱延风、王金莲。

地址:余杭区临平街道为民弄8号

电话:0571-89162806
传真:0571-86225172
邮编:311100

余杭区广播电视台

余杭区广播电视台为全民所有制事业单位,内设办公室、总编室、新闻部、电视专题部、广播部、技术部、广告节目部、乡村频道部、大型活动组等部门机构。现有编制120人。领导班子成员:党组书记、台长王跃建,党组成员、纪检组长、副台长张时骏,党组成员、副台长宋菁,副台长周康明,调研员沈妙忠,副调研员徐学明。

地址:杭州市余杭区南苑人民大道656号
电话:0571-86164148
邮编:311100

桐庐县文化广电新闻出版局

局在编16人。局领导班子成员:局长王樟松,党委书记、副局长吴旗平,党委副书记、副局长郑玲,副局长董利荣(分管广电工作),纪检书记吴斌生,副局长邬小鹏,党委委员童红坚。

地址:桐庐县桐君街道白云源路1388号
电话:0571-64600408
传真:0571-64600408
邮编:311500

桐庐县广播电视台

桐庐县广播电视台为县委直属正科级事业单位,内设办公室、总编室、电视新闻部、电视专题部、广播节目部、技术播出部、广告中心、节目交流制作中心(广播电视网站)等8个职能科(室),在编90人。领导班子成员:党委书记、台长赵雄军,党委副书记、副台长董亦民,党委委员、纪委书记江月平,党委委员、副台长王域明,党委委员任琤。

地址:桐庐县县城学圣路730号
电话:0571-64621836
邮编:311501

淳安县文化广电新闻出版局

局在编11人。局领导班子成员:党组书记、局长黄存菊,副书记、副局长程建法(分管广电),党组成员、副局长方明华,纪检组长、大队长夏曙升。

地址:淳安县千岛湖镇排岭南路56号
电话:0571-24817006
传真:0571-24817006
邮编:311700

淳安县广播电视台

淳安县广播电视台是县委、县政府所属的正科级事业单位。内设办公室、总编室、新闻中心、社教中心、广播节目中心、广告资讯中心、技术播出中心、网络电视中心八个科室。现有编制75人,台领导3人。

地址:淳安县千岛湖镇人民路2号
电话:0571-64813047
邮编:311700

建德市文化广电新闻出版局

局在编13人。局领导班子成员:书记、局长邱剑娟,副局长何群(分管广电工作)、李友彬、许宏斌,纪委书记林坤荣。

地址:建德市新安江街道国信路166号
电话:0571-64721273
传真:0571-64721273
邮编:311600

建德市广播电视台

建德市广播电视台为建德市委直属的正局(科)级事业单位,内设办公室、总编室、新闻部、专题部、广播节目部、技术播出部、广告部、资产经营管理部、广电维护部,核定事业编制80人。领导班子成员:党委书记、台长方永章,副台长汪国云、林坤荣,党委委员钟清鸿。

地址:建德市新安江街道新安东路268号
电话:0571-64792288
邮编:311600

富阳市文化广电新闻出版局

局在编18人。局领导班子成员:党委书记、局长周亦涛,党委副书记、纪委书记俞佳伦,党委委员、副局长庄孝泉,副局长郁建峰,党委委员、副局长张远峰,副局长陈健民(分管广电工作)。

地址:富阳市富春街道桂花路17号外贸大厦7楼
电话:0571-63318354
传真:0571-63323070
邮编:311400

富阳市广播电视台

富阳市广播电视台为富阳市委直属相当于正局(科)级事业单位,归口市委宣传部管理。内设办公室、总编室、财务室、广播节目中心、电视新闻中心、电视文化中心、技术服务中心、广告中心等8个职能机构,现有编制121人。领导班子成员:党委书记、台长、宣传部副部长(兼)俞加兴,党委副书记、纪委书记、监察室主任陈健华,党委委员、副台长赵军,党委委员、副台长曹雨农,副台长张远峰。

地址:富阳市富春街道江滨西大道66号

电话:0571-23288020

邮编:311400

临安市文化广电新闻出版局

局在编21人。局领导班子成员:书记、局长黄晓明,副局长胡仙、吴晓武、刘关成(分管广电)、周卫庆。

地址:临安市锦城镇人民广场东北侧广电路98号

电话:0571-63721771

传真:0571-63721771

邮编:311300

临安市广播电视台

临安市广播电视台属全民纯公益类事业单位,内设办公室、总编室、广播新闻中心、广播社教中心、电视新闻中心、电视社教中心、电视广告中心、技术中心八个科室。现在编65人。领导班子成员:党委副书记、台长高吉亚,党委副书记、纪委书记周良,党委委员、副台长王星光,党委委员、副台长马俊。

地址:临安市锦城街道广电路98号

电话:0571-23613806

邮编:311300

宁波市

宁波市文化广电新闻出版局

宁波市文化广电新闻出版局是主管全市文化艺术、广播影视、文物博物、新闻出版和著作权工作的市政府组成部门。下设办公室、政治处、计财处、行政审批处、文化产业(政策法规)处、科技处、文化市场管理处、文化艺术处、文物与博物馆处、广播影视处、新闻出版处。局领导班子成员:党委书记、局长陈佳强,党委副书记、副局长邹大鸣(分管广电工作),纪委书记陶志良,副局长孟建耀、舒月明、郦宝夫、王水维、孙玉强。

地址:宁波市解放北路148号

电话:0574—87189109

邮编:315000

宁波广播电视集团

宁波广播电视集团挂宁波人民广播电台、宁波电视台牌子,机构规格为相当于行政正局级。实行党委领导下管委会、编委会负责制,内设办公室、党群工作部(监察审计室)、总编室、人力资源部、财务管理部、科技管理部、产业发展部、资产管理部、行政安保部、影视发展部、广告管理部、广播电视专题部等12个综合管理机构、外宣联络中心、媒资服务中心、网络新闻中心、电视制作中心、电视播出中心、广播制播中心等6个保障机构和新闻综合频道、社会生活频道、文化娱乐频道、影视频道、少儿频道、教育科技频道、新闻综合频率、经济娱乐频率、交通频率、老少频率、音乐频率等11个频道频率,共29个机构,核定集团事业人员编制545名。下属宁波广播电视报社、宁波大剧院管理中心(宁波大剧院文化发展有限公司)、宁波广播电视发射中心、宁波市广播电视器材供应站、宁波广播电视广告有限公司、宁波广播影视艺术中心有限公司、宁波数字电视有限公司、浙江宁广传媒有限公司、宁波市民卡运营管理有限公司、宁波广电华视移动数字电视有限公司。

地址:宁波市开明街4号

电话:0574-56110222

传真:0574-56110040

邮编:315000

镇海区文化广电新闻出版局

镇海区文化广电新闻出版局是镇海区主管文化、文物、广电、新闻出版工作的行政机关(与中共宁波市镇海区委宣传部合署办公)。内设广电科联系广电工作。局领导班子成员:局长余维勤、副局长胡晓寒(分管广电工作)、王辉、高嵇甬。

地址:宁波市镇海区招宝山街道中山路2号

电话:0574-86256693(传真)

邮编:315200

镇海区广播电视台(镇海区新闻中心)

镇海区广播电视台是镇海区政府直属正处级事业单位(同时挂镇海广播电视台牌子)。设总编室、办公室、政工部、计划财务部、设备技术部、网络建设部六个部室;下设镇海广播电台、镇海电视台、《今日镇海》编委会、镇海新闻网四个非独立法人机构;5 个镇、街道广电站为中心的派出机构;改制后的镇海新华书店将纳入管辖范围。共有员工约 400 名。领导班子成员:镇海区委宣传部副部长,镇海区新闻中心党委书记、主任,镇海广播电视台台长陈央;党委副书记、副主任姚海华;党委副书记、纪委书记朱志远;党委委员、副主任、镇海广播电台台长吴华本;党委委员、副主任、镇海电视台台长景迪峰;党委委员、副主任、《今日镇海》编委会总编温尚志;党委委员、副主任、镇海新闻网总编干剑松;总工程师鲍志刚;副调研员李静。

地址:宁波市镇海区招宝山街道南大街 36 号

电话:0574-86252279

邮编:315200

网址:http://www.zhtv.com.cn

北仑区文化广电新闻出版(体育)局

北仑区文化广电新闻出版(体育)局是北仑区主管文化、文物、广电、新闻出版、体育工作的行政机关。内设广电科联系广电工作。局领导班子成员:袁侠、乐静毅、王明良、凌晓军、王能良。王明良兼任区广播电视中心主任,广播电视台台长。

地址: 北仑长江路 1166 号新行政大楼七楼南面。

电话:0574-86781963

邮编:315800

北仑区广播电视台

北仑广播电视中心与北仑广播电视台两块牌子一套班子,是北仑区政府直属事业单位。下设六部一室:新闻部、专题部、广播部、工程部、技术部、广告部、办公室,下属七个乡镇广电站。正式在编职工 79 人,其中广播电视台 54 名,基层广电站 25 名。领导班子成员:王明良、王红波、罗国川、刘伟荣、徐维先。

地址:北仑区新矸镇恒山路 596 号

电话:0574-86782176

邮编:315800。

鄞州区文化广电新闻出版局

鄞州区文化广电新闻出版局是宁波市鄞州区政府主管文化、文物、广电、新闻出版工作的行政机关。内设行政许可科联系广电工作。领导班子成员:局长胡岳明、党委书记周海明,副局长施建华(分管广电工作)、鲍磊、忻明飞。

地址:宁波市鄞州新城区惠风东路 568 号

电话:0574-87525809

邮编:315000

鄞州区广播电视台

鄞州区广播电视台为鄞州区委区政府直属事业单位。内设办公室、新闻中心、节目中心、总编室、技术中心、网络中心、广告中心和基层站管理部 8 个机构。共有在编干部职工 156 名。台领导班子成员:党组书记、台长舒放毅,副台长黄宣琪、金侠群,党组成员单智勇、周玲智、陆佩芬。

地址:宁波市鄞州新城区麦德龙路 8 号

电话:0574-28802815

传真:0574-28802810

邮编:315192

余姚市文化广电新闻出版局

余姚市文化广电新闻出版局是主管全市文化、文物、广电、新闻出版工作的政府行政机关。内设文广科联系广电工作。领导班子成员:党委书记、局长熊培军,副局长吕余龙(分管广电工作)、陈伟根、徐松炎、杨瑶娜。

地址:余姚市西石山南路 8 号

电话:0574-62824360

邮编:315400

余姚市广播电视台

余姚市广播电视台为余姚市政府直属事业单位。下设办公室、人教部、财务部、后勤管理部、总编室、电台节目部、广播电视新闻部、电视专题部、广电技术部、基层工作部、有线电视工程部、有线电视管理部等 12 个部门和广播电视广告公司、传播公司、广联网络公司 3 个公司,另设 2 个直属站和 17 个乡镇街道广电站。共有在编干部职工 231 人,其中大专以上学历 173 名,专业技术人员 100 名。领导班子成员:党组书记、台长万科达,党组副书记、副台长周德锋,党组成员、副台长何建军、陈剑锋,党组成员、副局级调研员施永昌，党组成员干鑫森，正局级调研员胡伟舫、张建华。

地址：余姚市世南西路152号

电话：0574-62717025、62703510

邮编：315400

慈溪市文化广电新闻出版局

慈溪市文化广电新闻出版局是慈溪市主管全市文化、文物、广电、新闻出版工作的政府行政机关。内设市场管理科联系广电工作。领导班子成员：党委书记、局长虞银飞，副局长陈伟芳、戚根龙、罗伟国、张巧平（分管广电工作）。

地址：慈溪市浒山街道南二环中路148号

电话：0574-63814216

传真：0574-63803026

邮编：315300

慈溪市广播电视台

慈溪市广播电视台为慈溪市人民政府直属正科（局）级全民事业单位。内设办公室、总编室、事业发展部、新闻部、广播专题部、电视文化专题部、技术部、广告部、网络部、基层广电管理部、后勤保障部等11个职能部门。下辖19个镇（街道）广播电视站；下属慈溪市广播电视服务公司、慈溪市广播电视设备厂。台本级现有正式在编人员97人，编外人员172人；19个镇（街道）广播电视站正式在编人员119人，编外人员169人。台下属企业10人。领导班子成员：党委书记、台长方柏令，党委副书记、副台长胡志明、陈军，党委委员、副台冯立中、顾坚斌，党委委员胡国安，台长助理林晨。

地址：慈溪市新城大道北路288号

电话：0574-63038711

邮编：315300

奉化市文化广电新闻出版局（体育局）

奉化市文化广电新闻出版局（体育局）是奉化市主管全市文化、文物、广电、新闻出版、体育工作的政府行政机关。内设文化市场管理科联系广电工作。领导班子成员：党委书记、局长毛伟芳，副局长戴美飞、陈烈光、沈科权、司徒晓飞（分管广电工作）、梁宏。

地址：奉化市中山路138号

电话：0574-88523228

邮编：315500

奉化市广播电视台

奉化市广播电视中心与奉化广播电视台两块牌子一套班子，是奉化市人民政府直属事业单位，实行“中心、台合一”体制。下设办公室、政工人事科、计划财务科、电视频道、广播频道、总编室、技术科、用户服务科、农村管理科、电视广告部11个职能部门，下辖9个镇（街道）广电站，下属奉化市星网广播电视有限公司。有正式在编职工168人，其中中心本级121人，广电站47人。领导班子成员：党组书记、主任、台长林静俊，总编辑鲍再优，党组成员、副主任赵善忠、周女芬，党组成员、总工程师杨永革。

地址：奉化市中山路9号广电大厦

电话：0574-88585023

传真：0574-88585168

邮编：315500

宁海县文化广电新闻出版局

宁海县文化广电新闻出版局是主管全县文化、文物、广电、新闻出版工作的县政府工作部门。内设广电科联系广电工作。领导班子成员：党委书记、局长万吉良，副局长葛珍瑜、黄胜华、娄新科（分管广电）。

地址：宁海县跃龙街道县前街5号

电话：0574-65562598

邮编：315600

宁海县广播电视台

宁海县广播电视台为县政府直属差额拨款事业单位，下设办公室、政工科、后勤保障部、总编室、广播节目部、新闻采访部、电视专题部、电视文艺部、节目制作部、工程部、技术部、基层管理部、广告部、数字电视综合项目办公室等14个部室，以及城区、桥头胡、力洋、长街、一市、岔路、西店、深甽等8个基层广播电视站。共有干部职工295人，其中在编正式职工201人，台聘工作人员94人。领导班子成员：党委书记、台长陈剑飞，党委委员、副台长吴伟宏、蒋安娜、胡国光，党委委员、纪委书记章小荣，党委委员、总工程师葛同科。

地址：宁海县桃源中路228号

电话：0574-65259106

邮编：315600

象山县文化广电新闻出版局

象山县文化广电新闻出版局(体育局)是县政府主管全县文化、文物、广电、新闻出版、体育工作的行政机关。内设文化广电管理科联系广电工作。领导班子成员:党委书记、局长任先顺,副局长吴健、王增才、钱江、董云(分管广电工作)。

地址:象山县丹西街道顺达路 177 号
电话:0574-65712862
邮编:315700

象山县广播电视台

象山县广播电视台是象山县人民政府直属的正科(局)级事业单位,差额拨款。内设办公室、新闻中心、节目中心、广告中心、技术科、网络传输中心、乡镇广电管理总站 7 个职能科室。下辖象山县广电网络通信有限公司。下属 13 个基层广电站, 实行"以条为主、条块结合"的管理模式,人事、财务、宣传、技术统一管理,财务实行报帐制,党务工作由当地党委管理。台领导班子成员:党委书记、台长黄永忠,副台长郑根土,党委委员、副台长王笑龙、周德立,党委委员、总工程师李仁德,党委委员王爱明、倪永捍。

地址:象山县象山港路 536 号
电话:0574-65727174
邮编:315700
网址:http://www.xstv.net

温州市

温州市文化广电新闻出版局

温州市文化广电新闻出版局是主管全市文化艺术、文化遗产、广播电视、新闻出版和著作权工作的市政府组成部门。下设办公室、人事教育处、政策法规处、监察室、机关党委、计划财务处(文化产业处)、文化艺术处、文物遗产管理处、文化市场管理处、广播影视管理处、新闻出版管理处行政审批处。领导班子成员:党组书记、局长吴东,党组副书记、副局长李震,党组成员、副局长崔卫胜、赵松涛(分管广电工作)、曾善育、陈朴高、柳升高,党组成员、纪检组长曾恩伟,党组成员陈昆明、梅阳。

地址:温州市行政管理中心 19 楼
电话:0577-88967178
传真:0577-88967210
邮编:325009

温州市广播电视台

温州市广播电视台为市委、市政府直属的正县级事业单位,归口市委宣传部管理。内设(党委)办公室、总编室、纪检监察室、人事教育中心、财务核算中心、经营管理中心、技术中心、广播中心、电视新闻综合频道、电视经济科教频道、电视都市生活频道、电视公共民生频道、温州市有线广播电视网络中心、温州广播电视报社、温州市广播电视发展公司、温州市电视剧制作中心、温州数字移动电视有限公司、幼儿园。办有 4 个广播频率、4 个电视频道、1 个数字移动电视频道。领导班子成员:党委书记、台长杨速辉,党委副书记、副台长王晓峰,党委委员、副台长林贵提、蒋庆涵、王莉,党委委员、总工程师宋志坚,党委委员董静海。现有编制 858 人,其中行政管理人员 90 人,专业技术人员 665 人,工人 103 人。

地址:温州市新城大道 39 号
电话:0577—88920000
邮编:325001
网址:WWW.WRTS.CN

鹿城区文化广电新闻出版局

鹿城区文化广电新闻出版局是鹿城区主管文化、文物、广播电视、新闻出版工作的区政府组成部门。内设办公室(政策法规)、文化艺术(文物)管理科、文化市场(文化产业)管理科、广播电视(新闻出版)管理科 4 个职能科室。下属单位有温州市歌舞团、鹿城区文化馆、鹿城区文化中心、温州市鹿城区鞋都文化广场管理中心、鹿城区图书馆。现有机关编制 8 名(含后勤服务人员编制 1 名),其中局长 1 名,副局长 3 名;中层干部职数 4 名。下属鹿城区文化市场行政执法大队, 为局直属综合执法机构,人员依照国家公务员制度管理,编制 22 名,其中大队长 1 名,副大队长 2 名。领导班子成员:党组书记、局长季新扬,党组成员、纪检组长、副局长侯捍文,党组成员、副局长陶玉燕,党组成员、温州市歌舞团团长卢桂芳。

地址:温州市广场路 188 号
电话:0577-88030203
邮编:325000

龙湾区文化广电新闻出版局

龙湾区文化广电新闻出版局，是主管全区文化、文物、广电、新闻出版工作的政府行政机关。内设办公室、社会文化科、文物管理科、文化市场与产业管理科、广电新闻出版管理科等5个科室。下属龙湾区文化市场行政执法大队、龙湾区文化馆、龙湾区图书馆、龙湾区文博馆、龙湾文化发展有限公司。龙湾区文化广电新闻出版局机关编制为10名（含后勤服务人员编制1名）。其中局长1名，副局长2名；中层干部职数5名。领导班子成员：党组书记、局长叶自力，副局长蒋永昌（分管广电）、陈佐，纪检组长蔡小芳。

地址：龙湾区行政管理中心六楼
电话：0577-86968330
邮编：325058

瓯海区文化广电新闻出版局

瓯海区文化广电新闻出版局，是主管全区文化、文物、广电、新闻出版工作的政府行政机关。内设办公室、社文科、广电科、产业科、文化市场执法大队。现有工作人员12名（公务员10人，工勤2人）。领导班子成员：党组书记、局长周向勇，副局长胡文生、徐干春（分管广电），党组成员：林步春。

地址：温州市将军桥振瓯路57号三楼
电话：0577-88536343
传真：0577-88533878

乐清市文化广电新闻出版局

乐清市文化广电新闻出版局是乐清市人民政府主管文化、文物、广播电视、新闻出版工作的职能部门。下设4个职能科室，行政编制19名。局领导班子成员：党组书记、局长郑晓峰，党组成员、副局长吴良明，党组成员、副局长南凝平（分管广播电视工作），党组成员、副局长戴成福，党组成员、纪检组长施行银。广播电视管理科是负责全市广播电视管理的职能科室，科长刘剑。

地址：乐清市行政管理中心三楼
电话：0577-61880366
邮编：325600

乐清市广播电视台

乐清市广播电视台为市委、市政府直属正科级事业单位，归口市委宣传部管理。内设办公室、政工科、计财科、技术科、总编室、广播节目中心、电视节目中心和广播电视网络中心，下设21个乡镇广播电视站。在职职工606人，离退休人员193人。专业技术人员193人，其中副高职称5人，中级职称57人，初级职称131人。台领导班子成员：党组书记、台长陈华禄，党组副书记、纪检组组长兼行政监察室主任朱维辉，党组成员、副台长王旭良，党组成员、副台长林午，党组成员、副台长王永道，党组成员、总工程师陈宣程，党组成员、政工科科长包华英。

地址：乐清市乐成镇清远路161号
电话：0577-55771261、55771271
传真：0577-62583081、57126917
邮编：325600

瑞安市文化广电新闻出版局

瑞安市文化广电新闻出版局是主管文化、文物、广播电视、新闻出版工作的市政府工作部门。内设办公室、社会文化科、新闻出版与产业管理科、广播电视管理科、行政审批科。广播电视管理科（科长庄瑞东）。局领导班子成员：党委书记、局长黄友金，党委委员、副局长蔡战林、潘永良（分管广电工作）、孙永义，纪委书记陈建康。

地址：瑞安市安阳大厦13楼
电话：0577-65839281（办公室）
0577-65839263（广电科）
传真：0577-65839280
邮编：325200

瑞安市广播电视台

瑞安市广播电视台是瑞安市委、市政府直属的正科级事业单位，承担新闻宣传和事业建设双重职能，归口市委宣传部管理。由台机关各科室和广播中心、电视中心、有线网络中心、数字电视运营中心及8个乡镇广播电视中心站组成。现有在职在编人员362人。台领导班子成员：党委书记、台长林国华，党委委员、副台长曹仲土、蔡云芳、孟翼丰，党委委员、纪委书记余平，党委委员、副科组织员王芳，总工程师彭希旺。

地址：瑞安市万松东路218号
电话：0577-65832023
传真：0577-65832025
邮编：325200

永嘉县文化广电新闻出版局

永嘉县文化广电新闻出版局是主管文化、文物、广播电视、电影、新闻出版工作的县政府工作部门。内设办公室、社会文化科、广播电视管理科、新闻出版和版权管理科、文化市场与产业管理办公室、文化市场行政执法大队、非物质文化遗产保护中心。广播电视管理科是负责全县广播电视电影管理的职能科室。领导班子成员:党组书记、局长胡佐光,党组成员、副局长潘荣荣(分管广电)、戴华章、程爱兴,党组成员、纪检组长陈文若,党组成员陈雪明、杨春谱。

地址:永嘉县上塘镇县前路 101 号

电话:0577-67237912

传真:0577-67222702

邮编:325100

永嘉县广播电视台

永嘉广播电视台是永嘉县委县政府直属的正科(局)级事业单位。内设办公室、人事纪检科、计财科、总编室、广播节目中心、电视节目中心、网络技术中心、乡镇广播电视管理科、事业发展科共 9 个职能科室。下辖 17 个基层广播电视站。办有永嘉电视台新闻综合频道和永嘉人民广播电台 FM102. 2 兆赫 2 套节目。编制数 293 人,在编人员 248 人,其中机关在编人员 114 人,乡镇站在编人员 134 人。领导班子成员:党委书记、台长汪显华,党委委员、副台长兼总工程师薛澄宇,党委委员、副台长徐胜勇,党委委员、纪委书记徐银良,党委委员、副台长马荣邦。

地址:永嘉县上塘镇环城西路 621 号

电话:0577-67252467

邮编:325100

洞头县文化广电新闻出版(体育)局

洞头县文化广电新闻出版(体育)局,为县政府工作部门,履行全县文化、文物、广播电视、新闻出版、体育等行政职能。内设办公室(审批科)、文艺科(文化市场科)、广播电视管理科(新闻出版管理科)、体育科、审批科 4 个科室,人员编制数 9 人,在编 8 人。下属市民活动中心、文化市场执法大队、少体校、文保所、文化馆、图书馆、影剧院等七个事业单位。领导班子成员:局党组书记、局长甘海选,党组成员、副局长陈爱琴、叶成,党组成员、纪检组长黄途强(分管广播电视、电影工作),党组成员、市民活动中心主任张奇峰。

地址:洞头县北岙镇县前路 1 2 号

电话:0577-63482381

邮编:325700

洞头县广播电视台

洞头县广播电视台是县委、县政府直属正科级事业单位,归口县委宣传部管理。内设办公室、乡镇站管理科、节目中心、技术中心、总编室、经营管理中心 6 个中层机构,下设 5 个乡镇广播电视站。自办广播节目《洞头新闻》、电视节目《洞头新闻》、电视专题节目《蓝色风》、电视对农科教节目《蓝海岸》、广播对农栏目《蓝色港湾》、广播青少类节目《蓝精灵》、广播音乐类节目《浓情百岛》。全台人员编制数 100 人,在编职工 91 人。领导班子成员:党组书记、台长郑铲非,党组成员、副台长童王平,党组成员、纪检组长许小萍,党组成员、总编辑郑巨峰。

地址:洞头县北岙镇中心街 236 号

电话:0577-63487870

邮编:325700

文成县文化广电新闻出版局

文成县文化广电新闻出版局是主管文化艺术、文物、广播电视、新闻出版工作的县政府组成部门,内设办公室、文化艺术科、文化市场管理科、行政审批科等 4 个职能科室,核定机关编制 12 名;县文化市场行政执法大队为县文化广电新闻出版局的直属综合执法机构,行政执法专项编制 10 名。局领导班子成员:党组书记、局长刘军,党组副书记、副局长叶世杰,党组成员、副局长叶仕平、周建旺,党组成员、纪检组长张璐;副局长:陈清清(分管广播电视工作)。

地址:文成县大峃镇建设路 125 号县政府大院内

电话:0577-67861167

传真:0577-67832720

邮编:325300

文成县广播电视台

文成县广播电视台由文成县人民广播电台、文成电视台组成,设有办公室、总编室、广播中心、电视中心、网络中心、播出中心、广告中心等 10 个科室和大峃、珊溪、玉壶等 11 个乡镇广播电视站,自办电视栏目《文成新闻》、《关注》、《农事直通车》、《科技之窗》、《文成警视》、《创建在行动》、广播栏目《新闻

101》、《农民之友》、《交警伴我行》、《环保与健康》、《科普天地》、《成长时空》、《诗情画意》、《邮储之声》等和文成广电网网站 www.wcbtv.com.cn。现有在职人员 217 人，台领导班子成员：党组书记、台长陈岳平，副台长朱友亮、刘优林、赵文忠，台党组成员、纪检组长赵雪微，台党组成员、总工张胜，党组成员、总编辑王国健、党组成员王黎明。

台址：文成县栖云路 14 号（县府后院）
电话：0577-67861700
邮编：325300

平阳县文化广电新闻出版局

平阳县文化广电新闻出版局是主管全县文化、文物、广播电视、电影、新闻出版的县政府工作部门。内设办公室、监察室、文化艺术科、文化市场管理和行政审批科、广电与新闻出版科、创作室 4 个科室，局直属文化单位为县文化市场综合执法大队、县文保所（县博物馆）、县文化馆、县图书馆、县小百花越剧团、县木偶剧团、平阳剧院。领导班子成员：局长、党组副书记吕德金，党组书记王小川、副局长、党组副书记洪玉畅（分管广电工作），副局长、党组成员叶立纲、赵小飞，副局长、党组成员、纪检组长周家修。

地址：平阳县昆阳镇天来巷 8 号（平阳县文化中心）
电话：0577-63721848
传真：0577-63721848
邮编：325400

平阳县广播电视台

平阳县广播电视台是县政府直属正科级全民、全额拨款事业单位。内设办公室、总编室、总工室、财务科、技术科、事业管理科、广播中心、新闻中心、节目中心、工程建设中心、采购中心、广告中心等 12 个科室、中心，派出机构设有昆阳、鳌江、水头、萧江、麻步、腾蛟、山门、南麂 8 个广播电视中心站和水头、南麂 2 个电视转播台，另设有台纪检组、监察室。自办电视频道 1 个、广播频率 1 个。现有正式职工 347 人，其中全额事业编制人员 200 名，自收自支事业编制人员 147 名。领导班子成员：党组书记、台长庄治中，党组成员、副台长翁锡春，党组成员、副台长项显楚，党组成员、副台长陈凤武，党组成员、副台长王挺，党组成员李毅军，总工程师李庆华。

地址：平阳县昆阳镇西坑路 49 号
电话：0577-63724201
传真：0577-63723612
邮编：325400
邮箱：zjpytv@163.com

泰顺县文化广电新闻出版局（泰顺县文物局）

泰顺县文化广电新闻出版局是泰顺县人民政府主管文化、文物、广播影视、新闻出版工作的县政府组成部门。内设办公室、广播影视科（增挂新闻出版科）、文化科（增挂文物科）、行政审批科、局机关行政编制 10 名。局领导班子成员：党组书记、局长雷国金，党组成员、副局长王尤琴（分管广电工作），副局长翁怀勤，副局长吴雅平，党组成员、纪检组长黄达平党组成员吴爱芬。广播影视科科长林金章。

地址：泰顺县罗阳镇洋心街 130 号
电话：0577-67599126
传真：0577-67599994
邮编：325500

泰顺县广播电视台

泰顺县广播电视台为正科级公益性文化事业单位。内设办公室、监察室、计财科、事业科、技术中心、网络中心、总编室、广播节目中心、电视节目中心、广告中心、保卫科共 11 个科室。下设罗阳、司前、筱村、彭溪、泗溪、雅阳、仕阳、三魁 8 个广播电视中心站。事业编制在编在职 220 人，其中机关 104 人，乡镇站 116 人。台领导班子成员：党组书记、台长张建军，党组成员、副台长程志俊，党组成员、副台长陈仲华，党组成员、副台长魏仕萌，党组成员、纪检组长曾云凑，党组成员、总工程师苏志华，党组成员、党支部书记吴雯花，党组成员叶晓东。

地址：泰顺县罗阳镇爱民路 216 号
电话：0577-59299008
传真：0577-67569811、59299011
邮编：325500

苍南县文化广电新闻出版局

苍南县文化广电新闻出版局是主管全县文化、文物、广电、新闻出版工作的政府行政机关。内设办公室、文化艺术科（文物管理科）、文化广电管理科、新闻出版管理科、行政审批科。现有机关编制 16 名（含后勤服务人员编制 2 名），其中局长 1 名、副局长 3 名，中层干部职数 6 名。县文化市场行政执法大队（增挂县文物监察大队）是县文化广电新闻出版局的直属综合执法机构。以县文化广电新闻出版局名义对全县文化市场实施综合执法，人员依照国家公务员制度管理，编制34名，中层干部职数5名。领导班子成员：党组书记、局长李晖华，党组副书记、副局长欧阳昆超，党组成员、副局长吴绍升、华建军、林维斌（分管广电工作），党组成员、纪检组长李道驹，党组成员罗伟科（副科）。

地址：苍南县行政中心

电话：0577-68881922

传真：0577-68881923

邮编：325800

苍南县广播电视台

苍南广播电视台是苍南县委、县政府直属的正科（局）级事业单位，归口县委宣传部管理。内设办公室、政工科、纪检室、机关党委、计财科、总编室、电视中心、广播中心、社教中心、广告中心、技术中心、网络中心、安全保卫科13个职能部门。全台人员编制440名，台本级编制140名，9个乡镇广电站编制300名。台领导班子成员：党委书记、台长白直营，党委副书记高友杰，党委委员、副台长杨作静，党委委员、副台长王文波，党委委员、总工程师叶怀璇。

地址：苍南县灵溪镇公园路50号

电话：0577-59925101、59925106

传真：0577-64706842

邮编：325800

湖州市

湖州市文化广电新闻出版局（文物局）

湖州市文化广电新闻出版局（文物局）是湖州市人民政府主管全市文化、文物、广电、新闻出版的职能部门，属行政机关。局机关行政编制26名，内设办公室、组宣处、文艺处、广电处（文化产业处）、文物处、文化市场处（新闻出版处）六个职能处室。局领导班子成员：党委书记、局长宋捷，党委副书记、纪检组长杨颖，党委委员、副局长董玉梅，党委委员、副局长张国强，党委委员、副局长赵家义，党委委员、副局长俞栋，副局长金顺明。

地址：湖州市行政中心4号楼

电话：0572－2399233（办公室）

0572－2399228（广电处）

邮编：313000

湖州市广播电视台

湖州市广播电视台为市委、市政府直属正县级事业机构，实行党委领导下的台长负责制，归口市委宣传部管理。内设办公室、总编室、广电研发中心、经营管理部、投资管理部、总工程师办公室、科技事业部、组织人事部、计划财务部、纪检监察室、行政事务管理中心等11个机构，下属新闻综合频率、都市文艺频率、交通经济频率、公共信息频率、新闻综合频道、文化娱乐频道、公共民生频道、广播电视报网中心、广播电视广告中心、大型活动部、网络传输中心等11个机构，下辖吴兴广播电视中心、南浔广播电视中心。核定事业编制台本级310名，网络传输中心110名，吴兴广播电视中心25名，南浔广播电视中心27名。台领导班子成员：党委书记、台长吴宝宏，党委副书记、副台长何元庆，党委委员、副台长陈东、沈岸、秦敏、徐小平、朱建彬，党委委员、纪委书记汪东海。

地址：湖州市新华路628号

电话：0572-2066141（传真）

邮编：313000

德清县文化广播电视新闻出版局

德清县文化广播电视新闻出版局是德清县人民政府主管文化、广播电视、新闻出版和文物工作的政府组成部门，内设办公室、文化艺术科、广播电视科、文化产业科、文物科、文化市场管理科、群体科、竞训科8个职能科室。下属文化市场行政执法队、文化馆、图书馆、博物馆、少体校5个事业单位。现有行政编制23人。局领导班子成员：局党委书记冯骑，局长姚明星，党委委员、副局长李茂成、沈春才、费莉萍、杨国新、屈联国，党委委员、纪委书记姚益英。

电话：0572-8063417

传真：0572-8060436

邮编：313200

德清县广播电视台

德清县广播电视台属正科级事业单位，实行“台、网络公司合一”的管理体制。内设办公室、财务部、总编室、总技室、电视新闻综合频道（部）、电视生活娱乐频道（部）、广播频率、网络公司数据业务部、综合管理部、技术工程部、市场部等11个职能科室；

下辖武康站、乾元站、新市站、钟管站、雷甸站、洛舍站、禹越站、新安站、三合站、莫干中心站等10个乡镇广播电视站。在职干部职工245人。台领导班子成员:台党委副书记、台长王永新,台党委书记、副台长邵晓英,党委委员、纪委书记、副台长冯月明,党委委员、副台长任国良。

地址:德清县武康镇中兴南路241号

电话:0572-8065663

传真:0572-8065663

邮编:313200

长兴县文化广电新闻出版局(体育局)

长兴县文化广电新闻出版局(体育局),内设办公室、组宣科、广播电视事业科、文化市场管理科、文化事业科、群众体育科、竞训科、文物科、文化设施管理科、文化(体育)市场行政执法大队、文化产业科和?招商科。?局领导班子成员:局党委书记、局长陈亦祥,党委委员、副局长陈执伟,党委委员、副局长杨明珠,党委委员、副局长姜金泉,党委委员、纪委书记高小青,党委委员、副局长姬金牛、章忠富,党委委员朱煜峰。

地址:长兴县雉城镇县前街319号

电话:0572-6023649(办公室)

0572-6567900(广电科)

邮编:313100

长兴县广播电视台

长兴县广播电视台,内设办公室、纪检监察室、总编室、新闻综合频道、文化生活频道、广播频率、计划财务科、技术科、网络公司和物管中心,全县按行政区域设置16个乡镇广播电视站。全系统从业人员301名。台党委书记、台长许劲峰。

地址:长兴县龙山新区吴越路1号

电话:0572-6031009

邮编:313100

安吉县文化广电新闻出版局

安吉县文化广电新闻出版局,负责全县文化广电新闻出版的管理工作。内设办公室、广播电视科、文艺科、文物科、文化市场科(许可科)、执法大队、产业科、组宣科、文化创意办公室。在编人数35人,其中在编24人,借用工5人,临时工6人。局领导班子成员:党委书记、局长彭忠心,党委副书记、纪委书记童仁斌,党委副书记、副局长黄承文,党委委员、副局长王灵君,党委委员,副局长夏靓。

地址:湖州市安吉县递铺镇祥和路安吉新闻宣传中心6楼。

电话:0572-5223065(传真)

邮编:313300

安吉县广播电视台

安吉县广播电视台属正科级机关事业性单位。内设办公室、计划财务中心、技术物资科、总编室、网络管理科共5个科室,8个乡镇广播电视站。现有干部职工283人,其中台本级在编85人,聘用35人,临时工38人,乡镇站在编49人,聘用14人,临时工62人,离退休人员65人。自办《安广新闻》、《农村新天地》、《与你同行》、《生活加油站》、《岁月留声》等13个广播节目(栏目)和《安吉新闻》、《故事人生》、《生态家园》、《对话星期天》、《山风竹韵》、《竹乡警视》、《笋芽儿》等9个电视节目(栏目)。台领导班子成员:党委书记、台长赵怀君,党委委员、副台长、纪委书记陈和福,党委委员、副台长曹燕明、汪治国,党委委员叶新、施亚军。

地址:安吉县递铺镇胜利西路38号

电话:0572-5027353、5024824

邮编:313300

网址:www.ajbtv.com

嘉兴市

嘉兴市文化广电新闻出版局

嘉兴市文化广电新闻出版局是嘉兴市人民政府主管全市文化、文物、广播电视和新闻出版的正处级工作部门。局机关行政编制27名,其中局长1名,副局长4名,科级领导职数12名。下属嘉兴市文化市场行政执法支队,为依照国家公务员制度管理的科级事业单位;核定人员编制22名,其中科级领导职数3名;另核定岗位合同工编制6名,协助文化市场行政执法工作。内设办公室(党委办公室)、监察室、计划财务产业管理处、文化艺术处、文物管理处、文化市场处、广播电视管理处、新闻出版处。局领导班子成员:党委书记、局长、文联主席王鸣霞(女),党委委员、副局长张颖杰、胡晶(文联副主席)、王登峰、王一伟、张宪义(分管广电工作)、陈云飞,党委委员、纪委书记毛新华，党委委员孙文波，副调研员孙祥玮。

地址：嘉兴市中山东路 922 号

电话：0573-82159755

邮编：314000

嘉兴市广播电视台

嘉兴市广播电视台为市委管理的相似正处级准公益类事业单位，归口市委宣传部管理。内设办公室(党委办公室)、监察室、总编室、总工室、人力资源中心、财务核算中心、乡镇管理中心、技术运维中心、广告经营管理中心、艺术创作中心、新闻综合频率、交通经济频率、城乡生活频率、新闻综合频道、文化影视频道、公共频道、广电传媒经济研究所、广电报社 18 个机构；领导和管理市本级 15 个(镇、街道)广电站。现有职工 916 人，其中在编 325 人，聘用 591 人。台领导班子成员：党委书记、台长张林江，党委副书记、总编辑沈炳忠，党委委员、副台长匡卫东、韩福根，党委委员、纪委书记杨阿敏，党委委员、副总编辑胡伯良。

地址：嘉兴市东升西路 188 号

电话：0573-82217313

传真：0573-82217310

邮编：314001

网址：www.jxrtv.com

嘉善县文化广电新闻出版局(体育局)

嘉善县文化广电新闻出版局(体育局)是嘉善县人民政府主管文化、文物、体育、广播电视事业和新闻出版的正科级工作部门。局机关行政编制 13 名，其中局长 1 名，副局长 3 名。下属文化市场行政执法大队为依照国家公务员法管理的事业单位，核定编制 10 名。内设办公室、监察室、计划财务产业管理科、文化艺术科、广播电视管理科、体育科、新闻出版科、文化市场科 (文物管理办)。领导班子成员：党委书记、局长倪学庆，党委委员、文联主席陆勤方，党委委员、副局长章焱磊，党委委员、副局长徐明高(分管广电工作)，党委委员、副局长、文联副主席谈萍莉，党委委员、文联副主席徐雪娟，党委委员、纪检组长沈锦慧，党委委员姚远，副科级巡视员王金明，副科级巡视员曹琦。

地址：浙江省嘉善县魏塘镇亭桥南路 248 号

电话：0573-84051910(办公室)

0573-84051931(传真)

0573-84051962(广播电视管理科)

邮编：314100

嘉善县广播电视台

嘉善县广播电视台为县委直属正科级准公益类事业单位。内设党政办、总编室、财务科、电视新闻中心、电视节目中心、广播节目中心、大型活动中心、新媒体信息中心、广告管理科、技术中心、用户服务中心、网络建设管理科 12 个部门，下设广联信息网络有限责任公司，下属 9 个镇(街道)广播电视站整合的魏塘、西塘、干窑、大云、姚庄五个广播电视网络中心站。全台事业编制在编人员 140 人，其中台本级编制 94 人，镇(街道)广电站编制 46 人，编外聘用在岗人员 117 人。领导班子成员：台党委书记、台长杨善岗，党委委员、副台长黄志斌，副台长沈宏伟，党委委员、副台长计剑平，党委委员、纪委书记许燕，副科级巡视员金佩玲.党委委员李毓新。

地址：嘉善县罗星街道人民大道 555 号

电话：0573—84211902、84211908

传真：0573—84211909

邮编：314100

平湖市文化广电新闻出版局(体育局)

平湖市文化广电新闻出版局(体育局)是平湖市人民政府主管文化、文物、体育、广播电视事业和新闻出版的正科级工作部门。内设办公室 (党委办公室)、计划财务产业管理科、文化事业科、体育事业科、文化市场管理科、广播电视科(广播电视监测中心)。局机关行政编制 16 名，其中局长 1 名，副局长 3 名。下属文化市场行政执法大队为依照国家公务员法管理的事业单位，核定编制 10 名。领导班子成员：局党委副书记、局长沈力行，党委书记、副局长范补兴，党委委员、副局长张育民，党委副书记江丽华，党委委员、副局长刘靖(分管广电工作)、褚寿明，副局长朱立军，协理员戈仁龙，党委委员马良明。

地址：平湖市当湖街道新华南路 372 号

电话：0573-85562210

传真：0573-85562211

邮编：314200

网址：wtj.pinghu.gov.cn

平湖市广播电视台

平湖市广播电视台是平湖市委管理的相似正科

级准公益类事业单位。内设办公室（镇街道广电总站）、总编室、物业管理科、计划财务科、新闻中心、广播节目中心、电视节目中心、广告经营中心、技术中心、网络市场拓展部、网络建设运维部、网络器材供应部。台对全市9个镇(街道)广电站实行“条块结合、以条为主”的管理模式。现有在编职工149人。其中台本级编制90人,台下属单位编制3人,镇(街道)广电站编制56人。领导班子成员:党组书记、台长计福明,副台长张凯洲,党组成员、副台长周谧,党组成员孙昉。

地址:平湖市东湖新区三港路1号
电话:0573-85108105
邮编:314200
网址:www.phtv.com.cn

海盐县文化广电新闻出版局(县体育局)

海盐县文化广电新闻出版局(县体育局)是主管全县文化、文物、广播电视、新闻出版和体育工作的正科级工作部门。内设办公室(党委办公室)、文化艺术科、体育科、产业管理科(新闻出版科)、文物管理科、广播电视管理科6个职能科室;行政编制13名,工勤人员编制2名,合计15名。其中:局长1名,副局长3名;中层干部7名。下属文化市场行政执法大队,现有编制6名,依照公务员管理。领导班子成员:局长、党委书记王祖利,党委副书记宋乐明,党委副书记、副局长吴利平,副局长顾瑾,副局长汤储良,副局长王少波(分管广电工作),纪委书记王谷斌,副局级巡视员金亚建,副局级巡视员陆福生。

地址:海盐县武原镇新桥南路199号
电话:0573-86035870
邮编:314300

海盐县广播电视台

海盐县广播电视台为海盐县委管理的相似正科级准公益类事业单位。内设办公室、总编室、财务科、采购管理科、新闻中心、新闻综合频道、影视娱乐频道、广播频道、技术中心、网络传输中心共10个职能部门。共办有两套广播电视节目：广播调频FM106兆赫,电视15频道。全台定编105人,现有在编在职人员97人,其中:台长1名、副书记1名、副台长2名。领导班子成员:党组书记、台长董国梁,党组副书记周勤,党组成员、副台长许进虎、郁建平,党组成员、纪检组长姜海飞。

地址:海盐县武原镇枣园西路199号
电话:0573-86112908、86125767
邮编:314300
邮箱:hygdj@haiyan.gov.cn

海宁市文化广电新闻出版局(体育局)

海宁市文化广电新闻出版局(体育局)是主管海宁市文化、文物、体育、广播、电影、电视、新闻出版等事业的市政府行政管理职能部门。内设办公室、组宣人事科、文化业务科、体育业务科、广电新闻出版管理科(市场产业科、法制科)、行政审批科(文物管理科)。局机关人员编制17名(含后勤服务人员1名),其中:局长1名,副局长4名;正科(股)级职数6名。领导班子成员:党委书记、局长虞铭华,党委副书记、纪委书记陈珠良,党委副书记、副局长王珏(女),党委委员副局长杨建忠、朱红刚,副局长谈敬一(分管广电工作)。

地址:海宁市海洲西路226号(市行政中心2号楼3楼)
电话:0573-87288443
传真:0573-87288440
邮编:314400

海宁市广播电视台

海宁市广播电视台为海宁市委管理的相似正科级准公益类事业单位，实行党委领导下的台长负责制。内设办公室(党委办公室)、总编室、财务核算中心、物业管理中心、器材供应中心（安全生产办公室)、广播频率、电视新闻综合频道、技术中心、网络中心,下属11个镇(街道)广播电视站。现有在编职工188人,其中城区97人,乡镇91人。领导班子成员:党委书记、台长朱建荣,党委副书记、纪委书记于国民,党委委员、副台长孔莉,党委委员、副台长许建琴,正局级调研员贾伟林,党委委员兼总编室主任张健琪,台长助理方旭明。

地址:海宁市文苑路282号
电话:0573-87222583
传真:0573-87231194
邮编:314400

桐乡市文化广电新闻出版局

桐乡市文化广电新闻出版局是桐乡市人民政府主管文化、文物、体育,广播电视、新闻出版的正科级工作部门。内设办公室(党委办公室)、人事监察科、产业财务科、文化艺术科、体育科、广电新闻出版科、文化市场管理办公室。局机关编制17名。其中:局长1名,副局长4名。文化市场管理办公室编制8名。领导班子成员:局长、书记杨惠良,副局长、党委副书记、纪检组长钱少华,副局长张琳、全见方(分管广电工作)、沈新方。

地址:桐乡市梧桐街道广福路3号

电话:0573-8103191(局办公室)

0573-8102498(广电新闻出版科)

邮编:314500

桐乡市广播电视台

桐乡市广播电视台是桐乡市委管理的相似正科级准公益类事业单位。内设办公室、总编室、人力资源科、财务核算中心、器材供应站;同时下设广播节目中心、新闻综合频道、文化生活频道、网络中心、技术中心。下辖12个广电站。全台共有在编及编外聘用在岗人员240人,其中镇、街道广播电视站72人。领导班子成员:党委书记、台长赵学祥,党委委员、副台长陆永明,党委委员、纪委书记沈甫明,党委委员、副台长朱越峰,党委委员蒋建铭、徐金坤,调研员沈云海。

地址:桐乡市梧桐镇振兴路东段广电大楼

电话:0573-88021905

传真:0573-89399374

邮编:314500

绍兴市

绍兴市文化广播电视新闻出版局

绍兴市文化广播电视新闻出版局,是主管全市文化、广播电影电视和新闻出版事业的市政府正处级行政职能部门。内设办公室、政治处、艺术处、社会文化处、广电处、新闻出版(版权)处、文市办、产业处、计财处。核定行政编制25名. 局领导班子成员:党委书记、局长李永鑫,纪委书记方丽,副局长金一波、徐之澜(分管广电工作)、陈卫民、胡华钢、龚任。

地址:绍兴市胜利东路113号

电话;0575-85132936

传真:0575-85138005

邮编:312000

绍兴市广播电视台

绍兴市广播电视台是正处级准公益性新闻事业单位。下设9个综合管理部门、8个内容生产部门、3个经营性公司、1个咨询性研究机构等21个部门。拥有三个电视频道,三个广播频率,一张有线电视网络,一张《绍兴广播电视》报和一个商务电视有限公司以及“绍兴广播电视台”、“绍兴有线网”网站,是一家集电视、广播、有线网络、报纸和网站等于一体的多媒体传媒机构。台领导班子成员:党委书记、台长黄松保,党委副书记、总编辑、副台长邓港林,党委副书记、纪委书记陈夏珍,党委委员、副台长陶甚健、王武荣、吴浩军,党委委员张继列。

地址:绍兴市延安东路508号

电话:0575-85250268

传真:0575-88654588

邮编:312000

绍兴县文化广电新闻出版局(体育局)

绍兴县文化广电新闻出版局(体育局)为全县文化、广播电视、新闻出版事业和体育的县政府主管行政部门。局设办公室、人事科、计财科、广播电视科、文化科、体育科和新闻出版科等7个科室。全县有19个镇(街道),设有17个镇(街道)广播电视站,其中柯桥街道和柯岩街道合设一个广播电视站。全局在编干部25人。局党工委书记、局长沈王彪,副局长许志刚、冯健、吴炎标。

地址:柯桥百花路

电话:0575—85272168

传真:0575—84126268

邮编:312030

绍兴县广播电视台

绍兴县广播电视台为正科级事业单位,设办公室、总编室、人力资源部、新闻综合频道、FM106广播频率、技术管理部、大型活动部、广告部、广播电视研究室等10个部室(频道、频率)。代管中广有线信息网络有限公司绍兴县分公司。台本级编制数150人,在编员工112人,其中高级职称4人;中级职称26人。台领导班子成员;党组书记、台长丁兵康,党组成员、副台长洪峰、李文奎、陈伟钢;纪检组长 冯萍。

地址:绍兴县柯桥群贤路981号

电话:0575-85277108、85277102

邮编:312030
网址:WWW.SCBTV.CN

诸暨市文化广电新闻出版局

诸暨市文化广电新闻出版局是主管全市文化、文物、广播电视和新闻出版事业的市政府主管部门。局内设办公室、人事科、社文科、文物科、广电(审批)科。局领导班子成员:局党组书记、局长金海炯,副局长张维明、慎荣余、吴蝶、孟 钧,纪检组长毛桂舟。

地址:诸暨市高湖路 39 号
电话:0575-87239563
传真:0575-87239560
邮编:311800

诸暨市广播电视台

诸暨市广播电视台是市人民政府直属事业单位,为正科级单位。台下设办公室、组织人事(监察)科、计划财务科、镇乡站管理科、公共资源交易分中心、广播节目中心、电视节目中心、网络中心、物业中心、诸暨微波站、广播电视服务公司、27 个镇乡(街道)广播电视站。人员编制数 332 人。台领导班子成员:党委副书记、台长杨雷,党委书记徐林灿,党委委员、副台长斯旭明、陈强、屠国苗。

地址:诸暨市暨阳街道江东路 39 号
电话:0575-87233688
传真:0575-87233905
邮编:311800
Email:guangbdst@126.com

上虞市文化广电新闻出版局

上虞市文化广电新闻出版局是上虞市文化广播电视新闻出版的行政主管部门。内设办公室、广电新闻出版科、文化科。局机关干部 14 人。局领导班子成员:党委书记、局长宣霞金,党委委员、纪委书记宋洪波,党委委员、副局长严美娟、孟苗海。

地址:上虞市青春路 1 号社会发展大厦
电话:0575-82213616
传真:0575-82023282
邮编:312300。

上虞市广播电视台

上虞市广播电视台为上虞市政府直属的相似正科级差额拨款事业单位。内设办公室、总编室、财务部、技术管理部、广告部、广播节目中心、新闻综合频道、经济文化频道、策划制作中心。人员编制 100 人。台下设广播电视网络发展总站(中广有线上虞分公司),人员编制 176 名。台领导班子成员:党委书记、台长闾建森,党委委员、党委副书记陈鑫钊,党委委员、纪委书记、副台长鲁建根,党委委员、副台长单建江,党委委员赵利民,党委委员傅安琪。

地址:上虞市百官街道青春路 1 号广电大厦
电话:0575-82192950
邮编:312300。

嵊州市文化广电新闻出版局

嵊州市文化广电新闻出版局是主管全市文化、广播电视和新闻出版事业的市政府组成部门,依法对全市广播电视事业实施行政管理。内设办公室、文化科、广播电视科、产业科、文化市场管理办公室等职能科室。领导班子成员:党委书记、局长黄皎昀,党委副书记童建军,副局长李茂林,副局长王霞燕。

地址:嵊州市北直街 37 号
电话:0575-83033197
传真:0575-83033197
邮编:312400

嵊州市广播电视台

嵊州市广播电视台为嵊州市委市政府的直属正科(局)级准公益性新闻事业单位,归口嵊州市委宣传部领导。内设 10 个职能部门:办公室、总编室、财务部、人力资源部、广播节目中心、电视节目中心、技术部、物资采购管理部、产业发展部、网络公司,其中网络公司兼管 17 个乡镇广播电视站。目前在编职工 218 人,拥有专业技术职称 170 人,其中高级职称 5 名,中级职称 69 名,具有大专以上学历 166 人。领导班子成员:党委书记、台长周瑛,党委副书记、副台长邢利平,党委委员、副台长张元,党委委员、副台长王力江,党委委员周航。

地址:嵊州市保婴路 30 号
电话:0575-83550290
邮编:312400

新昌县文化广电新闻出版局

新昌县文化广电新闻出版局是县人民政府直属正科级行政单位,主管全县文化文物、广播电影电视、新闻出版和版权事业。局下设 4 个职能科室:办公室、文化科、广电科、新闻出版(版权)科。局直属单位有新昌县文化市场管理办公室(新昌县文化市场行政执法大队,新昌县文物监察大队)、文化馆、文管办(文物馆)、图书馆、调腔剧团、文化中心、电影公司。局机关编制10人。领导班子成员:局党委书记、局长叶钟,局党委委员、副局长刘根权(分管广电),局党委委员、副局长傅槐林。

地址:新昌江滨路280号

电话:0575-86024349

传真:0575-86621600

邮编:312500

新昌县广播电视台

新昌县广播电视台为正局科事业单位。内设办公室、人事监察室、总编室、广播节目中心、电视节目中心、财务科、技术科等7个科室。现有电视节目一套(新闻综合频道),广播节目一套(有线广播调频FM88.4)。现有在编职工260人,其中高级职称3人,中级职称27人。领导班子成员:台党委书记顾坚刚,党委委员、台长葛雯,党委委员、副台长丁爱峰,党委委员、副台长周灿军。

地址:浙江新昌江滨路280号

电话:0575-86621627

邮编:312500

网址:http://www.zjxcw.com/

金华市

金华市文化广电新闻出版局

金华市文化广电新闻出版局是主管全市文化、文物、广电、新闻出版的职能部门,属行政机关。内设办公室、社文处、艺术处、市场处(基建产业处)、广电处、新闻出版处、监察室七个职能处室。下属浙江婺剧团、金华市少儿图书馆(艾青纪念馆)、金华市文化行政综合执法大队、金华市群艺馆、金华剧院、金华市艺研所、青少年影剧院、金华市非物质文化遗产中心、金华市广播电视监测中心。局领导班子成员:局长钟世杰,副局长宋春苗(分管广电工作)、王晓平、朱汪龙、陈子根、徐利华,纪检组长徐向明,党委成员戴智明。

地址:金华市双龙南街801号

电话:0579-82468421

邮编:321017

金华市广播电视台

金华市广播电视台为市委、市政府直属的正县级事业单位,归口市委宣传部管理。内设台办公室、总编办公室、人力资源中心、财务资产核算中心、技术中心、金华人民广播电台、金华电视台、新闻综合频道、经济生活频道、教育科技频道、文艺节目中心、广告中心、网络管理中心(金华华数数字电视公司)、金华广播电视报社、后勤保障服务中心等15个机构。领导班子成员:台党委书记、台长朱连芳,台党委委员、副台长骆利平,台党委委员、纪委书记李顺根,台党委委员、副台长周建华,台党委委员、总工程师赵琦、台长助理王辉球。

地址:金华市人民西路138号

电话:0579-82362200

传真:0579-82362918

邮编:321000

网址:www.36tv.cn

义乌市文化广电新闻出版局

义乌市文化广电新闻出版局是主管文化文物、广播电视、新闻出版等行政管理工作的市政府工作部门。设办公室、文化科、广电新闻出版科、行政审批科4个职能科室。局领导班子成员:党委书记、局长何文飞,党委委员、副局长赵桂兴、楼焕然,党委委员、纪检委书记金文革(分管广电工作)。

地址:义乌市南门街302号

电话:0579-85332238(传真)

邮编:322000

义乌市广播电视台

义乌市广播电视台是义乌市政府直属公益性事业单位。内设综合办公室、总编办公室、事业发展办公室、筹建办、基层管理办公室、社会管理办公室、广播节目中心、电视新闻中心、电视商贸中心、节目技术中心、网络中心、数字发展中心、广告中心等13个机构。下辖佛堂、苏溪、上溪、大陈、义亭、赤岸、稠城、江东、稠江、北苑、后宅、廿三里和城西13个广播电视站。义乌市广播电视台办有FM106.2、有线广播两套节目和新闻综合、电视商贸、两个频道。全台在编人员212人,聘用临时工作人员219人。台领导班子成员:党委书记、台长王培忠,党委委员、副台长方文荣、朱征力、陈文教,党委委员、纪委书记朱尚荣。

地址:义乌市江东中路269号

电话:0579-85383600

传真:0579-85382069

邮编:322000

网址:www.ywgd.com

兰溪市文化广电新闻出版局

兰溪市文化广电新闻出版局是主管文化文物、广播电视、新闻出版等行政管理工作的市政府工作部门。设办公室、社会文化科、文物保护管理科、广电新闻出版管理科、行政审批科、体育管理科6个职能科室。局领导班子成员:党组书记、局长张靓,党组成员、副局长孔晓明、金兴洪,党组成员童成洪(分管广电工作)、陈钟山。

地址:兰溪市李渔路180号

电话:0579-88893611

邮编:321100

兰溪市广播电视台

兰溪市广播电视台是兰溪市委、市政府直属的正科级公益性事业单位,内设宣传、技术、行政管理等9个职能部门和16个镇乡(街道)广播电视站,共有在职职工260余人。台领导班子成员:党委书记、台长张裕林,党委委员、副台长张元松,党委委员、副台长毛宝钺,党委委员、副台长刘松美,高工王德熙。

地址:兰溪市兰荫路88号兰溪广电中心

电话:0579-88905200(传真)

邮编:321100

东阳市文化广电新闻出版局

东阳市文化广电新闻出版局是主管文化文物、广播电视、新闻出版等行政管理工作的市政府工作部门。设办公室、文化科、广电科、市场科4个职能科室。局领导班子成员:局长吴刚,党委书记赵一强,副局长马敏蔚、陆文君、叶钦进(分管广电工作),办公室主任李志民。

地址:东阳市江北行政中心内

电话:0579-86655538

邮编:322100

东阳市广播电视台

东阳市广播电视台是东阳市委、市政府直属的正科级自收自支事业单位。内设办公室、总编室、总技室、镇乡站管理办公室、广播中心、电视中心、网络中心、广告中心8个中心室。下辖18个镇乡(街道)广播电视站,6个分站。事业编制102人,有专业技术人员57人,其中高级职称6人,中级职称26人,初级技术人员25人。台领导班子成员:党委书记、台长斯武民,党委委员、副台长叶跃明,党委委员、副台长张益中,党委委员、副台长施俊辉,党委委员、纪委书记、副台长马红斌,党委委员、电视中心主任李北阳。

地址:东阳市西街70号广播电视大楼

电话:0579-86623835(传真)

邮编:322100

网址:www.dybtv.com

永康市文化新闻出版局

永康市文化新闻出版局是主管文化、文物、新闻出版等行政管理工作的市政府工作部门。设办公室、文化艺术科、行政审批科3个职能科室。局领导班子成员:局长翁卫航,党组成员、副局长施瑞芳,副局长陈美红,党组成员、纪检组长胡昆,党组成员郑杰仁、陈景。

地址:永康市金城路25号行政中心1号楼9楼

邮编:321300

永康市广播电视局(台)

永康市广播电视是局台合一、自收自支的事业单位。下设综合办公室、总编室、网络中心、电视新闻综合频道、电视华溪频道、电台新闻综合频率,下辖16个镇(街、区)广电站。在编69人,现有在职人员150人。领导班子成员:台党组书记、台长吴华潭,台党组成员陈小萍,副台长、纪检组长杜培青,副台长胡祖军、潘勇智。

地址:永康市场广电路168号

电话:0579-87332178

传真:0579-87112312

邮编:321300

浦江县文化广电新闻出版局

浦江县文化广电新闻出版局是主管文化文物、广播电视、新闻出版等行政管理工作的市政府工作部门。设办公室、社会文化科、行政审批科、法规科4个职能科室。局领导班子成员:党组书记、局长陈京浦,党组副书记郑兴江,党组成员、副局长许元仙,党组成员、副局长盛丹平,党组成员、副局长洪炜,党组成员、纪检组长王胜利,党组成员黄银火。

地址:浦江县环城东路 61 号

电话:0579-84112234

邮编:322200

浦江县广播电视台

浦江县广播电视台是浦江县委、县政府直属的正科级公益性事业单位,内设办公室、总编室、新闻中心、社教中心、广播节目中心、广告文艺中心、技术中心、总工室、网络中心、乡镇(街道)广播电视管理中心 10 个部门。下设 13 个乡镇、街道广播电视站。在编 99 人,其中副高职称 5 人,中级职称 35 人,初级职称 62 人。领导班子成员:党委书记、台长陈璠,党委副书记、副台长张放红,党委委员、副台长朱平,党委委员、副台长潘时础,党委委员、纪委书记黄良钢,党委委员朱受长,党委委员潘文明。

地址:浦江县城东山路 2 号

电话:0579-84108213

传真:0579-84104816

邮编:322200

武义县文化广电新闻出版局

武义县文化广电新闻出版局是主管文化文物、广播电视、新闻出版等行政管理工作的市政府工作部门。设办公室、文化科、广电科、行政审批科 4 个职能科室。局领导班子成员:党组书记、局长刘斌靖,局党组成员、副局长李笑燕,局党组成员、副局长胡文,纪检组长潘斌(分管广电工作)。

地址:武义县城解放北街 12 号

电话:0579-87622007(传真)

邮编:321200

武义县广播电视台

武义县广播电视台对内设办公室、财务室、总编室、总工室、节目中心、技术中心、人力资源中心、营销中心 8 个职能科室和乡镇广电总站、武义县广通网络工程有限公司、武义网视 3 个下属单位。在职 230 人,台本级职工 160 人。领导班子成员:县委宣传部副部长、台党组书记、台长王得伟,台党组成员、副台长祝德槐,台党组成员、纪检组长朱文灏,台党组成员、副台长章军,台党组成员袁剡武。

地址:武义县城北岭四路 38 号

电话:0579-87663854

邮编:321200

磐安县文化广电新闻出版局

磐安县文化广电新闻出版局是主管文化文物、广播电视、新闻出版等行政管理工作的市政府工作部门。设办公室(法制科)、广电科、市场科、文化科 4 个职能科室。局领导班子成员:党组书记、局长潘玲玲,党组成员、副局长卢卫民、卢华华,党组成员、纪检组长陈金生(分管广电工作),党组成员、文物办主任厉仲云,党组成员李昔为、周东升。

地址:磐安县安文镇海螺街 1 号

电话:0579-84661826(传真)

邮编:322300

磐安县广播电视台

磐安县广播电视台为县委县政府直属的正科级公益性事业单位。内设办公室、总编室、新闻采访中心、节目制作中心、技术维护中心、网络传输中心、乡镇站管理办公室、广告(文艺)中心 8 个职能科室,辖 19 个乡镇广播电视站,现有干部职工 144 人。台领导班子成员:、党组书记、台长陈益青,党组成员、副台长韦晓良、李一平,党组成员、纪检组长、监察室主任马胜大,党组成员、新闻采访中心主任陈滨潮,台长助理、网络传输中心主任陈六龙。

地址:磐安县安文镇海螺街 1 号

电话:0579-84662749

传真:0579-84662749

邮编:322300

衢州市

衢州市文化广电新闻出版局(文物局)

衢州市文化广电新闻出版局(文物局)为衢州市主管文化文物、广播电视、新闻出版等行政管理工作的政府机关部门。内设办公室(法规处)、文化艺术处、文物处、行政审批服务处(文化市场处)、广电管理处和新闻出版处 6 个职能处室,下辖文化市场行政执法支队、文化投资发展有限公司、群艺馆、图书馆、博物馆、婺剧团 6 个直属事业单位。

地址:衢州市区新桥街开明坊 9 号

电话:0570-8586911
邮编:324000

衢州市广播电视台

衢州市广播电视台为市政府直属的正县级事业单位，有内设机构19个，下属乡镇广播电视站13个。现有新闻综合频率和交通音乐频率两套广播节目;新闻综合频道、生活娱乐频道、经济信息频道三套电视节目;广播电视报出刊24版,年发行量5万份;《衢州信息港》网站日点击率4万人次,是衢州市门户网站。核定编制278名,现有正式事业编制职工254人,聘用临时工作人员近200人。台领导班子成员:党委书记、台长章建平,党委委员、副台长黄唐双、邹华新、陆良贤(总工程师)、郭少军,党委委员、纪委书记姜丽华,副调研员林金生、吴建华。

地址:浙江省衢州市西区九龙南路28号
电话:0570-3026067
邮编:324000
网址:qzrt.qz123.com

衢江区文化广电新闻出版局

衢江区文化广电新闻出版局为主管文化文物、广播电视、新闻出版等行政管理工作的区政府工作部门。设办公室、文化管理科、新闻出版科(广电管理科)3个职能科室。机关编制6名(含后勤服务人员编制1名)。领导职数3名,其中局长1名,副局长2名。

地址:衢州市衢江区府前路6号
电话:0570-3838970
邮编:324022

衢江区广播电视台

衢江区广播电视台内设办公室、总编室、新闻中心、对外宣传科、网络传输中心、广告一部、广告二部、筹建办等8个科室。下辖7个乡镇广播电视中心站,为独立法人单位。人员编制为115人,其中台机关编制55人,乡镇广播电视站60人。

地址:衢州市衢江区沈家仙岩路10号
电话:0570-2324789
传真:0570-2324849
邮编:324022
因特网址:www.qjrt.com

龙游县文化广电新闻出版局

龙游县文化广电新闻出版局是主管全县文化、文物、广播电视、新闻出版等行政管理工作的县政府工作部门。内设办公室、文化艺术科、文化市场管理科(文物管理科)、广电管理科(新闻出版管理科)4个职能处室。机关编制8名(含后勤服务人员1名)。其中:局长1名,副局长2名;科(股)级职数4名。下属文化行政执法大队(文物监察大队),核定事业编制8名,依照公务员制度管理。

地址:龙游县文化东路62号
电话:0570-7018086
邮编:324400

龙游县广播电视台

龙游县广播电视台为县政府直属事业单位,内设办公室、技术科、基层管理科、总编室(播出中心)、新闻中心、网络中心、广告中心、网络发展部等8个机构。同时下设东华、溪口、湖镇、塔石、横山5个乡镇广电服务中心、15个乡镇广电服务站。现有在职员工186人,其中台本级135人,乡镇广电站工作人员51人。

地址:龙游县文化东路54号
电话:0570-7368243
邮编:324400

江山市文化广电新闻出版局

江山市文化广电新闻出版局是主管全县文化、文物、广播电视、新闻出版等行政管理工作的县政府工作部门。

地址:江山市中山路30号
电话:0570-4032721
邮编:324100

江山市广播电视台

江山市广播电视台为市政府直属事业单位。下设办公室、总编室、财务科、技术科、广播节目中心、电视节目中心、广播电视传输网络中心、社会管理科、保卫科、稽查大队10个职能部门。下辖21个乡镇(街道)广播电视站。核定事业编制200名,现有职工176人。台领导班子成员:党委书记、台长余力、周治光、徐彬,纪委书记朱君健。

地址:江山市江滨北路288号
电话:0570-4985187(传真)

邮编:324100

常山县文化广电新闻出版局

常山县文化广电新闻出版局是主管全县文化、文物、广播电视、新闻出版等行政管理工作的县政府工作部门。内设广电管理科,履行区域内广电行政管理职能。领导班子成员：局长毕建国，副局长姚志刚。

地址:常山县定阳北路 18 号

电话:0570-5013549

邮编:324200

常山县广播电视台

常山县广播电视台为县委、县政府直属的正科级事业单位,由中共常山县委宣传部归口领导,接受常山县文化广电新闻出版局的行业管理。内设办公室、总编室、事业科、财务科、新闻中心、网络中心、广告中心 7 个职能科室。

地址:常山县文峰东路 1 号

电话:0570-5021096(传真)

邮编:324200

开化县文化广电新闻出版局

开化县文化广电新闻出版局是主管全县文化、文物、广播电视、新闻出版等行政管理工作的县政府工作部门。内设办公室、社会文化艺术科、行政审批服务科、广电新闻出版管理科 4 个职能科室和文化市场管理工作领导小组办公室、文化市场行政执法大队、非遗保护中心 3 个机构;下属县文化馆、县图书馆、县电影发行放映公司、县文物管理所。领导班子成员:党组书记、局长方金全,党组成员、副局长詹永坤、丁一民(分管广电工作)、胡卫星。

地址:开化县城关镇江滨路

电话:0570-6014785

邮编:324300

开化县广播电视台

开化县广播电视台为县委县政府直属正科级单位,由开化县委宣传部归口领导,接受开化县文化广电新闻出版局的行业管理。内设办公室、财务科、总编室、纪检监察稽查室、广播节目中心、电视节目中心、技术部、乡镇站管理科、市场部、广告中心等 10 个职能科室和开化安泰广播电视安装工程有限公司。现有职工 152 名。台领导班子成员:台长齐忠伟,副台长吴群、徐良怀、范华,纪检组长朱久才。

地址:开化县城关镇江滨路

电话:0570-6014785(传真)

邮编:324300

舟山市

舟山市文化广电新闻出版局

舟山市文化广电新闻出版局，机构性质属行政机关。负责研究制定全市广播电视事业的总体发展规划和政策;负责全市广播电视台(站)的审核、报批和年检工作;负责广播电视卫星地面接收设施、视频点播、闭路电视系统、广播电视节目制作等经营机构的审核、审批以及相关行政管理工作;管理全市广播电视频率、频道;负责广播电视的日常宣传监管和违纪违规行为的查处。内设广播影视处。局领导班子成员:党组书记、局长邱平海,党组成员、副局长金涛(分管广电工作),党组成员、副局长戎平娟,党组成员、副局长丁宏斌,党组成员、纪检组长郭建民,助理调研员张永祥。

地址：舟山市新城海天大道 681 号行政中心东 2 号楼

电话:0580-2285559

邮编:316021

舟山市广播电视台

舟山市广播电视台为市委、市政府直属正县处级事业单位,行业归口市文化广播新闻出版局,新闻宣传归口市委宣传部。内设办公室、总编室、总工室、人力资源管理中心、财务管理中心、广告监管中心、广播新闻综合频率、广播交通经济频率、广播文艺教育频率、电视新闻综合频道、电视经济生活频道、电视影视娱乐频道、电视社教中心(外宣中心、远程教育中心)、广播技术中心、电视技术中心、项目策划中心 16 个(正科级)部门。下属舟山广播电视网络传输中心(中广有线舟山分公司)、定海乡镇广播电视总站、舟山广播电视报社。现有岗位职数 341 个,其中科级管理岗位 49 个,中层正职 18 人,中层副职 26 人,基层党支部专职书记 5 人。台领导班子成员:党委书记、台长、总编辑王辉,党委委员、副台长、副总编辑林海峰,党委委员、副台长、副总编辑史军,党委委员、纪委书记营长坤,总工程师李善农,党委委员、工会主席李毓。

地址:舟山市定海区昌国路135号

电话:0580-2023593

传真:0580-2028145

邮编:316000

网址:hppt//www.zsgd.com

普陀区文化广电新闻出版局(体育局)

普陀区文化广播电视新闻出版局(体育局),机构性质为行政机关。内设办公室、文化科、广播电视管理科、体育科、文化市场管理科、文化产业科。局领导班子成员:党组书记、局长张剑飞,副局长吴萍儿,党组成员、副局长潘洵(分管广电工作),党组成员、副局长戴明益,党组成员、副局长方斌。

地址:舟山市普陀区东港海印路426号

电话:0580-3805513

邮编:316100。

普陀区广播电视台

普陀区广播电视台,机构性质为副科级全民事业单位,内设办公室、总编室、新闻中心、社教中心、技术中心、网络中心、广告部。台有线电视网络共传输电视节目43套,广播节目5套,自办广播和电视节目各一套。现有干部职工142人,其中新闻从业人员53人,工程技术人员61人,行政及后勤服务人员28名。台领导班子成员:台长由局长张剑飞兼任,常务副台长陆仕仙,副台长虞争海、邱勇。

地址:舟山市普陀区东港海印路426号

电话:0580-3805575

邮编:316100

台网址:www.ptbctv.com。

岱山县文化广电新闻出版局(体育局)

岱山县文化广电新闻出版局(体育局),机构性质为行政机关,内设办公室(法制科)、文化科、体育科、广播电视科、文化体育市场管理科(新闻出版科)、博物馆管理科(文物科)6个职能科室。局领导班子成员:党组书记、局长孔德科,党组副书记何仁岳,党组成员、副局长孔宏波、徐武尧(分管广电)、王勇。

地址:岱山县高亭镇人民路97号

电话:0580-4472972

邮编:316200。

岱山县广播电视台

岱山县广播电视台为全民事业单位,内设办公室、总编室、新闻节目中心、技术中心、网络工程中心、广告中心。办有岱山县人民广播电台及岱山县电视台共两套节目。有线网络传输电视节目32套,调频广播节目4套。全台现有干部职工77人,其中高级职称1人,中级职称12人,具有大专以上学历53人。领导班子成员:台长由局长孔德科兼任,总编徐武尧,副台长周建丰、张世忠、夏伟君。

地址:岱山县高亭镇人民路97号

电话:0580-4472963

邮编:316200

网址:http://www.dswg.com.cn。

嵊泗县文化广电新闻出版局(体育局)

嵊泗文化广电新闻出版局(体育局),机构性质为行政机关。内设办公室(人事科)、文化艺术科、广播电视科、体育科、文化市场(新闻出版)管理工作科5个职能科室。局机关编制10名,其中领导职数:局长1名,副局长3名,科职(股级)干部5名。局领导班子成员:党委书记、局长林明忠,党组副书记杨明,党组成员、副局长汪亚伟、王涌(分管广电工作)、金瑛,党组成员、纪委书记屈国栋。

地址:嵊泗县菜园镇菜圃路88号

电话:0580-5081517

邮编:202450。

嵊泗县广播电视台

嵊泗县广播电视台为副科级全民事业单位。内设办公室、新闻中心、技术播出部、网络服务中心、广告部。自办一套广播节目和一套电视节目。现有干部职工79人,其中正式编制66人,台招聘工、临时工12人,外借人员1名。台领导班子成员:台长由局长林明忠兼任,副台长王培、闻湖平。

地址:舟山市嵊泗县菜园镇菜圃路88号

电话:0580-5082435(传真)

邮编:202450。

台州市

台州市文化广电新闻出版局

台州市文化广电新闻出版局，机构性质属行政机关。内设办公室、文化艺术处、文化市场和产业处、广播电视新闻出版处、审批处。下属台州市文化市场行政执法支队、台州市群众艺术馆、台州市图书馆、台州市文物管理委员会办公室（市文物管理处）、台州市人民影剧院、台州市艺术创作研究室、台州市演出管理站、台州市歌舞团(星星艺术团)、台州市电影发行放映公司。领导班子成员:局长戴康年,副局长徐景宝,副局长曾岩(分管广电),副局长李玲玲,纪检组长许良云。

局长郑楚森 副局长徐景宝 副局长曾岩(分管广电)副局长李玲玲 纪检组长许良云

地址:台州市政府行政中心 2 号楼 6 楼

电话:0576-88698268

邮编:318000

台州市广播电视台

台州市广播电视台为市委、市政府直属相当于正处级事业单位。内设办公室、总编室、监察室、人力资源中心、科技事业中心、财务核算中心、经营管理中心、策划研发中心、台州广电网、中国网络音乐节办公室等 10 个部门和电视新闻综合频道、影视文化频道、电视公共频道和广播新闻综合频道、交通广播频道、音乐广播频道等 6 个广播电视频道,下属椒江广播电视中心、路桥广播电视中心、台州市广播电视网络传输中心和台州市广播电视报社。核定差额拨款事业编制 l83 名;领导职数 5 名:台长 1 名,副台长 3 名,纪委书记1名;科级职数 30 名。领导班子成员:党委书记、台长吕新景,党委副书记、副台长林慧尧,副台长林清波、江琴宁、陈雄,党委委员褚定棉,纪委书记章永春,台长助理张青松。

地址:台州市中心大道 315 号

电话:0576-88315701

邮编:318000

椒江区文化广电新闻出版局

台州市椒江区文化广电新闻出版局是主管全区文化、文物、广播电视、新闻出版事业的正科级政府行政部门。内设监管科与行政审批科,监管科负责全区广电等方面的行政监管；审批科负责全区广电等方面的审批审核；文化市场行政执法大队负责全区广电等方面的执法。局机关编制 13 人,现有 13 人。局领导班子成员:党组书记、局长何昌廉,党组成员、副局长张文云、周晴(分管广电)、徐正友,党组成员、纪检组长俞锡荣。

地址:台州市椒江区建设路 16 号

电话:0576-88830182

邮编:318000

黄岩区文化广电新闻出版局

黄岩区文化广电新闻出版局,内设办公室、文化艺术科、文化产业管理科、行政审批科 4 个科室。局领导班子成员:党委书记、局长邱天华,副书记、副局长黄瑞英(分管广电工作),纪检书记、副局长黄孝武,副局长应智广,副局长符艺楠。

地址:黄岩区政府大楼 15 楼

电话:0576-4120781

邮编:318020

黄岩区广播电视台

黄岩区广播电视台为黄岩区人民政府直属的正科级全民事业单位。内设“三室七中心”10 个机构,下辖 19 个乡镇街道广播电视站,编制 187 人,现有干部职工 171 人(其中乡镇站 55 人),招聘人员 99 人,离退休人员 72 人(其中乡镇站 34 人)。台领导班子成员:党委书记、台长任民安,党委委员、副台长罗升、王新辉,党委委员、纪委书记黄革军。

地址:黄岩城关环城北路 1 号

电话:0576-4722003

邮编:318020

路桥区文化广电新闻出版局(体育局)

路桥区文化广电新闻出版局(体育局)是主管全区文化、文物、广播电视、新闻出版、体育工作的正科级行政单位。下设办公室、文化科、体育科、文化市场广电新闻出版科(法制科)、行政许可科。下辖路桥区文化市场行政执法大队、体育训练中心(挂路桥区文体中心牌子)、文化馆、图书馆、博物馆、世纪广场管理处、路桥影剧院。局领导班子成员:局长罗河笙,副局长黄仙利(分管广电),副局长尚冬生,副局长梁小平,副局长王剑波。

地址:路桥区行政大楼二楼 210 室

电话:0576-82462469

邮编:318050

网址:http://gov.luqiao.gov.cn/moban.asp?

id=whzx_01

临海市文化广电新闻出版局

临海市文化广电新闻出版局是主管临海市文化、文物、广播电视、新闻出版行政管理工作的市政府行政部门,属正科级单位。内设办公室、文化(文物)科、文化市场和产业科、广播电视科(新闻出版)、行政审批科5个职能科室。下属临海市文化市场行政执法大队、临海市文化馆(编制20名)、临海市图书馆(编制22名)、临海市博物馆(编制9名)、非物质文化遗产保护中心(编制2名)5个全额拨款事业单位和临海市郑广文纪念馆1个差额拨款事业单位(编制1名);台州影剧院(编制15名)、临海市文化市场稽查队(编制8名)2个自收自支事业单位和临海市电影公司1个企业化管理事业单位。局机关行政编制14名,后勤服务人员编制2名。局机关现有在职人员27人。局领导班子成员:局党组书记、局长苏小锐,副局长何才多、牟喧荣、黄寅(分管广播电视工作),党组成员、纪检组长张驰。

地址: 临海市古城街道崇和路299号国土大厦七楼

电话:0576-85111377

传真:0576-85111322

邮编:317000

临海市广播电视台

临海市广播电视台为临海市委、市政府直属全额拨款事业单位,机构规格相当于正科级。内设办公室、财务科、总编室、广播中心、电视中心、技术网络中心和信息技术中心等7个部门。下辖临海市广播电视服务公司和17个镇、街道办事处广播电视站。办有临海人民广播电台89.8兆赫调频广播、临海电视台两套节目。现有正式职工216人,其中本科学历53人,专科学历80人,中专学历4人;专业技术人员81人,高级职称5人,中级职称23人,初级职称42人,员级职称11人。台领导班子成员:市委宣传部副部长、党组书记、台长丁畅宝,党组成员、副台长赵学军、胡一民(女),党组成员、纪检组长沈启峰。

地址:浙江省临海市东方大道东升大厦十五楼

电话:0576-85400490

传真:0576-85400801

邮编:317000

温岭市文化广电新闻出版局

温岭市文化广电新闻出版局是主管本辖区文化、文物、广播电视、新闻出版(版权)工作的市政府组成部门。正科级行政单位。内设办公室(法制科)、文化艺术科、文市广新科、行政审批科。下属温岭市文化市场行政执法大队、温岭市文化馆、温岭市图书馆、温岭市文物管理委员会办公室、温岭市电影公司。局领导班子成员:局长王海荣,副局长朱学平,副局长叶军燕,副局长叶军华,副局长陈灵永,纪检组长冯海萍。

地址:温岭市太平街道星光路28号

电话:0576-86108511

邮编:317500

温岭市广播电视台

温岭市广播电视台是市委、市政府直属正科级事业单位。内设办公室、总编室、人事监察室、财务中心、技术网络中心电视节目中心、广播节目中心;下辖16个镇(街道)广播电视站。台领导班子成员:台长黄准,副台长林应勇,副台长莫文广,副台长吕兰平。

地址:温岭市万寿路66号

电话:0576-86223619

邮编:317500

玉环县文化广电新闻出版局

玉环县文化广电新闻出版局,内设办公室、文艺科、文化市场管理与产业科(文物科)、广播电视管理科、新闻出版管理科、全程办事代理室共6个职能科室,下有玉环县文化市场行政执法大队、文化馆、图书馆、电影发行放映公司、越剧团、文化发展投资有限公司、人民剧院、艺术创作研究室、广电监测中心9个直属单位。局领导班子成员:局??长翁长锋,副局长王美青,副局长李枝霞,纪检组长林如泰。

地址:玉环县珠港镇三合潭路(科技文化艺术中心)

电话:0576-87259010

邮编:317600

玉环县广播电视台

玉环县广播电视台为玉环县委县政府直属正科级事业单位。内设办公室(总编室)、计划财务办公室、乡镇站管理办公室、广播中心、电视中心、传输中心、广告中心等7个机构，下属城关有线广播电视管理站、楚门有线广播电视管理站、坎门有线广播电视管理站、陈屿有线广播电视管理站、清港有线广播电视管理站等5个机构。办有广播、电视节目各1套。台编制数113人，实际在编人员136人，招聘临时人员114人；本科学历65人，大专学历90人；有副高职称7人，中级职称33人，初级职称63人。台领导班子成员：党委书记、台长陈文娟，党委委员、副台长陈晓红，党委委员、副台长金家平，党委委员、副台长刘必荣，纪委书记阙海江。

地址：玉环县珠港镇城关广陵路42号

电话：0576-87208898、87208800

传真：0576-87208801

邮编：317600

网址：www.yuhuangd.com

天台县文化广电新闻出版局

天台县文化广电新闻出版局是主管全县文化、文物、广播电视、新闻出版工作的县政府组成部门。内设办公室、广电新闻出版科、文化艺术科、文化市场和产业科等4个职能科室。广电新闻出版科负责人陈达表，工作人员2名。局领导班子成员：党组书记、局长王太龙，副局长谢宗武（分管广电工作），副局长戴军斌，副局长杨惠芬。

地址：天台县行政中心19层西侧

电话：0576-83930880

邮编：317200。

天台县广播电视台

天台县广播电视台为县政府直属的正科级事业单位，实行“以条为主、条块结合”的管理体制，内设办公室、总编室、广播中心、电视中心、网络中心；下辖10个乡镇广播电视站。全台在编干部职工252名，退休人员45名。台领导班子成员：党委书记、台长林国干，党委委员、副台长许晓平，党委委员、副台长陈邦军，副台长许飞虎。

地址：天台县环城东路41号

电话：0576-83882054

传真：0576-83899290

邮编：317200

网址：www.tgzx.net

仙居县文化广电新闻出版局

仙居县文化广电新闻出版局主管全县文化、文物、广播电视、新闻出版事业的正科级政府行政部门。内设办公室、文艺科、文化市场管理与产业科（文物科）、广播电视管理科、新闻出版管理科、全程办事代理室共6个职能科室，下有仙居县文化市场行政执法大队、文化馆、图书馆、电影发行放映公司、越剧团、文化发展投资有限公司、人民剧院、博物馆。局领导班子成员：局长朱普，副局长张洪跃，副局长吴学平（分管广电），副局长王牡丹，纪检组长胡松卫

地址：仙居县解放街2号

电话：0576-87773782

邮编：317300

仙居县广播电视台

仙居县广播电视台为仙居县委、县政府直属正科级事业单位。内设办公室、总编室、政研室、广播节目中心、电视节目中心、信息网络中心、保卫科7个职能科室，下属4个广播电视中心站和4个乡镇广播电视直属站。核定编制173人，现有在编职工160人，临时工51人。台领导班子成员：党委书记、台长张海耀，党委委员、副台长朱伟，党委委员、纪委书记杨旭明。

地址：仙居县城关穿城中路252号

电话：0576-87773785

传真：0576-87792765

邮编：317300

三门县文化广电新闻出版局

三门县文化广电新闻出版局是主管全县文化、文物、广播电视、新闻出版工作的县政府工作部门。内设机构中，设立的广播电视管理科负责协调同三门县广播电视台工作业务关系。局领导班子成员：局长郭萍，副局长李丽君、梅章榜（分管广电）、吴卫东，纪检组长祁新。

地址：三门县城关上洋路261号

电话：0576-83379360

传真：0576-83379353

邮编：317100。

三门县广播电视台

三门县广播电视台为县委、县政府直属差额拨款事业单位，机构规格为正科级，新闻宣传工作归口县委宣传部，接受县文化广电新闻出版局行政管理。

对外保留“三门人民广播电台”和“三门电视台”的呼号，自办有广播、电视两套节目。下设办公室、编播中心、电视中心、广播中心、技术中心、网络中心、基层服务中心、广告中心和14个乡镇广播电视站。事业编制144人，临时编制31人，现在岗人员165人，其中本科以上学历51人，专科学历58人；中级职称人员21人，初级职称人员26人。台领导班子成员：党组书记、台长林毅，党组成员、副台长朱敏、方从飞。

地址：三门县城关健康路135-147号
电话：0576-83519988
传真：0576-83519955
邮编：317100

丽水市

丽水市文化广电新闻出版局

丽水市文化广电新闻出版局为市政府工作部门，履行全市文化、广播电视、新闻出版等行政管理职能。内设办公室、广电处、机关党委、人教处、社会文化处、新闻出版处、文物处、文化市场管理处8个职能股室，下属广播电视监测中心、电影公司、图书馆、群艺馆、博物馆、大剧院6个事业单位。机关行政编制23名。局领导班子成员：党组书记、局长赵碧华，党组成员、副局长陈建光(分管广播电视工作)，党组成员、纪检书记陈建敏，副局长李志伟，党组成员、副局长吴利明(分管广播电视执法工作)。

地址：丽水市花园路1号，
电话：0578-2091370
传真：0578-2091360
邮编 323000

丽水市广播电视台

丽水市广播电视台为丽水市委、市政府直属的相当于正县处级准公益性事业单位。内设办公室、总编室、纪检监察室、财务核算部、人力资源部、经营管理部、技术发展部、电视新闻综合频道、电视经济生活频道、电视文化休闲频道、广播新闻综合频率、广播交通音乐频率、广播电视报社、丽水在线网站等14个机构，下属丽水广播电视发展公司和丽水华数数字电视股份公司。全台在职500人，其中高级职称31人，中级职称111人，初级职称82人。台领导班子成员：党委书记、台长赵正发，党委副书记、纪委书记李根林，党委委员、副台长蒋一江，总工程师陈水生，党委委员、副台长徐国跃，工会主席袁斐怡，党委委员、总编室主任应为众，党委委员、人力资源部主任郭曙光，党委委员、经营管理部主任吴伟兰。

地址：丽水市花园路2号
电话：0578-2667021
传真：0578-2667000
邮编：323000
网址：www.lsol.com.cn

莲都区文化广电新闻出版局(体育局)

莲都区文化广电新闻出版局(体育局)为主管全区文化、广播电视、新闻出版、社区和农村的群众体育工作的区政府组成部门。内设办公室、广电产业科、文化艺术科、新闻出版科、群众体育科5个职能股室，下属广电网络中心、广电新闻中心、文化馆、电影公司、丽水剧院、文物保护管理所、非物质文化遗产保护中心7个事业单位。局领导班子成员：党组书记、局长杨美仙，主持全面工作；纪检书记汤惠芝，分管广播电视技术；副局长留红伟，分管广播电影电视工作；副局长江建东、王荷。

地址：丽水市解放街288号
电话：0578-2138063
传真：0578-2132920
邮编：323000

龙泉市文化广电新闻出版局(体育局)

龙泉市文化广电新闻出版局(体育局)为市政府直属行政单位。内设办公室、广电产业科、文化管理科、行政许可科、群众体育科5个职能股室，下属电影公司、文化馆、博物馆、剧院、图书馆、文化市场执法支队6个事业单位。局领导班子成员：党组书记、局长黄国勇，副书记俞显根，副局长季海金(分管广播电视工作)，副局长谢建羽，副局长周晓锋，纪检书记张亦梅。

地址：龙泉市中山东路99号
电话：0578-7260229
传真：0578-7260219
邮编：323700

龙泉市广播电视台

龙泉市广播电视台为龙泉市委、市政府直属相当于正科级事业单位。内设办公室、总编室、新闻部、技术部、农村网络部和广告部六个部室。办有龙泉市广播电视台新闻综合频道。核定财政全额事业编制53名,自收自支事业编制20名。领导职数:台长1名,副台长3名(含总工程师1名)。领导班子成员:台总支书记、台长洪一浩,台总支副书记、副台长周玛瑾,台总支成员、副台长赵玲俐,台总支成员、总工程师王芳敏,台总支成员姚逸群。

地址:龙泉市中山东路99号
电话:0578-7260138
邮编:323700

青田县文化广电新闻出版局(体育局)

青田县文化广电新闻出版局(体育局)为县政府工作部门,履行全县文化、广播电视、新闻出版、体育等行政管理职能。内设办公室、非遗保护中心、社会文化科、文化市场管理科(广电新闻出版科)、体育科5个职能股室,下属电影公司、文化馆、文物办、图书馆、文化市场执法支队5个事业单位。局领导班子成员:党组书记、局长陈炳云,党组副书记、副局长金荣平,党组成员、副局长朱群爱,党组成员、纪检组长金晓萍(分管广电工作),党组成员、副局长刘海澄,党组成员、副局长滕大蓬(分管电影工作)。

地址:青田县鹤城镇新大街58号
电话:0578-6033139
传真:0578-6821404
邮编:323900

青田县广播电视台

青田县广播电视台为青田县委、县府的直属正科级事业单位。内设办公室、总编室、网络技术部等14个股室,下辖11个广播电视管理站和32个广播电视站。全台在职干部职工230人,其中本科学历80人,大专学历69人;专业技术人员111人,其中副高职称2人,中级职称47人。领导班子成员:党委书记、台长蒋庆生,纪委书记项伍军,副台长陈洪武、夏建平,党委委员陈雯雯。

地址:青田县江南新区
电话:0578-6509807
邮编:323900

云和县文化广电新闻出版局(体育局)

云和县文化广电新闻出版局(体育局)为县政府工作部门,履行全县文化、广播电视、新闻出版、体育等行政管理职能。内设办公室、文化科、广电科、体育科4个科室,下属文化馆、图书馆、文化市场执法支队、文场办、文管会办公室、体育中心等单位。局领导班子成员:党组书记、局长邱伟荣,党组成员、副局长黄蔚芳,党组成员、副局长张盼星(联系广播电视台宣传事业发展工作),党组成员、纪检组长胡承兄(联系广播电视台安全播出工作),副局长韦小委。

地址:云和县云和镇中山路3号
电话:0578-5122358
传真:0578-5123985
邮编:323600

云和县广播电视台

云和县广播电视台为县委、县政府直属相当于正科级事业单位。内设办公室、总编室、新闻部、制作部、总工室、工程部、有线电视运行维护部、农管部、播出部、数字电视市场运营部、广告部等11个部室和《云山箬水》、《点滴》2个栏目组。办有广播、电视各1套节目。核定事业编制62名(全额拨款47名,自收自支15名)。其中:台长1名,副台长2名,科室领导职数9名。领导班子成员:台党组书记、台长邱长书,台党组成员、副台长王月岳,台党组成员、副台长柳伟东。

地址:云和县中山街3号
电话:0578-5121155
邮编:323600

庆元县文化广电新闻出版局(体育局)

庆元县文化广电新闻出版局(体育局)为县政府工作部门,履行全县文化、文物、广播电视、新闻出版、体育等行政管理职能。内设办公室、广电科、文化新闻出版科(行政审批服务科与其合署)、体育科4个职能科室。机关行政编制10名(含后勤服务人员1名)。其中:局长1名,副局长2名;股级干部职数4名。局领导班子成员:局党组书记、局长叶先良,局党组副书记吴晓桃,局党组成员、副局长阙文伟(分管广电工作),局党组成员、副局长单良军,局党组成员、副局长吴宗祥。

地址:庆元县松源镇云鹤路24号
电话:0578-6122824、6056330
邮编:323800

庆元县广播电视台

庆元县广播电视台为县属正科级事业单位。内设办公室、总编室、新闻部、总工室、网络工程部、技术播出部、收费稽查处，下辖6个广电中心站。现有干部职工109人，聘用工98人、临时工11人，离退休45人。领导班子成员：台党委书记、台长吴日彬，台党委副书记赵剑芳，副台长蔡章元，总工程师陶锡军。

地址：庆元县松源镇祥云路4号

电话：0578-6122824

邮编：323800

缙云县文化广电新闻出版局（体育局）

缙云县文化广电新闻出版局（体育局）为县政府组成部门，承担全县文化、广播电视、新闻出版等行政管理职能。其中广播电视新闻宣传具体工作与广告经营职责交由县广播电视台独立承担。内设办公室、人事教育科（纪检监察室）、社会文化科、文物科、广播电视科、文化市场管理科、行政审批服务科（新闻出版科）、体育科8个职能科（室）和省级文化先进县创建办公室、项目办、非物质文化遗产保护办公室3个临时机构，下属文化市场行政执法大队、文化馆、图书馆、博物馆、非物质文化遗产保护中心、电影公司、婺剧团、体育培训中心，下辖五云镇文化站、壶镇镇文化站、新建镇文化站、东渡镇文化站、舒洪镇文化站、东方镇文化站、大洋文化站、大源镇文化站、溶江乡文化站、胡源乡文化站、三溪乡文化站、七里乡文化站、石笕乡文化站、方溪乡文化站、前路乡文化站、双溪口乡文化站、仙都农管处文化站、新碧农管处文化站18个乡镇文化站。机关行政编制15名（含后勤服务人员）。其中：局长1名，副局长4名；股级领导职数9名。局领导班子成员：局党组书记、局长施碧清，局党组成员、副局长杜金玲，局党组成员、副局长徐农艺，局党组成员、副局长应国龙（分管广电工作），副局长谢熔辉，局党组成员、纪检组长朱伟平，局党组成员王建胜。

地址：缙云县黄龙路48号广电大楼十四层

电话：0578-3315423

邮编：321400

缙云县广播电视台

缙云县广播电视台为缙云县委县政府直属正科事业单位。内设新闻信息中心、广播中心、电视中心、新闻网站、工程管理部、技术播出部等13个部门以及9个广电站；在编职工170人，退休职工61人。其中台长兼党组书记1人，副台长3人，纪检组长1人，中层干部49人。领导班子成员：台长卢理洪，副台长丁伟明，副台长徐时鹏，副台长应兴无，纪检组长钭海春。

地址：缙云县黄龙路广电大楼9—12层

电话：0578-3315490

传真：0578-3315493

遂昌县文化广电新闻出版局（体育局）

遂昌县文化广电新闻出版局（体育局）为县政府工作部门，履行全县文化、文物、广播电视、新闻出版、体育等行政管理职能。内设办公室、行政许可科、非遗中心、群文科4个职能股室，下属文化馆、汤显祖纪念馆、图书馆、文化市场执法支队4个事业单位。局领导班子成员：党组书记、局长张水源，党组副书记、纪检组长蓝方贤，党组成员、副局长占跃灵、张江平（分管广电工作）。

地址：遂昌县妙高镇凯恩路224号

电话：0578-8123135

邮编：323300

遂昌县广播电视台

遂昌县广播电视台为正科级事业单位。内设办公室、财务室、新闻部、专题部、节目部、广告部、技术部、网络部等部门。办有两套电视节目和一套广播节目。人员编制120人，现有110人。领导班子成员：党组书记、台长叶良平，副台长朱呈富，总工华卫，副台长李法贵，党组成员、办公室主任胡永军。

地址：遂昌县妙高镇平昌路33号

电话：0578-8180100

邮编：323300

松阳县文化广电新闻出版局（体育局）

松阳县文化广电新闻出版局（体育局）履行全县文化、新闻出版、体育、广电等行政管理职能。内设办公室、综合科、文市办3个职能科室。行政编制12名，其中：局长1名，副局长3名，纪检组长1名；科室领导职数3名。领导班子成员：党组书记、局长张碧联，党组副书记、纪检组长叶远仁，党组成员、副局长叶世发（分管广电工作），党组成员、副局长蔡卫华，党组成员、副局长徐建军。

地址：松阳县西屏镇新华路40号

电话:0578-8060339

邮编:323400

松阳县广播电视台

松阳县广播电视台为县委、县政府直属相当于正科级事业单位，受县文体广电新闻出版局行业管理。内设办公室、财务部、采访部、电视专题部、制作部、图文广告部、工程技术部、安全播出部、农管部9个职能科室以及西屏、古市、象溪、大东坝、玉岩5个区域有线电视管理站。自办广播《松阳新闻》、电视《松阳新闻》,电视专题《农业在线》、《时空漫步》、广播对农节目《每周农经》、《金色田园》、电视对农节目《星火科技30分》、《致富经》、图文频道节目9套节目。事业编制70名(含后勤服务人员),其中财政全额拨款44名,自收自支26名;设台长1名,副台长3名;科室领导职数18名。领导班子成员:党支部书记、台长郭心葆,副台长吴钟锋,副台长郑文君,副台长宋昌达。

地址:浙江省松阳县西屏镇新华路38号

电话:0578-8063987

邮编:323400

景宁县文化广电新闻出版局(体育局)

景宁县文化广电新闻出版局(体育局)为县政府直属行政单位。内设办公室、新闻出版科、非遗办、体育科4个职能股室,下属电影公司、文化馆、畲族博物馆、文物保护管理所、图书馆、文化市场执法支队、畲族民间艺术团7个事业单位。局领导班子成员:党组书记、局长夏雪松,副局长雷赛高(负责广播电视工作),副局长吴海东,副局长吴如峰,纪检组长季彤曦。

地址:景宁县鹤溪镇钟楼路15号

电话:0578-5821527

邮编:323500

景宁畲族自治县广播电视台

景宁畲族自治县广播电视台为正科级事业单位。内设办公室、财务室、新闻部、社教部、节目播出部、营运维护部、工程技术部、收费稽查部8个科室及鹤溪、沙湾、英川、东坑、渤海等5个区域广电站。目前有线模拟电视传送35套节目,4套广播节目。现有干部职工91人。领导班子成员:党组书记、台长周光平,党组成员、副台长江啸,党组成员、纪检组长梅祖凯,党组成员、总工程师柳剑锋,党组成员、副台长王松,党组成员、副台长赵伟峰。

地址:景宁县城鹤溪镇府前西路1号

电话:0578-5080545

传真:0578-5080545

邮编:323500

省电影公司及各院线机构和人事变化情况

3-1.浙江省电影有限公司(浙江时代电影大世界有限公司)

浙江省电影有限公司党总支委员会

总支书记:蔡文忠;委员:钱大钧、伍少康、俞孟忠、张红阳。

浙江省电影有限公司董事会

董事长:钱大钧;董事:蔡文忠、伍少康、俞孟忠、张红阳。

浙江省电影有限公司监事会

监事会主席:郭利刚;监事:柴红兵、卢金祥。

浙江省电影有限公司经营班子

总经理:钱大钧;副总经理:蔡文忠、伍少康、俞孟忠;财务总监:张红阳。

浙江省电影有限公司通讯资料

地址: 杭州市文二西路683号西溪创意产业园14至17号。

电话:0571-85027901。

邮编:310012。

浙江省电影有限公司机构设置表

<table>
<tr><th colspan="2">单位(部门)</th><th>正职</th><th>副职</th></tr>
<tr><td rowspan="9">总部各管理部门</td><td>办公室</td><td>柴红兵</td><td></td></tr>
<tr><td>人力资源部</td><td>柴红兵</td><td>王桂英</td></tr>
<tr><td>财务管理部</td><td>周纪文</td><td>张慧菁、陈菊婷</td></tr>
<tr><td>发行业务部</td><td>沈琳洁</td><td>宋飞鸮</td></tr>
<tr><td>影院管理部</td><td>刘敏健</td><td>张兆林、沈明(均享受正职待遇)</td></tr>
<tr><td>营销策划部</td><td>童黎明</td><td>蒋宏伟、向利祥(均享受正职待遇)</td></tr>
<tr><td>技术服务部</td><td>郑金田</td><td>孙联</td></tr>
<tr><td>投资开发部</td><td>袁法康</td><td></td></tr>
<tr><td>后勤管理部</td><td>卢金祥</td><td>金建刚</td></tr>
<tr><td colspan="2">浙江时代电影大世界有限公司(全资)</td><td>钱大钧</td><td>蔡文忠、伍少康、俞孟忠、张红阳</td></tr>
<tr><td colspan="2">浙江银海影视设备工程公司(全资)</td><td>袁法康</td><td></td></tr>
<tr><td colspan="2">浙江时代金球影业投资有限公司(控股)</td><td>张红阳</td><td></td></tr>
<tr><td colspan="2">浙江新农村数字电影院线有限公司(相对控股)</td><td>俞孟忠</td><td>陈敏</td></tr>
<tr><td colspan="2">杭州今古时代电影制作有限公司(参股)</td><td>黄镭光</td><td></td></tr>
</table>

浙江时代电影大世界有限公司(浙江时代电影院线)机构设置
(与浙江省电影有限公司两块牌子一套班子)

单位(部门)		正职	副职
总部各管理部门	办公室	柴红兵	
	人力资源部	柴红兵	王桂英
	财务管理部	周纪文	张慧菁、陈菊婷
	发行业务部	沈琳洁	宋飞鸮
	影院管理部	刘敏健	张兆林、沈明(均享受正职待遇)
	营销策划部	童黎明	蒋宏伟、向利祥(均享受正职待遇)
	技术服务部	郑金田	孙联
	投资开发部	袁法康	
	后勤管理部	卢金祥	金建刚
浙江庆春电影大世界有限公司(全资、直营)		王舟停	
杭州恒隆电影大世界有限公司(全资、直营)		张春龙	严静
衢州宏泰电影大世界有限公司(全资、直营)		王兆福	姜平
浙江奥斯卡电影大世界有限公司(全资、直营)		王樟顺	林炜燕
杭州近江电影大世界有限公司(全资、直营)		林丙苏	仇丹雯
上海庆春电影院有限公司(全资、直营)		向利祥	宋涛
慈溪时代电影大世界有限公司(全资、直营)		沈明	房良兵
浙江翠苑电影大世界有限公司(控股、直营)		蒋宏伟	宋爱国
宁波时代电影大世界有限公司(控股、直营)		叶元平	盛静
杭州华元电影大世界有限公司(参股、直营)		费永安	
杭州众安电影大世界有限公司(参股、直营)		张兆林	
台州新时代电影大世界有限公司(参股)			
富阳时代电影大世界有限公司(参股)			
嘉兴华庭国际影城(参股)			
安吉时代电影大世界有限公司			
海宁金像电影大世界有限公司			
上海开元地中海影剧院有限公司(委托管理、直营)		向利祥(兼)	李操
诸暨铭仕电影大世界有限公司(委托管理、直营)			

浙江时代电影大世界有限公司人事变动(2011年度)

2月

经总经理钱大钧提名，董事会聘任张红阳同志为浙江时代电影大世界有限公司副总经理。

3-2. 浙江横店电影院线有限公司

董事会成员:徐天福、徐文财、胡天高、任立荣、张义兵

监事会成员:黄桂苗、金龙华、沈俊玲

经营班子:徐天福、张义兵、金国华、李剑平、沈俊玲

人事变动:无

地址:浙江横店影视产业实验区商务楼

联系电话:0579—86551331

邮编:322118

3-3. 浙江星光电影院线有限公司

总经理:富海芳

行政财务部经理:陈美华

电影部经理:孙昉

公司地址:杭州市杭海路193号

电话:0571-86500171

邮编:310016

3-4. 温州雁荡电影院线有限公司

总经理:包哲

财务总监:李专

业务与技术部经理:蔡佳丰

地址:温州市鹿城区晏公殿巷88号

电话:0577—88220407

邮编:325000

8. 集团建设

JITUANJIANSHE

浙江广播电视集团

重要文件

《浙江国际影视中心项目审计监理规程》

1 月 5 日印发。该规程为规范浙江国际影视中心项目审计监理操作规程，明确工程建设过程中相关职能部门职责，加强造价控制和廉政建设而制订。规程对审计程序、审计权限等作了具体规定。

《浙江广播电视集团档案管理办法》

2 月 10 日印发，该办法为进一步加强集团档案工作，提高档案管理水平，充分发挥档案作用，更好地为集团工作和事业发展服务而制订。办法对档案工作的管理体制、工作职责，文件材料的归档、移交和接受，档案的管理、利用和销毁等作了具体规定。

《浙江广播电视集团职工处分暂行办法》

2 月 25 日印发。该办法是集团加强党风廉政建设的一项重大举措，是集团严肃纪律、规范职工行为的重要准则，对预防和制止违纪违法行为，防范廉政风险，维护集团利益，具有重要意义。办法对处分种类和适用规则、违法违纪行为、处分权限和处分程序等作了具体规定。

《浙江广播电视集团基本建设会计核算办法（试行）》

3 月 21 日印发。该办法为规范集团基本建设项目会计核算，全面真实反映基本建设项目的会计信息，有效控制项目成本、提高投资效益，根据国家有关法律法规和集团有关财会制度而制定。办法对会计科目的设置、工程物资的核算、竣工决算管理、财务监督管理等作了具体规定。适用于集团本级及其所属企事业单位（浙江省中波发射管理中心除外）、全资公司和控股公司建设单位基本建设项目的会计核算。

《浙江广播电视集团关于进一步加强和改进思想政治工作的实施意见》

4 月 15 日印发。该意见旨在进一步加强和改进集团思想政治工作，提高思想政治工作的针对性和实效性，为集团改革发展、和谐稳定提供有力的思想保证、精神动力和队伍支撑。该意见对进一步加强和改进思想政治工作的指导思想和基本原则、主要任务、组织领导等作了具体规定。

《浙江广播电视集团基本建设财务管理暂行办法》

6 月 24 日印发。该办法为加强和规范集团基本建设财务管理，有效控制项目成本、节约建设资金、提高投资效益而制定，对财务管理职责、预（概）算管理、资金管理等作了具体规定，适用于集团本级设立项目管理机构（项目指挥部）的基本建设项目的财务管理，集团所属企事业单位、全资公司和控股公司参照执行。

《浙江广播电视集团廉政风险防控机制建设实施方案》

7 月 8 日印发。该方案为进一步加强集团党风廉政建设，积极探索预防腐败的有效途径，提高员工干部特别是领导干部的廉政风险防范能力，根据省委、省政府《关于全面推进廉政风险防控机制建设的意见》(浙委〔2011〕6号)的要求,结合集团工作实际制订。方案对集团廉政风险防控机制建设的主要任务、工作内容、工作步骤作了具体规定。

《浙江广播电视集团上送中央台播出新闻的奖励办法》

7月25日印发,该办法鼓励市县广播电视新闻单位进一步加强合作,共同做好上送中央台新闻工作。集团设立上送中央台新闻专项奖励资金,每年度总额为100万元。办法对奖励范围、奖励标准、奖励方法、报批程序等作了具体规定。原《浙江广播电视集团上送中央台播出新闻的暂行奖励办法(修订)》(浙广集团发〔2010〕45号)同时废止。

《浙江广播电视集团"走基层、转作风、改文风"活动考评暂行办法》

9月23日印发,该办法根据省委宣传部《浙江省新闻战线"走基层、转作风、改文风"活动实施意见》要求,结合集团实际而制定。办法对考评对象、考评内容、奖惩办法、考评程序等作了具体规定。

《浙江广播电视集团关于加强基建项目廉政建设的若干意见》

10月16日印发。该意见根据《中国共产党纪律处分条例》、《中国共产党党员领导干部廉洁从政若干准则》等党纪法规的要求制定,旨在进一步加强基本建设项目(包括维修项目)的廉政建设,保证基本建设工程高效、安全、廉洁运行。

重要会议

1月6日,集团召开全省广播电视新闻协作会。集团总裁王同元到会并讲话,总编辑程蔚东主持会议,副总编辑施泉明做工作报告,副总编辑董传亮宣读表彰决定。来自全省90多个市县兄弟台的分管领导和新闻部主任,集团各宣传单位负责人等共300人参加会议。会议表彰了108个新闻协作先进集体、45位先进个人和11家上送工作先进单位。

2月18日上午,集团2010年度总结表彰大会在杭州剧院隆重举行。集团党委书记、总裁王同元讲话。党委副书记、总编辑程蔚东主持会议,党委委员和管委、编委委员在主席台就座。王同元代表集团党委在会上作题为《解放思想,团结拼搏,努力开创集团"十二五"发展的新局面》的讲话。他充分肯定集团2010年工作,回顾了集团自2005年开启的新一轮发展的创业历程,总结了这五年来的生动实践和集团上下努力实现"构建六大体系"奋斗目标的显著成绩,明确了未来五年发展目标思路,提出了做好"十二五"发展工作的三方面要求。会议还对集团2010年度先进集体和个人进行了表彰奖励。集团全体科(组)长以上干部、中级职称以上专业技术人员、主持人播音员和职工代表共1600多人参加了大会。

3月3日,集团召开2011年度共青团工作会议,学习贯彻集团总结表彰大会精神,回顾总结2010年工作,部署安排2011年工作。集团纪委书记赵力平出席会议并讲话,他充分肯定了集团各级团组织在过去一年中,围绕集团中心工作,做了大量卓有成效的工作,同时要求广大团员青年"立志、持志、达志",尽快成长成才。集团直属党委、团委、各团(总)支部负责人等60余人参加会议。

3月4日,集团召开工会工作会议,回顾总结2010年工作,部署安排2011年工作。集团纪委书记赵力平主持会议并讲话。集团各基层工会主席40余人参加会议。

3月10日,集团召开2011年度安全保卫工作会议,回顾集团新一轮发展五年来的安保工作,部署2011年工作,签订治安消防安全目标管理责任书。集团副总裁何跃新到会并讲话,他要求各部门单位和全体干部职工,进一步提高做好安全保卫工作的自觉性,落实安全责任,完善管理格局,加强问责力度,增进与社会安保工作的互动融合,为集团"十二五"开新局提供坚强可靠的安全保障。各部门单位主要负责人和安全管理员,影视后期制作中心项目办、新祥利大楼项目办负责人,驻警中队、新成物业负责人等近90人参加会议。

3月10日,集团召开直属党委工作会议。会议认真学习王同元总裁在集团总结表彰大会上的讲话,回顾总结2010年工作,部署安排2011年工作。集团党委委员、纪委书记赵力平主持会议并讲话。集团直属党委委员、各党(总)支部书记70余人参加会议。

3月15日—16日,集团召开2011年度广告工作会议。集团总裁王同元在会上要求广播电视各频道进一步振奋精神,紧紧抓住形势、内容、营销、队伍四大关键,顺利完成今年广告创收任务,为集团广告"十二五"新一轮发展开好局、起好步。集团副总裁沈金加、副总编辑顾顺坤分别主持会议并讲话,各频道分管副总监、广告部主任及相关管理部门负责人40

余人出席会议。

3月18日，集团召开2011年度党风廉政建设工作会议，总结2010年集团反腐倡廉工作，部署2011年反腐倡廉任务。集团党委书记、总裁王同元到会讲话，并代表集团党委与各广播电视频道、管理部门主要负责人签署“党风廉政建设责任书”。他强调，广大党员干部要深入实践“以人为本、执政为民”的主题，牢固树立正确的群众观、事业观、廉政观和生活观，扎实推进思想作风建设和反腐倡廉建设。党委副书记、总编辑程蔚东主持会议，党委委员、纪委书记赵力平作工作报告，党委、管委、编委成员，全体副处以上干部和纪律监督员等180余人参加会议。

4月6日，集团召开2011年科技工作会议，总结2010年度集团科技工作，部署安排2011年工作任务。集团总裁王同元到会并讲话。他要求集团科技工作以受众为本，加强创新应用，研究技术装备管理新模式，确保集团科技实力处于全国媒体的一流地位。集团副总裁杨勇作工作报告，集团技术系统科(组)长以上干部共70余人参加会议。

4月12日—13日，由集团承办的2011年长三角广播广告协作会议在杭州召开。集团副总裁沈金加出席会议并讲话，来自上海、江苏、浙江的10家省市广播电台分管领导以及央视CTR专家等共40多人参加会议。会议通报交流了各台2010年以来广告经营情况及各自在广告营销、管理上的创新亮点。

4月26日—27日，集团召开2011年度产业工作会议，总结过去五年和2010年产业工作，部署安排2011年产业工作任务。集团总裁王同元到会并讲话。他要求集团产业工作胸怀大局，加快转型，优化支撑，开创新业，为集团“十二五”新一轮发展提供强有力的物质支撑。集团副总裁沈金加在会上作工作报告。集团直属、控(参)股单位主要负责人以及有关部门同志30余人参加会议。

7月6日—8日，集团党委召开专题读书会，学习贯彻胡锦涛总书记在庆祝中国共产党成立90周年大会上的重要讲话精神和全国文化体制改革工作会议、省委全会精神，深入探讨在集团全面实施“十二五”新一轮发展战略，全力推动省级广播电视再上新台阶的进程中，加强干部员工队伍建设、提升队伍综合素质的有效途径和措施。总裁王同元作题为《加强队伍建设，提升综合素质，为加快“十二五”新一轮发展提供坚强人才保障》的讲话，回顾总结集团新一轮发展以来重视和加强队伍建设的重要经验，分析面临的突出问题，强调要着力培育打造结构合理、门类健全、素质优良、作风过硬的“学习型、创新型、实干型”广电浙军，为加快“十二五”新一轮发展提供坚强的人才保证和智力支持，确保集团事业可持续发展，始终走在全国媒体集团的前列。党委副书记、总编辑程蔚东作了题为《建设学习型媒体，做学习型媒体人》的讲话。党委委员，管委、编委委员和各部门、各单位主要负责人近60人参加会议。

7月26日，集团召开处级干部会议，学习贯彻胡锦涛总书记在庆祝中国共产党成立90周年大会上的重要讲话和省委第十二届九次全体（扩大)会议、全省宣传文化系统负责人电视电话会议，以及茅临生部长7月15日来集团调研时的讲话精神，回顾总结上半年工作，安排部署下半年任务。集团总裁王同元在会上要求全体干部职工进一步坚定信心、团结拼搏，乘势而上、再创佳绩，确保集团“十二五”新一轮发展的良好开局。集团总编辑程蔚东主持会议，党委委员，管委、编委委员和各部门、各单位处级干部等参加会议。

9月2日，按照党委部署，集团召开“走基层、转作风、改文风”活动动员大会，就深入开展活动进行动员。集团总编辑程蔚东在会上作动员报告，副总编辑施泉明提出具体要求，纪委书记赵力平主持会议。集团编委会全体成员，各宣传单位有关负责人和记者编辑代表160多人参加会议。

10月24日，集团党委召开处级干部会议，传达学习和研究贯彻党的十七届六中全会精神。集团总裁王同元主持会议并讲话，总编辑程蔚东传达全会精神。会议要求高度重视学习宣传贯彻党的十七届六中全会精神，学深学透全会精神，做大做强全会报道，抓紧抓实贯彻工作，着力形成学习热潮、宣传热潮和真抓实干热潮，把思想和行动统一到中央全会精神上来，转化为深化集团体制机制改革、推动省级广播电视繁荣发展的强大动力，努力开创集团“十二五”新一轮发展的新局面，在我省实现文化大省向文化强省新跨越的征程中作出新的贡献。

12月14日—15日，集团召开2011年度新闻工作会议，回顾总结2011年的新闻宣传，深入分析面临的新形势新挑战，研究探讨贯彻六中全会精神，进一步提升主流媒体的公信力和影响力，谋划部署2012年新闻宣传工作重点。集团总裁王同元到会并讲话，强调各宣传单位要以“提升主流舆论引导力”为主题，以推动广播电视新闻创新为动力，抓舆论导向管理、抓新闻宣传创新、抓思想阵地建设，唱响主旋律，打好主动仗，积极发挥广播电视宣传主阵地、主力军作用。集团总编辑程蔚东主持会议，副总编辑施泉明在会上讲话，副总编辑顾顺坤、董传亮，编委会成员，各广播电视频道和宣传单位主要负责人、新闻部门有关人员共120余人参加会议。

重要活动

1月6日，2010年度浙江新农村建设带头人“金牛奖”颁奖典礼在集团800平米演播厅隆重举行。本年度活动进一步突出创业创新主题，贯穿科学发展理念，强化全省媒体互动，为加快现代农业发展步伐、推动我省农村经济转型升级营造了良好氛围，取得了更为显著的宣传成效。省委副书记夏宝龙，省委常委、副省长葛慧君，省委常委、宣传部长茅临生，省人大常委会副主任程渭山，省政协副主席冯明光等领导出席典礼并为“金牛奖”获得者颁奖。

1月12日，由集团主办，浙江经视等单位承办的2010年度“风云浙商”颁奖典礼在杭州洲际酒店举行。本届“风云浙商”评选活动以“浙商再出发”为主题，旨在反映过去一年中，海内外广大浙商创业创新、转型升级、爬坡跃坎的奋斗激情和成功实践。省委书记、省人大常委会主任赵洪祝专门为晚会发来贺信。全国政协常委、上海世博会执行委员会副主任周汉民，全国总工会副主席倪健民，省委常委、宣传部长茅临生，省人大常委会副主任冯明，副省长金德水，省政协副主席徐冠巨、黄旭明等领导出席颁奖典礼并为年度人物颁奖。

1月13日，“浙江骄傲——2010年度最具影响力人物评选”颁奖典礼在省人民大会堂隆重举行。省委书记、省人大常委会主任赵洪祝专门发来贺信。省委常委、宣传部长茅临生，省人大常委会副主任徐宏俊、副省长郑继伟、省政协副主席徐辉等省领导到晚会现场与人们一起回首见证2010年度让整个浙江大地为之感动和骄傲的十大年度人物。

1月15日，由省政府新闻办、浙江广电集团主办，浙江之声承办的《跨越“十一五”——直播浙江》圆满结束。全省30位市、县长相继走进直播室，畅述各地“十一五”取得的辉煌成就以及“十二五”规划的基本思路，在全省引起很大反响。省委宣传部副部长鲍洪俊、吕建楚分别作出批示，认为“活动紧贴省委、省政府中心工作，并与网络媒体互动，达到了预期的宣传效果，受到了各市县的欢迎，是一次重大主题的创新实践”。

1月20日，由省文明办、浙江广电集团等联合主办，广播交通之声承办，电视影视娱乐频道、新蓝网等联合协办的“改变——2010年度浙江省文明出行现状发布会”隆重举行。这是我省首次以大型晚会的形式，由政府职能部门与专业媒体联手，以多媒体传播的方式，对全省的文明出行现状进行权威发布，在国内尚属首创。

1月20日、21日，省十一届人大四次会议和省政协十届四次会议分别在杭州胜利闭幕。按照集团党委部署、编委会统一协调，集团各宣传单位，尤其是浙江卫视和浙江之声两主个频道，把省“两会”的直播和报道工作列为近期工作的重中之重，选派精干采编技术人员，全面、准确、及时、生动地报道和传达“两会”精神，充分发挥集团广播电视全省宣传主阵地作用。

3月2日—14日，全国“两会”在北京隆重举行。“两会”期间，集团进行了连续13天全方位、多角度、高密度的宣传报道，充分发挥浙江卫视、浙江之声舆论主渠道作用，统筹整合网络、微博、手机电视等新兴媒体，扩大传播覆盖面，强化整体宣传合力，特别是着力抓好新闻上送工作，在中央电视台《新闻联播》播出浙江新闻17条，形成强大的舆论声势，充分反映了全国“两会”的盛况，生动展示了浙江代表委员“参政议政、共商国是”的动人风采，有效提升了我省的全国影响和良好形象。“两会”期间，省领导赵洪祝、吕祖善、乔传秀、王永明、郑继伟等先后来到集团北京直播室，亲切看望工作人员，提出希望要求，给予勉励肯定。集团总编辑程蔚东、副总编辑施泉明，编委委员、卫视总监夏陈安等陪同看望。

3月25日，由浙江卫视、省发改委、省交通厅等、省海洋与渔业局、省海事局、国家海洋局第二海洋研究所共同主办，宁波、温州、舟山、嘉兴、绍兴、台州等电视台协办的大型新闻行动《走向蓝海》在杭州湾跨海大桥启动。该行动将充分展示我省发展海洋经济的宏伟战略构想，让蓝色文明深入人心。

5月3日，由国家广电总局、浙江省人民政府主办，集团参与承办的第七届中国国际动漫节落下帷幕。在六天的会展时间里，集团及下属浙江卫视、电视少儿频道、浙江影视(集团)公司等精心组织、积极参展，展现了“大气、通透、时尚、专业”的整体形象，赢得了各方好评。全国人大常委会副委员长韩启德及国家广电总局相关领导在集团展区参观时，对集团动漫工作予以充分肯定。

5月4日，由中宣部、教育部、团中央主办，集团和央视联手打造的全国大学生校园文艺会演《五月的鲜花——永远跟党走》在北京举行。中央政治局常委李长春，中央政治局委员、书记处书记、中宣部部长刘云山，中央政治局委员、国务委员刘延东，全国政协副主席、中国社会科学院院长陈奎元等中央领导与首都高校学生代表一起观看演出。

5月23日，由集团和团省委等部门单位联合主办，FM104.5女主播电台承办的"寻访红色印迹、寻访奋斗青春"全省青少年纪念中国共产党成立90周年系列寻访活动在浙江革命烈士纪念馆广场启动。副省长陈加元，集团副总编辑董传亮和来自全省各高校、企业、军区、武警等行业、系统的青年代表400余人参加活动。

6月1日，由团省委、省教育厅和浙江广电集团指导，电视少儿频道联合省关工委举办的"飘扬的红领巾"——浙江省少先队庆"六一"暨2011"浙江四好少年"颁奖晚会隆重举行。省委书记、省人大常委会主任赵洪祝发来贺信，省委常委、宣传部长茅临生在晚会上与少先队员一起启动"海洋生态环保行动"，省人大常委会副主任厉志海、副省长郑继伟、省政协副主席王永昌等为"四好少年"颁奖。全省近千名优秀少先队员和少儿工作者代表参加晚会，电视少儿频道现场直播，全省三百多万少年儿童组织收看，共同欢度"六一"。

6月1日，作为浙台文化交流之旅的重头戏，"山水合璧——黄公望与富春山居图特展"在台北故宫博物院盛大开幕。这是传世名画《富春山居图》遭遇火劫，分离360年后的首次复合。中国国民党主席马英九发来贺信。省委书记赵洪祝，省委常委、秘书长李强，副省长龚正等出席活动。浙江卫视联合台湾媒体，推出"跨越海峡的合璧"直播特别节目，全面报道"山水合璧"盛况，反映文化交流盛事，传递两岸亲情，赢得各方的好评和肯定。赵洪祝书记批示肯定报道团队"全力以赴，密切配合，选派业务骨干全程进行采访，采写了许多非常精彩，很有分量的报道，展示了良好的精神风貌和工作能力，为本次活动的成功举办作出了重要贡献。"

6月20日，作为我省纪念中国共产党成立90周年重要活动之一，《党旗高扬，党徽闪光——2011浙江省创先争优主题晚会》在省人民大会堂隆重上演。正在灾区一线指导抗洪抢险的省委书记、省人大常委会主任赵洪祝专门来电，对创先争优活动中涌现出来的闪光言行之星和先进典型表示祝贺。中央创先争优活动领导小组办公室副主任傅思和，国土资源部副部长张少农，省党政军领导夏宝龙、李强、蔡奇、林愷俊等出席晚会，全省100位闪光言行之星和来自各行各业的基层党员代表共同观看了晚会。主题晚会由省委创先争优领导小组主办，集团承办，浙江卫视主创摄制，得到省领导和基层代表的肯定和表扬。

6月30日，由省委宣传部、省文化厅、浙江广电集团主办，浙江卫视承办的"红船向未来——浙江省庆祝中国共产党成立90周年文艺晚会暨第二届浙江文化艺术节开幕式"在杭州黄龙体育馆拉开帷幕。省委书记、省人大常委会主任赵洪祝致辞。省委副书记、省长吕祖善宣布第二届文化艺术节开幕。省党政军领导与省直单位领导干部、全省优秀共产党员、全省创先争优先进基层党组织代表和各界群众2500余人观看演出。晚会气势宏大、激情澎湃，充满史诗情怀，受到省委、省政府领导和广大干部群众的高度赞扬。

8月4日，由省工业经济联合会、省企业联合会、省企业家协会联合主办，浙江经视承办的2011年浙江省企业领袖峰会颁奖典礼在省人民大会堂举行。省委副书记、省长吕祖善出席并讲话，副省长毛光烈主持会议，省政协副主席黄旭明等出席活动。会议对浙江省"十大领军企业"、浙江省工业大奖"金鼎奖"获奖企业、浙江省企业家"终身成就奖"及2011年第十届浙江省优秀企业家进行了表彰。

10月11日，第八届全国残疾人运动会在杭州开幕。集团全方位承担残运会的广播电视新闻宣传、火炬传递直播、开闭幕式直播、重要赛事直播录播、运动会公共信号采制提供、为参会广播电视机构提供传输技术服务等。本届运动会的开幕式直播是集团有史以来承担的最大规模的直播任务。集团以卫视为主体组建开闭幕式直播团队，动用了卫星车、直升飞机、飞猫、斯坦尼康等多种先进设备和技术，全景展示开闭幕式的恢弘气势，取得了一流的传播效果。残运会期间，浙江卫视共播发残运会新闻100多条，特别报道和人物专访9期，累计播出节目时长近400分钟。浙江之声在《浙广早新闻》、《浙江新闻联播》等栏目开设残运会专题，推出丰富多彩的残运会报道。广播电视各专业频道也紧密配合，及时生动报道赛事赛况和重要活动。浙江卫视还围绕残运会主题，切实做好新闻上送工作，共在央视播出残运会新闻45条，其中央视《新闻联播》播出3条。此外，集团还为其他参会广播电视机构提供优质服务，制作提供了超过350分钟各场次比赛的视频公共信号。

10月9日，由省委宣传部、集团主办，电视教育科技频道承办的2011“十月的阳光·走向复兴”浙江儿女纪念辛亥革命100周年大型电视文艺直播活动在钱江新城市民广场举行。今年的活动以“走向复兴”为主题，以“开启革命之旅”为主线，分为《觉醒·光辉的追寻》、《奋斗·壮丽的征程》、《复兴·伟大的跨越》三大篇章，再现中华民族从黑暗走向光明、从屈辱走向强盛的百年历程。省委常委、宣传部长茅临生，省人大常委会副主任吴国华等领导出席活动。集团总编辑程蔚东，副总编辑顾顺坤等观看了演出。浙江卫视、电视教育科技频道、新蓝网、“武林巷”网站对活动进行了现场直播。

11月1日—8日，集团成功举办了第6届电视观众节。本届观众节融合纪念集团成立10周年的主题元素，为观众奉献了一场高潮迭起的文化盛宴，为期8天的活动产生强烈的社会反响，受到社会各界广泛好评。全国各地参与网络投票和现场活动的群众达到2300多万人次，投票数达到5200万，活动影响范围、参与人数均创历届之最。新华网、《人民日报》、《浙江日报》等省内外主流媒体均对活动表示关注和报道。省委常委、组织部长蔡奇在有关材料上批示，肯定“广电集团成功举办电视观众节，很有气势，很有影响，很有成效”。

11月26日，由电视民生休闲频道主办的“第五届彩虹计划大型公益助学活动”在杭州吴山广场举行。当天，10万余人次参与活动，3000多位省内各地贫困学子获得认捐，捐款总额达158.2万余元，为历年之最。

12月16日，由省广电局、浙江广电集团、东阳市政府联合主办，电视影视娱乐频道等承办的《影响2011· 横店之夜——为浙江影视喝彩》盛典在横店影视城举办。省委常委、宣传部长茅临生，省广电局局长张宝贵，集团总编辑程蔚东、副总编辑顾顺坤等领导出席晚会并颁奖。

12月22日，“浙江骄傲——2011年度最具影响力人物”颁奖典礼在集团800平米演播厅隆重举行。省委常委、宣传部长茅临生，省人大常委会副主任程渭山，副省长郑继伟，省政协副主席黄旭明等领导出席颁奖典礼。浙江卫视、电视钱江都市频道、浙江之声及全省11市电视台联合直播了当晚的颁奖盛况。“中国海军历史上第一批赴亚丁湾护航的海军女兵”等当选2011年度“浙江骄傲”十大人物。下水救人不幸溺亡的常山老人占祖亿和一身正气的已故乡镇女纪委书记王益群当选“年度致敬人物”。

12月27日，浙江省2011年度“十大民生工程”颁奖典礼在集团举行。省委常委、宣传部长茅临生，省人大常委会副主任、浙大党委书记金德水，副省长陈加元，省政协副主席王永昌等省领导出席颁奖典礼。今年的活动自9月初启动后，共收到申报项目126个。经过4个月书面评审、初选、实地考察和终评等环节，省社会保障卡医保“一卡通”等10个项目获奖。

重大举措

1月8日，由集团投资兴建的我省“十二五”重大建设项目和省文化产业“四个一批”项目——浙江国际影视中心项目在钱塘江畔举行奠基暨开工仪式。该项目位于杭州市萧山区宁围镇，占地420多亩，一期总工程面积为28.5万平方米，总投资超过20.8亿元，建设期4年，包括影视后期制作大楼、独立制作综合楼、影视文化综合服务大楼等建筑。未来几年，集团将按照“高起点规划、高标准建设、高效益发展”的总体要求和“实用美观、经典大气、通透坚固”的设计理念，努力把浙江国际影视中心建设成为国内一流的影视后期制作基地；建设成为浙江文化大省建设的重要标志性工程；建设成为我省广播影视业的一项“平安工程”、“廉政工程”和“精品工程”。省委书记、省人大常委会主任赵洪祝，省委副书记、省长吕祖善发来贺信。省委常委、宣传部长茅临生在仪式上宣布浙江国际影视中心项目正式开工，副省长郑继伟等领导出席典礼。集团党委书记、总裁王同元在仪式上致辞，党委副书记、总编辑程蔚东主持仪式。省委宣传部、省发改委、省建设厅、省广电局，杭州市、萧山和滨江区以及有关职能部门、兄弟单位的领导和来宾，浙江广电集团的领导和干部职工代表，及项目建设、监理单位的代表共同见证了我省广电史上具有里程碑意义的时刻。

1月14日，经国家广电总局批准，集团在新蓝网（www.cztv.com）基础上，正式开办浙江网络广播电视台。这也是总局同意开办的首批省级网络广播电视台之一，新蓝网由此正式成为集团第19个播出平台。

1月26日，集团编委下文，定于1月下旬至6月底，在新闻采编部门广泛开展深入基层采访报道活动，安排组织采编人员深入企业、学校、乡镇等基层单位采访调研，着力反映基层群众创业创新的生动实践，采写鲜活生动、真切感人的报道丰富荧屏声频，进一步增强广电新闻的影响力，以更加丰硕的宣传成果迎接建党90周年。

1月26日，集团编委下文，定于2011年3月至11月举办集团节目创新大赛。大赛旨在“启迪节目创意，丰富节目形态，繁荣广电文化”，进一步树立创新理念，强化创新意识，推动创新实践，激励一线创新升级，形成集团整体创新争优氛围，增强集团核心竞争力。

4月28日，新蓝网全新上线浙江手机台，并推出收费服务业务，迈出了从点(直)播工具向节目互动平台转型升级的重要一步。集团手机新媒体的商业化运营由此正式开启。

5月10日，集团正式启用“摩托化电视单兵直播装备”。集团副总编辑施泉明、副总裁杨勇出席启用仪式。集团主导研发的这一基于3G、WiFi技术的摩托化单兵直播装备，机动灵活，传输及时，有助于更好地推进“新闻立台”及单兵直播队伍建设，全面提高新闻报道的及时性和机动性。目前，已在浙江卫视、钱江频道、教育科技频道、民生休闲频道、浙江网络广播电视台启用。

5月23日，为加强对集团宣传网络交流平台的组织领导，扎实推进宣传网络交流平台建设，集团成立了宣传网络交流平台工作领导小组，下设办公室负责日常事务。集团副总裁何跃新任组长，管委委员姚休任副组长。

好易购频道覆盖工作取得突破性进展。截止4月，好易购频道已与全省78个市、县、区达成合作，全面实现浙江省内全覆盖。

6月1日—3日，集团15位年轻干部分批赴基层挂职锻炼。行前，集团总裁王同元，纪委书记赵力平为大家送行。王同元总裁勉励下派干部珍惜难得的学习实践机遇，增强责任感和自觉性，在确保学习实践效果上下工夫，真正把所学所悟所得转化为助推集团“十二五”新一轮发展的前进动力。

6月3日，集团“十二五”期间两大平台建设项目之一、省重点工程、浙江国际影视中心项目的影视制作综合大楼桩基工程提前7天顺利完工。影视制作综合大楼总建筑面积近19万平方米，地上42层，总体高度达218米，设计工期93天。经试桩检测，桩基工程全部达到设计要求。

6月12日—17日，集团首期管理人员研修班在中国传媒大学举办。集团总裁王同元，副总编顾顺坤，纪委书记赵力平，管委委员姚休，编委委员夏陈安，庄临安，各频道和有关部门主要负责人共25人参加了学习。这是集团为顺利实现“十二五”发展目标、加强干部队伍建设、提高干部综合素质的一项积极举措，也是国内省级广电媒体中首次由“一把手”带队的管理人员到高校研修学习。

6月28日，集团在省人民大会堂举行浙江网络广播电视台上线仪式。省委宣传部、省广电局领导到会，集团党委、管委、编委成员，各频道总监，以及来自相关单位、全省11市广播电视新媒体的领导和嘉宾共150多人参加上线仪式。浙江网络广播电视台是第一批获得国家广电总局批准设立的省级网络广播电视播出机构之一，它的正式上线，标志着新蓝网初步完成“一网两台、复合传播、立体发展”的战略布局。

9月6日，根据国务院关于三网融合试点方案的精神、省三网融合工作协调小组的工作部署和省广电局的具体工作安排，浙江广电新媒体有限公司正式成立。公司由集团与杭州文广集团共同投资组建，负责我省IPTV集成播控平台的建设和运营。

9月28日，浙江电视剧制作有限公司取得企业法人营业执照，顺利完成改制工作。

9月1日—10月20日，集团56名表现优异的首批企聘员工通过推荐考核公示，晋升为二批企聘员工。

10月24日，新蓝网在首届世界浙商大会开幕之际推出“浙商频道”。浙商频道以“关注全球，服务浙商，互通信息，分享经验”为宗旨，融合视频、图文信息，全力打造全球互动、网聚浙商、服务浙商的多媒体平台。

11月23日，浙江卫视“青春梦想”明星主持人打造计划启动。浙江卫视将每年投入1亿元全方位力推左岩、伊一、沈涛、陈欢，创下国内电视台主持人包装打造运作新模式。

8月—11月，集团开展了4个处级职位和10个频道宣传类科级职位集团范围内竞争上岗工作，进一步拓宽了选人用人视野，优化了干部队伍结构。

12月14日，FM99.6获国家广电总局批准，呼号更改为“民生资讯广播”，成为全国首家民生资讯电台。

集团文化建设

4月26日，“浙江广电青年走进嵊州”大型歌会在嵊州爱德外国语学校隆重举行，为当地群众奉献了一场精彩的视听盛宴。电视教育科技频道、民生休闲频道分别播出歌会实况。团省委副书记王征、集团纪委书记赵力平以及当地有关领导观看了演出。

6月16日，集团下发文件，在广大干部职工中开展“看红剧、读红书”主题活动，号召大家学习回顾党的奋斗历史，热情讴歌党的光辉业绩，继承发扬党的优良传统，扎实推进集团“创先争优”活动，进一步提高各级党组织的凝聚力和战斗力，推动集团事业又好又快发展，向建党90周年献礼。

6月23日，集团纪念中国共产党建党90周年暨“我为集团创新业”主题演讲比赛决赛在800平米演播厅举行。集团党委委员，管委、编委委员和各部门单位干部职工代表共350余人现场观看。演讲比赛4月中旬启动，历时两个多月，18位选手进入决赛。最终，电视影视娱乐频道付琰和广播交通之声刘心悦获一等奖，广播音乐调频沈岩等16位选手分别获二、三等奖和优胜奖。

7月22日，由人事管理部和团委共同举办的“青春力量——迎接2011年新聘员工联欢会”在集团新大楼21楼多功能厅举行。集团纪委书记赵力平，集团有关部门单位负责人和100多位新老员工参加了联欢会。

8月11日，集团召开“单位文明形象建设”活动总结表彰会，授予浙江卫视、钱江都市频道、教育科技频道、民生休闲频道、浙江之声、音乐调频、电视制作中心、发展总公司、服务中心和科技管理部等10个部门单位“集团文明形象示范单位”称号。集团纪委书记赵力平主持会议并讲话，各部门单位负责人和综合部主任、行政秘书70余人参加会议。

9月25日，浙江广电青年“走进朱家尖”青春歌会在舟山朱家尖南沙海滩举行，百名主持人载歌载舞，传达民生民意，讴歌海洋经济，为数千名群众和游客献上了一场视听盛宴。

10月21日，浙江广电青年“走进龙游青春歌会”在龙游中学上演，集团百名主持人集体亮相，载歌载舞，为五千多名群众奉献了视听盛宴，也为第2届龙游旅游文化节拉开序幕。这是集团团委第12次以主题歌会形式深入基层，为基层群众提供健康向上、丰富多彩的文化产品和文化服务。

2011年10月至2012年1月，为纪念集团成立10周年，大力弘扬“团结和谐、创新发展”的集团精神，丰富拓展“励志、勤奋、尽职、感恩”的集团文化，激发干部职工创业创新热情，集团举办了以“我的十年”为主题的征文比赛活动，并将征文在集团报《浙江广电》上刊发，得到广大员工的积极响应，取得了良好效果。最终，《一个80后给集团的信》等16篇作品分获一、二、三等奖，电视影视娱乐频道、电视制作中心、电视民生休闲频道等单位获得组织奖。

杭州文化广播电视集团

2011年，杭州文广集团深化文化单位体制改革，以《杭州市市属文艺院团深化改革总体方案》在年底出台为标志，完成了文化单位改制的阶段性目标。在调研、部署、实施改制的过程中，集团始终坚定一定要改的目标不动摇，按照中央和省、市委确定的“路线图”、“时间表”和“任务书”，积极稳妥地推进改制工作；始终明确改革的目标，确保有利于院团的繁荣发展，确保在职和离退休人员的利益；始终把改革当作院团加快发展的机遇，积极争取在硬件设施建设、加大院团投入、注册资本金保障等方面政策和资金扶持，并通过改革解决了一批影响院团稳定和发展的现实或历史遗留问题。此外，以培育合格市场主体为目标，组织了多次专题培训会，通过各种方式帮助各演艺类公司完善公司治理。

实施广告经营体制调改。近年来，宏观经济不振、电视“马太效应”加剧、收视数据失真等外部因素挤压城市台生存空间。面对新形势新变化，集团“坚持频道制，完善频道制，创新频道制”，在充分调研、反复论证的基础上，对电视广告经营体制进行调改。新成立了电视广告营销中心，整体运作外地业务和部分本地业务；各频道保留广告部，各自运作本地业务和专项活动业务；在整体上，形成了“统分结合、管办分离”的电视广告经营管理格局。通过本次调改，集团的广告资源得到有效整合，有利于进一步掌握经营的主动权，有利于发挥频道的积极性，有利于提升电视广告的议价能力。在调改过程中，相关单位和部门大局意识强、执行效率高、各方关系顺。中心成立后工作开局良好，思路清晰、举措扎实，工作信心足、精神状态好。

抓好媒体产业平台建设。大力推动优势子媒组建媒体经营公司,实施品牌经营,拓展衍生产业。重点推进综合·生活频道和明珠频道的公司组建,分别制定了详细的组建方案,两家公司于年底顺利组建完成,为两大媒体突破发展瓶颈、形成创收增量创造了有利条件。此外,已有的媒体经营公司进一步发挥经营创收平台作用。都快交通久一点吧传媒做大房产、汽车广播广告代理业务,成为交通 91.8 广告创收的重要增长点。西湖之声传媒继续进行品牌和管理输出,打造的第四家专业合作频率临安“乐活964”正式开播。梦想传媒探索创新型媒体建设,在活动营销、栏目发行、影视剧投资、新媒体开拓等方面做出了成绩。好朋友传媒依托少儿频道影响力,开展了童博会、体育赛事转播等项目经营。

推动导视频道转型升级。为助推杭州学习型城市建设,充分利用频道资源,分步推动原导视频道升级为导视·记录频道,并从 10 月 1 日起试播。新频道组建后广泛整合集团内外纪录片资源,打造了《经典纪录》、《军事档案》、《传奇天下》、《探索奥秘》、《最忆是杭州》等板块,有力提升了频道的节目质量和文化品位。为迅速扩大新频道影响,集团主办了中广协会纪录片委员会 2011 年会活动,以“伟大时代的文化影像”为主题,举办了纪念钱学森诞辰百年大型人物传记电影《仰望星空》首映式、纪念建党 90 周年全国优秀纪录片评析、杭州导视·记录频道优秀纪录片展播周等三大活动,并邀请全国优秀纪录片人汇聚杭州,为导视·记录频道的发展建言献策。

推进节目生产力建设 2011 年,杭州文广集团加大广播电视节目创新力度,增强媒体传播力,提升舆论引导力,打造推出了一批群众喜闻乐见的高视听率节目。特别是通过组织“激发活力、点燃创意——杭州文广集团节目研发大赛”,推出了《好好学习》、《宠物当家》、《爱情巴士》、《生活大爆炸》、《微博来了》、《老年维权热线》等多个新节目以及“城际明星争霸赛”、“文明行车赢奥迪”等大型活动,在杭州观众听众中间赢得了良好的反响。

*一是注重长远规划,提出媒体创新战略。*当前,广播电视竞争越来越成为节目创新力的竞争,媒体创新能力越来越成为广播电视台的“软实力”。集团着眼长远发展,在今年初制定的“十二五”规划中,明确将“媒体创新战略”作为五大发展战略之一,提出要:“适应现代信息社会和媒体融合的时代发展要求,构建起‘全天候、全媒体、全平台’的信息采编和发布机制,整合新的传媒终端和传播渠道,创新媒体业态与运营模式,有效提高文广媒体集群的整体传播力、影响力和竞争力。”同时,将品牌建设作为广播电视转型升级和提高竞争力的重要抓手,把节目创新和品牌提升紧密结合起来,通过打造栏目品牌、活动品牌,积极提升频道品牌、频率品牌。

*二是注重氛围营造,举办节目研发大赛。*今夏,集团举办了“激发活力、点燃创意——杭州文广集团节目研发大赛”,面向台内及全社会征集广播电视节目创新方案,发现优秀创意,激励创新人才,营造创新氛围。本次大赛分创意征集和样片评选两个阶段进行,历时三个月,共收到节目创意文案 77 个,电视季播活动创意文案 12 个,制作广播与电视节目样带 16 个。比赛特别增设了样片制作与评比环节,各频道(率)根据实际自行甄选创意文案进行样片制作,为下一步改版储备新节目。目前,已有多个创意文案转化为新节目正式播出,并获得了不错的市场反响。本次大赛充分发挥了各频道(率)的创新主体作用,节目研发能力迅速转化为节目生产能力,为集团进一步推进广播电视持续创新积累了有益经验。

*三是注重机制保障,改造节目研发模式。*通过建立职业化的创意策划团队,逐步改造原来从上而下推进的节目研发模式。在原来机制下,各频道(率)往往是因为某档节目市场表现低迷,才“被迫”拿出新的研发方案,节目的研发速度经常跟不上市场节奏。为此,集团致力于建立一支职业化的创意策划团队,打造新的节目研发模式。今年,在视听研究中心专门设立了节目研发部,定期为各频道(率)推送国内外最新的节目创意模式报告。该中心还定期组织海外优秀电视节目观摩会,挑选欧美主流电视市场的热门节目,邀请专家、组织频道进行观摩交流。各频道(率)设立节目研发创意库,根据节目改版需求,随意激活以适合市场竞争需求。此外,集团还计划将节目研发大赛定期化,将其纳入节目创新长效机制之中。

宁波广播电视集团

深入推进文化体制改革。积极推进扁平化管理,深化频道制改革工作。根据《关于调整宁波广播电视集团体制和机构编制的批复》(甬编〔2011〕4 号精神,宁波广播电视集团、宁波人民广播电台、宁波电视台进行整合，整合后单位名称为宁波广播电视集团，挂宁波人民广播电台、宁波电视台牌子，不再保留宁波人民广播电台、宁波电视台独立事业法人资格。机构规格为相当于行政正局级。宁波广播电视集团实行党委领导下管委会、编委会负责制，设内设机构29个，其中：频道频率机构11个、综合管理机构12个、保障机构6个，直属机构10个。集团按照改革实施方案稳步推进，先后组织了二次干部竞聘上岗，年底干部基本到位，为推进频道制改革打牢了基础；同时，进一步明确了党委会、编委会职责，并陆续在决策、执行、监督等机制方面建立了相关制度。努力推进广播电视网络整合工作，认真贯彻全国文化体制改革工作会议精神和省委、省政府关于“以华数为主体组建省级网络公司，实施全省网络资本整合”的要求，基本完成了全市广电网络的整合工作，12月22日，举行了宁波广电网络股份有限公司揭牌暨签约仪式，标志着宁波市“一市一网”工作取得了重大阶段性成果。

在人才队伍工作上继续取得新的进展，陈建方同志进入中宣部“四个一批”人才；辛雪莉同志获得国务院特殊津贴；安建同志被评为浙江省优秀共产党员、省有突出贡献中青年专家，并被中国广播电视协会、中国电视艺术家协会授予“中国电视剧产业二十年突出贡献人物——导演”称号；周洋文获得省“飘萍奖”，并被国家广电总局评为“广播影视走出去工程”先进个人；王玮同志进入省“151”工程第一层次。

加强文化精品的生产播出工作。在精品生产方面，省市确定的2011年文化精品创作项目——长篇电视连续剧《向东是大海》于5月份在横店影视城开机，8月份完成拍摄。电视连续剧《我是你的太阳》于12月开机拍摄。完成了广播剧《绿荫的守望》的生产和播出，广播剧《辫子坟》的创作生产正在进行中。在作品播出方面，长篇电视连续剧《五星红旗迎风飘扬》在央视一套黄金时间播出，并被国家广电总局推荐位向建党90周年献礼的40部主旋律电视剧之一。电视剧《家常菜》、《雪花那个飘》、《双城生活》相继在北京卫视、东方、卫视、吉林卫视、天津卫视等首播、热播。在获奖方面，《五星红旗迎风飘扬》获第28届电视剧“飞天奖”长篇电视剧一等奖，《家常菜》获长篇电视剧二等奖。4件作品获中国广播影视大奖节目奖，《群星故事群星梦》获优秀广播专题奖，《致最后的七月》获优秀文学节目奖，《小镇民警维稳事》获优秀电视专题奖，《来吧　来吧》获优秀对外节目奖，另有3件作品获中国广播影视大奖提名奖。此外，在浙江省新闻奖、政府奖评选中共有26件作品获得一等奖，继续保持在全省各城市台的领先地位。

浙江卫视·中国蓝
中国梦想秀
4月2日晚
9点档
震撼直播
TIIDA 骐达
快乐蓝天下
中国梦想秀
不必是达人 有梦有舞台
圆梦大使：陈奕迅

三周年特别献礼：

- “追梦中国蓝”三周年庆典晚会
- 北京人民大会堂高峰论坛
- “中国蓝 秀山岛”系列狂欢活动
- “三周年庆典”花车巡游
- “顶层设计 基层做起”观众恳谈会
- 专题“追梦中国蓝”展播
- “三周年”剧献大片
- 系列特别节目

顶层设计

超越梦想

浙江卫视中国蓝 三周年

潮起钱江台

2011浙江骄傲年度最具影响力人物评选活动颁奖典礼

大型公益活动“我们养猪吧”

心中有爱献出来——
纪念建党90周年晚会新老党员宣誓

心中有爱献出来——
纪念建党90周年晚会

2011重阳节晚会

浙江经视

今生经视 相伴相知

《新闻深呼吸》

程程　舒中胜

《经视新闻》

甘泉　王剑　尚杨

浙商栏目群

《风云浙商面对面》
《资本相亲会》
《非常董事会》

茅莹

《经视看地产》

王森

《证券直播室》

谢爱军　陈海钢　王津津

浙江电视台教育科技频道
新青年制造

2011 年，教育科技频道着力增强“新闻优势、娱乐增色、专业鲜明”的频道实力，努力打造“新青年创造”频道品牌。频道在做强《今天》、《小强热线》等新闻品牌的基础上，推出新栏目《深度报道》，成为教科平台日常新闻的重磅节目。频道还于 4 月 1 日起推出创新性新闻栏目《今晚抢鲜看》，开创“透明做电视”的全新理念；于 11 月 27 日在《小强热线》栏目中推出新板块“非常出租车”，开创了电视访谈的新形式。《纪实》强化评论，丰富题材，从宣传法律知识的角度引导观众；《美丽 A 计划》展现平民和主持人才艺、互动性强，格调积极向上。2011 年，教育科技频道创新举办了“五月的鲜花——永远跟党走”、“十月的阳光・走向复兴”、《诗行大地——庆祝建党九十周年诗歌朗诵会》、《2011 未来主打星主持人选拔大赛》、第六届中国（浙江）电视观众节特别晚会《十年梦想秀》等多项重大主题活动和品牌活动，影响广泛，好评如潮。

2011 年，教育科技频道晚间的省网、市网收视率继续保持省级频道第一位，全年完成广告创收 3.529 亿元，超额完成了集团广告任务。

2011“未来主打星”浙江广电主持人选拔大赛已于五月底全面启动,网络报名、校园推广同步展开。比赛启动一周已经吸引了千余人报名。次大赛分为大二组、综合组（非大二选手）两个级别。大二组预选赛已经于端午小长假在杭州、宁波、金华三地举行。经过连续三天的比拼，位选手在预选中脱颖而出。从6月11日起，每周六22:30教育科技频道拉芳《美丽A计划》将全程播出赛事。而综合组（非大二选手）的报名在继续，报名请登陆新蓝网www.cztv.com 华数TV www.wasu.cn 网络报名专区。咨询电话：0571-56353619 56352913 ，关注新浪博：未来主打星2011

“走进你的电视台”感恩观众之旅

浙江省慈善总会第三次

浙江广播电视集团教育科技频道

日行一善
主题公益活动

公共频道

ZTV-7

2011年度浙江新农村建设带头人金牛奖颁奖典礼
金牛奖
颁奖典礼

西蘭花飯店
開業喜迎遠近

2011年度
金牛

1921 2011
唱响九十年

走进翠苑四
纪实
房产装修
生活123

让开化飞
第三届"新农村冲击播电视助推行动"
启动仪式
中共开化县

日常版：每周一到周五
17:40-18:00黄金档播出
综艺版：每周三、周四晚
20:30-21:15黄金档首播

每晚18：00-18:30
黄金档首播

每周六晚
20:30-21:15
黄金档首播

每周日晚
20:30-21:15
黄金档首播

每周一、周二晚
20:30-21:15
黄金档首播

6

天天6频道　生活好味道

一家人 6频道

不是一家人　不进一家门

6频道围绕家庭收视人群，成功打造了全自制全直播的晚间六小时黄金收视带。《1818黄金眼》、《钱塘老娘舅》、《老娘舅群英会》、《相亲才会赢》、《我老爸最棒》、《PK大擂台》、《相亲会》、《午夜说亮话》等一系列原创节目独树一帜、深入人心。

浙江星级小记
Balabala
Balabala 你猜谁会赢
少儿频道

浙江国际频道

浙江国际频道自2006年8月开播以来，锐意进取，开拓创新，立足本省，面向世界，以时政、财经、新闻播报为主，突出浙江地域经济文化特点，热忱为海外观众服务，在加强频道建设、提高节目质量、开展品牌宣传等方面取得了突出成绩。对外传播由点到面，对外影响不断扩大，成功搭建了浙江对外传播的大平台，2011年度荣获国家广播电影电视总局表彰的“广播影视走出去工程先进集体”。在长城平台收视排名中位居前5位，深受海外华侨华人收视用户欢迎，海外知名度和影响力不断提升，成为沟通浙江与世界的重要窗口和桥梁，为增强我国广播影视的国际影响力和竞争力发挥积极作用。

浙江电视台国际频道与温州电视台联合承办的“天下温州人、浓浓海外情—2011春节联欢晚会”，通过歌舞、民俗表演、海外大使连线、侨胞采访等形式，热情讴歌了改革开放中崛起的浙江人拼搏创业精神，彰显了海外温籍华人、侨胞爱国爱乡风采，在海外引起很大的反响，收到良好的收视效果。温州市委市府主要领导以及来自全球的温州籍侨领共同观赏了这场有着浓郁地方特色的新春晚会。

浙江电视台国际频道和浙江卫视联手打造“七一”特别节目—《我的中国心》。来自意大利、法国、葡萄牙、美国、加拿大、马来西亚、克罗地亚、南非、挪威以及中国、香港等10个国家和地区的13名华侨华人代表汇集在杭州主会场，与莫斯科、墨尔本、巴黎、休斯顿、吉隆坡五个分场的华侨华人共同演唱歌颂祖国、歌唱幸福生活的经典歌曲，充分表达炎黄子孙对祖国的赤子之心。

留学世界
Study Abroad

频道简介

2004年6月1日开播，是中国内地唯一一家以留学服务和外语培训为主题的专业数字频道，通过卫星覆盖全国。权威的留学新闻资讯，海量的海外院校信息，丰富的外语教学节目，资深的业内专家访谈，精彩的原生态留学博客，还有最专业的教育招考资讯，《留学看天下》、《留学新浪潮》、《招考热线》、《背诵为王》、《雅思训练营》、《环球大视野》等节目个个精彩。留学世界付费频道，让你站得更高，看得更远!

报道中国最大规模国际教育展

10月15日至16日，由中国教育国际交流协会主办的2011中国国际教育展在北京举行，包括英、美、加、法、德、日、韩、新加坡、中国、香港等地在内共36 个国家和地区的500 多所高校参展。《留学世界》频道作为本届教育展媒体合作伙伴及官方信息发布平台，特别派出报道小组赴北京对展会进行全方位的报道，为大家带来最权威、最及时的留学资讯。

填报志愿大型咨询活动

8月6日—7日《招考热线》联合浙江省普通高校招生研究会高职分会共同举办了2011第三批志愿填报大型咨询活动，全省50多所高职(专科)院校的招生负责人亲临现场为考生答疑解惑。

举行首届全国外国留学生才艺展演暨第五届“梦行浙江”文艺晚会

11月22日晚，“走进浙江—首届全国外国留学生才艺展演暨第五届 ‘梦行浙江’文艺晚会”在杭州师范大学启幕。来自浙江省内外18所高校的留学生展演了17个精彩的节目。晚会紧紧围绕“爱我中华·情满浙江”的主题展开，由“走进浙江”——外国留学生中华才艺展演、“悦读浙江”外国留学生征文比赛获奖者颁奖典礼两部分组成。教育部副部长郝平、浙江省副省长郑继伟出席晚会并为“悦读浙江”征文活动获奖者颁奖。

《数码时代》频道2011年鉴宣传

频道简介

2005年9月1日开播，是中国唯一家以传递数码时尚文化为定位的专业字卫星频道，通过卫星覆盖全国。以读数字技术、引导数字生活为宗旨，时尚、轻松、实用的新科技专业节目格，从工作、生活、娱乐多角度关注字技术及产品发展，传播“信息科技时尚生活”的理念，使观众尽享数码技的无穷魅力。

主打栏目

频道的主要栏目《今日数码》是档解读最新数码新闻，展示科技新天的日播节目。该节目时长为20分钟。别由数码新视点、IT加油站、3C数码榜以及数码橱窗这四个板块组成。

好易购

好易购户外活动现场

浙江广播电视集团倾力打造
好易购频道三喜临门庆双年
千万豪礼享不停
台庆二周年
好易购频道
台庆两周年
恭贺品牌

新闻直播室

连线新闻当事人
连接新闻最前线

每天中午11点到12点
为您带去最新最热最辣的焦点新闻
庞大智库团为后盾，拨开重重迷雾
直达新闻本质，提炼一手的观点，引导社会舆论

主持人：
思宁

浙江之声
中国最具实力省级新闻广播

影响力优势

浙江之声——浙江广播主频率，影响有影响力的人。

浙江之声是省委省政府信息发布唯一广播媒体，也是省级部门政务信息和重要新闻指定发布广播媒体。

浙江之声每年都邀请厅局长、市县书记、市长走进直播室，与听众直接沟通。《跨越“十一五”》大型直播访谈中，邀请杭州、绍兴、嘉兴等全省30多个市、县（区）的政府市长、县长做客浙江之声直播室。

《实现“两富”，再创辉煌——市县委书记多媒体访谈》中，全省30多位市县委书记和市县长相继走进浙江之声直播室。

浙江之声享有全国“两会”省内广播唯一采访报道权；也是浙江省“两会”指定广播宣传平台。

定位优势

浙江之声——新闻立台，满足听众的第一需求。

浙江之声拥有一批新闻品牌节目集群。如《浙广早新闻》、《阳光行动》、《浙江新闻联播》、《新闻110》、《方雨大搜索》、《今日大热点》、《新闻直播室》、《麻辣串串烧》等。

新闻记者队伍专业、强大。拥有全面、迅速的新闻网络。

覆盖优势

浙江之声——全省频率资源最多、功率最大、覆盖最广。

浙江之声，全省拥有39个调频、28个中波，双频覆盖浙江全境及上海、江苏、安徽、江西等周边地区8000多万人口。

浙江之声，总发射功率达到数百千瓦，是一般电台的几十倍。

收听率优势

浙江之声——综合收听率、市场份额排名全杭州第一、浙江第一。

2012年1月-9月，浙江之声收听率0.82%，市场份额11.73%，排名全杭州第一。

浙江之声收听人群以公务员、白领、事业商务人士为主要收听人群，主要收听人群为25岁-54岁的社会中坚阶层。

财富广播2011品牌节目

《股动天下》【浙江广电集团品牌栏目】
《财经早八点》
《浙江房产报道》
《财经晚八点》

财富广播2011品牌活动

《股海英雄争霸赛》
《财富大讲堂》
《走进上市公司》
《时尚车贴设计大赛》

《财经早八点》
周一至周日 8:00-9:00
陈韩
沈亮

FM95财富广播
浙江第1财经广播
有鲜明财经特色的大众媒体

交通第一广播
FM93 交通之声

FM93交通之声，创办于1998年，是浙江广播电视集团所属的广播频率。FM93交通之声同频同步覆盖浙江全省，每天有效覆盖人次约2100万。2010年，FM93交通之声广告创收突破亿元，成为浙江首个亿元广播。2011年8月12日，由国家广电总局、《中国广播影视》杂志主办的"时代之声——2011全国广播业综合实力调研活动落下帷幕"，综合行业共识，结合定性与定量分析，FM93交通之声荣获"全国最具实力交通广播"荣誉，综合实力位居中国广播第三，其媒体价值受到客户的广泛认可。

FM93交通之声荣膺"2012中国广播电视民生影响力资政类十强媒体"称号
"影响中国 —2012年度最具广告传播价值广播电台"称号
"金长城传媒奖 2012中国十大影响力（省级）广播电台/频率"称号
《93早高峰》荣获"全国广播栏目民生影响力十强栏目

一路有你 温暖同行
长假特别服务周

2012年的中秋国庆长假，公路交通呈爆发性增长。FM93积极发挥交通诱导功能，推出特别节目："一路有你，温暖同行"，成为浙江公众假日出行的首选服务媒体。浙江省副省长王建满：向FM93交通之声表达敬意。假日出行舒缓情绪，疏导交通，FM93交通之声发挥了大作用。

交通让生活更美好
穿越浙江

FM93交通之声与交通旅游导报跨界合作大型主题报道《穿越浙江——交通让生活更美好》，采访团从4月17日起，历时半个多月，分3路主线深入基层，在展现我省海、陆、空交通建设成就的同时，充分挖掘新闻内涵，深入总结建设成就对社会进步和经济发展的真正影响和意义，实现成就报道从量到质的飞跃。

浙江交通文明年度压轴活动
改变—浙江省文明出行现状发布会

2012年1月FM93交通之声创意承办"改变——2011年度浙江省文明出行现状发布会"，在对浙江2011年道路交通安全各项数据发布的同时，揭晓了"浙江省十大典型事例文明榜"和"浙江省十大交通典型事故警示榜"。

唤醒公众环保意识 为建设生态文明推波助澜
生态文明在浙江

FM93交通之声携手浙江省外宣办、浙江省网信办等联合举办"生态文明在浙江"多媒体联动大型新闻行动。采访团走遍全省十一家地市，行程3000多公里，全省巡回访谈地方书记市长、会客专家学者，对浙江生态文明的发展之路进行生动诠释，向公众传播生态文明理念，全面反映浙江省建设"生态浙江"的显著成就和最新进展。

用爱创造纪录见证历史
首届汽车风尚音乐会

2012年11月，475辆私家车在杭州钱江世纪城汇集，参加由FM93交通之声创意承办的浙江广电集团第七届中国电视观众节重要活动项目汽车风尚音乐会。"汽车风尚音乐会"是迄今为止中国规模最大的户外汽车音乐会，创造了"大世界基尼斯"之最。音乐会上，浙江广电集团旗下七大广播的七大名嘴亮丽登场，当红的《中国好声音》和《中国梦想秀》选手也表演了节目。浙江广播电视集团旗下七大广播频率现场同步直播了这场汽车风尚音乐会。七台同声，这在浙江广电集团历史上尚属首次。

与职能部门深度合作 关注社会民生
对话银行

联合浙江省政府纠风办，40天现场直播，浙江地区40余家银行行长走进直播间，直面全省听众。推动金融业的行风建设和服务意识的提高，各界反响强烈。

文明出行全省巡回宣传月大型公益活动

由浙江省文明办、浙江省公安厅交管局、浙江广电集团联合主办、FM93交通之声创意承办的"2012中国人保文明出行全省巡回宣传月大型公益活动"6月启动以来，行程6000多公里，走遍了浙江十一个地市所在地城市及7个重点县市区，15个高速公路服务区。通过18场创意的剧幕《马路四重奏》巡演、15场高速公路服务区宣传活动、全省文明出行示范街守护劝导行动、全省交通广播文明出行公益宣传带展播、文明车队全省巡回、关爱交警送清凉六大主题活动。现场影响人群超过15万人次，这也是文明出行活动连续七年举行大规模夏季巡回宣传月活动影响最大、美誉度最高的一次活动，得到各主办方领导的高度评价。作为浙江最具影响力的大型公民教育实践活动，日益深入人心，影响公众生活，影响波及全国。

世界观无烟日 再度惊艳宣传控烟

2012年5月31日世界无烟日，FM104.5的十二位星座女主播与“你是女主播”的30强选手共同组成史上最大、面积达300平方米的禁烟标志图案，以令人震撼的视觉造型在城市广场出现，用这种行为艺术提醒人们警惕香烟对健康的危害，赢得了市民们的认同，受到国内省内众多新闻媒体的高度关注。

美丽让你听见

浙江广播史上规模最大 历史最长 影响最广的选秀活动 “你是女主播”风行第三季 不断谱写奇迹

由蒙牛真果粒独家冠名的“‘爱上真果粒，你是女主播’2012美丽声音听你的”活动从2012年4月19日正式启动以来，在全省十地市：杭州、宁波、绍兴、嘉兴、湖州、金华、温州、衢州、台州、丽水，共进行了14场海选比赛，全省报名人数多达6000余人，吸引现场观看人数达2万余人，是活动连续举办三年以来海选规模最大的一次。自启动以来，共举办了17场路演活动，4场公益活动，商业赞助超过百万，省、市报纸、网络、电视等其他媒体的宣传报道数量过百篇，“你是女主播”活动已经成为全国首家女主播电台FM104.5品质生活广播第一品牌活动。

学雷锋 万本字贴进校园

2012年3月5日，恰逢周一升旗仪式，FM104.5的女主播们携万本《雷锋日记》练字贴同步进入杭城七家小学校园，与小学生们亲密互动，活动受到了各所学校的欢迎与学生、家长的高度好评。

真爱传递 美丽同行

2012年7月7日，FM104.5女主播电台联手虞美人国际集团共同举办名为“真爱传递 美丽同行”的助残公益活动，多位爱心人士通过电台得知这一消息后，分别从杭州、绍兴、义乌等地驱车来到衢州常山，一起参与这一爱心活动，本活动不仅在听众中反响很大，还引起了诸多媒体竞相报道。

全国首家女主播电台FM104.5品质生活广播（浙江旅游之声）是浙江广电集团旗下的广播频率之一，2009年12月1日开播起，彰显“个性 品质 时尚”形象，打造中高端私家车主最钟爱的电台。十二星座女主播坚持公益理念，在电波中宣导公益，并通过全年200余场线下活动来扶困助残、宣传无偿献血、消防安全、志愿服务、交通安全、文明行车……“因为公益，所以美丽”，成为全省最具传播力的主持人集群品牌，众多政府职能部门和社会公益组织竞邀担任形象代言。十二星座女主播中的水瓶座女主播、巨蟹座女主播、魔羯座女主播、狮子座女主播更是得到听众粉丝的喜爱，拥有较高人气的知名度，她们分别主持的《只飙新闻不飙车》、《奥图图》、《小雨来了》、《魅力车生活》成为听众喜闻乐“听”的优质节目。

开播三周年 公益回报 因爱而美

由贝因美冠名的FM1045三周年“因爱而美”大型公益活动从2012年11月25日启动以来，共历时40天，活动分宝贝爬爬赛、加油站送手帕活动、环保手帕DIY活动三个部分。本次活动辐射全省，在杭听众亲身参与。十二星座女主播更是深入到全省80个加油站，与私家车主面对面，8天时间中，共派发2万份十二星座手帕，把公益主张也传递到了大家心里。活动期间，报纸、网络对此活动进行了大量报道，FM104.5腾讯官方微博策划发布“那些年，那些手帕的故事”网友参与热烈，广播（微博）达2076条，相关广播（微博）共50万次，阅读达19万次。

因为公益，所以美丽。十二星座女主播以其公益的理念和美丽的形象，赢得政府部门高度认可，并授予形象代言：浙江省志愿者形象大使、浙江省无偿献血宣传形象大使、浙江省旅游局11地市旅游形象代言、杭州消防宣传形象大使、王振滔慈善基金会爱心大使。**2012年更获得“最美浙江人——2012青春领袖”、浙江省省直机关“巾帼文明岗”、浙江省交通安全形象大使等殊荣。**

十二星座女主播

2012

2012，我们让快乐飞翔

我们制造娱乐大爆炸

2012年，私家车107首创电台大综艺节目

私家车下班路上娱乐大爆炸

主力团队点燃激情，炸sei悲伤

我们传递大爱

2012年，“和谐中秋1给爸妈的一封信”

亲情感动天下，收到家书11328封

“微笑私家车”大型公益活动

结对帮扶560名低收入农户青少年

爱心款1060067元，图书6117册

我们创造传奇

2012年，私家车107收听率持续攀升

峰值高达1.74%，居所有电台No.1

市场占有率高达14.98%，居所有电台No.1

私家车107“乐天派车友会”

实名登记会员达74133人

私家车107 · 城市之声

"新蓝直播间"主持人
李乐乐

"晓雯@u"主持人
章晓雯

"新蓝直播间"主持人
林安琪

"天下网商"主持人
赵颖

2011年，新蓝网获批由国家广电总局颁发的省级首批网络广播电视台牌照、由国务院新闻办公室颁发的"互联网新闻信息服务许可证"，成为集团的第19个新闻播出机构，名副其实的主流媒体。随着浙江网络广播电视台、浙江手机台的先后上线，初步完成了"一网两台，立体传播"的战略布局。网台认真贯彻省委书记赵洪祝提出的"传达政令，宣传浙江，服务受众，引导舆论"的办台方针，坚持"高起点，大手笔，全互动，新业态"的总体原则，不断深化"台网互动，节目联动，品牌带动，营销促动"，各项事业取得全面发展。

浙江网络广播电视台上线

4月28日、6月28日，浙江手机台，浙江网络广播电视台分别上线，标志着新蓝网初步完成了"一网两台、立体传媒"的战略布局。

获评"浙江省文化传播创新十佳网站"

2011年，新蓝网再次蝉联由省委宣传部等八家单位联合开展评选的"浙江省文化传播创新十佳网站"。

第二届浙江网络广播电视台联盟峰会

6月10日，新蓝网成功举办第二届浙江网络广播电视台联盟峰会，与全省11市广播电视新媒体合作共建"视频浙江"频道。

浙江省广播电影电视局

胡　键（1971.11～）男，浙江省广播电影电视局办公室主任。汉族，浙江永嘉人，中共党员，研究生学历。1992年9月参加工作，历任永嘉县报社广告部主任、鹿城区人武部政工科干事、鹿城区政府办公室副科长、副主任科员；2002年9月任浙江省广播电视局宣传管理处副主任科员、办公室副主任科员、主任科员；2007年4月任浙江省广播电视局办公室副主任；2011年2月任现职。

林勇毅（1965.11～）男，浙江省广播电影电视局宣传管理处处长。汉族，浙江慈溪人，中共党员，大学本科学历。1985年8月毕业于浙江省广播电视学校新闻专业，分配到浙江省广播电视学校任办公室秘书；1988年8月任浙江省广播电视厅《视听纵横》编辑部编辑；1997年8月任浙江省广播电视厅总编室主任科员；2002年6月任浙江省广播电视局宣传管理处副处长；2011年2月任现职。

昂朝明（1964.07～）男，浙江省广播电影电视局安全播出调度指挥中心主任。汉族，安徽巢湖人，中共党员，研究生学历。1981年9月参加工作，历任温州军分区南麂守备营排长、省军区司令部作训处副连职教员、正连、副营、正营、副团职参谋，2003年任省军区军事志办公室主任，2004年任金华市金东区人武部部长、区委常委，上校军衔。2008年转业到省广电局任调度指挥中心副主任，2011年2月任现职。

浙江广播电视集团

张　晔（1974.01～）男，浙江广播电视集团科技管理部综合管理科科长，高级工程师。浙江杭州人，中共党员，1997年毕业于南京航空航天大学计算机及应用专业，任职于浙江广电集团计算机科、设备管理科、综合管理科。期间主要从事网络管理和维护、工程项目招投标、设备采购、专业设备管理、技术管理等工作。曾参与新大楼网络、高清电视转播车集群、演播室、直播室、录音棚等大型工程项目。在省级以上刊物发表了《集团物资管理系统中综合查询及管理子系统的实现》、《基于无缝时移回放技术的互联网流媒体直播平台》、《浙江广播电视集团小型机、存储设备项目实施》等论文；获总局金帆奖一等奖、金帆综合大奖、总局科技创新二等奖、国家电影电视技术学会科技二等奖等荣誉。

蒋　蔚（1976.02～）男，浙江广电集团科技管理部计算机科副科长，高级工程师。汉族，浙江萧山人，中共党员，大学本科学历。1998年8月进入浙江广联信息网络有限公司任项目主管、部门助理，2003年3月调入集团科技管理部，2009年任现职，2011年被聘为高级工程师。参与了安全的双因素认证远程办公系统、智能化多路由互联网项目、无线局域网项目、网络信息安全加固项目、3G设施保护等项目。在《影视制作》、《浙江传媒学院学报》等刊物发表了多篇论文;获省优秀论文奖一次、中国电影电视技术学会科学技术奖一等奖1次、总局科技创新奖三等奖3次、省局科技创新奖一等奖4次、二等奖2次。

郑　磊(1976.01～)男,浙江广电集团科技管理部高级工程师,汉族,上海人,中共党员,浙江大学软件工程硕士。1999年9月进入浙江广联信息网络有限公司计算机中心工作,历任主管、部门经理助理等职务;2004年1月调入集团科技管理部计算机科工作,担任系统组组长。在《中国计算机报》等刊物上发表了4篇论文,被比特网和《浙江广播电视集团技术论文集》收录。主创和参与的信息化项目获中国电影电视技术学会科学技术奖一等奖1次;国家广电总局科技创新奖三等奖2次;省广播影视科技创新奖一等奖4次,二等奖2次;省广播电视局优秀技术论文三等奖1次;华东电视技术年会技术进步奖一等奖2次,二等奖2次。

王　斌(1974.06～)男,浙江人民广播电台主任播音员,江苏连云港人,中共党员,大学本科学历。1998年12月进入浙江人民广播电台工作至今。独创的曲艺专题《散不去的笑声——怀念马三立》获2003年浙江广播电视文艺奖(广播曲艺)一等奖;独创的戏曲专题《越剧舞台的"守书人"》获2004年浙江广播电视文艺奖(广播戏曲曲艺)一等奖、中国广播影视大奖优秀戏曲节目;2009年、2010年,播音作品《浙广早新闻》连续两届获浙江广播电视播音主持作品奖(广播播音)一等奖;播音作品《浙广早新闻2009年10月2日》获2010年"中国播音主持金话筒奖广播播音作品提名"奖。

吴伟成(1975.05～)男,浙江人民广播电台音乐调频频道副总监,浙江仙居人,中共党员,大学本科学历。1996年毕业于杭州大学新闻系,同年进入浙江电视台教育科技频道工作,历任记者、编辑、报道组长;2002年任浙江广播电视集团广告管理中心综合科副科长、电视广告管理科科长;2010年任浙江电台广播音乐调频总监助理,2011年任现职。在省级以上刊物发表了《用"非黄金时段"打造电视产业的黄金市场》、《符号的价值——美国电视新闻商业价值瓶颈的突破策略》等多篇论文;主创的新闻专题《我省万名警民围歼持枪歹徒》获省好新闻奖二等奖;参与开发的集团广告管理信息管理系统项目,获省科技创新二等奖。多次被评为集团先进工作者、中国电视观众节先进个人。

王毅军(1966.08～)女,浙江人民广播电台音乐调频品牌中心主任、工会主席,主任编辑,九三学社社科支社主委。浙江杭州人,硕士研究生学历。1994年任西湖之声公关策划部业务员、综合部主任;2001年任浙江广电集团经济台外联部副主任,2003年任文艺台外联部主任,2010年任现职。主创的主要项目:首创广播一条街及博览会广播现场直播室、《我为七一献热血》、《同一首歌》大型演唱会、与中央台合作来自西湖的问候、省农博会义乌站、百名浙大学子重走长征路、《全民阅读》、《红歌中国》大合唱比赛、《颂歌飞扬90年》歌舞晚会。在省级以上刊物发表了《浅谈大型会展直播中如何发挥广播媒体的优势特点》、《品牌节目赢市场》、《品牌节目在营销过程中必须掌握的五个关系》、《品牌节目的生命周期及其营销策略探究》等多篇论文;主创的作品《节水篇》获国家级新闻奖三等奖,《浙江人》、《与共和国共节拍》获省级新闻奖一等奖;多次获得集团先进个人及省级优秀工会工作者荣誉。

王　颖(Amy)(1976.06～)女,浙江人民广播电台音乐调频频道主任编辑,内蒙古人,中共党员,大学本科学历。历任音乐调频节目部副主任、活动部主任、总编室主任等职。参与开创省内第一家民生资讯电台FM99.6民生资讯广播,栏目《AMY.COM》获省广播电视品牌建设奖(广播优秀栏目奖),个人获集团十佳主持人;作品《爱在深秋》获全国广播剧三等奖;《一位网络节目主持人的一天》获省广播电视播音主持一等奖;《保护藏羚羊,网络在行动》等7件作品获省广播电视文艺、综艺及记协新闻作品一等奖;《网上过大年》等6件作品获省级二等奖。在省级以上刊物发表了《广播节目的网络传播探索——以浙江电台音乐调频<AMY.COM>为例》等多篇论文。

席　文(1978.05～)男,浙江卫视主持人、主任播音员。汉族,山东青岛人,大学本科学历。2000年毕业于北京广播学院播音系,同年进人浙江卫视工作至今。积极参与防台抗台、杭州湾跨海大桥通车、舟山大陆连岛工程通车、神州大地看浙江、钱江潮等大型活动的直播报道。直播作品《家园》获2006年省播音主持作品奖一等奖;《浙江新闻联播》获2009年省电视播音奖一等奖;论文《新闻直播主持实务》获第五届省牡丹奖三等奖。2006年~2011年连续六届被评为中国电视观众节先进个人,获2010年浙江省优秀主持人奖(人物奖),为浙江省宣传文化系统"五个一批"人才,是全国青联委员、省播音主持专委会副秘书长、省残疾人联合会爱心大使、省青少年发展基金会爱心大使、省红十字会博爱大使,省优秀青年志愿者、国家发改委节能减排形象大使、省时尚文化节形象大使、省知识界人士联谊会常务理事、省少数民族企业家协会特邀理事。

裘鸿维(1970.06~)女,浙江卫视节目中心晚会活动部主任,一级导演。新疆乌鲁木齐人,大学本科学历。1993年毕业于北京广播学院,同年进入浙江电视台文艺部工作,历任综艺、文化专题等栏目编导。近年来,主创了《红船向未来》大型主题晚会、连续七年浙江卫视跨年晚会、连续四年"中国电视观众节主题晚会"、三届"中国国际动漫节开幕式晚会",主创的晚会获得浙江省政府电视文艺一等奖6件,参与主创的《动漫天堂》获2006年中国广播电视大奖。2002年创作的电视音乐片《丝竹江南》,获第十六届中国电视文艺星光奖音乐节目二等奖。

黄　坚(1960.08~)男,浙江卫视二级导演,浙江杭州人。1986年毕业于中国美术学院,1995年调入浙江电视台教育科技频道工作,担任大型系列纪录片《西部地理》制片人和总编导;2011年任浙江卫视《艺术:北纬三十度》总导演,期间编著了书籍《四川印象》和《甘肃印象》。导演的纪录片《箔门》获2005年浙江新闻奖二等奖,并入选2006年法国第十九届FIPA(飞霸)国际电影电视节;导演的大型纪录片《芨芨草》获2007年度浙江广电新闻奖(长纪录片)二等奖、2008年中国国际选片十大优秀纪录片、十四届上海"白玉兰奖"最佳社会类纪录片提名奖、2008年省"牡丹奖"纪录片一等奖、第二十四届中国电视金鹰奖电视纪录片三等奖、入围2009年加拿大第十届人与自然国际电影节;导演的十集系列纪录片《四十朵花花》获2010年国家优秀大型纪录片奖。

林　坚(1960.08~)男,浙江卫视技术中心播出部主任,高级工程师。大学专科学历。1977年在浙江无线电厂参加工作;1988年在浙江省电子技术研究所从事广播电视设备的开发和研制;1995年在浙江电视台工作,历任新闻中心技术部副主任、主任、技术中心播出部主任,2011年取得高级工程师资格。主持参与了浙江电视台80平米数字演播室项目、浙江电视台计算机新闻管理系统和全省新闻交流协作网项目、浙江卫视新大楼新闻演播室和电视新闻制播网等项目。在《电视技术》、《现代电视技术》、《广播与电视技术》、《中国传媒科技》等刊物发表了10多篇论文;获省政府科技进步三等奖、总局电视节目技术录制质量一、二等奖、省局科技创新二等奖。

郑北京(1974.07~)男,浙江卫视高级工程师,浙江杭州人,中共党员,大学本科学历。1996年7月进入浙江有线电视台技术部工作,2000年在电视制作中心从事电视车、演播室方面的技术工作,多次参与高清电视车、演播室的前期设计和施工调试等工作;2010年6月进入浙江卫视节目中心,从事技术协调工作,参与了《非同凡响》、《心跳阿根廷》、《中国梦想秀》及中国蓝周年晚会、跨年晚会、观众节晚会等节目的技术协调工作;作为慢动作导演,参与了2008年北京奥运会羽毛球项目电视公共信号的制作。多次获总局技术质量奖(金帆奖)一等奖。

陈明明(1973.08~)男,浙江电视台钱江频道营销中心主任,主任记者。湖南祁东人,中共党员,研究生学历。1996年在湖南电视台工作,历任生活频道制片人、总编室主任助理、经视新闻中心副主任;2004年任海南广播电视总台总制片人、监制;2007年进入浙江电视台钱江频道工作,历任新闻部主任、综合部副主任、节目部副主任、策划运营部副主任、营销中心主任等职。参与创办《生活晚报》、《真实再现》、《真相3.15》、《聚焦》、《T2区》、《直播海南》、《早安海南》、《九点半》等系列新闻、专题节目,主创的作品多次获得湖南、海南、浙江广播电视新闻奖和年度好新闻奖。并参加了浙江省哲学社会科学规划一般项目"现代传播思想与传播研究的历史叙述"的研究,在《浙江学刊》、《中国传媒报告》等刊物上发表了多篇论著。

邱　敏(1972.04~)男,浙江电视台钱江频道主任记者,浙江长兴人,大学本科学历。1996年毕业于上海华东师范大学中文系,同年进入浙江电视台钱江频道工作,历任记者、编辑、制片人等职。2004

年，主编创办了《范大姐帮忙》，率先在国内电视界开出了帮办类新闻栏目，很快成为浙江知名的民生新闻节目之一。期间，策划组织的《范大姐真情劝下跳江人》、《七夕断桥边》、《陪你去自首》等报道在全国范围引起较大反响，央视、日本富士电视台以及江苏、上海等媒体均进行追踪采访。作品多次获省广播电视新闻奖和省新闻奖一等奖；《范大姐帮忙》作为唯一一个新闻栏目被浙江省记协推荐参评“中国新闻奖名专栏”。

刘　畅（1977.01～）女，浙江电视台经济生活频道新闻部副主任，主任记者。浙江杭州人，大学本科学历。1998年进入浙江有线电视台新闻部工作，2005年任浙江经视《锋言蜂语》栏目责任编辑，2006年任浙江经视《经视新闻》主编，2008年创办《经视看地产》，2009年任浙江经视新闻部副主任，兼《有请陪审团》制片人，2011年分管《经视新闻》。在省级以上刊物发表了《电视法庭 媒体解决功能的再实践》、《守门人的思考》等论文；作品《木材便宜为哪般 材积表里有机关》、《昨日之最》、《科技救灾》、《今起新安江开闸泄洪》获1998年、1999年浙江省有线电视新闻评比一、二等奖；《相差3厘米 西湖隧道成尴尬工程》获省广播电视新闻长消息类一等奖。

周永东（1963.09～）男，浙江电视台教育科技频道大型活动组总导演，兼任省钢琴家协会会员、省民族管弦乐学会理事。安徽广德人，大学专科学历。1987年7月任湖州师院音乐助教；1992年3月任职湖州园林管理处；1996年11月任浙江电视台教育科技频道大型活动组电视文艺导演；2000年1月任教育科技频道大型活动组制片人兼总导演；2007年3月任现职；2011年被聘为二级导演。始创年度大型校园文艺直播活动《五月的鲜花》，并与国家教育部全国大学生文化素质教育指导委员会和中国教育电视台对接，提升了省级电视频道做全国年度电视文艺活动的平台。在省级以上刊物发表了《用音乐主导动机托举主题》、《为音乐播上光影之翼——浅论审美视域下音乐电视的双重结构》、《高校校园文艺与校园文化建设——以教育部品牌活动“五月的鲜花”为例》等论文；品牌活动《五月的鲜花》、《十月的阳光》多次获得省浙江省广播电视文艺特等奖和一等奖。

杜慧琴（1960.07～）女，浙江电视台教育科技频道主任编辑，省民进会员，中国书法家协会会员，浙江缙云人。1980年参加工作，1988年调入丽水商业中专学校，1996年调至浙江省广播电视广告中心任栏目责任编辑，策划并制作了“中国联通浙江分公司画册”、“解百集团画册”、“浙江省邮电建设工程局专题片（中英文版）”、“中国童装之都——织里专题片”、“千里江堤专题片”；完成了“滨江区十年发展规划展示”的设计、布展和开幕式活动。2002年进入浙江电视台公共频道工作，发表了《电视传媒资本化运作初探》、《浙江公共·新农村频道的SWOT分析》等论文；纪录片《一指老师——张雄峰》获得了2003年度浙江省广播电视新闻（短纪录片）二等奖。

俞　力（1958.12～）男，浙江电视台教育科技频道二级摄像师，浙江电视艺术家协会会员，上海人。在省级以上刊物发表了《浅析电视纪录片中的镜头运用》、《电视的声画关系》等论文，出版了摄影画册《西部地理》；与上海巨星影业公司合作拍摄的电视剧《血路》，获1992年全国优秀电视剧奖；参与策划“94华东六省一市”春节晚会，获1993年星光奖；参与创办浙江有线电视台《人世风情》栏目，获1994年全国优秀栏目一等奖；制作的宣传片《迎春》，获1995年金鹰奖；担任导播、总导演创作的《五月鲜花》、《十月阳光》，获1998年省广播电视局综合文艺特别奖；与中央文献办合作拍摄大型文献纪录片《改革开放30年》，获2008年全国经典作品奖；摄制的大型系列片、记录片《爱我中华》，获广电总局特别奖和纪录片一等奖；担任编导、摄像的《西部地理》栏目，多次在全国获奖。

陈　昀（1959.10～）男，浙江电视台教育科技频道二级摄像师。浙江杭州人，大学本科学历。1981年3月进入浙江电视台工作，1988年10月任浙江电视剧制作中心灯光，2002年5月任浙江电视台公共？新农村频道摄像，2007年9月任浙江电视台教育科技频道摄像，2011年被聘为二级摄像师。期间参与了《鲁迅》、《华罗庚》、《女记者的话外音》、《春蚕、秋收、残冬》、《浙江百年》《百年夙愿》《中国1978—2008》等多部电视剧和电视专题片的摄制工作；还参与了省广电集团承接的世界杯FIFA女足锦标赛、世界男子排球联赛、中华人民共和国第十一届全国运动会等体育赛事电视直播的摄像工作。在省级以上刊物发表了《电视摄像的蒙太奇意识》、《制作优良的对农节目》等论文，主创的作品多次获国家和省级奖项。

王戈刚（1969.02～）男，浙江电视台少儿频道二级导演，1992年9月毕业于上海戏剧学院话剧导演专业，同年进入浙江电视台，任文艺部导演；2004年任浙江电视台少儿频道导演及制片人。导演的《幽兰三重奏》获省广播电视文艺奖电视文艺栏目一等奖，《故土情深》获第十七届全国电视文艺《星光奖》综艺节目（长）二等奖；《少儿迎春戏曲晚会》、《浙江省首届青少年环湖轮滑大赛》、《“军号哒哒吹” 八一晚会》、《浙江省纪念少先队建队60周年晚会》、《沐浴阳光 共同成长——浙江省庆“六一”活动》等连续多年获省广播电视新闻奖电视青少综艺一等奖。

曹 旸（1972.12～）男，浙江广播电视传输发射中心技术科副科长，高级工程师。浙江湖州人，中共党员，大学文化。1992年8月在浙江广电集团勾庄发射台工作，历任值班长、包机组长、高配值班长、计算机和高低配电负责人；2009年6月进入传输发射中心技术科工作；2011年1月任现职，同年被聘为高级工程师。在省级以上刊物发表了多篇论文，其中2004年和2010年分获省优秀技术论文一等奖；并获浙江广播电视集团先进工作者、浙江省广播电影电视局技术维护先进个人、浙江省广播电影电视局技术能手等荣誉。

张益新（1972.11～）男，浙江广播电视传输发射中心工程科副科长，高级工程师.汉族，浙江武义人，中共党员，大学本科学历。1997年进入浙江省广播电视微波总站，先后在模拟卫星地球站、总调度机房、微波一科、龙井数字卫星地球站工作；2006年调入传输发射中心工程科从事调频广播覆盖工作；2007年任现职，主要保障78个广播覆盖发射点的安全播出；组织实施广播覆盖工程项目和技术改造，增加覆盖范围和提高覆盖效果。2011年获省广播影视科技创新二等奖，多次获省局技术维护先进个人、广电集团先进工作者。

朱建峰（1973.01～）男，浙江广播电视传输发射中心龙井卫星地球站副科长，高级工程师。浙江海宁人，中共党员，大学本科学历。1993年毕业分配到北高峰微波二科工作；1995年进入微波一科；2003年调入龙井卫星地球站工作至今。参加了龙井卫星地球站建设工程、《浙江广播电视卫星地球站安全播出信息管理系统》开发等项目。在省级以上刊物上发表了《卫星地球站上行通道技术指标测量》、《浅谈DVB-S2技术》等论文；其中：论文《卫星地球站上行通道技术指标测量》获2010年度省局科技创新论文二等奖，《浙江广播电视卫星地球站安全播出信息管理系统》获2010年度省局科技创新二等奖；曾获得总局十七大安全播出先进个人三等奖、总局2008年技术能手竞赛一等奖、集团2008年十大杰出员工等荣誉。

刘元春（1966.01～）女，浙江广播电视集团资源研发中心媒资管理部副主任，教授级高级工程师。浙江义乌人，中共党员，大学本科学历，硕士学位。1986年7月参加工作，任浙江传媒学院教师；2009年8月调入浙江广电集团工作，曾任学科带头人、专业负责人、研究所研究员、招标专家、中国电子学会会员等职，2011年取得教授级高级工程师资格。期间主持省部级科研项目1项，主持中央财政项目1项，为主承担重大科研项目10余项，已经通过验收和结题的各级项目30余项，发表专著1本，主编规划教材1本，在专业核心期刊上发表学术论文20多篇。获总局科技创新奖1项、省局科技创新奖1项；曾获浙江广播电视厅先进工作者、浙江传媒学院师德标兵等10余项荣誉。

严国兴（1965.01～）男，浙江城市广播电视报编辑部主任，主任编辑。浙江萧山人，中共党员，大学本科学历。1985年毕业于浙江广播电视学校，同年到浙江城市广播电视报工作至今。在省级以上刊物发表了《广播电视报头版放谈》、《试论广播电视报功能开发》、《积极开发影视娱乐信息资源——论广播电视报副刊功能的加强》、《强化新闻意识 注重策划创新——广播电视报采编工作新探》等多篇论文，其中《“电波怒汉”万峰火爆的成因与启示》获省广播电视学术论文奖（基础理论）二等奖，《让广播电视报温馨起来》获省广播电视学术论文奖（应用理论）三等奖；合著的《决胜中考》一书由中国妇女出版社出版。采写的通讯《〈目击〉记者在行动》获中国广播电视新闻奖三等奖，消息《我省村村通广播电视开始倒计时 部分电视空白村可看到国庆大典》获省广播电视新闻奖一等奖;多次获省广播电视厅、省广播电视集团先进工作者荣誉。

张　徽(1965.04～)男,浙江影视(集团)有限公司综合部主任,主任编辑。浙江杭州人,大学专科学历。1983年进入浙江电视台技术部工作;1992年调入钱江电视台节目部,参与制作大型社教类节目《大家》栏目;1997年担任大型活动制片人,策划了《岁月如歌—纪念改革开放20年》等电视直播活动;2001年调入浙江教育科技频道节目部,策划了科技竞技类节目《不可能的任务》;2007年在频道总编室期间,参与创作集团品牌活动《五月的鲜花》和《十月的阳光》;2010年任现职。栏目《不可能的任务》获2003年第五届全国优秀科普作品二等奖;《五月的鲜花》和《十月的阳光》,获2009年省广播电视文艺奖一等奖。2011年被评为省广电集团先进工作者。

杭州市

夏晓丹(1975.07～)女,杭州人民广播电台新闻综合频率主任编辑,中共党员,大学本科学历。1997年进入杭州人民广播电台工作,担任过《杭广早新闻》、《金秋岁月》、《老年维权热线》、《新闻观察》(周日版)等多档栏目的编辑,并负责采访组工作。在省级以上刊物发表了《新闻?资讯?合作——浅谈新时期时政电台的定位与发展》、《让新闻更有趣,让故事更真实——关于广播新闻故事化的一点看法》、《关于老年广播频率专业化之路的思考》、《广播电台在传媒国际化背景下的生存及发展》等论文;创作的作品获省级新闻奖20多件、获市级新闻奖10几件;作为媒体代表,担任了第八届全国残运会杭州赛区的火炬手;多次被评为优秀员工、优秀共产党员,连续三届被聘为杭州广播电视台“首席编辑”。

俞晓岚(1971.06～) 女,杭州人民广播电台新闻综合频率综合部副主任(主持工作),主任编辑。浙江杭州人,中共党员,大学本科学历。1993年7月进入杭州电台新闻综合频率工作,先后担任节目主持人、编辑、宣传策划和广播剧创作等工作,主持过娱乐节目《神采飞扬》、教育资讯节目《教育在线》、少儿节目《宝宝贝贝》等10余个节目。在省级以上刊物发表了《广播节目的编排作用与策略——以杭州电台中波954为例》、《漫谈老年广播的亲和力表现与途径——以中波954为例》等多篇论文;1999年起,每年精心创作一部广播剧,其中《可可西里的孩子》、《我的1944》、《中国印》、《静静的海》等广播剧作品获全国和“省五个一工程奖”等奖项50多件;广播剧《突然寒冷》荣获“2009——2010年度中国广播影视大奖广播剧提名奖”。个人获杭州市第二届“十佳节目主持人”、杭州文广集团首届“十大名编辑”、“杭州市桂花奖优秀新人奖”等荣誉。

韩　红(1958.12～)女,杭州电视台综合生活频道《一路平安》栏目制片人,主任编辑。浙江杭州人,大学本科学历。1984年8月考入杭州人民广播电台新闻部任编辑、记者;1994年调入杭州电视台在新闻部、专题部任记者、编辑。主创的《纪念毛泽东诞辰100周年》、《别让“拆”字成遗憾》、《东部的希望》、《风起之路》等多件作品获得省、市级新闻奖。

倪　敏(1971.10～)男,杭州电视台西湖明珠频道总编辑,二级导演。浙江杭州人,中共党员,大学本科学历,学士学位。1993年8月进入杭州电视台工作,从事过广告业务、记者、文艺编导等工作;2003年1月任西湖明珠频道广告节目部主任;2006年12月任西湖明珠频道副总监、副总编辑;2011年8月任现职。欢乐河坊街《祥和过大年——2003年元宵晚会》获第十七届全国电视文艺星光奖综艺节目(短)二等奖;《西湖四季》、《劳动者风采——杭州市“五一”劳动节电视文艺晚会》获省、市广播电视文艺奖一等奖;《生日(第263期)》获省广播电视文艺奖三等奖;《开心茶馆》获省广播电视品牌建设奖(电视)优秀栏目;《越女争锋——青年越剧演员电视挑战赛》获第20届“星光奖”优秀戏曲节目奖;《我的杭州 世界的杭州》、梦想天堂》获省第十八届电视“牡丹奖”一等奖;《银泰百货(魔术师篇)》获省广播电视广告作品奖三等奖。

陈临胜(1958.12～)男,杭州电视台西湖明珠频道二级导演。汉族,江苏常州人,中共党员,大学本科学历。1981年10月参加工作,1995年从浙江省艺术学校调入杭州电视台任导演工作,2011年取得二级导演资格。多年来,参与拍摄了《青春不解风情》、《老爸向前冲》、《江山儿女几多情》、《修竹湖的故事》、《水澡行》、《义责王魁》、《一缕麻》、《茶妹情》等多部电视剧;在省级以上刊物发表了《继承与创新——试论戏曲电视创作》、《浅谈舞台戏剧与戏曲电视剧表演手法的异同》等论文；作品《人间天堂》获省十三届电视“牡丹奖”一等奖；《义责王魁》获第十五届中国电视“金鹰奖”二等奖；《茶妹情》获全国电视剧“飞天奖”二等奖；《小萝卜头的故事》获省电视“牡丹奖”二等奖；《林则徐》获中国广播电视学会第二届电视戏曲“兰花奖”三等奖；《2003 年西湖博览会开幕式》获第十八届全国电视文艺“星光奖”音乐歌舞三等奖。

宫　健（1976.10 ~ ）女，杭州电视台梦想传媒有限责任公司总编室主任，主任编辑，杭州市电影电视艺术家协会会员。汉族，浙江杭州人，中共党员，大学本科学历。1996 年进入杭州有线台，1999 年调入影视频道，2005 年任综合部副主任，2010 年 1 月任现职，2011 年取得主任编辑。在省级以上刊物发表了《从〈舞林门〉看电视真人秀节目的运营规律》、《网络时代下的电视之路》等论文；纪录片《隔离——非典留验点内的心路》获省新闻奖社教类栏目评比纪录片类一等奖，栏目《视听麻辣烫》连续两年获市新闻奖一等奖，大型活动《祈福》、《我是星主播》获省、市新闻奖一等奖。

章　英（1974.10 ~ ）女，杭州电视台财务结算中心高级会计师。浙江杭州人，中共党员，大学本科学历。1996 年进入杭州电视台财务结算中心工作至今，2011 年取得高级会计师资格。在省级以上刊物发表了《有效推广项目代建制，全面提升建设单位基建会计核算水平》、《项目代建制对基建会计核算模式的影响研究》、《电视节目制作成本核算与控制研究》等论文。

郑　玲（1975.12 ~ ）女，杭州文广集团总编辑室主任编辑.汉族，浙江宁波人，中共党员，大学大学本科，文学学士。1995 年 7 月毕业于杭州教育学院计算机专业，同年 8 月进入杭州广播电视局办公室从事文秘信息工作，2003 年 4 月进入杭州文广集团总编辑室从事编辑、宣传管理工作至今。在省级以上刊物发表了 4 篇论文，其中《试论公共事件中政府、新闻发言人和媒体的角色担当》获省新闻奖论文奖二等奖；《频道制体制下电视台节目编排的思路与选择》获中国广播电视协会城市台 2008 年度电视新闻优秀学术论文一等奖、省新闻奖学术论文奖二等奖。参与编辑的作品获省级一等奖 1 件、二等奖 3 件。获杭州市第七届西湖博览会先进个人、2006 年度杭州市语言文字工作先进个人等荣誉。

陈正欣（1971.11 ~ ）男，杭州文广集团总编室副主任，主任编辑，省、市电视家协会会员。浙江绍兴人，大学本科学历。1995 年考入杭州电视台，历任记者、编辑、制片人、少儿频道采编部副主任、主任；2008 年 12 月任现职，2010 年兼任大型活动中心副主任。参与和策划了《财富大赢家》、《缤纷世界》、《夺标星期五》、《我和你说》、《视听麻辣烫》、《熬烧熬烧》、《青春门 5 号》、《天下故事》、《老豇豆新闻联播》等 30 余档节目。在省级以上刊物发表了多篇论文；作品多次获国家级一、二等奖、20 多次获省、市级一、二、三等奖；2003 年作为市非典留验区的新闻记者，与白岩松连线《东方时空》，及时发布杭州市委市政府在控制疫情上的各项举措，连续报道《隔离点报告》获省抗非典促发展优秀新闻作品一等奖。个人获市依法整治四小车先进个人、市优秀团员和防汛减灾、休博会、西博会、烟花大会、动漫节先进个人等荣誉。

宁波市

严　玫（1962.10 ~ ）女，宁波广播电视集团党委委员、编委会副总编辑。浙江宁海人，中共党员，大学本科学历。1985 年 9 月参加工作，在宁波电视台从事记者、编辑等工作；1990 年 11 月起历任部门副主任、主任，频道副总监、总监、台长助理；1999 年 5 月任台党总支委员、副台长；2011 年 4 月任宁波广播电视集团新闻综合频道党总支书记、总监兼集团外宣联络中心主任；2011 年 10 月任现职。

辛雪莉（1962.02 ~ ）女，宁波广播电视集团党委委员、编委会副总编辑。浙江宁波人，中共党员，大学本科学历。1980 年 11 月参加工作，曾任宁波人民广播电台部门副主任、主任、台频道总监，2004 年 8 月任台党总支委员、副台长；2011 年 4 月任宁波广播电视集团交通频率总监、音乐频率总监(兼)；2011 年 10 月任现职。

徐永林（1963.10 ~ ）男，宁波广播电视集团党群工作部副调研员、高级政工师。黑龙江饶河人，中共党员，大学本科学历。1980 年入伍，历任战士、排长、指导员、政治处干事、政治协理员、教导员、政治处主任、副政委等职务。2008年转业至今,在宁波广播电视集团党群工作部负责组织、纪检工作。

朱雪芬(1958.08～)女,宁波广播电视集团高级经济师。浙江宁波人,大学专科学历。1978年4月至今,一直在广电系统工作。先后从事会计、资产管理、集团采购管理等工作。主要论文《依靠法律法规,确保经济发展》、《健全政府采购制度》在《财政界》和《决策与信息》等刊物上发表。

邓 婷(1978.10～)女,宁波广播电视集团高级经济师。江西萍乡人,中共党员,硕士研究生。2003年7月参加工作,先后在浙江天健会计师事务所、中信港口投资公司工作,2008年8月进入宁波广播电视集团产业发展部工作,从事产业发展规划、项目可行性调研与论证以及子公司的投资管理等工作;发表了《科学培育战略性新兴产业》、《宁波发展本地化电视购物的对策思考》等专业论文。

戴宏斌(1975.05～)男,宁波广播电视集团电视播出中心高级工程师。宁波镇海人,大学本科学历。从事电视技术17年,主要担任电视播控系统、总控系统的整体管理和维护工作,先后参与设计完成了少儿频道建设、总控系统的改造、新闻非编网系统建设、新播控系统建设,主持全台通话系统项目等任务。作品获国家广电总局电视节目播出技术质量奖三等奖3件,获省电视节目播出质量奖一等奖及华东电视技术年会播出技术质量奖一等奖多件;在省级以上刊物发表了《提升电视安全播出质量的新技术》、《播控系统的功能完善》等论文,并获得了城市电视台优秀论文奖。

杨彦翀(1975.11～)男,宁波广播电视集团社会生活频道主任记者。浙江宁波人,中共党员,大学本科学历。1997年进入宁波电视台参加工作,主要承担宁波市重大题材的电视专题片、纪录片以及城市形象宣传片、浙江贸易洽谈会、宁波国际服装节等大型活动宣传片的编导和拍摄制作任务。主创的《民工博客》获中国电视纪录片长片十优作品奖;《小镇民警维稳事》获中国新闻奖电视专题片一等奖;《开馆》获省牡丹奖电视纪录片一等奖;《合龙》获省广播电视新闻奖电视专题片一等奖;《一行白鹭上青天》获玉溪国际环保纪录片大会提名奖;《江南石窗》获中国电视彩桥奖短片一等奖。在省级以上刊物上发表了《从“无我之境”到“有我之境”——浅谈纪录片摄影师的画面拍摄意识》、《锁定海外观众的遥控器》、《民工博客:一位民工对生活的看法》、《< 开馆 > 的创作体会——< 真实与矛盾 >》等论文。

吴晓漪(1971.10～)女,宁波广播电视集团电视制作中心高级工程师。浙江东阳人,无党派人士,大学本科学历。1996年参加工作,先后从事电视播控工程技术和视频工程工作。主创作品《十里红妆·女儿梦》获省广播电视视频图形制作技术质量奖(综合文体类节目)一等奖、国家广电总局金帆奖三等奖;参与制作的节目多次获省级和国家级奖项,2005年获国家广电总局电视节目技术质量奖(金帆奖)一等奖。在省级以上刊物发表了《电视舞剧的几点体会——记大型舞剧《十里红妆·女儿梦》的制作》、《电视节目制作人员如何应对“高清”》等论文,其中《电视舞剧的几点体会——记大型舞剧《十里红妆·女儿梦》的制作》获2011年上海电视节优秀论文二等奖。

陈徐波(1967.12～)女,宁波广电视集团人力资源部高级政工师。浙江慈溪人,中共党员,大学本科学历。1984年10月入伍,1995年6月从事部队机关思想政治工作,多次被评为优秀机关干部、优秀共产党员;2002年10月转业到宁波电视台政工室工作,多次参与宁波电视台人事和分配制度改革的相关工作。在省级以上刊物上发表了《坚持以人为本做好思想政治工作》、《浅议聊天与思想政治工作》、《政工干部如何在改革中发挥作用》、《浅谈互联网时代的思想政治工作》、《浅谈如何在新闻宣传工作中体现“三贴近”原则》等论文。2008年被评为宁波市优秀政工师。

华惠娟(1957.01～)女,宁波广播电视集团交通音乐频道主任编辑。浙江宁波人,中共党员,大学本科学历。在宁波音像公司、宁波电视台、宁波人民广播电台等单位从事节目采编工作。创作了新闻、专题、纪录片、形象片等各类作品300余部,多次获得国家级、省级、市级奖项,其中:《家缘》栏目获2004年全国百佳优秀栏目奖,个人获中国广播影视协会“2004创新、创意制片人”奖;电视作品《天一生水》、《渔歌子·绿蓑衣》、《风雨灵桥》获全国电视文艺“星光奖”;《浣溪沙·独徘徊》获“中国广播影视大奖·广播电视节目奖”入围作品奖;广播作品《十里红妆》、《群星故事群星梦》、《致最后的七月》、《让孩子平安回家》获省广播电视优秀节目音乐、新闻奖、文学奖、公益广告奖一等奖等。

于云峰(1952.06~)男,宁波广播电视集团总编室高级编辑。辽宁新金人,中共党员,大学本科学历。1977年在黑龙江省爱辉县广播站任记者,1979年调入宁波电台工作,历任新闻部记者、编辑、副主任、编辑部主任、电台总编室主任、编委等职。在省级以上刊物发表了《探索动态下的节目管理机制》、《媒体的文化传播与社会责任》、《整合广播资源 强化“三农”宣传——兼谈创建宁波广播协作联盟对农“绿风网络台”》等论文;采写的新闻《种养户用上“兴农信用卡”》获全国优秀广播新闻节目二等奖;编辑的内参《几十辆汽车没有合格证急煞消费者》、《我市数千家外贸定牌加工企业遭遇“商标侵权”》、策划的《宁波广播月活动》等,获省广播电视新闻奖一等奖和品牌奖。

张　睿(1970.06~)女,宁波广播电视集团新闻综合频率节目部主任、主任编辑。浙江宁波人,大学本科学历。1988年起从事广播新闻节目的一线采编播工作,独立和参与策划主持杭州湾大桥奠基仪式、浙洽会开幕、宁波国际服装节等主题新闻活动、大型直播节目和与各级兄弟电台共同连线的现场直播节目。在省级以上刊物发表了多篇论文并获省级奖项;采制、主持、参与播音的作品获省级新闻奖一等奖12件;主持的《天天说事儿》获宁波新闻名专栏、宁波电台五佳栏目。入选第三层次省“新世纪151人才工程”,获省“面向基层、面向群众”十佳主持人、宁波电台十佳主持人等荣誉。

张晓叶(1954.06~)男,宁波广播电视集团新闻综合频率主任播音员。北京市人,大学专科学历。1980年任宁波电台播音员至今。在省级以上刊物发表了《广播专题节目中播音艺术的处理——以〈一位绝症母亲的奥运梦想〉为例》、《做好广播体育节目主持人的若干思考》等论文;参与播出的《精彩48小时舟山跨海大桥开通特别节目》、《阳关三叠渭城曲》、《歌唱着的星星》获省广播电视播音主持作品一等奖。

周彤宇(1971.11~)男,宁波广播电视集团新闻综合频率主任播音员。辽宁沈阳人,中共党员,大学本科学历。1992年分配到嘉兴电视台,1994年调入宁波人民广播电台,一直担任播音主持工作。在省级以上刊物发表了《新时期新闻评论主持人素质要求刍议》、《播音主持语言创作的基本原则》等论文;主播的“爷爷的童谣”获省广播电视文艺奖(广播文学节目)一等奖;主创的“精彩48小时——舟山跨海大桥开通特别节目”获省广播电视文艺奖(广播戏曲节目)一等奖;主持的特别节目“异乡故乡情”获省广播主持类节目一等奖。获宁波电台“十佳”节目主持人荣誉。

陈　军(1974.12~)男,宁波广播电视集团广播技术中心网络部主任、高级工程师。浙江宁波人,中共党员,大学本科学历。1992年进入宁波电台工作,历任值机、技术维护、技术主管、网络部副主任等职。在省级以上刊物发表了多篇论文,其中:《数据保护技术在市级电台信息化环境中的应用》获国家广电总局优秀科技论文三等奖;《广播电台业务生产系统互联互通的关键技术与应用实践》、《广播台网互联互通的设计和实现》获省优秀科技论文一等奖。主持或合作的技术项目获国家级奖项2件、省级奖项7件,其中:电台多媒体节目回传制作系统获国家广电总局科技创新三等奖;电台网上音频系统获省广播电视科技创新二等奖。

丁小敏(1972.09~)女,宁波广播电视集团广播技术中心高级工程师。浙江宁波人,大学本科学历。1991年8月毕业分配到宁波人民广播电台技术部工作,参与了宁波电台旧址直播室的扩建,调频台发射天线的制作和架设,宁波电台新大楼迁建工程;负责中控系统的设计、安装和调试;主持和负责电台总控智能化改造系统的设计及安装调试;参与了数字卫星直播车的安装调试以及数字直播室创建工程等。参与制作和播出的节目多次获国家广电总局录制技术质量奖和播出技术金鹿奖。多次被评为宁波电台先进工作者。

董建红(1972.01~)女,宁波广播电视集团副研究馆员。浙江宁波人,中共党员,大学本科学历。1989年进入宁波电台,一直负责全台档案资料的整理、保管、鉴定和利用工作。在省级以上刊物发表了《新闻单位档案资源共享之我见》、《关于新闻单位台帐档案收集中的几点体会》、《试论新闻单位档案信息资源的开发利用》、《浅谈档案管理工作者必须解决的“三无”问题》、《档案的保密利用工作要把握和处理好五方面关系》、《试论新闻单位电子照片档案管理》等多篇论文。获宁波广电集团优秀共产党员、宁波电台先进工作者等荣誉。

万科达(1967.10～)男,余姚市广播电视台台长、党组书记。浙江余姚人,中共党员。1991年7月任余姚市职业技术学校团委书记;1996年4月任中共余姚市委宣传部部会成员、宣传科长;2007年4月任河姆渡镇政府党委副书记、纪委书记;2008年10月任余姚市委办公室副主任、新闻中心主任;2011年4月任现职。

林静俊(1960.02～)男,奉化市广播电视中心主任、党组书记。浙江象山人,中共党员,大学本科学历。1978年应征入伍参加工作;1982年在市人民检察院工作;1993年在市司法局工作;1995年2月任裘村镇政府党委委员、副镇长;1997年10月任市司法局副局长;2003年9月任市建设局副局长、纪委书记;2007年3月任市档案局局长、党组书记;2011年2月任现职。多次获市优秀共产党员、优秀公务员等荣誉。

干鑫森(1974.03～)男,余姚市广播电视台党组成员、高级工程师。浙江余姚人,中共党员,大学本科学历。1993年8月在余姚市广播电视局从事有线电视工程技术工作;2001年5月任余姚市广播电视台有线电视工程技术部副主任、主任;2010年5月任现职,2011年取得高级工程师资格。先后主持了《余姚市安全播出应急预案》、《城区网络发展规划》、《余姚数字电视发展规划》等规划方案制定实施;在省级以上刊物发表了《迎接“三网融合”新挑战,加快构建面向NGB时代的EPON网络新体系》、《末级光节点节能与安全的探讨》等论文;获省广播电视技术维护先进个人、余姚市职工技术协会先进个人、余姚市优秀党员、余姚市先进生产工作者等荣誉。

范爱飞(1966.04～)女,奉化市广播电视中心政工人事科科长,高级经济师。浙江奉化人,中共党员,大学本科学历。1981年9月就读余姚师范学校;1984年7月在奉化市大桥镇中心学校任教,任年级组、教研组负责人;1993年8月调入奉化市广播电视中心,历任记者、编辑、办公室副主任、政工人事科科长等职。在《视听纵横》、《浙东声屏》等省级以上刊物发表论文三篇,连续三年获中心年度考核优秀。

崔海波(1967.09～)女,鄞州区电视台主任编辑。2002年毕业于宁波大学汉语言文学专业,大学本科学历。1985年参加工作,1993年调入鄞州电视台,2011年取得主任编辑资格,同年加入省作家协会。主创的专题片《回家》获2006年省党员电视教育片一等奖;《风吞是一部书》获2011年中国散文作家论坛征文一等奖。

姚新华(1967.08～)男,宁波市北仑区广播电视中心总编室主任,主任记者。1995年调入北仑电视台工作,历任新闻部记者、专题部记者、新闻部副主任。主创的系列报道《北仑走进循环经济》、新闻专题《从容“冬泳”助飞扬》等作品多次获省、市级一、二等奖项,在《视听纵横》等刊物上发表了多篇论文。

傅景涛(1974.12～)男,镇海区广播电视台高级工程师。大学本科学历,1995年7月毕业于宁波高等专科学校电子工程,1995年8月在镇海区广播电视台技术部参加工作至今。

温州市

陈卫疆(1969.06～)男,平阳县广播电视台技术科科长,高级工程师。浙江平阳人,中共党员,大学本科学历。1991年4月任平阳南麂电视转播台技术员、副台长;1996年1月任平阳县广播站技术部副主任、主任;1998年10月任平阳县广播电视局(台)技术中心副主任、事业管理科副科长;2008年9月任现职。在省级以上刊物发表了《平阳电视台媒体资产管理系统规划与实现》、《平阳县南麂岛有线电视微波联网方案和实施》、《县级台经济型局域网的设计与实现》、《浅谈县级台节目制作中的音频处理》等论文;参与制作的《平阳背水一战摘污帽》获省广播节目技术质量奖语言类三等奖;参与施行的《南麂岛有线电视微波联网工程》获省广播电视科技创新奖三等奖。

王海青(1962.08～)女，平阳县广播电视台工会办公室主任、工会女职工委员会主任，高级政工师。浙江平阳人，中共党员，大学本科学历。1991年供职平阳县化工厂，任宣教科宣传干事、工会专职宣传委员、厂团委副书记；1997年在平阳县广播电视局(台)工作至今。在省级以上刊物发表了《浅谈平阳广电基层党建工作的创新》、《政工干部应有较强的谈话艺术》、《现代企业发展与人力资本投资的思考》等论文。

汪振相(1966.07～)男，永嘉县广播电视台数字电视发展中心主任，高级工程师。浙江永嘉人，中共党员，大学本科学历。1983年参军入伍参加工作，1989年分配到永嘉县广播电视局，先后从事广播电视"村村通"、"村村响"、"广电低保"、网络改造等工作，参与数字电视前端平台搭建、实施前端平台模拟、数字信号自动报警监测系统建设。在省级以上刊物发表了《新一代数字电视前端平台》、《数字电视整转工作对CAS的几点要求》、《FTTH光缆的发展和应用》等论文；负责的"永嘉县广播电视会议系统"、"永嘉广电以太网多业务平台(CESP)"项目，获省广播电视科技创新奖三等奖；获省广播电视安全播出先进个人等荣誉。

林哲彦(1973.11～)男，永嘉县广播电视台网络技术中心副主任，高级工程师。浙江永嘉人，中共党员，大学本科学历。先后在永嘉县人民广播电台技术部、永嘉县广播电视台技术中心、网络技术中心工作，完成"村村通"、"村村响"工程技术和施工方案；升级1550nm光传输骨干网，完成数字电视前端平台、CAS和EPG系统、数据广播系统搭建；编制永嘉数字电视机顶盒技术规范，制定双向网络改造技术规范。在《中国有线电视》等刊物上发表了《永嘉县有线数字电视整体转换技术方案》等4篇论文；"永嘉广播电视台真三维高标清虚拟演播室系统"、"永嘉广电以太网多业务平台CESP"、"永嘉县广电电视会议系统"等项目获省广播电视科技创新奖三等奖；获省新一轮广播电视村村通工程建设先进个人、2010年度全国广播电视技术维护先进个人二等奖。

陈京丽(1964.01～)女，永嘉县广播电视台主任记者。浙江永嘉人，中共党员，大学本科学历。先后在浙江省永嘉县白泉乡政府、大若岩镇政府、永嘉县广播电视台广播中心新闻部工作。在《中国广播》等刊物上发表了《小谈信息化时代广播新闻定位》、《广播典型报道的采写》、《提高新闻报道中数据的信服力》等多篇论文；采编的作品《矗立冰雪中的路魂》获2008年度全省广播电台优秀新闻作品一等奖；《农民陈飞：与塑料袋斗争八年》、《谁在炒作"温州人？"》获省新闻奖二等奖。

陈再伟(1963.02～)男，瑞安市广播电视台信息办主任、浙江网视联盟瑞安工作站主任，主任记者。浙江瑞安人，中共党员，大学本科学历。1993年开始从事广播新闻工作，历任记者、电台办公室主任兼广告部主任、广播中心副主任，2010年任现职，2011年取得主任记者资格。创作了《老张伯打官司》等6件广播剧；组织策划"打造信用瑞安"等大型直播活动；在省级以上刊物发表了5篇论文；作品获省级以上政府奖11件，其中国家级政府奖2件；组织拍摄的网络电视剧《云的风采》获温州市第五届精神文明建设"五个一工程"奖；创办的瑞安广电网获省广播电视系统"十佳"网站。多次被评为瑞安市、温州市系统先进工作者，2008年获温州市第四届"十佳新闻工作者"。

尤春燕(1968.04～)女，瑞安市广播电视台广播中心新闻部主任，主任记者。浙江瑞安人，中共党员，大学本科学历。1989年开始从事广播新闻工作，历任瑞安广播电视台记者、编辑、广播中心新闻部副主任，2002年任现职，2011年取得主任记者资格。在省级以上刊物上发表了6篇论文；主创的作品获省政府奖15件，市政府奖多件；主编的《瑞安新闻》、对农节目《田园交响曲》获1997年省双十佳，策划、主编的《瑞广新闻》在2003年浙江省县级台新闻抽评中获省十佳。个人获首轮温州市宣传文化系统"四个一批"人才、瑞安市十佳新闻工作者、瑞安市优秀宣传工作者等荣誉。

周志晓(1971.06～)男，瑞安市广播电视台网络中心总工程师，瑞安市计算机协会副秘书长。浙江瑞安人，中共党员，大学本科学历。1994年毕业于浙江大学无线电专业，同年进入瑞安市广播电视台，历任播出部副主任、总工办副主任、网络中心数据业务部主任、网络中心业务开发部主任，2008年任现职，

2011年取得高级工程师资格。主要从事有线电视用户管理软件开发、瑞安市广播电视台城域网的规划建设、数字电视及互动电视规划和实施等工作。项目“有线电视管理系统”获2004年度省广播电视科技创新三等奖,《有线电视网络可靠性分析》获2005年度省广播电视局优秀技术论文三等奖;多次获省广播电视安全播出工作先进个人、省、市广播电视维护先进个人等荣誉。

湖州市

陈　东(1962.03～)男,湖州市广播电视台党委委员、副台长,主任记者。男,浙江金华人,中共党员。1979年9月参加工作,采写了广播类消息、通讯、评论、调查报告等各种报道1500多篇,编稿1000多档。广播新闻《大风吹不走的入伍通知书》、《黄龙兜村成为湖州市第一个百只小粮仓村》获省广播好新闻二等奖;连续报道《湖州城里的四十号》获省对外新闻报道一等奖;广播节目组合稿《定叫太湖水更美》获省广播好新闻一等奖、全国广播好新闻三等奖;广播剧《千古茶圣》获中国广播剧专家奖三等奖;直播特别节目《为了太湖水变清》获省好新闻二等奖。

刘新敏(1964.12～)女,湖州市广播电视台主任编辑,新疆克拉玛依人。1978年7月参加工作,参加了党代会、两会、抗台、抗洪及抗灾等重大宣传,参与编辑策划的作品《东方神韵·从苕溪到黄浦江1—5》获中国黄河电视台海外播出优秀电视节目,《中国大妈的幸福生活》获省电视牡丹奖,《从苕溪到黄浦江》获得中国“彩桥奖”一等奖。

宋美娟(1973.10～)女,湖州市广播电视台新闻中心副主任、新闻综合频道副总监,主任编辑。浙江海盐人,中共党员。1993年8月参加工作,策划和组织了多项重大新闻宣传战役,积极策划组织“黄丝巾”等大型公益活动。主创的作品获省新闻奖一等奖4件,二等奖3件;《飘扬的黄丝巾》获全国新闻战线庆祝新中国成立60周年征文评选二等奖,《温暖的“黄丝巾”》获全省十大社会活动奖。被中国红十字会授予“抗震救灾优秀志愿者”、被共青团湖州市委授予“青年岗位能手”等称号。

朱建彬(1975.05～)男,湖州市广播电视台党委委员、副台长。汉族,浙江桐乡人,中共党员,大学本科学历。1995年9任湖州师专学生工作办公室干事;1999年4月任湖州师范学院学生处学工部干事;2001年1月任湖州市委组织部干部一处干事;2001年12月任湖州师范学院团委副书记(主持工作);2002年12月任湖州师范学院团委副书记(主持工作),兼校党委学工部副部长;2006年4月任湖州师院艺术学院党总支副书记;2007年7月任湖州市农村党员干部现代远程教育管理办公室主任科员(借市委组织部组织科工作);2007年9月任湖州市委组织部办公室(组织史办、信息化办)主任科员兼副主任;2011年5月现职。

王　玮(1965.06～)女,湖州市广播电视台公共民生频道总监,主任编辑。山东人,中共党员,大学本科学历。1988年8月毕业分配到湖州电视台工作至今,一直奋战在新闻宣传的第一线。策划了《太湖神韵》、《开心茶馆》、《阿奇讲事体》等多档节目和“黄丝巾”、“阿奇慈善基金”等各类公益活动。《创业之路》获省“五个一工程入选作品”;《隐形的翅膀》、《帐篷·家园》、《中国美丽乡村建设的“湖州模式”》获省广播电视新闻奖、浙江新闻奖一等奖;《“温暖的黄丝巾”爱心行动》获浙江新闻奖第三届社会活动奖;《农事新说》连续三年获省广播电视对农节目一等奖;《无臂画家归晓峰》获省广播电视新闻奖电视对外节目二等奖;《我在田间上大学》、《乐娃》获省广播电视新闻奖、浙江新闻奖二等奖;《阿奇讲事体》栏目组2008年获市青年文明号,所在频道党支部2011年6月被授予“湖州市先进基层党组织”光荣称号。

邱　奇(1963.12～)女,湖州市广播电视台主任记者。浙江湖州人,中共党员,大学本科学历。1982年3月参加工作,1986年进人湖州市广播电视台工作至今。在省级以上刊物发表了《浅议地方台电视传播的改革与创新》等多篇论文,其中:《浅议地方台电视传播的改革与创新》获2004年全国优秀论文和中国现代探索新论文库代表作一等奖;《试析地市级电视媒体的品牌战略》获市新闻奖新闻论文奖三等奖、市广播电视新闻奖(广电学术论文)二等奖;参与的作品:音乐电视《湖笔写中华》、音乐风情(艺术风采)《茶缘》获全国第四届百家电视台电视音乐节目展评银、铜奖;歌曲《湖笔写中华》获市第五届精神文明建设“五个一工程”入选作品奖;《太湖之州》获浙江新闻奖三等奖、省广播电视文艺奖(原创歌曲)二等奖；参与制作的栏目《和谐家园》被省委宣传部、省新闻工作者协会授予“科学发展 共建和谐”优秀栏目称号。

于晓敏(1970.04 ~) 女，湖州市广播电视台科技事业部副主任(主持工作)，高级工程师。浙江湖州人，中共党员，大学本科学历。1991 年 8 月到湖州电视台工作至今，制定了 2005 年以来湖州市两会及其他重大活动的直播技术方案；参加了湖州市广播电视系统重点项目数字电视转播车和湖州广播电视总台重点项目非编网络工程的设计建设，完成了以媒体资产管理系统为核心的全台网的技术方案（该项目获省广电局科技创新奖二等奖)。个人获省广播电视技术维护先进个人一等奖、全国广播电视技术维护先进个人三等奖、湖州市巾帼建功活动千名岗位女能手、湖州市工会先进女职工工作者。

徐　斐(1962.07 ~) 女，湖州市广播电视台组织人事部主任，高级政工师。浙江诸暨人，中共党员。1980 年 5 月参加工作，从事政治工作长达 27 年，对新形势下加强广电队伍建设、提高干部员工素质、推进体制、机制改革和促进广电稳定和谐发展能深入细致地做好思想政治工作，积极配合单位做好组织人事工作；首创导师帮带制、专业技术首席制、优秀员工明星制、员工晋升制等“四制”机制，为推动广电队伍建设发挥了作用，并在市委宣传部组工论坛、省广电局培训会上介绍经验。2009 年，湖州台党委获市“创业创新好班子”荣誉称号，“万名群众评机关”中湖州台获评市“十大群众满意单位”。

嘉兴市

沈炳忠(1970.01 ~) 男，嘉兴市广播电视台党委副书记、总编辑、主任编辑。浙江桐乡人，中共党员，研究生学历。1991 年 8 月任嘉兴市人大常委会办公室办事员、科员；1996 年 8 月任嘉兴市人大常委会综合科副科长；1998 年 8 月任嘉兴市人大常委会研究室综合处处长；2002 年 1 月任嘉兴市人大常委会研究室副主任；2002 年 12 月任海宁市委常委、统战部部长、政协副主席；2006 年 12 月任海宁市委常委、宣传部长；2010 年 2 月起任现职，2011 年取得主任编辑资格。在省级以上刊物发表了《提升新闻品质 优化广播电视舆论引导力》、《把握五个关系 优化时政报道》等论文；参与策划、编辑的《迈向高铁时代？飞越沪嘉杭——沪杭城际高铁开通首日特别直播》、《她用照片唤起人们的爱心》、《拆不拆，九成住户说了算》、《城里的月光》(纪录片)等多件作品获省级一、二等奖。

胡伯良(1964.10 ~) 男，嘉兴市广播电视台党委委员、副总编辑，高级记者。浙江平湖人，中共党员，大学本科学历。1986 年 8 月在嘉兴市委报道组工作；1995 年 4 月任嘉兴电视台新闻部记者、副主任、主任、新闻中心主任；2005 年 1 月任嘉兴市广播电视台新闻综合频道总监；2009 年 11 月任嘉兴广播电视台党委委员、台长助理；2010 年 5 月任现职，2011 年取得高级记者资格。在省级以上刊物发表了《提升民生新闻品格促进舆论环境和谐》、《突发事件“应急机制”的构建》等论文；主编了《我们的大运河》(浙江文艺出版社出版）一书；主创或策划的作品获省级二等奖以上奖项 10 余件；个人获“嘉兴市首批十佳记者”、“嘉兴市十佳文化人才”、“嘉兴市第四批新世纪专业技术带头人后备人才”、“省宣传文化系统‘五个一批’人才”等荣誉。

张世勇(1957.05 ~) 男，嘉兴市广播电视台交通经济频率总监，主任编辑。浙江浦江人，中共党员，大学专科学历。1976 年 3 月任武警嘉兴市支队班长、文书、排长、代理指导员、政治处干事；1988 年 10 月任嘉兴市人事局科员、办公室副主任、主任；1993 年 12 月任嘉兴日报社副总编；1995 年 2 月借调《经济日报》驻嘉兴办事处，任主任；1995 年 10 月历任嘉兴电台有线电视二套主任、广播经济部主任、广播交通经济频率总监；2005 年 1 月起任现职，2011 年取得主任编辑资格。在省级以上刊物发表了《“阿秀嫂”的成功之路》、《公信力是广播专业频率两个效益统一的核心》、《新闻策划切忌炒作》等论文；参与的作品《活力嘉兴》(现场直播)、《创新环境管理机制，给科学发展提供保障》、《迈向高铁时代，飞越沪嘉杭》、《茉莉花开》(新闻专题）等多件作品获中广学会、省级二等奖以上奖项。

陈勤燕(1972.12 ~) 女，嘉兴市广播电视台主任编辑。浙江绍兴人，大学本科学历。1993 年 6 月任嘉兴市人民广播电台经济台记者、主持人；2005 年 9 月起任城乡生活频率编辑记者。在省级以上刊物发表了《题材"淘宝"与新闻发现——城市电台对农节目创优的几点感受》、《广播:在组织传播媒介化过程中寻找发展机遇》等论文;采写的作品《阿秀嫂的家常话——村里来了流动放心店》、《阿秀嫂的家常话-——夜访农家看变化》、《肉要吃,猪要养,环境保护更莫忘》、《推进两分两换,还需合心合力》等多件作品获省新闻奖一、二等奖;对农节目《阿秀嫂的家常话》获2009年度省新闻名专栏;个人获"嘉兴市十佳新闻工作者"荣誉。

傅建明(1964.02~)男,海宁市广播电视台高级工程师。1984年7月毕业于杭州大学物理系,理学学士学位。1984年8月进入海宁市广播电视台工作,参与筹建了海宁广电中心、海宁发射中心、600M2演播厅等工程,2011年取得高级工程师资格。在省级以上刊物发表了《广播电视技术用房的隔声与隔震》、《大中型演播厅工程建设的技术要点与解决方案》、《海宁电视塔工程实践的若干问题》等多篇论文;其中:论文《基于GIS的海宁广播电视网络资源管理系统的应用与研究》、《海宁市公安社会治安动态视频监控系统的实践和应用》获省广播影视科技创新奖工程技术奖;节目《春风踏歌来》(海宁市农村文化展示暨2010元旦电视直播文艺晚会)、《历史文化名城——海宁》、《雁门雪》获省广播节目技术质量奖。

绍兴市

罗治林(1961.03~)男,绍兴市广播电视台影视娱乐频道一级导演。浙江绍兴人,大学专科学历。1994年调入绍兴市广播电视台,一直从事文艺编导工作,2011年取得一级导演资格。在省级以上刊物发表了《电影导演与电视剧的联姻》、《电视节目底俗化的成因、危害及对策》、《对当下电视娱乐节目失范的哲学思考》、《电视节目底俗化现象分析》等论文;独立编导的莲花落戏曲片《翠姐姐回娘家》获第十一届戏曲"星光奖",专题片《六龄童》获第十一届"星光奖"地方组一等奖,《小八戒》获第六届中国儿童音乐电视大赛金奖,《越女争锋》获第二十届"星光奖"优秀戏曲节目奖,《陆游八百年》获省广播电视文艺专题片一等奖,《雏凤争鸣》获浙江新闻奖二等奖;2011年担任总制片及副导演的越剧戏曲片《一钱太守》在央视戏曲频道黄金时段播出,执导的江南著名笑星黄宪高滑稽系列及绍兴莲花落等多部戏曲音像光盘由浙江文艺音像出版社出版。

陆吉连(1959.10~)男,绍兴市广播电视台影视娱乐频道主任记者。浙江绍兴人,中共党员,大学本科学历。1992年进入绍兴市广播电视台,一直在记者、编导岗位工作,2011年取得主任记者资格。在省级以上刊物发表了《电视节目的大众化追求——试析〈超级女声〉的大众化效应》、《城市台专题性新闻节目的定位思考》、《城市电视台方言类节目的利弊得失》等论文;作品《幽兰酬春》获第18届"星光奖"MTV二等奖、中国电视戏曲"兰花奖"戏曲电视类一等奖、第22届中国电视金鹰奖音乐电视节目优秀奖;《越女争锋——越剧青年演员电视挑战赛》获第20届"星光奖"优秀戏曲节目奖;电视连续剧《越王勾践》获省第九届精神文明建设"五个一工程"入选作品;《陆游八百年》获省广播电视文艺奖(文艺专题片)一等奖、省新闻奖二等奖;音乐电视《水乡船歌》获省第十一届电视"牡丹奖"最佳摄像奖。

陶思敏(1974.11~)女,绍兴市广播电视台大型活动与培训部主任编辑。浙江诸暨人,中共党员,大学本科学历。1996年调入绍兴市广播电视台,一直从事新闻采编和栏目编辑工作,2011年取得主任编辑资格。在省级以上刊物发表了《论城市电视台少儿节目的创新》、《如何搞活电视新闻中的主题报道》等论文;编辑的《小栏花》获第五届全国电视节目《金童奖》优秀栏目金奖、省广播电视新闻奖青少栏目一、二等奖,执导的音乐电视《老酒谣》获第六届全国少儿电视节目"金童奖"音乐电视一等奖,《虎娃闹春——绍兴市首届少儿春晚》获2010年度全国春节电视文艺晚会评选二等奖、省第20届电视"牡丹奖"少儿电视文艺一等奖;个人获市级青年岗位能手、市第三届未成年人思想道德建设先进工作者等荣誉。

吴伟懿(1972.05~)男,绍兴市广播电视台新闻综合频率主任编辑。浙江上虞人,中共党员,大学本科学历。1999年调入绍兴市广播电视台,2011年取得主任编辑资格在省级以上刊物发表了《金融危机下城市交通广播的应对之策》、《新闻直播常态化是城市电视台的必然选择》、《城市新闻广播差异化竞争手法初探》、《以创新来确保城市广播媒体的传播优势》等论文;参与的作品:广播新闻专题《水乡健儿梦圆卫冕路》获省广播电视新闻奖三等奖，系列报道《低碳急行军》获省广播电视新闻奖（广播重大主题）一等奖，电视专题片《浴火重生记》获第十二届电视外宣“彩桥”节目评析活动长片类一等作品，广播评论《减排不仅仅是为了承诺》、广播综艺《我们给地球过生日》获省广播电视新闻奖二等奖。

刘文宇（1973.12～）男，绍兴市广播电视台戏曲音乐频率副总监，主任编辑。黑龙江绥化人，大学本科学历。1998年进入绍兴市广播电视台工作，历任电视纪录片编导、电视文艺编导、影视娱乐频道节目部主任。策划创办了电视栏目剧《五味茴香豆》、户外真人秀节目《奥运加油站》、电视新闻杂志《有噶种事体》、时尚娱乐节目《搜城记》。在省级以上刊物发表了《栏目剧的非常状态生存》、《广播剧剧本创作中如何结构故事》、《广播剧剧本创作中的人物塑造》等论文；纪录片《活着》获省广播电视新闻奖二等奖、浙江新闻奖三等奖，广播剧《静静的海》获第六届中国广播剧专家奖银奖、杭州市第十届“五个一工程”入选作品奖、杭州广播电视政府奖一等奖，广播剧《突然寒冷》获省第十届“五个一工程奖”奖、第九届中国广播剧专家奖金奖、省广播电视文艺奖二等奖和2011年全国广播影视大奖入围奖，广播剧《钱学森回国》、综艺晚会《第六届世界合唱比赛开幕式》获省广播电视文艺奖一、二等奖，广播剧《风雨1907》获第十一届中国广播剧专家奖金奖。

赵卫明（1964.02～）男，诸暨市广播电视台广播节目中心副主任、工会主席、高级记者，绍兴市七届人大代表。浙江诸暨人，大学本科学历。1984年进入诸暨市广播电视台，历任诸暨人民广播电台新闻部主任、节目部主任、总编室主任等职，2011年取得高级记者资格。采写了消息、通讯、调查报告和报告文学等涉农新闻作品4560篇，有600多件新闻、广告、论文作品在全国、省、市获奖；创作的11部共89集广播剧、文学连播，多次获全国及省“五个一工程”奖或政府奖；出版新闻、文艺、报告文学著作5部；获全国广播影视系统先进工作者、绍兴市十佳新闻工作者、绍兴市拔尖人才和学科带头人、绍兴市“五个一批人才”等荣誉。

朱坚定（1966.10～）男，诸暨市广播电视台电视节目中心党支部书记、副主任（主持工作），主任记者。浙江诸暨人，大学本科学历。历任诸暨电视台新闻部、专题部、广告部副主任，诸暨市广播电视台电视节目中心社教部副主任、办公室（总编室）主任、中心副主任。采写了近千篇新闻作品，主创的30多件电视作品在国家、省、市新闻评比中获奖。获“诸暨市十佳新闻工作者”、“诸暨市‘严打’工作先进个人”、“诸暨市社会治安综合治理先进个人”、“诸暨市专业技术拔尖人才（学术技术带头人）后备人才”、诸暨市外宣工作先进个人、台先进工作者、优秀共产党员等荣誉。

朱瑛（1968.08～）女，上虞市广播电视台经济文化频道栏目制片人，主任记者。1990年7月毕业与杭州大学新闻系，学士学位。1990年8月进入上虞市广播电视台工作，历任电台专题部主任电视台专题组组长、栏目编导、制片人。在省级以上刊物发表了《理论宣传要贴近群众》、《为农民致富引路搭桥》、《心与心的交流——人物专题片采访漫谈》、《巧用人物同期声》、《深度报道与独创性》、《法制新闻报道要注意把握分寸》等论文；作品《“空壳集团”弊病多》获省广播电视新闻奖二等奖；《有感于技工难找》、《上虞率先创办“一办四中心”》获省广播电视优秀新闻作品二、三等奖；《6名“洋专家”成为龙盛持股者》、《上虞建立便民服务中心公开办事，方便群众》获省广播电视新闻奖三等奖、省好新闻奖三等奖；《征服》获第九届全国电视外宣“彩桥奖”三等奖、省“牡丹奖”二等奖；《娥江先锋》栏目获省第九届优秀党员教育电视片观摩评比一等奖。

金华市

潘文明（1966.07～）男，浦江县广播电视台党委委员，高级政工师。浙江浦江人，中共党员，大学本科学历。在《观察与思考》上发表了《加强广电队伍建设的探讨》、《浅谈广播电视台学习型组织建设》等论文；策划编导的专题片《为了十一个村民的生命》获省第七届党员教育电视片观摩评比二等奖；获2010年度金华市政研优秀工作者荣誉。

边旭东（1964.09～）男，浦江县广播电视台办公室副主任，高级工程师。浙江浦江人，中共党员，大学本科学历。1987年进人浦江县广播电视局工作，2011年取得高级工程师资格。在省级以上刊物发表了《山区有线广播如何有效防雷减灾，降低返修率》、《农村有线广播"村村响"工程可寻址应急广播技术方案与实施》等多篇论文，其中《农村有线广播"村村响"工程可寻址应急广播技术方案与实施》获省局科技论文二等奖；《画乡姑娘绣花边》获省广播节目录制技术质量奖音乐类三等奖，获浙江省光缆干线维护先进个人和省广播电视安全播出先进个人等荣誉。

衢州市

王建华（1960.06～）男，衢州市文化广电新闻出版局局长。浙江东阳人，大学本科学历。1984年7月任衢州市委宣传部干事；1993年任衢州市开发区科长；1996年任衢州市政协办公室办公室副主任；2000年8月任衢州市文化局副局长；2005年4月任开化县委副书记、纪委书记；2009年9月任衢州市政府副秘书长（正处）；2011年7月任现职。

赵　敏（1968.10～）女，江山市文化广电新闻出版局党委书记、局长。汉族，中共党员，研究生学历。1988年8月任江山市百货公司统计、出纳、会计；1993年3月任江山市华厦实业公司办公室主任、工会副主席兼商业局团委书记；1997年8月任江山市妇联副主席；1998年4月任江山市凤林镇党委副书记；2001年8月任江山市旅游局副局长；2002年3月任江山市委组织部副部长、老干部局局长；2011年8月任现职。

余　力（1964.10～）江山市广播电视台党委书记、台长。浙江江山人，中共党员，大学专科学历。1981年12月在浙江电工器材厂工作；1985年1月在龙游广播电视局工作；1986年1月在江山电视台工作；1997年2月任江山电视台副台长；1998年2月任江山市广播电视局网络传输中心主任；2003年8月任江山市广播电视局党委委员、副局长；2007年2月任江山市广播电视台党委副书记、副台长；2011年12月任现职。

郑晓明（1962.03～）男，衢州市广播电视台广播电视报社总编，主任记者。中共党员，大学本科学历。策划、参与了20多次重大主题宣传报道，推出了一批喜闻乐见的电视栏目和报纸版面，在省级以上刊物发表了《广播电视报转型发展的思路和对策》、《以品牌活动创造两个效益》等论文，有7件作品获省新闻奖和省广播电视新闻奖、文艺奖，其中《纪念孔子诞辰2556周年学祭典礼》、《挑战桔王》、《明星言行失当理应道歉》获省新闻奖、省广播电视新闻奖一等奖。创作的歌曲作品《在你想我的时候》获2010唱响世博全国征歌活动金奖、《中华祖先》获省新人新作三等奖和贵州省第十一届"花溪之夏"艺术节新民歌大赛金曲奖。

柳　堤（1963.05～）男，衢州市广播电视台电视新闻综合频道栏目部主任，主任记者，第六届浙江飘萍奖获得者。中共党员，大学本科学历。1996年调入衢州市广播电视台，历任社教部记者、新闻部《晚间600秒》记者、《农技110特快》栏目制片人，2008年任现职，2011年取得主任记者资格。主创的《农技110特快》栏目获省广播电视新闻奖优秀栏目奖、省新闻奖名专栏奖、全省基层宣传思想工作20佳，作品《桔王擂台赛》、《挑战桔王》、《决战大宝山》获省新闻奖一、二、三等奖，作品《山区清水鱼养殖技术》、《穿着皮鞋下稻田》获全国农业电视节目评选二、三等奖。

王春俊（1978.01～）男，衢州市广播电视台首席记者，主任记者。中共党员，大学本科学历。1997年参加工作，从事新闻采访期间，在省级以上刊物发表了论文6篇，作品获省级好新闻奖21件，其中《衢州元立："零度电"产300万吨钢》获得浙江新闻奖一等奖，《新衢州、新农村、新家园》、《农家书屋香飘浙西新农村》、《龙游：探索土地季节性流转新模式》获省新闻奖、省广播电视新闻奖二等奖。荣获市级优秀共产党员、市创建国家园林城市工作先进个人、市抗洪救灾先进个人、台优秀共产党员、先进工作者等荣誉，所在部门获省抗震救灾宣传报道先进集体等荣誉。

姜晓庆（1962.02～）女，衢州市广播电视台妇委会主任，电视生活娱乐、经济信息频道综合办主任，高级政工师。中共党员，大学本科学历。历任衢州人民广播电台新闻部副主任、节目部副主任、文艺台副台长、广电报发行部主任、女工委员、电视第二党支部委员等职。主持过直播节目"热线新闻"、"空中商业街"等，在省级以上刊物发表了论文4篇，其中论文《有效发行和无效发行》获中国广播电视新闻奖报刊论文一等奖；作品获国家级、省级政府奖10多件，其中对农广播《和农民兄弟谈谈竞争》获省级一等奖和国家级三等奖。获市“十佳节目主持人”、市“四自”女性、市“优秀妇女干部”等荣誉。

沈炳根（1957.06～）男，衢州市广播电视台广告经营管理中心办公室主任，高级政工师。中共党员，大学本科学历。1976年参军入伍参加工作，1996年转业分配到衢州市广播电视台，历任团政治处干事、连政治指导员（党支部书记、党委委员）、飞行大队教导员、台党（政）办公室副主任、台技术口党支部委员、台工会委员等职。在省级以上刊物发表了《思想政治工作者的人格魅力培养》、《让“假、恶、丑”在阳光下现形》、《加强 < 企业文化 > 建设的几点思考》、《从讲政治的高度、做好广播电视的安全播出工作》、《从人文关怀入手增强思想政治工作的效力》等多篇论文。

马建军（1963.05～）男，衢州市广播电视发展公司副经理，高级经济师。中共党员，大学本科学历。1981年参加工作，一直从事经济工作。1995年任衢州市广播电视服务公司经理，通过借力发展，科学管理，当年扭亏为盈；2000年任衢州市广播电视网络中心市场科科长，组织实施广电IP宽带网络市场开发；2004年参与衢州市广播电视发展公司筹建，发展了衢州导视频道和衢州图文信息频道，拓展了衢州广播电视摄制中心、衢州市广播电视艺术中心、LED电子屏百家社区资讯联播网、《汽车时代》杂志、数字电视广告等第三产业。在国家及省级刊物上发表了多篇论文。

舟山市

邵　宇（1968.09～）男，舟山市广播电视台编委、总编室主任，主任记者。浙江普陀人，中共党员，大学本科学历。1986年9月在中国人民大学新闻系学习；1990年8月任舟山电视台记者、责任编辑、新闻中心副主任；2003年7月任舟山市广播电视台电视新闻部主任、编委、电视新闻综合频道总监；2007年12月任现职，2011年取得主任记者资格。组织策划了《大桥行》、《一切为了人民利益》、《迎接新时代共话新跨越电视系列座谈会》等多项重大宣传活动和主题报道，推出了《舟山新闻》、《今日视线》、《汪大姐来了》等一批品牌栏目，主创的20多件作品获省级新闻奖一、二、三等奖。

王少星（1954.11～）男，舟山市广播电视台总编室编辑，主任记者。山东泰安人，中共党员，大学本科学历。1970年12月任山东莱阳海军场站警卫连战士；1975年4月任舟山地区气象台观察组观察员；1981年3月任舟山人民广播电台节目部副主任、主任、专题部主任；2005年12月任现职，2011年取得主任记者资格。在省级以上刊物发表了《新媒体时期的广播发展新趋势》、《避免新闻报道的逆反效应》、《浅论广播军事宣传的角色定位》等6篇论文。13次获舟山市征兵工作先进个人、舟山市国防教育先进个人等荣誉。

韩奕伟（1960.05～）男，舟山市广播电视台高级工程师。浙江定海人，中共党员，大学本科学历。1977年12月进入舟山市广电局，一直从事广播发射、电视播出等技术工作。曾任舟山6945台副台长、台长等职，2011年取得高级工程师资格。在省级以上刊物发表了多篇论文，其中《中波发射台音频控制单元改造要点》获省广播电视科技进步论文类三等奖；《走进生活》获国家广电总局电视节目录制技术质量一等奖，《“佛国之约”文艺晚会》获省电视节目录制技术质量二等奖，《电视连续剧 < 红楼梦 > 音乐解释》获省广播节目录制技术三等奖。1984年被评为省广电系统先进个人。

孔军民（1970.11～）男，舟山市广播电视网络传输中心乡镇部主任，高级工程师。浙江定海人，中共党员，大学本科学历。1990年8月任定海区广播电视局电视转播台技术员、副台长；1994年7月任舟山人民广播电台后岙岗调频发射台技术主管、副台长；2003年12月任舟山广播电视网络传输中心乡镇部网络技术主管、副主任、主任；2011年取得高级工程师资格。在省级以上刊物发表了《浅谈海岛电台现场直播信号传输方式与选择》、《海岛间数字MMDS传输系统的设计和应用》等多篇论文；《舟山连岛大桥光缆工程建设项目》等获省广播影视科技创新工程类二、三等奖，《舟山市本级海岛数字MMDS传输系统》获省城市台会议（21届年会）论文评选二等奖；获“省新一轮广播电视村村通工程建设先进个人”等荣誉。

台州市

那世钢(1963.11～)男,台州市广播电视台总编室副主任、高级编辑。满族,辽宁鞍山人,大学本科学历。1987年7月毕业于宁夏大学新闻学专业,同年8月进入宁夏石嘴山广电台任记者;1988年8月任宁夏政协报编辑;1989年9月任宁夏人民广播电台专题部责任编辑;1994年7月任宁夏电视台《宁夏博览》栏目策划、编导(兼职);1996年任中国消费者报特约记者(兼职);1998年借调新华通讯社宁夏分社任编辑;2002年任台州人民广播电台总编室主任;2005任现职,2011年取得高级编辑资格。

高建平(1973.02～)男,台州市广播电视台电视新闻综合频道特别报道部主任、主任记者。汉族,山西平遥人,大学本科学历。1998年7月毕业于浙江广播电视高等专科学校,同年8月进入台州有线电视台任记者、编辑;2001年5月任台州电视台记者、编辑;2005年12月历任台州市广播电视台电视新闻综合频道记者、编导、时政新闻部副主任、《百姓说话》、《大民讨说法》栏目制片人;2010年6月任现职,2011年取得主任记者资格。

吴丹琦(1975.08～)女,台州市广播电视台新闻综合频道节目运营部副主任、主任记者。汉族,浙江黄岩人,大学本科学历,学士学位。1996年6月毕业于西南师范大学,同年8月进入黄岩区电视台人记者;1996年6月任台州有线广播电视台新闻部记者、编导;2001年5月任台州电视台文艺部编导、记者;2006年1月任台州广播电视台影视文化频道新闻部记者;2010年3月任现职,2011年取得主任记者资格。

杨　妮(1976.05～)女,台州市广播电视台新闻综合频道综合报道部记者、编辑。汉族,陕西西安人,大学本科学历。1997年6月毕业于浙江广播电视高等专科学校,同年12月任台州有线电视台 记者、编辑;1999年5月任台州人民广播电台记者、编辑;2005年12月任现职,2011年取得主任记者资格。

林　毅(1966.08～)男,中共三门县委宣传部副部长,三门县广播电视台党组书记、台长。浙江三门人,中共党员,大学本科学历。1987年9月在上叶中学、沙柳中学、城关中学任教师;1996年10月任三门县委办公室秘书、副科长,三门政协办公室副主任、主任;2005年9月任珠岙镇党委书记、人大主席;2011年1月任现职。

梁　锋(1970.04～)男,黄岩区广播电视台总工程师,高级工程师。台州路桥人,大学本科学历。2006年5月任黄岩区广播电视台技术中心主任、2001年11月任网络中心主任、2011年10月任现职。负责广播电视安全播出、网络规划设计,制定各种工程技术规范、工程实施方案、安全播出工作制度及应急预案;主持有线电视网络建设、硬盘播出系统、非线性编辑系统等大量工程项目;负责器材选型及技术把关;参与技术决策,负责广电新技术的探索和应用推广工作。在国家级刊物上发表论文18篇、省级刊物上发表论文2篇,其中3篇获省优秀技术论文奖三等奖;作品获省广播、电视节目录制技术质量奖三等奖9件;获省广播电视技术维护先进个人一等奖、三等奖;获省广播电视安全播出先进个人2次;被评为黄岩区拔尖人才。

丽水市

赵正发(1962.09～)男,丽水市广播电视台党委书记、台长,主任编辑。浙江文成人,中共党员,大学本科学历。1984年7月参加工作,曾任职于丽水师专、丽水地直机关党工委、浙江省金温铁路总指挥部、丽水地委办公室、浙江日报驻丽水记者站、丽水日报社、丽水市社科联等,2009年任丽水市委宣传部常务副部长,2011年11月任现职。曾任政协第二届丽水市委员会委员。2012年当选丽水市第三届人大代表、丽水市第三次党代会代表和省第十三次党代会代表参与编写了《科学发展观在丽水的实践》、《丽水改革开放30年》、《丽水:建设生态文明》等专著。

陈水生(1959.10～)男,丽水市广播电视台总工程师,高级工程师,浙江缙云人,中共党员,大学专科学历。1981年8月参加工作,先后在龙泉道太区中学、龙泉市教委电教仪器站和教育电视台、丽水电视台任职,2007年5月任现职。先后主持完成了机房与设备计算机管理系统、陈寮山发射台远程遥控遥测系统、基于互联网的新闻稿件处理系统、8+2数字电视转播车与数字微波新闻直播车双车系统、基于 GPS/GSM 物联网技术的 FM 广播覆盖网终端监测系统的研发等大型项目的建设。在省级以上刊物发表了《基于 XDCAM 专业蓝光盘电视新闻直播系统及流程的设计》、《广播录音室的音质设计与分析》和《DTMF 技术在 FM 紧急广播业务中的应用研究》等多篇论文;2010 年度获全国电视节目录制技术质量“金帆奖”二等奖。

范云建(1956.09～) 男,丽水市广播电视台广播新闻综合频率副总监,主任编辑。山东庆云人,中共党员,大学大专学历。1980 年 1 月进入丽水中播转播台;1993 年参与了丽水人民广播电台的筹建工作;1996 年 5 月起历任丽水人民广播电台总编室副主任兼新闻部负责人、总编室主任、专题部主任;2006 年 11 月任现职。在省级以上刊物发表了《打造地方特色的广播新闻》、《广播热线栏目的塑造与推广—丽水广播 < 百姓热线 > 的实践与思考》、《浅谈广播连线报道记者能力的提升》、《媒介融合下地方广播的突围之路》等多篇论文;主创的作品获浙江省广播电视新闻奖一等奖 1 件,获浙江省广播电视新闻奖二等奖 3 件。

施丽君(1970.09～) 女,丽水市广播电视台广播新闻综合频率采编组组长,主任编辑,浙江缙云人,大学本科学历。1995 年 8 月进入丽水人民广播电台工作,先后担任导播、采编等工作;2007 年 4 月任现职,负责《丽广新闻》的采编和管理工作。在省级以上刊物发表了《如何让报道更精练》、《道德门事件缘何屡见媒体》等论文;主创的作品获省级以上奖项 13 件,获市级奖项 30 件。

许晓珍(1964.06～) 女,丽水市广播电视台办公室机要秘书,高级经济师,浙江丽水人,中共党员,大学本科学历。1981 年 11 月在丽水市供销社参加工作;1992 年 10 月抽调到金温铁路丽水市工程指挥部工作;1998 年 7 月任中国人寿保险公司丽水分公司个险职场经理;2003 年 5 月到丽水人民广播电台工作;2011 年取得高级经济师资格。在省级以上刊物发表了《关于青田仁庄镇帮扶增收工作的调查与思考》、《关于实施欠发达乡镇奔小康工程有关情况的报告》等论文。

郑军伟(1974.06～) 男,丽水华数数字电视有限公司技术部副经理、高级工程师,浙江缙云人,大学本科学历、工学学士。1997 年 7 月参加工作,历任丽水有线电视台技术员、助理工程师、工程师技术职务,2001 年 7 月任丽水市广电传输中心接入网部副主任,2004 年 5 月任浙江丽水广电网络公司(丽水华数公司)技术部副主任(副经理),2011 年取得高级工程师资格。工作期间曾多次获得荣誉,2010 年获得省广电安全播出先进个人,2007 年被省人事厅、省广电局评为省广播影视系统先进工作者。

夏雪松(1971.10～) 男,景宁县文化广电新闻出版(体育)局党组书记、局长,中共党员,大学本科学历。1991 年 8 月参加工作,任沙湾中学语文教师;1994 年 8 月任景宁中学政教处副主任、主任、副校长;2003 年 8 月任景宁县委办综合科副科长(主持工作);2005 年 12 月任景宁县政府办副主任;2008 年 12 月任景宁县委宣传部副部长;2010 年 2 月任景宁县委组织部副部长;2011 年 4 月任现职。

留红伟(1976.08～) 男,莲都区文化广电新闻出版局党组书记、副局长,浙江丽水人,中共党员,大学本科学历,2007 年 4 月任现职,2011 年分管广电工作。

李金根(1975.05～) 男,云和县广播电视台工程师、播出部主任,汉族,浙江云和人,中共党员,大学本科学历。历任云和县广播电视台运行维护部副主任、工程部副主任、稽查收费部主任等职,2011 年 1 月任现职,同年 11 月取得高级工程师资格。在省级以上刊物发表了《云和县 HFC 网高清晰会议电视系统方案》、《浅谈三网融合与广播电视的发展思路》、《数字电视地面广播技术及其应用》、《广播电视监测网网络安全研究》、《浅谈数字电视》、《浅谈网络电视及其发展》分别《视听纵横》、《信息通信》、《科技资讯》、《科技创新导报》、《中国当代论文选萃》等多篇论文;获浙江省新一轮广播电视村村通工程建设先进个人、浙江省广播电视安全播出先进个人、浙江省广播电视技术维护先进个人三等奖、丽水市文化广电新闻出版系统“青年岗位能手”等荣誉。

2011年度全省广播电视系统评定中级专业技术职称名单

浙江广播电视集团

单　位	人员姓名	性别	出生年月	学历	何类专业技术职务
浙江广播电视集团	蒋红梅	女	1973.03	大学本科	一级播音员
浙江广播电视集团	卫　芬	女	1973.12	大学本科	一级播音员
浙江广播电视集团	许好好	女	1984.08	大学本科	一级播音员
浙江广播电视集团	杨川源	女	1979.03	大学本科	记者
浙江广播电视集团	戴冰寒	女	1974.11	大学本科	记者
浙江广播电视集团	黄　岚	女	1976.09	大学本科	记者
浙江广播电视集团	肖　研	女	1982.05	大学本科	记者
浙江广播电视集团	柴　学	男	1984.02	大学本科	记者
浙江广播电视集团	叶世忠	男	1971.03	大学本科	记者
浙江广播电视集团	胡亦廷	男	1982.10	大学本科	记者
浙江广播电视集团	高佳丽	女	1980.12	大学本科	记者
浙江广播电视集团	段迎迎	女	1982.10	大学本科	记者
浙江广播电视集团	岑明霞	女	1979.10	大学本科	记者
浙江广播电视集团	卢　珊	女	1981.10	大学本科	记者
浙江广播电视集团	马洁洁	女	1983.10	大学本科	记者
浙江广播电视集团	叶　菲	女	1979.08	大学本科	记者
浙江广播电视集团	章晓芳	女	1982.01	大学本科	记者
浙江广播电视集团	田春玲	女	1976.05	大学本科	记者
浙江广播电视集团	金亦维	女	1979.11	大学本科	记者
浙江广播电视集团	步瑶君	男	1980.02	大学本科	记者
浙江广播电视集团	周志跃	男	1976.12	大学本科	记者
浙江广播电视集团	邱　凯	男	1977.12	研究生	记者
浙江广播电视集团	宋　歌	男	1977.01	大学本科	编辑
浙江广播电视集团	俞梅鸿	女	1969.01	大学本科	编辑
浙江广播电视集团	陈宣男	女	1982.09	大学本科	编辑

单　位	人员姓名	性别	出生年月	学历	何类专业技术职务
浙江广播电视集团	蒋莉莉	女	1981.05	大学本科	编辑
浙江广播电视集团	蒋宙烨	男	1983.06	大学本科	编辑
浙江广播电视集团	华　芳	女	1979.01	大学本科	编辑
浙江广播电视集团	卞正来	男	1978.11	大学本科	编辑
浙江广播电视集团	林雨书	男	1983.08	大学本科	编辑
浙江广播电视集团	李　祎	女	1975.05	大学本科	编辑
浙江广播电视集团	程　泠	女	1983.10	大学本科	编辑
浙江广播电视集团	施云炘	男	1973.02	大学本科	编辑
浙江广播电视集团	胡丹娜	女	1978.02	大学本科	编辑
浙江广播电视集团	王　莉	女	1972.04	大学本科	编辑
浙江广播电视集团	程　艺	女	1979.01	大学本科	编辑
浙江广播电视集团	林丽平	女	1980.12	大学专科	编辑
浙江广播电视集团	沈　旸	男	1983.03	研究生	编辑
浙江广播电视集团	钱亦焕	男	1981.04	大学本科	工程师
浙江广播电视集团	陆　昊	男	1983.08	大学本科	工程师
浙江广播电视集团	邱　天	男	1984.05	大学本科	工程师
浙江广播电视集团	周　佳	男	1983.01	大学本科	工程师
浙江广播电视集团	马　辰	男	1973.12	大学本科	工程师
浙江广播电视集团	温林鸿	男	1983.05	大学本科	工程师
浙江广播电视集团	季　强	男	1961.02	大学专科	工程师
浙江广播电视集团	谢　钢	男	1960.11	大学专科	工程师
浙江广播电视集团	朱克勤	男	1961.11	大学专科	工程师
浙江广播电视集团	张建国	男	1959.05	大学专科	工程师
浙江广播电视集团	郭建军	男	1964.05	大学专科	工程师
浙江广播电视集团	徐江平	男	1969.02	大学专科	工程师
浙江广播电视集团	贝周祥	男	1963.04	大学专科	工程师
浙江广播电视集团	蒋继骏	男	1980.02	大学专科	工程师
浙江广播电视集团	胡晓鸣	男	1957.05	高中	工程师
浙江广播电视集团	范　博	男	1984.10	大学本科	三级音乐编辑
浙江广播电视集团	张雪菲	女	1975.12	大学本科	三级导演
浙江广播电视集团	刘　栋	男	1977.10	大学本科	三级导演

单 位	人员姓名	性别	出生年月	学历	何类专业技术职务
浙江广播电视集团	吕　丹	女	1977.07	大学本科	三级导演
浙江广播电视集团	高　韧	男	1971.08	大学本科	三级导演
浙江广播电视集团	顾　昶	男	1982.08	大学本科	三级导演
浙江广播电视集团	俞　玫	女	1979.10	大学专科	三级导演
浙江广播电视集团	孙　铱	女	1977.03	大学本科	三级导演
浙江广播电视集团	郑　斌	男	1982.11	大学本科	三级录音师
浙江广播电视集团	金　益	男	1983.08	大学本科	三级美术师
浙江广播电视集团	余乐耘	男	1961.06	大学本科	三级摄像师
浙江广播电视集团	李玉珑	男	1977.12	大学本科	三级摄像师
浙江广播电视集团	黄　颖	女	1982.07	大学本科	三级舞美设计师
浙江广播电视集团	胡振蕾	女	1984.12	大学本科	三级舞美设计师
浙江广播电视集团	胡　蓉	女	1983.11	大学本科	三级舞美设计师
浙江广播电视集团	陈　瑶	女	1982.12	大学本科	三级舞美设计师
浙江广播电视集团	潘芳芳	女	1983.02	大学本科	会计师

杭州市

单 位	人员姓名	性别	出生年月	学历	何类专业技术职务
杭州文化广播电视集团	钱　菁	女	1981.07	大学本科	一级播音员
杭州文化广播电视集团	闻　瑶	女	1978.09	大学本科	记者
杭州文化广播电视集团	金　兰	女	1982.12	大学本科	记者
杭州文化广播电视集团	黄敏乐	女	1982.09	大学本科	记者
杭州文化广播电视集团	张　强	男	1958.04	大学专科	记者
杭州文化广播电视集团	寿娜佳	女	1982.10	大学本科	记者
杭州文化广播电视集团	乔俊璐	女	1983.04	大学本科	记者
杭州文化广播电视集团	全悦敏	女	1980.08	大学本科	记者
杭州文化广播电视集团	徐　庆	女	1979.01	大学本科	编辑
杭州文化广播电视集团	李　萌	女	1975.11	大学本科	编辑
杭州文化广播电视集团	屠芳芳	女	1975.12	大学本科	编辑
杭州文化广播电视集团	朱坚梅	女	1974.05	大学本科	编辑

单　位	人员姓名	性别	出生年月	学历	何类专业技术职务
杭州文化广播电视集团	张丹凤	女	1970.01	大学本科	工程师
杭州文化广播电视集团	吕　芳	女	1977.05	大学本科	工程师
杭州文化广播电视集团	王一中	男	1967.12	大学本科	工程师
杭州文化广播电视集团	王小燕	女	1981.12	大学本科	三级文学编辑
杭州文化广播电视集团	韩　婷	女	1978.07	大学本科	三级导演
杭州文化广播电视集团	徐柳芳	女	1977.08	大学本科	三级导演
杭州文化广播电视集团	罗　平	女	1981.02	大学本科	三级导演
杭州文化广播电视集团	赵　勇	男	1968.02	专业证书	三级摄像师
杭州文化广播电视集团	宋文娣	女	1963.12	大学本科	政工师
杭州市广播电视科学技术研究所	林星华	男	1953.09	高中	工程师
华数传媒网络有限公司	查　艳	女	1982.11	大学本科	工程师
华数传媒网络有限公司	陈一可	女	1983.12	大学本科	工程师
华数传媒网络有限公司	谢　琎	男	1983.07	大学本科	工程师
华数传媒网络有限公司	朱列立	男	1982.12	大学本科	工程师
萧山区广播电视台	余淑燕	女	1978.03	大学本科	编辑
萧山区广播电视台	黄宪荣	男	1962.08	大学专科	编辑
萧山区广播电视台	韩列平	男	1961.09	大学专科	工程师
萧山区广播电视台	何　莉	女	1968.08	大学本科	工程师
萧山区广播电视台	张玉明	男	1961.10	高中	工程师
临浦镇文化广播站	孔春燕	女	1960.02	大学专科	编辑
萧山华数数字电视有限公司	徐见娣	女	1979.11	大学本科	工程师
萧山区工人文化宫	陈连仁	男	1954.03	初中	电影放映技师
萧山区电影总公司	郭　刚	男	1967.01	大学专科	电影放映技师
余杭区广播电视台	朱洁丹	女	1982.08	大学本科	一级播音员
余杭区广播电视台	沈丽霞	女	1979.02	大学本科	记者
余杭区广播电视台	茅群涛	男	1969.02	大学本科	记者
余杭区广播电视台	梁　伟	男	1972.10	大学本科	记者
余杭区广播电视台	张政委	男	1981.09	大学本科	记者
余杭区广播电视台	施纪良	男	1981.05	大学本科	记者
余杭区广播电视台	冯艳婷	女	1969.11	大学本科	编辑
余杭区广播电视台	李静波	男	1957.96	大学专科	工程师

单　位	人员姓名	性别	出生年月	学历	何类专业技术职务
余杭华数网通信息港有限公司	杨雪良	男	1979.10	大学专科	工程师
桐庐县广播电视台	朱坚梅	女	1974.05	大学本科	编辑
桐庐县广播电视台	张　韬	男	1974.10	大学本科	工程师
桐庐县广播电视台	朱建平	男	1959.09	大学专科	工程师
建德市广播电视台	郑丽红	女	1976.12	大学本科	一级播音员
建德市广播电视台	鲁红旗	男	1953.02	大学专科	工程师
建德市广播电视台	朱友土	男	1956.11	大学专科	工程师
富阳市广播电视台	俞国平	男	1968.03	大学专科	记者
富阳市广播电视台	卢良军	男	1974.11	大学本科	工程师
富阳市广播电视台	吴　平	男	1975.07	大学本科	工程师
临安市广播电视台	金　澜	女	1980.03	大学本科	记者
临安市广播电视台	姜佐农	男	1966.12	大学专科	工程师
临安市广播电视台	马汝明	男	1960.10	高中	工程师

宁波市

单　位	人员姓名	性别	出生年月	学历	何类专业技术职务
宁波广播电视集团	汪　蓉	女	1979.03	大学本科	记者
宁波广播电视集团	王银娇	女	1979.03	大学本科	记者
宁波广播电视集团	孙文霞	女	1977.07	大学本科	编辑
宁波广播电视集团	缪晓云	女	1976.07	大学本科	编辑
宁波广播电视集团	张静怡	女	1982.03	大学本科	工程师
宁波广播电视集团	孙　旻	男	1983.10	大学本科	工程师
宁波广播电视集团	赵　勇	男	1984.10	研究生	工程师
宁波广播电视集团	林　峰	男	1966.08	大学专科	广告师
镇海区广播电视台	王　璟	男	1980.11	大学本科	记者
镇海区广播电视台	郑汉榜	男	1965.11	大学本科	记者
镇海区广播电视台	嵇　波	男	1978.09	大学本科	工程师
北仑区广播电视台	陆　素	女	1981.11	大学本科	记者
鄞州区广播电视台	朱　丹	女	1978.12	大学本科	记者
鄞州区广播电视台	崔孝优	男	1958.05	高中	工程师

单 位	人员姓名	性别	出生年月	学历	何类专业技术职务
鄞州区广播电视台	徐蓓斐	女	1962.03	中专	经济师
鄞州区广播电视台	钱伯达	男	1957.07	大学专科	经济师
余姚市广播电视台	谢宇安	男	1970.10	大学本科	记者
余姚市广播电视台	胡文锋	男	1979.04	大学本科	工程师
余姚市广播电视台	万振华	男	1981.11	大学本科	工程师
余姚市广播电视台	姚 杰	男	1981.11	大学本科	工程师
余姚市广播电视台	张红波	女	1971.10	大学专科	经济师
宁海县广播电视台	黄 敏	女	1968.08	大学专科	编辑
宁海县广播电视台	张 帆	女	1982.10	大学本科	编辑
宁海县广播电视台	张旭灿	男	1988.02	大学本科	工程师
宁海县广播电视台	程凯波	男	1976.09	大学本科	人力资源师
宁海县广播电视台	石淑敏	女	1977.09	大学本科	统计师
象山县广播电视台	刘德雅	女	1978.12	大学本科	一级播音员
象山县广播电视台	郑科峰	男	1978.01	大学本科	工程师
象山县广播电视台	钱 成	男	1953.11	初中	档案馆员

温州市

单 位	人员姓名	性别	出生年月	学历	何类专业技术职务
温州市广播电视台	朱宇艳	女	1976.02	大学本科	三级导演
温州市广播电视台	邓雄杰	男	1973.03	大学专科	三级导演
温州市广播电视台	季禾立	男	1979.07	大学本科	三级摄像师
温州新中国影都	郑 日	男	1971.10	大学专科	电影放映技师
乐清市广播电视台	徐媛媛	女	1978.05	大学本科	记者
乐清市广播电视台	高秀娟	女	1977.09	大学专科	记者
乐清市广播电视台	王桂芳	女	1975.11	大学本科	编辑
瑞安市广播电视台	黄 振	男	1979.07	大学本科	记者
瑞安市广播电视台	林甲双	男	1973.02	大学本科	记者
瑞安市广播电视台	施明海	男	1977.01	大学专科	工程师
瑞安市广播电视台	董 杰	男	1980.07	大学专科	工程师
瑞安市广播电视台	林 征	男	1984.04	大学本科	工程师

单 位	人员姓名	性别	出生年月	学历	何类专业技术职务
永嘉县广播电视台	潘旭忠	男	1970.01	大学本科	工程师
永嘉县广播电视台	谢用谦	男	1964.01	大学专科	工程师
永嘉县广播电视台	夏理直	男	1978.07	大学专科	工程师
永嘉县广播电视台	潘春雷	男	1977.12	大学本科	工程师
永嘉县广播电视台	邵力钢	男	1976.04	大学专科	工程师
永嘉县广播电视台	楼朝阳	男	1973.03	大学本科	工程师
永嘉县广播电视台	叶荣光	男	1970.03	大学本科	工程师
永嘉县广播电视台	戴用兵	男	1974.09	大学本科	工程师
永嘉县广播电视台	吕小飞	女	1969.08	大学专科	工程师
永嘉县广播电视台	吕 良	男	1974.09	大学本科	工程师
永嘉县广播电视台	邹贤申	男	1965.03	大学专科	工程师
永嘉县广播电视台	陈显俊	男	1971.11	大学专科	工程师
永嘉县广播电视台	汪建勋	男	1972.06	大学专科	工程师
永嘉县广播电视台	邵力臣	男	1968.03	大学本科	工程师
永嘉县广播电视台	谷三军	男	1967.12	大学专科	工程师
永嘉县广播电视台	叶建永	男	1971.02	大学专科	工程师
永嘉县广播电视台	陈 晖	男	1971.07	大学专科	工程师
洞头县广播电视台	林 磊	男	1972.12	大学专科	编辑
洞头县广播电视台	王旭军	男	1975.03	大学专科	工程师
洞头县广播电视台	郑征麟	男	1958.11	大学专科	工程师
洞头县广播电视台	翁建新	男	1985.11	大学专科	工程师
文成县广播电视台	周 航	女	1982.01	大学专科	编辑
文成县广播电视台	蔡少瑜	女	1984.09	大学专科	编辑
文成县广播电视台	胡春微	女	1969.04	大学专科	档案馆员
平阳县广播电视台	柳上望	男	1979.11	大学专科	工程师
平阳县广播电视台	季克敏	男	1984.12	大学本科	工程师
泰顺县广播电视台	林晖晖	女	1973.05	大学本科	一级播音员
泰顺县广播电视台	夏 敏	男	1974.07	大学专科	记者
泰顺县广播电视台	夏海舰	男	1970.10	大学专科	记者
泰顺县广播电视台	陈贤敏	男	1974.12	大学本科	记者
泰顺县广播电视台	郑冬景	女	1974.12	大学专科	工程师

单 位	人员姓名	性别	出生年月	学历	何类专业技术职务
泰顺县广播电视台	王仁东	男	1975.04	大学专科	工程师
泰顺县广播电视台	林 海	男	1977.02	大学专科	工程师
泰顺县广播电视台	叶英秀	女	1979.11	大学本科	工程师
泰顺县广播电视台	包洲浩	男	1974.12	大学本科	工程师
泰顺县广播电视台	杨 军	男	1978.03	大学专科	工程师
泰顺县广播电视台	雷 宁	男	1977.10	大学专科	工程师
泰顺县广播电视台	沈华彤	男	1974.12	大学专科	工程师
泰顺县广播电视台	黄美娟	女	1982.01	大学本科	工程师
泰顺县广播电视台	苏丽锋	女	1980.12	大学本科	经济师
泰顺县广播电视台	苏慧红	女	1977.11	大学本科	经济师
苍南县广播电视台	陈 冲	女	1977.02	大学本科	一级播音员
苍南县广播电视台	汤秋黎	女	1978.11	大学专科	记者
苍南县广播电视台	章伟丰	女	1975.05	大学本科	记者
苍南县广播电视台	夏孟胜	男	1974.12	大学本科	记者
苍南县广播电视台	余 健	男	1975.12	大学本科	编辑
苍南县广播电视台	陈邦树	男	1980.11	大学专科	工程师
苍南县广播电视台	李其发	男	1976.12	大学专科	工程师

湖州市

单 位	人员姓名	性别	出生年月	学历	何类专业技术职务
湖州广播电视台	韩 茜	女	1976.08	大学本科	一级播音员
湖州广播电视台	车琦琴	女	1974.06	大学专科	一级播音员
湖州广播电视台	张 颖	女	1981.10	大学本科	一级播音员
湖州广播电视台	高群峰	男	1973.09	大学本科	记者
湖州广播电视台	虞 亮	男	1968.08	大学本科	记者
湖州广播电视台	仰诚明	男	1977.10	大学本科	记者
湖州广播电视台	费 敏	女	1979.10	大学本科	编辑
湖州广播电视台	邱颖佳	女	1980.09	大学本科	编辑
湖州广播电视台	何慧琴	女	1975.01	大学本科	编辑
湖州广播电视台	郑祎玮	女	1978.07	大学本科	编辑

单　位	人员姓名	性别	出生年月	学历	何类专业技术职务
湖州广播电视台	沈　洁	女	1975.11	大学本科	编辑
湖州广播电视台	沈　元	男	1977.09	大学本科	工程师
湖州广播电视台	章新强	男	1972.04	研究生	三级文学编辑
湖州广播电视台	王　华	男	1979.01	大学本科	政工师
安吉县广播电视台	江　枫	女	1979.01	大学本科	一级播音员

嘉兴市

单　位	人员姓名	性别	出生年月	学历	何类专业技术职务
嘉兴市广播电视台	黄　牧	男	1982.01	大学本科	一级播音员
嘉兴市广播电视台	夏斌莱	女	1984.01	大学本科	一级播音员
嘉兴市广播电视台	沈育霞	女	1982.01	研究生	记者
嘉兴市广播电视台	王翎子	女	1982.07	研究生	记者
嘉兴市广播电视台	龚　泉	女	1965.03	大学本科	广告师
嘉善县广播电视台	姚云秋	女	1976.08	大学本科	一级播音员
嘉善县广播电视台	苏建平	男	1974.11	大学专科	工程师
平湖市广播电视台	方勇涛	男	1971.02	大学专科	编辑
平湖市广播电视台	马　晓	男	1978.05	大学本科	工程师
海盐县广播电视台	朱逸平	男	1967.04	大学本科	记者
海盐县广播电视台	董维刚	男	1977.07	大学本科	记者
海盐县广播电视台	姜　婕	女	1978.08	大学本科	编辑
海盐县广播电视台	田　华	女	1977.07	大学本科	编辑
海盐县广播电视台	蒋小峰	男	1979.11	大学本科	工程师
海盐县广播电视台	朱玲利	女	1980.12	大学本科	工程师
海宁市广播电视台	朱云海	男	1980.10	大学本科	工程师
桐乡市广播电视台	沈树明	男	1971.04	大学专科	编辑
桐乡市广播电视台	姚　莉	女	1980.04	大学本科	编辑
桐乡市广播电视台	吴　瑛	女	1981.11	大学本科	编辑
桐乡市广播电视台	陈艳青	女	1979.02	大学本科	编辑

绍兴市

单 位	人员姓名	性别	出生年月	学历	何类专业技术职务
绍兴市广播电视台	孙益勇	男	1976.01	大学本科	记者
绍兴市广播电视台	蒋国瑾	女	1969.05	大学专科	记者
绍兴市广播电视台	张佳谷	男	1969.12	大学本科	记者
绍兴市广播电视台	许钦锤	男	1962.02	大学专科	记者
绍兴市广播电视台	杨芳芳	女	1966.06	大学专科	编辑
绍兴市广播电视台	钟绍熊	男	1958.01	大学专科	三级导演
绍兴县广播电视台	张菁华	女	1973.08	大学专科	记者
绍兴县广播电视台	傅国英	女	1969.08	大学本科	编辑
绍兴县广播电视台	周更杰	男	1965.12	大学本科	工程师
上虞市广播电视台	王 瑛	女	1978.12	大学本科	一级播音员
上虞市广播电视台	陈 圆	女	1978.10	大学本科	记者
上虞市广播电视台	倪树江	男	1961.03	大学专科	工程师
上虞市广播电视台	姜肖炯	男	1981.12	大学本科	工程师
上虞市广播电视台	陈继军	男	1973.10	大学本科	工程师
上虞市广播电视台	谢锦权	男	1979.12	大学本科	工程师
诸暨市广播电视台	陈丽英	女	1957.09	高中	工程师
诸暨市广播电视台	冯杨琼	女	1981.05	大学本科	工程师
诸暨市广播电视台	杨晓飞	女	1977.05	大学专科	工程师
诸暨市广播电视台	周 霞	女	1979.03	大学本科	工程师
诸暨市广播电视台	张周峰	男	1979.07	大学本科	工程师
诸暨市广播电视台	何高峰	男	1977.04	大学专科	工程师
诸暨市广播电视台	陈苗法	男	1978.12	大学本科	工程师
嵊州市广播电视台	殷 丹	女	1978.07	大学本科	一级播音员
新昌县广播电视台	丁 奇	女	1981.11	大学本科	一级播音员
新昌县广播电视台	王珊之	女	1979.05	大学本科	一级播音员
嵊州市电影发行放映公司	裘永祥	男	1957.06	大学专科	电影放映技师

金华市

单　位	人员姓名	性别	出生年月	学历	何类专业技术职务
永康市广播电视台	王旖旎	女	1979.04	大学本科	一级播音员
东阳剧院	傅绍清	男	1966.05	大学专科	电影放映技师

衢州市

单　位	人员姓名	性别	出生年月	学历	何类专业技术职务
衢州市广播电视台	童　佳	女	1975.09	大学本科	一级播音员
衢州市广播电视台	饶　勇	男	1979.03	大学本科	记者
衢州市广播电视台	姜黎珺	女	1982.03	大学本科	记者
衢州市广播电视台	周　靖	女	1982.01	大学本科	记者
衢州市广播电视台	陈叶鸿	女	1977.05	大学本科	记者
衢州市广播电视台	张　君	女	1976.05	大学本科	编辑
衢州市广播电视台	廖　鸫	男	1974.01	大学本科	工程师
衢州市广播电视台	杨建华	男	1962.09	大学本科	广告师
衢州市广播电视台	方利宏	男	1966.02	大学本科	广告师
衢州市广播电视台	胡逢尧	男	1981.08	大学本科	会计师
江山市广播电视台	陈　麟	男	1974.04	大学本科	一级播音员
江山市广播电视台	史　潮	男	1972.04	大学本科	一级播音员
开化县电影发行放映公司	黄辉华	男	1964.02	大学专科	电影放映技师
开化县电影发行放映公司	王新奇	男	1964.11	大学专科	电影放映技师
开化县电影发行放映公司	章勤勇	男	1966.09	大学专科	电影放映技师

舟山市

单　位	人员姓名	性别	出生年月	学历	何类专业技术职务
舟山市广播电视台	刘　慧	女	1967.12	大学本科	一级播音员
舟山市广播电视台	蔡　萍	女	1983.08	大学本科	记者
舟山市广播电视台	孙芬芬	女	1967.09	大学专科	记者

单　位	人员姓名	性别	出生年月	学历	何类专业技术职务
舟山市广播电视台	董嘉定	男	1955.04	初中	工程师
舟山市广播电视台	单　波	男	1979.08	大学本科	工程师
舟山市广播电视台	胡秋蕾	女	1982.10	大学本科	工程师
普陀区广播电视台	管祺华	男	1980.11	大学本科	工程师
普陀区广播电视台	尤宏舟	男	1974.02	大学本科	工程师
嵊泗县广播电视台	谢庆堂	男	1958.05	高中	工程师
嵊泗县广播电视台	周泽霞	女	1984.06	大学专科	档案馆员

丽水市

单　位	人员姓名	性别	出生年月	学历	何类专业技术职务
台州市广播电视台	尚　杨	女	1983.04	大学本科	一级播音员
台州市广播电视台	林　刚	男	1976.10	大学本科	一级播音员
台州市广播电视台	李智彦	男	1976.1	大学本科	记者
台州市广播电视台	阮建勇	男	1977.6	大学本科	记者
台州市广播电视台	陈美琴	女	1981.9	大学本科	记者
台州市广播电视台	敖金火	男	1983.2	大学本科	记者
台州市广播电视台	夏亦冰	男	1982.2	大学本科	记者
台州市广播电视台	林　嫣	女	1973.1	大学本科	编辑
台州市广播电视台	陈　钧	男	1968.1	大学本科	编辑
黄岩区广播电视台	何奕燕	女	1977.01	大学本科	编辑
玉环县广播电视台	苏琼林	女	1965.06	大学专科	一级播音员
玉环县广播电视台	任俊平	男	1961.03	中专	工程师
玉环县广播电视台	蒋华波	男	1953.09	大学专科	政工师
仙居县广播电视台	泮　哲	男	1980.11	大学本科	一级播音员
仙居县广播电视台	朱永斌	男	1970.11	大学本科	记者
仙居县广播电视台	吕明火	男	1962.11	大学专科	政工师
三门县广播电视台	陈玲燕	女	1976.01	大学本科	工程师

台州市

单　位	人员姓名	性别	出生年月	学历	何类专业技术职务
丽水市广播电视台	李　娜	女	1981.09	大学本科	一级播音员
丽水市广播电视台	郑晓峰	男	1982.04	大学本科	一级播音员
丽水市广播电视台	林　晓	女	1983.11	大学本科	一级播音员
丽水市广播电视台	陈　微	女	1978.10	大学本科	记者
丽水市广播电视台	李景伟	男	1979.09	大学本科	记者
丽水市广播电视台	柳妙娟	女	1979.01	大学本科	记者
丽水市广播电视台	吴海平	男	1975.09	大学本科	记者
丽水市广播电视台	徐倍浩	男	1974.10	大学本科	记者
丽水市广播电视台	叶兆燮	男	1982.10	大学本科	记者
丽水市广播电视台	叶佳伟	男	1973.07	大学本科	编辑
丽水市广播电视台	傅霄虹	女	1972.04	大学本科	编辑
丽水市广播电视台	谢建英	女	1964.05	大学本科	编辑
丽水市广播电视台	曾　彤	女	1971.06	大学本科	编辑
丽水市广播电视台	吕海宏	男	1982.09	大学本科	工程师
丽水市广播电视台	吴伟兰	女	1970.10	大学本科	广告师
丽水市广播电视台	江志强	男	1967.11	大学本科	广告师
丽水市广播电视台	徐新贤	男	1980.11	大学本科	广告师
丽水市广播电视台	严　荣	男	1971.05	大学本科	广告师
丽水市广播电视台	吴妮贞	女	1984.09	大学本科	广告师
丽水市广播电视台	蔡　静	女	1982.10	大学本科	经济师
丽水市广播电视台	袁　静	女	1982.10	大学本科	经济师
青田县广播电视台	詹江涛	女	1975.09	大学本科	记者
青田县广播电视台	夏晓愉	女	1981.08	大学本科	编辑
青田县广播电视台	夏志坚	男	1981.03	大学本科	编辑
青田县广播电视台	毛芳蕾	男	1968.12	大学专科	编辑
青田县广播电视台	王　燕	女	1981.11	大学本科	经济师
云和县广播电视台	邱珍富	男	1962.08	大学专科	编辑
云和县广播电视台	丁朝敏	男	1965.09	大学专科	编辑
云和县广播电视台	林徐彬	男	1982.01	大学本科	工程师
云和县广播电视台	徐春方	男	1980.02	大学本科	工程师

介绍 2011 年评聘为正高、副高职称者

2011 年评聘正高职称 1 人：

吴　晖　男，1967 年 8 月出生，浙江仙居人，本科学历。现任温州广播电视传媒集团管委会成员公共民生频道总监，职称高级记者。1989 年 8 月起在温州电视台新闻部工作，历任记者、副主任、主任。有三件作品分获中国新闻奖一等奖、中国广电政府奖一等奖、中国广电协会兰花奖一等奖；有五件作品获全省一等奖；省级二等奖以上作品二十多件次。《社会管理创新新视野下城市台的民生取向》、《"抢车男"事件的传播学意义解读》、《"钱云会车祸案"的传播学思考》、《冲破贸易壁垒浙江别无选择》等多篇论文在省级以上刊物发表，其中《"抢车男"事件的传播学意义解读》获 2010 年度浙江新闻奖二等奖。

2011 年评聘副高职称 14 人：

吴素梅　女，1969 年 4 月出生，浙江永嘉人，本科学历，中共党员，现任瓯江先锋频道党支部委员会宣传委员，频道综合部主任助理，高级政工师。1988 年进入永嘉县人民广播站（电台）任播音员、记者；2002 年 10 月到温州有线电视台办公室负责政工人事，2005 年到温州市广播电视总台人事教育中心从事政工人事工作，现在温州台瓯江先锋频道从事行政管理工作。2008 年起连续三年荣获温州台优秀共产党员；2010 年度荣获温州市朗诵艺术学会十佳优秀会员。发表论文《电视谈话节目的文化困境与超越》、《和谐总台，从我做起》、《加强企事业单位党建工作的思考》、《新闻媒体人事和分配制度改革之我见》、《浅析温州媒体应对突发事件的实践与经验》。

柯坚红　女，1962 年 10 月出生，浙江温州人，中共党员，本科学历。1978 年 10 月参加工作，现任温州市广播电视发展公司副经理、党支部副书记、工会主席，高级政工师职称。参加工作以来历任平阳针织厂会计、厂长；平阳电视台播音员；温州市广电发展公司经营部经理；1995 年至今任温州台广电发展公司副经理、党支部副书记、工会主席、高级政工师。工作期间撰写了《论群团组织在社会管理创新中的作用》、《充分利用工会效力推进企业文化建设》、《浅谈思想政治工作在企业后勤服务保障中的作用》、《关于完善反腐倡廉机制的几点思考》等 10 篇论文，分别在国家级、省级、市级刊物和省级报刊上发表，征文曾在市级比赛中获得二等奖。

金　俊　女，1962 年出生，大专学历，高级政工师。自 1979 年参加工作以来，先后担任永嘉县东皋乡计划生育专职干部，西源乡团支部书记，永嘉县委宣传部干事，永嘉县广播电视局办公室主任、机关党支部书记、工会主席，温州市广播电视发展公司办公室主任、工会副主席、党支部组织委员。2011 年获高级政工师任职资格。工作期间，先后发表《以人文关怀促进工会政治思想工作》、《发挥工会自身优势，推进和谐文化建设》、《浅谈以人为本的思想政治教育》等五篇论文；作品《夯实基础 力求发展》等二篇文章参加广电系统征文比赛获三等奖；还撰写了《改革三十年的家乡巨变》等多篇文章。

胡长全　1968 年 05 月出生，黑龙江人，本科学历。现任温州台主任编辑。1991 年 7 月起在铁道部齐齐哈尔车辆厂新闻中心任新闻编辑。2001 年 4 月起在温州台任编辑。在多家省级以上刊物发表论文《网络媒体的著作权保护问题》、《试论舆论监督法治化》、《从"荷赛"看中国灾难新闻报道》、《我国电视公益节目的问题与对策》、《县级电视台主持人的个性养成》，其中《网络媒体的著作权保护问题》获浙江省传播学会首届学会奖一等奖。

陈希瑜　男，1974 年 8 月出生，甘肃靖远人，大学学历，主任编辑职称，1995 年参加工作，先后担任温州市广播电视总台广播中心新闻综合频率、经济生活频率主任助理、副总监、总监，现任温州广播电视传媒集团对农广播频率常务副总监。经过多年新闻实践，已成长为广播新闻战线上的一名业务骨干，在新闻编辑、重大新闻主题策划、新闻和文艺节目业务研究及新闻管理等方面均积累了丰富的实践经验，参与主创的《奥运圣火传递现场直播（温州站）》、《山里的太阳》、《养成好习惯，预防甲型 H1N1 流感》等多篇新闻、文艺作品在全省获奖，并有《浅谈地方新闻广播专业化——浙江温州新闻广播"新闻立台"的实践与思考》等多篇业务学术论文在国家级和省级专业学术期刊上发表。

吕　瑜　1974年11月出生,浙江温州人,本科学历。1996年加入新闻行业,2005年担任温州交通广播副总监,目前任职温州广电传媒集团音乐之声频率副总监,2011年12月获评主任记者。创办的《点击交通》栏目被中国广播电视协会评为交通十佳栏目和浙江省品牌建设优秀栏目,主创作品《安心公寓好安心》获中国新闻奖三等奖;《"7-28温州部分出租车停运事件"背后》、《聆听声音,感受关怀——30年来党和国家领导人视察温州回放》、《高铁梦圆-温州提速》获浙江省广播电视新闻奖一等奖;《万众一心,众志成城——传递直播》、《一封特殊的信》、《大手拉小手,看看新温州》、《打火机CR法规带来的启示》获浙江新闻奖二等奖;《期待爱心蔓延》获浙江省广播电视新闻奖三等奖。在多家省级以上刊物发表论文多篇。

许　宁　1973年9月出生,浙江平阳人,本科学历。现任温州台瓯江先锋频道采编部副主任,主任记者职称。1998年7月加入温州电视台新闻部从事时政报道工作,先后负责温州四任市委书记电视新闻报道。2008年10月,调任评论外宣部主任助理兼专题节目科科长。2011年6月,到瓯江先锋频道负责新闻采编部门工作。曾获浙江省抗台救灾报道工作先进个人、温州市抗台救灾报道工作先进个人,集团优秀共产党员、工会工作积极分子、集团首届"十佳制片人"、十大创意人物等荣誉称号。《刘部长应征记》等四篇作品获省新闻奖一等奖;《温州人开启中国"第二希望工程"——新公民计划》等四篇作品获省新闻奖二等奖。在多家省以上刊物发表论文多篇。

王　贞　女,1973年5月出生,浙江温州人,本科学历,主任播音员。1994年毕业于浙江广播电视专科学校,同年分配到温州电视台,先后从事《新闻传真》、《第一时间》、《直播温州》等多个重要新闻栏目的采编播工作。在历年来的温州市"两会"、"世温会"、"轻博会"、抗台直播等重要直播活动中表现出色。现为温州台新闻综合频道《温州新闻联播》主播。新闻播音主持作品《省委书记三下堤塘》、《八百里瓯江》、《与世界握手》、《冬天里的温暖》等十几件作品获省、市级的一、二等奖。《电视节目主持人素养漫议》、《谈综艺节目主持人的表演元素运用》等多篇学术论文在多家省以上刊物上发表。还多次评为单位先进工作者,2009年被评选为"首届温州市十佳广播电视主持人"。

杜庆新(播音名:北方)　男,1973年4月出生,大学本科,普测一级甲等,浙江省首届品牌播音员主持人,温州市首届十佳播音员主持人。现任温州台新闻综合频率副总监、主任播音员。1994年,在牡丹江电台担任新闻播音员,1997年,温州市政府以"特殊紧缺型专业人才"身份调入温州电台,主播《早安温州》和《温州新闻联播》,在温15年,始终担任温州市党代会、两会等政务会议播音等温州市各项大型活动的主持、现场解说、外宣片配音等工作。发表《地方广播电视播音谈》、《浅谈政务会议播音》、《语音 气息 情感——用朗诵艺术夯实播音员主持人语言艺术功底》等多篇论文。播音作品《永恒的瞬间》、《本色郑九万》等八件作品获浙江省政府一等奖。

黄碧红　女,1970年7月16日出生,浙江平阳人,大学本科,二级导演,现任温州市电视剧制作中心制片人、导演,原制片部主任现文化产业中心主任。2001年12月,被人才引进调入温州市电视剧制作中心,任制片部主任,从事制片人、导演等业务工作。《青鸟的天空》、《美人草》、《冰山上的来客》、《天堂鸟》、《村支书郑九万》、《一代大儒孙诒让》等多部影视作品在全省全国获奖。撰写了《浅谈电视戏曲的创新》、《韩国电视剧的家长里短》、《从电视文艺晚会看电视导演素质的综合性》等论文在多家省级以上刊物发表,其中《韩国电视剧的家长里短》获"今传媒"杂志社首届优秀论文成果一等奖。

列表介绍2011年评聘的中级职称者

2011年共评聘中级职称22人:

编　辑:王　漪、朱　兰、金　琦、

记　者:朱　磊、戴志强、蒋　众、孟　辉、陈督胜
　　李　静、王海燕、尚随印、

一级播音员:钟媛媛

三级导演:邓雄杰、朱宇艳

三级摄像:季禾立

工程师:王甜温、吴廷毅、汤旭光、金红星、姜强华、
　　郑　尔、陈建立

浙江广播电视集团

浙江广播电视集团 2011年创办或改版的栏目

《中国梦想秀》栏目(综艺益智类)

浙江卫视2011年创办,是一档由明星给平民惊喜、帮平民圆梦的大型公益活动,浙江卫视每周六21:21播出。《中国梦想秀》节目打破以往平民选秀节目的模式,改变以物质为前提的明星公益,提倡"精神慈善"、零门槛,突出小人物大梦想的概念,主持人、偶像明星甘当绿叶,用豪华的舞台为平民圆梦、贴近生活的故事,在感动千万观众的同时,也收到了不俗的收视率和好口碑。节目大力弘扬社会主义核心价值观,多次得到国家广电总局的评点表扬,称赞该节目真诚帮助弱势人群,成就他们的梦想,使他们感受到社会的关注和关爱,公益性和娱乐性兼备,值得提倡和推广。

《新闻直通车》栏目(新闻资讯类)

浙江卫视于2010年6月21日创办,2011年续办,2012年1月1日起改版,每周一到周五07:00~07:30播出,时长30分钟。《新闻直通车》以"关注大时代,关心小日子"为宗旨,全力打造一档好看、贴近的公众新闻栏目。在定位上,聚焦热点,关注民生;在内容上,形成以"突发事件+热点关注+舆论监督"等为主的组合重拳;在形态上,通过卫星、光缆、全球眼、3G等直播手段,加上权威评论,全方位报道,全景式展示。新闻报道追求热度,力求快速反应、正面引导、直播常态化、评论权威性;报道内容注重深度,利用组合报道和连续报道两大"利器",做到小中见大、由浅及深、见微知著;民生选题彰显温度,强化人文关怀意识,倡导良好社会理念、社会道德和社会风尚;舆论监督体现力度,报道有力度、有追踪、有反馈、有实效,体现媒体职责和功能。开播以来,全国网收视率一度位居省级卫视同时段新闻栏目第一、所有栏目第三。

《方雨大搜索》栏目(新闻资讯类)

浙江之声于2010年创办,2011年续办,周一至周五17:00~18:00播出,时长60分钟。栏目采用"新闻+音乐+评论"的模式,以公务员、事业单位职工、商务人士为主要目标听众群,以"你还在路上,我已为你翻开今天的世界"为口号,集纳最快、最新、最多的国内国际和省内资讯,信息丰富、观点独到、实用性强,让听众一路行一路知世界,播出以来广受欢迎,听众纷纷反映,收听这档节目已经成为上班路上不可或缺的习惯和兴趣。收听率在省网和市网中都名列同时段前茅。主持人方雨声音知性、柔美、落落大方,广受听众欢迎,QQ空间的浏览量超过45万,新浪微博留言8万条,方雨新浪认证微博活跃,粉丝近14万,为浙江广播主持人之首。

《三味书屋》栏目(综艺益智类)

浙江之声于2008年创意推出的一档以弘扬中国传统文化、提升人文素质为宗旨的文化类栏目,2011年续办。每天13:15~14:00首播、20:15~21:00和次日03:00~04:00重播,时长45分钟。节目以讲述故事的方式,通过一个个轻松有趣的历史故事,并辅以与题材契合的中国古典音乐为背景,系统生动地介绍宏伟灿烂的中华古代文化。节目设置板块有"传说与典故"、"说文解字"、"中华故事系列"、"往事揭密"、"人物春秋"、"民俗民风"等。节目被作为传播中国传统文化的典型样本,写进由中国人民大学教授康晓光编写的《阵地战》一书。2010年、2011年,《三味书屋》参与浙江团省委、省教育厅、省语委等合作举办的浙江省青少年美文大赛活动,取得良好效果。

《第一楼市》栏目(专题服务类)

《第一楼市》原名《浙江房产报道》,浙江电台经济频道创办于2003年1月,2011年续办。是一档专业房地产服务类栏目,周一至周五18:00~19:00播出,时长60分钟。栏目设置的板块有,"记者说数字"、"二手房评估"、"律师在线"、"房产热点"、"楼盘推荐"。栏目以"第一资讯、第一观点、第一服务、第一品牌、第一主持"为目标,全方位、多角度审视中国房地产市场风云变幻,关注每一位听众的购房心声,在信息传递、政策解读、听众服务、品牌树立等各个方面,栏目主创人员时刻秉持专业精良理念,打造成浙江省最优秀的广播房产节目。2007年~2009年,连续三年被列为浙江广播电视集团品牌栏目。

《民生第一线》栏目(新闻资讯类)

浙江电台民生资讯广播创办于2010年1月1日,2011年续办。每周一到周五07:00~08:00播出,时长60分钟。栏目以关注民生状态和民生话题为宗旨,在选题内容上做到贴近生活、贴近实际、贴近群众,赢得良好的社会公信力和美誉度。设立热线电话和短信平台,让听众即时参与讨论,力求打造一个可控的公众话语平台。首席主持人叶峰有着28年的新闻采编经历,获得过浙江广播电视政府奖"优秀播音主持人"奖,是浙江广电名主持。

《私家车观点》栏目(新闻资讯类)

浙江电台城市之声重点打造的一档新闻思辨"清口"类栏目,每周一至周五6:30~7:00播出,时长30分钟。通过对时事热点的评论、解读、背景挖掘,抒发代表私家车听众的观点意见,树立城市之声新闻类节目的旗帜和灵魂。栏目分四个板块:"之乎哲也"、"农说精华"、"新闻背靠背""观点爆米花"。《私家车观点》充分把握车上人群的收听特点,同时发挥广播即时性优势,对新闻事件即点即评,实现碎片化、轮盘式播出,得到听众广泛认可,收听率在浙江省、杭州市同时段广播栏目中都保持前三。

《薇薇生活家》栏目(专题服务类)

浙江电视台钱江都市频道与浙青传媒于2011年合作创办,周一至周六22:30~23:00播出,时长30分钟。栏目以生活时尚资讯服务为定位,以服务都市人群生活指南、提供最新时尚资讯和体现文化品位为特色,采用名家访谈、跨媒体合作的模式,受到年轻"潮一代"观众的认可和喜爱。栏目由"薇薇客厅"、"风尚星期三"、"风尚汽车"、"lady教室" 等专栏组成,帮助观众更全面细致地了解家居空间,向观众传递"懂生活、会生活、我生活"的积极健康理念。

《浙商栏目群》栏目(新闻资讯类)

浙江电视台经济生活频道2011年创办,由《非常董事会》、《风云浙商面对面》、《资本相亲会》三个子栏目组成。《非常董事会》周一至周五22:00~22:30播出,《风云浙商面对面》每周一21:25~21:50播出,《资本相亲会》每周六22:30~23:00播出。浙商是浙江经济发展的主力军。浙江电视台经济生活频道以"宣传浙商、服务浙商"为己任,于2011年贯通形成《浙商栏目群》,在此基础上成功举办了2011年度"风云浙商"评选活动和首届世界浙商大会,为扩大浙商影响、促进浙江经济发展发挥了积极的作用,进一步凸显经济生活频道的"浙商概念"。

《深度报道》栏目(新闻资讯类)

浙江电视台教育科技频道2010年开播,2011年续办。2011年改版为日播栏目,是一档舆论监督新闻调查类栏目。每天18:45~19:00播出。原为《走进今天》栏目中的"新闻骇客"板块。该栏目关注社会热点，勇于探索事件真相，在观众中树立了良好的口碑和影响力，为构建现代服务型政府、法治政府，建设法治社会，营造舆论氛围。栏目多件作品获得浙江新闻奖和浙江广播电视新闻奖。

《噶是噶非》栏目（综艺益智类）

浙江电视台公共·新农村频道 2011 年全新推出，是一档蕴含浓郁浙江本土风情的原创大型综艺娱乐栏目，每周日 20:50~21:45 播出。该栏目以“既好玩又好笑”为宗旨，立足浙江本土，汇集浙江最优秀的编剧团队，通过滑稽小品剧的形式，演绎时下百姓最关心的话题、最热门的新闻事件，并融合达人秀和绝技绝活。在节目现场，观众有机会参与到话题讨论中，发表自己对某一事件或对故事本身的看法，节目丰满、鲜活、亲民，让观众在欢笑之中引发些许的思考。丰富多彩的线下群众活动也是该栏目的一大特。扩大了栏目影响力。

《快乐一点通》栏目（新闻资讯类）

浙江电视台影视娱乐频道于 2011 年推出的文化新闻栏目，每日 18:00~18:30 播出。栏目以电视文娱新闻杂志的形态，以文化为核心价值，致力于报道改变社会面貌的精神力量和打动人心的人与事，不断开拓文化新闻的内涵和外延，文化事业建设、文化产业发展、文化作品创造等都在报道视野之中。《快乐一点通》包括文化和娱乐两大板块，以“社会热点、文化视角，娱乐焦点、新锐解读”作为栏目核心竞争力，力求做到“选题有热度，观点有态度，报道有温度，内容有深度”，特别强化策划意识和编排意识，采用组合式报道，挖掘首发新闻和独家视角。2011 年推出《浙江海岸线》新闻行动，全面反映浙江海洋经济发展新战略、新成就中的文化元素，同时发动著名书画家创作作品捐献给海岛居民、企业，受到社会各界广泛好评。

《午夜说亮话》栏目（专题服务类）

浙江电视台民生休闲频道于 2010 年 3 月 1 日正式开播，2011 年续办。每周一至周六 23:00~00:15 播出。它是一档以话题的娱乐性和嘉宾的特殊性为特点的午夜脱口秀栏目。节目集合民生休闲频道现有六大栏目精华，将《相亲才会赢》、《钱塘老娘舅》、《我老爸最棒》等节目中出现过的争议人物，以及电台主持人、心理学家、社会学家等嘉宾请进演播室，运用节目的原始素材，加入编导精心设计的新话题，给观众全新感受。开播两年多来，逐步确立起“娱乐、麻辣、直接”的谈话风格，并拥有了一大批固定的收视群体，成功打造了午夜时段的收视亮点。

《成长超动力》栏目（综艺益智类）

浙江电视台少儿频道于 2011 年创办，周日至周四 20:10~21:00 播出。节目紧紧围绕孩子成长过程中遇到的一系列问题进行编排播出，从衣食住行到升学就业，从兴趣爱好到心理建设，内容林林总总、包罗万象。栏目“助力成长，点亮梦想，创领未来”为宗旨，板块化设置、内外景结合，著名少儿电视主持人超超全程主持，既有实景拍摄，又有资料补充，表现形式不拘一格，后期制作精美优良，像一本家庭教育杂志，既碎片化又主题鲜明，既短小精悍又丰富多彩，既时尚大气又深刻严肃。丰富及时的教育资讯，俯首皆是的教育方法，成为家长排忧解惑的枕边书、孩子成长的加油站。庞大的专家群为栏目树立了权威性和可信性，被观众誉为陪伴少年儿童成长的“百科全书”。节目多次荣获全省优秀少儿电视栏目一等奖。

浙江广播电视集团
2011 年摄制的重点节目

《公元 1921》节目（电视剧）

32 集电视剧《公元 1921》由浙江广播电视集团、中国电视剧制作中心、浙江影视集团联手北京喜多瑞文化传播有限公司联合摄制。该剧全景式的展现了五四运动前夕到 1921 年 7、8 月间中共一大召开的一幅历史画卷，生动描述了毛泽东、李大钊、董必武等老一辈无产阶级革命家的早期革命活动，真实再现了“五四运动”、“福州惨案”、“一二九惨案”、“一大召开”等历史事件，艺术地呈现当年那一群胸怀救国救民远大志向的中国热血青年英才并起、各领风骚、大浪淘沙的历史群像。

《延安爱情》节目（电视剧）

34 集电视剧《延安爱情》由浙江影视（集团）公司联合杭州文广集团联合摄制。该剧从一个独特的视角塑造了一批抗战时期投奔革命圣地——延安的普通青年知识分子的形象，描写了他们如何为了美好的理想，历尽艰难险阻，投奔抗日根据地，如何在艰苦的战争环境中磨炼意志、锻造信仰、升华情感，成长为一代新人。该剧为严酷的革命战争题材注入了革命英雄主义、理想主义和浪漫主义元素，融进了深沉而浪漫的爱情、战友情、爱国情，从一个侧面生动地表现了革命青年的美丽人格和高尚情操，散发出动人的魅力，具有深刻的现实主义指导意义。

《走向蓝海》节目（电视专题片）

浙江卫视摄制播出。2011年，浙江海洋经济发展示范区、舟山群岛新区相继上升为国家战略。为全面展示浙江海洋经济新优势，浙江卫视于3月25日启动贯穿全年的大型新闻行动《走向蓝海》，通过海陆空三位一体的全视角、立体式，向观众介绍浙江发展海洋经济的灿烂前景。采制播出大型系列报道《走向蓝海》，从“空中看岸线、海上看港口、陆上看进程”三个层次，全面展示浙江发展海洋经济的宏伟战略构想，见证浙江蓝色海域的神奇壮阔。摄制播出的两集电视专题片《走向蓝海》，是浙江首次采用高清航拍技术、首部以历史和发展眼光，关注海洋文化、海洋经济发展的专题片。该片多视角展示浙江沿海地区沧桑巨变，成为海洋经济发展弥足珍贵的生动写照和历史见证。

《浙商世界地图·欧洲篇》节目（电视专题片）

浙江电视台经济生活频道摄制，共5集，每集时长30分钟，2011年12月下旬播出。《浙商世界地图》是浙江电视台创意策划的一部系列专题片，它的表现对象是遍布世界各地的150万海外浙商，展示海外浙商百折不挠、落地生根的旺盛生命力和开枝散叶、开疆拓土的智慧和勇气，以期更好地宣传海外浙商的爱国爱乡情怀、传递浙商力量，为浙江发展凝心聚力。把海外浙商的创业创新放在中国与世界的大背景下进行考量，以“全球化的视野”观察个人的命运，展现海外浙商在激烈的国际市场竞争格局中表现出来的敏锐与实干、坚守与创新，充分挖掘浙江人敢为人先的创业精神，总结梳理海外浙商的成败得失，给更多的浙江人以启示。2011年推出的是《浙商世界地图·欧洲篇》，记者分三路采访了希腊、法国、意大利、西班牙、瑞典、荷兰等国的浙商。

《辛亥革命浙江三杰》节目（电视纪录片）

2011年10月10日，浙江卫视、浙江电视台教育科技频道、公共·新农村频道为纪念辛亥革命100周年，同步播出由教育科技频道摄制的3集纪录片《辛亥革命浙江三杰》。该片视角独特、情感真诚质朴、史料考证充分、现场互动感强，是浙江广播电视集团出品的首部口述历史纪录片。为了还原100多年前浙江最著名的辛亥革命志士徐锡麟、秋瑾、陶成章排满反清的历史背景、真实情景和他们的理想愿景，本片摄制组几乎踏遍半个中国，四处寻访与此相关的亲历者、见证者的后人，采访国内最著名的民国史研究专家，用他们的亲眼所见、亲耳所闻、亲身体验、亲自研究，相互印证、情景再现辛亥革命波澜壮阔的史实，解读“浙江三杰”排满反清行动，对辛亥革命的现实意义、社会影响和历史价值。

《辛亥革命浙江三杰》随文图片：图为秋瑾侄孙秋经武在接受采访时讲述“我的大姑婆秋瑾”。

《党委书记的一天》节目（电视纪录片）

浙江电视台民生休闲频道为纪念建党90周年摄制的两集大型电视纪录片，2011年7月1日播出。《党委书记的一天》角度新颖独特，导演组从全省1171个乡镇中，选择了三个在地理、经济、发展模式等各方面差别较大的乡镇，以一天24小时的形式，忠实地记录这三个乡镇党委书记忙碌、琐碎的工作，将基层党组织“一把手”全心全意为人民服务、为百姓造福的公仆形象，淋漓尽致地展现在观众眼前，表现了当代党员干部“情为民所系、利为民所谋”的时代风采。该片以小见大，以点带面，真实感人，意义深远，是重大主题报道的一次新的突破，在观众中赢得了极佳口碑，也让党委书记的朴实形象真正走进了百姓心中。三位乡镇党委书记分别是：浙西部贫困山区、景宁畲族自治县大均乡党委书记钟利海，浙北嘉兴市王江泾镇党委书记陈天荣，浙东沿海、玉环县沙门镇党委书记舒欢。

《身边的感动——“7. 23 甬温线特别重大铁路事故”直播》节目(新闻资讯类)

浙江电台交通之声于 2011 年 7 月 23 日采制播出,时长 1680 分钟。“‘7.23’甬温线特别重大铁路交通事故”发生 20 多分钟后,交通之声记者就率先报道了这一消息，交通之声由此成为全国最先报道这一事件的媒体。随后交通之声启动应急报道机制,推出持续 28 小时的特别直播，频道官方微博、96093 呼叫中心等滚动播报。在不断报道事件进展的同时,及时传递政府、社会救援机构的各种信息和感人事迹,有力引导社会舆论。积极介入救援行动,发布“市民献血动员令”、征集“紧急救援设备”等,起到了媒体干预社会的独特功能,体现了交通之声“第一时间报道事实、第一时间解读事件、第一时间分享新闻”的新闻理念。中央电视台、中国之声、浙江卫视以及全国近 30 家广播电视媒体连线交通之声记者,从中获得最新消息。《南方周末》、北京电视台还对交通之声记者进行了专题报道。中国广播联盟 171 家成员台通过交通之声网络广播获取信息。在广播连续直播的同时,交通之声还与多家网站互动,在扩大传播影响的同时,也成为其他媒体的重要信源。

浙江人民广播电台节目编排表

浙江之声

FM88

FM101.6　　2010 年 10 月 18 日起执行

<table>
<tr><th>时 段</th><td rowspan="21">《新闻 110》
逢整点(新闻)

《最新气象》
逢整点
(非新)

《路路小贴士》
逢半点
(非新)</td><th colspan="2">星期一 ~ 星期五</th><th>星期六、星期日</th></tr>
<tr><td>05:00~06:00</td><td colspan="3">天天服务台（非新）</td></tr>
<tr><td>06:00~06:30</td><td colspan="3">早安浙江（新闻）</td></tr>
<tr><td>06:30~07:00</td><td colspan="3">转播中国之声《新闻和报纸摘要》(新闻)</td></tr>
<tr><td>07:00~08:00</td><td colspan="3">浙广早新闻(新闻)</td></tr>
<tr><td>08:00~09:00</td><td colspan="3">方雨大搜索（新闻）</td></tr>
<tr><td>09:00~10:00</td><td colspan="2">维维说房（非新）</td><td rowspan="2">新闻周刊(新闻)</td></tr>
<tr><td>10:00~11:00</td><td colspan="2">阳光行动（新闻）</td></tr>
<tr><td>11:00~13:00</td><td colspan="3">超级开心 GO(非新)</td></tr>
<tr><td>13:00~15:00</td><td colspan="3">咖啡时光(非新)</td></tr>
<tr><td>15:00~16:00</td><td colspan="2">财经非常道（非新）</td><td rowspan="2">快乐出发(非新)</td></tr>
<tr><td>16:00~17:00</td><td colspan="2">我们都是汽车人（非新）</td></tr>
<tr><td>17:00~18:00</td><td colspan="3">今日大热点（新闻）</td></tr>
<tr><td>18:00~18:30</td><td colspan="3">浙江新闻联播(新闻)</td></tr>
<tr><td>18:30~19:00</td><td colspan="2">阳光行动(精编版)</td><td>三味书屋(精编版)</td></tr>
<tr><td>19:00~19:30</td><td colspan="3">88VIP(非新)</td></tr>
<tr><td>19:30~21:00</td><td colspan="3">麻辣串串烧(非新)</td></tr>
<tr><td>21:00~22:00</td><td colspan="2">三味书屋（非新）</td><td>人文大讲堂(非新)</td></tr>
<tr><td>22:00~23:00</td><td colspan="3">听君一席话（非新）</td></tr>
<tr><td>23:00~00:00</td><td colspan="2">今日大热点(重播)</td><td></td></tr>
<tr><td>00:00~05:00</td><td>钱塘不夜天</td><td colspan="2">00:00~01:30 麻辣串串烧 重播
01:30~03:00 咖啡时光 重播
03:00~04:00 三味书屋 重播
04:00~05:00 阳光行动 重播
(周日、周一人文大讲堂)</td></tr>
</table>

浙江人民广播电台节目编排表

浙江之声

AM810　　2010 年 10 月 18 日起执行

时 段		星期一 ～星期五	星期六、星期日
04:00~05:00	《新闻 110》 逢整点《最新气象》 逢整点 《路路小贴士》 逢半点	健康专题(录播)	
05:00~06:00		健康专题(录播)	
06:00~06:18		早安浙江(转 FM88)	
06:18~06:30		健康专题(直播)	
06:30~07:00		转 FM88 中国之声	《新闻和报纸摘要》
07:00~08:00		浙广早新闻(转 FM88)	
08:00~09:00		方雨大搜索(转 FM88)	
09:00~10:00		健康快车(直播)	
10:00~11:00		阳光行动(转 FM88)	新闻周刊(转 FM88)
11:00~13:00		超级开心 GO(转 FM88)	
13:00~14:00		健康快车(非新)(直播)	
14:00~15:00		海楠说农村(转 FM88)	
15:00~16:00		财经非常道(转 FM88)	快乐出发(转 FM88)
16:00~17:00		康乐园(直播)(非新)	
17:00~18:00		今日大热点(转 FM88)	
18:00~18:30		浙江新闻联播(转 FM88)	
18;30~19:00		阳光行动(精编版 转 FM88)	三味书屋(精编版 转 FM88)
19:00~19:30		88VIP(转 FM88)	
19:30~20:00		麻辣串串烧(转 FM88)	
20:00~21:00		康乐园(非新)(直播)	
21:00~22:00		三味书屋(转 FM88)	人文大讲堂(转 FM88)
22:00~23:00		听君一席话(转 FM88)	
23:00~00:00		今日大热点 (转 FM88)	
00:00~04:00		钱塘不夜天(转 FM88)	

浙江人民广播电台节目编排表

经济频道

FM95　　　　2010 年 12 月 1 日起执行

<table>
<tr><th>时 段</th><th>星期一 ~ 星期五</th><th>星期六</th><th>星期日</th></tr>
<tr><td>00:00~04:00</td><td colspan="3">今夜无眠（非新）</td></tr>
<tr><td>04:00~05:00</td><td colspan="3">黎明静悄悄（非新）</td></tr>
<tr><td>05:00~06:30</td><td colspan="3">柳浪闻莺（非新）</td></tr>
<tr><td>06:30~07:00</td><td colspan="3">早间新闻在线（新闻）</td></tr>
<tr><td>07:00~08:00</td><td>浙江第一线（新闻）</td><td colspan="2">天下一周（新闻）</td></tr>
<tr><td>08:00~09:00</td><td colspan="3">财经早八点（新闻）</td></tr>
<tr><td>09:00~09:30</td><td>无线监督哨（非新）</td><td colspan="2" rowspan="2">周末乐透社·上午版（非新）</td></tr>
<tr><td>09:30~12:00</td><td>股动天下·上午版（非新）</td></tr>
<tr><td>12:00~12:30</td><td>一品天堂（非新）</td><td rowspan="2">周末乐透社中午版</td><td rowspan="2">中国长江三角洲（新闻）</td></tr>
<tr><td>12:30~13:00</td><td>95 说装修（非新）</td></tr>
<tr><td>13:00~14:00</td><td rowspan="2">股动天下·下午版（非新）</td><td colspan="2" rowspan="4">周末乐透社·下午版（非新）</td></tr>
<tr><td>14:00~15:00</td></tr>
<tr><td>15:00~16:00</td><td>保健天使（非新）</td></tr>
<tr><td>16:00~17:00</td><td>有车一族（非新）</td></tr>
<tr><td>17:00~18:00</td><td>股市黄金档（非新）</td><td colspan="2">生活与保险（非新）</td></tr>
<tr><td>18:00~19:00</td><td colspan="3">浙江房产报道（新闻）</td></tr>
<tr><td>19:00~20:00</td><td>财富会客厅（非新）</td><td colspan="2">娱乐新空气（非新）</td></tr>
<tr><td>20:00~21:00</td><td colspan="3">财经晚八点（新闻）</td></tr>
<tr><td>21:00~22:00</td><td colspan="3">网罗天下（非新）</td></tr>
<tr><td>22:00~23:00</td><td colspan="3">舒心时间（非新）</td></tr>
<tr><td>23:00~00:00</td><td colspan="3">午夜接触（非新）</td></tr>
</table>

浙江人民广播电台节目编排表

流行音乐

FM99.6 　　2011年1月1日起执行

<table>
<tr><th>时 段</th><th>星期一 ~ 星期五</th><th>星期六、星期日</th></tr>
<tr><td>07:00~07:45</td><td>《民生第一线》(新闻)</td><td rowspan="2">《朝闻天下》
转播央视一套(新闻)</td></tr>
<tr><td>07:45~08:00</td><td>《舒中胜视角》(新闻)</td></tr>
<tr><td>08:00~09:00</td><td>《新闻早上好》(新闻)</td><td>《边走边听》</td></tr>
<tr><td>09:00~11:00</td><td>《车舞飞扬》加广播操环节</td><td>《快乐正前方》</td></tr>
<tr><td>11:00~12:00</td><td>《真锋相对 有理说理》</td><td>《听说很好看》</td></tr>
<tr><td>12:00~14:00</td><td colspan="2">《快乐正当午》</td></tr>
<tr><td>14:00~14:30</td><td>《非常投诉》</td><td rowspan="3">《马上出发》</td></tr>
<tr><td>14:30~15:00</td><td>《快乐家装》</td></tr>
<tr><td>15:00~16:30</td><td>《淘音乐》</td></tr>
<tr><td>16:30~17:00</td><td colspan="2">《民生热线》</td></tr>
<tr><td>17:00~18:30</td><td>《下班进行时》</td><td>《独家快乐》《数码天地》</td></tr>
<tr><td>18:30~19:00</td><td colspan="2">《天天理财》</td></tr>
<tr><td>19:00~19:30</td><td>《转播新闻联播》(新闻)</td><td rowspan="3">《心情不加班》
剪辑《静距离》、《鲁豫有约》、《天下女人》等节目串联播出</td></tr>
<tr><td>19:30~20:00</td><td>《体坛深一度》</td></tr>
<tr><td>20:00~21:00</td><td>《中国新歌榜》与968版《中国新歌榜》不同。</td></tr>
<tr><td>21:00~22:00</td><td>《石磊音乐》</td><td rowspan="2">《city club》
舞曲动感音乐编排</td></tr>
<tr><td>22:00~23:00</td><td>《夜叶精彩》广播剧为主</td></tr>
<tr><td>23:00~00:00</td><td colspan="2">长篇评书</td></tr>
<tr><td>00:00~07:00</td><td colspan="2">好歌伴天明</td></tr>
</table>

浙江人民广播电台节目编排表

音乐调频

FM96.8　　2011 年 1 月 1 日起执行

时 段	星期一 ~ 星期五	星期六、星期日
06:00~08:00	《爱上音乐的早晨》	《爱上周末的早晨》
08:00~09:00	《汽车 CD》	《赖世雄美语教学》
09:00~10:30	《乐听乐动听》	
10:30~12:00	《鲁瑾脱口秀》	《音乐先锋榜》
		《午间正流行》
12:00~13:00	《午间音乐沙发》	《听世界》
13:00~13:30	《我想有个家》	《天生姐妹淘》
13:30~15:00	《音乐唱游》	《乐享 SPA》
15:00~16:00	《非常亚洲》	《跟我去旅行》
16:00~17:00	《流行听觉》	《宝贝计划》
17:00~18:30	《最佳享受》	《酷碟随身听》
18:30~19:00	《听财经》	《心醉爵士》
19:00~20:00	《中国新歌榜》	
20:00~21:00	《魏勤私房乐》	《欧美榜》《中文榜》
21:00~23:00	《SOULFIRE》	《SOULFIRE》
23:00~00:00	《午夜阳光》	《动听演唱会》
00:00~01:00	《江航浓情夜》	《音乐不断》
01:00~06:00	《音乐不断》	

浙江人民广播电台节目时间表

交通之声

FM93　　　　2011 年 1 月 1 日起执行

<table>
<tr><th>时 段</th><th>线性插件</th><th colspan="2">星期一 ～ 星期五</th><th>星期六</th><th>星期日</th></tr>
<tr><td>05:00~06:30</td><td rowspan="23">《路灵灵》
整点
高峰整半点后

《高速 007》
半点后

《动态气象》
半点后整点前

《93 快报》
整点前
（新）

《平安高速》
整点前</td><td colspan="2">健康赤卫队（重播）</td><td colspan="2">健康赤卫队（重播）</td></tr>
<tr><td>06:30~07:00</td><td colspan="2">财经抢先报</td><td colspan="2" rowspan="3">乐来乐动听</td></tr>
<tr><td>07:00~09:00</td><td colspan="2">93 早高峰（新）
曹景行有话说 /93 酷评
/93 焦点　财经抢先报</td></tr>
<tr><td>09:00~10:00</td><td colspan="2">93 车世界</td></tr>
<tr><td>10:00~11:00</td><td colspan="2">有理走天下（新）</td><td colspan="2">《有氧周末》8:00~11:00
耳朵去旅行、乐在途中、耳朵去旅行、乐在途中、shopping 向前冲、养生之道</td></tr>
<tr><td>11:00~12:00</td><td colspan="2">乐来乐动听</td><td>一周财经</td><td>一周焦点</td></tr>
<tr><td>12:00~13:00</td><td colspan="2">新闻圆桌会（新）</td><td colspan="2" rowspan="4">《有氧周末下》12:00~16:00
美食地图、乐在途中、
shopping 向前冲、养生之道</td></tr>
<tr><td>13:00~14:00</td><td colspan="2">午后淘淘乐</td></tr>
<tr><td>14:00~15:00</td><td colspan="2">阳光 TAIX（新）</td></tr>
<tr><td>15:00~16:00</td><td colspan="2">小崔热线</td></tr>
<tr><td>16:00~17:00</td><td colspan="2">丁建刚房产时间（新）</td><td>一周房产</td><td>93 爱家联盟</td></tr>
<tr><td>17:00~19:00</td><td colspan="2">直播晚高峰听见晚报、直播互动 曹景行有话说</td><td colspan="2">车友俱乐部（曹景行有话说）</td></tr>
<tr><td>19:00~20:00</td><td colspan="2">环球音乐风</td><td colspan="2">环球音乐风</td></tr>
<tr><td>20:00~21:00</td><td colspan="2">健康赤卫队</td><td colspan="2">《健康赤卫队》精华版</td></tr>
<tr><td>21:00~22:00</td><td colspan="2">93 晚新闻（新）</td><td colspan="2">93 晚新闻</td></tr>
<tr><td>22:00~23:00</td><td colspan="2">我的青春我做主谷勇华音乐时间</td><td></td><td></td></tr>
<tr><td>23:00~00:00</td><td rowspan="7">精彩现再</td><td>阳光 TAIX（重播）</td><td></td><td></td></tr>
<tr><td>00:00~01:00</td><td>有理走天下（重播）</td><td colspan="2">新闻圆桌会（精华版）</td></tr>
<tr><td>01:00~02:00</td><td>乐来乐动听（重播）</td><td></td><td></td></tr>
<tr><td>02:00~02:30</td><td>93 焦点酷评（重播）</td><td>一周财经(重播)</td><td>一周焦点（重播）</td></tr>
<tr><td>02:30~03:30</td><td colspan="3">环球音乐风（重播）</td></tr>
<tr><td>03:30~04:30</td><td>丁建刚房产时间（重播）</td><td>一周房产（重播）</td><td>93 爱家联盟（重播）</td></tr>
<tr><td>04:30~05:00</td><td>小崔热线（重播）</td><td colspan="2">车友俱乐部（重播）</td></tr>
</table>

浙江人民广播电台节目编排表

旅游之声

FM104.5　　　　2011 年 1 月 1 日起执行

<table>
<tr><th>时 段</th><th>线性插件</th><th>星期一 ~ 星期五</th><th colspan="2">星期六</th><th colspan="2">星期日</th></tr>
<tr><td>05:45~06:45</td><td rowspan="2">《交警哥哥报路况》(暂名)
早晚高峰每半小时</td><td>《八颗牙齿晒太阳》
《好好品歌词》
(重播)</td><td colspan="2">《八颗牙齿晒太阳》
《好好品歌词》
(精选 1)</td><td colspan="2">《八颗牙齿晒太阳》
《好好品歌词》
(精选 2)</td></tr>
<tr><td>06:45~08:45</td><td>只飙新闻不飙车
(新)</td><td colspan="2">只飙新闻不飙车
(新闻选编)</td><td colspan="2">只飙新闻不飙车
(一周精编)</td></tr>
<tr><td>08:45~09:45</td><td rowspan="14">《财经冲击播》
每 45 分后
(新)
《1045 天气播播》
每 15 分后
《1045 杭州托福》
半点后
《1045 小雨来了》
整点后
《1045 主播音乐》
前半小时
《主播资讯》
每天 12 次
(新)
《奥囡囡》
双点 45 分后</td><td>博士告诉你</td><td rowspan="11">公益星期六</td><td>《博士告诉你》一周精选</td><td rowspan="11">宝贝星期天</td><td>《高诊无忧》</td></tr>
<tr><td>09:45~10:45</td><td>1045 车生活</td><td rowspan="2">公益星期六主题
(场外互动)</td><td rowspan="2">精编音乐</td></tr>
<tr><td>10:45~11:45</td><td>玩到天边</td></tr>
<tr><td>11:45~12:45</td><td>天天有礼</td><td>《美食别动队》
一周推荐排行</td><td rowspan="2">旅游广播网</td></tr>
<tr><td>12:45~13:45</td><td>红粉谈兵</td><td>红粉谈兵(精选)</td></tr>
<tr><td>13:45~14:45</td><td>1045 风尚会</td><td rowspan="2">音乐加速度
(周末版)</td><td rowspan="2">音乐加速度
(周末版)</td></tr>
<tr><td>14:45~15:45</td><td>音乐加速度</td></tr>
<tr><td>15:45~16:45</td><td>《八颗牙齿晒太阳》
《好好品歌词》</td><td>八颗牙齿晒太阳》《好好品歌词》(精选 1 重播)</td><td>《八颗牙齿晒太阳》
《好好品歌词》
(精选 2 重播)</td></tr>
<tr><td>16:45~18:45</td><td>下班快乐</td><td>公益星期六主题
(场外互动)</td><td>星座宝贝俱乐部
(自办)</td></tr>
<tr><td>18:45~19:45</td><td>听杂志</td><td>听杂志(周末版)</td><td>精编音乐</td></tr>
<tr><td>19:45~20:45</td><td>《八颗牙齿晒太阳》
《好好品歌词》
(重播)</td><td>《八颗牙齿晒太阳》《好好品歌词》(精选 1 重播)</td><td>《八颗牙齿晒太阳》
《好好品歌词》
(精选 2 重播)</td></tr>
<tr><td>20:45~21:45</td><td>酷炫音乐会</td><td colspan="4">酷炫音乐会(周末版)</td></tr>
<tr><td>21:45~00:00</td><td>爱上女主播</td><td colspan="4">精编音乐</td></tr>
<tr><td>00:00~05:45</td><td>美丽不眠</td><td colspan="4">重点节目重播,音乐精编
01:00~01:30《红粉谈兵》
02:00~03:00《1045 风尚会》
03:00~04:00《音乐加速度》
04:00~05:00《酷炫音乐会》</td></tr>
</table>

浙江人民广播电台节目编排表

城市之声

FM107　　　　2011 年 1 月 1 日起执行

<table>
<tr><th>时 段</th><td rowspan="18">城市大眼睛
（整半点）
（新）

城市卡通
（整点后）

私家车气象
（整点后）

城市快报
（半点后）
（新）

私家车音乐
（全天 12 次）

私家车加油站
（全天 12 次）

城市好消息
（全天 8 次）
（新）</td><th>周一～周五</th><th>周六</th><th>周日</th></tr>
<tr><td>05:00~06:30</td><td colspan="3">107 健康会所（非）</td></tr>
<tr><td>06:30~07:00</td><td>私家车观点（新）</td><td colspan="2" rowspan="2">6:30~09:00 音乐晨报
8:00~09:00 阿亮的烦恼生活</td></tr>
<tr><td>07:00~10:00</td><td>私家车上班路上：轻松抢先报、都市快报、阿亮的烦恼生活、听报纸、榜榜榜、我的王小蜢、首页人</td></tr>
<tr><td>10:00~12:00</td><td>城市私家车：热点关注、行车宝典、二手车评估、天天美食</td><td rowspan="5">107 私家车俱乐部</td><td rowspan="5">电视主播播广播</td></tr>
<tr><td>12:00~13:00</td><td>私家车财经：财经浅阅读、财富辞典新楼盘、理财纠错（新）</td></tr>
<tr><td>13:00~14:00</td><td>107 国学馆</td></tr>
<tr><td>14:00~16:00</td><td>爱上私家车：大明星后排座、电影院、私房乐、私房话、游山玩水、私家车加油站、汽车大赢家</td></tr>
<tr><td>16:00~19:00</td><td>私家车下班路上：微博看天下、二手车评估、房产装修我来说、新闻新鲜报、搜索排行榜、老项响当当、天天美食、阿亮的烦恼生活、私家车大讨论</td></tr>
<tr><td>19:00~20:00</td><td>私家车家长会</td><td colspan="2">107 国学馆</td></tr>
<tr><td>20:00~20:30</td><td colspan="3">阿亮的烦恼生活（重播）</td></tr>
<tr><td>20:30~21:30</td><td colspan="3">私家车新闻夜高峰</td></tr>
<tr><td>21:30~23:00</td><td>超级火星人</td><td colspan="2">爵色周末</td></tr>
<tr><td>23:00~00:00</td><td colspan="3">107 国学馆（重播）</td></tr>
<tr><td>00:00~01:00</td><td>私家车观点（重）</td><td colspan="2">重播中午 12 点</td></tr>
<tr><td>01:00~02:00</td><td>私家车新闻夜高峰（重）</td><td colspan="2">重播下午 13 点</td></tr>
<tr><td>02:00~04:00</td><td>爱上私家车（重）</td><td colspan="2">重播上午 09 点</td></tr>
<tr><td>04:00~05:00</td><td>阿亮的烦恼生活（重）</td><td colspan="2">重播傍晚 18 点</td></tr>
</table>

浙江电视台节目编排表

新闻综合频道(浙江卫视)

2010年11月22日起执行

<table>
<tr><th>时段</th><th>星期一</th><th>星期二</th><th>星期三</th><th>星期四</th><th>星期五</th><th>星期六</th><th>星期日</th></tr>
<tr><td>06:30~06:51</td><td colspan="7">浙江新闻联播(重播)</td></tr>
<tr><td>06:51~07:25</td><td colspan="5">今日证券早间版</td><td>藏家</td><td>爱心浙江(隔周)</td></tr>
<tr><td>07:25~11:55</td><td colspan="5">经典剧场5集</td><td rowspan="3">07:15
假日
剧场</td><td>06:51/07:05江南(重播)</td></tr>
<tr><td>11:55~12:00</td><td colspan="5">午间新闻快报</td><td rowspan="2">07:25/07:35假日剧场</td></tr>
<tr><td>12:00~17:00</td><td colspan="5">百姓剧场6集</td></tr>
<tr><td>17:00~18:00</td><td colspan="5">今日证券</td><td rowspan="2">16:50
婚姻
保卫战
重播)</td><td>17:30
健康最重要</td></tr>
<tr><td>18:00~18:30</td><td colspan="5">新闻直通车</td><td>18:15
时代先锋</td></tr>
<tr><td>18:30~19:00</td><td colspan="7">浙江新闻联播</td></tr>
<tr><td>19:00~19:33</td><td colspan="7">转播 中央电视台新闻联播</td></tr>
<tr><td>19:33~20:28</td><td colspan="7" rowspan="2">中国蓝剧场 2集</td></tr>
<tr><td>20:28~21:21</td></tr>
<tr><td>21:21~22:45</td><td>爱情
连连看</td><td>爱情
连连看</td><td>爽食行天下</td><td>天下达人秀</td><td rowspan="2">我爱
记歌词</td><td rowspan="2">季播综艺
快乐蓝天下</td><td rowspan="2">婚姻保卫战</td></tr>
<tr><td>22:45~23:10</td><td colspan="4">新闻深一度</td></tr>
<tr><td>23:10~23:40</td><td>身体
大智慧</td><td colspan="3" rowspan="2">季播 综艺集萃</td><td>爱情
连连看
(重播)</td><td>爱情
连连看
(重播)</td><td>婚姻
保卫战
(重播)</td></tr>
<tr><td>23:40~00:30</td><td>江南</td><td></td><td></td><td></td></tr>
<tr><td>00:30~06:30</td><td colspan="6">深夜剧场(6~7集)</td><td>24:50
深夜剧场</td></tr>
</table>

浙江电视台节目编排表

钱江都市频道

2011 年 1 月 1 日起执行

<table>
<tr><th>时 段</th><th>星期一</th><th>星期二</th><th>星期三</th><th>星期四</th><th>星期五</th><th>星期六</th><th>星期日</th></tr>
<tr><td>06:00</td><td colspan="7">《新闻 007》(重播)</td></tr>
<tr><td>06:15</td><td colspan="7">电视剧重播</td></tr>
<tr><td>07:00</td><td colspan="7">栏目重播</td></tr>
<tr><td>08:00</td><td colspan="5">《欢乐拼购街》精编版</td><td colspan="2" rowspan="2">《欢乐拼购街》</td></tr>
<tr><td>08:40</td><td colspan="5">《新闻 007》(重播)</td></tr>
<tr><td>09:20</td><td colspan="7">《白金剧场》(三集)</td></tr>
<tr><td>11:30</td><td>《先锋》</td><td></td><td>《英语新闻》</td><td></td><td></td><td></td><td>《浙江 119》</td></tr>
<tr><td>12:00</td><td colspan="7">《天天向尚》</td></tr>
<tr><td>13:10</td><td colspan="7" rowspan="1">《午后剧场》(四集)</td></tr>
<tr><td>17:10</td><td colspan="5"></td><td colspan="2">《车报道》</td></tr>
<tr><td>17:30</td><td colspan="5">《浙江名医馆》</td><td></td><td>《印象江南》</td></tr>
<tr><td>18:00</td><td colspan="7">直播《范大姐帮忙》</td></tr>
<tr><td>18:50</td><td colspan="7">《气象》</td></tr>
<tr><td>18:55</td><td colspan="7">直播《新闻 007》</td></tr>
<tr><td>19:10</td><td colspan="7">《都市剧场》(三集)(都市剧场第一集中插播《都市这一刻》)</td></tr>
<tr><td rowspan="2">21:30</td><td colspan="6" rowspan="2">直播《九点半》</td><td>《九点半》(40 分钟)</td></tr>
<tr><td>22:10《大家》</td></tr>
<tr><td>22:30</td><td colspan="7">《气象》</td></tr>
<tr><td>22:35</td><td colspan="7">《薇薇生活家》</td></tr>
<tr><td>23:05</td><td colspan="7">《星光剧场》(两集)</td></tr>
</table>

浙江电视台节目编排表

经济生活频道

2011 年 1 月 1 日起执行

<table>
<tr><th>时 段</th><th>星期一～星期五</th><th>星期六</th><th>星期日</th></tr>
<tr><td>17:00~17:30</td><td colspan="3">探索＋视野</td></tr>
<tr><td>17:30~18:30</td><td colspan="3">财富纵贯线</td></tr>
<tr><td>18:30~18:32</td><td colspan="3">气象晚间 A 档</td></tr>
<tr><td rowspan="2">18:32~19:31</td><td colspan="3">经视剧场（一）</td></tr>
<tr><td colspan="3">先睹为快（下集预告＋广告＋本剧宣传＋锦江播出电视剧宣传片）</td></tr>
<tr><td>19:31~20:30</td><td colspan="3">经视剧场（二），含 20:00 的《八点报》</td></tr>
<tr><td>20:30~21:00</td><td colspan="2" rowspan="2">经视新闻</td><td>经视新闻 含气象</td></tr>
<tr><td>21:00~21:23</td><td rowspan="5">资本相亲会</td></tr>
<tr><td>21:23~21:25</td><td colspan="2">气象晚间 B 档</td></tr>
<tr><td>21:25~21:50</td><td colspan="2">有请陪审团</td></tr>
<tr><td>21:50~22:00</td><td colspan="2">经视好彩头</td></tr>
<tr><td>22:00~22:20</td><td rowspan="2">非常董事会</td><td rowspan="2">风云浙商
面对面</td></tr>
<tr><td>22:20~22:30</td><td>经视好彩头</td></tr>
<tr><td>22:30~23:00</td><td colspan="3">新闻深呼吸</td></tr>
<tr><td>23:00~23:30</td><td colspan="2">经视看地产</td><td>经视高尔夫</td></tr>
<tr><td>23:30~00:00</td><td>理财大赢家</td><td>郎咸平说</td><td>待定</td></tr>
</table>

浙江电视台节目编排表

教育科技频道

2011 年 1 月 1 日起执行

<table>
<tr><th>时段</th><th>星期一～星期四</th><th>星期五</th><th>星期六</th><th>星期日</th></tr>
<tr><td>06:00~06:48</td><td colspan="4">今天(重播)</td></tr>
<tr><td>06:48~07:00</td><td colspan="4">深度报道(重播)</td></tr>
<tr><td>07:00~08:00</td><td colspan="4">小强热线(重播)+ 气象</td></tr>
<tr><td>08:00~09:05</td><td>夫妻天下</td><td>快乐十点半(重播)</td><td>老年大学</td><td>美丽 A 计划(重播)</td></tr>
<tr><td>09:05~09:46</td><td colspan="4">纪实(重播)</td></tr>
<tr><td>09:46~12:00</td><td colspan="4">黄金剧场重播(电视剧二集)</td></tr>
<tr><td>12:00~12:20</td><td colspan="4">招考热线</td></tr>
<tr><td>12:20~17:15</td><td>震撼剧场(电视剧五集)</td><td colspan="3" rowspan="2">12:20
法庭聚焦
电视剧顺延
《车行天下》
《新屋访客》</td></tr>
<tr><td>17:15~17:40</td><td>生活速递</td></tr>
<tr><td>17:40~18:00</td><td colspan="4">今晚抢鲜看(3 月推,目前重播《纪实》)、气象</td></tr>
<tr><td>18:00~18:45</td><td colspan="4">今天</td></tr>
<tr><td>18:45~18:57</td><td>深度报道</td><td colspan="3">反腐前线</td></tr>
<tr><td>18:57~21:00</td><td colspan="4">黄金剧场二集
(19:30、20:30 前“新闻半点报”3 分钟;第二集片尾歌前“天天生活秀”3 分钟。)</td></tr>
<tr><td>21:00~22:00</td><td colspan="4">小强热线、气象</td></tr>
<tr><td>22:00~22:35</td><td colspan="4">纪实</td></tr>
<tr><td>22:35~23:35</td><td>快乐十点半(购买的娱乐类节目编辑)</td><td>美丽 A 计划</td><td colspan="2">快乐十点半</td></tr>
<tr><td>23:35~01:35</td><td colspan="4">特色剧场(电视剧二集)</td></tr>
<tr><td>01:35~02:02</td><td colspan="4">纪实(重播)</td></tr>
<tr><td>02:02~02:50</td><td colspan="4">今天(重播)</td></tr>
<tr><td>02:50~03:03</td><td colspan="4">深度报道(重播)</td></tr>
<tr><td>03:03~04:00</td><td colspan="4">小强热线(重播)</td></tr>
<tr><td>04:00~05:30</td><td colspan="4">黄金剧场(电视剧二集重播)</td></tr>
<tr><td>05:30~06:00</td><td colspan="4">纪实(重播)</td></tr>
</table>

浙江电视台节目编排表

公共·新农村频道

2011年1月1日起执行

<table>
<tr><th>时 间</th><th>星期一</th><th>星期二</th><th>星期三</th><th>星期四</th><th>星期五</th><th>星期六</th><th>星期日</th></tr>
<tr><td>06:57~07:01</td><td colspan="7">三农最前线(重播)</td></tr>
<tr><td>07:01~07:13</td><td>汽车周报(重播)</td><td colspan="3">新山海经(重播)</td><td>政策面对面(重播)</td><td>农技110(重播)</td><td>翠花牵线(重播)</td></tr>
<tr><td>07:13~07:15</td><td colspan="7">农事气象(重播)</td></tr>
<tr><td>07:15~08:10</td><td>噶事噶非(重播)</td><td colspan="6">房产装修我来说(重播)</td></tr>
<tr><td>08:10~08:40</td><td>人文影像(重播)</td><td colspan="5">理财大赢家(重播)</td><td>人文影像(重播)</td></tr>
<tr><td>08:40~11:40</td><td colspan="7">上午剧场(电视剧三集)</td></tr>
<tr><td>11:40~12:05</td><td>人文影像(重播)</td><td colspan="6">生活123(重播)</td></tr>
<tr><td>12:05~12:20</td><td colspan="6">聚焦新农村 新闻</td><td>交通900(合)</td></tr>
<tr><td>12:20~12:35</td><td>新农村纪实新闻</td><td>新山海经(重播)</td><td>农技110(重播)</td><td>翠花牵线(重播)</td><td>人口</td><td>农技110(重播)</td><td>法律视点(合)</td></tr>
<tr><td>12:35~12:39</td><td colspan="7">三农最前线(重播)</td></tr>
<tr><td>12:39~12:41</td><td colspan="7">海洋气象预报</td></tr>
<tr><td>12:41~13:04</td><td colspan="7">公说天下(重播)</td></tr>
<tr><td>13:04~14:07</td><td>噶事噶非(重播)</td><td colspan="6">房产装修我来说(重播)</td></tr>
<tr><td>14:07~17:05</td><td colspan="7">午后剧场(电视剧三集)</td></tr>
<tr><td>17:05~17:45</td><td colspan="5">纪实(重播)</td><td>17:05 新农村戏曲大观园
17:30 创新故事</td><td rowspan="2">17:05
流动大舞台
17:55
警方时空(合)</td></tr>
<tr><td>17:45~18:10</td><td colspan="6">生活123</td></tr>
</table>

<table>
<tr><th>时 间</th><th>星期一</th><th>星期二</th><th>星期三</th><th>星期四</th><th>星期五</th><th>星期六</th><th>星期日</th></tr>
<tr><td>18:10~20:00</td><td colspan="7">金色剧场(电视剧二集)</td></tr>
<tr><td>20:00~20:21</td><td colspan="7">浙江新闻联播(重播)</td></tr>
<tr><td>20:21~20:25</td><td colspan="7">农事气象</td></tr>
<tr><td>20:25~21:00</td><td colspan="6">公说天下 新闻</td><td rowspan="2">20:25
公说天下
20:50
噶事噶非</td></tr>
<tr><td>21:00~21:43</td><td colspan="6">房产装修我来说</td></tr>
<tr><td>21:43~21:55</td><td colspan="3">新山海经</td><td>政策面对面</td><td>农技 110
(合)</td><td>翠花牵线</td><td>汽车周报
(合？)</td></tr>
<tr><td>21:55~22:00</td><td colspan="7">三农最前线</td></tr>
<tr><td>22:00~22:22</td><td colspan="7">浙江新闻联播(重播)</td></tr>
<tr><td>22:22~22:25</td><td colspan="7">农事气象</td></tr>
<tr><td>22:25~22:52</td><td colspan="5">理财大赢家(广专)</td><td colspan="2">人文影像</td></tr>
<tr><td>22:52~01:37</td><td colspan="7">缤纷剧院(电视剧三集)</td></tr>
<tr><td>01:37~03:17</td><td colspan="7">金色剧场(电视剧二集)(重播)</td></tr>
<tr><td>03:17~03:51</td><td colspan="7">公说天下(重播)</td></tr>
<tr><td>03:51~04:35</td><td colspan="6">房产装修我来说(重播)</td><td>噶事噶非
(重播)</td></tr>
<tr><td>04:35~04:40</td><td colspan="7">三农最前线(重播)</td></tr>
<tr><td>04:40~04:53</td><td colspan="3">新山海经(重播)</td><td>政策
面对面
(重播)</td><td>农技 110
(重播)</td><td>翠花牵线
(重播)</td><td>汽车周报
(重播)</td></tr>
<tr><td>04:53~05:18</td><td colspan="6"></td><td>人文影像
(重播)</td></tr>
<tr><td>05:18~06:57</td><td colspan="7">金色剧场(电视剧二集)(重播)</td></tr>
</table>

浙江电视台节目编排表

留学世界频道(付费频道)

表 1:

<table>
<tr><th>时 间</th><th>星期一</th><th>星期二</th><th>星期三</th><th>星期四</th><th>星期五</th><th>星期六</th><th>星期日</th></tr>
<tr><td>18:00~18:02</td><td colspan="7">节目预告</td></tr>
<tr><td>18:02~18:30</td><td colspan="7">情景会话加油站(首播)</td></tr>
<tr><td>18:30~19:00</td><td colspan="7">留学看天下(首播)</td></tr>
<tr><td>19:00~19:15</td><td colspan="7">招考热线 (重播)</td></tr>
<tr><td>19:15~19:20</td><td colspan="7">宣传片</td></tr>
<tr><td>19:20~19:50</td><td colspan="7">脑力总动员</td></tr>
<tr><td>19:50~20:25</td><td colspan="7">名师道场</td></tr>
<tr><td>20:25~20:40</td><td colspan="7">招考热线</td></tr>
<tr><td>20:40~21:10</td><td colspan="7">留学看天下</td></tr>
<tr><td>21:10~21:15</td><td colspan="7">宣传片</td></tr>
<tr><td>21:15~21:35</td><td colspan="6">背诵为王</td><td rowspan="2">文大讲堂
(首播)</td></tr>
<tr><td>21:35~22:00</td><td colspan="6">域外风情</td></tr>
<tr><td>22:00~22:05</td><td colspan="7">宣传片</td></tr>
<tr><td>22:05~22:35</td><td colspan="7">留学看天下</td></tr>
<tr><td>22:35~22:50</td><td colspan="7">招考热线</td></tr>
<tr><td>22:50~23:40</td><td colspan="6">探索发现</td><td>美丽 A 计划</td></tr>
<tr><td>23:40~24:00</td><td colspan="7">欢乐时光</td></tr>
</table>

表 2:

时间	星期一	星期二	星期三	星期四	星期五	星期六	星期日
06:00~06:02	节目预告						
06:02~06:30	情景会话加油站(重播)						
06:30~07:00	留学看天下(重播)						
07:00~07:15	招考热线(重播)						
07:15~07:25	宣传片 欢乐时光						
07:25~08:10	名师道场(重播)						
08:10~08:40	脑力总动员(重播)						
08:40~09:10	留学看天下(重播)						
09:10~09:25	招考热线						
09:25~09:30	宣传片						
09:30~9:50	人文大讲堂	背诵为王					
09:50~10:15		域外风情					
10:15~11:10	美丽 A 计划	探索发现					
11:10~11:25	欢乐时光						
11:25~11:55	留学看天下(重播)						
11:55~12:00	宣传片						
12:00~12:15	招考热线(首播)						
12:15~12:20	宣传片						
12:20~12:35	欢乐时光						
12:35~13:05	留学看天下						
13:05~13:25	背诵为王						
13:25~14:00	名师道场(重播)						
14:00~14:15	招考热线(重播)						
14:15~14:30	欢乐时光						
14:30~15:00	留学看天下(重播)						
15:00~15:25	人文大讲堂	背诵为王					
15:25~15:45		域外风情					
15:45~15:50	招生宣传						
15:50~15:55	宣传片						
15:55~16:50	美丽 A 计划	探索发现					
16:50~17:00	欢乐时光						
17:00~17:30	留学看天下(重播)						
17:30~18:00	脑力总动员						

浙江电视台节目编排表

影视娱乐频道

2011 年 1 月 1 日起执行

<table>
<tr><th>时 段</th><th>星期一</th><th>星期二</th><th>星期三</th><th>星期四</th><th>星期五</th><th>星期六</th><th>星期日</th></tr>
<tr><td>07:00~07:05</td><td colspan="7">福彩(重播)5'</td></tr>
<tr><td>07:05~07:20</td><td colspan="7">气象(重播)2'</td></tr>
<tr><td>07:20~08:15</td><td colspan="7">快乐一点通 45'(重播)</td></tr>
<tr><td>08:15~09:15</td><td colspan="7">第一家庭剧场早场(一) 45'</td></tr>
<tr><td>09:15~10:10</td><td colspan="7">第一家庭剧场早场(二) 45'</td></tr>
<tr><td>10:10~11:10</td><td colspan="7">第一家庭剧场早场(三)45'</td></tr>
<tr><td>11:10~12:30</td><td>鉴宝(重)</td><td colspan="2">身体警报(重)</td><td colspan="2">厨星高照(重)</td><td>加油 5 中队 45'(重)</td><td>周末星派对(重)</td></tr>
<tr><td>12:30~13:30</td><td colspan="7">快乐一点通 45'(重播)</td></tr>
<tr><td>13:30~14:20</td><td colspan="7">下午茶剧场(一) 45'</td></tr>
<tr><td>14:20~15:20</td><td colspan="7">下午茶剧场(二) 45'</td></tr>
<tr><td>15:20~16:20</td><td colspan="7">下午茶剧场(三)45'</td></tr>
<tr><td>16:20~17:45</td><td colspan="7">下午茶剧场(四)45'</td></tr>
<tr><td>16:20~17:30</td><td>鉴宝(重)</td><td colspan="2">身体警报(重)</td><td colspan="2">厨星高照(重)</td><td>加油 5 中队 45'(重)</td><td>周末星派对(重)</td></tr>
<tr><td rowspan="2">17:45~18:30</td><td colspan="5" rowspan="2">快乐一点通 45'</td><td colspan="2">汽车零距离 15'</td></tr>
<tr><td colspan="2">快乐一点通 30'</td></tr>
<tr><td>18:30~18:35</td><td colspan="7">气象 2'</td></tr>
<tr><td>18:35~19:30</td><td colspan="7">第一家庭剧场(一) 45'</td></tr>
<tr><td>19:30~19:40</td><td colspan="7">精彩一刻 2'</td></tr>
<tr><td>19:40~20:30</td><td colspan="7">第一家庭剧场(二) 45'</td></tr>
<tr><td>20:30~21:25</td><td>身体警报 45'</td><td colspan="2">厨星高照 45'</td><td colspan="2">加油 5 中队</td><td>周末星派</td><td>鉴宝</td></tr>
<tr><td>21:25~21:30</td><td colspan="7">气象 2'</td></tr>
<tr><td>21:30~22:30</td><td colspan="7">930 剧场(一)35'</td></tr>
<tr><td>22:30~22:35</td><td colspan="7">福彩 5'</td></tr>
<tr><td>22:35~23:50</td><td colspan="7">930 剧场(二)35' 930 剧场(三)35</td></tr>
<tr><td>23:50~00:10</td><td colspan="7">快乐一点通之~娱乐高八度(重播)15'</td></tr>
<tr><td>00:10~</td><td colspan="7">凌晨 930 剧场(一)35' 凌晨 930 剧场(二)35'</td></tr>
</table>

浙江电视台节目编排表

民生休闲频道

2011 年 1 月 1 日起执行

<table>
<tr><th>时 段</th><th>星期一</th><th>星期二</th><th>星期三</th><th>星期四</th><th>星期五</th><th>星期六</th><th>星期日</th></tr>
<tr><td>17:57~18:00</td><td colspan="7">广告</td></tr>
<tr><td>18:00~18:15</td><td colspan="7">天天 6 频道 节目导视 15'</td></tr>
<tr><td>18:15~18:18</td><td colspan="7">广告</td></tr>
<tr><td>18:18~19:30</td><td colspan="7">1818 黄金眼(民生版)(含广告)新闻节目</td></tr>
<tr><td>19:30~19:34</td><td colspan="7">广告 + 气象 + 广告</td></tr>
<tr><td>19:34~19:58</td><td colspan="5" rowspan="3">钱塘老娘舅(含广告) 新闻节目 34'</td><td>钱塘老娘舅(含广告)24</td><td rowspan="3">钱塘老娘舅(含广告)</td></tr>
<tr><td>19:58~20:00</td><td>广告</td></tr>
<tr><td>20:00~20:08</td><td rowspan="7">我老爸最棒(含广告)</td></tr>
<tr><td>20:08~20:10</td><td colspan="5">广告</td><td>广告</td></tr>
<tr><td>20:10~20:45</td><td colspan="5">相亲才会赢(含广告)社教专题 35'</td><td rowspan="3">终极卧底(含广告)40' 专题</td></tr>
<tr><td>20:45~20:46</td><td colspan="5">广告</td></tr>
<tr><td>20:46~20:50</td><td colspan="5" rowspan="5">欢乐英雄 PK 大擂台(含广告)
社教</td></tr>
<tr><td>20:50~20:51</td><td>广告</td></tr>
<tr><td>20:51~21:00</td><td rowspan="3">欢乐英雄 PK 大擂台(含广告)</td></tr>
<tr><td>21:00~21:01</td><td>广告</td></tr>
<tr><td>21:01~21:40</td><td>欢乐英雄 PK 大擂台</td></tr>
<tr><td>21:40~21:45</td><td colspan="7">广告</td></tr>
<tr><td>21:45~22:45</td><td colspan="7">1818 黄金眼公众版(含广告)新闻 60'</td></tr>
<tr><td>22:45~22:50</td><td colspan="7">广告 + 气象</td></tr>
<tr><td>22:50~23:35</td><td colspan="6">午夜说亮话(含广告)</td><td>车周刊(含广告)</td></tr>
<tr><td>23:35~00:05</td><td colspan="7">生活一点通(剪辑版重播)</td></tr>
<tr><td>00:05~00:18</td><td colspan="7">欢乐英雄 PK 大擂台(重播)</td></tr>
</table>

浙江电视台节目编排表

少儿频道

2011年1月1日起执行

时段	星期日 ~星期四	星期五	星期六
06:00~06:30	新闻:小智情报站(重播)		
06:30~07:00	BOBO乐乐园		
07:00~08:10	家庭情景剧场(重播)		
08:10~08:40	快乐童玩(重播)		
08:40~09:20	动漫精品剧场(重播)		
09:20~10:10	成长超动力等(重播)		
10:10~12:15	亲情剧场		
12:15~12:40	小智情报站(重播)		
12:40~13:10	高诊无忧(重播)		
13:10~15:10	青春励志剧场		
15:10~16:10	卡通对对碰		
16:10~16:40	小神龙俱乐部		
16:40~17:10	快乐童玩		
17:10~17:50	中南·动漫大世界		
17:50~18:30	快乐剧场		
18:30~19:00	小智情报站		
19:00~19:30	动漫精品剧场		
19:30~20:10	高诊无忧	百校对抗赛	炫舞春天(季播)
20:10~21:00	成长超动力	你猜谁会赢	你猜谁会赢
21:00~22:00	家庭情景剧场		
22:00~23:40	合家欢剧场		
23:40~01:00	成长超动力、高诊无忧等(重播)		
01:00~01:30	音乐风云榜		
01:30~06:00	动画类节目(重播)		

浙江电视台节目编排表

国际频道(冬令时)

[北京时间 2011 年 1 月 2 日,法、美时间 2011 年 1 月 1 日起执行]

<table>
<tr><th>北京</th><th>星期一</th><th>星期二</th><th>星期三</th><th>星期四</th><th>星期五</th><th>星期六</th><th>星期日</th></tr>
<tr><td>00:00~00:05</td><td colspan="3">频道宣传</td><td rowspan="2">旅行者</td><td rowspan="2">走遍杭州</td><td>频道宣传</td><td rowspan="3">鉴宝</td></tr>
<tr><td>00:05~00:20</td><td>海宁纪事</td><td colspan="2">中国游</td><td rowspan="2">周末星派对</td></tr>
<tr><td>00:20~00:50</td><td>闲事婆和事佬</td><td>环保前线</td><td colspan="2">厨星高照(黄金版)</td><td>百晓讲新闻</td></tr>
<tr><td>00:50~01:25</td><td colspan="7">生活一点通</td></tr>
<tr><td>01:25~02:25</td><td colspan="2">爱情连连看</td><td>爽食行天下</td><td>天下达人秀</td><td rowspan="2">我爱记歌词</td><td rowspan="2">季播节目(越跳越美丽、快乐蓝天下等)</td><td rowspan="2">婚姻保卫战</td></tr>
<tr><td>02:25~02:40</td><td colspan="2" rowspan="2">身体警报</td><td colspan="2" rowspan="2">高诊无忧</td></tr>
<tr><td>02:40~03:00</td><td>发现浙江(英文版)</td><td>发现浙江(英文版)重播</td><td>发现浙江</td></tr>
<tr><td>03:00~03:20</td><td colspan="7">黄金时间</td></tr>
<tr><td>03:20~03:25</td><td colspan="6">华人天地</td><td>频道宣传</td></tr>
<tr><td>03:25~04:10</td><td colspan="7">钱塘剧场(一)</td></tr>
<tr><td>04:10~05:00</td><td colspan="7">钱塘剧场(二)</td></tr>
<tr><td>05:00~05:45</td><td colspan="7">钱塘剧场(三)</td></tr>
<tr><td>05:45~06:05</td><td colspan="7">黄金时间</td></tr>
<tr><td>06:05~06:25</td><td colspan="7">天下浙商</td></tr>
<tr><td>06:25~06:55</td><td>闲事婆和事佬</td><td>环保前线</td><td colspan="2">厨星高照(黄金版)</td><td>百晓讲新闻</td><td rowspan="2">周末星派对</td><td rowspan="2">鉴宝</td></tr>
<tr><td>06:55~07:10</td><td>海宁纪事</td><td colspan="2">中国游</td><td>旅行者</td><td>走遍杭州</td></tr>
<tr><td>07:10~07:35</td><td colspan="7">动画片</td></tr>
<tr><td>07:35~08:25</td><td colspan="7">江南剧场(一)</td></tr>
<tr><td>08:25~09:10</td><td colspan="7">江南剧场(二)</td></tr>
<tr><td>09:10~10:00</td><td colspan="7">江南剧场(三)</td></tr>
<tr><td>10:00~10:20</td><td colspan="7">黄金时间</td></tr>
<tr><td>10:20~10:25</td><td colspan="6">华人天地</td><td>频道宣传</td></tr>
<tr><td>10:25~10:55</td><td colspan="7">生活一点通</td></tr>
</table>

<table>
<tr><td>10:50~11:55</td><td colspan="2">爱情连连看</td><td>爽食行天下</td><td>天下达人秀</td><td rowspan="2">我爱记歌词</td><td rowspan="2">季播节目（越跳越美丽、快乐蓝天下等）</td><td rowspan="2">婚姻保卫战</td></tr>
<tr><td>11:55~12:10</td><td colspan="2" rowspan="2">身体警报</td><td colspan="2" rowspan="2">高诊无忧</td></tr>
<tr><td>12:10~12:30</td><td>发现浙江（英文版）</td><td>发现浙江（英文版）重播</td><td>发现浙江</td></tr>
<tr><td>12:30~12:50</td><td colspan="7">黄金时间</td></tr>
<tr><td>12:50~13:10</td><td colspan="7">天下浙商</td></tr>
<tr><td>13:10~14:00</td><td colspan="7">钱塘剧场(一)</td></tr>
<tr><td>14:00~14:45</td><td colspan="7">钱塘剧场(二)</td></tr>
<tr><td>14:45~15:30</td><td colspan="7">钱塘剧场(三)</td></tr>
<tr><td>15:30~16:00</td><td colspan="5">生活一点通</td><td rowspan="2">周末星派对</td><td rowspan="2">鉴宝</td></tr>
<tr><td>16:00~16:15</td><td>海宁纪事</td><td colspan="2">中国游</td><td>旅行者</td><td>走遍杭州</td></tr>
<tr><td>16:15~17:00</td><td colspan="7">江南剧场(一)</td></tr>
<tr><td>17:00~17:50</td><td colspan="7">江南剧场(二)</td></tr>
<tr><td>17:50~18:35</td><td colspan="7">江南剧场(三)</td></tr>
<tr><td>18:35~19:35</td><td colspan="2">爱情连连看</td><td>爽食行天下</td><td>天下达人秀</td><td rowspan="2">我爱记歌词</td><td rowspan="2">季播节目（越跳越美丽、快乐蓝天下等）</td><td rowspan="2">婚姻保卫战</td></tr>
<tr><td>19:35~19:50</td><td colspan="2" rowspan="2">身体警报</td><td colspan="2" rowspan="2">高诊无忧</td></tr>
<tr><td>19:50~20:10</td><td>发现浙江（英文版）</td><td>发现浙江（英文版）重播</td><td>发现浙江</td></tr>
<tr><td>20:10~20:30</td><td colspan="7">黄金时间</td></tr>
<tr><td>20:30~20:35</td><td colspan="6">华人天地</td><td>频道宣传</td></tr>
<tr><td>20:35~21:25</td><td colspan="7">钱塘剧场(一)</td></tr>
<tr><td>21:25~22:10</td><td colspan="7">钱塘剧场(二)</td></tr>
<tr><td>22:10~22:55</td><td colspan="7">钱塘剧场(三)</td></tr>
<tr><td>22:55~23:15</td><td colspan="7">天下浙商</td></tr>
<tr><td>23:15~23:35</td><td colspan="7">黄金时间</td></tr>
<tr><td>23:35~23:50</td><td colspan="7">动画片</td></tr>
</table>

注:阴影部分为首播节目

杭州文化广播电视集团

杭州电台推出《老年维权热线》节目

杭州电台新闻综合频率(中波 954)于 2011 年 10 月 18 日起推出《老年维权热线》节目。节目宗旨是接受老年人有关维权方面的投诉，帮助老年人解决具体问题。节目时长半小时，播出时段为每天 10:00~10:30。主持人为本台优秀主持人留恋。到 2010 年底，杭州老年人口已达 116.88 万，占总人口的 16.97%，老龄化日趋严重。伴随着住房、社会保险、医疗制度等一系列改革，老人们的传统生活也在发生着各种变化，与老年人相关的纠纷日益增多，老年人权益受侵害现象呈上升趋势。维护老年人的合法权益，让老年人颐养天年，是构建和睦家庭、和谐社会的一项重要工作，需要全社会的共同参与。

中波 954 首推“健康社区行”

杭州电台中波 954 按照文广集团开展“走基层、转作风、改文风”活动要求，在着力打造“居家广播”，服务广大中老年听众的同时，把自己的触角进一步向城市社区延伸。从 8 月中旬开始，联合浙江《生活与健康》报，每周推出一期“养生大参考——健康社区行”大型公益健康讲座和义诊活动。通过邀请杭城名老中医专家与记者、主持人一起，走进社区，走进“民间”，传授传统的中医养生理念和常见疾病的预防知识，全年推出 20 期，受到街道、社区和广大中老年朋友的欢迎

《连线快评》节目

FM89 杭州新闻广播在每个整点(09:00~21:00)推出了长度为两分钟的原创评论节目——《连线快评》。针对最新热点事件，通过电话连线特约评论员，力求在第一时间作出评论，该节目短小精悍，“快”得及时，“评”得精彩；口述评论，形式活泼。从早 9 点到晚 9 点，每逢整点，评论随时听。这种高密度滚动播发的形式，让听众随时都可以方便地了解到最新新闻资讯和观点，使广播“快”和强“伴随性”的特点得以在评论节目中体现，也成了《连线快评》创新的发力点。

《雷弟呱呱》节目

谐音 lady gaga，在乐坛上，lady gaga 除了脍炙人口的音乐之外，她雷人的造型也是让国人熟知的原因之一，而雷弟呱呱也有异曲同工之妙，杭州新闻广播 FM89 每周一至周五：12:00—13:00 主持人姚小雷，用雷氏幽默让听众从听觉上感知广播中的 lady gaga。信息化时代，人们的视觉听觉充斥了各种各样大量信息，而传统的接收方式已然不能满足受众的需求，所以雷弟呱呱应运而生，通过主持人巧妙的语言串接各类事实新闻，其中夹杂模仿、方言、音乐。让听众很快进入情境并在笑声中思考。

《流行榜样》

杭州新闻广播 FM89 每周一至周五，14:00~16:00 以精致的眼光为您的耳朵筛选丰富多样的歌曲音乐；在由快到慢再由慢到快的情绪起伏中按摩您的听觉；高品位的选择，迎合当下最新最流行的需求。《流行榜样》很不一样，选择收听，选择立歌为您刻录的私藏音乐 CD。

《博闻天下》

每周一至周五 17:30~19:00 晚高峰的路上，为您关注新闻的横剖与纵切。在过去的二十四小时里，世界发生了微妙的变化，无论是刚刚淡出，还是正在萌芽……新闻 89 特邀资深评论员庞勃，面对同样的新闻，以不同的视角，透过现象看本质，让评论直达人心。《博闻天下》——带您一起逡巡评论最高峰。

《全城热爱》

杭州新闻广播 FM89 每周一至周五 19:00~20:00 商业旺角元华户外直播室看得见的广播版相亲节目，为都市里的单身男女提供交友平台。我们只求把相亲变得唯美再唯美一点，你可以用声音相互取悦，亦可以参与我们精彩活动尽情展现自己，让可能属于你的那颗心的距离近一点再近一点。《全城热爱》，只等你来。

《养生非常道》

从绿豆养身到泥鳅养身，百家百说，谁是正解？养生食品琳琅满目、养生方式纷繁复杂，养生之道何为王道？每晚 8 点，锁定新闻 89，美女主播佳维为您私家烹饪最实用、最科学、最贴近生活的一小时养生

大餐——《养身非常道》。全民养生新风尚,您的私人健康导师。

《微博荡漾》

微时代,人人都有一个麦克风。我们以不微博为耻,我们以微电台为荣。我们与微博新浪浙江独家合作联袂出品,精心研发广播微博。杭州新闻广播FM89《微博荡漾》,每晚21:00~21:30只为您发声的私人微博小秘书,助您玩转微博,热门话题、关键词一网打尽。

《杭州老大哥》

《杭州老大哥》是杭州电视台生活频道于2010年1月1日推出的一档纪实性民生调解类栏目。开播两年来,深受杭城百姓的欢迎。无论是邻里纠纷、家庭矛盾、还是夫妻情感、老人赡养、孩子抚养等等事情矛盾产生的时候,都可以告诉杭州老大哥,老大哥们会和法律专家、心理专家一起,上门听听大家的心里话。针对不同矛盾的性质、特点,采取不同的调解方式,为您排忧解难。《杭州老大哥》节目开播以来,调解成功率在80%以上,收视率稳步上升,在群中的口碑效应日见扩大。《杭州老大哥》的推出缓解了民间矛盾,起到了将不和谐因素消灭在萌芽状态,弘扬中华民族传统美德的社会效果。

《开心大玩家》

引人入胜的牌类竞技,幽默诙谐的主持排挡,丰富趣味的短信互动,杭州电视台生活频道《开心大玩家》自2010年开播以来,《开心大玩家》凭借自身独有的节目特色与经验丰富的直播团队,在短时间之内便席卷杭城,收视率排名一路攀升。在海选网站里,每天都聚集着近千位的海选选手;在每天的直播节目中,参与互动评牌的短信就有几百条;参加电视直播比赛的选手除了来自杭州主城区外,各个县市的选手也越来越多。随着影响力不断的扩大,节目观众的忠实度也在不断增加,很多观众对于节目十分熟悉、关注忠诚的细度已不仅仅局限在节目本身,只要是和节目有关,只要是跟节目有关的,哪怕是赞助节目的礼品,也被他们无条件接受。哪怕是再小的活动,都能达到一呼百应的效果。《开心大玩家》目前除常规的节目外,正在举办的活动有擂主争霸赛。

《好好学习》

《好好学习》是一档集时政、文化、民俗、民生、娱乐与一体的综合类栏目。栏目秉承明珠频道"开心"理念的脉络,坚持节目的地域性、本土化和观众参与性、平民化风格,把握知识性、趣味性、娱乐性三者有机的结合,通俗地普及知识,有趣地诠释知识、娱乐地学习知识。每周五晚22点播出。主创人员:吕齐越、李蓁、徐柳芳、叶华、邹小雨、罗平等。主持人:张斌、赵喆、大年等。

《生活大爆炸》

杭州电视台《生活大爆炸》是一档科学实证性栏目,周六周日19:00~19:30播出通过调查、实验、数据和猜的方式,来论证网络以及现实生活中的各种意外讯息。选题以宠物实验、女性实验、心理实验、消费实验等实用的题材为内容,通过有趣的体验与互动参与,来完成论证过程,以期达到科学的娱乐传播功能。

《快乐国学苑》

《快乐国学苑》是2011年杭州市文明办、杭州西湖国学馆、杭州电视台少儿频道联合打造的少儿精品节目,周六12:30播出。主要面对5~12岁的小朋友及家长,以普及国学知识为主,本着复兴民族传统文化、传承国学思想的节目宗旨,用新颖的表现手法,幽默的语言,通过都市古装情景剧的形式,再现国学中最为生动的部分。

萧山广播电视台

广播节目《政情民意直通车》

《政情民意直通车》是一档民生服务类新闻栏目。由萧山广播电视台与萧山区纠风办联办,每月邀请部分镇街、区级机关部门、区直属单位等主要领导走进直播室,围绕群众关心的重点、热点、难点问题与主持人展开交流,并当场接听和答复听众、网友各类咨询投诉、意见建议,与听众进行互动。同时,节目建立了以广播为主,电视、报纸、网站、短信、微博全方面、多媒体互动的新闻跟踪监督机制,力求群众的诉求件件有答复、事事有着落。开办时间:2011年6月中旬,每月两期,每期60分钟。每月第一、三个周三上午8:00在调频107.9直播,同日17:00分重播。

广播节目《开心方向盘》

《开心方向盘》:娱乐类双人脱口秀节目。节目的内容是由笑话以及当天的社会新闻组成，社会新闻经过了主持人精心的编辑和节目中淋漓尽致的现场演绎,力求趣味性和教育意义的并存;节目在注重娱乐性的同时,也关注社会,关注人生,幽默风趣的语言、雅俗共赏的节目设计,引发听众在笑声中深思,在开心中感悟。开办时间:2011 年 5 月 30 日,每周一至周五每天 16:00 播出,每档 1 小时。

电视栏目《新闻连连看》

《新闻连连看》:是萧山广播电视台的一档综合类板块型新闻栏目，首播时间为每晚 18 点 30 分到 19 点 50 分,包括《新闻连连看·热线 188》、《新闻连连看?媒体搜索》、《新闻连连看·萧山新闻》。长达 50 分钟的新闻栏目,包括民生新闻、国内外趣闻、要闻和科技、健康、娱乐资讯等和时政新闻,构建了集本地、外埠新闻于一体的信息传播大平台,顺应了观众的收视习惯，让观众锁定萧山电视台就能了解身边事、天下事,在黄金收视时段形成强大的收视热点。《新闻连连看》开办时间:2012 年 1 月 1 日,周一至周日播出。

电视栏目《闪亮我舞台》

《闪亮我舞台》该栏目为萧山电视台首档周播娱乐节目,挖掘艺术新秀,丰富荧屏舞台。栏目创办于 2008 年,每周六晚 20:00 播出,时长 90 分钟。2011 年,栏目大胆创新,重点关注普通群众的艺术诉求，以季播形式创办了“红歌会”、“排舞大赛”、“镇街艺术团欢乐秀”等主题活动,注重展示群众艺术团体的精神风貌和艺术成果。

余杭广播电视台

广播节目《风情余杭》

《风情余杭》:一档专为广大老百姓服务的广播节目,播出时间 8:00~8:30。2011 年节目的形式在原有的服务性上做了很多改良，发布跟广大听众的相关最新资讯,搭起了百姓跟部委办局的沟通桥梁;宣传余杭当地的风土人情，通过收听该栏目可以了解余杭的优美风景和人文历史；宣传消防城管相关法规,广播的普及性让相关法律法规的宣传不留死角。节目形式多样,内容丰富。

广播节目《与你同行》

《与你同行》:与余杭区公安分局交警大队、余杭区驾驶员协会联合推出的一档交通类节目，节目中主要对各类交通法规进行宣传，对辖区内的主要道路路况进行即时播报,准确、及时的给交通参与者提供法律、法规及路况信息,为交通参与者解疑答惑。节目每周一至周日下午 17:00~18:00 播出，其中周一至周五为现场直播,周六、周日为录制播出。

电视栏目《对话余杭》

《对话余杭》:电视互动谈话节目,也是大型活动节目组重点打造的品牌栏目，通过主持人对嘉宾进行访谈,辅以必要的短片配合、现场观众提问等互动形式,来展现余杭政治、经济、文化、社会、民生等领域的发展状况。录制方式主要分演播室和现场两种,半个月一期,每期 45 分钟,固定时期播出。

电视栏目《生活对对碰》

《生活对对碰》:一档集“搜罗万象”、“电影总动员”、“时尚咨讯”等板块与一体,内容以搜街、美食、娱乐、环境空气质量、停电情况、信息传真为主,适合 25~45 岁人群收看的生活咨讯类电视节目。每周一、周五 18:00 首播,22:30 分重播,每周三、周日重播,节目时长 20 分钟。栏目采取主持人亲身体验的形式,向观众朋友们介绍余杭区范围内好吃的、好玩的东西和地方,为大家提供一些生活信息。

富阳广播电视台

广播节目《新闻早高峰》

《新闻早高峰》:广播新闻资讯节目。内设“富阳新闻”、“资讯天下”、“新闻深一度”、“健康加油站”等小专栏,为听众提供新闻、健康、出行等资讯,开办时间:2011 年 8 月 1 日，每周一到周五 7:30~9:00 播出,每档 1 小时 30 分钟。

广播节目《阳光直通车》

《阳光直通车》:广播服务类节目。内设“阳光热线”、“缤纷车世界”、“我爱我车”等专栏,关注市民生活中的热点、难点问题,提供车市、房产信息。开办时间:2011 年 8 月 1 日, 周一到周日 9:30~11:30 播出,每档 2 小时。

电视栏目《看富阳》

《看富阳》:综合性电视专题栏目。自 2011 年开始, 将 5 档于每天 18:40 首播的周播类自办栏目进行合并,进行品牌式经营。周一至周五分别播出:以富阳百姓的生活和富阳的历史文化、风土人情为主要内容的《富春大地》;宣传新农村建设的《新农村新家园》;反映富阳法治和平安建设的《平安富阳》、反映富阳社会经济发展状况的《大视野》以及宣传党建工作的《富阳党建》。

电视栏目《晓亮热线》

《晓亮热线》:电视民生新闻栏目。为贯彻富阳市委市政府大监督工作机制而打造的一档以舆论监督为节目定位的民生新闻节目, 将群众关注的社会热点难点问题以及政府各职能部门效能作风等问题推到舆论监督的最前沿。在发动市民向 23288000 新闻热线提供线索基础上,栏目与市长公开电话、市纪委效能办及数字城管形成了合作联动机制。通过《晓亮热线》,较好地反映了一些普通群众的诉求,监督了一些干部的不作为。周一至周六每天 19:45 和播出,每档 15 分钟。

建德广播电视台

广播节目《建广新闻》

《建广新闻》: 广播新闻节目,2011 年 8 月 1 日起改版, 节目时长 20 分, 分 “时政播报”、“综合新闻”、“建广言论”、“民生报道”、“今日扫描”等 5 大版块,每日 18:10 首播,当日 19:10、次日 6:00、8:10、11:10 重播。

广播节目《新安说吧》

《新安说吧》:广播专题节目,开办于 2011 年 7 月,时长 50 分,每日 9:00 播出,是一档全新互动式、谈话类民生新闻评论节目,设“民生百态”、“财经看点”、“休闲生活”、“每天一菜”等 4 大版块,是群众关注时事、热议焦点、了解民生百态、体察群众冷暖的发言地。

电视栏目《建德新闻》

《建德新闻》: 电视新闻节目,2011 年年底起改版,每期时长 18 分钟,每日 18:30 首播,当日 22:00、次日 7:30、12:00 重播,前半部分为“时政新闻”,后半部分为民生新闻栏目《真诚面对面》。时政新闻和民生新闻各占 9 分钟左右。《真诚面对面》以民生新闻为主,周二至周五播出,分“新闻现场”、“小白帮忙”、“民情快递”、“新政解读”等板块。周六设“联线周边县市新闻”板块。周日设“一周要闻(配手语要闻同时播出)”、“本周视点”、“精彩瞬间”等版块。

电视栏目《透视行风政风》

《透视行风政风》:电视专题节目,开办于 2011 年 2 月 22 日,与建德市纪委、市委宣传部、监察局、新闻传媒中心联办,节目时长 15 分,每月最后一周周二 18:10 首播,周三 12:20 重播。该节目的目标是成为党群干部关系的“连心桥”、政风行风建设的“监督哨”、社会舆情的“晴雨表”。

桐庐广播电视台

广播节目《与您同行》

《与您同行》:2011 年 2 月 18 日起推出,栏目以车载收听群体为主要服务对象,用轻松、动感的主持风格为听众第一时间提供天气、路况、新闻、汽车保养维修等资讯服务。节目播出时间为周一至周五上午 8:00~9:00。2012 年,《与您同行》栏目实施调改,从 2 月 18 日起,栏目新增《与您同行》下午版,播出时间为周一至周五 17:00~18:00, 栏目以传递全方位的生活资讯,提供衣食住行、吃喝玩乐指导服务为宗旨,通过在轻松诙谐的气氛中了解天下事,获得美食、娱乐搜索及打折服务。

广播节目《桐闻天下》

《桐闻天下》:2011 年 2 月 18 日开播,节目定位于新闻资讯服务,重点关注当天发生的国内外大事、要事、趣事，节目以男女对播的形式播出，让听众在轻松、愉快的气氛中了解新闻喜讯，节目播出时间为中午 11 点至 11 点 30 分。2012 年，对节目进行了调整，播出时间延长至一小时，除了保留原有的“短、频、快”新闻资讯外增加了点睛评论子栏目，对热点话题进行评论。

电视栏目《春江会客厅》

《春江会客厅》：2011 年 5 月 3 日开播，栏目以嘉宾访谈为主要形式，穿插外景纪录短片、资讯背景等内容，关注当地发生的重大事件以及农业、农村、农民三农方面的话题，约访新闻当事人讲述事件背后的故事，以给观众一个更深、更广的新闻视角。

临安广播电视台

广播节目《欢迎光临》

《欢迎光临》：是一档以介绍临安美食美景的旅游类栏目。深度挖掘临安周边的旅游资源和文化，介绍临安独特的风土人情和地方特产，让大家了解美丽的临安，欢迎更多的朋友来临安旅游观光和度假。每一期节目，我们都会给听众带去实用和丰厚的礼品（景点的门票、临安特色餐馆的餐券等）和听众做互动，集趣味性和娱乐性为一体。开办时间；2011 年 3 月 26 号，每周一、三、四、五 14:00~15:00 播出，每档 60 分钟。

广播节目《嗨！乐活一族》

《嗨！乐活一族》：娱乐资讯类栏目。两位主播以幽默搞笑的语言向听众介绍时下最新的微博热点、发生在老百姓身边有意思的事儿以及和听众进行最麻辣的话题讨论。旨在听众上班路上的这段时间里，为他们带去一份开心和快乐。开办时间：2011 年 3 月 26 日，周一至周五早上 8:00~9:00 直播，每档 60 分钟。

电视栏目《快乐农家》

《快乐农家》：临安电视台于 2010 年 8 月开办的一档形式活泼，趣味性强的电视对农栏目，为了使节目兼顾可看性和实用性，2011 年栏目又进行了一些更贴近实际的改动，同时更名为《乐农家》，栏目设“乡村播报”、“致富乐”、“乡村舞台”、“农事帮帮帮”等板块。“乡村播报”为资讯类板块，向观众传递农业政策，信息，传递农村新动向；“致富乐”（主板块）传授农业新技术，推广致富新理念、介绍新型种养殖技术和农户发家致富的的故事；“乡村舞台” 展示农民的文化生活和一些有特色的民俗民风；“农事帮帮帮”板块针对农户碰到的种植或养殖难题，专家现场给予农户服务性的指导和解析。

淳安广播电视台

广播节目《游在千岛湖》

《游在千岛湖》：直播节目，每周一至周五的上午 8:30 至 9:00 播出。栏目主要开设“旅游快报”、“畅行千岛”等子栏目，介绍以旅游业为主导的服务经济，让听众特别是自驾游游客在进入千岛湖的第一时间，有一个全面了解千岛湖、获取各类旅游信息的渠道。

广播节目《城市公共交通在线》

《城市公共交通在线》：直播节目，每周一至周五的上午 9:00~10:00 播出。该栏目主要是为广大公交、出租车驾驶员提供相关信息服务，同时囊括了县内外的交通咨询，丰富广大驾驶员驾驶生活，助推城市公共交通文化的形成。

电视栏目《千岛湖党建》：

《千岛湖党建》：栏目设置“创先争优”、“对话”、“起点”、“风范”、“热点”、“动态”等板块。力求通过对党务要情的权威发布、热点问题的跟踪剖析、重大事件的聚焦报道、先进典型的真实展现，为宣传党的路线、方针、政策，提高党员干部素质，推进基层组织建设营造良好的舆论环境。播出时间：每周三 18:30，20:10 重播，周四 8:50，12:20 重播。

杭州市广播电视台节目时间表

新闻综合频率

AM954　　2011 年执行

<table>
<tr><th>时间</th><th colspan="4">周一至周五</th><th>周六</th><th>周日</th></tr>
<tr><td>04:00~05:00</td><td colspan="6">开始曲　健康壹加零</td></tr>
<tr><td>05:00~05:20</td><td colspan="6">阿通伯说新闻(重播)</td></tr>
<tr><td>05:20~06:30</td><td colspan="6">健康壹加零</td></tr>
<tr><td>06:30~07:00</td><td colspan="6">转中央台新闻和报纸摘要</td></tr>
<tr><td>07:00~07:30</td><td colspan="5" rowspan="2">杭广早新闻
新闻观察●体彩幸运号</td><td>新闻观察</td></tr>
<tr><td>07:30~08:00</td><td>乘着歌声的翅膀</td></tr>
<tr><td>08:00~09:00</td><td>生活气象站</td><td colspan="5">●健康壹加零</td></tr>
<tr><td>09:00~09:30</td><td>生活气象站</td><td colspan="5">●阿通伯说新闻●(重播)</td></tr>
<tr><td>09:30~10:00</td><td>生活气象站</td><td colspan="5">●健康壹加零</td></tr>
<tr><td>10:00~10:30</td><td>生活气象站</td><td colspan="5">●张公开讲(重播)</td></tr>
<tr><td>10:30~11:00</td><td></td><td colspan="5">●健康壹加零</td></tr>
<tr><td>11:00~12:00</td><td>生活气象站</td><td colspan="5">●健康壹加零</td></tr>
<tr><td>12:00~12:20</td><td></td><td colspan="5">●阿通伯说新闻●(重播)</td></tr>
<tr><td>12:20~12:30</td><td></td><td colspan="5">●午间股市快评</td></tr>
<tr><td>12:30~13:00</td><td></td><td colspan="4">●新闻纪事</td><td rowspan="2">戏坛金三角</td></tr>
<tr><td>13:00~14:00</td><td>生活气象站</td><td colspan="4">●戏坛金三角</td></tr>
<tr><td>14:00~14:30</td><td>生活气象站</td><td colspan="4">●金秋岁月</td><td>希望的太阳</td></tr>
<tr><td>14:30~15:00</td><td></td><td colspan="5">●养生下午茶</td></tr>
<tr><td>15:00~15:30</td><td>生活气象站</td><td colspan="5">●张公开讲(重播)</td></tr>
<tr><td>15:30~16:00</td><td></td><td>●中国往事</td><td colspan="3">老唱机</td><td>大城小事</td></tr>
<tr><td>16:00~16:30</td><td>生活气象站</td><td colspan="5">●健康加油站</td></tr>
<tr><td>16:30~17:00</td><td></td><td colspan="5">●养生下午茶</td></tr>
<tr><td>17:00~17:30</td><td>生活气象站</td><td colspan="5">●养生下午茶</td></tr>
<tr><td>17:30~18:00</td><td></td><td colspan="2">●钱生钱(周五含体彩)</td><td colspan="3">杭州农家</td></tr>
<tr><td>18:00~18:30</td><td>生活气象站</td><td colspan="3">●今日新闻之最</td><td colspan="2">草根说天下</td></tr>
<tr><td>18:30~19:00</td><td colspan="6">张公开讲(首播)</td></tr>
</table>

时间	周一至周五	周六	周日
18:30~19:00	张公开讲(首播)		
19:00~19:30	助你健康		
19:30~20:00			
20:00~20:30	听阿通说(重播)		
20:30~21:00	助你健康		
21:00~21:30	助你健康		
21:30~22:00			
22:00~22:30	幸福在身边		
22:30~23:00	劳动时空		
23:00~23:30	历史传奇		
23:30~24:00	法律讲堂		

杭州市广播电视台节目时间表

新闻综合频道

时间 节目	星期一	星期二	星期三	星期四	星期五	星期六	星期日
07:00	杭州新闻联播	杭州新闻联播	杭州新闻联播	杭州新闻联播	杭州新闻联播	杭州新闻联播	杭州新闻联播
07:20	潮起萧山	我们圆桌会	秀美之都建德	生态杭州 我们圆桌会	生态杭州 我们圆桌会	生态杭州 我们圆桌会	生态杭州 新电影传奇
08:20	走遍杭州	劳动一周	金秋	安全365科学新七天	在路上 庆丰村	在路上 庆丰村	在路上 庆丰村
10:00	新闻纵贯线	新闻纵贯线	新闻纵贯线	新闻纵贯线	新闻纵贯线	电视剧	电视剧
10:40	我的抗战	我的抗战	我的抗战	我的抗战2	我的抗战	电视剧	我的抗战
11:20	法治中国 杭州党建	法治中国	法治中国	法治中国	法治中国	科学新七天	法治中国
12:00	新闻纵贯线	新闻纵贯线	新闻纵贯线	新闻纵贯线	新闻纵贯线	新闻纵贯线	新闻纵贯线
12:15	直播12345	直播12345	直播12345	直播12345	直播12345	健康中国	钱塘论坛
17:10	金秋 小夏说事 新闻60分	火警119 小夏说事 新闻60分	安全365 小夏说事 新闻60分	庆丰村 小夏说事 新闻60分	庆丰村 小夏说事 新闻60分	车周刊、家居时代、美丽东部湾	车周刊、科学新七天劳动一周
19:00	新闻联播 杭州新闻联播	新闻联播 杭州新闻联播	新闻联播 杭州新闻联播	新闻联播 杭州新闻联播	新闻联播 杭州新闻联播	新闻联播 杭州新闻联播	新闻联播 杭州新闻联播
20:00	我们圆桌会	秀美之都建德	特别节目 我们圆桌会	活力之城 我们圆桌会	活力之城 我们圆桌会	富裕阳光之城、廉政经纬	潮起萧山杭州党建腾飞江干
21:00	新闻纵贯线	新闻纵贯线	新闻纵贯线	新闻纵贯线	新闻纵贯线	新闻纵贯线	新闻纵贯线
21:40	电视剧	我们圆桌会	电视剧	电视剧	电视剧	电视剧	电视剧
22:00	新闻纵贯线	新闻纵贯线	新闻纵贯线	新闻纵贯线	新闻纵贯线	新闻纵贯线	新闻纵贯线
22:40	天生我财	杭州房产报道	天生我财	天生我财	天生我财	车周刊(晚上版)	车周刊、走遍杭州
23:00	一路平安 房产报道	生活GO	一路平安 房产报道	一路平安 淘宝生活	一路平安 淘宝生活	杭州房产报道	杭州房产报道
23:45	生活GO	新闻60分	生活GO!	生活GO!	生活GO!	时尚周末	时尚周末
00:45	新闻60分 直播12345	新闻60分 直播12345	新闻60分 直播12345	新闻60分 直播12345	新闻60分 直播12345	新闻60分 直播12345	新闻60分 周末版

广播对农栏目开办情况汇总表

台名	栏目名称	时长	开办时间
杭州广播电视台	最美三江两岸 FM89	30 分	2011 年 1 月
	杭州农家 AM954	30 分	2009 年 4 月
萧山广播电视台	农村大世界	18 分	1991 年
余杭广播电视台	魅力新农村	50 分	2009 年
	今日余杭(新闻)	10 分	2009 年
	缤纷戏台	60 分	2006 年
桐庐广播电视台	田园之声	15 分	1994 年
淳安广播电视台	淳广新农村	15 分	2006 年 3 月
	林业之窗	15 分	2006 年 4 月
	国土之声	15 分	2009 年 5 月
	淳安水利	15 分	2010 年 3 月
	税法天天讲	15 分	2008 年 5 月
	劳动保障时空	15 分	2010 年 5 月
	人口与计生	15 分	2008 年 7 月
	环保前沿	15 分	2007 年 5 月
	千岛半边天	15 分	2010 年 5 月
建德广播电视台	农家春秋	15 分	2011 年 8 月
	小周看乡村	15 分	2011 年 8 月
富阳广播电视台	对农广播	10 分	1994 年
临安广播电视台	相约新农村	30 分	1995 年 1 月

电视对农栏目开办情况汇总表

台名	栏目名称	时长	开办时间
杭州广播电视台	庆丰村	15分	2006年
萧山广播电视台	金色大地	10分	2002年
	农村大视野	15分	2009年9月
	政策大讲堂	10分	2010年
余杭广播电视台	余杭乡村	15分	1999年5月
桐庐广播电视台	柳青帮忙	15分	1997年5月
	富春乡韵	15分	2010年5月
	农民之友	15分	2009年5月
淳安广播电视台	新田野	15分	2001年8月
	新田野·通用版	12分	2009年8月
	美丽乡村	12分	2010年10月
建德广播电视台	新农时空	15分	2011年8月
富阳广播电视台	新农村新家园	15分	2011年
临安广播电视台	快乐农家	15分	2010年5月
	新三农	15分	2005年7月
	天目聚焦	15分	2008年1月

宁波广播电视集团

电视节目栏目

《人物》

《人物》是新闻综合频道2010年新改版的一档人物访谈栏目,在原有《透视有请》、《透视·人物》的基础上,保留栏目原有主持人与嘉宾“一对一”现场访谈的节目样式,更加注重运用多种电视表现手段,彰显人物个性,让观众较为全面地了解、理解、分享人物的经历及其感受、观点和信念。《人物》最为关注的是近期发生在宁波且受普遍关注的新闻话题人物、新闻事件当事人及重大典型人物。栏目立足于“人”,反映人在平凡生活中闪烁出的不平凡的意志、品质和力量;从一点一滴的小事中折射出人性的光辉,凸显在新时代背景下普通人的生命意义和社会价值。

栏目时长10分钟,每半月播出一期;每年适时推出人物系列访谈季播。首播:18:42;重播07:05、12:35。

《家博汇》

《家博汇》是新闻综合频道于2008年倾力打造的一个权威性的房地产及相关产业咨询服务平台。也是宁波电视史上第一档日播类房地产栏目。栏目依托新闻综合频道专业的采编团队,与相关部门达成合作,更具权威性和专业性。

《家博汇》栏目的收视范围定位于宁波市庞大的购房置业以及追求时尚家居生活的消费群体,在求新、求实用的基础上,注重栏目的指导性、知识性和大信息量。以具有实效性的房产及相关产业咨询打基础;以热点新政的专家点评树权威;以网络、电信等多媒体手段聚人气;以通俗性的行业知识扩影响;以品牌化的策划活动造声势。在做到客户、客商、观众三结合的基础上,积极提倡健康向上、快乐舒适的生活理念。播出时间:新闻综合频道每晚22:18首播,次日9:58和15:31重播。

《田野》

《田野》是经济生活频道按照关注农村、关心农民、支持农业的基本目标,以推广致富经验、展示农村生活、沟通农经信息、服务农民需求为宗旨的社教类周播栏目。栏目由《乡村榜样》、《农科专家库》、《上山下乡》三个常态子栏目和若干非常态子栏目构成。整体风格轻松活泼、寓教于乐,自播出以来受到广大城乡观众的喜爱,也受到各乡镇政府及各级农业部门的重视,农民群众对栏目在农业生产指导性方面的作用非常关注,城市观众则对栏目反映的农村生活、农业生产感兴趣。

栏目曾两次获得浙江省广播电视对农服务工程考核一等奖,主持人施展2010年被评为“宁波市优秀广播电视节目播音员主持人”。播出时间:经济生活频道每周日21:52首播,时长18分钟。

《快乐开卖了》

《快乐开卖啦》是一档立足6周岁以下的幼儿及其家长,面向各年龄层观众,以儿童为载体的原生态户外真人秀节目。每期25分钟,首播:每天18:30。节目从考验小朋友的应变能力、交往能力、合作能力、责任心等方面出发,设计一系列生动有趣的考验环节,让孩子在游戏的心态、欢愉的气氛中,培养自信、勇敢的品质。

此外,栏目组与教育局和妇联合作,推出“《快乐开卖啦》来啦”的线下活动。每期节目走进一所幼儿园,挑选参与该期节目的2名小朋友。每月,栏目组还邀请一批幼儿园园长参加栏目研讨会。通过这些活动,将栏目的通联网络深入到11个县市区的幼儿园,为节目顺利拍摄提供了保障,也为节目深入基层提供了很好的行政支持,有助于扩大栏目知名度和影响力。

《爱+大作战》

娱乐竞技栏目《爱+大作战》,每期25分钟,定位于广泛的从少年到老年的收视人群,首播:每天19:00。它是宁波少儿频道为顺应时下电视节目强调平民性、参与性、互动性、娱乐性的走向,和“活动栏目化,栏目活动化”的方向,打造的一档以青少年参加为主的竞技节目。它本着“健身、参与、娱乐、合作”的宗旨,推出一系列群众参与性大型竞技活动贯穿全年。一年来,节目组对节目内容和形式,以及参与对象的范围、选拔等要素不断改进和创新,加强节目的娱乐性和家庭氛围、亲情元素,让青少年在快乐中体验亲情,学会感恩,促进社会和谐。设置的板块有“快乐大闯关”、“石头剪子布”等。

广播节目栏目

《宁广晚间新闻搜索》栏目

《宁广晚间新闻搜索》是新闻综合频率精心打造的一档晚间主打新闻节目，调频 92.0 兆赫、中波 1323 千赫周一至周日 18:00~18.30 双频播出。节目定位为:一网打尽当天新闻,权威展示媒体观点。突出权威性、集纳化、平民化,突出当天新闻、第一时间、思想观点,突出大容量、大含量、音响报道。主设栏目有:本市新闻、国内外新闻、体育特快传递、国际纵横口播报道等。收听率一直位居宁波广播同时段节目前列,节目中播出的多部作品在国家、省、市新闻评奖中获奖。

《百姓论坛》栏目

《百姓论坛》是新闻综合频率 2009 年 1 月 1 月推出的新闻时评类专栏,在“宁广早新闻·本市新闻”栏目中播出。以平民化的视角,关注民生,评说热点,弘扬正气,针砭时弊。每周播发四五篇时评,每年播发 250 多篇本土时评。目前已拥有较高级别的 10 多位广播特约评论员,已成功组织过纪念改革开放 30 周年、建党 90 周年等全市性重大主题征文活动。播出频率:中波 1323 千赫,调频 92.0 兆赫;播出时间:早上 7:00~8:00 之间。

《920 房产工作室》栏目

《920 房产工作室》是新闻综合频率一档房产类资讯服务类板块节目。节目内容包括:国内和市区地产新闻；地产业内人士就房产新政或市场热点深度解析;市场解析(连线市场资深人士参与节目直播,对市场热点进行分析,若有听众热线参与,结合问题解答疑问)。节目自 2008 年 8 月开播以来,积累了广大的受众群体,取得了明显的社会效益和经济效益,收听率一直稳居在宁波广播不同频率同时段第一。播出频率:中波 1323 千赫,调频 92.0 兆赫;播出时间:每周一至周五 16:00~16:30。

《股市沙龙》栏目

《股市沙龙》节目宗旨:为广大投资者提供投资建议和理财参考。节目自 97 年开办以来收听率稳居同类节目首位。2011 年全新改版,更加贴近投资者、贴近市场、贴近实际。‘今日快报’、‘期市追踪’、‘市场研判’、‘信风论坛’等栏目内容更加丰富,资讯更具实效。

主持人广泛邀请专业人士做嘉宾，为市民提供股票、基金、债券、期货等境内外金融市场的动态信息和深度分析。节目通过热线电话、网络论坛、短信平台等方式，为投资者与分析师以及投资者之间实时互动交流拓展了空间,丰富了节目内容。节目还与金融机构和监管部门紧密合作,联合推出《投资者之声》和《证券期货投资论坛》等多期广播现场活动,全年共组织了 15 场(次)现场活动,听众达 5 千多人次。播出频率:调频 102.9 兆赫,中波 747 千赫;播出时间:周一至周六下午 15:30~17:00。

《幸福美丽新家园》栏目

2011 年新办栏目《幸福美丽新家园》是由经济娱乐频率联合市委农办、市农信社等相关部门和单位共同开办的“服务三农”节目。节目以“让乡村走进城市,让城市了解乡村”为主题,通过来自宁波各县市区一线农业生产、支农惠农、观光采摘、乡村旅游等信息的提炼整合,开设“乡村速递”、“创富故事”、“农信社之窗”、“城乡对话”等栏目,就听众关心的问题,通过记者采访,嘉宾连线,热线参与等形式播出,着力塑造宁波美丽乡村新品牌、农村建设新形象和农村生态旅游购物新渠道。打造宁波城乡交流的空中桥梁,展示宁波新农村的美丽画卷,体验宁波最和谐的乡村生活。播出频率:调频 102.9 兆赫,中波 747 千赫;播出时间:每周日中午 11:00~11:30。

《今日关注》栏目

《今日关注》是交通频率 2007 年 1 月 1 日创办的一档新闻专题节目,调频 93.9 兆赫、中波 603 千赫双频播出,日播节目时长为 30 分钟。

节目主要针对移动收听群，围绕重要新闻事件及交通出行者普遍关注和关心的热点或难点话题进行直播交流。在突发事件或重大新闻发生时,《今日关注》则以记者直击、专家现场解说,多点式直播互动等方式,进行高密度高强度、全方位多角度报道,为听众提供信息和服务，使听众知所未知，知其想知。《今日关注》在节目主持形态上力求凸显清新明快、大气沉稳、节奏感强、有时代气息,符合移动收听群体的审美要求。节目自创办以来,在宁波电台月度节目考评中一直名列前茅,收听率在移动收听群体中一直稳定在90%以上。

《939记者在线》栏目

交通服务类专题节目《939记者在线》是交通频率精心打造的一档为交通出行者进行交通维权、解疑答惑的一个公共平台。调频93.9兆赫每天8:00~9:00和18:00~19:00播出。节目把视线投射到广大交通参与者身上,关注大家在交通参与过程中所碰到的各种问题和现象,发挥新闻媒体舆论监督的作用,通过热线电话和节目论坛24小时接受听众朋友在交通法规、交通规费、出租车服务、机动车维修、驾培服务、车辆保险等方面的咨询和投诉,努力为广大交通人提供全方位服务,为交通参与者与交通管理部门之间架起沟通和理解的桥梁。2011年《939记者在线》共接到听众咨询投诉近1500件,成功解决75%以上,受到广大交通参与者的肯定。

《金色年华》栏目

《金色年华》是老年与少儿频率精心打造的一档中学生节目,调频90.4兆赫、中波1251千赫周一至周日20:00—21:00双频播出。节目的理念是:学并快乐着,知识才艺与人格审美并重,在轻松的互动中让学生朋友收获有趣有益的知识,培养健全健康的人格,放松复杂繁重的心绪,享受快乐美好的青春。主持人还经常深入校园开展形式多样的主题活动,受到了许多中学生的青睐,选送的节目多次在全国及浙江省荣获大奖,在宁波市和周边地区的学生群体中享有较高的知名度和美誉度。

《904生活网》栏目

《904生活网》是老年与少儿频率2011年新推出的一档民生服务类节目,调频90.4兆赫、中波1251千赫周一至周五11:00~12:00双频播出。"说理、说法、说实话",节目本着客观公正的态度,由专业律师提供法律支持,以直播方式受理听众咨询投诉,并现场连线政府职能部门或商家,反映问题、处理纠纷。自2011年6月18日正式开播以来,共接到咨询投诉电话600多个(包括微博留言、短信平台),成功解决了400多个。为广大听众排忧解难、维护了消费者的正当权益,同时也为百姓与政府职能部门、消费者与商家之间架起了一座沟通的桥梁,受到了广大听众的欢迎。

《音乐MORNING CALL》栏目

《音乐MORNING CALL》是音乐频率一档早间音乐类节目,周一至周日早上7:00~9:00调频98.6兆赫播出,以"唤醒你的耳朵"为口号,通过一系列动感、情绪值高的音乐编排,陪伴都市上班族的出行路。同时,节目过程编排了"路况早高峰"及"986整点资讯"等子栏目,构成音乐频率一档集音乐、路况、资讯及热点评述等元素的主打栏目。

《HIT夜生活》栏目

《HIT夜生活》是音乐频率一档"后晚间"时段的节目,周一至周日晚上21:00~24:00调频98.6兆赫播出。该栏目主要受众为"都市不夜群",定位为动感、激越又不失色彩。栏目DJ风格率直、语言明快且个性张扬,符合这一时段目标听众的口味,拥有其特定的"收听症候群"。

宁波电视台网站频道和板块情况

宁波电视台网站主要由新闻资讯、视频点播、专题活动、网络互动、电视服务五大板块组成,开设有新闻资讯、电视点播、视频直播、少儿、摄影天地、科普知识六个频道,拥有新闻信息发布、自办节目视频点播、论坛留言、网络调查投票等功能。

网站常年开设有宁波新闻、热点关注、天下大事、精品赏析、电视剧场、收视指南、新片速递、主持人在线、宁波风光、宁波老照片、科学生活、科普知识、电视技术等各类栏目近40个,其中"网上看电视"实现了对宁波电视台所有20多个自办栏目节目的网上视频点播。

网站节目栏目

"宁波广播在线"网站

目前设有"新闻中心"、"音频点播"、"视频广播"、"实时广播"、"广播回放"、"广播艺苑"、"宁广时评"及"论坛"、"博客"等26个栏目。网站立足广播,着眼新闻，注重自创，以音频为特色，日均点击量稳定在20万人(次)左右。

城市联合网络电视台宁波分台频道

CUTV宁波分台整合了宁波广电集团旗下部分精品广播电视节目音视频资源，并与42家联盟成员台实行资源共享。主要由资讯、方言、经济、少儿、城视 、影视、直播等八大板块组成，目前开设有“资讯要闻”、“资讯热点”、“走进宁波”、“精品赏析”、“宁视人物”等自办栏目11个。据CUTV台统计，自2011年上线至今，CUTV宁波分台更新速度和点击量在CUTV的42家联盟成员台中名列前茅。

余姚广播电视台

《七彩乐园》

余姚电台开办的以初中以下少年儿童为对象的每天直播类节目。节目注重形态创新，开通热线邀请小嘉宾和小朋友互动。2010年为更好地达到节目的有效收听，台和教育局联合发文，开展广播进校园，节目天天听活动，节目在全市小学进行转播。节目内容更注重反映学生的校园文化生活和校园活动，不仅有很强的可听性，而且寓教于乐深受小朋友欢迎。

《姚江田野》

余姚电视台开办的一档对农栏目，以“亲近乡土、倾听乡音、拥抱乡情、走进乡村”为亮点，注重农业新技术的推广和农村新人新风新事物的宣传，时长16分钟，每周一档。

慈溪广播电视台

《关注》

一档电视新闻评论性的专题节目。主要是围绕新近发生的新闻热点以及慈溪市经济和社会发展中市民普遍关注的热点、难点问题展开评论。时长18分钟，播出时间：每周日晚18：10播出，当晚的21：10和次日的10：10重播。

《希望的田野》

一档对农广播专题栏目，每周一、三、五11：00首播，二、四、六7：30重播。每档节目时长15分钟，播发农产品种植、养殖、加工、销售信息，同时推荐农作物新品种，提供农业生产实用技术辅导。栏目立足本地，坚持为农业增产服务的宗旨，深受农民朋友的欢迎。

奉化广播电视台

《奉城纪事》

一档人文精品电视专题栏目，于2006年1月1日开播，时长15分钟，每周六18:00首播。该栏目以纪实的手法，运用生动的电视声画手段，讲述奉化的人文、历史故事，展示奉化悠久灿烂的地域文化。先后制作播出了《阳光海湾行》、《廉政风骨》、《跨越》等40多个系列节目，有近百部专题作品在通过中国黄河台渠道在北美洲播出。近年来，《滕头村的“三军总司令”》、《大山·女人》、《居安思危找差距，金融危机能应对》等多部专题作品在全国、省、宁波市优秀电视作品评选中获奖。

《唱游长三角》

一档由奉化电视台牵头，联合上海、江苏、浙江等长三角地区12家县级广播电视台联合打造的大型电视综艺系列联播节目。“交流、合作、共赢”是《唱游长三角》大型电视综艺系列联播节目的宗旨。该节目规模大、覆盖面广、传播效果好。率先开启了长三角地区地方电视台之间的合作共赢模式，加强了各台之间的交流，做到同步策划、同步参与、同步制作、同步播出以及人才互补、节目互补、资源互补、文化互补。节目在20:55播出，时长90分钟，覆盖上海、江苏、浙江等12个地区，观众超千万人，进一步扩大了地方特色文化的影响力和知名度。

《快乐童年》

一档综合性广播少儿栏目，开办于1996年，每晚6:20播出，时长40分钟。16年来，栏目以不断创新的节目形式，健康丰富的内涵，鲜明的少儿特色，精良的节目制作，赢得了广大少年儿童的喜爱，在家长、老师和学生中具有很高的知名度和社会影响力。栏目下设《锵锵校园行》、《小伙伴俱乐部》、《八音盒》、《小陆姐姐信箱》等10个小板块。栏目主持人小陆姐姐以其亲切自然、轻松活泼的主持风格，吸引了庞大的少儿听众群。栏目还被评为“宁波县级广播十佳栏目”，并获得 2011 年度浙江省青少节目栏目类二等奖。

宁海广播电视台

《989 新闻播报》

节目长度为 5 分钟，在周一至周五上午 10:00 首播，11:00 重播。以最快的时效播报全国各地的新闻时讯，内容侧重于民生新闻。增强节目的信息量和新闻性。

象山县广播电视台

《三姊妹热线》

一档电视方言新闻热线节目，主要帮助群众解决生活困难。开设于 2010 年 8 月，每周一、三、五在《夜到讲白搭》栏目中播出，时长 3~5 分钟。

《塔山风》

一档电视文化类专题栏目，既关注象山文化名人，又关注文化成果，节目格调高雅，制作精良。每月一期，时长 10 分钟，每周三 21:30 首播，周四 12:20 重播。

《1039 资讯》

一档广播资讯类栏目，主要介绍省、市、县新闻及当地社会新闻。每天上午 9:00~9:30 播出。

鄞州广播电视台

《鄞州韵事》

历史人文专题栏目《鄞州韵事》2010 年 4 月开播，以历史、人文、民俗、民风、人物、故事、传说等为主要内容，以文化的视角，探究鄞州的各类文化形态以及内在特质和内在渊源，用散文化的表现手法，挖掘鄞州历史与文化的深层内涵，再现鄞州人文历史千年流变，形成风雅情趣和雅致格调的栏目风格。选题按系列化要求策划，以 5 篇以上为一辑，每期长度 14~15 分钟，半月一期。

《你拨拨灵》

以鄞州台新闻热线电话:28802880 的谐音（你拨拨灵你拨拨灵）作为片头，节目日播，19:45 播出，时长 12 分钟。节目定位为“民生态度，平民视角”，以“民生、民情、民意、民存”为主要关注点，以百姓“身边事、麻烦事、希奇事、关心事”为主要报道题材，通过记者现场调查、跟踪报道、记者体验等灵活多样的方法采编制作，突出新闻舆论监督，加大批评类报道力度，被评为宁波市广播电视优秀品牌栏目奖。

《玫瑰二人转》

鄞州电台一档脱口秀娱乐节目，每周一到周五 12 点播出，每期 1 小时。该节目由两位女主持人主持，通过轻松幽默的方式，把生活中所见所闻的趣味故事，加以生动活泼的演绎，达到让人开怀一笑的喜剧效果。

北仑广播电视台

《民生 2689》

该电视栏目 2010 年 9 月 1 日开播，每周一到周五晚间播出，时长 15 分钟左右。栏目以百姓“身边事、麻烦事、稀奇事、关心事”为主要报道题材，以“民生、民情、民意”为主要关注点，着重聚焦群众的冷暖痛痒和喜怒哀乐。记者通过现场调查、跟踪报道、嵌入式体验等灵活多样的方法，提高新闻的时效性和互动性，拉近电视与观众的距离。节目播出后，收视率逐日攀升，民生热线热度不减，很好地起到了为百姓分忧、为政府减压的宣传效果。

《缘来有你》

北仑电视台全新打造的相亲类真人秀栏目。有别于一些做秀类的相亲节目，该栏目强调真实性原则，倡导现代男女积极向上的婚恋观、人生观，让广大单身青年通过电视、网络等平台找到属于自己的另一半。《缘来有你》由资深节目主持人叶光龙担任主持，背后拥有一支年轻的有活力的编导团队。播出时间为每周日晚 19:30。

《名鼎美食帮》

主要针对下班路上的听众晚上要吃什么，想吃什么，有什么可以吃的这样想法的消费者提供帮助和推荐。节目立足宁波本土的美食餐饮文化、特色，将饮食文化、使用信息、生活乐趣、健康养生等元素有机结合，以此满足听众的各种收听需求。另外，通过精心编排和策划每天一个美食话题，节目开通短信平台、微博、热线电话等方式，让节目更突出节目互动和参与性。同时也为餐饮的商家提供有效的传播平台，通过节目组对餐饮行业市场变化和老百姓的需求不断在全宁波寻找美食，节目也采用市场化运作使栏目成为“宁波餐饮美食的方向标和引领者”。播出时间：周一到周五 16:30~17:30。

《城市霓虹》

2010 年，北仑电台精心打造的一档面向新北仑人的点歌交友节目，每天晚间 19:00~20:00 播出。为年轻人奉献流行、时尚的音乐，通过音乐会友，通过音乐交流对生活的看法，通过音乐送上真挚的祝福。“欢乐时光，你点我播祝福你我”是节目的宗旨，开播以来，深受广大外来打者欢迎，成为他们交友沟通的一个良好平台。

镇海广播电视台

《他乡人热线》

宁波市首档专门针对外来务工人员的广播类专题节目。节目从关注“新镇海人”的角度，注重“三贴近”，表达身处他乡的“新镇海人”的心声，着力反映“新镇海人”关注的焦点问题和“新镇海人”受众的生活状态，着力打造“新镇海人”的精神家园。内设《梦圆他乡》、《特别关注》、《咨询服务台》、《心海导航》等栏目，不仅有打工故事、融入城市的生存技巧、两地风俗，还有最新、最实用的用工信息，“新镇海人”素质提升辅导、“新镇海人”心理咨询等。节目获 2010 年“宁波市县级广播‘十佳栏目’”称号。播出时间：每周三、周日 18:20~18:45 时，次日 7:20~7:45 时重播，时长 25 分钟。

《我们帮你忙》

镇海电台一档闲置商品调剂，居家生活咨询的生活服务类节目。开办十几年来，一直以听众热线、短信平台参与，主持人直播的形式，帮助听众调剂二手货。由于节目设置符合了听众的诉求，每天短信数量达上百条，热线天天爆满，故收听率和参与率一直在本台众多节目中名列前茅。

播出时间：周一至六上午 8:30~9:00 时，时长 30 分钟。为更具可听性和操作性，电台网站 www.zhradio.cn 上还设置《我们帮你忙》版块，以方便查询和浏览。

《新农村前线》

镇海电视台一档对农栏目。栏目以关注三农，服务三农为基点，用鲜活生动的身边事例，为农民朋友传播科技信息，带来致富经验，展现农村、农业、农民新风采，引领农民和谐新生活。周三 20 时首播，时长 10 分钟。

《民声快递》

民生访谈类电视节目。听民声，解民意，讲政策，释疑难。栏目就百姓关注的问题，约请有关职能部门通过面对面访谈的形式，架起沟通的桥梁，达到宣传政策、解难释疑的目的。周五 19:50 时首播，时长 30 分钟。

宁波人民广播电台节目时间表

宁波电台新闻广播

调频:92.0 兆赫　中波:1323 千赫　　2011 年 1 月 1 日起实行

<table>
<tr><th>时间</th><th colspan="2">周一至周五</th><th>周六</th><th>周日</th></tr>
<tr><td>04:55</td><td colspan="4">开始曲、每周一歌</td></tr>
<tr><td>05:00</td><td colspan="4">戏曲早场</td></tr>
<tr><td>05:15</td><td colspan="4">健康万事通</td></tr>
<tr><td>06:00</td><td colspan="4">晨间早报</td></tr>
<tr><td>06:30</td><td colspan="4">转播中央人民广播电台“新闻和报纸摘要”</td></tr>
<tr><td>07:00</td><td colspan="4">宁广早新闻</td></tr>
<tr><td>08:00</td><td colspan="3">天天说事</td><td>阳光热线（假日版）</td></tr>
<tr><td>09:00</td><td colspan="4">1. 新闻进行时</td></tr>
<tr><td>09:05</td><td colspan="2">天天汇</td><td colspan="2">920 休闲场(相声、小品、音乐)</td></tr>
<tr><td>09:40</td><td colspan="4">健康万事通</td></tr>
<tr><td>10:00</td><td colspan="2">环球时讯 / 健康万事通</td><td>飞越城市</td><td>东方女性</td></tr>
<tr><td>11:00</td><td colspan="4">2. 新闻进行时</td></tr>
<tr><td>11:05</td><td colspan="4">体坛博览</td></tr>
<tr><td>11:25</td><td colspan="4">健康万事通</td></tr>
<tr><td>11:40</td><td colspan="2">财经十分 / 午餐音乐</td><td colspan="2">周末乡村有约</td></tr>
<tr><td>12:00</td><td>3. 新闻进行时</td><td rowspan="3">阳光热线（周五）</td><td colspan="2">新闻进行时</td></tr>
<tr><td>12:05</td><td>点评天下</td><td colspan="2">点评天下</td></tr>
<tr><td>12:30</td><td>百姓时间</td><td>阳光热线（重播）</td><td>国防之声、关注残疾人</td></tr>
<tr><td>13:00</td><td colspan="4">4. 新闻进行时(重播 12:00)</td></tr>
<tr><td>13:05</td><td colspan="4">健康万事通</td></tr>
<tr><td>14:00</td><td colspan="4">5. 新闻进行时</td></tr>
<tr><td>14:05</td><td colspan="4">往日金曲 / 健康万事通</td></tr>
<tr><td>15:00</td><td colspan="2">视听沙龙(百家讲坛)</td><td colspan="2">戏曲双通道</td></tr>
<tr><td>16:00</td><td colspan="4">6. 新闻进行时(重播 14:00)</td></tr>
<tr><td>16:05</td><td colspan="4">健康万事通</td></tr>
<tr><td>16:30</td><td colspan="2">财富时间</td><td colspan="2">920 休闲场</td></tr>
</table>

<table>
<tr><th>时间</th><th>周一至周五</th><th>周六</th><th>周日</th></tr>
<tr><td>17:00</td><td>财富时间</td><td rowspan="2">财富时间</td><td rowspan="2">科技与生活
精品赏析</td></tr>
<tr><td>17:30</td><td>920 房产工作室</td></tr>
<tr><td>18:00</td><td colspan="3">晚间新闻搜索</td></tr>
<tr><td>18:30</td><td colspan="3">转播中央人民广播电台“全国新闻联播”</td></tr>
<tr><td>19:00</td><td colspan="3">小说连播</td></tr>
<tr><td>19:30</td><td colspan="3">健康万事通</td></tr>
<tr><td>20:00</td><td colspan="3">体育零距离</td></tr>
<tr><td>20:30</td><td colspan="3">健康万事通</td></tr>
<tr><td>21:00</td><td colspan="3">7. 新闻进行时</td></tr>
<tr><td>21:05</td><td colspan="3">娱乐先锋</td></tr>
<tr><td>22:00</td><td colspan="3">宁广晚间新闻点播</td></tr>
<tr><td>23:00</td><td colspan="3">8. 新闻进行时</td></tr>
<tr><td>23:05</td><td colspan="3">经典听吧、健康万事通</td></tr>
<tr><td>24:00</td><td colspan="3">英语新闻</td></tr>
<tr><td>24:10</td><td colspan="3">全天播音结束</td></tr>
</table>

注:每周二 14:00—16:00 为停机检修时间

宁波电视台新闻综合频道节目框架表(20100925 修订)

2011 年 1 月 1 日起实行

星期 时间	一	二	三	四	五	六	七
05:59	频道形象片 + 收视指南 1　1'						
06:00	传奇　48'						
06:48	广告 1　2'						
06:50	▲早间气象 + 频道总形象片　1'30"+ 1'						
06:52	●《宁波新闻》+广告 2+《看看看》B+【周一《人大之声》+《政协视点》或《人物》】　20'+2'+52'						
08:06	广告 3　2'						
08:08	●早间气象　1'30"						
08:10	●《理财当家》　15'						
08:25	广告 4　2'						
08:27	●《警界纵横》15'	●《三江119》10'	●《一路同行》10'	▲《江南话语》20'	▲《警界纵横》20'	●《三江119》10'	《一路同行》10'
08:42	收视指南 2+ 广告 5　2'						
08:44	电视剧 B1+ 插播广告　42'+3'						
09:29	广告 6　2'						
09:31	电视剧 B2+ 插播广告　42'+3'						
10:16	广告 7　2'						
10:18	电视剧 B3+ 插播广告　42'+3'						
11:03	收视指南 3+ 广告 8　3'						
11:06	●《看看看》A+【周一《人大之声》+《政协视点》或《人物》】+广告 9　52'+2'						
12:00	●《宁波新闻》　20'						
12:20	▲午间气象　1'30"						
12:22	广告 10　3'						
12:25	●《家博汇》　15'						
12:40	●《理财当家》　15'						
12:55	●午间气象　1'30"						
12:57	广告 11　3'						
13:00	●《新老娘舅》　30'						
13:30	收视指南 4+ 广告 12　5'						

星期 时间	一	二	三	四	五	六	七
13:35	电视剧 C1+插播广告 45'		隔周设备检修	电视剧 C1+插播广告 45'			
14:20	广告 13 5'						
14:25	电视剧 C2+插播广告 45'			电视剧 C2+插播广告 45'			
15:10	广告 14 5'						
15:15	●《家博汇》 15'			●《家博汇》 15'			
15:30	收视指南 5+广靠 15 5'						
15:35	电视剧 A1+插播广告 45'			电视剧 A1+插播广告 45'			
16:20	广告 16 5'						
16:25	电视剧 A2+插播广告 45'			电视剧 A2+插播广告 45'			
17:09	收视指南 6+广告 1 3'						16:57▲《新闻周刊》15'
17:12	▲《快乐生活一点通》 30'						
17:42	▲《理财当家》+收视指南 7 15'						
17:57	看看看特约 3'						
18:00	★▲《看看看》A 52'(含广告 7'30")						★▲《看看看》A 42'
18:42							▲★《人大之声》或《政协视点》或《人物》 10'
18:52	广告 2 2'30'						
18:54	天气预报 3'30"						
18:58	广告 3 2'						
19:00	★转播中央台新闻联播 30'						
19:30	广告 4 2'						
19:32	★▲《宁波新闻》 18'+2'						
19:52	广告 5(特约+贴片) 5'						
19:57	电视剧 A1+插播广告 42'+1'						
20:40	广告 6(特约+贴片) 9'						
20:49	电视剧 A2+插播广告 42'+3'						
21:34	收视指南 8+广告 7 5'						
21:40	▲《新老娘舅》 30'						
22:10	广告 8 5’						
22:15	▲《家博汇》 15'						
22:30	●《理财当家》 15'						

星期 时间	一	二	三	四	五	六	七
22:45	广告 9　3'						
22:48	旅游气象　2'						
22:50	收视指南 9+ 广告 10　5'						
22:55	专题　5'						
23:00	★●《宁波新闻》　18'+2'						
23:20	广告 11　2'						
23:22	《看看看》B　52'						
00:14	广告 12　5'						
00:19	天天讲健康 + 医学观察　10'+10'						●《新闻周刊》15'
00:39							
00:49	收视指南 10+ 频道形象片 结束						

备注：

1. ★为准点　▲为首播　●为重播《》为自办栏

2. 每月最后一个周二 22:55《党的生活》15’

3.每月定期推出一个 5 期系列新闻访谈节目《关注》15’，首播 17:27;《快乐生活一点通》前移至 16:57;重播当晚 22:52，次日上午取消电视剧 B3，改为《新老娘舅》+《关注》。

广播对农栏目开办情况汇总表

台名	栏目名称	时长	每周档数	播出时间	重播次数
镇海区广播电视台	《绿色田野·早间版》	15分	7	6:00	1
	《绿色田野·午间版》	60分	5	11:30	1
	有讲没讲	15分	5	8:00	1
	他乡人热线	30分	1	18:00	3
北仑区广播电视台	《北仑新农村》	15分	3	7:00	1
鄞州区广播电视台	《阿平阿慧说农村》	25分	5	12:00	1
	《广播书场》	30分	6	20:00	1
	《生育、生命、生活》	30分	1	11:00	
慈溪市广播电视台	《希望的田野》	20分	3	一、三、五 12:05—12:25	各1次
余姚市广播电视台	《新农村》	15分	3	一、三、五 11:00—11:15	5
	《乡村大舞台》	75分	7	六、日 16:45—18:00	
	《气象与农事》	10分	7	9:20—9:30	
				16:20—16:30	
奉化市广播电视台	《田野风》	15分	7	7:00	1
	《家事国事天下事》	15分	5	7:25	1
	《扯东扯西讲事体》	20分	7	7:40	1
宁海县广播电视台	《农家天地》	15分	3	一、三、五 16:00	1
象山县广播电视台	《小康之声》	15分	2	6:15	2
	《和美新农村》	15分	3	10:00	2
	《农家瞭望》	15分	1	6:15	2

电视对农栏目开办情况汇总表

播出机构	栏目名称	时长	每周档数	播出时间	重播次数
镇海广播电视台	《新农村前线》	20分	1	每周三晚 20:00	4
	《致富经》	10分	1	每周二晚 20:00	1
	《农村大舞台》	10分	1	每周一晚 20:00	2
北仑广播电视台	《阿拉北仑》	15分	1	周一 18:40	2
	《法与德》	15分	1	周三 18:40	2
	《走进恬园》	15分	1	周五 18:40	2
鄞州广播电视台	《农村新天地》	15分	1	18:20	3
	《健康直通车》	15分	1	18:20	3
	《电视书场》	30分	7	18:00	1
慈溪广播电视台	《三北田野》	15分	1	周五 18:00	1
	《三北田野》技术版	15分	1	周一 18:01	1
	《金黄道地》	15分	1	周三 22:30	1
余姚广播电视台	《姚江田野》	15分	1	周四 20:30	3
	《生活周刊》	12分	1	周六 20:30	3
	《农科纵横》	12分	1	周六 12:30	1
奉化广播电视台	《农村百事》周二版	15分	1	每周二 18:15	2
	《农村百事》周六版	15分	1	每周六 18:15	2
	《农村百事》周日版	15分	1	每周日 18:15	2
宁海广播电视台	《新农家·综合版》	10—15分	1	周六晚 19:30	2
	《新农家·创业版》	10—15分	1	周四晚 20:00	2
	《新农家·科普版》	10—15分	1	周日晚 20:00	
象山广播电视台	《半岛新农村》	10分	1	周日 19:35	2
	《人口与计生》	10分	1	周三 19:45	2
	《科技下乡》	10分	1	周二 19:45	2

温州市广播电视台

广播节目栏目

《温广新闻调查》

定位民生新闻和舆论监督，以新闻背景和独家评论为特色,每天8:00~9:00新闻综合频率首播。挖掘深度,观点鲜明,点评独到,直击事件核心,与品牌栏目“空中服务台”双珠合璧。

《新闻哇哇哇》

是一档富有个性的新闻节目，每天17:00~18:00播出。以网络海量资讯为主要内容,收集当天发生的新闻趣事、令人关注的事件、网友声音、麻辣点评,同一新闻不同的观点碰撞,观点1加1,启迪思维,打开思路,轻松活泼听新闻,主持人角色化演绎,另类不异类,不一样的新闻节目和收听效果。

《马路新闻》

交通频率早高峰主打节目，每天8:00~9:00播出。致力于服务早高峰交通出行,并以丰富、全面、及时的交通资讯和快速、及时的路况播报为听众所喜爱。《马路新闻》,两位主持人以轻松调侃的语气来播讲趣味的社会新闻,辅以实用资讯,为听众营造出轻松愉快的早间出行氛围。

《吴铭走江湖》

幽默的主持风格,无厘头的环节设计,及时的路况信息,爆笑的电话恶搞,加上最及时的新闻资讯。由主持人大铭、吴桅联袂奉献，温州交通广播每天17:00~19:00播出。节目风格鲜明,整个包装偏向武侠风格,主持人的豪爽,不做作,心直口快,或褒或贬,要让人听着痛快,卸掉虚伪和压力,跳出思维禁锢,摆脱行为束缚,让听众朋友回家路上不寂寞!

《绝对雷人》

是经济生活广播着力推出的一档益智励志的主持人脱口秀节目,周六周日7:00~8:00首播。该节目摘取社会热点,百姓生活,民俗民风,各类现象等与民众息息相关的事件。以事件或热点为契机,通过主持人幽默风趣,睿智诙谐的演绎,针砭时弊地宏扬社会正气,讽刺鞭策歪风。

《城市大嘴巴》

是温州经济生活广播一档以资讯信息为主的节目,每天上午9:00—10:00播出。节目立足本地,以多样生动的方式传递政府、社会、公益、生活、服务、微博等方方面面的资讯。包括今日头条、大嘴巴说事、城市007、城市小百科、小耳朵听世界等小版块。

《善良的陈阿土》

是音乐之声频率2011年度全新推出的一档栏目,每天7:30~23:30逢半点播出。节目以热点社会新闻、政治话题、网络热议事件等为素材,以人文关怀为原则，以调侃、解构、讽刺等手法,以陈阿土和林阿妹的人物形象进行再次演绎，整体风格幽默诙谐、一针见血。开辟出国内广播界独一无二的新闻演绎手法,成为群众喜闻乐见的栏目。

《音乐车元素》

每天17:00~18:30播出,是音乐之声频率2011年新推出的一档专业汽车服务类节目，推出“名车购”、“杨勒试车”、“爱车养护时间”等参考性和实用性极强的汽车内容,将晚高峰时段打造成爱车人、购车人、遭遇用车烦恼的人必听的专业汽车节目。同时每天节目也不断搜索本地交通、汽车市场热点、犀利点评,大胆分析,且注重语言与音乐配合,为听众营造一个集权威、专业、实用,且兼具愉悦的收听氛围。

《乡土文化之旅》

是对农频率绿色之声自力、的一档关注温州乡土文化的特色节目,每周六、周日9:00~10:00首播。

《温州新农村联播》

每天6:00首播,是一档以报道省市三农政策和温州新农村建设成就及各县(市区)三农新闻的对农新闻栏目。

电视节目栏目

《温州新闻联播》

每晚 19:30 首播。是温州创力、时间最长，节目最为权威、播出时间处于最黄金时段的一档电视新闻栏目。栏目秉承”权威、全面、及时、客观”的宗旨，长期致力于将该新闻栏目定位打造成温州地区最具影响力的一档综合性新闻节目，能最为及时翔实地宣传贯彻国家、省及市委市政府的各项方针政策，最为全面丰富地报道温州社会经济各个领域的重大事件及事件动态。做好“立足温州、报道温州”的各项宣传报道工作。

《有话直说》

每周一至周五晚 20:02 首播。是一档实时互动新闻评论节目。栏目秉承“舆论监督、政策解读、热点引导”的定位，紧扣时代主题，鞭挞丑恶，弘扬正气，促进和谐。每天用记者独到的视角深度报道一个社会最热点的话题，层层剖析，深刻揭露，同时引入公众评论员、本台评论员、嘉宾评论员、网友等多个层面尖锐辛辣而不失建设性的评论观点，使节目更具深度和厚度。

《百晓讲新闻》

每日 18:00 首播。温州人，温州话，温州事，以百姓关注的社会新闻为主，以“有趣、有用”的原则制作贴近百姓的“民生新闻”。主持人用诙谐幽默的语言，讲述你关心的身边大小事情，并对新闻事件做个性化的评点，创造温州电视节目新亮点。

《财经会客厅》

周二 21:32 首播。是一档由温州经济界权威人士马津龙担纲主持的以高端访谈、深度评析为特点的电视经济栏目。栏目将突出经济特色，以重大经济事件、重要经济活动、重要经济人物为报道焦点，以新闻的眼光、经济的视角、权威的评论，来透彻分析经济现象。借助“大经济”的关注视野，尽可能广泛地去吸纳受众，使之逐渐形成经济科教频道一档独树一帜的、带有浓厚经济色彩和一定权威性的品牌节目。

《温州零距离》

每日 18:58 首播。是一档体现都市生活频道个性，以与市民“零距离”为追求目标的日播民生新闻栏目。栏目定位：“用心灵说话，用速度报道”、“关注民生、真实面对观众”。栏目共设立四大板块：第一版块简要播报当天温州要闻；第二板块报道党委、政府和市民百姓共同关心的话题；第三板块反映民情、民声、民意；第四板块播报社会新闻。

《谦言万语》

周一至周六 17:35 首播。栏目以点评当天或新近发生的重大新闻、热点事件和外部言论热点，深度揭示新闻背后的真相和意义。善于小题大做，大处着眼，小处落笔，力求主题集中，短小精悍，思想深刻，观点鲜明，道人所未道，言人所未言，主持风格个性明显而赢得受众的好评。

《政情民意中间站》

每周日 21:00 首播。是温州市政协办公室与温州台公共民生频道合办的一档大型谈话节目。以“直接参政议政，促进民主监督，架起沟通桥梁，传递百姓心声”为宗旨。

《民生大擂台》

周一至周六 21:10 首播。是我市首档集益智、竞技于一体的电视娱乐节目。栏目结合温州本土的人文特点，选择有广泛群众基础的民间棋牌项目，提倡健康、休闲、娱乐的主题，以全民参与的棋牌赛事为主要内容，通过电视擂台赛的形式打造竞技互动平台，以“真人秀形式”、“趣味性游戏”、“奖品互动”等娱乐元素融进节目中，使广大观众从中体会到棋牌等益智节目所蕴涵的技巧和智慧，以及知识性、趣味性、娱乐性。

《先锋播报》

每天 18:35 首播。栏目以突出党建工作、突出中心工作、突出公益性的“三突出”为特色，结合阶段性重点工作，开展有计划、有策划的系列报道，即主题系列化，系列板块化，板块经常化。

《平安温州》

周二 20:00 首播。是一档融知识性、权威性、贴近性、可视性于一体,风格鲜明的全新法制栏目,也是温州第一档综合全部法治内容的专题栏目。旨在有效整合政法系统新闻资源,进一步加强平安和政法宣传工作,营造有利于社会稳定和法制建设的良好舆论氛围,满足群众对平安和政法信息的需求,提高群众对“平安温州”建设的知晓率和参与率,提高公民的法制意识。

平阳县广播电视台

《走进新农村》

平阳人民广播电台 1995 年开设的一档广播对农节目,十几年来,该节目深化服务三农的探索与实践,并提出“发挥优势、开拓视野、以民为本、强化服务”的节目理念,关注“三农”、宣传“三农”,为农民提供政策咨询、农业知识、致富技能,以“记叙农民生活,关注农业发展,推广实用技术,闲话乡村奇观”为栏目定位。用农民身边的人,说他们身边的事,做到既通俗易懂,又使人备感亲切。深受农民朋友喜爱。该节目连续五年在全省对农节目抽评中获得优秀。每天首播时间 7:00,重播时间:19:45,节目时长 15 分钟。

《音乐深呼吸》

聆听动人旋律,感受美好生活。平阳广播电视台广播节目《音乐深呼吸》开办九年来,为广大听众提供了一个享受音乐的空间,让大家在聆听音乐的同时,感受生活的真谛。每天首播时间 11:00,重播时间 20:00,节目时长 60 分钟。

《民生关注》

平阳县广播电视台 2007 年由原《新闻晚报》改版而来的一档新闻节目。该节目面向全县城乡民众、突出“三贴近”的定位,使之成为党和政府密切联系群众的纽带,成为城乡之间理解和信息交流的平台,其关注民生的人文立场,通俗易懂的语言表达和全方位服务的宣传态势,大受百姓欢迎。周一至周六首播,周日停播。每天首播时间 21:30,重播时间 23:30 和次日 9:00,节目时长 10 分钟。

《十里八乡》

以“传递信息、真心交流、真诚服务”为宗旨,以面向三农、沟通城乡,为农民提供政策咨询 、农业知识、致富技能为服务立足点,力图做到“记述农民生活,关注农业发展,趣谈实用技术,闲话乡村奇观”。做农民身边的人,说他们身边的事,通俗易懂,实用贴切。每周三档,节目时长 10 分钟,首播时间周一、三、五 20:00,重播时间周二、四、日 10:00。

永嘉县广播电视台

《左邻右舍》

《左邻右舍》是永嘉电视台 2011 年新推出的民生新闻栏目,以倾听民声、服务群众为宗旨,突出轻松、实用、有趣、服务,宣传党和政府出台的惠民政策,关注百姓生活的点滴变化。并推出“左邻右舍拍客联盟”,设立网友交流群、微博等交流平台,多渠道树立栏目形象。首播:周一至周五 19:55;重播:周二至周六 7:40 12:20

《楠溪风》

千年古县传风雅,百里楠溪留墨痕。永嘉人文地理,尽在《楠溪风》。《楠溪风》是永嘉电视台 2011 年 5 月推出的一档具有鲜明地域和文化特性文化专题类电视栏目。栏目展现永嘉的稀有民间艺术、楠溪古村落和非物质文化遗产,使更多的人了解楠溪江、认识永嘉。首播:周五 18:30;重播:周六 8:30 12:40 下周二 18:30 下周三 8:30 12:40

《成长快乐》

2011 年新推出的一档少儿综艺电视栏目。栏目理念:尊重、关爱、引导、快乐,充分体现以儿童为本、儿童优先的原则。栏目设《我挑战我快乐》、《快乐全明星》、《小眼睛大世界》、《Happy 兔学院》等板块,由教育、娱乐、游戏等节目等组成,注重互动性、服务性、知识性、趣味性,力求形式多样,内容丰富,可看性强。首播:每周六 18:30;重播:周日 8:30 12:40 18:30 下周一:8:30 12:40

《我的部落格》

搜罗最 in 的新闻，最热门的生活常识，最有趣的时尚动态，了解五花八门的资讯！广播主持人通过QQ、微博和听众进行互动，通过网络上丰富的博客内容，解答听友形形色色的问题。

播出时间：周一至周五 9:30 至 10:00。

湖州市广播电视台

《新闻 60 分》

《新闻 60 分》是湖州市广播电视台最核心的一档电视新闻节目，2010 年 10 月 18 日，栏目一改延用多年的录播模式为直播。栏目秉承“权威、全面、及时、客观”的宗旨，翔实地宣传贯彻党和政府的各项方针政策，丰富地报道湖州经济社会各个领域的重大事件及事件动态，生动地展现湖州人民政治、经济、文化、科技等方面建设的精神风貌。它由 30 分钟的湖州动态新闻与转播中央台《新闻联播》两部分构成，形成了“家事、国事、天下事，汇集一天重要新闻”的独特风格。2011 年，湖州台新闻中心精心组织策划各系列重大主题宣传报道活动，通过在《新闻 60 分》栏目里播出，推出了成规模、有亮点的主题系列报道 20 余个，报道篇数近千篇，内容涉及湖州社会经济建设的多个方面，真正发挥了宣传湖州、解读民生、上情下达，下情上传的喉舌作用，有力地凸显了其作为党和人民的桥梁、纽带及宣传主阵地的作用。播出时间：18:30~19:30。

《关注》

《关注》是湖州市广播电视台新闻综合频道的一档电视新闻专题节目，创办于 2001 年 4 月 1 日，开创了浙江省地市级电视台新闻深度报道日播制的先河。2005 年获得浙江省十大名专栏称号。《关注》一直以“展现新闻背景、透视社会热点、评说大众话题”为节目定位，力图关注湖州社会、经济、文化发展的方方面面。栏目紧紧围绕湖州经济社会发展的中心工作，表扬先进，批评落后，剖析问题，揭示实质，凡是值得探讨的社会现象、有着独特内涵的新闻事件、关乎发展的政治、经济决策等都会纳入它的视野。目前栏目长 30 分钟，具有事件调查式、热点透视式、热点追踪式、主题展现式、政策解读式、话题评说式等多种表现形式，“深度成就公信力” 是栏目信奉的宗旨。播出时间：周日 21:30~22:00。

《开心一家人》

电视文化娱乐频道的《开心一家人》是湖州广电史上首部全自制方言系列情景剧，节目透过湖州一个六口之家以及他们的邻里、亲朋各色人等构成的社会横断面，反映社会上的各种类型的人物性格，展示出一幅当今改革大潮中大千世界绚丽斑斓的生活画卷。栏目以“本地人编，本地人导，本地人演”的方式，以“说本地方言、讲本地故事”唤起湖州人乡土的亲切感，以幽默搞笑的剧情逗乐湖州观众，带来开怀的笑声。这样一种具有浓厚地方色彩的方言情景剧的兴盛与发展，不仅是一种市场的需求，更是对地域文化的挖掘与电视艺术领域的创新。

《阿奇讲事体》

2006 年 9 月 1 日开播的《阿奇讲事体》是湖州市广播电视台公共民生频道的一档关注民生、传递民意、立足平民视角、体现亲民风格的方言民生新闻节目。栏目以“为政府分忧，为百姓解难”为立足点，以“搭建桥梁、弘扬正气、抑恶扬善、排忧解难”为宗旨，以助人为乐、促进和谐、建设生态文明为己任，勇于承担新闻媒体的社会责任，既满足了大众的情感需求，又弘扬了真、善、美的主旋律。尤其是以“阿奇”命名的“阿奇慈善援助基金”及围绕其展开的一系列援助活动，更是产生了良好的社会效应。每一次援助行动都是一幕人间真情的接力，每一期节目的播出都是一曲社会和谐音符的奏响。

同时，节目还建立立体推介网络，深入社区、深入群众、大力推介“阿奇”这个品牌。举办各种以“阿奇”为主题的户外活动，不断研发并推出“奇”延伸产品：《创富奇谈》、《奇嫂当家》、《奇乐一家·欢乐互动》等，从形式到内容都进行了很好的品牌拓展，从而使名牌栏目的品牌价值得到了更大的提升。

《美丽乡村》

电视栏目《美丽乡村》，每周日20:48 播出，栏目的宣传语是“北纬 30.6 度，东经 119.8 度，这里是中国最美丽的乡村”。

2011 年下半年推出的《美丽乡村》栏目以融媒体方式集精英团队重点打造，以发现乡村之美、挖掘乡村达人、宣传党和政府对农扶持政策、推广典型经验,来体现中国“美丽乡村”的湖州模式,服务三农经济。已精心策划制作了“寻访桃花源”、“好大一片试验田”等节目近20期,还制作完成了电视歌曲《美丽乡村我的家》得到了台内外的一致好评,该节目表现出了相当稳健的竞争力,已被中国电视艺术家协会评为优秀栏目,使之成为全省乃至全国的对农节目品牌。

《成长快乐》

《成长快乐》是由湖州市文明办、湖州市教育局、湖州团市委、湖州市广播电视台和湖州日报报业集团联合推出的广播访谈类节目,栏目旨在引导未成年人正确处理学习与生活中碰到的各类问题,正确疏导心理困惑,指导老师、家长与孩子相处,为未成年人、学校、家长搭建了一个倾诉与交流的空中平台。该栏目组被中央文明委授予第二届全国未成年人思想道德建设工作先进集体。节目自2010年6月6日开播以来,已经连续播出71期。在节目内容上,根据不同群体、不同时间段,确定每期访谈主题,涉及的系列话题包括幼儿心理、青春期心理、亲子沟通、学习衔接心理调整、考前考后心理等。为进一步扩大节目的影响力,推出“成长快乐”系列活动,包括关爱外来务工子女及贫困家庭孩子的“成长心愿”活动,为孩子释放心灵空间的“成长快乐”心灵夏令营等。

播出时间:每周日 15:00~16:00(直播)

播出频率:FM105新闻综合频率

登录传媒湖州网、湖州文明网点击收听“成长快乐”节目录音,每周二湖州晚报的“金色年华”、每周五出版的广播电视周报都将刊登节目内容;

参与方式:热线、短信,成长快乐邮箱:hzsczkl@126.com

《百姓热线》

广播节目《百姓热线》开办宗旨:“服务民生、共建和谐”,力求为群众搭建一个表达呼声和愿望的平台,并充分发挥媒体的监督作用和影响力,就群众急需解决的疑难问题,联动市相关部门、切实为民排忧,解决实际问题。

据统计,截至2011年12月底,该条“百姓热线”共播出节目248期,受理听众反映问题的电话共1432个。其中包括咨询类218个,占总投诉量的15.2%;受理消费投诉类近632个,占到投诉量的44%;讨薪、承包补偿等民生维权类近525个,占36.7%;其他涉及交通汽车维权类57个,占到总数的4%。由于领导的高度重视、百姓热线栏目组工作人员的共同努力,对其中1360件投诉都在规定期限内,给与了回复,回复率达95%,基本上做到了“事事有着落,件件有回音”。

播出时间:周一至周六(除周二)10:00~11:00

播出频率:FM105新闻综合频率

《乐活二人行》

《乐活二人行》是一档日播类广播新闻脱口秀节目,在工作日城市交通晚高峰时段播出,目标收听人群是城市公共交通参与者(私家车、出租车、公交车、外地来湖车辆等)。通过节目为广大听众提供及时、便捷、精准的交通服务信息,疏导城市晚高峰交通出行。节目无论从新闻的选材还是主持风格上都采用“非官方无厘头”风格,力求通过轻松诙谐的新闻播报方式,为听众打造快乐下班心情。

首次尝试男男主播合作搭档,给人耳目一新的感觉,着力打造新的听觉冲击,节目内容由原版的话题参与为主转向新奇趣闻播报,既满足了听众渴望新鲜的收听诉求,又恰如其分地在下班晚高峰时段做出了“笑果丰收”的成绩。

节目直播的同时也积极与听众互动,在一些特别的日子制作特别节目,送上节日祝福。

播出时间:周一至周五 17:00~18:00

播出频率:FM103.5交通经济频率

《湖州视点》

《湖州视点》是湖州广播电视报重点栏目。该栏目创设于2008年1月,是一档以湖州本地为新闻发生地,以具体某一新闻事件为采写对象的深度报道栏目,也是湖州广播电视报舆论监督的一个重要载体。《湖州视点》推出以来,广电报网中心对其进行重点打造,精心策划选题,组织记者深入采写,使其在质量和数量上形成了强势效应和良好的传播效果。此栏目每周刊发一期。

《湖州视点》栏目关注湖州发展、聚焦民生热点,推出的新闻报道内容贴近湖州、贴近湖州百姓、贴近湖州百姓生活,具有视角独特、主题深刻、内容厚重、语言活泼等特点,体现了湖州的人文、地域等特色,深受读者好评。

《太湖论语》

《太湖论语》是湖州广播电视报的重点栏目，是一个新闻评论性专栏，每周刊登一次。该栏目以“湖州人、湖州事”为评论对象，应时而论，合时事而语，充分表达理性的思想和观点，有浓郁的湖州本土特色。该栏目推出当年就被评为湖州新闻奖二等奖。自2006年10月开设至今，该栏目已刊发了200多篇评论文章，这些评论文章围绕湖州百姓生活中的“大事”、“小情”，从大局着眼，从小处落笔，把群众关心的日常生活问题作为议论的对象，评论有亲和力、感染力，可读性、针对性强，把握正确舆论导向，落实“三贴近”要求，体现“以人为本”的理念，受到读者的好评。栏目开设几年来，已经有了一批稳定的群众作者队伍，在读者中也有了一定的知名度和影响力。

长兴县广播电视台

《长视新闻》

长兴县广播电视台主打的电视新闻栏目，每日18:30播出，时长半小时。以服务长兴经济社会发展为已任,第一时间准确传递党和政府的声音,第一时间充分展示最新的长兴形象。《长视新闻》把“贴紧、精致、大气、特色”作为新闻宣传的努力方向，积极探索时政新闻民生化、评论化、资讯化；围绕县委县政府中心工作，精心策划主题报道，以多重视角展现县委县政府重大战略决策与部署。

《小彤热线》

一档“关心群众利益，服务百姓生活”的民生新闻栏目。以主持人小彤为栏目主要形象符号，主要包括“小彤在现场”、“生活资讯”、“曝光台”、“搜搜看”等四个主打板块，以现场记者出镜寻求开放式，播报空间和现场互动交流为节目特色，以“百姓无小事，民生大热线”节目宗旨，为老百姓排忧解难、调解纠纷，促进社会和谐。节目在晚间黄金档19:30播出，22:30和次日中午12:30重播。《小彤热线》有两大特色，贴近：关注百姓生活，表达群众意愿，努力成为密切广大人民群众与党和政府血肉联系的纽带，搭建城乡之间理解和信息交流的桥梁。亲和：在播报方式上采取户外主持的形式，力求亲切自然，语言力求通俗易懂、口语化，拉近与观众的距离。

《走乡村》

主要宣传报道农村的新人新事新风尚新举措，以期达到有效优质电视服务三农的目的。2011年《走乡村》节目为每周三档节目的形式内容更加活泼，涵盖量更加广阔。《走乡村》节目设置为综合版、人物版、体验版三个板块，每周一至周六20:10~20:25播出。

《阳光早报》

自2007年延续至今，是重点打造的一档广播新闻品牌节目，每周一至每周五早上7:15~8:15播出，由男女两位主持人以直播方式主持节目，节目定位为“第一时间、把握资讯”。

《新闻大厨房》

2011年改版推出的一档新的广播节目，每周一至周五的16:45~17:45播出（夏季17:00~18:00），该节目是长兴台继成功打造早高峰新闻节目——《阳光早报》后在晚高峰推出的另一档新闻节目，节目定位为“轻松资讯，快乐新闻”，由男女主播以轻松调侃的形式播出以社会新闻为主的即时新闻。

湖州市广播电视台广播新闻综合频率节目时间表

FM105、AM873 2011 年 月 日起执行

节目 栏目	节目名称	
	周一至周五	周六、周日
05:30—06:30	戏曲天地	
06:30—07:00	新闻与报纸摘要(中国之声)	
07:00—08:00	朝闻天下(CCTV-1)	
08:00—09:00	第一时间(周六 08:30—09:00 喜看新农村 周日 08:30—09:00 美丽乡村)	
09:00—10:00	信息直通车	
10:00—11:00	百姓热线 / 行风热线	
11:00—12:00	左右时尚	
12:00—12:30	午间新闻	
12:30—13:00	评书	
13:00—14:30	阳光下午茶	
14:30—16:00	乐活百事通(周六重播、周日首播 15:00—16:00 成长快乐)	
16:00—18:00	愉悦时间	
18:00—18:30	深度 105	
18:30—19:30	新闻 60 分	
19:35—20:30	馨动时刻	
20:30—21:00	经典老歌场	
21:00—22:00	自由自在听歌时	
22:00—22:30	中国笑星	
22:30—24:00	中国 TOP 排行榜	

105 新闻快报 :09:00 、09:15、09:30、09:45、10:00、10:30、11:00、11:15、11:30、11:45、13:00、13:30、14:00、14:30、14:45、15:00、15:15、15:30、15:45、16:00、16:15、16:30、16:45、17:00、17:15、17:30、17:45、18:00(共 30 个点)

湖州市广播电视台电视新闻综合频道节目时间表

HZTV-1

时间	栏 目
07:00	新闻 60 分[湖州要闻 + 新闻社区]
07:30	影视节目推介
07:32	传奇
08:07	影视节目推介
08:28	南太湖剧场:(1)
09:35	影视节目推介
09:41	南太湖剧场:(2)
11:06	影视节目推介
11:12	南太湖剧场:(3)
12:25	影视节目推介
12:30	重播《大方小方夜班车》(周一:关注)
13:11	传奇
13:41	影视节目推介
13:43	麻辣看天下
14:13	影视节目推介
14:28	南太湖剧场:(4)
15:34	影视节目推介
15:44	南太湖剧场:(5)、(6)
17:52	台标、晚间节目导视
17:54	今日新闻
18:30	新闻 60 分(湖州要闻 + 新闻社区 + 气象 + 新闻联播)
19:30	新闻节目滚屏 30”
19:35	首播电视剧场:(1)
20:28	节目推介
20:34	首播电视剧场:(2)
21:28	节目推介
21:30	大方小方夜班车(周日:关注、创业)
22:10	节目推介
22:17	重播首播电视剧场:(1)
23:10	节目推介
23:15	重播首播电视剧场:(2)
00:09	传奇

嘉兴市广播电视台

广播电视节目栏目

《嘉广早新闻》

嘉兴市广播电视台新闻综合频率的新闻主打节目。节目开播于1984年,是与嘉兴电台同时诞生的一个老牌栏目。节目包括“嘉兴新闻”、“国内外新闻”、“新闻观察站”、“阿德对你讲”等板块。“嘉兴新闻”围绕市委、市政府的中心工作,突出本市新闻的及时性、权威性;“新闻观察站”是一档针对社会热点迅速作出深刻点评的评论类节目,拥有一支十多人的专家型特约评论员队伍;“阿德对你讲”是一档以主持人名字命名的民生新闻栏目,注重新闻的趣味性、贴近性、可听性,深受市民喜爱;其中“阿德民情热线”和嘉兴市市长电话联办,倾听民众呼声,直击社会时弊,曾获得“浙江省广播优秀栏目”称号。《嘉广早新闻》节目信息量大、编排紧凑、时效性强,其间穿插富有广播特色的录音报道和记者现场口述报道,可听性和权威性兼具。节目长度60分钟,播出时间:每天7:00。

《小崔说法》

嘉兴市广播电视台新闻综合频率的一档普法类品牌节目,2010年由原先的《法治在线》栏目改版而来。节目即时报道嘉兴市法制条线上的最新动态突出时效性,深度解读法律法规显示权威性,及时提供法律咨询凸显服务性,为受众普及法律知识,提供法律帮助,有固定的收听群,受到群众的喜爱。节目始终坚持公正、权威的报道立场,结合典型案例,引导听友学法懂法,利用短信平台、开通热线电话接受听众法律求助咨询,为听众提供法律帮忙服务,为嘉兴民主法制建设营造良好的舆论氛围。节目时长60分钟,播出时间:每天11:00。

《动感地带新播客》

嘉兴市广播电视台新闻综合频率的一档青春动感时尚的娱乐节目。开播于2009年。节目对象为追求动感、追逐时尚的年轻人,伴随主持人活力四射激情澎湃、妙语连珠的语言,带给听众娱乐生活新体验,节目包括“娱乐二人转”、“冰风双响炮”、“非乐勿扰”三个板块,“娱乐二人转”通过主持人幽默搞笑的播报和对当下娱乐事件发表麻辣点评,让听众开心之余把握时尚脉搏掌握流行趋势;“冰风双响炮”通过两位主持人相互配合、模仿讲笑话,以短信平台、微博与听众实时沟通交流。“非乐勿扰”为每周六的特别板块,每期节目以推荐一名当下流行歌手的歌曲为主。播出时间:每天19:00~20:30。

《行风热线》

由嘉兴市政府纠风办、嘉兴市广播电视台主办,嘉兴交通经济频率承办的舆论监督类广播直播节目。开办于2005年3月,作为嘉兴十大品牌名栏目,《行风热线》以节目为平台,以活动为载体,以强有力的行政推动力为手段,注重在创新求实提升上下工夫,用声音的力量,围绕中心,服务大局,服务民生。节目与人民群众生产、生活密切相关的部门(单位)、重点行业的主管部门和窗口单位为上线单位,参与节目直播,主要宣传介绍部门工作职能、政策法规,公开服务承诺和办事规程,接受群众的咨询与投诉,积极为群众排忧解难。到2011年底,嘉兴市48家职能部门、35家区级各部门的2500多人次部门负责人轮流参与上线直播。倾听百姓呼声,为民排忧解难。2010年,节目组被评为“嘉兴市首届反腐倡廉影响力人物”。调频92.2、中波657同步直播,节目直播热线:82077111;记者热线:82933111,15605737111。播出时间:每天7:30~8:00,19:00~19:30重播。

《交通零距离》

嘉兴市广播电视台交通经济频率的一档交通资讯、交通维权类节目。节目立足交通,面向社会,以热线接听投诉咨询、记者追踪、现场联线、嘉宾访谈和媒体互动为主要形式,为听众与交管部门搭建沟通平台,体现交通广播的专业性、权威性和及时性。借助频率资源优势,节目打造了一支特色记者团队——“五朵金花”,五位年轻女记者针对交通问题,深入追踪,及时报道,打造品牌形象,为交通参与者服务。节目播出频率:FM92.2,AM657;直播热线电话:82077111;记者热线:82918922;播出时间:每天15:00~16:30。

《异乡新嘉园》

嘉兴市广播电视台城乡生活频率一档以新嘉

兴人为主要听众的对象性节目。节目创办于 2005 年 11 月。节目设置有《新家园资讯站》、《小鹿热线》、《我是调解员》、《小鹿有约》、《律师在线》、《缘分天空》、《心灵驿站》等多个板块，为新居民答疑解惑，为新居民解决法律、生活、工作、情感各方面的问题；每天侧重不同的重点为嘉兴新居民打造属于新居民自己的空中家园。播出时间：每天 19:00~20:00。

《嘉兴新闻》

嘉兴市广播电视台新闻频道原《新闻 60 分》的基础上改版而来的电视直播新闻栏目。节目于 2010 年 1 月 1 日正式推出。《嘉兴新闻》设置了“新闻向前追”、“本台短评”等小板块。整档节目的信息量、节奏感、时代感得到进一步加强。栏目定位更加清晰，追求时事新闻权威发布；重大新闻快速反映；热点新闻深度分析；服务生活关注民生。节目努力打造成市委、市政府中心工作的权威发布和解读的平台；重大新闻事件的第一发布平台；热点新闻的理性分析者和引导者；服务民生，全方位关注嘉兴人民生活的新闻服务窗口。节目时长 30 分钟，播出时间：每天 18:30 首播，22:50 重播。

《小新说事》

嘉兴市广播电视台新闻频道的一档民生新闻类节目。于 2004 年 7 月 1 号开播，栏目以主持人的名字和风格命名，“说老百姓的话，为老百姓说话”。栏目定位“关注民生，反映民情，多视角观察社会现象”，发挥舆论监督力量，强化人文关怀和社会服务意识，加强舆论正面引导力。按照定位，节目注重对新闻事件、社会现象的点评，批评违反法律、背离道德的人物、事件和现象时，切中要害；帮扶困难群众、弱势群体时，点评充满着人文主义的关怀。栏目报道的形式丰富多彩，生动活泼，追求新闻事实真实基础上的故事性。近年来，栏目不断加强题材的策划，节目质量和栏目品味不断提升。《小新说事》栏目播出以来，坚持群众路线，敢于讲真话，得到了观众的充分认可，在嘉兴当地有着广泛的影响力。央视索福瑞收视率调查表明，在嘉兴所有可以收到的电视栏目当中，《小新说事》的年均收视率一直领先，成为嘉兴本地收视率最高的电视栏目。栏目时长 40 分钟，播出时间：每天 21:30 首播，次日 11:50 重播。

《冷暖人生》

嘉兴市广播电视台文化影视频道一档以纪实和访谈相结合方式摄制的人物专题节目。看世间万象，品人生冷暖。以记录和访谈相结合的形式展现新闻事件和新闻人物。因为每个人身上都有一种力量，每个人心中都有一份希望，当这种力量被激发，就能产生温暖，当这份希望被点燃，就能驱走黑暗。所以栏目把视角对准社会各个阶层，关注普通人的命运，纪录老百姓的生活，透过平凡的感动，折射人性的光辉。节目时长 20 分钟，播出时间：每周日 22:30 首播；次周日 15:00 重播。

《新闻 1 线》

嘉兴市广播电视台公共频道的一档主打新闻类节目。节目由嘉兴市广播电视台和嘉兴市南湖区、秀洲区、经济开发区联办，含《南湖新闻》、《秀洲新闻》、《经开新闻》，分别为每周三档、隔天播出，主要目标群体为嘉兴市本级的群众，报道嘉兴市南湖区、秀洲区、经济开发区时政、经济、社会发展的区域综合新闻栏目。节目时长 20 分钟，播出时间：周一至周六每天 21:00，次日 00:00、7:05、12:00 重播。

《阿秀嫂帮你忙》

嘉兴市广播电视台公共频道的一档以形象主持人“阿秀嫂”和一群帮忙记者为识别符号的生活服务类主打节目。于 2005 年 9 月开播，节目立足“小民生”和“大服务”的视角，取材面涉及百姓经济、社会生活各个方面。节目把新闻性、事件性、帮忙性有机结合，以事件和现象为载体，以释疑解惑、实案帮忙为重点，让记者成为事件的报道者、解释解决问题的参与者、推动者，让观众从节目获得信息以及得到直接帮助。每周一、三、六的《阿秀嫂团购》，经过 2011 年一年时间的经营，以其良好地服务与互动成为嘉兴团购业中的一匹黑马；节目延伸性的特色品牌活动——《服务零距离 阿秀嫂进社区公益活动》根据各个时令季节和主题宣传，邀请各单位部门、96345 社区服务、法律咨询、家电维修、义务体检等，以文艺演出、知识问答、互动游戏、现场咨询服务帮忙等形式，和观众面对面交流，从 2006 年开办以来已经走进了 40 多个社区和乡镇，举办了 60 多站活动。该栏目被评为全省品牌栏目。节目时长10分钟,播出时间:每天21:25首播,23:58、次日7:45、12:30重播。

音视频网站节目栏目

"嘉兴人"网站节目板块包括:(1)本地频道、频率、网络电视直播;(2)资讯;(3)拍客。

栏目设置:《嘉事播报》、《冷暖人生》、《嘉事连连看》、《开门见山》、《卫视金牌栏目》、《时尚嘉兴》、《晓冬说楼—家居潮我看》、《嘉兴车市》、《嘉兴新闻》、《今朝多看点》、《新闻1线阿秀嫂》、《小新说事》、《今朝故事汇》、《嘉兴经开新闻》、《谁羽争锋》。

具体视听节目播出内容安排:08:30嘉事连连看(星期日播);08:40我们的嘉兴生活(星期一播);11:20嘉事连连看;11:30开门见山(星期五播);16:00嘉事连连看;16:10开门见山;16:40我们的嘉兴生活;19:20嘉事连连看;21:30开门见山。

嘉善县广播电视台

《纪事》

嘉善广播电视台一档以记录平凡人生，讲述百姓故事为定位,聚焦社会生活中的真人真事,关注普通人的喜怒哀乐和真情实感，倡导平民视角和人文关怀的电视专题栏目,每周一20:20播出,周三12:00重播。自2003年开播以来,《纪事》栏目深化精品意识,不断创新表现手法,创作了一批有影响力的作品。其中《亲情如海》、《二胡人生》、《我心飞翔》、《心中有一片阳光》、《决不放弃》、《苦妹子的好日子》等多部片子在省、市、全国获奖,其中《苦妹子的好日子》获得中国广电协会彩桥奖一等奖。栏目自2003年开播已播出200多期，其中大部分节目在美国斯科拉卫星电视网同期播出。2011年《纪事》栏目获"嘉兴市十大精品栏目"

《农民服务台》

嘉善广播电视台一档对农广播栏目，主要为农户提供及时有效的种养技术、致富信息、市场行情、政策解析、法律法规、科普知识等全方位服务,设有"三农资讯"、"农家顾问"、"农民信箱"等小栏目。节目每周四期,每期10分钟,播出时间为每周一、三、五、七,播出时间为11:20、18:20,周二、周四、周六重播。

平湖市广播电视台

《民生直通车》

平湖电视台一档民生新闻栏目。自2006年3月20日开播以来,始终秉持"社情民意,上通下达"的宗旨,节目简约明快,时效性强,个性鲜明,以"民生、民情、民意"为主要关注点,以百姓"身边事、麻烦事、希奇事、关心事"为主要报道题材,讲究有用、有趣、帮忙、互动。《民生直通车》坚持"百姓视角、创意表达和人文关怀"，使受众从中获取信息知情的"满足感"、人际交流的"亲切感"、社会的"尊重感"以及了解民生故事的"愉悦感"。栏目开播以来,始终坚持正确的舆论导向和"三贴近"的原则,在政府与百姓之间架起了连心桥，深受百姓欢迎。该栏目为日播节目,节目时长15分钟,每天播出时间为18:30,重播时间为22:00 。

《民生站点》

平湖电视台自2011年5月17日正式推出的一档新闻性访谈节目,以每周两期(每周二、周四播出)的频率在固定时段播出,在节目内容方面,突出题材的时效性、观点的多样性和群众的参与性,具体形式表现为，第一部分由特约评论眼参与焦点话题的讨论,第二部分由主持人针对热点话题进行"麻辣"点评。同时,结合"建党90周年"、"两会"、春节等重大节庆活动,又进行了形式多样的特别节目的制作,走出演播室，将录制现场搬到了室外，进一步融入基层、贴近群众。该节目自播出以来,就一直受到了广大观众的喜爱,在2011年度的省政府新闻奖评选中还获得"新闻专栏"类节目三等奖。

海盐县广播电视台

广播《行风热线》

创办于2008年6月16日，是海盐广播电视台一档舆论监督类热线直播节目。与海盐县纪委、海盐县监察局、海盐县政府纠风办联合举办。节目长度30分钟,每月播出两期。邀请与群众生产生活密切相关的职能部门主要领导做客直播室，接听热线电话,与听众零距离交流沟通。至2011年底,已播出78期,受理听众来电683件。2011年6月,举办了

《行风热线》三周年大型现场直播(咨询)活动。邀请县劳动保障局等6个部门的主要领导走进“行风热线”直播室,接受在线访谈,受理群众来电。直播节目历时一个半小时,共受理群众各类来电26件,现场答复16件,转办10件。在县城绮园文化广场同步开展现场咨询服务活动,有1000多市民现场参与,共受理咨询524件、建议12件、投诉5件,现场办结499件,限期办理42件。发放各类宣传资料12620份,发放调查问卷298份。

《海盐零距离》

海盐广播电视台一档定位于关注民生,关心市民生活的电视新闻类节目。节目时长10分钟,每天晚上6点50分首播,21点10分重播,第二天中午12点重播。2011年,《海盐零距离》节目共播出各类民生新闻1000余条。推出“感动海盐人物”、“做个文明人”、等系列报道。重点关注农业生产、社会新风尚、新人新事。

海宁市广播电视台

《阿林哥话小康》

海宁人民广播电台的品牌对农节目。多年来,节目始终坚持正确的舆论导向,在浙江省委宣传部、省广播电视局组织的“面向基层、面向群众广播影视宣传活动”中获得优秀栏目奖。2008年度获度嘉兴市“十大精品栏目”奖、浙江省广播电视对农栏目抽评双佳奖、浙江省广播电视品牌建设优秀栏目奖,2011年先后举办了“2011海宁市新农村建设带头人评选颁奖”、“走转改”走进长安镇东陈村等活动,在2011年度全省广播电视对农节目服务工程建设考核获广播优秀奖。

《今日新农村》

海宁电视台2009年扩版为一周三档的电视对农栏目,周二纪实版,周四服务版,周六人物版。内容全面反映海宁农业、农村、农民新变化,反映海宁城乡一体化新进展,普及农业科普知识。2008年《今日新农村》获得浙江省电视对农节目抽查评比“十佳”奖,2009年至2011年,连续三年获全省广播电视对农节目服务工程建设考核优秀单位电视优秀奖。

桐乡市广播电视台

《伴你同行》

桐乡人民广播电台于2003年开设的一档交通类节目,每天7:45—10:00播出。2011年节目突出本土化的地方特点,为司机构建一个车与生活相关的平台。电台交通节目是时代的大势所趋,私家车的快速增长无形中扩大了节目的收听群。《伴你同行》节目也与时俱进,2011年新开设了《车行八面风》、《交警在线》、《耳听八方》、《司机加油站》等栏目,更贴合交通参与者的收听需求,并以录音、连线、嘉宾等多种形式相结合使收听感受更生动。

《相约971》

桐乡人民广播电台于2005年开设的一档点歌交友类娱乐节目。节目内容以点歌、祝福、交友、K歌为主,为听众建立一个交流的平台。节目通过手机短信和热线的方式与听众进行互动,传递祝福。针对节目参与听众大多是新居民,《相约971》近两年与桐乡市新居民局、科协联办了服务月活动,为新居民的生活提供相关的信息、常识,服务月期间短信量可达每天300条,深受新居民朋友的喜爱。

《桐乡经济面面观》

桐乡市广电台在2011年推出的经济类电视访谈栏目。每周三档,每档15分钟。栏目通过访谈普及经济知识,介绍创业经验,分析经济热点和经济现象,解答经济难题。栏目是人们了解桐乡经济发展的一个窗口。2011年,共播出《专利申请,企业活力的“源头”》等近200期经济类访谈节目。有7条经济新闻在央视二套播出。

《开心现场》

桐乡市广电台2009年开办的一档互动性的综艺娱乐节目,主要定位于“电视赛季节目”,寓教于乐。栏目陆续推出了《舞林大会》、《桐城群音会》、《水上竞技》《自己动手,丰衣足食》、《乌镇香市》、《超市大赢家》、《蚕花仙子评选暨央视网络剧摄制基地演员征选活动》、《红歌总动员》等大型系列综艺节目。同时,《开心现场》还承担大型主旋律宣传活动,成功举办了《桐乡市首届道德模范颁奖典礼》、《感动梧桐十佳人物颁奖典礼》、《感动高桥十大孝敬人物颁奖典礼》、《菊乡儿女心向党》等活动。节目周五首播,周六重播,时长半小时。

嘉兴人民广播电台节目时间表

新闻综合频率

AM:1107 千赫

FM:104.1千赫

时间	周一 ~周六	周日
5:25	开始曲 节目预告	
5:30	健康有约	
6:00	早安嘉兴 晨早播报 生活新空气	
6:30	新闻和报纸摘要	
7:00	1041 早新闻 新闻早报 新闻观察站 资讯快行线	
7:35	阿德对你讲	
8:00	媒体早班车(黄牧评天下)	
8:30	乐活百事通 生活情报站 房产新干线 汽车公园在清华听演讲	
10:00	哈哈可乐派	
11:00	小崔说法 法治在行动 大家说法理 律师在线	好歌随身听
12:00	午间新闻网 新闻 110 阿德对你讲(重) 天下体育	七彩童年
13:00	健康生活汇 健康小汇报 非常养生 名医有约	
15:00	点石财经 理财工作室 券商看盘	我是散户在清华听演讲
16:00	小说剧场	
16:30	Hello! 牧羊人 学说嘉兴话 禾城这点事 时事擦边球	天下故事会
18:00	新闻晚报	
18:30	全国新闻联播(转)	
19:00	动感地带新播客 天天有娱 冰风双响炮 非乐勿扰	红歌榜
20:30	海峡两岸(转播中央电视 4 套)	
21:00	湖畔有约 今夜情缘 都市心情 尽情聊吧	天下故事会
23:00	气象 结束曲	

注:整点播报(除 7:00、8:00、12:00、18:00 外);
停机检修:周二 13:00~15:00。

嘉兴电视台节目时间表

新闻综合频道

时 间	节 目
*06:55	节目预告
*07:00	（重播）《哪哈办》
*07:30	《嘉兴　你早》（周一至周六）、《桑榆情》（周日）
7:45	（重播）《嘉兴新闻》
8:15	晨间剧场
11:35	（重播）《楼市直通．车》——房产版
*11:50	（重播）《小新说事》
*12:30	《午间在线》（周一至周六）、《桑榆情》（重播）（周日）
12:45	（重播）《科普大篷车》（周一）、《新闻评道》（重播）（周二至周日）
13:00	（重播）第一剧场（周一、周三至周日）、《绿岛环保前线》（周二）
14:55	（重播）《冷暖人生》（周日）
15:15	《科普大篷车》（周日）
15:30	（重播）动漫剧场（周一、周三至周六）、少艺节目（重播）（周日）
*16:40	动漫剧场（周一至周五、周日）、少艺节目（周六）
*18:00	《哪哈办》
*18:30	《嘉兴新闻》
*19:00	转播《新闻联播》
19:35	第一剧场
*21:30	《小新说事》
22:13	《楼市直通车》
*22:30	《新闻评道》（周一至周六）、《冷暖人生》（周日）
22:50	（重播）《嘉兴新闻》
23:20	经典剧场
1:20	关机

绍兴市广播电视台

《绍兴新闻联播》

《绍兴新闻联播》是以时政新闻为主干的综合性电视新闻栏目,着力宣传绍兴市委市政府中心工作,展现绍兴经济社会发展取得的新成就,反映百姓心声和需求,力求权威性、贴近性、引导力相统一,充分发挥舆论宣传主阵地作用,多次得到绍兴市委市政府主要领导批示肯定,以及浙江省广播电视节目评议审查中心和绍兴市委宣传部新闻阅评小组的肯定。《绍兴新闻联播》每期时长20分钟,每晚18:30播出。

《三农一线》

《三农一线》是绍兴广播电视台开办的一档专门对农服务电视栏目。2009年7月12日试播,2010年1月21日正式开播。每周一期,周日18:10在新闻综合频道播出,时长15分钟。栏目突出“致富农民、联通城乡”宗旨,设置“农经,陕报”、“农家天地”、“农事聚焦”、“三农信箱”等专栏,在积极有效地宣传惠农政策和举措的同时,介绍农业生产新思路、新产品、新技术以及新农村建设中涌现的典型经验和做法,受到农民朋友的欢迎。

《文化时空》

《文化时空》是绍兴人民广播电台综合广播2011年11月份新推出的一档文化综合类栏目,节目时长60分钟,每天上午8:30~9:30播出。

节目分上下两个单元,上半部分以文化话题为主,聚焦本地的文化领域,绍剧系列、绍兴桥文化系列、绍兴方言文化系列等等。下半部分是《中华文化大讲堂》,流传五千年的中华传统文化中的智慧,不仅可以教导我们获得身心的健康,有效解决我们当前的种种问题,更可以庇荫我们久远的将来。节目上下两部分有机贯通,使听者在这一个小时的节目时间里,能放慢生活的脚步,聆听智慧的人生。《直播绍兴》

《直播绍兴》

是绍兴广播电视台公共频道开设的一档民生类新闻栏目,也是目前绍兴地区唯一一档直播类新闻节目,节目时长31分钟,首播时间为18:15时。

该栏目自2004年1月1日开播以来,一直遵循“关注民生、反映民情、服务民众”的栏目宗旨,突出快节奏、大容量,强调贴近性和服务性,在百姓当中有着良好的口碑。“有事看《直播》;有事找《直播》”己成为许多绍兴市民的习惯,节目可看性、贴近性强,栏目收视保持高位,央视索福瑞调查显示,2011年《直播绍兴》平均收视率为6.1%,栏目已成为绍兴一档高收视率的名牌新闻栏目。

《小星星乐园》

每天下午16:00~16:30锁定FM93.6,小朋友们会进入自己的游乐园,这就是绍兴人民广播电台综合广播拥有的品牌少儿节目——《小星星乐园》,也是目前绍兴广播电视总台唯一的一档广播少儿节目。

节目以4~12岁少儿为主要收听对象,以线上线下密切互动为节目创新特色,以贴近孩子为原则,以“辅助成长,愉悦身心,寓教于乐”为宗旨。分为“小星星故事乐园”、“小星星点歌台”、“刁、星星论坛”、“小星星才艺秀”“小星星家教课堂”等内容。包含少儿新闻、少儿趣事、少儿故事、少儿歌曲以及少儿百科、家庭教育等内容。

《第1热线》

《第1热线》是绍兴广播电视台新闻综合频道在2008年6月份推出的一档日播新闻栏目,播出时间是每晚21:30~22:00。

栏目紧紧围绕关注公众利益的定位,提倡新闻可以有用一点,积极介入引导社会热点和难点,注重解读新闻背后的新闻,力图把政府的声音和群众的声音整合为公共的声音。2011年,推出《大型新闻行动:骑着单车上北京》、《大型公益报道:聚焦食品安全》、《一盏灯点亮民间慈善》、《拷问“无偿献血”》、《诸暨抗洪抢险直击》、《校园食堂直击》等系列引发较大社会反响的报道。栏目高度重视节目创优,多个节目获得浙江新闻奖,当年平均收视率4.87%。

《师爷说新闻》

《师爷说新闻》是绍兴广播电视台公共频道的一档方言新闻节目,创办于2005年,从当初的8分钟到后来的15分钟,再到30分钟,从2008年9月15日起,延长至45分钟。栏目报道的重点是普通百姓的喜怒哀乐,家长里短以及能体现人性,饱含人情的东西。语言追求的是“土洋结合”、“雅俗共现”，追求最精确的传播，追求最生动的诠述，让不同年龄层面、文化层面的本地观众都能够在播报语言上找到接受并喜欢这个栏目的理由。新闻师爷的形象定位是——一个充满了正义睿智与幽默的能说会道的方言新闻节目主持人。

栏目 2011 年平均收视率为 10.87%，是绍兴收视率最高的自办栏目。

《王帆有话》

《王帆有话》是绍兴广电台公共频道打造的一档全新的评论类栏目，于 2011 年 4 月 6 日开播，栏目定位是“评实事新闻，聊民生话题”，内容是舆论监督，民生热点，节目目标定位是打造绍兴首个个性化主持人包装的电视新闻栏目。开办这个栏目，是电视新闻节目新的需求，也是深入贯彻“新闻立台”理念。《王帆有话》播出时间是每天 6:45 分，第二天早上 7:30 重播，节目时长是 11 分钟。2011 年该栏目平均收视率为 6.22%。

《941 晚班车》

《941 晚班车》是 FM94.1 绍兴交通广播在每个工作日出行高峰时段(16:30 时 ~18:00 时)重点打造的伴随性节目。以“第一时间、第一现场，传递信息、快乐相伴”为宗旨，专业特色与轻松风格相统一，信息资讯与互动关注相结合，满足交通人在出行路上的信息需求和情感需求。目前，节目已基本实现高速路况省内大联网，从真正意义上体现了“空中交通枢纽”的作用。此外，节目还多次利用直播优势及专有资源为严重交通事故、追逃犯人、抢救抢险等突发事件提供成功帮助，在绍兴广播界独树一帜。

《回家》

绍兴广播电视台戏曲音乐频率的《回家》是该台富有特色的一档娱乐广播互动节目。在每天晚高峰时间和大家一起互动交流，主持人以轻松幽默的主持风格陪伴听众一起回家。节目周一至周五每天 17:00~19:00 播出。

2011 年 6 月 1 日改版的《回家》创先运用了新浪微博和听众互动，受到听众的喜爱，拉近主持人与听众之间的距离。节目的话题选择从身边小事到社会关注热点都有涉及，让听众在听节目的同时形成积极向上的人生观和价值观。《回家》以互动话题为主轴，在两个小时的直播节目当中，定时穿插一些热点新闻、高速路况和市区路况，让听众在娱乐的同时掌握最新资讯。

《莲花剧场》

《莲花剧场》是绍兴广播电视台一档原创性地方戏曲文艺栏目，内容是当地百姓喜闻乐见的绍兴曲艺——莲花落。《莲花剧场》是目前浙江省唯一的一档以地方曲艺为主的戏曲文艺栏目。

《莲花剧场》为一档日播栏目，每期节目时长 60 分钟，每晚 18:00 播出，特邀绍兴莲花落名家倪齐全担任主持人。2011 年是栏目创新年。《莲花剧场》在保持莲花落特色的基础上，又融合越剧、绍剧、鹦歌戏等各种绍兴地方戏曲，为广大绍兴戏迷观众提供了更加丰富多彩的节目内容和艺术享受。

绍兴县广播电视台

《汽车教研室》

广播生活服务类栏目 现代“周瑜”，谈笑风生聊汽车。以“下班生活”为核心，追求可听性和服务性，强化新闻及交通资讯含量，整合餐饮节目资源至“晚间汽车教研室”。每天早间 8:30，晚间 4:30 播出。

《亚红热线》

一档以“倾听群众呼声，反映社情民意，传递政府信息，服务社会稳定”为宗旨的民生类的广播互动栏目。2003 年开播后，深受广大听众好评。经过几年的不断探索，目前，该节目已成为一档名牌栏目，不仅群众参与度高，而且引起了各级政府的重视，特别是绍兴县委县政府领导的重视和好评。栏目曾获绍兴市优秀栏目荣誉称号，2009 年 10 月，《民情热线》成功改版为《亚红热线》。崭新亮相的《亚红热线》节目形式更加丰富，每月开展“亚红热线”户外版，主持人走进镇街、社区，增进与老百姓的现场互动沟通，进一步提升了主持人及节目影响力。每天 7:30 播出。

《绍兴县新闻》

一档围绕县委县政府工作中心和重点工作，报道全县经济、文化、社会发展的时政类电视新闻栏目。开设《突出转型升级 致力科学发展》等一大批主题宣传栏目。2011年该栏目从表现手法、播报方式到内容安排等都作了全新改版，围绕县委、县政府中心工作每天开辟2~3个主题宣传专栏，每天新增延伸国内外时政的《媒体链接》板块，同时，抽调精兵强将，全新推出每周一档的访谈类节目——《话题》。周末推出特别版——《史说绍兴》。每天18:20首播，21:50重播。

《民生360°》

电视民生栏目。全天候关注民情，全方位服务民生。设置《今日现场》、《你拍我播》和《服务在线》等板块，每周播出五档。《今日现场》反映百姓关注的热点、难点、焦点问题，为百姓畅通民情诉求渠道，架起了政府与百姓沟通的桥梁，促进社会和谐。《你拍我播》播出市民拍摄的反映当下社会热点的照片，让市民零距离参与节目。栏目做足了实时、互动和贴近的文章，深受广大老百姓的欢迎。周一至周五19:35首播，22:10重播。

诸暨广播电视台

《诸暨新闻》

诸暨人民广播电台的是综合性新闻节目。首播18:00，重播21:00、次日7:00、11:00。该节目立足诸暨，配合市委市府中心工作，反映民生，贴近基层，透视热点，强化引导，注重权威性、指导性、服务性，容量大，信息快，是诸暨市民获取本土主流信息的重要渠道。节目在浙江省县(市)广播电视新闻节目抽评中，多次被评为全省“十佳”优胜奖。在《诸暨新闻》中播出的《“世博老人”收到总理夸》获浙江省广播电视新闻奖一等奖、浙江省新闻奖一等奖和中国广播影视大奖广播电视节目奖优秀广播节目提名奖。

《交通之声》

“在诸暨开车，就听诸暨人自己的交通广播。”2011年，诸暨人民广播电台《交通之声》栏目紧紧围绕服务听众的宗旨，不断创新节目形式，提高直播节目质量，在行车路上为听众服务。改版后加大了新闻、及时路况的信息量，全天直播时间达到3小时，成为电台现有直播时间最长的一档栏目。栏目配以《道听途说》、《礼行暨阳》、《主播有礼》、《平安宝贝文明文明出行小贴士》、《我爱听电影》、《听时尚》等小版块，使整体节目更加鲜活。目前，《交通之声》有一支近百名由市交警大队事故处理中队警员、私家车主、出租车司机和热心听众组成的路况信息员队伍。2011年母亲节当天举办主题为“给力爱”的听友会，并积极组织各类服务活动，如成立高考爱心送考车队，获得了广泛好评。每日7:30~9:30，16:30~18:00播出。

《对农广播600秒》

诸暨人民广播电台的一档传统栏目。2011年，《对农广播600秒》立足本土，办出特色，办好节目，在宣传国家政策、优化农业结构、提供致富信息、传授农技知识、建设美丽乡村等方面发挥了积极的舆论引导、智力支持、排忧解难作用。新设《现代农业两区建设》、《农民欢歌》、《有事说事》、《致富花样》子栏目，服务农业产业转型升级、现代农业发展、美丽乡村建设和农民增收致富等。同时，继续开好《空中农校》、《专家进百村》等栏目，及时帮助农民解决生产中遇到的问题，向农民朋友传递第一手生产技术方面的信息。2011年，《失土农民别失业》、《稳住肉价过山车的民间对策》、《帮困助学与就业》等获得全省对农栏目政府奖评选一等奖。

《诸暨新闻》

以“当好党和政府的喉舌，做广大群众的知心朋友”为宗旨，以关注社会、服务大众为己任，始终以明确的政治方向、正确的舆论导向引领着时代的发展、社会的进步，为当地受众发布时政信息，解读政策法规，综述经济社会，是一档深受诸暨电视观众喜爱的新闻节目。每日18:30播出，时长25分钟。《诸暨新闻》以其权威性、客观性、真实性来体现新闻力量，第一时间，第一现场，观察社会，关注民生，是诸暨市民了解各种信息的重要渠道。

《百姓热线》

诸暨电视台一档反映群众意愿，帮助解决群众困难，收集民间奇闻趣事为主要内容的民生类新闻节目，每日7:40播出，时长15分钟《百姓热线》立足诸暨，服务诸暨，宣传诸暨，以“贴近实际、贴近生活、贴近群众”为原则，立足平民视角，体现亲民风格，让群众“话有地方说，意见有人听，困难有人帮”，在政府和百姓之间架起联系的桥梁，被百姓称为亲民、爱民、为民的“办事热线”。栏目开播以后，收视率逐年上升，成为诸暨受众最喜爱的电视栏目之一，取得了较好的社会效果。群众的烦心事，就是《百姓热线》关心的事。群众冷暖放心上，力求大事化小，小事化无，把矛盾解决在萌芽状态，《百姓热线》做百姓自己的新闻，《百姓热线》探索出了一条适合县级电视台的“三贴近”路子。

《乡村道地》

前身为诸暨电视台创办于1995年的一档对农节目《为农服务》，是诸暨电视台一档集知识性、实用性、趣味性为一体的电视对农杂志。以“评说地方农事、提供致富信息、展示特色农业、关注农民生活”为主要内容。栏目体现信息化、故事化、娱乐化，和农民一起求知、求富、求乐，力求好看、有趣、实用。《乡村道地》的主打板块有四个：《阿阳说农事》、《致富最前沿》、《特色农博汇》、《乡村绝活秀》。《乡村道地》立足服务性；注重引导性；突出针对性；追求时效性，节目显现出了较强的生命力，成为农民的知心朋友。

上虞市广播电视台

《民情热线》

由上虞市人民政府纠正行业不正之风办公室与上虞人民广播电台联合开办的一档广播栏目。以展示部门行风新气象，听民声、解民忧为宗旨，周一至周六播出，每期40分钟，每周二有一至两个部门或乡镇负责人走进电台直播室，接受群众投诉和咨询。

《希望的田野》

由上虞市农林渔牧局与上虞人民广播电台联合开办的广播对农栏目。以传递农技信息，架设致富桥梁，关注三农服务三农为宗旨。为日播节目，每期10分钟。其中周四为农技专家的农技讲座，平时开设《田头佳话》、《信息金桥》、《政策吹风》等小栏目。

《上虞新闻》

开办于1985年，上虞广播电视台主干电视新闻栏目，以时政新闻为主，及时宣传贯彻上虞市委、市政府的各项方针政策，全面客观地报道上虞社会经济各个领域的重大事件和事件动态。

《虞视说说看》

开办于2009年1月的民生类电视新闻栏目，每周一档，节目时长25分钟。节目以“说说百姓话题，看看身边故事”为宗旨，由讨论型的“虞视话题”、故事型的“虞人虞事”、现场型的“虞视直录”、趣味型的“小虞搜搜看”四个板块组成。

《清洁家园》

开办于2011年3月，为配合上虞市农村环境整治而开设的电视专题栏目。定位于“聚焦农村环境，关注整治动态，共建文明家园”，每当节目时间长度为13分钟，每周播出一档。

嵊州市广播电视台

《现在播报》

广播新闻栏目，每天19:00首播，时长半小时。栏目定位以舆论导向正确为原则，以贴近实际、贴近群众和贴近生活为追求目标，围绕嵊州市中心工作，全方位、深层次地宣传报道市民生活的方方面面。在节目设置上，体现民生和百姓生活；在播报形式上，稿件采用记者现场录音口述的形式，既具备了广播的新闻性，又着重体现了广播的时效性，发挥了即时快捷的特色。

《民生直通车》

新办的一档民生类广播专题节目。该节目以为民解忧、帮民解困为宗旨，每周一至周五播出，时长7分钟。设3大板块：每日民生关注、每日热线反馈、每日民生资讯。每日民生关注：报道百姓生活中的急事、难事、烦心事。每天一条民生关注报道，用录音报道的形式播发，时间为2至3分钟。每日热线反馈：从每天的12345市长专线反馈中选择4至5条有时效、有价值的信息，时间2分钟左右。每日民生资讯：搜集当天最新的能为老百姓提供实实在在帮助的各类资讯，内容简练、信息量大，时间在2分钟左右。

《赵大宝和小九妹》

广播对农节目《剡溪两岸》新开的方言版子栏目,每月一期,在第三个星期的周三上午7:30播出,中午11:10晚19:30重播,时长15分钟。栏目设置"赵大宝"和"小九妹"两个虚拟化的人物,"赵大宝"采用嵊州方言,"小九妹"采用普通话,节目采用录播形式,男女对播,角色化主持。"赵大宝"定位为有多年基层生活经验的"生活百科全书类"农技干部,能讲地道嵊州方言,了解农村,为人热心、富有亲和力。"小九妹"定位为初涉农村的大学生村官,对农村各方面一知半解,单纯、热情、富有好奇心。节目以平民化的视角,故事化的内容,通过主持人对农村亲眼所见、亲耳所闻、亲身感受,讲述农民朋友的精彩故事、致富经验。

《新闻1+2》

2009年3月推出的电视访谈类栏目,该栏目以时事政策解读、重大事件评析、突发新闻释惑、民生热点引导为关注重点,采用演播室1个主持人+2个新闻当事人的访谈形式,至今已播出160多期,采访嘉宾300多人次,达到了主题突出、话题灵活、观点明确、引导有力的传播效果。节目首播时间每周六晚6:15,当晚9:45和周日同一时间重播,每期10分钟。

《九斤走乡村》

2011年6月推出,以对农栏目《大地春色》的子栏目"九斤游乡村"为基础,启用由越剧演员担当的"九斤姑娘"这一角色化现场主持人,重在做好对农宣传文章,充分体现地方特色,增强节目的可看性、互动性。该栏目开了嵊州电视栏目角色化主持人的先河。该栏目每周1期,每期15分钟。

《平安在嵊州》

由嵊州市广播电视台与嵊州市政法委联合开办的电视栏目。节目首播时间每周一晚6:00,当晚10:00、次日中午11:00重播,每期15分钟。该栏目以宣传政法、服务群众、共创平安为宗旨。结合嵊州市公检法司工作的开展,宣传法制重点、报道工作亮点、引导平安热点,为全市政法工作科学发展提供良好的舆论环境。栏目内设《平安视点》《要案直击》《平安播报》《平安之星》《以案说法》《平安咨讯》《寄语平安》七个子版块,每期根据各阶段政法工作重点和百姓关注的法制热点机动编排,整合推出。

《帮忙三人行》

一档民生类的电视新闻节目,栏目定位为"三性",即新闻性、服务性、趣味性。节目突出"帮忙"两字,立足于新闻事件,宏观上为普通群众提供法律、政策、措施等方面的信息,微观上为老百姓解决一桩桩实际困难。帮忙类新闻做到用事实说话,用现场感人。信息类新闻突出实用性、时效性。节目口号为"你的忙,他的忙,大家的忙;大家的忙大家帮,帮忙三人行"。栏目每天一档,时长10分钟。

新昌县广播电视台

《局长在线》

新昌广播电视台在2009年推出的民生互动直播类广播节目,由新昌广播电视台和新昌县纪委联办,邀请局办一把手及相关职能科室人员在直播室接听群众来电,现场解答,把"政府正在做的,百姓正在想的"通过有线广播形式进行宣传,并及时发布民生信息,服务人民群众。《局长在线》每月一档,节目时长一小时。

《晓萍跑农村》

新昌广播电视台广播对农栏目,节目每周一至五播出,每档节目时长为15分钟,周一至周五分别为《沃洲田野广播版》《科技大讲堂》《信息小灵通》《创业故事会》《农村周末版》,该栏目已经成为新昌广播电视台广播对农品牌栏目,栏目连续多年获得浙江省对农优秀栏目评比优秀、鼓励奖,2010年获得全省第六名。

《新昌新闻》

新昌县广播电视台电视品牌栏目,电视台成立之初设立,现在每周一到周五晚上7点35分首播,每档节目时长15分钟。《新昌新闻》内容涵盖时政新闻和社会新闻,通过丰富新闻报道内容和形式,担当好新昌县委、县政府的喉舌职能,及时报道党委、政府工作动态,准确解读党的方针政策,努力打造新昌区域主流媒体平台;通过关注百姓民生,反映社会热点,努力构建新昌广大人民群众的话语平台。

绍兴人民广播电台节目时间表

新闻综合频率

时间		周一至周五	周日
5:00~5:10	周一至周五，逢9:00、10:00、11:00、13:00、14:00、15:00、16:00、17:00、18:00时段播出约3分钟的"新闻现在时"。	早安，绍兴(宣传短片)	
5:10~6:00		江南晨话(自办，录播)	
6:00~6:30		快乐人生(自办，首播)	
6:30~7:00		中国之声 新闻和报纸摘要(转播)	
7:00~7:30		738早新闻(自办，直播)	
7:30~8:00		行风热线(自办，直播)	
8:00~8:30		岁月如歌(自办，录播)	
8:30~9:30		文化时空(自办，直播，双休录播)	
9:30~11:00		老百姓戏台(自办，直播，双休录播)	
11:00~11:30		市民与法律(自办，直播，双休录播)	
11:30~12:00		声音杂志(自办，直播，双休录播)	
12:00~12:15		738午新闻(自办，录播，双休日为《田野风》)	
12:15~13:00		财经大视野(自办，录播，双休日为《午后音乐风》)	
13:00~14:00		家居时间(自办，直播，双休录播)	
14:00~15:00		心情RADIO(自办，直播，双休录播)	
15:00~16:30		乐海歌潮(自办，直播，双休录播)	
16:30~17:00		长书联播(自办，录播)	
17:00~17:30		快乐人生(重播)	
17:30~18:00		阿忠来讲讲(自办，首播，周日为《阿忠话农事》)	
18:00~19:00		开心60分(自办，录播)	
19:00~19:30		小星星乐园(自办，录播)	
19:30~20:30		空中剧场(自办，录播)	
20:30~22:00		城市夜动听(自办，录播)	
22:00~22:30		国学讲堂(自办，录播)	
22:30~23:00		养生堂(自办，录播)	
23:00~23:30		阿忠来讲讲(自办，重播，周日为《阿忠话农事》)	
23:30~24:00		岁月如歌(重播)	
24:00~00:05		晚安，绍兴(宣传短片)	

注：周一至周五，逢9:00、10:00、11:00、13:00、14:00、15:00、16:00、17:00、18:00时段播出约3分钟的“新闻现在时”。

绍兴电视台节目时间表

新闻综合频率

播出时间	周一至周六	周日	节目时长
17:00:00	晚间节目预告		0:01:00
17:01:00	广 告(1)		0:03:00
17:04:00	第一剧场		0:53:05
17:57:05	气 象		0:02:55
18:00:00	《越城之窗》	新片推介	0:03:30
18:03:30	广 告(2)		0:02:00
18:05:30	《拍案故事》	三农一线	0:21:00
18:26:30	导 视		0:00:30
18:27:00	广 告(3)		0:03:00
18:30:00	《绍兴新闻联播》		0:20:00
18:50:00	气 象		0:02:55
18:52:55	广 告(4)		0:02:30
18:55:25	导 视		0:02:35
18:58:00	广 告(5)		0:02:00
19:00:00	转《中央新闻联播》		0:30:00
19:30:00	广 告(6)		0:02:30
19:32:30	导 视		0:03:30
19:36:00	黄金剧场 A1		0:54:00
20:30:00	导 视		0:01:30
20:31:30	广 告(7)		0:01:00
20:32:30	黄金剧场 A2		0:54:00
21:26:30	导 视		0:01:00
21:27:30	第一热线前广告		0:02:30
21:30:00	《第一热线》		0:30:00

22:00:00	气 象		0:02:55
22:02:55	导 视		0:00:30
22:03:25	广 告(8)		0:02:00
22:05:25	拍案故事	政法在线 + 记录绍兴	0:22:00
22:27:25	导 视		0:00:30
22:27:55	广 告(9)		0:02:00
22:29:55	《汽车时代》		0:08:00
22:37:55	精英剧场 B1		0:52:00
23:29:55	广 告(10)		0:03:00
23:32:55	精英剧场 B2		0:52:00
0:24:55	《传 奇》		0:27:00
0:51:55	全天节目结束		

金华市广播电视台

《金华新闻联播》

日播节目,每晚6:30在金华广播电视台电视新闻综合频道首播,节目时长20分钟,当晚及次日8:00、12:00各重播一次。节目定位:融汇全市新闻精华,实行优势整合传播,全方位展现浙中城市群崛起的奔腾活力,为广大观众及时提供、解读和分析市委、市政府的最新决策。

《天天三句半》

新闻综合频道的《天天三句半》是一档民生新闻节目,每天25分钟。其最大特点是:主持人以说书人的身份与拟人化的八哥"金不换"互动,对新闻内容进行趣味化和曲艺化包装;选题注重故事性,报道强调新闻细节和过程,编后点评采用民间曲艺三句半的句式,整档节目具有非常强的可看性。2011年年初设置了《娘舅来了》小板块以后,请民间调解人参与到新闻事件的纠纷调解中。一年来,帮助观众调解各类纠纷近百起,为社会和谐,家庭和睦做出了媒体应有的贡献。

《法治金华》

2011年,新闻综合频道《法治金华》电视栏目关注金华的公检法司纪委等大事,通过更具个性特色的故事化演绎,把法制新闻专题报道推向新的高度,为打造平安金华做出努力。由公安部统一部署的几个特大系列行动,如6.30特大电信跨国诈骗案、特大假药系列案、猎鹰二号打击假保健品行动等涉及国计民生的案件,都源自金华警方。《法治金华》栏目在第一时间介入,跟随办案人员南下北上,拍摄了很多第一现场的镜头,圆满完成自办节目的同时,也为中央台《新闻联播》、《焦点访谈》和省台多个栏目提供了珍贵的素材和优秀的节目。栏目播出时间为每周日18:40。

《今天我相亲》

《今天我相亲》是金华电视台新闻综合频道为单身男女特意打造的交友平台。每周一到周六的18:10分,相亲特派员们带着相亲男女主角通过电视展示自我、寻找真爱。节目将男女双方微妙的情感变化以及最终能否牵手的悬念贯穿始终,观众可以通过多种方式与主人公交流。

《今天我相亲》开办两年来,已有上千名观众报名参加,其中有4对新人喜结连理。2011年的收视率逐步提升,单天收视率最高达11.25。

东阳市广播电视台

广播栏目《行风热线》

2008年6月30日,由市纪委、市委宣传部、市政府纠风办、市广播电视台主办,市纪委纠风室、广播电台承办的《行风热线》栏目正式开播,每周播出5期,每期25分钟。栏目邀请社会关注度较高、与民生关系密切的市政府职能部门一把手坐镇电台直播间,现场回答市民的热点电话和短信咨询及平时市民来信来电的有关问题。该栏目坚持"限时承诺"、"限时办结"的原则,积极为群众办实事、解难题、做好事,在政府与百姓之间架起了一座沟通的桥梁。自栏目开办3年时间,已成功播出800多期,接受群众来信、来访、来电8213件,2011年《行风热线》栏目组成功调处了一起自2010年受理,历时一年多的地块安置补偿纠纷,维护了当事人的合法权益,提高了栏目的公信力和影响力,为密切党群、干群关系,改善东阳市发展环境发挥了积极作用,受到社会的广泛好评。

电视栏目《东阳警方》

《东阳警方》于2009年7月30日全新改版后重新开播以来,栏目每周播出一期,每期15分钟,社会反响良好,是东阳电视台收视率较高的名牌栏目。《东阳警方》是东阳电视台与市公安局联办的一档公安综合性宣传栏目,兼具新闻时效性、法治思想性和法律服务性,围绕公安部门中心工作,宣传警方打击刑事犯罪,维护社会稳定的决心和举措,关注治安热点,剖析典型案件,弘扬正气,威慑犯罪,为创建"平安东阳"提供强有力的舆论支撑。《东阳警方》在拍摄过程中尽量利用公安的快速反应机制,记者与办案民警一起第一时间赶赴现场拍摄。《东阳警方》不片面追求节目的刺激、好看,而是注重绿色收视率,让观众在观看节目后有所思、有所悟、有所得,以达到预防犯罪,增强法治意识、防范意识的效果。

电视栏目《新闻东东腔》

《新闻东东腔》于2009年9月21日开播以来，每周播出5期，每期15分钟。《新闻东东腔》是一档东阳方言新闻节目，由电视新闻《民生660》栏目改版而来。聚焦民生内容，以平民视角，关注与百姓息息相关的最现实、最直接、最关心的大事、小事、新鲜事，再用熟悉的东阳乡音将新闻娓娓道来。节目最大的特色就是一改传统新闻“播”的风格，而是用平实、亲切的东阳话来“说”新闻，用本地观众熟悉的方言来通俗地诠释节目内容。

电视栏目《农村大视野》

《农村大视野》于2003年1月18日正式开播以来，是东阳电视台一档主要以农民为对象的综合性栏目，旨在及时解读涉农政策法规，与广大农民、农村干部、农业科技人员一起宣传东阳“三农”工作的新成就，展示广大农民群众扎实推进美丽乡村建设和全面奔小康的精神风貌，展示现代科技农业、绿色农业和特色农业的新成果，介绍农业致富项目、致富经验，共同探索农民致富的新门路。该栏目每周播出二期，每期12分钟。栏目采用现场主持的形式，有百事通、聚宝盆、农科园、新风尚、服务风等小板块。每期播出后，均受到广大观众的热烈欢迎，形成了与观众互动的良好局面。

义乌市广播电视台

电视《百姓关注》

2011年3月31日，义乌市广播电视台新闻综合频道《百姓关注》电视栏目正式复播，栏目秉承“服务百姓解民忧”的宗旨，关注百姓冷暖，为民排忧解难，开设《第一现场》、《记者帮忙》和《新闻追问》等板块。《第一现场》要求记者和主持人在第一时间赶到事发现场，直击事件过程，掌握第一手资料，反映百姓心声，解决百姓难题。《新闻追问》是一档互动新闻评论栏目，以舆论监督、政策解读、热点引导为主，选取影响面广、具有代表性的社会热点、焦点、难点问题，要求记者深入追踪采访，挖掘新闻背后故事以及其带来的社会影响，每晚21:00播出，时长20分钟。

电视栏目《义乌指数》

《义乌指数》是一档权威发布“中国·义乌小商品指数”的日播类新闻节目，以每周发布的义乌指数为依据，以专家、指数分析员、市场管理部门、市场经营户和采购商为采访对象，对义乌市场的各大行业进行深入分析研究，让观众了解义乌小商品的具体行情。《义乌指数》栏目从2010年1月25日开播，每晚7点播出，时长15分钟，节目开播后，成为广大市场经营户及采购商了解义乌市场的窗口。

广播栏目:《阳光直播室》

从2011年4月11日开始，义乌市广播电视台广播节目中心对FM106.2义乌新闻广播进行了改版，在原有节目板块不变的基础上，对节目内容进行了调整，全力打造早间新闻直播节目《阳光直播室》。从7点45分开始到9点30分，大板块进行新闻直播，综合电视、报纸、网络新闻的新闻资源，融新闻报道、名嘴点评、嘉宾访谈于一体，在交通早高峰时期为听众送上丰盛的资讯早餐。

广播栏目:《相约1062》

《相约1062》是义乌市广播电视台广播节目中心开设的一档以年轻外来建设者为受众群的娱乐类节目，每日19:00开播，节目时长2小时。4月，栏目新增“听众有话说”环节，采用听众的采访录音，用最真实的声音反映他们的生活现状、情感经历和对社会现状的感触。节目以轻松的歌曲，温馨的祝福和大家互诉心声为主要框架。在工作之余，年轻的朋友聚在这里，听歌、送祝福、交流情感和生活中的问题。

永康市广播电视台

《乡土乡约》

永康电视台重点打造的一档面向永康“三农”的节目，也是全省“十佳优秀对农节目”之一。目前每周三档，每档15分钟，分别在周二、周四和周日晚上8时首播，并在当晚10时和次日12时重播。永康市政府每年为该栏目财政扶持20万元。

《乡土乡约》节目分乡村快报、对农专题、乡歌牵线、服务版块等四个版块，以新农村、新农业、新农民、新变化、新风尚、新面貌、新生活七个“新”为主要内容,注重服务性、实用性、体验性,不断拓宽节目采制题材范围,“生产发展、生活宽裕、乡风文明、村容整洁、管理民主”等新农村建设亮点频频体现在节目中。该节目不仅受到观众的好评,也深受专家肯定,已连续两年在浙江省对农节目考核评比中,被评为县级台对农节目优秀奖,进入全省县级台第七名。

浦江县广播电视台

《走进新农村》

浦江县广播电视台的主打电视对农栏目,节目时长13分钟,每周二晚首播,次日重播。栏目突出指导性、实用性和服务性原则,设有《田园新风》、《致富经》、《为您服务》等板块。今年以来,栏目添置了新的摄像机一台,并配备了采访用车,同时努力拓展节目题材、内容,提高节目的编排水平、和制作质量。按照中央关于新闻战线“走基层、转作风、改文风”的要求,记者和主持人每周都要深入农村基层,面对面与农民朋友交流,体验农民的生产生活,象农业专家、农技人员学习农业知识,以增强 对农节目的针对性、实用性和可看性,对农节目已经在“数量扩张”的基础上逐渐“质量提升”向转型升级。

《多彩丰安》

浦江广播电视台2011年新推出的一档电视栏目,每周三晚首播,次日重播。栏目以反映浦江农民文化生活和浦江丰富多彩的民风乡俗为主旨,设有《民星舞台》、《民风乡俗》、《民情诗韵》、《民间记忆》四个板块。一年对来,共拍摄制作节目56期,因节目贴近生活、贴近群众,受到观众喜爱。《多彩丰安》采制的新闻专题《农民赛诗会 泥香沁风雅》获得金华市广播电视新闻奖一等奖和浙江广播电视新闻奖三等奖。

武义县广播电视台

广播:《武义新闻》、《阳光热线》

电视:《武义新闻》、《百姓身边事》、

电视对农节目:《百姓身边事》、《武话八门》

广播对农节目:《美丽乡村》、《农村大世界》、《乡村百事》

磐安县广播电视台

《秀美乡村》

电视对农栏目,在《希望的田野》栏目基础上改版创办,于2011年7月3日开播。栏目以“传递信息、服务三农”为宗旨,以农民群众为主要服务对象,以对农或涉农为主要节目内容,提供三农信息,指点农事家务,普及农业知识,介绍致富门路,宣传新人新事,为“三农”服务。按照“科学规划布局美、村容整洁环境美、创业增收生活美、乡风文明身心美”的目标要求,突出“秀美乡村”建设宣传,设置《政策连连看》、《诗话秀美》、《乡村人物》、《乡村新事》、《致富路上》、《药市行情》、《农民信箱》子栏目,进一步宣传新农村建设进程和成果,展示“宜居、宜业、宜游”的新农村风貌。每周播出一期,每期时长12~15分钟。

《交警一线》

交通服务类电视节目,由磐安台与磐安县交警大队联合开办,于2011年8月16日开播。栏目设立交通事件报道、交通政策解读、交通信息提示三个节目板块,节目采用现场报道、法规解读、体验调查、违法查处、信息发布等多种表现方式,开展交通法规宣传、交通知识教育和交通信息服务。每周二、四播出。

金华电视台新闻综合频道节目时间表

时间	节 目
05:45	重播今天我相亲
06:00	重播养生堂
06:25	重播天天三句半
07:30	重播金华新闻联播
08:00	重播前沿讲座
08:30	重播阳光剧场(2 集电视剧)
11:30	重播今天我相亲
12:00	重播天天三句半
13:00	电视剧(4 集连播)
17:10	重播新电影传奇
17:40	养生堂
18:10	今天我相亲
18:30	金华新闻联播
18:50	两区新闻
19:00	中央新闻联播
19:35	天天三句半
20:00	阳光剧场(2 集电视剧)
21:40	天天故事会
22:20	新电影传奇
22:50	重播金华新闻联播
23:10	重播今天我相亲
23:25	前沿讲座

金华新闻广播节目时间表

时间	线性插件	节目(周一至日)	主持人	精彩导听
05:30~06:00		开始曲 健康早班车(录)	值机	晨练随身听 健康好帮手
06:00~06:30		《金广早新闻》(首播)	值机	直击八婺新闻 呈展新闻力量
06:30~07:00		转中国之声《新闻和报纸摘要》		
07:00~07:30		《金广早新闻》(重播)		
07:30~07:50		音乐 +《金广财经新闻》		传递最新的财经资讯
07:50~08:15		《行风热线》 精彩回放(六)热线反馈(日)	晓燕 范旭光 许欢欢	领导坐镇直播间 百姓难题现场办
08:15 ~09:00		《晓蕾有约》	晓蕾	新闻访谈类栏目
09:00~10:00	整点新闻快报 半点气象			
10:00~11:00	整点新闻快报 半点气象	《望望风尚圈》	望望	时尚广播杂志
11:00~12:00	整点新闻快报 半点气象			
12:00~12:30	半点气象	转中央电视台 –1《新闻 30 分》	叶子	
12:30~13:00	整点新闻快报 半点气象	《音乐最前线》	叶子	最新最酷的音乐
13:00~14:00	整点新闻快报 半点气象			
14:00~15:00	整点新闻快报 半点气象	《人在职场》	于蓉	求职招聘
15:00~16:00	整点新闻快报 半点气象	《理财大赢家》		权威财经资讯 专业理财热线
16:00~17:00	整点新闻快报 半点气象	《专家开讲》	梅蓉	专家名医坐镇疑难病症释惑 普及医学知识打造和谐医患
17:00~18:00	整点新闻快报 半点气象	《晚高峰进行时》 《直播金华》	陈睿	全景展示金华本土新闻 细微雕刻百姓喜怒哀乐

时间	线性插件	节目（周一至日）	主持人	精彩导听
18:00~19:00	整点新闻快报	《青春校园》	周霞	校园新闻栏目
19:00~19:30		转中央电视台《新闻联播》		校园新闻栏目
19:30~20:00	整点新闻快报 半点气象	《青春校园》		
20:00~20:30	半点气象	《新金华人》	周霞	新金华人的精神风采和精神家园
20:30~21:00	半点气象	《音乐星空》	泾渭	高雅独特的音乐诠释
20:30~22:00	半点气象			
22:00~23:00	半点气象	《月光倾城》	杨晨	午夜心灵的慰藉
23:00~24:00	半点气象			温情人生的驿站
直播热线：82362218 新闻热线：82362229 24 小时有奖新闻热线：18905701010				

衢州市广播电视台

广播节目栏目

《衢广新闻》

衢州市广电台广播新闻综合频道的主打新闻节目,关注时政,反映民生,全面报道衢市政治、经济、文化等新闻动态。坚持导向正确,正面宣传,围绕各阶段党委政府的中心工作,适时制定宣传重点,凸显主题,营造浓厚的舆论氛围。播出时间:每天 18:00 至 18:30 首播,21:00~21:30、次日 7:00~7:30 重播。

《行风效能热线》

由衢州市纪委、监察室、衢州市政府纠风办与本台联办,以“替百姓说话,为政府分忧”为宗旨,立足于“听民声、知民情、解民忧、连民心”,为政府部门与群众沟通搭建交流平台,并结合上线部门工作实际,深入解读党和政府关注、百姓关心的“十二五”规划、民生等热点话题,同时,帮忙记者 24 小时开通帮忙热线,关注群众关心的难点问题,及时和相关部门联系沟通,切实为群众排忧解难。2011 年共播出 148 期,其中部门上线 98 期,反馈问题 50 期,共接听节目热线 467 个,搜集网民问题 744 个,并都已在节目中给予回复,在节目论坛中回帖。为加强节目的全方位宣传力度和提高节目影响力,2011 年,节目组在网络视频直播的基础上,在衢州信息港网站上开设了节目论坛,在新浪开通了实名微博,将节目预告和节目主要内容记录在论坛及微博上,得到了网友的广泛关注。2011 年节目发帖量达 189 条,点击率达 20 多万次。播出时间:每周一至周三 9:00~9:50 首播,19:00~19:50 重播。

《城乡新时空》

衢州广播新闻综合频道的重点栏目。节目立足对传统对农栏目进行转型升级,充分发挥广播媒体的连接城乡、服务城乡的功能,重点关注涉农民生,以推进新农村建设为目的,坚持贴近农民、农村、农业的节目理念,宣传党的方针政策,为农民致富奔小康提供信息和技术等全方位的服务。栏目设有信息机关枪、农技 110 在线、聚焦三农、专家在线、老年茶馆、就业快车道等子栏目。全年共播出 246 期。播出时间:每周一 ~ 周五上午 10:00~11:00。

《直播衢州》

衢州广播电视台开辟的一档大型广播直播节目。把广播直播车开到衢州市各行各业的第一线,通过电波、外景记者连线,全景式的反映我市各地在政治、经济、文化、民生建设方面取得的重大成就以及民众对我市各方面建设的诉求、意见、呼声,在党委政府和群众之间架起一条有效的通道。同时,凭借广播直播车,进一步提高广播媒体的影响力、公信力和权威性,把《直播衢州》打造成衢州广播第一品牌。

播出时间:每周一、三、四、五 14:00~15:00。衢州电台新闻台 FM105.3 和衢州电台交通台 FM97.5 并机直播。

《校园风》

该节目自开播以来一直关注未成年人思想道德建设。学校是一个小社会,有喜怒哀乐、也有酸甜苦辣,节目一如既往地关注校园和学生,同时也关注教育的方方面面。依托节目还开展了“衢州市中小学生《论语》学习系列大赛”、“校园主持人大赛”等活动。栏目设置有:校园新闻、我爱我书、才艺秀、故事大王、家教专栏。播出时间:每周一 ~ 周五 17:00~17:30。

《975 新闻》

衢州市广电台广播交通音乐频道的主打新闻节目。除了配合好台主频道做好主旋律宣传以外,立足频道的专业特点,以提供最大信息量为目标,围绕以人为本的服务思想,抓好车子、道路两个基本着力点,在新闻宣传上力求安全、作出特色。关注民生交通,注重与交通相关的评论,以引起市民更多地关注相关热点问题。播出时间:每天 17:30~18:00 首播,次日 8:00~8:30 重播。

《小路说交通》

衢州地区唯一一档专业交通服务性栏目,由衢州市交警支队、衢州市公路管理处、衢州市公路运输管理处、高速交警衢州支队、衢州市高速路政管理路段联合播出。节目及时报道交通动态,细致解读政策法规,真实记录突发事件,热情解决交通难题,栏目融资讯、知识、服务为一体，充分展现了鲜明的交通专业特色。主持人小路以亲切、成熟、稳健的主持风格赢得了众多听众的支持和信赖，《小路说交通》也将成为衢城百姓出行的权威性交通品牌栏目。播出时间：周一～周五 10:00~11:00 首播，20:00~21:00 重播。

《讲述》

以富有广播特点的方式讲述百姓故事，讲述普通百姓身边的故事，讲述大家爱听和好听的故事。力争以精彩的故事，丰富的音响，引人入胜的情节，吸引住听众的耳朵。致力让听觉艺术地展现生活，声音立体化、形象化。版块设置：故事类型为法制故事、小小说、情感故事、恐怖故事、智慧故事等，主要是具有生动的故事情节，鲜明的人物形象的故事。节目采用直播形式。针对不同类型的故事，采用不同的讲述风格。播出时间：周一～周日 13:00~14:00。

电视节目栏目

《衢州新闻》

衢州市广播电视台着力打造的品牌电视新闻栏目。栏目全面报道衢州重大新闻，权威解读政府政策资讯，关注区域经济社会发展和人的生存状态，关注重大突发事件，突出舆论引导，追求新闻价值和信息量。栏目注重新闻首发率，新闻的信息量、影响力在全市媒体中走在前列。该栏目是衢州市民了解衢州大事要事、感受身边民生的最有力窗口。栏目长度 25 分钟，首播 18:30；重播 22:00；次日重播 12:00。

《小齐说事》

衢州广电台和电视新闻综合频道着力打造的浙西地区电视媒体首选新闻时评、民生类第一品牌日播 25 分钟的栏目。栏目宗旨："谈论热点话题，倾听百姓心声，述说身边故事"。节目以舆论监督、民生话题为主导，融新闻、专题、服务、活动、互动为一体，追求新闻性与服务性的和谐、专业性与社会化的和谐、普遍性与本土化的和谐。节目内容厚实、贴近生活、贴近百姓。首播时间：每晚 19:35；次日重播：7:15；12:15。

《佳佳农话》

一档"杂志型"对农品牌栏目。栏目宗旨：贴近大三农、服务大三农。栏目定位：以全新视野解读政策资讯，以广阔视角扫描农村巨变，以深度剖析传递致富信息，以权威专业传播时事农技，以真诚贴心帮扶农民增收。设置有《乡村连连看》、《走进新农村》、《农技 110 特快》、《快乐乡村行》、《农技速递》、《三农资讯快递》、《气象农情》、《佳佳帮忙》等版块。每周三期节目，每期时长 10 分钟。首播周二、四、六晚 18:15，重播周三、五、日中午 12:40。

《浙西先锋》

坚持以"为党委、政府的中心工作服务"为指导思想，进一步扩大党建工作的影响力和覆盖面，及时宣传和报道党建、组织工作的动态、成功经验和各条战线党员、干部的感人事迹，大力弘扬时代主旋律，其宗旨是"宣传党建，教育党员，围绕中心，服务中心"。栏目由衢州市委组织部、衢州广电台电视新闻综合频道联合主办。栏目在衢州广电台电视新闻综合频道播出，节目总长 10 分钟，首播周日晚 18:15，重播周一中午 12:30。

《衢州警视》

由衢州市公安局、衢州广电台电视新闻综合频道联合主办。以弘扬社会正气、展示警察风采、普及法律知识为宗旨，栏目运用纪实、重现等多种手法，生动记录典型案件，以案说法，以法释法，普及法律知识、预防犯罪，维护社会稳定；记录民警工作、生活和情感的闪光点，展示民警风采；关注社会治安热点话题，通报社会警情，架设警民桥梁。该栏目长度 10 分钟，在衢州广电台电视新闻综合频道播出，首播时间：每周六晚 18:15，重播时间：每周日中午 12:40。

《百姓连线》

一档民生新闻栏目。该栏目注重服务百姓，服务生活，贴近百姓，贴近生活，注重政策法规、经济服务信息的及时播报，及时给百姓生产生活以指导，及时报道发生在百姓身边的新鲜事，满足观众的知晓欲。为了更及时准确的为百姓服务，《百姓连线》在市区大润发广场设"百姓留言板"，在老百姓心中基本形成了有难事找百姓留言板帮忙的习惯。首播时间：周一至周六 18:18~18:43；时长：25 分钟

《非常欢喜》

一档系列生活资讯类栏目,由汽车类节目《非常快车道》、美食类节目《非常好滋味》、本土相亲类节目《非常有缘人》组成,《非常欢喜》首先是一个生活资讯类的系列电视节目,但它更是一个大秀场,在这里可以秀美食、秀靓车、秀时尚、秀快乐等等。栏目坚持用娱乐化的形式去表现,结合风趣幽默的主持人,极具开拓性的创意,精美的制作。栏目口号:非常欢喜 非常爱。

每周三档,时长15分钟,分别于每周一到周三首播,周四到周六重播。

《新闻直白讲》

一档衢州方言新闻栏目,播报方式追求语言、风格贴近衢州本土文化,内容以调查、话题、舆论监督和网络信息为主,对本土新闻、社会热点进行深度调查点评,同时展开发散性思维与网络相结合,集合各方观点,具有一定的深度和广度。该栏目在衢州本地有很好的知名度和美誉度。首播时间:周一~周五18:45~19:00;时长:15分钟。

《乐购新主张》

电视经济信息频道全力打造的一档消费理财类的都市生活服务栏目,内容涉及理财、服装、珠宝、旅游等消费生活的各个领域,为衢州老百姓提供最权威、最及时、最时尚、最实惠的生活服务资讯。节目以轻松、休闲、活泼、娱乐为主,由乐购资讯、乐购流行季、乐购折扣记、乐购美丽计等板块组成。首播时间:周一、周三、周五21:45;时长:15分钟。

《乐居新空间》

电视经济信息频道全力打造的一档家装生活服务类栏目,栏目由乐居资讯、乐居热点、乐居帮忙团、乐居砍价团、乐居招标团、乐居万花筒等板块组成,是衢州唯一的一档电视家装节目。栏目将引领现代家装潮流,给老百姓带去经济、时尚的家居享受。首播时间:周二、周四、周六21:45;时长:15分钟。

江山市广播电视台

《校园麦克风》

创办于1999年12月,是江山电台一档广播青少专题节目。节目时长为20分钟,播出时间为每周二至周日的7:25、11:40和19:30,其中周二、周四、周六为首播,周三、周五、周日重播。节目以优秀学生习作、学生才艺表演、教师和家长访谈、校园动态为主要内容,分成多个板块,有反映校园热点问题的《热点透视》、有叙说校园动态的《校园传真》、有记录学生成长历程的《成长日记》、有展示学生才艺的《校园歌声》、有表达社会、家庭、教师、学生看法的《心语亭》、有表现学生习作才能的《小荷尖尖》等,还有《多彩生活》、《求知金钥匙》、《演讲台》、《读书有感》、《故事会》等共11个板块。

《江山综艺》

江山电台的综合性文艺节目,2007年由《演讲与才艺》节目改版而成,每档15分钟。《江山综艺》极具江山本土文化特色,宣传江山,歌颂江山,反映江山人积极向上的精神风貌,是集文艺知识、娱乐鉴赏于一身,老少皆宜、喜闻乐听的节目。《江山综艺》以播出本地文艺节目为主,展示本地作者创作演出的原创文艺作品。2007年以来,先后展播了《江山撤县设市20周年大型文艺节目》、《天半江郎》、《千年清漾的故事》、《绿色中国行——走进江山大型公益晚会》等地方特色浓郁的节目,深受江山人民喜爱。原创歌曲《爱的力量》、《妈妈的那碗大陈面》和《散落的乐珠—江山坐唱班》等节目还在浙江省和衢州市广播文艺节目评比中获奖。

《西南热线》

江山电视台的一档自办民生新闻类栏目,于2006年8月30日在整合原有《街头巷尾》和《走村访户》两个栏目的基础上创办。《西南热线》栏目的开办,结束了不固定的且以城镇和乡村划分报道民生新闻的历史,开创了江山电视台新闻节目发展新的篇章。《西南热线》栏目以"讲述百姓故事,报道社会热点,反映多彩生活"为宗旨。每周六档,每档节目播出2~3条,每次4~5分钟,首播时间安排在19:40分。《西南热线》栏目开播5年多来,节目质量、受众占有率和满意度不断提高,已成为当地家喻户晓的电视品牌栏目,荣获2008年度衢州市广播电视政府奖品牌建设类电视优秀栏目奖。

《江山大舞台》

江山电视台于2008年1月推出的首档自办电视综艺栏目，着重汇集富有浓郁地方气息的文艺节目,策划、举办各类大奖赛、趣味活动竞技以及评选活动等主题文艺活动,挖掘江山本土文化,展示江郎儿女新风貌。栏目以“唱江山好风景,日新月异;颂江郎新气象,欢声笑语”为宗旨,每周一档,每档时长为30分钟。《江山大舞台》内设一子栏目《欢乐家庭》。《欢乐家庭》以“一家乐,乐千家！左邻右舍,欢乐家庭”为宣传语,以主持人走进普通家庭,全家人合力完成挑战任务的方式,让观众感受普通家庭的快乐。节目时长10分钟左右,播出时间:首播 周五20:00 重播 周六12:24;周日20:00;周二18:05;周三12:24。

龙游县广播电视台

《田野风》

龙游电视台一档对农电视专题节目，栏目紧紧贴近农村,努力为三农服务,增强节目的信息量、服务性,注重节目内容形式的创新,充分运用字幕、音乐、特技等手法,增强对农节目的可看性。在“走、转、改”活动中,同步推出《走基层——发现美丽乡村》专栏,开设《咱们村的大能人》、《我来露一手》、《谁不说俺家乡好》等小板块,播出“农民雅士——武全富”,“柑橘大户许光荣”,“蜜柚能手林志军”,“社阳红光村老宅换公寓 贫困老人免费住新房”,“天池村的美丽风景”、“‘龙游天下’作品创作者张得善”等8组专题节目,让农民成为节目的主角,说自己身边的事,演自己的拿手戏,受到农民的欢迎。每周三档,20:15播出,时长5分钟。

《龙游新闻》

龙游电视台综合新闻电视栏目，每晚19:35播出,时长10分钟。围绕“科学发展、社会和谐”和“庆祝建党90周年”两大主基调,配合县委、县政府中心工作,开设“从数字看2010”、“辉煌十一五”、“我看‘十二五’”、“文明 理想 信念”、“四大攻坚行动”、“新农村建设带头人”、“选好带头人”、“工业服务月”、“‘十二五’解读”、“纪念建党90周年‘红色记忆’”、“重点工程巡礼”、“走进组工”、“创建美丽乡村”、“记者走基层”、“聚焦旅游文化节” 等常态和动态专栏20余个,推出各类报道数百篇;“两会”期间,推出《迎两会、话发展》、《代表委员心声》、《两会话题》、《代表委员风采》、《两会寄语》、《两会花絮》等栏目,为全县重点工作的开展推波助澜，为全县经济社会发展创造良好的舆论氛围。

常山县广播电视台

《我们的田野》

一档广播对农节目,每周三期(隔日重播),每期20分钟。节目体现大农业的概念,内容涵盖三农生产、生活各方面。设置的小栏目有:《农业新闻》及时传递农业政策、三农动态、农业科技新闻等;《田园故事会》讲述农民创业、百姓生活等感人小故事,弘扬精神、启迪心灵;《农家小院》聊聊农民关心的事,听听你该知道的事;《农情农事》提供农事指导、农技知识、各类信息等服务;《乡里乡亲》通过讲述农村纠纷、治安案件等,旨在引导家庭邻里之间和睦相处,推进平安常山、和谐社会建设;《乡村茶馆》播出农民喜闻乐听的相声、小品、戏曲、民歌等。

《空中课堂》

一档综合性联办性广播对农节目,每周三期(隔日重播),每期15分钟。内设《省级森林城市创建》、《省级生态县创建专题节目》、《“三优宝宝”课堂(早期教育)》等三个分栏目。

《常山新闻》

一档时政类电视新闻节目，以宣传党和国家的方针政策为主要任务,围绕县委县政府的中心工作,各个时期的侧重点又有所不同。为了实践新闻工作“三贴近”—即“贴近实际、贴近生活、贴近群众”的目标。近年来,《常山新闻》节目中民生新闻和社会新闻的比重不断增加,形成了上半部分发布时政新闻、下半部分反映百姓生活和社会万象的格局。《常山新闻》时间长度在15分钟左右,遇“两会”或其他重大事件,《常山新闻》会相应增加内容和长度。

《柚乡新农事》

《柚乡新农事》这个全新的电视对农节目,是2011年8月,由《农村天地》改版而来的。改版之后,新开设《农家小院》、《科技大篷车》、《供求信息》、《农情快递》等小板块。以更加优质的节目、丰富的信息，为农民朋友提供相关服务。每周三档，时长10分钟，播出时间每周二、四、六20:55(一套)，重播时间每周一、三、五、日11:45(一套)20:55(一套)20:45(二套)。

《执行效能之窗》

与县纪委联办的专栏节目，“聚焦实干高效，推进作风效能”，每2周制作一档节目，每档15分钟。《执行效能之窗》电视栏目是党委、政府联系群众的桥梁，是舆论监督的重要手段，落脚点和目的就是为群众办实事。栏目组成员通过不断学习，提高业务素质和工作水平，栏目在表现形式上不断创新，栏目质量不断提高，舆论监督力度不断加大，反映民情、民意更加透彻。《执行效能之窗》在推动“进一步提升工作效率，提高问题的答复率和办结率”取得了良好的效果，党委、政府满意，人民群众满意，已经成为党委、政府联系群众的“连心桥”。

衢州电视台节目时间表

新闻综合频率

2011 年 1 月 1 日起

7:00	节目预告
7:01	健康第一线
7:30	重播《小齐说事》
8:00	重播《衢州新闻》
8:43	重播《8 毫米栏目电影》
9:18	重播《第一剧场一》
10:18	《第一剧场二》
11:08	重播《第一楼市》/《第一财经》
11:28	重播《第一楼市》/《第一财经》
12:00	重播《衢州新闻》
12:54	重播联办节目:浙西先锋或廉政时空(周一)衢州新视野(周二) 佳佳农话(周三、周五、周日)消防之窗或浙浙西国防(周四)衢州警视(周六)
13:25	《晚间剧场一》
14:25	《晚间剧场二》
15:25	《晚间剧场三》
16:25	《晚间剧场四》
17:25	少儿节目《石头剪刀布》
17:48	《8 毫米栏目电影》
18:15	联办节目:衢州新视野(周一)佳佳农话(周二、周四、周六) 消防之窗或浙西国防(周三)衢州警视(周五)浙西先锋或廉政时空(周日)
18:30	《衢州新闻》
19:00	《中央新闻联播》
19:31	第一剧场(一)
20:24	第一剧场(二)
21:15	《小齐说事》
21:40	《第一楼市》/《第一财经》
22:00	重播《衢州新闻》
22:27	晚间剧场<一>
23:26	晚间剧场<二>
00:20	午夜剧场

衢州人民广播电台节目时间表

广播新闻综合频率
FM105.3 AM711

2011 年 1 月 1 日起

<table>
<tr><th>时间</th><th>周一 ~ 周五</th><th>周六</th><th>周日</th></tr>
<tr><td>5:55</td><td colspan="3">开始曲、预告节目</td></tr>
<tr><td>6:00</td><td colspan="3">健身音乐</td></tr>
<tr><td>6:30</td><td colspan="3">转播中央电台《新闻和报纸摘要》</td></tr>
<tr><td>7:00</td><td colspan="3">衢广新闻(重播)</td></tr>
<tr><td>7:30</td><td colspan="3">天天听</td></tr>
<tr><td>8:00</td><td colspan="3">房产直通车(重播)</td></tr>
<tr><td>8:30</td><td colspan="3">音乐不断</td></tr>
<tr><td>9:00</td><td colspan="3">行风效能热线(首播)(周一至三) 法律讲堂(首播)(周四至日)</td></tr>
<tr><td>10:00</td><td colspan="2">1053 整点快报城乡新时空</td><td>戏曲天地</td></tr>
<tr><td>11:00</td><td colspan="3">1053 整点快报心随车动(首播)</td></tr>
<tr><td>12:00</td><td colspan="3">1053 整点快报浙江经视《新闻深呼吸》(重播)</td></tr>
<tr><td>12:40</td><td colspan="2">开心一刻</td><td>残疾人之友</td></tr>
<tr><td>13:00</td><td colspan="2">1053 整点快报开心一刻</td><td>音乐不断</td></tr>
<tr><td>14:00</td><td colspan="2">1053 整点快报 1053 剧场(直播衢州)</td><td rowspan="2">1053 剧场</td></tr>
<tr><td>15:00</td><td colspan="2">1053 整点快报 1053 剧场</td></tr>
<tr><td>16:00</td><td colspan="2">1053 整点快报财通天下</td><td>音乐不断</td></tr>
<tr><td>16:30</td><td colspan="2">音乐不断</td><td></td></tr>
<tr><td>17:00</td><td colspan="2">1053 整点快报校园风</td><td>空中论语课堂</td></tr>
<tr><td>17:30</td><td colspan="3">房产直通车(首播)</td></tr>
<tr><td>18:00</td><td colspan="3">衢广新闻(首播) 18:25~18:30 柯城新闻(周一 ~ 周五)</td></tr>
<tr><td>19:00</td><td colspan="3">行风效能热线(重播)(周一至三)法律讲堂(重播)(周四 ~ 周日)</td></tr>
<tr><td>20:00</td><td colspan="3">心随车动(重播)</td></tr>
<tr><td>21:00</td><td colspan="3">衢广新闻(重播)</td></tr>
<tr><td>21:30</td><td colspan="3">音乐不断</td></tr>
<tr><td>22:00</td><td colspan="3">转播中央电视台《晚间新闻》</td></tr>
<tr><td>22:30</td><td colspan="3">转播浙江经视《新闻深呼吸》(首播)</td></tr>
<tr><td>23:00</td><td colspan="3">音乐不断</td></tr>
<tr><td>24:00:00</td><td colspan="3">全天播音结束</td></tr>
</table>

备注:周二下午 13:00—15:55 停机检修。

舟山市广播电视台

《谈笑自若》

广播新闻综合频率节目于 2011 年 1 月创办，以百姓生活为观照点，及时反映衣食住行等信息，捕捉民生热点，引导百姓生活。整档节目配乐口语化播报，风格明快。播出时间：周二、四、六、日 7:30~8:00。

《今天有话说》

广播新闻综合频率于 2011 年 1 月创办的评论类节目，述评当天市内外重要新闻，展示各家媒体对于重要新闻事件的看法，从中提炼客观、理性点评，加强舆论引导。播出时间：周一至周五 17:15~18:00。

《97 观察》

广播交通经济频率于 2011 年 2 月创办，节目定位于“说舟山事、评身边事”，以特约评论员评述的形式，对最新发生在本地的新闻事件展开评论。节目取材广泛，围绕听众关切的本地新闻事件，挖掘新闻事实展开评论，引起听众关注与共鸣。首播时间：周一至周五 7:25~7:30。

《海味舟山》

广播交通经济频率于 2011 年 7 月创办，是一档以品味舟山人文为目的、以传播海洋文化为重点的杂志型文化节目，通过两位主持人一主一次的搭档，采取邀请嘉宾走进直播室的方式，将舟山的海洋历史文化、海洋渔业文化、海洋交流文化、海洋军事文化、海洋旅游文化、海洋宗教文化、海洋民俗风情、海洋文学艺术等作深入浅出的解读，与听友一起回顾舟山历史、品味海味文化。每期节目设立一个话题，同时电话约谈嘉宾，接受听友的电话和短信参与。还有外景主持人到第一现场连线，增强节目可听性。播出时间：周日 14:00~15:30。

《交通快乐》

交通经济频率于 2011 年 9 月创办，是一档集资讯、娱乐、互动参与于一体的杂志型娱乐节目。该节目以诙谐、幽默、调侃为风格，围绕汽车生活，营造舟山交通快乐氛围。主持人以独特的方式、特定的角色化来演绎经典笑话段子，给奔忙在路上的听众解压，用草根的视角设计话题，调动听众与主持人的互动。节目除播报即时路况信息外，还穿插新闻资讯、笑话、歌曲。听众可通过短信平台或微博参与节目。播出时间：周一至周五 13:00~15:30。

《生活百度》

广播城市生活频率于 2011 年 2 月创办的生活类节目，关注生活品质，发现生活情趣。内容涵盖生活的方方面面，包括交通天气、停水停电、生活资讯等，旨在打造一个实用生活信息汇集、现代风尚展示的节目平台，让您生活更轻松、更快乐。内设《车来车往》、《时尚风向标》、《91 红绿灯》、《金融理财》、《新居时代》等子栏目。播出时间：周一至周五 7:00~7:30。

《城市女人》

广播城市生活频率于 2011 年 2 月创办的女性节目。节目宗旨关注女性，以女人的眼光看世界，以世界的眼光看女人。宣传女性的自尊、自立、自爱、自强。以讨论女性话题、关注都市女性精神世界为主题，内设子栏目《职场新女性》——介绍本土女界精英，在社会上成功的、传奇的、特立独行的女性，每期通过主持人对这些女性嘉宾深度访谈，将她们的不同个性和魅力展现在听众面前；《女人故事》——讨论女人的喜悦、烦恼和渴望，展示女性的价值观与生活方式；《时尚女人》——谈论女人的穿着打扮、礼仪气质等；《女性维权》——维护女性权利、反对家庭暴力等。播出时间：每日 16:00~16:30。

《91 帮你忙》

广播城市生活频率于 2011 年 2 月创办的热线服务类节目。节目采用热线电话、短信、QQ 等互动方式，直接了解听众的需求。包括升学、就业、房屋租赁、相关政策、解决途径等。与相关部门、企业建立协作关系，组合他们提供的信息，构建一个信息网络，然后告知听众。还利用广播优势，把听众提出的问题让听众帮助解答。节目设《政策解读》、《求职招聘》、《寻医问药》、《资讯广场》、《民工热线》等子栏目。播出时间：周一至周五 12:00~13:00。

《开心大氧吧》

广播城市生活频率创办的热线互动类娱乐节目。主持人邀请听众激情参与，竞猜、聊话题，说故事，送奖品。以轻松、快乐的方式陪伴听众下班回家。播出时间：周一 ~ 周周五 17:30~ 周 18:30。

普陀区广播电视台

《乐活杂志》

普陀广播电台开办于 2010 年 12 月 1 日的新栏目，旨在倡导健康快乐的生活方式。由生活加油站 、听觉旅行吧、旅行音乐袋三个子栏目组成。首播时间为每周一、三、五上午 9:00~10:00。

《下班路上》

普陀广播电台开办于 2010 年 12 月 1 日的新栏目，以男女对播的主持方式述说当天软新闻，在每天晚高峰陪听众一起下班。有三个子栏目，分别是：(1) 姗海观天下：网罗当天的新鲜、趣味的新闻事件。(2) 姗海精博典：网罗当天博客经典，从各大 SNS 社交网站上搜罗各方观点，各方声音。比如：豆瓣网，新浪微薄，天涯，19 楼 ETC。(3) 姗海笑话集：从广播剧《我的东北男友》提取的既有小专题，以角色扮演 + 主持人说笑的风格所说的笑话风格。每周一 ~ 周五，下午 17:00~18:00 首播。

岱山县广播电视台

《岱山新闻》

以时政经济新闻为主干，社会民生新闻为补充的综合性新闻栏目。栏目秉承“传播主流声音、荟集大事要事、挖掘新闻内涵、掌握经济动态，打造具有海岛地域特色的县级综合性新闻栏目”的传播理念，一直是县广播电视台自办节目的主打产品，

《今日视点》

《今日视点》是 2009 年 3 月在《岱山新闻》中固定推出的一档子栏目。栏目以“围绕中心、服务大局”为宗旨，以“深度报道、厚实展现”为追求，坚持“三贴近”、注重新闻性和细节化。《今日视点》栏目重点关注岱山经济发展进程最有成就感、最有创新力、最有代表性的亮点和热点，选题往往侧重岱山经济发展的某一方面、某个节点事件、某一个热点所带来的海洋经济的发展、社会民生的改变、和谐文明的进步等等内容，由此构筑起政府与群众之间的桥梁。《今日视点》每周三期，时长 5 分钟，首播每周一、三、五 19 点 40 分。

《闲话岱山》

《闲话岱山》是岱山县电视台 2009 年新开设的一档综合类生活服务电视栏目。“闲言碎语说岱山，说尽百姓身边事”，《闲话岱山》设有“美丽、美食、家居、乡村、街头”五个板块，以平民化、通俗化、生活化为特点，以公众利益为根本，用独特、平和的视角，通过主持人个性话语表达，于生动活泼中传递信息、提供帮助、解疑释惑、服务大众。节目在内容上重点突出地域性信息资源，在节目风格上追求平实、清新、亲切。栏目每期节目时长 8 分钟，首播时间是每周一 ~ 周五晚 19 点 50 分，重播时间为 21 点 50 分。

嵊泗县广播电视台

《列岛视线》

节目创办于 1998 年 1 月，是一档侧重于记录嵊泗社会经济发展的电视纪实性节目，设有《蓝色家园》、《嵊泗党建》等子栏目，节目首播时间为每周六，周日重播，共播出节目 650 期。节目力争内容贴近群众、贴近群众、贴近实际，节目形式力求创新，画面追求完美。

《热线传呼》

2007 年 6 月开办的，民生类栏目。2011 年，栏目改版为《热线传呼》，每周一、三、五固定时间播出，栏目以群众关注的热点、难点为工作出发点，以坚持正确的舆论导向为基本点，以主持人的形式创品牌效应，发挥广播电视新闻报道宣传的舆论监督和引导作用，推动了相关工作地开展，解决了一些群众关注的热点、难点问题。随着节目质量的提高，舆论监督的威信也在群众中提升，每逢遇到难事，群众就会拨打新闻热线寻求帮助，栏目受到了良好的社会效果，在群众中树立起了传媒人的良好形象。

《金沙潮》

广播对农服务节目《金沙潮》以提供渔业服务信息、渔业政策、近期渔业生产情况动向、先进典型等为主要内容。每周三期，每期30分钟，播出时间为每周二、五，节目时间的延长和播出次数的增加提升了节目为广大渔村群众服务的功能，受到了群众的好评。

舟山人民广播电台节目时间表

新闻综合频率

中波 AM684 调频 FM99.8、94.8 2011 年 1 月 1 日起实行

时 间	节 目	备 注
5:30	开始曲	
5:32	生活资讯、交通信息	
5:40	健康时间	
6:20	老歌经典	
6:25	气象预报	
6:30	转播央广新闻和报纸摘要	
7:00	舟广新闻(早间版)	
7:30	行风热线	周一、三、五
	谈笑自若	周二、四、六、日
8:00	今天有话说	周一至周五
	金色夕阳	周六、日
8:30	娱乐现场	
9:00	简明气象、舟广新闻(整点版)	
9:10	最佳现场	
9:35	为人民服务(上)	周一至周五
	对渔农村广播	周六、日
10:00	简明气象、舟广新闻(整点版)	
10:10	为人民服务(下)	周一至周五
	国防天地	周六、日
11:00	简明气象、定海之声	
11:15	中国音乐流行榜	
12:00	舟广新闻(午间版)	
12:30	舟山走书	
13:00	转播央视新闻直播间	

14:00	简明气象、舟广新闻(整点版)	
14:15	媛媛下午茶(上)	
15:00	简明气象、舟广新闻(整点版)	
15:15	媛媛下午茶(中)	
16:00	简明气象、舟广新闻(整点版)	
16:10	交通信息	
16:15	媛媛下午茶(下)	
17:00	简明气象、定海之声	
17:15	今天有话说	周一至周五
	千岛时空	周六、日
18:00	舟广新闻(晚间版)	
18:20	气象、海浪预报	
18:30	转播央广全国新闻联播	
19:00	音乐风云榜	
19:35	舟山走书	
20:00	今晚八点	
20:55	气象、海浪预报	
21:00	中国音乐流行榜	
21:30	社会档案	周一、三、五
	金色夕阳	周二、四、六、日
22:00	夜色聊人	
23:00	全天结束	

舟山电视台节目时间表

新闻综合频道

2011 年 1 月 1 日起实行

播出时间	节目名称
07:00	开始曲、台标、节目导视
07:05	《舟山新闻》(重播)
07:35	《汪大姐来了》(重播)(周日渔农天地　周一平安舟山)
08:30	星光剧苑(二集)
11:35	周二:《海边人家》(重播)周三:《全景舟山》(重播)
	隔周四:《东海长城》(重播)周五至周一:《生活我做主》(重播)
12:00	《舟山新闻》(重播)
12:30	《汪大姐来了》(重播)(周日渔农天地　周一平安舟山)
13:00	星光剧苑(三集)
17:45	周一:《海边人家》(首播)周二:《全景舟山》(首播)
	隔周三:《东海长城》(首播)周四至周日:《生活我做主》(首播)
18:10	《汪大姐来了》(首播)(周六渔农天地　周日平安舟山)
18:30	《舟山新闻》(首播)
19:00	转播《新闻联播》
19:35	舟视剧场(三集)
22:30	《舟山新闻》(重播)
23:00	周一:《海边人家》(重播)周二:《全景舟山》(重播)
	隔周三:《东海长城》(重播)周四至周日:《生活我做主》(重播)
23:25	《汪大姐来了》(重播)(周六渔农天地　周日平安舟山)
00:05	午夜剧场(三集)
02:45	全天节目结束

县级台对农节目一览表

单位	栏目名称	时长	播出时间	每周档数	重播时间和次数	栏目定位和宗旨
普陀广播电视台	新渔农村	15`	周三 19:45	每周一档	次日 00:15 12:15 18:40	栏目以服务性、贴近性和实用性为栏目宗旨，为全区广大渔农民朋友提供各类政策信息、服务信息、科技知识及致富信息，并给渔农民提供一个咨询交流的平台。同时，栏目也积极推广和宣传渔农业生产过程中出现的新技术、新方法、新品种，深入报道在新渔农村建设进程中涌现出来的新人新事、新风貌、新成果。
	阿法讲大道	15`	周六 19:45	每周一档	次日 00:15 12:15 18:40	栏目针对渔农村群众的收视特点，通过主持人阿法以聊天的形式向广大渔农民播报发生在百姓身边的新鲜事、有趣事和一些与渔农村群众生产生活相关的时事政治、民生及本土文化信息。力求通过方言这种具有浓郁地方特色的语言形式吸引更多受众的关注，从而达到良好的宣传教育和舆论引导效果。
	平安渔都	15`	周二 19:45	每周一档	次日 00:15 12:15 18:40	栏目通过报道法律知识、案例分析、以案说法、社会综合治理等方面的内容，增强广大渔农民群众的法制意识，创建一个平安、和谐、稳定的社会环境。
	《渔农时空》	15`	每周一、三、五 16:15~16:30 首播	每周三档	每周一、三、五 22:15~22:30 重播	栏目秉持服务"三农"宗旨，从本地实际出发，通过报道渔农动态，关注渔农热点，传播新渔农村文化，宣传致富典型，传递科技信息等为"三农"服务。
岱山广播电视台	闲话岱山（电视）	8 分	19:50 周一至周五	每周五档	21:50 周一～周五	重点突出通俗化、生活化、平民化，让普通百姓成为主角，展示普通百姓生产生活等精神风貌。
	蓬莱乡村（广播）	15 分	10:00（周一、三）	每周二档	——	突出渔农村新型社区建设和和谐社会构建.
	闲话岱山	10 分	19:40	每周 2 档	21:30 二次 12:30 一次	闲言碎语说岱山 说尽百姓身边事
嵊泗广播电视台	金沙潮	30`	每周一、三、五	每周五档	十次	渔业服务信息、政策、先进典型等
	蓝色家园	10`	每周二、四、六	每周三档	七次	渔业服务信息、渔业政策、 渔家事 、致富经验

台州市广播电视台

《台州新闻》

《台州新闻》是台州电视新闻综合频道一档以时政新闻为主的电视新闻栏目，也是台州电视史上历史最久的新闻栏目。播出时间为每天18:30~18:50，节目时长20分钟。

《台州新闻》节目内容主要包括时政新闻、政策法规发布、公共信息等，还有部分社会新闻，中间插播两段广告，纯节目量为14~15分钟，自采量占到60~70%左右。节目以消息类为主，时政新闻注重时效性，凸显主流媒体的权威性；信息发布以服务民众为第一要旨，社会新闻则关注重大事件、热点社会现象。收视群体学历层次相对较高，多为高中以上文化程度，收视率较为稳定，先后获得了2008年度浙江新闻奖三等奖；台州广播电视新闻奖电视品牌建设优秀栏目一等奖。

《大民讨说法》

《大民讨说法》是台州广播电视台电视新闻综合频道2008年7月开办的一档维权类新闻栏目，目前，每周7期，每天20:00首播，时长23分钟。该栏目是台州知名度高、影响力大，收视效果好的一档独具特色的品牌电视栏目。

《大民讨说法》在全国首创了带着律师采访的模式，提出了“随行律师”的概念，具有自己鲜明的栏目特色。栏目先后获得2009年台州市思想文化宣传创新奖，2010年城市台标杆品牌电视栏目，台州市广播电视台首届名栏目、2010年度浙江省广播电视新闻奖新闻专栏一等奖，第6届浙江新闻名专栏。2011年又获得第7届制片人论坛暨电视名优栏目总评榜活动“2011年十大创新电视栏目”。

《大民讨说法》在内容上，把维权和舆论监督结合起来；在形式上，把新闻报道和解决问题结合起来，通过律师深度参与采访和调解，现场为百姓化解矛盾，解决纠纷，为群众解决困难。《大民讨说法》的宗旨就是为老百姓维权、帮忙、讨说法。栏目开播以来，已经为老百姓切实解决了1000多个问题。

《600全民新闻》

《600全民新闻》为日播节目，每晚19点30分开播，总时长为60分钟。栏目设有多个版块：《直播12345》是与台州市政府直线电话受理中心12345合作开办的一个板块，目的通过舆论监督更好地维护群众的合法权益；《600公益活动》以帮助弱势群体、树立社会新风、倡导优良品德为目的；《老慕拍案》是由评论员慕毅飞评说各地热点新闻事件，以透彻剖析、正确引导为特色。

栏目以关注社会重大新闻为突破口，扩展视角，重视策划，以“有思想的民生新闻”为栏目定位。2011年，《600全民新闻》收视率、市场份额一直位于台州普通话新闻节目中的高位，年均索福瑞收视率在6点以上，最高收视率达到12点。

《阿福讲白搭》

《阿福讲白搭》作为台州影视文化频道主要节目之一，创建于2006年，是一档独具台州地域文化，用台州方言讲新闻的晚间新闻播报、评论、互动节目，节目时长为30分钟。

2011年5月18日，《阿福讲白搭》栏目改版，主持改为男女主播对播，语言为台州方言，栏目板块分即时新闻、近期新闻、热线回复与新闻杂烩羹四个部分。

《阿福讲白搭》以方言播报新闻为重要依托，主要针对广大农村电视受众和中老年收视群体，形式活泼，内容通俗。2011年《阿福讲白搭》栏目占有明显本地市场份额，主要收视群体为中老年人和中低文化程度人群，其中女性占多数，收视率位居频道前列。

《直通现场》

台州最具特色的新闻评论栏目。关注民生、经济、时政等多个层面，特别是社会关注的热点、百姓反应的焦点是栏目关注的重点。评论员风格鲜明，言论犀利、新锐。以评论为特色，做有观点的新闻。在运行机制上，加强编辑的力量，通过编辑的整合，改变以往仅对单一事件的点评，多角度深入形成规模。加强多媒体合作，培育评论员队伍，增强评论厚度。连线、图片、微博等多种元素运用，丰富评论的表现形式。栏目长度：30分钟。播出时间：每周一至周日21:30，次日重播。

《阳光热线》

《阳光热线》是由台州市纪委、市委宣传部、市政府纠风办、台州广播电视台联合主办、台州广播新闻综合频道承办的一档关注民生和行风建设的互动性热线访谈栏目,每周一到周五早上8点到9点首播,次日早晨6点重播。主要内容是提供政策咨询,在线接受群众关于乱收费、乱罚款等不正之风的投诉,听取群众对党风政风行风建设以及业务方面提出的意见、建议和批评。《阳光热线》栏目的前身是《行风热线》,于2004年11月开播。截止2011年12月,《阳光热线》共播出1680期,累计受理各类咨询投诉13440余件,问题回复、办结率保持在96%以上。《阳光热线》是台州广播节目中收听率最高的节目之一,最高市场份额达45.2%。2008年荣获台州市广播电视新闻奖广播品牌建设优秀栏目一等奖。2010年被评为台州广播电视台名栏目。

《路家兄妹》

2006年1月1日,台州交通广播大改版,对记者全天的纵向信息播报的形式做了一个大胆的创新,一个具有家庭式组合、角色化演绎、个性化播报的节目《路家兄妹》出现在电波中。这个家中由路小东、路小南、路小西、路小北四个兄妹组成,他们的口号就是"我们在路上、我们在您的身边"节目运行五年来成为了社会影响力巨大的品牌节目。

"路家兄妹"节目内容定位是重在向坐在车上的受众传递在身边发生的交通民生信息,帮助受众解决遇到的难题。节目构成元素是以现场连线话语因素为主、时长为2分钟到5分钟。由"1"、"1+1"或者"1+N"的方式构成。即一位记者或者加一个新闻当事人,事件关联人。"路家兄妹"节目具有很鲜明的特色。可操作性强。"路家兄妹"由东南西北四人组成,采访对象既可以有关联人也可以有当事人,不受实际情况限制,极具可操作性。时效快。"路家兄妹"的节目内容,是对当日发生或者新近发生的事件的报道,突发事件时可以直接到现场。因此,它具有非常快捷的时效。形式新颖。"路家兄妹"每天整点播出,四人轮流进行。兄妹组合式出现形式新颖,有较高的接受度。

《聆听台州》

《聆听台州》于2010年6月创立,是台州广播电视台音乐广播频率每周日12:00推出的文化类访谈节目,针对百姓关注的文化领域焦点话题,邀请台州本土知名文化人士,深度访谈与探讨,传播文化成果,塑造文化精神,引导文化健康发展。该节目开播两年,共邀请了台州文化圈名人近百人,这些嘉宾中有台州本土音乐人、作家、画家等等,畅谈的话题围绕嘉宾的专业、经历、感受和智慧为中心,抽丝剥茧地讲述人的故事,以成败得失、人生百味体现人的智慧和感悟,让更多听众通过节目去了解和感受本土文化名人的心路历程和创作成就,拉近距离,沟通彼此,凸显了音乐广播的专业定位和文化传播价值。

黄岩区广播电视台

《一方水土》

一档社教类电视节目,宗旨是通过展示地方传统文化,民俗民艺和乡土人物等,以弘扬黄岩传统文化,凝聚黄岩精神。节目内容包含五个方面:1.《乡土文艺》:展示黄岩地方特色鲜明的乡土文艺,例如黄岩白搭、黄岩乱弹、宁溪作铜锣,上洋唢呐、南城走高跷、闹湖船等。2.《名人名家》:叙说黄岩有影响的或者曾经在黄岩留下足迹的名人名家,如历史人物曾铣、戴复古、陶宗仪、杜范、王绾、朱熹、陈叔亮、陈石濑等。3.《文化遗存》:通过对承载黄岩历史的文化遗存的展示,反映黄岩一方热土历史的变迁。如沙埠青瓷窑址、瑞岩寺、广化寺、米筛井、五洞桥、镇锁桥等。4.《民俗民艺》:整理收集黄岩当地习俗和民间工艺。如七月半、八月十六、宁溪二月二、翻簧、竹编。5.《名吃名点》:介绍黄岩地方特色小吃、特色点心等特色食品。如姜汤面、麦鼓头、沙埠糕、沙埠芋头、宁溪糟烧、黄泥曲酒等。节目播出每周一期,长度20分钟;首播时间是每周四20:00重播时间是每周五7:15分。

《七色光》

以展现童真、童趣和童星为主的少儿电视节目,主要给孩子们提供一个展示自我的舞台,让孩子们在节目中找到快乐,在快乐中成长。节目主要包含四个方面:1.《全家总动员》主要通过自我介绍、才艺表演、生活趣事、全家参与的形式来进行的。主要展现孩子天真浪漫、童趣可爱的形象。2.《童声飞扬》以孩子们的歌曲才艺为主,学校推荐。节目主要通过MTV的形式来进行。主要展现小朋友天真、活泼、可爱的一面。3.《快乐体验》给孩子一个亲身体验的过程，陪同孩子们想做而又做不了或不知道怎么做的事情。4.《童星剧场》围绕孩子们生活上、学习上的趣事，拍摄小小电视剧，让孩子们自己做主角。《七色光》少儿节目每周一档，周五播出。

临海市广播电视台

《快乐红黄蓝》

2010年4月推出的一档少儿电视节目。栏目以幼儿园小朋友到初三学生为主要受众群体，力求在轻松活泼的氛围中树立少年儿童正确的思想意识，在丰富多彩的节目中让受众得到一种交流，看到一个典范，学到一点知识。栏目的风格是轻松有趣，时尚活泼，亲和贴近。栏目设有校园千里眼、小鬼乐翻天、快乐棒棒"堂"、宝贝秀秀秀四个板块。节目每周播出一期，每期时长为18分钟。

《种田垟》栏目

2007年1月8日推出的对农方言电视栏目。栏目宗旨是"聚焦三农，服务新农村建设"，栏目风格为朴实亲切轻松。栏目运用板块式结构，采取杂志型编排，现设有六大板块，《乡村新闻》——新农村建设，节庆活动，康居工程等来自农村或有关三农的新闻；《生财有道》——表现致富典型的创业故事和创业心得；《小徐跑农村》——以记者小徐的视角感受农村、关注农村、服务农村；《农技110》——推广实用农技，开设农民热线（热线电话号码为5408110），答疑解惑；《乡村"民"星》（2010年新增加板块）——关注农民的文化生活；《村头黑板报》——政策咨询、产销链接、社情服务。节目开播以来，受到了社会各界人士尤其是广大农民群众的普遍关注和强烈欢迎。连续第三年获全省电视优秀对农栏目奖。

《我们在路上》

现在随着有车一族的不断增加，越来越多的人是在车里度过的，2011年临海电台就针对这一群体对节目进行了改版，在每天下午下班的高峰时期，17:00~18:00推出了《我们在路上》节目，以诙谐、幽默的方式让忙碌了一天的听众得到放松和开心一笑，这档节目开播一年来很受听众的喜爱，进一步提高电台的知名度。

《80、90向前冲》

《80、90向前冲》是临海人民广播电台于2010年4月新改版的一档晚间聊天类栏目，目标受众定位在校大学生和刚参加工作的年轻人。栏目由两位80后男女主持人搭档主持，他们以轻松、亲切的风格，结合自身特点来聊80、90的生活、情感、人生态度和对社会的看法等。努力传达健康、时尚、快乐、进取的年轻理念。栏目共分8090时尚SHOW、微博知天下和8090逗小嘴三个小板块，每日20:00~21:00播出。

温岭市广播电视台

《家住温岭》

《家住温岭》是生活服务类电视栏目，栏目分为三大版块：《城事动态》以温岭大众的生活资讯为主，报道"城"与"事"的最新动态。《咪咪生活家》结合介绍新潮、精致的商家产品，以家装、房产为主，推崇高品质生活。《时尚前沿》发布一些应季家居流行元素等。

播出时间：温岭一套 一三五晚17:55（首播）次日12:00（重播）；二套 晚21:08（重播）22:30（重播）次日07:00（重播）

《财富1818》

《财富温岭》电视栏目专业报道温岭各行各业商家、店铺新动向，为温岭广大市民提供最鲜活的本土财富资讯和最快捷的商家、店铺信息，发布大容量资讯，同时给观众提供一些日常养生知识，传达一种健康养生的财富生活理念。

播出时间：温岭一套 晚18:18（首播）22:38（重播）次日08:00（重播）；二套 晚20:50（重播）次日12:30（重播）

《温岭早高峰》

见证温岭的变迁，街头巷弄，市井美食，寻常百姓，灯火炊烟。渗透温岭的每一个事件，关注温岭的每一个角落。《温岭早高峰》是播报城市交通信息的一档广播节目。

主持人：季涛 槟彤。播出时间：早7:30~9:30（首播）晚23:00~次日1:00（重播）

《双语资讯网》

普通话和温岭方言广播栏目,新鲜的社会新闻,用讲述故事的方式,少一点严肃,多一点轻松,和阳光一起渡过充满当地资讯的悠闲下午。

主持人:波波 小美播出时间:下午 14:00~16:00(首播)次日 1:00~3:00(重播)

玉环县广播电视台

《我们逛街去》

2010 年 6 月 28 日正式开播,是一档生活服务类电视栏目,也是玉环台第一档完全意义上的符合制播分离理念的本土电视栏目。栏目宗旨:关注衣食住行,贴心为民服务。栏目时长 10 分钟,周一至周五 20:25 播出。

《住在榴岛》

2011 年 4 月 18 日开播,是一档生活服务类电视栏目。特色版块:《生活风向标》、《榴岛人家》、《投资理财》。栏目以平民化的视角为观众解读楼市政策,发布权威信息,为政府、企业、商家与老百姓搭建互通信息的平台,并联手各行投资分析师为观众投资理财给力支招。栏目时长 20 分钟,首播:每周一、三、五、日 20:30,重播:每周一、三、五、日 22:30。

《月月 3.15》

2011 年 4 月 15 日开播,玉环电台和玉环县消保委联办节目。节目宗旨:促进消费和谐、关注民生民意。节目内容:及时报道国内重大消费维权信息和本地工商、消保委消费维权工作动态,发布消费警示,介绍典型消费案例。节目时长 1 小时,首播:每月 15 日 8:30~9:30,播音:陆琼。

《安监之声》

2011 年 2 月 28 日开播的广播栏目,主要介绍事故危害及法律保护、常见事故危害的防范措施、劳动防护用品使用方法、日常生活安全、事故伤害急救等安全生产基础知识。节目时长 5 分钟,每周一、三、五首播,首播时间 11:00,重播:每周二、四、日,上午 6:15 分。播音:蒋丽丽。

天台县广播电视台

《始丰民生广场》

一档以民生新闻为主的综合性新闻服务类电视栏目,2008 年 11 月 8 日正式开播,节目时长 20 分钟,每周一至周五晚 20 点首播。栏目的宗旨是"关注百姓生活,讲述百姓故事",由"888 新闻眼"、"帮忙二人行"、"生活小贴士" 三个板块构成。该栏目自 2007 年 12 月试播以来,经过近一年的运行磨合,广大采编人员通过持续不断地对对节目内涵进行改造和深化,精心策划选题,以独特的视角、新颖的制作不断吸引城乡群众关注和喜爱,在当地拥有较高的收视率,享有较高的声誉。

《天台人讲散》

一档方言版的民生新闻电视栏目,2008 年 11 月 9 日开播。该栏目由新闻和天台人讲古二个板块构成,以老百姓最关心的话题,县内先进人物事迹、人文、历史,百姓身边故事等为内容,立足于丰厚的天台山文化土壤和优美的山水风光资源,挖掘、整理、展示、弘扬当地原生态文化,力求做精做细,力求"好看",该栏目时长 20 分钟,每周六、周日 20:00 首播。

《魅力乡村行》

一档与天台县农业局合办的对农电视节目,2009 年 5 月 28 日开播。《魅力乡村行》以"评说地方农事、提供致富信息、展示特色农业、关注农民生活"为节目定位,主打板块有四个:"乡村快报"为农民提供最直接、最及时的方针政策、农时农事、农技资讯和动态速递;"乡村来风"涵盖动态新闻、生产生活、农民信箱和特色文化,原汁原味地反馈农村面貌;"致富有道"主要介绍种养殖新技术、新品种等致富信息,以及宣传身边的致富典型、经验推广、致富金点子和市场行情;"乡村故事"评述人物采风、文明新风、乡村新貌及趣闻轶事。该节目时长 20 分钟,每周一、三 20∶30 首播。

仙居县广播电视台

《发改经纬》

电视经济服务类栏目。栏目宗旨：聚焦重点项目，服务体制改革，关注粮食安全，解读物价管理。每两周播出一期，周三 20:00 首播，当晚 22:20，次日 9:20，12:20 重播。栏目旨在传递全县发展改革的重大政策信息，介绍事关全县经济、社会长远发展的重大工程，方便项目交流沟通，探索发展改革创业创新。节目播出后受到了社会各界的广泛关注和好评。

《FM101 有声杂志》

一档仙居人民广播电台开办的资讯密集、精华荟萃、寻求创新、充满个性的版块结构的杂志型广播资讯节目。栏目宗旨：用声音诠释世界！播出时间每天 7:30~12:00。栏目以半小时为单位，分割成九大板块：科学资讯“科学漫步”；生活资讯“生活好帮手”；时尚资讯“101 购物街”；娱乐资讯“娱乐呼啦圈”；财经资讯“财富纵横”；时政资讯“时事快报”；民生资讯“社会广角”；网络资讯“E 坛热帖”；书籍资讯“好书连播”。

三门县广播电视台

《食品安全每周播报》

一档食品安全类电视栏目，依靠县食品检验检测中心提供的相关权威性检测，深入全县各食品生产经营单位以及各乡镇集市，全方位、多角度、深层次地报道全县食品安全动态，推广普及食品安全知识。每周五晚播出，节目时长 3~5 分钟。

《天天时评》

一档广播评论性栏目。节目内容主要是对国内、省内以及县内当天新近发生的，与群众关系密切的重大新闻事件进行播报、剖析和点评，把原来简单的新闻现象和新闻事实，通过短评的形式进行深度解读以后转化为听众可听、可学、可用的新闻信息，从而帮助老百姓解决在生产和生活当中遇到的热点、重点和难点问题。节目每天播出一期，11:15 首播，16:50 重播，节目时长 18 分钟。

丽水市广播电视台

广播节目栏目

《丽广新闻》

丽水市广播电视台广播新闻综合频率的一档综合性新闻栏目。节目宗旨是“第一时间，第一报道，第一选择”。《丽广新闻》及时体现市委市政府的决策，真诚反映人民群众的心声，全面、快速报道全市各地发生的最新新闻。每天 6:00、11:30、17:30 滚动播出。

《百姓热线》

由丽水市人民政府效能办、纠风办和丽水市广播电视台广播新闻综合频率联办的舆论监督类节目。节目宗旨是“为百姓说话，为百姓办事，为百姓撑腰”。周一到周日 8:00~8:30 播出，周六、周日为反馈版。

《绿色淘金》

广播新闻综合频率一档对农专题节目。节目以“为农业、农村、农民服务，宣传农村政策，保护农民权益”为宗旨，全方位、多角度地服务三农 。每周一、三、五 11:00~11:15 播出。

《文馨读报》

广播新闻综合频率一档新闻读报节目。主持人以说议结合的形式，关注国事、家事、天下事。每周一 ~ 周五 8:30~9:00 播出。

《财经时间》

广播新闻综合频率一档经济类节目。为寻找财富，创造财富的朋友提供信息，更好地把握财富。每天 20:00~21:00 播出。

《神游丽水》

广播交通音乐频率一档以宣传丽水旅游为主旨的旅游节目。它通过连线报道或嘉宾做客直播间等方式，宣传丽水旅游，促进旅游业的发展。栏目还开展“凡夕贝妮带你神游丽水”活动，组织听众进行自驾游。每周一、周五 13:30~14:00 播出。

《丁靖工作室》

广播交通音乐频率一档集资讯、服务、访谈为一体的综合性节目,设有“深度 1069”、“丁靖访谈”等子栏目。每周一 ~ 周五 10:30~12:00 播出。

《1069 直播丽水》

广播交通音乐频率一档以反映丽水文化、展示丽水风貌的直播节目。节目采用直播、录播、采访、连线等多种形式,反映丽水地域特色文化。每周一 ~ 周五 14:00~15:00 播出。

《一炮双响,我为车狂》

广播交通音乐频率一档汽车服务类节目。节目主持风格鲜明,活动形式丰富。连续三年策划组织了“胡杨带你去植树”活动,还联合市政协诗书画社书法家坚持七年开展“新春送春联”活动,受到听众喜爱和欢迎。每周一 ~ 周五 08:30~10:30 播出。

《音乐一级棒》

广播交通音乐频率一档音乐节目。节目具有鲜明的特色和主持风格,最新音乐、歌手互动,都深深地吸引了听众,节目还依托微博与听众互动,扩大了受众群。每周一 ~ 周五 21:00~22:00 播出。

电视节目栏目

《丽水新闻》

丽水市广播电视台电视新闻综合频道的主打新闻栏目。《丽水新闻》秉承“权威、公信、及时、全面”的宗旨,体现“亲和、贴近”的风格,致力打造成丽水地区最具影响力的综合性时政新闻节目。权威时政信息第一时间发布,热点民生事件第一现场报道,大容量的本地资讯让观众享用“新闻盛宴”。每天 19:35 首播。

《新闻夜视》

电视新闻综合频道的一档晚间新闻节目。主要有今日要闻、今晚快讯、今日媒体聚焦三大板块。一样的新闻,不一样的说法,既权威又轻松诙谐,既庄重又灵巧自如。每天 22:20 分播出。

《新闻追踪》

电视新闻综合频道一档新闻评论专题栏目。节目加强策划,拓展选题,注重民生,强化现场,节目的可看性进一步提升。每周一、三 20:10 首播。

《瓯江警视》

电视新闻综合频道和丽水市公安局联办的一档法制类节目。节目融法律、法规、政策为一体,集思想性、新闻性和艺术性为一身。每周四 20:10 首播。

《纪事》

电视新闻综合频道一档电视纪实类栏目。栏目以纪录片的形态,平视的目光记录生活,拍寻常人,讲百姓事,通过讲故事的手法叙事,展现充满时代气息的生活。每周二 20:10 首播。

《瓯江报道》

电视经济生活频道一档直播新闻栏目。节目利用直播手段,强化突发新闻、重要新闻的报道时效,提升了节目的新闻性和可看性。每天 18:45 首播。

《社区直通车》

电视经济生活频道一档民生新闻栏目。节目以“关注民生民情、塑造城市精神”为宗旨,为百姓排忧解难,受到百姓喜爱。每一至周六 21:15 首播。

《欢乐天地》

电视经济生活频道一档综艺类少儿节目。节目寓教于乐,注重少儿的心理教育和引导,节目的趣味性和参与性强, 成为孩子健康成长的乐园。每周日 18:00 首播。

云和县广播电视台

《云和新闻》

周一至周五日播,周六至周日播出新闻周报,节目时间 10~15 分钟,周六、周日播出《手语新闻》,方便聋哑人收看。

景宁畲族自治县广播电视台

《移动新闻直通车》

是《畲乡新闻》的民生新闻版块电视栏目，以崭新的报道方式和报道视角记录老百姓身边发生的新闻，栏目始终以“关注百姓急事、难事，报道社会趣事、新事，揭露不文明现象，弘扬社会正气”为宗旨，报道方式、语言、特色和主持风格都体现“三贴近”，并充分利用热线平台，为政府与百姓搭建沟通桥梁。

《畲乡风》

《畲乡风》栏目属乡土文化及现代生活类综合版块电视专题，栏目以“三贴近”为出发点和立足点，囊括知识服务、文化信息、人物介绍、法制宣传、综艺娱乐等方面内容。

青田县广播电视台

《金色田野》

《金色田野》节目开办于2003年，每晚19:55首播，时长10分钟。集服务性、知识性、实用性、可看性于一体，让观众全方面体验侨乡新农村建设成就，青田新农村真实风貌，是丽水市县级台首档电视对农版块节目，浙江省首届县级台“十佳”电视对农节目，丽水市“品牌栏目”。曾获2010年度全省广播电视对农节目优秀奖。

《侨乡大舞台》

《侨乡大舞台》节目于2010年7月开播，每周一13:10播出，时长45分钟。充分利用台400平米演播大厅这个平台，接轨国内电视娱乐的潮流，结合切实可行的本土化视角，同时创造性地开展了该节目的市场运作，全力探索县级台综艺节目长效运作之路，为青田台今后开播影视综艺频道奠定基础。开播一年多来，已先后推出了40多档雅俗共赏的综艺节目。

《青田人闯天下》

《青田人闯天下》电视栏目创办于2007年，具有浓郁地方特色，旨在大力弘扬“青田精神”，服务“三大青田”建设。该栏目每晚22:20首播，时长10分钟，将视角对准旅欧青田华侨，尤其是新生代华侨在传统产业、新兴产业以及社团建设、文化传承等方面的所作所为。《青田人闯天下》栏目荣获丽水市“品牌栏目”称号，同时还入选省委宣传部“基层宣传工作创新百例”一书。

遂昌县广播电视台

《遂昌新闻》

全面客观报道遂昌县各领域的发展情况，让遂昌走向全国，让全国了解遂昌，了解遂昌所拥有的悠久历史和丰富的自然人文景观，了解遂昌当今社会经济、生活、文化不断变化的方方面面。《遂昌新闻》将成为遂昌乃至全市知名的电视品牌栏目，服务于遂昌人民全面建设长三角休闲旅游名城发展战略的各个领域，周一～周五19:40播出。

《农村新天地》

《农村新天地》是一档对农电视节目。栏目致力关注“三农”发展，重点报道各地、各部门发展“三农”的创新举措及经验，尤其是实践“经营山水、统筹城乡、全面建设小康社会”发展战略、谋求差异化发展(发展生态经济，以休闲旅游为主)的典型及经验。每周一档，节目时长12分钟，周六19:55首播，周六22:00、周日12:50重播。

《和谐新农村》

广播栏目《和谐新农村》始终关注三农、服务三农。对农村各地的新人新事进行全面展示，以凸显社会主义新农村建设的成就，展现现代农村的精神文明以及社会主义新农村建设和城乡统筹发展的成果，营造和谐向上的氛围。每周一档，节目时长12分钟，周日17:30首播，次日7:30、12:00重播。

松阳县广播电视台

《松阳新闻》

自办电视节目周一至周五日播，周六、周日播出一周要闻，节目时间10~15分钟。

《农业在线》

自办电视节目每周一档，由“信息快递”、“茶乡新事”、“专家课堂”、“农技之窗”、“农民信箱”、“气象与农事”等板块组成，节目时长10钟左右。

龙泉市广播电视台

《彩虹桥》

每周一档，每档20分钟。栏目由《每周一星》、《小小故事王》、《宝贝1+1》三个板块组成，板块之间相互独立、各有侧重、各有所长，通过主持人（彩虹姐姐）在演播室里的串词把三个板块衔接在一起，使栏目更加增添了知识性、可看性、互动性，同时激发了本土少年儿童参与活动的热情，引起了社会的广泛关注。开播一年多，《彩虹桥》栏目不仅成为了龙泉少年儿童健康成长的好伙伴，同时也成为了一档在少年儿童及家长心目中不可缺少的少儿电视栏目。

《剑川热土》

《剑川热土》电视节目定位为传递农业信息、纪录农村变化、服务农民需求。围绕这个定位，在《剑川热土》栏目中，设置了《乡村纪事》、《农技课堂》、《情系三农》等三个主板块，还有《信息看台》、《农民信箱》等辅助板块。节目着力反映新农村建设中各种新变化，并突出服务的功能，深受广大农民朋友的欢迎。每周一档，时长15分钟，周六20:00首播。

《美丽新农村》

一档以“三农”为主的综合性对农广播节目，节目共有8个小栏目，每档设两个以上栏目。节目报道农业时事消息，农业政策法规，介绍农业生产的新技术、新品种，报道老百姓身边的“致富明星”创业经历等等，点评农村热点难点，解答农民困惑疑虑，全心全意服务“三农”，深受农民朋友欢迎。每周三档，时长15分钟，周一、周三、周五19:15首播。

缙云县广播电视台

《石城农事》

第一档2008年5月30日开播，每周一档，周五晚上8:00首播，节目时长15分钟，有“科技课堂”、“情系乡村”、“农民信箱”“供求信息”等板块；第二档对农服务电视节目2009年11月初播出，仍定名《石城农事》，节目从原来面向普通群众的人物节目《百姓空间》改版而来，每周三晚上8:00首播，节目时长、板块设计等都和第一档的一样。第三档对农服务节目2010年3月初播出，仍定名《石城农事》，节目从原来《科技课堂》改版而来，每周日晚上8:00首播，节目时长为30分钟、板块设计为《石城农事》的一个小板块。

《金色田园》

缙云人民广播电台服务“三农”的主打品牌节目，播出时间为周一至周五7:20（首播），13:00（重播），栏目时长20分钟。《金色田园》，本着贴近三农的原则，在栏目的定位、题材的选取，节目的形式、语言的表达等方面都突破了传统对农节目的做法，取得了较好的报道效果。栏目贴近农民、贴近农村生活、贴近农业实际。为实现对农节目内容“农”字特色，记者真正深入农村，靠近农民，从心理上走近农民，让农民自主“点题”，听农民说话，为农民说话，倾听来自农村一线的真实声音，保证了节目纯正的农情、农味、农色。

丽水人民广播电台节目时间表

新闻综合效率

<table>
<tr><th>时间</th><th>周一至周五</th><th>周六</th><th>周日</th></tr>
<tr><td>05:55~06:00</td><td colspan="3">开始曲、节目预告</td></tr>
<tr><td>06:00~06:30</td><td colspan="3">丽广早新闻</td></tr>
<tr><td>06:30~07:00</td><td colspan="3">转中央台 新闻和报纸摘要</td></tr>
<tr><td>07:00~08:00</td><td colspan="3">转浙江之声 浙广早新闻</td></tr>
<tr><td>08:00~08:30</td><td>百姓热线(周一至周五领导上线直播版)</td><td>百姓热线(反馈版)</td><td>百姓热线(反馈重播)</td></tr>
<tr><td>08:30~09:00</td><td>文馨读报</td><td colspan="2">文馨读报(新闻纪事)</td></tr>
<tr><td>09:00~09:10</td><td colspan="3">整点快报(1)</td></tr>
<tr><td>09:10~10:00</td><td>生活进行曲</td><td colspan="2">生活导航 在线服务</td></tr>
<tr><td>10:00~10:30</td><td colspan="3">整点快报(2) 中国笑星</td></tr>
<tr><td rowspan="2">10:30~11:00</td><td rowspan="2">城市
在线</td><td>晓峰连线</td><td rowspan="2">一周回顾</td></tr>
<tr><td>城市资讯</td></tr>
<tr><td>11:00~11:30</td><td colspan="2">绿色淘金、新闻故事
(周一、三、五首播,周二、四、六重播)</td><td>新闻广角
新闻故事</td></tr>
<tr><td>11:30~12:00</td><td colspan="3">丽广午新闻</td></tr>
<tr><td>12:00~12:30</td><td rowspan="2">拇指
大赢家</td><td colspan="2">拇指乐翻天</td></tr>
<tr><td>12:30~13:00</td><td colspan="2">拇指大赢家</td></tr>
<tr><td>13:00~13:10</td><td colspan="3">整点快报(3)</td></tr>
<tr><td>13:10~13:30</td><td rowspan="4">都市
丽人</td><td colspan="2">女性社区</td></tr>
<tr><td>13:30~14:00</td><td colspan="2">时尚资讯</td></tr>
<tr><td>14:00~14:30</td><td colspan="2">生活热线</td></tr>
<tr><td>14:30~15:00</td><td colspan="2">音乐欣赏</td></tr>
<tr><td>15:00~15:10</td><td colspan="3">整点快报(4)</td></tr>
<tr><td>15:10~16:00</td><td colspan="2">娱乐 60 分</td><td>娱乐 60 分(音乐有约)</td></tr>
</table>

<table>
<tr><td>16:00~16:30</td><td colspan="3">广播剧场</td></tr>
<tr><td>16:30~17:30</td><td colspan="3">章嘴就来</td></tr>
<tr><td>17:30~18:00</td><td colspan="3">丽广新闻</td></tr>
<tr><td>18:00~18:30</td><td colspan="3">转浙江之声 浙江新闻联播</td></tr>
<tr><td>18:30~19:00</td><td colspan="3">转播中央台全国新闻联播</td></tr>
<tr><td>19:00~19:30</td><td colspan="3">百姓热线(重播)</td></tr>
<tr><td>19:30~20:00</td><td colspan="3">转播电视新闻综合频道《丽水新闻》</td></tr>
<tr><td rowspan="2">20:00~21:00</td><td rowspan="2">财经
时间</td><td>财经资讯</td><td>财富人生　一周财经</td></tr>
<tr><td>快乐理财</td><td>理财故事</td></tr>
<tr><td>21:00~21:30</td><td colspan="2">绿色淘金、新闻故事(重播)</td><td>新闻广角、新闻故事
(重播)</td></tr>
<tr><td>21:30~22:00</td><td colspan="3">广播剧场</td></tr>
<tr><td>22:00~22:10</td><td colspan="3">整点快报(5)</td></tr>
<tr><td>22:10~23:00</td><td colspan="2">缘份的天空</td><td>缘份的天空(相约今宵)</td></tr>
<tr><td>23:00~23:30</td><td colspan="3">丽广新闻(重播)</td></tr>
<tr><td>23:30~24:00</td><td colspan="3">心语星愿</td></tr>
<tr><td>24:00</td><td colspan="3">播音结束</td></tr>
</table>

丽水电视台节目时间表

新闻综合频道

7:32	重播:经济类栏目 + 法制中国
7:49	重播:眼界
8:16	重播:新闻追踪 + 纪事 + 瓯江警视 + 乡里乡亲
8:32	重播:新闻夜视
8:52	活力剧场(三集)
11:44	重播:经济类栏目 + 法制中国
12:00	眼界
12:30	重播:丽水新闻
12:59	气象
13:05	重播:新闻追踪 + 纪事 + 瓯江警视 + 乡里乡亲
13:20	重播:手语新闻 + 娱乐双响炮
13:34	魅力剧场(三集)
16:25	动物栖息地
16:52	经典剧场(二集)
18:45	经济类栏目 + 法制中国
19:00	转中央台新闻联播
19:35	丽水新闻
20:04	气象
20:10	新闻追踪 + 纪事 + 瓯江警视 + 乡里乡亲
20:25	第一剧场(二集)
22:15	新闻夜视
22:34	重播:气象
22:38	星光剧场(二集)
0:32	重播:经济类栏目 + 法制中国
0:47	手语新闻 + 娱乐双响炮
0:59	重播:丽水新闻
1:28	重播:新闻追踪 + 纪事 + 瓯江警视 + 乡里乡亲
1:48	重播:经典剧场(二集)
3:44	重播:第一剧场(二集)
5:40	重播:星光剧场(二集)

浙江广播电视集团

第六届中国电视观众节

第六届中国电视观众节于2011年11月1日至11月8日举行。本届观众节正逢浙江广播电视集团成立十周年，为观众准备的礼包分外丰厚。除了延续往年的“开幕式暨集团开放日”、“同城观众日”、“观众嘉年华”、“激情飞扬·星星相映主题晚会”、“广告钱塘盛会”、“观众最喜爱的年度电视剧”和“观众最喜爱的男女主要演员”、十大剧献等活动项目外，新增的“十年梦想秀”尤为引人关注。

“十年梦想秀”是本届观众节的重点项目，以“为一个普通人圆他的一个梦”为题，从各频道遴选题材，形成一台“十年梦想秀”圆梦晚会；“同城观众日”借助主持集群的品牌影响实践“走转改”方针；“激情飞扬·星星相映”主题晚会，谭晶、毛阿敏、刘欢、李宇春等明星与浙江广电集团品牌主持人、明星记者共同登台亮相和演出，好评如潮，收视位居两网榜首。观众节主体活动历时8天，邀请了600多名观众走进浙江广电中心，全国参与群众达到2360多万人次，“两大排行榜”投票数达5200万票，还充分利用“微博客”、“微访谈”、“微播报”等传播方式与新兴媒体紧密融合，有效扩大了群体覆盖和影响范围。《人民日报》、新华网等省内外主要媒体均对观众节活动进行广泛报道。

“浙江骄傲——2011年度最具影响力人物”评选

2011年12月22日晚，由浙江广播电视集团主办，钱江都市频道承办，全省30多家媒体联办的“浙江骄傲——2011年度最具影响力人物”评选活动颁奖典礼在省广电800演播厅举行。副省长郑继伟、省政协副主席黄旭明等省领导出席颁奖典礼；海军舟山保障基地司令员包裕平少将、著名表演艺术家汪世瑜、2010年度浙江骄傲年度人物孙炎明等嘉宾为年度人物颁奖。社会各界群众300多人参加了颁奖典礼。钱江频道、浙江卫视、浙江之声、浙江在线新闻网站、新浪微博、全省11个市级电视台联合直播了当晚的颁奖盛况。2011年获奖人物除了个人，还有非常多的集体和群体。他们分别是：中国海军史上第一批被编入舰艇战斗值班岗位的亚丁湾护航女兵；先捐造血肝细胞，一年内又捐淋巴细胞救助同一位男孩的浙江卫视记者陈俊；30年待学生如子女的教师葛明霞；15年间，花费70多万元，捐助5700多名贫困学子的爱心人士龚学明；“7·23”甬温线特大铁路交通事故后用大爱铸就流动后备线的温州市民；成立“世界温州人微笑联盟”，500多天帮助600名贫困唇腭裂患儿实施免费修复手术的何纪豪；长期扎根基层的平民警官马长林；视艺术为生命的“二度梅”越剧演员吴凤花；第八届全国残运会浙江志愿者；双手托住坠楼孩子的“最美妈妈”吴菊萍；两入火海救人的17岁“最美姑娘”叶霄雯；衢州“最美教师”。获得年度提名人物奖的有：浙江省第七地质大队、96345 党员志愿者、宣明洋、孙金献、叶兰花、黄斌、吴棣梅。下水救人不幸溺亡的常山老人占祖亿；一身正气的已故乡镇女纪委书记王益群被授予“年度致敬人物”奖。

“风云浙商——2011 年度风云人物”评选

2012 年 1 月 12 日晚，由浙江广播电视集团主办，经济生活频道等单位承办的 2011 年度“风云浙商”评选颁奖典礼在杭州黄龙饭店隆重举行。省委书记、省人大常委会主任赵洪祝专门为晚会发来了贺信。省长夏宝龙专门通过组委会在晚会现场祝贺当选的年度风云浙商，并且问候当晚到场的所有浙商。省委常委、宣传部长茅临生，省人大常委会副主任冯明，副省长王建满，省政协副主席徐冠巨、黄旭明等领导出席颁奖典礼并为年度人物颁奖。10 位 2011 年度“风云浙商”分别是：浙江物产集团董事长胡江潮、中天集团有限公司董事长楼永良、浙江振兴阿祥集团有限公司董事长潘阿祥、华东医药集团有限公司董事长李邦良、温州开元集团有限公司董事长李跃胜、中国银泰投资有限公司董事长沈国军、盾安控股集团有限公司总裁吴子富、浙商创业投资管理有限公司董事长陈越孟、葡萄牙“中国城”集团有限公司董事长陈坚、万事利集团有限公司董事长屠红燕、香港永新企业有限公司副董事长曹其镛被授予“风云浙商之终身成就奖”称号，在利比亚的撤侨大行动中有突出贡献的希腊浙商群体荣获“风云浙商群体奖”。年度“风云浙商”评选活动至今已成功举办九届，成为了我省经济界和传媒界的年度盛事和“全国了解浙江、公众认识浙商、业界剖析浙商”的有效载体。本届“风云浙商”评选活动以“浙商力量，浙江未来”为主题，旨在反映过去一年中，海内外广大浙商“创业创新闯天下，合心合力强浙江”的奋斗激情和成功实践。2011 年 10 月评选活动正式启动，浙商群体踊跃参与，社会各界广泛关注，共收到了有效报纸选票 290 多万张，网络投票 3145 多万张，再创历史新高。

第六届浙江新农村建设带头人“金牛奖”评选

2012 年 1 月 6 日晚，第六届浙江新农村建设带头人“金牛奖”颁奖典礼在省广电中心 800 平米演播厅隆重举行。晚会揭晓了 2011 年度活动评选结果：淳安县姜家镇浮林村救火六勇士获“金牛奖”特别奖；象山县农林局高级农艺师应和平，瑞安市塘下镇陈岙村党支部书记兼村委会主任陈众芳，嘉善县姚庄镇党委书记顾林法，嵊州市崇仁镇木马岭村党支部书记、合作社理事长李政权，仙居县白塔镇良潭村仙绿土鸡蛋合作社理事长吴立新，三门县亭旁镇楼下郑村村委会主任蔡美冬，浙江锦林佛手有限公司董事长张锦林，永康市江南街道园周村党支部书记周双政，衢州市柯城区万田乡余家山头村党支部书记余新建，嵊泗县华利水产有限责任公司董事长於定华等十位新农村建设优秀带头人荣获 2011 年度“金牛奖”；骆红群、殷兴朗、叶胜滔、朱福康、李宏、汪恩锋、徐翼虎、余贵顺、金爱武等九人获得“金牛奖”提名奖。省委副书记李强，省委常委、宣传部部长茅临生，省人大常委会副主任程渭山，省政协副主席冯明光等出席颁奖晚会。电视公共·新农村频道、浙江之声和新蓝网及全省市县台同步直播。本届“金牛奖”评选受众投票数超过 500 万。

“浙江省 2011 年度十大民生工程”评选

经过 4 个月的书面评审、初选、实地考察和终评等环节，12 月 27 日，浙江省 2011 年度十大民生工程揭晓。浙江省委常委、宣传部部长茅临生，浙江省人大常委会副主任、浙江大学党委书记金德水，浙江省副省长陈加元，浙江省政协副主席王永昌等领导亲临现场，对获奖工程的实施单位表示了热烈的祝贺并给予表彰。这项评选活动由中共浙江省委宣传部、浙江广播电视集团、浙江大学共同主办，民生休闲频道和浙大公共管理学院承办，并得到了全省各级党委政府的大力支持与配合。2011 年是第二届浙江省十大民生工程评选，全省共选送了 126 个申报项目，获选的 2011 年度十大民生工程分别是：浙江省社会保障卡医保“一卡通”、浙江省城乡社区服务设施建设工程、浙江省母婴健康工程、浙江省残疾人共享小康工程、杭州市区县协作改善民生机制建设、宁波 81890 求助服务平台、湖州市“文化走亲”活动、慈溪市民生金融服务体系建设、德清县全面实施学生校车工程、三门县整合食品检验检测资源工程。此外，浙江省镇级污水处理设施建设、杭州市西湖景区“全景式”巡防警务、绍兴市公安局网上办事服务中心建设、天台县村邮站全覆盖工程和丽水市银行卡助农取款服务等 5 个项目当选为推荐项目。

为浙江影视喝彩——“影响 2011·横店之夜”盛典

聚焦影视浙军成就，喝彩浙江影视辉煌。2011年12月16日晚，由浙江广播电影电视局、浙江广播电视集团、东阳市人民政府联合主办，影视娱乐频道、浙江横店集团等单位承办的品牌活动《影响2011横店之夜——为浙江影视喝彩》盛典在横店影视城梦幻谷实景演出。用视听年鉴方式构建浙江影视发展年轮的《为浙江影视喝彩》品牌活动，已连续举办三年，社会影响力与日俱增。2011年影视浙军成果喜人，电影产量达35部，电视剧产量突破50部2000集，动画片产量直逼4.7万分钟，电影、电视剧、动画片产量均居全国前列。2011年，浙江出品了《失恋33天》、《秦时明月》、《梦回紫禁城》等一批叫好又叫座的电影及动画作品，产量位居全国第四，票房突破7.38亿元。2011年，影视浙军“智”造的《能人冯天贵》、《旗袍》、《刀尖上行走》、《武则天秘史》等电视剧在央视、卫视黄金档热播，获得了社会效益和经济效益双丰收。这一年，浙江主旋律电视剧竖起了中国红色电视剧制作水准的标杆，建党90周年献礼剧《五星红旗迎风飘扬》、《东方》、《中国1921》等主旋律大剧在央视一套热播。晚会揭晓了浙江影视界“凤凰奖”、“牡丹奖”、“德艺双馨奖”三大奖项，以表彰过去一年大放异彩的影视浙军，其中《西风烈》、《一代大儒孙诒让》获凤凰奖优秀故事片奖；《五星红旗迎风飘扬》获牡丹奖优秀长篇电视剧特等奖，《牵挂》、《延安爱情》、《地道英雄》获牡丹奖优秀长篇电视剧一等奖；杜昉、华少、张捷等十位同志荣获德艺双馨艺术工作者称号。

大型公益活动“万朵鲜花送雷锋”

2011年3月5日是毛泽东主席为雷锋同志题词48周年纪念日。为传承雷锋精神、倡导文明新风，推进社会主义和谐社会的建设，从2月28日到3月5日，由省文明办与浙江广播电视集团主办、浙江之声与全省80家市县电台联合承办的大型社会公益活动“万朵鲜花送雷锋”隆重开展。本次活动的主题是“万朵鲜花送雷锋”，浙江之声和全省80家市县电台通过广播热线、短信平台和微博等多种方式，面向全省征集群众身边助人为乐的活“雷锋”，并派主持人、记者专程向他们赠送鲜花和证书，表达敬意和谢意。征集和送花的过程在广播中进行全方位报道。活动分为两个阶段：第一阶段是征集阶段。浙江之声全天播放活动宣传带、公布征集热线、短信平台和官方微博，面向全省进行活“雷锋”征集，各地电台也同步对应推出宣传带，进行宣传造势，共征集到活“雷锋”1000多人。第二阶段为实施阶段。浙江之声和全省80家市县电台的近300名主持人、记者分路赶往活“雷锋”的住处或单位，当面赠送鲜花和“百姓心中的雷锋”荣誉证书，浙江之声通过现场连线、录音报道、微博直播等方式对送花过程进行全程直播。活动期间，全省各地共送出500多束鲜花。

浙江省电影公司

时代院线举办“送温暖”电影惠民放映活动

为响应省政府和省广电局号召，体现电影发行放映企业和从业人员奉献爱心，回馈社会，惠及群众的精神风貌，时代院线积极组织各发行放映单位在年前举行了“送温暖”电影惠民放映活动，送电影到农村、下基层、到社区、进福利院、敬老院、孤儿院以及民工集聚地，同时将低保户、五保户等群体请进影院，免费或以优惠票价观赏电影，切实保障特殊群体的基本文化权益。自去年12月底开展活动以来，时代院线各影院用心策划，快速行动，积极推进“送温暖”惠民放映活动火热开展。庆春电影大世界联合长庆街道所属6个社区，把300多名特困人员请进影院，这些平日里难得走进影院的困难群众，这次开心地看上了《让子弹飞》、《非诚勿扰2》等最新电影。翠苑、奥斯卡、近江、恒隆等电影大世界，也与社区、街道合作，送电影给困难群众。众安电影大世界通过送电影进军营深入开展军民共建单位活动。华元电影大世界除了慰问开发区16所大专院校贫困学生和建筑工地外来务工人员外，还送电影到监狱，慰问公安干警，帮助教育改造人员。

杭州之外，宁波时代、慈溪时代、衢州宏泰、诸暨铭仕也以不同方式把电影送给社区困难群众、敬老院老人和离退休职工。公司在省外的上海庆春电影城和上海地中海影城以“冬日送温暖，电影进寒假”等活动，向军烈属、孤寡老人、特困家庭送去热门电影。

在城市影院做好“送温暖”活动的同时，浙江新农村数字电影院线公司联合省内11家成员单位向农村观众送去电影，这是“新农村”公司成立后第一次有力举措。在衢州、舟山、丽水等地，惠民放映活动火热推进，短短十来天就放映了50多场电影，前来观摩的群众达到1万多人次。

为认真做好"送温暖"惠民放映活动，公司专门出资安排了50场电影下农村、社区、敬老院、福利院等。

我省举行"庆祝中国共产党成立90周年优秀国产影片展映活动"

6月13日，浙江省"庆祝中国共产党成立90周年优秀电影展映活动"启动仪式暨《建党伟业》首映式在杭州剧院隆重举行。省广电局党组书记、局长张宝贵在启动仪式上致辞。展映红色经典、传承革命精神，意义重大。这是我省庆祝中国共产党成立90周年的一项重要内容，也是第二届浙江文化艺术节的一项重要活动。组织优秀国产影片走进农村、社区、学校、厂矿、军营等基层单位。要通过展映活动，让广大观众重温中国共产党领导全国各族人民在革命历史进程中的重大事件，体会到改革开放和现代化建设的巨大成就，领略到中国人民共同奋斗创造的和谐幸福生活，从而进一步坚定热爱党、热爱祖国、热爱社会主义的理想和信念。

本次活动由中共浙江省委宣传部、中共浙江省直机关工作委员会和浙江省广播电影电视局主办，浙江时代、浙江星光、温州雁荡、浙江横店等电影院线和浙江新农村数字电影院线公司协办。展映活动分两个阶段举行：6月10日起至7月20日，浙江时代院线等全省城市院线所属放映单位集中展映一批重点影片，6月15日至8月15日，浙江新农村数字电影院线公司所属放映队献映一批红色经典影片。

截止8月15日，时代院线累计放映展映影片近2万场，观众70多万人次，票房收入2600万元，其中，《建党伟业》票房收入1840万元，《飞天》票房收入400万元，《扬善洲》347万元，圆满完成了此次展映活动。

"千场红色电影进农村赠送仪式"在余姚市举行

6月28日，浙江省庆祝中国共产党成立90周年"千场红色电影进农村赠送仪式"在革命老区余姚市隆重举行。本次活动由省广电局、余姚市政府主办，省电影公司、宁波市文广新局协办，余姚市文广新局、浙江新农村数字电影院线公司，以及余姚市电影公司、文化馆、兰江街道文化站等单位承办。出席活动的领导有省广电局副局长王国富、余姚市副市长陈洪逵以及省广电局电影处处长谢谦、省电影公司董事长钱大钧等。省内11个地市农村数字电影院线公司负责人应邀参加，省内各大主要媒体对本次活动进行了现场报道。

活动在欢乐祥和的氛围中隆重举行。省广电局副局长王国富在仪式上讲话。举办红色电影进农村活动是我省庆祝中国共产党成立90周年电影展映的一项重要内容，也是我省农村电影公益放映的一件喜事。省广电局、省电影公司特地组织了千余场数字电影免费赠送给各市农村数字院线公司，让广大农民群众能够更早地看到更多、更优秀的最新重点影片和红色经典影片。

从6月15日到8月15日的两个月间，全省近千支流动数字放映队将深入11个市90多个县(市、区)的29000多个行政村，让农民在家门口就能免费看到经典红色电影。整个献映活动放映约10万场露天电影。

公司举行《歼十出击》、《最爱》首映活动

3月10日，影片《歼十出击》试映会在奥斯卡电影大世界举行。活动特别邀请驻杭空军某部30余位指战员观看了影片。观影后，空军指战员们向现场观众及媒体解答了诸如超短距起飞，眼镜蛇机动、空中加油等飞行技术问题。不少人表示，自己的军事知识又有了进一步的提升，并称赞时代院线此次活动相当"给力"，希望今后还能够多举办类似的活动。

5月11日，影片《最爱》在时代院线旗下的庆春、奥斯卡、翠苑、百老汇等影院举行宣传活动，导演顾长卫、主演章子怡出席。在新闻发布会上，章子怡表示，《最爱》中所扮演的商琴琴是她从影以来入戏最深的角色，在拍摄前后的6个多月时间里，她已分不清自己是章子怡还是商琴琴了。导演顾长卫则透露了影片拍摄中的一些有趣的花絮。发布会后，章子怡和顾长卫与影迷见面互动，体现了令人敬佩的敬业精神。

时代院线举行法国纪录大片《海洋》宣传活动

8月10日，世界顶级纪录片导演法国人雅克·贝汉携带他的最新纪录片《海洋》来到奥斯卡电影大世界，为新片做宣传，并与记者和观众进行了现场交流。雅克·贝汉曾获得过多项大奖，被喻为"用摄影机书写自然史诗"的电影人，纪录片《迁徙的鸟》是他的代表作之一。

《海洋》壮观，唯美，感人，那些难得一见的画面，

不论美丽、恢弘，还是丑陋、血腥，都忠实还原了自然的本相。影片在画面唯美之外，更有一份打动人心的情感美，这也使得影片的环保主题得到了升华。

华元电影大世界抓紧筹备“优秀电影展映”多项主题宣传活动

为积极开展“庆祝中国共产党成立 90 周年优秀电影展映”活动，杭州华元电影大世界策划了以“追忆革命岁月、传承红色文化”为主题的系列宣传活动。这次系列活动由四部分组成：1. 杭州经济技术开发区迎建党 90 周年《建党伟业》首映式；2. 在学校组织红色主题露天电影放映活动，开展“学党史、知党情、跟党走”的教育，传承红色精神；3. 由杭州经济技术开发区党工委组织号召机关党建部门和企业组织观看《建党伟业》；4. 与下沙网合作开展《建党伟业》影评征文活动，并在该网专设电影《建党伟业》团体票订票窗口。

为做好此次系列活动，华元电影大世界非常重视影院的阵地宣传，除了在影院安置和悬挂各类宣传品外，还在大厅播放红歌等背景音乐，在休息室播放建党相关视频资料，还利用影院天桥得天独存的空间，布置党建历史和开发区发展史图片展。同时，每位上岗员工还将佩带统一制作的建党 90 周年纪念胸章，可谓做足了活动的文化氛围。

庆春电影大世界举办“红色旋风”系列宣传活动

为庆祝中国共产党成立 90 周年，庆春电影大世界在红色影片《建党伟业》上映前夕，精心策划了以“重燃爱国精神，为党增添光辉”为主题的“红色旋风”系列宣传活动。

庆春电影大世界在影院大门口悬挂大面红色党旗，放置红色电影主题展海报。全体一线工作人员头戴闪闪红星帽，胸前佩戴“红色旋风”活动纪念勋章。橱窗内布置党旗与和平鸽飞翔的壮丽场景。三楼的照片墙被打造成了颇具文化艺术气息的“风雨 90 载”党史图片展。影院还播放红色年代歌曲，突出红色基调的主体氛围。庆春电影大世界还通过微博征集到的 5 名铁杆粉丝，参与影院和杭州电视台五套共同举办的“寻找身边的老红军，听他们将当年的故事”节目，节目宣传片在电视上播出，为影院的“红色旋风”系列宣传活动拉开序幕。庆春电影大世界还邀请了省军区第 6 干休所政委寇耀民先生及各方退休老干部，西湖区、拱墅区区委组织部领导及省、市级优秀共产党员，湖滨街道老革命郝龙清先生，浙江大学学生代表、预备党员作为“红色旋风”系列宣传活动的来宾，大家纷纷在“建党伟业百人签名”海报前签名、留影，将本次活动推向了高潮。杭州电视台“新闻五味和”对活动进行了全程拍摄及采访报道。在《建党伟业》放映结束后，杭州电视台主持人主持了为时 20 分钟的“红色旋风”电影交流会，老、中、青三代优秀的共产党员交流了心得体会，影院的 4 名员工还与老党员结成了对子，“红色旋风”活动的照片均放置于员工休息区，使员工深切感受到红色气息，增强了团队凝聚力。

时代院线各影院推出缤纷七夕节活动

8 月 6 日是七夕节，时代院线各影院在七夕节来临之际，纷纷推出了别具特色的营销活动。

恒隆电影大世界以“浪漫七夕、相约恒隆”为主题，举办了由情侣或夫妻共同配合完成的抽奖活动。在精心布置的七夕主题背景墙前，摆放着抽奖箱和各种奖品，吸引着观众。

衢州宏泰电影大世界携手佐卡伊珠宝开展七夕观影送惊喜活动，在为观众奉献精彩影片的同时，也为观众带来了一场璀璨的珠宝盛宴，以达到“探索营销模式、寻求行业双赢”的目的。

开化时代电影大世界特邀了广大影迷共度七夕节，在神秘的时间送上七份神秘大礼，吸引了不少影迷的脚步。他们分别选取《爱到底》、《变形金刚 3》、《惊悚之夜》、《哈利波特 7》的黄金场次，在对应影厅的某个座位号下暗藏一朵自制的纸质玫瑰，并在影片结束时公布该座位的幸运观众即为中奖者。因为活动新奇，寻找场面火爆，获奖时候更有观众激动得捂着嘴巴，让开化的忠实影迷真切感受到了时代影院带来的温暖回馈，给他们与众不同而影响深刻的七夕节。

马鞍山大华电影大世界推出的“七夕电影嘉年华”活动以“齐心鞋力蹦蹦乐”为开场节目，将征集到的若干对情侣分组参与双人跳绳比赛。接下来的“心连心、转圈圈”更是将活动推向了高潮，参赛者信心十足想赢得大奖，观众则看得兴高采烈，不时为他们加油、呐喊，现场气氛一浪高过一浪。

平湖银河电影城动手制作了一套拼合式七夕立体陈列架和心形爱心盒，将七夕节的气氛渲染得相当到位。

丰富多彩的暑期活动为小朋友提供好去处

平湖银河电影城7月28日专门举办了一场"候鸟场",通过电台牵线,免费为他们放映了《兔侠传奇》。许多"小候鸟"第一次到电影院看电影,笑声掌声乐不可支。

长兴大剧院在开业五周年之际,于8月4日邀请民工子弟观看《哈利波特7(下)》,丰富了孩子们的生活,也回馈了社会。影城还特意免费准备了矿泉水、爆米花等观影美食,为孩子们带去一份别样的欢乐。观影结束后,还安排他们在大剧院花园餐厅吃上了"爱心午餐",让孩子们度过了愉快而有意义的一天。

上海地中海影城针对《变形金刚3》上映,举办了名为"汽车人　进攻!"的主题活动,小朋友以变形金刚模型为媒介,比拼谁的变身最有效率。精彩对决分为擎天柱的变身对决,铁皮、威震天的读秒变身对决,有些小朋友只需3分钟,就能把擎天柱从汽车变到人物模型,再从人物模型变到汽车。

庆春电影大世界在8月12日与都市快报天堂电影院合作,举办了一场别开生面的"蓝精灵主题画展"活动,展出了不同年龄层蓝粉迷们的作品。此次与媒体合作,尝试全新的与影迷互动式的观影宣传,打破了传统免费观影的单一宣传模式,增加了观众参与的趣味度,也通过媒体宣传提升了影院的知名度、美誉度,是一种值得推广的新型宣传模式。

恒隆电影大世界在7月23日与钱江频道"范大姐帮忙"栏目共同举办了以关注儿童暑期安全、培养儿童安全意识为主题的"快乐暑假快乐活"专场。影院邀请公安干警向孩子和家长们介绍了暑期儿童安全方面要注意的事项,尤其是防止儿童溺水等知识,教育小朋友要有自我保护意识,不要在没有家长保护的情况下去危险的地方。消防队警官向孩子们讲述了怎样在家里预防火灾,如果遇到火警要如何报警,如何逃生等问题,并以问答的形式与孩子们互动,用浅显生动的语言让孩子们长了知识,提升了技能。讲座结束后,小朋友们在家长的陪同下观看了3D动画片《兔侠传奇》。

时代院线各影院举办光棍节特色活动 影片《失恋33天》异常火爆

2011年11月11日浙江时代院线各影院在光棍节来临之际,结合主打影片《失恋33天》,纷纷推出"神棍节"特色营销活动。

华元电影大世界推出11月11日11时11分11元"神棍节专场",男生供单号座,女生供双号座,购买时再送半个各种形状挂链,男左女右,观众提前半小时到场,在指定休息区男女生各自找寻另一半"配对","配对"成功影院再送优惠爆米花套餐券一份。活动取得了极好的效果,创下了开业以来多日高票房成绩,连续四天平均每日票房十万元,从而使华元电影大世界破天荒地成为该周全国票房排行第58位影院。

奥斯卡电影大世界特设"日夜光棍双场",并推出"壹加壹等于缘"的幸福派对,以11元的劲爆价格在早(11:11)和晚(23:11)推出《失恋33天》专场,男生购买单号座,女生购买双号座。该专场一经推出,就吸引了大批期待邂逅缘分的单身男女,专场影票在光棍节前3天即销售告罄,带来大量观众的同时也带动了其他影片的销售。影院还在光棍节当天联合"西湖之声"广播电台推出"光棍节单身万岁"的《失恋33天》电影专场派对,活动当天气氛十分活跃,许多热心的单身听众分享了各自对单身的乐观积极的态度和平时的精彩生活。

庆春电影大世界一改低价策略,策划了名为"宅男大作战!让我们在11点11分结束单身!"的活动,光棍节21:30购买《光棍终结者》套票两张的男士,将其中一张影票投入抽奖箱供当天单身女性免费抽取,抽到票的女生就可坐在购票男士的身边,晚上11:11分电影结束后男女嘉宾可自告奋勇上台分享告别单身宣言,速配成功的一对可获得影院送出的杭州"百乐门"酒吧提供的600元酒卡一张。活动将影片宣传与"相亲"这个眼下最热社会现象结合,开辟了影院营销宣传的新道路。本次活动不仅杭州电视台"新闻五味和"栏目做了全程跟踪报道,钱江晚报也刊登了活动的相关报道。

平湖银河电影城重点宣传影片《失恋33天》,并推出专场活动,单身男士购买专场单号,获得一支玫瑰花,送给购买双号的单身女士。此活动引起当地多家媒体和商家的关注,使得影院活动得到了相应的宣传和赞助。光棍节当天,《失恋33天》排片16场,2场爆满,电影票一售而空,观众的热情度能与情人节媲美。

慈溪时代电影大世界也推出单身派对《失恋33天》专场活动,男女分别单双号购票,票价颇具意义:他:26(爱了)+她26(爱了)=52(我们爱)。嘉兴中山影城在光棍节主推《失恋33天》,节日当天异常火爆,全天共排17场,晚间19点30分巨幕厅446个位子座无虚席,让人感叹是否穿越回到了暑期"变3"档。

杭州文化广播电视集团

庆祝建党90周年宣传活动　唱响时代主旋律

杭州文广集团把做好建党90周年宣传作为重要政治任务，从年初开始就召开多次策划会进行专门部署,目前各项宣传活动全面启动并将在"七一"前夕达到高潮。集团要求各电视频道、广播频率牢牢把握宣传主题,精心组织新闻报道,着力做好重大活动和项目,大力唱响"共产党好、社会主义好、改革开放好、伟大祖国好、各族人民好"的时代主旋律。

一是"三个重大主题报道"展示党的光辉足迹。集团所属各频道、频率统一开设了《红旗飘飘——庆祝中国共产党成立90周年》主题报道专栏。5月17日起,综合·生活频道与市委组织部、市党史办合作,推出系列报道——"红色坐标",寻访30个红色地理坐标,打开生动恢弘的杭州党史画卷,带观众重温非凡的红色年代。6月15日至7月5日,广播电视各媒体将推出系列报道——"共产党员新生代"，展示新时期党员风采,在"西湖先锋"创先争优活动中涌现的一批80后党员将作为典型推出,其中,《杭州党建》栏目将着重报道基层党组织中的先进。6月中旬至7月上旬，各电视频道和西湖之声电台将联合杭州两区五县(市)的广播电视台,推出"红湖的记忆"——建党90周年大型采访活动，计划走访南湖、西湖以及鄱阳湖、镜泊湖、大明湖、阳澄湖、武汉东湖、洪湖、巢湖、南京玄武湖、微山湖等,寻找红色的足迹,反映巨变的中国和不变的信仰。

二是"六项大型主题活动"讴歌党的丰功伟绩。集团各媒体广泛开展丰富多彩的群众性宣传教育活动,普及党史知识,增强宣传实效。"红旗飘飘"杭州市群众性歌咏活动从4月中旬启动，活动范围覆盖13个区县(市),活动时间持续2个多月,计划在7月1日组织一场大型庆祝活动。"红歌嘹亮——激情飞越90年"全民歌咏赛从4月份开始,设立了杭州、温州、嘉兴等三大赛区,通过城市台联盟的形式提升辐射力和影响力。"心中有爱献出来"大型群众活动是由省级有关部门组织的弘扬主旋律全民才艺秀，杭州分赛区选拔赛由西湖明珠频道承办。"童心向党"——杭州市中小学生诵读童谣活动于6月3日晚举行,通过现场千人大合唱、千人诵读等形式,激发青少年的爱党爱国热情。杭州市各界青年纪念建党90周年群英会于5月4日举行，通过电视晚会展现青年人在革命和建设时期的作用与成就。"红旗飘飘"纪念建党90周年和谐家庭颂歌会从杭州13个区县(市)选拔出17个家庭,于5月14日举行了电视决赛,用嘹亮的歌声、奔放的舞姿演绎爱党爱国热情。

三是"一部大型文献纪录片"缅怀党的革命先烈。为更好地缅怀和展示浙江早期中国共产党事业的一批开拓者、先行者的动人事迹,杭州电视台与杭州市委党史研究室联合摄制了大型电视专题片《省委书记(1927—1929)》(原暂名《钱江英魂》),以此纪念10位大革命时期的中共浙江省委书记。该片反映了这10位年轻的浙江省委书记、代书记,为了共产主义事业英勇献身的壮烈故事。去年8月份正式开机拍摄后，摄制组深入10位省委书记的出生地、工作地、牺牲地,采访了他们的后人、家属和研究者,录制了数十个小时的采访素材，获得了大量珍贵的第一手资料。专题片以"年轻的生命,为了伟大的事业,义无反顾地选择牺牲"这一内容作为开头,着重提炼人物的崇高理想、坚定信念、为党作出的贡献,挖掘他们在生活、工作、成长过程中的生动感人细节,以展示他们可歌可泣的英雄风采。该片预计长度为50~60分钟左右,将于2011年7月1日播出。

四是"多部红色影视剧展播"铭记党的峥嵘岁月。集团集中在"七一"期间推出"红色影视剧展播"。综合·生活频道将在6月10日左右排播记录中国人民解放战争历史的电视剧《解放》,在7月6日左右排播革命历史题材电视剧《北平战与和》。从6月5日至7月20日,影视频道将排播电视剧《江姐》、《洪湖赤卫队》、《邓子恢》、《南下》、《松花江上》。华数互动电视将在6月至9月期间，排播红色电视剧《兴国，兴国》、《仁者无敌》、《我是特种兵》、《解放大西南》、《人间正道是沧桑》以及红色电影《建国大业》、《风声》、《集结号》、《夜袭》、《东风雨》、《南京！南京!》、《小英雄雨来》等。各广播频率也将推出文艺专题。中波954今年推出了《听说电影》栏目,与听众分享一批红色电影经典。FM89杭州新闻广播计划在"七一"前夕,播出"颂歌献给党"、"红色经典诗歌朗诵"等广播文艺节目。西湖之声的《美丽声音》栏目将推出"红色记忆"专栏,《音乐假日》节目中将推出红歌系列专题。交通91.8计划在7月1日全天举行

《我来唱红歌》特别节目。

红歌嘹亮——激情飞越90年全民歌咏赛

为庆祝建党90周年，杭州文广集团提前部署、迅速行动，积极为党庆的到来营造热烈氛围。4月20日，由文广集团、市文广新局、华数集团等主办，杭州电视台影视频道、市群艺馆、温州新闻综合频道、嘉兴文化影视频道等联合承办，多家兄弟媒体、文艺单位联合协办的大型活动《红歌嘹亮——激情飞越90年全民歌咏赛》正式拉开序幕，该活动将一直持续到“七·一”建党节。

文广集团对今年的党庆活动高度重视，从年初开始就进行专门部署并召开了多次策划讨论会。本次《红歌嘹亮——激情飞越90年全民歌咏赛》是一场群众性的红歌盛会，以“全民爱唱，红歌嘹亮”为口号，营造全市上下争唱红歌的热烈气氛。只要是以歌颂党、歌颂祖国，反映不同时代风貌和主流价值取向的歌曲均可以成为演唱内容。选手报名也不设门槛，所有热爱红歌的民众，均可自发组团或独立报名。活动通过丰富多彩、生动活泼的比赛形式，弘扬积极向上的主旋律，激发全市人民的爱国爱党热情，丰富群众文化生活，为建党90周年献礼。

与同类活动相比，《红歌嘹亮——激情飞越90年全民歌咏赛》在主题创意和合作形式上有所创新，在活动规模和活动影响上也有较大的提升。本次活动走出了杭州并覆盖全省，设立了杭州、温州、嘉兴等三大赛区以及宁波、湖州、金华等三个报名点，力图通过城市台联盟的形式提升活动的辐射力、影响力。通过与多家省内兄弟电视媒体和文艺单位的紧密合作，让一个城市的单体活动扩展到了更广阔的空间，成为跨城市、跨区域范围的大型品牌活动。

本次《红歌嘹亮——激情飞越90年全民歌咏赛》分三个阶段进行。第一阶段为启动仪式、各赛区报名，三个赛区的海选报名同时展开，市民群众可以通过热线电话或登录官方网站葫芦网进行报名。第二阶段为各赛区海选、复赛、决赛阶段，5月28日前各赛区及网络特区的海选、复赛和决赛将全部完成，并产生20名优胜选手参加在杭州的总决赛。第三阶段为拉票会、突围赛、决赛阶段，从各赛区脱颖而出的20名红歌选手将在桐乡进行一场红歌嘹亮城际汇演暨明星拉票会，随后会师杭州进行两场突围赛，最后的10名选手将进入总。

“红旗飘飘”杭州市群众性歌咏活动正式启动

为纪念中国共产党成立90周年，近日，由市委宣传部、市文明办主办，文广集团、杭报集团协办，FM89杭州新闻广播、影视频道及各区、县(市)委宣传部共同承办的——“红旗飘飘”杭州市庆祝中国共产党成立90周年群众性歌咏活动拉开序幕，唱响“三江两岸歌曲”征集评选活动同时推出。目前，该活动已在临安、富阳等地成功开唱。本次活动呈现出以下三个特点：

一是主题鲜明，唱响三江两岸。今年是建党90周年，又是“十二五”的开局之年，“红旗飘飘”群众歌咏活动旨在以群众歌咏、三江两岸传唱、统筹协作展示等丰富的形式，唱响主旋律，营造大氛围。活动中，主办方、承办方精心组织策划了一系列以学唱传唱百首经典红歌为主要内容的群众歌咏活动和各类红歌演唱活动。参与演唱活动的有专业人士，还有更多的基层群众，既有城市里的白领，也有外来务工人员和广大农村的务农者。选唱的歌曲以“爱党、爱国、爱家乡”为主题，既有耳熟能详的经典，也有来自民间的创作曲目，从而充分反映“三江两岸”的风光和城乡统筹发展的美好愿景。

二是精心筹划，活动层层推进。本次活动，FM89杭州新闻广播与影视频道联合各区县（市）委宣传部、文明办，展开广泛的动员和宣传，一方面制定专项工作方案，完善活动实施文案，精心选择场地并进行舞美设计；另一方面成立专项工作指导小组，在深入挖掘活动内涵、不断丰富活动形式上下工夫，安排文艺骨干深入单位和社区，推动群众性歌咏活动的开展。整个活动共分三个阶段：第一阶段为“三江两岸”传唱阶段，从4月上旬至5月下旬，重点在“三江两岸”的沿线区县(市)传唱歌曲； 第二阶段广场组团展示阶段，从5月下旬至6月底，各区县(市)协作组分别举行广场歌会，优胜者再进行展示表演； 第三阶段是在7月1日建党节前后，全市唱响红歌，并举行广场庆祝活动。

三是宣传深入，群众参与广泛。本次活动将充分发挥多媒体的立体传播优势，FM89杭州新闻广播通过新闻宣传、现场直播、微博互动等多种形式为活动造势，影视频道将对每场活动进行录播。在临安、富阳等地举办活动时，城乡居民群众广泛参与，现场数千人制造了热烈的传唱氛围，一首首红色经典歌曲、一段段激昂悠扬的旋律唱响在田头乡间，把人们一次次带回那激情燃烧的岁月，不断重温党在革命、建设、改革开放中的丰功伟绩，进一步弘扬民族精神，激发干部群众爱党、爱国、爱家乡的豪迈情怀。

传递全城关爱　彰显榜样力量

“最美妈妈”报道　颂扬“我们的价值观”

2011年，因为奋不顾身救坠楼儿童的义举，杭州市一名普通的“80后”母亲吴菊萍受到广泛的关注和赞许，被社会各界称为“最美妈妈”。杭州文广集团所属媒体第一时间报道，全程持续关注，深入细致挖掘，以“最美妈妈”吴菊萍“平凡人物见人间大爱”鲜活的典型人物事迹，进行生动的社会主义核心价值观宣传。

一是及时持续关注，传递全城之爱。7月2日，吴菊萍“救人”事件发生后，集团广播电视媒体派出多路记者，分别去白金海岸小区、省儿保以及富阳骨伤科医院等多地，采访小区业主、保安、吴菊萍同事、医生等，第一时间对“最美妈妈“救人事迹进行充分报道。随后，各新闻栏目开设专栏、扩大版面，报道持续升温。《杭州新闻联播》、《明珠新闻》、《89早新闻》、《新闻早班车》等栏目及时报道省委书记、省人大常委会主任赵洪祝，省委常委、市委书记黄坤明等领导亲赴富阳骨伤医院看望吴菊萍的消息，充分表达省市领导对“最美妈妈”和坠楼孩子的关切和关心，以及对见义勇为精神的褒扬。综合·生活频道《新闻纵贯线》、《新闻60分》、西湖之声《新闻进行时》等栏目对“最美妈妈”的治疗，“最美妈妈”荣获杭州见义勇为积极分子荣誉称号、社会各界的看望慰问，包括妞妞病情的好转，妞妞家人对“最美妈妈”的探望等动态消息进行滚动播报，同时与观众听众互动。集团广播电视媒体在播报“英雄妈妈”救人新闻的同时，也传递涌动在杭州爱的暖流。

二是深入细致挖掘，彰显榜样力量。最美的力量来自哪里？在动态报道的同时，集团各媒体深入采访、精心策划系列主题报道，从“最美妈妈”生动鲜活的典型事例中，探寻榜样的力量，以“我们的价值观”为主题进行生动的社会主义核心价值教育。综合·生活频道《杭州新闻联播》推出了系列报道，从吴菊萍事迹寻访城市的力量。分“本能”是怎样炼成的、让这个社会充满爱、“花”香的背后三个篇章，记者深入吴菊萍的工作单位、成长的地方、学校，实地调查，扑捉闪光行动背后所显现的个人价值观、企业价值观、城市价值观，同时配发评论，播出后反响强烈。杭州新闻广播《连线快评》邀请知名评论员进行评论，结合正在开展的“我们的价值观”主题实践活动，提炼吴菊萍身上的社会教化及示范价值，宣扬杭州这座城市的价值观力量。明珠频道《阿六头说新闻》对“英雄妈妈”见义勇为的精神开展了大讨论，通过市民采访、网友互动、专家点评等多种形式讨论“我们的价值观”。

三是延展拓展宣传，强化典型效应。“最美妈妈”的事迹，体现了中华民族的传统美德和人性大爱。让“最美妈妈”的事迹广为传播，也是杭州广播电视的职责所在。事件发生后，综合·生活频道及时与央视联系，向央视发稿。杭州新闻广播也与中央人民广播电台中国之声、上海东广、南京台、天津台等取得联系，向对方供稿，以连线报道、录音报道、参与对方台特别节目等方式，将吴菊萍事迹及后续的情况传播向全国。其中对吴菊萍的报道在第一时间供稿给中国之声后，迅速被搜狐等门户网站转载。接下来，集团媒体将结合平民英雄（道德模范）评选、创优争先主题宣传，进一步延展拓展宣传强化典型效应；综合·生活频道《我们圆桌会》将从平民美德、党员风貌、企业培养、社会塑造等四个层面探寻“最美妈妈”的成长之路；吴菊萍伤愈后，计划拍摄吴菊萍新闻专题片，记录为什么能成为“最美妈妈”背后的动人故事；结合“我们价值观”主题活动，集团将制作“最美妈妈”宣传片。

“手的力量”特别电视节目

为贯彻落实市委市政府建设学习型城市的要求，进一步推动社会主义核心价值体系大众化，7月29日，由市委宣传部、文广集团共同主办，西湖明珠频道承办的“手的力量——学习吴菊萍先进事迹特别节目”在杭州广电中心一号演播厅举行。本次特别节目旨在通过对“最美妈妈”吴菊萍先进事迹的学习宣传，激发社会向善力量，使“感恩、奉献、互助”等核心观念深植民心，彰显城市的灵魂价值。整场特别节目以“最美妈妈”新闻事件的发展为主线，通过短片叙述、新闻访谈、文艺节目等多种形式的综合运用，艺术展现了一个人的伸手、一批人的援手、一群人的手挽手，直至一座城的爱心相守所迸发出来的巨大能量。在节目中，不仅真实显现了吴菊萍生死刹那勇救女孩的可贵精神品质，也再现了许多看似平凡却绽放着人性光辉的瞬间点滴，这里面既有举木梯救妞妞的潘金文，也有参与生命接力赛的保安冯清政、杨全友，还有热心的士大哥杨佰科、用心呵护照料菊萍和妞妞的医护人员等等。当晚的最大亮点当属吴菊萍的亲临现场,这也是她手术后首次离开医院,出现在公众面前,当她含着热泪说出非常感谢杭州这座美丽的城市的时候,全场掌声雷动,所有人都感受到了这座城市正用一种不平凡力量传递出爱的纯粹与感动。

"百名记者走基层"新闻行动

杭州文广集团贯彻落实关于开展"走基层、转作风、改文风"活动以及群众路线主题教育活动的要求,以综合·生活频道新闻中心为主体,推出"百名记者走基层"大型新闻行动。通过分组分批长期蹲点,深入实践"三贴近"原则,走进社区、走进乡村、走进企业,真正体察民情、倾听民意、传递民声,进一步增强新闻工作者服务基层、服务群众的本领和能力。

一、三个大组扎根基层一线。本次新闻行动前后持续4个月,从8月29日正式启动后,不间断分批推出系列报道。近百名记者分成三个大组,由频道总监、副总监、新闻中心主任等带队,分别重点联系社区、乡村和企业,通过长期蹲点的方式,采写来自基层一线的鲜活新闻。报道组将在杭州主城八区和五县(市)全面铺开,精心选取在社会建设和社会管理、统筹城乡发展和新农村建设、经济结构调整和企业转型升级等方面的先进典型。报道中,一方面注重"一线见闻",抓住热点新闻事件,做好人物专题,另一方面注重深度思考,观察城市、乡村和企业发展中的新情况、新问题,并汇聚各方智慧提出解决问题的新思路、新方法。

二、五大系列报道社会热点。集团对于本次新闻行动进行了详细的前期策划,分别为三个报道组量身定制了一批报道主题。"我是创新社会管理的一颗螺丝钉"系列聚焦杭州在加强和创新社会管理中的亮点和经验,以及广大社区工作者的辛勤工作。"竞争力从何而来"系列探究企业转型升级的源动力和社会主义市场经济的发展趋势。"探访乡村民生"系列结合杭州的统筹城乡战略、联乡结村活动,深入田间地头探寻农村新经济。"记者出更"系列体味民警、夜班司机等为城市和谐发展所付出的辛勤努力。"寻源头　探访食品安全"系列对常用食品进行源头寻访,深入解析食品安全和通货膨胀问题,引申探讨农业、农村、农民问题。

三、多种形式记录群众实践。本次新闻行动的一个突出特点是新闻传播方式上的创新实践。秉承"全媒体"的发展理念,集团不断推进广电传统媒体与新媒体的融合,构建全方位、立体式的新型传播业态。这次新闻行动中,报道组将充分发挥互联网和移动互联网的交互性、个性化、精准化、全息化传播优势,通过视频播报、微博直播、3G连线、新闻专题等多种形式,为观众、网友立体呈现新闻现场,并规定了"一篇报道、一篇手记、一场微博直播"的采访要求,力求在报道中形成规模效应。此外,本次新闻行动还设计了"杭州台百名记者走基层"字样的活动标识,为报道组统一配备采访车、采访服和话筒台标等,从而激发报道热情、营造报道氛围、提升报道效果。

第七届国际动漫节宣传

第七届中国国际动漫节即将启幕,杭州文广集团在市委宣传部、文明办、动漫办的统一部署下,总结历届动漫节报道的成功经验,进一步拓展思路、设计载体、做好宣传。集团所属广播、电视、网站等10大媒体提前介入,已播出动漫节宣传片共1200余次,主要新闻栏目从3月28日起开始倒计时宣传,密集的字幕拉滚信息同时展开,准备工作涉及宣传、布展、活动、技术等各个方面。接下来,集团将着力抓好以下五项工作:

一是做"大"宣传,节目栏目全面覆盖。集团将通过统一部署10大媒体,派出近40路记者,利用卫星和3G等多种设备,全方位、多角度展开动漫节报道。综合·生活频道量身定做《直击动漫节》专门节目,《杭州新闻联播》分多个专版发掘动漫节亮点,《新闻60分》开播特别报道和专栏,《新闻纵贯线》全天九个整点发回直播报道,《我和你说》突出方言特色新闻及花絮;明珠频道《阿六头说新闻》开出漫游式专栏"小小阿六游动漫";影视频道《新闻搜搜看》开辟"我眼中的动漫节"专版;少儿频道《阳光午餐》播出动漫节各项活动,《乐乐动漫馆》设置动漫专版。广播方面,杭州新闻广播《89早新闻》中开辟动漫专栏,《游在午后》设置动漫相关话题;西湖之声3G移动直播车实施无线移动直播,《BOBO和乐乐》情景短剧加大播出时长;交通91.8在四档节目中推出"动漫抢先报"。此外,葫芦网的网上宣传将分硬广宣传、网络互动调查、动漫专属地盘、互动BBS园地、动漫节主页等七个项目展开。公交移动也将发挥传播及时、到达高效的特点,做好动漫节报道。

二是做"强"互动,活动项目丰富多彩。西湖之声涉及三大活动:作为"中国动漫万里行"活动的独家承办广播媒体，联合各地媒体扩大动漫节全国影响；4月15日起，全面介入推广“动漫创意无限”设计大赛；再次组织举办“大学生声优大赛”，选择全国20个城市，与当地电台和高校共同选拔参赛选手。交通91.8策划两个活动：“五湖四海话动漫” 邀请全国知名电台的10位主持人来杭，展示各地的动漫精品，并把杭州动漫传向全国；“微博动漫秀” 寻找身边的“动漫”形象与人物，并用微博的形式记录，最终评选微博动漫人物和微博动漫形象。生活频道推出 “相约成长——我们的七年”系列活动，找寻历年动漫博览会中的七个一线人员，透视七年来杭州动漫的成长。少儿频道策划两个活动：在中小学生中开展“我最喜欢的杭产动漫形象” 评选；“中国国际动漫节探营” 组织频道小主持、“七彩阳光”DV小记者团小记者、“七彩阳光”TV联盟各电视台成员等探密动漫节各展馆、各活动。

三是做“活”现场，直播录播轮番宣传。今年的动漫节直录播工作，无论场次还是规模都创历届新高。集团对此高度重视，多次召开内部会议，协调多支直播团队，在重点保障动漫节开幕式、动博会、闭幕式三大现场直播的基础上，抓好另外八场专题论坛的录播工作。目前，有关事项已经与相关部门对接完毕，本届动漫节的直录播团队基本由拥有前六届动漫节丰富转播经验的技术人员组成。新闻直播团队将充分发挥三辆新闻直播车小、快、灵的特点，结合新闻直播栏目的版面情况，随时随地运用卫星发回动态报道。编排团队也将加班加点，在各频道安排重播时段，预计错过收看直播的观众在小长假白天时段，也能够通过高密度的重播欣赏开幕式盛况。另外，文广主持人团队的10余名杭城知名主持人也将加盟各项动漫节主题活动和专项论坛，为开闭幕式、论坛、活动等提供主持服务。此外，综合频道国际部将负责全程拍摄并制作资料片，生动记录本届动漫节盛况。

四是做“足”服务，拉滚字幕及时播报。以动漫办通告为基础，各电视频道将用字幕的形式，每天及时刷新客流量和总计成交额，反映动漫业界和动漫爱好者们对动漫节的高度热情和参与程度，并注重播发服务性信息，如公交出行、动博会票务热线、交警部门的道路管制等。动漫节期间，各媒体将采取多种渠道播出相关拉滚字幕。一是各电视频道每5分钟插播移动字幕，滚动报道动漫节参观人数、相关成交量等节展成果；二是各新闻栏目也在播出期间滚动相关信息；三是各广播频率驻市交警指挥室和高速指挥室的记者，及时关注休博园附近的交通情况，通过台内线性信息节目加大播报密度。

五是做“好”展台，文广主持现场造势。除宣传报道外，集团还积极组织力量参加动漫博览会，注重利用动漫节现场展台，展示动漫、烘托气氛。集团下属汉唐影视动漫公司负责搭建杭州文广集团动漫节展台，并会同集团总编室组织各频道、频率参与展位上的推广演出。动漫节期间，集团所属广播电视媒体将有百余位主持人现场演出，为动漫节现场造势。集团参展人员还将在动漫节现场开设演播室，录制杭城青少年的笑脸。根据往年的经验估测，动漫节期间参观文广集团展台观众将超过8万人次。

十七届六中全会精神宣传

杭州文广集团把做好十七届六中全会精神宣传报道作为当前的首要政治任务，根据中央和省、市委宣传部的统一部署，围绕市委、市政府的中心工作，精心策划，认真组织，已推出了多个系列主题报道，全方位、多角度、立体化地做好全会精神宣传。综合频道、杭州新闻广播两大时政平台要担纲宣传主力，加强政策研究，深入基层一线，把握宣传准度，扩大宣传广度，形成了宣传力度。

一是从“及时”上下工夫，第一时间关注十七届六中全会的文化主题

综合频道《杭州新闻联播》和杭州新闻广播《89早新闻》在十七届六中全会召开后专门开辟专栏，第一时间播发全会动态讯息，并从各个角度对全会进行深入报道。两个栏目对全会的开幕情况、全会通过的决定、胡锦涛总书记的讲话等都给予了重点关注。综合频道在全会召开的第二天，便推出了系列报道《文化体制改革看杭州》，选取2011年文博会、宋城集团的旅游项目、《印象西湖》旅游项目、社区图书馆、华数数字电视、“新杭州人”的文化生活、农家书屋、文化特派员等素材，表现杭州市推进文化体制改革所取得的良好成果。报道注重现场同期声的大量运用，用老百姓的朴实话语来描述文化生活的变化。杭州新闻广播在报道大会进展的同时派出了三路记者，从关注文化产业、关注人民群众基本文化需求、关注政府对文化的推动等三个角度入手，推出了“杭州打造文化‘诗意地栖居’”、“文化镇街，让群众享受一流的公共文化服务”、“杭产红色影视剧爆红荧屏”等一批稿件。

二是从“全面”上下工夫，系统解读十七届六中全会的精神内涵

十七届六中全会召开后，集团整合新闻宣传资源，统一部署各频道、频率对全会精神的宣传。要求时政频道(率)发挥舆论引导力，各专业频道(率)发挥宣传配合力，从文化事业产业的重要地位、全市文化改革发展的重要经验、深化文化体制改革、社会主义核心价值体系宣传、优秀文艺作品创作、加快发展文化产业、完善公共文化服务等各个角度，策划组织实施一批系列报道和主题报道。并要求各媒体加强政策研究，加强宣传把关，切实把全会精神宣传好、报道好。比如，综合频道从10月31日起，又在《杭州新闻联播》推出了系列报道《文化强市　杭州实践》，播发了“‘我们的价值观’主题实践活动深入人心”、“以改革创新推动文化发展繁荣　杭歌全力打造文艺精品”、“家门口享受‘15分钟阅读圈’公共文化服务体系不断健全”、“构筑独特经营模式　杭州民企要打造演艺王国”、“打造文化新高地　名人、名企纷至沓来”等10余篇稿件。

三是从“深入”上下工夫，表现基层一线对十七届六中全会的学习领会

各频道、频率在十七届六中全会的宣传过程中，走进基层一线，选取典型事例，深入报道全市上下对全会精神的学习贯彻和自觉思考，在当好“喉舌”的同时，又做好“耳目”和“参谋”。比如，《杭州新闻联播》结合“走基层、转作风、改文风”活动，派出六路记者分别深入杭州歌剧舞剧院、杭州越剧院、杭州话剧团、杭州滑稽艺术剧院、杭州爱乐乐团、西泠书画院，记录市属文艺院团一线文艺工作者的工作和生活，发回了《百名记者下基层　来自院团一线的体验》系列报道。该系列报道播出后，社会各界反响热烈。杭州新闻广播贯穿全天的《连线快评》节目发挥专家评论库的作用，配合频率的新闻报道，播发了“没有文化复兴　没有真正的崛起”、“文化板块的机遇”等评论，专家们深入浅出地对全会精神进行了多面解读。该频率还在在《游在午后》节目中推出了《文化之旅》专栏，邀请著名作家麦家、著名民谣歌手钟立风、诗人蔡天新、台湾学者薛仁明等，与听众畅谈文化生活。

贯彻六中全会精神　　结合杭州发展实际
强势推出《推动文化大发展大繁荣系列报道》

杭州文广集团在前一阶段集团媒体做好十七届六中全会精神宣传报道基础上，进一步全面部署，深入研究、精心策划，紧密结合杭州实际，推出《推动文化大发展大繁荣系列报道》，通过系列报道、新闻综述、新闻评论、新闻访谈等多种形式，充分展示杭州文化改革发展取得的重大突破和丰硕成果，为推动杭州文化大发展大繁荣营造浓厚的舆论氛围。

一、全面展示杭州文化发展成果

为全方位、多角度、立体化地做好十七届六中全会精神宣传，集团党委专题研究，集团总编室、文化发展部等部门召开院团座谈会、频道频率选题策划会，在一线调研基础上，制定下发了《关于进一步深化文化大发展大繁荣宣传报道的方案》。集团各媒体强势推出《推动文化大发展大繁荣系列报道》，系列报道以“文化强市”为主题，全面展示杭州文化体制改革发展的新进展、新成就和新愿景。在持续推出的报道中，有市民享受到文化繁荣带来的欢乐、杭州的影视剧创作生产取得突破、市民文化生活有关的指标均领先全省和全国杭州、民营文化企业雄起使杭州文化舞台精彩纷呈、打造中国动漫产业的杭州模式等“文化强市”新亮点；有文创人才队伍培养、文创企业投融资扶持、文化创意推进转型升级、文化创意与生活相结合、两岸四地文化交流与合作等推进文化创意产业新举措。同时，通过杭歌、杭越、杭话、杭滑、杭杂、爱乐、画院等院团一线报道，充分展示杭州文化院团改革创新焕发的新活力；通过华数、汉唐、新动传媒、嘉艺影视、交通91.8电台等文广产业报道，展示新媒体融合创新的前景。

二、多样式报道形成宣传声势

为深入扎实做好《深化文化大发展大繁荣》系列报道，集团频道频率结合各自特点，认真制定宣传报道计划，开辟专题、专栏，通过多样式的新闻宣传，丰富报道内容，强化宣传效果。

1. 推出系列报道：综合·生活频道《杭州新闻联播》、杭州新闻广播《89早新闻》围绕杭州推动和引导文化产品创作生产、深化文化体制改革、加强文化产业发展、建设文化人才队伍建设等方面的主要举措、总体进展和显著成效，推出《文化强市　杭州实践》系列报道，全面展示杭州向“文化强市”迈进的轨迹。

2. 组织典型报道：明珠频道、西湖之声在新闻栏目中挖掘杭州文化改革发展中的典型案例和生动实践，突出平民视角，从文化惠民的角度，表达“文化强市”建设给普通百姓生活带来的变化。

3. 开展互动交流：综合·生活频道交流谈话类电视栏目《我们圆桌会》邀请党政、院校、业界、媒体四

界等人士相聚圆桌会,就杭州越剧院、杭州歌剧舞剧院等院团改革创新现象进行互动交流,探究文化需求与艺术自觉对接后艺术院团焕发生机的原动力。

4. 策划深度访谈:杭州新闻广播《游在午后》等人文类节目平台,约请文化界名人走进直播间,讲述文化及文化产业的发展动态,讲述一些群众喜闻乐见的"文化故事"。

5. 记者体验报道:集团媒体以正在进行的"走转改"活动为载体,记者分别深入杭歌、杭越、杭话、杭滑、爱乐、画院等,记录一线文艺工作者的苦与乐,感受火热的文化生活。

西湖成功申遗宣传

第35届世界遗产大会在法国巴黎举行,西湖成功申遗。杭州文广集团所属媒体整合集团广播电视资源,周密制定报道方案,第一时间播报"申遗"成功喜讯,同时通过新闻栏目及时报道、专题栏目配合跟进、宣传片滚动播出等多种方式,立体展示西湖成功申遗的意义、历程和成果。

精心策划,"申遗"喜讯及时报道。实现西湖成功申遗,对于扩大西湖和杭州城市的影响力、知名度、美誉度,意义重大。为及时全面深入报道法国巴黎西湖申遗的进程,集团总编室制定了报道方案,协调集团广播电视各媒体进行充分报道。广播电视各媒体及时发布了有关对西湖申遗成果的喜讯。综合·生活频道从24日起,《新闻纵贯线》、《新闻60分》、《杭州新闻联播》三档新闻对西湖申遗的报道层层推进,同时特别制作申遗成功宣传片滚动播出。《新闻纵贯线》第一时间关注申遗进程;《新闻60分》除关注进程外,还重点关注杭城百姓对申遗成功的期盼、喜悦之情;《杭州新闻联播》则对申遗的意义及"后申遗时代"进行深度评述。明珠频道第一时间对申遗成功作出反应,在播出的节目中播出相关拉滚字幕。明珠频道还为西湖申遗成功改变编排,《明珠新闻》在6月25日的早晨8点22分49秒,专门插播了为申遗制作的特别节目。杭州新闻广播、西湖之声第一时间在新闻节目中播发"西湖在法国成功申遗"的消息,派出多路记者采访经济专家、旅游专家,解读申遗成功对西湖综合保护和历史文化保护的重大意义。

整合资源,广播电视联动报道。西湖明珠频道是此次杭州申遗代表团中远赴巴黎唯一的一家电视媒体。在集团总编室的协调下,明珠频道的报道组成为集团其他媒体的"特约记者",做到了信息、影像资料等共享,实现了西湖申遗报道的广播电视联动。综合·生活频道三档新闻数次连线在巴黎的前方记者。在集团协调下,综合·生活频道、明珠频道、影视频道等陆续播出了特派记者从巴黎发回的申遗成功的现场报道,配发了省委省政府、市委市政府的贺电贺信。同时将播出了特派记者在巴黎对申遗工作领导小组组长王国平的专访和国家文物局相关领导对杭州申遗工作的高度评价。"西湖申遗成功"揭晓前,杭州新闻广播《民情热线》连线在法国巴黎的特约记者,对申遗的进展冲刺情况进行了重点关注。在西湖申遗成功第一时间,再次与巴黎现场的记者连线,将该消息第一时间通过电波传回杭州。

生动深入,专题栏目延伸报道。综合·生活频道以"西湖,申遗梦圆"为主题,播出《后申遗时代的西湖未来》专题报道。通过综述、评论等,深入阐述实现西湖成功申遗,对于充分展示西湖的普世价值,对于保护杭州自然生态、传承杭州历史文脉,对于扩大西湖和杭州城市的影响力、知名度、美誉度具有的重要意义。明珠频道制作的30集系列片"阿六头说西湖"6月26日开始播出。该片选取杭州西湖自然文化景观的30个典型代表,来展现西湖梦圆主题。同时,通过征集市民与西湖的故事、市民手中的老照片、老物件等与市民互动,引导市民切实增强保护自然和历史文化遗产的意识。影视频道开设"西湖边的老外",通过西湖边的老外看西湖,来展示西湖和杭州这座城市的知名度、美誉度、影响力。杭州新闻广播《民情热线》开设"西湖申遗"专题,约请专家学者和部门领导,从交通、经济、旅游、文化、环境改善等方方面面深度关注"新西湖时代"给杭州发展带来的各种机遇和挑战。同时结合休博会主题,展示休博会亮点和"新西湖时代"杭州更为浓郁的生活休闲气息及幸福感。

宁波广播电视集团

宁波电台强化主题宣传

新闻综合频率围绕宁波市委、市政府中心工作,强化主题宣传,2011年先后推出的重大主题新闻专栏报道有"破难促调,创新开局,全面推动'六个加快'"、"思进思变思发展、创业创新创一流"、"社会管理创新综合试点城市新亮点"、"深化文化体制改革,推进文化强市建设”等近20个专栏主题新闻报道。在做大做强、做精做优主题报道上取得了较好的效果。经济娱乐频率重点做好转型升级报道,重点报道宁波企业主动应对危机,实现转型升级的典型案例和各级党委政府积极帮扶企业克服困难的突出事例。一是“台商与宁波‘加快推进产业升级’同行”专题报道。着重宣传近十家宁波台资企业转型升级、创新发展方面的新举措、新亮点和新进展;二是做好“外资企业服务月”报道。报道20多家外资企业急需解决的困难和问题,及政府部门出实招着力破解外资企业面临的转型升级、成本上涨、融资、供电等难题。三是做好重大经贸会展报道,如“浙洽会”、“消博会”、服装节、家博会、食博会、住博会、广交会、华交会、中国宁波人才科技周、甬港合作论坛等,从参展商和客商的角度,报道宁波经贸事业的勃勃生机。

争创全国文明城市“三连冠”活动宣传报道

争创全国文明城市“三连冠”是2011年宁波市委、市政府的一项重大工作。电台新闻综合频率从3月初开始,先后推出了《讲文明　树新风　争创全国文明城市三连冠特别报道》、《文明城市　道德新风》等专栏,及时报道全市争创“三连冠”动员大会和各地各部门积极行动起来,抓紧落实措施,破解出行难,破解停车难,加快城市道路整治;报道志愿者、市民积极参与文明城市创建的鲜活事例,努力提高社会各界对创建文明城市的支持率。全年共播出稿件300多篇;台内外评论员联动,策划推出《讲文明　树新风　争创全国文明城市三连冠系列广播评论》,共播发了《根治脏乱差就得动真格》、《争做文明有礼的宁波人》等34篇评论;《天天说事》、《阳光热线》、《百姓时间·市民热线》等节目还大力宣传文明城市创建工作的相关知识,引领更多的市民主动自觉地参与到文明城市创建中来。经济娱乐频率主要推出“与文明同行”、“文明宁波大家谈”、“经广记者走基层—社区文明行”三大专栏,共播出稿件100多篇。其中“与文明同行”专栏,重点对文明素质提升行动、城市环境优化行动、社会关爱倡导行动、基层文明提质行动等进行报道,通过对社区居民身边鲜活事例的报道,引导大家身体力行,从我做起,从点滴小事做起,树立文明新风,共享美好生活;“文明宁波大家谈”专栏,主要围绕文明城市创建这一主题,开展话题讨论,引导市民关注参与文明城市建设,强化文明意识和道德观念;“经广记者走基层—社区文明行”专栏,先后采制播出了“鲍家耷社区里的热心管家”、“格兰春天社区里飞舞着的健康使者”等10余篇报道,通过百姓口吻和基层视角,充分反映社区工作者、志愿者和普通居民为建设和谐社区而默默奉献的精神风貌。

宁波电台创新推出重大先进典型马素明宣传报道

2011年4月26日,担负对口援疆任务的宁波建设集团项目部经理马素明,在工作途中发生翻车事故,不幸遇难,年仅33岁,马素明因公殉职的事件引起了社会各界的广泛关注。新闻综合频率5、6月份除率先迅速派出记者赶赴新疆阿克苏地区进行实地跟踪采访外,还高度重视同题报道的视角创新,先后推出了大型专题直播节目《浙江援疆　广播在行动——宁波篇》和直播人物访谈节目《那片芳华依然绽放天山脚下——追忆因公殉职的宁波援疆建设者马素明》,在同城媒体竞争中产生了独特的传播效果。交通频率于5月9日16:00~17:00携手新疆阿克苏库车人民广播电台隆重推出大型异地直播节目《用爱携手》,深切缅怀援疆建设者马素明将满腔真情永驻戈壁的饱满工作热情和无私奉献精神。尔后交通音乐频率立即制定采访报道计划,策划以连线库车、宁波两地互动直播,专题以及广播剧等多层面、多样式广播典型宣传报道。深入新疆阿克苏库车地区采访的多路记者,先后走访了马素明生前工作的地方,采访与马素明相识多年的援疆建设者,并与当地维吾尔族群众交流座谈,听他们深情讲述马素明生前对工程建设倾力奉献、埋头实干的难忘事迹。在马素明的故乡宁波石碶横涨,记者采访了马素明的父母妻儿、亲朋好友、街坊邻居等,闻讯赶来祭奠的乡亲们无不惋惜和悲痛。交通广播通过大型异地直播、现场连线报道和专题形式,缅怀因公殉职的援疆建设者马素明看似平凡的生命在实现人生价值过程中绽放的美丽。

成功直播第14届中国开渔节

2011年9月中旬,电台新闻综合频率成功直播了第14届中国开渔节两大重要活动——2011中国海洋经济峰会和“两岸石浦人·天涯共此时”象山·台东中秋联谊会。海洋经济论坛现场直播通过专家访谈、记者连线、同步传递等形式,全景展示2011中国海洋经济峰会开幕式和国家部委与部分沿海省市有关领导、著名专家学者围绕海洋发展战略、海岛保护开发两岸经贸合作等专题开展的学术研讨与合作。“两岸石浦人·天涯共此时”象山·台东中秋联谊会现场直播突出了寻亲、叙情、祈福、两岸一脉相承的主题。揭开象山石浦与台湾台东小石浦村之间鲜为人知的同宗情缘、割舍不断的骨肉情深和源远流长的商贸往来。

交通频率精彩直播首个中国旅游日主题活动启动仪式

5 月 19 日上午 8:45~10:00,宁波电台交通音乐频率联合老年与少儿频率、宁海电台,在《徐霞客游记》的开篇地、美丽的山海之乡——宁海隆重推出 2011 年“中国旅游日”主题活动启动仪式暨第九届中国徐霞客开游大典和中外民俗风情大巡游现场直播。邀请宁波市旅游局副局长陈民宪做节目嘉宾,同时派出多路记者分别在宁海西门“读万卷书行万里路”百所高校大学生寻访徐霞客足迹的启动仪式现场以及其他分会场,全方位地为广大听众报道和解读了“中国旅游日”的由来、10 年追梦背后的故事及其深刻的文化内涵,向广大听众传递了来自宁海的民俗风情和来自全世界的欢声笑语。此外,交通广播记者还通过湖南电台、浙江台州电台向当地听众介绍了首个中国旅游日启动的盛况。

百万汽车上牌　强化交通文明宣传

2011 年 9 月 7 日,宁波市上牌汽车正式突破 100 万辆,成为继北京、深圳、上海、广州、天津、成都、苏州、杭州之后全国第九个“百万汽车城”。同时宁波的驾驶证也突破 200 万本。以 760 万宁波常住人口计算,约每三户人家就拥有一辆汽车,每 4 个宁波人就拥有 1 本机动车驾驶证。宁波电台交通广播于 7 日上午 10:00~11:00 强力推出《百万车,甬畅通》——《宁波市籍第 100 万台汽车上牌和第 200 万本驾照发证暨倡导文明行车》现场直播活动,与广大听众共同分享和见证了宁波市第 100 万台汽车的诞生。按照国际通行的说法,100 万辆以上的汽车保有量,是一个城市进入“汽车社会”的标志。100 万辆汽车,既标明了城市经济的飞速发展,又对交通文明与交通管理提出了更高要求。活动现场,与会嘉宾共同发出文明行车倡议。交广记者也在发回的现场报道中从不同角度再三呼吁:日益增长的汽车保有量对我市的交通承载和道路出行带来了新的考验,希望市民更加自觉地参与文明交通,更好地享受汽车社会的幸福生活。

“全城关注留守儿童　千名小候鸟畅飞红色之旅”大型电视公益活动

2011 年 7 月 26 日,由宁波电视新闻综合频道联手市旅游集散服务中心、帅康集团推出的大型公益活动“全城关注留守儿童　千名小候鸟畅飞红色之旅”正式启动。此次大型公益活动分为三个部分,分别是:千名小候鸟畅飞余姚红色之旅、宁波小朋友探访江西留守儿童以及“我的暑期红色之旅”作文比赛。这次活动主要有以下特点:

一、活动主题吸引力强

抓住热点,营造全社会关爱小候鸟的良好氛围。作为一个主流频道的主流民生新闻栏目,宁波电视台新闻综合频道《看看看》栏目将今年暑期的互动活动的重点定位在如何走近“小候鸟”、关爱“小候鸟”、唤起更多人关注“小候鸟”上。7 月 27 日“全城关注留守儿童　小候鸟畅飞红色之旅”第一个宣传片在《看看看》栏目中播出,同时还在《看看看》官方微博发布消息。除了接受“小候鸟”的报名之外,我们还向社会招募志愿者,出现了“小候鸟”和志愿者报名的热潮。

二、注重公益活动社会性

全城联动,探索建立关爱小候鸟的长效机制。本次活动企业、街道、社区联手互动,志愿者全程参与,出现了多家企业集体为外来务工人员子女报名的情况,也有不少街道社区的工作人员,为辖区的孩子们报名参加活动。我们共招募了 40 位志愿者,他们几乎都是大学生,很多人在报名的时候,强烈地表示很希望参与这项活动,为这些孩子做些力所能及的事情。通过这次活动,更多的“小候鸟”慢慢融入宁波这座城市,他们不再感觉到陌生和疏远,而是从内心懂得感恩,知道这座城市也有很多人在关爱他们,让他们有种归属感。此次大型公益活动在探索如何建立关爱小候鸟的长效机制上作出了有益的探索。

三、体现寓教于乐效果

本地小朋友和外来小候鸟互动,从“生活关心”到“心灵关爱”。为了拉近本地小朋友和“小候鸟”们之间的心理距离,让孩子们能够通过这个活动融合在一起,我们特意安排了 100 名本地小朋友参加。我们还进行了“我的暑期红色之旅”的作文比赛。在这次作文比赛当中,我们欣喜地看到,很多孩子们把作文的主题定在“爱心”上,也就是说通过我们组织的这项公益活动,孩子们不仅是玩得开心,同时也让他们从小体会到关爱的力量。而在活动中，我们也看到了两地小朋友亲密无间，互相交流、交换联络方式的场面。

2011 年 8 月 29 日，“我的暑期红色之旅” 作文比赛举行颁奖仪式，为这次活动画上了圆满的句号。此项大型公益活动历时一个多月，共有 1000 多名小朋友、100 余名家长、10 余家企业、20 多个社区、40 多名志愿者参与了活动。活动期间，宁波电视台新闻综合频道《看看看》栏目共播出新闻稿件 12 篇，宣传片计 110 次，社会反响热烈。本次关爱“小候鸟”的大型公益活动是宁波电视台新闻综合频道今年暑期活动中主题最为突出、规模最大、时间跨度最长、参与面最广、影响力最强的一项社会公益互动活动。

建立“和好屋” 尝试参与社会调解机制的建设

从 2011 年 3 月份开始，宁波电视经济生活频道的《娘舅大石头》栏目组通过进社区建立“和好屋”，尝试参与社会调解机制的建设。

建立和好屋的基础有三个：一是当今社会转型，矛盾多发易发，这是完善社会调解机制的必要性；二是在栏目外出采访中，得到当地政府、社区的支持和配合，很多社区拥有一支义工或者志愿者队伍；三是栏目开播半年多，凭着“帮助当事人过上好日子”的理念已有不小的公信力。为此，栏目组就设想在社区、乡镇建立“和好屋”，让更多的热心人士、更多的职能部门参与进来，以形成更大范围的“过好日子的群众舆论场”。

栏目组自 2011 年 3 月 23 日在海曙区西门街道北郊社区建起了第一家“和好屋”以来，至 9 月 30 日已在海曙、江东、江北、镇海、宁海这五个区县的社区、乡镇建起了 36 家“和好屋”，共有“和好大石头” 234 人，他们当中有的是社区居委会干部与社区的人民调解员，有的是社区自愿者和退休的老党员老干部，也有的是驻社区民警、法官、城管队员，还有的是企业法人、律师以及新宁波人。江北区庄桥街道河西社区还与江北区城管局共同合建成立了第一家政府职能部门与社区共建的“和好屋”。

“和好屋”建在社区最大的效果就是能在第一时间里掌握矛盾的发生，继而及时得到调解。其次，随着 36 家和好屋的建立和完善，渐渐形成调解的平台，这个平台辐射了周边社区。还有，一些高学历的白领、高收入的企业主以及不愿意上镜的居民也找到“和好屋”要求调解。经不完全统计，36 家和好屋在一年里至少调解了 3000 起以上的案例。

通过“和好大石头”传递做人做事的理念，起到“调解一个带动一片”的作用；栏目组又把各个“和好屋”里的工作搬上电视屏幕，起到引导教育的作用。从 9 月 26 日起，栏目组启动了为期三个月的“和谐文化 幸福生活”2011 年《娘舅大石头》双十佳评选活动，评选出有突出成绩的 15 家“和好屋”和 15 位“和好大石头”，最后一个月经过全市电视观众投票产生“双十佳”，并于 12 月 25 日下午举行了“双十佳”颁奖典礼现场直播。

大型媒体行动“温暖 2011”

“温暖 2011”是由宁波电台经济生活频道和宁波市福彩协会联合各县市区电视台推出的一个大型媒体行动。该活动重点彰显媒体的社会责任感，关爱困难家庭，帮助解决生活、求学等实际问题，积极倡导团结、友爱互助的社会新风尚。“温暖系列”已经播出了第三季，温暖 2011 第一季：圆您新年梦想；“温暖 2011”第二季：一个都不能少；以及“温暖 2012”第一季。整档节目分成展播和圆梦两个阶段，每播一季，都会引起社会各界的广泛关注。前三季节目共收到各种款物 100 多万，共计帮助近 200 户困难家庭及儿童实现了梦想，解决了生活上的实际困难。“温暖系列”在受到观众好评的同时，也得到市领导的充分肯定。市委常委、宣传部长宋伟专门作出批示：“这是一次有主题思想的新闻创新实践。对于弘扬时代精神、贴近现实生活、促进社会和谐起着积极作用，值得肯定。希望新闻工作者走进基层、服务群众，推出一批来自一线、鲜活生动且主题鲜明的报道，不断增强新闻宣传的亲和力和影响力。”该活动目前已经成为经济生活频道的一个爱心品牌。

宁波市举办第四届中国（宁波）农民电影节

7 月 15 日，《建党伟业》全国农村首映式暨第四届中国（宁波）农民电影节开幕。本届农民电影节以“农民的节日，电影的盛会”为主题。电影节期间，除了开幕式，还举办全国农村电影成就展、“新起点·新态势·新发展”——全国农村电影发展战略高峰论坛、农民评选“最喜欢的影片和最喜欢的男、女演员”、建党 90 周年新片展映活动、电影金曲献给党主题晚会等六项系列活动。

本届农民电影节凸显纪念建党 90 周年这一主旋律，《建党伟业》这部献礼片在宁波举办全国农村首映式，从宁波开始，这部影片才正式进入全国农村院线，在全国农村开始放映。本届电影节期间，组委会举办的建党 90 周年新片展映活动、电影金曲献给党主题晚会等活动都突出纪念建党 90 周年欢庆、和谐、热烈的气氛。

公益、互动成为本届农民电影节的亮点。电影节组委会与中国电影集团农村发行放映公司共同发起了“10 元钱，让一个村看到免费电影”的公益活动，倡导宁波市爱心企业和人士向革命老区和西部地区农民赠送电影放映场次。近几年，宁波市通过推进“万场电影进农村”活动，已在全国率先实现了“一村一月一场免费电影”的目标。但在广大革命老区、西部农村地区仍然没有实现这一文化惠民目标。为了让这一公益事业让全国更多的农村群众受益，宁波市富有爱心的企业和人士共同关心革命老区和西部地区农民的文化生活，向他们赠送电影放映场次 34100 场。此外，为了让本届电影节办成真正属于农民的节日，组委会还增设了许多互动元素。如邀请《建党伟业》演员到现场与农民互动交流、邀请电影《飞天》剧组来宁波举办观众见面会、邀请宁波农民歌手与上海电影演员剧团的演员同台演出、组织农民评选“最喜欢的影片和最喜欢的男、女演员”等活动。

温州市广播电视台

“7·23”事故系列报道。7 月 23 日 20 时 38 分，甬温线温州双屿段发生特别重大铁路交通事故。温州台充分发挥广电媒体反应快速、互动交流便捷的优势和特点，记者第一时间赶赴现场发回连线报道，各广播频率、电视频道打破常规的节目编排，快速推出大时段直播和特别节目，对事故及其救援工作进行及时全面报道，对乘客及其亲属给予抚慰和帮助，对广大群众进行正面积极的有力引导，充分体现了广电媒体应对重大突发事故的引导力和影响力，为凝聚民心、鼓舞士气、大力宣传温州城市和温州人的良好形象做出了积极贡献。当晚 20 时 55 分，广播新闻综合频率在同城传统媒体中第一个播报了动车事故的消息；电视新闻综合频道记者事故发生后 30 分钟内赶到现场，拍摄记录下了宝贵的第一手图像资料。此后几天，这些视频被全国乃至世界的众多媒体广泛采用。为及时准确地传播党委、政府的声音，对广大群众进行正面、积极的舆论引导。各频率频道纷纷转发《胡锦涛、温家宝就动车追尾事故作重要批示》、《张德江抵达温州指导救援、善后处理和事故调查工作》等报道，把党中央、国务院领导对此次事故的关怀和指示的信息传达给观众。同时重点报道了省、市领导第一时间深入一线指挥救援，以及对救援等工作的指示精神。对消防、公安、武警、医院等部门和单位全力投入救援，社会各界群众无私参与救援的情况也进行了重点关注和报道。电视各频道除了报道事故救援进展，还大力挖掘典型人物和感人故事，采制播出了一大批典型报道，对温州人在这场事故中所展现出的大爱无私的精神进行了大力讴歌。广播各频率利用节目实时互动性强的特点适时开通了寻亲热线、爱心奉献热线等，尽最大可能帮助群众。福州、绍兴、厦门等地电台纷纷联系本温州台各频率，携手开展寻亲行动。全面客观地新闻报道、正面积极地舆论引导，为树立温州城市和温州人新形象发挥了积极作用。

湖州市广播电视台

建党 90 周年报道

湖州市广播电视台根据湖州市委宣传部的总体部署，精心策划、周密布置，分阶段、抓重点、多形式，全力做好建党 90 周年的广播电视宣传报道。新闻综合频道开设了《红色记忆》、《红色荣光》、《南太湖先锋》等专栏，仔细梳理在建党 90 周年光辉历程中，富有湖州特色的故事、人物、事件，同时也大力宣传报道在近期创先争优活动中涌现出来的先进党组织和优秀共产党员，以满腔热情讴歌在党的光荣历程中做出重要贡献的人物与事件。文化娱乐频道积极开展建党 90 周年红歌会系列活动。从 3 月 12 日开始，连续 2 个多月的周六、周日，深入湖州织里、菱湖、双林、善琏等 10 个乡镇，组织开展了“欢乐红歌行”下乡文艺演出。公共民生频道结合自身“民生、公益、服务”定位，分别在《和谐家园》和《阿奇讲事体》中推出系列报道，共计播出农村党员先进个人报道 3 篇、动态活动报道 12 篇。FM105 新闻综合频率《党史上的今天》从 3 月份开始到年底共播出 275 期，《“双百”任务中的共产党员》共介绍了 14 位优秀的共产党员，专题《天籁中华系列节目》共播出 14 期；FM98.5

都市文艺频率“难忘的旋律”共计播出红歌91首，音乐节目《放肆幻听》特别单元“赛红歌”共有300多人参与。广播电视报还根据报纸的定位，推出了《我市隆重集会庆祝中国共产党成立90周年》、《“同心向党”歌咏大会嘹亮举行》、《湖州籍“双百人物”将亮相声屏》、《建党90周年书店“红书”总动员》、《红色经典演出月将在湖州大剧院拉开序幕》等报道，全面反映湖州纪念建党90周年的情况。

纪念辛亥革命100周年宣传报道

湖州市广播电视台新闻综合频道《新闻60分》栏目特别推出了系列报道《湖州人与辛亥革命》。整个系列报道以人物传记的报道形式来展现陈英士、张静江、朱家骅、戴季陶和许许多多湖州籍同盟会会员为了辛亥革命前赴后继、慷慨赴死的英雄气概。报道从10月8日至12日播出，共《“革命圣人”张静江》、《辛亥革命首功之臣陈英士》、《朱家骅与“中国敢死团”》、《国民党最年轻的元老戴季陶》、《同盟会里的湖州兄弟》五篇。另外，为了让湖州的观众能更全面地了解历史纪录片《铁血英士》台前幕后的故事，湖州台新闻中心根据市委宣传部的要求特别采制了题为《纪录片＜铁血英士＞的台前幕后》的专题片。公共民生频道《阿奇讲事体》栏目采用活动与报道相结合的方式，有策划、有重点地推出系列报道《“奇”看辛亥100年》。根据栏目特色，以讲故事的形式来反映主题，从时间、空间、地域等方面来进行宣传报道，分别推出了《听老人讲那过去的事情》（每周定时开辟一块时间让主持人介绍关于辛亥革命的小故事，和观众进行互动），《辛亥革命与湖州人》（重点介绍陈英士、张静江等与辛亥革命有关的人物）等，还举行了相关的画展、演出和社区纪念活动等，有策划地营造好辛亥百年纪念氛围。广播中心新闻综合频率以新闻专题栏目、新闻报道为主要宣传内容，《深度105》开设专栏“回望辛亥百年”，在距离辛亥革命100周年倒计时100天时开播，共播出13期，每期5分钟；《午间新闻》开设专栏“辛亥百年名人系列”，每周一期，开设13期；都市文艺频率从9月起，逢半点推出《百年辛亥》歌曲赏析，分《祖国篇》、《先烈篇》、《妇女篇》、《青年篇》和《励志篇》共5个系列，播出《山海关》、《天下为公》、《爱我中华义勇队》、《凯旋》、《自省歌》、《劝勉少年青年歌》和《实业计划歌》等歌曲；交通经济频率，《乐活二人行》的版块《时间简史》中增设“距离辛亥革命100周年倒计时”。广播电视报开辟了三个《辛亥百年》专版，推出《辛亥革命：开启中国进步之门》、《辛亥风云中的湖州志士》等专题报道。传媒湖州网体现新媒体“全、快、新、活”的特点，全面整合广播电视和广电报文字、图片、视频，及时刊载重大主题报道。

“走转改”活动和有关宣传报道

2011年，湖州市广播电视台把“走基层、转作风、改文风”活动与做大做强主题宣传相结合，与湖州台创新创业相结合，与各平台、栏目的特色、定位相结合。各平台编辑记者深入一线，扎根基层，在群众中采集最新鲜、最动人、最感人的新闻事件，以百姓的视角、通俗的语言作积极向上的主流意识引领。采制了一大批源自普通民众工作、生活的生动鲜活的新闻、专题，并在活动中着力培养、提升自身发现问题、解析问题的能力，取得了较好的实际成效。湖州台11个宣传平台共确立了120多个基层联系点，派出下基层蹲点记者百余名，开设了77个专栏专题，已播发走基层稿件1338篇。开展扶贫结对等公益活动115次，募集帮扶资金45.64万余元，解决了76个基层反映的问题，出台、完善了十多项制度，组织25次培训，参加人员993人次。

一是周密部署，强化策划，确保阶段重点和宣传成效。湖州台强调从“最现场”看起，到“最基层”采访。通过强化策划、周密部署，在不同媒质推出基层采访报道专栏，多形式播发来自基层的消息、述评、现场连线、系列报道，深入推进“走转改”活动。

为使宣传报道范围更广，在最初78个基层联系点基础上，拓宽层面，新增基层联系点近50个。除社区、乡镇外，足迹涉及军营、行政村、学校、部门等。并制定、实施了“台领导蹲点联系计划”、“记者编辑长驻计划”，以获取最新鲜的新闻素材，反映湖州近年来的社会生活各个方面的显著变化，反映群众分享改革发展成果的美好生活，折射湖州走科学发展，建设“富饶、秀美、宜居、乐活”的现代化生态型滨湖大城市的方方面面。

在策划推出“走、转、改”活动新的宣传主题和系列时，更加注重突出经济社会文化发展的主流，不断加大深度报道的力度，陆续推出了《又到一年秋收时》、《来自产业集群的报告》、《文化新魅力》等系列报道，全方位反映湖州加快科学发展，建设“四区一市”的实践与成效，充分显现市民群众和谐向上的精神风貌。

二是创新形式，强化手段，不断提升宣传质量和水平。“走转改”活动不仅要求走基层，更要转作风，改文风，因此深入基层，开展丰富多样的体验式、纪录式报道也是广电媒体要整改的重点。记者编辑们更多地采用记录和体验的方式，以当事人同期声，以记者体验同期声等还原现场，捕捉细节，使报道更生动、鲜活。除体验式、记录式报道外，以人物报道的形式进行采制也是各平台开展此项活动的亮点。《“三八红旗手”张丰：平凡而圣洁的白衣天使》、《知心大姐乐于助人　乡村社会更加和谐》、《长兴“拒谢哥”拾金不昧温暖人心》、《外来科技人才坚守岗位　第二故乡过大年》、《人残志坚　湖羊致富》、《走村串户“说唱”忙》、《俞如傲：“尽心好员工”是这样炼成的》、《周艺琴的琴书梦》、《独居老人的志愿者生活》、《情暖寒冬　民警为困难群众送温暖》等，生动地展现了基层群众与基层工作者的精神风貌。融入了“走转改”内涵的“走基层”活动，让广电新闻栏目更加有了温度、广度和深度，既丰富了广电新闻节目的内涵，又提升了广电新闻节目的质量。

三是强化调研，提升培训，紧抓团队建设的重点和亮点。不断完善学习和调研制度、编辑记者岗前和在岗培训制度、考评和奖励制度，紧抓活动开展的难点、重点，扩大亮点效应，提升编辑记者发现问题、思考问题、评析问题的能力，提升队伍的综合素质，也是湖州台的工作重点，各宣传平台充分利用周三讲坛、周四课堂、月月谈、编前会等一批成熟的业务交流平台，围绕新闻宣传工作的热点、难点以及推进新闻宣传改革创新等问题，开展辅导讲座，加强广大采编人员特别是年轻编辑、记者的培训教育，切实提高新闻记者在会议、经济类报道的策划能力，提高新闻记者解决实际问题的能力。

在首席、导师帮带制运行基础上，通过强化考核、加强督导等方式，实现多项转变：在帮带对象安排上突破单一新闻采编岗位结对的限制，尝试在全台各个重要岗位范围内组织帮带结对；在导师安排上改变以往“一对一”简单结对形式，实施“一对多”或“多对一”的模式，并根据年轻员工的实际情况及时调整帮带内容。同时，改变传统传帮带的单向帮带方式，注重师徒双向互动，强化导师与年轻员工“互学、互帮”的理念，确保“帮带导师制”真正达到提高本领、促进工作的目的，为“走、转、改”活动持续、有效开展助力。

此外，为进一步提高社会监督的水平和质量，提升新闻宣传质量，规范队伍管理，湖州台还聘请社会监审员、观察员队伍每月以书面梳理小结的方式对开展活动及活动成效进行社会监督，助推“走转改”活动真正落在实处，取得实效。

嘉兴广播电视

嘉兴市广播电视台

大型新闻行动《红色耀中国》

2011年是建党90周年。作为党的诞生地的主流媒体，做好做足做出特色90周年报道，嘉兴市广播电视台（以下简称嘉兴台）有着独特的政治资源。5月初，嘉兴市委宣传部、嘉兴市广播电视台联合吉安、遵义、延安、石家庄四地市宣传部和广播电视台共同实施开展了纪念建党90周年大型新闻行动《红色耀中国》。嘉兴台作为该新闻行动的发起者和具体承办单位，整合全台资源，广播、电视、网络、报纸四种媒体联动，以红色精神为报道主线，打造立体宣传效应，反映与传承红船精神、井冈山精神、长征精神、延安精神和西柏坡精神，让更多的人接受革命红色教育。期间，嘉兴台积极创新传播形式、丰富活动内涵，通过新闻报道、主题活动、创作广播电视原创歌曲、开通网络官方微博等形式，在广泛传播革命红色精神的同时，极大地扩大了嘉兴作为党的诞生地的外宣影响力。

一、以史说事，以理喻人，通过革命战争年代的红色故事和各红色城市当下取得的成就，新闻报道充分展示“红船精神”、“长征精神”等红色精神的有效传承。系列报道和新闻专题是此次大型新闻行动的一个主要载体和发力点，也是传递给广播电视受众的一个主要渠道。嘉兴台从全台抽调骨干记者组成了近30人的采访队伍，广播、电视、网络、报纸四种媒体互动，自五月中旬共播发稿件60篇多篇，其中不乏独家新闻。通过记者的体验、追寻、调查、印证，使一个个红色记忆和当下成就展现在受众面前。例如，在对“井冈山精神”的报道中，稿件《一个革命幸存者的情怀》把红军老战士曾志（解放后曾担任中组部常务副部长）的孙子作为报道的对象，通过对他的采访，由他讲述奶奶曾志的革命情怀，人物典型、事例生动。看了报道后，观众不禁为我党高级干部曾志的那种高风亮节而动容，对如今的党员干部廉洁从政更有实际的教育意义。2008年春节前后，冰雪灾害肆虐南方大部分地区，江西井冈山也遭受了严重破坏，驻浙部队官兵潜力驰援，和当地干部群众一起抗击冰雪灾害，稿件《十送红军鱼水情深》以鲜活的事例再次把受众拉回了那段感人的记忆中，人民子弟兵和人民群众新时期里的雨水情深正是通过当下的演绎得到了继承。而《红米粥南瓜饭》等新闻稿件，则生动反映了当地村民利用红色资源发展旅游经济的致富故事。大型新闻行动《红色耀中国》累计发稿120多篇，通过"红色"主线，使红色精神在党的诞生地更加深入人心，为建党90周年营造出浓郁氛围。

二、围绕新闻，精心设计载体，主题活动特色鲜明更具针对性。在开展新闻报道的同时，嘉兴台精心设计载体，通过在各红色城市举办主题活动等多种形式来扩大新闻报道的影响力，加强与当地的互动性，扩大新闻行动影响力。除了在嘉兴南湖举办大型新闻行动启动仪式外，嘉兴市委宣传部、嘉兴台还联合当地，在遵义、延安等红色城市开展纪念建党90周年大型新闻行动《红色耀中国》走进某某市主题活动。通过红色城市互增纪念品、采集红土制作建党90周年纪念京砖、友好乡镇共建结对、两地青年共同倡议共建未来等子活动，营造了红色城市之间互助、携手共进的和谐氛围。一次新闻报道的影响力是有限的，但通过活动加新闻，使报道更加丰满、使活动更具针对性。

嘉兴是党的诞生地，但在记者采访过程中发现，各红色城市对中共一大在嘉兴期间的活动介绍不甚详细，而通过赠送南湖红船，不仅丰富了当地纪念馆的展品，也使嘉兴在"中共一大"的地位和作用进一步为观众所熟知。在活动中，嘉兴台还在各地采集红色泥土，汇聚嘉兴后制作成有嘉兴、井冈山、遵义、延安、西柏坡等城市标志的纪念京砖，送南湖革命纪念馆加以收藏，通过京砖这一非物质文化遗产，为此次大型新闻行动留下了可以永久收藏和纪念的实物。为充分利用此次报道所收集到、拍摄到的珍贵画面，嘉兴台还投入人力、物力，特别制作一首纪念建党90周年的红色原创歌曲《红色耀中国》，"七一"期间在广播电视高密度播放，营造了有嘉兴特色的红色氛围。

三、加强合作，借力外媒，扩大红色嘉兴影响力。作为地市级广播电视台，其传播影响力有一定限制。在大型新闻行动进行中，嘉兴台积极联系央视、央广、新浪网等全国性媒体，扩大自身宣传的影响力。稿件在央视新闻频道多次播出，央视财经频道连续播出近15篇由嘉兴台在各红色城市采制的红色旅游方面的报道；嘉兴台还与新浪网合作，在新浪网新闻中心开设专题；利用新浪网在微博上的优势，开通官方微博"红色耀中国"引来网民关注；每到各红色城市采访或者举办主题活动，当地省级和市级媒体还积极给予报道，报道量累计达到近100篇(次)。

通过举办大型新闻行动《红色耀中国》，使党的诞生地嘉兴的影响力得到了进一步增强。而嘉兴台也通过此次大型新闻行动的实施，将《红色耀中国》作为党的诞生地纪念建党的广播电视品牌活动，在今后继续加以实施延续品牌效应。

加强和创新社会管理服务新闻报道

8月25日，嘉兴市广播电视台"加强和创新社会管理"系列报道得到市委常委、秘书长孙贤龙的肯定并专门批示：近来的这些报道主题鲜明、内容丰富、形式多样，有较强的可看性、可听性，有力地配合了市委的中心工作。加强和创新社会管理服务，事关巩固党的执政地位，事关国家长治久安，事关人民安居乐业。下一步，要按照市委全委会的部署，扎实推进"六大专项工作"。"三社"建设是基础工作，是"六大专项工作"之一，更要先行。希望继续发挥广电优势，加强宣传报道，更好地加强舆论引导。

年内，为贯彻落实嘉兴市委、市政府以及市委社工委关于加强和创新社会管理服务的相关精神，嘉兴市广播电视台加大报道力度，通过典型引导、事例剖析、发表言评论等方式，扎实做好加强和创新社会管理服务方面的新闻报道工作。主要做法：

一、开设专栏、典型引路，全景反映各地加强和创新社会管理服务的新举措、新做法。自8月13日始，《嘉广早新闻》、《嘉兴新闻》等广播电视主新闻栏目推出有关嘉兴"三社"(社区、社团、社工)主题报道，播出了《购买服务：政府部门出钱　社工机构出力》、《医务社工：患者情绪"调剂师"　医患关系"润滑剂"》、《专业社工参与　社会管理出成效》、《单亲妈妈社工服务　开启专业社工介入社会管理新模式》、《探索社区工作社工化路子　社会矛盾化解在基层》等一系列稿件，一篇篇报道形象而生动地反映了嘉兴市"三社"工作的生动实践和良好的社会效应。在做好本地报道同时，记者还抓住嘉兴市社工委赴上海浦东考察工作的机遇，在较短时间内完成了对浦东“三社”经验的报道工作，力求以“它山之石”给嘉兴的社会管理工作带来启迪。通过典型引路，在传递市委关于“加强和创新社会管理服务的实施意见”精神的同时，使广大市民对社会管理服务工作有更多的了解、理解，对于加强和创新社会管理服务开展的工作及取得的成效尤其是“以人为本”的理念有了更多感性认知。

年初，嘉兴市委书记李卫宁在南湖区调研时强调，要坚持以群众工作统揽社会管理服务工作，不断提高社会管理服务水平。3 月初，新闻频率、新闻频道分别在《嘉广早新闻》、《嘉兴新闻》中开设《创新社会管理服务、建设和谐嘉兴》、《社会管理服务　嘉兴实践》专栏，以县(市、区)为报道单元，连续采访报道、整体推出了近 20 篇专题报道，这些报道中涉及到：南湖区“六六群众工作制”，秀洲区“以新调新”化解新居民群体矛盾纠纷，嘉善县“设立村务监督委员会，健全农村基层监督”，平湖市推行“民生台账”和“3715 制度”，海盐县“邻里守望”参与群防群治，海宁市搭建“社区居民自治平台”，桐乡市“设立民情联络员”走村入户“拉家常”等，形成了宣传的连续效应。

二、重视言评引导舆论，营造嘉兴加强和创新社会管理服务的良好舆论氛围。评论是旗帜、是引导、是疏导，鲜明地表达观点是主流媒体的社会担当所在。2011 年，嘉兴台各宣传口充分发挥“本台短评”、“新闻观察站”、“新闻评道”、“记者感言”等言论窗口发表观点引导舆论，通过言评论这种方式在潜移默化中加大对社会管理服务工作的宣传引导力度。例如，在报道“市委六届十次全体(扩大)会议审议通过《中共嘉兴市委关于加强和创新社会管理服务的实施意见》”这一消息同时，新闻频率“新闻观察站”专栏邀请特约评论员、市委党校副教授徐连林做了《创新社会管理服务　建设和谐嘉兴》的评论节目，阐述了加强和创新社会管理服务对于建设和谐嘉兴的重要意义。电视新闻频道《新闻评道》栏目推出了评论《加强创新社会管理服务　　维护群众正当权益》。此外，《小新说事》、《今朝多看点》、《阿德对你讲》等民生新闻栏目，也纷纷利用主持人评论优势，对一些涉及社会管理服务的报道内容予以现场评论。

三、完善报道机制，进一步深化加强和创新社会管理服务相关报道。嘉兴台十分重视加强和创新社会管理服务报道工作，专题部署相关报道工作，明确将广播电视两个专栏作为常年性开设的主题专栏，并要求在不同的时间点内形成不同主题的宣传热点。结合年内嘉兴台开展的“群众路线主题教育基层行”的活动和报道，要求频率、频道确定专人负责联系对口条线，及时报道嘉兴在加强和创新社会管理服务上走在前列的生动实践，围绕社会矛盾化解、社区社团社工建设、公共安全保障、新居民管理服务、信息网络管理服务、新经济组织管理创新六大专项工作，总结各地各部门在这些方面的好做法、好经验，营造加强和创新社会管理服务的良好氛围，并努力对外发稿加强外宣。

嘉善县广播电视台

第四届广播电视听众观众用户节

2011 年 8 月 28 日 ~9 月 28 日，嘉善广电台举办了第 4 届嘉善广播电视听众观众用户节。活动以“服务百姓、回报社会”为主题，时间跨度为一个月，内容有：“四进”宣传服务系列活动、四“十佳”评选活动、“走进广电”听众观众用户互动联谊活动暨广电陈列室开展仪式、广电政务数据中心启用暨业务推介说明会、广电两大服务平台升级启用暨广电惠民销售和优质服务活动启动仪式、听众观众用户欢乐夜谢幕晚会等 6 大系列活动，集中展示嘉善广电服务中心服务基层、服务群众的良好形象。

“四进”活动是嘉善广电台近年来开展大型宣传服务活动的保留节目，记者、主持人走进农村、社区、学校和新居民点，通过送文艺、送服务到基层的形式，密切广电媒体与受众的联系，听取意见建议。四“十佳”评选面向支持广电事业发展的基层干部、听众观众和用户、网络业务合作单位和优秀广电员工，表彰社会各界的热心人士和本台优秀员工；听众观众互动联谊将邀请听众观众用户和联挂村、社区代表走进广电中心，观摩广播电视节目生产流程和最新技术设备，参观广电发展陈列室，了解广电发展的历程，与联挂结对单位姚庄镇北鹤村举行篮球友谊赛等。

听众观众用户节期间，嘉善台还开展广电新业务用户体验周活动，向用户优惠提供高清互动、互动电视、订购频道等网络服务产品；介绍广电政务数据中心建设情况，征询用户意见和组织业务洽谈。

县委权力公开透明运行“三大平台”启动宣传

嘉善县是浙江省唯一的县委权力公开透明运行试点县,2011年5月14日,“让权力在阳光下运行”县委权力公开透明运行“三大平台”启动仪式在嘉善市民广场举行。省、市纪委有关领导和嘉善县委县府领导出席启动仪式。嘉善广电台广播直播车开到现场,全程直播了启动仪式,让全县听众第一时间了解到现场情况,助推县委权力公开透明运行。嘉善新闻网同步进行了转播。

嘉善广电台在做好直播的同时,积极做好“三大平台”启动仪式的广播电视新闻报道及外宣工作,除在当天新闻播出动态消息和第二天播出专题报道外,还及时向上级台上送新闻。浙江卫视14日在《浙江新闻联播》播出了本台采制的现场报道,浙江之声14日《全省新闻联播》和15日《浙广早新闻》均以头条播发了嘉善台上送的录音报道,16日11:30,中国之声《央广新闻》连线广播频道记者,记者用近2分钟的时间介绍了嘉善县委权力公开运行“三大平台”启动仪式及具体的做法,起到了很好的宣传作用。

平湖市广播电视台

“一节两庆”宣传报道

2011年是“十二五”规划开局之年,又恰逢中国共产党建党90周年和平湖撤县设市20周年。平湖广播电视台全力抓好了2011年“一节两庆”(中国·平湖西瓜灯文化节和庆祝中国共产党建党90周年、平湖撤县设市20周年)宣传报道工作。

一、主题明确,时政民生各有侧重

时政新闻突出抓好《丰碑》、《90年纪事》、《光荣与梦想》、《平湖“金”名片》等四大系列报道。缅怀先人的先进事迹,回望平湖的革命道路以及取得的辉煌成就,回顾撤县设市20年来的历史变迁和经济社会发展,展现先进经验和平湖的独特魅力。

民生新闻重点报道西瓜灯文化节的盛况,并以此为契机,推出了一些群众喜闻乐见的新闻报道,如以普通市民讲述瓜灯节故事的系列报道“回味瓜灯”等。结合撤县设市20周年庆祝活动,推出《民生站点》特别节目——“二十年,城市回眸”,获得了社会各界广泛反响。此外,《欢乐正前方》还举办了第三届“西瓜娃娃”超级才艺秀活动,小选手们在舞台上的精彩表演,为节日增添了欢乐喜庆气息。

二、造浓氛围,合力推介红色文化

抓好党史纪录片、红色经典影视作品的播放。从5月份起,每天在电视频道播出精选红歌;在每周六、日播出4集纪录片《党史纪事通鉴》;组织《东方》、《五星红旗迎风飘扬》、《钢铁年代》等近10部反映建党90周年光辉历程的电影、电视剧在两个频道黄金时间播出。平湖电台创作了关于平湖的好儿女——新四军军部机要员施奇烈士的3集广播连续剧《杜鹃花开》。新闻中心制作了反映于以定生平事迹的电视专题片《百年以定》,在集中观摩中得到了市领导的充分肯定。

三、加强外宣,着力提升平湖影响力

在“2011年一节两庆”宣传战役中,广播电视新闻栏目共播出专稿80多件,专题6组。同时,积极做好外宣工作,事先邀请国家、省市各级媒体做好灯节报道。期间,央视5套播出新闻1篇,浙江影视娱乐频道播出1篇,上海电视台播出1篇,浙江之声播出6篇,嘉兴电台播出12篇。7月4日~6日,《当湖十局》、《海防要塞》、《莫氏庄园》等三集由平湖台前期配合录制的电视专题片在央视4套《走遍中国》栏目播出,展示了平湖独特的地理、悠久的历史和深厚的文化底蕴。

持续深入开展“三百基层行”活动

根据上级关于“走基层、转作风、改文风”活动的部署和“走进基层、服务群众”群众路线主题教育活动的要求,2011年7月份起,平湖市广播电视台结合实际,开展了“三百基层行”主题活动,围绕“转作风、改文风、长才干、问民生”四个方面要求,组织全系统30多名记者、报道员深入一线集中采访100户农户、100个村(社区)和100家企业,全方位、多角度、立体式地报道平湖科学发展、转型发展的良好态势。

首先,活动开展突出一个“早”字。早在2011年3月,结合作风建设暨执行力建设活动,该台记者就已经深入农村蹲点采访。6月20日全省宣传文化系统负责人电视电话会议召开后,该台召开中层干部会议,第一时间组织传达学习,部署贯彻落实具体工作。7月,“三百基层行”活动正式开展。

其次,工作推进突出一个“实”字。在活动中,记者们用沾满泥土的双脚找到了好新闻的源头活水。

至12月底，平湖台记者、报道员走田头、钻大棚，进企业、访农户，共走访村社区433次，走访重点企业121次，走访群众417户，梳理民生问题124个，解决实际问题81多个，撰写调研文章、心得体会21篇，采访播出新闻稿件241篇。

最后，报道突出一个“扣”字。平湖台将“三百基层行”活动与“走进基层、服务群众”群众路线主题教育活动结合起来，组织采编人员深入一线采访报道，转作风、改文风，使得新闻宣传报道题材更加全面，宣传的内容更加贴近，记者的文风更加朴实，节目质量也进一步得到提升。

海盐县广播电视台

《转型升级　跨越发展——“五个年进行时”》重大主题报道

围绕海盐县委县政府开展的“五个年”重大主题活动，海盐县广播电视台在《海盐新闻》节目中开设全年性专栏《转型升级　跨越发展——“五个年进行时”》。按照不同时期的工作重点，策划系列报道。

在“五个年”活动开展之初，推出了《奋进2011——“五个年”活动》系列访谈专栏，请各镇(街道)党(工)委书记走上荧屏，谈发展规划和工作措施。推出《清洁家园　美丽海盐》系列报道，报道全县各地开展清洁家园活动情况；推出《记者走基层　亿元企业行》系列报道，总结、提炼企业发展经验，展示企业在县委“跨越发展、转型升级”总战略的指引下，立足自身、不断创新、逆境搏击的生动事例，激励全县企业干部群众以更加昂扬的精神状态，推进经济转型升级科学发展、和谐发展。年末推出《奋战四季度　全力抓冲刺》系列报道。

海宁市广播电视台

“勇立潮头，加快发展”主题宣传

“勇立潮头，加快发展”主题宣传是海宁广播电视台2011年贯穿全年的一个主题宣传。“十二五”是海宁加速发展的机遇之年，也是开局之年，海宁市委市政府提出“发展提速年”、“环境提升年”的活动目标，围绕“两年”活动，海宁广播电视将“勇立潮头，加快发展”的主题报道常态化，随时跟踪活动进展情况，分三个系列同时推进，一是项目推进系列，二是平台建设系列，三是环境提升系列，全年共播出相关报道280件，做到周周有图像，周周有声音。项目推进系列、平台建设系列结合相关深度报道配发“评说论道热点面对面”的时评，邀请专家学者点评发展之道。例如《评说论道：尖山新区围绕产业招商打造千亿园区》、《评说论道：海昌街道夜访农户》、《评说论道：东西部联手让产学研结合走向深入》、《评说论道：产学研一体化助推经编产业转型发展》等等。环境提升系列做到有始有终，有曝光、有追踪、有后续、有成效。《海视广角》以记者在新闻现场调查的方式，关注了海宁的饮水安全，收到了很好的社会效益。《海宁新闻》记者走访了8个镇4个街道的一把手，推出“勇立潮头，加快发展·书记访谈系列”，为海宁发展鼓劲。

绍兴市广播电视台

重大主题报道《当危机再次袭来时》

报道聚焦了当时的社会热点，主题鲜明。9月20日开始，国内经济形势风云突变，用工难、融资难、原材料价格上涨等一系列问题让企业生产经营倍感艰难，温州、台州甚至出现企业主“跑路”现象。对此中央领导高度重视，温家宝总理亲自来到绍兴、温州两地，为中小企业健康发展倾心指导。报道从绍兴县两次危机呈现出截然不同的发展轨迹，揭示绍兴经济在转型升级中的嬗变。8月底开始，企业感觉到欧债危机的影响，9月下旬随着温州、台州等地出现民营企业主“跑路”现象，绍兴县周边地区企业资金异常紧张。9月26日绍兴县首次召开座谈会听取企业家的情况反映及应对策略，出人意料的是，企业家的反应比想像的要平稳得多。2008年国际金融危机的“重灾区”，绍兴县经济何以能在新一轮更加严酷的“经济寒流”来袭时格外沉稳？本台记者便介入采访了企业、政府部门及金融机构等，10月8日，绍兴县再次召开企业界座谈会时，这组系列报道开始播发。报道播出后反响强烈，给面对转型升级瞻前顾后的部分企业家吃下了定心丸，为绍兴县经济转型升级营造了的良好的舆论氛围，得到了主管领导、部门和企业界的好评。

“唱游长三角·走进嵊州”大型电视综艺活动

由嵊州广播电视台发起，联合萧山、奉化、嘉善、武义、诸暨、张家港、太仓、金坛、溧阳、浦东等江、浙、沪三地10余家县市区广播电视台，自发组团，整合利用电视媒体资源，合作拍摄电视综艺节目。其中嵊州站的“唱游”活动于4月14日、15日成功举行。本次“走进嵊州”唱游活动结合了一年一度的“中国嵊州国际书法朝圣节”，以“唱”和“游”相结合的晚会形式，汇聚了各台选送的歌曲、戏曲、舞蹈、器乐、武术等各种精彩节目，其中有来自嵊州的“越女争锋”全国越剧青年演员电视大赛金奖得主刘志霞的越剧大戏《王羲之》选段《一曲灵鹅》，有来自江苏张家港的歌手精心演绎的歌曲《兰亭序》等。活动拍摄成电视综艺节目后在10余家电视台同步播放，上千万观众得以共同领略各地“综艺达人”风采和人文自然风貌。

金华广播电视

东阳市广播电视台

庆祝建党90周年广播电视红歌大赛

2011年6月28日晚，由东阳市广播电视台、东阳市民营企业发展联合会、东阳市个体劳动者协会联合推出的庆祝建党90周年“唱响红歌”电视大赛在东阳剧院成功落幕。经历了海选与复赛的层层选拔，由各个私企业选送的12名歌手进入决赛。选手深情演唱《映山红》、《好日子》、《歌唱祖国》等一曲曲红色经典歌曲，以高昂的激情，嘹亮的歌声，歌颂伟大的党、歌颂伟大的祖国、歌颂社会主义，感恩党的改革开放政策、党的富民政策，表达对党和国家的祝福，比赛最终决出一等奖1名、二等奖2名、三等奖3名、优秀奖6名。这次“唱响红歌”电视大赛的主题是“唱响主旋律，红歌献给党”，东阳电视台影视·生活频道全程直播，通过“唱响红歌”活动，进一步增强广大群众的爱国热情和创业激情，增强主人翁意识和社会责任感，更好凝聚起促进社会和谐发展的力量，把东阳经济社会建设推向更高一个台阶。

义乌市广播电视台

推出红色记忆专栏

为了充分展示我党在革命、建设、改革各个时期不平凡的奋斗历程，《义乌新闻》开设专栏《红色记忆》，以时间为轴，以义乌市重要党史事件为线索，在表现形式上结合义乌市广播电视台和义乌市党史办的大量历史影像、图片资料，通过精心制作，力求真实还原历史事件，具有较强的可看性和感染力。《红色记忆》在内容上选取了“陈望道：吹响中国革命号角”、“冯雪峰：搭建鲁迅与共产党联系的桥梁”、“为革命牺牲的六位县委书记”、“第八大队与金义浦兰抗日根据地”、“坚勇大队与诸义东抗日根据地”等一批具有教育意义的历史事件为题材，通过追忆峥嵘岁月，进一步传承革命精神，坚定党员干部的理想信念。

“浙江省义乌市国际贸易综合改革试点”重大宣传报道

2011年5月6日，省委、省政府在义乌召开浙江省义乌市国际贸易综合改革试点动员大会，义乌市广播电视台各新闻栏目对动员大会进行了全方位报道。会后，电视《义乌新闻》、《商贸信息联播》以及广播《义广新闻》等栏目推出《领导讲话摘播》、《两创两提　先行先试》、《媒体看试点》等专栏。5月底，广播、电视采编人员共同合作，兵分四组，奔赴全国九地的改革试验区，采访各地的试点经验和改革措施，推出“九地试点新闻行”系列报道，同步播出19篇从各试验区采回来的报道，在社会上引起了强烈的反响，给义乌开展国际贸易综合改革试点提供了可借鉴的经验。

“留守儿童圆梦之旅”系列报道

2011年7月4日，义乌市广播电视台新闻综合频道《百姓关注》栏目特别策划了大型电视新闻公益活动“留守儿童圆梦之旅”系列报道，派出四支采访队伍，分赴湖北、云南、重庆、贵州四个省份，对十几名留守儿童进行了实地采访，全方位地展现不同地区贫困家庭留守儿童生活、求学的艰难现状，凸显孩子对父母的思念，对生活的热爱。同时发动了有能力的爱心人士，共同帮助这些贫困留守儿童，让他们感受到社会的关注和温暖。从6月10日开始，在不到

20天的时间里，共完成了30多篇稿件的拍摄采写，为留守儿童筹款了30余万元。

永康市广播电视台

《九十年红色印记》专题报道

2011年6月28日，永康市隆重举行“红色印记”大型火炬传递活动，纪念中国共产党建党90周年。来自永康社会各界的90名火炬手高举希望的火炬，从中共永康县委诞生地出发，沿着各个红色革命胜地传递，最终到达永康市区丽州广场，标志着革命薪火代代相传。永康电视台围绕这一重大主题，精心策划，精心采访，精心制作，使《九十年红色印记》专题报道内容丰富，形式灵活，影响广泛。

活动中，永康电视台不仅仅局限于视觉感官上的简单报道，而是事先派出多路记者，深入全市各个红色革命胜地，寻访一批老革命、老先进与见证者，挖掘背后丰富的革命历史内涵与感人至深的故事，从不同侧面充分反映了永康90年来特别是改革开放30多年来所发生的天翻地覆的变化，展示了全体永康人民锐意进取，团结创新，努力建设“幸福永康”的精神面貌。

在历时三个多月的采制过程中，永康电视台科学部署，系统安排，在事先做好蹲点调研采访的基础上，把火炬传递的动态报道与点上深入挖掘紧密结合起来，全方位、立体式地报道了“九十年红色印记”火炬传递的盛况。

《九十年红色印记》火炬传递活动专题报道在本台和上级媒体播出后，得到了同行与各级领导、广大城乡观众的一致好评，认为这个报道主题重大深刻，形式灵活多样，做到了“三贴近”，取得了很好的宣传效果。在2011年度广播电视好新闻评比中，这篇报道还获得了金华市广播电视新闻奖一等奖。

2011年，精心举办了第26届“华溪春潮”春节晚会，以“华溪春潮”晚会为龙头，先后举办或承办了“第八届健康宝贝秀大赛”、“第五届阳光灿烂六月天晚会”、“颂歌献给党”大型演唱会、非公企业文化节开幕式晚会等30多场大型活动。广电剧院开放使用高达100多天，各界观众总数达10万人次，成为文化兴市的好阵地、普通百姓的大舞台。

武义县广播电视台

举办“唱游长三角·走进武义”大型电视综艺活动。

由江浙沪13家县市区广播电视台联合推出的大型电视综艺活动“唱游长三角”在6月7日走进武义。

武义广播电视台作为此次“唱游长三角”大型电视综艺活动的发起单位之一，始终将活动本身和宣传当地旅游文化资源、展示城市品牌形象相结合，在“唱游长三角·走进武义”的活动中，以“唱”和“游”相结合的方式，以“温泉名城·养生胜地”为主线，以13家主持人推荐当地旅游景点和美丽新农村的方式，来展现武义地方旅游文化特色和新农村建设成果。

“唱游长三角”活动拍摄成电视综艺节目后，分期在这十余家电视台所在县市区同步播放，上千万观众得以共同领略各地主持人风采以及人文旅游风貌。

衢州市广播电视台

“富民强市开新局　科学跨越在衢州”主题宣传活动

“十二五”时期是衢州市加快发展的黄金期、转型升级的突破期和民生事业的提升期。2011年是实施“十二五”规划的第一年，为“十二五”开好局，起好步，深入贯彻落实市委五届十三次全会和市“两会”精神，广泛宣传“十二五”规划， 2011年4月到年底，《衢州新闻》、《衢广新闻》等栏目开出“富民强市开新局　科学跨越在衢州”主题宣传活动，以贯穿全年的高密度宣传，进一步统一思想，激励人心、坚定信心，为实现“两个崛起”营造良好氛围。

“记者新春基层行”　主题宣传活动

从1月24起，推出“记者新春基层行”专栏， 通过记者深入群众，深入基层，播出了400多篇有新意、有价值、有分量的报道，以质朴清新、生动鲜活的播报方式，让观众透过屏幕，看到了身边的巨大变化，见证了伟大时代的昌盛与进步。其中，《留守学童的放学路》、《龙游县村民委员会选举：印章替代写　细微防纰漏》和《记者帮助贫困户卖鸡》三篇连续报道分别获得全省记者基层行活动报道评选一、二、三等奖。

"做一个有爱心有责任心的衢州人"主题宣传活动

围绕学习"最美老师"事迹，衢州广播电视台从11月开出"做一个有爱心有责任心的衢州人"主题宣传活动，通过宣传报道各级、各部门、单位、社区干部群众学习讨论活动、各县(市、区)委书记，市级各有关单位"一把手"专题访谈活动，和寻找我们身边的感人故事、凡人善举、感动人物等，充分传递先进典型的精神力量，引导人们见贤思齐、择善而从，从身边小事做起，做一个有爱心有责任心的衢州人。并以学教活动载体来弘扬社会主义核心价值体系，推动干部队伍建设和作风建设，来破解难题、谋划项目、推动工作。

电视生活娱乐频道还开设《爱与责任·青年使命》以"做一个有爱心有责任心的衢州人"为主题的论坛。该论坛透过发生在衢州的"最美老师"、"最美交警"、"最美乘客"等典型人物，邀请了评论员以及当事人，就这些看似普通、寻常小事的新闻事件，进行分析和点评，评论方式由表及里、由浅入深、由点到面的探讨，引人入胜，发人深省。反映了衢州倡导"我为人人、人人为我"的良好道德风尚，也营造和谐文明向上的社会氛围。同时，也从中感悟出了"大爱"跟前，每个公民必须承担社会责任的时代主题。

感谢有你′ 2011衢州电视观众节

为感恩受众，回报社会，增近与受众的互动和交流，增强广电媒体参与市场竞争的能力，彰显媒体的社会责任，提升衢州广电的社会影响，衢州广电台于2011年10月~12月隆重举办了"感谢有你——2011衢州电视观众节"。近万人参与的开幕式暨观众嘉年华开放日活动、3000余人次互动的精彩大剧展播有奖收视短信竞猜、40余万人次投票的"我最喜爱的播音员主持人"网络和短信评选、近千份全媒体受众问卷调查、几十场社区大型系列活动"好歌大家唱"以及关爱老人新闻公益行动、方言栏目主持体验与选拔、广告客户答谢会、观众节颁奖盛典等9项子活动犹如一个巨大磁场，吸引着衢城广大市民的热情参与。通过活动真切回报社会，真诚感恩受众。活动内容丰富、受众互动性强。观众节时间跨度长，都向公众全面开放。精心策划推出的各项活动，项项围绕受众展开，充分体现为民服务理念。

"尼山杯"第八届衢州市中小学生《论语》学习系列大赛

从2004年启动以来，每年都在9月祭孔前夕举办。大赛由衢州市教育局、团市委、市广电台、孔管会联合主办，柯城区教育体育局、文化局、尼山小学协办。

活动于2011年4月份启动，由小学组学《论语》讲故事、初中组根据《论语》演讲、高中组《论语》学习辩论会三部分组成。报名参加小学组讲故事和初中组演讲的选手有近800人，高中组辩论有11所学校参加，最后小学组共有10人、初中组共有6人进入决赛。

荣获各组一等奖的选手和指导老师作为师生代表参加了9月28日的祭孔大典。

"浦发银行杯"校园主持人大赛

2011年8月30日，由衢州市广播电视台、市教育局主办，浦发银行衢州支行、衢州广播新闻综合频道、衢州广播交通音乐频道承办的衢州市2011"浦发银行杯"校园主持人大赛总决赛在柯城区大成小学广场举行。大赛历时两个月，经过海选、初赛、复赛和网上投票层层遴选，为学生提供了一个锻炼自我、展现自我的平台，也为丰富广大中小学生的暑期文化生活增添了浓墨重彩的一笔。

进入决赛的20位小选手经过语言类和才艺类两轮的比赛，评出了"十佳校园主持人"和"优秀校园主持人"。获得"十佳校园主持人"的10位小朋友还被衢州广播新闻综合频道聘为《校园风》节目的业余小主持人，从9月5日起在FM105.3的频率中与大家见面。

"好歌大家唱"社区达人秀

为贯彻十七届六中全会精神，充分反映我市社区居民热爱祖国、热爱社会主义，乐观开朗、积极向上的精神风貌，努力满足市民多层次的精神文化需求。衢州市文明办、衢州广播电视台、各县(市、区)委宣传部联合主办"好歌大家唱社区达人秀"广场文化活动。为了给群众搭建一个展示自我、发现自我、挑战自我的大舞台。电视新闻综合频道的记者、主持人走进社区，和社区干部一起以社区康乐文化广场为平台，和社区群众同唱脍炙人口的经典歌曲，寻找草根艺人，发觉我们衢州特色才艺。不计较唱的有多好,不计较你是多大腕,更不计较你是何身份,本着参与性、娱乐性为目的。好歌大家唱活动自9月17日以来,走遍衢州柯城、衢江、开化、江山、常山、龙游的15个街道、社区选拔社区达人,时间跨度长达三个半月。现场主要以互动为主,群众是演员,百姓是听众,掌声是分数。真正给民一个展示自我、发现自我、挑战自我的大舞台。走进社区活动已连续举办了7年。

纪念建党90周年社区红歌大赛

为了充分展示各社区居民的才华,增强集体的凝聚力,丰富社区居民的业余文化生活,陶冶爱国主义情操。5月30日启动,7月5日晚总决赛,共计5个街道150名群众歌手参加了比赛。本次红歌赛是由衢州电视新闻综合频道联合5大社区共同举办的。和着优美的旋律,社区居民们用自己饱满的热情,唱响红歌,喜迎建党90周年。《党啊,亲爱的妈妈》、《小白杨》、《送战友》、《天路》等一首首经典歌曲在康乐广场上响起。他们用嘹亮的歌声歌颂祖国、歌颂社会主义、歌颂亲爱的党。歌声唱出了社区居民的心声,展示了社区居民积极向上、团结奋进的精神风貌。

舟山市广播电视台

"浙江舟山群岛新区"批复报道

6月30日,国务院正式批复设立浙江舟山群岛新区。7月7日,国新办召开新闻发布会,国家相关部门、省市领导就设立新区接受媒体采访。

舟山广播电视台广播新闻综合频率推出《新舟山新希望——国务院批复设立浙江舟山群岛新区特别节目》,时间1个半小时。特别节目主要由三部分组成,一是派出记者到新城、沈家门、老干部活动中心、昌国街道、市教育局等地,并联系岱山记者作现场活动连线报道;二是提前采访省海洋经济办公室、市发改委相关负责人,采制录音新闻,在节目中播放,反映浙江舟山群岛新区成立的背景、发展方向;三是与北京发布会现场记者连线,第一时间播报发布会进展情况及相关采访内容。7~9日,频率连续3天对设立舟山群岛新区相关内容进行大幅度报道,反映各界反响、专家见解。共播发稿件20余篇。

广播交通经济频率对设立舟山群岛新区进行连续报道,7月7日上午,全程转播国新办新闻发布会实况,让听众第一时间获悉舟山获批第四个国家级新区这一激动人心的消息。下午《欣游天下》和《快乐晚高峰》两档直播节目与听众对话和交流。记者当天上午深入各个基层点,采撷社会各界听众的反响。傍晚,采制成录音新闻在《新闻加油站》和《97夜新闻》中播出,而《我们都是新区人·新区对话》特别直播节目则是对新区宣传报道的深度发掘。节目以"我们都是新区人"为主线,以"新区对话"为载体,通过连线、采访、解读、互动,对舟山群岛新区作了较为全面的解读。节目还邀请上海浦东新区、天津滨海新区、重庆两江新区的媒体人走进节目,给听众带来鼓舞和启迪。

电视新闻综合频率《舟山新闻》推出特别报道,全力报道新区获批的消息,并用8分钟的篇幅把国新办新闻发布会现场的情况传递给舟山百万军民。记者还在北京采访市委书记梁黎明,请她谈新区的发展规划。在当天的新闻中,还用较大篇幅梳理了新区申报创建的过程以及全市各界人士庆祝新区诞生的喜悦心情。接连几天,报道层层推进,还重点访谈了浙江沿海战略研究项目调研组专家,各位专家从新区规划、海岛资源循环利用、可持续发展等方面对新区建设提出建议。

2011中国航海日庆祝大会及报道

7月11日,以"兴海护海,舟行天下"为主题的2011年中国航海日庆祝大会在舟山隆重举行。庆祝大会由中国航海日组委会、浙江省人民政府主办,舟山市人民政府承办,在执行单位舟山广播电视台的精心组织下,取得圆满成功。这是我国第七个航海日,也是郑和下西洋606周年纪念日,同时还是世界海事日在我国的实施日。

庆祝大会在情景演绎《敬海·远航》中拉开序幕。参加这次庆祝大会的有全国政协副主席孙家正、浙江省政协主席乔传秀等国家、省、市领导、部队首长和2600多名各界人士。国际海事组织秘书长米乔·普勒斯先生发来贺信。

中国是海洋大国,拥有300万平方公里的海疆。大力开发海洋经济是中华民族实现可持续发展战略的历史选择。舟山是一座建在海上的城市,近年来港口物流、船舶制造、旅游、现代渔业发展迅速,已成为中国海洋经济比重最大的城市。国务院批复设立浙江舟山群岛新区,海岛城市迎来了全新的机遇。音画诗《迈向深蓝》将诗歌与舞蹈、视频完美地融合在一起,艺术地展现了舟山人民迈向深蓝、开发海洋的新锐探索和丰硕成果,表达了舟山人民建设新区的豪迈气概。为表彰水上航行和生产安全作出贡献的先进人物,大会为陈爱平等12人颁发了航海安全贡献奖。2011中国海员技能大比武活动在舟山举行,并于6月28日顺利结束。来自全国各地航运企业和院校的40支队伍400多位选手们参加这次大比武活动。大会为这次大比武的获奖者颁发。国家交通运输部和中国航海日活动组委会还确定把舟山定为“中国海员技能大比武活动基地”。在高亢悠扬的舟山渔歌号子中,呈现给观众的是具有浓郁海味风味的大型歌舞,这些节目以海洋、海运、海景、海防为元素,以大写意大板块的艺术构思展示了我国丰富的海洋文明内涵。庆祝大会在全场《歌唱祖国》的歌声中圆满结束。

广播新闻综合频率在航海日当天推出《兴海护海 舟行天下——2011中国航海日特别报道》,播出动态消息、人物专访、分析报道25篇。广播交通经济频率航海日前倒计时宣传带滚动播发,营造氛围。航海日期间,在新闻节目中播发了《“中国海员技能大比武基地”落户舟山 蓝色海洋唱响“海员之歌”》、《2011中国引航论坛在舟山举行》、《舰船开放日登上“舟山舰”》等一批稿件。《小卫当家》、《快乐晚高峰》、《欣游天下》等节目采取记者连线和奖竞猜等形式,从不同角度宣传中国航海日。电视新闻综合频率除报道各项配套活动准备情况以及先期举行的游艇展、海图展等活动外,航海日当天用整档新闻节目的篇幅报道航海日活动的情况。记者还专门采访了“中国航海日”活动组委会办公室副主任李建生和副市长李善忠,让他们对航海日活动作了评述。由于当天下午进行的舟山群岛水生生物资源增殖放流暨东海带鱼保护区宣传活动到17时才结束,为赶在18时30分《舟山新闻》中播出,记者通过3G网络,从海上把画面传送回台里,确保航海日当天的活动都能在第一时间展现给广大观众。整个宣传报道有始有终,航海日活动前后,《舟山新闻》共播出相关报道26条。

“蓝色崛起群岛行”大型新闻行动

3月30日“蓝色崛起群岛行”大型新闻行动启动仪式在市行政中心举行。3月31日,广播新闻综合频率推出《蓝色崛起群岛行》系列报道,以记者下基层走访为报道形式,集中反映2010年全市开展海洋综合开发实验区建设以来,推进海洋经济建设呈现的新气象,先后播发《生态工业岛——长白》、《金塘——集装箱物流岛的今天和明天》、《依托大桥效应 册子岛华丽转身》、《石油过海架设能源生命线》、《凉潭岛以海为生 不再靠天吃饭》、《舟山第一钓岛白沙》等30篇报道。电视新闻综合频道记者踏访海岛、深入基层采访,报道各地开放开发的火热场面,共播出报道27篇。这次新闻行动还向社会公开招募了一批百姓记者,随记者一起下基层参与采访,并通过他们所见所闻,引发更多市民对舟山开发的关注,使主题报道进一步贴近受众。

“创先争优”主题报道

在全市开展的以“网格化管理、组团式服务”为载体、建设服务型基层党组织为主题的“创先争优”活动中,舟山广电台围绕中心,创新载体,展示全市各级党组织和广大党员的战斗堡垒和先锋模范作用。

5月~6月,广播新闻综合频率、电视新闻综合频道先后在《舟广新闻》、《舟山新闻》栏目中推出《群岛先锋 创先争优》专栏,节目围绕市委市政府的中心工作,及时报道全市各级党组织、基层党员深入开展“创先争优”活动。既有机关干部、社区干部、基层党组织,也有普通工人,既有人物的报道,也有事件报道。用身边的先进典型激励广大基层党组织和共产党员“学示范、赶先进、创佳绩”是“创先争优”宣传报道的一大特色。广播新闻综合频率对部分“十佳乡镇(街道)”、“十佳项目”深入采访,先后推出典型报道8篇。还围绕市委市政府提出的“与助推海洋经济、推动科学发展相结合”、“与健全科学发展长效机制、整改突出问题相结合”、“与深化党建工作品牌、提升科学化水平相结合”的要求,对基层党组织、党员在“创先争优”之中的典型事例深入报道,共推出典型报道10篇。电视新闻综合频道《群岛先锋 创先争优》专栏播出了25篇先进典型的报道。广播、电视记者对留守嵊泗壁下岛30年、服务海岛群众的好医生钟杏菊的道德情操、感人事迹、可贵精神进行深入挖掘。广播新闻综合频率播出了题为《白衣丹心映碧海》的系列报道,总时长25分钟。电视新闻综合频道浓墨重彩接连播出3篇报道,这些新闻播出后在全市引起强烈反响。钟杏菊的先进事迹电视片发到中央电视台后,在央视综合频道《身边的感动》专栏里播出。还举行了“创先争优——广电四大品牌栏目与百姓零距离”现场活动。10月30日上午,《行风热线》、《阳光投诉》、《汪大姐来了》、《新闻361°》四大品牌栏目的主持人、编辑、记者在定海文化广场设摊,倾听市民心声,并穿插知识抢答与市民互动。通过与普通百姓面对面交流,提升党员良好形象,为“创先争优”活动增光添彩。广播新闻综合频率进行现场直播。

《解放思想找差距　两创四敢破难题》主题报道

8月中旬,市委启动“解放思想　两创四敢”主题教育实践活动后,广播新闻综合频率《舟广新闻》和电视新闻综合频道《舟山新闻》随即推出《解放思想找差距　两创四敢建新区》专栏,在“解放思想、两创四敢”主题教育实践活动启动当天,分别用15分钟的时段,报道主题活动主要内容,配发《凝心聚力振奋精神　全力推进浙江舟山群岛新区建设》的短评,专访市委书记梁黎明,强调开展主题教育实践活动的重要性。广播电视各新闻栏目开设专栏推出系列报道和专题评论。8月23日,《舟广新闻》、《舟山新闻》、电视经济生活频道《新闻361°》同时推出舟山广电采访团前期赴重庆、海南等地异地采访的《东西南北观潮涌》系列报道,借鉴重庆两江新区和海南国际旅游岛先行先试的经验,以及两地在产业布局、优惠政策、人才引进、投资环境等多方面的先进做法,为舟山群岛新区建设提供经验。接着《舟广新闻》、《舟山新闻》开设《学标杆、亮差距、破难题》专栏。从提高机关效能、市民眼中的城市顽疾等方面深入剖析。《舟山新闻》以“建设舟山群岛新区、展示岛城文明形象”为主题开设新闻会客室,与市政协推出特别访谈节目,就交通出行文明、环境卫生文明和城乡生态文明等一些与百姓生活息息相关的话题进行探讨,并就如何完善基础设施建设、提升群众文明素质提出意见和建议。还推出《新区观察》、《凝心聚力建新区》等评论专栏。舟山广电报以“解放思想　两创四敢”为主题,用两个版面刊登了相关内容。

10月份,广播电视各频率、频道继续推进“解放思想找差距　两创四敢破难题”主题宣传报道。《舟广新闻》一方面结合破解小微企业融资难问题,推出政府相关部门及银行等金融机构帮助企业融资的系列报道15篇;另一方面结合《听民声　知民情　察民意——记者来自基层的报道》专栏,挖掘来自基层一线的“两创四敢”典型。针对市电信部门利用管理权锁住小区的管线盒,群众不能自由选择互联网经营商的事件,播发了《被锁住的选择权》连续报道,此稿被中央电台《中国之声》转播,对营造新区建设良好发展环境起到助推作用。12月8日推出“两创四敢”人物专题报道——《敢想敢干、敢为人先的好书记余金红》。《舟山新闻》对存在的“速成论”、“畏难论”、“等待论”、“无关论”、“有害论”和“实惠论”六种认识误区进行剖析和论述,促使干部群众更好地投入到新区建设中。报道四个县区及工商、城市建设等部门推动工作的举措和成效。到12月20日,各档新闻栏目共播出报道130多篇。

《浙江援疆　广播在行动》特别节目

阿克苏是舟山市对口支援新疆工作的结对地区,6月,舟山向阿克苏地区派驻援疆干部和专业技术人员。7月19日上午11时,广播新闻综合频率和新疆阿克苏人民广播电台携手推出《浙江援疆　广播在行动》直播特别节目,两地主持人互相介绍了当地人文地理、民俗民情,市援疆工作负责人、市发改委领导上线介绍情况,并作交流。市其他援疆干部、专业技术人员通过录音介绍了他们在新疆的工作生活情况,在电波中传递了阿克苏、舟山两地浓浓的情谊。展示舟山援建工作进展和成果,展现舟山援建人员的精神风貌。这也是全市广播史上最远的连线直播。

全省交通电台嵊泗列岛大型采风活动

6月15日,广播交通经济频率组织全省11家省市交通广播,共同推出“‘美丽嵊泗’——全省交通电台嵊泗列岛大型采风”活动,亲身感受“大海的故乡——美丽嵊泗”的独特魅力。15日至17日,采风团一行先后参观了大悲山景区、原生态蓝色海岸休闲度假旅游带和基湖沙滩景区,还出海撒网,体验渔家生活。全省交通广播同仁畅谈嵊泗旅游前景,结合媒体自身优势,为推广嵊泗旅游品牌出谋划策。采风期间,舟山广播交通经济频率记者对活动全程报道,全省交通台记者也将通过现场直播、特别节目及实时连线等方式,对美丽嵊泗作一次零距离的深度解读,凸现嵊泗列岛在全国众多海岛中的地位,激发全省听众对“大海的故乡——美丽嵊泗”的向往,引发听众对海岛、海礁、海港、海景、海鲜、海货、海钓以及海洋文化的心灵共鸣。

“97星主播”主持人大赛

12月初,广播交通经济频率(FM97)设在凯虹广场的户外直播室正式开播。户外直播对主持人提出更高要求,为此,频率通过海选活动,甄选形象、气质、文化底蕴俱佳的"星主播"充实到队伍中,打造新兴的户外直播室节目主播。

9月5日到30日,来自市内外80多位选手报名参加。10月,"凯虹广场——97星主播主持人大赛"正式拉开战幕。10月15日、16日、22日、23日,四场海选分别在科来华家居广场、大众4S店、眼镜直通车和远邦凤凰城举行。80多位选手通过自我介绍、新闻播报、才艺展示3个环节,在舞台上展示才华,秀出青春,实现梦想。11月6日,"凯虹广场——97星主播主持人大赛"复赛在广电大楼一楼演播厅举行。26位进入复赛的选手经过角逐产生10强。12月3日上午,"97星主播"主持人大赛决赛在凯虹广场举行,设在凯虹广场4楼的透明直播室正式启用。

"千帆竞发开捕时"——2011冬汛开捕现场直播

2011年9月16日,电视经济生活频道利用台新购置的电视新闻直播车,成功进行"千帆竞发开捕时——2011冬汛开捕现场直播",向观众同步介绍伏休渔船的开捕盛况。这是舟山广电台首次自行实施电视事件性新闻的户外现场直播。

一年一度的伏季休渔期结束后,投入冬汛生产,是舟山渔区的一件大事,数千艘渔船同时在中午12时拔锚起航,浩浩荡荡离港出海,是难得一见的场景。通过电视直播,让观众在第一时间看到千帆竞发的壮观场面。利用微波传输手段,摄像机和直播车之间不受线缆距离的限制。直播组在沈家门渔港的一艘东极镇渔船上,设置一个直播点,在朱家尖大桥主桥桥面上设置第二个直播点,那里是俯瞰千帆竞发的最佳位置。由于事先作了充分准备,两位主持人现场发挥到位,直播流程顺利,两个直播点之间衔接流畅。技术人员对直播车的驾轻就熟,为直播的成功提供有力保障。

电视系列片《舟山老字号》

由电视社教中心拍摄的四集系列片《舟山老字号》,分为《舟山老字号——巴哈面》、《舟山老字号——鼎和园香干》、《舟山老字号——德顺坊》、《舟山老字号——倭井漂硬糕》,每集15分钟。挖掘了海岛特定的环境中,每一个老字号形成的原因,时代变迁中的传承与发展。每个老字号百年坚守的是一个最朴素的经营之道——就是以诚信为本、以质量取胜。

"阿德与你话文明"系列活动

"阿德与你话文明"社会公益系列活动由电视经济生活频道与定海区委宣传部、定海区文明办于2010年合作创办,旨在利用频道传播文明。

2011年,"阿德与你话文明"举办四场,先后在定海区干览镇、双桥镇、岑港镇和区审批办证中心举行。每一场活动主题都力求契合各地、部门实际,如新农村建设、乡风文明、窗口文明服务等,通过VTR展示、主持人嘉宾观众互动交流以及文艺节目的穿插,以"话"为主线,形成热烈的现场气氛。四场活动现场观众达1万多人次,通过电视实况转播,影响力辐射到全市各地。"阿德与你话文明"活动,搭建了一个集风采展示、文明教育、内外宣传于一体的综合平台,成功走出了电视新闻媒体谋划、党委政府联动、乡镇(部门)主动参与的文明宣传、道德教育新模式。也是电视媒体践行"三贴近"宗旨,直接面向基层群众,扩大媒体影响力的有效载体。是年,阿德与你话文明"被评为全省宣传思想文化工作优秀奖,并入选全省宣传思想文化工作"三贴近"创新百例。

"2011飞越舟山群岛新区"大型航拍

2011年7月至9月,电视经济生活频道,成功完成了"2011飞越舟山群岛新区"大型航拍活动。航拍遍及全市,累计飞行20多个小时,航程2000余公里。"飞越群岛新区"大型航拍旨在从空中的角度,展示近几年舟山在海洋经济发展、基础设施建设、海岛生态保护等方面取得的重大成就,展示新区设立之后美好的发展前景,并为各类电视宣传片制作提供航拍视频。本次航拍租用国家海洋局东海分局海监直-9直升机,并使用高清摄像设备及航拍专业陀螺仪,先后7个架次,拍摄了大中型临港产业项目、工业园区、航道及锚地、海洋旅游景点、新城及东港等城市建设项目、舟山跨海大桥及众多岛屿。经济生活频道制作4个航拍音乐短片,在国庆期间播出,让广大观众领略舟山群岛的独特魅力,共享作为新区人的喜悦和自豪。

台州广播电视

台州市广播电视台

庆祝建党 90 周年主题宣传活动

开设《喜迎建党九十周年》和《喜庆建党九十周年》专栏，推出大型系列报道《红色寻访》和《时代先锋》。《红色寻访》系列通过寻访台州各地的革命根据地、纪念馆等，挖掘革命故事，带领与观众一起重温党的历史；同时，通过展示各地今天的发展成就，抚今追昔，缅怀先烈，歌颂党，歌颂人民。《时代先锋》重点报道活跃在台州各地的基层党组织和党员先进典型。

"解放思想　创业创新"大讨论活动

开设《解放思想　创业创新》专栏，先后推出《"解放思想　创业创新"之"六个为什么"》、《"解放思想　创业创新"之"一把手公开承诺"》、《"解放思想　创业创新"之"它山之石　可以攻玉"》、《"解放思想　创业创新"之"六个怎么办"》、《"解放思想　创业创新"之"基层行"》、《"解放思想　创业创新"之"创新管理　再造流程"》等系列以及子专栏《干部作风曝光台》。《六个为什么》系列，直面台州经济社会的薄弱环节，正视发展中的诸多问题，客观剖析其内在原因，为解放思想、开展大讨论抛砖引玉。《一把手公开承诺》系列，邀请 9 个县(市、区)和 25 个市直部门"一把手"围绕"十二五"发展和年度工作目标，进行公开承诺，并在台州新闻播出，报道采取了一些创新手段，推出了双视窗，并充分运用电视表现手法，对一些关键词和关键数字，以字幕或图表加以展现，使画面更加美观，给观众留下深刻印象；《它山之石　可以攻玉》系列，由市委宣传部和总台统一组织实施，频道派出两路记者分赴长三角、珠三角采访，报道先进地区的发展经验、发展理念、发展成就，通过对比，寻找自身的不足，树标杆、找差距、理思路，进一步增强台州全市上下的危机感、责任感和使命感，从而激励台州人民解放思想、创业创新、奋勇争先。

市党代会、市"两会"以及"十二五"规划宣传

开设《学习五中全会精神　谋划十二五发展》专栏，先后推出了《开好局　起好步》、《十问台州新五年》、《磨剑五年　后发超越——走读台州十二五》等系列。围绕"主攻沿海　创新转型"主题，推出了《质量强市》、《数字台州》、《重点工程巡礼》等系列报道。

市委三届十六次全会宣传

推出专栏——《创新管理　再造流程》，内容包括：黄岩北杨：百姓百事代理制度　便民服务到村头；三门便民服务中心：百姓有需求　干部来跑腿；三级服务管理机构　让流动人口乐享"十分钟服务圈"；联审联批：项目审批的"仙居速度"等。会中推出"推出创新社会管理　构建和谐台州"系列报道，会后则推出县(市、区)委书记谈社会管理创新(或问计县(市、区)委书记 / 县(市、区)委书记的社会管理创新策略)；推出社会管理创新的台州实践(台州样本)选取全市具有样本意义的典型事例进行报道；创新社会管理大家谈：邀请社会各界人士畅谈对创新社会管理的体会，认识，意见，建议；它山之石：拟到先进发达地区采访先进典型经验以及新闻述评。

《提信心　促转型》系列报道

2011 年上半年以来，原材料价格上涨、劳动力成本上升，人民币快速升值、宏观货币紧缩政策等一系列因素等，给台州市的中小企业发展带来了一定的影响和压力，部分小微企业陷入"倒闭潮"的声音不绝于耳。在困难时期，提振企业信心至关重要，经过精心策划，推出《提信心　促转型》系列报道，客观报道当前经济形势，大力宣传市委市政府组织协调金融、财税等相关部门，出台优化企业融资环境的一系列举措，以及支持中小企业渡过难关、集中力量扶持中小企业发展的坚强决心；宣传报道中小企业应对困难、积极转型、自主创新、大胆创业的先进典型，提振中小企业摆脱困境，开创未来的信心，形成全社会支持中小企业发展的良好氛围。在报道中，记者深入挖掘和报道中小企业提信心，促转型的成功经验，以电视的手法，通过企业和企业家的现身说法，展现我市中小企业面对多重挑战，如何突出重围，推进经济转型升级的历程，提升台州信心。先后播发：《浙江安露清洁机："内外兼修"促转型》，《临海 11 家小企业抱团突围　转"危"为"机"》，《双友集团：从运动员向裁判员的华丽转身》，《浙江高宇公司；多项措施并举应对危机》，《玉环海德曼：从低端

到高端 着力打造中国民族品牌》,《临海：政府当好服务员，帮助企业渡难关》,《省市专家联手破译融资难题》、《金融机构力挺中小企业渡难关》等稿件。

“农房改造建设”系列报道

全面推进农村住房改造工作是浙江省委、省政府作出的一项重大决策，是着力改善民生、造福于民的一项重大民心工程。近年来，台州市委、市政府高度重视农村住房改造工作，制定出台了一系列农村住房改造的政策文件，掀起了一股农村住房改造的热潮。与此同时，台州市也高度重视中心镇建设，出台了政策性文件，重点在经济发展、人口集聚、功能完善、品位提升等方面加强了探索和实践。为配合全省农村住房改造建设暨中心镇发展改革工作现场会在台州召开，《台州新闻》重点推出报道，展示台州今年来在农房改造建设，中心镇发展改革以及统筹城乡和社会主义新农村建设等方面的成果，会前报道推出《台州农房改造建设综述》、《台州市中心镇建设综述》、会后推出《农房改造的“椒江模式”》、《 黄岩：农房改造绘蓝图》、《天台：农房改造好政策带来大变化》。

温岭市广播电视台

《红旗颂》建党 90 周年之红色主题报道

2011 年是中国共产党成立 90 周年，从年初开始，温岭广播电视台就策划红色主题报道，着重宣传中国共产党成立 90 年来走过的光辉历程，基本上做到了每周都有红色报道、每天都有红色镜头。而这其中，温岭电视台重点策划推出的《红旗颂》专栏更是将红色主题报道活动推向高潮。

《红旗颂》专栏立足温岭大地风云变迁，围绕时间节点、重大事件、重要活动进行策划，特色鲜明、定位精准，体现主题策划的特点和纪念意义。从建党 90 年来温岭历史轨迹、发展成就、重要人物等多个角度全面解读和梳理温岭人民在中国共产党领导下，建立新社会、创造美好生活取得的辉煌成就。《红旗颂》重点选取温岭党史上的 10 个优秀人物的精彩故事，再现他们的青春和足迹，还原他们的个性与激情。报道中，不但重视重要典型人物的宣传，也重视对普通岗位上的优秀党员的宣传，尤其重视温岭大地上的先锋人物的宣传报道，通过挖掘优秀共产党员的感人故事和生动事例，增强了报道的可看性，体现出鲜明的报道风格。

玉环县广播电视台

“解放思想、创业创新”大讨论活动报道

2012 年春，为进一步激发全县广大干部群众投身玉环“十二五”发展的热情，玉环县委决定在全县开展“解放思想、创业创新”活动。从 3 月份开始，玉环台充分发挥新闻媒体的舆论引导作用，对活动进行全方位宣传报道，先后推出《解放思想一把手访谈》、《解放思想创业创新大家谈》、《跳出玉环、对比发展》和《关键岗位、闪光人物典型》四大主题报道，全面展示各级各部门开展活动带来的新思路、新举措、新进展、新成效，生动展现全县干部群众自觉推动“十二五”科学发展的饱满热情，不断掀起宣传高潮，营造浓厚氛围。

丽水广播电视

丽水市广播电视台

全力做好“秀山丽水、养生福地”宣传

自从丽水市委市政府颁布《丽水市生态休闲养生(养老)经济发展规划》以后，丽水台就对这一重大主题展开了立体式宣传，在新闻节目中相继推出“养生福地新征程”、“探究养生秘诀”、“长寿的秘密”、“寻找百岁老人”等专栏，对丽水生态建设、生态资源、休闲养生等进行全面的报道，并通过寻访丽水现存的百岁老人，探究百岁寿星长寿的秘诀，通过记者出镜、故事化讲述、多角色采访等方式鲜活生动地讲述长寿村与长寿家庭的故事，为打响丽水“秀山丽水养生福地”品牌营造了良好舆论氛围。

与浙江卫视联合举办省地质七大队情景报告会

浙江省第七地质大队是创先争优涌现的一个重大典型，国土资源部和中共浙江省委 9 月 1 日上午在杭隆重召开命名大会，分别授予“全国模范地质队”和“地勘先锋”荣誉称号。为扩大先进典型的传播效果，浙江卫视和丽水广播电视台，联合策划举办一场别开生面的先进事迹报告会，并对全场进行现场直播。情景报告会共分《风雨历程》、《地质情怀》《展望未来》三个篇章，用带有艺术的手段，真实地展现了七大队几代人历经风雨，不畏艰难地坚守精神高地，传承“三光荣”精神，努力为祖国找大矿，找富矿的先进风采。报告会上，播放了新闻综合频道制作的长达一个多小时，十多个内容的VCR，丰富的内容，精彩的报告，得到了省市主要领导的高度评价。

策划开展丽水“最美姑娘”典型宣传

丽水台对丽水“最美姑娘”进行了大规模的宣传报道。台领导亲自抓，精心策划，制定详细的宣传报道方案。各宣传部门整合资源，集中精兵强将，进行深入采访报道，并运用多种表现手法，多角度、多层次进行报道，形成了强大的声势。与此同时，充分发挥人脉优势，多渠道争取在中央台和省台播发30多篇报道，使叶霄雯这一典型人物得到广泛地宣传，有力提升了丽水的知名度和影响力。

做好国际摄影文化节的宣传

在“摄影文化节”期间，开展全方位、多层次的报道。节前、节中、节后相继推出了“2011中国·丽水国际摄影文化节”、“摄影综述系列报道”、“摄影家们的创作传奇”、“我身边的摄影人”、“老白逛摄影展”、“摄影节抢先看”等专栏，对摄影节的筹备、展出情况、取得的成效等进行了全面报道，报道内容生动，形式新颖，精彩纷呈。

举办经济生活频道成立十周年系列活动

2011年是经济生活频道成立十周年，年初频道就开始积极筹办，确立了“十周年十大活动”的工作计划，并有条不紊地展开。频道以“十年新跨越、发力瓯江蓝”为主题，以市区公交车亭为载体，发布频道及栏目宣传海报；利用户外LED显示屏，播出频道宣传片；在《风尚》杂志上发布即将播出的电视剧及频道最新活动的信息，多渠道全方位推广频道品牌。频道先后举办了《欢乐天地》六周年大型少儿综艺晚会、“社区发言人”选拔等系列庆典活动。10月28日晚上，频道十周年晚会隆重举行，将庆典活动推向高潮。晚会上，主持人、记者、编辑齐上阵，展示了采编播人员多才多艺的一面。晚会还特别推出频道主题歌《与众不同》，使之成为频道一个新的标识。

青田县广播电视台

积极做好“三会合一”的宣传报道

世界青田人大会、青田建县1300周年纪念大会、刘基诞辰700周年纪念活动在今年7月份成功举办。青田台在广播、电视《青田新闻》节目中开设“千年古县、我的家园”专栏。全面报道世界青田人大会、青田建县1300周年、刘基诞辰700周年庆祝大会的筹备、进行、后续影响等各个方面情况。

广播、电视专题节目齐头并进立体展现 “三节合一”盛况。采制“刘基文化”专题节目。以400平米演播大厅为平台，进行访谈及文艺表演。走进刘基故居及相关人文景观与观众互动。在《青田人闯天下》节目中推出迎接”三会合一”举行的特别节目，反映各地华侨、华人期盼盛会召开的心声、愿望等。在《放眼侨乡》节目中就“三节合一”相关的情况进行展现。

在广播专题《资讯大盘点》节目中开设“连线论坛”。节会各职能组相关负责人访谈。通过访谈了解工作进展，宣传节会意义。同时还将连线与会专家、媒体记者对本次节会的评价。推出《重访千年古县》特别节目，主持人将寻访一批青田的老居民，和他们一道带领大家重寻千年古县青田旧时的印迹。各界代表人物介绍与访谈。通过对成功人物故事性的展示，显示其爱国爱乡等优良传统。

云和县广播电视台

策划2011第5届云和梯田开犁节宣传报道

乐活端午“芒”种田。在第5届“云和梯田”开犁节期间，云和县广播电视台全体采编人员总动员，精心策划，全程报道了第5届“云和梯田”开犁节的盛况。精心制作了《云和梯田》音乐风光片，这部片子作为云和电视台建党90周年的献礼片，创造了本台制作电视片在动用人力、物力、时间跨度及制作精良度的多个第一，该片以精致的图像、纯美的音乐，全景式的展现了“云和梯田”的四季美景和民俗风情，充分凸显了“云和梯田”的恢宏气势和秀美神韵。片子播出后，获得了各方的一致好评。美仑美奂的梯田四季美景震撼了无数观众。梯田四季美景成为我县在央视形象广告“童话云和”的广告宣传片，被央视中文国际频道选作片尾广告镜头，每日三次播出，在全球观众面前展示了“云和梯田”的迷人风光。

景宁县广播电视台

开展“2011 中国畲乡“三月三”活动”宣传报道

在三月三活动期间，围绕主题，及时，全方位做好各项活动的报道。重点做好：2011 中国畲乡三月三活动开幕式暨电影家走进景宁民族大联欢大型文艺演出；民俗风情一条街；民族体育一条街；中国景宁“神奇畲乡、幸福之旅”旅游推荐会暨合作签约仪式；云中大漈景区“游云中大漈，品千古风情”主题活动；中国电影家协会送欢乐下基层活动的报道。

据统计，在 2011 中国畲乡三月三活动期间，县广播电视台播出“三月三”相关的广播电视新闻稿件 50 余条，专题节目 3 期。在市级媒体（电视广播）播出 2011 中国畲乡三月三相关的广播电视新闻稿件 40 余条。

松阳县广播电视台

第 4 届松阳银猴开茶节暨中国茶商大会宣传报道工作

统筹安排，提前策划，精心组织，松阳台新闻口的人员始终积极主动的在第一线工作，新闻节目中推出《喜迎茶叶节》专栏，报道茶叶节的各项筹备工作，从 3 月 22 日开始，开设《松古大地茶飘香》专栏，全方位、高频率开展茶乡风采宣传。茶叶节期间，除配合中央电视台、浙江卫视等上级媒体搞好外宣外，我们对活动各议程都进行了跟踪报道，茶叶节结束后，又安排记者就举办茶叶节对松阳县茶产业的影响后续采访，起到了很好的宣传效果。中央电视台一套《新闻联播》节目、中央电视台二套《经济信息联播》节目、中央电视台七套《每日农经》栏目、上海东方卫视、浙江卫视新闻等 13 家媒体都报道了松阳县发展茶产业的新闻。茶叶节期间，被市以上录用的广播电视新闻达 30 多条。

12. 广播影视剧

GUANGBOYINGSHIJU

2011 年电视剧

剧名:《中国 1921》

长度:32 集 × 45 分钟

制作单位:浙江广电集团等

编剧:刘 恒 汪海林 闫 刚 刘 毅

导演:穆德远

主要演员:谷智鑫 李 沁 胡 军 于和伟

剧情梗概:1918 年的十月革命,1919 年的五四运动,给中国带来了巨大的冲击。在这块黑暗的土地上,掀起了壮阔的波澜。外有列强环伺,内有军阀割据,从"翰林总统"徐世昌、下野的大元帅孙中山,到学者李大钊、蛰居在小胡同的"北漂"毛泽东,每个人都在苦苦寻找国家的出路和未来。只有明白了 1921 年前后的中国,才能明白共产党的诞生,不是偶然;才能明白,李大钊陈独秀毛泽东们,怎样一步步选择了共产主义。中国,怎样选择了共产主义。

剧名:《爱情可以有》

长度:28 集 × 45 分钟

制作单位:浙江海纳影视制作有限公司

编剧:刘修杰

导演:张孝正

主要演员:巩 峥 陈丽媛 任东霖 文梦洋

剧情梗概:罗世远和林夕一直互有情愫,罗却因自卑而无法接受这段感情,林的依赖更让他逃避。罗和好友钱啸、崔烨与市场总监盖彬彬因为工作问题而积怨。钱啸咽不下这口气,有点痞气的他找到了盖彬彬的妹妹盖青青并故意百般刁难,却和天真善良的盖青青一见钟情。三人在多次的接触中了解到了盖彬彬真实的一面,也对这个外冷内热的女人产生了好感。面对爱情、家庭与事业上的压力与困难,林夕和罗世远相互支持,逐渐成熟。

剧名:《战俘营 1938》

长度:30 集 × 45 分钟

制作单位:杭州好消息文化传播有限公司

编剧:谢 植 尹正义

导演:孙文学

主要演员:尤 勇

剧情梗概:1938年前后,抗战正酣,国共合作较为紧密的时期,日俘数量不断增加,如何管理、改造战俘,被国共两党所重视。第二日军俘虏收容所(又名和平村)中发生的故事呈现了中国人民的博大胸怀。国军某部副营长项东,不小心成了鬼子兵偷袭的俘虏,备受凌辱的他被友军救出,却被上峰强令押送自己的仇敌冈村等至战俘集中营——和平村。中共地下党员、军医卢静,项东、顾剑平、卢静、阿朵,他们既是勇敢的战士,也是拯救灵魂的天使。日本特务机关渗透、暗杀、袭扰乃至爆炸,在和平村内部,周而复始,上演着天使与魔鬼的激烈交锋。中国人民以德报怨,滴水穿石,让日本战俘走上了反战的前线。他们对“和平村”视为再生之地,誓与中国人民世世代代友好下去,永不再战。

剧名:《完美丈夫》

长度:30集×45分钟

制作单位:浙江欢瑞世纪影业股份有限公司

编剧:AN编剧小组 周 玮 书 桦

导演:家 文 家 霖

主要演员:保剑锋,戴娇倩,林保怡,潘仪君

剧情梗概:周媚湄的丈夫赵大海本是默默无名的心理学家,却突然因为担任模特大赛评委而爆红。让人嫉妒的“完美丈夫”让周感到十分不安。周的大学同学尹合欢发现深爱三年的男友竟已有家室,愤然分手后尹合欢偶遇了来自山村里的小矿工林东胜,一段看似不合常理的恋情却深深的触动了尹紧闭的心门。周的学姐兼闺蜜黄宜是一位女强人,她与丈夫胡正中原本计划结婚三年后生孩子,但黄却因为处于事业的冲刺阶段而敷衍的应付着胡,此时黄的助理张宁为了报复黄背着黄接近胡,给他黄不能给予的照顾,至此导致胡的心越来越远离黄,最终导致两人走到了婚姻的边缘。三个女人就这样掀起了新一轮的爱情保卫战……

剧名:《盖世英雄方世玉》

长度:36集×45分钟

制作单位:东阳长城影视有限公司

编剧:王耀一

导演:澄丰

主要演员:杨 子 释小龙 元 秋 许明虎

剧情梗概:顽劣不羁的少年方世玉仗着一身铜皮铁骨,在广州素有小霸王之称。为了拴住世玉不安分的心,方德搞了个方家武塾供方世玉管理,后又将世玉送去了杭州的九逸会馆下属的一所义学去念书习武。在念书习武的过程中,方世玉认识了同来求学的洪熙官与胡惠乾,三个性格迥异的年轻人,从相互排斥最终成为挚友。时至乾隆闭关锁国,以英国为首的几个国家几欲友好通商被拒,恼羞成怒,摆下了以羞辱国民为主的擂台赛,意欲威慑乾隆。方世玉等人得知此事后,大义凌然,以国体为重,大战各国高手,扬我国威……

剧名:《螳螂》

长度:32集×45分钟

制作单位:东阳千乘影视有限公司

编剧:薛永春

导演:范秀明

主要演员:董 勇 莫小棋 甘婷婷 冯恩鹤 黄俊鹏

剧情梗概:1948年冬,我军准备渡江作战,解放南京。国民党政府准备将一批珍贵国宝转运到台湾。潜伏在南京站的中共特工陈丽红得知此事,全力配

合南京地下党阻止这次行动。一个代号“螳螂”的神秘杀手不断出现，破坏我地下党的护宝行动，陈丽红暗中调查其真实面目，发现与代薇有着千丝万缕的联系。与此同时，价值连城的国宝引起了日方和美方的注意，也加入到国宝的争夺中。两方势力分别找到真正的执行人代薇，用尽种种手段，企图得到这批宝物。代薇虚与委蛇，借力打力，利用国外势力完成自己的任务：报国同时兼报家仇。

剧名：《没有承诺的爱》

长度：28 集 × 40 分钟

制作单位：杭州雅缘影视制作有限公司

编剧：谷金暖　刘一霖

导演：李力安

主要演员：黄圣依　朱孝天　何　洁　邬倩倩

剧情梗概：林敏娜的爸爸林孝宗是个小有成就的生意人，一家人原本过得富足、融洽，然而林孝宗的突离世使家中债务临门，居住的别墅也将被拍卖。家世显赫的韩嘉琪无意中捡到敏娜遗落在火车上的大信封，两人于是相识。敏娜参加了韩氏集团的服装设计大赛并以绝对优势高中榜首进入韩氏工作。韩氏集团总经理王卫国一直想拿到韩氏集团的控制权，频频使计，但每次都被林敏娜和韩嘉琪巧妙应对。出去休假的王卫国突然神秘失踪，警方介入，王卫国贪污公款的事浮出水面。法院判决追回所有赃款，返还韩氏集团。此前王卫国以子夜名义购买一处房产。子夜心里忐忑不安，找到韩嘉琪商量。韩嘉琪查到这处房产正是林家以前的房产。韩嘉琪于是带着敏娜回到曾经的林家别墅，敏娜一时觉得好像此前什么都不曾发生过。韩嘉琪和林敏娜的爱情也终于瓜熟蒂落。

剧名：《掩护》

长度：25 集 × 45 分钟

制作单位：浙江梦幻星生园影视文化有限公司

编剧：冯　骥

导演：高梓博

主要演员：陆　毅　刘　涛　朱泳腾　杨紫彤　孙绍博

剧情梗概：1945 年，日本投降，国民党谋划对中共开战。留美数学女博士、密码天才宫丽的办公室里新来了一位科长孟朝阳。他真名高志华，共产党情报员。由于性格和习惯的差异，宫丽和高志华之间冲突不断，争执百出。随着时间推移，情况发生了变化。高志华帮助宫丽救出了被国民党特务绑架的姐姐宫玉后，对他产生了微妙的情感。宫玉告诉宫丽自己是被国民党绑架的，宫丽对于国民党于是十分愤怒。因此在得知高志华是共产党后，宫丽处处掩护高志华。高志华的真实身份被赵楠发现，只好将其杀掉。看到赵南尸体时，宫丽在脑中拟好一个计划，她用建构密码的思维，布置一个匪夷所思的骗局，掩护高志华化险为夷。

剧名：《活佛济公 Ⅱ》

长度：60 集 × 45 分钟

制作单位：东阳千乘影视有限公司

编剧：简远信

导演：林　添

主要演员：林子聪　馨　子　张宝雯　陈浩民

剧情梗概：灵隐寺僧人道济济世救人、化解人间疾苦，处处弘扬佛法，惩恶扬善、尽管人间不平事，被世人誉为：济公活佛。该剧故事围绕着济公带领广亮、赵斌等人为老百姓排忧解难、点化世人展开，穿插降龙

尊者降魔除妖的神话故事，以及济公活佛与地痞恶霸斗智斗勇的生动故事，全剧共分"贞节牌坊"、"画中仙"、"双退婚"、"疯女劫"、"血魔出世"、"万应佛堂"、"雪女传说"、"木马缘"、"鬼郎君"等9个单元故事展开。

剧名:《梦断乐缘堂》

长度:27集×42分钟

制作单位:东阳华安影视有限公司

编剧:曹志德 薛家柱

导演:白秋林

主要演员:孙耀威 隋俊波 陶 为 施大生

剧情梗概:本是医药世家之后的任旭棠，虽然总是一副油腔滑调的做派，但实际好学机敏。早在幼时，任旭棠便听父亲说过，乐缘堂乃是延传五代的百年老店，真正踏入乐缘堂，任旭棠可谓是如鱼得水，他从底层的药工做起，捡药、熬药、上寿仙谷采药。为同一个巷的丁家小姐打抱不平，也为了归还给父亲办丧事而欠下的高利贷债务，任旭棠到丁家去当了一个挂名的"入赘女婿"。一时间，情感矛盾、家族矛盾、民族矛盾纠结于一起，洗涤着百年老店乐缘堂，也考验着任旭棠。任旭棠为治疗当地流传的一种从日本军营里传出来的瘟疫，发明了一种药方；和日本军部的特务、镇上保安团团长的斗智斗勇，终于用他的人品、才干，得到了认可。

剧名:《刀尖上行走》

长度:27集×45分钟

制作单位:浙江绿城文化传媒有限公司

编剧:麦 家

导演:高希希

主要演员:梅 婷 王志飞 高 明

剧情梗概:20世纪40年代初，国名党军密码专家、懦弱的白大怡被日军诱捕，被迫为日军服务。他无意中发现了一个惊天秘密：日军正在秘密研制一种大规模用于中国儿童的特殊药物，服用者将大脑萎缩，破坏神经组织，心甘情愿被奴役。良知未失的白大怡决意揭穿阴谋，他以故意被"暗杀"而牺牲自己的方式把此秘密传递出去。没多久，延安、重庆均获得了日寇这一险恶计划。延安方面启用了多年潜伏在国民党军统的高级特工林婴，重庆方面则启用了高级特工金深水，以粉碎日寇的阴谋。金深水、林婴从此和川岛野夫、小野为首的日军反谍报人员殊死较量。在共同战斗中，林婴成功地策反了金深水加入共产党。金深水在林婴牺牲之后，完成了历史使命，粉碎了日寇的阴谋，并公之于全世界。

剧名:《旗袍Ⅱ》

长度:43集×45分钟

制作单位:东阳长城影视有限公司

编剧:王 彪

导演:舒重福

主要演员:侯 勇 张 翰 蒋林静 刘佩琦

剧情梗概:"一二八"淞沪会战爆发，王九洲率弟兄们与日军激战，却被调出上海。因刺杀国民党官员，九洲与梅默庵展开搏杀。梅月堇秘密生下她和九洲的儿子，九洲却对她产生误解，娶王玉莹为妻。一直暗恋梅月堇的岱春风得知月堇与九洲有情，怀恨在心，投靠了梅默庵，多次捕杀九洲。抗战爆发，九洲与春风联手，侦破了日本间谍案。不久上海沦陷，王九洲组织锄奸团刺杀汉奸。岱春风联合王九洲，设计锄杀了投靠日本人的黑帮老大。梅月堇开始接受地下党的影响，潜入特工组织内部。地下党通过月堇做九洲工作，春风获知九洲要倒向共产党决心除掉王九洲，却无意中杀死了结义兄弟孟惜子。九洲极为悲痛，混入春风飞机上，搏斗后两人同归于尽。月堇带领九洲的手下弟兄奔赴延安参加革命，他们跟随解放大军，终于让大上海回到了人民手中。

剧名:《血色玫瑰—女子别动队》
长度:32 集×45 分钟
制作单位:东阳诸侯影业有限公司
编剧:赵 博
导演:于立清
主要演员:王 姬 李 舜 侯传皋 钱 志

剧情梗概:1939 年抗日战争进入相持阶段，为了有效地消灭和牵制日本特务机关及为日本效命的汉奸势力，以共产党员陆玫为首的别动队深入敌后。这支别动队先后完成了夺取藏宝图、截获“731”细菌样品、保护国家文物、运出盘尼西林、夺取特高科密码本、营救重要人物等等异常艰难的任务，为抗日民族统一大业立下了不可磨灭的功勋。而别动队员们不同的身份、不同的经历和不同的性格也使他们之间出现很多感情上的纠葛。这只别动队最终出色地完成了党和人民交给他们的各项艰巨的任务，同时他们也为此付出了沉重的代价……

剧名:《我和老妈一起嫁》
长度:28 集×45 分钟
制作单位:东阳东方传奇传媒有限公司
编剧:李 玮
导演:余 丁
主要演员:殷 桃 彭 玉 张洪杰 任 帅

剧情梗概:北京某区电视台女编导张十河，回家过年突被告知母亲秦老太找了个小自己十岁的老伴儿郑智燮，姐妹几个达成联合阵线表示反对，一向不服输的秦老太开始了和儿女的斗智斗勇。张十河和自己的中学同学，某律师事务所律师乔锐常在一起，明眼人看出，十河其实钟情乔锐。儿女们最后还是孝顺的，眼看郑智燮就要被秦家人接纳，这时却出现了新的情况，郑智燮竟然就是和乔锐关系不好的父亲！十河谎称和乔锐已分手让秦老太和郑智燮顺利领了结婚证。秦老太联手郑智燮，最终把十河和乔锐送进了婚姻的殿堂。妈和女儿一起出嫁，在家务事里上演一出感动与心酸并重，温情幽默的家庭喜剧。

剧名:《被遗弃的秘密》
长度:31 集×45 分钟
制作单位:浙江欢瑞影视制作股份有限公司
编剧:沈芷凝
导演:袁英明
主要演员:甘婷婷 乔振宇 蒋梦婕

剧情梗概:玉琴因自己在家中不被重视而记恨妹妹安乔，狠心遗弃了她。16 年后，乞丐六六被发现是当年失踪的小女儿周安乔重回周家，六六却是在师父沈柔的安排下冒充安乔身份混入杏和堂伺机陷害周家的。然而六六与天麒产生的一段真爱使她苦练多年的藏心术面临破解周家大管家欧冠群暗中出手保护周家，却使他身世秘密暴露，原来冠群是周士鸿强暴沈柔所生，他进入周家就是要报复士鸿。然而冠群不愿父母彼此伤害，在关键时刻宁愿牺牲自己来挽救周家的命运。这时杏和堂背后隐藏多年的清宫御医秘方与李莲英藏宝图密切相关的事情浮出台面，军阀争相夺宝，几乎摧毁杏和堂所有人。最后，在亲情，友情，爱情的感染下，六六，玉琴，永成，冠群连手对抗外敌，这四个年轻人用不同的方式，在对爱的执着中得到释怀与满足。

剧名:《烽火儿女情》
长度:40 集×47 分钟
制作单位:东阳拉风影视文化有限公司
编剧:杨曼丽
导演:刘逢声

主要演员:戴娇倩 刘恺威 王 琳 蒋 毅 陈莎莉 骆应钧

剧情梗概:苏雨涵为成全姐姐苏雨彤与方俊杰,离开苏家。俊杰心中难忘雨涵,对雨彤不冷不热。苏家三太太火灾中重伤不治。雨涵身怀六甲回家奔丧,沮丧至极的俊杰与雨彤结成有名无实的夫妻。为避战乱,苏家举家前往重庆。在肖剑的报复计划下,苏家彻底中落。雨涵之子康康被确诊为癫痫病,外科医生罗浩然慷慨相助。雨涵与雨彤相遇,得知俊杰投身前线的消息。苏母找到康康,带回苏家,一家人终于团聚。俊杰战场上受伤,雨彤以还他自由为代价祈求他康复并告知雨涵两人只是有名无实的夫妻。浩然载着雨涵和康康兜风,不想车子被肖剑做手脚发生车祸,康康大量失血昏迷不醒,却因是稀缺的RH血型没有血源救助俊杰赶到为康康输血,康康的身世之谜解开。国难当头,浩然与俊杰再上战场。1945年,日本投降。苏家,康康奔向提着医药箱归来的浩然怀里。

剧名:《冲出虚拟世界》

长度:32集×45分钟

制作单位:浙江华策影视股份有限公司

编剧:刘 誉 韩 笑

导演:国建勇 梁 彤

主要演员:黄 明 徐洁儿 曹 骏 李欣聪

剧情梗概:大学生岳凌云在现实生活中有着种种不如意,于是渴望在虚拟世界中寻求解脱,获得成就感。一次偶然的机会,他和几个朋友被带入一个超级仿真游戏中。在那里,他们一方面成就了现实生活中无法实现的梦想,成为了“英雄”,电子竞技的快感和虚拟世界的神奇很快就让他着了迷;另一方面,他们的欲望也被刺激得无限膨胀起来,渐渐迷失了本性。当他们发现无论是虚拟世界中的朋友,还是现实生活中的亲人都开始远离自己时,他们意识到了真情的可贵,决心逃离虚拟世界。但他发现,此时自己已经身陷一个多重阴谋之中,将要成为现代科技实验的牺牲品。最终,他们在亲情、友情、爱情的感召与激励下,以惊人的毅力战胜了强大的敌人和重重诱惑,逃离了虚拟世界,回到现实生活之中。

剧名:《好女春华》(原名《后宫》)

长度:46集×47分钟

制作单位:东阳拉风影视文化有限公司

编剧:陳惠妍

导演:黄建勋

主要演员:安以轩 冯绍峰 蒋 毅 杨 怡 谭耀文

剧情梗概:明英宗末年,少女李紫云为报恩冒名邵春华入宫。土木堡之变,太子朱见深被发配南门,宫女万贞儿悉心照料。朱见深继位,封万贞儿为贵妃。凌七巧仗姑母成为万妃身边红人。春华与含香成为乐师,同时恋上入宫伺机向西厂太监汪直报杀兄之仇的乐工杨永。含香、清姿被封妃嫔,身怀六甲,遭万贵妃妒恨。春华为保护两人,遭七巧恶意挑拨,使春华与清姿关系破裂、万妃欲杀春华。宫外曾受春华恩惠的汪直向帝求情,与春华成为对食。无奈春华与杨永早生情愫,汪直欲杀杨永。清姿遭万妃陷害,向春华求救。春华献计,清姿产下一子,两人冰释前嫌。含香病重,春华安排她与杨永相见,被万妃发现后判死刑。汪直火烧囚房,春华出宫。宪宗念含香之情,赦免杨永。杨永与春华终成眷属。

剧名:《武则天秘史》

长度:50集×45分钟

制作单位:东阳长城影视有限公司

编剧:赵锐勇

导演:李 舒

主要演员:刘晓庆 斯琴高娃 赵文瑄 唐国强 殷 桃 秦海璐

剧情梗概:唐太宗死后,武媚娘被打入感业寺被迫出家为尼,受尽凌辱。后因怀孕被高宗接进宫中。在一连串的宫廷斗争中,武媚娘亲手扼杀女儿嫁祸王皇后,击败宰相长孙无忌,终于成为皇后。她与高宗相互依存又爱恨交加。武则天以她卓越的政治才能逐渐掌握实权,直到垂帘听政。高宗死后,她孤军奋战,废黜太子,任用酷吏,血腥镇压,把大唐天下改变国号为武周帝国,成为空前绝后的一代女皇。此时武则天虽已君临天下,无奈渐入老境,无法排遣内心深处极端的孤独和空虚,整日纵情声色。同时又为皇位继承人处心积虑,最后不得不把武周天下拱手让给儿子,完成了她艰辛、离奇、辉煌而又痛苦的一生。

剧名:《命运交响曲》

长度:30 集 × 45 分钟

制作单位:浙江金溪影视有限公司

编剧:李旭敏

导演:柯翰辰

主要演员:冯绍峰 杨 幂 郭珍霓 迟 帅

剧情梗概:想要成为服装设计师的郝安琪与想要成为顶尖模特的郝安娜原本是一对相亲相爱的姐妹。然而安娜无意中发现自己并非郝家血统,并误会是郝家破坏了自己原本家庭。她偷换了安琪的出国资格,不料被刘辰熙发现。安娜撞倒辰熙后逃逸,碰巧驾车赶来的安琪错以为自己是肇事司机锒铛入狱。5 年后,出狱的安琪不放弃自己的设计师梦想,以清洁工的身份进入了宋氏集团。而安娜携伴宋氏公子宋承浩归国。与安琪的照面,让安娜充满了恐惧,她千方百计让承浩误会安琪、想尽办法陷害安琪,并联合承浩的继母陆曼青设计承浩与自己结婚。结婚当天安娜的身世原委被爆出,安娜明白错怪了郝家后悔不已。她主动与承浩签了下离婚协议书,并向警方自首还安琪清白。而安琪与承浩产生了情缘。三年后,安娜站在了安琪个人设计作品服装秀的舞台上,这对姐妹的新人生在这一刻展开。

剧名:《黑狐》

长度:38 集 × 45 分钟

制作单位:浙江华策影视股份有限公司

编剧:龚 爵 张 健

导演:张 健 皓 威

主要演员:张若昀 李 曼 吴 婷

剧情梗概:青梅竹马的方天翼、顾婷、廖思成三人前往南京投考复兴社,临行前,廖思成加入了中国共产党。在复兴社,方天翼成绩突出,令戴笠赞赏不已,让他以“黑狐”为代号。日军数次的机密外泄引起了土肥原贤二的重视。戴笠发现日本特工盯上廖思成,决定将计就计,命廖思成执行 16 号密令。方天翼和廖思成经过努力,获得 16 号密令的图纸,并在俞梅、顾婷和廖思成日本恋人大岛由美的配合下,获取情报、阻碍了日军的步伐。方天翼发现廖思成等人的中共地下党身份,他的思想也开始转变。日方发现了方天翼“黑狐”的身份,在双方的较量中,廖思成、俞梅先后牺牲,方天翼和顾婷加入新四军,继续跟坂田之助为首的日军展开较量,组建了“黑狐突击队”,令日军闻风丧胆,最终打倒了坂田之助。“皖南事变”后,新四军重建军部。方天翼也踏上了新的征途。

剧名:《攻心》

长度:30 集 × 45 分钟

制作单位:东阳福添影视有限公司

编剧:柳建伟 赵 琪

导演:朱德承 黄健中

主要演员:王志飞 姚 笛 冯恩鹤 张晞临 雷佳音 张 澍

剧情梗概：腥风血雨的1940年柳河镇公审汉奸，欧阳梅被污为汉奸，将成刀下之鬼，幸得白彦洲仗义执言，才死里逃生。欧阳梅对白彦洲暗生情愫，但不久即惊闻白彦洲死于战乱，一腔情感暗自封尘，流落到龙泉县。龙泉县令李济道对欧阳梅早已垂涎三尺。大难不死的白彦洲为追查一批失踪的天价文物，来到了龙泉县。白彦洲追查文物的招式，令李济道暗自惊魂；白彦洲与欧阳梅的亲密交往，更令李济道恨之入骨。在探案过程中，所有疑点剑指李济道，而文物得得主却另有其人。随着李济道的死敌刘安国在龙泉县走马上任，四面楚歌的李济道意想不到的是：土匪林树成与外甥女庞栖云更想要了他的命！乱世之秋，纷争四起，一出三国杀就此上演……

剧名:《千山暮雪》

长度:30集×48分钟

制作单位:浙江梦幻星生园影视文化有限公司

编剧:郭宝贤

导演:杨　玄

主要演员:刘恺威　颖　儿　张晨光　温峥嵘

剧情梗概：莫氏企业因童雪父亲出卖险遭破产，莫父猝死。莫绍谦为借慕家之力拯救家业，被迫与慕氏千金慕咏飞结婚。莫绍谦偶遇父母双亡的童雪，一见倾心。但当其得知童雪身份，复仇之心令他变脸，不断为难折磨童雪。相处中，莫绍谦逐渐爱上童雪。终于，莫绍谦发现当年莫家危难是慕咏飞一手策划，反击慕家，并放手童雪。关键时刻，童雪好友家中出现经济问题，童雪只得回去求莫绍谦帮忙。莫绍谦为帮助童雪，毅然挪用巨资，令其与慕家决战失利。慕咏飞被莫绍谦对童雪的真爱刺激得精神崩溃，绝望地在离婚协议书上签了字。童雪决定出国留学，在机场发现莫绍谦遗留手机上发给她的示爱短信，终于两人终于相守。

剧名:《北京爱情故事》

长度:39集×45分钟

制作单位:东阳狂欢者影视文化有限公司

编剧:陈思成　李亚玲

导演:陈思成

主要演员:李　晨　张　译　陈思成　杨　幂　张歆艺　莫小棋　佟丽娅

剧情梗概：程锋、吴狄和石小猛是大学同学，他们在大学期间曾经组织过一个乐队，为了音乐梦想而奋斗。共同的志趣使得他们成为了情同手足的好朋友。三个人的家境、性格各不相同，狂放不羁的程锋、忠厚的吴狄、踏实苦干的石小猛，在大学毕业之后和几个女孩子林夏、李蒙璐、沈冰等人共同经历着年轻人的成长，爱情、工作上的问题接连摆到他们的面前。融入社会，对于这些年轻人来说是全新的课程。有时痛苦，有时甜蜜，但是等在他们面前的，仍然是崭新的生活。

剧名:《派出所风云》

长度:20集×45分钟

制作单位:浙江影视(集团)有限公司

编剧:李森祥　海　飞

导演:徐　华　吴　军

主要演员:吴军，安泽豪，曹曦文

剧情梗概：警察王德胜由于接连在执行任务中犯错，而被调到社区担任片儿警。一心想干番事业的王德胜只能将自己的热情投入到社区工作中。尽管王德胜对社区工作很热心，很想做好。但由于一开始“老治安”的不配合和社区群众的不接受，使王德胜的社区工作很难开展，有时甚至适得其反。经过不懈的努力，王

德胜摸索出了一套社区工作经验。他组织居委会干部、社区老同志成立义务巡逻队。为带好"群防"队伍,降低发案率,他以社区为家,一心扑在社区工作上;帮助失足青少年,走上正道;帮助下岗失业人员联系就业;为社区重病患者家庭组织捐款。社区居民从一开始的不接受,到矛盾冲突,到相互融洽,最后到真正喜欢王警官。只要社区有困难,王警官就会出现。他为民办实事,与社区居民结成深厚的感情。

剧名:《极品妈妈》

长度:28 集 × 47 分钟

制作单位:杭州同方联合影业集团有限公司

编剧:丁　丁　汤菁菁　王宛平

导演:赖建国

主要演员:聂　远　戴娇倩　夏侯镔　黄　曼　赵慧仙(韩国)　贺　刚

剧情梗概:陈柏锋、安可,外表潇洒内心传统的典型都市男女,酒吧邂逅。二人恋爱、奉子成婚。孩子降临了,二人这才发现未做好任何心理准备。为成优秀母亲,安总希望做到最好,效果却适得其反且被封有讽刺意义的"极品妈妈"。陈因工作环境问题,辞职在家。夫妻矛盾激化,陈的前女友涉足,安提出离婚。离婚后,他们发现彼此就是最适合的人。在没有婚姻束缚的相处中,以孩子为纽带,反而更懂得珍惜、体谅对方。同时,陈的表妹耿耿,为让已离婚的父母和好,毅然住进父亲家,欲将父亲的现任妻子鸣薇薇赶出家门。耿、鸣从最初的格格不入到最后相互体贴理解。当鸣难产躺在病床上、耿父又坐牢时,耿肩负起照顾同父异母弟弟的责任,亦姐亦母,被封为"极品妈妈"。

剧名:《钱多多嫁人记》

长度:35 集 × 45 分钟

制作单位:温州正栩影视制作有限公司

编剧:谭　昙　人海中　王静茹

导演:王小康

主要演员:李小冉　朴海镇(韩国)　邵　兵　黄小蕾

剧情梗概:钱多多未满 30,已经是跨国公司最年轻的市场部高级经理,而她在婚姻上由于各种原因一直不顺,正被母亲强硬逼婚。经过一次次令人啼笑皆非的相亲,钱多多对爱情和婚姻的定义越来越迷茫,而此时她的"真命天子"许飞正在她的身边。经历了种种磨难和内心的反复挣扎,钱多多终于与许飞走入婚姻殿堂。赵圆圆,钱多多的干妹,来自农村,跟随钱多多来到北京,通过自己的努力,开了间奶茶店并继续打拼着。叶明申是大学教授,经历了一段失败的婚姻,在他和韩依依走在一起之后,却又得知了前妻生下了自己的骨肉,于是不可避免的一段感情纠纷和选择摆在了他的面前……

剧名:《七品芝麻官》

长度:32 集 × 45 分钟

制作单位:浙江海纳影视制作有限公司

编剧:邓鉴泉(中国香港)

导演:邓鉴泉(中国香港)

主要演员:郑则仕(中国香港)　刘庭羽　巩　峥　苑琼丹(中国香港)

剧情梗概:桃源县是一个小小的县城,人口不多但可说是民丰物阜,县内治安良好,本县县令常知足年刚 40,本土人,为人正直,学识渊博,智慧过人。其父也为官,但因卷进官场斗争以致遭人诬陷病死狱中,故常知足一直都乐于现状,外表也常装作愚鲁,但实则常是心思慎密的人。在一次朝廷设坛祭天的大典上,常知足识破国师与当朝宰相王林智欲谋杀害当今天子的诡计,而常知足亦因救驾有功连升三品官,加封为监察御史,但常知足因不想周旋于官场，便以不愿离开本县和能力有限为由推辞，皇上答应他的请求但亦是身兼监察御史之职，若遇重大案件需听命查办。从此以后，常知足努力为百姓办案申冤，被当地百姓誉为再世青天。

剧名:《决战前》

长度:32 集×45 分钟

制作单位:杭州嘉艺影视传媒有限公司

编剧:王 博

导演:刘一志

主要演员:万 茜 王唯伊 张晨光

剧情梗概:1939 年，第一次长沙会战结束。日军利用汪伪政府源源不断的军需物资补充，准备开始第二次长沙会战，汪伪政府特派员唐宗年负责与日方谈判。军统上海站站长、少将冯楚良奉戴立命派刺客叶锦堂刺杀唐宗年。与此同时，中共上海地下党韩冬麟接获上级命令，证实唐宗年有意将汪伪政府的卖国行径诏告天下，必须倾全力保护唐宗年去香港。一场刺杀与反刺杀的活动展开，我中共地下党联合国民党军中抗日爱国志士，联手破获日军重要情报，铲除了潜伏在军统组织里的日军间谍，确保了第二次长沙会战中国军队的胜利。

剧名:《钢魂》

长度:33 集×45 分钟

制作单位:华谊兄弟传媒股份有限公司

编剧:高 光

导演:巴特尔

主要演员:刘小峰 叶 璇 林熙越

剧情梗概：从濒临灭亡的晚清，到强盛的今天，该剧记录了三代钢铁人传承的家史。陆梦生——甲午将士的遗腹子，被张之洞收养，他与大己二岁的贺子舟情同手足。中国孤儿大岛漱为日本八幡制铁的工程师大岛太郎收养，被当作日本人，一生磨难不断。三人为振兴汉阳铁厂历经磨难，在抗日战争期间，创造了把一座钢城沿长江由武汉搬到重庆的旷世之举。大岛漱爱上贺子舟，以身相许。陆梦生恨日本人，可钢铁的渊源让兄弟二人的一生不离不弃。陆云喜和贺家瑜，随父辈经历了西迁的征战，在日机的轰炸中生离死别，当陆云喜作为解放军的营长来接管钢厂时，贺家瑜作为留美归来的学子，二人再度携手。共同经历大跃进浪潮、文革风雨、改革开放。陆越和贺超，亲似兄妹，大家认定他们会成为夫妻，父辈的强国梦交付到了这第三代的人手中。

剧名:《新乌龙山剿匪记》

长度:46 集×45 分钟

制作单位:东阳长城影视有限公司

编剧:水运宪 徐海滨 王彪 赵锐勇

导演:刘光

主要演员：蒲巴甲 安以轩（台湾）吕良伟（香港）秋瓷炫（韩国）钱小蕴

剧情梗概：《新乌龙山剿匪记》以新中国成立初期，我人民解放军在湘西地区肃清国民党反对派残余武装和地方土匪为故事背景，重点刻画了以刘玉堂为代表的英雄军人形象，同时全面展现了当地军民一心，协力剿匪的传奇故事。该剧展现了以“东北虎”刘玉堂为首的剿匪小分队依靠当地人民群众，与匪首田大榜、钻山豹，国民党女特务四丫头等人展开的一场殊死的斗争。

剧名:《悬崖》

长度:40×45 分钟

制作单位:东阳狂欢者影视文化有限公司

编剧:全勇先

导演:刘进

主要演员:张嘉译 小宋佳 咏 梅

剧情梗概:1938 年中国东北。周乙是一名共产党特工，为了方便其潜伏敌人内部，组织派遣顾秋妍假扮他的妻子，同敌人周旋。然而，面对特务科强大对手高彬，两人真实身份面临着严峻挑战，周乙甚至不得不忍痛看着原配妻子被枪决。同时，这对

“假夫妻”之间的关系也在悄悄地改变。顾秋妍身处危急，周乙在敌人步步紧逼下，最终选择回哈尔滨解救顾秋妍。然而，等待他的却是特务们阴冷的微笑和黑洞洞的枪口。

剧名:《传奇之王》

长度:39 集×45 分钟

制作单位:东阳狂欢者影视文化公司

编剧:熊　源　高　城

导演:柳云龙

主要演员:柳云龙　王雅捷　曾　黎

剧情梗概：远洋轮幸运号在海上遭遇风暴，二副郑天龙操纵轮船脱离风暴。他的未婚妻梅子在天津服侍着他的父亲郑老爹。暗恋她的雷立刚前来求婚，被拒绝。天龙被顾相如和唐正诬陷入狱，梅子也被迫嫁给雷立刚。天龙越狱后和几个仇人展开了明争暗斗，他请来法国人公演《基督山伯爵》，把自己的经历编入剧情，雷、顾、唐被邀请来观看，三人看出其中影射，坐立不安。梅子渐渐明白当年的阴谋。阴谋破败，善恶有报。半年后，梅子和黛如去修道院做了修女，而天龙回到海上重新做回了水手。

剧名:《尖刀队》

长度:34 集×40 分钟

制作单位:杭州嘉艺影视传媒有限公司

编剧:宋凌云

导演:谷锦云

主要演员:刘小锋　王奎荣　张　恒

剧情梗概：讲述了解放战争时期我华东野战军某部特别行动队“尖刀队”的传奇战斗故事。尖刀队纵横活跃在大江南北，以独特的战斗方式在敌后战场给了敌人致命一击。全剧分为四个篇章。《血刃》描写了尖刀队几经曲折在破坏敌人对我军实施毒气弹阴谋的战斗中大获全胜的故事。《越狱》则讲述了尖刀队深入虎穴，在我军对敌总攻前救出身陷重狱的原子能专家的故事。《冒名顶替》里，尖刀队巧妙化身为国民党特派员，打入敌人内部，通过虚虚实实的智力交锋，获取了敌人最核心的城防计划。《捕鹰》的故事发生在刚刚解放的城市里，在追击国民党杀手“鹰眼”的战斗中，尖刀队阻止了国民党残部在解放区制造暴乱的重大阴谋。

剧名:《守望的天空》

长度:30 集×45 分钟

制作单位:浙江盛天影视文化发行有限公司

编剧:裴　文　陆　江

导演:陆　江

主要演员:李　沁　赵文瑄　林　申　萨日娜　王　琳

剧情梗概:葡萄她有一个“智障”的哥哥，抛弃她的父母。23 岁她终于从中专的厨师班毕业了却嫁给了一个臭名昭著、好赌成性的丈夫。这段看似不幸的婚姻，却让葡萄从此拥有了最好的婆婆和小姑，有了一直渴望的温暖的家！就在葡萄觉得生活终于平稳，也顺利地找到工作时，她的母亲敲开了她家的大门，还带着她的“傻子”哥哥，和母亲收养的“傻子”妹妹。为了妈妈临终的遗愿，葡萄不得不承挑起了照顾患有孤独症的哥哥和“妹妹”的担子，她的工作飞了，丈夫跑了，婆婆、小姑不理解，压得她喘不上气！而这时那个抛弃了他们多年的父亲袁卫国的出现，又在原本就不平静的生活中惊起了波澜！病危的父亲，不明身份的爱人，美丽精明的情敌……

剧名:《怪侠欧阳德》

长度:66 集×45 分钟

制作单位:东阳千乘影视有限公司

编剧:简远信(中国台湾)

导演:林添(中国台湾)

主要演员:小沈阳、李晟、林江国、毕畅、孙耀琦、沈春阳

剧情梗概：本剧故事取材于中国经典章回小说《彭公案》、《怪侠欧阳德》等，加以现代人的审美和教育要求，予以精心创作而成。

清康熙年间，“怪侠”欧阳德，身怀绝技，整年反穿皮袄，头戴瓜帽，鼻上玳瑁眼镜。欧阳德以手中一旱烟杆为武器，骑着一头木驴，走南闯北，打抱不平，管尽人间不平之事。

整部剧的风格轻松幽默诙谐，借古喻今、寓教于乐，旨在劝导世人以乐观、进取的姿态积极的面对人生、社会的各种问题。

剧名:《亲爱的，回家》

长度:36 集 × 45 分钟

制作单位:东阳拉风影视文化有限公司

编剧:方泓仁

导演:罗　福

主要演员:韩　雪　蒋　毅　胡　兵　于　娜

剧情梗概:一位专卖时尚精品的少妇程桦，遭丈夫邵军设计陷害，因『走私罪』入狱，监禁六个月！接下来，邵军以程父的生意垮了，怕财产被法院充公为由，与程桦协议离婚。离婚当天，邵军告诉程桦，我会等你回来，到时，一定再娶你！这令程桦十分感动，因此签下离婚协议书……没想到，这离婚协议书竟是邵军藉以甩开程桦的阴谋，他下一个目标是要与富商女安丽娜结婚。当程桦出狱后，得知邵军即将结婚的消息，便赶去阻止婚礼。但狡猾的邵军怕程桦扰乱他的计划，遂约她谈判，二人在谈判中发生车祸，邵军借机佯装失忆，来逃避程桦对他的纠缠，从此再也不认得程桦。程桦不死心，遂到安家去当褓母，试图让邵军恢复记忆，夺回这份原本该属于她的幸福，但她万万没想到，安家里竟有一位极尽挑剔的老夫人、一位老谋深算的大夫人、还有一位顽皮捣蛋的小公主，无时无刻都在挑战程桦的耐性与警觉性，捎不留神便会被设计、栽赃、甚至陷害。

剧名:《遍地狼烟》

长度:28 集 × 45 分钟

制作单位:浙江横店影视制作有限公司

编剧:李昌民

导演:虎　子　康景麒

主要演员:杨　烁　周　扬　李　桓　王子睿　朱琳　李　竹　张洪杰

剧情梗概：本剧讲述了主人公牧良逢从一个猎户在极端状态下成长为一名中国军队王牌狙击手的过程。牧户牧良逢救了美国飞行员约翰，因精准的枪法进入阻击排从军杀敌，而此时曾被牧良逢救下的柳烟也深深的爱上了他。牧良逢抗日前线屡利战功，升任副排长，并结识了猛子的妹妹护士小田。牧良逢不知共产党员老马就是自己的父亲，但由衷佩服共产党员的信仰与抗日精神，拒绝执行剿共的命令，表示自己只杀侵略者。排长猛子升官后却被诬陷通敌卖国，牧良逢以下犯上被判和猛子一起枪决，在柳烟、小田等人的努力下救出了两人。牧良逢与柳烟、小田，猛子与凌子(日本女军医)在战火纷飞中，在血肉搏杀中交织着浓烈的爱情。牧良逢最终对国军彻底的失望，终于跟随爸爸老马(牧大明)加入了八路军，为民族解放而战！

剧名:《夫妻那些事》

长度:34 集 × 45 分钟

制作单位:浙江华谊兄弟影业投资有限公司

编剧:高蓉蓉　于　力　耿旭红

导演:汪　俊

主要演员:黄　磊　陈　数　梁　静　李明珠

剧情梗概：丁克家庭唐鹏、林君夫妇已到中年依然坚持不要孩子，唐父的去世成为夫妻俩矛盾爆发的导火索，唐鹏心疼父亲临走前都没有看到自己的孙子，不想令母亲也有这种遗憾，在“要么离婚要么生孩子”的通牒下，林君屈服了。但是两人的

"造人"计划并不顺利，林君年龄过大，宫外孕流产。林君因为这件事，从丁克变成强烈想要孩子，夫妻俩开始了一起努力"造人"的战斗，但林君在怀孕过程中饱受痛苦，最终被判不孕。

剧名:《倾城雪》

长度:50 集×45 分钟

制作单位:东阳狂欢者影视文化有限公司

编剧:李慈 凝襄

导演:李慧珠(中国香港)

主要演员:杜 淳 董 洁 张嘉倪 何晟铭 高昊 曹曦文 邓萃雯(中国香港)

剧情梗概:江家是四大秀派之首的商贾大家，江家独女嘉沅被选为绣娘。江学文不愿女儿入宫，因此得罪大太监白公公。江家绣品备受朝廷青睐，此举引来另一大户杭家的不满。嘉沅和杭家长子杭景风指腹为婚，但她对杭并无爱意。和江家素有仇怨的杭家家丁徐雷帮助杭家陷害江家，致使江家败落。徐雷之子徐恨却和嘉沅产生爱慕。为阻止他们相爱，徐雷说出徐江两家的恩仇。嘉沅惶然失措失手杀死徐雷，徐恨替她当罪入狱。嘉沅历尽辛苦重振家业，多年后徐恨出狱，真相大白之后他和嘉沅冰释前嫌。

剧名:《钟馗传说》

长度:36 集×45 分钟

制作单位:浙江华策影视股份有限公司

编剧:半 帆 康 峰

导演:罗灿然

主要演员:欧阳震华 娄宇健 杨大鹏 潘长江 李 倩 谭耀文 王 艳 胡 兵 甘婷婷 唐一菲

剧情梗概:钟馗带领结义兄弟柳含烟、王富曲和五天童开始了他们惊心动魄的冒险之旅。一路行来，他收服狼妖，以一己之死让太上老君座下弟子炼制邪恶金丹的图谋成为泡影；集众人之力，粉碎了自在天魔统治三界的阴谋，成就了玉帝六公主与鹏王子感天动地的三世情缘；联手八仙，降服驴头魔，以大仁大义化解人间的爱恨情仇，恢复三界正常秩序；

晓之以理、动之以情，让天庭西西公主放下仇恨，成功阻止了云霄殿主让世界回到冰川时期的计划，使三界免遭覆灭的劫难。

剧名:《越境》

长度:30 集×42 分钟

制作单位:杭州同方联合影业集团有限公司

编剧:程琳

导演:黄文利

主要演员:罗嘉良(香港) 傅程鹏 王劲松

剧情梗概:1937 年 7 月，中国工农红军即将结束长征。为了抗战需要，党中央派地下组织通过秘密交通线越境到苏联，取回了一部密码本。密码本将取道伪满洲国，送抵陕北根据地。因为国民党的阴谋，运送密码本的交通员被捕，而伪满警察陈凯，却阴差阳错地肩负重任，要越境运送密码本。围绕着密码本，共产党、国民党、日本人各怀目的，展开了角逐。在越境过程中，陈凯被日本人抓捕，经过一番斗智斗勇，绝境逢生，终于脱险；他又在国统区落入国民党手中，严刑拷打。陈凯心中抱定了一个信念，必须将密码本送到陕北，只有共产党才能救中国。最终，陈凯完成了从行为到信仰上的彻底越境。

剧名:《独立纵队》

长度:44 集×45 分钟

制作单位:东阳长城影视有限公司

编剧:吴国恩、赵锐勇

导演:王响伟

主要演员:王新军 李彩桦(香港) 秦海璐 申

军谊　许明虎　蒋林静

剧情梗概：该剧讲述了抗日战争爆发后，在柏林军事学院接受魔鬼训练的孟云霄搭军机去前线，被日机击落，落在了凤凰山。他临危不惧，反而当上了"大当家"，把凤凰山的土匪改造成为一支抗日劲旅并逐步向八路军靠拢，将凤凰山的军队改编为"八路军太行山抗日纵队"，和日军展开了最后的生死较量，最终迎来了抗日战争的胜利。

剧名：《从将军到士兵》

长度：50 集 × 45.5 分钟

制作单位：东阳长城影视有限公司

编剧：周　粟　王　彪　赵锐勇

导演：舒崇福

主要演员：于荣光　蒋林静　吕丽萍　小李琳　杜志国　王新军

剧情梗概：《从将军到士兵》以新中国成立初期，在中国人民解放军进驻大西北，建设西疆的大背景下，与西北国民党反动派残余武装势力和当地残余马匪斗智斗勇，最终平稳西疆。片中重点刻画以王朝天将军为代表的英雄军人形象，以及全国各地人民义无反顾支援西疆，协力建设安定西北的故事。

剧名：《红尘丽影》

长度：37 集 × 45 分钟

制作单位：东阳华海时代影业传媒有限公司

编剧：胭　脂

导演：郑　军　林　峰

主要演员：陈紫函　李彩桦

剧情梗概：电视连续剧《红尘丽影》，主要讲述的是发生在三四十年代的上海滩，中国第一代演员慕容莲（原型：上官云珠）等人通过自己的努力追寻自己的演员梦的故事。在这条路上有太多难以言表的艰辛，她将一生都奉献给热爱的演艺事业。最终她用自己的行动向人们证实了自己的实力。实现了自身的价值，成为一位人民敬爱的影视巨星。

剧名：《蝴蝶行动》

长度：32 集 × 45.5 分钟

制作单位：华谊兄弟影业投资有限公司

编剧：张　琦

导演：简川訸

主要演员：唐一菲　齐　奎　高　鑫　丁　吖　谢　钢　徐成峰

剧情梗概：1939 年初，女大学生赵欣梦在回家途中被相貌完全一样的日本女特务千代子绑架。千代子是大特务北条荣一名义上的独生女，也是赵欣梦幼时失散的孪生姐姐。千代子偷梁换柱的计划很快败露，获救后的赵欣梦主动请缨冒充千代子潜回北条荣一身边做卧底，以其人之道还制其人之身。赵欣梦在明为国民党军统上尉实为共产党的李汉正帮助下，杀死了北条。千代子在重庆大轰炸中成功逃回上海，决心复仇并夺回自己的身份，却面对了身份与情感的双重幻灭，举枪自尽。

剧名：《爱上查美乐》

长度：25 集 × 45 分钟

制作单位：浙江华策影视股份有限公司

编剧：曹绩雅　方懿德　林雅淳

导演：柯翰辰

主要演员：贺军翔　王心凌　柳　岩

剧情梗概：风靡全亚洲的音乐才子韩以烈是亚洲知名作曲天王，他性格怪异，作风霸

道，经常让暗恋他的经纪人楚少茵为其收拾烂摊子。查美乐是一个坚强善良的平凡女孩，她相信只要努力付出就有回报。为实现男友韩以风的梦想，她放弃自己的事业开了一家面包店。美乐阴差阳错之下与冷酷霸道的未来小叔以烈相遇，美乐的热情真诚如阳光般照进了以烈冷漠的内心。某著名餐饮连锁店创办人何言劭打算收购美乐的面包店，以风与美乐之间的感情出现危机，以烈陪美乐度过了人生最灰暗的时刻。少茵百般阻扰以烈与美乐的交往。言劭对美乐由欣赏到日渐动情。面对以风的回心转意、言劭的强烈追求和少茵的从中破坏，最终，以烈与美乐用最感人、最温暖的爱情证明了“真爱无敌”，谱写了一曲穿梭于两岸之间最动听的“爱上查美乐”。

剧名:《深宫谍影》

长度:37 集 × 45 分钟

制作单位:东阳拉风影视文化有限公司

编剧:方泓仁

导演:徐惠康　刘逢声

主要演员:甘婷婷　郑嘉颖　米　雪　刘庭羽

剧情梗概：康熙年间，被康熙意外临幸的以丹格格怀孕在身。退掉与恭亲王的婚约，以丹格格逃家诞下一女涵香后，被黑衣人追杀葬身火海。涵香长大后入宫成为衣作坊宫女。因精于衣饰设计，备受同侪雅雁排挤。涵香与恭亲王三贝勒海善同心，却不想因太子胤禔欣赏她仗义执言的个性，招致海善吃味，太子妃妒忌。如此，涵香身陷深宫勾心斗角的宫斗中。太子妃拉拢雅雁，步步为营，设计涵香。涵香调离衣作坊，依凭身上的玉蝴蝶得知自己身世。为调查母亲死亡真相，康熙、外祖父母、恭亲王、皇后……都成为涵香的调查对象。同时，深宫中一桩桩不为人知的旧事随之浮出水面。

剧名:《爱你两万里》

长度:22 集 × 47 分钟

制作单位:浙江文相影视制作有限公司

编剧:胡月伟

导演:冯大年

主要演员:萨钢云　汤亚(德国)　陆梅芳

剧情梗概：中国留学生李天杨在慕尼黑和德国女孩索尼亚相识相爱。然而天有不测风云，李天杨的父亲因反对董事长罗宁的贪渎被解雇，家庭变故迫使李天杨不辞而别返回上海。索尼亚义无反顾飞越两万里，开始她的中国上海寻爱之旅。天杨因为家庭困境而远离索尼亚，索尼亚看到梦瑶对李天杨父亲的倾心照顾误以为李天杨已经有了新的未婚妻。罗宁想用爱来控制索尼亚，打压李天杨。天杨的父亲肾移植失败，他在临终前把关键证据交给了儿子，警方在机场拘留了罗宁。索尼亚婚前体检时被告知将无法生育，李母不同意儿子和索尼亚结婚，两个年轻人偷偷办了结婚登记。李天杨选择了海宁皮影戏作为自己的艺术追求，并把皮影戏推向欧洲。喜从天降，索尼亚怀孕了，一对中德混血的龙凤胎在上海产下，这段跨越两万里的爱融化了国界，融化了一切。

剧名:《背后》

长度:21 集 × 45 分钟

制作单位:宁波元鼎时代文化传播有限公司

编剧:马晓光　张晓亮　汪静赫

导演:张　峰

主要演员:傅天骄　徐翠翠　赵小锐　何赛飞

剧情梗概:三年前，毒贩火山为了心爱的女人文若溪，想私吞一亿毒品后远走海角天涯，结果被警察当场击毙。火山死后，一亿毒品和文若溪一同不翼而飞。三年后，火山事件的当事人——心理医生张哲，卷入了因这批毒品而引发的重重漩涡里。火山的妹妹为了替兄复仇，化名沈瞳来到张哲的心理诊所面试；三年前失踪的文若溪，这个张哲曾经深爱的女人，以失忆症病人叶小宁的身份登场；奎叔、老九、肖子胜这些毒贩接二连三的出现，摧毁了张哲的事业、生活和他三年后的情感。一切疑云重重。最终，在缉毒警程克勇及张哲等人的努力下，贩毒集团被破获，一切真相大白于天下：贩毒集团的最大毒枭，居然就是一直照顾张哲的诊所保洁员阿姨卢婶；而卢婶，也正是张哲失散多年的母亲。面对法律与亲情的抉择，张哲还是将手铐戴在了母亲的手上。

剧名:《婚里婚外那些事》

长度:36集×45分钟

制作单位:东阳金鸽影视有限公司

编剧:饶曙光 工 木

导演:王志强 盛 林

主要演员:童 蕾 周海媚 刘 佳 奇 道 傅冲 李丽虹

剧情梗概:某法院的民事庭长田家群是个非常优秀的法官。但她一心扑在工作上,无暇顾及家庭。她的丈夫柯万民发现自己得了癌症后,为了送女儿出国留学,决定铤而走险,挪用了公款。田家群深受感触,决定把唯一的住房卖掉退赔。副庭长郑立君因办案优秀得到了年轻女律师宋薇娟的敬慕,这使郑的妻子对他产生了误解以致离婚。离婚后,郑立君和宋薇娟一度相爱,但他很快发现自己心中前妻与儿子的分量更重,于是与宋薇娟分手,破碎的家庭因此得以重圆。另一位民事法庭的副庭长庄亚明是海归的法学博士,回国后重遇旧情人李达仁,造成了自己与丈夫安亮之间的感情危机……

剧名:《如意》

长度:42集×45分钟

制作单位:浙江梦幻星生园影视文化有限公司

编剧:吴牧耘

导演:张自强(台湾)

主要演员:刘恺威(香港)杨 幂 朱泳腾

剧情梗概:民国初年,谭、佟两家是乌茶镇的两大家族。留洋的谭铭凯在父亲弥留之际赶回继承家业。佟家大小姐丝若一直盼望着成为谭铭凯的新娘,盼来的却是铭凯与她的好姐妹采茶女如意生死相许的爱情!于是,佟丝若与谭家私生子高秋朗联手摧毁谭家。高秋朗步步算计,而如意和谭铭凯的爱情也被作为筹码……如意忍受着来自亲生母亲谭夫人和高秋朗的双重伤害,在经历了生死涅磐后,她仍然坚信爱能化解一切。

剧名:《天涯明月刀》

长度:41集×45分钟

制作单位:浙江华策影视股份有限公司

编剧:张英俊

导演:赖水清

主要演员:钟汉良 张 檬 陈楚河 张定涵 姜大卫 田 丽 傅艺伟

剧情梗概:24年前,武林盟主杨常风神秘被杀,成为武林一大悬案。24年后,号称杨常风惟一遗孤的傅红雪突然崛起江湖展开复仇。杨常风庶出之子、从小与傅红雪换了身份的叶开,使计让周婷去赢得傅红雪的感情,却不料周婷真的爱上了傅红雪。为助心上人燕南飞夺取武林盟主大位,"云天之巅"四使之一的明月心设法除去傅红雪却也对他渐生感情。傅红雪在复仇之路上遭遇种种危机和磨难,经受了善与恶、爱与恨、忠诚与背叛的重重考验,在叶开、周婷和明月心等人的帮助下,揭露并粉碎了燕南飞、向应天、公子羽、杨夫人等人的重重阴谋,揭开了杨常风被害和自己的身世之迷,唤醒了潜藏在心中的爱,刀光剑影的武林复归平静。

2011年电影

剧名:《岁岁清明》

出品单位:杭州诗情画意文化传媒有限公司

编剧:程晓铃

导演:肖风

主要演员:王永春 盛 翔 钱佩怡 安 峰

剧情梗概:杭州城有座紫云山,紫云山的最高处有一片茶园,这茶园是阿敏家的。茶园里的茶早在她

爷爷那辈儿就订给了杭州城里的尹家了，到阿爸这辈子依旧是寻老规矩把茶卖给尹家。清明，尹家爷爷来看茶了，带来了他的长孙尹逸白少爷。这一年，阿敏 15 岁，她的心丢在尹家少爷身上了。第二年的清明还没到，尹家少爷来看茶了，还带来了他的女人天巧。这一年，多话的 16 岁的阿敏沉默了；这一年，日本人占领了杭州。第三年清明到了，尹家人没来看茶，阿敏很担心。清明都过了好些天了，尹家少爷终于来了，是和日本人一起来的。尹少爷杀了日本人，被日军吊死。17 岁的阿敏心碎了。年年清明，尹家少爷再也不会来了。

剧名：《寻龙夺宝》

出品单位：浙江横店影视制作有限公司

编剧：菲利普·道尔金

导演：马里奥·安德鲁西奥

主要演员：山姆·尼尔　李林金　路易斯·科贝特　陈小春　王　姬

剧情梗概：两千多年前，皇帝为抵御敌人的侵略借用神龙的龙珠，皇帝驾崩后，公主执意要将龙珠随其父皇入葬，神龙也因失去龙珠被困地宫。时光转瞬，一个中澳联合考古队凭借当年流传下来的墓葬图发掘帝王之墓。澳方考古人员切兹的儿子乔希与中方李博士的女儿小玲碰上了守护地宫里神龙的使者吴东。吴东发现小玲是公主的转世，只有她能打开地宫之门，于是他们踏上了寻找龙珠并将其归还的旅程。他们来到地宫，找到了龙珠，准备归还龙珠给神龙，考古人员杜克斯夺走了龙珠并企图凭借龙珠的神力征服世界。经过一番斗智斗勇，吴东、乔希、小玲夺回了龙珠。神龙得到了失落的龙珠，神威再现。

剧名：《遍地狼烟》

出品单位：浙江横店影视制作有限公司

编剧：胡大为

导演：胡大为

主要演员：何润东　宋　佳　梁家辉　何晟铭　郭明翔　朱　琳

剧情梗概：少年猎人牧良逢无意救起被日军击毁飞机的美军大兵约翰，约翰将射击及军事作战要诀传授予牧良逢。牧良逢因神奇的枪法获张团长赏识加入部队，在多次行动中杀敌立功。牧良逢回到风铃渡镇，与茶馆老板娘柳烟互生爱慕之情。武汉市内日军大举屠杀无辜市民。日军之头号狙击手‘鬼影’是日本女医生凌子的未婚夫。凌子在亲眼目睹现实后，觉悟到自己的抱负被国家利用来侵略中华民族，力劝鬼影临崖勒马，鬼影却坚决要一挫国军狙击手之锐气。柳烟被鬼影挟持，凌子亦被牧良逢扣押。双方相持的时候日军投下炸弹，凌子中流弹死去，鬼影悲恸不已，疯狂追杀柳烟。牧良逢束手待毙之际，鬼影被游击队队长老马击毙。最后，牧良逢、柳烟与队友猛子等决定跟随老马的游击队再踏上抗日征途，共同寻求和平的希望。

剧名：《夏日乐悠悠》

出品单位：印纪影视娱乐传媒有限公司、DMG（香港）集团有限公司等

编剧：马楚成　王毓琦

导演：马楚成

主要演员：杨　颖　彭于晏　朱雨辰　周　扬　何　洁

剧情梗概：在马来西亚有一个美丽的海岛，年轻岛主游乐乐经营着岛上唯一一家旅店，生意有声有

色。夏米是一个很奇怪的女生,她不管何时何地都带着耳机。有一天,夏米突然来到岛上,请求游乐乐收留她做侍应生。游乐乐尽管满心疑惑,但还是收下了她。一对来岛上旅行结婚的情侣郝常和苏菲亚让游乐乐兴奋异常,然而因为夏米,游乐乐白白损失了一大笔生意,心怀愧疚的夏米决心赎罪。游乐乐和夏米在一次出海过程中遭遇意外,结果竟然见到了和两个人都很熟识的一个故人,这时,夏米才发现,原来游乐乐就是童年海难时最先发现并救起她的人。一群衣着光鲜的上流人士来到岛上,揭开了游乐乐身世的秘密。游乐乐这才发现原来早已经被争夺财产的族人设局陷害。就在最关键的时候,准备离开海岛的夏米鼓起勇气证明了游乐乐的清白。

片名:《爱 LOVE》

出品单位:华谊兄弟传媒股份有限公司、红豆制作股份有限公司(中国台湾)

编剧:曾晓莉　汪启南　钮承泽

导演:钮承泽

演员:舒　淇　赵　薇　赵又廷　阮经天

剧情梗概:宜珈是小霓最要好的朋友,却和小霓男朋友阿凯上床,并怀孕。宜珈充满了罪恶感,小霓则因为爱情和友情的双重背叛而痛苦不堪,甚至想与两人同归于尽。阿凯完全不知道该怎么办,不知道他要不要这个孩子,只知道他爱的是小霓。最后,三个人坦然面对事实,跨越各自的困境,同心期待着宜珈肚子里正在成长的小生命。小霓父亲陆平是成功的生意人,与大明星柔伊同居,但俩人各自瞒着对方在外面招蜂引蝶,以此填补心灵的寂寞与空虚,直到柔伊遇见生活平淡却充满生命智慧的小宽。柔伊对小宽献出真情,陆平深切反省,却追不回柔伊,他试图用雄性和原始的暴力来解决自己中年的情感危机。最终,陆平在心灵的深处体悟到遗忘多年的爱情真谛,真心祝福柔伊与小宽。陆平生意伙伴马克是个从不动心的情场老手,他游戏人生的对象必定是年轻貌美的时尚女性。小叶非但年纪不轻,还独自抚养一个5岁的儿子,她的收入并不丰厚,为了生活忙碌而没有心思打理自己的容貌,更别提什么时尚了。然而,马克却对小叶动了真情。

剧名:《星空》

出品单位:华谊兄弟传媒股份有限公司、原子映象有限公司

编剧:林书宇

导演:林书宇

主要演员:徐　娇　刘若英　庾澄庆　林晖闵　桂纶镁

剧情梗概:女孩12岁时从山上的爷爷家被送回了城市中的父母身旁。陌生的环境让女孩感到恐慌,只能逃入幻想中的世界,她怀念着和爷爷在山上生活的纯朴自然,以及那一片闪熠的星空。一个身上充满各种问号的转学生来到女孩的生活中,两人共享另一个只属于他们的世界,相互为伴。女孩父母终于向她说出了离婚的决定。女孩鼓起勇气选择了出走,她多么想再看一眼那个曾经属于爷爷与她共同生活的小木屋,多么想再看一眼那纯然寂静的星空。女孩在抵达记忆里爷爷山中的小木屋时,突然高烧,呓语不断。当她再次醒来,世界像是一切都没有改变,父母最终仍然选择了分离。而那个转学来的男孩彷佛从来不曾存在似的,从她的生活中消失了,再也没有被周围的人们提起。然而,女孩却永远不会忘记,那年夏天,最灿烂、最寂寞的星空。10年之后,他们在法国的一家画廊重逢。

剧名:《肩上蝶》

出品单位:宁波稻草家族影视策划有限公司

编剧:张之亮

导演:张之亮　杨宝文

主要演员:陈　坤　梁咏琪　桂纶镁　江一燕　张之亮

剧情梗概:这是一个奇特的岛屿,可能正承受着某种未知的魔力,事物都在诡异消失。但让年轻科学

家严国几乎崩溃的是,神秘植物开花的一刹那,他忽然昏厥,女友宝宝也突然消失。这一切打破了小岛的安宁,也让一直暗恋严国的白兰日渐忧虑,她无法走进他为宝宝而封锁的内心。就在此时,女记者杨霖的突然到访,告知了他们更可怕的"危机",一场科学之战悄然侵袭着严国的世界,但他浑然不知,真正挽救一切的,是一直陪伴在他左右的那只神秘蝴蝶。有一种魔力,它穿越彼此、穿越时空、甚至穿越生灵,只为那深刻于灵魂的爱恋。

剧名:《幸福卡片》

出品单位:浙江横店影视制作有限公司,澳大利亚 PORTAL PICTURES 影视制作有限公司

编剧:马丁·埃德蒙德　陈宝玲　菲利普·道尔金

导演:陈宝玲

主要演员:盖·皮尔斯　朱　琳　克劳迪娅·卡梵　金燕玲

剧情梗概:3 岁时就被父母抛弃的妹妹一直得到澳大利亚兰德尔先生的资助。他的明信片里描绘了田园般的美好生活,妹妹也一直梦想见到兰德尔先生和他美好的家庭。多年后,妹妹所在的孤儿院受邀参加澳大利亚悉尼合唱节,她违反纪律独自外出寻找她所谓的"家人"兰德尔。但是她发现兰德尔居然是个有前科的囚犯,他信中所谓的"家"不过是 6×8 大小的牢房而已。发现真相后,妹妹仍旧不断探望兰德尔先生,两人渐渐产生"父女"之情,开始了一段关于归属、家庭、救赎、爱和认同的发现之旅。

剧名:《新地道战 2- 父子奇兵》

出品单位:杭州明朗影视制作有限公司,杭州辉煌时代动画制作有限公司

编剧:金晓敏　阮继志

导演:徐东

剧情梗概:为了破坏日军阴谋,麦爸父子假扮大小工,潜伏在日军本部。大桥建设步入尾声,麦包巧取炸药库钥匙,暗中运走部分炸药。天皇特派员到达,识破麦爸父子。麦爸父子假死后逃走。为掩护麦包,麦爸被抓,另一边王八假借练太极,抓住了麦爷。村里人得知消息,拟计划救人。众小朋友在麦包的带领下,前往敌营救父。于此同时麦米救父心切躲入搬沙发队伍,众人保护麦米,半路出意外,火烧沙发,麦米暴露,疯兵工妈助麦爸父子带领麦米逃跑。桥上,引爆炸药出意外,铁轨松动,火车减速停在桥上,王八补救轨道,火车再次通行,炸药线接上,王八发现并揪住麦包,麦父从天而降,拉住麦包入水,麦爸决定牺牲自己。麦包断然引爆炸弹,桥断,日军车毁人亡。麦包爬出水面,众小孩救出水底麦父。麦爸以胜利的手势,宣告了鬼子们的阴谋破灭。

剧名:《太阳升起的地方》

出品单位:金华文华影视传播有限公司、杭州玄武影视有限公司

编剧:傅战备　王晓明

导演:杨涛

主要演员:王亚楠　史兰芽　迟　帅　沈蓓雯

剧情梗概:1970 年代末 1980 年代初,浙江黄金村小学只有一位老师王有根。王有根的女儿青青高中毕业回到了山村,王有根很希望青青能做一名教师,而青青喜欢做一名诗人。皮蛋被送到县里参加运动会,王有根替皮蛋放羊,不小心摔伤了腿,住进了医院。青青替父亲代课,然而学生们根本不听话。第一次上课,青青被气得大哭。王有根出院了,已经和孩子打成一片

的青青没有离开，也做了黄金村小学的老师。1990年代,黄金村小学依然面临着老师数量缺乏的问题。青青丈夫建国在深圳打工,也催着青青辞掉工作,去深圳团聚。青青很难抉择,王有根看在眼里,又难受又心疼,最后劝说青青去深圳找建国,而自己背地里大哭。然而,青青没有走,她再次决定留下来。建国也回到家乡,参加到家乡的建设中来。

剧名:《西施》

出品单位:杭州萧山九天传媒有限公司

编剧:胡月伟、唐海祥

导演:刘健魁

主要演员:李晞媛 迟 佳 王永强 孟 秀 李峰 赵新高

剧情梗概：经过10年卧薪尝胆,越国向吴国发起了进攻,并最终攻克了姑苏台,西施得以重回越国。范蠡送西施回国,王后担心勾践被西施吸引而十分忧虑,于是试图加害西施。当她得知西施与范蠡的恋情时,她决定帮助范蠡和西施,从而保住自己王后的位置。勾践向西施表示愿立她为后,并威胁西施,若她不同意,就派范蠡去进攻齐国,直到战死沙场。是夜,王后差侍女丹在勾践的酒里下了药,令其昏睡过去。她派人让西施打扮成侍卫,与范蠡一起双双出宫，并在太湖边制造西施跳湖自杀的假象。一片小船漂向蓬莱仙岛。经历了生离死别的范蠡和西施从此远离宫廷,走上了从商之路。

剧名:《秋瑾》

出品单位:浙江越剧团

编剧:张思聪

导演:梁永璋

主要演员:李海明 廖琪瑛

剧情梗概:清王朝末期,内辱外侮,中华民族正处于灾难最深重之时。绍兴女子秋瑾文武双全,自号鉴湖女侠,冲破封建藩篱,赴日本留学,加入孙中山领导之同盟会,寻求民主救国之路,归来后接任大通学堂督学,与徐锡麟、王金发等一起领导浙江光复会反清斗争。她不畏艰险，争取盟姐吴芝瑛、徐寄尘的支持，忍痛割舍儿女亲情，全力联络全省各地反清会党,组织光复革命军,准备武装起义。不料遭山阴学董胡道南告发,秋瑾面对危局 ,拒绝撤离,决心一死以醒国人。被捕后,绍兴知府贵福严刑逼供,秋瑾宁死不屈,在供词上写下“秋风秋雨愁煞人”七个大字,巾帼英雄,以身殉志,为祖国复兴大业慷慨就义。秋瑾之死,震惊神州。三年后,辛亥革命爆发,推翻清朝,中国结束千年封建帝制。

片名:《流花溪》

出品单位:杭州都盛文化投资有限公司、杭州越剧院

主创人员:

编剧:包朝赞

导演:森岛

演员:谢群英 陈晓红 徐 铭 陈雪萍

剧情梗概:清末民初,江南山乡流花溪畔,天性良善的村姑秋花嫁进了阚府大宅门，成了一位受尽欺压的可怜小媳妇。一年后,产下一女,却被狠心的婆婆掉包抛弃,换来一个传宗接代的男婴。丈夫成龙因此吐血身亡。18年后,秋花终于熬成了高堂婆婆。但花尽心血哺养长大的儿子坚决反对包办婚姻,与一位名叫春花的渔家姑娘相爱成婚。在秋花眼里,这位小媳妇叛逆任性,不守妇道,不成体统,怎么看都不顺眼,就像当年婆婆看她一样,因此她也像当年婆婆一样欺压媳妇。在女祠堂中，她在三太婆的指使下,毒打春花,致使春花流产血崩。春花临死前,取出一只绣着金凤凰的红肚兜,哭喊着要找妈妈。秋花大梦初醒,原来,春花就是自己18年前被婆婆狠心抛弃的亲生女儿！母女相认成永诀,秋花彻底崩溃了,她像风雨中的一朵落花，飘向流花溪，再也没有回来。

片名:《此爱绵绵》

出品单位:东阳金百星影视文化传播有限公司

编剧:王 茜 王明韵

导演:叶镇华

演员:陶 海 高 天 江 雪 齐 鹏

剧情梗概:主编柴米30年来被病痛折磨,但他从未停止爱的付出。他从一封读者来信中得知,一个叫丁叮的女孩子要轻生,急忙派人去找到这个女孩。在柴米的开导下,丁叮决心勇敢面对生活。柴米妻子卓子涵在火车站遇到罪犯刘有桂劫持人质,奋不顾身救下小女孩,并机智地说服罪犯。柴米和卓子涵分别前往刘有桂家里,资助刘有桂的一对儿女。柴米和大家凑齐了钱为丁叮做了手术。玉树大地震惨烈的画面让柴米一家人泪如涌泉,大家决定一起奔赴灾区。临行前,柴小禾告诉爸爸柴米,要把全家去丽江旅游的费用全部捐给灾区的希望小学。送行中,丁叮拉住柴米的同事郁文,让她替自己转交捐款,并表示要加入爱心奉献的队伍中去。柴米一声令下,运送救灾物和医疗救护队的车辆陆续开出医院的大门,向玉树方向快速前进。

片名:《女人河》

出品单位:杭州明朗影视制作有限公司、南昌红土绿风文化发展有限公司、江西省壮志物流有限公司

编剧:谢干文

导演:袁 军

演员:杨德民 宋运成 蒙 湘 郭 虹

剧情梗概:苏区龙口村,村庄与县城隔河相望,依山傍水,风光秀丽。童养媳凤子与撑排工桃生暗中相恋,苦于不能结合。村长茂叔响应号召提倡妇女解放,最终凤子与桃生喜结连理。战争打响了,前线传来桃生牺牲的消息。半年后,凤子与没有爱情的根子结了婚,成亲的第二天根子就匆匆上了前线。又过了半年,根子身负重伤被抬回来,在凤子悉心照顾中两人慢慢地建立了感情。但是,桃生却突然回来了,根子发现桃生已经叛变成为敌人密探,桃生杀害了根生。凤子知悉事情真相,伤心欲绝,亲手结束了桃生的生命。

片名:《变身男女》

出品单位:绍兴新锐传媒影视文化发展有限公司

编剧:李旗 秦文 初征

导演:李旗

演员:林志颖 姚 笛 徐德昕 午 马

剧情梗概:百年难遇的太阳磁暴即将爆发,将释放出无比巨大的能量。希望通过科学来颠覆男女情感世界的博士带着他的实验品走进人群,原来天各一方的陌生男女遇见彼此,这一刻,成为他们人生命运的转折点。一个紧张就结巴,却渴望成为音乐节目DJ的电台编辑单民,赶上了机灵善变,以骗男人为生的小艾,在博士"情爱颠覆伞"作用下,交换了灵魂,进入了对方的身体。然而,变身回来的独一办法就是真正爱上彼此。原来素不相识的陌生男女,要在最短的时间内爱上彼此,这似乎是世界上荒唐不成能实现的事情。性别的互换,使两个完全没有联络的陌生人被迫拴在了一起,而为了寻求拯救自己身体的办法,这对非情侣的情侣别无他法的过上了一场"以身相许"的错位人生,两人就此展开了一场离奇而爆笑的浪漫旅程。

片名:《纯真年代》

出品单位:浙江海缘影视文化有限公司、海莱坞影视发展有限公司、上海米子影视制作有限公司

编剧:严雪方 汪兆荣

导演:宋 奇

演员:周咏轩 金俊浩 罗湘晋

剧情梗概:1980年代初一个风雨交加的夜晚,在浙南山区一个偏僻的小山村,一个浑身湿透的陌生女子晕倒在了大牛和小牛的家门前。那女子从此落脚在大牛家,在她的料理下,简陋的茅屋慢慢变得像家了。小牛很喜欢她,并希望她能成为自己的嫂子。女子名叫秋月,本是某市一工艺品公司财务,被人诬陷贪污,在被警方逮捕时逃跑。她一无旅费,二

不敢走大路，因而误入深山，迷路进入山村，饿倒在他家门口。村里二流子郭得财因调戏秋月不成，将她告发。小牛长大后在外读书，当他回到村里时，重遇提前释放的秋月，两人再一次见到了大牛。当秋月得知大牛一直在等她时，情不自禁地扑向大牛怀里，两人紧紧地拥抱在一起。但祸不单行，一次车祸，大牛落下了无法生育的终身残疾。在这残酷的现实生活中，一个女人与两兄弟，面临艰难的情感选择。

片名:《哈啰义乌》

出品单位:义乌宏隆文化传播有限公司

编剧:景　勇

导演:杨　影

演员:黄巾倚　赵卫东　黑雯丽

剧情梗概:《哈啰，义乌》讲的是一个叫胜利的义乌学生和一个来自阿富汗孩子和平之间的故事，因为和平的爷爷生病了，和平不得不回阿富汗，但是和平却舍不得离开义乌、离开他的朋友，所以在胜利的帮忙下，和平在上飞机前消失了，然后胜利就想方设法把和平藏起来，之后的故事便是一边大人找，一边小孩躲，闹得笑话百出。这部电影里既有父母情、师生情，又有儿童之间的友爱，通过外国儿童，用他们的眼睛和情感来展现我们中国人的友好和友爱，是一部老少皆宜的儿童影片。

片名:《假如没有你》

出品单位:杭州天下文化有限公司

编剧:武志刚　吕建华

导演:杨昆荣

演员:张宁江　郭碧婷　张　陆　汤晶媚　孟广美

剧情梗概：即将新婚的安楚儿为挽救因肝脏破裂而生命垂危的易华天，将自己的一半肝脏移植给他。为此，她与准新郎分手，与残疾人易华天的生命融为一体。

本是游泳运动员的易华天因那次车祸失去了左腿，在安楚儿的帮助下他重新站立起来，坚强面对生活。在当地政府与残联的帮助下，易华天开了间早点铺，自力更生。此后，安楚儿又支持他参加残疾人运动会恢复训练，自己扛起生活的重担，这一扛就是十年。就在易华天功成名就之后，安楚儿却提出离婚。随后，易华天才得知安楚儿离开自己是因为身患癌症将不久于人世，但她要给易华天把孩子生下来。等到易华天找到她时，这个伟大的女人生下了他们的孩子，她躺在易华天的怀抱里幸福的闭上了双眼。

剧名:《仙草之恋》

出品单位:浙江天凰影视文化有限公司

编剧:张红智　冼　溪　常鑫芳

导演:杨和平

主要演员：张子晨　周楚楚　唐以诺　常蓝天　韩振华　靳程致

剧情梗概:以种姜为生的李青儿和爷爷把出了车祸的景文送进医院，景文在医院中检查出胃部有囊肿。机缘巧合下景文留在李青儿家养伤，两人逐渐有了好感。景文再次身体检查时囊肿奇迹消失，被认为这和青儿每天煮给他喝的姜汤有关。一时间，姜成了重点研究对象，商人顾金山来到了村里征姜地。在征地的过程中发现只有李家通过独特的耕种方式出产的姜才具有特殊的保健功能。景文想将这种耕种方式传播给大家，顾金山则以优厚条件向村民收地，两人展开拉锯战。此时景文的未婚妻依婷出现，一直钟意青儿的郑元宝也在其中搅局，焦头烂额下景文放弃了与顾金山的对抗。紧要关头，郑元宝发现顾金山把村民的利益完全牺牲了，决定支持景文。最后，五指岩山下的村民成立了合作社，按照李家的方式耕种，共同走上了发家致富的道路，景文与李青儿也喜结良缘。

剧名:《和合奇缘》

出品单位:浙江海空影视广告制作有限公司

编剧:薛家柱

导演:陆建光

主要演员:冯　晖　周贤珍

剧情梗概:据相关史料记载,寒山30多岁时从咸阳来到天台寒石山隐居,历时70多年。他与天台国清寺诗僧拾得是很好的朋友。民间传说中,寒山手执荷花,拾得手捧食盒,“荷”与“和”,“盒”与“合”,谐音“和合”。清雍正十一年,敕封寒山为“和圣”,拾得为“合圣”,即“和合二圣”。

片名:《守望者:罪恶迷途》

出品单位:浙江新原野娱乐传媒有限公司

编剧:

导演:非行

演员:任达华、黄圣依、张静初

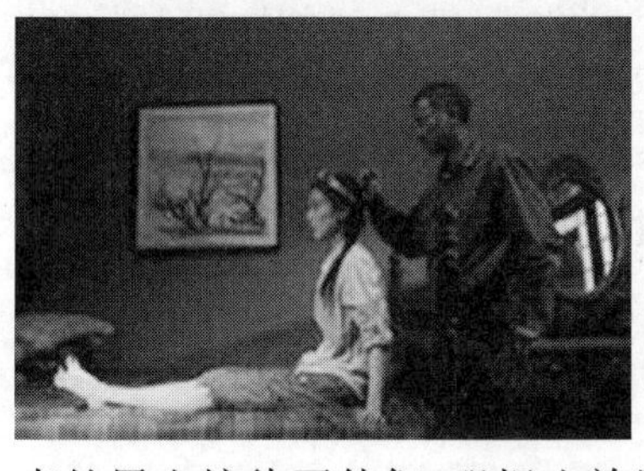

剧情梗概:楚小莉和三名好友结伴寻访库依族文化,途中他们希望借宿小莉父亲的朋友家,然而主人不在,只有一个阴森森的男人接待了他们,恐惧也旋即降临。某国营厂青年职工周栋来到潘家镇探访退休职工黄老爷子,他在东风旅社偶遇一名满面沧桑的中年男子。周栋和他成为朋友,并现身说法为其上了一堂现代男女辩证关系课。殊不知他自以为是的说教,会造成怎样无法挽回的后果。20年的牢狱之灾过后,颓废落寞的男子重新站在生命的岔路口。何去何从,全然无有头绪,就在这个关键时刻,一起突发事件推着他迈出至关重要的一步。

2011年动画片

剧名:《梦幻镇》

长度:26集×12分钟

制作单位:浙江中南卡通有限公司

编剧:赵冰波

导演:方　磊　丁文弘

剧情简介:在一片绿葱葱的森林边,有一个美丽的小镇——梦幻镇。镇上住着咪咪鼠和豆豆鼠,小镇边的池塘里住着优雅的青蛙先生和富有的蛤蟆小姐,在森林的尽头还住着可爱的小恐龙饭饭,执着着迷魔法的鼠阿大则住在梦幻镇外的悬崖上。在梦幻镇里,每天都发生着美丽动人的梦幻故事。主人公鼠阿大热衷魔法学习,和咪咪鼠、豆豆鼠、饭饭都是好朋友,但他们也常常会发生一些小矛盾,或者他们会为达到一个目的而共同去坐一件事,故事因此而展开。其他的任务如青蛙先生、蛤蟆小姐和英雄虎哥,以及特殊任务大嘴鸦都为故事的表现增添了活跃而温情、幽默的气氛,使故事充满优美想象和抒情风格。

剧名:《小超人队》

长度:26集×13分钟

制作单位:杭州汉唐影视动漫有限公司

编剧:郝　昕

导演:曹小卉

剧情简介:一天,病毒魔王突袭快克星,快客先生迅速还击,打退了病毒魔王。病毒魔王到地球兴风作浪,让地球出现大规模的病毒肆虐。快克先生收养的快客小熊赶赴地球,帮助人们解决危机。小熊乘坐的快克二号飞船上,有个神秘的盒子,里面有三颗具有不同能力的神奇药丸。谁得到神奇药丸,就能得到击败病毒怪兽的超人力量。功夫侠、阿亮和小爱误吃了三颗药丸。于是,小熊与三个少年一起,组成小超人队,打响了反击病毒怪兽的保卫战。

剧名:《水文化—五水奇缘明珠传》

长度:26 集 × 14 分钟

制作单位:杭州山岚动漫制作有限公司

编剧:魏柳渊　蒋　遥

导演:陈　岭　吴小华

剧情简介:汇集五水生命精华的泽地,一颗有着传奇魔力的上古魔珠诞生了。它的诞生惊动了九天灵凤和寒冰神龙。龙凤在追逐时发生争执,丢失“上古魔珠”去向。又巧遇被贬入凡间的水精灵,三人惺惺相惜,成为好友。“魔珠”光芒冲天,贪婪的西王母也被惊动,派出身边众神下界寻求抢夺。一场“魔珠”争夺大战由此展开。王母座下风雨雷电四神与来历不明的黑衣武士的纠葛,众多灵元的现身遁世,电母朱沛的凤族血统,使玉龙、金凤、水精灵及以上仙家交汇于多闻天王的极地玄冰宫中,众人为了各自信念的坚持,对“魔珠”的争夺将故事推向高潮,最后解开的惊天阴谋看似在西王母一人的手中所控,其实天道恒常,天理不虚,这也不过是天道演变的一个前奏而已……

剧名:《棒棒趣味英语》

长度:50 集 × 6 分钟

制作单位:宁波莱比特文化传媒有限公司

编剧:安琪颖

导演:孙　丹

剧情简介:在上一部《棒棒趣味英语》中,我们与小朋友、棒棒兔还有字母宝宝一起,学习了 26 个字母和一些简单的常用单词。而这一部,我们将让小朋友们学习到更多的英文单词,还有一些简单的日常用语。

剧名:《湖笔小子》

长度:26 集 × 10 分钟

制作单位:浙江鑫岳动漫制作有限公司

编剧:章　禹　张　琅

导演:杜晨晓　马　苏

剧情简介:在遥远的秦代,大将军蒙恬作为秦王的开路先锋来到了湖州,随即开始制作湖笔。因此蒙恬将军是湖笔的开山鼻祖。他死后升天,成为笔仙,掌管着人世间书画艺术领域内的事物。谁有此才能,谁就能获得他的垂青。几千年后,一位学习成绩不怎么样、贪玩的小学生胡小开,却有着惊人的书画才能!而且他还能使唤圆珠笔、铅笔、钢笔为他干杂活、做作业,而自己却在睡大觉。鼻祖蒙恬大仙感动于这样的一个书画神童,于是赐了一支神笔给他!胡小开如获至宝,将“湖笔小子”——这支无所不能的神笔,发挥到人笔合一的至高境界。他们朝夕相伴,形影不离,缔造了一个又一个神奇的故事,使湖笔的光辉和魅力再次绽放在世人面前!

剧名:《抗日小英雄杨来西》

长度:12 集 × 11 分钟

制作单位:宁波卡酷动画制作有限公司

编剧:沈丹冶　任丽芳

导演:姚　林

剧情简介:麦圈、可可、肉丸来到位于杭州湾大桥的红色纪念馆,正在参观的时候遇到新四军老战士王爷爷,王爷爷对在抗日故事主播大厅流连忘返的麦圈等人深有好感,给大家讲起了抗日小英雄杨来西的故事,麦圈等人听故事的发展,跟随着

杨来西与"五支四大"和"宗德三大"的脚步,目睹了浙东敌后抗日部队与日伪军在浙东三北地区的战斗,以及建立红色通道的过程,通过杨来西,麦圈等人了解到了如今的幸福来之不易,更要好好地珍惜现在的生活,珍惜革命的果实。

剧名:《听五星红旗在飘扬》

长度:1 集 × 11 分钟

制作单位:杭州辉煌文化传播有限公司

编剧:动漫教研室

导演:陈志明

剧情简介:小月是一个海岛渔村小学的 9 岁女孩,在突患绝症之后,老师决定满足其当一次升旗手的愿望。为了实现这个愿望,小月尽管四肢无力,但顽强地训练。使人没想到的是,10 月 1 日升旗这天,全岛的男女老少全都来了,一个原本只是一所小学的升旗活动,竟变成全岛极其隆重庄严的升旗仪式。在护旗手的陪同下,小月艰难地将红旗缓缓升起,费尽全力向红旗敬礼,她在用心听五星红旗在飘扬,人们都震惊了! 寂静中,小月轻轻唱起了:五星红旗迎风飘扬……渐渐地更多的人汇入歌声,成为全场的大合唱!故事表达了孩子对红旗的爱、对美好生活的爱,表达了人们对孩子的爱、社会对儿童的爱、父母对子女的爱、老师对学生的爱、同学对同学的爱。这种爱凝聚对民族、对国家的爱,美丽动人,高尚纯洁,具有永恒而普世的价值。

剧名:《虹猫蓝兔海底历险记》

长度:24 集 × 17 分钟

制作单位:杭州宏梦卡通发展有限公司

编剧:贺梦凡

导演:贺梦凡

剧情简介:小小发明家虹猫与海洋知识专家蓝兔误入深海,来到了人鱼王国,意外地卷入海底世界的巨大危机。原来,人类的海上石油油井发生泄漏,整个海洋生物面临灭顶之灾。虹猫蓝兔决定和人鱼王子一起,寻找失落的海洋之心碎片,开启净化之光,拯救被污染的海洋。他们经历了一场梦幻般的海底历险记,在危机与考验中成长、蜕变,他们为陆地人与海底人架起了一座沟通的桥梁,收获了信任与友谊。

剧名:《开心智趣园》

长度:12 集 × 25 分钟

制作单位:杭州宏梦卡通发展有限公司

编剧:贺梦凡

导演:贺梦凡

剧情简介:《开心智趣园》是宏梦动漫专家委员会指导下推出的一款针对 1~6 岁幼儿学习、游戏的综合性家庭教育节目。节目采用动画与幼儿教育紧密结合,根据不同年龄段设置了不同的培养目标和主题,其中"生活好习惯"、"跟我学礼仪"、"安全小常识"是以虹猫蓝兔为主人公演绎发生在家庭背景下的小故事,培养幼儿良好的生活习惯、礼仪和安全常识等;"走进大自然"、"我的小世界"是通过实拍和素材剪辑的形式,让小朋友走进大自然,贴近生活,认识大自然中的各种各样的动植物,了解它们的外部特征和生活习性;"开心音乐"、"唱唱跳跳"以音乐、舞蹈、游戏和玩具,带动幼儿动

手动脑,开发幼儿的运动细胞和音乐律动,营造良好的亲子互动氛围等。

剧名:《麦圈可可宝岛奇遇记》
长度:26 集 × 11 分钟
制作单位:宁波卡酷动画制作有限公司
编剧:冯 凡
导演:沈丹冶

剧情简介:从河姆渡回来后,肉丸买到了传说中的未来传输工具:飞船弥赛亚号,这艘飞船成为麦圈三人的秘密小基地。飞船顺着风飘到了祖国的宝岛台湾,麦圈等邂逅善良却经常好心做坏事的少女芝芝和她的宠物侠盗猫。在芝芝的带领下,麦圈等人来到了芝芝的故乡,并游览了宝岛台湾的各个著名景点,跟随着“侠盗”芝芝做了一堆好玩又好笑的“好事”。

剧名:《乐比悠悠》
长度:52 集 × 7 分钟
制作单位:浙江中南卡通股份有限公司
编剧:陈 相
导演:虞燕萍

剧情简介:本片是《乐比悠悠》的续集,片中讲述爸爸新发明了一小机器人,名字叫问号,问号会再乐比她们遇到困难时,提供大家一些道具,但哪一个道具能解决问题呢?这就需要大家开动脑筋去想办法了。

剧名:《大奇和童话镇》
长度:80 集 × 12 分钟
制作单位:杭州博飞动画有限公司
编剧:李志伟 徐 晖
导演:朱晓峰 马 苏

剧情简介:在地球的某个角落,有个神奇梦幻的童话镇。童话镇环境优美,附近有幻想海、玫瑰山。李大奇和他的小伙伴们是童话镇小学的学生。他们在日常学习和生活中,会遇到各种各样的烦恼,发生这样那样的奇遇。忧郁小朋友的特性、好奇、幻想、同情、正义,引发了一连串有趣的故事。

剧名:《蓝巨星与绿豆鲨之国学课堂》
长度:15 集 × 12 分钟
制作单位:浙江蓝巨星国际传媒有限公司
编剧:俞敬浩
导演:倪镔,沈乐平

剧情简介:珊瑚村来了一位国学老师八古,他精通古今、文武双全,顶替龟博士负责蓝巨星们的学习。然而,以绿豆鲨为首的捕鱼公司依然不依不饶地进攻珊瑚村,妄想成就自己的捕鱼事业。在内忧外患之时,蓝巨星和小伙伴们将充分发挥自己的聪明才智,跟捕鱼公司斗智斗勇,保护家园。

剧名:《森林里的故事·冬季篇》
长度:26 集 × 11 分钟
制作单位:宁波莱比特文化传媒有限公司
编剧:刘传播

导演:刘传播　孙　丹

剧情简介:该片选取了大森林里居民日常的生活故事，从孩子的视角看这个冰天雪地的美丽世界。任何一个生活的细节都能演绎出美丽有趣的故事。

剧名:《杰米熊之魔幻马戏团》

长度:26 集×16 分钟

制作单位:杭州东方国龙影视动画有限公司

编剧:许妍红

导演:张漯源

剧情简介:甜心山谷成立了“魔幻马戏团”,杰米熊成为首席演员和团长。米米熊、小小熊等小伙伴们也加入了表演队伍。大家齐心协力,马戏团的演出日趋火爆。另一方面,霸王狮们请来了狮中智者绵羊狮,使用邪恶计谋，妄图占领甜心山谷。杰米熊带领大家与霸王狮斗智斗勇，终于查到背后的操纵者是绵羊狮和笑面狮。杰米熊闯入迷雾森林,与霸王狮展开智斗，最终巧妙地驱逐了霸王狮，恢复了甜心山谷宁静美好的生活。

剧名:《极速之星》

长度:52 集×22 分钟

制作单位:浙江中南卡通股份有限公司

编剧:邓　磊　孙　薇

导演:张国超

剧情简介：主人公小星，只是一名普通的中学生赛车手,但他一直在为实现梦想而不懈努力。偶然间,他发现学校的物理老师风鸣,竟然就是20 年前的天才机械师。经过一番努力,小星与他的伙伴获得了风鸣老师的帮助，踏上了为了梦想竞赛的旅程。

剧名:《锋速战警》

长度:26 集×22 分钟

制作单位:浙江中南卡通有限公司

编剧:严启仁

导演:叶　敏　严启仁

剧情简介:在远古时代,邪恶的宇宙水母军团侵略地球,一名天才猿人利用骨头发明出拼装恐龙机甲，打败水母军团，并创造出拼装世界。到了今天,拼装技术已经改变了整个世界。在拼装世界的今天,神秘的远古恐龙机甲被挖掘出士兵展出，安小龙不料开动了恐龙机甲，导致恐龙机甲解体散架。一只被封印在恐龙机甲体内千年的宇宙水母被唤醒。

剧名:《三字经里的故事》

长度:15 集×12 分钟

制作单位:宁波莱彼特文化传媒有限公司

编剧:李德才

导演:耿剑秋　王　锐

剧情简介：本片以 1500 字左右的《三字经》为素材，演绎出脍炙人口、生动有趣的人物历史民间故事，故事集中表现了父慈子孝、符合其顺、兄友弟恭、朋信友义、君敬臣忠的重义之道,内容涵盖了历史、天文、地理、道德以及一些民间传说。本剧以单个故事为主体,每个故事独立成章,如:孟母断机,孔子相师等。

剧名:《龙太子之小鬼当家》

长度:26集×13分钟

制作单位:浙江太子龙文化传媒有限公司

编剧:王冰凌 程建新

导演:胡 铠 颜 鸣

剧情简介:本片讲述以龙太子为代表的一帮小鬼在龙城这一童话世界里的奇妙生活。以龙太子为代表的一帮小鬼们会有怯懦,但更多地选择勇敢面对;会有无奈,但他们拥有智慧;会有性格不合,但也学会团结协作。龙城由小鬼们来当家,开始的时候也会有慌乱与措手不及,而当小鬼们真正承担起这个责任的时候,在他们身上迸发出无限的创造力,龙城的小鬼们,他们在慢慢地成长。

剧名:《龙太子之神奇的七巧板》

长度:39集×11分钟

制作单位:浙江太子龙文化传播有限公司

编剧:曾 涛

导演:方 宏 颜 鸣

剧情简介:本片取材于中外著名的寓言故事,采用七巧板原理构建生动多变的人物造型,针对幼儿特点编写充满童趣而又富有人生哲理的故事。剧中每一个角色都有他们独特的性格,人物设定及背景。

剧名:《今童王世界》

长度:52集×15分钟

制作单位:湖州红摩炫动画设计有限公司

编剧:茅立帅 周莉娜

导演:秦鹤阳

剧情简介:童桦是一个喜欢创造发明的大男孩,他的宠物——芝麻,是一只高智能机器恐龙,喜欢帮助主人解决各种困难。一天家里来了一个小女孩濮今熙和她的宠物萌萌,由于不同的生活习惯和性格差异,两人的生活充满趣味,二人也逐渐从对抗到理解,二人最终成为朋友。

剧名:《梦想竞速》

长度:26集×22分钟

制作单位:浙江中南卡通传媒有限公司

编剧:糖 仁 陈 丽

导演:朱晓峰

剧情简介:若干年前,号称城市三大高手的龙泽所率领的团队败给了利用阴谋取胜的泰坦,今天龙泽的孩子龙然姐弟踏上了集结伙伴的征程。两人一边寻找当年的前辈,并突破各种困难请他们回归。另一边龙然又遇到了自己的强力竞争对手冷星,他们虽然不断竞争,但也惺惺相惜共同进步。

剧名:《金螺号》

长度:52集×15分钟

制作单位:杭州悦喜动画有限公司

编剧:张力慧

导演:魏 星

剧情简介:小岛“金螺号”上生活着不同种类的海洋生物。善良的海螺大美丽带着海螺精灵小不点,帮助姨妈开冰激凌店,帮助海螺小美丽实现音乐梦想,帮助海龟博士找回自我等等。每次都能化解皮皮虾和剪刀蟹设置的恶作剧,并帮助皮皮虾和剪刀蟹改正错误,大家在小岛上都欢乐的生活。小不点和大美丽也在帮助他人的过程中满满成长。

剧名:《龙骨山》

长度:26 集 × 13 分钟

制作单位:杭州安高卡通影视有限公司

编剧:彭维军

导演:任东耀 桑 松

剧情简介:博文与同学们在老师的带领下参观了周口店北京人遗址。回程路上,老师向大家布置了复制北京人形象的手工作业。课堂上,同学们纷纷取出各种材料、几乎千篇一律的猿人头像,只有博文亲手制作的猿人头像引起老师的注意。回到家中,猿人少年突然复活了,这个少年精灵带领博文去远古考察自己群体以及生活环境,由此便引发了一系列的生动故事。

剧名:《天眼智战》

长度:52 集 × 22 分钟

制作单位: 浙江中南卡通股份有限公司

编剧:许 辉

导演:朱晓峰

剧情简介:故事发生在浩瀚宇宙中的一个星球——卡迪奥斯。这里曾经是人类的最完美的栖息地,却因为自我放纵而致使整个星球的环境破坏殆尽。同时部分高科技制作的只能机器人开始与这个星球上生活的人类争夺有限的能源和星球控制权。代表人类的"家园"联盟和代表叛乱机器人的"黑铁基地"形成的两大阵营的对抗贯穿整个故事空间和时间。

剧名:《梦想学园》

长度:50 集 × 5 分钟

制作单位:宁波卡酷动画制作有限公司

编剧:沈丹冶 安琪颖

导演:姚林

剧情简介:13 岁的少年凌震、安静、丫丫一起在梦想学园的神奇甲班就读,在此期间他发现身边的同学、老师个个身怀绝技,一次意外他也拥有了使用魔术的能力。然而偌大的梦想学园隐藏了许许多多的秘密。最终小伙伴们齐心协力,联合老师、警察和反面势力斗智斗勇,维护了学园的荣誉。

剧名:《秦时明月之笑闯江湖第二部》

长度:52 集 × 11 分钟

制作单位:杭州玄机科技技术有限公司

编剧:俞敬浩 林健锋

导演:陈志宏

剧情简介:秦王扫平六国,对天下百姓施以残暴的统治,于是以墨家群雄为守的众好汉愤起反抗,弄得秦王焦头烂额,火气攻心。为了彻底铲除反秦势力,秦王派出以爱拍马屁和满肚子坏主意的李大宰相和恶人界的鬼才——卫庄组成了金牌歹人团以各种形式消灭反秦人士。

剧名:《少年阿凡提》

长度:26 集 × 12 分钟

制作单位:宁波民和影视动画股份有限公司

编剧:朱 军 张之益

导演:郭崴娇

剧情介绍:本片以少年阿凡提的学习，生活为背景，通过和巴依老爷斗智斗勇的故事，展示少年阿凡提玩皮淘气、单纯天真、幽默开朗性格的成长历程。

剧名:《当当与酷巴》

长度:20 集 × 8 分钟

制作单位:宁波市尚方影视动画有限公司

编剧:李杰 龚应恬

导演:顾永帜

剧情介绍:故事以原始森林神农架为背景展开，主人公是当当和酷巴。酷巴利欲熏心设下一系列陷阱，试图抓住当当。当当机智灵活，每一次都能有惊无险地逃离这些陷阱。故事以轻松幽默的手法演绎。上演了一出出“猫抓老鼠”似的轻松喜剧。

剧名:《梦幻猫咪屋》

长度:26 集 × 20 分钟

制作单位:杭州玄机科技信息技术有限公司

编剧:沈乐平 黄馨萱 陈惠珍

导演:沈乐平 郭浚明

剧情介绍:幸福大街上有个特别的“梦幻猫咪屋”，里面有从世界各地搜集而来的猫咪玩具。本片围绕着“梦幻猫咪屋”中可爱的猫咪玩具“琉璃”和它的猫咪玩具朋友们展开，在童话般唯美温馨的意境中，为观众们娓娓道来猫咪玩具们各自曲折的经历，以及它们曾经的主人故事，分享猫咪玩具相处时各种或是搞笑或是感人的小故事。每集剧情为一个相对独立的小故事，每集都有一个特别的主题，如亲情、友情、勇气、责任等。

剧名:《虹猫蓝兔之梦之国历险记》

长度:52 集 × 17 分钟

制作单位:杭州宏梦卡通发展有限公司

编剧:贺梦凡

导演:贺梦凡

剧情介绍:虹猫是个小发明家，近来因为沉重的课业压力每晚都做噩梦，虹猫决心与蓝兔一起合作发明一台噩梦去除器。实验中噩梦去除器因程序紊乱出现故障，竟意外将虹猫和蓝兔卷进了梦之国。在这里，美梦精灵和噩梦精灵为了争夺有限的人类梦境资源，一直处在竞争状态。随着人类的烦心事逐年增多，噩梦精灵占据了上风。虹猫和蓝兔加入了美梦精灵，解决了很多人做恶梦的问题，并逐渐化解了美梦精灵与噩梦精灵之间的矛盾，最终返回人间。

剧名:《虎娃》

长度:13 集 × 12 分钟

制作单位:绍兴市信邦动画设计有限公司

编剧:佚 名

导演:杨 方

剧情介绍:虎娃活泼好动、勇敢机敏，他从外太空来到人类世界，对什么都充满好奇。在虎年中，他大显神通，锄强扶弱，在与恶势力的对抗中屡屡获胜，成为广受欢迎的传奇人物。

剧名:《嗷嗷龙》

长度:52 集 × 11 分钟

制作单位:杭州阳漫动画制作有限公司

编剧:王 巍

导演:蒋久侃

剧情介绍:嗷嗷龙是一条可爱的小龙,他来自龙渊星系。嗷嗷龙喜欢发明各种稀奇古怪的东西,但又非常胆小,经常受到其他小龙的嘲笑。为了证明自己勇敢,嗷嗷龙带领伙伴们来到作为宇宙巡视船的龙船。嗷嗷龙不小心启动了龙船。龙船把嗷嗷龙带到了一个叫路碑国的地方。在这个陌生的地方,嗷嗷龙认识了一个三年级小朋友路科。路科的性格跟嗷嗷龙很像。因为胆小,经常被同学捉弄。相似的经历,让嗷嗷龙和路科很快成了好朋友。嗷嗷龙的小发明,帮助路科一次又一次地战胜困难。最终,路科成了一个勇敢的、充满自信的孩子。

剧名:《水木剧场西游记》

长度:108 集 × 12 分钟

制作单位:宁波水木动画设计有限公司

编剧:施向东

导演:魏伊娜

剧情介绍:取材于古典名著《西游记》,将唐僧师徒前往西天取经的故事,用动画语言编写,融入现代语言风格,突出幽默风趣,给观众一种全新的视觉享受。

剧名:《虹猫蓝兔之快乐识字》

长度:80 集 × 15 分钟

制作单位:杭州宏梦卡通发展有限公司

编剧:贺梦凡

导演:贺梦凡

剧情介绍:该片讲叙了虹猫蓝兔在开心国奇妙的识字旅行,将生活中最常见的 400 个汉字融入虹猫和蓝兔的奇遇中。在一次野外识字游戏中,虹猫和蓝兔从一群蚂蚁手中救下了神奇的字魔方,他们决定帮助字魔方找回失散的字卡。开心国小王子乐乐、蚂蚁国小公主六六也先后加入了寻找字卡的队伍。4 个孩子克服重重困难,终于找齐了以笔、墨、纸、砚四字为首的全部字卡。蚂蚁国与开心国重修旧好,幸福和快乐又回到了这片土地上。

剧名:《洛宝贝之麦田神书》

长度:365 集 × 25 分钟

制作单位:杭州漫奇妙动漫制作有限公司

编剧:彭 惠

导演:林雪芳

剧情介绍:洛宝贝在会说话的小麦穗的引导下,来到了神奇的麦田村,亲身经历了《麦田神书》中的故事,这些童话或寓言,充满了对真善美的歌颂,洛宝贝在其中成为了每个故事中的角色,启迪了洛宝贝和她的朋友们的智慧,传递了热爱生活、正义勇敢的精神。

剧名:《布耳朵的故事》

长度:52 集 × 12.5 分钟

制作单位:浙江普达海文化产业有限公司

编剧:杨 寅

导演:杨 寅

剧情介绍:漫画家宝葫芦在一次偶然的事件中,掉进了自己的漫画作品《布耳朵的故事》里不能出来。在这个虚拟的世界里,他同自己创作的主人公布耳朵、蛋糕头等人物发生了一系列生动活泼、妙趣横生的故事。

剧名:《美术馆之夜》(国画版)

长度:100 集 × 5 分钟

制作单位:宁波水木动画设计有限公司
编剧:陈雨钢
导演:向健英

剧情介绍:豆豆和小安参观了中国从古至今100件艺术作品。从墓葬壁画到顾恺之的《洛神图赋》,从《清明上河图》到《富春山居图》,面对这些伟大的艺术品,豆豆和小安各自发表自己的看法,将每件艺术品的内涵和背后故事,通俗易懂地展现出来。

剧名:《小小智慧屋》
长度:52集×11分钟
制作单位:杭州神笔动画制作有限公司
编剧:李宝安
导演:李宝安

剧情介绍:火星来的数学学习机聪聪为了解除地球孩子学习数学的苦恼,用智慧和独特有趣的学习方法,让地球孩子大牙兔、呆呆虎对数学产生了浓厚的兴趣,并且和他们成了好朋友,在游戏和生活掌握了数学知识,并懂得了尊敬师长、友谊互助的道理。

剧名:《秦时明月第四部万里长城》
长度:20集×22分钟
制作单位:杭州玄机科技信息技术有限公司
编剧:沈乐平
导演:沈乐平

剧情介绍:自从机关城崩毁,墨家抵抗势力几乎被全部清除。秦帝国又回到了太平盛世的迷梦中。咸阳宫中的嬴政一边动用无数劳工营造万里长城,一边进行着一些更为机密的计划。现在,这个计划已经接近完成,由阴阳家协助完成的巨艇“蜃楼”已经建造毕。它壮丽精绝的身姿浮现海平线彼端,宛如人人梦想中的海上仙山。为了解开巨艇“蜃楼”的疑团,各家各派势力慢慢汇集到这座平静的海边小城。此时,故事主角天明和少羽为了避开秦兵的追捕,正在儒家庄园生活和学习。而接下来各种奇异事件次第发生,小城的平静也被完全打破。

所有的生死仇,家国恨,都将在那个时刻凝结。所有人的目光,都将在那个地点汇集!

剧名:《红楼梦》
长度:108集×12分钟
制作单位:宁波水木动画设计有限公司
编剧:陈雨钢
导演:于　淼

剧情介绍:金陵四大家通婚联姻,紧紧连在一起,一损俱损,一荣俱荣,声势显赫。贾宝玉降世,口含宝玉,生来聪明过人。他还有几个叔伯或同父异母的姐妹,迎春,惜春,探春和宝玉一同成长,读书,玩耍。宝玉的姑姑贾敏去世后,外祖母把林黛玉接进贾府。黛玉年龄虽小,但举止言谈不俗。而后薛宝钗住进梨香院,主要人物都登场之后,这个故事就从刘姥姥第一次进荣国府开始,到刘姥姥第三次进荣国府结束。这期间,经历了不同风雨,几位主人公的命运也随着贾府的兴衰同起落。

剧名:《美术馆之夜》
长度:100集×5分钟
制作单位:宁波水木动画设计有限公司
编剧:陈雨钢
导演:向健英

剧情介绍:故事发生在一座世界著名的美术馆,每当夜幕降临,美术馆关闭以后,有趣

的豆豆一家人就出现了,它们是可爱的老鼠。豆豆聪明好问,憨憨是豆豆的哥哥憨厚可爱,豆豆的爸爸博学和善,豆豆的妈妈善良美丽。每天晚上,憨憨和豆豆都会出来看名画,而且它们对这些世界名著,都有着自己的看法,从另一个角度来介绍这些艺术珍品。

剧名:《中华民俗故事之江南系列》

长度:200 集×5 分钟

制作单位:宁波水木动画设计有限公司

编剧:陈雨钢

导演:王书宇

剧情介绍:本片形象地展示出吃春饼,闹元宵,山塘看会,赛龙舟,老虎肚兜虎头帽,放鹞子,走三桥,七家茶,立下称人,小满动三车,宁海根雕,大隐石雕,江东腰鼓,大岙龙舞,荡湖船,爵溪渔鼓,请龙求雨,阳山观日月同升,重阳登高,走月亮等等江南民俗,向少年儿童展示我国丰富多彩的民族传统文化。

剧名:《水木剧场中华上下五千年》

长度:108 集×22 分钟

制作单位:宁波水木动画设计有限公司

编剧:邢文静

导演:于　淼

剧情介绍:两个小朋友要编一本探究中国历史的故事书,他们得到一本神秘的古书可以带领他们穿越时空进入中国历史的各个朝代,参与了所有的重大历史事件,对历史进行当代视角的解读。卡通小朋友通过一次次孜孜不倦的探索,终于完成了历史书籍的编写,也明白了中华五千年积淀的民族智慧。

剧名:《中国熊猫》

长度:108 集×22 分钟

制作单位:浙江中南集团卡通影视有限公司

编剧:杨　健

导演:吴建荣

剧情介绍:卧龙谷里的许愿泉具有神奇魔力,能帮助卧龙谷里善良的小动物们实现愿望。小动物们在“护泉使者”熊猫团团和他调皮可爱的儿子欢欢的保护下,幸福地生活在卧龙谷这片祥和美丽的山水之间。离卧龙谷不远处的山上,有一个叫做豹园的山庄,里面住着一只金钱豹和四肢发达头脑简单的老虎。他俩每日窥视着卧龙谷中的一举一动,妄图打败团团、欢欢父子,强霸卧龙谷,以满足自己的贪婪欲望。熊猫团团、欢欢坚守正义的理念,利用许愿泉的神奇魔力,一次又一次地阻止了过大年和威猛虎的野心。

剧名:《无敌优优》

长度:100 集×15 分钟

制作单位:杭州悦喜动画有限公司

编剧:黄　敏

导演:公长生

剧情介绍:优优非常崇拜蒙面超人,理想成为和蒙面超人一样厉害的男子汉,他最好的伙伴皮皮和噜噜也是蒙面超人的超级粉丝。在这个新奇的小镇里,每天都会发生惊喜和摩擦,主人公优优与家人、朋友快乐地生活在这里。

剧名:《笨笨》
长度:26集×14分钟
制作单位:杭州安高卡通影视有限公司
编剧:王 巍
导演:马 忠

剧情介绍:笨笨是孩子们用积木制作的玩具。有一天笨笨和小狗因为追蝴蝶跑进了墙上的图画世界里。里面有努力维护图画世界和平的巡防队员小白鼠们,还有花朵和彩虹。笨笨和小狗的到来,打乱了这里原本正常的生活,小鼠们不喜欢这个大家伙,它们聚在一起讨论解决图画世界的新问题。

剧名:《快乐家庭》
长度:100集×13分钟
制作单位:杭州安高卡通影视有限公司
编剧:任东耀
导演:马 忠

剧情介绍:中国某小城里,住着武氏一家。家里有时常迷糊的老武头(爷爷),身为安全监督员却经常造成安全事故的武大龙(爸爸),一头爆炸头发、以忍耐著称的乔四喜(妈妈),犯错大王武佳乐(儿子),带点忧郁的武佳美(女儿),还有一个两岁婴儿武佳欣。这个家庭发生了一个个啼笑皆非的事件,结局总能带来感动和欢乐。

剧名:《美术馆之夜》(近代中国美术篇)
长度:130集×5分钟
制作单位:宁波水木动画设计有限公司
编剧:曾涛
导演:于淼

剧情介绍:落户在美术馆中的豆豆一家,参观了近代中国画家创作的众多美术作品。齐白石、徐悲鸿、张大千、傅抱石、潘天寿等名家笔下的作品,让豆豆兄弟领略了中国画独特的美妙之处,同时也让他们对中国的文化、风俗有了更深的理解......

剧名:《美术馆之夜》(近代国外美术篇)
长度:267集×5分钟
制作单位:宁波水木动画设计有限公司
编剧:曾 涛
导演:向健英

剧情介绍:落户在美术馆中的豆豆一家参观了近代国外画家创作的众多美术作品,达利、戈雅、马蒂斯、塞尚、毕加索、凡·高等等艺术家的作品,有写实主义,也有浪漫主义,有抽象派等等,让豆豆兄弟俩大开眼界。在爸爸和蜘蛛小安的讲解下,他们也渐渐了解了表现主义、现代主义、超现实主义、立体主义等绘画领域的新鲜名词......

剧名:《嬉笑一家亲》
长度:52集×11分钟
制作单位:浙江河姆渡动漫文化发展有限公司
编剧:冯 凡
导演:朱豪敏 贝乐盛

剧情介绍:刚上初中的麦圈喜欢耍小聪明,成绩却不怎么理想。麦先生是个工作狂,一直期待着晋升。麦太太是个热心肠,平时很好学。贪吃又好睡觉的小狗是家里的“开心果”。忽然来寄住的完美表妹可可则是麦圈打小的宿敌。5个性格迥异的家庭成员相互碰撞、摩擦，引发了一个又一个爆笑而温馨的故事，通过故事体现青少年成长的点点滴滴，以及和谐家庭的重要。

剧名:《锋速战警 3D 版》

长度:26集×22分钟

制作单位:浙江中南卡通股份有限公司

编剧:严启仁

导演:严启仁　叶　敏

剧情介绍：调皮捣蛋的安小龙屡次和企图统治地球的外星敌人交锋，无意中与好朋友兔牙一起入选了超能战队。幸运的是，安小龙与伙伴们一起，最终击败了邪恶的敌人，给地球带来了和平。

剧名:《故事中国》

长度:26集×10分钟

制作单位:浙江华人卡通有限公司

编剧:朱晓峰

导演:何志祥

剧情介绍：这将是一部深远意义的文化长卷，共汇集5大系列。全片讲述中华上下五千年历史的辉煌灿烂和沧海桑田，以及中华民族博大精深的悠久文化。

剧名:《发条城》

长度:26集×22分钟

制作单位:杭州易乐益动画有限公司

编剧:朱　勇　叶晓雪　何　禹

导演:沙　科

剧情介绍:发条城的居民热爱大自然，并喜欢发明创造。由于在高端科学技术上的弱势，善良友好的发条城被邪恶星球“风暴城”包围起来，犹如一座四处无援的“孤岛”。但他们凭借着智慧和强大的“能量发条”成功抵御了“风暴城”一次又一次的进攻。在抵抗的同时，善良的发条城人做出决定：主动出击，夺回被风暴城人抢占的土地，并改造被污染的环境。

浙江广播电视集团产业经营

广告创收部分

2011年是集团成立10周年,也是集团全面启动"十二五"新一轮发展的开局之年。各广播电视频道积极贯彻落实总局61号令和71号文件精神,加快推进经营发展方式转型升级,努力做大广告总量,不断优化广告品质,集团广告经营实现又好又快发展。具体表现为以下几个特点:

一、广告创收总量明显增长

2011年,集团各广播电视频道积极开拓广告市场,努力做大经营规模,全年实现广告创收36.5亿元,同比增长27.1%,特别是浙江卫视创收突破20亿元,同比增长23.1%,较2001年增长8倍,进一步巩固了全国前三强的领先地位;电视钱江都市、经济生活、民生休闲频道2011年创收突破2亿元,影视娱乐频道创收近2亿元,加上创收过3亿元的教育科技频道,共同构成了省级电视媒体中最具广告竞争力的地面频道集群;广播频道创收实力进一步增强,年创收突破3.5亿元,同比增长27.7%,挺进全国省级广播第一阵营,浙江之声、交通之声(含104.5女主播电台)、城市之声等频道创收均创历史最好成绩。

二、广告结构品质明显优化

2011年,集团各广播电视频道认真贯彻执行广电总局"61号令"和"71号文件"精神,坚持把调整结构作为主攻方向,对照省广电局、省工商局等管理部门的相关要求,不断规范广告播放管理,大力压缩电视购物和广播专题广告播出,力求从根本上杜绝违规广告的播出。同时,各频道不断加大汽车、化妆品、金融服务等高品质品牌广告的开发力度,努力提高广告价格、折扣和单位时间的创收能力,实现规模和效益双提高、数量和质量双增长,推动集团广告经营可持续发展。2011年,广播和电视频道的品牌广告比例双双突破93%,广播专题类广告下降至8%以下,电视购物广告下降至2.2%。同时,广播频道平均秒创收上升至10.2元,电视频道平均秒创收上升至90.8元,广告含金量和经济效益得到了大幅提升。

三、广告营销服务明显升级

2011年,集团各广播电视频道深入践行"内容支撑向收视支撑转变、向营销支撑转变"的理念,从提升服务出发,探索"三全一互动"(全员营销、全国营销、全过程营销和互动营销)营销新模式,力求实现平台价值的最大化。

1. *充分实现栏目、电视剧市场价值。*浙江卫视对每档栏目都设计了冠名、特约、服装植入、短信互动等多种广告合作模式,晚间"综艺纵贯线"自办栏目全部实现冠名,同时,不少客户还积极参与季播栏目、电视剧有奖短信互动、特约植入合作,以及节目内容与企业代言人等资源的互动营销,实现节目收视、植入效应双丰收。电视钱江都市频道探索单剧特约营销策略,年度大戏《新水浒传》、《画皮》等剧都实现了较好的营销实绩。电视影视娱乐频道采用电视剧五集连排、主题编排、关联编排、互动编排等创新方式，切实整合明星资源转化为营销资源，取得了影响力、美誉度、创收量的同步提升。

2. *深度挖掘活动营销的创收潜力*。2011年，浙江卫视大型音乐选秀活动《非同凡响》再获成功，多次夺得同时段全国第一，创浙江卫视选秀类节目历史新高，活动全国影响力有口皆碑，并开创了"别克关怀"服务品牌（非产品品牌）冠名栏目合作的全新模式，极大提升了广告营销的空间。电视教育科技频道精心推出了"北京现代汽车小强走浙江"等数十个广告植入活动，并在脚本、道具、舞美中进行品牌硬广告和软性植入组合投放模式的开发。电视经济生活频道"资本相亲大会"、"最美杭州女孩年度总决赛"等项目不仅扩大了社会影响，也带来了丰厚的效益回报。浙江之声、城市之声全年举办各类活动均在百场以上，带动广告创收数百万。交通之声从加大"主题活动"多个行业联动营销推行出发，建立了节目、活动、策划、经营全过程营销，实现活动效益的最大化。

3. *积极探索新型营销模式*。电视民生休闲频道坚持"优质优价、绿色广告"的营销策略，推出了"1+N"多赞助商新模式，创造了新的广告增量。电视教育科技频道联手山东齐鲁、湖南经视等九家省级地面媒体联合成立全国强势·特色地面频道"九合组织"，创建了整合营销合作新平台。广播音乐调频整合房产客户与汽车、金融、珠宝等行业客户，开展"跨界"营销活动，并积极融合微博等新媒体，推出"中国新歌榜"等多个官方微博，有效拓展了受众范围，提升了营销亮点。

4. *不断提升客户服务水平*。电视钱江都市、经视生活频道在我省地面频道率先运作短信营销方式，得到省内外客户的广泛好评。电视经济视生活频道还推出了电视剧片花、招商宣传片营销方案视频化优质服务举措，助力营销合作顺利实现。交通之声从对客户的日常接待服务模式逐渐转变为专业化服务类型，完善"VIP客户服务体系"，开展了各种形式的客户活动、联谊活动、趣味比赛等，提供精准、细致的个性化服务，增强了品牌与频道的粘合度，打造了广播客服优质品牌。

5. *队伍建设再上新台阶*。2011年，集团广告营销队伍中本科以上占66.2%，80后员工占48.3%，广告队伍结构得到进一步优化，为广告可持续发展提供了有力支撑。同时，集团和频道根据当前的市场形势和营销重点，分别开展了一系列营销技能培训活动。集团层面，先后组织邀请了中国传媒大学、上海美特斯邦威公司、省工商局和上海南广技术公司的专家、学者，分别就品牌推广、广告营销、内容管理、系统管理等课题为大家授课，受到了一致好评。频道层面，浙江卫视从增强团队凝聚力出发，注重"家庭文化"建设，开展了"送温暖"，"走红色之旅"等文化活动；电视钱江都市频道重视员工个人发展空间提升，大胆起用年轻人，鼓励员工勇于突破自我，不断进步；其他频道也各自开展了丰富多彩的专题培训。

四、广告经营管理明显完善

2011年，集团不断完善"统分结合，统分适度"的集团化管理体制，进一步加大了集团对广告经营的统一管理力度，坚持"寓管理于服务"、"以管理促效益"理念，千方百计为频道广告经营创造良好环境。一是深化价格管理，不断强化监管功能。通过对广告信息管理系统升级，进一步强化事前管理职能，对低于集团价格政策的电视广告实现"自动拦截"，并对大客户的广告价格实行动态监测，防止任何形式的突破规定和变相放价。同时，充分发挥集团广告统一管理优势，有重点介入宝洁、中国移动等部分跨频道投放大客户的统一谈判和协调，不断提升广告折扣和投量，有力维护了集团和频道利益。另外，进一步加强了对赠播广告、补播广告、特殊资源广告等新型广告类型的规范管理。二是强化收款管理，积极防范广告经营风险。集团通过完善广告信息管理系统财务子系统的升级改造工作，实现广告播出与进款的一一对应管理，深度掌握各频道广告播量和进款对应情况，以及每个客户在集团各个频道的广告播量和欠款情况，切实加强收款管理。另外，完成集团广播电视频道广告收入账户及合同、发票印章名称的统一更新工作，有效规范了频道广告合同、印章及进款账户的使用管理。三是细化播放管理，努力提升守法经营水平。集团坚持把"导向把关"作为广告管理的重要内容，实行广告监播量化考核日常管理制度，尤其是加大了对电视购物短片广告、证券咨询类广告和专题广告的审查把关力度，研究制定了《关于进一步加强电视购物短片广告管理的通知》，对电视购物短片广告实行刚性调控管理，加大处罚力度，明确退出机制，对违规低俗广告"零播出"起到了较好的管理效果。四是重视市场调研，提升广告服务和决策能力。集团成功承办了2011年"长三角广播广告协作会议",共同研究探讨新形势下广播广告发展思路。与此同时,集团领导多次带队深入频道开展广告调研,积极走访优秀广播电视媒体及广告大客户,努力掌握市场一线需求变化,提高广告决策的科学性、准确性。此外,集团还成功举办第6届广告钱塘盛会,吸引全国各地超过400家企业的700余位嘉宾出席,规模创历届之最。钱塘盛会期间,浙江卫视首次举行了2012年黄金广告资源招标,受到了业界的广泛关注并取得了圆满成功,也将钱塘盛会的品牌价值、集聚效应和经济效益发挥到了最大化。五是公益广告创作宣传实现常态化。2011年,集团举办了"迎残运,讲文明,树新风"为主题的第五届集团公益广告创作比赛,评选出一批优秀公益广告作品,在各广播电视频道和新蓝网进行了展播。同时协助省广电局承办了第2届浙江省广播影视广告作品奖评审工作,集团共有22件作品获奖,并组织部分获奖作品参加中广协第3届全国优秀广播广告作品评比,其中《母亲节,你给婆婆打电话了吗》荣获公益广告一等奖。此外,还参与组织、制作、播出了一大批残运会主题公益广告在全国第8届残运会期间展播。通过开展这一系列公益广告活动,集团公益广告创作宣传水平进一步提高,今年公益广告整体播出数量已经远远超出总局61号令的相关要求。

浙江广电集团下属企业经营

2011年,集团各经营单位认真贯彻集团党委的工作部署,坚持"立足主业、多元拓展、加强管理、注重效益"的产业发展新方略,在国际金融动荡,欧债危机爆发,国内宏观形势严峻的情况下,深化改革,完善机制,积极拓展市场,加快转型升级,各单位在拓展业务和提高效益方面成效明显,经营规模和经济效益均创历史新高,产业经营呈现快速增长的良性态势。现将有关情况综述如下:

一、经营总量已成规模,企业效益继续提升。

2011年,集团经营创收继续保持快速增长势头,达到55.6亿元,其中下属经营单位营业总收入达到19.1亿元,同比增长21.9%。经营单位的经营创收达到了集团创收总额的34.35%,"三分天下有其一",形成了相当的规模。据统计,好易购公司、发展总公司、影视集团、交通旅游导报、音像出版社、梅地亚宾馆、交旅传媒公司、新蓝网、蓝巨星公司等多家单位的主营业务收入连续多年增长,主营业务收入和利润均创历史新高。值得一提的是,2011年有3家单位的主营业务收入突破亿元大关,分别为好易购公司、发展总公司、影视集团。

二、市场营销力度加大,品牌战略初见成效。

"企业办得好,质量加营销"。集团各经营单位坚定不移地实施品牌营销战略,紧紧抓住产品质量、客户服务和营销推广三个环节,以产品质量为核心,以创新创优为指向,通过几年的积累,逐步形成了自己的品牌,拥有了稳定的市场份额。如影视集团从原先与品牌公司合作拍摄开始迈向自主开发和创作,2011年电视剧《古今大战秦俑情》、《风语》、《延安爱情》、《中国1921》成功在央视播出,一年四部投产的电视剧登陆央视,引起业内关注;商业剧《离婚前规则》创下网络版权单集120万元高价,反响热烈;《延安爱情》荣获浙江省第21届电视"牡丹奖"优秀长篇电视剧一等奖,《古今大战秦俑情》、《风语》荣获优秀长篇电视剧三等奖,打响了"浙派影视"在全国的影响力。

音像出版社借品牌营销来提高"浙江音像"的市场号召力,进而带动其产品推广和政府项目运作,走出了良性循环的路子。2011年音像出版社抓住《牡丹亭》第200场"封箱"演出之机,策划白先勇先生高校巡回讲座等活动,《牡丹亭》在杭演出三天,出现"一票难求"的可喜场景。

《交通旅游导报》确立"新闻立报、创收立足"的两翼齐飞战略,实行"全员目标营销"策略,连续5年经营创收位居全省专业报第一,代表专业报群体成为我省报业协会副会长单位,这份荣誉来之不易。2011年浙江被确定为国家海洋经济发展示范区后,导报立即组织策划了"迈向深蓝"大型系列主题报道,推出了一批有深度、有气势的报道,受到了省委领导和业内人士的高度肯定。

新蓝网坚持"传播即营销,营销赢市场"的理念,与政府职能部门和大型民企合办"浙商"、"网商"、"体育"、"教育"等专业频道,有效拓展在更广领域的落地率和传播力;他们另与淘宝网、侨网、青田网等开展合作,开通300多个海外侨团和29个国内商会的互动平台,既赢得了大量的流量,也在SP业务上取得较好业绩。2011年新蓝网蝉联了省"文化传播创新十佳网站称号"。

蓝巨星公司全方位提升自创卡通形象蓝巨星的品牌效应，自主创意拍摄的大型动画片《蓝巨星和绿豆鲨》，在2011年获得中国国际动漫节美猴奖提名，还获得国家广电总局“十大动画衍生产品制造奖”。

三、积极推进结构调整，产业布局继续得到优化。

加快结构调整是集团优化产业结构、推进产业转型的重要手段。在集团党委的高度重视下，直属单位“事转企”改革取得阶段性成果，音像出版社、电影制片厂和电视剧制作中心等三家改制单位圆满完成转企改制任务。原下属的浙江影视传播公司、浙江天和影视文化公司完成注销，历史遗留问题基本得到解决。

按照“及时追踪、有效跟进、有重点开发”原则，集团主动适应“三网融合”的新形势，投资组建了浙江广电新媒体公司，承担起培育我省IPTV产业，打造集团传播新平台，培育广电产业新空间的使命和责任，2011年底运行平台完成测试上线。新蓝网和移动、电信、联通三大运营商密切合作，2011年完成了新蓝网和浙江网络电视台、浙江手机电视台“一网两台”构架搭建，获得网络广播电视台牌照和互联网新闻信息服务许可证，积极发展收费用户群体，用户规模日渐扩大。

四、大力强化服务功能，内部管理成效明显。

围绕优化管理效能、加强对经营单位服务，管理基础工作更加扎实。集团进一步完善了目标考核薪酬体系，规范经营班子成员的工资福利发放标准。同时，为了探索国有资本收益管理，引导经营单位注重资金使用成本和效率，提升成本控制水平，还研究制订了经营单位利润上交办法。作为强化经营管理的重要抓手，2011年召开了年中财务分析例会，努力提高各经营单位的财务分析水平，夯实财务管理基础。

杭州文化广播电视集团产业经营

2011年是集团“十二五”规划的开局之年，是控股公司加快转型升级的攻坚之年，也是深入贯彻集团产业发展三年行动计划的承上启下之年。今年以来，控股公司在集团党委和公司董事会的正确领导下，以科学发展观为统领，强抓文化产业发展的历史机遇，紧紧围绕《文广集团2011年产业发展指导性意见》的工作要求，积极开展“效益提升年、产业拓展年和管理强化年”建设活动，通过“强主业、抓管理、建团队、促创新、提效益”，真正实现了年初制定的“投资理财有新成果、监管服务有新举措、产业拓展有新突破、经济效益有新提升”的工作目标。2011年文广控股产业板块主营业务收入合计为21亿元，同比增长35%，超额完成了年度指标；实现净利润1.38亿元，同比增长69%。其中控股公司本级实现收入1308.67万，完成年度计划的123%；实现净利润542.58万，完成计划数的349.37%。

一年来，文广控股公司注重在强化监管服务职能上下功夫，积极发挥投融资平台功能，实施开放合作战略和人才强企战略，投资理财有了新突破，团队建设生机勃勃，各公司规范化运营又上了一个新台阶。重点做了如下工作：

逐步推广财务委派制，加强动态监管力度。一是逐步对西湖之声传媒、文物公司、红星文化大厦、红星管理服务四家公司委派了财务总监，充分履行财务总监的职责，对加强派驻企业的资产监管和财务监控、建立健全内部约束机制和会计监督体系及保障出资人合法权益发挥出重要作用。二是定期对产业板块各公司进行财务检查，重点关注资产管理、资金管控、预算管理及税务管理的合规性、合法性等方面。各公司都非常重视财务检查结果，切实做好财务整改工作，财务基础工作有明显进步。三是建立建全报告制度，及时呈报月度工作报告、重大事项报告、月度财务分析、季度经营分析等报告，使公司管理层能够及时、全面了解产业板块各公司的经营业绩和财务状况，为公司领导提供决策依据。

强化服务职能，督促各公司规范化运营。督促产业板块各公司召开董事会，完善公司治理结构，逐步建立和完善以董事会管理为核心的公司治理结构。同时，以绩效考核为手段，改进对企业经营者的绩效考核管理，对每家企业出具考核指导意见，使绩效考核办法更贴近企业实际，更好地激发企业经营者的积极性，提升企业治理水平。

创建学习平台，加强各公司间的相互交流。通过定期组织召开产业例会，促进文广控股板块间的相互交流和学习。如今年组织各企业负责人到盘石公司进行考察学习，使大家增进了对网络新媒体的了解，开拓了视野。定期组织财务知识培训，专门邀请财政局、高校、企业里的财税专家给大家讲授文化产业相关的税收政策解读、财税知识运用、纳税筹划和合理避税等财务理论和实务知识，有很强的指导性和实用性。

依托政策优势，扶持各公司搞好产业经营。针对嘉艺影视、文物公司、楼视传媒和汉唐影视运营需要，控股公司为3家单位提供了短期借款和贷款担保。为推动企业做大做强，控股公司根据集团的决策，及时对西湖之声传媒、楼视传媒、实力传播实施了增资，合计增资655万元。积极引导下属企业借力文化产业政策，组织各公司申报市政府专项扶持项目，如红星文化大厦《云门舞集》等获得60万，嘉艺影视《倩嫂》获得20万，公交移动《电视综合信息发布系统》获得40万。在去年帮助文物公司、西湖之声传媒获得所得税减免批复后，今年公司又为久一点吧传媒、广电服务两家公司办妥了文化转制企业享受所得税减免优惠。

积极走访调研，帮助企业排忧解难。今年5月、7月、9月集团领导带领我们先后对各企业进行了三次走访调研，了解掌握各企业经营管理状况。结合走访调研，分别撰写了《"解放思想，加快推进跨越式发展"大讨论调研报告》、《嘉艺影视、汉唐影视等公司的半年度汇报材料》、《对楼视传媒等几家传媒公司的调研报告》，帮助企业经营班子理顺经营思路和发展战略，引导相关公司领导分析和掌握企业经营管理中的具体情况，为企业排忧解难，提供咨询和专业服。

借船出海战略成效显著，取得丰厚收获。自2008年起陆续参与发起设立了睿银、盛银、泰信三支基金，已投资22个项目，投资效益显著。其中浙富股份项目投资成本660万元，累计分红就超过3470多万元。今年以来，有迪威视讯、贝茵美、申科轴承、赞宇科技先后上市，均可于明年起退出获利。另外北信源、珍诚医药、浙大蓝天环保、英飞特电子等投资项目已进入上市排队，后续项目陆续进入投资收获期。

自主拓展产业投资领域，创投取得阶段性成果。为引领杭州文创产业发展，去年底公司与浙江金永信投资管理公司成立了"杭州文广股权投资管理公司"，发起成立杭州市第一支文创基金—杭州文广创业投资有限公司，基金规模1亿元。今年初与杭州市文创办、杭报集团三方联合成立了第二支文创基金——杭州文投创业投资有限公司，基金规模4500万，年底前增资到6500万。现正在积极筹备第三支文创基金—杭州文创产业投资基金，基金规模1亿元。目前，第一支文创基金的项目发展态势良好，如大唐辉煌(138万股，占2%)预计2011年净利润超过5000万元，该项目是北京市重点扶持拟上市企业，计划2012年初申报上市材料；双枪竹木(180万股，占2.5%)2011年预计实现净利润3500万元，该项目是余杭区重点扶持拟上市企业，将于2012年下半年申报上市材料；金海岸(50万股，占1.16%)2011年预计净利润3000万，将于2012年2月底申报上市材料。上述3家企业成功如能上市，初步预计获利将在1亿元以上。

积极开辟投资新领域，投资理财迈出新步伐。一是抢抓机遇发起设立杭州文广小额贷款公司。在集团领导的直接推动下，经过半年多的筹备，小额贷款公司已通过市金融办审批并上报省金融办审批，争取尽快成立"杭州文广小额贷款有限公司"。二是参与集合信贷项目。由文投创投公司与中新力合公司发起成立5000万元规模的集合债"满陇桂雨"已正式运作。此项目也是拓展投资理财的新尝试。三是参与设立杭州文化产品交易所。由文投创投公司联合市文创办共同发起设立了杭州文化产品交易所，在探索文化产品市场化运作领域迈出了新步伐。

做好投资项目调研工作，储备优质投资项目。充分利用集团和市文创办的资源和优势，面向社会挖掘项目资源。通过一年多的努力，现已储备了一批优质项目。如浙大盘石信息(互联网广告联盟，国内第一)、嘉德威钢琴(国内前四)、泛城科技(页游，前十五)、瑞德设计(工业设计，浙江第一)、开源艺术(艺术品仿制，省内第一)、中博展览(浙江第一)、世纪风采传媒(大型演唱会，浙江第一)等15家优质企业，为打造文创产业战略投资者奠定了坚实的基础。

主业突出，产业规模和盈利能力大幅提升。文物公司自转企改制后，不断扩大经营规模，自购自销和库存商品保持良好的购销循环，公司产业规模和盈利能力逐年大幅提升，2011年收入近2000万元，利润约1000万。久一点吧传媒依托文广集团和杭报两大传媒集团，主抓房产、汽车两大优势行业的广告经营，在成立短短两年的时间里，由一个注册资本200万的小公司发展成为资产总额2139万，资产规模呈十几倍快速增长的公司，2011年收入预计突破8000万元，利润2000万元，并实现分红200万。

拓展产业价值链，提升产业增值幅度。久一点吧传媒建立了以电台房产、汽车行业广告经营为核心的现代传媒产业体系，同时拓展下游产业体系，加快发展房产营销活动策划、汽车用品销售等相关产业，进一步挖掘产业价值。;好朋友传媒也在婴童、少儿、青少年及相关价值产业链的拓展上进行了尝试,寻求婴童博览会、婴童用品、文博会等会展收入、活动收入或销售收入。

影视内容、动漫制作能力有新突破。汉唐影视制作完成52集动画片《小龙阿布》,在央视播出,制作完成了中南外包项目《中国熊猫》、《乐比悠悠》、《极速之星》;嘉艺影视完成《决战前》的剧本创作和拍摄,与上海东方电影频道签订了购片协议,并开始《东方开埠》、《我的老婆是八零后》等剧本创作。

努力开拓,跨区域合作成效明显。以华数为主体成立了浙江华数集团公司,借助三网融合和产业跨区域拓展的契机,整合全省有线网络,实现全省一网的雏形已经形成。力合新媒体继续构建跨区域联播网取得实质性进展,目前,公司参与合作的河北、新疆、青岛、陕西、无锡等省市的合资公司都取得了较好的拓展,为打造全国联播网奠定了基础。

挖掘品牌价值,提升演出市场的影响力。西湖之声传媒与临安广播电台达成战略合作协议,进一步打造"杭州都市经济圈广播网",扩大和提升环杭州都市经济圈广播网的影响力。红星文化大厦《暗恋桃花源》、《云门舞集》等大型演出活动进一步扩大和提升了红星的品牌影响力。

齐头并进,房产开发取得实质性进展。集团"杭州千岛湖红星文化度假村"项目如期推进,有望今年底实现结顶。"杭州太平洋文化中心"项目与青年会签订拆迁补偿协议,完成太平洋项目的前期工作。同时,开展了杭州影视文化创意产业园区的项目前期论证和调研工作。

杭州文化广电集团 影视、动漫、文物经营情况

2011年,汉唐公司把握国家大力扶持动漫产业发展的大好时机,实现经营收入1705.7万元,同比增长72.5%。

9月份,汉唐原创动漫《小龙阿布》在央视一套黄金时间播出,市场反映良好。此外,先后承接了中南卡通的《乐比悠悠》、《中国熊猫》、《极速之星》动画制作;与兴安盟文化产业开发办公室签订了《白马神驹》意向合作协议,以成吉思汗统一蒙古各族为基本题材构思的动漫《白马神驹》,题材新颖、立意高远,市场前景看好。

着眼于越来越热的3D立体动漫,汉唐优化设施设备、引进专业技术人才、致力于打造3D立体动漫,拓展动漫产业发展新空间。于2011年末,完成《小龙阿布》1分半钟3D立体动漫样片制作,显示了汉唐与时俱高超精湛的动漫制作技术。

2011年,汉唐继续加强与院校的合作。与北京adobe合作共同完成了4本MAYA基础类书籍的编写,开设了adobe视频设计暑期教师班,建立了各地高校老师联系网。此外,以创新驱动、推动转型发展,转变教学模式,尝试从独立发展转变为合作发展,与杭州科技职业技术学院签订合作协议,共同开拓动漫教学培训市场。

是年,集团影视创作经营再创佳绩。32集电视连续剧《决战前》于4月份顺利开机,浙江省电视剧审查委员会对于该剧给予了较高的评价。该剧总投入资金1932万元,从目前的情况看,销售情况良好。预计销售总额将在3200万元以上,毛利在1000万元以上。

此外公司根据市场情况,创作了《我为宝贝狂》《我的老婆是八零后》等剧本,争取在2012年顺利开机。另外,叙述中国工业革命进程的史诗剧《东方开埠》目前也已完成了剧本大纲,争取2012年能够完成剧本创作。

自2010年下半年开始,国内艺术品市场形势一片大好,文物公司抓住大好机遇,乘势而上,全面超额完成了董事会年初下达的经营目标。截止12月底完成营业收入1787.79万,完成年度计划的154.94%;其中自购自销商品完成736.13万,完成年度计划的127.59%;完成利润总额556.17万,完成年度计划的506.62%。

此外,公司从拍卖会及中高端藏家处收集了1688.07万的优良商品,做到了进仓率高于出仓率,达到了"有进有出,良性循环"的目标,为接下来的经营打下了货源基础。

华数数字电视传媒集团经营

2011年,华数集团加大了"新媒体、新网络"两大产业发展战略和"产业"与"资本"双轮驱动发展模式的实施力度。2012年,将大力推进对广电行业具有革命性变革的"跨代网、云服务"战略实施。

（一）全面完成2011年各项经营指标

2011年，华数集团进一步加强传统业务的市场挖掘，互动电视、手机电视业务的全面拓展，实现营收17.6亿元，利润1亿元，完成预算的143%。业务增长呈现快速增长态势，数字电视用户达到190多万户（杭州及二区五县），交互数字电视用户数达137万多户，其中杭州用户达44万多户；有线电视覆盖用户达到500多万户，其中杭州及二区五县226万余户；完成461家宾馆数字化。

（二）新媒体产业快速增长

1.互动电视业务持续增长。

2.手机电视取得快速增长。

3.互联网电视及IPTV竭力拓展市场占有。

（三）“一省一网”全省整合工作全面推进

省委、省政府出台了《关于加快广播电视有线网络“一省一网”整合发展的通知》（浙委办[2011]100号），明确了以华数为基础的全省广电网络“一省一网”整合的相关规定，确立了华数在全省广电网络整合中主导地位。8月18日，省委、省政府召开了的我省广播电视有线网络整合工作电视电话会议精神，标志着我省广播电视有线网络整合工作全面启动。

10月下旬，由华数与嘉兴、金华、湖州、丽水、衢州广电发起组建的浙江华数广电网络股份有限公司正式挂牌成立；嘉兴、金华、湖州、丽水、衢州等市都已明确了所属区县网络资产全部注入浙江华数，成立浙江华数的独资子公司，已签署框架协议；宁波、台州将正式签署合作框架协议。目前，整个“一省一网”整合工作正在按计划有序推进之中。

（四）积极探索“三网融合”创新发展的新模式

为使广电网络在与通信企业在三网融合竞争中取得优势，华数不是走照搬照抄简单的模式，而是努力跟踪国内外的最新发展，结合广电网络的特点和优势，形成了全国首创的“跨代网、云服务”的三网融合发展战略，从网络、平台、服务、应用等方面实现跨越式发展，从整体上确立应对通信企业三网融合的竞争优势。

目前，已完成联接全省11个地市及下属各县市区的1200G骨干网络的规划设计，完成支持高清数字电视、有线宽带、无线宽带、3G多功能一体化接入的超光网络的技术及设备研发工作，完成云服务平台的相关子平台的原型系统研发和调试等。

在三网融合的内容和应用建设方面，着重建设了“视频、音乐、商务、游戏、阅读、信息、支付、通信、原创”九大业务基地，为后续资源配置创造了条件。

（五）数字兴农工程基本完成

截止12月，二区五县（市）超额完成了数字兴农网改任务，共计完成108.5万户农户的网改工作，余杭、萧山、富阳、临安、桐庐已全面完成网络改造，且萧山、富阳、临安、桐庐网改超额完成。数字电视整体转换农户数已达92万户，预计将按计划基本完成97.4万户农户数字电视整转任务。并建立形成市、县、乡、村各级联动的农村信息化长效工作机制，组建专门信息化队伍深入推进农村信息采集、整合、分发和指导工作，基本实现整体转换与信息化应用落地同步进行，有效提升农村信息化水平。

（六）白马湖数字产业园区建设稳步推进

6月初，通过滨江区政府工程交易中心以公开招标的方式进行了施工总包单位和工程监理公司的招标工作；8月中旬完成了通电、通水、场地清理与道路铺设工作及其他进场施工前的各项准备工作；10月正式领取施工许可证，年底前已完成全部结构桩基和基坑围护的施工，预计年底前完成全部桩基施工。

（七）上市工作稳步有序推进

2011年5月，已获得中宣部和国家广电总局的上市前置审批，与上市公司壳公司签署了《重大资产重组框架协议》，并在深交所发布重组公告。目前，华数上市有关申报材料及后续材料已上报中国证监会，正积极加以推进。

宁波广播电视集团产业经营

2011年，宁波广电集团积极推进“扁平化管理”改革，注重挖掘资源的潜力与价值，继续做强以广告为龙头的主导产业，推进网络经营产业稳步发展，巩固影视剧的创作优势，积极拓展新兴传媒产业，产业经营的质量和效益均有明显提升。

一、广告经营两位数增长

在世界经济持续走弱的宏观环境下，媒体广告经营竞争十分激烈。而中央台和省级卫视在宁波收视市场份额的不断攀升，使集团广告经营形势更加严峻。在困难面前，集团以频道制改革为契机，深化广告经营体制和机制改革，增强广告经营与频道频率的融合度。同时，着力改变广告增长方式、调整广告结构、提高广告时间单位效益，使广告收入在不利条件下仍然保持了两位数增长。电视广告综合信用指数继续位居全省第一，广播广告信用指数也有大幅提高。

二、网络经营稳步发展

面对三网融合的趋势，宁波数字电视有限公司加快业务平台建设,完成了城区10余个难点小区的双向网改造收尾工作，同时着手建设东钱湖旅游度假区和国家高新区的双向网改造工作，双向网络覆盖率已达到99%，为发展交互业务提供了可靠的网络保障。同时,积极推进机制体制创新,全面完成宁波广电网络传输中心的转企改制任务。加强业务营销，有针对性的制定并组织实施了“免费高清天天看,无限点播台台送”、“旧机换新机,送你看高清”等一系列市场活动，积极推动呼叫中心和营业厅的业务模式转型,全年经营创收比上年增长了13%。按照“全省一网”和“全市一网”的要求,2011年还启动实施了广电网络整合工作，完成直播电视平台的升级改造,成立了宁波广电网络股份有限公司。

三、电视剧创作成果丰硕

集团与浙江长城影视有限公司等单位共同出品的40集电视连续剧《五星红旗迎风飘扬》在央视一套黄金档播出,并荣获第28届电视“飞天奖”长篇电视剧一等奖。集团拍摄的《家常菜》、《雪花那个飘》、《双城生活》等在各大卫视和地面频道热播,连创收视热潮。《家常菜》荣获第28届电视剧“飞天奖”长篇电视剧二等奖;《雪花那个飘》获得“2011夏季电视剧互联网盛典”最佳电视剧、最佳编剧、最佳导演、最具突破演员和网络点击TOP5等五项重要荣誉;《双城生活》获得“2011冬季电视剧互联网盛典”最佳编剧、最佳导演、最佳电视剧和最佳网络收视率贡献Top5等荣誉。

经过近5年时间的精心筹划和打磨,2011年,反映宁波商帮的鸿篇巨制《向东是大海》终于拍摄完成。该剧讲述了宁波帮从清末到抗战时期,引领中国民族工商业,力抵外辱、威武不屈、艰难前行的历史进程，艺术地再现了宁波帮的成长史和宁波帮精神的铸就史,寄托了宁波人民的深厚感情。中央电视台一套高价购买了该剧的首轮播出权。

四、演艺经营效益明显提升

经过多年运营，宁波大剧院精心构建的演出经营、物业经营、舞美工程服务三大创收体系日趋稳定。2011年,大剧院在坚持高密度演出的同时进一步精选节目和优化演出结构,全年演出105场,其中经济效益较好的儿童剧演出27场、有名家参与的传统剧目演出15场,这两大拳头产品的所有场次都实现了盈利。在经营方向上,大剧院积极引入社会力量办演出,冠名、赞助及合作承办的演出场次达到40场。大剧院还积极与各团购网站合作,制定了均担风险的独特网络团购模式,在营销费用、宣传费用趋零的情况下，通过这一方法销售票房近100万元。同时,大剧院积极承揽会议、庆典等活动80多场,加大演出配套用房开发，努力拓展室外广场和剧院大厅的招商力度，并向社会提供舞台技术和舞美工程服务。2011年实现收入2238万元。

稳定三大经营体系的同时，大剧院继续稳步推进产业链延伸工作。在参与制作奥地利大型原创音乐剧《茜茜公主》并成功在国内实现两轮巡演的基础上,2011年大剧院再次携手奥地利温顿伯格艺术公司,合作制作歌剧《风流寡妇》,争取推广至美国市场。同时,取材于四明山革命烈士真实故事的音诗画话剧《魂系桃花岭》(暂定名)已经立项并得到市委宣传部产业发展基金支持。浙江省委常委、宣传部长茅临生和宁波市委常委、宣传部长宋伟等领导同志对宁波大剧院延伸产业链的探索作了重要批示，高度肯定了大剧院在经营上所做的努力。宁波大剧院经营团队被授予“宁波市演艺市场经营创新奖”,宁波大剧院总经理陈建方获得全国宣传文化系统“四个一批”经营管理人才称号。

五、新媒体及其他产业开发取得新进展

面对网络视频和移动多媒体等的高歌猛进,集团积极向互联网等新兴媒体领域延伸，投资800万元与深圳等18家城市媒体共同发起组建了华夏城视网络电视股份有限公司,经国家广电总局批准,正式运营城市联合网络电视台(CUTV),并积极推进城市联合网络电视台宁波台的建设，网络点击率迅速提升，有效延伸了广电传统媒体在新媒体领域的影响力和主导作用，提升了传统广播电视节目内容的品牌价值。

宁波公交移动电视覆盖面进一步扩大，已累计装车1650辆共2847台终端。同时,按照广播电视安全播出的要求,进一步完善各项制度,圆满完成系统升级改造、扩容设备测试及设备维护等工作,确保移动电视安全、优质、高效运行。《生活小当家》、《巴士谍报站》等资讯服务节目广受欢迎,全新推出《甬动全城我爱折扣站》栏目,加强与市文广新局、卫生局、城管局、国家电网、自来水公司等单位深度合作,全面升级《巴士资讯站》,信息量更大、服务性更强,收视份额、社会效益和经济效益都得到稳步提升。

宁波广播电视报全新改版,突出专业报特点,做足新闻、关注民生,主打强档、深度报道,做透影视、解读剧目,贴心服务、加强互动,不断增强报纸的新闻性、可读性、贴近性和服务性,报纸发行量绝对增幅达到25%,一举扭转了连续四年下滑的局面,经营创收稳中有升。

宁波市民卡运营管理有限公司各项业务平稳发展,2011年甬城通卡销售40万张、B卡发卡4万张,市民卡累计发卡已超过200万张,营业收入2200万元。同时,大力拓展市民卡应用领域,落实出租车项目上线准备工作,认真做好轨道交通市民卡应用项目的技术准备,积极推进市民卡A卡项目的系统、运营和合作发卡等前期工作。2011年12月18日,与宁波市总工会、中国银行宁波市分行合作,正式发行同时具有工会会员身份识别、工会特有服务、银行金融应用、市民卡应用、81890平台服务等多项功能的“5.1服务卡”,首批发卡30万张。此外,市民卡公司还与宁波邮政达成合作,使宁波邮政所有网点成为市民卡服务中心的代理网点,增加代理网点113个,并开通了“嘟嘟宝”网上充值功能,大大提高了充值的便利性,解决了市民充值难、偏远地区充值不便等问题。

浙江宁广传媒有限公司继续坚持多元经营,加大市场开拓力度,客户群体更加广泛,业务渠道更加通畅,2011年实现营业收入2100万元,比上年增长50%。同时,利用资源优势,投资成立宁波宁广农业开发有限公司,开发生态种养业和绿色农业,前景看好。

温州市广播电视台产业经营

2011年度温州台广告经营及产业拓展工作以“创意主导、传媒特色、多元开发的市场经营体系”为指导思想,积极探索广播电视的文化产业之路,温州台经营总收入超过6亿元,同比增长15%。其中,广告创收3.6亿,较上年同期增长10.15%,广播创收6712万元,增幅为19.5%;电视创收2.77亿元,增幅为8%。

广告经营在完善管理机制方面,2011年温州台相继出台《关于电视广告业务订单管理的补充规定》、《温州台广告经营管理办法》等规定,进一步完善了广告智能化管理系统,提升了系统对电视各频道广告的监管和服务作用。切实做好合同、订单和广告管理系统的对接;同时强化规范广告监管,尤其是对医疗专题广告的管理作为重点工作来抓。通过加大对容易涉嫌违规广告的审查和管理力度,同时采取奖励和处罚相结合的办法,大幅提升温州台广告信用分数,收到良好效果。温州台2011年度最终的信用分数为89.51分,在全省12家广电单位中排名第四,同比增长了8.7分,进步幅度名列全省第一。

2011年温州台产业拓展工作以市场化运作为导向,以板块集群为核心,以新兴产业经营为龙头,整合现在低小散的产业资源向规模齐聚转型,建造广电传媒特色的产业链。其中文化创意产业园区板块以文化创意园有限公司为龙头经营主体,园区在开工后的5年内将完成约20万平方米的文化创意产业用房和9万平方米的配套设施用房,初步形成新媒体与数字内容产业、电子商务产业、网游动漫及动漫衍生品、创意设计产业四大主导产业集群;视听媒体产业板块以数字移动电视公司为龙头经营主体,覆盖手机电视、楼宇电视等经营领域,构建视听新媒体领域的文化产业。全年总创收800万元,实现利税245万元;文化演艺产业板块以温视文化传媒有限公司为龙头经营主体,兼容电视剧制作中心和华瓯广告公司,经营会展业、演艺活动、广告、影视剧制作等文化产业。摄制完成了电影《奔向大海》、历史文献片《刘基》;协助大型电视连续剧《创业年代》的筹备、摄制工作。儿童电影《山里的石头》于11月4日在平阳开机。电影《冬天不再寒冷》完成剧本创作。摄制的电影《一代大儒孙诒让》今年获第五届浙江省电影“凤凰奖”优秀故事片奖。幼少培训教育板块以温州广播电视艺术培训中心为龙头经营主体,兼容幼儿园、艺术团、广播电视少儿栏目、少儿电视剧制作等资源,打造广电艺术教育产业。2011年顺利通过“浙江省二级幼儿园”的评估验收。

2011年有线广播电视网络及数字电视公司经营情况

温州台参股的的中广有线温州分公司借鉴项目管理的模式,成立了整体转换项目部,并下设21个项目组,采取“整体策划、分区分片、逐步推进”的方式,整体运作数字电视整体转换。根据原模拟电视用户的分类情况,推出了不同阶段的实施方案,按计划分步骤进行实施。同时制定了系列宣传方案,利用报纸、电视、互联网站等公众媒体发布信息,以新闻报道、专题访谈、答疑解惑等方式宣传有线数字电视整体转换的相关政策。在温州新闻综合、经济科教、都市生活、公共民生中开辟专栏，在导视频道、点歌频道开设整转宣传时段，用于介绍数字电视的使用、功能、内容、服务及相关政策。在各居民住宅小区成立公关小组，与社区、物业密切联系，取得他们的配合，为在各社区全面推进整体转换奠定基础。在整体转换过程中，为用户提供“一站式”上门服务，一次性上门安装、转换，简化业务办理手续，提高了现场整体转换的效率。同时在每个整转小区设立现场办理点，为用户办理相关业务，并提供演示、咨询、复印等周到服务。至2011年底，全面完成市区数字电视平移工作，有线电视双向化网络覆盖用户达51.5万户。中广有线公司进一步完成了数字电视节目平台的建设，包含了内容集成技术平台、多媒体信息平台、数字电视广播平台等。同时建立和完善了运营支撑系统(BOOS系统)，扩大呼叫中心(Call Center)规模，提供7*24小时全业务咨询、报装修、回访等服务。

湖州市广播电视台产业经营

2011年，湖州市广播电视台以宣传为中心，以经营为主线，按照优先做强媒体主业，积极拓展相关产业，努力寻求合作产业，整合资源全业务，覆盖全市一体化，管理转型企业化的思路，以事业与产业分类管理、分别经营、分步推进的方式，及时调整完善集团经营管理机制，从而实现了存量增量，分别核算，统筹兼顾，协调发展，体现效益的目的，各产业经营市场运营良好，成效明显，面对严峻形势，抓住机遇，迎接挑战，逆势而上，湖州台经营转型升级初见成效，绿色声屏初步形成。

一、广告经营

2011年，湖州台广告经营面对日益激烈的广告市场，积极开拓业务，提高服务层次，努力改进广告内容结构，创新广告经营方式，广告经营转型升级初见成效，绿色声屏初步形成。全年广告创收9212万元，同比增长9.6%，继续保持着可喜的增长态势。电视剧的经费使用严格控制在可使用的经费之内，收视率表现较好。其中首播剧场超额完成考核指标。开心剧场、情感剧场、精品剧场收视率提升幅度较大，剧场对频道收视做出的贡献较大，对整个频道的收视表现能起到一个稳定和支撑的作用。2011年广告经营主要呈现以下亮点：

1. 转型升级初见成效，绿色声屏初步形成

2011年，结合全台开展“三个年”活动，积极采取行之有效的措施，优化广告结构。广告经营管理部门全面排查梳理、排查不良广告，分析广告违规率高、信用指数不高的具体原因，加强了对医疗药品广告的监测、整治，加大了对广告违规行为的处理力度，努力做好广告经营转型升级工作。广告节目中心通过广告创收、节目创收、活动创收等转型提升，减少五大类违规广告的播放。尽管下撤的医疗药品广告使广告收入受到损失，但声屏得到了有效净化。5月份开始，湖州人民广播电台所属频率已基本实现绿色传播，湖州电视台3个主频道的广告结构得到进一步优化，湖州台广告信用指数排位在全省12家广电媒体的第5位。

2. 广告品项不断优化，多管齐下转型升级

为做好广告经营转型升级工作，2011年，广告经营口采取有效措施，强化营销理念，细分广告市场，充实广告队伍，优化广告结构，积极拓展经营创收渠道，强化品牌广告的策划，广告品种项目不断优化，并千方百计在4A公司和直客上面做增量，来弥补药品广告带来的损失。直接客户由原来的保健品为主转变为现在的日化品、快消品、食品等覆盖较多门类，蓝月亮等直接客户得到成功开发。广告含金量稳步提升，全年各个直客价格，特别是保健品类同比有很大幅度的上升。直客达到1300万元，比去年同期递增24%；4A广告公司达到2070万元，创历年新高。

2011年楼市新政给房产广告创收带来很大的困难，面对新形势，房产部从容应对，转变房产广告经管发展方式，经过市场调研，结合客户需求，推出绿色装饰联盟这一新型广告传播形式，一下子招商创收近50万元，弥补了因房交会的停办而造成的缺口。

3. 内部机制不断完善，推动经营不断创新

按照宏观调控有力，微观激发活力的要求，2011年对部门内设机构做出调整，进一步明确责任，条块明晰，湖州台广告节目中心借助新体制，依托频道的节目资源，结合客户需求和频道定位、节目特色进行广告资源的开发和开拓，大力挖掘市内广告，尤其是频道的联办栏目，成效明显。广告经营人员通过市场调查，根据湖城商业形态的发展与变化，自我加压，推出了一档全新的时尚生活杂志型服务栏目《时尚

新生活》,为战略合作伙伴和湖城一些新兴的特色的商户提供了发布新平台和合作新舞台。

4. 着力开发新型广告平台，植入式广告成为大品牌投入新宠

2011 年,湖州台广告经营部门创新广告销售模式与播出形式,加大推介多种形式的合作,特别是植入式广告平台,吸引了很多大型、正规客户的关注,由原来作为品牌广告的附属资源，转变为独立创收的平台,如脑白金、元祖食品、国窖 1573、娃哈哈等正规大品牌,都已接受并进行植入式广告的投入。广告经营口充分运用“植入式”手法,进一步完善广告与频道资源的相互融合，并根据实际操作情况,科学、合理地制定这些新型广告模式的价格。如充分运用《新闻 60 分》栏目的品牌资源，成功引进国窖 1573;与文化娱乐频道合作完成海天酱油在《开心茶馆》栏目的全方位开发；依据客户的产品特点与要求,让元祖与《阿奇讲事体》对上眼,连上线,达到良好的广告效果。

5. 活动营销,扩大影响

以活动营销拓宽创收渠道是创收增量的有效途径。2011 年,湖州台在传统的广告经营基础上,努力创新,积极开展活动营销。成立策划部,更好地发挥活动营销的优势。全年共举办四十多场大中型活动,实现了经济效益和社会效益的双赢。

6. 媒企合作,共赢未来

湖州台转变广电经营发展方式，积极拓展相关产业,推进广电转型升级。2011 年 11 月,湖州台正式与茅台集团签署合作协议，争取到作为湖州市区唯一一家经营茅台白金酒系列产品经营许可权后,投入 500 万资金，向贵州茅台集团定购白金酒系列产品,开启了媒企合作,共赢未来的发展之路,为湖州台在多元化经营创收道路上开创了新的里程碑。

二、产业经营

2011 年,湖州市广播电视台下属湖州广播电视发展有限公司坚持以科学发展观为指导,以“改革创新发展,转型升级增利”为主题,围绕《湖州市文化产业“十二五”规划》,继续深化文化体制改革,坚持“总台主导、企业主体、项目推动、效益优先”的原则,搭建项目平台,强调创新理念,强化发展举措,落实责任目标,提倡争先创优,从概念、资本、业务、管理、运营等多方面推进产业转型升级。

2011 年产业经营主要呈现以下亮点:

1. 抓规划,明确产业发展方向

明确湖州广电在下一个五年计划中(2011 年—2015 年)产业发展总方向,台党委和各承担产业经营任务的单位和部门，在学习领会国家有关产业政策导向前提下,通过市场调研、专家论证、部门研讨等程序,制订了文化产业发展“十二五”规划的指导原则、发展目标和方法步骤。2011 年初,针对宏观经济形势变化以及广电产业发展目标方向和体制机制等方面新的调整,湖州台又对“十二五”产业发展规划内容作了相应修订和完善。修订后的规划,对今后五年文化产业发展趋势的把握更为科学准确，方向和目标更加符合广电实际，办法和举措更加具有操作性。

2. 抓调整,促进产业转型升级

为落实我市提出“转型升级加速年”的要求,湖州广电发展有限公司本着“突出优势、效益优先、保障重点”的原则,对现有产业结构布局进行了梳理和调整,果断而又审慎地退出了管理难度大、经营效益低的广盛商业百货、梅地亚喜之坊等合作项目。通过协商、溢价转让等方式,妥善处理遗留问题,确保国有资产不流失。同时,为弥补主营业务的缺失,大胆进军产业发展新领域。2011 年,启动了合同能源、酒水团购、公交车车体广告发布等新业务。其中:LED 新能源项目完成了湖州华数公司营业厅、湖州联通公司总部、市政府会议中心等 LED 节能灯改造工程，市第一人民医院等单位的节能照明改造项目也正逐个洽谈中;梅地亚公司确立了“国窖”品味等酒水代理业务,销售量正逐步上升;移动多媒体公司取得了南浔城乡公交车身广告发布权,经营效益良好。

3. 抓核心,拓展文化创意产业

创意是文化产业的核心。通过招商引资方式注册成立了“湖州天开影视文化传播有限公司”,注册资本 300 万,公司落址在吴兴区多媒体产业园,享受当地政府在办公场地、税收、交通等方面给予的优惠或奖励。公司主营三大业务:一是影视剧制作生产。二是影视产品制作，包括企事业单位形象片、广告片、3D 动漫作品制作。三是大型演唱会。公司运作的第一个项目是摄制 30 集情景喜剧《理想男友塑成记》和 30 集《梦想女友改造记》(原名《野蛮女友外传》),投资约 1200 万元。8 月 17 日、18 日分别在南浔区和湖州市区举办了“野蛮女友外传”暨“2011 年韩国洲际小姐” 湖州行两场推介晚会，为电视剧造势。运作的第二个项目是成功承办南浔区经贸洽谈会“唱响南浔”大型文艺演唱会,历届超女冠、亚军为

南浔人民献上了一台精彩晚会。开拓影视剧制作产业是发展有限公司业务的一个新领域，它将有利于迅速拓展广电文化产业，扩大资本市场。

4. 抓平台，推进重点项目建设

在利用发明专利技术基础上，由湖州广电发展有限公司投资建设的民生产品生产项目——升降式蛋糕机，经过2010年的研发、改进，于2011年3月份正式生产出第一代定型产品，并投放市场。根据销售反馈的信息，对产品不断地进行改进和完善，成本大幅下降。该项目累计投入已近300万元，目前正加强营销力度，加快产品与市场的对接，争取早日取得效益，已有上海、天津等地的全国知名婚庆产品生产或代理商明确表示合作意向。广电二期（广电梅地亚文化中心）是湖州市重点文化产业基地，2011年完成各项审批手续、地质勘探、土地平整、建设招标等前期准备工作后，于2011年12月6日正式开工建设。

三、大型活动部（艺术团）经营情况

2011年，湖州台大型活动部（艺术团）以扩大经营创收为重点，以文艺演出、大型活动和跨行业开发为途径。大型活动部（艺术团）始终把经营创收工作放在重要地位，多次召开经营工作研讨会，分析形势，解析任务，在抓机遇、拓渠道、求发展上寻求突破，进一步加大营销力度，扩大市场占有率，提升营销能力，经营工作取得了新的突破，演出创收效益明显，活动创收稳中有升。2011年，签订各类经营合同近400万元。其中完成全国残疾人运动会、中国海洋运动会、极限运动会等纯演出近70场，承接并成功举办“唱响南浔”大型演唱会、“感动湖州”、湖州乡村旅游推介等大型活动，另外在礼仪、租赁、制作等方面也有所突破。

四、报网广告经营情况

2011年，由于受到了市场环境等因素的影响，湖州市广播电视台报网中心广告经营举步维艰，广告经营创收为410.7万元。主要呈现以下亮点：

1. 深入市场，挖掘潜力

针对2011年广告市场环境不景气的情况，广告经营人员积极主动地深入市场，掌握市场动态，了解客户需求。2011年，报网中心的房产及部分商业广告实行了由台统一代理的形式，虽然在客观上减轻了报网经营的压力，但从某种程度上来说，客户资源也相对减少。为此，在巩固现有行业、客户的基础上，湖州台报网中心进一步加强对新客户的开发与沟通工作。重点培育通信、商业、金融等客户，使之成为广电报的主要广告客户和业务增长点。

2. 创新方式，整合营销

利用重大节假日，进行广告策划创新，为客户营销提供更多的宣传平台。如元旦、春节、“五一”期间，为广大企业制作专版，通过专版、专刊的形式为全市商家渲染节日气氛，牢牢抓住商家必争的小长假，为他们提供发布商品营销的多种渠道，为广大消费者提供更多的商品信息。

3. 依托活动，加强创收

面对严峻的经济形势，广电报网中心全体人员想方设法拓宽创收渠道，以活动为载体，提升报网影响力，加强广告创收力度。抓住2011年建党90周年这一契机，精心策划了湖州市青少年党史知识大赛，整个活动历时一个月，既产生了社会效应，也给广告创收带来了一定的效益。2011年，共举办6场社区纳凉晚会，全体经营人员冒烈日、战高温为社区居民送去一台台精彩的文艺演出，同时也依托纳凉晚会这个报网的品牌活动，提升了知名度，增加了创收。

湖州市广播电视台有线广播电视网络与数字电视公司经营

2011年，是湖州市广播电视台下属湖州华数数字电视有限公司与广播电视传输中心一体化运作的第一年，湖州华数按照全省有线数字电视网络联合发展的要求，稳步实施广电网络一体化运营，积极推进有线电视数字化和网络双向化改造，全面拓展新技术新业务，有力地促进了“三网融合”，“一户通”、互动等增值业务实施良好。截止到2011年年底，数字电视用户达32万多户。互动电视发展2万多户。

一是推进“一省一网”整合发展。根据省委、省政府关于广电网络整合的有关文件精神，湖州华数认真落实一体化运行中的资产转接和资产评估工作，通过股权出资参与组建了省级公司，2011年10月24日浙江华数广电网络股份有限公司挂牌成立。年底湖州华数数字电视有限公司正式成为浙江华数广电网络股份有限公司的全资子公司。

二是加快数字电视建设。2011年3月31日，实施第二期模拟信号停播工作。截止12月底，新增数字电视用户30941户，累计整转户数达326371户。

三是实施城乡一体的多功能全业务网络建设。

至2011年12月底，合计双向化覆盖用户194808户,网络建设共完成接入网双向化改造小区137个，双向网改造行政村60个，完成主杆线网改行政村115个,主杆线网改自然村(小区)1237个,新增光节点3910个,新增光缆2498公里。

四是推进"村村响"工程建设。2011年,对吴兴、南浔两区调频广播进行了一次年度大检修,出动维护人员1700多人次,更换和维修调频广播1130只。全年新增广播联网数78个，总联网数达295个,完成总联网79.9%。

五是完成乡镇IP城域网建设。根据乡镇IP城域网技术方案，顺利完成湖州市区5个分前端5606TOLT的割接,新建5个分前端,并陆续完成了18个乡镇OLT的安装和调试工作,为互动和宽带业务的发展做好前期的技术准备。

六是完善数字电视平台建设。湖州华数中心机房二期改造于2011年8月完工。目前,中心机房集数字电视平台、模拟电视平台、交互电视平台、SDH传输平台于一体，信号覆盖湖州市三县两区共100多万用户。实施了数字电视新老平台的切换,新启用的数字电视平台采用全IP技术,满足了高清点播和时移电视等功能，该技术获得了省广电局科技创新二等奖。

七是建设完成吴兴区农保专网。2011年,湖州华数承担了湖州市吴兴区范围内所有卫生医疗服务点的"农保"联网工作。吴兴区埭溪镇、白雀乡、杨家埠镇、东林镇、八里店镇、环渚乡、妙西镇、织里镇、道场乡共9个乡镇及其下辖的自然村共计107个农保医疗点全部调试完毕并上线交付使用。

八是全面推广数字电视增值业务。在抓住传统业务的基础上，以加速推进数字电视产业化发展为核心,重点抓了互动电视业务的推广。2011年,互动电视发展净增12692户,累计已达到18,581户。

嘉兴市广播电视台产业经营

1. 以广告经营为主的产业经营情况综述

2011年,因受全球金融危机的影响,国内经济形势十分严峻,广告市场表现疲软,竞争十分激烈,整体形势不容乐观。面对压力,嘉兴市广播电视台着力创新经营理念,加强广告经营管理,实现全年广告经营创收继续保持平稳增长。主要做法:一是转变经营理念。根据市场的需求和客户的实际需要出发,调整策略,改变方式。加强策划,做强广告大户。二是创新手段,挖掘广告潜力,通过节目特约、冠名、品牌活动等,每年实现广告增收数百万元。同时,进一步开拓市场,工业类、商业类、市场类广告都有较多的增长。三是调整结构。实行优质优价,重点保信誉好、品牌好的优质客户。四是抓管理、抓自律、抓规范。广告监播部严格落实广告审查制度，加强对全部的广告合同、内容、上载、播出做到全程监控,加强自律工作。全年电视广告信用指数排名全省广电第二,公益广告播出一万多条(次)。年内,广告经营中心《楼市直通车》栏目分别获得中国广播电视协会经济信息类节目房产版二等奖、汽车版三等奖。

2. 有线广播电视网络与数字电视公司经营情况

(1)有线广播电视网络建设情况

嘉兴华数电视通信有限公司运营的网络有HFC网络和数据网络,其中数据网络又分为基于IP城域网（覆盖市本级及市本级15个乡镇站),并与五县(市)和杭网对接、IP城乡专网(覆盖市本级及市本级15个乡镇站)、10G MSTP环网〔覆盖五县(市)及市本级〕。有线电视前端分为模拟平台和数字平台,建有市内有线电视光传输环网(采用1310技术)和至五县(市)有线电视光传输环网(采用1550技术)。小区IP宽带网络市内覆盖率超过99%,采用光纤收发器+LAN、光纤收发器+BIOC、EPON+LAN、E-PON+BIOC、EPON+MOC等多种接入方式实现终端用户接入。

年内,嘉兴华数电视通信有限公司完成60多个新建和改造小区的接入网络建设，新建POP机房8个;扩建POP机房10处;实施BIOC接入区域局端和终端设备配置调整,涉及覆盖用户数近2万户;完成40多个宾馆类集团用户IPTV接入网络建设;完成近200条新增和扩容数据专线的建设、调试、开通工作;完成TV2.0嘉兴测试平台建设和调试;完成嘉兴MPEG4点播分中心和H.264高清点播分中心建设和调试工作;完成嘉兴H.264高清点播CDN节点建设工作;完成四县(市)MPEG4点播CDN节点建设和调试工作并配合五县（市)CDN节点嘉兴MPEG4点播分中心接入工作；完成央视3D测试频道嘉兴数字电视平台集成播出工作。

(2)数字电视经营情况

嘉兴市作为"国家级有线数字电视试点城市",于2004年启动建设有线数字电视示范网。为满足嘉兴市数字电视业务发展的需要，嘉兴华数电视通信有限公司持续进行技术升级改造，目前嘉兴数字电视平台共有 20 个数字电视节目流，提供 62 套数字电视节目、26 套标清节目、11 套高清节目、3 套测试节目和 10 套音频广播节目，同时推出有互动点播、付费频道、电视回放、高清电视、游戏、财经等增值服务。

按照“积极、稳妥开展有线电视数字化整体转换”工作要求，嘉兴华数电视通信有限公司于 2010 年 9 月 18 日全面启动有线电视数字化整体转换工作。在数字电视整转工作中，嘉兴华数主要通过现场设摊的形式，对市本级 384 个小区(区域)的用户进行整转普及和付费频道、互动电视、高清电视的销售推广；同时，认真做好推广宣传，营造良好的舆论氛围。本着整转现场有序、规范、高效的原则，制定了涵盖演示推广、业务受理、机顶盒配对发放、现场安装、物流配送、票据交接以及应急安装预案等相关工作流程。在人员配备上，增加呼叫中心客服人员和服务座席，做好整转时期上门辅导和在线解答用户咨询工作的准备，开展全天候的用户服务。在公司营业大厅开设了整转小区绿色通道等措施以提高整转服务质量。2011 年 10 月 14 日，嘉兴市本级有线电视数字化整体转换工作基本完成，实现整转、停模、调价三项目标平稳过渡。

(3)社会影视产业及其他广电传媒产业经营情况

根据中央和省、市关于深化文化体制改革的有关要求，为深化广电体制机制改革，统筹广电事业产业协调发展，提高广电产业规模化水平，嘉兴市广播电视台积极探索事业、产业发展新路子，继续深化嘉兴广播电视集团内部机制体制改革，按照现代企业管理模式，实行事业板块与产业板块统一管理、分别运行、独立核算机制，进一步整合资源，培育市场主体，构建产业化、多元化发展体系，特别是嘉兴市广播电视集团有限公司在构建了以全资、控股、参股等多种形式经营实体并存的公司架构的基础上，注重完善制度建设，提高运行质量，基本形成了与新体制相配套的内部机制和管理制度，企业管理逐步走向科学化、规范化、法制化轨道。年内，网络建设、传媒经营、器材销售服务等本源产业强势不减，影视传播、传媒文化活动营销等延伸产业升势显现，如 5 月 18 日，由嘉兴市电影公司、嘉兴市广播电视台、嘉兴市报业集团共同投资组建的嘉兴银河影业投资有限公司投资成立的第二家乡镇电影院——洲泉银河电影城开业。娱乐业和创意产业园区建设等关联性产业稳定运行，产业经营效益不断提高。江南传媒文化创意产业园建设坚持以招商引资为核心，以项目建设为重点，积极拓展发展空间。到 2011 年底，园区共引进企业 23 家，注册资金 7818 万元，项目计划总投资超过 6 亿元，园区被列入 2011 年浙江省服务业重大项目计划、嘉兴市重点建设项目。

绍兴市广播电视台产业经营

2011 年，绍兴广电总台广告公司与方正项目组紧密配合，广告经营呈现三大特征。

一是在结构调整完成广告播量的增长。全年完成广告播量 11700 万，同比增加 3.5%。其中医药广告的比重降至 10%左右，房产部全年同比增长 13.9%，汽车珠宝家电部同比增长 8.7%，外地广告同比增幅超过 9%，实现了本地稳步增长，外地快速增长，广告结构得到进一步优化良好势头。

二是广播品牌广告有了大幅度提升。全年品牌广告播量较 2010 年同期提升 25.7%的良好业绩，同时，通过对大客户的培育扶持、广播刊例价的适时调整和优质广告产品的创新推广，实现了房产、汽车、金融等行业的大幅增长。

三是通过各种活动营销、增加植入式广告和联办栏目的份额，电视剧、自办栏目的冠名和挂角广告总量同比增长 20%以上。

四是内部管理进一步加强。广告公司 2011 年以来，更加注重加强内部管理，进一步完善各项流程和规章制度，制定了《广告公司关于加强和完善广告经营性栏目和广告片审查制度的规定》，加强了广告栏目和广告片的审查，确保安全播出。同时，加强员工业务素质培训，着力提升员工素质，进一步加强了公司团队的有序紧密合作。

金华市广播电视台产业经营

2011 年金华广播电视发展有限公司主要经营金华广播电视总台电视、广播电台广告代理业务和广电设备代理业务，以及有线数字电视配套设施工程业务。全年实现营业收入 11182.31 万元。

2011 年公司收购金华金视电视通讯工程有限公司 63%股权，股权收购完成后，公司持有金华金视电视通讯工程有限公司100%股权。公司还将拥有的金华华数数字电视有限公司的51%股权经评估作价，投资加入浙江华数广电网络股份有限公司。金华广播电视发展有限公司作为浙江华数广电网络股份有限公司发起人之一，占浙江华数公司注册资本14.60%。

2011年度网络中心业务发展情况

全年发展模拟有线电视用户8961户；全年发展互动数字电视用户9244户；在数字电视整转工作中，本年度共实现整转147664户。

东阳市广播电视台产业经营

2011年，东阳台积极探索发展双向数字电视、宽带等多功能增值业务的方法和机制，大力发展双向数字电视、宽带用户。大联广电站“跳出整转谋发展”，短短8天时间发展双向数字电视613户，宽带用户73户。南马花园集团和城东街道斯村安装双向数字电视2700多户，歌山广电站签订了双向数字电视安装协议，到年底安装用户1000多户。虎鹿、大联广电站安装1300多户。全年全市共发展双向数字电视用户9057户，宽带用户6082户，截止2011年底双向数字电视总用户共18350户。从年初着手农村整转准备，4月21日开始，先后在南市街道南溪片、大联、东阳江镇东江片开展整转试点，取得圆满成功。5月下旬全市农村整转全面推开，全体工作人员早出晚归，奋战5个多月，10月完成全市农村整转，共整转用户16.3万户，发放机顶盒21万台，整转率达到129%，比省政府规定完成整转时间提前了一年零二个月。东阳市农村整转成绩受到省广电局张宝贵局长等领导的充分肯定并亲笔批示，农村整转试点、农村整转及数字电视发展经验3次在《浙江广播电视》内刊上刊登。

义乌市广播电视台产业经营

1. 数字电视整体转换工作基本完成

在2009年完成环城路内10万户数字电视整转的基础上，2010年义乌市广播电视台全面推开农村数字电视整转工作。经过全台上下共同努力，2011年5月下旬，随着廿三里西田畈居委会和江东街道下王村等数字电视整体转化工作的结束，义乌市数字电视整体转化工作基本完成，成为浙中地区率先完成数字电视整体转换的县市，也是全省完成数字电视整体转换的首批县市之一。全市19.8万有线电视用户除旧村改造等特殊原因外已全部转换为数字电视，全市共有数字电视主终端用户27万多户，新增7万多户有线电视用户，提早一年半完成了市政府制定的数字电视整转工作目标。至年底，全市共有数字电视用户25.8万户。

2. 有线广播电视网络经营业稳步发展

2011年，义乌市广播电视台制定专门的网络改造实施方案，全年共完成网络改造用户6万户，其中4万户实现网络双向化，提高了传输质量，推进了农村数字电视整体转换工作的顺利进行。根据新广电大楼的建设进度，网络中心在多方考察认证的基础上，完成了新大楼机房的建设方案，其中包括电视墙机架系统、卫星信号接收系统、数字电视前端系统、CA系统、EPG系统、CMS系统数据库热备、信号监视监测系统、数字电视播出系统、视频字幕图片插入系统、客服中心改造方案、CDN互动电视节点扩容改造、城域网方案等，需投入资金达100多万元。2011年1月至11月网络客服人员共接听用户来电294409个，下单数共计106989个(其中包括维修单102763个，宽带安装单4226个)。回访用户数5513个，满意率为98.88%，获得了市“巾帼文明岗”。2011年共新增光节点6处，浙江省及金华广电的专项联网业务3处，搬迁线路13处，抢修线路16处，盈利约33万元。已出动管道抢修10余处，排查安全隐患3处，完成稠州中路、篁园路、北城路、江东路延伸等广电管道共计8.74管程公里。其中稠州中路、篁园路由台出资，共计工程款约66万；北城路、江东路延伸由财政出资，共计工程款约100万。

衢州市广播电视台产业经营

衢州广电台面对复杂的经济形势和日益激烈的市场竞争，创新机制、创新方法，千方百计拓宽经营渠道，保持较好的增长态势。2010年衢州市广播电视总台收入：财政拨款2281.54万元；经营创收总额11213.71万元。其中广播电视和发展公司以及广电报广告经营创收5443.93万元，同比增长23.49%(广播604.23万元，电视4157.75万元)；网络收入5410.17万元(含乡镇站)，同比增长52.81%；其他创收收入 359.61 万元。

1. *优化广告经营结构*。认真执行国家有关广告法规和台电视广告经营管理制度，针对不良广告的投诉、反馈次数较去年大幅减少。台内部已基本杜绝实物抵扣广告、广告折扣率随意等现象，广告实际到款率也大幅提高。

2. *进一步做大品牌经营活动*。通过经营性社会活动等方式，弥补广告总量的不足。4 月份"第 3 届衢州春季汽车博览会"，成交汽车 1402 辆，成交金额 1.7 亿。5 月份开始"高考招生系列活动"，联合有关部门主办了"莘莘学子心，悠悠十年情"大型公益演出。10 月 22 日，举办衢州首届电视观众节正式启动，9 项与观众形成互动的系列活动持续到年底。12 月份策划主办衢州市第 11 届房地产展示交易会。此外，台各媒体还开展了"首届金融文化节文艺晚会"、"的士节"、"中小学生论语系列大赛"、"心中有爱献出来"、"社区达人秀好歌大家唱"、"月历宝宝"等 50 多场社会活动。

3. *拓展多元经营格局*。开发数字电视各类增值服务。"电视便民服务"已推出；"电视银行"、"电视社保" 等其他一些增值服务平台正在与有关部门商洽之中；"小区 LED 信息联播网"已经进驻市区 90%以上居民小区；数字电视"阳光政务"频道在市政府的支持下已经开始试播，项目已经初步纳入 2012 年市政府为民办实事工程；"数字移动电视传媒" 也正在推进。

舟山市广播电视台产业经营

2011 年，舟山广播电视台高度重视抓经营创收，抓住广播电视广告这一主业，优化广告结构、拓展多元化经营，不断培育新的增长点，经营创收稳步增长，全年总台本级创收 4500 万元，比上年增长 12%，指标完成率达 115%，其中电视创收 3500 万元，广播创收 1000 万元。

抓牢广告主业 根据广告经营实际，调整体制，整合资源，及时制定《广告创收方案》，修改《广告监管办法》，出台《广告信用指数考核奖惩制度》，多次召开广告经营专题座谈会，督促频率、频道主动营销，拓展经营创收渠道，大力开发本地广告，着力提高品牌广告比重，优化广告结构。同时了解客户需求，提高服务质量，推广精细营销。在巩固老客户的基础上，开发市外新客户，增加广告播出量。是年，金融业、商贸业、服务业等类广告都有不同程度递增，幅度 5%—10%。

开发多元经营 依托媒体优势，发展活动经济、电视购物、户外广告，寻求经营创收新的增长点，尤其是好易购频道收归总台统一经营后，依托电视媒体资源举办了多场活动，此频道全年纯收入 200 万元左右，成为新的经营亮点。

维护信用指数 采取有效措施，加强对广告播出的监督管理，严格广告准入门槛，加大对违规广告的处罚力度，将全省广告信用指数与各频道、频率人员的奖惩挂钩，大幅降低医疗药品类违规广告的播出总量，同比减少 12%。广告的贴近性和服务性随之增强。同时，加强对广告信息系统的管理，努力提高服务客户的质量，维护受众的合法权益，营造良性循环的经营环境。2008 年至 2011 年，总台广告创收增加了 2000 多万元，平均每年增加 500 多万元。

2.广播电视网络经营情况

2011 年，舟山广播电视网络实现总收入 5010 万元，比上年同期增长 23.75%，比预算增长 15.49%，实现净利润 688 万元，比上年同期增长 2.39%。全年新增有线电视用户 7749 户，净增用户 7145 户，年末在线用户 15.7 万户。完成有线电视配套建设面积 48 万平米，安装工程用户 4400 户，新签订有线电视配套工程合同 35 个，计划配套建设面积 97 万平米。

全面完成定海城区约 8 万用户有线数字电视整转停模工作，并全部启动定海 11 个乡镇(街道)有线数字电视整转，完成有线数字电视整转 3.8 万户，整转率 65%以上，提前一年超额完成省、市下达乡镇要求在 2012 年底完成 50%的目标任务。为满足居民用户配置二终端以上副终端机顶盒的需要，推出"套餐预付费 赠送机顶盒"活动，付费频道增值业务用户达到 2.3 万户，并完成天华高清付费节目和高清点播节目的上线，以满足用户个性化需求。

定海城区网络建设 是年，完成大陆联网剩余段广电大楼至盐仓海舟公寓 6.1 千米光缆敷设，标志大陆联网光缆敷设工程全线完工，新建清华兰庭、弘生北区、东方丽景等分配网小区 12 个，敷设小区分配网光缆 26 千米，计 609 芯千米；敷设主管道 13 千米，计 20 孔千米；完成紫竹公寓、丹桂园公寓、金寿新村、檀树南、北区等 150 个小区双向网改造，覆盖用户数 7.5 万户；城区新增有线电视用户 3900 户，用户总数为8.94万户。开工建设与各县(区)SDH电力光缆备份建设项目,形成市本级与各县(区)信号的双链路传输。完成了舟山市有线数字电视前端平台系统和互动平台系统的验收。

临城新区网络建设 完成海天大道惠民桥段、王家墩安置地块、富丽岛路双阳村,临长路延长段、红星美凯龙段等光缆、电缆支干线改道工程;完成岙山国储光缆管道和预埋工程、舟山中学周边支干线和分配网新建;完成新天地商务宾馆和舟都商务宾馆预埋及接入工程等。各项工程总计敷设光缆和电缆16公里。

定海乡镇网络建设 新建岑港镇马目农场至定海工业园区广播电视支干线、干览镇至北蝉乡环网建设工程、舟山广电大楼经东皋岭隧道至白泉站机房等处支干线光缆10千米;配合定海乡镇新农村建设工程,开工了白泉金山公寓、金塘沥港联建房等项目的有线电视配套建设;对落户定海乡镇新港工业园区、金塘西堠工业园区等企业进行管道预埋工程建设。按照省新农村建设要求和有线电视发展需要,采用EPON+LAN技术完成定海干览镇新建社区太阳谷双向网改造试点工程建设,共覆盖用户数70余户;完成盐仓街道海灵新村、金鹰公寓、兴舟新村、海舟公寓4个居民小区进行双向网试点改造,覆盖用户数1882户。是年,定海乡镇新增有线电视用户2300余户。

嵊泗县广播电视台产业经营

作为嵊泗县唯一的一家媒体,县广播电视台在秉承"党和政府喉舌作用"的同时,积极经营电视广告产业。2009年,台电视新闻频道全天播出时间约为16个小时,除去约1小时的新闻节目、1个多小时的资源型专题节目和10小时的电视连续剧外,广告节目播出的时间为3小时左右,所占比例约为20%。因为本县地处偏远,岛屿分散,人口少,规模效应不明显,但在广告经营人员的努力下,2011年的广告业务量比上年有了大幅度的提升。

普陀区广播电视台产业经营

2011年,全年共安装用3686户,其中城区共安装用户2938户,勾山429户,朱家尖319户;故障维修15913次,其中城区12133次,勾山2183次,朱家尖1597次。完成7项预埋工程,预埋终端数994只,完成金额156万元。签订预埋合同24只,合同金额1450万元。收取视听费1378万元,其中城区收取987.5万元,勾山站收取286.5万元,朱家尖站收取103.9万元。比上年增长20%。

全面推进有线数字电视工程,2011年共整转用户38583户,出售机顶盒5213台,其中城区整转用户25792户,勾山整转6394户,朱家尖整转6397户,到年底全区共发展数字电视用户58267户,其中城区45476户,整转率达76%,基本完成了整转工作(省规定75%就为基本完成)。并完成城区25个居民小区的网络双向化改造,覆盖用户30500户,在已改造区域开展数字电视互动点播试点工作,开通双向业务用户32户。做好渔农村广电网络升级改造工作,朱家尖站、勾山(展茅)站改造用户2650户,基本完成这些地区光缆主干线升级改造工作。

2011年,普陀广播电视台电视广告业务经营继续由舟山市新威广告装饰有限公司代理,全年完成广告经营金额为228万。

台州市广播电视台产业经营

受国内外经济环境的影响,广告市场明显趋冷,尽管如此,台州台在继续推进广告转型升级的基础上,创新经营方式,不断开辟新的广告增长点,挖掘市场潜力,年度广告收入再创新高。

一是广告创收稳步增长。圆满完成了年度创收任务,广播电视6个频道本年度广告创收额突破1.5亿元,比去年同期增长了16%,超额完成了台里制订的三级指标。其中电视创收约为1.16亿元,同比增长约13.8%;广播创收约3400多万元,同比增长约30%。各频道活动营销创收达420多万元,台州电视鹊桥会、台州电视鉴宝大会、台州精品楼盘展示交易会、阿福排舞大赛、汽车巡展等活动受到观众热捧。成功举办了2012年度台州台黄金资源广告招标会,现场招标21项,招标额达736.5万元,网上挂牌65项,达2495万元,总额共计3231.5万元,再创历史新高,为2012年广告创收打下坚实的基础。

二是经营管理更加到位。继续狠抓广告整治工作,加强对广告内容的审查,坚决撤销或拒绝不良内容的广告播出,切实规范广告播出行为,大力倡导绿色广告,品牌广告,广告信用指数在全省城市台中保持前列。进一步完善规章制度,修正经营考核政策,奖励分配更加公平合理,激发了创收活力。补充升级全台广告管理系统,广告管理软件体系建设逐步规范,促进了统一管理。

三是市场调研凸显成效。根据尼尔森广告监测数据定期分析整理出各频道广告品牌收视监测报告,为频道科学编排广告节目提供依据。继续开展市场调研,开拓潜在广告投放市场,数据显示,去年进行调研的行业今年广告投放增长明显。积极搜集台州台广告投放数据和周边一些城市台的广告投放数据,通过比对、分析,形成调研报告,为各频道了解广告市场情况和适时调整广告经营策略提供决策参考。树立创新活动营销的意识,增加新的创收点,探索植入式广告的播出形式,规范植入式广告价格体系;引导频道加强公益广告策划,实现媒体与企业的“双赢”。

注重推进体制改革,加快新媒体新产业发展

面对各种新媒体抢占传媒市场的紧迫形势,大力推进新媒体产业的发展,积极参与市场竞争,全年产业创收达到1.5亿元。

一是加快体制改革步伐。积极开展调研,起草广电体制改革方案,经过市文化体制改革领导小组成员单位多轮商讨,并向市委、市政府分管领导多次汇报,修改十余稿,台州广电集团组建方案顺利获得了市委常委会、市长办公会通过。完成对台州市广播电视网络传输中心、路桥区镇(街道)广电管理总站、路桥广播电视中心的网络经营管理职能三方合并重组,成立了台州市广播电视网络管理中心,顺利实现两区网络的整合。成立了台州广电网络有限公司,由正略钧策管理咨询公司设计全套人力资源管理方案,顺利完成公司中层干部竞聘上岗等相关工作,为2012年市本级有线电视网络转向企业运行创造了条件。

二是推动网络联合发展。根据省委、省政府关于“一省一网”整合发展的实施要求,分析研判发展形势,积极探索广电网络整合发展路径,与浙江华数广电网络有限公司深入洽谈,并签订了框架协议。按照市委、市政府的要求,积极推动全市广播电视网络联合发展。

三是基本完成新媒体建设布局。投资600万元入股华夏城视网络电视有限公司,台州台当选为董事单位,台州台加盟城市联合网络电视台(简称CUTV),在原台州网络电视的基础上建立CUTV台州台,共享CUTV的发布平台和执照,充分借助CUTV的节目推广和播出资源,实现台州电视节目与互联网站互为推广、互动播出,同步观看,跨屏续播的功能。这是总台继发展数字电视、移动电视之后,在新媒体领域实施的又一重要的战略举措,至此,总台基本完成了网络电视、数字电视、移动电视新媒体“三驾马车”的战略布局。数字电视大规模整体平移进入扫尾阶段,截至12月25日,整转率达到了112.99%,数字电视用户数达到145.5万;市本级广电有线网络城区部分,在完成双向网改造的基础上,光纤逐步向楼栋延伸,提升双向网素质。完成部分镇(街道)所在地的网络双向改造任务。继续办好移动电视,基站建设已达到17座,各县(市、区)及主要集镇全面实现信号覆盖。开办移动电视自办栏目并进入有线网络。

丽水市广播电视台产业经营

2011年,全国经济大环境有所好转,丽水市广播电视台各经营单位加强内部管理,深入挖掘本地市场潜力,积极拓宽创收渠道,经营能力进一步增强,经营创收实现平稳较快增长。全年新增客户100多个,经营收入合计5690万元,同比净增490万元,超额完成预期目标。

电视广告实现新的突破。电视广告中心针对具有竞争优势的行业,专门出台优惠政策,吸引了汽车、家装建材及旅游广告转投电视媒体。全年增量525万元,增幅13.8%,为近五年最高。配备精兵强将,提高了《风采》、《理财新视点》等经营栏目的质量,使之成为广告创收的重要平台。完善考核机制,细化各业务部门的月回款指标,回款量明显提升。同时,举办了汽车夜市和家装建材博览会等经营活动,积极引进正规药品保健品广告,大幅减少违规广告播出,既提升了广告信用指数排名,又使该行业播量增长了近一倍。

广播广告经营活力增强。得益于一支热爱广播广告事业的稳定的业务员队伍,广播广告结构趋于合理,金融保险、旅游、汽车等行业增幅较大,全年基本没有播出违规广告。拉开新老客户奖励标准,提高了业务人员联系新客户积极性。通过印制《百姓热线》宣传册,举办“丽水市‘绿谷之春’、‘绿谷之秋’两大面向学生的赛事”、“安全生产月”宣传、“农信系统庆祝建党 90 周年晚会”等活动,有效拉动了创收。

广播电视报创新经营手段，完成创收近 400 万元。挖掘封面文化产业特色资源,开展“丽水三宝人物志”等宣传活动,同时成立了旅游美食工作室,增加长期合作对象。

丽水在线网站发展势头良好。网站增设“地图版块”等新的频道,进一步提升服务功能。成功举办了“老白谈天” 模仿秀、“首届相亲大会”、 丽水第一届“浙商杯”模拟炒股大赛等线下活动,增强了网站的吸引力,同时以活动为平台,加强与本台其他媒体互动从而推动创收。

电视发展公司影视制作和文化活动客户量有增加，举办了小主持人培训和缙云黄龙山户外拓展训练等活动。成功代理一知名酒类产品,走向多元化经营的路子。

丽水华数公司经营

2011 年，丽水华数公司把经营工作重点放在“停模促整转、业务拓市场、网络改双向、传输保安全、服务提质量、创收增效益”上,取得良好效果。当年完成 5430 户规模的整转，净增数字电视新用户 3397 户、互动电视新用户 3003 户,完成 6050 户规模的双向改造、累计网改完成 96%。新开设约 220m^2 的营业厅、建立 96371 客服呼叫中心,客服工作更趋规范化、人性化。在开发市场、创收增效的同时,重视做好广播电视安全播出和工程施工安全生产。全年实现经营收入 2732 万元、利润 439 万元,分别比上年增长 13.81%和 85.66%。

14. 专 论

ZHUANLUN

适应形势　加速转型　努力开创全省广播影视繁荣发展新局面

张宝贵

这次全省广播影视工作会议的主要任务是：认真学习贯彻全国广播影视工作会议、全省宣传思想工作会议和全省文广新局局长会议精神，总结“十一五”时期和2010年全省广播影视工作，分析形势任务，统一思想认识，研究部署2011年重点工作。为开好这次会议，我局专门向省委、省政府分管领导作了请示汇报，省委常委、宣传部长茅临生同志作出重要批示：过去的一年，全省广播影视战线以科学发展观统领工作全局，认真贯彻省委、省政府的一系列重大战略部署，坚持以改革为动力，以创新促发展，以惠民为目标，在“抓导向、强基础、提质量、求突破”上取得显著成效，不断提升舆论引导能力和文化服务能力，开创了我省广播影视繁荣发展的新局面。“十二五”期间，是我省广播影视加快发展、促进转型的战略机遇期。今年是中国共产党成立90周年，是实施“十二五”规划的开局之年，广播影视工作任务艰巨，责任重大。希望各地和各级广播影视部门站在战略和全局的高度，按照全省宣传思想工作会议的部署，牢牢把握经济社会发展的主题主线，紧紧围绕加快文化大省建设的目标任务，进一步适应新的形势和要求，着力提高舆论引导水平，强化广播影视现代传播能力，加快构建广播影视公共服务体系，加快广播影视产业发展，加强创作生产引导，努力满足全省人民群众不断增长的精神文化需求，切实把新一年的各项任务部署落实到位，使我省广播影视领域的各项工作继续走在前列。副省长郑继伟同志作出重要批示：过去一年，我省广电系统坚持正确舆论导向，强化安全播出监管，扎实推进服务体系建设，大力促进影视动画产业发展，各项事业取得了可喜成绩。望在新的一年里再接再厉，力争各项工作再上新台阶。对省委、省政府领导的批示精神，我们要认真学习领会，切实抓好贯彻落实。

下面，我代表省局党组讲几点意见。

一、肯定成绩，发挥优势，坚定做好广播影视工作的信心

“十一五”时期是我省广播影视开拓创新、繁荣发展的五年。在省委、省政府和省委宣传部的正确领导下，全省广播影视战线坚持以邓小平理论和“三个代表”重要思想为指导，深入贯彻落实科学发展观，紧紧围绕广播影视“发展繁荣、惠民服务、安全播出”三大主体任务，以增强传播影响力为核心，以深化改革创新为动力，以落实惠民服务为目标，坚持抓导向、保安全、谋发展、惠民生、强管理、夯基础，广播影视各项工作取得了显著成绩，许多方面走在了全国前列，为我省经济平稳较快发展和社会和谐稳定提供了有力的思想保证、精神动力和舆论支持。在“十一五”全省广播影视务实奋进的历史进程中，2010年，我们围绕中央和省委、省政府实现科学发展、加

快转变经济发展方式的战略部署，坚定信心，克难攻坚，扎实工作，巩固了广播影视积极健康向上发展的良好势头。去年，全省广播影视经营收入超过174.5亿元，是五年前的2.8倍，为“十二五”发展奠定了坚实基础。

1.舆论引导正确有力。我们坚持围绕中心、服务大局，不断强化新闻立台，牢牢把握正确导向，着力提高舆论引导水平，圆满完成了党的十七大、新中国成立60周年、北京奥运会、上海世博会等重大宣传报道任务，积极做好应对金融危机、促进经济转型升级的深入报道，认真组织汶川、玉树地震等突发事件的宣传报道，加强正面引导，鼓舞信心勇气，在服务党的中心工作中做出了重要贡献。2010年，全省广电系统深入宣传科学发展观、积极做好调结构、促转型、谋发展、惠民生的宣传报道，出色完成了党的十七届五中全会和省委十二届八次全会等重大主题宣传报道，营造了积极向上、团结和谐的主流舆论。围绕新闻立台，召开专题会议作出部署，开展系列性监测评议，出台加强新闻类节目管理意见，举办新闻节目研讨和“鲜活新闻”大赛，特别是去年以来，我们推动新闻立台的实践和管理，各级广播电视台新闻立台的意识得到强化，“导向高于一切”的理念形成共识。宁波台、温州台、嘉兴台、湖州台以及萧山台等单位大力抓好新闻立台和绿色收视，积极探索和总结了富有成效的做法和经验。我们坚持品牌建设，鼓励新闻创新，加强广电主流媒体建设，涌现了一批知名品牌栏目节目和主持人评论员，被中央电视台和中国之声采用的新闻数量逐年增长，获中国新闻奖、中国广播影视大奖的数量和等级逐年提高，全省广播影视传播力、影响力和竞争力进一步增强。2010年全省广播电视作品有7件获得第20届中国新闻奖，中央电视台《新闻联播》播发浙江新闻386条，其中头条23条，中国之声播出浙江新闻1219条，其中头条13条，均创历史新高。浙江国际频道已经覆盖欧洲、美洲和亚太地区，在浙江对外宣传中发挥了重要作用。

2.安全播出巩固加强。我们坚持把安全播出作为广播电视的生命，以高度的责任心和使命感，全面加强安全运行管理，努力构建集节目监管、技术监测、安全指挥于一体的安全播出监管体系，五年来，胜利完成了各个重大节会保障期和敏感时期的广播电视安全播出任务，为确保全省政治安全和社会稳定作出了积极贡献，受到了国家广电总局和省委、省政府领导的充分肯定。2010年，我们进一步加强技术装备，提高监控手段，推进制度化、规范化的安全工作机制建设，完善以省市为核心的全省安全播出指挥保障体系，连续第9年实现了安全播出“平安年”的工作目标。推动宁波等市建立了广播电视监测中心，目前已有7个市建立了广电监测机构，全省广播电视安全播出得到进一步巩固加强。

3.影视动画增量提质。我们坚持“支持国有、扶优民营”的工作思路，认真落实“一企一策”的扶持措施，不断深化广播影视体制机制改革，鼓励民营资本投入影视动画产业，完善广播影视市场体系，浙江影视集团、时代院线、浙江长城、华策、中南卡通等一批影视企业在全国产生重大影响并在省内发挥了示范作用，横店影视产业实验区、杭州高新国家动画产业基地等已成为全国影视动画产业集聚地，中国杭州国际动漫节已成为全国影视动画合作交流最具影响的重要平台，影视动画创作生产数量质量齐抓并举取得明显成效。全省影视节目制作机构已从五年前的111家增加到目前的614家，居全国第三位。支持推动华策影视公司成功上市，成为全国“电视剧第一股”。争取省政府出台了《关于加快电影产业繁荣发展的实施意见》，省发改委、省财政厅、省广电局联合下发《关于加强县级多厅影院建设的意见》，落实了欠发达地区影院建设扶持政策，有力地推动了影院建设。目前我省共建设了86家影院555块银幕，2010年，加强政策引导，新增或改建35家影院234块银幕，其中县级城镇多厅影院22家，有18个县填补了空白，部分解决了县城周边群众看电视难的问题。全省观影人数达到2020万人次，电影票房收入7.38亿元，是五年前的5.6倍，列全国各省第五位，全省初步形成了以院线制为核心的现代电影产业市场体系。影视动画精品创作生产形势很好，2010年制作电影33部，比五年前增长90%，动画电影《梦回金沙城》入围第83届奥斯卡最佳动画长片奖，首部浙产中澳合拍片《寻龙夺宝》远销50多个国家和地区，中央领导刘云山同志对此批示要求有关部门关注支持；2010年制作电视剧43部1500集，总量居全国第二，比五年前增长79%，《牵挂》等4部电视剧分别在央视一套和八套黄金时间播出，五年累计有30多部电视剧在央视播出。更可喜的是，浙产电视剧的获奖数量、在央视及上星频道播出比例、市场回报率等综合效益都居全国前列，最近《五星红旗迎风飘扬》在央视热播，中央领导批示要求认真总结，并部署中央媒体进行宣传；2010 年制作动画片 4.5 万分钟，排名全国第二，是五年前的 5 倍，其中杭州市以 3.5 万分钟的产量连续两年居全国各城市第一。据广电总局近期通告，全国原创动画制作生产十大机构，浙江省占了 5 个；全国动画创作生产数量位居前列十大城市，浙江占了 2 个；广电总局向全国广电播出机构推荐播出 81 部优秀动画作品中，浙江制作的有 10 部，列全国第二位，我省五年累计有 34 部动画片被广电总局列入推荐播出优秀动画片名单。横店影视产业实验区目前入驻企业 382 家，2010 年实现营业收入 30 多亿元。我省影视动画节目“走出去”工作从五年前零星出口到东南亚地区，如今已覆盖五大洲 70 多个国家和地区，2010 年海外销售超过 1600 万美元，有力地促进了对外文化交流工作。

4.广电惠民深入推进。我们坚持以人为本，扎实推进广播影视公共服务体系建设，全省各级财政五年来共投入 16 亿元，其中省级 6.15 亿元、市县 9.85 亿元。深入开展广播电视对农节目服务、“村村通”、“村村响”、“广电低保”、中央农村广电节目无线覆盖、农村电影放映等六项惠民服务工程，组织实施“彩虹行动”，较好地解决了农村群众听广播看电影电视难的问题，有效保障了广大人民群众的基本文化权益。2010 年，我们开始努力推进工程建设向公共服务体系建设转变，全省广播影视惠民服务正在向均等化、优质化、数字化目标迈进。广电对农节目服务工程三年规划基本完成，对农节目从三年前的 233 档增加到现在的 560 档，对农宣传节目质量逐步提高。完成嵊泗、椒江、洞头等 12 个海岛乡镇的“村村通”后续工程，使全省乡镇和行政村有线电视联网率从五年前的 95.8% 和 87.4% 分别提高到 100%和 99%以上，农村有线电视实际入户率从五年前的 50%提高到 89.03%左右，提前基本实现“村村通”、“户户通”。在全国率先启动了“广电进渔船”试点工程，目前普陀、温岭等地已有 600 多艘渔船能够收看到“村村通”直播卫星电视，这项工作得到了省委书记赵洪祝同志的批示肯定。加快有线对农广播和应急广播建设，已在全省 3 万多个行政村安装各类音箱和喇叭近 160 万只，有线广播农村人口有效覆盖从五年前的 57%提高到 80%以上。“广电低保”工程使全省 40 多万户城乡“低保户”免费收看到有线电视。组建了浙江新农村数字电影院线，2010 年农村电影放映工程送电影下乡 28.9 万场，五年合计农村公益放映 110 万场电影。

5. 数字网络加快发展。我们坚持以数字化为推动力，适应高新技术发展趋势和三网融合要求，争取省委、省政府的高度重视和支持，出台了《关于加快广播电视有线网络数字化发展的意见》，召开了全省加快广播电视有线网络数字化发展电视电话会议，大力推进广电有线网络联合发展、数字电视整体转换和网络双向化改造取得了实质性进展。现阶段全省广电网络基本形成了以华数为平台的数字电视内容业务联合发展，正在努力推动“一省一网”建设。目前，杭州、宁波、湖州、嘉兴、绍兴、金华、衢州、台州、丽水 9 个市和 58 个市县城区基本完成了整体转换任务，整转率为 90.7%。全省有线数字电视用户数超过 700 万户，是五年前的 10 倍，其中农村有线电视用户超过 200 万户。全省共有 52 个市县完成了城区网络双向化改造，覆盖用户达 413.75 万户，双向化改造率为 88.4%。这项工作是在面临起步晚、时间紧、资金压力大、任务要求硬的情况下展开的，全省广电系统形成了整体合力，百日攻坚，挑战困难，表现了很强的执行力和战斗力。特别是衢州、丽水地区和仙居、常山、天台等欠发达地区发挥主观能动性，全力推进，实现了跨越式发展。在推进整体转换中，台州整个地区和湖州、绍兴等市本级以及镇海、江北、北仑、鄞州、长兴、嘉善、海盐、绍兴县、诸暨、义乌等地努力做好农村用户转换工作，率先实现了城乡有线数字化电视一体化发展。我们坚持发展新媒体、培育新业态、开拓新市场、占领新阵地，促进了广电传统媒体与新媒体的融合发展。2010 年，我们积极促成杭州市参与全国三网融合试点，协调明确了 IP 电视、手机电视集成播控平台建设的主体和责任。浙江中广传播有限公司正式成立，CMMB 手机电视进入商业运营阶段，目前我省已有 3 万多用户。浙江卫视高清电视正向高清节目播出率 70%的目标迈进，“新蓝网”开办一年实现排名和经营收入大幅提高，浙江网络电视台已获国家广电总局批准，全省移动、车载、楼宇电视发展处于全国前列，杭州、宁波、温州三市数字电视共覆盖了 6200 多辆公交车。

6.管理工作力度加大。我们坚持依法管理、科学管理、积极探索和谐管理方式，努力以管理促改革、促发展、保安全，局台网之间的关系进一步理顺，管理体制和运行机制逐步完善，实现了广电部门对电影的统一归口管理，广播影视得到健康有序的发展。我们坚持加强宣传管理、创新管理方式，坚持不懈抓好净化社会文化环境，抵制声频荧屏低俗之风，以视听评议为抓手，认真组织实施播出机构综合评估办法，加强对重点节目、栏目和影视剧的监管，切实维护全省广播影视正常播出秩序。通过重点对婚恋交友类节目低俗问题加强导向预警和诫勉整改，深入开展医疗资讯类、电视购物、虚假违法广告整治活动，全省广播影视低俗节目和不良广告得到了明显遏制。省局视听评议简报累计出刊386期，被国家广电总局评为十大优秀刊物之一。我们认真履行卫星地面接收设施监管职能，2010年取缔非法销售、安装团伙80余个，查获拆除非法卫星电视接收设备1.9万多套，创建城市"无小耳朵街道"达到90%以上、农村"无小耳朵乡镇"达到85%以上，我省被国家广电总局评为境外卫星传播秩序治理工作先进地区。组织开展打击破坏"三电"设施专项斗争及打击侵犯知识产权和制售假冒伪劣商品斗争，维护了广电合法权益。我们适应新形势加强对新媒体新业务管理，建立健全全省网络和手机视听节目监管体系，组织开展整治互联网和手机媒体淫秽色情及低俗信息专项行动，查处各类违法违规网站258家。我们严格依法履行职责，积极转变政府行政管理职能，抓好法规清理规范，召开了全省广播影视法制工作会议，草拟并申报了《浙江省公共场所显示屏播放视听节目管理办法》的政府规章。

7.基础建设夯实提高。我们坚持强化基层基础建设，扎实推进人才队伍和乡镇广电站建设。按照讲党性、重品行、做表率的要求，深入开展学习实践科学发展观和"之江先锋"创先争优等活动，全面加强各级广播影视领导班子和干部队伍的思想建设、组织建设、作风建设。深入贯彻中宣部和省委宣传部有关文件精神，研究制定了《关于加强我省乡镇广播电视站建设的若干意见》，促进基层广电规范建设，并组织协调鄞州、桐乡、诸暨、义乌、温岭5个县级广电台结对帮扶景宁县5个乡镇广电站建设。我们制定并实施全省广播影视系统三年培训规划，共举办广播影视各类人才培训班和视讯知识讲座44期，近万人次得到培训和继续教育，全省广电人才队伍建设取得新的成效。仅2010年就举办了15期培训班，培训各类广电人才1300余人次，特别是对全省858名乡镇广电站站长进行大规模集中轮训的做法，在全国广播影视人才工作会议上作了典型经验介绍，新华社对此作了长篇报道。

总之，已经过去的五年，全省广播影视系统面对各种复杂情况和竞争压力，取得的成绩来之不易，这是中央和省委、省政府正确领导的结果，是省级有关部门和地方各级党委政府大力支持的结果，也是全省广电系统克难攻坚、务实工作、奋发进取的结果。实践证明，全省广播影视队伍是一支党和人民完全可以信赖、能够担当重任的队伍。

在肯定成绩的同时，我们还要清醒地看到存在的差距和不足：比如，对切实纠正广播电视娱乐化倾向和片面追求视听率等问题还需要进一步探索解决；对实现我省影视动画产业从数量增加向质量提升飞跃还需要加大扶持引导力度；对构建农村广播影视公共服务体系和实现广电城乡一体化发展还需要深化推进；对以科技创新推进广电有线网络数字化和新媒体新业务发展还需要加大工作力度；对全面推进有线电视网络整合以及电影公司、网络机构转企改制等项体制机制改革还需要下工夫破解难题。针对存在的困难和问题，我们必须保持清醒头脑、切实增强忧患意识，必须善于抓住机遇、勇于应对各种挑战，必须更加奋发有为、自觉承担历史重任，以改革创新精神和更加坚定的信心，认真研究新思路、推出新举措、解决新问题、促进新发展，不断推进广播影视工作迈上新的台阶。

二、适应形势，加速转型，努力开创全省广播影视发展新局面

正确分析形势，是做好广播影视工作的基本前提，是确定工作目标、掌握工作主动的基础所在。今年全国广播影视工作会议指出，"十二五"时期是我国广播影视加快转变、加速转型的战略机遇期，是我国由广播影视大国向强国跨越的关键时期。认识和把握这一科学论断，我们才能在纷繁复杂的环境下保持清醒头脑，认清当前广播影视工作呈现的阶段性特征，坚持正确方向，找准工作定位，明确发展目标，更加积极作为。

当前和今后一个时期，各种机遇和挑战对广播影视工作提出了新的更高要求，对此必须引起高度重视。1.推动科学发展、加快转变经济发展方式的战略任务赋予广播影视工作新的重要使命。这就要求我们更加自觉主动地从全局出发，既要围绕科学发展这一主题和加快转变经济发展方式这一主线，大力营造推动科学发展、坚持富民强省、促进社会和谐的浓厚舆论氛围，又要进一步增强推动文化大发展大繁荣的责任感和使命感，以科学发展为统领，着力转变文化发展方式，认真落实文化产业发展规划，推动广播影视产业日益成为国民经济的支柱性产业和新的经济增长点。2.舆论引导格局和信息传播渠道深刻变化，维护国家意识形态安全和文化安全领域的斗争更加激烈。这就要求我们必须增强忧患意识、政治意识和责任意识，大力加强广电主流媒体建设，创新新闻宣传，提高舆论引导和文化引领的能力，不断增强广播影视的传播力、影响力和公信力，以社会主义核心价值体系引领多样化社会思潮，用共同理想统一思想和凝聚力量，牢牢掌握舆论引导的主动权。3.随着文化体制改革全面推进和文化产业日益振兴发展，文化对促进经济社会发展的重要作用更加凸显。这就要求我们必须正确把握和稳妥处理广播影视双重属性、双重效益、双重规律、双重任务之间的关系，既遵循社会主义精神文明建设的特点和规律、又适应社会主义市场经济发展的要求，坚持文化事业和文化产业协调发展，努力实现社会效益和经济效益的有机统一。4.高新技术迅猛发展和三网融合试点逐步展开，网络技术将大大提升文化的传播力、表现力和感染力。这就要求我们必须适应现代信息技术发展趋势，提高科技自主创新和支撑能力，加快广播影视数字化发展进程，加快占领新兴媒体阵地和市场，不断提高运用、驾驭和管理新兴媒体的能力。5.人民群众文化消费日趋旺盛，精神文化需求更加突出和强烈，当今文化既是凝聚人心的精神纽带，又是民生幸福的重要内容。这就要求我们必须大力提高影视产品的生产和供给，努力打造群众喜闻乐见的精品力作，提供更多更好的文化服务，不断满足人民群众多样化、多层次、多方面精神文化生活的新需求新期待。

面对这些新形势新任务新要求，今年全国广播影视工作会议提出，要找准广播影视工作的着力点和用力方向，努力实现“六个重大转变”：一要加快以传统媒体为主向传统媒体与新媒体融合发展的转变；二要加快农村广播影视由工程建设向公共服务体系建设的转变；三要加快内容生产由以数量扩张为主向以质量提高为主的转变；四要加快广播电视网由传输覆盖向全功能、全业务转变；五要加快管理由以行政手段为主向综合运用法律、经济、行政、科技等手段的转变；六要加快由国内发展为主向统筹国内国际发展的转变。并提出未来五年广播影视发展目标：要基本建成“四大体系”，即基本建成广覆盖、高效能的现代公共服务体系，基本建成结构优化、竞争力强的现代产业体系，基本建成技术先进、功能强大的现代传播体系，基本建成中国特色、相对完备的科学管理体系。

我们要认清形势、把握大局，抓住机遇、应对挑战，切实把思想统一到对广播影视工作形势的科学判断上来，统一到实现“六个重大转变”的战略部署上来，统一到省委、省政府对全省广播影视工作的期待要求上来。我们要按照《浙江省国民经济和社会发展第十二个五年规划纲要》和《浙江省文化产业发展规划》赋予我们加快推进广播影视数字化、广播电视“户户通”、广播影视创作生产、“广电(数字)低保”及农村应急广播体系建设等五项重点工作任务，结合实施《全省广播影视“十二五”发展规划》，努力做到始终坚持围绕中心、服务大局。牢记广播影视是党和人民的喉舌阵地，坚守广播影视的性质、地位和作用，自觉地服从和服务于党的中心工作，在大局下统一思想和行动，为全省改革发展稳定工作提供强大的思想保证、精神动力、舆论支持和文化条件。始终坚持以人为本、广电惠民。把广电惠民作为广播影视工作的永恒主题和根本任务，作为党和政府密切联系人民群众的重要纽带，作为服务基层、服务群众的有效途径，自觉维护好人民群众的基本文化权益。始终坚持改革创新、与时俱进。牢固树立新的文化发展理念，进一步解放思想、转变观念，以改革创新精神推动广播影视建设，深化广播影视体制机制改革，努力解决制约广播影视科学发展的突出问题，推进广播影视转变发展方式取得突破性进展，加快发展广播影视公益事业和文化产业。始终坚持履行职能、落实责任。按照把握正确导向、确保安全播出、发展事业产业、依法加强管理的基本职责要求，着力增强舆论引导能力、安全保障能力、公共服务能力、内容生产能力、产业发展能力、现代传播能力、依法管理能力，实现广播影视又好又快发展。我们坚信，有中央和省委、省政府的坚强领导，有全省文化建设的良好环境，有人民群众的热切期盼，有全省广播影视系统的实力基础，只要坚定不移地探索实践具有中国特色广播影视发展道路，就一定会不断开创浙江广播影视繁荣发展的新局面。

三、突出重点，明确任务，扎实做好 2011 年各项重点工作

今年是中国共产党成立 90 周年，是实施“十二五”规划的开局之年。做好今年工作，起好步，开好头，对未来五年全省广播影视发展至关重要。根据全国广播影视工作会议精神和省委、省政府的总体部署，今年全省广播影视工作的总体要求是：深入学习贯彻党的十七届五中全会和省委十二届八次全会精神,以邓小平理论和"三个代表"重要思想为指导,全面落实科学发展观,按照高举旗帜、围绕大局、服务人民、改革创新的总要求,坚持以科学发展为主题,以加快转变发展方式为主线,以深化文化体制改革为动力,以保障人民群众文化权益为目的,围绕广播影视"繁荣发展、惠民服务、安全播出"的主体任务和"引导社会、教育人民、推动发展"的重要功能,着力巩固壮大广电主流舆论,着力构建公共文化服务体系,着力提升发展影视动画产业,着力加强依法科学管理工作,统筹全省广播影视事业产业全面协调可持续发展,更好地服务于浙江科学发展走在前列、全面建成小康社会的奋斗目标,以优异的成绩迎接建党 90 周年。

关于今年的具体工作,会上印发给大家的《工作要点》征求意见稿已作了明确的要求,会后将在征求大家意见的基础上,修改完善并正式印发。下面,就做好今年的重点工作强调几点:

1. 着力提高舆论引导水平,不断巩固壮大积极健康向上的主流舆论。

广播影视处在意识形态领域的最前沿,舆论导向直接关系到党和国家工作全局。舆论导向正确是党和人民之福,舆论导向错误是党和人民之祸。当前经济社会发展中的各种深层次矛盾凸显,西方思想价值观的渗透加剧,社会思想的多元、多样、多变,对社会主义核心价值体系引领社会思潮提出了更高的要求。今年大事多、敏感问题多、重大宣传活动多,在舆论导向上容不得半点松懈和疏忽。广播影视作为宣传舆论的主要阵地,必须把坚持正确舆论导向作为灵魂,作为最大的政治、最硬的道理和最根本的要求,始终从思想观念上绷紧这根弦,从制度上、责任上、管理上切实抓好落实,做到讲导向不含糊,抓导向不放松,坚定这一主心骨不动摇。

一要巩固坚持新闻立台促进规范发展。新闻立台事关广播电视的旗帜和方向,体现着广播电视的思想内涵和精神实质,决定着广播电视的性质、地位和作用。要把新闻立台作为政治家办台的具体体现,树立和坚持新闻立台的自觉意识,牢牢把握政治导向、价值导向和稳定导向,强调全方位的导向要求,不断提高广电主流媒体舆论引导能力。要从发展规划、资源配置、扶持政策、人才保证等方面入手,切实加强新闻类节目建设,不断完善新闻类节目的时段、比例、结构和布局。要始终坚持团结稳定鼓劲、正面宣传为主的方针,提升新闻报道质量,既要增强把握导向的正确性,又要提高引导的有效性,巩固壮大积极健康向上的主流舆论,更好地为党和政府工作大局服务。要加强调查研究,总结成功经验,坚持对人民负责、对社会负责、对未来负责,积极探索新闻立台的标准规范,把广大群众和主流社会喜欢不喜欢、满意不满意、接受不接受、认可不认可作为评价的最终标准,建立社会效益和经济效益有机统一的广电媒体考评机制。这里需要强调的是,我们要正确测定、看待、评估和运用收听收视率。收听收视率在促进广播电视节目内容生产和传播上有明显作用,但不能把收听收视率指标绝对化,更不能将其作为评判节目或评价广播电视台绩效的唯一标准,要重视解决和纠正由此带来的泛娱乐化倾向。同时,我们要反对和制止收听收视率调查中的不正当竞争行为,坚决反对和制止以庸俗、低俗、媚俗节目换取所谓高收听收视率,这种收听收视率越高,社会负面影响越大。为加强对收听收视率的管理,国家广电总局已经牵头着手调研,将制定科学的广播电视节目评判标准和体系,我省也将开展这项工作。希望各地积极参与配合,共同努力建设健康绿色的声频荧屏生态环境。

二要认真抓好各项重大宣传报道任务。今年宣传工作任务很重、要求很高,要精心组织,统筹安排,把握节奏,有序展开,使全年新闻宣传工作各个阶段有机衔接,层层推进,高潮迭起,亮点纷呈。要按照中央和省委的部署,深入宣传党的十七届五中全会、省委十二届八次全会和全国"两会"精神,精心组织实施"十二五"发展规划这一重大主题宣传报道,凝聚全社会力量走科学发展、加快转变经济发展方式之路。要扎实有效地开展建党 90 周年、辛亥革命 100 周年、西藏和平解放 60 周年等重要活动的宣传报道,大力唱响共产党好、社会主义好、改革开放好、伟大祖国好、各族人民好的时代主旋律,兴起回顾光辉历程、展示丰功伟绩、坚定跟党走中国特色社会主义道路的宣传教育热潮。要建立健全突发事件新闻应急报道机制,加强重大突发公共事件和热点难点问题的舆论引导,认真做好重大形势政策的宣传解读,做到公开透明、及时准确、有序有度,合理引导群众心理预期。要严格遵守新闻采访有关规定,按照有利于解决问题和推动工作、有利于维护社会和谐稳定、有利于维护党和政府的形象要求,准确、科学、依法、建设性地开展广播电视舆论监督。

三要继续深化宣传创新和品牌建设。要围绕今年各项重大宣传报道活动,创新新闻宣传内容形式、载体手段和机制方法,加强和改进主题宣传、典型宣传、成就宣传,努力把“三贴近”原则落到广播电视宣传工作实处。要继续实施广播电视品牌化战略,大力培育和打造具有社会影响的品牌频率频道、品牌节目栏目、品牌主持人播音员和品牌影视节展活动,不断增强浙江广播影视的传播力、影响力和竞争力。浙江卫视、浙江之声作为省级主频道、主频率,要创新发展思路,发挥竞争优势,继续走在全国前列。省级其他频率频道要坚持专业化、特色化发展,积极探索各具特点和优势的品牌项目。市级尤其是县级广电媒体要适应城镇化和社会主义新农村建设要求,强化公共服务职能,在服务市民、服务“三农”上打造主阵地创出新亮点。浙江广电集团和义乌广电台要抓住机遇,充分利用资源优势,努力办好浙商特色电视频道和商贸频道,为打造专业频道品牌特色做出示范榜样。

四要加快传统媒体和新媒体融合发展。新媒体是充满前景的朝阳产业,呈现着爆发性增长态势,未知的远远大于已知,发展空间远景极其看好。我们必须把新媒体发展放在更加突出的位置,积极运用高新技术改造提升传统媒体,着力推进传统媒体与新媒体融合发展,加快抢占舆论制高点,掌握未来发展的主动权。必须充分认识到,传统媒体与新媒体的融合,是包括制作、集控、播出、接收环节的全过程融合,是涵盖传播理念、内容形式、管理模式、体制机制全方位的创新,是广播影视的一场深刻变革,一定要从巩固壮大宣传阵地、提高舆论引导能力的高度,努力推动媒体融合取得新突破。要继续扩大浙江网视联盟,具备条件的电台电视台要开办网络广播电视,积极向互联网、手机等新兴传播领域延伸发展。“新蓝网”要认真办好网络广播电视台,真正做大做强做优,成为浙江广播电视发展的新亮点。浙江移动多媒体公司要推动CMMB手机电视加强广泛覆盖、丰富传播内容、扩大用户规模,增强市场占有率和竞争力。浙江卫视要认真落实高清节目播出率和同播率达到70%的目标任务,各级广播电视播出机构要积极配合实现上送新闻节目高清化。要适应三网融合多种数字集控平台和接收终端的需要,重视加强新媒体视听节目内容建设,努力满足人民群众多样化、个性化需求。

2. 着力提高综合监管水平,不断加强广播影视安全播出能力。

安全播出是广播影视的生命线。我们必须充分认识确保安全播出万无一失和“一失万无”的辩证关系,时刻绷紧安全播出、安全放映这根弦,做到强化忧患意识,警钟长鸣,常抓不懈,守土有责。要树立广播影视安全播出、放映工作的系统管理理念,不仅要重视信号传输安全,还要重视节目内容安全;不仅要重视广播电视播出安全,还要重视新媒体视听节目安全;不仅要抓好影院安全放映,还要做好原农村电影放映员上访维稳工作。总之,我们要适应新的形势和任务要求,综合运用多种措施手段,扎实做好新闻宣传、播出机构、频道频率、新媒体新业态、影院放映等各项管理工作,努力实现以管理保导向、保安全、保稳定、促发展的目的。

一要确保安全播出。要进一步健全完善播出审查、值班值守、安全保卫等规章制度,加强日常管理,全面提升安全播出的保障能力。要继续推动广电监测机构建设,尚未建立广电监测中心的4个市要积极主动争取当地党委政府支持,力争取得实质性突破进展。要延伸扩大对县一级广电台管理的监测设施建设,逐步解决安全监测管理的盲区,抓紧构建集节目监管、技术监测、安全指挥于一体的广播电视安全播出监管体系。要围绕开展创建第10个全省广电安全播出平安年活动,组织安全演练、加强群防群治、实施综合治理、开展安全检查等,消除安全隐患,确保今年全国“两会”和建党90周年、辛亥革命100周年等重要保障期安全播出。要继续深入开展“无非法卫星电视地面接收设施乡镇(街道)”创建活动,严厉打击非法销售、安装和使用卫星电视接收行为,继续开展打击破坏“三电”设施专项斗争,近期,各地要贯彻落实中宣部、国家广电总局等十一部委联合召开的治理非法经营电视接收设施视讯会议精神,认真开展打击非法“网络共享”网站及设备产品专项治理行动,既要狠抓源头,严厉打击,又要标本兼治,注重长效管理机制建设,切实维护国家政治安全、信息安全和文化安全。各电影院线和放映单位要严格执行安全管理规定,切实抓好放映场所的消防安全和各项治安保卫工作。针对薄弱环节和安全隐患,今年将配合国家广电总局统一行动,组织一次全省安全播出大检查。

二要规范播出秩序。宣传导向管理是重中之重,要严格落实新闻报道选题、审查、播出等各个环节的管理制度,加强视听评议工作,推进各市开展多种形式的视听评议活动,健全管办双方、省市结合、系统内外的评议体系，重点抓好时政新闻、突发性事件报道和收视率高、社会影响大的节目栏目的监管，注重对相亲类、情感类、谈话类、法制纪实类、综艺娱乐类节目加强引导，全方位地牢牢把握正确舆论导向。继续加强对广告播出内容的审查把关，认真治理虚假违规广告，坚持集中整治与日常监管相结合，坚决抵制虚假报道和庸俗、低俗、媚俗之风。播出机构管理，要认真落实执行《中宣部国家广电总局关于建立违纪违规广播电视播出机构警告制度的意见》、《广播电视播出机构违规处理办法》，强化社会责任意识，提高广播电视媒体的公信力和权威性。频率频道是国家统一管理的特殊资源，要严禁擅自开办频道频率、擅自变更名称、呼号、标识、技术参数和增大发射功率等违规行为，切实维护广播电视传播秩序。关于广播影视体制机制改革，要以胡锦涛总书记提出的"三加快、一加强"指示精神为强大思想武器，坚持科学发展，把握正确方向，破解发展难题，增强创造活力。这里需要强调的是，在全面推进文化体制机制改革中，电台电视台作为党的重要新闻媒体和宣传思想文化阵地，必须坚持事业体制，坚持喉舌和公益性质，坚持以宣传为中心。不允许搞跨地区整合，不允许搞整体上市，不允许按频率频道分类搞宣传经营两分开，不允许搞频率频道公司化、企业化经营。各地要正确处理广播影视"两种属性"的关系，坚持台控企的改革思路和方向，注意防止出现集团化改革忽视意识形态属性的特殊规定要求，防止以集团组织形式替代广电台机构设置，防止搞广电台产业化运作。新媒体业务管理，要坚持一手抓建设、一手抓管理，切实履行内容监管职责，抓好 IP 电视和手机电视集成播控平台建设，确保可控可管、安全播出。要完善互联网视听节目监测技术系统，重点加强对手机电视和 IP 电视的管理，推进对传统媒体和新兴媒体的统筹监管。要集中开展整治互联网和手机媒体淫秽色情及低俗信息专项行动，净化互联网和手机视听服务环境。严肃查处无证网站非法经营，规范视听网站有序运营。今年将适时召开全省广电新媒体管理工作会议，探索加强新媒体业务管理的方法和途径。

三要加强法规制度建设。各级广播影视行政管理部门要认真贯彻落实《国务院关于加强法治政府建设的意见》，大力推进广电法制建设，着力从学法、普法、立法、执法等环节入手，综合运用行政、经济、科技、法律、教育等手段，提高依法行政、依法管理水平。要认真贯彻执行国家广电总局《关于在深化文化市场综合执法改革中加强和履行广播影视行政管理职能的意见》，确保广播影视管理到位、执法工作有效开展。广电行政管理部门要坚持依法科学管理，认真践行和谐管理理念，全面履行导向把握、推动发展、公共服务、市场监管、社会管理的职能，做到既履职尽责、敢于管理，又讲究方法、善于管理，寓管理于支持发展和主动服务之中。广播影视播出机构和社会影视制作单位要讲政治、懂规矩、守纪律，严格自律规范，自觉地理解、支持、服从行政管理部门的依法管理。

3. 着力提高广电惠民实效，不断提升广播影视均等化服务水平。

广电惠民服务是广播影视深入贯彻落实科学发展观的重要内容，事关统筹城乡协调发展，体现改善民生幸福质量，有利促进社会和谐稳定。我们要按照巩固成果、扩大范围、提高标准、改善服务的要求，进一步建立健全长效机制，加快农村广播影视由工程建设向公共服务体系建设转变，努力推动广电惠民服务工作在均等化、优质化、数字化建设上取得新进展，让人民群众真正得实惠、有好处、获利益。

一要健全惠民服务体制机制。要进一步推动地方党委政府把广电惠民工作纳入重要工作议事日程、纳入经济社会发展规划、纳入公共财政支出预算、纳入扶持欠发达地区发展计划、纳入干部责任目标考核。要建立健全广播影视公共财政保障机制，完善广播影视惠民服务管护长效机制。要争取各地财政加大对广播影视系列惠民服务工程的投入，推动落实欠发达地区资金补助政策，不断完善广电系统对口帮扶机制。要按照中央和省委要求，全系统形成合力，做好对新疆阿克苏、西藏那曲地区广电对口帮扶工作。

二要深化惠民服务工程建设。要制定实施全省广播电视对农节目服务工程建设五年规划（2011-2015 年），进一步提高对农节目质量和宣传服务水平。要认真开展广播电视农村全覆盖工程建设，通过"村村通"直播卫星等传输技术手段，对高山、林区、海岛等偏远用户进行补点覆盖，不断提高农村广播电视入户率，并扎实推进"广播电视进渔船"试点工程，让远洋渔民看上电视听上广播，巩固和扩大"村村通"工程建设成果。加快推进农村应急广播体系建设，这是中央确定的"十二五"广播影视重点工程，是广播影视拓展公共服务的重要内容，各地要加强统筹推进，充分利用农村有线广播网络，建立应急广播体系，努力做到统一联动、安全可靠、平时服务、有事应急。要深化“广电低保”工程建设，确保低保户在数字化整转中能够免费收看数字电视的权益。要努力推进农村电影数字化放映，改善观映条件，保质保量完成农村电影放映工程任务，实现一个中心村一月放一场电影的目标。要积极鼓励院线公司进学校、到社区、下基层为学生和低收入群体放映公益电影，落实中小学校每学期组织观看两场爱国主义教育影片的任务。

三要提高广电惠民服务实效。要针对不同地区的实际制定广电惠民服务标准，认真抓好考核验收和示范表彰工作，充分调动不同地区、各个层面积极支持、协同参与广电惠民服务。要坚持公共服务优先，完善全覆盖的技术规划，建立有线、无线、卫星协调发展的农村公共服务技术保障体系。要重视基层广电惠民服务技术保障队伍建设，确保农村广电公共服务落到实处。要大力推进全省农村数字电影监管平台建设，完善社会公示和监管考核制度，积极解决农村放映片源供应，进一步探索走出农村电影放映固定和流动、室内和户外、公益和商业相结合的成功路子。

4. 着力提高影视创作生产质量效益，不断增强广播影视产业可持续发展能力。

党的十七届五中全会明确提出“推动文化产业成为国民经济支柱性产业”的重大战略决策，这为包括电影、电视剧、影视动画、纪录片、数字电视业务在内的广播影视内容产业提供了广阔的发展空间。加快转变文化发展方式，要求广播影视内容产业在保持数量稳定增长的同时，切实把提高质量作为工作着力点。要把加强创作引导和促进市场竞争结合起来，把弘扬主旋律和提倡多样化结合起来，把繁荣影视生产和促进文化消费结合起来，把发展文化产业和深化惠民服务结合起来，加快影视产品生产由以数量扩张为主向以质量提高为主的转变，不断增强广播影视产业核心竞争力和可持续发展能力。

一要加强引导调控，推进精品生产。胡锦涛总书记在中央政治局第22次集体学习的重要讲话中把加强对文化产品创作生产的引导作为深入推进文化体制改革的四项重点任务之一。我们要从加强文化产品创作生产引导决定文化建设性质和方向的高度，深刻领会胡锦涛总书记的重要讲话精神，落实好《浙江省文化产业发展规划（2010–2015）》、《加快电影产业繁荣发展的实施意见》等文件提出的工作要求，充分发挥影视动画发展专项资金的激励推动作用，强化文化产业优惠政策的引导功能。要遵循精神文明建设规律、艺术发展规律和市场经济规律，引导广大影视工作者正确处理社会效益和经济效益、主旋律和多样性、艺术真实和生活真实、继承和创新的关系，深入实际生活，感受时代脉搏，在群众的伟大创造中激发创作灵感。要加强题材规划和剧本创作，重点扶持现实题材、重大革命和历史题材以及工业、农村、少儿题材创作生产，鼓励和支持适合新媒体播映的影视动画短剧的创作生产，力求生产出叫得响、传得开、留得久的浙产影视动画产品。要认真组织庆祝建党90周年、纪念辛亥革命100周年影视创作生产和展映展播活动，以此为契机创作更多思想性、艺术性、观赏性相统一的精品佳作。同时，要加强国产影视剧、动画片的播映调控，加强影视节目引进管理，严格执行黄金时段播放国产电视剧、影视动画和影院放映国产影片的有关规定，为更好地调整优化结构，创作生产高质量的国产、浙产原创影视动画作品提供政策支持。今年将适时召开全省电影工作会议，全面部署电影产业发展繁荣工作。

二要培育市场主体，增强综合实力。要继续坚持“支持国有、扶优民营”的工作思路，鼓励多元资本参与发展影视动画产业，巩固以公有制为主体、多种所有制共同发展的产业格局。要继续实施“一企一策”的工作措施，加快培育市场主体，重点扶持和培育浙江影视（集团）公司等一批影视动画龙头企业，支持推进浙江时代院线、长城影视公司等企业稳步上市，按照省委、省政府要求筹建省级电影集团。要继续推动县级和有条件的中心镇建设三星级标准以上现代化数字多厅影院，并重视抓好布局规划工作，避免无序竞争现象。要鼓励电影院线跨所有制、跨地区发展，积极拓展特色化影院建设，发挥浙江新农村数字电影院线公司的带动作用，逐步形成城乡协同发展的电影院线和放映市场格局。要积极稳妥地推进电影发行放映单位、有线网络机构转企改制工作，增强广播影视市场主体的生机和活力。要树立“早改革、早主动、早受益”的意识，以创新的观念和思路把握改革的正确路径和方法，按时间表和路线图稳妥推进。要加强横店影视产业实验区、杭州滨江动漫创意园区、西溪创意产业园省级影视创作拍摄示范基地建设，充分发挥其集聚带动的功能作用。推动中国美院、浙江大学、浙江传媒学院动画教学基地建设，促进产学研有机结合及创新发展。要以杭州为中心，辐射和推动全省各地形成多点布局、整体发展的影视动画产业格局。第七届中国国际动漫节要在专业化、国际化、产业化、品牌化上办出新的水平。

三要推进三网融合，加快城乡数字化发展。三网融合，是今后一个时期广播影视的工作重点。要认真贯彻国务院关于三网融合总体方案和试点方案文件精神，大力推进全省网络“小网向大网、模拟向数字、单向向双向、看电视向用电视”的转变。按照中央“一省一网”的要求和省委“以华数为主体，构建全省统一的数字发展平台”的决策部署，在充分维护地方利益的基础上，基本实现全省广电网络资本整合。有关整合方案现已上报省文改办，待批复后各地要以大局为重，以发展为要，认真贯彻落实好省委、省政府的决策部署，确保整合工作顺利实施。今年要全面完成县级以上城区有线数字电视整体转换和网络双向化改造。同时，要积极推进城乡有线数字电视一体化发展，鼓励和支持有条件的地区加快农村有线网络双向化改造步伐。农村数字电视整体转换工作，要根据国家规定的时间表，因地制宜，顺势而为，不搞一刀切的硬指标。总的原则，各地要视条件的承受能力和工作实际做出规划安排。有条件的能快则快、整体推进往前赶；条件尚有困难的，可先从中心镇和乡镇所在地抓起，创造条件再逐步推进到行政村展开。全省整体转换进度，应力争在三网融合进入全面推开阶段基本实现农村有线数字电视整体转换工作。各地要适应三网融合要求，把数字电视内容创新、业务开发和优化服务放在更加突出的位置，大力开发电子政务、金融支付、交通气象、医疗健康、旅游休闲、社区服务、文化娱乐等多样化服务，重点发展高清电视、视频点播等新业态，稳步开展宽带接入业务，进一步提高互动、双向化实际用户比例，促进数字电视成为家庭信息化和现代服务业的终端平台，让人民群众真正享受到数字电视带来的生活便利和快乐。要制订并试行全省有线数字电视服务质量标准，尽快研究和推行统一的技术标准，努力方便群众接受和使用。杭州市是三网融合试点地区，广电系统要增强责任感、使命感和紧迫感，扎实做好试点工作，积极推进广电和电信业务双向进入，为全省推进三网融合探索有效模式、创造有益经验。

5. 着力提高基础工作水平，不断夯实广播影视发展后劲。

做好新形势下的广播影视工作，关键靠班子、靠队伍、靠人才、靠基层。各级广电系统要以加强领导班子建设为重点，切实抓好队伍建设、人才培养、夯实基层基础工作。

一要切实加强队伍建设。领导班子是广播影视改革发展的领军力量，政治坚定、作风优良是干部队伍必备的基本素质。今年要围绕纪念建党90周年，以建设学习型党组织、服务型机关和创先争优活动为抓手，加强广电系统各级党员干部的党性修养和作风养成，教育引导党员干部学先进、赶先进、创先进，在各项工作中发挥先锋模范作用。要认真抓好《中国共产党党员领导干部廉洁从政若干准则》、《关于实行党风廉政建设责任制的规定》的贯彻落实，大力开展廉洁从政教育活动，严明党的政治纪律、宣传纪律和制度约束机制，不断增强拒腐防变的能力。要大力抓好广播影视行风建设，以“三项学习教育”活动为载体，围绕重点领域和关键岗位，加强广播影视从业人员的职业道德和行为规范建设，在社会上树立良好的广电行业形象。

二要抓好人才培养工作。人才是科学发展的第一资源，教育培训是提高人才队伍素质的重要途径。各级广电系统要认真贯彻全国人才工作会议精神，按照省委加快建设“人才强省”的要求，创新人才工作机制，注重从基层和实践中发现人才、选拔人才，着力培养一批广播影视名家名人，特别要注重青年人才的培养锻炼，为我省广播影视繁荣发展提供坚实的人才保障。要认真落实《浙江省广播影视系统2009-2011年培训工作规划》，重点加强对新任局台长、编辑记者、主持人、技术骨干、营销管理、电影、动漫等人才的培训，着力提升广播影视队伍的专业素养和本领，努力形成人尽其才、人才辈出、人才兴业的良好局面。

三要夯实广电发展基础。县级广播电视台直接面向基层和农村广大群众，承担着建设农村宣传阵地的重要职责，具有独特的地位和作用，只能加强不能削弱。县级台、乡镇广电站要进一步明晰职能定位，适应新农村建设的需要，把县乡广播电视纳入农村公共文化服务体系，强化公共服务职能，做到优质高效、保质保量转播中央和省、市广播电视节目，确保把党和国家的声音正确及时传达到农村千家万户；组织实施农村广播影视重点工程，维护广电公共基础设施，确保广播影视安全播出；加强应急广播建设，及时为应对突发公共事件提供服务；积极开展地方宣传和综合文化信息服务，真正成为当地党委政府的宣传阵地和公共服务重要窗口。各地要贯彻落实中央和省委关于加强基层宣传文化队伍建设的部署，按照省委宣传部、省广电局制定下发的《关于加强我省乡镇广播电视站建设的若干意见》，推进乡镇广电站规范化和标准化建设，进一步提高乡镇广电站公共服务能力。今年将适时召开全省乡镇广电站建设工作经验交流会。

当前和今后一个时期广播影视工作的目标任务已经明确，关键在于抓好落实。经验告诉我们，抓而不紧，等于不抓；抓而不实，流于形式；抓而不韧，半途而废。做好今年工作，我们必须在求真务实上下功夫，在开拓创新上下工夫，在克难攻坚上下工夫，在推动落实上下工夫。为此，一要科学谋划。在研究制定本地区本单位广播影视"十二五"发展规划和年度工作计划中，要主动向党委政府和有关部门做好汇报争取工作，力求把广播影视重点工程、重要项目纳入当地经济社会发展及文化发展总体规划布局，使广播影视工作得到更为有力的支持和保障。二要细化措施。要精心设计工作载体和抓手，落实具体政策措施，把目标任务变成实实在在的工作项目，明确责任主体，明确时间进度，明确考核标准，对认准的事情，要义无反顾、排除阻力、一抓到底、抓出成效。三要落实责任。要认真贯彻谁主管谁负责和属地管理的要求，切实落实广播影视把关责任和问责制度。涉及导向管理、安全播出、惠民服务、事业产业发展、体制机制改革、人才队伍建设等项重点工作，各级一把手要把握全局、掌控方向、亲自过问、靠前指挥、统筹协调，以高度认真负责的精神，守住阵地、管好队伍、精细管理、完成任务，增强贯彻落实省委、省政府决策部署的执行力。四要转变作风。各级广播影视系统要把抓落实作为增强党性的政治要求，作为改进作风的重要着力点。围绕重点目标任务，深入基层、深入实际，加强调查研究，征求各方意见，倾听群众呼声，一切从实际出发谋划方案、制定政策，实事求是地作出决策、抓好落实。特别对新闻立台、三网融合、新媒体业务发展、公共服务均等化等重要课题，要集中精力加强研究，做到边实践、边总结，不断深化规律性认识，提高工作的前瞻性预见性，使得我省广播影视与时俱进、富有蓬勃生机活力。

做好今年的广播影视工作意义重大。在迈进"十二五"发展新的起点上，全省广播影视系统肩负着新的光荣使命。我们要统一思想、坚定信心，团结奋进、真抓实干，坚决按照中央和省委、省政府的决策部署，创造性地做好各项工作，以优异成绩迎接建党90周年。

（本文为浙江省广播电影电视局党组书记、局长2月22日在全省影视工作会议上的讲话，原载《视听纵横》2011年第2期）

彰显综艺娱乐节目的价值导向和文化内涵

——浙江广电集团打造公益性综艺娱乐节目的实践探索

王同元

综艺娱乐节目和新闻、电视剧，是当今电视节目的"三大主力板块"，是电视媒体发挥引导力、彰显影响力、提升竞争力的重要组成部分。近年来，浙江广电集团秉持"以精英的实力创造大众文化"的基本理念，在坚持"新闻立台"、做大做强新闻宣传的同时，大力推进综艺娱乐节目的创新创优，着力打造彰显主流价值和文化内涵的公益性综艺娱乐节目，探索走出了一条"以主流价值为导向、以受众需要为目标、以社会责任为使命、以公益诉求为己任"的综艺娱乐节目之路，赢得了社会各界的广泛关注和好评。特别是浙江卫视精心打造具有鲜明公益特色的"娱乐纵贯线"，策划推出了《我爱记歌词》、《中国梦想秀》等一批影响力大、收视率高、美誉度好的综艺娱乐节目，不仅为打响"中国蓝"品牌，增强省级主流媒体的舆论引导力和品牌影响力发挥了重要作用，而且为广播电视履行公共文化服务功能、传播和弘扬社会主义核心价值思想做出了积极的贡献。

一、充分认识打造公益性综艺娱乐节目的重要意义

综艺娱乐节目是电视媒体以精英团队的力量所打造的一种大众文化形式，集中反映了媒体的价值导向、文化品位以及因应娱乐潮流、把握受众诉求的综合能力水平。在市场经济条件下，努力实现精英实力与大众文化的有机契合，打造出既彰显主流价值文化、又深受大众喜爱的综艺娱乐节目，始终是广播电视媒体面临的一项重要课题和现实任务。在近年来的实践中，我们体会到，抓住"公益"这个主题，切

入综艺娱乐节目的内核，打造融公益性和娱乐性于一体的综艺类节目，不失为一种积极有效的实践途径和形式。因为公益既是一种价值取向，旨在弘扬爱心善举，倡导和谐文化理念，彰显主流精神价值；又是一种公共行为，重在关爱扶助弱势群体，提升公民道德素养，促进社会文明进步。以公益为切入点，倾注人文情怀和思想内涵，通过娱乐的元素和表现手法加以电视的创造，实现综艺节目公益性和娱乐性的有机结合，做到寓教于乐、以情动人，情理交融，雅俗共赏，是电视媒体以精英的实力创造大众文化的一种创新实践，也是广播电视履行社会责任、传播主流价值、满足和引导人民群众精神文化需求的一项有益探索。

1. 打造公益性综艺娱乐节目，体现了媒体价值导向的本质属性。导向是广播电视的生命和灵魂。坚持把社会效益放在首位，牢牢把握综艺娱乐节目的价值导向，是由社会主义广播电视的基本性质所决定的。从上世纪90年代初开始，我国的电视综艺娱乐节目从无到有，从单一到多元，从模仿到创新，呈现出作品精彩纷呈、题材丰富多样、队伍蓬勃壮大的繁荣发展态势。然而，随着电视事业的迅速发展，综艺娱乐节目也面临着“娱乐至上”、“收视为王”的发展陷阱，一些节目出现了“唯收视率”、“泛娱乐化”、“趋雷同性”的不良倾向，助长了“庸俗”、“低俗”、“媚俗”的不良风气，暴露出艺术的贫乏、文化的错位和思想的迷失，造成了负面的社会影响和不良后果。事实证明，一味地为了娱乐而娱乐，忽略电视媒体本应承担的导向职责，综艺娱乐节目就会沦为“三俗”的附庸，在自身发展走进“死胡同”的同时，也将大众文化的价值内涵消解殆尽。发展社会公益，是社会文明进步的标志，是弘扬社会主义核心价值体系的重要体现。选择从公益切入，打造公益性综艺娱乐节目，充分彰显了广播电视媒体坚持正确导向，弘扬主流文化，为构建社会主义和谐社会提供良好舆论支持和精神动力的本质特征和应尽使命。

2. 打造公益性综艺娱乐节目，体现了媒体公共服务的社会职责。作为大众传媒，广播电视与时代同行，面向的是广大受众，服务的是广大受众，承担着满足和引领人民群众日益增长的精神文化需求的重要职责。在今天，人民群众文化需求空前旺盛，休闲娱乐时间明显增多，文化消费进入了快速增长期。收看电视综艺节目已成为城乡居民最普遍、最便捷、最喜爱的一种大众娱乐需求，而创意制作为百姓所喜闻乐见、“叫好又叫座”的综艺娱乐节目，也就成了广播电视媒体一项义不容辞的公共文化服务内容。当然，在努力满足人民群众多层次、多样化的精神文化需求的同时，媒体有责任也有能力凭借精英团队的专业水平去引领和提升这种大众需求。打造公益性综艺娱乐节目，用公益的理念、娱乐的方式疏导社会心理，提升大众文化需求，把积极健康的价值追求、人文情感和生活情趣传递给广大观众，显然有助于推动全社会形成良好文明风尚和道德规范，传播和弘扬社会主义核心价值体系，促进和谐社会的建设。

3. 打造公益性综艺娱乐节目，体现了媒体受众为本的传播方向。在当今社会环境下，受众的需求特点发生了深刻变化，综艺娱乐节目的转型升级也随之演进。事实上，任何节目都有它的上升期、成熟期和衰老期，比如陪伴美国观众长达25年的《奥普拉脱口秀》节目新近停播，我国亿万观众关注的《春节联欢晚会》每年都在求新求变，这说明：没有长盛不衰的综艺节目，只有持续不竭的创新理念。综艺娱乐节目只有深入研究受众“心理流”，寻找与受众之间的“共振点”，才能跟上时代潮流，占据竞争高地，赢得蓬勃生机。纵观我国综艺娱乐节目的发展历程，无论是“你综艺我来看”的综艺时期、“我动员你参与”的游戏时期，还是“你益智我博彩”的竞猜时期、“我表演全民看”的选秀时期，每一次综艺节目的变革创新，都契合了不同时期受众的心理需求，反映了大众文化的发展要求。当前，以友情奉献、励志进取、关爱互助为主题的公益热潮正方兴未艾，蔚然成风。在此背景下，打造公益性综艺娱乐节目，顺应了当代社会的发展规律，契合广大观众的心理需求和情感诉求，无疑是电视传媒“以人为本”理念及其主流价值回归升华的重要体现。

二、积极探索打造公益性综艺娱乐节目的实践途径

强化公益特色，打造具有正确价值导向和文化内涵的综艺娱乐节目，一直是浙江广电集团这些年来坚持不懈的追求。2007年，集团在浙江卫视推出了《公民行动》等公益情感类节目，讲述情感故事，感受生命温度，彰显公益行动力量；2008年精心打造《我爱记歌词》、《爱唱才会赢》、《我是大评委》等公益K歌类节目，用大众娱乐方式呼唤社会爱心，建立综艺公益金，捐助弱势人群；2011年新近推出《中国梦想秀》等公益圆梦类节目，旨在帮助平民追逐梦想，展现人性光彩，实现人生梦想。可以说，公益性是贯穿浙江广播电视“娱乐纵贯线”的价值之魂、立身之本、创新之脉。这些年来，不管节目内容如何变化，节目样式怎样翻新，我们突出公益的“宗旨不变、主线不变、特色不变”，始终坚持“以精英的实力创造大众文化”的理念，强化公益主题，创新娱乐手段，全力打造公益性综艺娱乐节目，提升综艺娱乐的价值品质和文化品位，努力开拓综艺娱乐节目丰富、健康、快乐的新形态和新气象。

1. *以公益理念引导观众*。综艺娱乐节目只有贯注了思想、蕴涵了理念,才具有真正的文化价值和意义。主流媒体的导向是全方位的，既有新闻节目的舆论导向，也包括综艺节目的价值导向；既有坚持政治导向的要求，也有维护稳定导向的责任。因此，我们在各类电视节目中都要把握正确导向，努力贯彻关注社会生活和现实问题的新闻理念，特别要在综艺节目中弘扬社会主义核心价值体系和先进文化思想，凸显公益理念，传播主流价值，对广大观众起到积极的引导和启发作用。一是全方位引导。通过全方位布局、集群化覆盖，把公益理念渗透到综艺娱乐节目的血脉中，促使综艺娱乐节目在整体编排设计上从单调的唱唱跳跳向丰富的情感交流转变，从浅显的综艺游戏向深度的思想共鸣提升，以期形成强大的集聚传播效应，全面引导观众树立高尚的思想境界、健康的人生追求和美好的艺术情趣。比如，浙江卫视在《我爱记歌词》、《中国梦想秀》、《天下达人秀》等多档综艺娱乐节目中，始终贯穿“公益”的主线，或爱心捐赠弱势群体，或为普通百姓提供圆梦舞台，或帮助大龄青年、离异男女牵线搭桥，紧紧围绕公益做文章，浸润着浓浓的人文情怀和积极向上的励志精神，引导观众“向真、向善、向美”，产生了很好的社会反响。二是多样化表现。电视作为视听艺术，讲求用喜闻乐见的娱乐方式来展示严肃的公益理念，这些年，我们十分注重运用多种电视表现手段，通过丰富多彩、生动鲜活的节目形式，来传递公益理念，彰显主流价值，从而产生入耳入脑、启迪心灵的效果，让严肃的公益理念对广大观众发挥出真切而生动的感染力量。如《我爱记歌词》采用的是接唱歌词与募集“爱心公益金”相结合的方式，《公民行动》则以“公民爱心行动”的叙事形式传播公益理念，引导观众关爱他人、济贫扶困、奉献社会；而《婚姻保卫战》将爱情婚姻与和谐社会建设紧密结合，引导观众树立健康的婚恋观和正确的人生观。总之，通过健康、快乐、多样的综艺表现手段，让公益理念更具亲和力，起到“春风化雨”、“润物无声”的引导作用。三是深层次挖掘。这些年，集团在打造综艺娱乐节目的过程中，不仅强化公益的理念，而且深化公益的内涵，经历了一个层层递进、逐步升华的过程。如果说在《爱唱才会赢》的“综艺三剑客”时期，还仅仅停留在“娱乐为主、公益为辅”的初期阶段，当时的选手主要通过节目设置的“爱心大冲刺”环节，把赢得的爱心公益金捐赠给慈善机构，以倡导公益精神。那么，经过这几年持续的公益性打造，以《中国梦想秀》为代表的全新综艺节目群已经进入到“公益为核、娱乐为形”的崭新阶段，节目组将公益理念深深扎入综艺娱乐的内核中，更加自觉地以宣传主流价值和社会道德为己任，在为广大百姓群众提供实现人生梦想的舞台的同时，积极传播和弘扬社会主义核心价值和先进文化思想，大大丰富和深化了公益的内涵，赢得了社会各界的普遍好评。国家广电总局专题点评表扬该节目“彰显出关爱、真诚、平凡、幸福的主旨，让老百姓燃起对生活的激情，让人感到生活充满了希望和快乐”。

2. *以公益情感打动观众*。中国老百姓观看电视综艺娱乐节目，最简单和直接的心理是“找乐子”，求得身心上的放松，达到精神上的愉悦。如果在此基础上再有情感的慰藉和心灵的感动，那就达到了娱乐的更高境界。因此，综艺娱乐节目必须“以情动人”，突出公益情感，充分发挥“心理调节器”和“情感激发器”的功能，以期达到寓教于乐、彰显主流价值和文化内涵的目的。这些年，我们在节目制作的各个环节中，十分注重公益情感的培育与运用。一是真情策划。注重“新闻视角、人文情怀、公益诉求”，是集团策划打造综艺娱乐节目的主导原则。《中国梦想秀》节目组用“新闻视角”挖掘了“爱跳舞的保洁工”王世金、“下水道帕瓦罗蒂”邢建敏、“流浪儿童校长”石青华等一批普通人的动人故事，再用“人文情怀”来捕捉他们身上体现出来的“毫不矫揉造作、足以震撼人心”的真挚情感，最终在群星璀璨的综艺舞台上帮助他们成就自己的梦想，实现节目的“公益诉求”。特别感人的是，在汶川地震中失去了双腿的安徽姑娘李应霞，每天坚强地戴着假肢、背着吉他到都江堰夜啤酒长廊唱歌养活自己。在她的拐杖上写着 3 个醒目的大字：“站起来”，这是李应霞激励自己的动力。为了圆她“登上真正的舞台唱歌”的梦想，《中国梦想秀》节目组特意请来著名音乐制作人袁惟仁、游鸿明、陈国华为李应霞指导排练与伴奏。当李应霞站在舞台上唱起《掌声响起来》、《感恩的心》等歌曲时，她身上传递出的自强不息、感恩生活的精神催人泪下，引来现场观众长时间的热烈鼓掌。二是互动传情。参与互动是当今综艺娱乐节目的最主要特征。通过场内场外、台上台下的真情互动，让观众在主动参与中进行心灵的交流，传递美好的情感，是这些年我们打造公益性综艺娱乐节目的基本着力点。正基于此，我们的综艺娱乐节目才能把公益精神贯穿其中，把人文关怀传递给观众。如《我爱记歌词》为了强化互动性，打造"零门槛"，特意取消了选手的选拔过程，而采用报名即可参赛的方式。每场比赛通过报名，允许200名观众进入演播厅参赛，最终通过接唱歌词的方式由主持人随机请上6位观众上台比拼，赢取爱心公益金。节目所展现出的"全员、全过程、全方位"的快乐互动，明显拉近了与观众的距离，产生了授受双方的"自己人效应"，把节目倡导的"人人公益"的理念传递给在场的每一个人。三是悬念生情。悬念是精彩故事情节的必要环节，综艺娱乐节目更是需要通过层层递进的悬念设计，让故事情节在节目延展中与观众产生强烈的共鸣，透射出人性的光辉和公益情感的力量，从而有效地打动观众、感动社会。《中国梦想秀》在节目策划中就十分重视悬念环节的设计，如每位人物的出场，都注重细节的刻划，讲究情节的渲染，以期达到生动感人的效果。例如在讲述一位坚守47年的护林人王成华故事时，由于这位老人常年住在没有通电的大山里、从没有看过电视，他的最大愿望就是能收看"春节联欢晚会"。为此，节目组联系当地有关单位在老人家中安装了太阳能发电系统，并特意为他举办"一个人的春晚"。当一个个悬念伴随着故事情节逐渐展开时，老人多年的愿望终于实现，情不自禁地留下了热泪。全场观众被感动得热烈鼓掌，节目达到了高潮。

3. *以公益品牌影响观众*。当今媒体竞争已进入品牌制胜的时期。随着社会公益活动的兴起，培育公益品牌对于扩大公益理念的传播，提升公益活动的影响，具有重要的意义。为此，我们在打造公益性综艺娱乐节目的过程中，注重把培育公益品牌与加强节目推广有机结合起来，有效拓宽了公益综艺节目的社会影响面，形成了强大的"磁场效应"，牢牢吸引了观众的注意力，产生了广泛的传播作用。一是多媒体推广。我们根据多媒体时代受众信息传播和接受方式发生深刻变化的新特点，采取了"联动传播、协同作战、遥相呼应"的立体式推广方式，借助电视、报纸、网络、手机等多媒体手段，发动广大观众通过短信、电话、连线、论坛、微博等多种形式参与公益活动，形成密集的公益话题效应和持续的社会影响，以期在观众心目中确立起爱心公益的品牌公信力。2010年青海玉树地震发生后，浙江卫视《麦霸英雄汇》栏目举办了"玉树，加油"特别节目，联手天涯社区发起网友爱心接力活动，网友每跟发一帖，浙江卫视就向玉树灾区捐赠 1 元爱心公益金。短短24小时，"爱心加油帖" 的有效回帖量高达846213个，刷新了国内中文论坛帖子总浏览量、回复量和有效回复量三项最高纪录，最终为地震中遭受重创的青海玉树民族综合职业学校募集近129万元的公益善款，起到了良好的传播效果。二是活动式打造。大型品牌活动因其社会影响力大、受众关注度高，一直为媒体所重视和青睐。打造公益品牌活动，加强媒体与受众的沟通，是综艺娱乐节目提升品牌影响力和传播力的有效途径和手段。从2006年开始，集团连续五年创新举办中国(浙江)电视观众节，观众节坚持"回报观众、回报社会"的公益性目标，运用"参与、热闹、娱乐、开放"的综艺性手段，每年都吸引上千万观众热情参与，大大提升了浙江广电综艺品牌活动和品牌主持人的社会影响，被誉为"观众的节日"、"文化的盛典"。2009年，浙江卫视推出纪念"5·12"汶川特大地震一周年大型直播活动，连续12小时，倡议发起"个十百千万、爱心你我他"公益行动，为灾区援建一所爱心小学、捐献十个爱心操场、捐赠百辆爱心轮椅、征集千名爱心妈妈、义捐万件爱心校服，引起了社会各界的广泛关注，产生了巨大的传播效应。三是品牌化主持。主持人是节目的"灵魂"，也是媒体的"窗口"。打造品牌主持人，发挥品牌主持人在参与社会公益活动、联系沟通广大受众方面的重要作用，对于推广公益品牌，传播公益价值，提升综艺节目栏目的品牌影响力，具有特殊的意义。因此，善于将主持人的品牌效应转化为社会公益价值，带动激发观众参与公益行动的热情，也是打造公益性综艺娱乐节目的一个重要环节。这些年，集团始终大力培育热心公益、传播公益的品牌主持人，涌现出朱丹、华少、左岩、沈涛等一批在全国具有较高美誉度的著名综艺主持人。其中，华少被聘为"情暖浙江·红十字博爱公益项目"形象大使，天悦、凌晗等娱乐歌手也实现了向公益综艺主持人的美丽转型。2010年，在"浙江广电主持人训练营"上，集团各频道主持人还共同签署了一份器官捐赠志愿书，倡议生命接力的公益理念，赢得了社会各界的高度评价和爱心参与。

4. *以公益行动服务观众*。广播电视作为大众传媒，服务观众是其应有的社会职责。对于综艺娱乐节目来说，如何在体现娱乐精神的同时彰显人文情怀，关键在于抓住当今社会民生热点做文章，把公益行动和综艺节目有效结合起来，倡导公共利益，形成社会合力，弘扬时代精神，从而在"三贴近"中更好地发挥广播电视的公共文化服务功能。一是服务观众。综艺娱乐节目要把视角对准普通百姓，更多地反映和表达他们的所思所想、所需所求，并提供力所能及的公共服务，帮助解决一些现实问题和困难。我们只有真情地服务于观众，将公益理念融入具体服务之中，才能真正办成观众喜爱的综艺节目。如《中国梦想秀》节目先后邀请戴玉强、陈奕迅、韩庚、光良等众多明星，为普通有才艺的"民星"圆梦，鼓励他们战胜困难挑战，树立人生理想和信心；而《爽食行天下》节目每期向西部贫困山区的学生送出1800份免费午餐，倡导的也是一种公益爱心的传递。这种"平民化"的视角和"以人为本"的情怀，充分体现了综艺娱乐节目"帮在基层"，服务观众的社会责任。二是服务社会。关注社会上的民生热点问题，呼吁发动全社会的力量解决这些问题，是综艺娱乐节目彰显公益行动力量、服务和谐社会建设的又一具体内容。如果我们一味地沉醉于娱乐，而游离于社会关注的民生热点，就谈不上媒体的社会责任。近年来，集团采取"节目发动、社会联动、爱心律动"的方式，借助于综艺娱乐节目的社会影响力，先后在浙江卫视等频道发起实施了"认护长征旧址"、"携手你我、共绘蓝天"公益植树活动、"为西藏墨脱背崩希望小学献爱心"等一系列公益行动，并设立了"中国蓝银鹭爱心公益金"，号召社会各界守望相助、奉献爱心，展示了广播电视媒体的社会责任。三是服务时代。汇入时代的洪流，唱响主旋律，是综艺娱乐节目弘扬主流价值、提升公益行动的时代要求。"与时代同步，为时代鼓呼，做时代潮流的引领者"，不仅是新闻节目的职责所在，也应成为综艺娱乐节目的题中之义。我们在打造公益性综艺娱乐节目的过程中，始终紧跟时代的步伐，2009年适逢新中国建国60周年，浙江卫视在《我爱记歌词》、《爱唱才会赢》、《我是大评委》、《麦霸英雄汇》等综艺品牌栏目中唱响红色经典歌曲，在广大观众特别是80后、90后的年轻观众中产生了强烈反响。2011年是中国共产党建党90周年，集团精心推出了《红船向未来》、《我爱记歌词·红色金曲月》、《闪闪的红星——全球华人唱红歌特别节目》等一系列"唱响红歌"活动，大力歌唱在党的领导下坚定走中国特色社会主义道路、实现中华民族伟大复兴的时代主旋律，为构建和谐社会营造良好的舆论氛围。

（作者系浙江广播电视集团党委书记、总裁，原载《中国广播电视学刊》2011年第10期）

当前广电媒体产业经营形势分析和实践启发

沈金加

近年来，浙江广电集团立足我国广电媒体发展实际，遵循媒体产业经营规律，不断探索创收增长新途径、产业发展新模式，广告主业和相关产业齐头并进，呈现出创收总量明显增长、经营格局明显优化、经济效益明显提升的良好态势，2010年创收总额突破40亿元，为浙江省级广播电视新闻宣传、节目生产和平台建设提供了可靠的财力保障。在改革发展过程中，我们对广电媒体产业经营的形势和规律有了新的认识和思考。当前我国广电媒体产业蓬勃发展，产业经营领域不断拓展，产业结构转型不断深化，伴随着数字化和网络技术充分普及，伴随着传媒市场加快集聚扩张，广电媒体发展迎来诸多新机遇、新挑战。如何把握机遇、应对挑战，推动广电媒体产业健康快速发展，是摆在我们广电媒体面前的紧迫课题。

一、当前广电媒体产业经营形势判断

在网络数字技术和现代传媒市场的推动下，广电媒体产业边界日益模糊，媒介融合发展大潮势不可挡。特别是移动互联网快速发展、品牌营销作用日益凸显、社会融资渠道逐渐拓展、人力资源成本逐年提升等新的形势和趋势，对广电媒体发展产生广泛而深远的影响。

1. *以移动互联网为代表的信息资讯产业将得到快速发展*。互联网进入我国时间不长，影响重大，已成为人们获取信息、金融理财、娱乐消遣、人际沟通的主要平台之一。今后随着3G、4G技术不断普及，手持终端成为互联网用户一个新的重要沟通工具，必将对传媒相关产业发展产生深远的重大影响。

2. *原创内容将成为媒体发展制胜的核心竞争力*。媒体的优势和活力在于内容的持续创新。但原创内容的创意策划、生产制作过程比较复杂,大容量、高质量的内容生产不可能全部在电台、电视台内部完成，最终需要有一条以广播电视播出为龙头的产业链为之服务。所以影视节目生产、专题类节目定制走社会化之路是迟早的事，制播分离的提出或许也正是出于这种考虑。

3. 市场竞争将逐步从传统营销时代向品牌营销时代转变。其实电视台“红什么播什么”和“播什么红什么”,实质就是公众对品牌的认知。买方市场的形成是因为产品过剩,过剩就有竞争,过剩越多竞争越激烈,最终由品牌价值和知名度决定胜负。品牌怎么来?“质量＋营销”。没有质量,营销是空的;没有营销,质量再好不为人知也成不了品牌。营销是一门艺术。内容不同,对象不同,环境不同,营销手段和方法也要及时调整。这就需要我们进一步提升品牌意识、营销意识和市场意识,创造性地做好品牌营销工作,努力适应当前广播电视行业发展的新特点、新趋势。

4. 人力成本的提高将是未来企业面临的一大课题。拉动经济增长的投资、出口、消费三驾马车其比重结构在未来几年可能发生较大变化，投资和出口比重将会下降，扩大消费会成为一个重要的政策取向。而对企业而言,扩大消费、抵御通胀、保障民生的各项措施,以及《劳动合同法》的颁布实施,归结到一点就要求必须大幅度提高员工最低工资标准。这样一来,企业在广告投放、媒体投资等方面会更加精打细算,这对广电媒体来说是一个新的挑战。

5. 社会直接融资将成为多数企业扩张的重要选择。去年以来股票发行速度明显加快,据中国证监会网站资料，沪深两市截止去年底共发行 A 股 1955 只,其中 2010 年发行 345 只,占 A 股总量的 17.6%,平均每周发行 6.6 只股票。A 股首次发行筹集资金 2010 年达到 4882 亿元。这么多股票的发行不仅吸收了大量货币资金,缓解了通胀压力,同时也减轻了企业的融资成本。争取股票上市成为当前很多企业融资的最佳途径,而在可以预见的将来,我们也许会看到更多的文化创意和大众传媒单位，以各种形式争取在社会直接融资(上市)方面取得对外扩张的财力资本。

二、产业经营工作需要处理好的几个核心关系

近些年，我国广电媒体立足宏观新形势和传媒新趋势,结合自身的优势特点加快发展,整体表现为“增长模式从广告为主向多元扩展转变,经营模式从点状经营向产业链经营转变，营销模式从传统营销向品牌营销转变”，奠定了良好的物质和财力基础。接下来，随着新媒体加速发展、“三网融合” 全面推进、传媒市场日渐成熟,广电媒体必将迎来产业发展的“春天”。如何把握新形势新机遇,加快自身发展步伐,在传媒变革竞争中占取先机?结合浙江广电集团改革发展实际，我认为应当重点处理好五个方面的核心关系,供大家参考。

一是突出主业与多元拓展的关系。浙江广电集团的产业经营经过近几年的扶持、调整、发展,比以前战线有所缩短,素质逐步提升,尤其是好易购家庭购物公司、浙江影视(集团)公司等一批新单位发展起来后,内部格局比较好,经济效益比较高,社会影响比较大,相关产业的拓展空间已经逐步打开。未来几年,集团整体产业要有大的发展,必须在多元经营上培育新的增长点，即在继续下大力气抓好广告创收的同时,走多元拓展的路子,按照“立足主业、多元拓展、加强管理、注重效益”和“业务相关、产业延伸、熟悉配套”的原则,有重点有步骤地拓展新的领域,开拓新的空间。但具体到每个经营单位,则并非都要铺新摊子、搞多元经营,而是首先突出主干业务,在把主营业务做实做强做大的基础上，考虑发展周边产业和衍生产品。

二是依托母体与向外拓展的关系。这几年,浙江广电集团下属经营单位在依托集团母体、为集团本级配套服务的同时,自身也得到相应发展,综合实力进一步增强,这是一个良性双赢的结果。但真正要把产业做大,仅靠母体的奶水是不够的,必须抛开计划经济思想和固有经营模式的束缚,努力向外拓展,走市场化路子,在市场竞争中发展壮大。特别是集团计划在“十二五”期间重点打造“浙江广电传媒大厦”和“浙江国际影视中心”两个新的产业发展平台,建成影视后期制作基地和文化创意产业园区，为集团相关产业和经营单位延伸产业链、打造增长极创造了良好条件。只有既立足于集团的母体平台,又大胆走对外拓展之路,才能更有效地利用各方资源,促进企业与市场接轨,加快成长步伐,适应市场需求。

三是开发市场与寻找资源的关系。国内许多媒体企业的经营表面上是“两头在外”,即做内容也做销售,具体工作中却容易出现“一头重、一头轻”的问题。比如一家影视公司，重视影视剧产品销售是对的,但如果内容不好、产品销不出去,那投资就等于打水漂;反过来如果找到好剧本,拍出好片子,那就不愁没有市场,没有销路。这方面浙江广电集团有许

多例子，如集团下属浙江音像出版社与浙江省教育厅合作，参与中小学教辅材料的出版，它的市场与资源都在一家单位手上，这是非常难得的好事，应该好好把握并且举一反三。

四是做大总量与提升品质的关系。量与质，大与强，是完全不同的概念。对一个企业来说做大总量固然重要，但达到一定量级以后必须提升内在品质，否则还是经不起市场风浪的颠簸，甚至个头越大散得越快。而现在不论是国内媒体同行还是我们集团自己，一般的年度考核往往偏重于量，对质的考核相对比较薄弱。事实上，企业的净利润也不能完全反映当年的经营状况，所以在考核净利润的同时还要增设一些辅助指标检验产业发展品质，并不断完善健全这一考核制度。

五是以人为本与深化改革的关系。坚持以人为本必须加快发展。因为事业不发展效益上不去，广大员工就无法享受发展成果，以人为本也成为一句空话。要加快发展必须深化改革，在保护员工正当合法利益的前提下，个人收入与工作业绩挂钩，增量部分的分配向价值创造者倾斜，这样才能调动真正干活的人的积极性。深化改革目的是促进发展，单位发展了大家才能共享成果，这是最浅显最根本的道理，也理应在媒体改革发展中得到更好体现。

（作者为浙江广播电视集团副总裁，原载《电视决策参考》2011 年第 16 期）

发挥广电优势，唱响时代赞歌
——浙江广电集团庆祝建党 90 周年五大文艺晚会评析

顾顺坤

红旗如画，展现光辉历程；岁月如歌，颂唱丰功伟绩。在中国共产党成立 90 周年之际，全省各地庆祝活动高潮迭起、精彩纷呈。其中，浙江广电集团以大策划、大力度、大篇幅推出的一系列大型文艺晚会，用艺术手法展现中国共产党领导下浙江大地发生的沧桑巨变，深情唱响忆党史、颂党恩、跟党走的时代赞歌，受到了省领导和广大群众的充分肯定和好评。

浙江广电集团参与主办的庆祝建党 90 周年系列晚会主要有五台：

1. 《红船向未来——浙江省庆祝中国共产党成立 90 周年文艺晚会暨第二届浙江文化艺术节开幕式》，这是我省庆祝建党 90 周年最高规格、最大规模的文艺晚会，它将辉煌历史与壮丽现实相互辉映，把伟大精神与创新实践交相印证，气势恢弘、催人奋进，被誉为“浙江近年来最成功的主题晚会之一”。晚会由省委宣传部、浙江广电集团和省文化厅主办，浙江卫视承办，浙江卫视、浙江之声 6 月 30 日同步直播。

2.《党旗高扬党徽闪光——2011 浙江省创先争优主题晚会》，集中展现全省创先争优活动取得的丰硕成果，热情讴歌基层优秀党员的精神风貌和闪光言行，生动反映了中国共产党为了人民、依靠人民的根本宗旨，表演真切、感人肺腑。省委副书记夏宝龙专门批示：“这台节目组织得很好，时代感、历史责任感、艺术性都很强，真人真事，可歌可泣”。晚会由省委创先争优领导小组主办，浙江广电集团和浙江卫视承办，浙江卫视 6 月 23 日播出。

3.《心中有爱献出来》庆祝建党 90 周年大型群众献礼晚会，集结省市广电系统优势资源，持续开展历时三个多月的全省基层群众献礼才艺秀，真切抒发广大群众对党的热爱和忠诚，朴实的表演动人心弦，真挚的情感荡涤心灵。活动由省广电局、浙江广电集团和省广电学会主办，钱江都市频道和交通之声承办，并于 6 月下旬现场直播总决赛。

4.《颂歌飞扬 90 年——省直机关大型广场歌舞晚会》，1100 多名省直机关干部群众和老红军、老战士、老干部一起，在省人民大会堂广场满怀豪情唱响红歌，意气风发踏上新的征途。晚会由省直机关工委和浙江广电集团主办，广播音乐调频和教育科技频道承办和播出。

5. 《永远跟党走——浙江省红色经典歌曲合唱大赛》，共有 5 场比赛。全省各行各业、各条战线 80 多支队伍，以激昂的歌声共同唱响时代主旋律。大赛由省委宣传部、省文化厅、浙江广电集团等单位主办，影视娱乐频道于 6 月 26 日至 30 日播出。

这一系列大型文艺晚会在“七一”前后相继推出，宏大的规模、新颖的创意、出彩的编排、广泛的参与，掀起了庆祝建党 90 周年的宣传高潮，在广大干部群众中引起强烈反响。

大力开展主题宣传，有力引导主流舆论，是广播电视媒体占领主阵地、打好主动仗、发挥主功能、唱响主旋律的重要职责，也是增强广播电视宣传影响力和竞争力的有效途径。随着社会结构深刻变动、思想观念深刻变化，人们的关注焦点、审美情趣越来越多元、多变、多样，这就要求主题宣传也要与时俱进、不断创新。浙江广电集团庆祝建党90周年五大文艺晚会之所以能够在众多的庆祝活动中脱颖而出，得到领导和群众的交口称赞，就是因为较好地把握了主题宣传与广播电视传播规律的契合点，紧紧抓住了主题宣传与受众心灵相通的共鸣点。

一、将宏大叙事与精彩细节相结合，突显一脉相承的“红船精神”

源于建党伟业的“红船精神”，在90年波澜壮阔的历史实践中，为浙江的革命、建设和改革事业提供了强大支撑。建党90周年大庆之年，各类文艺晚会、群众活动非常多，集团早在策划阶段就明确，文艺晚会要立足广播电视的传播特点，紧紧围绕和突出“红船精神”的历史、传承与未来，选择不同的视角切入，以丰富多彩、各具特色、各有侧重的内容，最大限度地营造庆祝建党90周年的热烈氛围，最大程度地激发广大干部群众的参与热情。经过精心策划，系列晚会有的以时间为线索进行理性阐述，有的以情感为依托开展场景再现；有的书写波澜壮阔的史诗巨著，有的打造清新时尚的抒情之作；有的囊括省内最高水准的文艺创作，有的展现洋溢泥土芬芳的民间艺术，从多个层面、多个角度深入诠释了“红船精神”的丰富内涵和思想实质。其中，《红船向未来》大型晚会以编年体史诗的形式谋篇布局，集结全省主要演出力量，1400多位演员的演出阵容，按照革命战争、社会主义建设和改革开放等不同历史时期重大历史事件，将20余个形式多样的精彩节目巧妙连接、环环相扣，展现了党领导中华儿女上下求索的奋斗征程。音画集锦《红星照我去战斗》、音诗画《历史的记忆》等节目，再现战斗场景，重温光辉历史；《革命人永远是年轻》、技巧舞蹈《奋进》等节目，歌颂丰功伟绩，展现时代精神；晚会特别创作的电视短片《潮起浙江》、《走向蓝海》和鼓韵大快板《钱塘群英颂》等节目，把从南湖启航的“红船”精神与创业创新的浙江精神紧密结合，体现了鲜明的浙江特色。赵洪祝、吕祖善等省领导现场观看了晚会，并给予了高度评价。

《党旗高扬党徽闪光》主题晚会专门派出摄制组，深入宁波、舟山、衢州等地采访创先争优活动中涌现出来的“闪光言行之星”，获取了许多新鲜的细节。晚会将人物专题和情景剧有机结合，分“情满之江”、“闪光人生”和“先锋赞歌”三个篇章，展现基层党组织和共产党员的闪光言行，深刻反映了先进典型的时代特征、精神内涵和情感特质。他们有的在农村辛勤耕耘、无私奉献；有的在平凡岗位上默默工作，成就不凡业绩；有的在抗灾救灾的战场上冲在一线、英勇献身。当档案管理员杜红英说，“做好本职工作也是一种进步”时，晚会现场掌声雷动；当救火英雄牺牲后，他的女友大声呼喊爱人名字时，很多观众红了眼圈、落下热泪。通过这些感人至深的真人真事、真实细节，让人们真切体会到新时代“红船精神”放射出的耀眼光芒。

《心中有爱献出来》作为一项大型群众性活动，着力强调了全省发动、全民参与的低门槛、草根性，参与者既有80多岁的老战士，也有年仅5岁的小朋友；既有商人、职员、教师、学生，也有农民、渔民、部队官兵。在最后的总决赛晚会上，杭州的普通市民带来了珍藏多年的新中国成立当天的《浙江日报》，衢州余东村村民创作了画有90张村民笑脸的农民画，金华干休所老干部合唱队唱响了雄浑有力的《打靶归来》……晚会把参赛群众的个人感悟融入到时代大背景中，展现了他们对“红船精神”的真挚情感和对美好生活的真情喝彩。

《颂歌飞扬90年》晚会在省人民大会堂广场举行，广大省直机关干部职工用歌舞抒发对党的敬仰、热爱与忠诚。《永远跟党走》晚会在杭州黄龙体育馆举行，来自全省各行各业80多支合唱队伍汇成红歌的海洋。两台晚会，汇聚了从省委书记等省领导到老同志、老红军，从省直机关干部到武警战士、消防队员、边防官兵，从镇海炼化、浙能集团、杭钢等企业工人，到浙江大学、温州大学等大专院校的学生，总计近万人。众人一起唱响红歌，深情回顾党的光辉历程，一起唱响红歌，激情歌颂伟大的新时代，献上5400万浙江儿女对党90岁生日的深深祝福。《颂歌飞扬90年》晚会尾声，省委副书记夏宝龙上台指挥全场纵情高歌《没有共产党就没有新中国》，把晚会气氛推向高潮。

这一系列晚会虽然分别侧重于历史回顾、事迹展示、群众互动、红歌大赛等不同内容，但都富有鲜明的时代感，体现了广泛的参与性，表达了浙江儿女弘扬新时代红船精神，立足岗位、扎实工作，与时俱进、创业创新，努力推进“两创”总战略，继续干在实处、走在前列的坚强决心。

二、将视听之美与真情之感相呼应，强化主流舆论的传播效果

艺术作品，只有先打动创作者自己，然后才能打动观众。在五大晚会的创作中，集团各相关单位本着“体现真情、重在创新”的创作原则，立足浙江文艺的地域特色，努力发挥广播电视的视听优势，全力投入、精心实施，给予广大群众丰富的艺术享受和深刻的情感震撼，有力深化了晚会的主题。

《红船向未来》以浓郁的浙江特色为基调，融合新颖的舞台艺术手段和电视表现手法，为耳熟能详的经典歌曲进行了创新设计、创新编排。晚会舞台以三块大屏幕墙作为主体背景，两侧安排了600名演员的方阵。大屏背景上，晚会组综合运用了水墨淡彩、剪纸版画、影视动画等视觉语言，精心制作了70多分钟的VCR，将舞台表演与背景多媒体影像配合无间，既提升了现场的舞台效果，又极好地满足了电视直播的需要，成为晚会的重要组成部分。当《映山红》唱起时，大屏幕上一朵朵红花漫天卷地、摇曳生姿，与舞台歌舞自然相融，把观众带入一片纷繁的花海中。《走进新时代》歌声响起，背景是港澳回归、飞船上天、奥运开幕、高铁开通等写实的影视资料，还有舟山跨海大桥在海中从无到有，迅速生长的FLASH动画，使观众不由满怀自豪地回想这个充满激情与梦想的年代，将情感和思想自然融入到了晚会设定的情境中。为了达到最佳视听效果，晚会组动脑筋、想办法，科学统筹15个文艺院团、1400名高校师生的创作排练，合理安排数千件服装、道具，精心打磨每一秒的画面与内容。由于舞台设在黄龙体育馆，场地大、演员多，普通摇臂难以全景展现，除非使用“飞猫”设备，但“飞猫”的价格很贵，为了节省成本，导演组土法上马，把摄像人员直接用威亚吊起来，移动拍摄。晚会历时110分钟，摄像就在半空中吊了110分钟，最终圆满完成了任务。正因为对视听效果的极致追求和对情感酣畅淋漓的抒发，使得这台晚会成为近年来少有的，政治性和艺术性兼顾、思想性和观赏性俱佳、现场效果与转播效果均好的一台晚会。

《党旗高扬党徽闪光》主题晚会，创作者从一个个先进典型的故事中汲取营养，把晚会主旨确定在“真人真事，以情动人”上，注重以戏剧性、冲突性的内在张力来塑造人物，打造贯穿晚会全程的情感流，较好地展现了新时期共产党人的鲜明特征和时代印记，办出了一台打动人心的主题晚会。在晚会现场，女医生钟杏菊坚守海岛36年的事迹，不但有记者讲述、现场访谈，有钟杏菊雨夜出诊的场景，更有钟杏菊错过女儿婚礼，被女儿伤心责问的情景再现。钟杏菊接受晚会现场采访时特别歉疚地说，过去的无法弥补，现在最想帮女儿找到工作。这时，晚会组安排女儿一家突然出现在舞台上，母女俩情不自禁地拥抱在了一起。海岛情、母女情既相互冲突又相互交织，丰富了钟杏菊的思想内涵，强烈地感染了观众内心。晚会最后，浙江第七地质大队历代队长在《勘探队员之歌》的豪迈歌声中，将鲜艳的党旗代代相传。他们没有豪言壮语，但人们却从高高飘扬的党旗上，看到一代代共产党人诚心诚意为人民谋利益的奉献精神从未更改。

《心中有爱献出来》突破文艺晚会常见的歌舞、小品表演的框架，选取了口技、剪纸、农民画、红色收藏等多种民间气息浓厚的艺术形式，充分体现“草根、真实、真情”的晚会宗旨，形成差异化特色，令人耳目一新。《颂歌飞扬90年》、《永远跟党走》等晚会也精心研究多种艺术表现方式，将视与听、动与静、美与力相辅相成、相互配合，谱写成充满诗意与豪情的时代之歌。

在一系列庆祝建党90周年的文艺晚会上，台上台下，情与景交融；荧屏内外，心与心沟通，平添了主题宣传直指人心的感染力和影响力。这充分证明，不管社会如何变化，时代如何进步，人们对真善美的追求亘古不变。当动人的情感依托于视听的美感，就能相得益彰，爆发出高度的艺术魅力和情感张力，激发大众内心深处的感动和认同。

三、将在线宣传与离线推广相促进，营造主题宣传的整体合力

随着媒体技术的不断发展和传播渠道的日益丰富，仅靠单一媒体的“单兵作战”，已难以实现主题宣传的有效传播，必须充分利用多种传播手段，发挥多媒体联动效应，形成在线宣传与离线推广的同频共振、交互促进，全方位提升宣传影响力。浙江广电集团主动应对媒体环境的这种深刻变化，借鉴以往重大主题宣传的成功经验，在确保系列晚会内容质量的前提下，对晚会进行了总体推广设计，努力营造广播、电视、平面媒体、网络媒体多媒体、多形态、多角度有机结合、梯次推进、协同作战的主题宣传声势。

在播前环节重点实施多渠道推广。集中优势兵力，精心创意五大晚会宣传片，在集团广播电视各频道中密集预告。综合运用路牌广告、墙体广告开展宣传。在广播电视和平面媒体、网络媒体上持续刊载晚会的最新动态和进展情况，不断引领受众的关注。广泛动员多方力量，引导广大群众深度参与晚会的创作:《党旗高扬党徽闪光》组织各地文艺骨干根据优秀党员和党组织的先进事迹编写、排演情景剧,按照电视播出的要求反复修改完善;《心中有爱献出来》在全省各市设立分赛区,和当地电视台、浙江在线等媒体合作开展路演、海选和分赛区决赛,进行预热造势;《永远跟党走》自5月起在全省各地轮番举行预赛,在广泛学唱、传唱、演唱红色歌曲的基础上,层层选拔出参加全省大赛的队伍。多媒体、多渠道的相互支持、推广和回馈,大大提高了活动的知名度,有效吸引了群众的热情参与,营造了强烈的期待效应。

在播出环节充分强化资源整合。系列晚会大多安排在两个以上的频道多次播出,如《红船向未来》在浙江卫视、浙江之声同步直播,并在随后几天,由钱江都市和影视娱乐两个电视频道梯次轮播;《颂歌飞扬90年》在广播音乐调频和电视公共·新农村频道中交错推出;《心中有爱献出来》由电视钱江都市频道和广播交通之声共同播出;《永远跟党走》5场决赛连续3天在影视娱乐频道播出。系列晚会还在集团刚刚正式上线的网络电视台及其他合作网站上进行直播或提供互动点播。多平台、多频次的协同播出,大大拓展了五大文艺晚会的覆盖面和到达率,有效形成了庆祝建党90周年的浓厚氛围。

（作者为浙江广播电视集团副总编辑,原载《视听纵横》2011年第5期）

也谈省级卫视改革

赵力平

最近，广播影视业最大的热门话题，或者说冲击,就是重庆卫视的改革。

根据重庆市委宣传部的介绍，重庆卫视改版的主要内容可以简单地概括为:“一不二减三增”:

“一不”:即重庆卫视在任何时段都不再播商业广告。这在全国省级卫视是首创,也是重庆卫视全面改革的最大亮点,是最大的震撼弹。据调查,重庆卫视改版前,每天播出商业广告时长近300分钟。

“二减”:一是减少电视剧播出量,且不在黄金时段播出。改版后的影视剧类节目包括《原版电影》、《经典电影赏析》、《英雄剧场》,其中每天播放电视剧180分钟,与改版前相比减少了270分钟。二是减少外购外包节目播出量。改版后外购外包节目由原来的3个减少为1个。

“三增”:一是增加新闻节目播出量。新闻类节目包括《CQTV早新闻》、《CQTV午新闻》、《重庆新闻联播》、《民生》、《直播重庆》和转播中央电视台《新闻联播》等,每天总时长约240分钟,与改版前相比增加了78分钟。二是增加自办专题节目和文化栏目。在继续做好《信念》、《记忆》、《品读》、《纵横天下》、《拍案警世》、《健康大学堂》等栏目的基础上,新推出了《天天红歌会》、《百家故事台》、《重庆好人》、《书香》、《民生·鱼水情》等栏目,与改版前相比,每天播出增加165分钟。三是增加公益广告和宣传片。每天播出60分钟,比改版前增加了52分钟。重点策划和播出一大批符合频道定位、展示重庆改革发展生动实践、颂扬先进模范和感动重庆人物等方面的公益广告和宣传片,且不在单个节目或电影、电视剧中插播,而是安排在各档节目之间适当播出，以便受众完整流畅地观看重庆卫视。(上述内容参见2011年3月3日《重庆日报》)

重庆卫视进行改革的目的，旨在强化电视公共服务职能,为人民群众提供更多的优秀精神食粮;高扬时代主旋律、高唱时代正气歌;“弘扬红色文化、主流文化、高雅文化,更好地发挥宣传重庆、引领社会、传播知识、教育人民、推动发展”,等等。一句话,要把重庆卫视办成一个老百姓爱看的主旋律电视台。

一石激起千层浪。重庆卫视的改革,这段时间,吸引了不少眼球,许多关注。过去从来不关注重庆卫视的人都会打开CQTV瞄一眼。

重庆卫视从本地实际出发,进行新的改革探索,无可厚非,值得肯定。但是重庆卫视改革后,引起轰动,特别是引起一些社会、政治精英的拍案叫好,一些人甚至建议：央视一套及所有的省级卫视都应该向重庆卫视学习,从商业台转向公益台,停止刊播商业广告,减少娱乐节目,成为最重要、最便捷、最有效的宣传阵地。

如何看待上述观点?我们认为:电视特别是卫视改革是一个重大课题，需要非常慎重。在实施改革前,必须研究、分析以下几个问题。

一、卫视节目给谁看?

电视是精英文化的载体,还是大众文化的载体?这是一个有争论、但已经基本明确的议题。即电视虽然是意识形态的重要组成部分,是统一思想观念、动员组织群众、加强党的执政能力建设的重要手段,但是，电视不是精英文化，而是大众文化，电视台是大众文化的载体，电视节目应该为广大平民百姓服务，电视节目的内容，在兼顾精英人士文化口味的基础上，主要应该适应大众百姓的胃口。

必须了解：电视要实现以人为本的理念，就必须适应大众百姓的文化口味，而不是少量精英人士的口味。从目前情况来看，大众百姓与精英人士的文化口味有很大差异。大众百姓偏爱新闻、电视剧、娱乐，特别是一些选秀、相亲节目等，许多节目被精英人士称之为品位不高、档次偏低，甚至斥之为庸俗、低俗、媚俗。而精英人士则偏爱新闻、文化、专题、体育等，即所谓的高雅节目、主旋律节目。从总体来看，电视台应该适应两种需求，拿出部分频道，包括部分卫视，全力打造高雅节目，既满足精英人士的文化需求，也引导社会舆论。但其他频道，应该适应百姓口味来安排节目。如果所有的省级卫视，都去唱红歌，激情飞扬；都去搞"红色经典"剧场，正气凛然；都去讲"理想信念"，弘扬正气，电视屏幕上出现这样的形式、内容，可能与百姓的需求不适应，与时代的要求也格格不入。

必须了解：遥控器在百姓手中。虽然，电视台在政府的事业单位序列里面，生产什么，播出什么，党委政府完全可以通过严格管理进行调控，可以下令让电视台所有的节目都必须高扬时代主旋律、高唱时代正气歌，为人民群众提供优质的精神食粮。但这样的精神食粮，是否符合百姓的口味？是否得到群众的欢迎？如果百姓不喜欢，他手中的遥控器不开，这样的电视节目，就等同于电视台的自娱自乐，闭门造车，我播自己看，这样的宣传，有什么针对性、实效性？这样的电视节目，会不会是一种很大的浪费？

当前，民众思想观念、价值取向、精神需求的日益多元、多样、多变，各种文化思潮的相互交融、交流、交锋，电视只有在多元中实现主导、在多样中成为主体、在多选择中形成主流，才能有效履行肩负的职责和使命。事实证明，虽然一些社会精英人士可以铁肩担道义，很有雄心，但现在的百姓确实与此很有差距，他们厌恶说大话，他们不喜欢看不符合自己口味的电视节目。这样，我们的电视台，是适应他们，还是远离他们？

其实，现实情况也说明了这一点，重庆卫视虽然过去一些节目低俗格调不高，但收视率还可以，一直在全国卫视的十名左右，但现在拿掉了所谓的"庸俗、低俗、媚俗的节目甚至虚假广告"后，新版重庆电视台收视率已经落在了全国省级卫视的后面。这说明什么问题？是精英人士的思想太超前，还是大众百姓的思想太落后？

在一般情况下，收视率越高，就说明受众越多、市场越大，电视台的影响力就越广、引导力就越强；收视率低，说明受众少，电视台的影响力肯定也少。当然，收视率与GDP非常类似，积极作用非常明显，消极作用也很多。但在目前情况下，收视率还是世界公认的一种相对科学的电视媒体影响力评价体系，还没有任何一个其他有效的数据可以替代它。

电视媒体要成为引导社会舆论的主载体、主渠道，首先必须让百姓喜欢你、欢迎你、爱看你的节目，也就是说要有较高的收视率，如果百姓不喜欢、不欢迎、不看你的节目，再好的节目也是没有用的，所谓牢牢把握正确舆论导向，最终也是一句空话。

二、卫视由谁来投资？

电视是事业、还是产业？是公益、还是商业，历来有争论。但无论如何，电视是一项高科技、高投入的行业，特别是卫视，要生存，要发展，必须有持续的大投入。

目前全国有30多家卫视（不包括央视），维持、发展的费用各不相同，差距巨大。从一般情况看，如果一家卫视想提高自己影响力，进入全国排名十位左右，估计以下费用是必须的：需要400~800名员工，一年用于办公、工资奖金等方面的费用大约在6000万以上；用于各类新闻、专题节目制作的费用大约8000万；用于节目覆盖的费用大约8000万；用于购买电视剧大约1.5亿；用于技术装备更新改造大约5000万。也就是说，至少需要4亿才能维持。现在，排名全国前茅的省级卫视，每年维护、发展的费用已经超过10亿。

据有关媒体报道称，重庆卫视这次改革，不再播商业广告后，卫视所需大部分资金（有的传媒称大约为1.5亿）由市财政给予解决，其他部分由广电集团其他项目收入，包括地面频道的收入进行补给。到底有多少数目，目前还了解。但无论如何，估计要达到上述数额还是比较困难的。

电视发展需要的巨额资金，应该由谁来投入？这是一个重大现实问题。过去是由企业通过广告投入，现在重庆卫视大部由财政来投入，当然也可以。只要财政非常宽裕，政府有能力。但是，一方面，财政的钱，是纳税人的钱，也是老百姓的钱。卫视改革，财政掏腰包，这么重大的事情，也应该征求一下百姓的意见,或者同级人大的意见。如果百姓愿意,人大同意,其他人可谓是多嘴了。另一方面,从目前情况来看,经济社会发展很快,需要用于建设的资金量很大,各级财政都比较紧张,特别是中西部地区,困难地区、困难群众较多,财政资金更是紧张,往往捉襟见肘,卫视的发展资金本来完全可以通过广告创收来实现,但现在却要从城市建设、扶贫资金中挤出一块,来用于本来完全可以自主解决的资金,就让人困惑。

还有人认为,资本主义国家都有许多公益台,为什么社会主义的中国反而不行。其实,西方国家确有许多公益电视台,但绝大多数没有什么影响力。它们或者是宗教台,由宗教团体出资;或者是由政府出面办的一些国际频道,虽然国际上有影响,但其实在本地几乎没有人收看。当然,也有若干所谓的公益台,譬如,英国的BBC(即英国广播公司),日本的NHK(即日本放送协会,又称日本广播协会),等等,它们不播商业广告,但实力雄厚,影响力甚大。如何理解这种现象?

首先,必须明确,在现代社会,电视台要发展,必须有雄厚的资金,像BBC、NHK这样大的广播电视集团,一年用于维持、发展的资金数额巨大。否则就是无米之炊,再好的媳妇也做不出饭来。那么,BBC、NHK发展的巨款来自哪里?是由政府拨款的吗?不是。西方都是小政府、穷政府,根本不可能拨巨款给电视台。政府没有给钱,而是给了政策。比如像BBC,它既有公益台,还有商业台,它的商业台非常赚钱。更为重要的是,英国政府用法律的形式规定,英国的每个家庭(除了老年人和少数低收入人群,他们的费用由英国文化、媒体与体育部承担)或企业都必须购买电视执照,以确保BBC能够拥有足够的资金以“教育、通告和娱乐”大众。每个家庭每年缴纳费用多少由政府设定。这笔费用比较高,甚至占到了一些家庭年收入的5%左右。日本的NHK的情况与此类似。正是由于这种特殊的经费来源,才保证了这些电视台的生存、发展。

不管在中国,还是在英国、日本,电视台的发展都需要大量的钱,只不过在中国,钱来自企业的广告;而BBC、NHK的钱直接来自百姓的口袋。两者哪一个好呢?个人认为,英国、日本的政策在中国很难推行。因为中国的百姓还不富裕,如果让百姓选择,百姓可能宁愿选择商业广告,而不会选择自己掏腰包。

特别重要的是,许多社会精英将电视播广告看成是洪水猛兽,似乎电视只有与其彻底分离,才能洁身自好。这其实是一个巨大的谬误。广告不仅不是妖魔鬼怪,而是经济发展的天使,它是社会生产、分配、交换、消费四大环节中的重要一环。企业通过播发电视广告,促进了电视业的发展,但更重要的是对自己的产品进行了营销。在社会主义市场经济条件下,广告是企业营销必不可少的重要环节,特别是对服务业、轻工业、加工业等行业来说,没有广告,就不会有企业的发展。同时,老百姓也通过广告来了解产品的质量、性能、使用方法,如果没有广告,百姓就无法有效挑选产品。因此,电视特别是覆盖全国各地的卫视,是促进社会生产的一个重要宣传载体,是企业走向全国、世界的一个重要平台。如果省级卫视不播广告,对社会经济的发展无疑是一个沉重的打击,特别是对本地经济打击更大。

三、卫视由谁来生产制作节目?

这个问题似乎是路人皆知的,卫视的节目当然由卫视的记者、编导们来生产制作。这里想探讨的是卫视采取计划体制来生产制作节目,还是采取市场经济体制来生产制作节目的问题。

电视行业是最需要激情、最需要创造力、最需要才华、最需要牺牲精神的职业。但激情、创造力、才华、牺牲精神都是需要激励后才能产生的。激励机制一般包括物质、精神等方面,其中物质是基础,工资、奖金、福利等方面的因素是吸引人才、留住人才、发挥人才作用的关键。

卫视改革,不播商业广告,也就是说,卫视的体制要回归到过去的计划经济时代,干部由上级任免,所需资金由财政解决,薪酬高低参照公务员,员工招聘纳入事业序列。这种方法当然省力、省时,但是,这种“大锅饭”、“铁饭碗”、“铁交椅”所产生的副作用也是路人皆知的,改革就是改掉上述的弊端,促进生产力的发展。

社会主义市场经济改革已经搞了30年,取得了巨大成就。广电行业的特殊性。使得它的改革滞后于其他行业,至今还没有完全实现市场运作、产业经营,但目前广电行业普遍推行了“自主经营”、“自收自支”、“差额拨款”等方法,虽然这种方法对广电行业改革的促进力不如经济领域,但对调动员工积极性,打破“大锅饭”、“铁饭碗”、“铁交椅”还是起到了积极的作用,广电行业能够飞速发展,是与这种体制分不开的,从某种程度上可以说,如果没有改革,也就没有广电的发展。现在,如果将卫视的体制回归到原先的计划体制,这样,用于员工的工资奖金总额就会减少,管理者手中的自主权力也会减少,拉开收入分配档次的差距当然也要减少,能否继续有效调动员工的创造性,能否留住人才,能否发挥他们的积极性,促进广电生产力的发展,还需要时间的检验。

一些人认为,世界上一些发达国家也有许多公益电视台,为什么西方国家能做到的,社会主义的中国做不到?其实,在西方发达国家,不播商业广告的公益台确实有许多,但除了BBC、NHK等少数资金雄厚的电视台外,绝大多数公益台也都没有办法留住人才,有效调动员工的积极性。笔者曾经考察过美国新泽西州立公益电视台,其是美国最大的公益电视台之一。电视台的负责人介绍,该台不播商业广告,维持费用主要来自于社会团体特别是一些大型企业的资助。资助虽然不少,但只能维持,无法发展。因为经费有限,自己生产或购买的节目大多质量不高,而且大量节目重播;员工的工资不高,在本地属于低档次的,由于工资低,无法留住人才,稍有名气的,就跑到纽约等大城市去了;在技术装备方面,平时基本没有投入,只有等资助者专款资助后才能进行更新。因为经费有限,她们也想办法通过软广告的方法收取一些费用,比如介绍某家企业,接受一些资助。该台的情况在公益电视台中带有普遍性。

真理向前一步,就变成谬误。重庆卫视改革的试验,是一种探索,是一件好事,值得肯定。但如果盲目加以普及、推广,也许好事就会变成坏事。

(作者为浙江广播电视集团纪委书记,原载《视听纵横》2011年第3期)

省级广电要在推进全省文化产业发展中发挥龙头作用

朱建华

广播电视产业是我国文化产业的重要组成部分,大力发展广电文化产业既是党委政府对广电的要求,也是广播电视自身发展的需要。大力发展文化产业,壮大自身经济实力,获取广播电视可持续发展的支撑与保障,已成为广电人的共识。党和政府对广播电视发展文化产业十分关心和重视,如2009年9月,国务院讨论通过的《文化产业振兴规划》,把大力发展影视制作业,数字内容和动漫产业作为文化产业的发展重点,为广电的发展提供了有利条件。浙江广电集团作为全省最大的新闻媒体,应当义不容辞地担当起在全省文化产业发展中发挥龙头作用。结合近年来省广电集团的发展历程和下一步发展思路,笔者认为,省广电集团应从以下几个方面做大做强广电文化产业的文章。

一、加强管理,更新观念,推进广告经营方式的转变。

广播电视由于强有力的覆盖和播出内容和不断翻新,深受老百姓的喜爱,其影响力越来越大,已成为名符其实的第一媒体,所以广告创收一直以来是广播电视系统主要的经营收入来源。但前几年,由于经营观念的老化和营销手段的僵化,广告经营状况曾一度陷入恶性竞争局面,专题广告越来越多,广告时间越来越长,广告折扣越来越低,业务员单兵作战,缺乏广告和活动及节目的联动作战,经常收到工商部门的整改通知,有的频道广告信用指数年度考核不合格。这样的恶性竞争局面也制约了广告创收的快速增长。

近年来,浙江广电集团加强管理,更新观念,积极推进广告经营方式的根本转变。集团党委提出了广告经营方式的"三个转变",即"从被动在家坐等向主动向外出击转变,从时段营销向栏目、节目营销转变,从量的扩张向质的提高转变",从而使广告经营管理上了新的台阶,取得了明显的成效。2010年全集团经营创收突破40亿元,同比增长43.9%,是2004年的4倍多。尤其浙江卫视以中国蓝为品牌,发挥了旗舰作用,实现了超常规发展。全年广告创收达到15.9亿元,比上年增长75.8%。

广告经营方式转变,使广告结构明显优化,广播电视的声屏形象大大改观。表现在一是广播品牌广告大幅增长。近年来,集团广播频道进一步完善广告分行业代理制,大力拓展品牌广告,自觉压缩专题广告。2010年广播品牌广告占全部广告的比例上升到90.9%,创近年来最好水平,其中城市之声连续三年保持100%的品牌广告比例,交通之声坚决取消医药专题和五分钟以上的购物专题,品牌广告比例上升至96%以上,所有广播频道的广告信用指数均取得了较高的分数。大多数频道被评为浙江省AAA级广告信用单位,得到了上级领导、主管部门和广大受众的好评。二是电视频道压缩购物广告见成效。电视各频道大幅减少购物广告,2010年专题购物广告占频道创收比例已不到3%。而可口可乐、百事可乐、安利等国际大品牌投入总量则大幅增长。近年来,电视频道还全面清理了有奖竞猜类广告以及测试声讯广告,并对游动字幕、角标广告进行了规范管理,电视广告的品牌更趋多样化,行业分布更趋均衡。三是品牌客户的平均折扣率有所提高,现在价格提高了,反而引来了广告客户抢要时段,抢要特约播出栏目的良性循环。

广告经营方式的转变带来了广告资源优化配置。2007年,集团创新内部管理体制和运行机制,对资源互补性较强的教育科技频道和公共新农村频道率先进行整合,实行"一套班子、一个团队、两个播出平台"的统筹运营。通过整合,困扰教育科技频道多年的黄金时段广告时间不足、客户资源不能充分利用等问题被逐渐化解,广告创收有了腾挪的空间。同时,依托教育科技频道丰富的节目和客户资源,公共·新农村频道的广告结构和广告品质得到明显改善,综合实力快速提升。2008年,集团又相继对性质相近的广播交通之声和旅游之声以及广播文艺频道和音乐调频进行了整合,经过两年多的运行,同样取得了预期的效果。2010年这两个整合的频道广告创收都取得了突破性进展,分别比上年增长41.78%和33.7%,交通之声已成为全省第一个亿元创收频道。

广告经营方式转变使营销手段创新求变。在强调内容为主、收视(收听)为先的前提下,多数频道都及时转变了营销理念及营销策略。广告营销不再是业务员的单兵作战,而是充分发挥团队的作用;推广活动不再是广告部门孤军奋战,而是频道全体人员的整体行动。把营销手段创新与节目创新、活动创新更好地结合起来,融合进去,延伸开来。主要表现在一是栏目营销精彩纷呈。广播电视各品牌栏目对经营创收的推动作用日益明显。如浙江卫视的"综艺纵贯线",一星期7天的栏目有10家客户争相冠名,《爽食赢天下》栏目被可口可乐公司选中在全球推广,并决定双方长期合作。又如民生休闲频道的《相亲才会赢》、《我老爸最棒》、《钱塘老娘舅》等栏目,一推出就非常火爆,形成了晚间5小时黄金收视带,产生了强力的广告吸纳效应。二是活动营销新意迭出。电视教育科技频道通过"春季直通车"、"小强走浙江"、"小强进社区"、"五一大声唱"等一系列品牌推广活动,成功地将蒙牛、百事可乐、潘高寿等战略合作伙伴进行了广告植入,成为广告创收的新卖点。钱江都市频道利用"全省11个地市主持人同唱金歌,全省11个地市同步转播"的独特资源,与中国银行携手,成功举办"金歌赛"。广播浙江之声推出"不裁员、不减薪"倡仪、《阳光行动》走遍市县大型直播、"月光宝盒"百场电影进社区等一系列活动,不仅产生了广泛的社会反响,频道影响力和经济效益也得到相应提升。三是特色营销身价倍增。各频道根据收视(听)市场份额的扩大,实施了一系列行之有效的营销推广,取得了理想的效果。浙江卫视开展特色栏目营销,抓准时机先后两次提价,使晚间广告时间含金量的实际涨幅达到50%~100%。影视娱乐频道专门设立广州办事处,重点拓展直客资源,形成了新的广告增长点。浙江之声专门成立17个广告攻关小组,与节目(活动)配合,对金融、房产等重点行业进行逐个突破,取得了显著成效。

但是,我们也必须清醒地看到,当前广告经营中还存在不少问题和困难。突出表现在三个方面:一是专业营销人才匮乏的问题一直没有得到根本性解决,个别频道广告队伍年龄老化,意志退化,创新能力、开拓意识跟不上广告市场快速发展的步伐。二是部分频道广告结构不合理的现象依然存在,专题广告、购物短片依然占据一定比例,经营风险比较大,广告营销与节目创新的结合不够紧密,广告转型升级的进度不快,可持续发展能力相对比较弱。三是个别频道内部管理制度不健全,内容把关意识不强,虚假广告违法广告时有发生。

为此,要真正实现广告经营的方式转变,加快广告经营转型升级,集团领导提出必须牢牢"把握一条主线,拓展两个维度,强化三大功能"。把握一条主线就是要以贯彻广电总局61号令和71号文件为主线,严格控制广告时间,适当提高广告时间的含金量,不断提升频道品质,促进频道的可持续发展。拓展两个维度,一是要在限定的广告时间内大力提高单位时间的含金量;二是要在规定的广告时间外加大特殊资源广告开展力度,如节目(活动)冠名、特约,植入等多种形式。强化三大功能就是要不断完善统分结合的经营机制,强化协调功能、管理功能和服务功能,发挥集团的整体优势,共同推动集团广告事业再上新台阶,再创新辉煌。

二、重点培育家庭购物、影视生产和移动多媒体三大新兴产业。

浙江广电集团始终坚持"突出重点,缩短战线,加强管理,提高效益"的经营方略,在着力抓好广告经营的同时,确定把家庭购物、影视生产和移动多媒体作为三大新兴产业来重点培育,使之成为集团产业发展的生力军。

1. 创办好易购电视频道，引入“家庭购物”这一国际先进理念。2006年，浙江广电集团把握产业转型机制，创办了好易购付费电视频道，经过三年的运作，2009年又完成了内部股权收购，好易购公司成为集团的独资公司，2010年又经国家广电总局审批，好易购付费电视频道更名为好易购有线数字电视频道。由此，集团电视频道大家庭中又增添了一个专业特色鲜明的新成员，集团的家庭购物产业经营也获得了新的发展平台。

目前，好易购拥有国际级专业购物信息系统、一万多平米自动化仓储、300坐席的客服中心，携手中国邮政EMS，实现365天无休配送。现在客户群体遍布浙江省内各县市地区，省内会员数超过100万，商品品类包括流行纺织品、珠宝配饰、3C数码、家居生活用品、美容保养品等国内外知名品牌的上千个品种，并逐步涉及汽车、房产、旅游、高单价珠宝等特殊种类商品。目前和“好易购”合作的厂商已达6000多家，其中，有索尼、惠普、三星等世界500强企业，也有联想、美的等国内知名品牌，波导、苏泊尔、爱仕达、浪莎等浙江企业，更是与好易购建立了紧密的合作。

通过好易购经营团队的开拓创新，目前好易购配送速度及配送质量有了明显的提高，并实现大杭州48小时配送。呼叫接单能力以及客诉处理能力也有了长足的进步，在公司不断发展壮大的情况下，客户投诉率不升反降，低于2‰，为省内同行最低。覆盖范围逐渐扩大，截止2010年10月底全省覆盖率已达80%。光大银行、建设银行、支付宝等的网上支付手段的相继开通，也为消费者提供了更多的便利。网络、型录购物的日渐成熟，给好易购今后的发展打下了坚实的基础。

高质量的商品以及高品质的服务为好易购赢得了良好的口碑，销售业绩逐年递增，2010年，好易购销售额达到7.8亿元，比上年增长83.3%。好易购的发展目标是通过电视、杂志、网络三大销售平台，以“无店铺、虚拟化”的零售方式，力争打造成为“电视屏幕上的杭州大厦”。

2. 大力培育浙派影视品牌。《文化产业振兴规划》中提出，影视制作业要提升影片、电视剧和电视节目的生产能力，扩大影视制作发行、播映和后产品开发。浙江广电集团十分重视影视艺术生产，专门成立了集团影视生产领导小组，制定出了一系列扶持政策，进一步加大影视经费投入的力度，积极培育浙江影视(集团)公司，大力实施影视精品战略，创作生产一批思想性、艺术性和观赏性较好的主旋律作品，探索了一条具有自身特色的影视艺术生产路子。自2006年以来，集团共拍摄电影9部、电视剧15部，其中参与投拍的电影《集结号》、《非诚勿扰》、《唐山大地震》引起良好反响；电影《超强台风》、《村支书郑九万》生动反映浙江抗击台风和优秀基层干部的先进事迹，荣获中宣部“五个一工程”奖；电视剧《十万人家》、《四世同堂》、《化剑》先后成功登陆中央电视台一套黄金时段，有力提升了“浙派影视”品牌。

为了激发浙派影视的活力，集团决定每年拿出3000万元专项经费，采用“以奖代投”或“直接投入”的方式，用于扶持影视艺术生产，每年拿出200万元专项经费，用于扶持重点项目的剧本创作，为影视生产提供有力的财力支撑。集团影视艺术生产领导小组对影视(集团)公司下一步工作提出“三个进一步”，即进一步抓好重点作品创作，进一步提高商业运行能力，进一步落实宣传推广工作，争取达到影视艺术生产的社会效益和经济效益的双丰收。

3.加快发展移动多媒体。发展移动多媒体(CMMB)是推动广电自主创新技术的需要。中广传播集团市场部总经理郭强在接受采访时明确表示，CMMB的商业运行模式是免费和收费相结合，以推动用户数量的发展。2010年世界杯期间，中广传播推出了世界杯频道，为手机电视用户提供了有别于传统大电视的随时随地看世界杯的精彩视觉盛宴。我省已于2009年，由省广电局、省广电集团及各市地广电联合组建了浙江移动多媒体广播电视股份有限公司，并由该公司和中广传播公司组建了浙江分公司，以实现CMMB项目在我省有条件地区的试验运行，加快我省移动多媒体产业的发展。省广电集团已将发展移动多媒体工作作为三大新兴产业之一，尽最大努力将移动多媒体的实施方案尽快落到实处，使其成为新的产业增长点。

三、积极应对“三网融合”，赢得发展主动权。

《文化产业振兴规划》明确指出：“积极推动下一代广播电视网建设，制定和完善网络标准，促进互联互通和资源共享，推进三网融合”。国家广电总局科技司司长王效杰在解读“三网融合”时说，我国“三网融合”的主要任务有：一、广电网和电信网，两个网上的业务双向进入，最终这两个网上都可以实现各种业务的提供；二、加强网络建设改造和统筹规划；三、强化信息安全和文化安全监管；四、推动两个产业的发展。

在“三网融合”的大背景下，广电的主要任务是推动发展方式、运营模式及服务方式的转变。其中，最重要的工作就是加快推进有线电视数字化，要让小网变大网，模拟变数字，单向变双向，最终实现“看电视”变“用电视”，把电视机终端变成一个信息终端。面对“三网融合”，王效杰表示，这并不是一个简单的频道播出，广电要创造六大类的业务形态：一、全媒体互动电视，即直播、点播、数字电视以及各种声音数字广播；二、个性化的服务，交互的、互动的、点播的，包括信息的发布；三、互联网和数字电视的联合；四、互联网与数字电视融合；五、通过广电网、电信网大家互联互通，广播电视的内容实现多方面的融合；六、物联网与数字电视的融合。

浙江作为沿海经济发达地区，在“三网融合”上应该走在全国的前列，现在杭州市已被列为全国12个试点城市之一。这些年来，浙江广电集团按照省委、省政府和省委宣传部“以华数为主体，推进全省网络联合”的部署要求，积极做好入股华数公司和协调华数公司增资扩股工作。从2006年10月开始，集团通过易通公司投资入股华数公司，先后增资三次，累计投资两亿多，占公司注册资本的26.35%，为第二大股东。入股华数改变了省级广电没有有线网络的被动局面，为促进全省网络联合探索了新路，提升了集团在网络统一中的主动权和话语权。集团紧紧抓住有线电视网络数字化改造和国家“三网融合”政策实施的契机，主动有为、积极稳妥，支持华数公司先后入股丽水、湖州、嘉兴、金华等市网络公司，促进了我省有线电视网络的全程全网联合。实施华数公司增资扩股计划，提升公司规模，壮大产业实力，做大做强网络平台。充分利用集团内容资源，通过“华数平台”向市县提供节目服务和技术支持，推动全省数字电视业务发展。当前的主要任务是全面实施“IPTV节目集成播控平台”和“全省有线电视一张网”两项工程，赢得发展主动权。

四、加快发展平台建设，破解发展瓶颈，促进广播电视可持续发展。

浙江广电集团经过几年来的快速发展，目前已拥有11个电视频道、7个广播频道和20多个直属经营单位。职工人数有4000多人。事业空间狭窄、平台建设滞后，办公用房紧张已成为制约集团进一步发展的最大瓶颈。省广电大院占地仅70亩，早就不能满足事业发展的需求。尽管集团采取了一系列相应措施，包括购置新祥利大楼和时代大厦办公用房，但目前仍租用了广电中心大院周围的金汇大厦、蓝天大厦等许多办公用房，每年租金耗资1000多万元。

为了从根本上改变办公用房的紧张和增强影视制作和节目制作的能力，集团痛下决心，计划投资30多亿元建造“浙江国际影视中心”和“浙江广电传媒中心”两大省重点项目。浙江国际影视中心位于萧山顺坝村，杭甬高速萧山出口处，占地424亩。该项目作为省重点文化产业项目，被列入浙江省“十一五”重大建设项目和浙江省文化产业的“四个一批”项目。省广电集团提出了“高起点规划、高水平设计、高标准建设、高效益发展”的建设思路和开发原则。该中心已于今年1月8日举行开工典礼。根据建设设计方案，该项目一期工程总建筑面积为28.5万平方米，总投资超过20个亿。将建造一幢42层、218米高的影视后期制作综合大楼，在5层高的裙房中将建造8个280平米至2500平米大小不同的演播厅。综合大楼北侧，还要建造二幢影视综合服务大楼，分别为29层和20层高。另外，还建有11幢独立影视制作小楼。建成后的浙江国际影视中心将成为影视后期制作产业的集聚地，影视动漫后期制作人才的培养基地，影视后期制作企业的孵化基地，影视后期制作企业的创业服务中心。具有演播功能、影视后期制作功能、影视拍摄制作功能、文化创意功能、影视文化公共服务、影视文化商业服务等六大功能。

浙江广电传媒中心位于莫干山路111号，现省广电中心北侧，将现有七幢民房搬迁后，新建一幢20层以上的广电传媒中心，同时建造一个3000平米的演播大厅，新大楼的效果图也已有了初步方案。2010年集团已成立项目领导小组和项目办公室，负责该项目的具体工作，目前拆迁工作正在全力推进中。

在不久的将来，随着这两大重点项目的建成，将彻底解决省广电集团的发展平台，有力地保证了省广电事业的可持续发展。

五、深化体制机制改革，整合资源优势，注重管理创新，着力提升集团运营效益。

按照集团“事业单位，企业化管理”的原则，进一步完善集团化管理体制和频道制运作机制，特别要抓好直属经营单位“事转企”的工作，努力培育有竞争力的法人实体，市场主体。2009年，集团已经完成了对浙江电影制片厂、浙江省电视剧制作中心和浙江音像出版社三家单位的“事转企”工作。根据“突出重点，缩短战线，加强管理，提高效益”的总体思路，这几年来，逐步重组传统产业，大力培育新兴产业，稳步发展新媒体产业，对下属直属经营单位性质相近的单位进行了整合重组，如2008年对《浙江城市广播电视报》、《交通旅游导报》和《大众电视》三家报刊类单位，整合为浙江广播电视报刊出版总社，发挥了两报一刊的整体效益。2009年又对浙江广播电视发展总公司、浙江广播电视服务公司和浙江广播电视工程公司三家单位重组为新的浙江广播电视发展总公司，着力培育物业管理，弱电智能化系统，音视频集成等优势产品，取得了明显成效，去年主营业务收入达2.28亿元，同比增长15.3%，正在成为集团相关产业的新龙头。按照"频道+公司"的模式，2009年对天瑞传媒公司与浙江卫视、电广数字公司与新蓝网实行整合运营，实现了资源互补，延伸了产业链，提高了经济效益。2009年10月，又将旗下18个广播电视频道相关资源整合组建了"新蓝网"，于年底正式测试上线。新蓝网依托浙江广电集团雄厚的内容、技术、人才资源背景，努力以精英的实力创造大众文化，打造"浙江第一视频门户"，使集团新媒体开发取得了新的进展。近年来，集团加强对广告外的相关产业的管理和整合，进一步拓展了市场，挖掘了经营潜力，2010年集团直属经营单位收入13.3亿元，同比增长52.4%。

在经营管理上，针对广播电视行业特点和发展实际，集团坚持开源节流的工作思路，重点加强重大支出项目成本管理和广播电视频道内部管理，做到经营创收和成本控制"两手抓、两手硬"，走出了一条效益型、质量型的产业发展之路，经济效益明显提高。2010年集团实现利润突破10亿元大关，同比增长66.8%，是2004年的10倍多。这主要得益于：一是加强重大支出管理。制定实施《广播电视创收成本管理规定》、《重大宣传项目经费管理试行办法》、《影视节目购销管理规定》等规章制度，严格控制广告提成、宣传经费、节目购买等重大开支；建立完善招投标制度，加强对招投标过程中发生的经济业务的全方位监督，堵塞漏洞，切实提高资金使用效率。二是加强频道成本监管。严格频道财务制度执行和经费预算管理，每个频道设立财务核算员岗位，严格频道内部核算和财务收支管理，努力做到收入"颗粒归仓"、支出"笔笔清楚"。三是加强投资风险控制。制定实施《集团对外投资管理办法》和《集团派出高级管理人员任职管理办法》，加大对控股、参股公司的监管力度，建立完善派出董事、监事例会制度，规范对外投融资决策程序，努力降低和控制经营风险，确保广播电视国有资产保值增值。

下一步集团将按照上级有关文化产业发展的要求，围绕增强活力，提高竞争力的改革目标，对一些重点领域和关键环节进行深化改革，进一步建立完善质量型、效益型、集约型的集团化管理体制和运行机制。比如，如何进一步深化频道制改革，完善频道整合统筹运营模式；如何进一步深化集团产业经营体制改革，加快直属经营单位战略重组；如何进一步深化人事分配制度改革，实现"三能"破解。我们必须清醒认识当前面临的竞争态势和存在的困难，冷静分析前进道路上的矛盾问题，以科学发展观为指针，着力推进文化产业的转型升级，创业创新，奋力开创浙江广播电视发展新业绩，在推进全省文化产业发展中起到真正的龙头作用。

（作者为浙江广播电视集团管委会委员，原载《视听纵横》2011年第1期）

以宏大影像践行生态传播

夏陈安

刚刚过去的2010年，浙江卫视完成了浙江电视新闻史上的一次远航。

这是浙江卫视新闻团队历时三年，经历的一次跋涉。宏大影像的力量，承载着新闻人的责任，属于时代的激荡风云。

2010年年末，5集电视专题片《五洲四海看浙江》和观众见面。在这一年，浙江卫视六路摄制组走进五大洲20多个国家和地区，追寻浙江人远渡重洋、跨国闯荡的足迹。

而此前，2009年9月底，3集电视专题片《神州大地看浙江》正式播出。在这一年，摄制组沿着长江线、沿海线、边境线进行寻访，展示浙江人在全国各地的拼搏历程；

2008年年末，6集电视专题片《锦绣天地看浙江》亮相荧屏。在这一年，浙江卫视以电视航拍的方式，飞越全省90个县市，全景记录30年来浙江大地发生的沧桑巨变。

三年时间，60多篇系列报道，14集电视专题，它们拥有一个共同的名字：大型新闻行动"三看浙江"。

经历改革开放30多年的波澜壮阔，浙江创业创新谋发展的生动实践，在全国范围已经具有指向标的意义。尤其是500万敢为人先的浙商群体，不仅活跃在浙江，更遍布全国，甚至是全世界，成为历史的亲历者和创造者。以浙江的眼光观察世界，以世界的眼光审视浙江。从2008年开始，浙江广电集团、浙江卫视分三年时间，推出"三看"系列大型新闻行动分别通过"空中看"、"省外看"、"全球看"的崭新视角，记录时代前进的步伐，以恢弘的电视语言，奉献精品佳作。

换个角度看浙江，打开了主流媒体宏大叙事的新通道。广播电视主流媒体是党和人民的"喉舌"，引领时代前进的"号手"。自觉遵循新闻宣传规律和媒体传播规律，不断创新创优重大宣传，是我们义不容辞的应尽职责。"三看浙江"大型新闻行动，成为浙江卫视积极探索重大报道"活动化"的实践之举。近年来，我们不断加强新闻工作创新，提升舆论引导能力，巩固和提升卫视"主流、主体、主导"的地位作用，在重大报道上推陈出新，高举高打，从《新长征路上的浙江人》到《创业创新在基层》、《五洲四海看浙江》，一次次新闻行动"掷地有声"。今年，浙江卫视将继续强化新闻立台，在做大做强新闻行动、提升报道影响力上下功夫，重点策划推出《时代先锋——浙江省十大优秀共产党员评选活动》、《红船新航程》、《走向蓝海》等三大新闻行动。

换个角度看浙江，磨砺了新闻采编人员的新思维。从俯瞰浙江大地的激情飞越，跨越神州的真情寻访，到倾情对话的海外之旅，采编人员克服重重困难，付出了许多汗水和心血。三年来，拍摄了上千分钟的素材，为观众精心构建影像的力量。对于主创团队来说，完成这次大型新闻行动，更像是历经了思想的长征、精神的行走。如何强化重大题材的新闻意识，宏大叙事的温婉情怀，国家命题的人文精神，他们还在继续着不懈的探索。

换个角度看浙江，提升了主流媒体生态传播的新平台。一位智利导演曾经这样说过："一个国家没有纪录片，这好像一个家庭没有相册。"在当前媒体生态的大背景中，能否坚持传播新知、传播文明，是对媒体的考验。浙江卫视生态传播理念的提出，其实就是展现当代中国的精、气、神，以宏大的视野、宏大的抱负来阐释新闻、促进社会进步，为转型期民众提供拥有全社会视野、关注全社会进步、维护全社会利益的优秀作品，和观众形成良性互动。

2011年正值"十二五"规划的开局之年，新的起点，令人振奋，也让主流媒体更深刻地感受到了强化影响力和传播力的紧迫感、使命感。

在中国持续快速发展的时代背景下，站在此时此地，厘清彼时彼地，遥望中国未来，是一种深远的智慧。

以宏大影像践行生态传播，同样是一个媒体的智慧。

（作者为浙江广播电视集团编委、浙江卫视总监，原载《视听纵横》2012年第1期）

城市广电集团品牌建设探析

方建生

纵观广播电视集团近几年的发展，没有哪个时期品牌建设对媒体发展的影响有着像今天这么大的作用。而对于在夹缝中求生存、求壮大的城市广电集团而言，如何打造自身品牌，建立品牌建设长效机制，制定和实施以品牌为核心的经营战略，已成为了集团管理的当务之急。

一、问题的提出

我国的广播电视集团化改革已走过了十多年的创业创新历程，各省市广电传媒集团从单纯的数量扩张、价格竞争、内容竞争发展到品牌竞争，如上海突出"新媒体、跨地域、高端化"的品牌主题；湖南主推"快乐中国"的品牌理念；江苏以争创"中国最具价值品牌"为目标等等，这些在竞争中产生的品牌自觉，预示着中国传媒品牌时代的大幕开启。纵观这些广电传媒集团的品牌塑造，先进者已有了明确的品牌核心理念和建设规划，而尾随者则在模仿别人的品牌核心价值与打造自己的外在品牌形象之间艰难寻找平衡。广电传媒市场已经进入激烈的竞争时代，中央省级传播资源的倾轧，新媒体的不断崛起，让竞争变得剑拔弩张、硝烟弥漫，作为某个城市地域范围内发展起来的广电传媒集团，面对覆盖范围的局限、资源的不足、广告的先天缺陷这些横亘在眼前的鸿沟，以及品牌意识与知识、品牌机构和人才、品牌规划与坚持上存在的较大缺失，应该从何处发力？如何寻求突围？如何打造自身品牌、建立品牌建设长效机制已成为当前推进城市广电集团品牌战略亟待研究的问题。

二、广电集团实施品牌建设的重要性与复杂性

美国市场营销专家菲利普·科特勒认为,品牌是一种名称、属于、标记、符号或设计,或是它们的互相组合,用以识别企业给某个或某群消费者的产品或服务,并使之与竞争对手的产品或服务相区别。对于任何媒体来说,无论目前处于强势还是弱势,为争取不被“优胜劣汰”,品牌化的方向,是其主动或被动的必然选择。从广播电视集团化的发展路径来看,自栏目比拼,到频道竞争再到集团作战,品牌的竞争发展到从过去单一品牌的竞争到多品牌的竞争,从单纯的媒体品牌产品竞争,发展到品牌理念所涵盖的全方位竞争。作为集团整体来实施品牌建设,需要处理更加复杂的关系:

(一)母与子关系:所有的广电集团都面临着如何管理集团母品牌和旗下系列子品牌的问题。有些广电集团因行政撮合的色彩较浓而容易出现个别子品牌很强、集团母品牌和多数子品牌很弱的现象。因而集团品牌建设首先要探索的就是如何让集团母品牌和子品牌实现良性互动。

(二)主与次的关系:由于历史和现实的原因,一个传媒集团的若干子品牌,创办时间不同,各自定位不同,拥有的资源、能力也不同,必然呈现出较强势的主要品牌和较弱势的次要品牌并存的格局,如何富强携弱、制定发展规划,成为传媒集团科学发展的重要命题。

(三)统与分的关系:中国式的集团管理常常出现“一统就死,一放就乱”的现象,反映在传媒集团中则往往出现一个集团下属子媒体的品牌活动各自为战,自成一体,缺少子品牌之间的联合、组合和相互呼应;甚至还出现不同子媒体因类似的品牌活动争夺同一个行业客户的现象。如何处理统分结合也是塑造企业品牌的重要问题。

三、城市广电集团品牌建设的几个关键词

(一)定位:找准定位,乘势而上

从品牌自觉到品牌成熟是一段漫长的路途,而自我品牌角色体认,即适当的市场定位,作为品牌形象塑造再到品牌价值追究的首要环节,是传媒立足和发展的首要任务。对于城市广电集团而言,竞争的对手有三,其一是三网融合背景下行业外的新竞争者;其二是传媒行业共同面对的“新媒体对手”;其三是来自省广电集团的直接压力。城市传媒以区域性媒体为发展的根基,服务的是本地受众,定位就要有地域性特色,服务本土民众,融入本土文化,在做足本土特色上下工夫,发展也要依托本土社会经济热点。坚持本土化定位,利用地域差异性争取特色化道路,并坚持把这个定位做好、做深。

(二)内容为王:内容生产以抓创新为重点

三网融合的实质性推进,对广电的传播理念、生产方式、业务形态、服务方式以及体制机制带来革命性的影响,城市广电集团必须创新思路,调整战略,主动实现转型升级。

首先,内容为王仍是品牌发展核心。近年来,基于电视屏幕上的电视剧大战导致各大电视机构纷纷转向掌控影视剧制作源头,网络视频、数字电视、IPTV、互联网电视等对影视剧需求的急剧上升,也将会进一步助推电视媒体向影视剧产业链上游迈进,渠道多样化的三网融合时代,内容为王不断遭受渠道制胜的挑战,但在内容结构性短缺的情形下,携内容制作之优势积极主动进军新媒体则成为拓展市场,拓宽出路的掘金之道。只有媒介产品高质量的不断累积才能形成优秀的传媒品牌。每家产品的格调、品位、表现形式要扎根于品牌的定位之上。无论传播载体变动多么剧烈,具有原创性和不可替代性的传播内容始终是传媒产业尤其是传统传媒产业区别于其他产业的核心资源要素与核心竞争力。

其次,内容生产以抓创新为重点。创新是品牌成长的灵魂。提升内容制作水平仅仅依靠增加资金或人力的投入是远远不够的,作为研发经费有限的城市广电媒体而言,机制创新才是根本。纵观现今强势广电媒体,无一不是在解决持续创新问题机制上下功夫。以江苏广电为例,近两年,他们逐步建立起了三级研发体系,分别由总台层面、电视传媒中心层面以及频道层面共同推进。总台层面设置了专门的机构“宣传管理部”,主要协助台领导对全台的创新研发进行宏观规划与调控,包括研发经费的审核管理、创新方案征集活动的奖励金额审定等。电视传媒中心主要负责协助台领导做好电视方面的节目研发工作的统筹与管理,为各频道的节目创新提供资讯、模式及平台。到了频道层面,研发则主要体现频道的自主创新上。安徽电视台节目研发中心目前设立综合部、研发部和节目部三个部门。既有务虚的基础性研究工作,又有务实的节目模式研发以及重点项目执行,如负责监制卫视《非常静距离》《鲁豫有约》,大剧的开播首映礼等①。再将目光移到自身,在杭州这个交通资源已呈饱和状态,六七个电台争做交通的恶劣生态下,杭州文广集团旗下的杭州交通经济广播之所以可以几年来移动收听市场份额始终达50%以上，超过当地排名第二的电台300%，这来源于《我的汽车有话说》《交通快活人》等品牌栏目内容不断锤炼升级，保持节目的凝聚力靠的当然也是创新。

再者，树立终端意识，提升全媒体服务品牌。在三网融合的全媒体时代，城市广电要学会数字化生存，创新服务方式和管理方式，通过内容和运营模式吸引用户、增加用户黏度，最终实现新媒体增值可能性，借鉴电信等运营商的成熟管理经验，着力构建数字化用户管理模式，提高数据库利用水平。

（三）全产业链：三网融合时代，品牌建设瞄准全产业链

当前广电传媒行业在竞争态势上呈现出一个趋势性变化：领先的广电传媒之间，已不仅仅节目与节目、产品与产品、频道与频道的竞争，而是升级到系统与系统、链条对链条的竞争，并且正在进一步升级到全产业链品牌竞争这一更高竞争阶段，而城市广电集团也要通过产业链的延伸拓展，跳出既有的地域，行业限制。一是内容生产平台，融合声、屏、报、网制作力量，形成独立运行的全媒体播出中心和适合不同媒体发布的内容产品，以及适合全媒体发布的在线直播、互动直播、短信管理、BBS论坛、在线调查、全文检索、多媒体管理等；二是产业平台，在数字电视、高清电视、移动多媒体、网络广播电视以及下一代广播电视网等项目上，形成具有竞争优势的市场主体；三是重点文化产业资源，如婚庆礼仪、会展活动、院线、影视创作、城市多媒体、文化房产项目等，形成经营上的互相渗透，形成新的品牌建设体系。以江苏广电集团为例，目前就构建了三条纵向衍生的产业链：电视产业链打通制作、播出、传输三大环节；电影产业链上构建了包括制作、拍摄、发行、放映在内的完整产业链；娱乐产业链上打通了艺人经纪、节目制作、演艺活动、衍生营销等多个环节。

（四）整合：资源贯通，集约经营

资源整合能力及其产生的效益对于广电媒体集团来说非常重要。随着媒体市场的竞争日益激烈，只有通过一定的资源平台的搭建，将各种可利用的资源综合利用，才能形成合力，增强核心竞争能力。整合既包括同一电视台不同频道资源之间的整合，又包括不同媒体之间、同个集团下属单位企业不同行业之间的资源整合，或是信息共享，或是资本合作，或是制作合作。从全球范围来看，资源整合也是一个传媒发展壮大的必经之路。在美国，几大电视网早已不是单纯的电视台，而是集电视、报纸、杂志、网络、电影等于一体的传媒集团；在国内，众多地面媒体不仅与门户网站建立战略伙伴联盟关系，推出节目视频，更与纸媒体甚至户外广告媒体合作，利用海报、路牌在重点城市的重点区域进行推广。资源整合实现以后，电视频道同时处在在荧屏、网站、平面媒体上，将本身“1”的品牌价值变成了“2”、“3”甚至更多。

现实中，很多城市广电集团受到行业、区域局限，虽然已实现形式上的统一，但其内部往往不能实现有效整合，集团的规模效益无法体现。要实现广电集团内部各种媒体和机构间的有效整合，SMG的经验可供借鉴。在上海文广新闻传媒集团资源整合之初，首先对媒体资源和资产进行重新认识。SMG认为，媒体的核心资产，不仅包括拥有的大楼和设备等固定资产，还包括品牌、版权、专利技术以及人力资源，这些才是媒体的核心竞争力所在。SMG根据不同的业务板块，利用多年发展中积淀下来的优质资源，有效进行以市场为内驱力的资源整合，产生了更好的杠杆效益。SMG成立之初就在最市场化的两个环节进行整合：一是广告经营；二是影视剧的投资、购买管理，成立集团统一管理的广告经营中心和影视剧中心，此后，又逐步在新闻、娱乐、财经等板块进行了较大力度的内部资源整合。2005年，SMG深化打造事业部构架，先后启动并完成电视新闻资源整合、广播新闻资源整合与广播电视娱乐资源整合改革工作，实现了集团体制机制改革的新跨越，为集中管理、加强协调、资源共享、形成合力、进一步提升核心竞争力奠定了基础。2007年，SMG从长远的战略发展出发，进一步细化深化频道频率专业化改革，调整部分频道频率定位，推出全新的外语频道、艺术人文频道和故事频率，并成立广播文艺中心③。

（五）执行力：实施科学的品牌运营

首先，强化品牌意识与知识。加强传媒集团的品牌建设，强化品牌意识是首要任务，要统一认识，加强品牌知识的培训与学习，一家传媒集团的品牌建设绝不只是务虚的事，品牌核心价值的提炼是整个集团与具体媒体产品形象特色的提炼，品牌核心价值的维护是贯穿传媒集团的整个生命史的，其背后与每位员工的辛勤工作紧密相关。

其次，健全品牌机构。由于绝大部分城市广电集团的品牌意识尚在起步阶段，并没有专门的品牌管理人才，类似工作或没有有意识地开展，或者由广告部门、发行部门、行政部门的人去兼任从而导致一些传媒集团的品牌建设处于很低层次和水平。品牌建

设要搞好，必须有一个专门负责从事品牌创建与管理的部门，要明确职能、专事专干，赋予实权，必要时能调动各项资源协调运作④。

最后，实施品牌规划。有的传媒集团没有树立长期坚持维护品牌的意识，频频改变定位，结果每改变一次都对自己的品牌造成了巨大的伤害。如果品牌栏目需要改版或创新，必须在科学调查、细致分析媒介市场和目标受众的基础上进行，而不能是心血来潮的冲动和跟风。

四、探索城市广电集团的品牌发展路径

品牌建设是城市广电集团转型升级和提高综合竞争力的重要抓手。通常谈品牌战略，更多地会关注频道或栏目品牌，而对集团品牌却关注不够，其实，在竞争日益激烈的传媒市场中，传媒品牌不仅仅是频道品牌或栏目品牌，还存在集团品牌的概念，实施现代传媒集团的品牌战略，就是要打造一个品牌组合体系。制定传媒发展战略，必须要分清步骤，确定核心，分布执行，切不可求全求大。

纵观国内主流广电传媒集团的品牌发展路径，现实选择还是走“一主多元”之路。所谓“一主”，就是以广播电视为核心主业，开发核心产品，即品牌广告、品牌节目、品牌主持人和新媒体业务。“多元”就是发展广播电视相关产业，打造核心产业链，培育延伸广电产业辐射带，开发拓展新媒体产业，形成以广播电视为核心的多元产业格局。这种格局的构建，既实现了多元化与专业化的有机结合，又整合了广播电视的核心资源，发挥了广播电视的优势特色。

（一）广告品牌。这是广播电视事业发展的物质基础，也是广播电视产业增长的最大来源。在现有广电传媒集团的产业机构和创收构成中，广告始终是主力和“大头”，这个主业基础地位必须牢固。要树立广告品牌，关键是要“转型升级”，抓紧做好广告结构优化、广告品种创新、广告质量提升，实现广告品质的根本转变。

（二）节目品牌。在激烈的传媒竞争中，高质量的品牌节目永远是传媒争夺受众注意力资源的焦点所在，也是打造核心竞争力的首要环节。SMG打造的一批有知名度、和影响力的品牌栏目如，《新闻透视》、《案件聚焦》、《相约星期六》、《欢乐蹦蹦跳》等老品牌历久弥新，《心灵花园》、《可凡倾听》、《中国达人秀》等新品牌迅速成长。江苏卫视在相亲节目《非诚勿扰》的基础上，又力推三档全新的婚恋幸福类节目《欢喜冤家》、《老公看你的》、《不见不散》，形成一个完整的带状婚恋节目播出模式，王牌节目的打造实现了整体资源的整合和升级⑤。

（三）主持人品牌。凤凰卫视的行政总裁刘长乐曾直言不讳地说，“我们不怕主持人出名，我们就是要全力让主持人出名。这是树立凤凰品牌的重要策略，也是凤凰开拓市场的重要策略。”明星制是开启电视品牌的一把金钥匙。如何打造好这把“金钥匙”？凤凰台的经验值得借鉴。首先为主持人量身定做符合其个性、风格和特征的节目，一旦某主持人影响扩大，就为其新开专门节目来进一步扩大影响。例如，窦文涛谈话风格得到认可后，适时新开《文涛拍案》；陈鲁豫在新闻节目中表现出色时，相继开办《鲁豫新观察》、《说出你的故事 鲁豫有约》等。其次，策划者让主持人频频曝光，尽一切可能出在各种媒体上，抓住一切机会参与各种社会活动。对于记者和评论员，凤凰台同样利用各种渠道强化宣传，明星记者闾丘露薇、卢宇光和明星评论员曹景行、阮次山的打造，就是最典型的个案。当然，通过招聘考试或各种比赛选拔人才，更是目前个电视台发现、选拔明星的最主要方式⑥。

（四）新媒体业务。这是决定广电传媒集团可持续发展能力的关键点，也是赢得未来发展主动权的战略制高点。

（五）品牌多元拓展。在以上四大基础品牌的基础上，就可以进行上下游产业链的打造、延伸与拓展。品牌是媒体最大的一笔无形资产，一个成功的品牌可以带来巨大的周边收益，其价值不可估量。作为智力含量高、无形资产丰富和产业关联度强的传媒产业，其品牌经营能有效地吸附资本，汇聚人才，带动相关产业的发展，因而它对无形资产和品牌形象的放大作用要远远大于一般行业。城市广电集团利用现有的品牌和经营资源，在技术、市场上向有关联的领域发展或以本行为中心，开拓副业是降低经营风险、加快扩张的有效方式。

品牌发展路径的选择实质上是更新发展理念，转变发展方式的问题，必须从战略层面进行思考把握。经过几年的摸索，杭州文广集团的品牌建设正朝着从铺摊扩面向内涵集约，从数量扩张向质量提高，从粗放经营向精细管理的根本转变。因此，在战略上，我们要走“N+N+1+X”品牌组合战略。第一个层面是打造栏目品牌、剧目品牌、活动品牌、产品和服务品牌。第二个层面是把塑造媒体品牌、文艺品牌和企业品牌放在突出位置，从第一个层面的品牌向整个频道(率)品牌、文艺院团品牌、企业品牌提升。第三个层面通过品牌体系来统摄各种资源，进一步确立集团品牌定位，强化集团整体的品牌识别，形成合力，将品牌资源优势发挥到最大。最后一个层面，实行跨媒体、跨行业、跨地域的品牌延伸，既是文化广电传媒集团的重要使命，更是做大做强的内在要求。作为一个地域受限的的城市广电传媒集团，杭州文广集团迫切需要在已经确立品牌地位的基础上，把握相关产业下互相融合、互相渗透的大趋势，将原有品牌运用到新的经营内容之中，打破地域和行业壁垒，进行延伸经营，在更大的市场范围和发展空间内，破解要素瓶颈的制约，既减少要素瓶颈对自身发展的负面影响，增强抵御风险的能力，又把各种资源优势的含金量充分开掘，培育新的经济增长点，提升自身的价值回报率。

五、品牌建设的支撑体系

(一)品牌建设实施的前提：完善治理结构

如果一个城市的广电播出机构，要成为一个航母级的文化传媒集团，必须全面实施品牌组合战略，通过品牌来统摄各种资源，将资源优势发挥到最大。其中一个不容回避的首要战略问题就是，如何来重新建构集团的组织框架和治理结构。

在多年的摸索和实践中，杭州文广集团形成了党委(董事会)领导下的总经理负责制，设立了若干名副总经理，分管不同条线的业务领域，比如新闻宣传，节目栏目，产业经营，文化演艺和技术工程等。在职能层面上，集团管理层加强管控协调职能，设置了办公室、总编室、战略管理部、文化发展部、人力资源部、科技发展部、财务审计部、资产管理部等职能部门，对集团下属企事业单位的实施专业高效的指导和控制。

在业务管理层面上，则按照业务性质分成文广传媒、文广演艺、文广控股三大板块，实施板块式管理。文广传媒板块包括杭州电视台6个频道、杭州人民广播电台3个频率和广播影视周报等10家媒体；文广演艺板块包括6家市属文艺院团和三家演艺企事业单位；文广控股板块包括杭州文广投资控股公司为投资管理主平台的30余家企业。目前集团正在逐步成立强势子媒体的运营平台公司，6家文艺院团也已有4家成立院团公司，从而成为具有独立人财物权限的运行实体和更灵活的市场主体。下一步，文广集团还需要在实践中，运用统一品牌来整合多种资源，实施资源重组、业务重组、机构重组，如文广演艺板块管理载体的建设等，形成若干个以内容属性、媒体特征和品牌号召为界定的业务群，或品牌群，从而形成集团的条块结合的矩阵化管理，力求高效运行和执行有力，也为进一步探索企业化运作，培育一批充满活力的市场竞争主体打下基础。

(二)品牌建设实施的条件：深化人力资源管理

传媒业提供的是信息产品，其产品提供者是知识型员工，他们是企业最重要的财富。如何选拔人、激励人、管理人，并以人为本激发人才的工作人情和潜能，是集团发展及品牌战略得以实现的保证。

因此，集团必须全面实施人力资源管理综合改革，通过推进和深化改革，建立目标绩效考核制，实现分类分级定岗定薪酬，形成为适应集团发展而构建的岗位体系、绩效体系、薪酬体系。应当高度重视队伍建和员工培训工作，坚持以集团发展战略为指导，按照对象阶梯化、课程立体化、管理流程化、评估科学化的要求，构建较为系统、科学、完善的内训体系，使员工的知识和技能随着集团实业的发展得到同步提升。

(三)品牌建设实施的保证：改革融资体制

广电传媒业属资本密集型产业，要想打造极具竞争力的城市广电传媒集团，必须要有足够资金作支撑。作为立足于某地的城市广电集团一般走的都是“产业化经营”的道路，发展资金主要来自于自身有限的经营积累，这种产业化经营过多依赖于相对单一的广告收入，发展资金严重不足，这极大地限制了城市广电集团的发展速度。欲解决这一问题，就应对融资体制进行创新⑦。

在这一方面，杭州文广集团立足现状、勇于探索，通过推动资产证券化和发展文化投资业，打通与资本市场通道，充分发挥资本的控制力、影响力和带动力，以资本运作带动业务扩张、规模扩张和效益扩张。2008年杭州文广投资控股有限公司成立，作为集团对外投资及管理的主平台，重点发展股权投资管理及其他投资理财业务。本着“开放合作，整合资源，对接资本，做大做强”的精神，从2008年初开始，集团采用借船出海的方式与海越股份等合伙人共同发起设立了“浙江华睿睿银”、“浙江华睿盛银”、“华睿泰信基金”，至今已有4个投资项目通过上市审核。2010年，集团打造杭州文创产业战略投资者迈出重要一步，抓住文化产业快速增长且成为国家战略性产业的契机，杭州文广投资控股有限公司与浙江金永信投资管理公司成立了文创基金管理公司并发起成立杭州市第一支文化创意产业基金，设立文化产业投资基金及基金管理公司，以较小的自有资本撬动更多的社会资本，有助于减少项目投资方面对集团资金的依赖，提升自有资本的利用效率。同时,还与杭州市文创办、杭报集团三方联合成立了杭州文投创业投资有限公司，努力打造杭州文创产业的综合性投融资平台。

此外,集团还积极探索上市融资道路,由集团实际控制的华数传媒网络有限公司正在筹备借壳上市。同时,集团指导、鼓励其他优势企业也加快接轨资本市场,以企业上市标准严格要求、改善治理、改进管理、扩大规模、提升效益。

(四)品牌建设实施的基石:坚持不懈地评估和维护。

城市广电集团与一般企业不同，其内容产品是准公共品,例如提到某某广电,就想到公益、垄断、权威、官方,这些就是行业形成的印象投射到具体的广电媒体集团上。因此,对于任何一家广电集团而言,构建集团品牌前都应深刻了解品牌的现状。现代媒体品牌管理已超越表层品牌管理而深入经营战略,每个品牌背后都有一个支撑网络,包括业务、渠道、供应商、资本、市场、人员等各项资源。在业务日益繁多的背景下,城市广电集团有多少业务单元品牌,这些品牌资源有无办法进行共享,都要事先评估。品牌评估是品牌建设的重要问题,品牌经过评估,才能据此进行品牌定位研究、品牌形象研究、品牌延伸研究、品牌价值研究、品牌发展研究等,才能确立和提升品牌持续的竞争优势；可以发现媒体品牌存在的主要问题,并此采取切实措施进行维护和重新设计;还可以针对市场中的侵权活动，采取积极及时的品牌保护活动。通过上述活动来逐步强化品牌能力,并及时进行品牌价值的深度开发和转移。

总之,展望未来,随着文化体制改革的深入、三网融合的推进以及区域化经济进程的加剧，广电集团的品牌建设会更加迫切，并成为一种战略发展的需要。城市广电集团更需要在市场需求中把握前进的方向,用创新的理念、创新的方式和程序改进的步伐,探索适合于自身发展的品牌建设之路。

注释：

①蔡小琰. 电视创新力调查. 中国广播影视，2010 年 7 月

②周莉. 全产业链竞争时代正在到来. 中国广播影视 ,2011 年 3 月

③常永新. 由上海文广新闻传媒集团论品牌组合战略分析 中国广播影视, 2010 年 8 月

④厦门广播电视集团科研课题组. 广播电视集团品牌建设与运营. 厦门大学出版社,2010 年 11 月

⑤刘奥 2011. 再读江苏卫视. 中国广播影视，2011 年 1 月

⑥谭云明 明星制. 开启电视品牌的一把金钥匙. 中国广播影视,2009 年 11 月

⑦魏晓莉. 传媒集团核心竞争力的提升研究. 宜宾学院学报, 2008 年 7 月

(作者为杭州文化广播电视集团董事长)

讲精神 出精品 育精英

赵惠峰

“新闻立台”是我国地方台共同坚守的一个基本理念。但各地各台在如何“立”的问题上,各自的想法和做法有所不同。宁波电视台坚持新闻立台的体会,概括地讲就是“讲精神,出精品,育精英”。

近些年来,在电视节目市场娱乐化、猎奇化、低俗化的冲击下,宁波电视台始终坚持把新闻宣传、舆论引导放在最重要的位置上,在人力、物力、财力上给予保证,政策上予以倾斜、精神上予以鼓励,在社会效益和经济效益上都收到了较好的效果。现在宁波市有 60 多个频道落地，宁波电视台 5 个频道以 1/12 的频道资源,占据了 1/3 强的收视份额。前不久在受众中进行了媒体满意度测评中，达到 93%的满意率。近年来连年获得中国新闻奖和全国广播影视大奖。在人才培养上,出二个“金话筒”提名奖和一个“飘萍”奖。还培育了一支拉得出,打得赢的编辑记者队伍。

以上这些是与坚持新闻立台分不开的。那么,何以做到新闻立台呢?

一、讲精神,强化新闻工作者的文化自觉

费孝通先生在世时强调知识分子应该有一种文化担当,要注意培育和强化一种文化自觉。我们认为新闻工作者是知识分子中与社会发展关系最紧密的一群,更应该倡导文化自觉。我们在电视台开展创建学习型组织活动时强调，每一位新闻从业人员都应该有使命感、责任心和感恩心。要有强烈的使命感就是牢记自己是时代的记录者,文明的传承者,未来的

创造者，要有"天下兴亡、匹夫有责"的那么一种情怀；有"为天地立心，为生民立命，为往圣继绝学，为万世开太平"的壮志。要像艾丰说的那样，"记者要想总理想的事"。要像一些"老记"说的那样"站在小田梗想着天安门，站在天安门想着小田梗"。要有强烈的责任心就是强化导向意识，牢记江泽民同志讲的"祸福论"和胡锦涛同志强调的意识形态搞得不好也会出大问题的论断。现在我们全台上下有一个共识，即：导向问题万无一失，一失万无。全方位、全过程、全员把握导向，人人都有责任。要有感恩心就是强调一种职业精神和敬业的风气。人权中最重要的权之一是话语权，我们是掌握话语权的人，一定要为大众用好这个权利；要珍惜职业生涯，努力多为社会做些有益的事。我台有一位叫殷志凡的老主任，他为同事在拍摄杭州湾跨海大桥时奋不顾身的精神所感动，饱含激情地写了篇短文——《台魂》。我们组织大家学习，效果很好。同时，我们还强调要珍惜受众眼神。电视人是靠受众的眼神养活的，敬业如敬神，拿出的作品一定要对得起受众的眼神。

现在有的管理者只讲金钱，不讲精神；只讲物质鼓励，不讲精神培育。这是不对的。毛主席讲人是要有点精神的。拿笔杆子的人更是要有点精神。我们的体会是没有精神是出不了精品的。

二、出精品，要以新闻作品立台，以精品强台

讲新闻立台，如果出不了好的新闻作品，时间久了也就成了一句空话。

搞精品创作，我们从业人员有句顺口溜：一靠运气，二靠才气，三靠力气。运气是指碰上难得的机遇和信源；才气是指独特有效的角度和形式的选择；力气是指精工细作花工夫打磨。近些年来宁波电视台在上级业务部门的关心指导下，得了一批全国大奖。从获奖作品来看有"三气"的影子，但主要还是靠花力气。如《小镇民警维稳事》（中国新闻奖一等奖）、《合龙》（中国新闻奖二等奖）、《宁波万余市民"抢"助贵州贫困学子》（中国新闻奖二等奖）都是花了大力气的。但在如何花力气上还是有些东西值得总结的。简要地讲，要出好作品要选角度、求深度、拓广度、强力度。

选角度。同类的事情在不同的地方可能都有发生，但有的做出好作品了，有的却没有。比较关键的一点是选取反映的角度和形式。《小镇民警维稳事》讲的是民警为民工找工作，看起来很平凡，但是把他放到国际金融危机和社会稳定的视角下剖析，放到"80后"新典型的维度去考虑，非同一般的意义就出来了。《宁波市万余市民"抢"助贫困学子》也是同样，助人为乐是个老话题。毛主席说"一个人做点好事并不难，难的是一辈子做好事"。我们觉得一个人做点好事并不奇，奇的是一万多人自觉地抢着做好事。这就有看头、有说头、有想头了。

求深度。大部分好的东西是需要挖掘和提炼的，加上现在"寻宝"的人多了，浅显易得的东西已经很少了。新闻作品更是这样，应景、例行公务式的报道是难以引起人们的关注和共鸣的。为搞好杭州湾跨海大桥的报道，采编人员和大桥民工经常吃住在一起。同时还深入对世界造桥史、杭州湾地质资料等相关方面的问题进行研究。以至4年跟踪报道下来，主创人员几乎成了半个桥梁专家了。由于花的工夫深，使得以生态、生命、生产为主线来反映的大桥建设显得很有内涵和张力。

拓广度。就是在寻找题材的普遍意义的同时，抓住影响力做文章。好题材、好信源、自身就存在着影响力。好的报道可以拓展和更加突出这种影响力。如《宁波市万余市民"抢"助贵州贫困学子》。突出万余市民，万余学子，很有声势。助学"抢"的场面相当富有视觉冲击力。《小镇民警维稳事》一个小民警在三个多月的时间里为7000多农民工找到了工作，涉及面很大，影响力很大，报道相当感人。

强力度。"给力"的作品是需要给力的。从管理者的角度讲是要给动力和压力，从主创人员来讲就是要花气力。为拍好《小镇民警维稳事》采编人员九下象山爵溪。为了拍好《合龙》化费4年时间，拍摄了7000多分钟的素材片子。我作为台长发过一句狠话："世界最长的杭州湾跨海大桥建成之日，宁波电视台如果拿不出一部像样的片子，这将是我们的耻辱。"当然，给压力的同时也给予人力、物力、财力上的重点保证。一部好作品的诞生总是和方方面面的支持、配合分不开的。电视作品是团队的产品，更须通力协作。

三、育精英，培育一支能干事、干成事的精英团队

我不是英雄主义的鼓吹者。但是要出精品一定要育精英，要精心育精英。精英和精品是相辅相成的。宁波电视台主要有以下一些做法。

一是推出首席播音主持、记者、编辑制。鼓励业务骨干在专业上精益求精，岗位成才，并解决相应的待遇问题。改变过去那种大家都去争行政管理位置的做法，避免了业务骨干一当上管理者就不再"操

作"的现象。

二是为能干者提供平台，让英雄有用武之地。如近些年涌现出的"获奖大户"周洋文和王玮，台里有相对独立的团队围着他们转，听从他们的指挥。同时在资金设备上也给予保证。

三是嘉奖鼓励。对获省以上大奖的作品和人员予以重奖。同时把获奖情况作为提拔使用的重要依据，把成绩突出的编外聘用人员转为编内职工。充分体现惟才是举。

四是培训提高。地方台的眼界、环境条件毕竟有限。为此，我们抓住一切机会外送有潜质的人才到省台和央视挂职培训，包括到海外短期培训。

这些做法，反映了宁波电视台对人才培养的一种自觉，但远远还不够。新闻立台说到底是要"立人"。媒体管理者如何善待记者？记者如何完善自身以适应媒界业的新变化、新发展？这些都是应该在坚持"新闻立台"中深入探索和研究的。

（作者为宁波广播电视集团总裁、总编辑，原载《视听纵横》2011年第1期）

实施"走出去"战略 争创"一流"媒体

杨速辉

2010年12月底，温州广播电视台提出了建设温州最具影响力的媒体，打造浙江省领先的城市台，构建全国一流地级广电传媒航母的发展目标。大力实施"走出去"战略，就是温州广播电视台创"一流"媒体的一个重要抓手。是扩大影响力，勇于承担媒体责任的一个新创举。十七大以来，中央一直强调要加强国际传播能力建设，非常重视文化"走出去"战略。地方台虽然立足本土，但是每个城市都有独具特色的文化奇葩，这是构成中国民族形象必不可缺的文化因子。"越是地方的，越是民族的。越是民族的，也就越是世界的"。因此，输出地方乡土文化，也是地方媒体义不容辞的责任和使命。特别是温州，作为中国著名的侨乡，有200多万温州人遍布在全国和世界各地。推进内外温州人互动，增强发展优势，是温州提出科学发展的"五大战略重点"之一，也是温州广播电视台实施"走出去"战略的主要动因。同时，广大长期在外的温州人渴望对家乡的了解，难以割舍的乡情，则是我们提倡"走出去"的重要"外因"。在"走出去"过程中，我们输出的是记者智慧，开阔的是报道视野；输出的是视听节目，扩大的是媒体影响；输出的是乡音乡貌，牵动的是乡情乡韵；输出的是文化中餐，凝聚的是民族力量。就如法国社会学家涂尔干所认为的：这种精神的重新铸造只有通过聚合、集约等手段才能实现，进而一道加深他们的感情。而地方电视媒体无疑可以提供这样的一个能够联结他们的纽带。

推进五项联动，实现三项突破，是温州广播电视台实施"走出去"战略的具体举措。所谓"五项联动"就是联动国家级媒体、省级媒体、新媒体、温籍华侨以及影视公司等有关单位，通过借"船"出海，实现"走出去"。如2010年1月，与中国国际广播电台华语台合作创办的温州话节目制作室，每天制作1小时温州方言广播节目《魅力温州》，在多个国家和地区播出；民生方言类电视栏目《闲事婆·和事佬》经过精编后，每周在浙江电视台国际频道播出。同时，《百晓讲新闻》、《温州零距离》等6个电视栏目进入温籍华侨创办的网络电视和新闻网站。世界各地的温籍侨胞收听收看了这些纯正乡音的节目，都倍感亲切和激动。此外，温州广播电视台还积极为中国新华社电视网亚太台、央视中文国际频道、中国黄河电视台、上海东方卫视等供稿或合作拍摄，进一步拓展"走出去"方式，扩大影响。所谓"三项突破"是指实现常规化的异地直播、异地摄制和异地广告经营这三方面的突破，特别是主题报道的异地直播已经成为实施"走出去"战略的新亮点。2010年，我们先后在北京、上海设置了全国"两会"《温州直播室》和世博会特别节目《世博，你好》直播室，采制的节目当天直接在《温州新闻联播》以及特别节目中播出，这种"走出去"形式也开创了地方台的先例。《天下温州人》栏目是异地摄制的又一典范，现已经完成多个国家杰出温籍华侨专题片的摄制。目前，集团还在全国一些大城市设立了广告经营办事处，这也是"走出去"战略的一个大手笔。

温州广播电视台在实施"走出去"过程中，勇于探索，积累了一些经验。当然，"走出去"战略还处于起步阶段，诸多举措尚在探索和尝试中，不尽完善。特借《视听纵横》这一"宝地"，抛砖引玉，希业界专家和同仁不吝赐教，共同探究。

（作者为温州广播电视台台长，原载《视听纵横》2011年第2期）

以改革促发展
——浙江省电影有限公司改制取得明显成效

钱大钧

2006年10月，公司在上级主管部门领导下完成改制，由国有全资公司变成了国有控股90%，职工持股10%的有限责任公司。

公司改制以来来，在上级主管部门的领导和支持下，在广大干部职工的共同努力下，两个效益得以大幅度提高，发展空间得到了进一步拓展，职工的收入也在稳步提高，人人都享受到了改制带来的实惠。

一、公司成功改制，职工的思想观念转变了，工作积极性得到了充分调动

国企改制首要的任务是要解决观念问题，改制不是改人，而是改思想，改观念，只有思想通了，才能一通百通。在做改制方案时，公司首先考虑到了广大职工是否会不理解，不明白，不清楚，不支持，会不会产生抵触情绪。因此，对改制方案做了全面分析，权衡了各种利弊关系。由于方案最大程度地照顾了职工的实惠，又真心实意地维护好职工的根本利益，同时方案有利于企业的长足进步和发展，预设好了长久信心的提振和工作积极性的持续提高，因此，在改制过程中，广大职工的思想都统一到了企业发展的大局上，都能用长远的眼光来看待企业的改制工作，促成了改制工作的顺利进行。

公司改制以来，职工把自己的心贴得与公司更近了，思想观念有了真正的转变，以积极勤恳的态度，尽心尽责做好自己的本职工作。每个职工都认识到，公司是自己的公司，同事是自己的同事，每个人所做的事，既跟公司有关，又跟同事有关，更跟自己有关，大家都处于一个利益共同体中，一荣俱荣，一损俱损，只有心往一处想，劲往一处使，才能把事情办好。因此，扯皮的事少了，吃大锅饭的心态也慢慢消失了，工作积极性得到了充分调动，办事效率有了很大的提高。虽然改制后公司职工的人数减少了，但业务反而增加了，企业的规模反而扩大了，各项经营指标反而有了大幅度的提高，并且得以超额完成。

事实证明，通过公司成功改制提供的契机，在真心实意维护好职工的根本利益、想尽办法提高公司经济效益的前提下，职工的思想观念是能够真正转变的，竞争意识、忧患意识、发展意识、服务意识都会有较大的改变，都能够尽心尽责为企业服务，都在朝着自动自发、积极进取的方向努力着。

二、现代企业制度的建立，为公司求得更大发展提供了强有力的保证

改制的一个重要目的，就是为了让企业放下包袱，轻装前进，规范经营，求得更大发展。公司改制后，通过建立现代企业制度，理顺了所有者和经营者之间的责、权、利关系，企业内部建立起了由股东大会、董事会、监事会、经理层构成的相互依赖又相互制衡的法人治理结构，大大增强了企业的活力，生产力得到了进一步的提高。

建立法人治理结构后，公司通过转换经营机制，各方面的工作有了很大的起色。公司的决策体系更加完善和优化，业务推进更加有序和有力，人力资源管理得到了进一步的加强，一些配套的管理制度已经制定，并将陆续出台实施。以制片创意生产、院线发行营运、影院连锁经营为主体的三大业务块板齐头并进，获得了可喜的业绩，公司的经营管理正在朝着规范化、专业化、系统化的方向发展。

现代企业制度给公司带来的一个显著变化，在用人方面得到了很好的体现。在以前，只要员工进了公司，就端起了铁饭碗。这种只进不出、进了便保险的用人制度，使员工得不到优胜劣汰，人才得不到流动，经营团队的素质得不到提高，极大地制约了企业的发展和员工个人的进步。企业改制后，这一状况得到了有效改善，每个人都成了合同制员工，既可进也可出，大锅饭难吃了，人尽其才的机会增多了，每个员工都能充分发挥自己的专长，得到妥善的安排和使用。比如，最近几年我们大力开拓电影市场，不断建设现代多厅影院，到目前为止已经拥有了20家品牌影院。这些影院的运营需要大量的员工，如果像以前一样员工只进不出，员工队伍就会老化，各种弊端就会不断出现，给经营带来极大的影响。现在有了合理灵活的用人机制，不适合的员工可以随时淘汰流出，需要的人才可以及时引进吸收，留下来的都是那些干得不错、干出成绩的员工，他们既为企业经营所需要，同时通过他们的努力，锻炼了自己，也成就了自己。如今，我们的员工队伍既能保持新鲜的活力，又能保持相对的稳定，给企业的成功经营带来了切实的保障。

三、公司成功改制，使公司各项业务驶入了发展

快车道

（一）公司改制后，各项经营指标大幅提升

公司改制后，企业更有活力，经营层更有思路，职工更有积极性，公司的各项业务开始驶入了发展快车道，两个效益获得了同步提高。截止目前，公司拥有电影院线1条，影院投资公司1家，全资和控股影院20家，制片公司1家，以及若干与影视创意有关的企业。公司实现主营收入从改制前的2006年的6445万元提高到2010年的21724万元；利润总额从2006年的108万提高到2010年的4964万元；资产总额从2006年的1.17亿元提高到2010年的2.89亿元；净资产从2006年的4424万元提高到2010年的8939万元。

（二）制片、发行、放映得到全面快速发展

1.加速拓展电影放映市场，积极探索影院连锁经营

改制后四年来，公司突出主业，大力发展影院建设，逐步形成以“时代电影大世界”为品牌的连锁经营，建设新一代电影放映网络。2010年时代院线票房收入位踞全国第7位，全省第一。2010年时代院线公司与浙江金球影业有限公司共同出资1亿元，设立由时代院线公司控股（出资60%）的浙江时代金球影业投资有限公司，更加快了影院建设的步伐，开始走向全国，影院项目的范围涉及江苏、江西、河北、四川、福建、河南、安徽、湖北、广东、深圳等省市。通过大力发展影院建设，我公司正在逐步形成立足浙江、面向全国的影院连锁经营布局。

从改制到现在，公司一共新建了16家电影大世界，实行直营连锁经营，新增108块银幕，12080个座位。是改制前的3倍。到2010年12月，公司独资、控（参）股和接受委托进行经营的直营电影院达到20家，共157块银幕，18581个座位，为社会提供就业岗位超过550个。

公司还输出电影大世界品牌，实行加盟连锁经营，受委托经营上海开元地中海影城（位于上海松江新区）、诸暨铭仕电影大世界（位于诸暨店口镇）。

2010年12月，时代院线影院达到80家，银幕349块，座位61607个，年票房收入42043万元，全国排名第7。是改制前的2006的4倍。

2.加快内部重组，拓展融资渠道，做大做强时代院线

为了适应全国电影市场迅猛的发展势头，保持时代院线快速、稳定、长远的发展，改制以来，公司着眼于将时代院线打造成资产经营和业务管理的实体，跑赢全国形势。

因此，公司对时代院线进行了重组，通过资产整合，提高其核心竞争力。在重组的基础上，公司一方面致力于吸收外来投资资金，进一步扩大时代院线的资产规模，另一方面增强时代院线的融资能力，使时代院线在3年内有近1亿元的开发资金用于影院滚动开发建设。改造后的时代院线公司通过统一品牌、统一管理、统一营销、统一人力和统一财务等方式，能够真正发挥连锁业态成本最低、效率最高的优点，力争让时代院线成为全国性的集电影制片、发行、放映于一体的主流院线。

3.涉足电影制作，推动制片创意生产

2005年，省电影有限公司在近3年探索电影制作的基础上，正式出资成立杭州今古时代电影制作公司（以下简称今古公司），开始向电影制片领域拓展。

近3年来，今古公司根据自身特点，以小搏大，独辟蹊径，一是抓住浙江省建设文化大省的契机，开辟了拍摄非物质文化遗产题材影片之路，已经制作完成的影片有《皮影王》、《十里红妆》等。二是抓住动漫电影的生产制作，已拍摄并在全国上映的有《麦包系列之大唐风云》、《赤松威龙》等，其中《大唐风云》在2007年第三届中国国际动漫节“美猴奖”原创动漫大赛中荣获专业组“最佳动画长片”“美猴奖”入围奖，并获得了2007年度国家最高电影奖项“华表奖”的提名奖和浙江省精神文明建设“五个一工程”奖。至2010年底，该公司已完成23部电影的制作，其中16部为故事片，6部动画片，1部戏曲片；正在制作的有7部，3部故事片，4部动画片。

（三）承担社会责任，力尽企业义务，努力塑造一个负责任的文化企业

作为一家文化企业，改制后，我们依然以支持发展民族电影、为广大群众提供更多更好的优质国产影片为已任，在经营各项业务过程中，一直秉持着社会效益与经济效益并举的理念，以能够承担更多的社会责任为荣，即使两者产生了矛盾，也总是首先把社会效益放在第一位来考虑。我们知道，一个有良知的企业，在考虑自己的商业利益之外，更应该考虑消费者的利益、公共影响和社会责任。

在2008年初的特大雨雪冰冻灾害面前，公司第一时间联系了杭州市春运指挥部，提出免费为滞留人员放映电影，以稳定他们的情绪，尽一份文化企业的社会责任。接着，浙江时代院线在庆春、翠苑、奥斯

卡、众安、恒隆、宁波时代、衢州宏泰7家公司所属的电影大世界同时推出了外来务工人员10元票价的特别专场，让许多民工走进了电影大世界。公司的举动得到了省委、省政府、省文化厅的赞许，尽到了一个文化企业应尽的社会责任，被省委省政府授予抗击雨雪冰冻灾害先进集体称号。

四川汶川特大地震发生后，浙江时代院线开展了“时代院线献爱心系列赈灾活动”，一是公司所属10家电影大世界将一天赈灾义映的收入全部捐献给灾区，二是全院线举行了为期15天的赈灾活动，由每张电影票提取1元钱支援灾区重建。活动共募集资金22万多元。

为做好主旋律影片《超强台风》在全省的发行工作，浙江时代院线进行了精心部署，层层抓落实。《超强台风》在全省首轮放映中，完成场次7665场，观众231083人次，票房收入548.6万元。其中时代院线放映4981场，观众158188人，票房收入达到373万元。《超强台风》在我省的发行放映取得了社会效益和经济效益的双丰收，创造了时代院线成立以来的三个之最：浙江本土电影放映最好成绩、浙江主旋律影片放映最好成绩和浙江的观众人次和票房收入全国最好成绩。为庆祝建党90周年，我公司送千场电影到农村，送百场电影进社区，慰问特困群体和农民兄弟，取得了很好的社会效益。

同时，公司一直在致力于扩大企业规模，充分提供就业岗位，为社会分担解忧。目前我公司共有20家电影大世界，这些影院直接面向公众，属劳动服务型企业。影院的不断发展不但扩大了公司的经营规模，创造了公司的利润，同时也为社会提供了就业岗位。到目前为止，20家电影大世界共提供就业岗位700多个，实实在在地为社会分担了很多就业重任。随着我公司影院建设不断推进，数量不断增加，为社会提供的就业岗位也会越来越多，对稳定社会、促进和谐发展能够起到积极的作用。

（四）让员工与企业一起成长，员工的生活品质有了一定的提高

在各项经营指标快速提升、公司有了一定利润的基础上，员工的收入也在逐年上升，生活品质有了一定的提高。公司依法为各经营单位的聘任员工缴纳了各种保险，解除了大家的后顾之忧。随着事业的发展，公司通过搭建公平竞争平台，让各类人才脱颖而出，成为经营管理的中坚力量。

与此同时，公司还让离退休人员享受到了改制的成果。除了社保、医保都得到妥善衔接和落实，福利待遇较改制前有了新的提高。

应该说，公司的改制达到了国企改革的初衷，实现了投资方得利，国有资产保值增值，职工收入得到增加的共赢目标。

（作者为浙江省电影有限公司总经理，原载《视听纵横》2011年第5期）

对话和反思：公众媒体何以引导公众？

朱永祥

随着微杂志、微电台、微电视的应运而生，作为基于公民社交网络的自媒体，在信息传播、舆论建构，甚至社会动员上的作用已不能等闲视之。与此形成反差的是，传统的广播电视等公众媒体的影响正在式微。据中国传媒大学网络舆情（口碑）研究所的一项分析表明，与2010年同期相比，公众媒体在舆情源头方面的作用明显减弱，下降了17.5%。

本文认为，自媒体所以甚嚣尘上，一个很重要的原因在于公众媒体自身话语的迷失和价值的缺失。公众媒体要继续主导公众舆论，体现其传播的影响力和公信力，就亟待实现自我的超越，这种超越既有对自媒体核心精神的认知和融合，更有对公众媒体专业价值的发现和坚守。

公众媒体迷失在哪里？

存在公众媒体和自媒体“两个舆论场”，已是既成事实。在公众媒体舆论场中，公众通过信息管控者的议程设置，达到对某一议题的认识和看法。而在自媒体舆论场中，公众则通过信息的自由分享，观点的即时互动，迅速形成并发酵舆论。按理说，公众媒体舆论场应该以其公信力和权威性主导社会舆论，但现实的尴尬在于，很多时候，自媒体舆论场已经跑赢公众媒体舆论场，公众媒体舆论甚至成了自媒体舆论的“跟班”，迷失在了自媒体舆论场汹涌的江潮之中。

那么，是什么让公众媒体在舆论传播上如此不胜其力？公众媒体到底迷失了什么呢？

一、新闻视域的迷失

新闻视域，是新闻关注的视野所及，它体现媒体管控者对现实的感知理解及对新闻的价值判断。新

闻视域的选择塑造媒体的"拟态环境",而受众正是通过"拟态环境"来提示一系列对现实的判断和行动。

以往，公众媒体的信源采用与否取决于把关人在各种宣传意图下的视域选择。李普曼说,"为了进行某种宣传，就必须在公众与事件之间设置某些屏障",但自媒体拆除了这道屏障。自媒体兴起后,市民报料和公众关注的事件及议题很多被转移到了自媒体上,并在自媒体上大行其道,被迅速放大成了舆论热点。

和两个舆论场一样，随着自媒体对用户的黏度越来越高,对社会议题和公共事件的介入越来越深,或将形成一个新的"拟态环境"。当两个"拟态环境"之间缺乏对话沟通且出现较大偏差时，人们或会选择后者,因为他们认为,公众媒体在信源提供、角度选取和新闻选择上存在着视域的"屏障",可能会误导人们对真相的理解。

二、议程设置的迷失

议程设置的迷失会直接导致公众媒体舆论引导的失效。只有当公众媒体的议程设置成为公众议程后,才能形成公众媒体舆论场。公众媒体议程设置的迷失,主要表现在两个方面:

一个方面,由于公众媒体视域所限,公众媒体在议程设置时不加辨别，过于依附自媒体上正在发酵或已经发酵的议题,意欲从中借力借势。同时,出于媒体商业考量，一些公众媒体直接采用自媒体惯用的议程设置法,用耸动的标题和非理性的标签,吸引公众眼球,挑动社会情绪。比如,温州马文聪的爸爸明明不是市长,他自己也没有说过"我爸是市长",就这一句在微博上以假乱真的传言,让无数媒体过敏。

其次，对一个健康的市场经济和法治社会环境而言,各利益群体的利益博弈和利益诉求本属正常,但公众媒体在议程设置时依旧按照"一种声音"的鸵鸟式思维,对民众的关注点"失察"、"失语"。由于忽视自媒体舆论场的存在,结果,公众媒体的议程设置成了"自说自话"、"自娱自乐"。

三、专业信誉的迷失

专业信誉,既有专业能力,也有职业操守,它既是公众媒体公信力的核心，也是公众媒体有别于自媒体的立身之本。著名报人普利策说:"新闻事业的最难之处就是既要保持新鲜报道的生命力，又要使其受到精确和良心的约束,而不是随心所欲。"在美国，即使像丹·拉瑟这样有影响力的电视新闻主播，也会因为"充满不可饶恕的自由主义的偏见",而不得不被 CBS 辞退。

自媒体的冲击，让一些公众媒体的专业信誉开始迷失,降格成了自媒体的"跟风者"。他们缺乏深入采访和多方求证，社会责任和媒体操守也被搁置一边,或刻意迎合网民非理性情绪,只求耸动轰动,或将宣传意图庸俗化,"大放卫星"不遗余力,有时甚至违背常识地发布和解读信息。

同时,由于公众媒体专业信誉的迷失,传播能力的弱化,还使得微博等自媒体上谣言肆意传播,甚至出现谣言倒逼政府真相的现象，也使公众媒体陷入了公信力的危机漩涡。

公众媒体缘何迷失?

要探究公众媒体缘何迷失，就有必要厘清自媒体究竟在改变什么？自媒体出现以后，媒介传播环境、信息接收方式和舆论发生机制等方面究竟对公众媒体的舆论传播产生了怎样的影响?

就媒介传播环境而言，自媒体的勃兴增加了公众媒体舆论引导的难度。在自媒体出现以前,人们接受信息和观点的主要途径是公众媒体，因此人们对公众媒体的议题和议程设置总是深信不疑。不过,现在这种大众传播呈现出的习惯模式有了改变。由于自媒体即时评论转发和粉丝添加等功能，使它的传播效果更直接更可感。同时,这种自媒体的"部落"效应,加之对公众媒体长期以来只传播"一种声音"的逆反，也使人们更乐意接受并相信来自虚拟社交圈的信息。Google 的一个产品经理曾对媒体坦陈,"当信息来自某个朋友时,用户会觉得更加可靠"。

在信息接收方式上，自媒体的出现让受众和传播者的界限模糊，尤其是受众享有信息发布和分享的渠道后,打破了媒体对新闻信息的建构和垄断。一旦受众在自媒体上享有话语权,就建立起了一种"新的集体交流模式",在这种交流模式下,受众成为公众,他们选择自己感兴趣的议题转发分享,同样他们也会对某一事件的真相穷追不舍。同时,在信息和观点的接受上,受众不再受一种媒体议程的束缚,而是在各种媒体的相互印证中建立自己的"拟态现实"。值得注意的是,自媒体作为一种新的意见表达形态,意见领袖的转发介入,粉丝的互动参与,使原来单向性的舆论引导演变成了交互式的舆论影响,最终,公众产生的认知和行动不仅来自公众媒体的引导,还有来自特定圈子的潜移默化。

更为重要的是，自媒体使人际传播成为大众传播后,深刻地改变了舆论的发生机制。在传统的舆论发生机制中，公众媒体的舆论是政府依靠公众传媒自上而下发布和引导的，以舆论的“整齐划一”实现对社会的监控和管理。但在自媒体时代，舆论生成是一个“部落”与“部落”间引爆，并可能以一种“成见”的形式快速聚合发酵的过程，多元信源的表达，意见领袖的介入，加上传统媒体的跟进，民众情绪的蔓延，可以迅速将某一议题放大，甚或直接改变原来舆论的走向。

自媒体的出现对媒介传播环境、信息接收方式和舆论发生机制等方面产生了深刻影响，如果公众媒体无视这些变化，依然在原来的传播框架和模式下思考问题，其引导力的衰减和偏移将不可避免。

对话和反思

面对自媒体的挑战，公众媒体并非没有省思。比如广电总局已经出台的“限娱令”中，要求卫视在黄金时间必须保证三档以上的新闻节目；比如央视新出台的栏目评价体系，将引导力、影响力和传播力的权重加到95%……那么，究竟怎样的改变才能直抵问题的核心？在新的传播模式下，究竟怎样重建公众媒体的舆论引导力？在我看来，对话和反思应该是其中的核心要义。

一、以对话的开放姿态，重建公众媒体的话语体系

在这里，对话不是指一种节目形态，而是一种媒体姿态，它包括开放、平等、互动、分享。我们不妨先来反观自媒体，《数字化生存》的译者胡泳说，美国Facebook的成功，应归功其“透明度、信任、联系、分享”的核心价值观。可以说，自媒体开放共享的话语系统给了公众媒体很好的启发。公众媒体应该以对话的姿态，从三个维度重建其话语体系，以强化舆论传播力。

首先，公众媒体要和自媒体对话，不仅要融合自媒体的传播渠道，还要融合自媒体复合式的信息流转方式。在2011年8月英国骚乱中，自媒体社交网络在初期曾起了推波助澜的作用。8月8日，一段痛骂骚乱者的视频在网上广为流传，这段名为“哈克尼的女英雄”的视频由《每日电讯报》的记者用手机拍摄。之后，社交网络在公众媒体的推动下迅速扭转了舆论方向。在Facebook上，有近百万人加入了“支持伦敦都市警察制止骚乱者”的小组，社交网络被用来动员民众制止骚乱，上街清理街道，协助警方寻找犯罪嫌疑人。

其次，公众媒体要和民众对话，通过公众媒体的传播和自媒体的传导，打通两个舆论场。丹·吉摩尔在《草根媒体》上说，“资讯丰富的公民不能再对大同小异的资讯供给毫无所动。公民必须更为渴求，并参与大型对话。如果这些没有发生，我们会失去很多东西。”既要强化专业的舆情分析，从民众关注点和情感诉求中寻找传播的巧妙构思，还要培养意见领袖，推动民众积极参与对公共事件和公共议题的信息提供和观点交流，以形成共识。即使暂时没有形成共识，但这种讨论造就了社会声音的多样性，使两个“拟态环境”相互印证，从而增进人们对议题的理解和对媒体的信任。

再次，公众媒体要和政府对话，使公众媒体和政府在主流价值观和对传播规律的认知上保持一致，以有效地引导公众舆论。要借助自媒体技术能力@政府部门，将政府信息公开纳入到公众媒体的新闻传播中，更要搭建平台，促成政府和民众的沟通对话。再以伦敦骚乱为例，由于“英国的主流媒体在重大价值观上能与政府保持一致”，所以英国政府在处置骚乱时并没有向社交网络上煽动性的过激言论妥协。他们一方面通过主流媒体提供的大量新闻事实来说明对骚乱定性的正确及民众对骚乱的普遍反感；另一方面还开设媒体和网络平台，引导公众舆论，如电视台邀请政府官员和民众就社交网络管制等问题展开辩论。

二、以反思的专业精神，回归公众媒体的价值本位

真实、独立、深入是公众媒体公信力构成的核心要件，也是其价值所在，但它必须依托于反思的专业精神。在目前的传播模式下，很多公共事件都依循网络爆料、传统媒体报道初步放大、网络进一步形成热议、传统媒体进一步跟进，并最终循环成焦点问题的模式。其中，传统媒体、公众意见的参与和放大，成为必不可少的环节。面对多元纷呈、真假难辨的网络语言，就需要公众媒体以反思的专业精神，深入采访、多方求证、厘清成见，为受众提供事实的真相，最大限度地阻遏群体非理性情绪的蔓延，以免对媒介的公信力构成伤害。《新闻调查》制片人张洁说，“一个理性的深度报道，是要把矛盾各方的合理性和无理性全摆出来，让公众做出是非判断。否则会误导公众的情绪。一个负责任的媒体，有自己的独立思考和判断，知道所做的报道怎样才能对国家、民族和社会，甚至是全人类有利。”

2011年10月5日，美国苹果公司前CEO乔布斯因病去世，中国也被莫名的哀伤笼罩。媒体头版则清一色变成了乔布斯专号，哀悼的微博被海量转发，在这两个“拟态环境”里，乔布斯俨然成了中国万众顶礼膜拜的偶像。但是，就在公众媒体引领民众争先恐后地表达对乔布斯的敬意的时候，苹果的另一面却被媒体屏蔽了起来。2011 年初，环保组织在一份《苹果的另一面——污染在黑幕下蔓延》中揭示了苹果在华供应链存在的污染和毒害，但值得反躬自问的是，这份报告一直没有进入公众媒体的视域，它们仍一如既往地跟着一部分经常在微博上出没的苹果粉或时尚达人“且歌且舞”。

其实，类似需要媒体反思的案例并不少见。如对正面报道的“用力过猛”，对引起愤怒、调笑、欲望等感官刺激类题材的过度消费，对网络事件“标签式”断章取义地一哄而上等。在 2011 年 10 月“占领华尔街运动”的现场，被称为“黑格尔式的思想家”齐泽克发表了一次著名的演讲，他说，“这边厢，由科技到性欲，好像甚么都有可能。你能够去月球旅行，用生物基因科技达到长春不老，可以跟动物做爱，诸如此类。但另一边厢，一碰上社会经济的范畴，几乎一切都被视为不可能。”齐泽克的演讲尽管更多的是对美国原教旨主义的批判，但对处于经济社会转型期的中国，如何重新认识公众媒体的责任和担当仍不乏启示。

当然，在自媒体的信息控制被弱化以后，难免谣言滋生，尽管其话语权的开放意味着本身具有一定的信息纠错能力，可对舆论走向进行纠偏，但由于自媒体的传播方式易让成见加深、情绪激化，事实上增加了纠偏的难度。因此，更需要公众媒体以理性的反思精神，重塑公众媒体的核心价值。

究竟是公众媒体受制于自媒体还是因自媒体而超越？从某种意义上说，自媒体的勃兴给公众媒体如何在迷失中归位，重塑其媒体公信力和舆论传播力提出了挑战，同时这种挑战也形成了“倒逼”，让公众媒体通过话语体系的重建和价值本位的回归，有效提高公众媒体的公信力，在引导主流舆论方面发挥应有作用。

（作者为杭州文化广播电视集团总编室主任，原载《视听纵横》2011 年第 6 期）

广播，以创新迈向品质

——杭州交通经济广播创新初探

董敏君

杭州交通经济广播（以下简称“杭州交通91.8”）作为一个市级专业交通广播，2005 年 3 月之前的呼号为“杭州经济之声电台”，经历了 6 年的裂变、阵痛与跨越，杭州交通 91.8 一直是在竞争中求发展，在市场需求中用创新的理念、创新的方式和程序改进的步伐，探索适合于自身发展的品牌经营和创新之路。

2005 年，杭州交通 91.8 转型为交通广播时，在杭州已有开办了近十年的省级交通台，之后省市台又相继出现了各种自诩“交通电台”、“汽车电台”或“私家车电台”等的电台多达 6-7 个，竞争异常激烈。

杭州交通 91.8 在牢记导向功能和社会责任的前提下，突出特色办台，节目创新领跑，不断提升品质。据 2010 年 8 月央视 CTR 调查显示：“无提示总提及率达 99%，该频率在杭州地区移动人群中知名度最高。收听率高杭州交通 91.8 日到达率 97.8%，高于位列第二的频率一倍之多，收听优势显著。周到达率位居各频率之首。美誉度高总体满意度 8.8 分，且不论出租车司机还是私家车主美誉度均较高，高于同城其他频率。忠诚度高交通 91.8 听众忠诚度较高，每天收听该频率的比例为 94.6%，远远领先于位列第二的频率。”

杭州交通 91.8 在所有被调查人群中，无论在出租车人群还是私家车人群中，日到达率、周到达率、收听率、覆盖率、忠诚度、满意度等均列榜首，而杭州交通 91.8 的创收也从 2004 年的 1100 多万元到 2010 年单频创收突破一个亿。

广播的品牌是受众对优秀的节目质量、完美的经营服务、良好的频率形象、高雅的文化品质、科学的资源管理等所形成的一种评价和认知。其中，节目质量是广播品牌的基础，频率形象是广播品牌在市场和受众中表现出的个性特征，文化品质则是广播品牌的内涵，他们之间可谓是水乳交融、相得益彰。

一、特色定位：品牌定位别具一格

广播媒体品牌的价值体现在市场占有率、传播影响力、权威性、可信度等方面，这就要求广播从业人员充分考虑听众的心理与需求，做出准确的市场及品牌定位。杭州交通91.8在综合分析受众市场与媒体竞争格局的前提下，在节目形态、节目设置、节目框架、节目编排等方面系统地进行设计、传播，从而牢牢锁住目标受众，该体系的核心在于寻找频率在市场中的最佳位置，确定频率的热点、亮点、卖点、听点，并去牢牢占领。

几年来我们对杭州交通91.8进行了精准的品牌定位：从“在杭州开车听自己的交通电台——交通91.8为交通人民服务”到“橙色点亮生活，幸福久一点吧”。为了在竞争中立于不败之地，杭州交通91.8采取的品牌策略即“人无我有、人有我优、人慢我快、人快我变”，这也成为频率不断创新和超越的动力之源。

听觉识别是品牌识别的核心，杭州交通91.8在短时间内完成了频率的品牌塑造。通过创新节目、亮化包装、优化设置、个性化差异传播，杭州交通91.8彰显亲切生动、活力明快的个性特征及风格，强化实用和实效，以互动参与为特质的节目路线得到了路上交通人的广泛关注和喜爱。同时，我们还非常注重通过独有的听觉识别包装系统，与听众之间产生一种心理默契和认同。

二、节目创新：品牌成长的灵魂

用节目网聚听众的注意力资源，再将这个资源二次营销卖给广告客户，这是交通91.8的赢利模式。那么在交通资源已呈现饱和状态，杭城6~7个电台争做交通的恶劣生态下，杭州交通91.8靠什么来保持节目的凝聚力？当然是“创新”。这种创新不是天马行空、而是以移动人群这一主要收听群体的需求为基本诉求，以“全心全意为交通人民服务”“以橙色——幸福向上”为频率核心理念的创新之路。品牌建设之路更体现在“特色”上，只有个性的主持人、特色的节目才能锻造出品牌频率。

《我的汽车有话说》原本为一档汽车维权节目，如今在节目形态、节目表述上不仅融入服务、资讯、互动，更加以娱乐甚至表演的艺术手段，该档节目强烈的个性化主持风格被听众所热捧和喜欢，已连续5年节目忠诚度达到93%以上，并始终保持同时段节目收听市场份额第一。2011年该节目获得全国广播电视“民生节目60强”，该节目主持人于虎还被评为“杭州市十佳杰出青年”。

《交通快活人》是一档以趣味性和娱乐性为主，兼顾实用性和知识性的双人搭档主持型节目，2位主持风格鲜明，在嬉笑怒骂间带给听众轻松愉悦的享受。2009年《交通快活人》获得了第三届中国原创广播电视栏目20佳。

广播节目的内容把握力求时效性

在经历外部的品牌构建后，媒体品牌更需要一定的内容来维护、支持、发展和巩固。如果在内容的把握上不能紧跟时代的脚步、紧握时代的脉搏，体现不出时代的特征，就不可能生产出具有超强吸引力，令受众感兴趣并愿意接近的内容，就不可能得到受众的信服和支持。

为此，频率将“让新闻与事件同步”作为新闻信息的追求目标。2009年4月，杭州交通91.8与杭州市公安局联合推出一档特殊的节目《空中110》，其特殊性体现在内容特殊——关于老百姓的生命财产和安全；播出的时间特殊——24小时，随时插播，力求与事件同步；互动的方式特殊——时时联动市民、听众、记者、爆料人与警方。

空中110的热线号码是86590110（谐音“拨了我就灵110”），每天能接到报料求助电话数百个，成为杭城最热的热线电话之一。空中110突破了传统广播的概念，丰富了现代广播的形态，拓展了广播的服务空间，逐渐被打造成一个集开发性、互动性、公益性、集成性与一体的新型广播节目，同时空中110也让我们更深切地体会到在市场需求中创新品牌的重要性。空中110的运作已经使杭城市民日益形成“昨天的消息看报纸，今天的消息看电视，而现在的消息听交通91.8空中110”的品牌形象。

将公益化的民生理念作为品牌建设的重中之重

有媒介研究表明，积极、正向、有责任感的品牌形象是媒体凸现收听收视效果和广告增长的重要驱动因素。公益类活动在很大程度上能够帮助电台提升品牌形象，树立影响力和公信力，而电台在听众心目中的影响力和公信力很大程度上能够转化为听众对企业品牌的美誉度。公益活动在传播企业知名度的同时也在传播美誉度。

作为交通电台，其使命就是帮助交通人搭建有效的民生服务平台，并通过品牌节目与和谐活动，集中力量打造自己的公益品牌。几年来，杭州交通91.8每年将活动系统化、规模化、品牌化地运作，如2009年频率将7~8个爱心活动构成全年度的“爱在杭州”系列活动。2010年以“畅想幸福杭州”为主题，策划了年度系列活动，也唱响了“让幸福久一点吧”的公众激情，为构建和谐社会贡献媒体应尽的力量。

三、创新文化、机制、制度建设，提高内聚力和外发力，形成品牌效应的驱动力

质量是广播媒体的生命。节目质量的高低决定着广播媒体竞争能力的高低，如何让杭州交通 91.8 这个平均年龄不足 29 岁的年轻队伍在科学、系统完善的管理中持续改进并发展，我们也进行了有益地探索。

2005 年杭州交通 91.8 大胆引进了 ISO9000 质量标准体系，并在节目制作与播出的各个环节中贯彻执行，逐渐形成了一套完整的适用于广播操作，对广播产品质量严格控制的标准质量管理体系，这在当时的全国城市电台中还是首家。

几年来还在实践中不断尝试完善新的竞争和分配机制，如“零工资考核制”、“360 度中层评估制”、“项目责任制”、“首席制”、“品牌栏目阶梯考核制”、“星级员工制”等灵活有效的激励制度。

同时，在企业文化建设上，努力探索适合于我们这个年轻团队的企业文化传播之道。企业的发展过程就是一个不断诠释故事的过程，在实践中我们也体会到“讲故事”是推广企业文化的一种有效形式，一个个感人的故事能够给予每一个员工可以触摸的心灵触动与精神震撼，我们努力营造独特的、能够发挥潜能空间的企业文化，并通过“讲故事”的方法展现、诠释、宣扬杭州交通 91.8 “真诚、活力、超越”的企业文化内核与价值观，为频率注入激情和厚重的文化内涵和可持续发展的动力，使得杭州交通 91.8 电台品牌建设能够健康快速发展。

（作者为杭州交通经济广播总监，原载《视听纵横》2011 年第 3 期）

把握五个关系 优化时政报道

沈炳忠

对于时政新闻报道，很多电视工作者都是“爱恨交加”充满着复杂情绪。一则因为时政新闻承担着党和政府政策宣传、舆论引导的功能，领导关注、群众关切，因而地位突出、意义重要；二则因为掌握不好时政新闻报道规律和报道手段，使时政报道流于表面流于形式，领导不满意，受众不卖账，收视率低迷更是很多时政新闻面临的尴尬。但其中有一点是不能动摇的，即做好时政新闻报道是我们之所以作为党和人民喉舌的职责和使命所在，时政报道的最大使命就是通过大量的事实和言论，把党和政府的决策和意图，把人民的反响和意见，及时准确地传播到受众面前。唱响主旋律，为改革发展稳定营造良好思想舆论氛围。

近年来，国家广电总局尤其强调“新闻立台”，明确指出“新闻立台”是党办媒体的使命责任、本质属性和发展之基。从当下实际而言，优化时政新闻报道，提高主流舆论引导力，就是执行和落实“新闻立台”最关键的切入点和突破口。

时政新闻，从狭义而言是时事和政治报道，从广义上来说包含了当地当下发生的重大新闻事件和重要社会动态。时政新闻主要是宣传党和政府的政策、方针、措施以及经济、社会等方面的成就性、经验性、典型性报道。然而，纵观目前各地电视台所开设的时政新闻，概念模糊、重点不清、废话连篇、表现手法僵硬，这些都使时政新闻的发展明显滞后于民生新闻，提高主流舆论引导力更是有漫长的路要走。

对于时政报道目前存在的不足之处，笔者以为主要有以下三个方面：

*一是领导活动、会议报道程式化，甚至把时政新闻与“领导活动”划上了等号。*例如在报道“五一”表彰大会这一新闻时，导语是介绍“今天我市召开五一先进集体先进个人表彰大会，某某、某某等领导参加大会”，之后的正文先是某某领导宣布决定，再是某某代表先进发言表态，最后是某某领导讲话。这样的“三段论”，完全流于表面流于形式，忽略的是劳模为何成为劳模的精神所在和他们想要表达的心声以及现场与会人员对先进表彰的感受。再如报道领导视察重点项目，我们往往是随着领导视察地点的变化而形成走马观花式的罗列，视察了哪里哪里，领导最后强调各级各部门要加强配合抓紧工程进度，而对于这些工程究竟将给老百姓带来什么、工程中急需解决哪些问题都是蜻蜓点水，甚至避而不谈，这样的报道当然抓不住观众的眼球。

*二是主题报道、典型报道形式落俗老套，表现肤浅生硬。*主题报道、典型报道是时政报道的重头戏，也是凸显媒体舆论引导能力的本职和功力所在。既然是重头戏，就一定要有“戏”在里面，这个“戏”就是故事就是感人的细节，并以此凸显主题深化主题，让典型因为“有戏”而更加精彩更加可敬可学。中国广电学会副会长、中国广电新闻界元老张振华同志就明确表示：主题报道、典型报道能力是记者编辑的核

心竞争力,也是媒体的核心竞争力。但目前记者在采写上述报道过程中存在的突出问题就是采访不深入,“借网络、用资料、炒冷饭,上不接天线,下不接地气,胸中无数云里雾里不得要领”,往往是几个场景加上几段同期声采访,平铺直叙,缺失以小见大从微观看宏观的思考能力,缺乏一滴水见太阳的智慧表达,至于鲜活度和吸引力更是无从谈起。

*三是新闻编排整体思想意识不强。*编排思想是指决定新闻播出与否、排列新闻顺序和发表言论时所反映出来的政治态度及思想倾向。然而在实际操作中,目前的时政新闻栏目编排思想意识整体不强,各级电视媒体的新闻稿件播出顺序基本还是以领导大小为顺序,即使是一个普通的会见也因为到场领导是“一把手”而摆放在了头条;编排以平铺为主,整档新闻没有“峰谷”,节奏感缺失;头条不显著没有做强做透,压不住阵脚;编辑思想或者本台言论缺失,媒体观点得不到“亮化”,舆论引导能力因此弱化。可以说,没有编排思想的编排不叫编排,只能叫拼凑,这样的新闻节目当然缺乏影响力。

近些年来,中国电视新闻有了长足进步,尤其是民生新闻的改进和创新,更使其受到了业界和受众的高度认可。相对于民生新闻的大步前进,时政新闻由于其相对严谨的报道属性以及报道者自身的思想禁锢,其改革和创新的力度一直处于不温不火的状态,报道面貌始终没有给人焕然一新之感。时政新闻体现着政治导向、社会价值观,是社会舆论的风向标,今年随着新闻立台理念的更加强化,时政新闻报道的改革创新也愈加引起业界重视,浙江卫视提出的“强化新闻立台理念、加强生态传播”发展理念中,就明确要做大做强时政报道,做优做做精主题报道。笔者认为,作为一个城市台在改革优化时政新闻报道、提高主流舆论引导力的过程中,必须要处理好以下五个关系:

*一、硬主题与软手段的关系。*要善于把硬新闻做软,软新闻做活,活新闻做深,无论是领导活动、视察、会议,都涵盖着一个主题,如何发掘主题、演绎主题,把严肃的时政主题化为受众能接受并喜欢的新闻,把原本是说教灌输的政策、举措、观点变为润物细无声式的融合式传播,需要的是创新报道的表现“软”手法。

2010上海世博会是全国性的大事件,作为与上海零距离接触的地市和浙江省世博安保的最前沿,如何宣传世博会及世博安保是嘉兴市2010年的一项重大主题宣传。在积极报道好世博会和世博安保日常新闻的同时,嘉兴电视台更是从人性角度出发策划推出了《为您圆梦》新闻行动,选择和世博会相关的人物,报道他们的世博故事。通过这些人物和世博会的关系叙述,圆一个个普通小人物的“世博心愿”。在这些人物中,有妻子分娩时丈夫依然坚守在世博卡点上的普通民警,因为世博安保,儿子出生后的5个多月时间里,父子只相见了四次;有60多岁的老阿姨高温下每天踩着三轮车到乡间的无名道口世博卡点送绿豆汤的感人故事,老阿姨最大的心愿是也能到上海去看世博会。类似的新闻故事还有很多,《为您圆梦》就是在介绍这些世博故事的同时,达成这些普通人物的心愿,例如给这位民警送去记者拍摄的儿子的视频画面,给老阿姨送去一张世博门票带她去世博会转转。正是这样充满人情味的报道,使普通人物的朴实情怀和世博会的华丽上演很好地融合在了一起。通过软手段拆解世博会这个硬主题,一硬一软使时政报道的形式更活效果更佳,大主题在小事件的报道下得到了最鲜活的时代表现。

软的表现手法还体现在时政文稿的切入点和写作方式上,写活时政报道,应该鼓励和引导记者抓重点甚至只抓一点,文章叙述讲究简练,要有评论性的话语;现场表达观点,擅用领导话语化为记者自己的话语;在画面拍摄上,要求一定要捕捉到细节画面,照顾到时政活动会前会后会外的一些画面。比如,市人大常委会召开的报道。2010年3月的报道过程中,记者发现里面有一个环节,即:人大常委会组成人员以无计名投票方式,对市政府农业法执法检查整改落实情况进行满意度测评。于是在这篇稿件中,记者、编辑对程序在口播中作了简化处理,把笔墨着重花在了测评这一环节上。正文一开始,记者就现场出镜向观众传递了这一新的测评环节,然后画面直接跟到了投票测评,结果当场宣布后,记者又采访副市长和人大常委会秘书长,记者最后又出镜现场点评了测评的现实意义。这样的稿件虽然只截取了此次会议的一个环节,但因为角度的独特、稿件的生动,更加凸显了人大监督的权威性,这样的报道,不仅观众爱看,作为会议举办方的人大也更为满意。

*二、权威性和贴近性的关系。*民生是最大的时政,然而时政新闻固有的“高大全”形象,总是使之游离于民生的边缘,分析原因就是因为我们始终没有很好地掌握运用好贴近群众、贴近生活、贴近实际的“三贴近”原则。化权威于民生,用民生视角解释时政

主题，才能让时政新闻正在找到生命的落点。2010年浙江省第14届省运会在嘉兴举办，10月12日晚，开幕仪式在嘉兴体育馆举行，省委省政府主要领导均参加了开幕式，一次省运会和普通市民又有哪些联系，对市民生活又会带来哪些影响？在众多领导的致辞和开幕式场馆的变化中（开幕式原准备在可容纳3万多人的嘉兴体育中心举行，而嘉兴体育馆仅4000观众席），我们的记者发现了一个共同亮点：节俭办省运。因此，在对省运会开幕式报道方式的处理上，我们着重突出了"节俭"这个概念，推出新闻特写《节俭办省运：简朴而隆重的开幕式受好评》并配发本台评论《"节俭"的省运 "健康"的嘉兴》。在特写和评论中，明确告知嘉兴市民，这一次仅开幕式节约下来的1000多万和之前节约下来的资金，都将用于市民健身设施和农村基层文化设施的建设。这样的报道方式无疑使省运赛事、领导活动和市民生活结合在了一起，实现了时政新闻的"贴地飞行"。时政新闻要体现权威，全面准确地反映党委政府的主张，但更要让这些主张以普通群众喜闻乐见、通俗易懂的方式传播出去，为广大人民群众所接纳和领会，这才是成功的时政报道。

三、策划和报道的关系。对于时政新闻报道，目前一个突出弊端就是就事论事，只讲过程但缺乏怎么讲过程以及如何让过程生动起来的能力。所谓策划，即行事有计划、有打算，新闻策划一定要根据栏目定位和受众需求，以不同特色和个性吸引观众。可以说，简单切入的报道和经过策划之后的报道，最大区别就是前者是被动地、平面地反映新闻，而后者则是主动地、立体地报道新闻和挖掘新闻前后左右、前因后果的多重资源。事实上，一档新闻节目和一件新闻报道，经过策划之后哪怕是找到一个有效的创意，就马上能使报道内容夺人眼球、深入人心。以每年一度的"两会"报道为例，报好程序体现"两会"的严肃性权威性，是每个电视台的首要责职，如何使看似"高高在上"的"两会"报道和百姓日常生活、企业生产、经济运行、社会发展更好地结合起来，需要的正是策划的能力和效果。在2010年的"两会"报道过程中，中央电视台正是经过精心策划，无论是节目内容、直播规模都实现了实质性的突破，带给观众更务实、更有亲和力的时政报道。例如《新闻联播》策划推出深度观察性系列报道"两会最前沿"，通过在会外捕捉新闻事件，会内采访代表委员，及时反映"两会"的新政策、新动向；《焦点访谈》从3月3日至14日连续推出《两会焦点访谈》，以"科学发展、改善民生"为主题，围绕调整经济结构、转变增长方式、教育、收入分配等诸多热点展开，并推出"舆情看板"版块，加强与代表委员、观众及网民的实时互动；此外，《两会全接触》、《我从基层来》、《透过两会看中国》等节目也无不体现出策划的功底。新闻不是策划出来的，但对正在发生的新闻和可以预见的即将发生的新闻，进行合理的策划肯定能使时政新闻更加出彩。

四、排序和编排的关系。如何将分散的、零碎的、一条一条的电视新闻串联成能够体现一定报道导向的节目体系，即突出重点、凸显亮点、有详有略、层次分明、条理清楚的一档电视新闻节目，必然要涉及节目的编排原则、方法、技巧等问题。简单把时政新闻的编排理解为按照领导大小进行稿件排序，这显然是一个误区，如何处理排序和编排的问题应该引起我们足够的重视，需要对领导排序与新闻事件的重要程度进行合理的统筹去考虑编排。笔者认为，做好时政新闻的编排工作，一定要按照"新闻价值、重点强化、同类归纳"这三个原则进行实际操作，新闻价值（按照事件重要程度而不是领导职位高低）大的当然要放在前几条播出，重点稿件则应当以篇幅长度、配发评论等加以强化，相关类型的稿件则应该进行归纳、提炼共同主题形成编排的集群放大效应。2010年10月1日，中央电视台《新闻联播》节目对于"嫦娥二号"卫星成功发射升空的直播报道让人记忆犹新，引发人们热议的正是其对卫星发射和领导活动的编排顺序。当晚19时《新闻联播》出片头，卫星发射倒计时实况已经通过"画中画"方式嵌入到画面右下角，片头一结束，电视直播切至嫦娥升空画面和指挥室内的声音，白岩松以"记者"身份出现画外音。在完成了这个报道后，《新闻联播》主持人才出现在画面中开始当天的节目预告，常规的国庆喜庆新闻拉开帷幕。

2010年10月1日
中央电视台《新闻联播》节目编排表

1."嫦娥二号"发射实况直播

2.庆祝中华人民共和国成立61周年 胡锦涛等同首都各界向人民英雄纪念碑敬献花篮

3. 上海世博会中国国家馆日仪式隆重举行 吴邦国出席仪式并致辞

4. 吴邦国分别会见阿尔巴尼亚总统和中非总统

5. 国庆61周年音乐会在京举行李长春出席观看
6. “嫦娥二号”星箭成功分离
7. 本台评论：最美中国红
8. 国内简讯
9. 国际简讯

从上述编排中不难看出，央视以时效性、重要性等新闻价值作为编排原则，大胆创新本次节目编排，虽然类似情况是极个别现象，但无疑给我们的时政新闻编排打开了思路，提供了编排的大胆想象空间。从当天的节目中，我们也可以看出“重点强化”这一编排原则的运用，在头条对“嫦娥二号”发射实况进行直播后，第六条又切入直播画面，对“嫦娥二号”星箭分离再次进行直播，之后配发评论对“嫦娥二号”发射进行评论：“中国红，向未来进发，嫦娥二号直冲霄汉，推动人类和平利用太空。我们的未来，像星空一样辽阔和瑰丽。”评论强化了此次发射的深刻主题和深远意义，以此鼓舞全国人民信心。这样的编排，使“嫦娥二号”新闻得以强化，也使整档节目形成了一个内在的灵魂。

*五、新闻纪律和新闻规律的关系。*采制播出新闻需要按照新闻规律，采制什么样的新闻，怎么安排版面时段播出，采编人员就是制作新闻大餐的厨师，是否丰盛和营养全靠厨师的主观能动性发挥。然而，时政新闻报道的是时事政治，反映的是整个社会经济的方方面面，作为党和人民的喉舌，必须在尊重新闻规律的同时，更要牢牢把握新闻纪律。

遵循新闻纪律，就是要始终把坚持正确的舆论导向放在第一位，注意报道的适宜性和时宜性，掌握好新闻的微观真实和宏观真实之间的“度”。关心公共事件、关注民生利益、监督政府公权使用，舆论监督是广义时政新闻报道的一个组成部分。央视《焦点访谈》选题原则是“政府重视、群众关心、普遍存在”，这个“选题三原则”就是其新闻纪律，正因如此，《焦点访谈》在长期的舆论监督报道中，始终能紧紧围绕党和政府的中心工作，紧紧结合人民的呼声，没有政治偏差，得到各界的一致认可。时政新闻报道鼓励创新讲究时效追求权威，但必须是在遵循新闻纪律之后严谨对待，不能一位追求视听轰动效果而天马行空失去了纪律的缰绳，这是党办媒体的政治生命线。

时政新闻报道一头连着党和政府，一头连着人民群众，是电视之所以成为大众传媒的根本所在。优化时政新闻报道，提高主流舆论引导力，更是实施新闻立台理念的最主要体现。通过合理科学地处理硬主题与软手段、权威与贴近、策划与报道、排序与编排、新闻纪律与新闻规律这五对关系，一定能使时政新闻报道焕发出勃勃生机，赢得观众认可，迎来党和政府的满意。

（作者为嘉兴市广播电视台党委副书记、总编辑，原载《中国广播电视学刊》2011年第1期）

突发事件“应急机制”的构建
——海底救人报道引发的思考

胡伯良

虽然时过境迁，但是再来回顾发生在2010年11月18日乍浦嘉兴电厂码头工人被困海底事件的整个报道经过，或许让我们对于应对突发性事件，抢占舆论制高点，有效实现广电声频报网的联动，有着许多的裨益。

先来看事故发生之后。事故发生并报警是在上午9时许，湖北籍工人范声家，在嘉兴电厂三期取水口的一个钢护筒底部作业时被困海底。9点半不到，千里之外的央视编辑就已经来电联系并求证，希望我们能尽快与央视进行连线报道。而此时，离事发点如此近的我们，竟然没有任何动静，所有的记者和热线电话都还没有得到这一事故的信息。事后了解到，央视自建立大新闻中心运作机制之后，不仅整合了内部所有的新闻资源，建立了统一的协调指挥体系，而且为了提高时效，提出了“贴地飞行”的概念，要求记者在最短的时间内抵达或者以最快的速度报道事态的最新进展，力争与事件同步，因此，他们与公安、消防等应急处置部门有了直线联系，全国各地上等级的事件，他们几乎在同一时间获悉。

由于我们没有新闻直播车，所以央视立即调遣了上海应急点的记者迅速赶往。当我们经过确认并派出自己的电视记者赶到现场时，不光央视新闻频道已经在连着播放“嘉兴一工地工人被困海底”的游动字幕，央视的记者和直播车也早已就位，并且发出了电话连线和图像直播两条稿件。虽然我们缺乏现场直播的技术手段，虽然我们的《午间播报》也有与平湖台记者的连线，但是，我们还是缺乏抢得第一时间的先机意识，还是采取了常规的做法，电视没有采取游动字幕的方式，广播也没有以插播形式用最快速度进行播出。反观央视，从18日到23日，除了每天每个《新闻直播间》时段都有相关的连线直播外，游动字幕成为它播出的最快捷手段，被困工人范声家被救起不到两分钟，央视新闻频道的屏幕上就播出了这条新闻。央视就是以这样的速度牢牢地占据着舆论的先机和优势，难怪很多本地的观众也是选择从央视来获知更多的最新进展。

从央视快速的资源获取和快速的反应能力，我们可以获得这样的启示：在重大事件和热点新闻发生时，只有在第一时间发出自己的声音，才会赢得先机，抢占有利地位；只有在第一现场发出自己记者的声音和图像，才会有打造权威媒体的可能。因为能在第一现场获得更多的信息，就是代表着这个媒体的能力和实力。

因此，怎样建立快速而可靠的资讯渠道，是我们必须重新审视的首要问题。

目前我们广播和电视的资讯来源，不外乎部门的电话通知、记者个人条线关系和热线电话以及其他媒体资讯这几个渠道，实际上，真正突发事件或热点新闻发生时，这些通道要达到最快、最准确的要求还是有一定难度的，以至于我们的信息来源一是不稳定，二是可能迟缓甚至遗漏。所以，为了增强时效，我们有必要重新构架和实施资讯渠道的“畅通工程”。一是拓展现有的部门和记者条线联系的紧密度，把记者快速获取有价值新闻信息的能力作为考量的一部分；二是拓展与县市台的协作和联系，延伸我们的触角和视野；三是强化我们的舆论监督和热线反馈，让更多的群众成为我们的信息员，真正让热线“热”起来；四是与公安、消防、交警、安监等部门建立联动机制，尤其是新闻频率和新闻频道要形成随警作战的意识，拥有“全天候”的特别能吃苦的“机动队伍”；五是培养一支稳定而执着的报料和通讯员队伍，特别是在一些容易出新闻的特殊部门和岗位，建立自己的“眼线”和“耳目”；六是设立“观察哨”，在平时日常的编辑力量中配备人员，时刻关注其他媒体特别是网络上的热点新闻，做到本地热点的报道不遗漏、不迟缓。

第二个值得思索的问题是，本土作战的我们应该形成怎样的运作机制，才能应对突发事件，满足受众的知情权，牢牢占据舆论的制高点。

让我们再来看 78 小时营救经过和报道。事故发生的现场是一个面积不大的海上平台，无法容纳众多的记者，而被困人员则在海底近 20 米处，潮涨潮落泥沙淤积，潜水作业难度极大，又遇上作业器具出现故障，救援速度非常缓慢，同时又因为业主单位特别是施工方单位身份特殊，设置了许多采访障碍，都给媒体的采访带来很大的难度。除了新闻发布会和现场外面远距离的苦苦守候，各地赶来的记者大都无法深入现场和指挥抢救的核心层获得更多的信息。在这种情形之下，央视记者也没有享受到更多的特权，把所有的报道作比较，遗憾的是我们当地广电媒体的报道也没有显现地域和人脉上的优势，了解和报道更多的“内幕”。

事件成就记者，事件成就媒体，这早已经成为新闻传播的定律。当突发事件来临时，人们必然把注意力投向他认为能更多满足他的知情欲的媒介，因为，这个媒体能透露更多的信息、报道的事实更有说服力、对事件的分析和评价更有道理。所以，我们固然非常需要富有经验和能力的记者，他们可以在现场捕捉最新最有价值的信息，抢到最鲜活的画面；他们可以让自己服务的媒体在竞争中胜出，反过来，他们也会得到更多的铸成名记者的机会。但是，很多时候，一线记者也有一定的局限性，就像这次事故，客观和主观诸多因素，限制了现场记者的活动余地，因此，这个时候就非常需要一个机制在运作和支撑——后方的给力！这也就是我们需要的前后方互动的应急机制，而不仅仅是前方记者的“单打独斗”。

在资讯发达的今天，任何一个重大事件或热点问题的出现，肯定会在手机、网络、博客、微博等渠道有着最快的传播，而这个时候，突发事件报道的应急机制的启动就显得尤为重要，不光是迅速派出能力强的记者，同样重要的是，后方的的策划组或编辑组也要同时运作，一方面与前方记者保持密切联系，掌握动态，一方面要把搜寻和梳理后的最新信息、背景材料，提供可找寻的采访对象或者可提供信息资源的相关人物，包括根据事态进展所进行的报道策划方案，等等，及时提供并指挥前方记者，同时给节目编辑和节目编排调整进行指挥和协调。

因此，建立应急机制，成立策划协调小组，来应对突发事件和热点新闻，是确保报道快捷、真实、准确的首要条件。需要频率、频道之间资源共享或者人员协同作战的时候，则必须在频率频道更高层面建立统一协调指挥。其二，策划协调组还应立即发动后方记者编辑力量，最大范围搜寻一切可利用的资源，如与事件相关的部门、可借用的车辆、可以深入了解事态最新进展的人脉关系，等等，同时也可派出后续记者，找寻和发现更多事实、展示更多角度。比如，象此次营救过程中，假如我们找寻到与业主单位曾经有过交道的人，以及嘉兴、平湖等本地的公安、消防、医院等方面的人脉关系，能够钻进去、粘得住、挖得出，完全可以依托这些渠道得到最新最广泛的第一手资料。事实上央视记者更多的也是利用了这些渠道。其三，有了前后方的互动和良好的策划意识的话，那么，频率、频道栏目之间的报道和交接，就必须打破常规编排和播报方式，以事态进展为核心成为有机的一体，增加表现的形式，使得报道效应最大化。以新闻综合频道为例，从18日中午报道事故发生，到22日获救工人范声家基本康复，这期间，《嘉兴你早》《午间播报》《嘉兴新闻》《小新说事》都做了报道，主打的《嘉兴新闻》还通过3G手段进行连线直播。但是，由于栏目间没有很好的沟通和统一协调，出现了一天五档栏目之间没有事态最新进展延续的衔接和递交，特别是晚间作为关注当天热点新闻的评论性节目《新闻评道》，直到事发的第三天，才有了仅有的一次点评。而21日，因为是周日，常规编排的《嘉兴你早》和《午间播报》两档新闻节目停播，所以只有《嘉兴新闻》和《小新说事》对营救成功做了报道，而第二天的《嘉兴你早》对于范声家获救也没有任何报道，午间和《嘉兴新闻》《小新说事》则做了范声家在医院的最新报道，在这之后，有关此事的报道直到26日范声家返回老家，只有《小新说事》做了一则报道，而没有在人员获救后有更多的跟进报道和深度报道，让人很不解渴。

同样这段时间里，央视新闻频道几乎每个《新闻直播间》的时段都进行记者的连线和直播报道，在每天的《共同关注》《24小时》的《主播关注》等子栏目则不仅对事态进展进行回顾和深入报道，还请相关评论员、指挥营救人员等，从人性关怀的角度对营救情况以及进展为何快不起来等进行解释和评论。而范声家被救起之后的那天，范声家的新闻始终占据着新闻频道所有新闻时段的重要位置，在救出后的第二天和第三天，仍然用多个时段对获救的过程进行回放，对在医院的范声家进行采访，并且在《共同关注》中，央视记者又通过体验钻入范家声被困铁桶，来讲述他的坚持和乐观，讲述营救人员施救的困难；在《24小时》中则再次通过消防、公安等施救人员的回顾和讲述，以及对范家声的采访，描述了不惜一切代价，生命至上，克服疲劳连续作战的感人故事。

纵观这些报道，虽然我们无法在报道的密度上与央视相比，但是也可以看出，我们在整体报道上还是拘泥于传统的播报和编排方式，无论是时效上的“抢先”、新闻内容上“递进”，还是栏目之间的呼应、报道形式上的多样，都少了点激情。所有的报道大都仅仅停留在事态进展的一般层面上，而没有从人性关怀的角度做更多相关体裁的报道，特别是富有深度和更多信息的评论、专题和访谈等等，失去了抢占到第二新闻落点的有利时机。

传统的新闻报道往往过于注重概念和结果，忽视了过程的存在和深层次的挖掘，浪费了许多新闻资源，让受众很不解渴。假如我们能对获救工人范声家和他的家人以及抢救总指挥，公安、消防、水下作业的潜水员等多个方面进行适时的新闻采访，不仅可以还原78小时的全部经过，也从更高的视野去反映生命至上的理念，人间真情的温暖，反映灾难面前对人的生命的尊重——生命无价！这才是我们报道这一事件给社会、给受众的最终目的！

另外，从现代传播理念来说，挖掘事件过程的原因、背景、细节，特别是这个过程中人的体验、感悟和心态，都是所有受众最关心的，只有当人们的知情欲望得到极大的满足，我们的传播才是最有效的。

突发事件和热点新闻的报道，需要应急机制去突破常规，那样，权威媒体的形象，名记者的形象才会真正树立。

（作者为嘉兴广播电视台副总编辑。原载《视听纵横》2011年第2期）

“走转改”：让基层成为锤炼记者的基地

朱连芳

作为地方媒体，金华广播电视台在开展“走基层、转作风、改文风”活动中，针对年轻记者存在的问题，以设立基层联系点定期蹲点采访的方式，培养记者的宗旨观念、业务能力和吃苦耐劳的工作态度，把基层变成了锤炼采编队伍的平台，推动“走转改”活动走出实效。

一

近年来，随着事业的发展，金华台吸收了一批年轻人，采编队伍日益年轻化。据统计，200多名编辑记者中80年代以后出生的青年人所占的比例超过了80%。“80后”身上有许多优点，接受新事物能力强，勇于创新，富有开拓精神等。但缺点也比较明显，喜欢安逸，缺乏吃苦耐劳的精神。此外，新闻敏感性、把握事件本质的能力明显不足，有些采访提问很幼稚，甚至令人啼笑皆非。究其原因，在于阅历肤浅，视野不宽，尤其欠缺基层历练。

同时，一批阅历和专业经验都比较丰富的“老”同志(年龄不一定老，但从事采编年头不短)，逐渐走向幕后，或担当管理职责，或从事后勤保障。他们专业主义理想逐渐淡化，激情慢慢消解，重复于家庭——办公室的单调轨道，不知不觉远离了一线的火热生活，与群众的感情越来越隔膜，虽然他们也曾感叹生活的平淡与无聊，但又不愿重新上路，再次投入火热的现实生活。

为了改变这种现状，金华台狠下决心，花大力气抓队伍建设、作风建设，一方面开展各类教育培训，2010 年举办了 10 多场较大规模的培训，2011 年培训更加频繁，平均每半个月举办一场。下属部门则根据情况开展各类小型专题培训，内容涵盖新闻理念创新、采访实务、摄像技术、化妆技术、后期非编制作等诸多层面。另一方面，要求全体采编人员放下身段，贴近生活、贴近实际、贴近群众，促使他们明了解决自身问题的办法和路径唯有深入实际、面向基层。“走转改”活动启动后，金华台闻风而动，抓住这个绝好的载体，引导从业人员深入火热的社会实践，身入基层，心入基层，让年轻人接触地气，让“老”同志找回生气，把基层当作锤炼记者的基地。

二

在八婺大地，遍布着金华台 50 多个“走转改”活动基层联系点。它们或者在企业街道，或者在偏远山村。在约半年时间里，从台长、副台长到总编办主任、频道总监、编辑记者和播音员、主持人，共有 1000 多人次下到联系点蹲点采访，发回报道 800 多篇。这些带有泥土气息的作品带给观众的是耳目一新。而令人欣慰的是，采编人员尤其年轻记者的为民服务的宗旨观念、业务能力以及精神风貌都发生了显著改观和提高。“脸变黑了，新闻却活了”、“基层蹲点采访的经验是人生的一笔宝贵财富”，还有人由衷地感叹：“走基层是一次心灵的洗礼。”

1. 在深入基层中强化记者的宗旨观念

我们的年轻记者曾经拍过“找狗”的新闻，某贵妇人一把鼻涕一把泪：“我的狗狗不见啦！几万元一只的贵宾犬，有谁找到的话重金酬谢。”而面对很多找人的求助电话，却一推了之：“去派出所报案吧！到我们节目里找人的实在太多了，忙不过来。”对狗有情对人无情，生动地折射出部分人漠视百姓的扭曲心态。要纠正这种错误倾向，首先要帮助他们树立为人民服务的理念。

在这次“走转改”活动中，我们有组记者到婺城区一个叫金台屿的偏远山村蹲点采访。这个自然村位于海拔 800 多米的高山上，至今未通公路，全村总共才 4 户人家 7 人留守，村民生活十分艰苦。记者徒步一个多小时到达山上，晚上借宿在老乡家里。老乡倾其所有，只拿得出一床薄被子，记者只好和衣而睡。秋夜的山上很冷，记者只得靠吃辣椒御寒。半夜里，硕大的山鼠根本不惧生人，上窜下跳，尾巴划过记者的脸。夜宿山村，耳闻目睹，记者切实感受到山民的需要。面对村民好酒好菜的招待，看着一双双期盼搬迁下山脱贫致富的眼睛，记者感到惶惶，又感到一种责任，那就是要为村民助一把力。回来后记者感慨：在那样的环境里，你自然而然会产生一种责任感，必须持续关注这几户贫困山民的命运，给他们一个满意的结果。不走进基层，年轻记者很难与百姓心贴心，到了基层，听到了百姓呼声，也知道能为群众做实事，感受到了自身价值所在。

2. 在深入基层中培养记者的业务能力

记者的触觉好比大树的根系，只有扎得深，才能枝繁叶茂。年轻记者大多刚走出校门，没有经历过复杂的社会环境，走基层，为他们补上了这一堂课。

到基层采访，没人安排生活上的事儿，食宿行等等都得靠自己，更没有新闻通稿，甚至连基本的素材都没有。一切要靠记者独立完成，它对记者各方面能力的培养和提高立竿见影。

a. 发现能力

新闻发现力，即新闻敏感，是记者最重要的能力之一，可谓记者的第一技能。透过纷纭复杂的表象发现新闻价值需要一双慧眼。新闻源于生活，新闻发现力的培养也离不开生活。

记者到金华北山上的盘前村蹲点采访，该村是远近闻名的高山蔬菜专业村。为调查报道这个村，记者找到村书记，又到田间地头和村民们交流，实地了解到了高山蕃茄品质高但销售渠道单一的现状，找到声名远扬的北山萝卜因效益差日渐萎缩的原因。两名记者据此采写了“高山蔬菜的甜与苦”、“盘前农家乐起步盼扶持”等一组细致扎实的报道。在活动中，这样的发现比比皆是，记者发现了发展养猪业与保护饮用水源的矛盾，发现了婺城农村的道地山歌亟待保护，发现了偏僻山乡群众看病难……新闻报道视野大大拓宽。

b. 表现能力

走基层也是对新闻表现方式的有效突破。长期以来，程式化、说教式、八股腔的报道模式让人生厌。走基层，扑面而来的是朴实清新的文风，许多记者学会了客观记录、体验报道、事件调查。记者到婺城区的山区农村蹲点采访，曾记录下一位年逾七旬的空巢老太为贴补家用，和村里的壮劳力一起背毛竹下山的场景。让观众动容的一幕其背后是真实的力量。记者说，为了原生态记录，光素材就拍了250分钟，其中还包括老人接到在外打工怀疑得了绝症的儿子的电话，急得掉眼泪的细节。节目播出后在观众中引起了很大反响。很多观众打进电话说，看了新闻，才知道我们身边还生活着那样一群默默无闻的人。在报道实践中，许多记者学会了用百姓话说百姓事，比如，在一组《山道弯弯山歌情》的报道中，两位出镜记者全部采用金华方言进行现场报道，其中还穿插了学唱山歌、用二重唱的方式进行交流对话，整组报道趣味盎然，乡土味十足。

c. 交往能力

记者是一个需要与社会三教九流打交道的职业。为了掌握百姓所思所想，增进与报道对象的感情，我们要求各栏目定期不定期到联系点“串串门”，做好报道的同时，力所能及地帮助群众办实事。新闻综合频道《天天三句半》栏目联系的是专门从事高山蔬菜种植的鸽坞塔村，栏目一方面帮助分析高山蔬菜销售难的原因，一方面联系市区超市，让农超对接，有效解决农民的燃眉之急。教育科技频道《百姓零距离》栏目开展了“社区困难家庭圆梦行动”，要求栏目记者每周联系一个社区，联系一户困难家庭，然后通过爱心拍卖或吁请爱心人士为困难家庭圆上一个梦想，目前有三十多户家庭从中受益。经济生活频道《小马开讲》栏目帮助海拔600多米、与建德毗邻的兰溪市黄店镇蟠山村解决就医难题，在栏目记者的努力下，兰溪市卫生局表示特事特办，为该村设立卫生室。记者在蹲点联系和解决问题的过程中，社会交往和实践能力得到了明显提高，为今后的工作积累了宝贵的经验和人脉资源。许多记者对民生新闻的“百姓情怀”和“感同身受”有了真切的体会。

3. 在深入基层中磨砺记者的吃苦奉献精神

基层是记者采访作风转变的“催化剂”。年轻记者深入百姓家中、田间地头，与群众同吃同住同劳动，会“触景生情”，也会“日久生情”：生出对群众的朋友之情、关爱之情。金华台要求，在走基层过程中，采编人员要走村入户，与群众促膝谈心，近距离了解群众的感情和需求。联系点往往在最偏远的山区农村、最艰苦的厂矿企业，这有助于记者了解底层人群的生存状态，也能让记者在艰难的采访环境中磨砺自己的意志。《金华新闻联播》的记者为采写《深山里菜农最辛苦》这篇新闻，清晨6点出发，跋涉两个半小时的崎岖山路，赶到地理位置偏僻的婺城区塔石乡上圩村，与村里的菜农一起劳作，亲身体验乡亲们的艰辛；采写《琅新移民村的喜与忧》的记者先后五次深入离市区几十公里远的琅新村；为了让报道更生动，记者一大早和农民一起脚踩过膝的淤泥采摘茭白，虽然全身发痒也不放弃……这样的采访经历，既让记者对群众艰辛的生活有了切身的体验，更磨砺了他们吃苦耐劳的精神，成为受用终生的宝贵财富。

三

广阔天地，大有作为，基层是历练队伍的大课堂。记者走基层，因为那里有最美丽的风景、最动人的故事、最鲜活丰富的新闻资源，问渠哪得清如许，为有源头活水来。只有从群众中来，到群众中去，才能写出切合时代，符合“三贴近”要求的好新闻来。为此，金华台突出抓好新人的基层实践，将新进台大学生走基层作为活动的重中之重，规定新进台的记者、编辑、主持人都必须到联系点锻炼一段时日，用心采写新闻，其选题不典型不行，稿件不生动不行，现场感不强不行，没有细节不行，再经台内专家评为合格后方能正式上岗。同时，切实抓好以老（记者）带新（记者）工作，充分发挥老记者实践经验丰富的优势，调动年轻记者敢拼敢闯、勇于探索的积极性，让新记者得培养，得锻炼，让老记者得感染，得朝气。为确保“走转改”活动成为加强广电队伍建设的重要载体，持之以恒地开展下去，金华台重视建立长效机制：在采编业务考核评分环节，加大对基层蹲点、调研类稿件的政策倾斜；将各单位开展“走转改”活动的情况纳入年度管理考核范围，在全台各类奖项的评选中向深入基层、扎实采访的编辑记者倾斜，并将是否具有基层工作经验和工作成果作为编辑记者职称评定、提拔使用的重要条件。同时，定期召开走基层业务交流总结，让编辑记者将走基层的体会感悟形成文字进行交流，从而起到相互借鉴，相互砥砺的效果。

走基层，不是走马观花，更不是走走过场，心怀百姓，肩负使命，我们将一直走在路上，不断捧出更多无愧于时代和人民的精品佳作。

（作者为金华广播电视台台长）

论社会管理与媒体责任

沈 岸

社会管理是一个国家、一个地区维护社会运行秩序、实现经济持续发展必不可少的一项管理活动。我们党历来高度重视社会建议和管理，新中国成立以来，党的几代领导集体对党如何在执政条件下更好地进行社会管理作出了积极探索和不懈努力。显然，在当前这样一个变革的时代，提高社会管理科学水平，实现社会事业全面进步，向新闻媒体和新闻工作者提出了新的时代要求。充分认识社会管理的根本性、全局性、稳定性和长期性，明确所肩负的社会责任，对于促进新闻媒体的发展，乃至促进整个社会的发展将具有重要意义。

一、社会管理方面的社会环境与媒体环境

改革开放以来，特别是进入转型期后，我国的社会环境与媒体环境均发生了重大变化。在这些变化中积极因素是主要的，它带来了经济、政治、文化、社会和生态文明建设，以及新闻媒体的快速发展与进步，但其中也有一些消极的因素，给社会以及媒体的发展与进步造成一定冲击和影响。因此，我们需要正确认识和准确分析当前我国的社会环境与媒体环境，以便更好地把握前进方向，制定发展方略，努力实现社会以及传媒体的更大发展与进步。

1. 各类社会矛盾多样多发

从经济层面看，长期存在的粗放型发展方式尚未根本改变，随着经济社会加快转型，由此引发和带来的社会矛盾和问题日益凸现。从社会层面看，随着社会结构的深刻变动，各种新的社会阶层和利益群体不断出现，原来的“单位人”变成了“社会人”，由此引起的社会差别因素增多，所引发的社会矛盾和冲突愈加突出。新闻媒体需要在解决社会矛盾中发挥积极功能，对潜在的和频频发生的社会问题和社会风险应当起到环境监测、社会预警和舆论引导的作用。

2. 群众利益诉求多元复杂

随着社会利益格局的深刻调整，不同利益主体之间的社会需求日益多元、利益关系更加复杂，出现了许多利益分歧、利益摩擦和利益冲突，再加上现阶段利益平衡与协调机制还不够完善，利益诉求表达渠道还不够畅通，由利益调整、心理失衡而引发的社会矛盾和问题也越来越多。新闻传媒需要在各种利益关系的调整、变动和冲突的过程中把握好方向，为化解社会矛盾，促进社会的和谐与稳定发挥积极作用。

3. 公共安全领域形势严峻

近年来一些地方因违反政策、敷衍塞责、作风粗暴引发诸多群体性事件和个人极端事件，重大刑事案件时有发生；道路交通、消防等事故仍然多发，一些重点行业安全隐患仍然较多；食品药品安全监管还有许多薄弱环节，群众对食品药品的安全状况比较担忧；重点领域和区域治安问题“触点”增多，“燃点”降低。事实第一性，新闻第二性；问题在先，舆论在后。新闻媒体是公众的捍卫者，是无处不在的眼睛。敏锐感知社会痛点、难点、焦点，真实还原问题的发展过程，这既是媒体的社会责任，更是履行胡锦涛总书记对媒体提出的“宣传党的主张、弘扬社会正气、通达社情民意、引导社会热点、疏导公众情绪、搞好舆论监督”社会职能的现实途径。

4. 社会思想观念深刻变化

改革开放30年我国的经济得以快速发展，社会财富剧增，人民的生活也得到很大程度的改善，但是在这种发展过程中，人们的思想意识、价值取向、道德观念日趋多样多元多变，信仰缺失、信任缺失、信用缺失、道德失范、心态失衡等问题日益突出，急功近利、心浮气躁、焦虑迷茫、仇富仇官、炫富歧贫等一些社会负面心态呈现蔓延扩散趋势。特别是随着博客、短信等新兴网络形式和通讯手段的迅速发展，网络“虚拟社会”对现实社会和人们的思想意识影响越来越大。

新闻媒体负有公益使命，承担着为社会与公众提供各种健康、有益的精神产品的任务，在市场经济条件下，面对着激烈的行业竞争，新闻媒体和新闻工作者更需要把握好方向，处理好各种利益关系，承担好自己的社会责任，绝不能让市场和“利益”牵着自己的鼻子走。

5. 社管方法手段不相适应

随着我国经济社会快速发展，社会管理领域出现了一系列新情况新问题，各地方也进行了一些新探索新实践，但总的来讲，我们现在抓社会管理的理念思路、体制机制、方法手段、能力水平还跟不上形

势的发展变化，作为新闻媒体应勇于担当这一时代重任，现在公众的民主意识和参政议政意识大大增强，他们需要借助新闻媒体行使自己的知情权、表达权、参与权、监督权，以利于更好地参与管理国家和社会事务。这就需要新闻媒体转变新闻观念，将过去以宣传为主要内容和方式的新闻传播转向以提供新闻与信息为主要内容和方式的新闻传播，通过日常不间断的新闻与信息传播满足受众的新闻与信息需求，帮助他们行使好自己的民主权利。

二、社会管理对媒体提出的要求

社会管理是一个庞大的系统工程。我国的社会结构，正从以计划经济为基础的单一社会结构向以市场经济为基础的多元社会结构转型。在这个转型过程中，对新闻媒体提出了许多新的要求，需要其发挥自己特有的职能承担自己相应的使命。

1.提升环境监测水平，真实反映社会变动情况

在社会多变的时代，我国的国情和社情十分复杂，各种层出不穷的事物变化大、变数大，由此带来的社会风险也大，在这种情况下，新闻媒体需要增强环境监测意识，发挥自己特有的环境监测功能，真实、准确地反映社会变动的情况，当好社会的"耳目"和"雷达"，起到社会的预警作用。

时下随着全球性的气候变暖和生态环境的剧烈变化，我们所面对的自然环境随时都在发生变化，风暴雨雪、地质灾害等各种自然风险对社会和民众都会造成损害，甚至带来灾难，新闻媒体的任务就是要随时把掌握的信息告知公众，好让他们做好应对准备，以顺利规避风险，排除灾难，减少损失。

而各种社会矛盾和利益冲突所带来的社会环境的变化也会影响着人们日常的劳动和生活，特别是局部矛盾激化、利益冲突加剧时还会引发社会动乱，给社会带来破坏，造成不稳定的局面。因此，新闻媒体应当注重做好社会环境的监测，要真实、准确地反映社会矛质发展，变化的情况，特别是具有危险倾向的矛盾和冲突的衍先、变动的情况，尽可能做到未雨绸缪，真正提升环境监测和社会预警水平，当好社会风险的"警报器"。

2.提升社会监督水平，充分发挥监督警示作用

在社会多变的时代，社会管理的对象已经由传统的单位为基本单元的"单位人"，转变为自主择业、自由流动、自由选择的"社会人"为主体，社会利益多元化、社会格局复杂化、社会价值多变化、利益诉求碎片化，人民群众对党及政府的认同已由感性转向理性，不再是情感的评价，而是利益的诉求，这说明社会管理的对象、内容、机制、环境等都发生了很大的变化，特别是公民意识、民主意识、法制意识、参与意识的提升，使传统的社会管理显示出诸多不适应、不适合、不到位。集中表现为社会管理主体上没有实现以我为本向群众为本的转变，社会管理的工作者没有以群众为本，没有抓住群众利益的关节点，为什么发生诸多的强拆事件，为什么发生城管与摊贩的冲突，就业焦虑、财富焦虑，为什么越来越多的人被焦虑所困扰？应该如何避免社会群体焦虑，让人们获得更多的安全感、感受更多的幸福？在这种情况下，新闻媒体需要增强社会监督意识，真正提升舆论监督和社会警示水平，当好社会的监督者和捍卫者。

3.提升舆论引导水平，正确引导社会舆论方向

在社会多变的时代，我们国家当前的舆论形态变得十分复杂，代表各种利益群众意见的舆论错综交织，特别是网络舆论的出现，使得舆论的形态更加多元化，舆论的环境更显复杂化，产生的影响力和冲击力也更大，往往一件局部的事情，经过网络媒体的传播，转瞬间便会发展成全国性的舆论风波，给社会带来巨大冲性和破坏。一个典型的案例，就是2011年3月中旬在我国发生的"抢购食盐"风潮。在这种情况下，新闻媒体需要增加舆论引导意识，说的具体点，就是针对群众普遍关心的物价、医疗、住房、就业、就学等民生热点问题，多层次、多角度开展政策解读，引导群众理性看待存在的问题，看到党和政府解决问题的态度和措施。真正提升引导社会舆论水平，当好社会的导航者和引领者。

4.提升公共服务水平，努力满足社会信息需求

在社会多变的时代，社会主体思想多元、需求多样、诉求多变、情感多维，因此，人们对公共服务的需求明显提高，希望能有对自己的劳动、学习、生活、娱乐等各方面提供有效帮助的各种服务。在这种情况下，新闻媒体需要增强公共服务意识，发挥自己在信息传播方面的功能和优势，利用各种有效的媒介手段，提供更加充足、更加便捷、更加周到的信息服务，努力满足社会与公众的信息需求，以及各种与新闻传播相关的公共服务需求，真正提升公共服务水平。

三、社会管理视媒体担当的责任

党的十七大报告提出"健全党委领导、政府负责、社会协同、公众参与的社会管理格局。"新闻媒体作为意识形态领域的主阵地之一，也是各种思想交汇交错、较量交锋的前沿阵地。近日，中宣部等五部

门联合召开会议，对新闻战线开展的“走基层、转作风、改文风”活动进行部署。标志着新闻媒体加强改进新闻宣传工作进入了一个新阶段。事实证明，新闻工作者深入基层采访，深入人民群众，明确事业坐标，才能发挥出新闻事业的最大价值。具体说，新闻媒体要在以下6个方面主动担当起历史的责任。

1. 客观报道新闻事实

客观报道新闻事实是新闻媒体的基本职能。

在社会管理的现实中，社会的政治、经济、文化以及民众的日常生活呈现出复杂多变的状况，国际上也常常是风云突变，人们面对的是一个多彩、多变、多样化、多极化的世界。人们需要及时、准确地了解周围事物和整个世界的现实状态及变化情势，以便适时调整自己的言论和行动，更好地安排自己的劳动、学习和生活，处理各种与自己利益相关的事务。在这种情况下，尤其需要新闻媒体行使好客观报道新闻事实的职能，发挥好真实反映社会的作用。

应当承认，确实有少数媒体在点击量、收视率、发行量的误导下，不惜以低俗、庸俗、恶俗的内容博人眼球，造成不良社会影响。无疑罔顾媒体责任，损伤了社会信心。

这说明，新闻媒体只有做到客观、真实、全面地报道新闻事实，努力揭示事实真相，真正给公众提供社会生活和周围世界的真实图景，才算是真正尽到了自己的责任。

2. 科学引导社会舆论

科学引导社会舆论是新闻媒体的重要职责。

在社会管理的现实中，舆论格局的重大变化和国内外舆论环境的复杂多变，决定了舆论引导工作的重要性和艰巨性。在这种情况下，新闻媒体需要掌握舆论引导的技巧和能力，通过设置舆论话题和放大主流舆论来科学引导社会舆论，始终把握舆论引导的主动权。

近年来，由于加强了新闻舆论的宏观调控，舆论导向总体上是好的，但舆论导向问题上险情不断，隐患时显，对改革、发展、稳定的大局造成这样那样的影响甚至程度不同的损害。善于科学引导舆论，有效化解舆论危机，是新闻媒体的重要职责。

因此，在重大问题、敏感问题、热点问题、突发事件报道上把好关、把好度，确保舆论导向不出任何问题，自觉维护主流媒体的权威性、公信力和影响力。

3. 自觉做好服务群众

自觉做好服务群众是媒体的社会使命

在社会管理的现实中，大家知道，现在的世情、国情、党情发生深刻变化，新闻媒体宣传报道的内容、形式、任务也发生很大变化，但无论怎么变，党的工作的重要指针、根本原则没有变，那就是一切为了人民、依靠人民、服务人民。

在此背景下，新闻媒体必然始终不渝地贯彻。近些年来，大量民生新闻的出现，就是新闻媒体服务群众、心系群众，视群众为亲人、把群众当主人的一种行动体现。

4. 积极促进社会和谐

积极促进社会和谐是新闻媒体的崇高使命。

在社会管理的现实中，新闻媒体与和谐社会建设有着密切关系，在构建社会主义和谐社会，在加强思想道德建设和精神文明创建中，新闻媒体和新闻工作者承担着宣传者和推动者的角色，新闻传播工作的终极目标是促进经济的发展、文化的繁荣、政治的昌明、社会的和谐、人民的幸福。

这就说明，新闻媒体和新闻工作者只有通过客观、公正、全面的报道方式，披露事件真相、解释变化原因、剖析环境影响、说明发展趋势，为公众的社会行为决策提供真实、迅捷、深入、全面的环境变动的信息。

5. 大力抵制低俗之风

大力抵制低俗之风是新闻媒体的道德责任。

在社会管理的现实中，“低俗之风”和“娱乐化倾向”是目前新闻传播中的两种“不良现象”，屡禁不止，已经引起了广大公众的反感和谴责。

面对新闻类节目和公益性节目弱化，少儿选秀表演成风，婚恋交友、相亲选秀等过度追求商业化、泛娱乐化节目占据黄金时间、电视台变成“大舞台”的倾向性问题，如果不高度警惕，大力抵制，任其泛滥，必然会影响社会风气的净化和社会的稳定。新闻媒体和新闻工作者要用积极、健康、有益的传播事引导广大公众，以承担起新闻媒体和新闻工作者所应该承担的道德责任。

6. 坚决反对“有偿新闻”

坚决反对“有偿新闻”是新闻媒体的职业责任。

在社会管理的现实中，“有偿新闻” 是新闻媒体的一大公害，到了非解决不可的地步。

从目前现实状况看，记者确实时常面临金钱的诱惑。有极少数记者利欲熏心，以稿谋私，还有“有偿新闻”向“有偿不闻”的变种，使个别新闻媒体和极少数新闻工作者的腐败风气更加恶劣，这给我们的新闻媒体和新闻工作者敲起警钟。面对队伍建设和管理中的缺陷和弊端，新闻媒体需要实施社会对媒体的监督，媒体对媒体的监督，揭露侵害人民、危害社会、毒化环境的种种坏事和丑行，建立和完善一整套科学合理的自律、管理、监督、激励机制，真正提高新闻媒体和新闻工作者在广大人民群众中的影响力和信任度。

（作者为湖州广播电视台副台长，原载《视听纵横》2011 年第 6 期）

“如意鸟”创优现象探析
——兼谈新时期区域广播精品创作策略

辛雪莉

宁波交通音乐频道《如意鸟》是兼有新闻时效性、文化思想性、文艺欣赏性的“跨界”栏目，同时也是浙江省广播电视精品栏目。近年由《如意鸟》团队主创的广播精品囊括中国新闻奖、全国“五个一工程奖”、中国广播新闻奖、中国广播影视大奖、中国广播文艺创新奖等国家级大奖及省政府奖等 100 多个，成为精品创优的“高产田”。在这个栏目基础上还培育出一个“长江韬奋奖”、2 个“中国播音主持金话筒”奖、2 个“金话筒”提名奖。如意鸟工作室被列入宁波市创新团队，精品创作名列全国同类城市电台前茅，成为瞩目的广播创优“宁波现象”。

日常节目精品化。

《如意鸟·有声杂志》作为日常节目创优的实践基地，坚持日播常态节目精品化，精品节目日常化。在全体采编播人员中强化精品创优意识，从日常的每一个节目线索中发现、储备、培育优秀的作品，使日常创优、全员关注创优形成风气。同时通过建立、完善节目质量监控评估体系等一系列制度、措施，组织业务学习，每月一次节目听评考核，每季一次对节目进行随机抽评，每半年对每档节目进行综合考核，要求每位青年主持人编缉记者每年制作一档以上的精品节目参加台、市、省创优活动，结果与绩效工资挂勾，实行“收入能高能低”的分配激励机制，奖优罚劣，奖勤罚懒。精品创优长效机制，有力促进了日常节目精品化，为精品迭出创造了条件。

主题内容地域化。

《如意鸟·有声杂志》注意选择地域性的题材，以揭示明显的区域性特点吸引听众，以贴近性产生共鸣。宁波有着深厚的传统文化积淀，藏书文化、浙东学术文化、商帮文化、海洋文化、四明山红色革命文化等地域文化特色鲜明，具有浓郁乡土气息。同时时代的进步又促使这座历史文化名城生成并不断发展着具有时代特征的独特文化，这都给了节目人员提供源源不断的创作源泉和不竭的创作激情。《如意鸟》致力在弘扬浙东优秀文化上下工夫，将浙东文化所蕴涵的时代意义、历史意义、人文美学、精神追求采取不同的广播表现手段，转化为具有一定史料价值、欣赏价值与文化价值的艺术作品。用话筒反映、描绘、再现宁波的艺术、宁波的风物、宁波的精神、宁波的文化、宁波的文明，既见证和推动了宁波日新月异的变化，也深深融入到甬城人民的工作、生活之中。

以近年参评获大奖的几部作品为例：如关注社会主义新农村文化建设的《一场乡间的电影盛宴》；着力于自主创新，大力颂扬群众创业创新精神的《跨越蓝色的梦想——杭州湾跨海大桥合龙专题报道》；体现宁波帮造福乡里、情系祖国的《为着母亲的希望》；体现小人物大思想的《爱管闲事的“的哥”王爱国》；展现捐肝救人的林萍大爱精神的《我的心肝宝贝》以及自尊自强自爱与他爱的《小丽的面人有颗心》等，均立足时代精神，挖掘、整理独具特色的本土文化，通过广播进行传播，成为宣传宁波的亮丽“声音名片”。

体裁形式多样化。

《如意鸟》最初创办于 1993 年。2004 年，我们根据全新的时尚声媒理念，对频道的广播新闻资源、文艺资源进行重新整合后，推出了大型广播新闻、访谈、专题、综合性栏目《如意鸟·有声杂志》。在广播题材和形式上大大拓展，在类型、风格和表现手段上不断创新，根据高中低端不同层次听众的多样化需求，形成《如意鸟》广播专题、广播访谈、广播文学、广播音乐、广播戏曲、广播综艺、轻广播剧等系列。之后应听众所需，又陆续推出《如意鸟》故事版、娱乐版栏目，《如意鸟·雪莉时间》文化类社教专题等形式，密切关注社会文化变迁，深刻揭示文化人物命运，保持纪实与艺术结合，推进一些文化项目向纵深发展。

具体到创作，更表现在多样化形式方面不断创新上。我们创新杭州湾跨海大桥建设报道形式，联合中央电台等多家媒体进行多点直播。大桥奠基之初，联合上海交通台、嘉兴台、杭州台进行了四台同步直播《杭州湾跨海大桥奠基仪式》；大桥合龙之际，与上海、南京等16家城市交通台联合直播特别节目《对话长三角》,进行区域性对话与交流,以杭州湾跨海大桥为话题宣传宁波的交通发展和城市文化形象;在举行大桥合龙仪式时,我们联手中央电台《直播中国》进行《大桥合龙直播》。充分的多种传播形式的优势组合,扩大了大型主题报道的影响力。

再如荣获金话筒人物奖《蛇恋》表达新颖,运用时尚又不游离主题戏曲音乐。作品运用一人解说、二人演播与众人演绎场景的方式进行,用诗的意境完成了传统戏曲的崭新转变。金话筒奖参评作品《一位绝症母亲的奥运梦想》用娓娓道来的理解与温情,真诚并以体悟之心去感染人心,获得浙江省广播影视一等奖。被推荐中国广播影视大奖的参评作品《最后的七月》是一档充满回忆与深情的文学专题。围绕95岁高龄的诗人孙钿跌宕起伏的人生,展现一位缪斯之子的赤诚与衷肠。作品同时展现历时近一个世纪的诗作,振作的,昂扬的,失落的,痛苦的,播音深切动人,娓娓的语调映衬着巨大的悲悯与理解。

制作手段现代化。

广播多媒体化,使广播反复收听成为现实。随着广播技术的进步,音响设备变得越来越高科技,使收音机的声音质量更重要。我们要做的就是要充分放大广播优势。我们如意鸟提出的口号是,“让听觉艺术地展现生活,用声音完美地表达世界”。因为我们认为广播是听觉媒体,听觉应该是美的;广播是用声音来传递的,声音应该是艺术化的。广播节目应承担起把节目制作成听觉艺术品的责任,打造完美听觉艺术。如意鸟的系列作品在音响和音效生产过程中,注意后现代美学元素的应用,在速度、声音、场景等环节进行智能化、高科技的数字处理,努力把每一件广播作品打磨成美轮美奂的完美的声音艺术品,听觉艺术品,以“咬住”受众的耳朵。

如获中国新闻奖的《跨越蓝色的梦想》抓住能展示新闻、表现主题、烘托气氛的“有效音响”,并使其短小精当,让原生态音响来真实地展现大桥建设、创造过程,融入无形的主体观点和思想情感,加深听众的认识,触动听众的情感,达到如闻其声、如见其景的效果。

荣获中国广播影视大奖的《骨笛》是完全按照听觉习惯而创作的一档音乐专题。作品对音乐进行音响化处理,并运用音乐场景的方式再现广播音画,营造多层次的丰富的听觉享受,把广播声音艺术发挥到极致,给人传神传情的听觉冲击力。作品中的好几处人声场景,就是用简单的语气词进行多声部颂念制作的,听起来厚重、宏大,很有层次感,但实际上,我们用的只是几位主持人,这就是技术的力量。

广播节目制作手段越来越多样化、现代化,使制作创新提供了必要的技术支持。相信随着广播录制设备和技术的高科技,可使广播的特点和优势更加突出,节目制作者更有用武之地,广播也会变得更悦耳更动听。

人才培养梯次化。

始终坚持以人为本,关注队伍素质的提高与栏目成长发展的关系,以打造人才聚集的高地。制定长远规划和近期计划以及具体措施,对采编播各领域人才的培养工作进行合理的规划和调控,突出培养的重点和步骤,形成人才培养梯次。如鼓励职工参加学历教育和继续教育;努力积极采取多种形式,加强采编播的轮训工作和岗位专业培训。精心举办广播电视讲座、作品赏析会、节目研讨会,新闻职业道德等方面的培训,为栏目组业务学习提供平台。在对重大主题、重大题材、重大活动、重大典型宣传报道中,重视给一线的骨干编辑、记者压担子,使频道的年轻力量在精品创优的具体实践中成长成熟为广播业务的骨干。日播节目《如意鸟·轻广播剧》,从专职编辑、演播及制作人员,都是清一色的年轻人,采取以老带新的模式,为许多年青人的迅速成长提供了条件。通过竞争上岗,实行首席编辑记者、首席播音员主持人制度,将竞争机制引进创优队伍建设,积极营造人才脱颖而出的良好环境。通过不断更新、补充、拓宽专业知识和专业技能,适应工作需要,增强创新能力,造就一支布局合理、结构优化、素质优良、富有创新能力的人才队伍。

正是吸引人才、培养人才、留住人才、形成人才的梯次良性发展结构,形成了精品迭创、人才辈出的可喜局面,保证了栏目不断创新、有续开发和快速成长的态势,也成为《如意鸟》未来发展的希望所在。

(作者系宁波广播电视集团副总编辑,该论文获2011年度“‘宁波广电杯’十二五时期广播电视的科学发展”征文一等奖,并由中国广播电视出版社出版)

内外兼修 突出重围
——广播主频率广告经营路径探索

周利斌

作为广播主频率，广播新闻综合频道（率）承担着重大的新闻宣传任务，相对于其他专业频道（率），历史最长，传统厚重，人员素质水平比较高，经验丰富。但是，随着新媒体的迅速兴起和广播专业频道（率）的快速发展，面对多元文化消费、传媒竞争的日益激烈，主频率节目相对老化、竞争力不足、运作成本高等问题不断凸显，一些地方的广播新闻综合频道（率）广告经营处境艰难。对于广播主频率来说，做好宣传报道工作是根本任务、是最重要的。同时，也要做好广告经营工作，增强实力。而广告经营如何突出重围？笔者认为，必须要有系统观念，从品牌形象、节目框架等方面入手，提升媒体价值，调整营销策略，调整广告结构，推动转型升级。在这些方面，台州广播新闻综合频道做了积极的探索。

一、要有系统性的思维，从整体上提升媒体价值

广播广告经营看起来就是广告客户付钱向媒体购买广告时间段，在广告时间段做广告，似乎广告经营就是广告部的事情，其实不然。从广播经营角度来说，实质就是以好品牌和好节目吸引听众，争取较高的收听率，然后将听众的时间和注意力转售给广告客户，吸引广告客户购买广告时间。因此要做好广告工作，就要有正确的理念、科学的方法，善于系统性思考、从整体上把握广告工作。系统论的观点认为，系统，是由若干个相互联系、相互作用的要素，按一定的方式组成的统一整体。相关的系统之间又存在一定的种属关系或层次关系。广告工作也要遵循系统论的原则。系统论的核心思想是系统的整体观念。“整体大于部分之和。”先哲说过：“譬如一只手，如果从身体上割下来，名义上虽然可以叫做手，它已不是手了。”如果脱离了整体性原则，脱离了整体目标，那么这只“手”，实际上已不是“手”。因此，考虑广告工作，不能仅局限在广告本身，不能仅局限在广告部，视野不能窄，眼光不能近，格局不能小，要自觉把广告工作纳入到台里、频道整体工作中去考虑、去谋划。

要做好经营工作，光就广告本身去做广告是不行的，要从媒体价值链入手，提升媒体价值，即从频道整体品牌形象、节目框架、团队建设等方面去考虑入手，然后才是具体的营销策略、方案，这才是做好经营工作的王道。要在频道制的大框架下，从实际出发，寻找频道的正确定位，努力找到领导要求、受众需求、客户需要、自己力所能及的最佳结合点。定位准，则思路清。广播新闻综合频道的定位如何去找？笔者认为，要坚持新闻立台方针，做好“加、减、乘、除”。“加”就是增加投入，集中力量打造重点节目、优势节目，提升频道核心竞争力；“减”就是有所为有所不为，从与预期不符、相对劣势的内容领域退出来；“乘”就是发挥节目创新、编排创新的倍增效应；“除”就是淘汰所有涉及医药联办的栏目。因此频道的定位就是“主流、品质”四个字，要把握城市脉搏，打造品质电台。我们以节目改版为抓手，推动频道改革和发展，树立新形象，打造核心竞争力。采取创新与保留相结合、解构与重构并举的方法，进行了大力度的节目改版。改版以后，新闻版块的分量更重，新闻资讯量大幅增加，节目更流畅，可听性大大增强，2010年节目平均收听率、平均市场占有率跃居台州地区之首，今年上半年这两项指标继续领先。并且，以节目为基础，组织了一系列品牌行动，以“987 私家车”活动为主线，唱好“四季歌”。冬季举办新年心愿评选、温暖过年活动，春季举办“美丽春天”植树、“发现台州”系列活动，夏季举办私家车露天电影节、看车团，秋季举办装修大学堂、车展，不断扩大影响力。

二、调整结构，全力开拓品牌广告市场

不少地方广播新闻综合频道医疗专题广告比较多，一方面，作为主频率，广播新闻综合频道公信力强，因此，广告客户偏好在主频率投医疗专题广告；另一方面，一些地方的广播新闻综合频道也不愿意放弃医疗专题广告，对品牌广告经营没有用心。甚至少数台把关不严，出现了不良广告，被人戏称“卖药台”，对品牌广告经营造成严重的负面影响，形成广告经营的恶性循环。台州广播电台新闻综合频道对广告管理一直比较严格，重视品牌广告。但是，医疗专题广告占的比重比较大，高峰时医疗专题广告的占频道广告总量的七成。随着上级主管部门对医疗专题广告的整治力度不断加大，倚重医疗专题广告的经营模式根本走不下去，频道广告经营业绩直线下滑。面对这种严重困难的局面，穷则思变，必须要调整，要改变，与过去的经营模式说再见。这是我们调整结构的客观原因。同时，广告经营必须要与频道的定位相吻合。广告经营也要围绕“主流、品质”的要求去展开。这是我们调整结构的内在动力。因此我们横下一条心，果断调整广告经营思路，在困难重重的情况下，义无反顾地淘汰所有医疗专题广告，给过去倚重医疗专题广告的历史画上了句号。在调整广告结构上做足文章，尽全力开拓品牌广告市场，弥补不做医疗专题广告所带来的创收缺口。以汽车产业作为突破口。广播与汽车有着非同一般的密切关系。开拓品牌广告，要从汽车产业入手。汽车产业本身广告投放量就大，而且，汽车产业的广告会带动其他行业的广告投放。汽车产业对频道的广告经营至关重要。我们集中力量去打开汽车产业的广告市场。去年，汽车广告占频道广告总量42.2%，品牌广告翻了一番。今年1月~6月，广告总量同比增速超过68%。增长速度、品牌广告总量均居全省城市同类媒体前列。

三、提升能力和水平，推动广告经营转型升级

随着竞争的激烈，客户要求提高，业务日趋复杂，必须提高水平和能力，推动广告经营转型升级。

一是要提升营销能力和水平，从“拉”广告到营销广告。“拉”广告，常常依靠各种关系、给予返点、喝酒应酬等方式拉广告，客户投放广告考虑的多是“给面子”，而对投放效果甚少顾及，这样的单向方式往往是“一次性”的，不能持续。广告营销讲究的是从客户的需求出发，为客户策划科学合理的广告方案，使广告投放更为有效，为客户创造价值，实现媒体和客户的双赢。我们要求广告营销人员主动为客户策划广告投放计划，加强沟通、合作和服务，经常拜访客户，与客户建立良好的合作关系。频道定期召开客户联谊会，听取客户的意见与建议。

二是提升广告开发能力和水平。最大限度地利用品牌影响力，深度开发节目、时段等各种资源，既提高广告单位时间的含金量，又能增加新的盈利模式，从“一次性地卖时段”逐步变成“一鱼多吃”。一方面从硬广告为主逐步向硬广告与植入式广告并重的格局转变。节目冠名、特约、赞助、报时、提醒收听等广告占的比重越来越大。另一方面整合媒体资源，在活动广告上做足文章。

三是提升广告经营的组织化水平。从单打独斗逐渐发展到团队运营。随着广告业竞争日益激烈和广告业务的日趋复杂，广告业务员单靠一个人的力量难免顾此失彼，根本忙不过来，应付不了，要想做强做大，必须团队合作。怎样加强团队建设，采取引导与自愿相结合的办法，强弱搭配、新老搭配、能力互补搭配都是行之有效的措施。还有就是建立工作室，专门开发一个领域的市场。

四是提升广告经营人员的能力和素质。广告经营人员不但能“跑”，还要能“写”；不仅要有良好的心理素质，还要有专业知识和企业经营管理知识。广告业务对从业人员的能力要求非常高，广告人起码应是懂节目、会营销、善策划、沟通能力强的复合型人才。我们对新进的广告人员的学历要求是本科以上，而且不断地对广告人员进行培训，在广告人员参加台里的全员培训的基础上，还开展针对性的实务学习和演练。

五是提高制度化水平。对广告经营进行流程管理，出台《广告承接管理试行办法》、《广告合同管理和制播管理办法》；对广告价格进行规范，制定《广告定价和折扣管理办法》；建立绩效考核制度，广告部全体人员收入与业绩挂钩，从制度层面推动广告经营工作上台阶。

综上所述，对于广播主频率来说，只要我们树立信心，正视问题，大胆探索，正确把握媒体广告经营规律，从广播价值链入手，对内练好“内功”，对外拓展市场，一定能够走出广告经营的康庄大道。

（作者为台州广播电台新闻综合频道总监，原载《视听纵横》2011年第6期）

打造区域性传媒综合体的思考与实践

来宏明

随着计算机网络和多媒体技术的发展，以及三网融合的实施，媒介融合成为传媒发展的必然趋势。各类不同的媒体逐渐融合在一起，借助传媒技术的一体化，努力实现传播内容的多样化、传播渠道的宽泛化、传媒资源开发利用的合理化、传播效益的最佳化。在这样的形势下，萧山广播电视台运用城市综合体和媒介融合理念，对打造区域性传媒综合体进行了有效的探索与实践。

所谓城市综合体，就是将城市中的商业、办公、居住、旅店、展览、餐饮、会议、文娱和交通等城市生活空间的三项以上进行组合，并在各部分间建立一种相互依存、相互助益的能动关系，从而形成一个多功能、高效率的综合体。城市综合体代表着城市发展的最高水平,依靠其多元功能的价值复合效应,自我成长,自我繁荣,持续发展,集聚人流、资金流、信息流、经济流,形成一个新兴的繁华小城,所以也被称为“城中之城”。复合性是城市综合体的最大特征。

所谓媒介融合,是指将广电、纸媒和电子媒体平台融合在一起,对一定量的新闻和资讯内容进行最大限度的增值开发。其目的是在信息时代提供优质新闻和资讯,以保持媒体的竞争优势。

传媒综合体,是指运用城市综合体概念和媒介融合技术,整合广播、电视、网络、手机以及平面媒体等资源和渠道,建立为社会提供全方位新闻资讯、文化娱乐和生活服务的一种复合型媒体。

打造传媒综合体,将从以下三个方面给基层广播电视台带来巨大影响:

一是顺应媒介融合的发展趋势。1996 年、1997 年,美国联邦电信法和欧盟绿皮书先后出台,扫除了电信、传媒和因特网三大平台之间实施相互融合、相互渗透、跨行业经营的障碍,使媒介融合风起云涌。芝加哥论坛报、纽约时报等纷纷实施融合战略,2000 年,在美国佛罗里达的总媒介集团,建成了融合纸媒、电视台、电台和网站的新闻中心,并在一楼中央建立了超级指挥中心,对各媒体平台实施统一指挥。2009 年,美国有线电视运营商康卡斯特(Comcast)与通用电气达成协议,斥巨资美元收购 NBC 环球 51%的股份,将旗下的部分有线电视、卫星电视、无线网络产业和 NBC 环球的业务进行整合。美国各大新闻院校开设媒介融合专业,在金融危机影响的当下,新闻院校毕业生就业困难,只有媒介融合专业毕业生需求旺盛。2010 年 6 月 6 日,中国通过了三网融合试点方案,吹响了媒介融合的号角。中央电视台旗下的中国网络电视台(CNTV)开播,新华社办起网络电视台、手机电视台,人民日报社将标着“人民电视”的卫星直播车开进上海世博园。据预测,在未来的五年当中,在媒介融合上的投入将占娱乐和媒介产业的 72%。媒介融合已成为世界媒介产业发展的大趋势和新潮流。

二是满足受众多元化需求。众媒体各有所长,很少有受众仅仅依赖一种媒体平台获取信息资讯和其他内容。受众在不同的时间、环境下,通过不同的媒体获取资讯。同时,由于信息来源的多渠道化,受众对媒体的选择性大大增强,媒体市场已由一个大众化消费时代进入一个小众化生存状态。因年龄、性别、文化程度、职业、经济收入和居住区域的不同,形成不同“社会集合体”的受众群,对媒体的影响也越来越大,甚至直接关系到媒体的存亡。打造传媒综合体,可以充分发挥广电优势,对新闻资源根据不同媒体平台的传播特性和要求,进行加工整理,发布到综合体所属的各个平台上,最大限度地满足受众的不同需求。特别是广播电视和因特网结合,彻底改变传统的传播方式,使之从以播出机构为主导的“广播”式传播为主,变为以受众为主导的“选播 + 互动”式传播为主,由去而不返的节目“流水线”变成“可选、可控、可反复”的节目“超市”,满足受众多元化需求,正是当下媒体生存应变之道,将进一步增强广电的核心竞争力。对县(市、区)广播电视台来讲,作为当地党委、政府所管理的唯一主流媒体,更有必要积极创建传媒综合体,全方位、多层次满足当地受众多元化的需求,更好地起好党和政府的喉舌作用。

三是更好地拓展发展空间。基层广播电视播出机构普遍存在着的传播平台狭窄、业务单一、节目制作力量薄弱、高素质人才留不住等困难,限制了它的进一步发展。建设传媒综合体,为广播电视台特别是基层广播电视台的发展提供了千载难逢的机遇。美国学者预测在未来 15 年中,广播电视在因特网上的传播价值将大大超过其在空中的传播价值。传统媒体融入新媒体,广播电视应用因特网技术,在网络平台传送将成为必然途径。基层广播电视台借助因特网平台,可以成功地突破空间、地域、时间的限制,将资讯传给全国甚至全球的受众。同时,传媒综合体为广电、纸媒、网络、移动等众多媒体互动发展提供了强大的平台,为广电做强做大、提升引导力和影响力提供了广阔的发展空间。

围绕打造区域性传媒综合体,近年来,萧山广播电视台顺势而为、因势而变,进行了积极的探索与实践。

一、做强做大主平台

萧山广播电视台旗下的调频广播、有线广播、萧山电视台三大媒体平台,是党和人民重要的舆论宣传和思想文化建设阵地,也是萧山走向世界,世界关注萧山的重要窗口。要打造区域性传媒综合体,首先是要做强做大这三大主平台,为进一步发展壮大打下扎实的根基。

1. 调改调频广播。以节目调改为突破口,找准发展定位,打造特色,提升影响力。按照移动收听要求,调频广播调整为 18 个小时直播,同时对节目进行了全面调整,清除了原有的医药类广告节目,创办了一系列的资讯、音乐、服务类节目。在《萧山新闻》、《萧广快讯》的基础上，新开设《时事快评》、《新闻纪事》等新闻专栏，采用现场直播、电话连线、即时评论等灵活方式，增强广播新闻节目的时效性、互动性和新鲜感。联合交警、运管等部门组建路况信息员队伍，并选派专职路况记者，第一时间掌握全区道路交通实时信息。大量增加气象资讯，开通热线，开设《快乐随我行》、《快乐双休日》等栏目，节目信息量大大增加，生活性、娱乐性得到增强。同时，还结合广播特色开展了“镇街部门领导干部进广播讲堂”、戏曲票友大赛、小主持人大赛等一系列活动。一个以本地新闻和新闻专题为骨架，以服务性、娱乐性、知识性大板块节目为主体，立足萧山、面向杭州、嘉兴、湖州的都市新电台已初步成型。

2. 提升有线广播。启动作为区政府为民办十件实事之一的“广播发展年”活动，全面改造和巩固有线广播网络。共计投入资金4500万元，新建和改造广播室474个，广播喇叭总量达到了25.5万只，入户率达到91%，通响率达到98%，在全省率先实现了有线广播户户响。同时，对有线广播作了重新定位，突出了其服务“三农”的特性。日播栏目《农村大世界》曾在浙江省对农节目评选中名列第一。今天的萧山有线广播，已成为农民朋友生产上的好帮手，生活上的贴心人，起到了新农村建设指路灯、农业发展导航仪、农民致富信息源的作用。

3. 办好电视节目。按照贴着地皮办电视的要求，推出了一系列的本土化节目。目前，萧山电视台已拥有《萧山新闻》、《热线188》、《生活360°》、《天天看萧山》四档日播节目和大型企业周播娱乐节目《欢乐今宵》等节目。民生电视新闻《热线188》栏目，努力锁定普通百姓的生存状况、生存空间，关注百姓的冷暖痛痒、喜怒哀乐，继续强化舆论监督职能，围绕当前社会热点、难点问题进行连续式、深入式报道，使民生新闻成为重要的“新闻增长点”，并先后获得杭州新闻名栏目和杭州市政府品牌建设优秀栏目奖。

二、构建发展新平台

文创产业兴起、影视业红火、网络视频热出现等众多利好，为区域性媒体进军新产业开辟了广阔的空间，打造全新发展平台，增强核心竞争力，使萧山广播电视台打造区域性传媒综合体之路大大提速。

1. 湘湖网异军突起。实施媒介融合的主战场是网络。一个一流的网站对传媒综合体来说至关重要。2009年初，我台建立了九天传媒公司，负责网站建设。在网站筹备时，台里就确定了办网的两个原则：一是市场化运作，二是全国性综合视频网站。在网站的名称上，也淡化了地域特点，取名为湘湖网。一方面，把广电生成的内容经过重新定位，重新定制和重新包装，在湘湖网上以不同的形式出现，使萧山广电突破了区域和时间的限制，传播空间大大拓展。另一方面，网站先后推出房产、旅游、健康、牛视财经、娱乐生活等数十个频道，建立了中国网络剧网。湘湖网还依托中国网络剧网，牵手中国电影评论家协会，在全国举办了首届大众网络剧评选活动。湘湖网已经成为一个全新的文化品牌，成立当年就实现了赢利，得到了省广电局和国家广电总局的认可和重视。作为试点，广电总局向我台颁发了同级广电台的第一张视频许可证。目前以湘湖视界命名的湘湖网正按照网络电视的要求进行重新改版。

2. 筹建钱江影视创意园。当前，我国影视业发展处于一个黄金时期，影视节目拍摄机构如雨后春笋大量涌现，制作需求旺盛。但在国内，除北京、香港有大型制作基地外，其他省市在这方面还是空白，市场的需求与供应形成巨大落差。我台因势而动，筹建钱江影视创意园，打造长三角地区规模最大、配套最齐全的影视制作中心。创意园将落户钱江世纪城，与正在建设的杭州奥体博览中心为邻。在满足我台自身节目制作需要的同时，通过向众多民营影视机构和广大企业开放，吸引国内外众多优秀的影视制作企业和知名制作人、导演、专业演员来萧山摄制影视剧和影视节目，将全面提升萧山文创产业发展水平，提升萧山的知名度和美誉度。目前，该项目进入了具体实施阶段。

3. 参与影视制作。2008年，我台与国内影视机构合作，拍摄了全区第一部数字电影《你要什么》，并在中央电视台影视频道播放。2010年，我台获得电视剧制作资格，作为拥有独立制作电视剧资格后的试水之作，我台、湘湖网、临浦镇人民政府合作拍摄的电影《西施》10月杀青，目前正进入紧张的后期制作阶段，年底将和观众见面。当前，一系列以萧山本土文化为背景的电影正在策划之中。充分发挥拥有中国网络剧网域名的优势，我台、湘湖网还先后创作和推出《我为天使狂》、《我健康我美丽》两部原创网络剧，在国内大型视频网站播出后引起了强烈反响。

4. 创办《萧山视听》。2010年9月份，经过紧张筹备，平面杂志《萧山视听》新鲜出炉。萧山广播电视台传媒综合体这个大家庭，又多了一个面向社会大众的新成员。《萧山视听》努力聚焦萧山广播电视事业的发展,亮改革思路,晒节目创意,展主持人风采,谈创新收获,在与大众的真诚互动中建立信任。同时,根植于萧然大地如火如荼、多姿多彩的经济、社会、文化生活,以广电人的全新视角说萧山人,讲萧山事,为社会大众提供文化服务。借助平面媒体形式,我台又打开了一扇受众了解萧山的窗口,搭建起一个全新的文化休闲娱乐平台。

三、全力推进各平台融合

打造区域性传媒综合体,就是要彻底打破以往不同媒体平台各自作战的局面,用科学发展观统领广播电视工作全局,破解发展难题,指导发展实践,通过广播、电视、网络等资源的优化配置,栏目、人员、技术之间的联动互进,新闻链和产业链的扩充完善来推动,真正形成多位一体、协调共进的发展新格局。

1. *建立统一的新闻平台*。传媒综合体对新闻采制和供给提出了更高的要求。2010 年年初,我台整合广播新闻部和电视新闻部,成立了新闻中心,建立起统一的新闻采编平台,统筹新闻资源,为旗下包括广播、电视、网络、平面杂志等在内的所有新老媒体提供最"新鲜"的信息资讯。新闻中心建立以后,采编效率得到提高,新闻时效性也大大增强。特别是对突发性事件的报道,如记者到现场后,首先进行广播电话联线报道,并将相关内容和图片上传到网站,中心编辑人员根据联线内容在电视上滚动播出新闻游字,然后在电视《热线 188》中播出电视新闻,在电视《社会聚焦》、广播《萧广关注》中推出深度报道,形成立体、滚动报道,受到受众的欢迎。新闻中心成立后,我台对外宣传力量大大增强,在央视、中国之声的发稿量显著增加。仅 2010 年 11 月份,在中国之声就发稿 19 篇。

2. *构建统一的活动平台*。为充分发挥广电举办、承办各类大型活动和赛事的优势,围绕传媒综合体的打造,我台整合资源成立了活动部,构建统一的活动平台,对全区大型活动资源进行统筹开发,并调配全台资源进行全方位支持,实现了广播电视节目与大型活动的无缝对接。统一的活动平台,加强了我台与部委办局、镇街、园区、大型企业、村(社区)的合作,在推介节目品牌、提升广电形象上起到了重要的作用,也极大地提升了广播电视的公共文化服务力和竞争力。近几年来,我台年均举办、承办大型活动数十场(次),如"唱游浙江"、"跨湖桥文化节"、"唱响我家乡"、"广电观众节"等,在全区甚至全省范围内都产生了较为深远的影响。

3. *建设全台网*。打造传媒综合体,需要一个通畅无阻的全台性网络来连接各业务流程,连通各平台,实现节目生产的高度集约化和资源利用的最大化。在全面实现技术设备数字化、网络化的基础上,我台将重点放在打造全台网上,通过建设一个集制作、播出、存储、管理一体化的网络,健康、稳定地实现节目制作、播出和存储管理的流水化生产作业,进一步优化工作流程、提高生产效率和管理水平,并为新媒体业务的发展提供丰富的内容资源和有效的技术保障,使我台的生产力环境从过去的"局部优化"提升到"整体优化"阶段,在技术应用层面上真正地实现了与传媒综合体的匹配,满足了应用和发展的需要。

4. *培养全能记者*。传媒综合体需要全能记者。只有集采、写、摄、录、编、网络技能运用及现代设备操作等多种能力于一身的全能记者,才能适应传媒综合体的发展需要。近年来,我台加快了全能记者的培养步伐。首先,从思想上提高记者对传媒综合体建设的认识,自觉按照全能记者的标准要求自己。其次,为记者配备了摄像机、电脑、相机、录音机等全能记者的装备。重点是加大了业务培训力度。通过积极地"请进来"、"送出去",邀请专家讲座,选派骨干外出学习,推出每周一次主题学习、每月一次集中评稿制度,成立摄影协会,使记者的业务水平有了较大的提升。同时,深入地开展学习实践科学发展观活动和三项学习教育活动,培养具有合理的思维结构、全局意识、善于团队合作、善于交流与协调的新媒体人,为打造传媒综合体提供了人才保障。

打造区域性传媒综合体,既是一个长期工程,也是一个系统工程。在取得初步成效的基础上,要实现萧山广播电视的持续跨越发展,还需要作出更多努力。我们也亟需上级部门对基层广电予以更多的关注,特别是在组建基层广电集团、推进多元化发展等方面给予更多的政策支持,鼓励和支持基层广电向移动多媒体广播、网络广播电视、手机电视、公共视听载体等新业务开拓,共创基层广电事业发展的又一个春天。

(作者为萧山广播电视台台长,原载《视听纵横》2011 年第 1 期)

义乌电视台商贸频道专业化实践的若干思考

王培忠

近年来,众多国内城市台专业频道"忽如一夜春风来,千树万树梨花开",但是,在经历了几轮残酷的市场竞争之后,相当一部分电视台的专业频道已经显得力不从心,纷纷卡壳,最终不得不"另谋出路"。但是,义乌电视台却在频道专业化的大潮中脱颖而出,走出了一条颇具义乌特色的商贸之路。2010年,在经历近一年的成功试播之后,义乌电视台成为全国首家获得国家广电总局正式批准开办第二频道的县级电视台。是什么原因让义乌台商贸频道在残酷的媒介市场竞争中冲破重重阻碍获得成功呢?其在频道定位、栏目架构、传播理念等诸多方面有何经验教训,对其他地方台在专业化操作方面有何启示呢?

一、媒介生态环境与专业频道的定位

"电视频道专业化,指的是电视媒体经营单位根据电视市场的内在规律和电视观众的特定需求,以一频道为单位进行内容定位,使其节目内容和频道风格能比较集中地满足某些特定领域受众的需求。"[1]换句话说,专业化就是媒介从满足大众需求转向满足部分人、满足某方面需求,也就是从"宽播"向"窄播"、由"大众"向"分众"的转变。"媒介生态环境"是指大众传播机构生存和发展的环境,它主要由政策环境、资源环境、技术环境和竞争环境构成"。[2]媒介生态环境的独特性是专业频道能够生存和发展的决定性因素。频道专业化战略每一个操作步骤,都受制于其独特的媒介生态环境。那么,作为中国电视体系中居于最基层的义乌台其所处的生态环境如何呢?它是如何促使义乌电视台选择走商贸频道这一专业化道路的呢?

"媒介生态是一个宏观的概念,媒介环境则是一个相对中观的概念,有时这两个概念又是交叉的……媒介环境和媒介生态两个概念的区别是:前者着眼于媒介环境的整体,而后者侧重于媒介彼此之间以及媒介与社会环境之间的相互关系。"[3]由此,我们在讨论某一个体所处的媒介生态环境时,必须照顾到其所处生态环境的普遍性和独特性,只有把两者有机结合起来才能一窥整个生态环境的全貌。

(一)政策(制度)环境:作为一家县级电视台,义乌台处于中国电视体制金字塔的最底层,在县级台的本埠市场范围,有中央、省、市各级电视台交叉覆盖,按照现有的电视体制它们都由高到低,有相应的行政级别。在行政级别上和电视台的数量上都成一种正三角形的梯级排列,越往上,级别越高,电视台数量越少;反之,越往下,级别越低,电视台数量越多。这样,中国传统的政治体制背景从行政级别上决定城市电视系统在决策、管理、控制等方面的相对弱势,从而使县级城市台的话语权受到了极大的限制。

但是,义乌台在政策方面拥有巨大优势,义乌市委、市政府高度重视商贸频道试办工作。2010年2月11日,义乌市政府专门下发了《义乌市人民政府批转市广播电视台 < 关于进一步支持商贸频道发展的若干意见 > 的通知》(义政发〔2010〕13号),进一步明确相关扶持政策。在人才支撑方面开设"绿色通道",允许义乌市广播电视台自主选聘急需的具有商贸类节目策划包装较高水平的高级专业人才和优秀编辑、记者、主持人,并鼓励国内外高级专门人才兼职;允许适当增加广播电视台中级以上专业技术职务聘任比例,引进高级人才不受职称聘任指标限制。市财政拨出专款600万元支持商贸频道购置急需的采访车辆和引进先进的专用设备;对实行制片人制、年薪制和协议方式高薪聘用高级专门人才所需经费,政府通过综合预算予以保障。同时,要求市有关部门要大力支持商贸频道试办工作,积极协调解决商贸频道发展中遇到的实际困难和问题。义乌市委、市政府的这一系列举措是义乌台创办商贸频道的坚强后盾,也为商贸频道的顺利开播打下了坚实的基础。

(二)竞争环境:越往生物链的底层竞争越激烈,在媒介生态环境当中情况也是如此。自2003年起,中国媒体产业化经营的格局开始逐步形成,先后推动有线线电视、卫星电视和数字电视的发展,在媒介产业化的道路上,"僧多粥少"的状态显而易见,行业竞争已进入了"战国"时代,由于中国独特的电视金字塔体制,决定了县级媒体只能是分得粥最少的"僧"。"从电视市场的广告份额看,央视一家就鲸吞了全国电视年广告投放额的40%,几乎处于一种垄断的局面。31个省级台大约也能夺取40%的份额,余下的20%中有70%进入省会城市台的囊中,地级市的电视台所占的广告份额微乎其微"[4]。除此以外,县级媒体还要面临互联网、手机等"新媒体"的强烈竞争。

（三）技术环境：2010 年 1 月 13 日，温家宝总理主持召开国务院常务会议，决定加快推进电信网、广播电视网和互联网三网融合发展。会议确定 2015 年全面实现实现三网互联互通、资源共享，为用户提供话音、数据和广播电视等多种服务。这一政策的出台无疑为传统电视媒体所面临的新技术环境确定了基调。

随着数字新媒体的发展，媒介融合与多媒体传播趋势日益明显，旧媒介在新的媒介环境中继续发展，媒介之间的界限日益模糊，传统媒体和新生媒体相互融合衍生，带来 IPTV、手机电视、网络视频等对传统电视产品和服务具有替代性功能的新媒体形态。而由新技术应用带来的新技术环境也不可避免地改变着传统受众的收视和消费习惯。总的看来，我们似乎正在快速进入一个分众与窄播、用户积极主动、多媒体传播的崭新媒介环境。

（四）资源环境：地缘优势和地方经济的发展都会带动地方媒体的变革。作为一家县级广播电视台，义乌台不具备传播广度的优势。但它位于国际小商品城——义乌，有着得天独厚的地域辐射优势。义乌 200 万总人口当中，本地人口只有 70 多万，外来人口有 130 多万，是一座地道的国际性商贸城市。全市各类工业企业有 1.6 万余家，商品出口到全世界 215 个国家和地区。有来自 100 多个国家和地区的 1.3 万名外商常驻义乌采购商品，经批准在义乌开办的境外企业代表处达 2124 家。全球前 20 强海运集团有 11 家在义乌设有办事处，联合国难民署以及家乐福等十多家国际零售集团在义乌开办了采购信息中心。

义乌市场经济活跃，新闻矿藏资源丰富，使义乌广播电视台锻炼了一支实力较强的专业采编队伍。作为 2000 年全国 15 家保留的县级电视台之一，义乌台目前在新闻宣传、栏目设置、经营创收、设备配置、网络覆盖各方面均积累了雄厚的基础。2009 年义乌台在中央电视台《新闻联播》用稿 17 条，其中头条播出 2 条；在浙江卫视《浙江新闻联播》等省内新闻栏目用稿连续多年在全省县级台中排名第一，获得过全国对外宣传彩虹奖一等奖等 40 多个国家级、省级奖项。这些年，义乌台在开办商贸新闻栏目方面做了积极探索，先后开设了《直播商城》、《商城播报》、《义乌商圈》、《创业故事》、《经济与法》等商贸经济新闻栏目，深受广大市场经营户、采购商和企业家好评，为正式开办商贸频道打下了良好的基础。

2008 年全台经营创收达 1.2 亿元，在浙江省内县市台中率先配置了六讯道数字电视转播车，制作、播出设备采用非线性编辑系统和硬盘播出系统，现有索尼摄像机 54 台、新闻非编系统 2 套 20 个编辑工作站，栏目非编系统 3 套 12 个工作站，配音室 4 个，80 平米演播室 2 个、260 平米演播室 1 个。2008 年，总投资 3．5 亿元、净占地 50 亩、主楼高 33 层的省重点工程——新义乌广电中心破土动工，2011 年投入使用。

二、义乌台商贸频道实战解析

在夹缝中求生存，最关键的是要充分认识自身优势和劣势。经过多年的实践和思考，义乌台商贸频道明确了频道定位，突出为商贸发展服务的专业特色。目前，商贸频道以“服务商贸”为宗旨，按专业化、品牌化的发展要求设置栏目，节目按照商贸信息类、商贸文化生活类和商贸民生服务类三大板块设置，全天播出时间为 16 小时，其中自办商贸节目 588 分钟，占比 61.3%。形成了以《商贸信息联播》为主打、《义乌指数》为亮点、《商品全说》等商贸服务类栏目为补充的自办特色节目群。以下对义乌台商贸频道在栏目定位、理念及架构方面的探索做一简要总结。

（一）本土化

“城市台的最大优势在哪里？答案是本土化，是贴近性。央视和省级卫视都不具备这样或不完全具备如此优势。城市台要赢得生存和发展，就必须在地域性上拿出绝活儿，在贴近性上做到极致。城市台的本地新闻一定要在第一时间抢发，绝对不能让域外媒体抢先。并以此形成连绵不断的信息流，抢占舆论阵地。”[5]换句话说，作为地方电视台最优质的节目资源的本土新闻资源，如果不充分利用并加以创新，变资源优势为节目优势，那将丧失其优质资源的价值，地方台的优势也将不再。义乌电视台在本土化战略方面主要有以下几个特点：

1. 镜头群众化，视角人性化，报道服务化。按照传播学的观点，新闻事实与受众在地理上、职业上和心理上的距离越近对受众产生的吸引力就越强。对于受众来说，越是富有地方特色、与自身生活紧密相关的东西，就越愿意关注，越容易产生归属感。对于媒体来说，越是眼睛向下、笔头向下、镜头向下，就越能抓住当地群众关心的话题，真正做出为群众所关注的新闻节目。义乌商贸频道的民生新闻节目的宗旨便是坚持民本取向和服务意识，始终将镜头对准百姓关心的焦点。例如《同年哥讲新闻》栏目,以观众的兴趣和需求以及感受来选择题目和角度,用人性化的视角关注发生在基层群众身边的事,关注与广大受众生产、生活需求相关的、有价值的信息。实践证明这样的操作在基层是十分成功的。

2. 坚持客观性,增强指导性。现在观众关心的不仅仅是哪里发生车祸、哪里打架闹事,也不仅仅关心身边人和身边发生的事情,他们更关心的是与百姓生活密切相关的各种重要的政治、经济、社会事件及政策法规,关心百姓生活中所蕴涵着的关乎国计民生的大话题。因此,义乌商贸频道新闻节目在注重新闻信息量的同时,对信息进行深度分析和点评,从广度和深度上对新闻进行立体开发。特别是在党和政府重视的问题上,在群众关心的热点难点上进行深度分析,"抓新闻背后的新闻",使新闻报道立体化,满足受众深层次的需求,使之成为影响社会舆论的重要声音。

3. 国际新闻本地化。本地受众最关注的是"本地新闻",但是,义乌是一座国际化的商贸城市,它与全球215个国家和地区有直接的商贸往来,常驻义乌的外商有好几万人。所以,义乌电视台要满足本地受众和外商对国际商贸新闻的需求,就需要对国际新闻报道进行一番本土化的加工——日常国际新闻报道的本地化(Localization)操作。就是从选题、策划、报道视角等开始,竭尽所能拉近国际新闻与本地读者的距离。不断尝试"国际新闻本地化"的创新,提出要做符合"义乌人的世界观"国际新闻的目标,日常操作国际新闻的出发点都是尽可能亲近、吸引"商贸"观众。

(二)商贸化

义乌商贸频道能够做到不断发展壮大的秘诀便是——差异化的路子。现实中义乌最大的比较优势便是商贸经济发达,商贸文化繁荣,义乌台便紧紧抓住这一"命脉",充分利用有限的人力物力资源深入挖掘这一特色文化,构筑名符其实的本土品牌栏目,不断提升频道竞争优势。

1. 栏目设置品牌为先。义乌台商贸频道坚持以受众为中心,突出商贸特色,以"电视国际商贸城、天天商博会、商贸人文家园"为品牌追求,着力打造商贸专业频道。试播以来重点推出方言类民生新闻栏目《同年哥讲新闻》、商贸新闻栏目《直播商城》、《商城播报》等一批极具义乌商贸文化特色的新栏目,将时政新闻和民生新闻相融合,关注义乌社会和国际小商品市场的大事小事,从更深的层次更宽的领域关注民生和经济。栏目开播以来几经改版,在充分考虑受众的需求和收视心理的基础上,不断调整电视新闻的报道视角、报道内容、报道方式和播报风格,重点选择"老百姓关心"的事进行报道,栏目自推出至今收视率节节升高,品牌知名度不断提升。

2. 树立"大商贸"栏目理念,使节目采编更符合目标受众的收视兴趣。按新闻价值和观众兴趣来考虑采编技巧和手法,这对与中央、省级台相比没有更多新闻资源优势的地方电视台来说是非常重要的。义乌商贸频道牢牢把握频道立足的根本,时刻不忘将"商贸"意识贯穿进日常新闻采编当中,《义乌商圈》、《创业故事》、《经济与法》等栏目都是按照"大商贸"的理念,结合义乌市场的实际,用经济的视角讲述各类新闻和故事。这种不同于其他新闻节目的视角,虽然会丧失一部分受众,但是对于打造品牌栏目,培养长期固定的受众群十分有利。

3. 发挥信息辐射优势,建立商贸信息采集和共享平台。为了保障频道专业特色的发挥,义乌台多方建立健全通达商贸各方面的联系网络。目前,全国商贸新闻协作网已初步建立,与成都荷花池市场、昆明螺蛳湾市场、兰州义乌商贸城、沈阳五爱市场、山东即墨市场等取得联系,达成了信息共享、新闻联动的共识,《商贸信息联播出》栏目已从9月开始播出来自全国各大集贸市场的相关商贸信息。此外,义乌商贸频道经常借用广播电台常用的热线方式建立与观众沟通的桥梁,帮助百姓排忧解难。通过改变传统的播报方式,以口语化、唠家常、温情、聊天似的播报方式,缩短与观众的距离;在报道形式上,突出新闻的服务性和故事性,强化观众的参与性,不断尝试在制作手法上引入新的技术、新的技巧使新闻表现方式更加活泼、新颖。

(三)国际化

国际化是义乌商贸频道远期目标,目的就是要追求一种国际化视野和眼光,因为义乌与国际商贸交流十分密切,我们潜在的受众包括了所有与义乌有商贸往来的国家和地区的居民,所以国际化既是一种必需,也是一种必然。具体而言,它包含两层意思:

一是栏目国际化。即栏目内容、语言、视角都要求具备国际化的视野,具体包括本地新闻的国际化和中国新闻世界化两个方面。目前,商贸频道《商贸信息联播》设有《市场关注》、《商贸动态》、《商贸资讯》等板块,每天大容量密集播报国家商贸政策及有关要讯，以义乌市场为核心收集全国各大市场乃至国外有关市场的商贸信息。同时,设有专门的对外节目《英语新闻》,与其他电视台英语新闻不同的是,义乌台是用国际化的视角报道和解析本地和国内新闻。因为,义乌商贸频道的远期目标受众包括所有与义乌甚至中国有密切商贸往来的国家和地区的观众，要让他们可以无阻碍的收看义乌商贸频道的外语节目必须改变传统的报道视角。

二是“走出去”战略。义乌独特的经济优势为义乌商贸频道实施走出去战略奠定了坚实的基础,尤其是在义乌商贸频道设立后，更是不断加强与境外媒体和广告商的合作，在对外栏目交流和合作方面一直走在全国前列。2006 年,被誉为全球小商品生产贸易价格变动的“风向标”和“晴雨表”“义乌·中国小商品指数”正式向全球发布,这一指数对全球小商品批发行业的都具有举足轻重的指导作用。义乌电视台充分利用自身作为权威发布“义乌·中国小商品指数”信息平台的优势,与美国、阿拉伯等多家境外电视台开展合作,由义乌商贸频道提供实时“义乌·中国小商品指数” 资讯，并由当地电视台在境外发布,极大的提高了义乌商贸频道的辐射力和影响力。

提出问题的角度不同,看到的现实便不同,县级台的未来很大一部分是由我们看问题的角度所决定的。对于县级台的未来,我们不得不思考这样一些问题：频道到底该如何定位？频道的目标受众群是哪个?想要吸引何种类型的广告客户?是先考虑高消费群体获得高昂的广告收入还是秉着媒介的政治属性实现喉舌和教育的功能？从义乌电视台商贸频道近一年的实践和探索中我们可以得出一个结论：频道专业化是县级媒体差异化生存的根本竞争策略,也是是分众时代县级电视媒体的救赎之路。

注释：

[1] 金松:《电视频道专业化的经济学解读》,《电广时空》,2004. 06

[2] 许建:《从传播学视角探讨韩剧成功进入中国市场的原因》,www.xinhuanet.com,2005 年 04 月 07 日

[3]崔保国:《媒介是条鱼——关于媒介生态学的若干思考》,《媒介观察》,2003.10

[4] 肖钧 翟建萍 陈跃华:《把握市场变幻拓展经营空间——浅谈广告经营的市场策略》,《采写编 》,2003(6)

[5]张君昌:《理想与现实之间的媒体选择——在城市台 2009 年（第 17 届）新闻理论研讨会上的演讲》，传播学论坛:http://www.chuanboxue.net/list.asp?Unid=6615

（作者为义乌市广播电视台台长,原载《视听纵横》2012 第 1 期）

坚持人才优先战略 打造克难攻坚劲旅

——玉环县广播电视台的队伍建设

陈文娟

近年来,玉环广电立足小县办大台,牢牢抓住了人才优先这一牛鼻子,积极推进干部人事制度改革,强化考核激励机制建设,狠抓人才引进工作,为我台办活办好广播电视节目,争创台州市模范集体、浙江省文明单位、全国文明单位等殊荣,以及圆满完成有线数字电视整体转换和广电惠民工程建设等任务奠定了坚实的基础。下面,简要介绍一下我们的具体做法：

一是大力实施内部机构改革。为了顺应广播电视数字化、产业化发展需要，激发干部队伍活力，2007 年上半年，我们对内设机构进行了重大调整，将下属机构由原来的 15 个减少至 12 个，在全台形成三室四中心五站的新组织体系，将人员配置重点下移到基层服务部门,并尽可能避免职能交叉。几年运行下来看,这项改革是成功的,较好地适应了新形势的需要,有效提高了内设机构的运行效率,优化了人员配置。这几年，广电进入了二次创业的关键时期,大项目、大工程不断。为了确保这些工程项目的顺利完成，我们还适时组建了若干个非固定的临时性机构,作为对这项改革的补充。如在 2010 年的有线电视数字化整体转换过程中，为了高效地完成整转任务,我们临时整合了现有传输中心、乡管办这两个科室的部分职能,临时设立了台整转办,全权负责全县数字电视整转的协调工作,效果很好。今年,我们启动了玉环广电新大楼迁建项目,根据建设需要,我们临时成立了台基建办。通过增设临时性机构,有效填补了固定内设机构的职能真空，使内部管理更加灵活、务实、高效。

二是建立了中层后备干部推荐选拔制度。为了

确保广电发展有充足的管理干部储备，形成后备干部“资源池”，必须抓紧培养选拔年轻干部，形成干部选拔梯队。2004 年 9 月，我们实施了中层后备干部推荐选拔制度。按照德才兼备的原则，根据个人的职业能力和特质潜力等，从新闻、事业、管理各条线中，实行零起点推荐选拔了 20 多名青年骨干，作为中层后备干部，重点加以开发培养，并陆续提拔到中层部室干部岗位。2011 年，我们又组织了两次中层后备干部和部室后备干部的民主推荐活动。最近，根据后备干部民主推荐情况，刚刚提拔任用了一批年轻的中层和部室干部，使新老干部队伍实现了有效对接。通过实施中层后备干部推荐选拔制度，即充分尊重了广大干部职工的民意民智，又有效拓宽了我们选人用人的视野，避免了台班子几个人小范围研究的局限，使干部选拔任用工作更加规范化和制度化。

三是建立了中层干部末位淘汰制。上梁不正下梁歪，中梁不正倒下来。抓队伍，中层干部是关键。2004 年 8 月，为了打破中层干部能上不能下，干多干少一个样的局面，我们出台了中层干部末位淘汰制，分年中年末两次，以班子领导测评、中层干部互评和单位职工测评形式，按德、能、勤、绩对担任实职的中层干部进行全面考核。对年末测评位居单位末 3 名的中层干部，分别予以免职和扣发年终奖的处罚。其中，连续两年考核测评居末位的，予以免职处理；连续两年考核测评居末二、三位的，予以降职使用。实施这项制度，我们是动了真格的，这几年，已先后有 4 名中层干部因工作业绩不理想而被调整工作。特别是在去年的数字电视整转中，我们在中层干部中实施了数字电视整转末位淘汰制，将全年整转任务按月分解到各站，逐月考核，实行末位淘汰。对连续三个月考核居末位且完成任务量少于任务总量 60%的站，中层岗位由先进站相关人员提拔担任。期间，一位乡镇站站长因工作推进不力被免去了站长职务。几年来，通过实施苛刻的中层干部末位淘汰制，极大地调动了全台中层干部的工作积极性，确保了各项工作的快速推进，使少数庸官，懒官、太平官没了市场、丢了帽子。

四是建立了一般干部职工奖罚制。在管好中层干部的同时，我们也加强了对一般员工的管理。2004 年 8 月，为有效激发一般干部职工的工作激情，我们出台了一般干部职工奖罚制，分年中年末两次，以各科室站班子领导联评、职工互评和量化考核相结合的形式，对一般干部职工进行考核奖罚。对年中测评位居末几位(按人员总数的 10%确定)的干部职工，由所在单位领导对其进行诫勉谈话；对于年末测评位居单位末 3 ~ 5 名的一般干部职工，予以扣发年终考核平均奖 30% ~ 60%的处罚；对于年末测评位居全台前 3 名的干部职工，予以通报奖励。制度实施以后，全台上下逐渐形成了你追我赶、不甘人后的良好工作氛围。

五是建立了岗位目标量化考核机制。广电是精神文化产品的生产单位，即要讲投入更要讲产出，广电不能养懒人。为了打破台内长期存在的大锅饭弊病，近年来，我们按照“具体、有形、量化”的原则，大力推进岗位目标量化考核机制建设。对于能量化的工种进行任务量化考核，对不能量化的工种采取综合测评的办法考核。考核分月度、半年度、全年三类进行。基准分为 100 分，再根据个人的职务职称、具体工种，分别给予 100 至 200 分的级差分值。个人分值下放到各科室后，各科室内部再根据各人工作表现，在总分值内奖勤罚懒。当月完成工作越出色的，得分就越高。为了充分调动采编人员的外宣积极性，近年来，我们对采编人员每月的省、市台用稿任务进行量化考核。完成任务的，按分开奖；未完成任务的，不仅拿不到一分奖金，还要扣除基本工资。在年末，我们还要根据量化考核情况，进行集中表彰奖励，这几年每年奖金额度都在 10 万元以上。除了物质上的重奖，我们还从政治上对考核优秀人员进行关照。近年来，已有多位同志因工作业绩出色，被提拔到领导岗位。

六是大力引进各类专业人才。事业的发展，关键靠人才。产业的竞争，关键还是人才的竞争。人力资源，是广电提升核心竞争力，保证科学发展的关键因素。由于历史原因，在我刚到广电初期，玉环广电队伍的整体素质堪忧，正规科班出身的大学生没几个，全台没有一名副高以上职称的，关系户、职工近亲属构成了队伍的主体，能力差、不服管，外强中干，严重制约了广电的发展。为了扭转这一不利局面，从 2006 年起，我们大力阔斧推进人事制度改革，打破条条框框的束缚，制订了非正规院校毕业生不聘的进人新标准。从当年开始，我们每年都积极参加浙江传媒学院等专业院校的毕业生招聘会，从中务色各类优秀人才。几年下来，相继从浙江传媒学院、华中科技大学、浙江大学等高校，引进了多名播音主持、新闻、工程技术类的全日制毕业生，为事业发展储备了大批人力资源，彻底改变了过去凭关系进人的人事弊端。目前，正规高校毕业生已成为广播电视两中心人员的主体，乡镇站一线维护人员也大都具备大专以上学历，部分还是本科学历，全台具备副高以上职称的高级人才已有3位。

七是广泛开展"治庸提效"行动。作风反映形象，体现境界，关系事业成败。为了解决少数干部职工中存在的群众观念淡薄，服务意识不强，工作干劲不足问题，提高办事效率和服务质量，杜绝庸、懒、散现象，近年来，我们以争创文明单位创建活动为载体，从思想教育、岗位问责、纪律督查等方面着手，深入开展了治庸提效行动。在思想教育上，我们广泛开展了基层党支部"心连心"结对活动、新春送温暖活动、党团员志愿服务活动，以及"走基层、转作风、改文风"活动等，让干部职工先学做人，再学做事；在便民服务上，全面开展了满意机关创建活动、"五好科室站所"评选活动，在一线窗口单位全面推行全程办事代理制、首问负责制、限时办结制，开通了有线电视服务呼叫中心。今年，我们又在各窗口单位开展了"争创便民服务示范单位、争当便民服务标兵"活动，在各乡镇站营业厅统一服务标识，在各营业柜台安装了星级服务评价器，由用户对员工的服务质量进行评价，台纪委每周一次，根据用户反馈的评价结果评价职工的服务满意度，并与职工当月的量化考核和年度评先评优挂钩。同时，全台上下还建立了严格的纪律检查体系，对干部职工遵守考勤纪律、服务纪律、公车使用纪律、新闻采访纪律等情况进行全环节的检查，并组织用户调查活动，确保全台所有人员和所有工作都处于监督之中。通过治庸提效行动，使全台党群干群关系空前融洽，群众满意度明显提升，在近几年的全县行风测评中，连续几年处于全县各部门前茅。

（作者为玉环广播电视台台长）

实施"文化兴市"战略
加快东阳崛起进程

斯武民

文化是一个国家和民族的灵魂。一个民族的觉醒首先是文化的觉醒，一个国家的强盛离不开文化的支撑。文化也是一个城市的灵魂和血脉，是一个城市品格的象征，是一个城市最深层、最核心，也是最难替代和模仿的竞争优势。近年来，我市提炼了"崇文重教，精工善艺，大气包容，创新图强"的东阳人文精神，促进了风清、气顺、劲足、实干良好氛围的形成。同时，我市充分发挥东阳地方特色，着力做大做强工艺美术、影视旅游等文化产业，使文化产业成为我市经济社会发展新的亮点和增长点。但也存在功能配套不够完善、布局不够合理、区域发展不平衡等不足之处。"十二五"是"加快东阳崛起、实现全面小康"的重要机遇期，我们要抓住这一有利时机，加快我市文化产业的发展。

一、制定"文化兴市"战略规划。做任何一项大的工作或工程，都应有科学的规划，并制订切实可行的工作方案，以明确工作目标任务、责任主体，确保工作落实到位。

1. 科学制订"文化兴市"战略规划和工作方案。"文化兴市"规划是工程技术科学和人文科学等复杂科学的交融。制订这一规划，要完成从传统文化到现代文化、从城市文化到特色文化、再到主题文化的过程。要组建专门的领导班子和工作班子，邀请各方面的领导、专家学者参与，开展先期调研，拿出规划初稿，经多方论证、民主决策，进行不断的修改、补充和完善，最终完成五年乃至十年的"文化兴市"战略规划，并制定出切实可行的工作方案。

2. 广泛深入地宣传"文化兴市"战略的重要性。党的十七大报告明确指出"要坚持把握中国特色社会主义先进文化的前进方向，兴起文化建设新高潮，激发全民族文化创造活力，提高国家文化软实力。"在去年底召开的市委读书会上，张仲灿书记在报告中提出，"十二五"期间，我市要实施"文化兴市战略"，充分发挥我市文化资源深厚的优势，一手抓文化产业，一手抓文化事业，推动文化大发展大繁荣。我觉得提得很好。因为文化发展了，社会文化生活才会更加丰富多彩，东阳人民的精神面貌才会更加昂扬向上。同时，文化的发展又将极大地促进我市经济社会的发展。2010年，东阳经济社会发展取得了近年来最好的成绩，我觉得与市委组织提炼和宣传"崇文重教，精工善艺，大气包容，创新图强"的"东阳人文精神"密不可分，真正起到了提升人气、凝聚人心、鼓劲造势的作用。"东阳人文精神"将成为我市今后发展的最宝贵的精神财富。

二、加快重点文化工程的建设。广电中心、大剧院、体育场馆是一个城市的三大标志性建筑，是一个城市功能完善的体现，是一个城市现代化的重要标志之一，是实施“文化兴市”战略的重要工程。

1. 抓紧启动建造具有现代化功能的大型综合性的体育场馆。随着我市经济的快速发展，物质生活水平的提高，广大人民群众对精神文化生活也提出了更高的要求。近年我市城乡群众性体育运动正在各地迅猛开展，我市每年都要举办全市性的大型体育活动。但东阳全市性的大型体育场馆至今还没有，严重制约了全市体育健身运动的开展。而老东中体育馆建于上世纪 90 年代初，至今已近 20 年历史，一方面经过多年的日晒雨淋，体育馆内外显得陈旧破落，与我市的经济发展和市容市貌不相适应；另一方面作为一个中学的体育馆，其场馆规模小、设施简陋、功能不全，许多主要的体育比赛设施都没有，已经远远不能适应开展大型健身、体育赛事的需要。体育场馆是一个城市的“窗口”，建造一座综合性的大型体育场馆对我市的经济、文化、科技以及城市建设、旅游等相关产业的发展均有着积极的影响。同时，体育场馆是全民健身的基地，是竞技的舞台，更是城市综合经济实力的展示。建设具有现代化功能、全市标志性建筑的体育场馆已迫在眉睫。为此，建议加快建设东阳体育场馆工程，尽早动工，争取在“十二五”时期的前三年建成使用。

2. 完善东阳市广电中心的功能设施，对二期工程建设用地进行有效规划控制。东阳市广电中心是浙江省重点工程。建设广电中心，既是我市广电事业快速发展的客观需要，也是助推我市文化大市建设的迫切需求。在市委、市政府的高度重视下，市广电中心一期工程将在今年底全面完工。市广电中心建成后，将极大地改善广播电视基础设施和提高科技化水平，推动广播电视节目质量和整体宣传水平的提升，为我市经济社会发展提供更好的舆论支撑。市广电中心原规划设计用地为 67.6 亩，市里后来调整为 35.4 亩，造成了面积 1000 平方米的大型演播室无法安排，将导致新建的东阳市广电中心功能不全。大型演播厅是我市大型电视节目制作、大型文艺节目、重要文化活动举办的重要场所。建议市委、市政府充分考虑市广电中心规划的科学性，对二期工程 32.2 亩建设用地进行规划、控制。

三、深度挖掘东阳特色文化。特色是事物表现的独特色彩、风格等，特色反映了事物的本质，有特色才有生命力、才有影响力。特色文化就是地方民俗文化，民俗文化以民间文化和民俗风情为主体，它可满足人们“求新、求异、求乐、求知”的探秘心理，是高层次的旅游文化。

东阳是浙江中部的历史文化名城，其中国家级的非物质文化遗产就有东阳木雕、东阳竹编、东阳卢宅营造艺术和翻“九楼”等四个。东阳南宋时就被称为“婺剧之都”。东阳民俗风情浓郁，民俗文化资源十分丰富，有四层楼高的巍山大龙身(大屏风)，旗面用稠 60 平方丈(一亩田大)的唰干大旗，每柱 300 多斤的郭宅大蜡烛。如何经过开发和加工，将资源性文化转变为资产性文化，形成文化产业，是大有文章可做的课题。东阳的民俗文化已进行了一些开发，但开发的不够充分、特色不够突出，形象不够鲜明，还可加大力度。春秋越国时期，东阳属越国地域，深受古越文化和越王勾践卧薪尝胆精神的熏陶和影响，造就了东阳人勤耕苦读、自强不息的气质，如何进一步加以开发和利用，是摆在我们面前的一个重要课题：越王勾践 -- 卧薪尝胆；古代四大美女之一西施——美丽爱国；西施和范蠡隐居江湖——浪漫爱情。古越文化一定会像“宋城千古情”、“映象刘三姐”一样，在全国打响。

四、倾力打造东阳影视旅游文化品牌。要通过文化搭台、经济唱戏，挖掘文化资源，开辟特色文化旅游，开发具有国际国内影响力的文化品牌，精心打造横店影视文化旅游品牌、卢宅肃雍堂等古建筑群文化品牌。

1. 营造“山清、水秀、岸绿、景美”的横店影视旅游环境。近年来，横店影视产业实验区影视旅游工作蓬勃发展，成为我市经济发展新的增长极。但从加快东阳崛起和实施“文化兴市”战略的高度来看，还需要进一步优化横店影视旅游景点环境，改变各景点目前存在的布局松散、游客游览观光不方便、景点外围环境不理想现象。我们设想可以把秦皇宫、清明上河图、梦幻谷、广州街、香港街、度假村等主要景点和酒店，用人工开凿运河方式连在一起(按京杭大运河的特点建造)，游客游完一个景点后，乘坐运河上的画舫到下一个景点或酒店，这样既可极大方便游客观光游览，免除游客来回乘车奔波之苦，又可以节省体力，还可以改善交通拥堵现象，特别是沿途还可领略运河两岸风光，观赏横店影视风光片，充分展示我市江南水乡文化特色，从而提升横店影视旅游品位。对此，四川九寨沟景区很值得我们学习。游客到达九寨沟后，统一换乘景区大型电瓶游览车，司机穿着民族服饰并兼导游，车上滚动播放九寨沟的风光片。游客游览一个景点后，游兴正浓可步行,累了可乘游览车到下个景点。景区还开设了大型餐饮区,干净、卫生、快捷。整个游览不仅使人感到山清、水秀、景美,而且使人感到人美、舒适、休闲,心旷神怡,流连忘返。

2. 赋予东阳卢宅肃雍堂这座静态古建筑以动态的文化内涵。一是文化卢宅。要通过认真提炼书香门弟的教育文化、忠君报国的儒家文化、木雕砖雕石雕竹编等工艺美术文化、婚庆嫁娶等东阳民俗文化、影视拍摄基地(肃雍堂)的影视文化等,不断提升卢宅古建筑群文化的认知度和影响力。二是动感卢宅。卢宅以明清古建筑等老房子为主,显得老旧冰冷。要结合挖掘东阳民俗文化,发展卢宅吃、穿、住、行、玩等多种民俗形式,使卢宅这座古建筑“动”起来。三是影视卢宅。通过拍摄电影电视剧形式,利用卢宅明清几百年辉煌历史,像电视剧《乔家大院》一样,迅速红遍全国。传承明清两代的卢宅肃雍堂是东阳传统教育文化和工艺美术的集中代表。中央电视台副台长、中央新闻纪录片厂长高峰考察卢宅后十分心动,很想把卢宅搬上影屏,并指示中央电视台年轻编导路阳创作了电影故事片剧本梗概《风吹过东阳》(剧本富有东阳特色,以卢宅为主要场景,以东阳木雕为主线。但由于深入生活不够,还待进一步完善)。建议市委、市政府高度重视,确定相关专业人员主动配合编导创作,早日将卢宅搬上影屏视屏,通过影视形式更快更好的把卢宅推向全国,促进东阳旅游大提高、大发展。

春华秋实,盛世如约。“加快东阳崛起,实现全面小康”已成为我市今后一个时期的总体目标。让我们紧扣市委 2011 年“扩大发展成果,优化发展环境”的工作主题,从现在做起,解放思想,求真务实,开拓创新,奋力拼搏,确保今年实现“十二五”各项工作的开门红。

(作者为东阳市广播电视台台长)

浙江民营影视企业崛起原因初探

刘 臻

最近,由长城影视、杭州南广制作的大型史诗电视剧《五星红旗迎风飘扬》、《东方》在央视一套黄金时段连续播出,不仅弘扬了主旋律,而且取得了收视佳绩。2010 年,影视浙军拍摄电视剧 43 部 1500 余集,参与创作的达 3000 余集,其中 98%是浙江民营影视企业的作品,如《我的美丽人生》、《牵挂》、《能人冯天贵》等都在央视一套黄金档热播,《大西南剿匪记》、《旗袍》、《刀尖上行走》、《活佛济公》等都在地方卫视黄金档热播,获得了社会效益和经济效益双丰收。“影视浙军”中的民营力量让全国同行刮目相看。本文试图从政策、机制、资本、人才四个方面浅探浙江民营影视企业崛起的原因。

一、宽松的影视产业政策是民营影视企业崛起的前提条件

浙江民营影视企业的崛起得益于国家发展文化产业的政策。党的十一届三中全会以后,尤其是 1992 年邓小平同志的南巡讲话,给中国非公有制经济的发展带来了勃勃生机,但是民营影视企业的春天在 21 世纪初才到来。2002 年党的第十六次全国代表大会把非公有制经济当做社会主义市场经济的重要组成部分写进主题报告,后又写进国家宪法。自此,民营经济的地位得到党和国家的肯定,民营影视企业的存在和发展有了政策与法律的保驾护航。

国家影视管理部门为落实党的十六大精神,不仅放宽了对民营影视企业的限制,而且制定了一系列有利于民营影视企业发展的政策和法规,为其发展提供了巨大的空间。2002 年,浙江省委、省政府出台了《关于深化文化体制改革、加快文化产业发展的若干意见》,确定了国有经营性文化单位改制为企业;鼓励社会法人、自然人和单位内部职工向改制企业投资入股,形成多元投资的产权结构和经营主体;通过控股、参股等多种方式,吸纳社会资本。省委、省政府的政策更加具体化,更具可操作性,更有诱惑力。2002 年 10 月浙江省广电局《关于加快浙江影视产业发展若干意见的公告》正式“出炉”。其中有“注册资本 300 万元”和“需挂靠文化行政管理部门”这两条规定。为了鼓励多元影视主体诞生,《公告》特别放宽了准入条件,如“注册资本 300 万元”可以在 3 年内实现,“挂靠文化行政管理部门”,一时找不到上级业务主管部门挂靠的企业,可直接挂靠在当时的浙江广播电视局。

2003 年 12 月,国务院颁发 105 号文件,鼓励、支持、引导社会资本以股份制、民营等形式,开办影视制作等文化企业,并享受国有文化企业同等的待遇。

在一系列利好政策的推动下,浙江的华新影视、横店影视、长城影视、华策影视等一批实力较强的民营影视企业得到了电视剧制作甲种许可证，获得和国有影视单位一样的身份，享受到国家和政府扶持影视产业发展的各种优惠政策。

电视台制播分离政策也是民营影视企业崛起的利好消息。制播分离最具操作性的是电视剧。目前电视剧已成为电视台收视率和创收贡献最大的节目，电视剧交易占中国电视节目交易总量的90%。据《收视中国》统计，2010年各大电视频道18:00至24:00时段播出的电视剧是3368部，529382集。而审批发行的电视剧是436部，14685集。市场需求就是最大的号召力，也是民营影视企业发展的原动力。

高品质、高收视的电视剧是各大卫视争抢的稀有资源，在全国30多家卫视的竞争格局下，浙江卫视率先提出"四加一"购剧方式，创造了四家卫视联合上星首播剧模式。随后，湖南、浙江、江苏、安徽等省级卫视创造了独播剧模式，让电视剧竞争上升到一个新的层次。

有政策就有活力，有市场就有出路，有质量就有前途。在暖春的土壤中，浙江诞生了"中国电视剧第一股"华策影视，而且培育出像长城影视、华新影视、杭州南广、千乘影视、绿城文化等一批实力较强的民营影视制作机构。

二、改革创新市场化机制是民营影视企业崛起的动力之源

浙江民营影视企业是在不断探索机制创新过程中前进的。有了好的机制，就能产生无穷的活力，募集所需要的资金，搞出大作力作。不断接受民营资本介入，招募人才入股，从更深的意义上讲，就是机制的改革，就是机制的创新。

浙江的电视剧创作从20世纪80年代初的国营影视机构起步。20世纪90年代中期，发展文化产业的商机开始显现，一些有头脑的企业家在产业经营上追求新的突破，开始涉足电视剧行业，浙江第一家民营资本与国有资本融合的华新影视公司应运而生。相对于单一的国营机制，这种股份制民营体制更显示出生机和活力，华新影视先后制作推出了《绍兴师爷》、《子夜》等一批既有社会效益又有经济效益的作品。随后，省文联名下的长城影视，浙江传媒学院名下的杭州南广纷纷成立，推出了像《大明王朝》、《大工匠》等力作。成立之初，这些影视机构既能在"公私合营"的过程中获得制作电视剧的优惠政策，又能在股权和收益上平分秋色。然而，合营过程并不一帆风顺，矛盾逐渐产生。比如，国有企业的负责人看重的是完成宣传任务、获奖和在中央电视台黄金档播出，社会效益永远是放在第一位的，而民营企业的目标不仅仅是知名度，还要赚钱；剧目营销中矛盾也不少，弄得不好，公司老板常常受审计、查账，甚至挨批。1997年，华新影视脱离电视剧制作中心，开始自主经营。几年后，长城影视、杭州南广的持股人在增资扩股过程中逐渐壮大，从合营体制中分离出来，成为独立的民营影视企业。

2000年后成立的民营影视企业绝大部分是股份合作制公司，其基本模式有两种：一是资本联合体。由两个或两个以上股东参与的股份合作公司，股份组成基本以资本为基准。二是人才与资本的联合体。如绿城文化是2005年绿城房产出资1000万元与电视制作人合作成立的，双方各占50%的股份。这些年该公司制作出品了《眼中钉》、《刀尖上行走》、《等到胜利那一天》等一批影视作品。

运行得好的影视制作股份公司经过批准在证券交易所上市交易，这是把影视制作业做大、做强、做规范的最好路子。目前，浙江有华谊兄弟和华策影视两家上市公司。

大量事实证明民营影视企业的机制灵活，决策效率高，人员成本低；善于把握机会，敏锐地掌握市场需求，能抓准市场需要的题材；不受传统理念和运作模式的制约，敢于担当风险，有创新意识和社会责任感。截止到2010年底，浙江影视制作机构有600多家，占全国总数的14.1%，仅次于北京，其中民营影视企业552家，占总数的85%以上。民营的崛起与国有影视企业形成竞争态势，促成了浙江影视的大发展、大繁荣。据统计，2010年浙江出品的电视剧80%在各级电视台播出，65%在省级电视台播出，近5年来在央视一套、八套黄金档播出的电视剧达30余部。

三、多元化资本运作是民营影视企业崛起的必经之路

政策解禁使社会资本终于可以名正言顺地投资影视业，分享影视业的高额利润。马克思说："资本的合乎目的活动只能是发财致富，也就是使自身增大或增值"。民营资本进入影视产业的目的就是希望获得回报使资本增值。浙江社会资金雄厚，又是民营经济的发源地和民营经济大省，着名的民营企业广厦早在15年前就涉足影视领域，当年投资300万元成立的华新影视现已成为浙江民营影视产业的主力军，2010年、2011年连续两年有两部电视剧在央视一套黄金档播出。

2004 年 2 月 10 日，国家广电总局颁布《关于促进广播影视产业发展的意见》文件，第一次对中国广播影视行业的产业化进行了全面的阐述，为包括民营资本在内的各类资本进入影视业行业消除了政策障碍。

2005 年 8 月 8 日，《国务院关于非公有资本进入文化产业的若干决定》公布，这不仅为浙江的民营影视业老板，也为浙江有实力的民营企业家送上了一颗定心丸，大量民营资金开始涌入影视产业。如阿里巴巴、绿城集团、广厦集团等都向影视业投入了大额资金。

在新的形势面前，浙江民营影视业的老板悟出了一个道理：要使自己强大，必须把影视做成产业，走文化产业之路。由此，一些有实力的影视机构，不再亦步亦趋，而是放开手脚。不仅仅在数量上有追求，而且开始做大片。越是做大片，越是有大老板投资。越是大片，越能产生巨大效益。近几年，像《西游记》、《中国往事》、《东方》、《济公活佛》这样的电视剧，每集投入都在 60 万元至 100 万元，每部片子投入都在 2000 万元到 3000 万元，最高的到了 5000 万元，销售额高的达到了一个亿，一部片子就是一个产业。浙江的民营影视企业的融资方式大致有以下几种。

1.独立投资。一些资本雄厚的公司，如横店影视集团、华新影视、绿城文化等都有上市公司作靠山，都有独立拍摄电视剧的实力，独资拍摄了《下南洋》、《能人冯天贵》等电视剧。

2.联合投资。目前浙江的民营影视企业投拍的电视剧大多采用这种形式。电视剧市场的投资风险高，部分影视企业希望通过寻找合作伙伴来降低投资风险，实现优势互补。电视剧《东方》、《大汉天子》、《西游记》的拍摄都是采用了这种模式。

3.预售筹资。这是最好的融资方式。一些有实力的电视台看好电视剧本和出品人，以投资人的方式把购片资金提前投入到民营影视公司，一是可以提前买断播放权，二是在收视成功后可以获得利润分红。对影视企业而言，这是一举两得的事，同时解决了发行风险和资金压力。《爱情有点蓝》、《东方红1949》、《大西南剿匪记》、《活佛济公》等剧采用的就是这种模式。

4.多元筹资。一是向政府机构融资。制作方投拍的电视剧若带有纯教育和政治导向功能，可以从相关领域的政府部门得到资助，这类资金大多不需要回报。二是向金融机构贷款。只有实力较强的民营影视公司才能通过这种渠道融到资金。电视剧项目是一个文化产品，成功的作品确能获得巨大收益，但若不能发行出售，仅仅只是几盒磁带而已，一般银行会要求用公司或个人房子等不动产做抵押。三是向社会公司募集资金。一些药品、房地产、餐饮、化妆品行业看好电视剧制作，会出资并按比例分享收益，也有采用固定回报形式的。固定回报利率一般为 20%，一旦借款到期，无论市场销售如何，制作方都必须向投资方还本付息。这种融资模式不受国家法律保护，投资人会非常看重制作方的信誉。四是引进海外资金。千乘影视拍摄的《活佛济公》，49%的资金和技术是从海外引进的。

5.上市筹资。2009 年 7 月，国务院审议通过了《文化产业振兴规划》，积极鼓励影视制作企业向资本市场融资，当一些影视制作企业达到上市标准后，可通过发行股票到资本市场融资，电视剧融资创新实现跨越式升级。2010 年 10 月 26 日，浙江华策影视公司在创业版上市，这是一个辉煌的案例。多元化的资本运作，大大增强了浙江民营影视企业拍摄电视剧的实力并降低了风险，迎来了电视剧创作的繁荣。有人做过统计，长城影视十余年来拍摄的作品，如果每天放 1 小时，可以 6 年多不重复，华策影视从 2006 年到 2010 年，拍摄并播出的电视剧达 2000 余集，名列国内民营影视企业第一。

四、高薪招募海内外人才是民营影视企业崛起的重中之重

影视工程，其实是人才工程。电视剧生产领域起主导作用的是人的因素，可以说人才是电视剧创作的第一要素。

成功的民营影视企业老板就是影视界的精英。长城影视的总裁赵锐勇是地道的浙江人，当过县级电视台台长，写过《天竺山传奇》，后来在省文联名下的《东海》杂志任主编，2005 年借文化体制改革东风，控股长城影视。还有华策影视、绿城文化、千乘影视的老板等等，都是在电视台里摸爬滚打十几年后分流出来的影视精英。这些人接受过电视专业学习，又经过传媒职业熏陶，文化程度高，政治素质好，社会责任感强。他们懂得讲政治，民营影视必须关注影视法规和政策，摸准政策的脉搏如同摸准市场的脉搏一样重要。浙江民营影视企业家的过人之处在于，既注重政治导向，又有特别的眼光，能在浩瀚的剧本海洋中抓准电视台最需要的东西，还懂得市场经济的规律，注重经济效益，注重收视率，理所当然地受到市场欢迎。他们既做出了像《东方》、《五星红旗迎风飘扬》这样的主旋律大剧，又拍出了像《倾城之恋》、《天若有情》、《活佛济公》这样高收视率的娱乐片。

全国乃至全球视野的人才观。经过这几年的发展，我国电视剧市场已经形成了名人效应，名编、名导、名演员的作品容易获得市场认可。为降低风险，稳定收视，民营影视企业想尽办法，出股份、出重金在全国招募最具才华和影响力的人才。华策一上市，有媒体报道，两名著名编剧刘恒、邹静之成为千万富翁，这是因为华策在股份制改造的过程中，将刘、邹二人作为公司股东，配发了股份，增强了合作的稳定性和公司的知名度。同时，与华策影视签约的编剧、特约作家还有池莉、毕飞宇、苏童等，他们每年为公司提供大量的创作题材和优秀剧本。同样，华谊兄弟也将冯小刚、张纪中等影视大腕同公司捆绑在一起，增加了市场的号召力。还有不少公司出重金甚至是股份聘用职业经理人。

地方政府的政策扶持。用重金奖励和房子引进人才，杭州市设立了每年7000万元的文化创意产业专项资金，奖励有作为的影视公司。2009年出资200万元重奖电视剧《大工匠》，三年后又出资600万元重奖《五星红旗迎风飘扬》和《东方》。宁波、温州和东阳也有扶持影视产业发展的奖励政策。杭州市还开辟西溪文化创意园，用低廉的租金、良好的环境吸引了邹静之、麦家等一大批名人入驻，文化名人集聚产生的文化现象，对推动影视文艺作品创作有积极的作用。目前华策影视、长城影视、杭州南广在西溪文化创意园都有4000多平方米的工作室。

浙江文化人的担当意识。浙江从来就不缺铁肩担道义，敢于为社会鼓与呼的文化人。浙派电视剧关注当下政治生活，注重现实性、思想性的特色已得到普遍认同。事实证明，在社会主义主流价值观的市场环境下，有担当意识的浙江民营影视企业不仅赚钱了，挖到了“金矿”，而且为弘扬主旋律和时代精神作出了积极的贡献；不仅找到了商业价值，而且找到了社会价值。

电视剧产业最核心的竞争力是作品的质量，真正的好剧不会被市场埋没。特别是随着媒介技术的革新和播出平台的拓展，“内容为王”必将是未来电视剧产业的大势所趋，我们坚信浙江的民营影视企业能够把握住机遇，不断提高原创能力，为电视剧在全国乃至国际市场竞争积淀实力，创造更加辉煌的业绩。

（原载《中国广播电视学刊》2011年第9期）

微博时代广播媒体如何提升突发事件的舆论引导力

——以“7·23”特别重大铁路交通事故为例

陈永松

摘　要：本文以“7·23”甬温线特别重大事故报道为例，通过对广播和微博媒体在突发事件中实际传播效果的阐述和比较分析，提出了微博时代善用新媒体提升舆论引导力的若干可行性策略。

关键词：“7·23” 传播效果 突发事件 舆论引导力

传播学大师麦克卢汉认为，任何一次新技术的诞生与运用都极大地改变了现有媒介的传播格局。微博即微博客(MicroBlog)的出现就是如此。作为一种新媒介，它以信息源丰富、传播速度快、扩张力强、影响力大，挑战着传统媒体——广播“先声夺人”的核心竞争优势。微博是一种天然适合突发事件传播的媒体，美国有研究称，现阶段70%突发事件的发现都始于微博。①在我国社会转型的大背景下，突发事件有增无减。目前广播在全国拥有6.6亿的听众，②在拥有这样广泛的受众资源基础上，研究广播如何融合微博新媒体的优势，在突发事件中从容应对、战之能胜，无论对突发事件的舆论引导还是对广播媒体的发展来说，都具有非常重要的现实意义。

一、“7·23”事故中广播和微博的传播效应

突发事件，是指突然发生、造成或者可能造成重大人员伤亡、财产损失、生态环境破坏和严重社会危害，危及公共安全的紧急事件。如自然灾害、事故灾难、公共卫生事件以及社会安全事件等。③

2011年7月23日20:34，甬温线永嘉站至温州南站间，北京南至福州D301次列车与杭州至福州南D3115次列车发生追尾事故，造成40人死亡，192人受伤。事故发生后，国家和省市级广播媒体迅速介入，发布权威信息，直播现场救援，讲述真情故事，开展广播寻亲，跟踪医疗救治，进行心理疏导，收到了良好的认知效果、情感效果和行为效果。

突发事件发生后，广播媒体第一要务是在第一时间将信息公之于众。事故发生5分钟后，温州交通广播当班主持人在3分钟的时间内接到4位听众的事故报告电话，主持人马上向频率负责人汇报了这一事件。待向消防等部门证实了这一消息之后，频率立即通知20:55播出动车事故的消息，记者随即迅速赶往现场采访报道。

20:55开始启动应急预案，并转入特别直播，争取在第一时间满足听众对事故信息的认知需求，温州交通广播成为最早播出"7·23"动车事故的媒体之一。21:40，温州交通广播记者率先播发了来自事故现场的第一个连线报道。浙江省副省长、温州市委书记陈德荣指示温州交通广播发布消息：请群众不要再赶往现场，已经在现场附近的群众和与救援无关的车辆尽快撤离。消息播发后，听众马上腾出了一条"生命通道"。

《动车脱轨大救援》《温州全城大爱涌动》《1039为你寻亲》等特别节目不断推出，7月23日20:55至7月24日24:00温州交通广播连续27小时的直播中，播出报道200多篇。广播报道始终保持从容理性的传播方式，做到沉着冷静，克制而不煽情，真实反映现场救援情况，把信心和力量传递给身处灾难之中的人们。赛立信媒介研究有限公司的调研数据显示，温州有19.1%的人通过广播获知这一突发事件，仅次于电视。

在这次突发事故中，作为新兴媒体的微博再次凸显了它在速度方面的传播优势，成为迅捷的信息发布平台。

7月23日20:38，事故发生4分钟后，新浪网友"袁小芫"发出了第一条微博："D301在温州出事了，突然紧急停车了，有很强烈的撞击。还撞了两次！全部停电了！我在最后一节车厢。"众多网民比广播听众提前了17分钟获知了这一信息。20:47，事故发生13分钟后，微博名为"羊圈圈羊"的乘客发出了第一条求助微博，这条微博被转发了10多万次。两个小时后，该网友获救。7月23日到8月1日，9天时间里，新浪微博就发出了有关"7·23"事故的微博1000多万条，平均每秒就有13条微博发布 。④

此外，微博平台的即时互动性也彰显了微博在突发事件传播中的优势。事故发生后，微博成了巨大的网民互动媒介，这一作用在"微博寻亲"中得到了充分的体现。在腾讯微博，寻亲者可以将要寻找的亲友信息及联系方式等发布出来，让网友一起来帮忙寻找。至7月25日晚上短短两天，相关微博数量就达400多万条。浙江的部分官员也参与到微博互动。有443万微博听众的浙江省组织部长蔡奇，至事故发生当天深夜2点18分，连发36条微博，报告浙江省组织救援的情况，赞扬温州"的哥的姐"免费送客人到医院献血。负责卫生工作的浙江省副省长郑继伟及浙江省卫生厅官方也利用微博平台发布医疗救援的进展。

二、"7·23"事件中广播和微博传播效果的比较分析

突发事件最能体现媒体在传播速度、传播效果、媒体公信力等方面的竞争力。"7·23"事故也引发了传统媒体和新媒体之间的再一次角力。赛立信媒介研究有限公司在对温州受众调查的基础上，就微博与广播、报纸、电视等传统媒体之间的传播效果进行了比较分析，结果如下：

表1 "7·23"事件中媒体传播效果比较分析

	电视	广播	互联网新闻	互联网微博	手机微博	报纸
跟进报道及时	51.35%	50.39%	47.41%	74.78%	61.94%	34.78%
内容详细/全面	53.51%	64.34%	61.21%	29.35%	38.71%	63.04%
内容真实	27.57%	27.13%	24.14%	13.04%	25.81%	26.09%
评论独到/恰当	12.43%	16.28%	18.10%	24.13%	22.58%	10.87%
反映民意	22.16%	35.66%	26.72%	65.22%	19.35%	43.48%
现场直击	21.62%	25.58%	21.55%	13.04%	35.48%	36.96%
媒体权威性	10.27%	7.75%	9.48%	3.26%	6.13%	15.22%

（数据来源：在赛立信媒介研究有限公司调查基础上整理，此表为一多选题的列表统计，故每行相加不等于100%。）

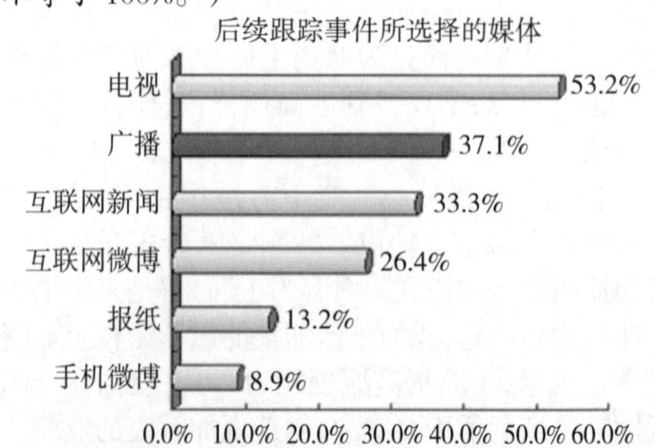

数据来源：赛立信媒介研究有限公司调查数据。

从以上的调查数据(剔除样本统计的误差)可以看出,在报道的及时性、评论的独到恰当性和对民意的反映方面,作为新兴媒体的微博(包括互联网微博和手机微博)相比于传统媒体来说,都具有较为明显的优势。在温州,虽然第一时间通过广播获知“7·23”动车事故的受众比微博要多,但是突发事故发生后在跟进报道的及时性方面,互联网微博高出电视和广播 20 个百分点,手机微博也高出 10 个百分点。在报道的评论独到性和恰当性方面,微博也明显高于传统媒体。在反映民意上更是明显,互联网微博高达 65.22%，远高于电视的 22.16%和广播的 35.66%,体现出新媒体传播速度快、互动性强、原生态的特征。

在传播内容的详细全面、内容的真实性和媒体权威性方面,传统媒体明显更具有优势。在内容的详细和全面上，电视和广播分别高达 53.51%和 64.34%,高出互联网微博和手机微博 20～30 个百分点。在信息发布的准确性和媒体权威性方面传统媒体也明显更具优势。比如动车事故后,微博上曾一度有人传播“吊起的车体里还有人招手”、“死亡人数有猫腻”、“事故已经造成 63 人死亡”等谣言,广播立即派记者进行核实和辟谣，有效地引导了舆论朝正确的方向发展。所以,即使微博最为快捷,在突发事件的后续跟踪方面选择广播的受众还高达 37.1%,仅次于电视,远远高于互联网微博或者手机微博。

通过在“7·23”事故中媒体传播效果的比较分析，我们可以总结出传统广播和微博在传播方面各自的优劣势如下：

表 2 突发事件中广播和微博传播的优劣势比较分析

	优势	劣势
传统广播	权威信息源,主流价值观,专业人员采写发布,信息真实,迅速全面； 伴随性强,易懂,可以边听广播了解资讯边参与救灾,提高救灾效率； 传播历史悠久，品牌认知度高,受众忠诚度高； 有组织保障,相对稳定。	线性传播，受众自主选择性差，受众参与节目制约因素多； 传播稍纵即逝，无检索难保存； 单介质传播，缺乏可视性； 每天不能超过 24 小时,信息承载量有限。
微博	非线性传播，交互手段即时且简单，受众自主选择性强，满足公众的知情权； 零距离传递信息，能直播突发事件现场；能短时间内使信息加为关注，使突发事件形成热点话题； 传递和保存所占据的网络空间很小,易检索,易保存,易链接； 多介质传播，可视、可听、可读,具备强大的信息组织能力，激发全面参与。	个人化发布信息,没有新闻采写权，信息碎片化； 过于强调言论的随意性和自由化，使用门槛低，容易导致虚假消息和过激言论,真实性相对较差； 受众参与需具有一定的读写能力； 专业性、服务性、对象性较差； 有实名制和非实名制之分，受众隐私保护得不到保障。

通过以上的比较分析我们可以发现，在信息传播的权威性、全面性、稳定性上,广播比微博更具有优势。而在信息传播的速度、传播的手段、信息承载量上微博则更具竞争力。

三、突发事件中广播与微博的融合路径

“全民‘围脖’”时代让“全民记者”成为可能,微博改变了以往突发事件的传播方式，传统广播的快捷优势受到挑战。传统广播媒体只有融合微博等新媒体,实现资源共享、协同作战,形成不间断的信息流,才能应对来自新媒体的挑战,在突发事件中发挥更大的影响力和舆论引导能力。作为传统媒体来说,广播应从以下四个方面来加强和新媒体的融合,实现在突发事件方面舆论引导上的突破：

第一,广播媒体要善用微博平台资源,做好突发事件线索来源的搜寻和后续追踪报道材料的收集整理。由于微博内容发布形式短小精悍,不足 140 字,与手机等媒介终端的融合真正做到了“随时随地随分享”,加上操作简单,注册门槛低等原因,使微博具有“核裂变式的传播能量”。基于互联网技术的微博,信息更新速度甚至达到每秒十几条,微博让“每日新闻”变成了“每秒新闻”。广播记者在突发事件现场跟进报道过程中,往往缺乏对全局信息的掌控。通过微博可以了解事件的最新动态，有利于记者的深入追踪。突发事件发生后,微博平台上有无数网友不断求证事件的原貌，广播媒体可以利用碎片化的微博这种不断纠偏、多重纠偏的过程，主动挖掘突发事件背后的原因，深入立体地报道突发事件的全景。这是新闻规律的内在需求，也是尊重受众日益增强的知情权意识。

第二，广播媒体将微博突发事件话题深加工，并通过微博传播出去，形成强大的舆论影响力。微博的一个重要功能是能够统计出正在热议的话题，媒体工作者可以筛选出有价值的话题，做成深度报道。媒体的报道和微博的讨论相互呼应，形成一波波的舆论热潮，二者相互影响，使舆论强度呈现螺旋上升的状态。随着微博对社会的深度介入，现有的传媒产业形态将会被改变。在微博平台上，传统媒体应该将自己定位为优质内容提供商。传统媒体所需考虑的是如何充分利用新媒体去伪存真、去粗取精，由表及里、由浅入深，把素材转变成有价值的新闻，尤其是有价值的深度报道。

第三，广播媒体要充分利用微博平台，突发事件中要打响服务品牌，平时要做好口碑营销。突发事件发生后，广播要充分利用微博服务平台传播快、覆盖面广的特点，与微博联手为受众提供服务。今年7月5日，温州小南河一对情侣落水遇险，贵州小伙王洪奋勇救人，上岸后却发现钱包被偷。温州交通广播主持人大铭及时用微博发起了温州第一个“微博民间嘉奖”，同时在广播节目中呼吁市民“用我们的行动温暖勇士的心”。募捐活动得到很多人的响应，最后把募得的数万善款送给了王洪，央视对此进行了专题报道。温州交通广播还把微博平台引入到路况播报，在突发事件中，发挥微博短(简短)、频(频繁)、快(快速)的平台特征，对交通实现提前分流。在日常的业务中，广播同样要加强同微博的合作，将微博作为资源整合的第三方平台，实时发布各类信息，加强同受众之间的互动，甚至可以利用微博开展服务营销，增强媒体对受众的黏性，为媒体能在突发事件中发挥更大的影响力服务。

第四，广播频率要尽早注册官方微博和微电台，增加突发事件的播出平台。微博用户中流传：“粉丝超过100，你就是本内刊；超过1000，你就是个布告栏；超过1万，你就是1本杂志；超过10万，你就是都市报；超过1亿，你就是CCTV。”据新浪微博统计，截止到今年10月19日，开通新浪官方微博的媒体有3400多家，其中广播媒体近500家。入驻新浪微电台的有200多家。相对于杂志报纸，广播媒体开通微博较晚，但是势头迅猛。2009年11月3日发布开通新浪官方微博的中国国际广播电台环球资讯广播，到今年10月19日为止，粉丝已经超过127万，中央人民广播电台的微博粉丝也达97万多。温州交通广播自今年4月27日开通新浪官方微博以来，已有粉丝25000人。目前，全国有一半以上的广播频率还没有开通官方微博，下一步要抓紧注册微博并申请微电台，方便全球网络用户收听和关注随时可能发生的突发事件。

总之，微博的出现不是广播发展的障碍，而是媒介融合的机遇。在突发事件中，广播媒体要与微博等新媒体共同搭建信息平台和救助平台，再造广播新闻生产传播流程，这样才能扬长补短，进一步挖掘广播潜力，提升舆论引导力和公信力。

注 释：

①王菡：《略论广播媒体与微博的融合》，载《东南传播》，2011年第4期。

②来自赛立信媒介研究公司的统计数据，载《传媒》杂志，2011年7月12日。

③肖瑶、熊忠辉：《2008年重大突发事件传播研究综述》，载《现代视听》，2009年第2期。

④肖过强：《无“微”不至的微博力量》，载《新闻实践》，2 011年第9期。

⑤蔡胜龙：《微博给传统媒体带来的不仅仅是挑战》，载《新闻传播》，2011年第3期。

参考文献：

1. 孟波：《新浪微博：一场正在发生的信息传播革命》，载《南方传媒研究》第21辑，南方日报出版社，2009年版。

2. 王姗姗：《新浪微博寻路》，载《新世纪周刊》，2009年第2期。

3. 传播学百科网：路透社网络报道守则 http://wwwchuanboxue.org/

4. 周业安：《微博经济学》，载《中国经营报》，2010年4月24日。

5. 殷俊、孟育耀：《微博的传播特性与发展趋势》，载《今传媒》，2010年第6期。

(原载《中国广播》2011年第12期)

论文摘要

我国收视率调查及其发展趋势

胡 键

随着电视媒介市场的快速发展，收视率也获得了前所未有的追捧，漫延为行业的通行货币，成为电视台、广告商和企业衡量节目及收视市场的最重要指标，甚至在一定范围内出现了以收视率为唯一考评依据的单一价值取向，成为业内外人士共同关注的热点话题。因此，如何正确认识和理解收视率，科学有效地使用收视率，规范和监督收视率调查业务，是整个电视业健康繁荣发展的必然要求。

一、我国收视率调查发展迅猛

我国收视率调查始于上世纪70年代末，在90年代中后期。2009年初，AGB尼尔森退出我国市场，索福瑞公司独占市场，到2010年3月，该公司已在我国建立了180个收视率调查网，规模居世界首位，其中测量仪70个，日记卡110个，包括1个全国网、25个省级网、154个城市网，能组织对全国200多个市场、1200多个电视频道的收视情况进行全天候不间断调查。

目前，绝大部分省级以上电视台、省会城市和地级城市台都购买了收视率数据，一些实力较强的县级台也参与其中。

二、收视率调查业弊端分析

从引进收视率并被采用伊始，争议和批判就如影随形，其应用已经面临困境。首先是属性上，收视率本身纯商业属性，与我国传统电视媒体的双重属性、双重功能、双重效益的价值取向背道而驰。其次是模式上，基于我国人口众多、地域广阔的复杂国情，收视率调查面临“本土化”改造问题。再次是效果上，收视率是一种行为指标，对观众的心理认知，即对该频道或节目的优劣、满意不满意无法反映。

三、加强对收视率的规范和管理

一是加强行业内部自律。一个行业的兴旺，首先在于市场的需求，其次是产品自身的品质和信誉。确保收视率调查数据的准确性、科学性、公正性、安全性，是调查公司的应尽职责和操守所在，也是整个行业的行为规范和基本要求。

二是推进电视节目评价体系建设。有必要尽快建立便捷的频道、节目综合评估体系，评估标准应以社会效益和经济效益相统一为原则，设立收视率和满意率两个关键指标，确定合理的权重分配，其中满意率可以分等级由样本用户直接选择，和收视率调查一起完成。在使用这些指标时，电视台还要综合考虑各种因素的影响，兼顾频道节目定位的差异化与特色化、时段的贡献、专家领导和群众的意见，区别对待不同节目，内部做一些微调，甚至一些新闻、科教、文化类节目不参加评估，从而变由收视率裁决胜负的单一竞争为多项指标决高低的综合竞争，向观众提供更多三贴近的高品位节目，积极营造生态荧屏和性格化荧屏，有效遏制荧屏庸俗、低俗、媚俗化倾向。

三是切实加强对收视率调查的监管。针对我国收视率市场监管缺失的情况，结合国内实际，借鉴国外经验，提出如下监管组织：由政府主管部门或者行业协会牵头，成立非盈利的收视率监管委员会，主管部门要赋予该委员会一定的职能，主要包括：制定收视率调查市场发展的整体方向，为收视率的采集和使用创造良好产业环境；加强资质监管，审核收视率调查公司的能力与条件，并开展一年一度的年检年审；参与收视率调查在技术和执行层面的重要决策，监督协调收视率调查的实际操作和执行；行使外部监督和投诉处理，并就用户提出的实际操作中存在的问题反馈给收视率调查公司执行；根据需要，委派独立的第三方调查单位，对收视率调查公司的某一具体行为进行独立审计和监督。

通过建立这样一套行业管理机制，确保从操作和使用层面，规范调查公司，约束电视台，确保收视率调查的客观、公正、及时、准确，保证收视率数据使用的科学、有效、透明、公平。

四、探索数字电视时代的收视率调查

随着数字时代的到来，数字电视蓬勃发展，传统的收视率调查统计方式也必须改变。在模拟电视时代，收视率调查仪是通过对频率的监测，一个频率对应一个频道，转换成数字电视后，一个频率对应6个左右的频道，再加上点播、回放等收视方式的大量出现，必须改变传统的调查方式。

面对改变收视方式的数字电视，尼尔森、索福瑞或是其他调查公司，不管利用机顶盒进行收视率统计还是其他方法，都需要建立一个新的收视测量统计机制，并逐步升级完善提高，这是自身发展的需要，也是整个行业的要求。

（摘自《视听纵横》2011年第1期）

从“偶像选秀”到“平民狂欢”
——中国电视“真人秀”的发展趋势和未来走向

李　维

当以“偶像选秀”为主要形态的“真人秀”无限风光地登上中国电视荧屏，谁也没有想到，2010年会遭遇“七年之痒”：无论是《快乐男声》，还是《花儿朵朵》，都没有带来预期的效果。正当人们开始怀疑作为中国电视“真人秀”的存在价值时，淡然登场的《中国达人秀》却一扫收视率的“阴霾”，让人们重新审视“真人秀”的生命力所在。

“真人秀”的发展基于电视观众和从业者对“明星”概念的颠覆性诠释和对电视价值的全新评估。

电视艺术植根于社会土壤，电视节目形态体现社会的基本形态，电视节目内容表现全民的价值取向。当我们将《超级女声》视作“偶像选秀”，而把《中国达人秀》归类于“平民狂欢”的时候，会发现两者立足的土壤发生了很大的变化。

同时当民众对自我价值的认同发生变化，他们对于电视价值也有新的认知。电视从一种“说教”和“给予”的角色，变成“索取”和“要求”的对象，观众从“被动”走向“主动”。观众主体意识的提升决定“真人秀”从最初的“偶像选秀”行进至“平民狂欢”的可行性。

电视观众群的演变是决定“真人秀”节目走向的关键。节目形态的变化取决于三个重要因素：一是编导策划理念的变化，二是政策导向的变化，三是社会价值取向的变化。我们不难看出，编导的策划是节目出现和发展的根本，但是这必须立足于政策导向的变化，而这一点又植根于社会价值取向的最终发展，决定社会价值取向的，就是所谓的“主流收视人群”。因此，电视节目形态的发展取决于电视观众群，更明确的说，就是“主流收视人群”。

根据收视率分析，目前“偶像选秀”的收视人群并不是电视的“主流收视人群”，即社会文化和价值观的主要引导者，这也是如今以“偶像选秀”为主要形态的“真人秀”受到诟病并逐渐失去影响力的重要原因。

“真人秀”的理念内核决定未来的任何一次尝试都必须遵守“‘真实’是基础”的原则。

“悬念”是“真人秀”的生命，“真实”是“真人秀”的基础，脱离生活本来面目的“伪真实”没有生命力。首先，观众对于“真人秀”的要求非常高，这使得“真人秀”的策划和运作更需立足于“真实”。

其次，“真人秀”参与者的自身素质决定节目成败。中国社会经济的提升和国人自信心的增强，推动“真人秀”在中国的发展。但是真正符合“真人秀”要求的合格参与者并不多，加上“各有各的打算”的参与者的加入,也让“真人秀”“危机四伏”。

再次,对选手的充分挖掘和认知决定“真人秀”的成功。“真人秀”是让选手“秀”,但是“秀”的过程必须有强烈的编导意识,必须让节目的内核融于选手的血脉中。

“后选秀时代”的“真人秀”节目形态必将呈现更全面、更细分的多元化态势。

首先,未来的“真人秀”将更加“全民化”。“后选秀时代”的“真人秀”势必让更多的人,尤其作为“主流收视人群”的青年人、中年人,甚至是老年人参与到节目中来。

其次,“真人秀”将更“平民化”,“平民狂欢”会成为电视荧屏的热潮。“平民狂欢”将“才艺”的范围更扩大,让“偶像”的概念更平民。

再次,“偶像选秀”并不会消亡,反而将以一种更成熟的商业化方式运行。

第四,各类专业化“真人秀”脱颖而出,对“真人秀”市场进一步细分。“真人秀”不仅仅是“偶像选秀”,“偶像”也不仅仅等同于“歌星”,专业化的“真人秀”将对收视市场进行细分。

第五,“真人秀” 的真谛将在不断探索和发展中得以完善。随着“真人秀”的不断完善和发展,越来越多的社会各阶层民众将参与到“真人秀”中,他们走上舞台的目的已经不仅仅是夺得什么名次和奖项,而是自我价值的认可和表现。也只有当社会评价真正代替物质奖励,个人价值的社会肯定完全超过成名之后的利益获得,才能让“真人秀”回归本来的意义。

(摘自《视听纵横》2011 年第 1 期)

电视公益广告的人本性与艺术性

顾 昶

所谓人本性,就是在我们拍摄的电视公益广告中,处处体现以人为本、人文关怀,处处体现人与人、人与社会、人与自然的和谐相处。

所谓艺术性,就是在我们拍摄的电视公益广告中,在电视所独有的视听语言表现形式上,处处体现美育功能,处处给人以视觉的享受与愉悦。

一部好的电视公益广告片,除了有好的主题立意外,必定还包含人本性与艺术性。甚至人本性与艺术性在一部电视公益广告片中,还占据着非常重要的位置。

如浙江电视台少儿频道与浙江省青少年发展基金会联合拍摄的电视公益广告片“我们是志愿者”。编导者在创意初始就给该片注入了极强的人本性。该片以大学生、护士、交警、教师、武术爱好者为基本人本诉求。平凡的岗位、朴实的人物、流动的画面、淡雅的色彩,让我们真切地感受到,最广大的志愿者就来自基层、最广大的志愿者就来自我们的身边。通过你的手、我的手、他的手;通过你的帮助、我的帮助、他的帮助,就能让远在大山深处的山乡孩子们圆一个奥运梦。该片全长仅 43 秒,以“加入我们的行列,志愿者招募活动正在进行,让山乡的孩子离奥运更近”为主题,将世界的奥运与中国遥远山乡的孩子们紧紧地联系在了一起。

电视公益广告的创作与其他类别的创作形式一样,都是源于生活且高于生活。电视公益广告的创作过程就是一个发现、挖掘、提炼、升华、由表及里、由浅入深的渐进过程。大处着眼小处入手,找准切入点,尽可能用最少的画面传递最多的信息,使每一幅画面都直接服从与服务于公益广告的主题是编导者在创作时必须要考虑的。浙江电视台少儿频道拍摄的电视公益广告片“节约用水——洗车篇”,将生活中司空见惯的浪费水的现象典型化、突出化。该片着眼于大处,着手于小处,切点小而准确、有力。其将事物适度放大的艺术手法,给人留下了强烈的生活震撼与艺术震撼。编导将一幅画面艺术地分为上下两幅,上幅为洗车时没有节制的哗哗流水,下幅则是因缺水而干涸、龟裂的大片农田。当洗车者将洗完车还在哗哗流水的橡皮管随手一扔时,画面中适时伸进了一只手,将原本用来隔断上下画面的一个黑色条,从中拿走了一截。顿时,上幅画面白白流淌的水哗哗流入到了下幅画面干涸、龟裂的农田里。有了水的灌溉,干涸、龟裂的农田顷刻绿波滚滚,秧苗茁壮。就是这么简单而轻轻地一拿,原本割裂的两个画面被艺术地联系在了一起。原本两个空间发生的事,在轻轻地一拿间被艺术地揉入到了一个空间。该片一个镜头到底的简单拍摄手法与不事张扬的制作方式,反而增强了这个只有 25 秒长度的电视公益广告的连贯性与艺术性。真正做到了用最少的画面传递最多的信息,其巧妙的艺术构思令人叫绝。

电视公益广告是基于社会发展的需要而诞生的。从某种意义上说,电视公益广告就是人类对自身生存状态、生存空间、发展前途、未来命运的一种最简短、最直接的思考与表达。电视公益广告与一般无故事情节的商业广告不同的是，其情节与内容已不再简单，期间早已饱含人文、艺术、故事、温情、哲理等深刻内涵。它所描述的对象已不再是简单的商品，而是一种发人深思、催人奋进的精神价值观。它所呈现出的各种形象与形态，它那既固有又灵活、既传统又现代、既朴实又时尚的视听讲述方式，均是以此种精神价值观为中心的。

电视公益广告不仅仅是广告，也是艺术，更是一种人文关怀。其寓人本性于艺术性为一体，以艺术的形式与方法来诠释人本内容的独特讲述方式，早已被人接受、深入人心。寓理于情、寓情于理，我们所拍摄的电视公益广告定将更加感人肺腑、沁人心脾，以至发挥其无穷的社会效益。

（摘自《视听纵横》2011 年第 1 期）

“汽车时代”广播媒体的转变

凌奕音

从全国范围来看，截至 2010 年 3 月，全国机动车保有量约 1.92 亿辆，全国机动车驾驶人约 2.05 亿人。

在这样的“汽车时代”，广播媒体必须谋求与车上收听方式更契合的全新传播模式，更好地为新的受众群体服务。

一、由节目板块化向节目碎片化转变

广播节目曾经一度因为节目板块化设置而走红。

但是，随着广播“汽车时代”的到来，过去受众静态的长时间的收听状态发生了重大的改变。以杭州市区交通为例，一般开车上路从起点到目的地时间跨度不超过 1 小时，较普遍的情况是 30 到 40 分钟，也就是说，受众连续收听的时间在 30 分钟左右。针对这样的收听状态，大板块节目讲究开头结尾的呼应，过程内容充分展示，反而显得水分参杂，节奏拖沓，无法让车上受众接受完整信息。车上受众需要的是即听即走，短平快的整合信息。因此，很多电台开始了节目碎片化的操作。

浙江电台城市之声于 2008 年 10 月，正式定位为“私家车 107”，精确划定主流受众群体为私家车主，正式向“汽车时代”迈进。经过两年的探索，直至 2010 年底，逐渐形成节目碎片化的播出模式。节目多结点，多段落，充分满足了车上收听可能随时开始又随时结束的实时需求。经过节目主持人的串连，不断转换话题、转变内容的重点，这种推进方式可以避免节目内容过于单调，并且节目与节目之间由主持人过渡，避免了各不相干的缺点，有利于刺激听众的兴奋点，调动受众的收听意愿，达到传者与受者结合的最佳境界。

二、由节目单播出向轮盘式播出转变

所谓“轮盘式”播出，就是将全天划分为二十四或四十八个新闻单元，每时段滚动播出重要资讯，即时更新最新资讯。

就目前的收听状态而言，每一个时间点都有一部分听众结束收听，同时，每个时间点都有一部分听众进入收听状态。因此，上个时段播出的内容，在下个时段进行重复，并不影响整体听感，反而有效保证了随时插入收听的听众听到重要信息。这种重复突破了原先节目单式播出的框架，更符合现在车上收听习惯。

对于信息的轮盘式播出，城市之声在 2011 年将发挥到极致。城市之声每个半点的《城市快报》2009 年被评为浙江省新闻名专栏。它凭借的是针对该频道的主流受众特点，重要新闻不怕重复，但是新闻播出不单一重复。每一轮新闻播出，都即时更新最新消息，补充背景资料，增加评析。一方面保证信息的及时与海量；一方面在新闻的广度和深度上做足文章。

三、由游戏互动向观点互动转变

在广播普及的年代，听众通过电波这种快捷的方式接受新闻资讯。逐渐地，电视媒体取代了广播的新闻传播功能。此时的广播开发了直播模式，突出了热线参与的功能，因此更多的听众通过广播来消遣时间，寻求倾诉和情感交流。这一时期，广播媒体普遍以游戏互动、情感热线为最大亮点。

如今，广播媒体的听众群由室内走向车内，这一跨时代的变化决定了听众群需求的新改变。有车一族一般是白领、公务员、企业主等有一定经济实力和文化修养的社会中坚力量。他们需要的不是简单的游戏娱乐，而是深层思考、观点碰撞。

2009 年开始，浙江电台城市之声开始加大新闻资讯的力度，增加各方评论的声音，减少且几乎消除了单一的有奖问答式的游戏互动。

其实，有很多电台都意识到了目前主流听众的变化,也充分意识到听众需求的不同,于是先后引入了大量的新闻评论作为节目内容。例如,杭州交通经济广播、浙江电台交通之声先后邀请凤凰卫视的著名评论员曹景行,推出新闻评论栏目。还有不少电台都推出了针对车主的话题讨论板块,实现观点互动。

(摘自《视听纵横》2011 年第 2 期)

三网融合对城市台技术生态系统的影响及其对策

陈水生

三网融合,是科技发展的产物,是实现国家信息化的手段和途径,它既是电信的工作也是广电的职责。作为我国广电系统中坚力量的城市台,必将在三网融合中扮演着重要角色,发挥着不可替代的作用,进而推动广播电视事业产业全面快速发展。但是,三网融合也是一把双刃剑,在给广电带来发展机遇的同时,也提出了严峻的挑战。尤其是直面挑战的广播电视科技战线,面对蹒跚而来的三网融合显得有点茫然。探讨和研究三网融合对广电系统,尤其是对城市台技术生态系统的影响及其应对措施,很有必要。

一、城市台的技术生态系统与现状

城市台在中国四级办广播电视格局中排名老三,地位尴尬。经过几十年的发展,已逐步建成了一套集制作、播出、传输、接入于一体,具有明显区域性特点的,市县自上而下信号贯通,但又各自为政,相对独立的信号传输覆盖体系,形成了城市台广播电视技术生态系统特有的“四个一”,其现状不容乐观。

1. 拥有一套不算庞大却完整,且基本满足本台多套广播电视节目制播需求的技术系统

2. 拥有一张不算宽广却以有线为主无线为辅,既涵盖下属各县(市)区范围又相对独立的广播电视覆盖网

3. 拥有一支以安全播出为天职,掌控广播电视技术,却少有研究现代计算机网络技术的科技队伍

4. 形成了一种在长期的“双重属性”体制下发展起来的重计划轻市场,有很强烈“受众”意识,却很少有“用户”概念的管理运营模式

二、三网融合对城市台技术生态系统的影响

在以现代计算机信息技术为背景的三网融合大潮推动下,各种新技术,新媒体不断涌现,使业已形成的城市台技术生态系统遭受前所未有的挑战,这种原本脆弱的平衡随之被打破,并由此产生影响。

1. 对制播技术的影响

2. 对制播流程的影响

3. 对设备投入的影响

4. 对技术支撑的影响

5. 对安全播出的影响

三、应对三网融合的技术策略

三网融合不是物理上的三网合一。对广电系统来说,通过三网融合“有利于创新宣传方式,扩大宣传范围,牢牢占领思想舆论主阵地,促进中华文化繁荣兴盛,保障国家文化安全”。而从技术层面看,三网融合是技术功能趋于一致,业务范围趋于相同,网络互联互通,资源共享,能为用户提供语音、数据和广播电视等多种服务,这是现代信息技术融合发展的必然趋势,不可逆转。面对三网,看似四面楚歌,那是因为对手太强大了,但只要我们知己知彼,固其城堑,才能御敌千里,百战百胜。

1. 加快台内全媒体制播一体化网络建设,改革线性制播流程

2. 重视和加强高清制播技术研究,积极主动争取高清节目播出

3. 建成有地域特色的新一代市级全媒体节目集成播出分平台

4. 以内容为纽带,紧密台网关系,充分发挥各自功能

5. 形成市县广电联合发展一体化机制,打造“都市广电云”

四、小结

三网融合带来更多的是来自新技术的冲击,它深刻的影响着广电原有的技术体系,打破了包括城市台在内技术生态系统的平衡,但广电行业不因这种冲击而消亡,只是因互联网赋予它一个新的称谓而已,一个新的平衡必将建立。城市台必须顺应技术发展和市场需求,不等不靠,在积极采取上述技术应对措施的同时,还要大力加强科技队伍建设,关注诸如 3D 电视等最新技术发展的动向,加强交流,拓展空间,在新的广电生态系统中继续占有一席之地,形成新的平衡,让三网融合成为城市台烈火重生的熔炉。

(摘自《电视技术》2011 年第 2 期)

现场报道副语言的运用分析

吴丹琦

所谓“副语言”，是指在突发事件现场报道中，伴随着人物出镜讲话的手势、神态、表情、语调乃至空间环境、氛围等。非语言符号都是具有潜信息的，能通过观众的联想而产生信息。人类学家博威斯特发现：人在对面交流中，语言所传递的信息量在总信息量中所占的份额还不到35%，剩下的超过65%的信息都是通过非语言交流方式完成的。电视是一门视听兼备的传播艺术，有声语言相当重要，但有着辅助作用的副语言同样不能忽视。在镜头前，记者不仅仅是在用有声语言报道，还用出现在镜头中的整个身体与观众和采访者交流。因此研究现场报道副语言的运用艺术就显得很重要。

一、体态运用技巧

体态语在新闻采访中的作用主要有：1. 表达态度，进行情感交流。2. 以动作强调语言信息。在突发事件中，体态语的运用传递着更加强烈的潜在信息，因为这是人的第一反应。

体态的运用关键还在一个字“真”，只有真真切切的表情流露才能打动人心，只有真真实实的感情流露才是最完美的现场报道。内心感情的真实流露，是富有表现力和感染力的，切勿表演或矫揉造作。

二、服装运用技巧

我们可以借鉴国际通行的“TPO”穿戴原则来准备服装。“T(Time)指服饰要适合时代、季节和自己的年龄；P(Place)指服饰应当切合特定预警、切合自己的职业和身份；O(Object)指服饰要为实现某种交际服务。”简单的来说就是出镜记者的服饰化妆要切镜朴实。记者不是新闻报道的主体，不能抢了内容的风头，所以服装不可以太抢眼，在可能的情况下尽量精心准备。一般性的新闻报道就根据内容整洁大方即可，但是正式的会议、重大的政治事件，记者着装要正式些。突发的新闻事件，记者的着装要考虑各种因素：安全性、纪律性等等。因为突发事件报道事件现场情况不可预知，所以出镜记者要顺应环境需要，切忌盲目追求服装的漂亮，一定要从安全和顺应大局的要求出发来着装，遵循切镜原则和朴实原则。

三、道具运用技巧

1. 在道具的运用上要自然流露不放纵随意。副语言行为相对来说最为真实，在出镜报道中常常会自然流露出来，亲和朴实。但是自然流露不属于放纵随意，一定要遵循新闻传播的基本原则和客观规律。2. 巧妙运用不矫揉造作。副语言是语言的辅助表达手段，要和语言相辅相成。动作的设计不能矫揉造作。

电视新闻需要在有限时间内传播更多的信息，因此，重视副语言的传播是电视新闻记者必须掌握的技巧。对于副语言的运用要遵循传播规律，即：

一是辅助语言表达，全方位立体生动地传播新闻信息。按照传播学原理，记者出镜除了传播语言符号外，还传播大量的副语言，主要由表情语言、体态语言、手势语言和服饰语言四个方面组成，他们传递出来的无声信息是语言或文字所不能取代的，而且对有声语言起着强化或削弱的作用。无论在功能的开放性、内容的复杂性还是传递信息的丰富性和使用范围的广泛性上来说，副语言都无法与语言相比，总体属于从属辅助的地位。但是它可以帮助弥补语言的局限，对语言的内容加以强调，使自己的意图得到更加充分完善的表达。因此，要注意主次关系，切不可顾此失彼，本末倒置。

二是表达情感，调节互动。语言符号多为意识的活动，而副语言符号多为潜意识的外化。面对镜头，一些细微的情感态度往往能通过副语言得到放大表现出来，成为记者在观众面前表达情感的很好的辅助手段，同时，副语言在镜头前的采访中也显得非常重要，因为它可以调节言语交流，使得交流者形成互动关系，维持和调节沟通的进行，对于镜头前采访的驾御和把握起到了重要的作用。比如说当被采访对象略有迟疑或者话语一时阻塞时，可以对被采访对象点头鼓励或者用眼神光加上语气词让采访继续下去。

三是展示和树立出镜形象。镜头前，记者不仅仅用语言表达自己的观点，还通过副语言符号展示自己的形象。因为在镜头前，记者在报道时自然流露的仪表风度、举止动作和语气等传达了大量的非新闻事实的个人信息，如修养、风格、气质、对新闻事实的态度等各种个人信息，这些个人信息成为构成出镜记者的屏幕形象的重要元素。如白岩松的睿智、敬一丹的亲和、王小节的大气等。出镜记者可以通过巧妙的镜头前的副语言的运用和设计，塑造更加贴合报道的屏幕形象，取得更好的传播效果。

（摘自《视听纵横》2011 年第 2 期）

理性报道大灾难 体现媒体新价值

——日本 NHK 灾难报道给人们的启示

金光华 章 丹

经历了 9.0 级大地震、扑天的海啸和核泄漏事故的邻邦日本,面对史无前例的复合型灾难,很难看到对着镜头哭泣的民众、抹着双眼的政界人士,更看不到极度渲染悲伤气氛的煽情报道。不哭,是罕见大灾难后日本留给世界的最深印象。而这一切,最早是经日本媒体传播出来的。

面对横扫一切的这场大灾难,日本表现出了令人吃惊的"淡定"。这虽与日本长期的抗震教育、预警系统、国民综合责任、高度的自治精神以及对民族、国家高度认同等有关,但更与日本媒体在突发灾难前保持尊严、从容理性的传播方式有密切的因果关系。NHK 是日本影响力很大的新闻媒体,作为侧重于公共属性的传媒,始终保持着"我的方式传播"的媒体第一价值,保持了独立和公信力,即使在大灾大难来临时也不曾改变,充分体现了媒体的新价值。

一、冷静不煽情。在日本地震发生之后,无论是在大陆媒体上还是在台湾媒体上,都不难看到这样的字眼,满目苍夷、人间炼狱……反观 NHK 却基本看不到这样的景象。报道中没有大众想象的悲伤气氛,也没有不断地去重复受灾地区的影像。NHK 展现了高度的新闻专业与自律,冷静而不煽情地报道了相关灾情,除了正确传达政府发布的讯息外,也让所有守在电视机前面的日本国民,清楚地知道自己的国家正在发生什么事情。

二、媒体公信力最大化。强震刚过,作为公共电视台的 NHK 全面跟进。不停地轮流用日语、英语、汉语、韩语等 5 个语种,发布有关最新震情和可能发生海啸的地区给予震区多国民众最大的帮助,因为他们已考虑到了受众中有非日语观众。余震不断,NHK 非但没有停止工作,主持人甚至戴着醒目的安全帽出镜,播放关于地震的最新消息。地震之后,更令人担心的是核电站的核泄漏危机。负责运营福岛核电站的东京电力公司高层,3 月 13 日召开记者会,副社长藤本孝等六名高层人员在会上鞠躬谢罪,但仍逃不过现场记者的"围攻"。有记者厉声逼问核电站情况:"3 号机组会不会发生燃料棒熔化?"藤本回答:"目前尚不清楚。"记者当即对他吼道:"把话说清楚了!到底会不会?""别含混言辞!"藤本只是答:"情况是严峻的。"这种厉声的质问不代表记者、不代表他所在的媒体,只代表担心核泄漏会引发安全事故的全体日本国民。不知不觉中,将媒体公信力做到了最大化。

三、及时实时播报。核泄漏事故发生之后,NHK 也在第一时间把辐射量每小时 1015 微西韦特的准确数据传播出来,并告知"这相当于普通人一年可以承受的辐射量",而不是轻描淡写地说"影响不大",塞给受众完全不知所云的消息。NHK 报道的新闻画面,以专业直击灾难现场,同时也展现尊重人性的作业模式。他们深知:生命的尊严高于一切!没有新闻比生命更值得尊重!

日本大灾难一周后的 3 月 17 日,一场波澜壮阔、震惊寰宇的抢盐风潮席卷中国,反而让还处于抢险中的日本核辐射震区倒显得有些平静了,真正让世人贻笑大方:日本人很淡定,中国人很盲从,中国人心里发生了 10 级以上强震!事后反思:国民心态的失衡、公民自治精神的缺失和权威信息的缺位让碘盐与 SARS 时期的板蓝根一样身价陡增。对照天灾面前镇静沉着、理性从容的日本媒体,我们要改进的"短板"很多很多,谨此赘述四个方面的启示。

一、信息及时公开透明。

二、制定预案、有备无患。

三、科普防灾、未雨绸缪。

四、亟需创新工作机制。

诚如著名学者和静钧所述"一个国家可以有大灾,但不能有在大灾面前完全走样的公共媒体"。中国各级各类媒体任重道远!

(摘自《视听纵横》2011 年第 3 期)

电视新闻播音主持"情感分寸"的把控

徐 姗

何谓播音的"情感分寸"?情感是指播音员主持人接触所播新闻内容后的主观心理状态,它是在一定的心理刺激、内心体验和现实感受下形成的。主持人播音员通过自己的播报,将这种情感感悟传递给受众,使其引起一定的审美体验,或喜或怒或哀或乐,没有情感就没有审美体验;分寸在《现代汉语词典》里的解释原是度量单位,这里单指对新闻播报时由内而外的情绪拿捏尺度。

有同行将播音状态下的情感比作摄影中的“对焦”,即前后都有“界限”:一是新闻的真实性和客观性,二是播音员和新闻内容之间的情绪距离。新闻只有在这一小段范围内才能保持“焦点”清晰,这个比喻生动说明了播音二度创作的发挥空间其实不大。那么,如何做到恰如其分而不越“界限”呢?还得从提高自身素质入手,除了最基本的播音、主持业务之外,熟悉和掌握“采编”业务,同样非常重要。

1. 提前介入采编工作,努力成为“多面手”

对于新闻播音主持而言,了解和掌握新闻采编的综合业务无疑是最根本的。新闻事件不是孤立的,播报的环节是通融的,参与前期的采编工作不仅可以熟谙新闻事件的背景、经过,还可以尽早调动自己的情感储备,更好地把握播报时的“情感分寸”。目前我国电视节目主持人大致分为“采、编、播合一型”和“采、编、播合作型”两类,前者集采编播于一身,后者只负责节目主持播报。可惜时下的电视媒体多采用了单纯的播音主持型,弊端是容易使主持人养成闲散习惯,养尊处优,舒适是舒适了,自身的专业发展空间却愈见逼仄。所以,最最根本的,还需播音员主持人自己要有强烈的锻造愿望和钻劲,想做播音员主持人,就要先当好记者。当然,所在的电视媒体也要担起责来,重视和培养他们,给他们以磨砺的机会,任何貌似呵护的“散养”,反而会减损他们的主持水准和缩短他们的职业生涯。

2. 努力提高文化素养,提倡文化自觉

全面提高文化素养,是主持人提高综合素质的前提。文化价值的有与无、多与少、强与弱、厚与薄、深与浅,都直接关系到自身的形象与个人魅力,也直接关系到其文化影响力的生成与影响。要想追求播音员主持人文化价值的最大化体现,文化自觉是重要保证。没有相当的文化底蕴和人生积累,是无法将苍白的新闻文字注入丰富的情感色彩的。科学文化知识的积累有赖于博览群书,要努力去掌握社会科学和自然科学知识,一个没有文化素养的主持人,嘴皮子再利落,现场反应再机敏,也当不好新闻节目的主持人的。

3. 培养人文情感,形成情感气场

播报状态下的“情”,来源于新闻事实和个人心灵感悟的结合。我们最终需要达到的目的,并不是观众的眼泪或者欢笑,而是对新闻事件准确解读后的感悟。对于播音员主持人来说,“情感分寸”的把握直接影响着观众的接受和理解。举个简单的例子,我们平时在生活中与人交流,对方很容易明白我们所要表达的意思,那是因为我们在描述时,为了让信息接收者明白意图而设想了对方的思维,“我在说的时候他会怎么想?”“他希望得到什么样的信息?”这就是对象感。之所以要注重人文情感的培养,是因为我们在传播新闻事件时,面对的是摄像机镜头,但我们需要设想的却是镜头后面的观众。《新闻联播》播音员康辉曾在一次播音研讨会上说:“新闻播音不是简单地拿着稿件念清楚就行了,也不是在展小播音技巧,而是首先站在观众的角度,以一种诚恳、亲切、真实的态度与他们面对面地交流。”他在《新闻联播》中自然传情的播音主持,就是对上述表达的最好注解。再如《小强热线》栏目的主播小强,邻家大哥的语气和“一切为了您”的态度,让观众真切感到是“我们自己人”在“为我们说话”。可见播音员的人文视角,是能汇聚成观众心中的情感寄托的,这座“桥”架起来了,就不用担心没有“对象感”,而“情感分寸”就在其中了。

(摘自《视听纵横》2011 年第 3 期)

电视“纪实”——一种对外传播的良好语言

刘亚萍

(1)电视“纪实”:让“真实”最大可能得以传播

在“事件——媒体——受众”的传播体系中,媒体担当着对事件蕴藏的信息进行开掘、筛选和加工的任务,充当着中介的角色。由于传播者的立场、观点及情绪的存在和影响,媒体最终传达给受众的“事件”,其客观真实性将不可避免地遭到一定程度的消解,电视——当今世界最具客观性的传播方式,也不例外。

现代电视“纪实”语言的基本思想,是试图将媒体施加的作用,尽量从“事件——媒体——受众”的体系中剥离出来,尽量弱化传播者在传播过程中的影响,构建起更为理想的“事件——受众”的传播模式,让事件的本身直面观众,追求事实的“真实最大化”,逼近事件的真相。比如,许多跟怕的纪录片,就是以原生态“纪实”手法来表现人物的命运和事件的发展,使电视机前的观众,仿佛只隔着一层透明的玻璃,观察镜头前的人与事,使事件的真实性和完整性,得到了最好的保留和传播,使电视传播的本质特性得到充分的发扬。

(2)电视“纪实”:电视媒体人本化传播的真正回归

在平面的电视叙述中,由于受平面媒体的影响,解说词仍然是本体,画面成了辅助,没有很好地发挥电视“纪实”功能的优势。再加上受“宣传”思想的影响,使中国传媒的思维产生“集体趋同“的定势,没有个性,电视甚至像一个高居大众之上的“政宣者”,以俯瞰的视角进行“灌输式”的传递。这种方式违背了受众的接受心理,其最终的结果必然导致媒体和受众之间的隔阂。特别是西方受众,从心理上产生抵触情绪。

而现代电视“纪实”语言却是以平视的角度去捕捉人间万象,世界万物,努力渗入生活,又极少干预生活,让人们通过电视看到的,是一片陌生而又熟悉的景象——那是事实,那里是真实的生活。

现代电视“纪实”语言更关注信息传递的全面性和完整性,尽量以受众对信息的切实需求为基准进行传播。事实上,一个新闻事件的发生,一段现实生活的存在,是多种因素互相作用的结果,所蕴含的信息是以场的形式而存在。从心理学上讲,人的心理认知也是一个场,需要对事件或信息全面把握。作为新技术支持下的电视,其最大优势就在于“全息传播”。信息场的构建与传递是电视媒体特有的表现方式,但平面的电视语言忽视了这一独特效能,对信息只是进行简单化、主题化的传播,从而造成“纪实”这一最有力的叙述方式的长期缺位。电视“纪实”语言,通过逼近事实的本真状态的“全息传播”,不但符合人们的心理需求,也为受众的认知提供了更为宽广的认知天地。

电视“纪实”语言在叙述方式上,更加注重镜头下的生活流程和人性的原生态表现。突破平面电视叙述方式的束缚,以更加平等自由的方式记录和传播真实,最大可能地将信息全面、客观、公正地传递给受众。它以对受众的信任为基础,把事件的真实性、立场的判断与解读都交给受众,为受众搭建一个独立思考的空间,缩短媒体与受众的心理距离,使中国的国际传播如润物细无声的春雨,悄然地滋润着西方受众的心田,从而提高中国媒体的国际公信力和国际传播能力。

长期以来,我国的传媒把“宣传”与“传播”混为一谈。最为典型的表现就是“求同”的思维定势,“灌输式”的宣传手段,与开放的、个性化的现代“传播”要求还有差距,离西方受众的心理认同也有很大的距离。党的十七届三中全会提出的国际传播能力建设的战略任务,就是要从根本上解决目前我国在国际传播方面的不相称、不适应的问题。因此要改变现状,就应该以尊重传播规律的态度,改变对外传播的观念,审视现阶段对外传播策略,采用最为适合国际传播的方法和手段,春风化雨,使西方受众日益喜欢中国传播的信息,从心里上接纳中国的声音。这样才能让世界真正了解中国,进而在国际上树立起一个有着5000年文明历史,并飞速发展的强大的中国形象。

(摘自《视听纵横》2011 年第 3 期)

从资讯传播到观点传播
——省级电视新闻评论节目的突破路径

陈　瑶

评论是新闻的灵魂和旗帜,体现了媒体的思想高度,是主流媒体地位的重要表现。近年来,随着微博时代的到来,传播渠道和言论平台越来越多,信息资讯极大丰富,全新的媒介生态环境为电视新闻评论提供了发展壮大的新机遇。电视新闻评论节目形态日益多样,时事评论、舆论引导等功能不断完善。究其原因,无非是三个方面的共同推动。一是社会的要求。当今中国正处于一个思想和文化多元、多样、多变的时代,急剧变迁的社会环境、深刻变动的利益格局、明潮暗涌的社会思潮,使得社会舆论不再是强势一边倒,有可能会出现意见的两极甚至是多极分布,迫切需要媒体发挥舆论引导的功能,巩固主流舆论场,促进理性平和的社会心态和求同存异的社会共识。在这方面,传播意见与观点的电视新闻评论大有可为。二是受众的需求。在信息传播如此迅速、海量和分散的时代,人们在尝遍了快餐式的新闻播报之后,尤其需要独家、权威的观点,让他们在排山倒海而来的信息浪潮中获得指引和慰藉。承载这一需求的最主要的手段,就是新闻评论。三是竞争的要求。随着新媒体的兴起,一个实时、开放、广泛参与的自媒体时代正在无可避免地来临。当观众面对新闻事件时，第一选择不再是向媒体报料，而是拿起手机，拍下画面，或撰写文字，即时上传到自己的微博。电视媒体在现场直播、同步还原，声画结合、视听兼备等方面的传播优势正日渐受到强有力的挑战。越来越多的电视人认识到，微博时代，要强化电视的主流媒体地位，巩固新闻传播的话语权，就必须彻底改变新闻报道平面化、简单化、浅层化的状态，进一步加强新闻评论，将新闻报道从资讯传播向观点传播拓展。

省级电视媒体的新闻评论节目，与央视相比，无论是嘉宾资源还是人才资源，都存在着较大的差距。与微博、博客等新媒体相比，则在交互性、参与性上存在着距离。在这种现状下，要实现省级电视新闻评论节目的发展与突破，就必须对评论的选题、观点、主持人和传播平台四大要素进行整合提升，打造省级电视新闻传播的核心竞争力。

一、精准的选题，反映时代本质

二、平衡的观点，引领思想交锋

三、个性的主持，构建核心形象

四、融合的传播，放大媒体平台

随着微博、博客等新媒体的崛起，能够发布信息、发表评论的媒体数量呈几何级增长。几乎每个人都清晰地感受到，传媒界所面临着的历史性转型。新闻评论节目的提升与突破，最终必须建立在电视新闻报道整体水平的提升上，建立在媒体生态环境的改变中。让有梦者看到希望，让平凡者感到温暖，让无力者变得有力，这是优秀的新闻评论节目理应追求的最终目标。

（摘自《视听纵横》2011 年第 4 期）

数字电视时代观众收视行为分析及应对策略

方明伟

随着近年来各地数字电视整体转换的推进，数字电视用户的数量正以突飞猛进的速度在高速增长。截止 2010 年 1 月底，在全省统计上报的 1281.9 万电视用户中，数字电视用户为 718.77 万户。全省城区数字电视整体转换率已达 90.7%。进度最快的衢州城区，转换率已达 100.4%。城市居民可收看的电视频道大量增加，观众的收视选择更加丰富。但是对于本地频道而言，收视份额的竞争更加激烈，面临的冲击和挤压更加严重。特别是数量越来越多的省级卫视，本来就是一片竞争白热化的红海，个个重金争抢电视剧，独播剧、首播剧、自制剧源源不断；对节目新形态的自主研发或对国外模式节目的引进、克隆、本土化改造片刻不停，新节目层出不穷；品牌活动或季播活动频频举办，精彩连连。由此给本地频道带来的心理压力可想而知。

数字电视整体转换后，观众的收视行为呈现何种变化？从央视索福瑞调查公司提供的收视率调查数据来分析，这种变化体现在以下几个方面：

1. 收视时间略有增加，中老年观众是增长主力。

数字电视用户日均收视时间 188 分钟，比原来增加了 18 分钟，增长率为 10%。45 岁以上尤其是 55 岁以上的中老年观众日均收视时间增加近 1 个小时。

2. 晚间收视略有提高，时段收视走势基本一致。

数字电视观众收视高于非数字电视观众的时段主要集中在 17:00~24:00，其他时间的收视基本相同。20:00 左右出现全天收视的高峰，但峰值相差不大。

3. 仍然偏爱熟识频道，新增频道收视影响较弱。

从收看时间上看，数字电视用户人均收看时长比非数字电视用户高出的 18 分钟里，中央级频道、市级频道和其他频道组分别占据了其中的 6~9 分钟，新增频道只占了 3 分钟；从市场份额上看，数字电视用户中，中央级、省级和市级频道占据了 87.9% 的市场份额，仍然是收视主体，新增频道仅占收视市场的 1.8%，尚不能对电视频道竞争格局构成实质性的影响。

因此，数字电视时代，本地频道要把培育品牌频道和节目进而培育观众的忠诚度作为提升收视率的重要手段，更加注重以培育观众忠诚为目标的关系营销。

在关系营销中最具代表性的理论即为美国学者舒尔茨等人提出的 4R 理论。4R 分别是指关联（Relativity）、反应（Reaction）、关系（Relation）和回报（Retribution）。

这一理论应用在电视节目编播中，主要有以下几种理念：

一、在观众收视需求不断变化的动态中建立电视频道与观众的长期互动与关联，防止观众流失，以忠实观众群稳定自身的市场地位；

二、面对迅速变化的收视需求，电视台应该通过全方位的市场调研，了解观众的意愿，发觉观众的不满，并通过及时迅速的反应对观众的态度做出反馈；

三、建立起电视台与观众之间的朋友关系，为观众提供承诺与服务，以实现观众的忠诚和重复收看；

四、电视台应该利用优质的节目或其他形式的互动，对忠实观众的收视予以回报，从而保持观众的收视积极性。

基于这些理念，近年来，各级电视台在内容的品牌化建设、节目编排、加强与观众的互动等方面都作出了积极的探索，也取得了显著的成效。值得注意的是，近两年来，包括一些全球知名电视机构在内的电视台还基于关系营销理论，开展了观众忠诚度管理，以此作为收视突围的新方略。这一管理模式强化了“核心观众组”定期调查的方式。其特点是针对观众对于电视节目的喜好程度，尤其是将引起观众收视动因的反馈作为重点，分析、概括，发掘电视节目成功的收视规律，以此来有计划地组织、领导、控制和协调节目生产。该模式同样需要调查经验丰富的队伍，需要能有效回答问题、可被访问的核心观众群。目前，国外大的电视媒体一般都引进专业机构共同实施。

恐怕没有太多的行业像电视收视市场这样，中央、省、市、县四级电视台，实力悬殊却不得不直面竞争，同台竞技。进入数字化电视时代，在行业内外的竞争压力下，越来越多的电视台意识到吸引观众短暂的注意力并非长久发展之计。在满足观众收视需求的同时塑造自己的品牌形象，在品牌建设的过程中培育观众的忠诚度，这是数字电视时代收视竞争的应对策略。

（摘自《视听纵横》2011 年第 4 期）

新闻策划要遵循新闻规律

张世勇

近年来，新闻策划为媒体广泛运用，在体现主观能动性，提高新闻的针对性、冲击力和影响力上，日益发挥着重要作用。但另一方面，随着传媒市场的竞争日趋激烈，少数媒体盲目追求“卖点”，打着新闻策划的旗号进行“新闻炒作”也水生风起，误导公众，带来很坏的社会影响。

随着传媒市场的竞争日趋激烈，少数媒体为抢夺“注意力经济”效益，置新闻规律于不顾，盲目追求“卖点”和轰动效应，以新闻策划为名，行“新闻炒作”之实，严重损害了公众获得真实情况的权利，以致不少正常的新闻策划也遭遇人们的质疑。清醒地认识两者之间的本质区别，坚持新闻策划切忌炒作的原则，既是坚持新闻真实性的本质要求，也是媒体社会责任与政治职责所在。

传播者在适应现代传播环境发挥主动意识上，“新闻策划”和“新闻炒作”有共同点，但在对待新闻本源与传播目的上两者有本质的区别。新闻策划以客观新闻是否存在为前提条件，虽然在具体报道活动中发挥主观能动性，但总体是一种客观的、被动的、“第二性”的行为，是新近发生的事实的报道，在追求社会反响的同时，能够遵从新闻的基本规律，注意社会效果，有较强的社会责任感。讲究真实性，以事实说话，尽量客观公正，主动接受各种法规、纪律、道德的约束，因而稳健持重，较少偏差，符合新闻的本质意义。

而“新闻炒作”则不同，它不以客观事实为依据，把主观商业性的目标放在第一位，违背了新闻的基本规律。所以，学界将其看作新闻策划的“异化”，将其定义为：有意通过与事实新闻价值不相称的报道规模，对某些人和事作渲染式的报道，实现直接或间接商业利益。“炒”字从语义学角度理解，就是把东西与辅料放在锅里搅拌，以“炒”取“热”，达到使用者的目的。“炒作”引入传播，始于包装演员或产品推广，作为商业手段也无可厚非，但应用到新闻报道中，性质就发生了变化。如热衷社会新闻、娱乐新闻、名人隐私等通俗题材，极尽煽情、琐碎、渲染，耸人听闻之能事；或借客观存在的新闻为由头，小题大作，添油加醋，预设圈套诱导影响舆论；或幕后指使“制造”追名逐利的“新闻”等，诸如《挟尸要价》新闻照片炒作，真假曹操墓事件的炒作，前些年一度泛滥的荧屏低俗婚恋节目，以“纪实”之名，编造离奇故事，嘉宾造假表演等，其结果是误导公众，造成不良影响，也危害到媒体的社会公信力。

所以，媒体领导与新闻从业者必须从本质上认识“新闻炒作”的危害性，在新闻策划中切忌炒作，在任何时候都应自觉遵循新闻规律，坚持新闻真实性，旗帜鲜明地反对在新闻报道活动中进行“炒作”，作为正确运用、充分发挥新闻策划作用的警示牌。

（摘自《视听纵横》2011 年第 4 期）

网络时代新闻评论信息源核实的重要性刍议

姚红骏

报刊、广播电视和网络媒体的评论起着风向标的作用,提倡什么、主张什么、要求什么、反对什么,对受众影响很大,在突发事件、热点问题上,不给人以误导、偏导和错导,既不失语,也不乱语。而网络时代,随着即时通讯、手机短信、博客、微博、播客等的快速发展,网上信息源头和传播渠道急剧增多,各色新媒体造就了一个我们不曾想象的"人人都有麦克风"的时代。但是,网上各种令人或高兴或激动或愤怒或哀伤的消息,有时难免泥沙俱下、真伪难辨。如果新闻评论引用了未经核实的消息,而这个消息本身就是捕风捉影、空穴来风,那么这样的新闻评论的起点就是错误的。这时,无论你的评论语态多么义正辞严、用词遣句多么精准到位,也无论你的用心多么良苦,起点错误、拿来就评的结果,肯定只有一个——传播的偏差导致错上加错。

网络时代,许多媒体"抢"字当先,引述未经证实的消息而大发评论的例子还有不少,比如金庸"被死亡"事件,虽然最终被证明是《中国新闻周刊》的新浪官方微博上摆的乌龙,事后《中国新闻周刊》也进行了删除辟谣,可是在这一过程中,还是有很多媒体配发了评论,感叹"一代武侠"画上了句号、扼腕痛惜。事后看来该扼腕痛惜的究竟是什么,不言而喻。

新闻评论作为意见性的信息,是满足人们知情权的重要途径,必然承担着客观真实报道的前提。引述未经核实甚至是捕风捉影的新闻消息,评论的火力越猛,对媒体公信力的伤害就越大。

有人说:记者是在外面跑的,评论员是关在家里写的。虽然这话有些偏颇,但也反映了在现实中不少评论有懒得核实、闭门造车的倾向,只管评论语言的犀利和过瘾。事实上,传统媒体经过了数百年的发展,已经在"信息源核实"上形成了一套相对成熟的理念和规范。"信息源"一定程度上包含了某种源头的意思。受众在接受新闻报道、新闻评论也就是意见性信息的同时,也会潜移默化地追溯这个源头在哪里。也就是说,新闻报道和新闻评论中的信息源究竟处在社会的哪一个位置,其实也是对这个报道和评论的权威性的考量。而当下的一些新闻评论往往在转载引述的过程中不对信息源的位置进行追溯,对于信息源的真实性也没有进行任何质疑性的核实。

传播学上有个定律:同一个信息在传播过程中经过的环节越多,其失真的风险性就越大。面对海量的网络信息,我们亦喜亦忧,因为它给了新闻评论从未有过的视野和原料,任何媒体都不可能轻言放弃。但必须强调的是,对信息源核实的严谨态度不应因为网络的"信息源复杂"和"海量"而放弃,反而正因如此,来自网络媒体的消息,信息源核实工作显得更加重要。美国《哥伦比亚新闻评论》2010年初发表的一篇关于核实信息来源的文章中就透露,美国的《纽约客》杂志目前有16名"消息核实专职编辑",而德国《镜报》的"事实核实来源部"则雇有80名全职的"事实核实员"。而根据国外部分大型通讯社的要求,新闻评论的信息源核实必须包括三个层次的要求:引述的报道应有多个信息源;信息源之间相互验证;信息源彼此独立。要做到有的放矢、核实而评,采编人员也必须要有足够的知识储备,广泛涉猎社会、人文、自然科学等多方面知识,以培养自己的分析和判断力。

随着经济转轨、社会转型、观念转变进程的进一步加速,媒体面临着与过去完全不同的新的客观环境、舆论格局和受众心态,新闻评论已经从硬性灌输到服务引导、从说教到说理。在媒体竞争如此激烈的情况下,是引用琐屑的、未经核实的街谈巷议去卖弄文字,亦或凭"一骂走天下"的冲动孤注一掷地寻求评论的卖点,还是客观公正地核实信息源、依靠"润物无声"的说理评论去打动人心?答案是不言自明的。

(摘自《视听纵横》2011年第4期)

论视听新媒体传播特征及内容生产规律

郑 宇

一、视听新媒体传播本质特征

1. 双向互动性。视听新媒体利用互联网和无线网络技术,彻底突破传播时空局限,大大提高播速度,实现了从线性"单向传播"到非线性去中心化"交互传播"的跨越,其传播方式发生了根本性和颠覆性的变革，形成了以交互性与移动性为主要特点的传播形态。

2. 复合多元性。与传统媒体相比，视听新媒体传播主体更加多元化，传统媒体、民营企业、外资企业甚至个人都可以成为视听新媒体的传播主体，其信息来源也呈现出多元化构成的趋势。

3. 时空无限性。随时随地随心获得视听服务，充分体现了视听新媒体的前所未有的自由度和灵活性。

4. 分众异质性。视听新媒体特别是基于互联网技术的视听新媒体，打破了传统点对面，受众区分度不强的传播模式，开创了点对点、面对点和面对面等多种全新的互动传播模式，针对不同受众提供细分化、个性化的视听产品服务，为分众异质化传播提供了可能，体现了视听新媒体传播的专业性和精准度。

5. 融合开放性。新媒体在消解边界的同时促进了更为广泛的融合，传统媒体与新兴媒体融合发展，实现了资源共享、优势互补与共赢发展。

二、视听新媒体内容生产基本规律

1. 大众文化消费规律。视听新媒体本质上是一种大众文化，其移动通讯技术的应用、传播主体的多元化、信息与资讯的共享、传播形式的多样化，对传统和权威的解构在一定程度上契合了大众文化、消费主义和后现代主义的特征，追求感官体验和视觉盛宴，渴望娱乐休闲成为视听新媒体内容生产的一种明显倾向，搞笑戏说、娱乐至死成为新媒体文化的一道独特景观。作为大众文化消费的视听新媒体内容生产，比传统媒体更加关注受众不断变化的喜好和口味，更加具有流行时尚文化的斑斓色彩。

2. 文化创意生产规律。视听新媒体内容生产实质上就是创意的比拼，是创造力的展示。在视听新媒体内容生产实践中，要深入把握当代人审美需求特征，满足受众深层次心理结构需求，充分发挥视听符号激发消费欲望，增强传播效果的作用，体现新媒体时代视觉化、娱乐化的特征。

3. 高新科技融合规律。如果说传统广播影视是电子技术进步的产物，那么，作为广播影视发展最前沿的视听新媒体，就是广播电视与最新网络技术、数字技术融合发展的产物，是广播影视与当代最新科技手段结合最为密切，对人们日常生活渗透最为深入，最具发展活力和潜力的前沿部分。视听新媒体在节目制作、存储、发布、传送、接收和显示等各个环节都深深地烙下了现代高新科技的印记。

4. 草根个性创作规律。新媒体打破了传受双方界限，颠覆了单向线性传播方式，提供了一个互动开放平台，每个人都能够成为内容生产的参与者和分享者，体现了较强的便利性和自由度，其中强烈的反叛性和戏谑性，更具备消解权威和中心的草根文化特征。

5. 微内容碎片化规律。学者 Cmswiki 对微内容的定义是："最小的独立的内容数据，如一个简单的链接，一篇网志，一张图片，音频，视频，一个关于作者、标题的元数据，E－mail 的主题，RSS 的内容列表等等。"相对于传统媒体结构完整、宏大叙事的"巨内容"而言，"微内容"最显著的特点就是微小和细碎。

6. 社会效益最大化规律。在视听新媒体内容制作生产中，仍然要将加强社会引导，坚持正确导向，建设社会责任放在首位，努力将弘扬以爱国主义为核心的民族精神、以改革创新为核心的时代精神、以社会主义荣辱观为核心的伦理道德精神有机融入各类视听新媒体节目的生产和传播中。

（原载《视听纵横》2011 年第 5 期）

广播行风热线类节目可持续发展的路径抉择

陶廷龙

1. 落实制度。在行风热线类节目实施过程中，我们要关注的制度包括行风监督单位一把手上线制度，党风行风节目考核制度，群众反映问题解决反馈制度，问题解决过程简报制度等等，使纠风办、效能办的行政资源与广播媒体的舆论资源有效结合，建立起集舆论监督、群众监督和执纪监督相互联系的多元化的政风行风监督体系。这里特别要强调是建立了舆论监督的反馈机制，要求参与节目的有关单位适时将整改落实情况向纠风办作出书面报告，向广播媒体说明群众投诉的落实进展，在下期的行风热线节目对听众有交待，真正做到"事事有着落，件件有回应"。同时要求上线单位将答复意见转化为实际行动，切实为群众办实事、办好事。落实好各项制度，是行风热线类节目走向成熟的标志，是行风热线类节目可持续发展的必然条件。

2. 加强追踪。很多群众反映的问题是个案，解决的只是治标的实效。如何推动行风建设达到治本的目的，就必须探索新闻背后的真相，梳理事件发展的来龙去脉，要对所反映的问题进行调查、追问、解读，举一反三，在听众通过热线电话反映的问题得到了切实有效整改的同时，完善措施，提高执政为民的意识和能力。从节目实践来看，行风热线类节目要更多地关注民生，关注热点难点问题，就必须让群众关注度高的交通、城管、教育、医疗等部门多多上线，而不是简单的统一安排统一使力，这样使广播媒体有了更多追踪的素材。行风热线节目本身是考验领导干部的政治素质、心理素质、业务素质和个人修养的，通过对问题的追踪报道，能引起领导干部对问题的重视，通过这种压力促进领导干部主动学习，反思问题症结所在，促使行政部门进一步增强服务理念，增强忧患意识，对存在的政风行风问题做到早着手、早解决。加强追踪，刨根问底，追根溯源是行风热线类节目可持续发展的有效武器。

3. *走向基层*。行风热线节目作为舆论监督的急先锋，更要走向基层，真正到群众中倾听民意，反映群众呼声，这也是行风热线类节目可持续发展的必然途径。宁波电台新闻广播《阳光热线》节目，早在几年前就开展了走进县(市)区活动，到县台主持节目，到广场主持节目，到社区主持节目，还到了港口、田头主持节目，让各级领导真正与群众面对面交流，接受群众投诉和监督，那场面之火爆不亚于娱乐节目，群众对节目寄予厚望，对行风建设寄予厚望。走向基层，是我们行风热线节目可持续发展的不尽源泉。

4. *节目联动*。行风热线类节目作为电台舆论监督的主阵地，仅在本节目中发挥作用是远远不够的，必须施用“龙虾三吃法”。行风热线类节目所反映的问题，可以派记者到现场调查采访，访问新闻当事人，采写新闻稿件，在新闻节目中播发；可以邀请专家学者嘉宾走进我们的直播室，就相关问题进行访谈节目，让专家嘉宾来进行政策层面、法律层面、现实层面等的解读；还可以邀请人大代表、政协委员、行风监督员、群众代表等和政府部门领导座谈协商，进行现场办公式的现场直播等等，总之通过与其它节目的联动播出，扩大行风热线类节目的解决问题的成果，扩大行风热线类节目的影响力和公信力，真正做到领导肯定、群众满意。台内各个节目的联动，是行风热线节目可持续发展的内部诉求。

5. *媒体互动*。广播不是孤立的，广播舆论监督更不会是孤立的。面对多媒体的发展、全媒体的渗透，媒体间的竞争愈演愈烈。尽管媒体竞争很激烈，搏眼球的手段五花八门，但舆论监督却是可以联合的，对社情民意、群众呼声强烈的问题的舆论监督，各个媒体会依靠各自的特长、运用各自的手段、达到各自的影响力，这并没有矛盾，而且是相互相存，共同促进的。如今，把电视、网络直播引入行风热线类广播节目已是普遍现象，宁波电台《阳光热线》节目就是如此，短信平台、网上投诉早已运用得如火纯青，微博也以植入我们的行风热线类节目。

6. *品牌建设*。行风热线类节目定位明确，子栏目设置系统、规范，节目形态相对稳定，节目运作机制，节目包装标识明朗，具备了品牌栏目建设基本要素。行风热线类节目自身资源优秀，播出时间为黄金时间，在同时段收听率往往取得制高点，市场占有份额高。行风热线的节目定位是：上为政府分忧，下为百姓解难。已经被社会各界亲切地成为联系干群关系的“连心桥”，解决社会问题的“减压阀”，加强政风行风建设的“监督岗”，问题解决率和听众满意度都在95%以上。因此，通过创新渠道，不断提高收听率、市场份额，不断提高受众对本节目的满意度，不但是提升广播媒体竞争力的需要，也是广播媒体发展战略的需要。从这个角度理解，品牌建设，是行风热线类节目可持续发展的战略需求。

（摘自《视听纵横》2011 年第 6 期）

经验介绍

全媒体时代浙江之声新闻报道的新策略

陈吾升

浙江之声是一个有着 60 多年历史的省级电台。之前，在频道定位问题上一直有些争论，新闻·综合，新闻·娱乐，新闻·文化。直到 2010 年下半年，频道专门召开了新闻工作会议，正式提出了新闻立台的理念，并且出台了十大举措，开始扎实推进新闻立台的目标。

目前，浙江之声拥有专职的新闻采编人员 70 多人，每天播出《浙广早新闻》、《全省新闻联播》、《新闻110》、《阳光行动》等新闻及新闻类专题 20 多档，累计播出时间 10 小时。

不知不觉之中，媒体的格局已经发生了深刻的变化。作为一个传统的广播媒体受到了来自各方的挤压，要在这样的格局中谋求发展，要在这场激烈的媒体新闻大战中脱颖而出，浙江之声准备了新的策略。

一、高度：抢占制高点 引领舆论

高度的公信力、高度的权威性、高度集中的政府资源，这些既是浙江之声的优势，也是一个主流媒体责任所在。所以，在新一轮的竞争中，做好主题报道，抢占制高点，引领舆论是浙江之声的第一要务。

1. 做好主题报道，首先要把握好题材的高度

要关注省委省政府的重大决策和中心工作。比如说，在金融危机袭来的时候，浙江省委省政府的一些重大部署。

要关注浙江经济社会发展的重点，集中时段，重拳出击，组织好报道，形成舆论强势。比如说，转变经济发展方式，节能减排，文化体制改革等

还要高度关注浙江老百姓普遍关心的现实需求。比如说，近段时间关于物价的议论，对于楼市的关切。

2. 在解决了题材的高度之后，还应该寻找适合于广播的表达方式，在新闻策划上展示高水平。

从文字稿件到录音报道，是新闻广播化的一次改进。

现场直播应该成为常态。比如说，两会期间，政协举办“低碳经济”专题研讨会。我们就采取了直播的方式，生动直观地展现了座谈会情况，受到周国富主席肯定。嘉兴电厂海底救人、钱塘江潮水卷人等事件发生时，浙江之声都临时中断正常节目进行直播，也收到了很好的效果。

新闻行动使报道与听众互动，可以说是广播新闻的再一次提升。浙江之声有一个新闻指挥中心，由总监挂帅，各中心主任参与。每天定时研究策划，并组织实施。金融危机期间，浙江实体经济面临较大冲击，我们适时策划了“不减薪、不裁员”新闻行动，三千多企业积极响应。民工荒袭来，我们与省就业局联合举办云南、贵州民工专场会，为浙江企业排忧解难。西南五省干旱，浙江之声联络五省市广播电台为希望小学送去 300 万瓶矿泉水。这一系列的新闻行动，受到省委、省政府领导肯定。

二、速度：建好基础网络 实现与社会同步

从去年开始，浙江之声着力推进新闻资源的基础网络建设。在原有地方台站广播协作网的基础上，又逐渐建立了全国省级广播新闻网、全省公安网、杭州出租车司机报料网、全国浙商网、全球侨谊机构协作网。目前，还与省政协合作正在组建浙江之声新闻评论员网络。这些网络的组建，使浙江之声的新闻触角延伸到了浙江的每一个角落，延伸到了全国、全球浙江人的身边。青海玉树地震发生当天，青海商会会长就连线报道。之后，他带领浙江同乡参与救援的动态也随时在新闻中“零时差”地跟进。泰国红衫军骚乱期间，浙江商务代表第一时间为浙江听众讲述了历险经历。平时，在浙江发生的火灾、车祸、地铁坍塌，潮水卷人等突发事件基本上都由公安网第一时间提供信息，并在后续跟进采访时，给予极大的帮助。

在做好突发事件，与热点新闻的问题。我们坚持五个要领：

1. 第一时间发布消息

2. 第一时间到达现场，并采访到主要新闻当事人

3. 第一时间物色到重量级人物的权威评论与解说

4. 根据事态进展，随时启动突发事件报道预案，实现常态化直播

5. 全国、全球性的热点新闻、突发事件要尽量寻找浙江元素

三、广度：借助新媒体 抢滩新市场

随着广播收听方式的改变，广播媒体面临了新的尴尬。大量的年轻听众陆续离场，转而进入了网络。尽管，广播人曾经努力尝试着新的互动方式，吸引新兴的收听人群。他们通过电话、短信、QQ、MSN、论坛等方式与听众保持着互动。但是，花落之势仍无可奈何。

今年以来，浙江之声大胆尝试了官方微博的方式，收集信源、发布新闻。收到了意想不到的效果，给了我们诸多的信心与启示。我们理解它有三个特点：

1. 是传统媒体搜集线索的报料平台

2. 是广播与受众实时互动的最快捷平台

3. 微博用户是新媒体条件下，广播媒体的一个潜在收听人群

杭州医院回扣门事件就是由微博用户报料，随后，由我们记者跟进报道，并第一时间在浙江之声的官方微博上进行了报道。结果，当天下午就有 600 多粉丝跟帖转载，极大地提高了报道的影响力。

最近，我们对杭州地铁跨坍事件与嘉兴电厂救援行动的报道采用了广播与微博、手机报同步直播的方式，效果出人意外。在救援持续的四天时间里，

多家都市类报刊中转载本台报道，浙江之声官方微博每天粉丝人数猛增。

从这些微博情况看，由于这儿起突发事件的有意尝试，许多年轻网民开始锁定收听浙江之声，成为了浙江之声的增量听众。

四、深度：锤炼记者 增强新闻立台之后劲

新闻竞争，既有内容生产的竞争，又有传播渠道的竞争。但是，归根结底就是人才的竞争。

新闻从业人员的能力提升，是我们的“远忧”。

尽管，我们强化了业务培训制度，制定了收入分配倾斜制度，但是，目前整个广播电视记者的工作态度仍极大地限制了记者的思考与提升。由于节目的扩张，他们每天疲于奔波，忙于应付，每天跑三、四个场子，发二、三个稿件。时间消磨了记者的激情与能力。

浙江之声拟从明年开始，让采访部的记者每年腾出1–2周的时间确定合适选题进行专题调研。选题可以是与记者跑线相关联的，也可以是记者个人感兴趣的，但一个月以后要写出调查报告。逐渐培养记者调查研究的基本功和思考问题与分析问题的能力。倘若坚持苦干年，使得一批年轻记者很快成为了具有个人业务特长的专业化记者。只有这批年轻人的脱颖而出，浙江之声的新闻立台才可能有推进、有特色，逐渐形成媒体品牌。

（原载《视听纵横》2011年第1期）

感悟激荡风云 追寻浙江力量
——电视专题片《五洲四海看浙江》的创作

沈 芸

千百年前甬江上的一片风帆、瓯江畔的一方青田石、纽约唐人街的那把剪刀，和今天扬帆出海的浩荡船队，书写着浙江制造的历史跨越。

——2010年12月28日，浙江卫视播出五集高清电视专题片《五洲四海看浙江》。

作为浙江广电集团重点宣传项目“三看浙江”系列收官之作，大型新闻行动《五洲四海看浙江》从2010年4月启动，同名系列报道从10月份开始播出后，即引起业内专家和海内外观众的极大关注。此次的电视专题片，更以宏大叙事的电视手法，围绕“海外并购”、“营销网络”、“合作开发”、“社会责任”等主题，以全球视野、战略眼光对浙江企业“走出去”的现象及成败进行全面梳理和理性透视，为浙商积极应对金融危机提供积极的参考，为浙江经济的进一步转型升级提供依据。

立意高远，视野开阔，在时空纬度上，体现深厚的历史底蕴和对全球浙商的现实关照。回顾“三看浙江”历程，2008年，浙江广电集团、浙江卫视推出《锦绣天地看浙江》，在改革开放30周年之际，通过省内航拍的形式俯瞰全新的浙江面貌；2009年，摄制组的足迹走向全国，推出《神州大地看浙江》，沿着长江线、沿海线、边境线进行寻访，展示浙江人在全国各地的拼搏历程；2010年，浙江广电集团、浙江卫视的目光投向世界，派出六路摄制组近三十名编导，足迹遍及五大洲近20个国家和地区，沿着非洲线、亚洲线、欧洲线、美洲线和大洋洲线，完成采访报道。从《锦绣天地看浙江》（空中看）、《神州大地看浙江》（省外看），到《五洲四海看浙江》（海外看），换个视角看浙江，成为“三看浙江”系列大型新闻行动的策划核心。在当代中国，尤其是改革开放30多年，“浙商”是一个特色鲜明的经济文化现象。今天，400万浙商在全国各地，150万浙江人在海外生存发展，创造财富。《五洲四海看浙江》站在全球视野的高度，观察浙江，关照浙江，以电视表现的手法，充分展示浙江企业特别是民营企业“走出去”的艰辛历程、圆梦之旅，不仅具有强烈的现实意义，更具有凝重的历史价值。

《五洲四海看浙江》采访视角呈现三个结合：内容上，追寻“历史浙商”与“当代浙商”的传承足迹，见证浙江人“走出去”的大事件、大手笔；形态上，以水为魂，围绕“母亲河”的对话，循着密西西比河、莱茵河、尼罗河、湄公河等大江大河的轨迹，走进沿岸经济发展密集带，进行大规模拍摄行动，对新的国际经济版图中，“浙江制造”的现代化方向做出理性思考；视角上，由“看在五洲四海创业的浙江人”和“五洲四海的人们看浙江”相互交叉，互为补充，增强专题片和报道的厚重感。

五集专题片《五洲四海看浙江》结构“一统五分”，以摄制组行进式地域为经，以各自侧重的不同主题为纬，架构宏大叙事。第一集《世纪远航》作为开篇总序，全景式展现浙江“走出去”发展的历史沿革、今昔对比，记录几代海外浙江人不畏艰险、锐意进取的创业步伐，尤其在当前应对国际金融危机中，浙江企业抓住机遇、出海远航，在世界经济舞台上大显身手的艰辛探索、非凡意义。第二集《闯荡欧洲》、第三集《走进非洲》、第四集《共赢亚太》、第五集《风云美国》以地域为划分，围绕地区重点，以世界不同地区的市场、文化为背景，精心挖掘、挑选、演绎故事，以感人至深的情节，以及人物的跌宕命运，折射宏大的主题，真实记录浙江企业“走出去”的精神风貌、酸甜苦辣。

真情寻访，纪实拍摄，在宏大叙事中，融入新闻意识和对个人命运的追寻。海外浙江人跨越千年的壮阔历史，创业创新的崭新实践，需要诉诸于宏大叙事的全景式表述，但《五洲四海看浙江》试图寻找一种更加影像化的表达方式，力求做到厚重叙事、思辨评论与人文气息、情感叙事的相互融合，以更加真实的触感，得到更多观众的共鸣与认同。正如于丹在谈纪录片创作时，曾有过这样的描述“好的纪录片就像钻石体写作，载体要小，放射要大，寻找到精彩的叙事由头，放大一个历史瞬间，把个人命运跟大环境以真实电视剧趣味放在大众趣味的视野中，让叙事含而不露，带有典雅的趣味，有节制的云淡风轻，在历史中透过尘埃透出一种惊心动魄。”

作为“三看浙江”系列收官之作，《五洲四海看浙江》并没有摒弃宏大叙事的主体方向，而是力图在宏大的时空视角中，以新闻人的视角，展现一条清晰的浙商生长命脉。同时，大胆尝试，对传统政论体、纪实体纪录片进行突破和创新。《五洲四海看浙江》呈现给观众的，既有气势恢弘、大开大合的宏大叙事，更多呈现的是人的情感命运，跌宕起伏的故事冲突。具体采用了以下三种手法：

以人叙事，让故事增添生动。《五洲四海看浙江》对于新闻人物的关注，由原来同类专题片中简单的描述，转向把人置放在事件当中这样一种新的关注方式。2010 年 8 月，浙江吉利集团以 18 亿美元的价格收购沃尔沃轿车 100%股权和知识产权。这桩跨国并购的交易，成为中国汽车业有史以来规模最大的一次海外并购。在第二集《闯荡欧洲》中，编导走进瑞典沃尔沃总部，走访瑞典普通市民，采访工会代表，让被访者面对镜头，与千里之外的李书福进行了一次特殊的对话。通过观点的碰撞、矛盾的冲突，挖掘鲜为人知的“背后”故事，再加上对时代背景的评述和相关专家的点评，使人物、故事和典型意义浑然融为一体，手法平实却能获得极强的叙事张力。在第四集《共赢亚太》中，吉尔吉斯斯坦南方华商商会会长杨彩平不顾个人安危，保护骚乱中的同胞撤离，编导以倒叙手法切入，新闻叙事的手法，跌宕起伏的情节，感人至深的故事，使一位浙商女英雄的形象在观众心目中，留下了深刻的印象。

以情动人，让寻访打动人心。对个体命运的关照，投射在宏大叙事中，引领观众完成一次特殊的心路历程。尤其是在第二到第五集中，以个人为话题，以故事为核心，将具体的、有代表性的故事放在整个海外创业的大背景下，让小故事和大主题串联，展现整体的现实风貌，成为开宗明义的创作思路和人文品质。

在《五洲四海看浙江》的拍摄中，一批海外“创二代”令人印象深刻：三代同堂在巴黎奋斗，成为法国总统萨科齐亚裔顾问的孙文雄；在美国打拼 16 年的万向集团美国公司总经理倪频；“黄皮肤的中国酋长”诸暨浙商何烈辉……大量鲜为人知的动人故事，通过记者的寻访纪录，呈现出海外华侨华人的奋斗之路、海外浙商拼搏创业的生命轨迹。在第三集《走进非洲》中，编导多次运用国内寻访、海外呼应的手法，使片子充满悬念和叙事的张力。在南非约翰内斯堡，一座“中华门”引出浙商打拼市场的沉浮故事。在出发非洲前，摄制组特地前往义乌，寻找当年南非市场的拓荒者，采访到“中华门”市场的创办者——年逾七旬的企业家赵贤文。为了展现浙江建筑承包队伍开拓非洲市场的艰辛，摄制组还特地来到东阳，走进一位普通的建筑工人金敏飞家中，记录“相思分两地，远隔数重洋”的思念之情。随后，摄制组远赴埃塞俄比亚，跟拍浙江建筑队伍在艰苦的环境下，修桥筑路，改变非洲面貌的点点滴滴，并且，把来自家乡的礼物——一包腌肉，送到金敏飞手中。真实的细节，细腻的拍摄，感人的场景，把气氛推到高潮。

以物载情，让场景散发意境。在第二集《闯荡欧洲》中，记者走进瑞典沃尔沃汽车博物馆。“参观沃尔沃汽车博物馆，同样如同一次穿越时光的旅行。在一辆辆年代不同、样式各异的汽车中间，这艘见证中瑞友谊的哥德堡号模型格外醒目。”穿越时间的长河，哥德堡号模型成为遥望未来的航程的见证。在第三集《走进非洲》中，夕阳中寂寞伫立的中华门商城，有着别样的意境。“走上这条长长的甬道，前方是一番怎样的天地？在非洲打拼的胡李明们面临着新的考验。”苔麸，当地人称它画眉草，是埃塞俄比亚的主要粮食作物。不管旱季雨季，它都顽强地生存在这片黑土地上，仿佛大自然的恩赐。而在片子中，“苔麸”这种植物被赋予了意蕴。“在遥远的非洲国度，我们不断看到中国工程承包队伍的身影。他们在艰苦的环境里，铺路、筑桥、修坝，迅速改变着非洲的面貌。”在第五集《风云美国》中，画面中，金门大桥，如同一弯朱色长虹，悬挂在碧蓝的海上。不远的这处海湾，正在进行着一场水上角逐——一年一度的旧金山国际龙舟赛。“这样熟悉的竞技场面，不禁让我们感慨，在经济全球化的今天，距离的涵义正被改写，放眼全球经济版图，即便是太平洋这般浩瀚的地理维度，早已没有了距离，走出去的锣鼓已经擂响。”

影像宏大，制作精良，在创作风格中，融合大气磅礴的视觉效果和电视制作的前沿理念。《五洲四海看浙江》对于海外浙商的这次全景记录，是时间的见证，影像的记录，更是一个时代的思索印记。摄制组精益求精，全程采用高清摄像机，精心拍摄、构思每组画面。在后期剪辑制作中，用充满震撼力的电视语言，今昔对比的画面素材，造成强烈的视觉冲击，再融合兼具气势和思辨色彩的语言风格，带给观众激荡人心的视听效果。

另外，《五洲四海看浙江》秉承“三看浙江”系列高端访问的风格。在美国、在埃塞俄比亚、在荷兰，摄制组走进加州州政府、非盟总部、鹿特丹投资发展局等，了解当地对浙江人、浙江企业的评价、合作投资的领域。摄制组还多方联系，采访了美国加州州长阿诺德·施瓦辛格、欧盟委员会前副主席皮埃尔?德福安、非洲联盟主席让·平、中华民营企业联合会会长保育钧等知名人士和经济学家，更是让观众从理性高度认知海外浙商群的现象，以及他们和浙江经济发展之间的关联。

记录浙江人闯荡五洲四海的足迹，打造浙江媒体宣传浙江的海外之旅，《五洲四海看浙江》力图开启浙江电视新闻史上的一次远航。对于浙江的电视人来说，这也是一种全新的走出去的探索和尝试。希望通过这部充满感染力的作品，能够为观众打开一扇发现的窗，共同追寻、感悟属于这个时代的激荡风云。

（原载《视听纵横》2012 年第 1 期）

海岛地区电视航拍实践

顾良达

在开发海洋的大潮中，沿海地区电视台的主流宣传作用必将得到进一步体现，而电视航拍对于最大限度地展现海洋、海岛的自然风貌以及各类优势资源，展现海洋经济发展的成就，宣传推介滨海城市形象都有着重要的作用。尤其海岛地区陆海区域广阔、岛屿分散，各类开发项目点多面广，选择航拍这一电视表现手段更有着独特的作用。但是，海岛、海洋毕竟是一个特殊的区域，除了存在与其它地区航拍一些共性的问题，如何确保航拍收到预期效果、确保航拍活动的安全，这些都需要电视人的积极探索。近几年，笔者通过多次主创舟山群岛的大型航拍活动，从中也得到了一些有益的启发和收获。

一、借助先进的摄像设备及辅助器材，是航拍成功的首要保障。

电视本身就是一个高科技的产物，和其它地区开展航拍一样，海岛地区的航拍也要借助先进的摄像设备及辅助器材。从 2003 年至今，舟山广播电视总台先后组织三次对中国第一大群岛——舟山群岛的航拍活动，可以说电视画面效果一次甚于一次，其中就离不开摄像设备的改进。首先是广角镜头。因为广角镜头的视场角开阔，景深大，和标准镜头相比具有表现广阔空间和宏大现场的优势，所以使画面彰显大气、张力。对于海岛地区而言，星罗棋布的苍翠绿岛，广袤无垠的蔚蓝大海，以及一个个修造船、石化、港口物流等大型临港产业基地，更适合用广角镜头来表现它们的磅礴气势。2003 年那次航拍，我们台里还没有购置广角镜头，用的是标准镜头，这样直升机一旦降低飞行高度，被摄物就会受镜头视场角的影响而无法完整地表现，而飞机飞得高，景物距离远，势必影响拍摄效果。2006 年的那一次航拍，我们首次用上了广角镜头，它所具有的在较近距离表现较大范围的功能得到了充分的体现。如在拍摄东海大桥的时候，尽管跟拍集装箱车时飞机已经贴近了桥面，但是，超大的广角还是能展现整个桥面，而在拍摄洋山港集装箱码头时，效果更是体现得淋漓尽致，直升机或从集装箱船上方掠过，或者紧挨着桥吊飞过，通过广角镜头拍摄的画面张力与气势得到淋漓尽致的呈现。其次是航拍陀螺稳定仪。陀螺稳定仪在航拍中被越来越多地使用，虽然租价不菲，但却收到了事半功倍的效果。而海岛地区由于风力较大，海洋上空气流复杂等因素，直升机飞行中更容易颠簸或颤动，因此航拍中最好能够租用陀螺稳定仪。2009 年 8 月的航拍中，我们首次使用陀螺稳定仪进行航拍，有时候飞机明显摇晃或颤动，但航拍画面的稳定性却十分理想，即使在飞机较大幅度绕行转圈的时候，摄像师也能较好地把握摄像机的稳定性，这样就使素材画面的有效比例明显提高。而以往，航拍素材中的很多画面都是因为过于明显的抖动或水平倾斜而无法采用。再次是高清设备。航拍投入巨大，一般电视媒体都是隔几年才实施一次航拍。正因为如此，随着电视高清技术的日渐成熟，航拍要尽可能使用高清摄像机，这样使电视画面不仅清晰度高，而且色彩鲜艳、层次丰富、质感细腻，所拍素材更有价值，更值得作为珍贵的资料被保存利用。

二、提炼拍摄主题，铸就航拍亮点

航拍资金投入较大，并且牵涉诸如直升机租用调遣、空管报批等许多前期准备工作，因此，一般由电视台尤其是城市台组织的综合性航拍活动都是每隔几年才实施一次，正因为机会难得，所以也会尽可能多地安排航拍内容。但海岛地区陆海区域广阔、岛屿分散，各类拍摄点分布点多面广，因此，综合性航拍第一要做到合理取舍，不要追求面面俱到。航拍中，必须明确拍摄的主题和重点，并由此来合理安排飞行线路及飞行架次，从而在有限的飞行时间里记录最需要表现的重点。在我们组织的三次航拍中，都是以海岛城市建设、港口产业、海洋旅游作为拍摄主题，并在这三大主题中去提炼哪些为必拍的内容，哪些内容可以根据飞行中的实际情况进行取舍，哪些确定放弃不拍，这样在每一架次三个小时左右的飞行过程中，可以较好掌握拍摄重点。而在必拍的内容中，则要区分哪些需要拍得细腻周到，哪些只需兼顾。舟山群岛拥有 1390 个大小岛屿，航拍固然要展示群岛独特而又美丽的风貌，但不可能把各个岛屿都拍个遍，因此就要圈定一些有特色的有代表性的岛屿或岛屿群作为拍摄重点，所以几次航拍中，我们分别安排拍摄了东极列岛、定海南部诸岛以及岱山东部岛群，在空中翱翔着拍摄这些星罗棋布的岛屿，也会产生“会当凌绝顶，一览众山小”的感觉，让观众通过镜头领略到了群岛的独特魅力，所以上述岛屿的航拍资料，基本浓缩了舟山小岛风光的精华。第二要精心做好调度策划，追求航拍镜头的最佳表现力。在海岛地区，航拍区域较为广阔，不可预见的情况较多，这是航拍的一大弊端，如去年我们的航拍中，我们对金海重工有限公司的拍摄就留下了遗憾。金海重工是一家在国内规模领先的现代化造船企业，但当我们飞抵厂区上空时，竟然发现几座大型舾装码头没有一艘船舶，镜头中，没有船只停靠的码头肯定是单调的。事后才得知，原来当天一大早原先靠泊在码头的三条新船都出海试航，如果我们事先与企业沟通，适当调整拍摄时间，这一遗憾就不会出现。而如何把镜头力求展现完美，其实航拍也需要精心策划。近几年，舟山相继建成了一系列气势雄伟的跨海大桥，其中最大规模的当数全长 50 公里、总投资百亿余元的连岛工程。连岛工程由 5 座跨海大桥组成，气势磅礴，但如果航拍中大桥通航海面没有船只的点缀，显然是美中不足的画面。为此，我们协调大桥管理部门，在航拍进行中适时安排船只在主航道行驶。如拍摄金塘大桥主桥时，一艘白色快艇拖着长长的航迹出现在蔚蓝的海面上，与天蓝色的大桥主塔、银灰色的斜拉索组成了精美绝伦的画面，由此成为了大桥航拍的一个经典画面。第三要尽可能抓住一些事件或节点，为航拍活动营造亮点。在海洋经济的快速发展进程中，经常会有一些诸如工程项目竣工、在建巨轮下水以及节庆活动等事件或节点，如果航拍活动能够结合这些事件或节点实施，不仅能用空中的角度对事件进行记录，而且航拍的画面效果也会增色不少。2006 年 9 月 7 日，世界最大吨位散货船、挪威籍“博格斯坦”轮成功靠泊舟山嵊泗宝钢马迹山码头，创下了亚洲地区靠泊载重吨位最大散货船的新纪录和进出港轮船吃水量最大纪录，所以这次靠泊可谓是意义深远。而那几天恰逢我们组织实施航拍，因此把嵊泗区域的航拍特意安排在 7 日这一天。我们事先对“博格斯坦”轮靠泊的具体时间进行了对接，所以在当天下午 4 点多，按时飞抵马迹山上空，记录了舟山港创造记录的历史性时刻。由于时间衔接较好，当时这艘载重吨达 6.47 万吨的超级巨轮正在四艘拖轮推力的作用下，缓缓抵靠码头，所以画面表现也近乎完美。在舟山群岛的岱山县，有一座投入巨资建造的祭海坛，并连续几年作为中国海洋文化节的主会场，举行了一系列大型活动。但是几次航拍都没赶上活动的举行，所以缺乏人气的画面就难以表现祭海坛的雄伟气势，只能看到空旷的祭海广场和一根孤零零的定海神针。试想，如果航拍在节庆活动举办期间进行，那画面效果就会截然不同。

三、趋利避害，让航拍锦上添花

海岛地区气候多变，且多大风、多浓雾，这是电视航拍的最大制约，而且会受到水文等自然条件的影响，因此，我们就要利用一些特定的自然条件，把航拍做好。一是在航拍时间的选择上，如果是综合性的航拍而且没有明确的时间要求，一般要选择夏末或初秋季节（当然要避开台风），因为这一时期日照时间相对较长,海岛地区气候较为稳定,能见度也最为理想。二是尽可能掌握一些气象和水文的规律,做到趋利避害。如舟山群岛所处的东海海域多数为浑水区,对于电视航拍画面的表现十分不利,但是,如果在小潮汛时节,近海海域也会出现蔚蓝的海水,选择这个时候航拍,画面效果就会相对理想。比如,一些偏远海岛的山顶经常会出现特有的“极地雾”景观,因此,航拍中就可以借助“极地雾”,拍摄到非常独特的景观,在2009年秋季的航拍中,岱山鼠浪岛、衢山岛都有绝地雾出现,于是,我们就拍摄了云雾笼罩的犹如仙境一般的海岛风光,还有穿越云雾后山顶呈现的风电项目,绿色的山野,一排转动的白色风车,真是一幅绝美的画卷。三是尽可能选择早晨或傍晚时分进行航拍,因为海岛地区大面积海域都不适合在强光下拍摄,原本错落有致的大小岛屿在强光下也缺乏层次。而早晨或黄昏时光线条件十分柔和,空气透度也较为理想。在我经历的航拍中,每一次都拍到了夕阳下美丽的群岛风景,成为航拍的一个个惊喜。此外,黄昏时候,一些港口、修造船企业以及旅游景点在镜头里尽显魅力,碧水环绕的岛屿,逆光行驶的巨轮,金光四射的观音大佛,看到寻像器里这一组组镜头,不得不让人兴奋、激动。

确保航拍安全是关键。为此,在航拍之前,我们要摸清航拍区域的地形地貌,对于一些跨越海峡的高压电缆、跨海大桥的主塔及缆索甚至码头桥吊等等,都要仔细掌握,并事先与飞行员说明沟通,做到心中有数。航拍时更要牢记安全第一,不能一味地追求效果而实施超低空飞行或者让飞机过于贴近被摄物。此外,航拍也必须避开风力过大或者能见度不理想的天气,保证航拍顺利、安全。

(原载《视听纵横》2011年第1期)

因势利导 与时俱进
——从《田野》栏目看电视对农节目的转型升级

郑静峰

据统计,电视是目前我国农村最为普及、最为便捷的信息传播载体和文化娱乐工具。但随着城乡一体化进程的明显加快,农村受众群体的生产生活方式和精神文化需求都发生了显著的变化,对电视传媒提出了更高层次的需求,要更好地服务“三农”,电视对农节目也必须因势利导、与时俱进,进行积极有效的转型升级。近年来,宁波电视台对农节目《田野》栏目在这些方面作了一些尝试和探索。

一、理念转型升级:从授人以“鱼”到授人以“渔”。

在传统概念里,电视对农节目似乎只是一个农技推广服务平台。很多电视对农节目只注重服务性,忽略真正意义上的实用性。基于这种现实状况,《田野》栏目近年来有针对性地把节目重心放在鼓励农民兄弟勤劳致富、科技致富、创新致富的观念和思路上,通过《千方百计》、《致富有道》等子栏目,寻找新点子、推广新项目、介绍新做法,培育了一批有市场潜力的特色农产品,发掘了一批有推广价值的创富典型。栏目解剖分析成功案例的目的,不是给农民兄弟“怎么种、怎么养”的“鱼”,而是“种什么、养什么”的“渔”。

二、形态转型升级:从符合“口味”到注重“口感”。

电视对农节目在符合“三农口味”的大前提下,必须进一步注重“口感”的提升,增加节目的互动性和可看性,满足富裕后的农村观众日益增长的文化需求。《田野》栏目的主持人体验式互动板块《上山下乡》就是在这种大背景下应运而生的。在这个版块中,宁波农村优美的田园风光、丰富的特色农产品、浓郁的民风民俗和形式多样的农时节庆都竞相展现。一方面使城市观众提高对农村生活和农业生产的关注度,从而让一些原来的小产业变成当地的农业主导产业,切切实实为农业增效和农民增收带来巨大的收益。另一方面,这种带有游览、休闲、品尝、寻访特色的互动也吸引了越来越多的城市观众关注节目。在以城市人群为主要目标的收视调查中,《田野》栏目近两年的收视率和市场份额均能稳定在全台自办栏目中等偏上位置。

三、风格转型升级:从“拍电视”到“唠家常”。

在宁波农村,农民过去往往把电视节目摄制叫作“拍电视”,而“拍电视”很多时候却意味着主题先行、心情紧张、语言空洞、缺乏鲜活的非人际化传播状态。《田野》栏目近年来一直在着力开解这个困局,努力把“拍电视”变成“唠家常”,真正找到开启农民心扉的金钥匙。经过几年的打磨,《田野》栏目主持人施展的主持风格不但得到了不少专家评委的鼓励和肯定,还在农村拥有了一大批“大爷”、“大婶”级的

"粉丝"。就是靠着这种心无芥蒂、胸怀真诚的做法，真正完成与广大农民兄弟的心理对接，从而打开他们的话匣子，获取节目需要的鲜活素材。

（原载《声屏世界》2011 年第 1 期）

新闻节目的新"说法"

方 雨

浙江之声作为浙江广播主频率，对新闻热点要快速反应，更要及时引导，这样才有话语权、主动权，才能被更多听众接受和认可。

"内容为王"是媒体竞争的制高点，"内容"如果仅仅是简单告知新闻事实，显然达不到沟通效果，广播新闻节目要敏锐地捕捉当前社会热点，及时评说，才能让听众"过把瘾"。

《今日大热点》在设计之初，就考虑到对丰富的媒体信息和民间舆情热点加以整合，将视野扩展到全国、全球，而不是眼前。如果可以突出引人深省的热点事件、话题、人物，再加上观点独特的评说，关注民情、舆情，把主流媒体的舆论场、新媒体的舆论场、群众的口头舆论场联系起来，就会更好地发挥主流引导力，凝聚社会注意力，扩大广播影响力。

节目方案出炉，首要问题是谁来接棒？主持人该怎么说大家更愿意倾听？在这个有声世界里有谁用什么理由为你停留？这些都是频道领导苦思的问题。从节目的时间设置上就凸显了频道的期望，让一个全新的节目占领下班路上的黄金时段，这是要冒很大风险的。因为这个时段是各广播频率必争之地，大家都拿出自己的看家绝活，不论是 91.8 的黄金搭档还是 93 的《一诺千金》，还是西湖之声的《金手指乐翻天》，都是颇具影响力的王牌节目，但是这些节目的注意力还停留在说笑、娱乐等出租车群体，谁去关注公务、商务人士下班路上的需求呢？作为主流媒体，这是责任，也是一片留白空间，浙江之声的听众定位就是公务、事业、商务人士，所以节目设置和听众定位显然是吻合的。

节目运行之初，频道决定男女对播，这符合一般新闻节目的规律，虽然没什么新意，但也不会出错。然而一对男女主持要磨合成黄金拍档不仅仅牵涉到语速、语调，更重要的是思想交融，否则，你调侃我，我取笑你，很容易落入俗套，不不是成为娱乐节目，就是成为一本正经的播讲。经过一段时间的磨合后，节目不论是选题还是主持都不是很给力，与最初预想的效果差距甚远，让频道领导颇为着急。

应了那句"好事多磨"，一个偶然机会，男播回家探亲并且最终辞职，一时间找不到合适的搭档，这个光荣而艰巨的任务自热而然落在了方雨肩头。作为同时主持《咖啡时光》的她一贯自称小厨，做热点更加贴切。但谁也不料，这样歪打正着的说新闻，居然成就了《今日大热点》，也成就了小厨方雨。方雨这个名字和小厨成了不可分割的一体。在广大听众印象里，小厨方雨是他们最熟悉的陌生人。

在长达一年的摸索中，《今日大热点》的影响力迅速扩大，在广大听众中掀起层层涟漪。主持人也不断摸索新闻的新"说法"，比如，各地网友的评论用各地方言表达，比如各条新闻之间的串联用贴切的歌曲串联，比如有声事件尽可能让听众听到原声，再比如宣传带制作上以柔取胜。《隐形的翅膀》、《传奇》、《灰姑娘》这些脍炙人口的歌曲都被巧妙地运用在节目宣传带中，一时之间，百度里有不少听众提问"跪求浙江之声今日大热点背景音乐"、"请问今日大热点的小厨方雨 QQ 号是？"毋庸置疑，网络为节目的快速铺开推波助澜。

就在方雨对自己的主持还不是很有信心时，2010 年 4 月份无意间在网上发现朱鸿声先生的一篇文章——"看"小厨演热点新闻。这位听众的文字，给方雨一针强心剂，看来她摸索的新闻新"说法"是对路的，新闻不必一本正经说与你听，更不能只是传播事件本身，大家更喜欢知道这件事情主持人是怎么看的，其他人是怎么看的，大家想通过这个节目互相了解，了解这个世界，了解世界上不同的思想和可能存在的做法。

再后来的日子里，她开设 QQ 群，让听众一起交流对节目的看法，彼此之间也多了共同语言。大热点的群眨眼功夫就增加到 8 个，最集中的"今日大热点总群"有 500 位聊友，不少人成为生活中熟悉的好朋友，只因为大家有一个共同爱好，那就是收听《今日大热点》。

为了给广大听众展示频道风采，也打开另一扇了解主持人的窗口，方雨的空间是完全开放的。这一年来浏览人次达到 25 万，听众留言 6000 多条，有些热帖浏览量都过万，加主持人方雨为好友的听众达到 15000 多位。他们来自不同岗位，有公务员、商界精英、白领，也有大学生，外来务工人员，最有趣的是一些家长留言，说自己和孩子因为喜欢同一个节目而增进了感情，因为对节目的喜爱，听众朋友不吝笔墨的表达着他们的心情，这里不一一叙说。

一个新闻节目，在一年多的时间被广为关注，并且拥有大量的“方迷”和“雨丝”，这完全打破了以往新闻节目和听众的距离感，也打破了某种神秘感，听众第一次觉得那些貌似很远的事情、很远的人其实就在自己左右，包括小厨方雨。

这两天收到一封杭州听众来信，这是一位企业主，他说的话或许有代表性，“喜欢你的时事点评风格，很独创，也大气。既不是曹景行，杨锦麟，也不是敬一丹，白岩松，我是你的粉丝了。现在不怕堵车了。尤其晚高峰”。

一早一晚听小厨说新闻是频道2011年的重头戏，如果这是一个团队合作的结果，相信节目会更加有听头和嚼头，尤其细节上一定会胜出现在。

至于节目的内容选取不细说，且说说方雨是怎么考虑节目的贴近性和新“说法”的。

一、有目标地学习。学习各种方言，通过听相声、看小品找到各地语言的关键音，不一定要说的多么准确，有那个味道即可。大家不在意你是不是最标准的方言，而在于你接纳了当地的文化。

二、有方向地倾听。经典歌曲和时下流行音乐要时时关注，比如李宇春的歌曲《下个路口见》，比如王菲翻唱的《传奇》、张韶涵的《隐形的翅膀》被制作成宣传带，这也是将流行元素的恰当植入，可说是给新闻节目锦上添花。

三、有感觉地说话。多看多学多说才能保证节目流畅。这不仅是选材的问题，还要考虑如何说更贴近自己的表达习惯，这样才不至于满嘴螺蛳，磕磕绊绊。

四、点评还要发力适当。恰到好处是很高的境界，□嗦和粘成一团是以后特别要留意的，要让更多思想者关注这个节目，主持人首先得成为一个思考者。

（原载《视听纵横》2011年第2期）

浙江广播电视集团历史新闻资料数字化项目建设回顾

陈华春

由浙江省政府出资500万元、广播电视集团主办、资源研究开发中心承办、北京新奥特硅谷视频技术有限责任公司、成都索贝数码科技股份有限公司、浙江传媒学院等单位协办的浙江广播电视集团“视频数据库建设一期工程——历史新闻资料数字化项目建设”，历时两年多按预定计划于2010年12月28日通过省广播电视局、省广播电视集团领导、专家鉴定，至此，历史新闻资料抢救工作宣告结束，同时也宣告资源中心从2004年开始的早期三大类历史广播影视资料（电影胶片、广播唱片开盘带、电视新闻BVU、BET磁带）抢救工作全部结束。

历史新闻资料主要是指浙江电视台自办播出的1987年至1989年零星的、1990年至2007年系统的并保存在BVU磁带、BET磁带上的新闻、专题。抢救是指，由于磁带本身老化及播放设备淘汰等原因已不能继续长久保存和再现利用这些内容，需要将其转储到新的载体，并进行系统规范地编目，以便在新的载体上用新的手段查询、保存和再次使用。经过两年多的努力，这一目标实现了。

一、数字化成果体现

1. 完好实现节目内容从旧载体向新载体的转移。共转储各类电视磁带19450盒，节目编目时间11830小时，32570个节目，其中新闻类5083小时（卫视新闻中心的磁带已全部转储，这是抢救的核心内容），专题3296小时，素材1663小时，戏剧1054小时，其它734小时。

2. 已数字化的11830小时广播级高质量内容数据离线存贮，双备份在446盒LOTO4数据流磁带上，可通过昆腾Scalar 24数据流磁带带库与媒资软件调用，以数据文件应用于播出或制作，也可录制在常用电视磁带上与外界交流。

3. 与之对应的低码流节目以800K数据在线存贮，通过集团局域网内部发布。便于集团电视制作人员自主网上查询试听试看，并在网上可实现审批、申请调用高码流节目数据。

4. 为数据资料在各网之间直接流通做好了准备。本系统目前虽然是独立运行，但媒资机房已预放光纤，参与到集团播出、制作、各演播厅的光纤网络之中，并承诺媒资数据库底层数据开放，保证支持接口软件的开发。

5. 视频数据库系统安全可靠，已通过专家鉴定并获省广播电视局2009年度科技创新二等奖和中广协会“资料管理”创新三等奖。

二、数字化工作历程

1. 调研准备阶段。集团视频资料数字化工作经历调研准备、方案编制论证报批、方案实施等阶段。广播影视资料的抢救与保护是集团交给资源中心的一项重要任务，也是中心主任竞聘时的一项庄严承诺。卫视新闻中心有一大批反映浙江省经济文化社会发展历史的“浙江新闻”等影视资料，但大部分处于无设备可看可查可用状态。如何使这批资料更好得到保存并激活成为一个课题，资源中心经过大量的调研准备工作，于 2006 年 6 月 7 日向集团递交了了“关于建立集团视频数据库实现媒体资产管理的立项报告”。报告对项目的必要性、急迫性、意义、可行性、实施步骤都提出了意见，科技部做了回应，集团分管领导顾顺坤副总编辑、集团总裁王同元先后作出批示，要求资源中心与科技部进一步论证，参照外地经验，提出具体操作方案，可以先开展试点，待成熟后再全面开展。

根据集团领导指示，资源中心在认真学习外地经验，特别是北京、上海广电的经验后，根据自己的实际较快编制了视频数据库建设方案，但缺乏经费付诸实施。如何解决？王总裁的一句话启发了我们：把这件事变成与省有关的什么项目说不定是可以申请到经费的。经过斟酌，我们就把这件事叫做“抢救反映浙江省政治经济文化发展变化的历史新闻资料”，用一个月一鼓作气先后找到省委宣传部吕建楚、省档案局关继南、省政府办公厅文教处潘杰军、省财政厅科教文处王俭、省科技厅社会发展处张建荣、省广播电视局林吕建等同志，向他们一一具体讲述珍贵资料内容、现存状态及抢救的迫切性、经费问题。除个别同志讲过作为集团的一个部门负责人越级直接找他们是不合适的话以外，对我们讲的问题及要求无一不认为是一件容易忽视又很值得做且刻不容缓愿意帮助要做的好事，并向他们具体讨教如何申请经费的途径。经过集团计财部同志的精心操作于 2007 年向省财政申请到了 500 万元“历史新闻资料抢救”专项经费。

2. 方案编制论证报批阶段。如何抢救？一种意见认为把该抢救的资料复录一遍至新的磁带上就可以了，既便于操作，节省成本，又避免技术发展标准格式难定的困惑，另一种意见认为要用技算机和网络技术，通过转储编目，建立视频数据库，实现可用于电视制作的高码流数据离线保存、用于查询的低码流数据实时在线检索。经反复考虑决定采用后一种意见。

转储编目既有从转储设备到内容转储编目一切外包的做法；又有技术平台自己搭建、节目内容上载编目外包的做法。经认真分析利弊，决定从浙江广电实际出发，参照上海经验，技术平台自己搭建，节目上载编目外包。

思路确定后，我们撰写了“历史影视资料抢救（一期）数据库建设方案”，“关于启动历史影视资料抢救工作的请示”于 2007 年 11 月 5 日一并上报集团。在集团有关部门和领导的支持下，这一请示顺利地得到了批准。

资源中心与科技部同志于 2008 年 2 月 1 月专程到上海文广传媒集团参观考察他们新一轮的影视资料数字化工程，着重就影视资料数字化标准、转储编目要求、工作流程等问题向他们请教，写了“关于浙江广电集团视频数据库一期工程历史新闻资料数字化项目建设实施方案的请示”，这一方案从需要数字化的资料时间、目的、技术标准、设备设施清单及预算、运作流程与安排等方面都做了全面的阐述，切实可行。

集团收到实施方案后，于 2008 年 4 月 9 日召开论证会。论证会由集团副总编辑顾顺坤召集，集团办公室、集团计财部、集团科技部、卫视新闻中心、卫视技术中心、集团电视制作中心、资源中心等部门的领导和专家参加，与会人员对项目方案、名称、经费预算、技术方案、编目要求、设备保障等方面进行了详细的阐述、质询、表达，形成了统一意见，在此基础上，4 月 18 日总裁王同元主持集团党委会专题讨论研究并同意了这一方案，同时，还对建设周期、经费、招投标事项、财务报账等做出布置。

3. 方案实施阶段。历史新闻资料抢救项目的关键是经费问题，争取经费不容易，使用经费更不容易。政府的每一分钱必须通过省招投标中心进行项目招投标由财政直接支付，项目建设者不和钱见面。但如果完全这样，历史新闻资料抢救项目很难实施，有些子项目必须要由我们自己来招投标才能达到要求或目的。

第一项工作：经费拆分。根据建设方案和操作需要把经费拆分成若干部分。为什么要拆分？为什么要试编目？为什么电视放像设备必须是索尼品牌？为什么要指定给传媒学院 20 万元？等等，这些都是省招投标管理中心不理解的，甚至是招投标禁忌的，在我们做了大量的解释工作和要求后，省采购办及招投标管理中心给予了特殊的关照和允许。

第二项工作:搞好招投标。招投标项目分为省政府采购中心办理和我们自己办理两种,由省政府采购中心办理的有系统150万和电视专用设备80万。系统采购招标进行了两次,后改为商务谈判,为争取次最低价中标政策与专家和采购中心官员进行了长时间的“磨嘴皮子”。自主招标程序复杂,又必须在政府专业采购网上操作,费心费力。为使转储编目公司的招投标更科学,在招投标之前请专家或业内行家对编目公司进行试编目标引考察,将考察结果作为中标的分数之一。在自己认真摸索和采购办的帮助指导下,所有项目的招投标标书制定、发布、竞标、评标、公示、中标通知、签合同等程序都是按规范进行的。历史新闻资料抢救项目共有8个合同,除了试编目标引与三个公司三个合同外,还有以下五个合同:与北京新奥特硅谷视频技术有限责任公司的系统采购合同;与广州江门市银视科技发展有限责任公司的电视专业设备供货合同;与成都索贝数码科技股份有限公司的新闻、专题节目转储编目合同;与北京新奥特硅谷视频技术有限责任公司的节目素材转储编目合同;与浙江传媒学院戏曲、新闻节目转储编目合同。

第三项工作:节目转储编目管理。

A、编目公司管理。在招投标合同签订后,于2009年4月22日正式开始“历史新闻资料抢救”工作。编目公司每天安排25人,最多时达40人,24小时上班,按以下流程进行电视节目的转储编目工作:卡片信息输入、上载、高码一审、高码二审、编目、二级审核、总审、发布、下载回调审核、数据库清单审核。为使转储编目每一环节都能保证质量,资源中心专门组织了7人的管理团队对编目公司进行管理。因各种原因编目公司人员流动性较大,有一段时间两个编目公司又同时上班,还参插着系统、设备调试维修等等,管理的事项和需协调的事项成倍增加,特别是施工安全压力成倍增加。中心有效调配人力,通过与编目公司签订安全承诺书(硬的)、解决编目人员食堂就餐饭卡(关怀的)、项目负责人双休日、夜间值班巡查(容易出问题的时间)等措施,保障了项目全工程期无事故、无纠纷、保障了合同条款的有效执行,从而保障了整个项目的质量与工期。

B、转储编目内容管理。节目转储内容的确定是一个难题,卫视新闻资料一直由卫视新闻中心收存管理,我们对其中的内容不了解、不熟悉;保存在资源中心管辖的各个库房的资料,由于历史上形成的习惯,是按照流水号编号上架的,没有按节目类别排放,另外,版本很多,很难确定某一盒磁带的具体内容。为解决这一问题,对节目磁带进行挑选、重看、信息重新输入。根据不同节目类别确定转储原则:素材类要找编辑记者有印象的,如“飞跃浙江”、“世界三极”、“看台湾”、“话澳门”、“西部地理”、“世界大江大河”等等;新闻类节目凡是播出版全部转储,时间早的要转储,深度报道、专题要转储。专题类节目凡浙江电视台自办的栏目,内容不管是购买的还是自拍的都转储。对每一类已转储的每一盒节目磁带都做好标记,防止重复转储。节目的切分和标注以广电总局颁布的编目规范为标准,注录项及重要提示根据编辑记者的使用习惯适当调整,做到找得到、取得出、用得上,而且便捷。在具体转储过程中还特别注意原磁带的安全管理,逐一登记,及时入原库位。

C、编目终审管理。编目终审是指由各编目公司对节目切分标引后进行最终的校对、补缺、订正、退回等结论性审阅。新闻、专题、素材、戏剧、综艺等节目形态各异,编目标引格式、内容也都有不同,终审要求也不一样。为此,对每一类节目切分标引范本事先要根据编目规范和浙江广电编辑记者的习惯予以确定,再对他们交上的节目进行校对、补缺、订证。编目终审是一项十分劳累的工作。中心编目终审临时团队既严格把关也注意通融,与编目公司的合作是友好而坦诚的,节目的编目质量是规范的。

D、系统软件及转储设备管理。现场设备设施安全运行是保障所有转储编目环节顺利进行的关键。旧节目磁带要用旧设备转储,旧设备三天两头坏掉,需要精心维护才用得上。节目磁带清洗机是保证转储节目质量的重要设备,曾先后两次用木箱子钉好托运至北京维修。多台BVU放像机的核心部件“磁鼓”,在电视制作中心维修部的支持下多次调换并到现场处理各种“疑难杂症”。系统软件的调试是一个较为复杂的过程,既有用户方在使用中逐步发现不足且有“举棋难定”倾向又有开发商对问题的理解和技术力量的限制等因素。经不断磨合不断调试,现在的系统软件有多方面我们的创新点,于2010年6月20日通过专家鉴定,也适应编辑记者的使用习惯,已为集团约1000员工在集团局域网开通了“集团媒体资料管理中心”系统。浙江电视台成立五十周年大型专题片“一起走过”中的大量历史资料就是通过这个系统找到、调用的,浙江省图书文化教育共享工程的节目资料有230多小时是从这个系统调用的,还为集团副总编辑施泉明找回了寻找多年没有找到的浙江电视台1992年从众安桥搬迁到现在大院最后一天拍摄的历史资料。计算机软件和硬件升级换代周期较短,为确保数据库系统运行安全稳定,我们敦促开发商对此做出了长久技术支持的书面承诺。历史新闻资料数据库的软件系统开发、调试倾注了项目负责人、北京新奥特公司等研发人员的智慧与汗水。

三、数字化工作体会

1、资料工作要去“折腾”才会有事做(折腾是指不要闲着、看着、等着)。可以说“抢救历史资料”是完全靠折腾出来的一个概念,一个事情。只要对自己从事的事不断追问与思考总会有发现有创造有进步。

2、点子很值钱。用500万元做一件事,作为集团一个部门一个单位来说不是小事小钱,而这事这钱都只来源一句话、一个点子,点子确实值钱。

3、实干是决定事情成败的关键。历史新闻资料抢救项目从调研到立项到实施到完成,时间上算有七八年,中间碰到很多困难和矛盾,但最后能顺利进行,能有预期的结果,毫无疑问,领导的关心、支持、指点,集团有关部门的配合是起到巨大的作用的,而我们作为项目的承办者,抓住了“实干”这个核心也是起到了不可替代的作用。

(原载《视听纵横》2011年第1期)

电视直播常态化探索

童晓霞

在媒体竞争日趋激烈的今天,能够在重大社会事件和突发事件的“第一时间”进行现场直播的电视媒体往往能赢取受众的注意力和好评。浙江电视台教育科技频道新闻栏目在2010年一直进行电视新闻直播常态化探索,并取得了不错的社会反响和收视效果。

突发事件,形成直播新闻纵贯线

1. 坚守现场,等到事件结束最后一刻

突发事件发生时,浙江电视台教育科技频道所有的新闻节目《走进今天》、《小强热线》以及两档《新闻半点报》形成新闻纵贯线,密切关注事态发展。在突发事件里,坚守到最后一刻,也成了直播记者手册中的一条死命令。而正因为“坚守”,让我们的报道多了一些先撤走先收工的媒体所不曾有的信息,而这些信息,却是我们电视报道弥足珍贵不可或缺的信息与竞争力。

2010年10月10日,这是一场省内媒体同一起跑线上的直播报道——钱江潮暗潮卷人,8人落水,4人失踪。这一突发,牵动了省内的各大媒体的关注。电视教育科技频道从晚上6点档的《走进今天》开始,一直关注营救进展,在新闻直播中不时更新失踪者信息,SNG小组不断发回现场最新情况。现场记者在当晚许多媒体收兵回返的情况下,仍然坚持在现场,晚上9点档《小强热线》连线中,现场突然有新的进展,直播不停、信号不断,前方卫星车和后方演播室全力配合,及时调整,带着观众的视线,一起亲历其中一名落水者被打捞上岸的全过程,直播紧张、扣人心弦!也成为当晚唯一一个以直播形式全程记录这一过程的媒体。这条报道,也获得2010年集团直播报道大赛一等奖。

2. 快速出发,细节决定成败

7月26日,温岭遭遇连续降雨,山洪倾泻,整个温岭城区成为一座水城。当天下午,直播小组获得消息立即出发,在道路交通中断前一秒,驶入温岭城区,成为最早也是唯一一个直击温岭内涝灾害的省级媒体。栏目组打破常规时间进行直播,并在当天的两档新闻中以电话连线、卫星直播等形式对“水城”受灾地区进行全方位播报。卫星车在当天充分地展现一个分演播室的作用,将两天一夜的采访拍摄内容融入两档新闻直播时段,立体展现受灾、救灾,以及在水灾中人民生活等各个细节,第一时间直播报道了温岭受灾情况。

综合地来讲,这条报道,快速,唯一,是优势,但报道细节化的缺失,也是比较遗憾的一方面,水灾中人民生活的展示,并没有进行一些小切口的,故事性的描述。让受众印象不够深刻。这也是栏目将在今后的直播报道中,努力去改进的一个方向。

3. 四档新闻,突发事件成线性播出

从晚上6点开始,1小时的《走进今天》,7点30分,8点30分的《新闻半点报》,9点到10点的《小强热线》,在晚间的新闻时段里,让突发事件的报道,形成了很好的线性流。2010年里,瑞安爆炸,现场记者直击坍塌现场;余杭临平天然气泄露;天台5个孩子失踪事件;嘉兴桐乡一在建工地发生坍塌;建德山体滑坡8人被埋;杭州三角村面包车连撞8人逃逸事件;淳安梓桐镇2000平米排污蓄水池坍塌等等一系列的突发事件,都在几档新闻节目中形成直播新闻的纵贯线,报道加预告,让受众的视线一直延续,形成持续关注引力,增加收视效果。

特别事件 特殊编排

在特别事件面前,谁能在第一时间提供最快信息,展现真实场景,报道最新动态,谁才能争夺到"眼球",争取到受众。在受众对信息和新闻审美立体化、多元化、近乎苛刻化的今天,电视媒体成了当仁不让的主流传播者。

因为并不是一个新闻频道,新闻的传播还是存在一些客观的局限性。为了让新闻事件第一时间传达给观众,浙江电视台教育科技频道灵活编排,直播时间特殊处理,新闻部、总编室快速沟通,根据突发事件的需要,最短时间开辟出特别直播时段。

3月23日上午9点45分左右,杭州湾跨海大桥观景平台发生火灾。在教育科技频道的热线平台上,观众不断地打进电话,信息一个又一个传递过来:火势很大,浓烟滚滚;当地消防出动了20多辆消防车;有10几名工人被困;栏目组迅速判断,作为世界上已建成的最长的跨海大桥发生火灾,人员被困,这不是一件小事情。大事件有大作为,大事件就是命令。教育科技频道新闻部紧急召集会议,迅速安排多路记者与卫星车待命,开始了一场与时间赛跑的抢新闻大战。卫星车与多路记者快速出发;后方紧急敲定开出临时直播时间段,开始突发事件直播预案准备。直播时间定为下午14点15分,时长20分钟。时间急迫,新闻部紧急制作临时虚拟直播场景,同时特别节目片头、杭州湾大桥资料片开始同步进行,栏目组还邀约在大火第一现场的热心观众带着第一手视频资料赶赴演播室。14点15分,特别直播节目《火场大救援》开始,在以杭州跨湾大桥航拍的资源镜头为背景的虚拟演播室里,从现场赶来的嘉宾杨先生向主持小强与观众描述了最直接的火灾情况,新闻部的SNG卫星直播小组在杭州湾跨海大桥起火平台现场、指挥中心等各点进行多点报道。我们所得到的第一手起火视频与图片,也最快最迅速地直播传达给了观众。

7月26日,温岭水灾,除了在晚上几档新闻中形成直播线性流之外,我们也在中午开辟特别直播,第一时间将灾情及自救情况展示给观众。

12月15日,今冬浙江第一场大雪,频道的SNG小组也都是第一时间出发,中午1点便进行了半个小时的直播。这也是浙江电视媒体最早进行的一场特别直播,反应迅速,抢占了先机。多路记者从雪情、交通、菜篮子、防寒保暖等多个方面进行现场连线,全方位多角度展现了大雪实时情况、造成的影响以及各方的应对措施。

12月19日,杭州湾跨海大桥"海天一洲"对外试营业,栏目组又加班加点,在中午11点进行了45分钟的特别直播,SNG卫星车与3G结合,多点直播,进行了时段与技术多重探索。

技术创新促进电视新闻直播常态化

为了让突发事件能在第一时间展现在观众面前,更快迅,更便捷,电视教育科技频道在今年更是试用了3G以及华数WiFi无线网络直播系统,效果非常好。

与常规的SNG卫星连线直播相比,除了可以做为SNG车的完美备份之外,这些无线视频采传设备的优势显而易见。迅速便捷,机动性强。大小如摄像机电池,在不需要任何线缆、电脑、电源的情况下,直接将设备挂接在摄像机尾部,摄像可以自由行动,在有WiFi无线网络或3G无线网络的地区,只要打开开关就可以随时随地将事件现场画面和声音采集并实时传输到播出机房同时存储,并通过实时解码器将数据转换为电视切换台接收的模拟信号,然后播出。节约投入,降低成本。

从人力上来说,与SNG车动则五六个人几台车不同,这些无线视频采传设备是单机拍摄,只需要出动一名现场记者、一名摄像。从物力上来讲,也是只有单车单机出动。而从财力上来说,更是节约了卫星费,以及大量的设备费用。机、车配合,多点直播。与SNG车合作利用,让多点直播更简单更便捷。

运用最新的直播技术,可以极大地提高新闻首发率、自采率,更是极大地增强教育科技频道的新闻竞争力。所有的工作只需要一两个人就可以完成,可以大量地节省媒体的人力资源,提高工作效率。在频道原本已经配备了SNG卫星车的情况下,是一个不错的"加法"。新技术的运用带来的冲击不言而喻,给新闻直播全新的伸展利用空间,将新闻"直播"的概念作大幅度的新的提升。原本的SNG车,则可以在大事件的时候体现一个移动演播室的概念。

从国内外电视新闻特别是重大突发事件电视新闻的报道形式看,直播报道越来越成为电视新闻播报的常态。它既是对电视特性和新闻特性的双重回归,也预示着直播时代正扑面而来。在新闻媒体竞争日趋惨烈的今天，新闻时效性正被各媒体提到了生死攸关的地位。而现场直播，无疑是电视媒体制胜的重要法宝。

浙江电视台教育科技频道的《走进今天》、《小强热线》从 2010 年，固定了“今天最现场”“小强卫星站”两个版块，并成立了 SNG 小组，包括组长在内，SNG 小组成员都是由栏目部门记者组成，形象好，状态佳，语言能力强。每天排班，平常拍日常新闻并不影响，如有突发，马上由制片人责编牵头，安排好 SNG 记者，15 分钟内组织好 SNG 车辆开始出发。

为了让突发报道更有保障，栏目组还制定了突发事件出动预案，定期进行 SNG 小组学习会，一般来讲，每个月 SNG 车子出动最高频次 20 次左右。突发事件实时报道，也让这样的新闻，有了更强的可看性与竞争力。

（原载《视听纵横》2011 年第 2 期）

依托市场办好商贸类节目

骆黎明

义乌拥有全球最大的小商品市场，能在第一时间内交流获取市场交易信息。坐享这一大优势，义乌电视台成功创办商贸频道，成为全国唯一可以开办两个电视频道的县(市)广播电视台。义乌电视台也在依托市场办商贸类节目方面积累了一些可操作的经验。

一、围绕市场设栏目，为市场繁荣发展营造良好氛围。

为了更好地为市场服务，义乌电视台商贸频道的大部分栏目都围绕市场来设置，以特色栏目分别对应市场、商品、经营户和政府等各大要素。目前，商贸频道开设了十多档周播栏目。商贸频道每天从早上 8:00 开始播出，至晚上 24:00 结束，全天播出 15 小时。自办节目播出量(含重播)达到了 70%以上，其中，商贸类节目播出量占频道总播出量的近 60%。

如此大播出量的自办节目，内容大部分来自于义乌市场。义乌市场经过 30 多年发展，五易其址，十次扩建，现有经营面积 430 多万平方米，商位 6.2 万个，拥有 43 个行业，16 个大类 4200 多个细类 170 多万种单品。市场日均客流量达 20 万人次，联结着 10 万多家生产企业，市场成交额连续 19 年位居全国各大专业市场榜首。义乌商贸服务业的蓬勃发展为义乌电视台提供了丰厚的土壤，广大观众也必然要求媒体提供快捷优质的商贸资讯和信息服务，地方政府也需要媒体为市场发展摇旗呐喊，鼓劲加油。

由于市场所提供的信息涉及范围过广内容量很多，因此逐一被各节目细分加以利用。就拿《义乌指数》来说，这是一档专门针对市场走势开设的栏目。由于义乌指数具有非常强的专业性，普通经营户想要看明白其中数据的变化并不是件容易的事情。《义乌指数》栏目通过调查，努力把枯燥难懂的数据形象化。《义乌指数》栏目因此也为行业主管部门和当地政府准确及时了解和掌握中国乃至世界小商品贸易动态，了解小商品专业市场的运行状况，制定相关行业政策和发展规划提供了依据，同时也为广大消费者提供了最有参考价值的市场信息。这档栏目在不少外地客商面前展示了“义乌指数”发布权威性的同时，也成为了义乌商贸频道不可复制的标签性栏目。

义乌市场的商品林林总总，数量超过 170 万种，而且新产品层出不穷，丰富的新产品为制作商贸类节目提供了大量素材。这其中，《商品全说》就是商贸频道中一档与市场销售的商品紧密联系的栏目。《商品全说》通过电视访谈和记者现场访问的形式，全面介绍产品的历史、功能、应用和发展演变等知识，避免了枯燥乏味。

义乌市场之所以能发展到目前的规模，在于义乌有一支超过 10 万人的经商大军，他们善于抓住商机，不怕辛苦，在商海中搏击可以说各有奇招，把他们的经商之道挖掘出来和大家分享，具有非常重要的意义。为此，义乌电视台商贸频道专门开设了《波浪鼓》栏目，以讲故事的形式报道普通商人的不普通经历。通过对“新义乌人”的采访，重新激发了义乌人的创业热情。

二、注重服务，体现商贸新闻的民生化。

商贸类节目不局限于国家的经济体制改革、财政金融政策，还涉及到老百姓的衣食住行，这就要求商贸类节目要突出服务性，贴近群众生活。《商贸信息联播》作为商贸类信息传播平台，大量报道民生商贸类新闻，关注本地区的新闻事件、新闻人物，对与本地区群众生活关系密切的国家政策调整以及外部热点事件作本土化解读等。除此之外，栏目并没有只把目光瞄准义乌市场，而是采用引进来走出去的方式，一方面和各地市场取得联系，让对方提供市场建设、商品销售行情等各类商贸信息，另一方面安排记者外出采访，通过记者天南海北走市场，为义乌的广大经营户提供有效实用的信息。目前商贸频道已与成都荷花池市场、昆明螺蛳湾市场、兰州义乌商贸城、沈阳五爱市场、山东即墨市场等达成了信息共享、新闻联动的协议，及时为经营户提供各市场的信息。

数字的罗列、术语的堆砌、见事不见人，枯燥乏味是经济新闻的通病，除了发挥专业媒体的特色尽量挖掘事件的来龙去脉，作深层解读，商贸频道还尽可能从中找到与百姓利益相关的“落脚点”，在节目形式上谋求观众的认同。如经济法制类栏目《经济与法》，就以案说法，通过大量的案例来报道经济生活领域的各种现象。

一些受众更喜欢通过综合性、带有文娱性的节目获取商贸类服务信息，因此在设置商贸栏目中还需考虑观众的收视习惯，在形式上适应百姓需求。除了在日常新闻中“重心下移”，时刻考虑观众的需求外，义乌电视台商贸频道还推出了一系列和百姓生活紧密相连的栏目，如《吃在义乌》、《淘在义乌》等，积累了一批固定的观众群。

三、借助外脑，树立节目的权威性。

经济报道有别于其他题材，具有较强的专业性、政策指导性和实用性，因此在制作节目的过程中要特别考虑其权威性，尽可能地提高信息附加值。在商贸频道开办之初，如何体现权威性是个问题。义乌作为一个县级市，不要说跟北京、上海等国际大都市相比，即使是跟杭州、宁波相比，也缺乏相应的报道素材和专家人物，这就造成了宏观报道偏于窄，深度报道偏于浅，产生了权威性不够的问题。为解决这个问题，频道最终选择跟新华社、上海第一财经等权威媒体合作，借助“外脑”提升节目的权威性，加强深度，借巨人的肩膀，登高望远。

因为有了权威性，商贸频道的经济报道经常受到有关部门的重视，如“义乌市场万里行”活动，就是媒体成功推动的结果。义乌市场的主管部门和经营户曾经一度变主动为被动，只知坐等生意上门，商贸频道多次邀请经济权威人士进行访谈，阐明义乌市场面临的危机和走出去的必要性，如今义乌市场与国内外多个城市开展了卓有成效的小商品贸易对接活动，先后走进黑龙江尚志、广西梧州、重庆、江苏南通等城市，还组织300多义乌商人包机赴迪拜参展，积极推动义乌市场商户由“坐商”转向“坐商”与“行商”并重，不断开拓国内外新兴市场。

我国的电视媒体既要引导舆论，同时兼有政策的发布的身份，因此把握好政策导向更能体现栏目的权威性。义乌的市场使得义乌的经营户有了话语权，因此，义乌商贸频道邀请义乌本地各行各业的会长参加的“会长论坛”也变得更具代表性，更有分量。他们围绕各自行业中遇到的问题发表自己的看法，并邀请专家现场答疑，就当前的政策走向提出观点。由于是代表行业的会长论坛，因此提出的问题更有针对性，相关部门和专家的答疑也更有接近性，更容易接受，使更多企业、经营户受益。

四、适应市场的外向型特点，拓展国际视野。

义乌的发展离不开世界，义乌的小商品销往全球200多个国家和地区，国际区域经济合作成为新的经济增长亮点。与此同时，国外市场与义乌市场立体式的商品、商人、商场三位一体模式的延伸对接不断加强，南非“中华门”、巴西“中华商城”、意大利“中国城”、阿联酋“中国产品交易中心”等这些国际小商品集散地都与义乌市场进行对接，我们在经济全球化的新形势下从事经济报道，就必须拓宽观察视角，树立国际视野，运用国内国际两种资源，统筹国内国际两个舆论大局，用国际视野分析义乌市场的发展，更加清醒、全面地把握义乌经济发展趋势。

首先，用全球视角解析义乌经济问题。在经济报道中，我们善用全球视角解析经济现象，在商贸频道栏目中，发布有关国外的展览信息、市场动态、自然灾害，并深入进行解释，为经营户提供实用的信息。其次，用世界眼光考量义乌市场，比如在近期的中东动荡，由于中东市场是义乌小商品的重要市场，中东多国的紧张局势通过商品贸易渠道波及到义乌市场，《商贸信息联播》栏目及时公布中东的有关情况，考虑到贸易安全问题，及时和义乌市公安局经侦大队联系，发布了一系列风险预警信息。并列举突尼斯、埃及、苏丹、利比亚、摩洛哥、也门等国发生动荡的概况，提醒市场经营户“关注国际形势、防范贸易风险”。再者，用国际观念研判国内经济走向。经济领域是一个极度敏感的领域，瞬息万变。经济报道要有一定的前瞻性，提出符合事物发展规律的预见和对策，帮助经营户分析研究改革发展的趋势。这种研判离不开国际观念，要打上深深的“国际烙印”，充分考虑国际惯例和国际规则。因此，我们在节目中时常会播发有关国际贸易保护政策，以及相关国家采取的反倾销措施，并提醒经营户做好相关对策。

“商人”、“商机”、“商情”、“商事”，义乌电视台依托市场走出了一条属于自己的路。但商贸频道在运营过程中还存在着经济报道的生态环境不佳等很多问题,需要我们进一步去探索,总结出一条较为可行的实践之路。

(原载《视听纵横》2011 年第 3 期)

打造“中国好莱坞”
——横店影视文化产业发展纪实

横店影视产业实验区

进入 9 月,《太平公主秘史》、《除魔传奇》、《深宫谍影》、《红色黎明》等 20 多部影视剧在浙江横店影视产业实验区拍摄。一些剧组低调、甚至秘密开拍,更加勾起了游客的好奇心,高温酷暑也抵挡不住他们“追星”的热情……

笔者从浙江横店影视产业实验区获悉,今年 1 至 7 月份,实验区入区企业实现营业收入 26.94 亿元,同比增长 60.82%;上交总税费 2.79 亿元,同比增长 119.77%;新增企业 33 家,入区企业累计达到 415 家;接待剧组 90 个,同比增长 12.50%;接待游客 678.33 万人次,同比增长 48.47%。横店影视文化产业继续呈现强劲的发展态势。

影视带动旅游兴

1995 年底,著名导演谢晋筹拍香港回归献礼片《鸦片战争》,时间紧迫,而外景拍摄基地却无着落。横店集团创始人徐文荣闻讯,立即与谢晋取得联系,投资建设外景拍摄基地。仅 4 个多月,一个占地 319 亩,总建筑面积 6 万多平方米的“19 世纪南粤广州街”影视基地“破土而出”。

1997 年,陈凯歌导演要拍《荆轲刺秦王》,遇到了和谢晋导演类似的难题,横店人把握机遇,仅用 8 个月就建成了气势恢宏的“秦王宫”……

就这样,横店集团凭着敢想敢干的气魄,先后投入 70 多亿元,建成了广州街、香港街、秦王宫、清明上河图、明清宫苑、梦幻谷、明清民居博览城、红军长征博览城、华夏文化园等 28 个大型实景拍摄基地和 11 座大型室内摄影棚,使横店一举成为全球规模最大的影视实景拍摄基地。

从 2000 年起,横店集团推出“影视基地免场租费”,2008 年 8 月开始,又无偿向剧组提供摄影棚拍摄。庞大的拍摄基地和优惠的拍摄条件,吸引了众多剧组,横店影视城的知名度越来越高,被国内外媒体誉为“中国好莱坞”。

横店集团创始人徐文荣认为,在影视基础上发展旅游,有利于进一步加快聚集人气、汇聚财气,实现区域经济快速发展。横店集团一方面加快影视基地建设,另一方面又提出了“影视为表、旅游为里、文化为魂”的经营理念,充分利用影视资源优势,以把横店影视城打造成“大型影视文化旅游主题公园”为目标,开发出《暴雨山洪》、《怒海争风》、《梦回秦汉》、《汴梁一梦》、《大话飞鸿》、《八旗马战》、《梦幻太极》、《江南遗韵》、《金粉恋歌》等一系列蕴含丰富影视元素的高科技旅游产品,受到中外游客的欢迎。

横店影视城以宏大的基地规模、完善的配套设施、丰富的拍摄场景,先后被评为“中国最具特色影视拍摄基地”、“全国影视指定拍摄基地”、“浙江省文化产业示范基地”,成为国内旅游行业的著名品牌,此后又成功实现向国家 5A 级景区的华丽转身,在影视与旅游的融合上成为全国的典范。

我国旅游行业首份“中国旅游百强景区”于今年 7 月发布,横店影视城以 2010 年旅游接待 841 万人次的成绩,居“中国旅游百强景区”排行榜第四位,并居国内其他人造景区游客接待量首位。

浙江省副省长王建满近日考察横店影视基地(旅游景区)后称赞,横店的崛起是改革开放的一个缩影,特别是横店“无中生有”的影视旅游业已经成为浙江旅游业的一张特色“名片”。

“四化”凸显影视大格局

横店集团并不满足于“影视基地 + 旅游”的服务型发展模式。她又开始苦苦探索,寻求影视文化产业发展的新路子。

2003 年,作为全国文化体制改革综合试点省,浙江省委出台了加快文化大省建设的相关政策,并把横店影视文化产业作为一个突破口。同年底,国家广电总局批准横店成立全国首个国家级影视产业实验区。2004 年 4 月 2 日,浙江横店影视产业实验区挂牌运作。自此,横店影视文化产业驶入发展快车道。

横店影视产业实验区以打造“中国好莱坞”为主线,在构建要素体系、招商引资、优化服务、规范管理、提升品牌等重点工作上下功夫,增强“造血”功能,大力发展影视配套产业,形成了从剧本创作到影视拍摄、制作、发行、后产品开发一条龙的完整的影视产业链,在探索影视制作基地化、社会化、专业化、产业化发展新路上迈出了坚实的步伐。

在基地化建设方面，横店影视实景拍摄基地规模不断扩大，旅游景区内涵更加丰富。

在专业化发展方面，影视制作、院线建设和人才培养成效显著：

2007年，横店集团成立横店影视制作公司，积极筹划拍摄影视作品，仅2008年就投资拍摄了《苏东坡》、《最后的较量》、《虎山行》等影视剧。横店影视制作公司还投资摄制了首部中澳合拍电影《寻龙夺宝》，“借船出海”，不仅牢牢掌握了合作的主动权，还成功地输出了中国的文化价值观，得到了中央及省领导的充分肯定。

经国家广电总局电影局批准，民营跨省院线——浙江横店电影院线从2009年1月开始运作，大力发展电影终端市场，先后在长沙、南京、郑州、武汉、太原、重庆、呼和浩特、深圳、北京、天津、金华等城市投资建设了一大批五星级影城，其中多家影城进入了全国百强影院行列。短短两年时间，横店院线已从初期全国院线排名第20位跃居全国第10位，2010年经营总收入达到2.8亿元，今年1至7月总收入同比增长176%，发展速度之快，令业内人士赞叹。横店院线近期将力争建成300~500家规模影院，以跻身全国院线前五强，成为全国强势品牌。

2008年6月，横店影视职业学院顺利通过国家教育部批准备案，正式迈入全国普通高校序列，纳入全国高等院校统一招生计划，现有在校生2500多名，开设专业18个，成为我国影视人才培养的主要基地之一。

在产业化集聚方面，已有华谊兄弟、长城影视、光线传媒、保利博纳、香港唐人电影等415家影视文化企业入驻横店影视产业实验区，使横店形成了完整的影视产业链。实验区还设立了影视服务中心、演员公会、行政服务中心、电影审查中心、电视剧审查工作站，并可为入区企业提供道具、器材、服饰、餐饮、住宿等各种配套服务，实现了“拿着本子来，带着片子走”。迄今，横店已累计接待影视剧组800多个，拍摄影视剧21000多部(集)，占全国影视剧产量的四分之一。

在社会化发展方面，横店集团依托影视文化的联动效应，以影视带动旅游，以旅游促进第三产业。在横店，仅横店集团投资的宾馆床位就达8000多个，每逢周末、节假日，横店的宾馆供不应求；目前，在横店直接从事影视文化产业的有6000多人，在横店演员公会注册的“横漂一族”有3500多人，个体工商户有1900多家，全镇从事第三产业的劳动力达21900多人，仅在横店注册拉“黄包车”的江西等地农民就有220多人。横店影视文化产业的发展，还极大地推动了横店的城市化进程。2010年12月，横店镇被浙江省委、省政府列入首批小城市培育试点，横店离“城”已仅一步之遥。

发展，永恒的主题

影视文化产业作为一个国家软实力的重要载体，具有非常重要的地位。横店影视文化产业的高速发展，引起了中央高层领导的关注。

中共中央政治局常委李长春同志继2008年全国“两会”期间充分肯定横店影视文化产业成绩后，于2009年6月7日，亲临横店考察调研，并作出了“进一步探索影视制作基地化、社会化、专业化、产业化发展的新路子，促进影视产业生产方式的变革”的重要指示。

中共中央政治局委员、中央书记处书记、中宣部部长刘云山同志和浙江省委书记、省人大常委会主任赵洪祝同志也对横店影视文化产业发展作出专题批示，要求横店抓住当前文化产业发展的难得机遇，进一步发挥优势，创新升级，积极打造影视产业链，把影视文化产业做大、做强、做久。

高层领导的关心和支持，更加坚定了横店集团发展影视文化产业的信心。新近通过论证的《浙江横店影视产业实验区“十二五”发展规划》，勾画出了实验区也是横店影视文化产业的发展蓝图：

“十二五”期间，实现“三个转变”，即由影视拍摄基地向影视产业基地转变，由单一服务功能向综合服务功能转变，由传统低端产业向现代高端产业转变；深入推进“五大体系”和“十大平台”建设。“五大体系”即要素构建体系、策划制作体系、展示交易体系、影视后产品开发体系、实验区服务体系。“十大平台”即影视拍摄平台、后期制作平台、金融服务平台、助推上市平台、孵化培育平台、发行交易平台、人才集聚平台、后产品开发平台、产权保护平台、信息研发平台。为此，要建立影视剧本策划创作中心、影视剧后期制作中心，成立演员经纪公司，加快推进影视衍生产品开发经营，创造条件开展影视器材和设备的研发制造，加强影视教育与培训基地的建设。

宏图已经绘就。敢想敢干的横店人，将进一步贯彻落实李长春同志的重要指示精神，继续大力发展影视文化产业，为把横店打造成“规模最宏大、要素最集聚、成本最低廉、技术最先进”的国际知名影视产业基地而奋斗！

（原载《视听纵横》2011 年第 5 期）

台州广电坚持科学发展收视率创历史新高的实践与探索

赵彦华　王维萍

近年来，台州广播电视台坚持以科学发展观统领广电事业的发展，坚持正确导向，坚持改革创新，坚持开门办台，按客观规律办事，新闻宣传、经营创收、队伍建设、事业产业发展等各方面均呈现良好的发展态势。根据 2010 年央视 CSM 公司统计，总台电视三个频道晚间平均收视率为 12.7%，收视份额为 43.4%，创历史最好水平。收视规模也远远超过中央台和省级卫视及其它台，前 50 个栏目排名中，总台就有 41 个栏目，同比 2009 年，在台州人收看电视人均分钟数下降 1 分钟的情况下，台州市台反而增长了 12 分钟，全天市场份额 35.1%，首次超过央视的 25.9%；三个电视频道市场份额从前几年的一枝独秀到现在的三台齐辉，局面可喜。面对中央台和省卫视强大的资源优势和竞争攻势下，成绩来之不易。

一、坚持正确导向，把当好党和人民的喉舌为作为“第一选择”

2010 年，台州广电圆满地完成了市党代会、市人大政协“两会”等重要会议的报道；围绕“主攻沿海，创新转型”、“四大战略”、“创先争优”、“双服务”、“全民读书月”、弘扬大陈垦荒精神、“清洁家园 和谐乡村（社区）”、竞争性选拔领导干部、上海世博会等主题，组织策划了近百个系列报道，组织了十余次新闻行动，使主题报道在深度和广度上都有了很大改进，为市委、市政府的中心工作形成了声势，营造了氛围。

在做好时政报道的同时，台州广电始终把改善民生的报道放在突出位置。从 2010 年 1 月 1 日开始，台州电视一套在原有《台州新闻》《百姓说话》《天下百晓》三档新闻栏目的基础上，新创办了台州电视第一档新闻维权栏目《大民讨说法》、第一档网络新闻栏目《E 事 e 闻》和总台第一档对农新闻服务类栏目《乡村风景线》，使本频道的新闻栏目增至六档，晚间平均市场份额从 2009 年的 6.28 %上升到 2010 年 11.88%，收视率从 2009 年的 1.8%升至 2010 年的 3.5%。

二、坚持以人为本，把受众的呼声作为各项工作的“第一信号”

根据 2010 年 10 月 ~12 月台州广电开展的第五次万人问卷调查数据显示，在 2010 年的新闻类节目调查中，有 50.62%的受众选择了民生新闻。

在民生新闻的内容上，台州广电着重从三个层面展开：一是通过叙述百姓身边事，让受众了解城市的变迁。台州电视二套的《600 全民新闻》、台州电视一套的《台州新闻》、台州电视三套的《直通现场》和台州新闻广播的《台州晨报》基本就属于此类节目。二是顺应百姓维权的需要。如台州电视一套的《百姓说话》《大民讨说法》、台州新闻广播的《阳光热线》就是这样的节目。三是满足受众日常生活服务的需要。在万人调查统计中，有 2212 人选择了台州电视三套的《生活零距离》，占统计总数的 33.07%，有 1341 人选择了台州交通广播的《我爱我家》，占统计总数的 20.05%。台州电视二套 2010 年 11 月中旬试播《直播 12345》栏目，一个月来，受理了大量的群众投诉，内容涉及环境污染、消费投诉、法律咨询、劳资纠纷等。栏目得到了观众和社会各界的普遍认可。

三、坚持创新发展，是不断提高收视（听）率的不竭动力

坚持创新发展，首先是打造品牌栏目。台州广电从塑造品牌节目入手，接着扩展到品牌栏目，然后再进一步扩展到品牌频道，最后目标是创建品牌电视台。《台州新闻》、《百姓说话》、《600 全民新闻》、《直通现场》、《阳光热线》等品牌栏目都增添了亮点和新意，《大民讨说法》栏目获得了“2010 年全国城市台标杆品牌电视栏目”，收视率也从 2009 年的 1.6%升至 4.3%，《阳光热线》被纳入市委、市政府党风廉政建设考核体系。

其次加强报道的策划、栏目联动、强化宣传的效果。如市委召开三届十四次全体（扩大）会议，审议通过了《中共台州市委关于推进生态文明建设的决定》，面对这一重大宣传主题，台州电视一套集中频道全力，多方式、多角度、多层次、全方位组织开展相关报道，全年共播发相关稿件 260 多条。一是加强策划、突出了报道的系统性。会前、会中、会后都推出了几大系列报道，如《县（市、区）委书记谈“绿色”策略》、《改变就在身边》、《“清洁家园” 曝光台》、《打造宜居环境调研报告》等。二是栏目联动，扩大了报道的声势。在生态文明主题宣传工作中，频道三个主要栏目《台州新闻》、《百姓说话》和《大民讨说法》，在频道的统一策划下，实行联动，各个栏目根据自身的特点，推出了各具特色的报道。三是采取多种报道形式、强化了宣传效果。如《生态文明会客室》通过嘉宾访谈的形式，结合短片，分别就“生态文明离我们有多远”、“生态文明和我们的生活”、“我们能为生态文明做些什么”等话题展开讨论。特别报道《守护绿色家园》则以新闻行动的方式展开，制作了宣传片、公布了投诉电话，加强与观众的互动，报道内容根据《大民讨说法》栏目的定位，以舆论监督为主。

再次是研究观众收视行为，突出剧场编排特色，提高频道整体的节目收视率和收视份额。如台州电视三套根据季节变化因素对电视剧进行编排，将一年的电视剧编排也划分为四个季节，即12月至2月的冬季编排；3月至5月的春季编排；6月至8月的暑期编排；9月至11月的秋季编排，并提出电视剧在编排上要突出“新、早、巧”三大特性，收到较好的收视效果，晚间平均市场份额从2009年的6.57%上升到2010年的13.77%，收视率从2009年的1.9%上升至2010年的4.0%。

第四是创新选用人才和使用人才的机制，发现、培养、引进一批高素质的人才，努力创造条件使各种人才才尽其用，拉开收入分配差距，对于有创新成果，贡献突出的给予精神、物质的重奖，努力创造待遇留人、感情留人、环境留人、文化留人、事业留人的良好环境。

四、坚持台州本土特色，是不断提高收视率的活力源泉

在坚持台州本土特色上，台州广电首先是在办好地方新闻节目上下工夫，着力解决“说什么”、“怎么说”、“谁来说”等问题，确确实实地让老百姓最关心、最直接、最需要的民生之事唱主角，在民生上做足文章做透文章做好文章。如台州电视一套进一步确立《台州新闻》的领军地位，对这个重点栏目提出了四个“最”的具体目标，即：最权威、最快捷、最关注、最深刻。为实现上述目标，台州电视一套在2010年初改版时就将《台州新闻》定位为一档综合性新闻栏目，而非纯时政新闻节目，突出栏目的综合性、包容性、信息量、时效性、领导地位和话语权，要求每期节目的总量达到15条以上，自采量占到50%以上，当天发生的新闻当天报，同时加大评论的力度。

其次是花大力气在每一个频道开设好一两个地方文化节目。如台州电视二套《阿福讲白搭》、《五点半故事会》，台州电视一套的《天下百晓》，台州电视三套的《直通现场》等栏目。从央视索福瑞数字媒介研究有限公司提供数据看，在台州所有节目前50位排名中，台州市台所占的41位中有17位高收视率的节目是新闻时事专题等自办栏目。分析第五次万人问卷调查的数据，受众对台州台节目的选择首先是出于文化的趋同性，选择更贴近自己生活、凸显本土特色、有着相同或者相近文化背景的节目。各频道的方言类节目的受众人群相对较为集中。反馈率最高的仍然是目前美誉度最高的方言节目，台州电视二套的《阿福讲白搭》，有2848人选择了此节目，占统计总数的42.58%。

再次是改革会议报道和领导活动的报道。选取一个受众关心的角度去报道会议和领导活动，会议和领导活动报道做到动脑筋，重挖掘，抓卖点，说背景。如台州电视一套改进新闻理念，要求所有报道（包括会议报道和领导活动的报道）以民生为本，从民生观点出发，寻找民生视角。记者编辑做到换位思考，首先想一想以这个角度报道我喜欢不喜欢看，我能不能看下去，家里的老人和家属关心不关心这个问题，会不会看这则报道？

总之，台州广播电视台坚持正确导向、以人为本、创新发展、本土特色，在媒体竞争日趋激烈的形势下，收视率创出新高，实属来之不易。要保持这一成绩，更需要台州广播电视台全体员工的不懈努力。

（原载《视听纵横》2011年第5期）

《大铭的快乐时间》的成功之道

林素珍

《大铭的快乐时间》是温州经济生活广播于2007年11月推出的完全以主持人语言为主的脱口秀节目，经过三年时间运行，节目收听率节节攀升，经赛立信机构调查，《大铭的快乐时间》在2010年、2011年收听率一直名列温州上空所有广播节目前三甲。在温州《大铭的快乐时间》几乎是家喻户晓，每天晚上19点、早上8点，收听《大铭的快乐时间》已经成为大部分温州人的生活习惯。

《大铭的快乐时间》节目近几年在浙江省政府评奖中屡屡获奖，2010年还获浙江省广播电视栏目政府二等奖；节目主持人大铭个人获得省优秀主持人称号。同时，通过该栏目的影响，也带动了温州经济生活广播整体收听率上升和影响力的提高，该栏目特约商众多，频率广告由此也带来了整体的繁荣景象。

毫无疑问该栏目是温州广播近年来最具影响力的栏目，分析《大铭的快乐时间》的成功原因，我认为主要有以下几方面的原因。

一、节目内容保持娱乐和文化兼容

做广播娱乐类的脱口秀节目，温州广播没有先例，经济生活频率 2007 年开办这个栏目，主要想根据主持人的特质进行尝试。但是开办之初频率对节目内容、风格、品质也做了设定，就是该节目不仅仅是娱乐大众，内容的把控上也要保持一定的品质。做到好听动听，又具有贴近性，并且言之有物，希望取到娱乐和文化兼容的效果。基于此，主持人大铭经过短时间的摸索，其做法也是以内容为王，节目播前做了非常充分的准备。为了保证每期节目的质量，节目更加精致，从 2007 年至今，大铭每天都坚持 3 个小时的写作时间。每天都找不同的话题和热点，然后结合个人观点，写成两篇杂文，约 5000 字。其内容融合社会热点、新闻时政以及文化、哲学、笑话等于一体，通过自身将这些内容的巧妙组织和重新架构，最终形成了一种极具个人风格的脱口秀方式。听众称之为“铭”式脱口。内容幽默而又讽刺，风格大胆犀利，构思天马行空，深受听众喜爱。这些杂文很多作品为温州各大网站热帖转发。如《温州房价赋》、《我是一名中国足球运动员》、《的歌的故事》、《光棍协会成立》、《北极熊的爱情故事》、《大铭的驴》、《刀剑决》等等段子，这类段子加上优美的的背景音效，播出的效果是篇篇脍炙人口，让人听过既轻松娱乐，又让人回味难忘。主持人每天如此做足功课，保证了节目内容的更具可听性和原创性。如今已经积累原创杂文段子近 2000 余篇篇，400 多万字，篇篇命题不同，这在常人看来是无法想象的，保证了《大铭的快乐时间》每一期的节目质量。

二、主持人天赋的个性魅力

“脱口秀”节目要求主持人具备良好的口才。说出的话非常有吸引力，博得众人的喝彩。节目风格一般比较轻松幽默。大铭个人条件都符合了这些要求。他毕业于吉林大学播音主持专业，在温州电台工作 6 年，尝试过各种类型的节目主持。作为栏目的灵魂，大铭在《大铭的快乐时间》栏目里较好地定位自己。不仅风趣幽默，妙语连珠，更能出口成趣，达到“慧于心而秀于口”的境界。语言游戏恰到好处，很好地制造轻松欢快的节目氛围。同时他最常用的手法是自嘲，拿身边的同事作为笑话的主人公等手段，均给节目增色不少。个人原创的段子作品《温州房价赋》中大铭自我调侃，把温州高房价、年轻人买不起房的现实以幽默版段子加以写实，既个性十足，具有相当的见地，同时语言十分押韵，朗朗上口，很是抓人。这段文字也在温州各大网站上为网友广泛传播，很受听众好评。除了上述的主打段子，节目中也有开出跟听众通过各种形式的互动时间。大铭有很强的随机应变能力，那些看似不起眼的听众留言，只要经过他类似笑话又带有幽默的形式播读出来，均达到意想不到的效果，单期节目受到听众互动短信最高曾超过 5000 条。平时大铭自身非常注重文化修养，不断充实自己的文化底蕴，也正是这样，都为节目带来许多意想不到的效果。

三、良好的节目包装和品牌形象塑造

鲜明的广播媒体品牌形象，是赢得听众的重要组成部分。《大铭的快乐时间》十分注重包装，片头、片花、音效、背景音乐都个性十足，并且还常常出新，满足人们求新求变的需求。为了进一步扩大这个节目的影响力，频率也专门对这个节目进行品牌打造。播出时间在原来晚间 19 点的基础上，又在次日上班高峰期 8 点重播；连续两年举办《大铭的快乐时间》听友见面会；将主持人进行明星化来打造。2009 年，经济生活广播举办了“笑动全城——《大铭的快乐时间》栏目听友会。消息一经发布就引爆了听众的索票热潮，有许多听众还是从临近县、市、区甚至是外地特意赶来。3 个小时的见面会，大铭表演幽默小品、恶搞朗诵，自弹自唱，每一次的亮相都将现场的氛围推向高潮。场内一千余人，场外还有数百人堵在门口。《大铭的快乐时间》节目开播三年多来，广播经济生活频率出品三张大铭个人的脱口秀专辑 CD；其中第二张专辑《大铭的快乐时间——爱心公益版》于 2010 年 4 月 11 日，在温州世纪广场进行了一次颇为感人的义卖。2010 年初，西南大旱，温州经济生活广播特意组织了“甘霖行动——《大铭的快乐时间》CD 义卖活动”，当天，虽然阴雨绵绵，但是闻讯赶来购买专辑的热心听众不计其数，他们在雨中有秩序地排起了长队，有的买完了也不愿意离开，就守在电台直播车旁边，和大铭一起感受着温馨而又热烈的气氛。只是短短的几个小时，5000 张专辑全部卖光，共筹得善款 18 万余元。经济生活广播特地派记者前往云南保山市腾冲县,将所募集爱心款送往旱区。云南省保山市政府特意发来感谢信表示感谢。这一次善举得到了社会的广泛响应，更是良好地树立起了大铭的个人形象。2011 年被温州水利局授予大铭温州水利大使的荣誉称号。他还是中国联通苹果 iPone4 温州地区的电视广告代言人。

（原载《视听纵横》第 6 期）

16. 报刊出版

BAOKANCHUBAN

《交通旅游导报》概况

2011年,《交通旅游导报》根据省广电集团新一轮发展实施“六大提升工程”要求,坚持走新闻创新、经营创新、机制创新、管理创新之路,干部职工团结和谐,开拓奋斗,新闻宣传亮点频现,经营创收业绩喜人,全年经营创收比2010年增长20%,是《导报》成立以来最好的年份,报社被广电集团评为2011年度先进集体。

深入交通基层“走转改”,新闻立报提升导报品牌。导报坚持正确的舆论导向,围绕交通行业转型发展开展重大主题报道,策划推出《发展海洋经济交通先行》、《浙江交通安全生产规范年》和《国家物流信息共享平台建设》等系列报道,形成了全省交通行业主流宣传强大声势。全力介入交通热点难点问题,推出《在建高铁距营运高速公路仅5.8米! 杭长高铁诸暨段建设存在重大交通隐患》、《四问治超为何这么难》等深度报道,引起了国务院、交通运输部领导高度重视,并被国内有影响力的主流媒体转载。坚持“走转改”,着力升级导报品牌,创意推出副刊《梅花碑》活动,有效推动文化交通活动;推出《走基层》新闻栏目,建立了嘉善交通局、义乌交通局、普陀交通局及象山港大桥指挥部等四个基层联系点,社长刘小杰亲自带队多次赴基层采访,连续刊发了三篇《社长手记》,抓出了一批来自交通基层的鲜活新闻作品。消息《乍嘉苏高速坑洞连片》荣获浙江省广播电视新闻奖报刊消息类一等奖;《“千隧之省” 实至名归》荣获浙江省好新闻奖二等奖。

勇于突破,经营创收预计超额完成全年目标任务。坚持“立足交通、多元合作、加强管理、注重效益”的经营方针,实现报社全年创收总量同比增长20%,创导报的历史新高。举办的“走遍浙江”客车实用品牌评选活动,以活动促创收,实现了报社社会广告实质性的突破。报社的发行工作确保稳中有升。刘小杰社长在全国报业经营管理创先争优评选中,被评为“全国报业经营管理优秀个人”。

创先争优,加强队伍建设,提高执行力。进一步强化了队伍建设和员工的政治思想工作,干部竞争上岗、员工双向选择,完成了报社第二轮机构改革;坚持“五必谈”、“三必访”;开展“创先争优”演讲活动;组织学习讨论王同元总裁8月9日到报社视察慰问时重要讲话精神。发挥工会、共青团作用,努力营造良好的工作环境和氛围。加强内部管理,向管理要效益,通过实施导报《财务审核审批细则》、《公务接待管理办法》、《职工使用微博、博客等网络社交平台的若干管理意见》和工作督查制度,有力推进报社队伍管理、效率管理和成本管理。加强廉政风险防控机制建设,梳理岗位职责和流程,排查风险隐患,细化惩防措施,有力推进了报社反腐倡廉工作。一年来,班子成员带头严格遵守各项规章制度,全年全报社没有发生违法违纪事件。

《视听纵横》概况

2011年,《视听纵横》学刊在编委会的领导和支持下,改版工作取得了良好的成效。增设的《高端论坛》、《热点聚焦》、《频道亮色》、《往事钩沉》等栏目,发表了一系列高质量的文章,使刊物的理论研究进一步贴近实际工作,特别是关注重点、热点、难点问题,更好地为我省广播电影电视改革和发展提供实践理论支持,对提高全省广播电影电视队伍素质也发挥积极的作用。

《高端论坛》栏目主要登载省局、省集团、市局、市台领导论述广播影视工作中重大问题的文章。这一栏目推出以来,省广播电影电视局局长张宝贵、省广播电视集团总裁王同元、副总编辑顾顺坤以及湖州台台长吴宝宏、金华台台长朱连芳等同志,都在上面发表过文章。尤其是张宝贵局长和王同元总裁,从这一栏目2011年第二期推出到今年第二期以来,分别发表了5篇和4篇文章。张宝贵《推进视听新媒体发展 增强广播影视竞争力》一文,论述了为什么要增强视听新媒体发展的紧迫感和主动性,分析了我省视听新媒体发展的现状和存在的问题,提出了推进视听新媒体发展与管理的新途径。文章是在大量调查研究的基础上撰写的,内容充实,观点具有前瞻性。王同元《彰显综艺娱乐节目的价值导向和文化内涵》一文,针对当前广播电视娱乐节目低俗化盛行的现状,结合浙江广电集团的实践,提出了打造公益性综艺娱乐节目的观点,为在我国广电现行体制下,解决娱乐性和公益性的平衡问题进行了积极的探索。而对两位领导的报告和讲话,我们进行了精心的编辑,对张宝贵局长每年在全省广播影视会议上的报告,我们认真拟写标题,力求起到画龙点睛的作用;对王同元总裁每年在集团总结表彰会议上的讲话,我们根据编刊的要求,改成文章的形式,认真写好开头的一段话,力求做到提纲挈领。

《热点聚焦》栏目主要就广播影视改革和发展中的热点、难点问题,组织文章从不同的角度,进行集中论述。该栏目自2011年第一期推出,每期一个焦点,先后就新闻立台、广播电视如何应对新媒体挑战、突发事件报道、加强广播电视评论节目、媒介融合、搞好“走转改”等问题进行了探讨。这一栏目中的稿件,大多是我们有意识地组织的,较好地体现了刊物的意图,具有较高的质量。如关于新闻立台的一组稿件,撰稿者既有台级领导,也有主管新闻的频道领导,还有一线的采编播人员等。这些稿件既有通观全局的开阔视野,也有亲力亲为的生动实践。特别是王晓峰还对我省城市台新闻节目的现状进行了比较全面深入的调查,文章从加强新闻立台的制度安排的角度切入,洋洋洒洒写了近万字。这篇文章在我刊登载后,后来又被《现代传播》选用。又如日本311大地震发生以后,刊物及时向有关作者布置,请他们关注国内外媒体对此事件的报道,在第三期及时发表了一组文章,分别论述了央视在日本地震报道中的突破、NHK在灾害报道中的人文关怀、抢盐风潮中媒体报道的得失等业界关注的问题,较好地体现了理论研究对实践的及时回应。

《频道亮色》栏目定位于对我省广播电视频道有亮点的工作进行理论总结与探讨。从2011年第一期开始到同年第四期,先后就浙江卫视大型新闻行动五洲四海看浙江、温州广播电视台实施新闻报道走出去战略、杭州市级广播的创新发展、宁波广播电视集团深入基层进行节目创优等方面的工作组织文章进行论述。从2011年第五期开始,对这一栏目有所调整,从一个单位一个主题组织一组文章进行论述改为集纳几个单位的亮点工作分别予以总结探讨。目的是为了让更多的单位、更多的工作亮点能在刊物上得到及时的推介。此后,浙江之声新闻广播“王者之路”的开拓、金华台拍摄数字电影的尝试、嘉兴台广播新闻品牌频率的打造等有亮点的工作先后在刊物上得到总结、探讨和推广。为了配合十七届六中全会的召开,在去年还请浙江电影公司、横店影视拍摄基地的同志,介绍了他们的改革发展情况。在2011年前4期刊物中,我们还请相关领导结合《频道亮色》中的内容,在《卷首语》中用千字文进行提纲挈领式的提升,先后登载了浙江卫视总监夏陈安《以宏大音像践行生态传播》、温州台台长杨速辉《实施走出去战略 争创一流媒体》、杭州集团总经理方建生《城市广播 杭州制造》、宁波集团总裁张文《经常下基层方能出佳作》等文章,这些文章高屋建瓴、言简意赅,为刊物增色不少。

刊物还主要配合《频道亮色》栏目,充分利用四个封页登载我省广播影视方面具有典型意义的照片,既增加了信息量,也活跃了版面。

刊物还根据来稿日益增加的实际,在保证用稿质量的前提下,将篇幅由128页增加到136页。

《浙江城市广播电视报》概况

2011 年,《浙江城市广播电视报》按照集团全面实现新一轮发展目标任务的部署要求，坚持以科学发展观为统领,坚持解放思想、求真务实、与时俱进,克服外部环境的种种困难,踏踏实实完成各项工作。

一、导向正确,确保安全出报

报社始终坚持正确的舆论导向，严格遵守各项宣传纪律,坚持新闻真实性原则,以宣传好集团、频道的重大活动为己任，对集团、广播电视频道的活动、举措进行及时预告,便于读者收看收听。

同时，报社结合对新闻工作者职业道德、《关于严防虚假闻报道的若干规定》等相关规定、文件的认真学习,提升新闻记者的职业素养,从而确保了新闻报道的真实性和公信力。一年来,本报未出现过舆论导向偏差和虚假新闻的现象。

二、抓住重点,强化主题宣传

2011 年,报社在主题宣传活动中,推出了一批有份量的稿件。在纪念建党 90 周年期间,先后以 14 个专版推出“纪念建党 90 周年系列专题”报道,与交通之声等单位合作推出“追寻历史的足迹·红船精神永相传——13 位一大代表故里探寻”特别报道。

“走基层、转作风、改文风”是 2011 年新闻工作者的重点工作。报社精心部署,突出特色,通过推出专题系列报道、设立基层联系点、建立采编人员下基层机制等手段,使全体采编人员积极投身“走转改”,深入边远乡村、企业、社区,采写了不少源自普通民众生活的生动稿件。9 月开始,《浙江城市广播电视报》在安吉建立了基层联系点,报社记者分别深入农村、山区,共刊出“安吉美丽乡村见闻”系列报道十余篇,取得了良好的社会反响,记者得到了锻炼。

三、发行平稳,经营创收增长

2011 年,在全报社共同努力下,本报的发行量基本与去年持平，在全国同类报纸中名列前茅。其中，杭州城区发行量的全省占比一直稳定在 30%左右,为本报广告经营创收打下了坚实的基础。全年经营创收稳定,其中净利润增幅为 20%。

四、精心策划,以活动扩影响

2011 年春季,本报成功主办了“春季名老中医专家号大派送”活动,向全省百姓赠送了 3000 个专家号;10 月,再次成功举办了“向全省市民有奖征集野山参 100 个问题”的活动;12 月 23 日,组织我省名老中医专家团走进集团大院，为广电人传授养生之道。

《浙江城市广播电视报·杭州广播影视》概况

2011 年是《杭州广播影视报》改版成《时尚周末》暨实力传播公司重组后的第二年。在集团党委和公司董事会的正确领导下，深化体制改革，大胆创新、勇于实践。改版升级后,《时尚周末》在主流读者群中逐步扩大了影响，办报水平在全国广播电视报中处于领先,也得到了时尚类、生活服务类报刊界的充分肯定，被中国品牌媒体高峰论坛授予“2010-2011 中国品牌媒体百强——最具品牌价值生活服务类报纸”称号。

是年以来,周报社(公司)紧紧围绕集团的总体要求,组织贯彻落实了十七大、创建文明城市、继续解放思想大讨论活动等宣传。这些宣传导向正确、主题鲜明、体现中心、突出重点,营造了良好的舆论氛围。精心策划组织“三贴近”报道,积极策划具有杭州本地特色的报道,开展“真实记录时代,真情关爱民生——记者新春基层行”活动。6 月西湖申遗成功,采编部精心策划,精心写作了《西湖申遗成功之后》《西湖为爱作证的 20 个取景点》等重点专题报道。

文化体制改革是今年乃至今后一段时间里的主旋律,如何加快改革步伐和加深改革力度,是当前传媒工作面临的重大课题。自去年与现代传播合作,进行重组，创新管理模式，彻底改变办报思路和定位后,今年 8 月份,合作双方再次达成协议,增加注册资本扩大产业,添加广播影视节目制作等项目,很好地发挥了改革的先导的作用，也为集团体制改革营造了良好的氛围。

为更好的将版面内容与杭州本地的时尚元素相结合,在选题操作已经成熟的基础上,报社(公司)又提出了将选题落地本土化，无论是时尚版还是城市版,力将所有的内容都以服务杭州生活为基础,提出更具深度及思想的选题;在版式上,整体风格更加杂志化,图片精美、文字放大、色彩多样。

A 叠时尚板块增加本地商场单品推荐版面,有利于本地团队与本地商场的工作对接。并在衣装、美容及时尚造型屋栏目中不断尝试变化，尤其是 7 月份中风尚观察特别栏目《奢侈品在杭州》及12月份圣诞专刊中在杭州本地取景拍摄时尚大片，出刊效果获得了一致好评。

B叠城市版封面图片均来自杭州本地或生活在杭州的女孩，她们积极向上，热爱展示自己，根据她们的风格为其打造一组时尚宣传照，发掘杭州女孩的独特魅力，为自信、阳光、美丽的女孩提供展示自己的平台。

对B叠城市版内容进行丰富和提升，其中重点改进了"城市看点"栏目，改变了原有的只报道"生活方式"的单一主题，以新锐的姿态，客观、准确地评析本城生活现象及社会热点，解读杭州人文生活新观念、新方式，打造引领杭城生活潮流的品牌栏目。通过酒水、地产、数码、创意城市等内容，使版面规划更加完整。汽车、美食、旅游等版面结合本城市场情况，版面质量比改版前有了较大提升。

围绕《时尚周末》"城市潮生活家"的核心理念，通过推出多种形式的时尚活动，加强与读者的互动，扩大刊物的社会影响力和知名度。一年来陆续与杭城多家知名商场合作，开展现场活动，读者反映良好，既提升了客户对《时尚周末》的认知度和信任度也扩大了刊物的美食美容领域的市场号召力，为客户开发提供了良好的品牌基础。并尝试为客户量身定制活动，从策划到执行到宣传配合，多部门联动，集合优势、形成合力，既扩大了影响力，又增加了营收。"美食地图"和"时尚造星屋"2大市场活动和看片会、积印花送好礼两个读者活动，尤其是"时尚造星屋"由专属团队打造，通过与中国著名造型师合作，从文广主持人入手，为杭城潮人、生活家换装造型，以凸显本报时尚特色。

2011年时尚周末在新丝路模特大赛华东赛区获得"最受欢迎时尚媒体"。被评为2010年度杭州市文化创意产业发展先进单位。被中国品牌媒体高峰论坛授予"2010-2011中国品牌媒体百强——最具品牌价值生活服务类报纸"。

面对宏观经济形势严峻对整体纸媒广告带来的严重影响，报社(公司)形势判断准确、措施到位及时，较好地完成了各项经营目标和任务。一年里圆满完成52期《时尚周末》的编辑出版发行任务。纵观整年的发行情况，总发行量65万份。广告经营方面创收1105万。根据报社(公司)的实际情况，广告销售以现代传播上海公司为主，报社(公司)自建的营销团队主要负责杭州本地客户的开发任务。通过落实每个销售人员的任务目标，制定具有激励作用的销售政策。一年来，在销售人员的努力开拓和顽强拼搏下，从市场培育入手，抓好重点客户的培养联络工作，随着刊物越来越为客户所接受，高品质的国际客户对本刊也渐渐由陌生到认可，举办活动时会主动邀请我们的采编和销售人员参加，《时尚周末》的知名度和美誉度得到大幅提高，社会影响力正逐步显现。

《浙江城市广播电视报·宁波广播电视》概况

《宁波广播电视报》是宁波广播电视集团所属唯一纸质媒体，创刊于1988年9月，现任总编辑李枰，副总编辑刘奋、叶亦波。目前为4开32版全彩报，期发行量10万份，覆盖宁波11个县(市)区，近年来发行量一直稳居浙江省广电报业的前列。

2011年8月报纸全新改版，从"可读、爱读，贴近、贴心"入手，强势打造宁波第一时政新闻类周报。改版后的《宁波广播电视报》发挥自身的传统优势，以生活服务为基础，以本周强档为主打，加大对宁波本土社会新闻、民生新闻和文化新闻的报道力度。强档推出了《关注》、《时评》、《声音》、《深读》、《揭秘》、《警示》等重点版面，多数版面以本报记者自采稿件为主。这些报道既凸显了地方特色，又与老百姓的生活息息相关，报纸的贴近性与亲和力因此大大增强。

同时，每期推出强档策划新闻专题，选取热点新闻事件，本报记者进行深入采访，将各方利益、观点阐释透彻，真正形成强档概念。记者采写的深度报道《三江六岸景观灯下的谜影》、《"蒋介石"在溪口老家被打出逃》、《被城市文明遗忘的角落》、《天童寺"被围"的多种解答》、《我市艾滋病现状面面观》等，都在读者中引起巨大反响。有些报道先后被本地媒体和全国经济类报纸采用，报道中市民关注的现象或问题也引起了相关部门的重视，并采取了相应的措施。广电报的舆论监督功能因此大大增强。

发行工作力求精准，提高有效发行量，在合理调整发行结构、加大老城区发行量的前提下，进一步完善发行相关制度，并针对变化莫测的市场环境，及时改进策略，使发行成本得到有效控制，报纸发行量取得重大突破。同时，报社着力在广告营销策划上下功夫，为提高本报高值广告在同城纸媒中的核心竞争力打下了较为扎实的基础。与此同时，及时适应瞬息万变的市场形势，主动出击，不断开发新的广告业务和合作项目，与多家代理公司签订新的合作协议。发行和广告创收都取得了可喜成绩。

《浙江城市广播电视报·温州广播电视》概况

2011 年，《温州广播电视报》全年经营收入达到553 万元，不仅顺利完成温州台下达的全年经营目标，更实现了报社近 10 年经营业绩创新高。报纸也荣膺“2010—2011 中国最具品牌价值广播电视报 / 城市生活周报”光荣称号。

2011 年《温州广播电视报》在宣传工作上，继续以“突出主题宣传，扩大舆论监督，贴近民生话题，引导时尚潮流”为核心的宣传工作方针，以表达群众心声，回应群众关切为重点，坚持“策划先行”，推行“全员策划”、“全程策划”，加强加大民生类、舆论监督类报道力度，不断扩大自身影响，为群众所认可。宣传报道呈现“一重两动”的特色，继续以舆论监督报道为重点，在做好相关主题报道的同时，强化报纸的舆论监督能力，进一步巩固和提升报纸的社会地位。同时注重加强版面与读者的互动、加强与各有关部门的协作与联动，充分利用 QQ、微博等网络工具，拉近与读者的距离，弥补报纸及时性和互动性的不足，与旅游局、信用办、残联等多部门的合作不仅让采访的线索渠道更加广泛，也使报纸的内容更具有权威性，创造了良好的社会效益和经济效益。报社围绕“巩固老客户，扩大新行业，增加总流量，稳步增效益”的经营目标，运用多种手段，通过多种途径，增加广告流量，广告经营一路高歌猛进，创 10 年来同期历史最高记录，确保了整体创收的节节攀升。上半年，通过主抓零售工作，发行渠道有所拓展，开辟了连锁超市的零售空白点，基本遏制了零售下滑的不利趋势。下半年，全力投入到征订工作中，在诸多不利因素下，基本维持 2010 年的征订量。全年发行收入同比增长6%。报社以开展“杜绝虚假报道 增强社会责任 加强新闻职业道德建设”教育活动、“即办制”和“走基层、转作风、改文风”专项活动为载体，以强化内部管理为抓手，通过“首席记者”、“季度之星”等激励机制，努力提高干部职工的思想政治、业务素质和实践能力，切实加强了队伍建设，队伍素质迈上新台阶。

《浙江城市广播电视报·湖州广播电视》概况

《湖州广播电视报》是由浙江省新闻出版局主管、湖州市广播电视台主办的广播电视类专业报纸，自 1993 年 6 月 3 日创刊以来，始终坚持“立足声屏，面向社会，服务读者”的办报宗旨。

2011 年，《湖州广播电视报》按照湖州市广播电视台发展创新型经营性综合媒体的思路，积极转型升级，大胆探索报网融合发展，创新传播模式，深化创新本土新闻的报道内容和形式，实现报网互动，努力打造“家庭生活第一报”。

2011 年，《湖州广播电视报》分 A 、B 二叠，A 叠在刊登广播电视和娱乐资讯、引导视听的基础上，新推出“法治故事”、“百姓故事”及“中外博览”等版面，增加报纸看点。B 叠《湖州新壹周》，设“湖州视点”、“城事情报”、“湖州一周”、“共同关注”“社会万象”“民生热线”等本土内容版面外，新推出了《美丽乡村》版，加强生态建设宣传；新推出的《家事社情》，增加社区新闻，辟有《社区博客》、《维权面对面》等栏目；同时，2 个《湖州社区》新互动版面，强化与传媒湖州网和网民互动，刊载社区热帖、热图、热门话题等，增强贴近性，互动性，代言百姓心声，创新报网融合运作，增强报纸影响力。此外，还有多个生活资讯版面，服务市民生活。

2011 年，《湖州广播电视报》精心策划重大主题宣传，亮点多，影响力大。围绕建党 90 周年，《湖州视点》栏目推出了深度报道《重温湖州烽火岁月的英雄与战斗 :一座城市的红色记忆》和大型报道《追寻红色记忆 重温光辉历程》等；围绕辛亥百年，组织了三个《辛亥百年》专版，推出了《辛亥革命：开启中国进步之门》、《辛亥风云中的湖州志士》等专题报道。

2011 年，《湖州广播电视报》根据上级要求，结合实际，深入开展了“走基层、转作风、改文风”活动，建立社区联系点，确定联系记者和专门联系电话，深入社区采访，开辟了《记者在身边》栏目，分别在重点版面上推出《记者在身边》专栏报道。

《湖州广播电视报》还充分利用湖州广电声、屏、报、网、团的综合优势，成功举办湖州市青少年党史知识大赛，此活动成为湖州市庆祝建党 90 周年规模最大的活动之一。还组织策划了多场社区纳凉晚会等有社会影响力的活动。

获奖方面：2010年度在中国广播电影电视报刊新闻奖评比中，《响彻织里乡村的“王金法广播”》获通讯类一等奖、《城市广播电视报面临三网融合的挑战与对策》获论文类一等奖。

在浙江省广播电视新闻奖的评比中，《响彻织里乡村的“王金法广播”》获报刊专稿通讯类一等奖、《用动画讲述一个湖州世博故事——访三维动画片电影<世博总动员——湖丝仔>总编导朱刚》获报刊专稿专访类二等奖、《城市广播电视报面临三网融合的挑战与对策》获论文奖三等奖。

在全国城市广播电视报优秀稿件评比中，通讯《响彻织里乡村的“王金法广播”》、通讯《湖丝仔，一个源于湖州的世博童话》分获一等奖、论文《城市广播电视报面临三网融合的挑战与对策》、消息《湖州版<富春山居图>将亮相世博中国馆》、评论《大家都来做低碳生活的粉丝》、通讯《湖州出租车“油改气”改出节能减排新天地》分获二等奖；另有两件作品获三等奖。

湖州广播电视报网中心现有职能部门5个，设综合办公室、编辑部、记者部、网管部和广告部。在编职工13人，聘用职工14人，具有副高职称以上4人，中级职称5人，初级职称6人。

《浙江城市广播电视报嘉兴广播电视》概况

2011年，《嘉兴广播电视报》坚持正确的舆论导向，加强内部管理，在宣传和经营创收方面取得较好成绩。荣获“中国品牌媒体百强——广播电视报品牌创新力10强”奖项；专访报道《周立波：这个世界没有偶然》荣获中广报刊协会二等奖。

《嘉兴广播电视报》结合自身特点，积极参与嘉兴台策划推出的系列重大主题报道活动。圆满完成纪念建党90周年的宣传报道，从3月起推出了《南湖魂》专栏，刊登《红军传奇女将——桐乡张琴秋》等8篇文章；对于嘉兴台组织策划的纪念建党90周年大型新闻行动《红色耀中国》，广电报及时进行跟踪采访，采写了通讯《红色耀中国 关山万里行》，对活动进行报道；纪念辛亥革命100周年宣传报道，嘉兴广电报寻访百年前江南风景里的嘉兴人物、嘉兴故事，采写了《触摸辛亥革命嘉兴印迹》，让人们深切地感受那一段历史；同时，广电报还做好了“两会”、第八届全国残疾人运动会、第七届全国德艺双馨电视艺术工作者颁奖活动及创建全国文明城市等宣传报道，策划了一系列服务百姓生活的报道与活动。

创新内容与版式。为了满足受众不断变化的关注视角，广电报尝试以一报二册的形式发行，在内容上增加“网罗天下”版面，在版式也进行了调整，将原来的一报40个版，改成以“生活”、“时尚”为两大主要内容的红、蓝两册各20个版，各个栏目的定位更加明确，既拉近了报纸与读者间的距离，又进一步增强了报纸的可读性。

创新经营理念。报社树立全员营销的意识，形成全员关心和支持经营创收的局面；同时，在狠抓内容建设的同时，坚持以活动为载体，以活动的形式增加经营收入，不断扩大报纸的社会影响力，以活动带人气，以活动促创收。如端午期间，媒围绕“我们的节日——端午”的主题，举办6场进社区活动；读者俱乐部结合商家开展了二期巴士风景线活动。

《浙江城市广播电视报金华广播电视》概况

《金华广播电视报》是一张依托广电的综合性资讯周报，每周四出版，每期24版，单期发行量达10万份。自2007年《金华广播电视报》改版以来，以感知生活、关注社会为诉求点，突出本土特色，突出“好看”“有用”，内容涵盖本土时政民生新闻、财富经济信息、文化娱乐报道、房产汽车周刊、视听节目导视、情感生活故事等等，深受金华市民喜爱。2011年，金华广播电视报的多件作品在浙江省广播电视政府奖及全国城市广播电视报优稿评选中获奖，其中《阳光下的天女——访谈杨澜》荣获浙江省广播电视政府奖报刊通讯一等奖。2011年11月，经过中国人民大学品牌形象实验室的软指标测评和世纪华文等相关机构的硬指标测评，结合金华广播电视报社在品牌建设等方面所做的探索，在由中国新闻史学会与中国人民大学、北京大学、清华大学等十所高校的新闻学院联合主办的第四届中国品牌媒体高峰论坛上，金华广播电视报荣获中国品牌媒体——城市生活周报/广播电视报品牌创新力十强称号。

《金华广播电视报》为自办发行，发行工作深入到千家万户，还覆盖了当地的政府机关，以周报的价格优势和广播电视的资源优势，较好地实现了团体订户的覆盖，有实力的企事业单位工会团体订阅（电力、医院、通信、烟草、学校等），覆盖电信、联通、移动VIP客户，以及高中档小区用户，近年来还加大了发达乡镇及公共场所（宾馆、会所）等地有效覆盖，读者结构不断优化，广告资讯到达率也不断提高，年经营额达600万人民币。

《浙江城市广播电视报 衢州广播电视》概况

《衢州广播电视报》创刊于1992年8月21日，由浙江省新闻出版局主管，衢州广播电视总台主办。

办报宗旨：坚持正确的舆论导向，遵循“浙江城市广播电视报”的定位要求，以广播电视延伸为主要特点，体现报纸的服务性、实用性，突出大众性、平民性。

读者对象：以城市居民家庭为主要服务对象，集新闻、娱乐、生活、咨询等内容于一体的综合服务类报刊，受众主要为政府机关、学校、医院、金融机构、通讯等行业的中高端群体。

2011年报社在宣传、创优、管理等方面都取得了良好的成绩。

宣传报道方面：1.大力营造主流舆论，主题报道有声有色。其中，“两会”报道突出互动。创业文化周的报道，以两个创业样本的剖析，提供给读者实用性的信息。“绿色中国行——走进衢州”活动报道，共投入4个版推出组合报道，7月1日出版的“庆祝中国共产党成立90周年特刊”，分“献礼篇”“红色印记篇”“衢州儿女篇”三个版块28个版，获得读者好评。“走基层、转作风、改文风”专栏，期期有故事，反映了民工子弟就学环境的真实情况，增进了读者对民工子弟学校的了解。2.日常报道贴近市民生活，特家新闻有亮点。如《退休大妈画漫画针砭时弊》、《跟着爷爷生活的孪生姐妹》、《轮椅男孩衢州学院报到》、《一所民办培智学校的艰难维系》、《开化九旬夫妻牵手74年》等稿件。3.新闻监督长期坚持，作用日趋明显。如《出租线压黄线现象》对出租车违反交通规则、引起交通混乱的现象以图片形式加以曝光，受到了主管部门的高度重视。《一种药品多种售价》、《小区消防通道成了停车场》等稿件，反映居民生活的热点问题，消费者维权专栏报道“曝光台”推出后，发稿50余篇，汇聚了众多消费者的声音，用舆论的力量对商家造成压力，督促商家解决问题，维护消费者应有的权益。

创优方面：共获得浙江省广播电视新闻奖一等奖1件、三等奖1件；全国城市广电报优稿一等奖2件、二等奖1件、三等奖2件；中国广播电影电视报刊协会年度新闻奖三等奖2篇；衢州新闻奖二等奖2篇、三等奖2篇；衢州市广播电视政府奖一等奖2篇、二等奖2篇、三等奖2篇。

其他方面：1.衢州第四届哈尔滨啤酒美食节活动在原有的基础上进一步做大，将其拓展至开化、常山和龙游；首届“衢州美丽新娘”评选活动，入围人数达到78人。提升了广电报的影响力，确保了全年经营任务的顺利完成。2.党支部、工会充分利用各宣传节点积极开展活动，在总台开展的“学先进、找差距、强素质、争发展”学习活动中，报社党支部积极响应，组织员工开展建言献策活动，并广泛征求大家的意见建议。在开展向“最美老师”学习，做一个有爱心、有责任心的衢州人的活动中，大家深深为“最美老师”的义举而打动，全体员工纷纷表示要以最美教师为榜样，立足本职、脚踏实地、乐于奉献、团结互助，做一个有爱心、有责任心的广电人。3.加强采编人员素质培训，每周四下午谈版会，除了报题外，利用2个小时进行业务学习，讲解差错范例，学习总台阅评组的阅评意见，增加了业务分析和研讨交流环节并将其纳入制度化。本年度广电报在各级新闻业务杂志发表论文5篇。

《浙江城市广播电视报 台州广播电视》概况

2011年《台州广播电视报》在由人民大学、复旦大学、中国传媒大学等国内十所著名高校与中国新闻史学会联合主办的第四届中国品牌媒体高峰论坛上，荣获了“2010-2011中国最具品牌创新力（广播电视报/城市生活周报）”的称号。

在中国传媒大会2011年会上又再次荣获“金长城传媒奖2011中国十大城市生活周报”的称号。本报总编辑获得“金长城传媒奖”2011年度创新人物奖。

2011年中，台州广电报社一直致力于改革、创新，在7月，报社又进行了一次改版，面向同城竞争，走差异化发展道路，以家庭生活、消费资讯、娱乐休闲为主要内容,做一份以专题、评论、互动为鲜明特色的杂志型生活服务类周刊，与我们的衣食住行更加息息相关,更加“接地气”。在这次改版中,一、推出了“一周关注”、“特别策划”等专题版块;二、开辟特色版面及栏目,设置“王寒专栏”等人文内容版面。新开旅游月月旺、周周新版面。连续刊登“求学在异乡”系列、台州城市记忆系列等。三、利用微博等新媒体功能,实现与读者的互动与在线交流。改变过去偏向软新闻的特点,强调策划,关注社会热点,不断推出重点报道和独家报道,加大信息量,增强可读性和实用性,凸显城市周报的优势。这次改版,同时也获得了台州市委宣传部的肯定，在 2011 年的第 86 期《台州宣传》中点评了报社的改版并表示报社改版是成功的,定位是明确的。

在经营方面,台州广电报社通过多元化经营,寻找营销新亮点。这一年,报社举办了 2011 台州住宅产品博览会、台州(临海)汽车博览会、浙江省高职院校 2011 招生咨询会(台州站)、2011 台州车界市场营销对话媒体峰会、2011 台州家居行业 CEO 对话媒体峰会、第六届台州国际汽车展示会、2011 台州住宅产品博览会（秋)、“首届温岭汽车文化节”“温岭全国精品年货购物节”等一系列各种形式的活动,特别是为了祝贺台州广播电视报荣获“2010–2011 中国最具品牌创新力(广播电视报 / 城市生活周报)”的称号,报社联合北京手拉手儿童艺术剧团,推出国内首部中国童话励志儿童剧《小小花木兰》的营销活动,不仅打开了创收的新模式,也获得了读者的一致好评。

2011 年对报社来说是特殊的一年,为了更好地建设参与市场竞争的合格主体，也为了更好地依托广电事业,打造广电报产业基础平台,报社根据国家关于文化体制改革的有关要求,根据总台相关精神,结合报社发展的实际情况，筹建台州广播电视报业有限公司并进行了前期的筹备工作。

《浙江城市广播电视报 丽水广播电视》概况

2011 年，丽水广播电视报社以改版为契机,优化采编流程,整合人员岗位,增加本地内容自采量,进一步拓展了广告和发行市场，不断提升报纸的发展空间。

报社以改版为契机,优化采编流程,对记者和编辑实行采编一体化管理，同时让版式设计人员也参与摘编版面编辑,从而增强了采访力量、增加了自采版面。继续坚持“有用、好看”的选稿原则进行采编内容生产,以生活服务、健康养生、影视娱乐的本土化挖掘为有效手段,设情感、消费、关注、传奇和法治五个自采版面,主打法制故事、情感故事、励志故事和消费调查、消费维权等几方面内容,全方位服务于家庭读者。推出《我们在行动》、《超市比价》等 3·15 消费维权主题报道，既进行消费维权又为家庭主妇提供购物价格参考;《新壹周情感》则直击爱情故事等情感问题,甘当都市人的情感港湾;《传奇》则对丽水人传奇般的励志故事进行挖掘，对为了实现美好生活的理想而一直在努力的那些个体加以关注，不少稿件在社会上引起了较大反响，成为人们关注的话题,有 30 多篇稿次被省、市其他媒体所采用。

报社除了继续和邮政部门的合作之外，努力做好集团订户的开拓,尤其是积极发展“广电小记者”队伍，让报纸走进千家万户的同时也走进了大小校园;在广告经营方面,积极开拓以各种活动带动创收的新渠道,推出了“2011 丽水首届私房菜大赛”、“丽水三宝·人物志”、“美丽乡村评选”等活动,取得了社会效益和经济效益的双丰收。

《浙江城市广播电视报 舟山广播电视》概况

内设机构。2011 年,《舟山广播电视报》设办公室、人事计财部、采编部、广告发行部,工作人员 33 人。

版面设置。是年,《舟山广播电视报》仍办三个周刊:《新闻周刊》、《生活周刊》、《影视周刊》,有 17 个专栏,36 版装订成册,发挥报纸杂志型、周刊化的优势。

宣传报道。“两会”报道关注民生,突出百姓视角,2 月 18 日推出两会特刊。专题报道《我的“十二五”与舟山共成长》,向人们全面介绍市政府向“两会”提交的市“十二五”规划纲要中关于十大民生工程的内容,其中包括未来五年为解决市民就业、社会保险、解困、医疗、教育、住房、交通、环境、安全等规划目标。专题报道《代表委员献策热点民生问题》以跨版的形式，刊发记者汇集的代表委员以及各界人士和网友对搞好“菜篮子”工程、完善市公共交通、缓解城区交通堵塞、做好垃圾处理等问题提出的意见,反映群众诉求。

注重主题报道，专题报道《Hello，舟山群岛新区》、《四县区主要负责人谈舟山群岛新区发展》、《浙江舟山新区正式起航》、《那个历史时刻 我们一生铭记——广电记者参与国新办浙江舟山群岛新区建设等情况发布会的幕后故事》等以明快的组合，对“舟山群岛新区”这一重大新闻进行综合性报道，介绍舟山群岛新区诞生的来龙去脉，满足读者对信息的需求。

建党 90 周年报道图文并茂，4 月 29 日开辟专栏《红色档案》，着重介绍舟山党史上的重大事件和重要人物。《舟山最早牺牲革命烈士王仁林》、《舟山武工队》、《“女学生的”众家姆妈——沈毅》等报道，生动介绍了舟山党的奋斗历史。同时，推出《建党 90 周年特刊》，用七个整版的篇幅表达岛城人民对党的热爱。

2011 中国航海日庆祝大会在舟山举行，7 月 15 日 28 期以整版篇幅，刊发专题报道《兴海护海 舟行天下》，不仅全方位介绍了中国航海日庆祝大会盛况，还对航海日活动主题进行解读。航海日活动期间，对全国各地举行的丰富多彩的庆祝活动进行盘点。

在全市开展的“解放思想、两创四敢”主题教育实践活动中，8 月 19 日、8 月 26 日头版在“解放思想找差距，两创四敢建新区”专栏以整版篇幅刊发专题报道《两江新区 腾飞新重庆》、《海南，舟山学习的另一个标杆》，介绍重庆两江新区开发开放和海南建设国际旅游岛的经验。

在“走基层、转作风、改文风”活动中，派出记者分赴渔农村和偏僻小岛，用情抒写百姓故事，用心感受新区建设的变化，9 月 23 日推出《记者在基层》专栏，刊登《里钓岛 留守老人的幸福与期盼》、《5 米“肠梗阻” 每年损失 10 余万》、《偏远小岛呼吁更多关注》等体验式报道。

报纸发行。定海和普陀是报纸发行的重点区域，从征订入手，打破过去年度征订的规律，推行常年征订、月月征订、跨年度征订。报纸征订工作人人有责，齐心协力，单位征订 370 家，订报份数与上年持平，征订数量近 2 万份。寻找报纸发行的新增长点，与弘生百家超市连锁店联合，实现舟山广播电视报进超市目标。同时新增报纸代销点，增加报纸发行量。全年发行报纸 300 万份，期发行量达 6 万份。

创收情况 。广告部拓宽经营创收渠道，增强市场综合竞争力，全年广告创收达 700 万元。在稳定房产广告的基础上，抓好金融、通信、商场和车市广告。适时和市旅行社协会合作，联合推出《乐游天下》栏目，广大市民和旅游爱好者反应积极，增强报纸的影响力。加强营销，继续拉动房产广告的投放。帮助客户开拓市场，为其出谋划策。同时，提高《楼市资讯》办刊质量，扩大发行范围，《楼市》广告投放量比上年增长 57%左右。以活动促广告，开展“老百姓满意家装建材品牌”评选活动，与房协合作举办“花园城市·美丽家园”摄影大赛，举行广电报家装尊享会，推出《“十一”我们带你去购房》专版。

2011 年度广电系统出版的书籍选介

《我是党代表》

浙江省委组织部、浙江广播电视集团联合出品，蔡奇题写书名，王同元作序，浙江大学出版社 2011 年 12 月出版。

该书由浙江人民广播电台城市之声与浙江广电集团新蓝网、浙江省委组织部党代表秘书处联合推出的同名特别节目编纂而成，汇集了全省 90 名各级、各界党代表的采访报道，挖掘了每位党员“艰苦创业、为民服务、先锋模范、创先争优、闪光言行”等亮点，按年龄、行业、事迹等组成不同的系列报。

《丽水城沧桑记》

丽水市广播电视总台副台长蒋一江著，中国广播电视出版社出版发行。丽水市委书记卢子跃为该书作序。该书以轻松、平实的语言风格，从古城拾遗、改革春风、旧貌新颜几方面对丽水城的变迁进行了详尽叙述，生动全面地再现了丽水城的前世今生。书中收录了大量丽水老城区的珍贵史料、历史故事和相关图片，披露了一些鲜为人知的逸闻趣事，还原了一些重大历史事件的生动细节。

印迹

陆康著。中国电影出版社出版，共 25 万字。分工作文案、活动侧记、阐述评论、感言随笔等内容，记录了文艺晚会、专题节目、歌词、电视剧创作的艰难历程。

作者 1983 年初，一个偶然机会作者进了杭州电视台，从此与电视结下了不解之缘，这一走就长长三十年。三十年里曾有过放弃、徘徊，但最终是坚持。蓦然回首，才发现自己身后的脚印原来是那么的稳健和踏实，忽然间闪过那凄风苦雨后换来的甘甜和喜悦，创作过程的艰辛才有今天美好印象。《印迹》一书的每个故事背后都有一段鲜为人知的感人内容。

浙江音像出版社2011年音像制品目录

（截至2011年12月31日）

序号	节目名称	类别	社编	载体	标准编码	条形码
1	生日快乐	电影	ZJD393	1DVD	ISRC CN-E13-11-0001-0/V.J9	493-2
2	滑稽戏《梁祝别传》	戏曲	ZJD394	2DVD	ISRC CN-E13-11-0002-0/V.J8	494-9
3	五洲四海看浙江	电影电视艺术	ZJD395	5DVD	ISRC CN-E13-11-0003-0/V.J9	495-6
4	东风行	电影电视艺术	ZJD396	1DVD	ISRC CN-E13-11-0004-0/V.J9	496-3
5	台湾义勇队	电影电视艺术	ZJD397	1DVD	ISRC CN-E13-11-0005-0/V.J9	497-0
6	班昭(VCD)	戏曲	ZJV1488	2VCD	ISRC CN-E13-11-0006-0/V.J8	498-7
7	陈三两(VCD)	戏曲	ZJV1489	2VCD	ISRC CN-E13-11-0007-0/V.J8	499-4
8	陈三两(DVD)	戏曲	ZJD398	2DVD	ISRC CN-E13-11-0008-0/V.J8	500-7
9	海上夫人(VCD)	戏曲	ZJV1490	2VCD	ISRC CN-E13-11-0009-0/V.J8	501-4
10	女人街(VCD)	戏曲	ZJV1491	2VCD	ISRC CN-E13-11-0010-0/V.J8	502-1
11	盘夫索夫(孙旻捷主演 VCD)	戏曲	ZJV1492	3VCD	ISRC CN-E13-11-0011-0/V.J8	503-8
12	盘夫索夫(孙旻捷主演 DVD)	戏曲	ZJD399	2DVD	ISRC CN-E13-11-0012-0/V.J8	504-5
13	盘夫索夫(吴凤花主演 VCD)	戏曲	ZJV1493	3VCD	ISRC CN-E13-11-0013-0/V.J8	505-2
14	盘夫索夫(吴凤花主演 DVD)	戏曲	ZJD400	2DVD	ISRC CN-E13-11-0014-0/V.J8	506-9
15	新狮吼记(DVD)	戏曲	ZJD401	2DVD	ISRC CN-E13-11-0015-0/V.J8	507-6
16	唐寅与秋香(VCD)	戏曲	ZJV1494	2VCD	ISRC CN-E13-11-0016-0/V.J8	508-3
17	唐寅与秋香(DVD)	戏曲	ZJD402	2DVD	ISRC CN-E13-11-0017-0/V.J8	509-0
18	大道行吟(DVD0	戏曲	ZJD403	2DVD	ISRC CN-E13-11-0018-0/V.J8	510-6
19	揭开核辐射的神秘面纱	环境污染及其防治	ZJC264	1CD	ISRC CN-E13-11-0019-0/A.x5	511-3
20	先驱	电影电视艺术	ZJD404	1DVD	ISRC CN-E13-11-0020-0/V.J9	512-0
21	创新故事 农业篇	电影电视艺术	ZJD405	2DVD	ISRC CN-E13-11-0021-0/V.J9	513-7
22	创新故事 医药卫生篇	电影电视艺术	ZJD406	1DVD	ISRC CN-E13-11-0022-0/V.J9	514-4
23	创新故事 节能环保篇	电影电视艺术	ZJD407	1DVD	ISRC CN-E13-11-0023-0/V.J9	515-1
24	创新故事 工业制造篇	电影电视艺术	ZJD408	1DVD	ISRC CN-E13-11-0024-0/V.J9	516-8
25	创新故事 创意发明篇	电影电视艺术	ZJD409	1DVD	ISRC CN-E13-11-0025-0/V.J9	517-5

序号	节目名称	类别	社编	载体	标准编码	条形码
26	创新故事 新材料新能源片	电影电视艺术	ZJD410	1DVD	ISRC CN-E13-11-0026-0/V.J9	518-2
27	科普电视系列片 创新故事	电影电视艺术	ZJD411	7DVD	ISRC CN-E13-11-0027-0/V.J9	519-9
28	诗行大地	电影电视艺术	ZJD412	1DVD	ISRC CN-E13-11-0028-0/V.J9	520-1
29	农村大讲堂之蔬菜设施栽培技术	农业	ZJD413	1DVD	ISRC CN-E13-11-0029-0/V.S5	521-2
30	蔬菜优质高产种植技术一	农业	ZJD414	1DVD	ISRC CN-E13-11-0030-0/V.S5	522-9
31	蔬菜优质高产种植技术二	农业	ZJD415	1DVD	ISRC CN-E13-11-0031-0/V.S5	523-6
32	水产优质高产养殖技术	农业	ZJD416	1DVD	ISRC CN-E13-11-0032-0/V.S9	524-3
33	禽畜优质高产养殖技术	农业	ZJD417	1DVD	ISRC CN-E13-11-0033-0/V.S8	525-0
34	瓜果优质高产栽培技术一	农业	ZJD418	1DVD	ISRC CN-E13-11-0034-0/V.S5	526-7
35	瓜果优质高产栽培技术二	农业	ZJD419	1DVD	ISRC CN-E13-11-0035-0/V.S5	527-4
36	花卉优质栽培技术	农业	ZJD420	1DVD	ISRC CN-E13-11-0036-0/V.S6	528-1
37	经济作物优质高产栽培技术	农业	ZJD421	1DVD	ISRC CN-E13-11-0037-0/V.S5	529-8
38	家禽病虫害防治技术	农业	ZJD422	1DVD	ISRC CN-E13-11-0038-0/V.S8	530-4
39	作物病虫害防治技术	农业	ZJD423	1DVD	ISRC CN-E13-11-0039-0/V.S5	531-1
40	优质蚕茧生产及蚕病防治	农业	ZJD424	1DVD	ISRC CN-E13-11-0040-0/V.S8	532-8
41	梨优质高产技术	农业	ZJD425	1DVD	ISRC CN-E13-11-0041-0/V.S5	533-5
42	蛋鸭饲养及鸭蛋深加工技术	农业	ZJD426	1DVD	ISRC CN-E13-11-0042-0/V.S8	534-2
43	权力的迷途	政治	ZJD427	1DVD	ISRC CN-E13-11-0043-0/V.D	535-9
44	疯狂的敛财术	政治	ZJD428	1DVD	ISRC CN-E13-11-0044-0/V.D	536-6
45	热血铸忠诚	政治	ZJD429	1DVD	ISRC CN-E13-11-0045-0/V.D	537-3
46	翁仁康反腐倡廉文艺作品专辑	戏曲	ZJD430	1DVD	ISRC CN-E13-11-0046-0/V.J8	538-0
47	人间西湖(MTV 周旋版)	音乐	ZJD431	1DVD	ISRC CN-E13-11-0047-0/V.J6	539-7
48	人间西湖(MTV 谭晶版)	音乐	ZJD432	1DVD	ISRC CN-E13-11-0048-0/V.J6	540-3
49	让普通党员唱主角	语言	ZJD433	1DVD	ISRC CN-E13-11-0049-0/V.H1	541-0
50	龙行天下 文化萧山	电影电视艺术	ZJD434	1DVD	ISRC CN-E13-11-0050-0/V.J9	542-7
51	辛亥革命浙江三杰	电影电视艺术	ZJD435	1DVD	ISRC CN-E13-11-0051-0/V.J9	543-4
52	越剧电视剧《秋瑾》	戏曲	ZJV1495	8VCD	ISRC CN-E13-11-0052-0/V.J8	544-1
53	香印——周妤俊越剧小集	戏曲	ZJC265	1CD	ISRC CN-E13-11-301-0/A.H8	545-8

浙江广播电视集团

2011年是实施"十二五"发展规划的开局之年,也是集团迈入新一轮发展新阶段的起步之年,科技战线坚持"高、新、精、实"的理念,紧紧围绕"确保集团技术装备实力处于全国媒体的一流地位"的目标要求,实施技术保障提升工程,进一步激发科技创新力,优化队伍综合素质,增强科技服务引导力,全年广播电视安全播出圆满实现,科技服务保障水平明显提高,科技成果转化力明显增强,科技队伍品牌实力明显提升,为服务集团内容主业创造了现代化的科技平台,提供了强劲的科技支撑。

一、安全播出

1. 坚守安全播出"生命线",认真贯彻落实总局第62号令和各级安全播出指示精神,实施《广播电视安全播出管理规定》各专业细则,全面开展自查、评估与总结工作,认真组织开展安全播出大检查、大演练,因地制宜开展各级岗位培训,严格执行"零报告"制度,圆满完成了春节、"两会"、建党90周年、国庆、残运会、敏感日等共计59天的重要保障期安全播出。

2. 联动频道成功完成观众节八大活动、"浙江骄傲"、"风云浙商"、"动漫节开幕式"、"中国梦想秀"等重大活动的转播和录制,积极应对"'7.23'温州动车事故报道"、"抗洪抗台报道"、"钱江潮直播"等重大新闻现场和突发事件的报道转播工作,圆满实现了集团广播电视节目安全播出。

3. 成功实现了全年广播电视中心和卫星地球站0秒/百小时,一级无线发射(在杭省级无线发射)1.0秒/百小时,二级无线发射(中波台站)336.6秒/百小时,光缆干线网和微波传输干线可用度均为100%的好成绩。

4. "新电视播出系统"项目于2010年6月正式立项启动,历经承重加固、机房装修、供配电改造、空调安装、设备搭建、系统集成及软件开发等环节,完成了5个批次、20个专业设备标段的系统招投标工作,通过总局、省局的安全评估和验收(10月11日),于2011年10月20日及26日分两批成功切割,完成了新旧系统的平稳过渡,顺利实现了新系统的上线播出,实现了16个频道的全数字化集中播出,为保障集团广播电视节目优质安全播出创造了先进、可靠、高效的播出平台,各项安全播出技术创新创优走在了全国省级台前列。

5. 完成集团第一发射台发射系统改造,项目于8月3日通过省局组织的鉴定,项目中的200KW天线调配网络采用了多重防雷技术,在国内大功率中波发射台属创新使用,设计理念先进,系统总体技术水平和可靠性得到极大的提高。

6. 完成北高峰电视CH4、CH6天馈系统更新改造,北高峰电视CH22、CH6发射机更新改造,北高峰45米铁塔技术改造,北高峰发射台北高一线10KV高压进线电缆改造,以及望江门发射台天调网络改造,卫星地球站上行播出倒换系统的优化等多项技术改造，高难度实现了技术改造与安全播出两不误，有效改善了集团广播电视节目安全播出环境。其中CH4、CH6天馈系统更新改造工程是北高峰发射天线自建成以来最大的一次更新改造，工程难度之大、要求之高均为近年来之最。

7. 改造全省转播台发电机、UPS等硬件设施效果明显，实施“监录系统”，停播率同比下降64.1%。建设集团安全播出监测报警系统，增强安全播出技术监管手段，优化提升了安全播出监测监控实力。建设省网广播电视安全传输系统，设置光缆线路1+1主备倒换保护，实施光缆整治，消除安全隐患，提高光缆线路质量，出色保障了全年集团广播电视节目的安全传送。

8.技术测试作用发挥明显。组织实施卫视高清全流程新闻制播系统、电视播出收录系统、广播语录室数字化改造、新祥利演播室等项目的全面技术检测，有力保障了新建项目系统的技术质量，为服务生产和内容播出提供了更加安全的技术平台。

二、技术平台建设

1. 以技术先行推动集团高清化战略发展，积极响应总局“9.28”高清播出要求，推进高清平台建设，实现了卫视高清频道高清播出率95%以上、高标清同播率100%的目标。

2. 成功建造了3号、6号高清转播车，其中，3号高清车于2010年5月17日立项，历经11个月（实际施工5个月）建造，于2011年4月开回集团正式启用，共10+2个讯道；6号高清车于2011年3月25日立项，历经10个月建造，于2012年1月开回集团正式启用，共10+2个讯道，高清转播车队伍的壮大，有力推动了集团节目制作和转播能力走在全国前列，为集团树立强势媒体地位提供了坚实的技术支撑。

3. 完成音乐厅高清演播系统改造，维护改善800平米演播厅制作设备，引入蓝光、P2等新介质应用，新增30套高清外拍摄像机及高清广角镜头、脚架等辅助设备，开通集团网站回放系统省网卫视高清回传信号，高清节目制作能力全方位提升。

4. 调频广播覆盖。经省局、集团多方协调努力，2月18日，交通之声在桐庐正式播出，有效覆盖了杭千高速桐庐段长达30公里，成功实现了交通之声在桐庐布点的夙愿，为“亿元广播”的更好发展创造了条件。充分发挥中波转播台资源作用，先后在嵊泗、舟山等台增加调频布点，有效增强了集团调频广播覆盖与科学管理。

5. 完善泛网络收录分发系统，实现11个地市的新闻回传和远程IP上传收录，为采编一线提供了先进、便捷、时效的资源共享平台。系统于7月30日顺利通过省局组织的鉴定，总体技术达到国内同行业领先水平。

6. 完成广播制播网安全播出系统在线升级改造，实施了制、编、播核心系统、应用终端的无缝升级，实现了内外网互联互通、系统监测、音乐库在线编排点播等功能应用，实现了广播节目远程上传下载、编排查询和预听等功能，为频道节目生产创造了更加安全、优质、先进的制播平台。

7. IPTV集成播控平台建设。2011年9月6日浙江广电新媒体有限公司成立，10月8日开始原机房拆旧，仅用了三个月时间，于2011年12月31日顺利完成平台搭建，坚实地打响了一个“85天”完成系统设备安装和平台搭建的胜利之役，创造了一个“浙江速度”，其设备先进性、用户规模承载量居于目前省级平台全国第一位。

三、科技创新

1. 持续增强精品创作意识，金鹿金帆奖成绩斐然。《遗落的汪洋之舟》等节目获得2个一等奖、6个二等奖和2个三等奖，综合总分排名第二，仅居中央电视台之后，刷新了集团金帆奖成绩的历史纪录；《烈火英魂》等11个广播节目获金鹿奖，其中一等奖3个，充分展示了集团广播电视节目制播能力水平在全国同行中的实力地位。（详见附件）

2. 集团高清全流程新闻制播系统于8月9日通过省局鉴定，系统技术设计理念先进、结构合理，创新点突出，运用全程高码率高清制作，构建的一平台二驱动三库新闻制播新体系、“文视结合”的业务管理模式、双线应急、三重备份安全体系开辟了国内新闻制播领域的首创，总体技术处于国内领先水平。

3. 积极开展3D电视制作尝试，自编自导自拍自制完成了集团首部3D电视短片，在观众节上好评如潮，为集团探索3D电视制作播出、扩大3D电视影响力营造了良好的氛围。

4. 省科技厅重大科技专项（优先主题）社会发展项目—“广播级宽带无线视音频传输系统”科研项目的成果化产品—摩托化单兵电视直播装备，历经两年多时间的技术研发和产品试用，于2011年3月顺利通过由省科技厅组织的技术鉴定，并获得专家组给予的“国际先进水平”的高度评价，先后在浙江卫视、教育科技、民生休闲等频道推广使用。2011 年 5 月,集团成功举行"摩托化单兵电视直播装备"启用及"辉煌九十年·快拍幸福浙江"活动的启动仪式,为加快实现新闻直播常态化,加快建设"数字浙江"提供了有力的科技支撑。

5. 2011 年 8 月,集团"基于卫星传输的广播节目防插播系统" 项目获省科技厅优先主题重大社会发展项目立项。

6. "基于刀片和存储虚拟化技术的广电业务云平台"项目于 7 月 30 日通过省局鉴定,系统研发成功,总体技术达到国内同行业领先水平。

7. "基于远程网络集中管理的组合式广播语录室"项目,于 7 月 27 日通过省局组织的技术鉴定,综合技术处国内领先水平。

8. "北高峰调频广播发射系统更新改造"项目,于 6 月 20 日通过省局组织的技术鉴定,系统总体技术达到国内领先水平。

9. "全物联广播电视设施保护和安全播出系统"项目,于 7 月 27 日通过省局组织的技术鉴定,系统解决了设备通讯稳定性、通讯协议兼容性、设备更换差异性、传输通道安全性等难题,具有创新性,技术处于国内领先水平。

10. "调频广播发射机房备播应急系统技术改造"项目,于 8 月 10 日通过集团组织的技术验收。

四、重大活动、突发事件技术优势发挥

1. 集团转播车集群不断壮大与提升, 推动着集团节目制作和转播能力走到了全国前列, 成功完成"第八届全国残运会"、"第 26 届世界大学生夏季运动会"、"第 14 届世界游泳锦标赛" 等大型体育赛事的直播录制工作。

2. 动用了卫星车、直升机航拍、飞猫、斯坦尼康、无线摄像机等多种先进设备和技术, 多角度展示了第八届全国残运会开、闭幕式的精彩场景和恢宏气势,全景式展现了"生命阳光、情满浙江"的大会主题,以一流的转播效果赢得了良好的社会效益,在全国媒体同行中再次亮相了集团科技迅猛发展的优势发挥和技术团队的能力水平。

3. 发挥技术装备优势,创新应对重大活动、突发公共事件直播。引进虚拟实景创新场景设计,动用了"中国蓝" 号直升机、Flying-CAM 无人驾驶直升机,布置了大量高质量的工业摄像头, 全程设置了即时回放设备,成功实现钱江潮系列直播活动,全方位展现了潮水的波澜壮阔和气势磅礴, 捕捉了每一个稍纵即逝的精彩瞬间, 有力助推了浙江卫视的收视率和影响力。在"'7.23'甬温线特别重大铁路交通事故"报道、钱塘江流域特大洪峰、钱江三桥桥面坍塌等突发事件应急报道中,卫星车、微波、3G 无线传输等直播技术装备、航拍技术,第一时间把事故现场、灾情险情全景展示在观众面前,丰富的技术手段,先进的技术装备为提升集团舆论引导水平发挥了积极作用。

五、队伍建设

组织举办技术能手竞赛,层层考核筛选,被推荐的集团一等奖获得者沈彬、王昌辉代表我省参加了 2011 年全国广播电视技术能手竞赛,分别荣获竞赛一等奖和二等奖的佳绩,并被授予"全国广播电视技术能手"的称号。

全省电影科技进步和管理情况

杭州市文化广电新闻出版局

一、强化广播电视安全播出管理

一是总结经验,明确部署。召开 2011 年度广播电视安全播出工作会议,总结 2010 年工作,部署下一阶段任务。会议还表彰了 2010 年度广播电视安全播出先进集体 29 个、先进个人 70 名。

二是强化责任,落实分工。与各区、县(市)广播电视安全播出领导协调小组组长单位, 杭州文广集团、华数数字电视传媒集团有限公司,各区、县(市)文广新局、广播电视台、数字电视公司及持证视音频网站、电影院线、宾馆饭店等签订 200 余份安全播出责任书。

三是加强预警,及时通报。组织开展全市广播电视安全播出演练,编发杭州市安全播出简报 4 期,杭州市广播电视监测月报 12 期,重要保障期通过安全播出预警信息平台先后 141 次发送相关信息。

四是加快推进广播电视监控中心改造建设步伐。做好庆春路凯旋门商业中心 14 楼广播电视监测中心改造工程和业务用房装修改造工程; 完成广电监测中心白马湖项目前期启动工作。目前市监测中心实行 7×24 小时双人双岗值班制度, 对杭州文广集团和二区五县(市)有线电视、无线电视、中波广播、调频广播及华数数字电视共 1700 余套广播电视节目进行实时监测。

二、积极推进广播影视科技发展。

一是积极推进三网融合工作。多次参加市数字城市领导小组组织的三网融合协调工作会议，制定杭州市三网融合监管平台建设方案，并与相关单位协调建立 IPTV 监测平台事宜。参与国务院三网融合协调小组对我市三网融合进展情况的调研。组织市发改委、信息办、文广集团、华数集团、移动、联通、电信等单位座谈交流"三网融合"工作经验。

二是积极扶持华数集团上市。多次参加市委办公厅、市政府办公厅和市数字办等部门召开的关于华数集团上市工作的协调会议，为该项工作出谋划策；积极沟通华数集团和杭州文广集团，从行业管理上为上市提供服务和支持。经报浙江省广播电影电视局批准，批复杭州文化广播电视集团关于华数集团借壳上市工作。

三是认真组织各类科技评比工作。推荐 8 项科技创新项目、6 篇优秀论文参评省广电科技创新和优秀论文评审会。推荐 3 个集体和 7 名个人参评 2011 年度浙江省广播电视技术维护奖。组织开展 2011 年度杭州市广播电视节目技术质量奖评比，选送 4 家单位、4 大类 10 个节目参加省级评比。完成广电系统工程技术人员职称评审工作，29 名通过中高级技术职称评审。

杭州市广播电视台

一、科学技术项目改造

2011 年，顺利完成了多项技术系统改造项目的招投标工作。配合导视纪录片频道的开播，在时间紧迫，任务艰巨的情况下顺利完成了蓝光高标清兼容的前后期摄录编等设备的招投标；顺利完成了明珠频道栏目演播室制景工程改造，满足了西湖明珠频道自办栏目的节目制作需求。同时，先后完成了十讯道转播车慢动作系统的升级改造、虚拟演播室系统改造、明珠新闻网和生活资讯制作网建设、办公网改造、发射系统测试用电桥改造、发射铁塔装修维护、总控和播出系统设备补充、广播系统设备扩容、西湖之声 4G 直播车的改造任务，其他还协助视听研究中心，红星公司、少儿频道等完成了共计 30 多项系统和设备的建设项目。

1. 导视纪录片频道开播

该项目主要配合导视纪录片频道的开播，对原有的 BETA 模拟设备和非编软件系统进行升级改造，同时结合节目生产制作方式，搭建了制作岛形式的网络平台，实现对素材采集、节目制作、素材资源共享等各环节的优化和资源整合、流程管理；实现了栏目节目制作的数字化、文件化、网络化。顺利完成了蓝光高标清兼容的前后期摄录编等设备的招投标，增加了 DSX 非编设备及相关软件，提供了 IMX 数字录像机，蓝光系列录像机，高清技监等；节目制作实现了从原来的单机化操作、BETA 模拟编辑、标清到如今的数字化、文件化、网络化、高标清兼容。

2. 明珠新闻系统改造

该项目主要对老明珠新闻进行升级改造，建立一个以内容产业为主体的数字化网络平台，实现素材采集、节目制作、资料存储、内容分发、节目播出等各环节最优化的生产方式、最有效的资源整合、最精细的流程管理；通过互联互通、信息共享、资源共享，实现从节目生产到节目播出、节目存储整个过程的文件化、网络化、流程化。并应与全台网、演播室等异构系统实现良好的互联。中心存储：采用成熟可靠的 FC 光纤存储阵列，实用有效带宽在 800M 以上。在网络设计上：25 台编辑站点（包括 19 台高码无卡工作站、3 台高码有卡工作站、1 台高码有卡审片工作站和 2 台 64 位有卡工作站）采用光缆传输方式、10 台编辑站点（包括 3 台有卡工作站，3 台低码审片、4 台配音工作站）采用以太网传输的混合网方式。能同时实现 40 台三层 50M 码流的节目实时传输、编辑要求。整个网络支持双码流工作模式，光缆站点编辑主要采用高码流模式。网络在拓扑架构上避免单节点故障所能导致的网络崩溃，在所有网络关键节点考虑冗余备份。

3. 西湖明珠频道栏目演播室制景工程改造

项目设计突出新闻视觉表现手段和多种媒体视觉体现，多层次特殊材料的组合，形成频道整体时尚、前卫，高端但有平易近人的风格把握。在整体色调上，更突出通透、亲切、温暖与当今国际的流行经典配色相结合，形成了多层次，多色彩的空间表现力。镜头体现上也会呈现多样化的风格；材料制作上，材料对比与风格上定位在小空间、多层次、透光性的把握，解决了小空间内形成多层次景深的表现力；再结合环保低碳的条形染色灯、小功率电脑图案灯、led 平板泛光灯，进口的阿莱灯灯高效率灯具的照明配合与艺术处理，在光色的结合上突破了以往的演播室表现模式，将众多的色彩变化带到了新闻的播报中来，真正的达到当今国际化的新闻趋势——新闻表现手法高度视觉化。拍摄设备选用上，摄像机 SONY-E30P 相当优秀的标清机皇，内置的 gamma 曲线的调整，与动态范围的拐点，ARD 的标准设置都是具备优势。

在制作的工艺，突破以往传统的制景模式，在防火安全的前提下，注重材料对比的质感，工艺的精细程度，为了满足高清摄像的要求部分景区装饰面采用无缝双层拼接，景区灯光的与专业灯光也做到了完美结合，在景区分布上，为了满足节目拍摄需求，采用了多景区分段分部也可以多景区联动穿插的多机位拍摄。在表现效果上可根据节目形态，随时调节不同效果，同时也为以后节目变更留下空间；利用各种音视频设备与景区的功能性结合对各个栏目做整体性规划，镜头表现细分，最大化的突出节目的生产高能化，视觉化，高端化。

4. 全台网最小应急系统

集团全台网项目由主干媒资系统、新闻制作系统、收录演播室系统组成。该系统实现了全台节目制作播出一体化，将集团各频道的节目生产、播出和管理纳入到计算机网络中。系统正式建成以来运行较为稳定，但由于备份设备不足，对系统的稳定运行带来隐患。为保证全台网的健康稳定，搭建全台网最小应急系统，当在线系统单台或多台设备发生故障时，紧急替换。该系统能够同时运行一个或多个流程，同时为测试及培训提供便利。本着满足系统所需功能的前提下，通过虚拟化方式实现合并服务器，大大降低了设备成本。主干媒资、新闻、演播室系统（如数据库、ESB、websphere、EMB 等），这些服务都安装在三台实体服务器，以多个虚拟机的方式实现。最小应急系统建成后，当在线系统某些服务器发生故障时，启动相应的服务器及服务接入网内后，能替代故障服务器，在一定时间内保证全台网系统的正常运行。

二、科学技术管理

2011 年，科技管理工作主要体现在安全播出方面，对安全播出工作的总要求是认真贯彻落实国家广电总局 62 号令及其各专业实施细则，紧紧围绕建党 90 周年这一主题，以开展安全播出大检查为重要抓手，以实现浙江省第十个安全播出平安年为奋斗目标，扎实开展各项工作，全面提升安全播出水平，圆满完成全年安全播出各项工作任务。

1. 思想重视，布置到位，加强各单位之间的沟通和协调

2011 年集团重点保证了“元旦”、“春节”、“两会”、“五一”、“七一”、“十一”、全国残运会等广播电视重要保质期的安全播出工作，及时传达了重要保障期的各类通知，不断完善修订安全播出预案，对相关的设备等进行精心检查，尤其是电力保障方面，强化群防群治，加大网络监控和防范力度，提高网络防攻击破坏的能力，确保重要保障期的安全播出工作。

集团在年初组织召开了 2011 年度广播电视安全播出技术工作会议，总结了 2010 年集团安全播出技术工作，表彰了获得省级安全播出先进个人，部署了 2011 年集团安全播出技术工作要点，并重新调整了集团安全播出指挥部成员名单，成立集团广播电视设施保护领导小组。

2. 完善预案，认真自评，成功迎接省局的执法大检查

由于搬迁到新大楼，原来的安全播出应急预案已经不再适用，同时为了完善新大楼的安全、消防等方面的管理维护工作，集团科技发展部联合集团总编室、技术中心和红星文化管理公司一起重新修订完善了《杭州文广集团安全播出应急预案》，也为迎接全省广播电视执法大检查做好了准备。

按照总局、省市局文件要求，进一步贯彻落实广播电视安全播出管理规定及各专业实施细则，结合单位实际制定了实施方案，严格按照总局要求对集团下属各安全播出单位的七个安全播出项目进行了自评估，重点对不符合指标的项目进行了审核，做好安全播出自评估工作。

“七一”前，省局组织了全省广播电视执法大检查，根据检查细则，集团上下认真做好各项准备工作，该购买的设备及时购买，该完善的资料及时完善，认真做好广播电视设施保护的宣传等工作，成功迎接了省广电局的执法大检查。在省局安全播出执法大检查情况通报中，杭州市分数最高，作为杭州市安全播出主要承担单位的文广集团在其中做出了主要贡献。

3. 重要保障期内，强化值班，加强监控，确保安全

在各个重要保障期内，严格执行值班、值机、监听监看和汇报等各项安全播出制度，加强监听监看力度，做好应急节目源备份工作。播出机房、有线电视前端、发射台加强对接收的各类节目信号源的监视，发现异常或接到预警通知要立即采取措施，切断非法信号。科学的安排好领导、技术人员、应急处置队伍及其它相关人员的外出、休假，确保通讯畅通，确保调度指挥的及时有效，重要时段必须在职、在

岗、在位。各频道、频率组织好节目源，并严格执行三级审片制、重播重审制，加强对重大主题、敏感问题、热线节目、评论节目的审稿把关。加强对广播电视直播活动的各项安全管理。

广电新媒体网站近几年发展迅速，其安全播出也越来越受重视，为了确保集团网站群的安全，集团新媒体工作人员积极做好网站信息发布审查和技术后台巡检的工作，密切注意网上视听动态，加强信息发布的审查机制，杜绝在网站上登载、传播有害视听节目，发现有害节目及时删除，并报告管理部门。

加大安保人员、广播电视技术人员和施工人员的管理力度；加大外来人员的检查力度；加大新进人员的政审力度。加强新大楼进出物资、邮包的检查力度；加强车辆进出的登记管理，加强地下车库的巡查；加强夜间巡逻，实行保安主管24小时值班制，对重点部位(包括楼道、阳台)还须加强安全警戒。同时与杭州的公安、安全、电信、工商、610加强沟通联系，争取他们的配合、支持，形成广电安全播出的齐抓共管的整体合力。

抓紧消防安全工作的再部署、再落实，加大用火、用电、用气的管理力度，加强每日消防安全巡查，确定专人密切监视监控，同时加强与保安员的联动，严看死守。严格门禁配用钥匙使用制度。

加强对群体性上访等突发性事件的应急处理，做到发现要早、化解要快、处置妥当、防止蔓延，努力确保事态不扩大、不升级、不激化，确保和谐稳定。

三、加快广电有线网络“一省一网”整合

加快网络提升改造，加快跨地区、跨行业市场拓展，加快对接资本市场，从单一的、区域性的广播电视传输企业向综合性的、全国性的“网络传播+新媒体”的现代文化企业跨越。以华数集团公司为主体，由省、市、县广电播出机构共同参与组建的“浙江华数广电网络股份有限公司”正式挂牌，成功确立了华数在全省广电网络“一省一网”整合发展中的主导地位，也标志着全省“一省一网”工作取得实质性成果，为下一步实现全省广电网络资本联合打下了坚实基础。华数针对杭州实际，提出了“跨代网、云平台”的三网融合发展理念，加快发展互动电视和新媒体业务。在市委、市政府的大力支持下，举集团之力推进华数上市进程，先后争取中宣部和广电总局同意通过华数上市的前置审批，借壳上市的申报材料已报证监会审核。

宁波市文化广电新闻出版局

一、积极推进有线数字电视整体转换

宁波市文广新局对数字电视整体转换工作高度重视，明确指标任务，落实责任，2011年全市有线数字电视整体转换20.1万户，超额完成全年指标，全市乡镇地区网络双向化改造覆盖率达60%。

二、认真做好广电有线网络整合工作

根据省、市委工作部署要求，宁波市文广新局牵头于6月份启动实施全市广电有线网络整合工作。组建工作领导班子，加强调查研究，制订具体工作方案，草拟下发了《宁波市广播电视有线网络“一市一网”整合发展实施方案》，力争12月底前，完成“全市一网”网络整合工作，到明年上半年完成交互电视平台，骨干传输网络、业务运营支撑系统等项目技术升级建设，融入“全省一网”运营体系，全面实现“五统一”目标。目前，整合工作正按时间表有序推进。

三、圆满完成智博会“三网融合高层论坛”各项工作

论坛邀请了国家广电总局田进副局长及四位司长、省广电局领导、全国十二个三网融合试点城市部分广电部门领导、省内地市广电部门、全市广电系统领导、技术骨干和有关广电行业企业家参加，与会代表达300余人，超过了原定200人规模，同时有7位专家进行精彩演讲，广泛交流三网融合在技术、运营、管理中的最新成果和亮点，为加快宁波智慧城市建设和推进新一代广电信息网络发展提供了具有积极借鉴意义的理论支撑和实践启迪。展览工作亦十分成功，共招展21家企业34个标准摊位设立了广电展区，主题馆135平方形象展设计新颖，形象突出，受到各级领导和参观嘉宾的好评。

四、全力确保广播电视安全播出

广播电视安全播出是一项长期性和基础性的政治任务，防插播、防破坏形势不容乐观。2011年，全市广播电视系统全力做好元旦、春节、全国、省两会、五一、六四、十一等广播电视安全播出重要保障期的安全播出工作，全市电视画面没有出现黑屏和任何反动画面，为维护宁波市社会稳定提供了良好的舆论环境。

五、加快宁波市广电监测中心建设

广电监测中心自筹建来，克服重重困难，想方设法，推进各项工作，取得了一定的进展。完成设备招标及设备采购计划、装修初步设计、电力扩容、房产过户流程、网络通道建设等事宜。计划明年初正式投入运行。同时加强规划,加快建设,积极建立有线数字电视监管平台，探索建立三网融合模式下的网络信息安全和文化安全监管体制，保障三网融合顺利开展。

宁波广播电视集团

一、科技进步方面

1. 完成高清电视转播车建设

总投资3000多万元,总体性能达到了现阶段国内一流水平。高清电视转播车的应用,标志着宁波电视台大型活动现场转播进入高清时代，同时也为宁波电视台各类高清节目制作提供了重要平台，从而为宁波高清频道播出打下基础。

2. 完成《宁波市突发公共事件多信源调度指挥平台系统》建设

本系统由市公安局、市三防办、市气象局和市交警支队四个前端、光纤系统和宁波电视台新闻演播室播控系统组成,该系统的使用,能确保在第一时间通过电视向市民播报宁波市各类突发事件。

3. 完成三个广播直播室的升级改造

实现了MADI的应用和信号传输的多样化,在节目播出质量、安全保障、直播环境等方面有了提升和改善。同时,广播大楼四楼直播区视频化改造工作完成并投入使用。改造完成后,直播室可满足四机位摄像需求，视频信号集中传输至五楼总控机房进行导播切换,并经宁波广播在线网站视频直播或录播。

4. 完成宁波高速交警支队广播直播室建设

采用音视频同步直播设施，能满足高速路况实时播报,可较好实现交警支队、电台、高速交警支队三地直播室联动视频播出。

5. 完成广播智能化总控系统项目建设

该项目自2008年启动，至2010年共分三期进行。项目完成后,实现了MADI多路反送、信号多种输出备份、多节点信号的实时监控,全面提升了总控系统的安全性和可靠性。

6. 城市联合网络电视台宁波分台正式上线

宁波电视台一套、二套、三套节目频道,借助中国网络电视台(CNTV)的公共服务平台和海内外庞大的镜像站点体系实现全球落地。同时加盟城市联合网络(CUTV)并正式上线,借助CUTV品牌效应大大提升宁波广电媒体的影响力和竞争力，为宣传宁波建设了又一个优质的网络外宣平台。

7. 完成了绿风网络台建设

采用最新的FALSH技术荟萃5套广播频率的各档精品节目,成为宁波首家对农宣传、服务综合传播集成平台。

8. 完成宁波广播在线网站流媒体生产发布平台建设

采用先进技术实现广播节目的音频、视频节目的录播和直播,并支持海量广播流媒体节目的存贮。

二、科技管理方面

1. 结合省广电局组织的安全播出大检查，全年投入大量精力对现有各项安全播出方案、预案进行梳理完善,并对具体设备、设施和应急器材进行检查更新，有效地提高了宁波广播电视集团应对紧急情况及突发事件的处置能力。全年圆满完成建党90周年、大运会、残运会以及重大节假日和重要会议的广播电视安全播出保障工作。

2. 电视技术系统内部和各频道节目部门展开“违规使用摄、录、编设备专项整治活动”,通过定期统计、定期公布活动情况等措施,收到了违规使用设备现象减少、设备使用效率提高的效果。

3. 成功举办“演绎的媒精彩，引领广电产业未来”的宁波广电新媒体论,集团全体技术人员及中层以上领导干部共150余人参加。完成了电视新进员工岗位培训,这次培训历时5天,受训员工50人,实行电脑考勤,实施理论和实践考核,培训内容包括规章制度、对编、非编、摄录像等。

4. 宁波广播在线网站由广播技术中心移交给新媒体中心管理,网站编辑部人员同步划归,并明确过渡期内，网站技术平台和业务支撑保障由广播技术中心继续承担，过渡期后由新媒体中心负责维护管理。

温州市文化广电新闻出版局

一、广播电视安全播出工作

1. 健全安全播出领导机制。调整了市广播电视安全播出协调领导小组,各县(市)也相应完成了机构人员调整,建立健全市、县两级广播电视安全播出管理网络。召开了全市广播电视工作例会,分析当前严峻形势，明确局、台工作职责，落实属地管理原则，重点部署安全播出大检查工作。严格执行安全播出值班制度和“零报告”制度，全年没有发生安全播出事故。

2. 提升广播电视监测能力。6月上旬，500余平方米的广电监测中心新址装修完毕，价值434万元的机房设备已陆续进场安装。6月底完成了移动监测车的招投标工作，进入车辆改装阶段。7月份中心完成了移动监测设备招投标工作并逐步进行安装调试。

3. 认真开展安全播出大检查。于6月8日至13日开展了全市广播电视安全播出大检查，重点就安全播出制度建设、协调机制落实、播出机构系统配置、安全播出责任分解等事项进行实地检查。对个别县存在的安全隐患和制度漏洞，如广电设施巡查制度不够健全、安全播出演练尚未开展等，当地责任单位都及时处理，限期整改，确保防范到位、制度到位、责任到位。6月下旬，我市广电部门积极参与省交叉检查行动，学习兄弟县(市)的先进经验，对比自身工作的不足，不断完善本市的安全播出制度建设和工作流程。市安全播出协调领导小组办公室还专门核实了温州安全播出大检查具体情况，向市、县两级广电部门做了通报并提出了整改要求。

二、广播影视惠民工程

年初，我市开展了全面的调查摸底工作，于5月上旬完成了基本数据采集和相关信息收集。认真对照根据省广电局广电惠民标准，明确今年的工作任务，找出工作重点和难点。8月上旬，专门召开了全市广电惠民工作现场推进会进行专题部署。出台了《温州市文化广电新闻出版局2011年度重点工作督查方案》，将数字化整转、农村数字电影放映等工作列入其中，明确责任部门和责任人，按季度召开督查推进会，建立督查反馈制度。广电部门按照工作安排建立了事前指导、事中督导、节点督查三项措施。制定《温州市广电惠民服务工作指导手册》按月制定工作倒排时间表，建立月度统计汇报制度，及时掌握信息把握工程进度。提出重点抓好基数大、任务重、推进难的县(市)督促工作，借助市政府、市局两级的重点工作督查机制，通过与当地政府的沟通协调争取政策有支持、工程有推动、工作有成效。把握每个月末的时间节点，定期通报月度目标落实情况，对未完成指标的县(市、区)采取个别沟通、专题研究的方式深入分析问题、及时提出对策措施。

我市将广电惠民工作中的数字化整转工作和农村数字电影放映工作列入政府重点建设项目，提升了工作推动力。全市累计完成有线电视整转用户103.32万户，完成双向化用户110.4万户，完成年度目标。

湖州市文化广电新闻出版局

一、努力构建公共服务体系

继续实施有线电视网络数字化工程，有线电视数字化整转率和网络双向化覆盖率县级以上城区均达到99%以上，农村地区分别为92%和55%以上，全面达到省惠民工程的基本要求；推进“广电数字低保”工程，全面实现我市7808户低保户免费收看数字电视的权益；把广电对农节目服务工程建设摆上重要位置，积极完善各种机制和措施保障，抓好节目内容和质量，在今年全省组织的考核中，市及三县广电台都作为考核优秀单位受到表彰，实现了“全覆盖、满堂红”，这在全省11个地市中是唯一的一个；在省内率先启动了乡镇广播电视站标准化建设工程，并积极争取市委宣传部的重视支持，联合组织开展了市级先进乡镇广电站考核评选。

二、切实强化惠民服务保障机制

根据《浙江省广播电视惠民服务工程专项资金使用管理办法》，指导市本级惠民工程实施单位申报省级广电低保工程专项资金；推动有线广播“村村响”工程、广电低保工程和农村电影“2131”工程列为市公共服务均等化行动计划，落实市级财政补助政策，将运维费和补助费列入市和区财政预算；指导服务辖区广播电视台申报2011年度乡镇广播电视站设备设施更新改造工程和“广电低保”数字化工程实施计划。

不断完善安全播出工作机制。及时调整市安全播出领导小组名单，出台《湖州市广播电视安全播出应急预案》，召开全市安全播出工作会议，成功组织了市级安全播出应急演练，提高了广电系统应对突发事件的组织指挥能力和应急处置能力；在认真自查的基础上，配合省广电局做好安全播出大检查专项活动，通过查漏补缺，夯实基础，加强预防；强化联络沟通，在各重要保障期间，一律实行零报告制度，圆满完成全国“两会”、“五一”、“七一”等7个重要保障期的安全播出任务，获得了省广电局颁发的安全播出奖;进一步深化了广电监测中心的调研工作,争取市编委的重视支持,落实了人员编制,标志广电播出监测机构建设取得突破性进展。

稳步推进广电有线网络整合发展。广电有线网络整合发展是今年省委、省政府部署的深化文化体制改革的重要任务,根据市委、市政府的要求,我局加强与湖州广电总台、三县的沟通联系,汇总制定实施方案,有效推进了各项工作。目前,广电网络整合的总体进度符合省里要求,市级层面的工作已基本完成。三县的整合实施方案、推进时间表已于9月底上报,直接加入浙江华数公司的合作方式也已确定,当前正加快推进广电网络公司化改造。

三、其他县市科技工作情况

1. 安吉县广播电视台

一是有线数字电视平移整转有序推进。2011年全县数字电视转换用户数6万余户,数字电视用户已超10万户。

二是全力推进网络建设和改造。全年完成140个行政村、6万用户数字电视整转,基本完成全县数字电视整转任务。年初在原有11套高清频道的基础上又新增了四套高清数字电视节目,使数字电视高清频道达到15套,成为全省高清频道落地最多的县。

三是客服体系管理规范,考评机制日趋完善。实行24小时值班制度,开发维护派单手机平台,并提出“半小时响应,2小时修复”的客服新理念。通过递铺中心站城区2.8万用户维护安装外包的运行,郊区维护区重新合理规划科学分区,并成立非居民用户和VIP用户客服小组,开发管理软件,对全县的高端用户实行专业化管理。坚持执行用户回访制度,全面提升服务水平,进一步提高用户满意度。

四是严格督察强化巡查,确保安全。坚持安全第一的方针,实现了“三个零”,即“零插播”、重要敏感期的“零报告”和重要保障期的“零停播”。确保“两会”等重要时期的宣传任务。重新修订了安全生产责任制度,设立了专职安全监督员,推出速度、经济、户均增值、户均改造成本、服务质量等五项考核指标,每周对各乡镇站五项指标进行排名。推出每周简报,及时分析、总结、交流好的经验和做法,不断提高工作水平和服务能力。

2. 长兴县广播电视台

一是强化技术服务保障,确保运行安全。加强日常技术维护,健全技术值班制度,加大机房巡查力度,没有发生一起因机线故障而影响节目正常制作播出的事故,圆满完成了60多场次电视、广播及活动的直播与录播任务。

二是完成数字电视建设,创优服务环境。全县数字电视“模转数”全面完成,总投入超2亿元,数字电视用户近20万户,推进速度和质量在全省名列前茅。同时,加大乡镇站的基础设施建设,创优服务环境,继泗安、槐坎、水口等三个乡镇广电站启用新址后,集团又在长兴城区新增两个服务网点,使集团网络服务网点总数达到了19个。

三是全力推进网络建设,提升承载能力。2011年,长兴县城区全部实现数字化双向网络改造,农村全部完成数字化网络改造,其中双向网络改造90%以上。同时,还启动了环网建设,网络传输的安全性得到有效保障。

3. 德清县广播电视台

一是强化管理,保障有力,全面确保安全播出。一直以来都以高度的政治责任感和严密的规章制度强化安全意识,确保广播电视安全播出。2011年适逢建党90周年,为确保全县广播电视的安全播出,努力实现“零插播”、“零干扰”、“零破坏”,做好三个方面的工作:一是健全组织。完善广播电视安全播出指挥部,台主要领导任组长,下设技术保障组、应急抢修组、物资供应组、后期保障组,明确责任,严阵以待;二是强化措施。修订完善了台广播电视安全播出应急预案,坚持“领导带班、技术跟班、加强值班”;三是加强巡查。2011年多次组织台技术人员和乡镇站维护人员进行拉网式巡查,发现问题,及时处理,确保全县广播电视的安全播出。

二是发展强劲,成效凸现,加快发展有线数字电视。2011年,以四个“紧抓”全力抓好有线数字电视整体整转工作,确保目标任务如期超额完成:一是紧抓网改。全年完成网络双向改造63个行政村,覆盖各个乡镇,架设光缆近1000公里。至此,已完成所有存的网络双向改造工作。二是紧抓整转。2011年整转任务比较繁重,台(公司)精心组织、科学部署,各乡镇广电站咬定目标、加班加点,兢兢业业投入工作,力保整转完成;三是紧抓服务。为了使服务质量和水平紧跟数字电视整转平移步伐,2011年推出分管领导联系制,以管理为主转变为服务为主,主动联系深入基层,当好乡镇站服务员。另一方面是乡镇站强化服务意识,把群众满意放在第一位,耐心、热心、细心、诚心为用户服务;四是紧抓营销。在面对各路运营商共同切分用户市场的无情竞争，2011 年专门成立了数字电视营销部，配强营销力量，发展宽带等增值业务，不断扩展市场份额。累计转换有线电视用户 12.6 万户，发展数字电视终端 19 万个，并发展了宽带用户 1.5 万户，互动电视用户 8000 户。

湖州市广播电视台

2011 年，湖州台按照中央、省、市关于深化文化体制改革和文化大繁荣大发展的总体部署，加快构建现代传播体系，推进“三网融合”，强化安全播出，加快推进数字化进程，进一步扩大广播电视覆盖，切实提高广电全媒体节目制播水平。

一、技术进步

1. 制定《湖州市广播电视台技术事业五年发展实施方案（2011—2015 年）》，明确了“十二五”时期技术工作的目标、任务和重点，成为今后几年湖州市广播电视台技术事业建设发展的重要依据。

2. 根据 2011 年技术改造计划，重点推进交通频率同频广播、摄录设备改造等技术方案的可行性论证和具体实施。

3. 实施交通频率同频广播项目，利用广播同频技术对安吉、长兴、德清三地的信号盲区进行交通频率信号的有效覆盖，扩大广播节目的传播影响力。

4. 实施湖州台本级和吴兴、南浔两区广电中心 2011 年度的摄录设备改造计划，进一步提升台内技术设备的整体数字化水平，提高了节目的制作效果。

5. 完成移动多媒体广播单频网在全市范围内的布点和校园网建设、省数字微波传输网金盖山发射台站点的建设，为提高广播电视覆盖水平和质量奠定了基础。

6. 在 2011 年湖州市“两会”的直播报道中首次运用双视窗画面和 3G 无线宽带传输技术，丰富了宣传报道的形式。进一步完善异构制播网络中收录—演播室—非编机房—播控中心之间的数据转码流转，使得在网络化、信息化环境下的业务流程更加灵活高效。

二、技术管理

1. 湖州台在 2011 年先后组织了覆盖全台范围的安全播出、安全生产、网络信息安全三次大检查，贯彻落实国家广电总局制定的《广播电视安全播出管理规定》，全方位排查和治理安全隐患、进一步落实安全责任，完善安全防范措施。深化制播安全管理，重点完善支撑性基础设施的技术防范和应急保障措施；深化 IT、网络安全治理，加强媒体内容数字化保存、流转的安全防范，提高广播电视安全播出水平和应急保障能力。

2. 制定《电视播控中心值班提醒制度》、《技术设施、设备调度协调办法》等制度，结合台内实际情况建立健全技术系统管理制度，制订和完善各项运维工作流程和设备操作流程。组织全台范围的媒资编目、摄录设备操作等业务培训，规范技术设备的使用。

3. 严格遵循《广播电视安全播出管理规定》实施细则中运维与技术管理相关规定，做好台内各技术系统的日常保障和维护改造工作，以强化技术管理职能、提高技术保障成效为重点，通过优化技术构架、业务流程和管理模式，提升节目制播水平和效率。

4. 加强技术档案管理等基础工作，统筹技术设备资源的使用，做好各频道、各业务部门技术设备使用数据的汇集工作，并根据实际情况和成本核算要求不断地进行完善。

5. 规范在建技术项目的项目管理，执行项目预决算制度。

嘉兴市文化广电新闻出版局

一、全面落实广播电视安全播出工作

按照“政令畅通、反应快捷、保障有力”的总体要求，及时贯彻落实上级关于广播电视安全播出的工作部署，着力推进安全播出保障体系和技术监管能力建设。以抓好各个重要保障期安全播出工作为重点，不断推动完善组织机构、应急机制、演练方式、技术装备和基础设施建设，不断提高队伍综合素质和有效应对、及时处理突发事件及自然灾害的安全防范、应急保障能力。2011 年，按照国家广电总局、省广电局部署，重点抓好全国、省“两会”和五一节、6.4 敏感期间以及中国共产党成立 90 周年等重要保障期安全播出工作。5 月 31 日，嘉兴市安全播出领导小组组织了广播电视“反插播”演练。在各相关职能部门的共同努力和通力合作下，“反插播” 演练达到预期的效果。8—9 月，按照省广电局的统一部署，在各播出机构自查的基础上，专门布置开展了全市广播电视安全播出大检查，按照国家广电总局《广播电视安全播出管理规定实施细则》 的要求逐条进行对照检查，消除安全隐患，提高全面防范能力。

二、积极争取筹建嘉兴市广播电视监测中心

在前几年认真汇报的基础上，2011 年初，嘉兴市文广新局又根据广播电视数字化进程加快的实际情况，邀请省广电监测中心协助对嘉兴市广播电视监测中心建设方案作了新的修改，并再次向市领导和有关部门认真汇报，使市广播电视监测中心建设列入了第 57 次市长办公会议议程，并在第 57 次市长办公会议纪要中原则同意组建嘉兴市广播电视监测中心。根据第 57 次市长办公会议纪要的要求，嘉兴市文广新局又在向周边兄弟市学习调研的基础上对嘉兴市广播电视监测中心建设方案作了进一步修改，并分别正式行文向市发改委申请项目立项，向市编委提交机构设置和编制请示，力争尽快开始筹建嘉兴市广播电视监测中心。

三、认真开展广电有线网络“一省一网”整合

根据 8 月 8 日全省广电有线网络“一省一网”整合工作电视电话会议精神和省委、省政府《关于加快广播电视有线网络“一省一网”整合发展的意见》(浙委办[2011]100 号)的工作部署，嘉兴市文广新局认真向市领导作好汇报，并积极协助做好领导小组机构组建等有关工作。为全面推进这项工作在我市的落实，市委宣传部于 8 月 30 日召开了市相关部门协调会议。9 月 2 日，又召开了全市广播电视有线网络整合发展工作，会议由柴永强副市长主持，市广电集团作了嘉兴华数的运作情况介绍、市发改委等部门作了资产清理、登记、划分、评估等工作的指导，最后，市委宣传部部长武亮靓作了重要讲话，明确提出全市开展广播电视有线网络“一省一网”整合发展工作的部署要求。10 月上旬，市委常委、宣传部长武亮靓又亲率市委宣传部、市文广新局、市广电集团等部门领导到各县(市)了解进展情况，指导各地工作。在领导重视和各方共同努力下，11 月 2 日，嘉兴市在全省率先举行了“一省一网”工作暨项目投资签约仪式，省广电局张宝贵局长，中共嘉兴市委常委、宣传部长武亮靓以及省、市和嘉兴市各县(市、区)有关部门的领导出席仪式。仪式上省华数公司与嘉兴市各县(市)广播电视台签订了“一省一网” 整合发展框架协议，中共嘉兴市委常委、宣传部长武亮靓和省广电局张宝贵局长分别作了重要讲话。签约仪式的举行，标志着嘉兴市 “一省一网”工作已取得阶段性成果，对全省“一省一网”工作起到了推动、示范作用。

四、其他县市广电台科技情况

1. 海宁市广播电视台

有线广播电视传输网络防雷系统。海宁地处东南沿海，钱塘江北岸，每年雷雨天气较多。针对有线电视数字化发展由城镇推向广大农村后，农村广电网络雷击灾害日益严重的问题，海宁市广播电视台从 2008 年开始探索有线广播电视传输网络防雷系统建设。经过多年研究与实践运用，海宁市广播电视台成功研发了 220V 电源防雷(过压)器。该设备是专门为有线电视网络设计的电源防雷保护器件，选用最新高速浪涌保护器件，通过运用三级保护电路，用分流(限幅)技术将雷电过电压(脉冲)进行逐级的牵制和泄放的措施，达到对用电设备的有效保护。具有残压低、反应速度快、泄放雷电流量大等优越防雷性能和安全性好、耐用性强、效率更好、过压保护四大特点。在此基础上，通过对杆路基础网“多点接地、全网贯通”的办法，在电气系统通过在电源接入处加装 220V 电源防雷保护器等技术措施，经过不断的摸索、研究、总结出了海宁市有线广播电视传输网络防雷系统，该系统投入运行以来，经历了数十次雷击考验，设备运行性能稳定可靠，防雷效果突出，各项配套措施做得好的地方，可以实现重要器件雷击零损坏，具有很强的实用性和推广应用价值。

长兴、海盐广播电视台和江西、广东、湖南、河南、江苏、重庆、辽宁、贵阳等多个县市网络公司、广播电视台运用了该系统，效果同样明显。在 2011 年度浙江省广播影视科技创新奖评选中，该系统获工程技术类三等奖。

2. 桐乡广播电视台

数字化全台网建设。2011 年桐乡广电台前端播出机房搬迁完成，正式开始全面投入使用。整套技术系统设备投资 1100 多万元，实现了制、播、存一体化的承载全台业务和技术平台的数字化全台网，全网络由制作系统网、媒资系统网和播出系统网三块组成。在硬盘化播出、媒资系统方面走在全省乃至全国县级电视台的前列。全台网集电视节目采集、收录、制作、存储、播出为一体，通过 UTM 安全网关和网闸将制作网与办公网在逻辑上进行隔离，并采用网闸公司提供的文件同步软件，用于内外网文件的交互；同时为了媒体资产不外流，自行开发了传出内网和外网接收专用软件，对进出内外网的文件进行监控，确保安全播出。

嘉兴市广播电视台

2011年是中国共产党建党九十周年，作为党的诞生地，为确保建党90周年等重要节日、重大活动等重要保障期的安全播出，嘉兴广播电视台按照上级广电部门的统一部署，围绕开展创建安全播出平安年活动，按照安全播出执法大检查的要求，切实做好安全播出的各项准备和保障工作，及时启动安全播出应急预案，积极开展安全演练活动，顺利通过安全播出执法大检查，完成信息系统的安全等级保护定级工作，全面提升安全播出的保障能力，确保全国"两会"、建党90周年、辛亥革命100周年等重要保障期安全播出。

为确保建党90周年等重要活动、重大节日等重要保障期的安全播出，提高各相关部门快速处置突发事件的能力，嘉兴市广播电视台经过周密安排，开展全市广播电视有线"反插播"演习活动。5月31日，由嘉兴市委常委、宣传部长为总指挥，嘉兴市本级和各县(市、区)宣传部、公安局、无管局、文广新局等部门一百多人协同参与的嘉兴市广播电视有线"反插播"演习成功举行。通过演练，提高了相关职能部门快速反应和应急处置突发事件的能力，提高了广大员工安全播出意识，确保了广播电视节目的安全优质播出。

按照省广电局、省公安厅和省经信委的要求，嘉兴市广播电视台根据所属信息系统的具体情况，对相关信息系统进行摸底调查，全面掌握信息系统的业务类型、服务范围、系统结构等基本情况，确定了相关信息系统定级对象和等级划分，重点做好信息安全风险评估、等级保护等信息系统安全管理工作，完成了相关信息系统的安全等级保护定级工作。

继续推进技术创新和数字化改造。加大资金投入，推进技术创新和数字化改造工作，广播技术设备进行了数字化改造，实现了采、编、播的全数字化；完成了广播新闻频率调频发射机的安装调试工作；推进电视摄录编辑设备的数字化和网络化改造，完成新闻制播网和3G新闻直播传输系统项目实施工作。年内，完成国家广电总局数字地面电视无线覆盖嘉兴区域工程工作，做好节目源引接系统、节目解码、复用器等前端设备和发射机的安装调试工作，通过安装二套卫星接收系统接收节目，确保节目源的安全。多个项目获2011年度浙江省广播节目技术质量奖一等奖、二等奖和浙江省电视节目技术质量奖二等奖。

绍兴市文化广电新闻出版局

一、广播电视安全播出全年无事故

工作主要体现在健全组织、加强协调。全年下发安全播出文件4个，召开专题会议2次，组织开展演练3次，开展安全播出执法大检查5次。全市广播电视传输播出安全无事故，市局获省广电局颁发的"广播电视安全播出组织奖"。绍兴市没有真正意义上的广播电视监测中心，只能依靠简单的监看监听作为监管手段。要求绍兴市文化市场执法支队对市本级的广播电视节目，随时注意日常监看监听，并切实加强广播电视安全播出特别保障期期间互联网及公共视听载体传播视听节目的检查监管。在安全播出特别保障期，要求全市广电部门领导带头值班靠前指挥。各地有线电视播出机构都实施单位领导带班双人双岗值班，各地文化市场执法支(大)队加强值班和巡检。

二、有线电视数字化转换工作上新台阶

积极推进有线数字电视整体转换工作。截至2011年底，全市约92%以上的有线电视用户已经转换成数字电视。各地城区有线电视数字化转换工作已经全面完成。

三、切实加强无线电频率管理

排查非法无线广播电台、电视台，对有问题的频率频道督促整改，并重新向广电总局申报。将绍兴广电总台有问题的96M调频广播频率调整为93.6M。

绍兴市广播电视台

一、继续推进广电有线网络数字化发展

1. 用户整体转换率持续提高。截至12月底，市本级有线数字电视用户达到24.85万户，转换率为97.69%，其中城区转换率98.29%。同时，积极拓展思路，开发数字电视在农村中的应用服务，启动建设东浦镇南村个性化互动电视服务平台。该平台建成后除了公共版本的高清互动电视服务，还将提供各类村级自办的信息服务，如村情概况、通知通告、村务公开、乡风文明、政策法规、信息集萃等栏目，惠及

300 余户农村家庭。

2. 积极推进非居民用户整体转换。采取书面通知、上门走访、电话联系等方式，严格做到全程服务、事后回访，有效提高非居民用户数字化率。截至 12 月底，新增或整转一定规模的非居民用户近 200 家，共计 6000 余个终端，市本级非居民用户的整转率达到 65.18%。

3. 坚持和谐推进、平稳过渡，有序推进停传模拟电视工作。将原准备庆祝建司十周年的经费让利用户，全面推出机顶盒优惠政策。至今已走进 155 个居民小区开展"有线电视停模进小区服务"活动，并向 56798 户居民有线电视用户赠送付费节目包（共 62 套付费节目），受到市民的好评。

4. 大力推进农村广电有线网络双向化改造。截至 12 月底，累计完成 62 个小区（村）的改造，覆盖用户 40000 余户。袍江新区、鉴湖镇、皋埠镇、东浦镇等部分农村区域均开始提供宽带、互动等双向服务，进一步丰富了农民业余文化生活，推动了城乡服务均等化。截至 12 月底，绍兴市本级有线电视网络双向化达 77%，其中，城区双向化率 100%。

二、强化队伍建设，完善规章制度

技术线内部各区块多次进行有针对性的技能培训和技术比武，形成爱学、能学的氛围。经常性的演练使技术人员对技术保障、节目播出和转播工作心中有数，胸有成竹，遇事不乱，提高了技术人员的紧急情况下的处置能力和业务水平。在原有制度基础上，颁发《关于重申切实做好电视播出节目规范制作、交接工作的通知》，对《广播电视安全播出管理规定》、《广播节目安全播出应急预案》、《电视节目播出应急处理预案》进行了修订。

三、切实加强设备改造

为了提高新闻频道节目素材保存容量和制作能力，我们对大洋新闻非编网的存储进行了扩容。

交警指挥中心广播数字直播室竣工并通过验收。

数字录制室的建设按要求如期完成，三个数字录制室已交付各频率使用。

为调整调频广播频率资源，经浙江省广播电影电视局批准，我台新闻综合频率播出频率由调频 96MHz 改为 93.6MHz 播出。

已完成除新昌、嵊州外的 CMMB 多媒体广播单频网绍兴市覆盖工作。

对电视播出机房的供配电系统进行了改造，实现低压双回路双 UPS 供电，UPS 电池组后备时间满足播出负荷工作 2 小时；广播编播系统服务器机房电源也进行了改造，实现双 UPS 供电。

金华市文化广电新闻出版局

一、认真做好广播电视安全播出工作

按照广电总局和省广电局的工作要求，履行职责，狠抓落实，确保了元旦、春节、全国"两会"、"五一"、"六四"、中秋节、"十一"、全国残运会等重要保障期广播电视的安全播出。

1. 领导重视，完善组织。成立了由市委宣传部、市委 610 办、市文广新局和市广电台组成的金华市广播电视安全播出协调领导小组，并根据人事变动情况及时调整小组组成人员。每次重要保障期前，都做到了提前部署、反复检查、启动预案、落实责任。全国"两会"前期，还进一步加强了中新一号卫星的防范力度神，严防敌对势力的破坏活动。

2. 建立机制，加强监督。一是严格执行安全检查制度；二是严格落实值班制度；三是严格落实"零报告"制度；四是及时启动应急处置预案，严格落实各项防范措施；五是切实加强应急预案的学习和演练，不断强化和提高了干部职工的安全播出意识和应急处置的能力。

3. 加强监测，全力保障。充分发挥市广电监测中心的监管预警作用，力争第一时间发现问题，第一时间处理问题，第一时间上报情况。同时还积极开展节目内容的评议审查工作。

二、全力提升农村地区广电有线网络数字化水平

全市城区有线数字电视用户共有 38.67 万户，整体转换率达到 96%以上，已全面完成目标任务。

2011 年，积极推进农村地区整体转换工作。义乌、磐安已基本完成农村整转任务；其他各县（市）在认真做好试点的基础上，开始逐步全面推开。农村地区广电有线网络双向化改造也开始全面铺开并取得了一定的成效。

三、巩固完善惠民工程长效机制

始终把广播电视"村村通"、"村村响"工程，作为一项民心工程、德政工程和为民所办实事的重要工作来抓。为确保"村村通"正常通、长期通，"村村响"长期响、优质响，我局在抓好"村村通"、"村村响"工程建设的同时，还积极探索"村村通"、"村村响"的长效机制建设，注重抓好乡村一级维护管理人员的选配与培训，全面完善一系列便民服务措施，敦促播出机构为各村配备维护人员，使小故障不出村，一般故障不出乡镇，大故障不出县。

四、积极推进广电有线网络"一省一网"整合工作

根据省委、省政府和市委、市政府关于广电有线网络"一省一网"整合工作的有关要求和任务部署，我局扎实稳妥、积极有效地推进全市广电有线网络整合工作。9月，组织各县(市)广电台长召开全市广电有线网络"一省一网"整合发展工作座谈会，此后金华市委、市政府又牵头召开了全市广电有线网络整合工作会议。10月，我市出台了"一省一网"实施意见，确定了各县(市)广播电视播出机构全部都以组建全资子公司的合作方式加入省网络公司，全面推动我市广播电视有线网络整合发展工作。

金华市广播电视台

一、整体转换任务提前一年完成

到2011年底，市本级共整转23.5万户，其中，主城区已全面完成，整转用户13万户；农村整转10.5万户，整转率达86%，超额完成年初确定的目标，提前一年基本完成市本级整体转换任务。广电台还与移动公司加强合作，在城区试点集互动电视、宽带和无线座机为一体的农村数字电视，让村民提前享受到三网融合带来的实惠。在整体转换过程中，还同步实施数字低保工程，为低保家庭免费安装了有线数字电视，市本级核定的8138户低保户基本做到了"应保尽保"，并按规定减免了有线电视收视维护费，总计减免费用180多万元。

二、广电有线网络"一省一网"整合走在全省前列

金华广电台积极协助做好全市广播电视有线网络整合发展工作。11月3日，浙江华数广播电视网络公司与金华各县(市)广播电视台签订"一省一网"整合框架协议，使金华市成为全省首批加入浙江华数公司的地市。金华市还与浙江华数签订战略合作协议，在金华成立华数数字电视云计算数据处理中心，以超高速跨代网为网络平台，全力推进"跨代网、云服务"战略，为金华市的广播电视有线网络跨越式发展奠定坚实基础。

三、安全保障能力得到有效提升

2011年的安全播出工作重点围绕市"两会"、纪念建党90周年等重要保障期进行，全年实现安全播出目标。有线网络维护与服务水平进一步提升。在技术改造与升级方面，先后完成了电视播出双通道系统、电视节目制作播出双UPS系统、北山调频发射系统更新和车载电源、UPS电源、托管机房集成、灾备机房建设等技术改造。在6月全省广播电视安全播出执法大检查中，对金华台的工作给予了充分肯定，获得了97.621分的成绩，居全省第四名。

四、台内技术设备得到有效更新

投入大量资金用于系统更新改造和新设备添置。先后完成了高清编播系统、UPS电源系统更新改造、新闻直播室改造、电视文艺外拍设备采购、调频发射机和多工器更新改造、电台直播间改造等项目。其中高清编播项目总投入达到1000多万元，分为3个子项目：高清非编网络系统项目，该系统采用主备磁盘阵列及Vmirror技术、提供12T的有效存储容量、非编软件采用APPLE Final cut studio HD软件包；高清摄录设备项目，采用索尼公司的产品，技术指标符合国家高清电视设备标准；高清播出通道项目，该项目的主备数据库采用热备机制、配备冗余切换矩阵，保证了安全播出需求。12月28日开通试播高清频道，成为全国地市台中首个推出高清频道的电视台。

衢州市文化广电新闻出版局

一、广播电视安全播出工作

加强安全运行和传输管理，确保全年各重要保障期安全播出。进一步强化技术措施，加快网络延伸工程建设，积极实施监测系统二期项目。广播电视安全播出及监测工作经历了10个重要保障期，共计60天，市广电监测中心启动突发性事件应急预案，严格按照重要保障期的值班制度，实行24小时双人双岗值班，重点防范法论功等敌对势力对广播电视的干扰、插播、破坏，对重点频道、重点时段、重大活动直播节目进行重点监测，确保广播电视安全播出。

二、其他县市广播电视台

1. 衢江区广播电视台

一是有线数字电视整体转换大跨步发展。全年共完成有线数字电视整转用户2.5万户，完成省、市下达的年度目标任务的500%，区下达的年度目标任务的250%。数字电视丰富的节目、清晰的效果以及我们到位的服务得到了用户的认可。二是有线电视网络双向化改造提速。2011年重新对全区有线电视网络进行系统性的规划和论证。现已完成了30%的农村有线网络双向网改造，新增光点600多个，城区双向网改造比率达到了95%以上。三是“一省一网”整合积极推进。9月成立衢江区广电有线网络“一省一网”整合工作领导小组并出台各成员单位任务分解表。我台作为参与主体，细化操作方案，做好思想工作，加强工作纪律，做到了思想不乱，人心不散，工作不断，细致周密、稳妥有序推进“一省一网”整合工作。

2. 开化县广播电视台

一是加快农村有线数字电视整体转换步伐。按照“先集镇后乡村、先示范后推广”的原则，有序开展农村有线电视数字化工作。到年底，我台已实际完成投资总额2230万元，完成52个行政村的有线数字网络的双向改造，实际完成数字电视用户安装10334户。二是认真做好广电低保工作。2011年度我台“广电低保”工程任务数是3800户。到年底，已为4256户申请安装有线电视的低保户安装了有线电视，超额完成了任务。

衢州市广播电视台

一、全力确保广播电视播出安全

根据省广电局要求，全年安排部署了元旦、春节、省两会、全国两会、市两会、劳动节、建党90周年、国庆和全国残运会共8个重要保障期的安全播出工作，总计66天。按照台安全播出预案要求，落实岗位责任制度，加强技术保障力量，严密防范法轮功等非法势力的非法攻击。

2011年完成广播、电视直录播技术保障82场，其中广播直播28场次，电视直录播54场次。

技术中心、网络公司、发射中心添置了大功率UPS电源，对电源系统进行了改造，保证了外电停电时能维持正常播出。

二、强力推进、深化数字电视整体转换和网络双向改造

1. 直面三网融合，推进有线数字电视应用

衢州市区全面完成6.5万户的有线数字电视整体转换，全省最低标准的数字电视收费政策已开始实施。自建了MPEG-2互动电视系统，推出可点播的“天天影院”、“大众影院”和30个频道的“电视回看”；完成华数高清轮播节目播出调试；市政信息、便民服务等服务市民的信息平台框架已经搭建完成，逐步开始将传统的看电视向用电视进行转变。有线数字电视正逐步成为一个公众的综合信息平台。同时，扩容客户服务中心、推出故障维修承包制度，尽最大可能快速解决群众在收视过程中遇到的问题。

2. 强力推进农村地区整体转换，基础建设不断提速

在试点的基础上，全面开展了农村地区有线数字电视整体转换工作。各乡镇广播电视站克服服务人手少、日常运行工作多的困难，组织职工到现场开展现场政策宣讲、技术演示、现场办理、上门安装等服务。网络双向化改造稳步推进。2011年农村有线网络改造工程经过对技术标准、施工规范、安全规范、施工工程定额的制定、修改，经过对施工人员、技术人员的培训，进一步提升网络改造队伍的整体技术素质和规范。

截至12月底，农村有线数字电视整体转换用户达到4万户，占全区乡镇有线电视总用户数6万户的70%(市里要求完成60%)；农村网络双向化改造完成2.4万户，占有线电视总户数6万户的40%(市里要求完成30%)；同时推进广电惠民工程，柯城区(含市本级)3755户城乡低保、特困户免费收看数字电视，应装尽装、应保尽保。

三、积极推进广电有线网络“一省一网”整合

根据中央深化文化体制改革、加快推进广电有线网络整合发展的部署要求和省委省府提出的“以华数为主体构建全省统一的有线数字电视发展平台”的决策精神，2011年台与华数集团公司和浙江广电集团进行多次协商、谈判，合作已经进入到实质性阶段，双方已就衢州广电网络进行全面资本合作及一体化运营达成合作框架协议，并于年底完成组建公司法律文件的签署，争取2012年衢州华数如期挂牌。

四、继续推进无线覆盖，促进产业的发展

衢州台发射中心借助无线广播电视数字化改造的机会，在2010年争取更换广播备用发射天线的基础上，争取到总局无线局11.8万元的机房改造资金，用于改造机房屋面、电视墙和低压电源线路。同时从无线局争取到一套60KVA/1H的UPS电源(价值大约25万元)用于改造电源系统，可以保障中央台、本台的数字电视节目和本台的广播节目的不间

断播出，使外电造成的停播时间减少。机房改造后监视条件得到了改善，有利于更快地发现节目播出中的不正常情况，设备的备份更加合理，安全播出的技术保障措施得到提高。

借助省中广公司的帮助，从省中广借来二台CMMB手机电视编码器(价值20万元)，完成了本台电视新闻综合频道节目和省卫视在CMMB手机电视中的播出，完善了台CMMB手机电视的节目内容。

在完成全市手机电视六个站点的覆盖的基础上，本台积极主动地和中广传播总公司、省公司做好协调，年初制定好覆盖的计划和实施方案，争取总公司、省公司的资金支持实施补点覆盖，通过和衢州移动协调和勘察，借助衢州移动的基站进行CMMB手机电视的覆盖。至年底已经完成一个校园覆盖点、六个补点站点和一个1KW覆盖站点的覆盖任务，使衢州市的CMMB手机电视信号达到了全市覆盖，其中衢州、龙游、江山、开化市区达到了优质覆盖，并且进行了重点镇(华埠)的覆盖试点，覆盖网络得到了进一步的完善。

五、不断完善专业设施，积极探索技术创新

1. 精心组织实施技改项目，完善节目制作网络。根据电视三个频道节目改版的需要，为满足台自办栏目对非编设备安全性、可用性等要求，技术中心认真研究确定每个技改项目的改造方案，并组织人员加班加点精心实施。完成了一套5个站点的专题网、二套9个站点的新闻网、三套6个站点专题网的组建工作，新增两个苹果包装工作站和一个新闻配音站。形成了新闻网、专题网的新格局，在缓解节目制作压力的同时，大大提高了非编网络运行的稳定性。

2. 广播两个频道实现节目无纸化采、编、播。在原广播新闻类节目流程中，每个环节都需要把稿件打印出来进行修改、上报、审核，环节上的时间耗费太多。为了提高效率，节省办公经费，在网络上设立公共稿件信箱，实现广播节目制作环节的信息共享，实现了广播新闻类节目无纸化采、编、播。

3. 做好3G技术在电视传输方面的应用。为了保障"市两会"、祭孔和"残运会"火炬接力等重大活动电视直播信号的安全，技术中心借来3G设备，以3G传输的电视信号作为备路，确保直播信号安全传回台里。

4. 积极寻求技术合作双赢。网络中心积极与联通公司合作，解决了宽带的带宽流量问题以及一些政策性困难，促进了网络技术的提升。

5. 因地制宜建立"宽窄合一"双向网络。网络公司从2010年开始对现有的非对称传输技术性能进行分析对比，最终选择"窄带猫"作为双向网络应用的一个方向。2011年网络公司大力开展"窄带猫"的双向网络改造。到九月份完成所有光站"窄带猫"设备的安装，形成城区"宽窄合一"的双向网络格局，有力的支持了"时移电视"等业务的开展。

六、做好技术培训工作，提高队伍水平

各部门都按年初制定学习培训计划严格对照实施，每个部门都按计划进行技术人员集中技术培训，在周二例行维护时及时进行技术交流，邀请厂家来台授课，有效地提升了技术人员的整体技术水平。

各部门继续强化实战演练，下半年完成了四个不同播出岗位的技术练兵比武，并及时整改存在问题，促进了总台整体安全播出水平的提高。

通过鼓励技术人员敢于创新，勤学习，勤思考，勤动手，据统计，全年共获省级技术奖项15个。其中获广播、电视制作省技术质量奖一等奖1个，二等奖2个，三等奖4个。获省广播影视科技创新奖4个(含论文奖2个)。获省先进单位1个，省先进集体2个，省先进个人5个。

台州市文化广电新闻出版局

全力抓好广播电视安全播出工作

1. 认真做好重要保障期间安全播出工作。根据元旦、春节、全国和省"两会"、"五一"、"十一"等重要保障期间广播电视安全播出"零报告"工作要求，以及建党90周年"七一"重要保障期间、全国残运会期间广播电视安全播出工作特殊要求，及时对广播电视安全播出的有关文件和会议精神进行了部署安排，同时调整充实广播电视安全播出值班人员，落实专用手机，对重要情况及时做到上情下达下情上传工作，并认真做好值班记录。

2. 切实做好安全播出执法大检查工作。根据省广电局对全省广播电视安全播出执法大检查的工作要求，我们一方面对市本级安全播出协调领导小组、安全播出预案、会议记录等进行了充实、完善和整理归档。另一方面加大对县(市、区)台做好迎接检查的相关准备工作的指导力度，6月13日-15日我市广播电视安全播出工作顺利通过省里组织的执法检查验收。

经过不懈努力，我市全年没有发生广播电视安全播出事故。

丽水市文化广电新闻出版局

一、全力确保广播电视安全播出

1. 突出重要工作。2011 年的重大活动多、重要保障期长。全市广电系统未雨绸缪、精心部署，及时启动防范预案，利用市广电监测中心短信平台，将保障期的工作要求发给相关工作人员。严格实行"零报告"制度，确保安全播出情况上传下达，信息畅通。认真抓好细节工作，要求值机员在重要保障期对每个电话都进行录音，要求各级播出机构增加巡机次数和巡查范围。

2. 狠抓常态化工作。强化安全播出运行机制建设。继续完善安全播出例会制度，继续坚持逢会必讲制度；加大安全播出运行设施的投入，对重要设施要备份，对明显老化的设施要予以更换；举行了全市性的安全播出演练，不断加强成员单位的联动关系，进一步检验了广电队伍的应急处置能力，同时也查找了安全播出中存在的薄弱环节和安全隐患。

二、加快广电有线网络数字化发展

全市积极推进农村有线电视数字化，提前一个月完成了 2011 年整体转换任务。其中农村用户数达到 20.8 万户，整转率达到 86.7%；乡镇整转率达到 88%；乡镇双向化改造率达到 83%。使全市有线数字电视用户已达 40.7 万户，整转率达到了 90%。主要工作有：一是善抓机遇，趁势而上。二是网改为先，夯实基础。三是加强领导，合力推进。四是扩大宣传，加强服务。

三、积极推进广电有线网络"一省一网"整合

1. 组织动员。2011 年 9 月，召开了全市广播电视有线网络整合工作研讨会，会议学习省委、省政府有关加快广播电视有线网络"一省一网"整合发展有关文件；研究讨论制定丽水市贯彻落实省委、省政府文件精神的指导意见。

2. 落实措施。2011 年 12 月，市政府召开第 100 次常务会议，市长王永康主持会议。会议审议通过了《丽水市贯彻落实省委省政府有线网络"一省一网"整合发展工作的实施方案》。

丽水市广播电视台

一、"新农村广播"(88.3MHz)频率技术系统建设

2011 年 8 月广电总局批复同意开办"新农村广播"频率。技术部门在 4 个月时间内完成了技术方案制定、设备招标采购及系统安装调试工作，新建了第三套广播直播室及广播总控、音频工作站等系统扩充。

二、调频广播远程监测系统开发

以陈水生总工程师为核心的技术研发小组经过一年多时间的不断研发实践，自行开发出一套基于 GPS/GSM 物联网技术的 FM 广播覆盖网络终端监测系统，该系统可远程检测各发射网点无线播出信号的载频音频及节目内容，具有检测方便、功能全面、布点快捷、开放性强、可靠性高等优点。系统设备进行了小批量生产试用。

三、电视节目制作和播出系统升级改造

2011 年初建成支持高清采集、制作的新闻综合频道新闻采编系统。对新闻节目交流传输系统进行设备更新，采用光缆传输和 FTP 相结合方式，以视频流方式接入本台非编网。结合全省安全播出执法大检查活动，对制播系统、供电及机房环境保障、技术工作流程等进行了全面检查梳理，在技术系统和管理细节上进行了优化。

四、陈寮山发射台技术设施改造

为保障陈寮山发射台无线覆盖工作的长期稳定可靠，每年按计划对发射设备及基础保障设施进行分批分期改造。2011 年，完成了对陈寮山发射台 102.8MHz 频率广播发射机及天馈系统的升级改造，提升了"浙江之声"广播在丽水的覆盖效果。新装一台 100KW 发电机组，对自供电系统及其配电系统进行优化改造。

舟山市文化广电新闻出版局

一、岱山县广播电视台

全面启动硬盘播出系统改造工程。总投入 100 多万元，采用当前最流行、应用最广泛的视频格式，具有压缩率高、质量好、存储空间大等特点，同时还具有编排快捷、系统稳定、兼容性佳、节目统计和管理方便等诸多优点。

二、嵊泗县广播电视台

完成广播电视播出机房远程网络监控管理系统建设。累计投入 45 万元,对机房实行严格的门禁控制(有权限用户才能出入机房)。机房内部实现全面视频监控，对影响设备运行稳定性的参数进行实时动态监测，并实现自我故障诊断，同时通过语音电话、短信、大屏声光报警等多种报警方式实时通知值班人员。新购置三台松下 AG-HPX2100MC 数字摄录机,一台松下 AG-HPX500MC 数字摄录机,以提升新闻节目的图像质量。

投资 500 多万元完成泗礁本岛 1.6 万户用户有线数字电视整转，投资 300 多万元完成枸杞乡 0.25 万户用户网络双向化改造；累计铺设管道 11.7 公里,光缆 13 公里,线路 3.5 公里,安装窨井 315 个。

舟山市广播电视台

按照国家广电总局《广播电视安全播出管理规定》及相关实施细则的要求,加大对广播电视安全播出的管理力度,提升安全播出和技术保障能力。6 月份,会同公安、无委等部门联合开展反插播演练,完善联络协调机制和各项应急预案。积极开展安全播出演练和相关技术培训活动,增强指挥调度、常规保障和应急反应能力。充分发挥自身优势,在广播、电视、报纸等媒体大力宣传广播电视设施保护条例及相关法律法规,切实达到群防群治的效果。以省广电局开展的安全播出大检查为契机，在全台范围内开展涉及安全播出相关内容自查工作，不断完善应急预案,及时改进存在的问题,实现了全年广播电视安全播出无事故。

5 月,投入 20 多万元对非线性编辑制作网络系统的中央共享存储系统进行扩容，采用国际通用的 RAID 技术,在原 7.2T 共享硬盘阵列中增加 4.5T 存储容量。利用现有设备,搭建了基于 CPU+GPU+I/O 卡技术，以及千兆以太网传输 / 存储架构的广告非线性编辑制作网络系统。6 月,投入近 100 万元对电视转播车进行升级改造,更换了切换、同步和通话等设备。更新改造定海区双桥镇至 6945 发射台的光缆线路，实现传输光缆由原 4 芯多模更新为 12 芯单模,扩大信号传送的容量和安全保障能力。8 月,投入 100 多万元购置一批松下 P2 格式的摄录设备,为新购的一台高清摄录设备配套购置了高清镜头和高清监视器。9 月,投资 150 多万元建成电视新闻直播车及信号回传覆盖网络，并利用电视新闻直播车成功进行了 2011 年冬汛开捕现场直播,开启了电视新闻户外直播的先河。12 月,更新改造了广播城市之声播出直播调音台,同时改造录制设备,提高广播节目播出质量。

18. 评 奖

PINGJIANG

全国性评奖

第二十一届中国新闻奖获奖作品目录(浙江省广电系统)

一等奖

1. 广播评论:善待民工才能够缓解民工荒

作者(主创人员):袁奇翔 王掌 甘洋

编辑:李方存

刊播单位:浙江广电集团

2. 国际传播:来吧,来吧(电视专题)

作者(主创人员):周世祖 周洋文 欧阳忠

编辑:谢宇航

刊播单位:宁波电视台

二等奖

1.电视专题:傲慢的丰田向浙江车主低头

作者(主创人员):金兰 杜晓晶 苏俊

编辑:翁晓华

刊播单位:杭州电视台

2. 电视系列:6000亿温州民资投向调查

作者(主创人员):王米娜 陈巍峰 金 彪 陶兆龙 马福忠 黄利伟

编辑:陈 斌

刊播单位:浙江电视台

三等奖

1.广播专题:军人的担当——记舟山警备区大学生军官纪晓飞

作者(主创人员):甘 洋

编辑:陈吾升

刊播单位:浙江广电集团

2. 国际传播:瞧!这两口子(电视专题)

作者(主创人员):集体 编辑:(空)

刊播单位:浙江广电集团

2009—2010年度中国广播影视大奖获奖作品目录(浙江省)

广播消息

我眼中的中国军队(杭州人民广播电台)

广播评论

善待民工才能够缓解民工荒(浙江广电集团)

广播对外广播节目

她用照片唤起人们的爱心(嘉兴广播电视台)

广播文学节目

致最后的七月(宁波人民广播电台)

电视评论

救人后"求表扬""炫善"行为应提倡(杭州电视台)

对外电视节目

来吧,来吧(宁波电视台 奉化广播电视中心)

2009—2010 年度中国广播影视大奖提名目录(浙江省)

广播消息

中小企业"贷款难",阿里巴巴马云痛批银行"嫌贫爱富"(浙江广电集团)

"世博老太"受到总理夸(诸暨广播电视台)

广播专题

我的心肝宝贝(宁波人民广播电台)

广播栏目

今日大热点(浙江广电集团)

广播音乐节目

草原知音(浙江广电集团)

广播综艺节目

就这样被你感动(宁波人民广播电台)

广播戏曲曲艺

藏戏寻踪(浙江广电集团)

广播剧

突然寒冷(杭州人民广播电台)

和你一起走(宁波人民广播电台)

电视消息

世博闭幕日:两只小茶碗 传递两岸世博情(浙江广电集团)

6000 亿温州民资投向调查(浙江广电集团)

电视评论

温州:望楼兴叹(温州广播电视台)

电视专题

傲慢的丰田向浙江车主低头(杭州电视台)

如此转移(宁波电视台)

电视现场直播

2010 直播钱塘潮(浙江广电集团)

对外电视节目

瞧!这两口子(浙江广电集团)

第二十二届"星光奖"获奖名单(浙江省)

电视文艺专题片大奖

西湖(浙江广播电视集团)

电视文学节目大奖

寻迹白云庄(宁波电视台)

少儿电视节目大奖

神州童庆——十二省市少儿春节晚会(浙江电视台少儿频道)

电视文艺栏目大奖

江南话语. 纪录(宁波电视台)

2010 年度电视节目技术质量奖(金帆奖)获奖结果(浙江省)

一、标准清晰度电视录制技术质量奖

1、新闻类

二等奖

午间新闻快报(浙江广播电视集团 蒋训娴、肖伟林咸尚、高冠雄)

三等奖

杭州新闻联播(杭州文化广播电视集团 陈卫东、陆子翔 周斌、史晓薇)

2、专题类

一等奖

西湖忆(浙江广播电视集团　蔡国炎、张莹　谢莹　张立庆)

二等奖

话说绍兴(绍兴广播电视总台　杜洪军、陈大可　吕春草　唐晓)

三等奖

山径人踪(宁波电视台　蒋波、王征新　蔡务兵　方侠)

3、综合文体类

二等奖

第六届全国德艺双馨电视艺术工作者庆典晚会《上》(嘉兴市广播电视集团　徐传荣、詹斌兴、杨志伟、胥旭尉　何国跃、林涛　邵建国、沈晓伟)

三等奖

越跳越美丽(浙江广播电视集团　郭亮、潘善伟、方颖、郭红华、赵荣华　宋稚波、韩明亮　吴小华)

二、高清晰度电视录制技术质量奖

1、专题类

三等奖

古筝版卡农(宁波电视台　黄培建 孔 焱 林雯瑾 翁晴霄　刘冬平　曾泽坤)

龙泉问瓷(浙江广播电视集团　吕小田　潘晓红　潘永盈　鲁 俊 谢韦华　张康敏)

西溪的诱惑(杭州文化广播电视集团　罗 蓉 黄琼 陈 昕 李振波)

2、电视剧类

三等奖

盘夫索夫(浙江广播电视集团　冯亦农 周 煜　孙秋海 焦 华 陈健森　潘志强)

三、视频图形制作技术质量奖

1、片头类

一等奖

荡胸生层云(宁波电视台　吴颖丹 吴晓漪 刘冬平)

二等奖

城庆片头(绍兴广播电视总台　吕春草 杜洪军　陈大可 唐 晓)

奇乐一家(湖州广播电视台　于晓敏 张银林 叶帆)

三等奖

世博零距离(浙江广播电视集团　李元炜 潘辰雨 胡 乔)

2、动画片类

三等奖

天降宝石(浙江广播电视集团　陶 红 金 益　杨 奕 蔡 慧)

小龙阿布(杭州汉唐影视动漫有限公司　何清超　叶 萌 管 熠 刘 伟)

攀登(宁波电视台　谢辉珍　马旭文　增泽坤　刘冬平)

四、播出技术质量奖

二等奖

祝 青 陈灵生 丁 景 杨 斌 励森源 叶 广　徐 玲 余淡宁 邵 宇 余浙川 温林鸿 陈师亮(浙江广播电视集团)

三等奖

黄培建 王忠良 方荣尧 朱红天 贝红兵 齐宁哲 吴石松 吴晨海 戴宏斌 陈荣海 乐文燕 傅飞峰(宁波电视台)

五、金帆综合大奖

蔡国炎 袁克京 张康敏 夏大强 胡键巧 吕小田 陶 红 陈师亮 潘永杰 孔德平(浙江广播电视集团)

2010 年度广播节目技术质量奖(金鹿奖)获奖结果(浙江省)

一、录制技术质量奖

音乐类

二等奖

民乐合奏《达博河随想曲》(浙江广播电视集团　刘心睿、莫若铭、郑侃)

花梆子(浙江广播电视集团　胡一民、张医杭、朱捷)

戏曲类

一等奖

越剧梁祝选段《一碗水》(浙江广播电视集团　胡一民、张医杭、汪丽芳)

二等奖

越剧选段《草桥结拜》(浙江广播电视集团　胡一民、朱捷、郑斌)

三等奖

越剧《海明珠》选段(湖州广播电视总台　黄俞成、宋德荣、冯江)

西湖山水还依旧(慈溪市广播电视台　张登尔、潘科平、朱红吉)

环绕声类

二等奖

开渔锣鼓(浙江广播电视集团　莫若铭、朱捷、张医杭)

三等奖

杜绝酒后驾车(浙江广播电视集团　莫若铭、郑侃、郑斌)

语言类

二等奖

风花雪月话西溪(浙江广播电视集团　葛朝清、刘心睿、郑侃)

中国大运河(慈溪市广播电视台　张登尔、孙高锋)

春江水,古今富阳(浙江广播电视集团　王强、莫若铭、郑侃)

片花广告类

二等奖

低碳生活(浙江广播电视集团　郑侃、郑斌)

三等奖

团队的声音(台州广播电视总台　刘敏燕、章建伟、蒋爱华)

开心接力棒(浙江广播电视集团　莫若铭、汪丽芳　三等奖)

二、播出技术质量奖

三等奖

宁波人民广播电台第一套节目(宁波人民广播电台　孙刚鸿、姚培红、丁小敏、忻震、黄准、赵勇)

三、金鹿综合大奖

浙江广播电视集团(许国法、葛朝清、王强、张医杭、邱琳、仇玉萍、汪丽芳、朱捷)

2010年度全国广播电视技术维护先进台站(集体)、先进个人名单(浙江省)

先进台站(集体)

中心类

二等奖

浙江宁波电视台技术管理中心

浙江金华市广播电视台技术中心

浙江杭州市萧山广播电视台播出部

传输类

二等奖

浙江广联有线电视传输中心

先进个人

中心类

二等奖

汪丽芳(浙江广播电视集团广播制播中心)

三等奖

严进生(浙江衢州市广播电视台技术中心灯光音响部)

传输类

二等奖

林哲彦(浙江永嘉县广播电视台网络技术中心)

三等奖

池胜华(浙江省嘉兴华数电视通信有限公司安装维护部)

发射类

二等奖

徐肖敏(浙江省温州第一广播转播台)

综合管理类

三等奖

王 健(浙江丽水市广播电视监测中心)

浙江省评奖

2010年度浙江省广播电视新闻奖获奖作品目录

一、广播部分

(一)短消息

一等奖

1. 世博老太受到总理夸(诸暨市广播电视台)

二等奖

1. 温州市股权营运中心今天成立,六千亿温州民资有了全新投资渠道(浙江之声)

2. 两岸警方联手破获全国电信诈骗第一大案(宁波电台)

三等奖

1. 温州成立全国首家民间资本投资服务中心(温州市广播电视台)

2. 嘉兴新华书店小连锁织起大网络(嘉兴市广播电视台)

3. 义乌商人关注英国王室婚礼 时事营销成外贸企业杀手锏(金华市广播电视台)

4. 江郎山申遗成功,浙江省世界自然遗产实现零突破(江山市广播电视台)

5. 风雨无情人有情 60多辆汽车被困途中遂昌交警雪中送炭(遂昌县广播电视台)

(二)长消息

一等奖

1. 吕祖善省长看望台湾大陈村的浙江乡亲(浙江之声)

2. 以人为本谋发展,荒废了五年的东阳市画水竹溪工业园区今天重新开园(浙江之声)

3. 油贼穷凶极恶 警察退避三舍(浙江电台交通之声)

4. 温州民企老板飞赴坎昆说“碳汇”(温州市广播电视台)

5.丽水32万本信用证医治农村“金融贫血”(丽水市广播电视台)

二等奖

1. 谁说鸡蛋不能碰石头?大学生花140元轻松赢下世界500强(浙江电台城市之声)

2. 国内首个建在垃圾场上的生态公园今天在杭开园(杭州电台)

3. 嘉兴企业无偿排污历史全面终结 初始排污收费倒逼企业减排(嘉兴市广播电视台)

4. 海宁两项2亿元重点工程未获人大常委会通过(海宁市广播电视台)

5. 转型升级促长兴蓄电池产业涅□(湖州市、长兴县广播电视台)

6. 何亮真“亮”(绍兴市广播电视台)

7. 全国人大常委会采纳了张剑星的建议,删除了“灰色收入”这句话(江山市广播电视台)

8. 山洪无情人有情开化党员干部连夜组织转移群众无一伤亡(开化县广播电视台)

9. “卖炭翁”异国传技破解非洲国家环保难题(丽水市广播电视台)

10.四小时生命救援(景宁县广播电视台)

三等奖

1. 浙江试水未上市公司股份转让(浙江电台经济频道)

2. 萧山五万亩虾塘成菜地(萧山区广播电视台)

3. 杭州汽车南站黄牛猖獗,多个部门推诿扯皮(杭州电台)

4. 中国汉麻研发及其产业化居国际领先地位(宁波电台)

5. 北仑“节能保姆”助推企业节能减排(北仑区广播电视台)

6. “红色 CEO”在温州民企走马上任(温州市广播电视台)

7. 嘉兴开启城市拆迁阳光工程,九成住户同意才能拆迁(嘉兴市广播电视台)

8. 长兴点燃浙江节能减排攻坚第一爆(长兴县广播电视台)

9. 安吉获中国人居环境奖,开全国县级先河(安吉县广播电视台)

10. 杭坪:村里财务公开唱账 能否报销村民拍板(浦江县广播电视台)

11. 吉利成功迎娶沃尔沃,中国汽车行业最重大的海外收购尘埃落定(台州市广播电视台)

12. 垦荒精神永流传——习近平副主席给大陈岛老垦荒队员回信(台州市广播电视台)

13. 温岭实施“参与式预算”监督 两亿元预算及时调整(温岭市广播电视台)

14. 衢州农村教师首次跻身“名师”(衢州市广播电视台)

15. 中印商务合作峰会召开 001 企业随总理觅商机(龙游县广播电视台)

16. 衢江:咆哮洪水凌晨来袭三百村民无一伤亡(衢江区广播电视台)

17. 东福山岛风光、柴油发电及海水淡化综合系统工程举行开工仪式(舟山市广播电视台)

(三)连续(系列)报道

一等奖

1. 台州房票事件追踪(浙江之声)

2. 西南抗旱特别报道——西南的渴望(杭州电台)

二等奖

1. “世博浙江风”系列报道(浙江之声)

2. 情系西南灾区系列报道(浙江之声)

3. 撞车撞出了癌细胞(浙江电台交通之声)

4. 增绿计划掺水分,“还绿于民”是否在作秀?(温州市广播电视台)

三等奖

1. 分享美好,传递快乐——第六届世界合唱比赛系列报道(浙江电台音乐调频)

2. 低碳世博 余杭在行动(余杭区广播电视台)

3. 创有标准 争有目标 干有载体(嘉兴市广播电视台)

4. 工人被困海底 各方紧急营救(平湖市广播电视台)

5. 转型升级看台州——“后金融危机”下的台州应对(台州市广播电视台)

6. 黄衢南高速公路惊现大坑(衢州市广播电视台)

7. 街边菜店何去何从(舟山市广播电视台)

8. 欧债危机下的侨乡青田(青田县广播电视台)

(四)新闻访谈节目

一等奖

1. 支教女孩造桥梦(宁波电台)

二等奖

1. 我也上大学(湖州市广播电视台)

2. 辟一方诗的净土(绍兴市广播电视台)

三等奖

1. “三花”开在烂漫时(浙江电台经济频道)

2. 孩子,你要懂得担当(浙江电台城市之声)

3. 住建部新规能否遏制群租乱象?(杭州电台)

4. “绿眼睛”传奇(温州市广播电视台)

(五)新闻节目编排

一等奖

1. 浙广早新闻(12 月 16 日)(浙江之声)

二等奖

1. 89 早新闻(杭州电台)

三等奖

1. 新闻早报(11 月 22 日)(嘉兴市广播电视台)

2. 金广早新闻(金华市广播电视台)

(六)专题

一等奖

1. 杭州建业公寓非法拆迁调查(浙江之声)

2. 践踏人性尊严的“培训”(浙江电台音乐调频)

3. 民心(诸暨市广播电视台)

4. 四代世博情(丽水市广播电视台)

5. 中国美丽乡村建设的“湖州模式”(湖州市广播电视台)

二等奖

1. 放飞生命的理想(浙江之声)
2. 寻找夏日的感动(浙江电台经济频道)
3. 百年太炎(杭州电台)
4. 群星故事 群星梦(宁波电台)
5. 陈伍胜和他的洋官司(温州市广播电视台)
6. 嘉兴新居民通过议事制度有了更多的话语权(嘉兴市广播电视台)
7. 我给印度馆做穹顶(安吉县广播电视台)
8. 危情三小时(衢州市广播电视台)
9. 海岛生命守护者(舟山市广播电视台)
10. 奇迹背后的痛与行(金华市广播电视台)

三等奖

1. 淘宝村的故事(浙江之声)
2. 新能源汽车何时驶上快车道(杭州电台)
3. 山村"硬"书记周以国(余姚市广播电视台)
4. 营救(平湖市广播电视台)
5. 王金法的广播情结(湖州市广播电视台)
6. 朱琳玉——给你一个明亮的世界(德清县广播电视台)
7. 快乐老人唱响世合(绍兴市广播电视台)
8. 义乌"非转农":"鲤鱼"为何跳回农门(金华市广播电视台)
9. 梅开自有芬芳来—记音乐教育工作者钱梅洁(台州市广播电视台)
10. 花鸟岛"双拥"行(舟山市广播电视台)
11. 海边人家"蓝土地"保护进行时(舟山市广播电视台)
12. 山沟沟凤凰载誉归来(临安市广播电视台)
13. 小洋洋终于回家了(杭州电台)
14. 为了孩子的微笑—记"世界温州人微笑联盟"(温州市广播电视台)
15. 廿八都的活字典(衢州市广播电视台)

(七)评论

一等奖

1. 以人为本,善待民工,才能够缓解民工荒(浙江之声)

二等奖

2. 张小泉厂房被强拆,城市改造和工业遗产为何无法共存?(杭州电台)
3. 夏日冰雕节的社会责任何在(宁波电台)
4. 谁在炒作"温州人"?(温州市广播电视台)
5.记者述评:和谐拆迁之道(嘉兴市广播电视台)
6. 警惕"房产热"带来的制造业"空心化"(湖州市广播电视台)
7. 减排不仅仅是为了承诺(绍兴市广播电视台)

三等奖

1. 值得反思的丰田召回事件(浙江电台交通之声)
2. 7500万卖出,3亿元买进,余杭巨资回购乡镇卫生院给医改带来的启示(杭州电台)
3. 为"富二代"走向"创二代"叫好(慈溪市广播电视台)
4. 排堵,还是添堵(宁波电台)
5. 通领"五连胜"背后的启示(乐清市广播电视台)
6. 岗位特招还是"萝卜招聘"(上虞市广播电视台)
7. 无法统计的碳排量谁来买单(永康市广播电视台)
8. 恩将仇报引发的道德思考(温岭市广播电视台)
9. 全国首例QQ相约自杀案判决——敲响网络媒体社会责任的警钟(丽水市广播电视台)

(八)新闻现场直播

一等奖

1. 迈向高铁时代 飞跃沪嘉杭——沪杭城际高铁开通首日特别直播(浙江电台交通之声 嘉兴市广播电视台)

二等奖

1. 沪杭高铁开通首日现场直播——沪杭纵贯线(杭州电台)

三等奖

1. 相约世博三城记(宁波电台)
2. 风雪同路 有你真好——交通97温暖风雪中特别直播节目(舟山市广播电视台)

(八)新闻专栏

一等奖

1. 今日大热点(浙江之声)

2. 新宁波人(宁波电台)

二、电视部分

(一)短消息

一等奖

1. 世博闭幕日:两只小茶碗 传递两岸世博情(浙江卫视)

2. 听证会上的题外话(杭州电视台)

3. "互学互比" 现场直播:书记辣评部门工作(温州市广播电视台)

二等奖

1. 肇事工程车所在单位今天受表扬?!(浙江电视台经济频道)

2. 村民的贺礼(海宁市广播电视台)

3.告别青川的时刻(台州市广播电视台)

4. 金石印像亮相上海世博会潘基文获赠首枚印章(青田县广播电视台)

三等奖

1. 富阳发出《富春山居图》真迹合璧展出邀约(富阳市广播电视台)

2. 代表点"单" 政府做"菜" 实事工程票决制全面推开(宁海县广播电视台)

3. 众"侠"巷战擒"刀匪"温州奏响正气歌(温州市广播电视台)

4. 高铁转体桥合在创下三项世界纪录(嘉善县广播电视台)

5. 外商瞄准商机,专卖义乌指数(义乌市广播电视台)

8.别具一格的中美科普连线(台州市广播电视台椒江广电中心)

9."网上创业园"开启学生创业之门(龙游县广播电视台)

10. 机关运动会 满场名牌飞(舟山市广播电视台)

11. "平安旗"漂洋过海传递平安理念(岱山县广播电视台)

(二)长消息

一等奖

1. 掘金世界杯,收获各不同(宁波电视台)

2. 安吉获中国人居环境奖,开全国县级先河(安吉县广播电视台)

二等奖

1. 瑞安:夏粮收购"询价"制度首次让农民有了发言权(瑞安市广播电视台)

2. 78 小时生死营救(嘉兴市广播电视台 平湖市广播电视台)

3. 富春山居图 湖丝再续世博缘(湖州市广播电视台)

4. 女商人战火中救助上千同胞(绍兴市广播电视台)

5. 诸暨 200 多企业抱团治污(诸暨市广播电视台)

6. 吉利成功收购沃尔沃(台州市广播电视台)

7. 温岭参与式监督不搞花架子 近两亿元预算及时调整(温岭市广播电视台)

8. 江郎山申遗成功 实现浙江"零"突破(衢州市广播电视台)

9. 全省首例 DNA 盲比让被拐女孩找到亲人(舟山市广播电视台)

三等奖

1. 永通公司的两本账(浙江卫视)

2. 中考跳绳:"高质量""高科技" 背后还有 "高价格"(杭州电视台)

3. 鄞州捐资七千万成立全国首个县级碳基金(鄞州区广播电视台)

4. 温州民企在全国选聘"红色 CEO"(温州市广播电视台)

5. 中国民企首次告赢美国政府机构(乐清市广播电视台)

6. 九成住户点了头 阳光拆迁今启动(嘉兴市广播电视台)

7. 关停亿元企业 亡羊补牢犹未晚(桐乡市广播电视台)

8. 安泰员工世博园里叠人塔促进中西文化交流(德清县广播电视台)

9. 长兴点燃浙江节能减排第一爆(长兴县广播电视台)

10. 全国售粮模范田头收徒(绍兴县广播电视台)

11. 杭坪:村里财务公开唱账 能否报销村民拍板(浦江县广播电视台)

12. 衢州:念好节能降耗"四字经"(衢州市广播电视台)

13. 如此执法该不该(常山县广播电视台)

14. 驾驶证记满 12 分 订报竟能"抵"培训(舟山

市广播电视台）

15. 瓯江上游松阳发现“国鸭”大团圆（丽水市广播电视台）

16. 我县农民花钱到福建邻村“买垃圾”（遂昌县广播电视台）

（三）连续（系列）报道

一等奖

1. 6000亿温州民资投向调查（浙江卫视）
2. 《五洲四海看浙江》系列报道（浙江卫视）
3. 管不住的排污口（宁波电视台）
4. 市校合作 花开美丽乡村（湖州市广播电视台）

二等奖

1. 台州房票调查（浙江电视台钱江都市频道）
2. 存款在银行变成保单的过程（浙江电视台民生休闲频道）
3. 让人费解的高速计费方式（杭州电视台）
4. 神秘电话曝出“潜规则”三菱4S店身陷“维修门”（温州市广播电视台）
5. 被绳索拴住的童年（海宁市广播电视台）
6. 钟杏菊：三十五载守小岛 一片丹心映碧海（舟山市广播电视台 嵊泗县广播电视台）

三等奖

1. 云南旱区转移就业1+1帮忙特别行动（浙江电视台钱江都市频道）
2. 跨过鸭绿江（浙江电视台教育科技频道）
3. 世博助推杭州企业转型升级（杭州电视台）
4. 跨越国界的爱心（宁波电视台）
5. “新农合”为何惠农难？（温州市广播电视台）
6. 《推进生态文明》系列报道（德清县广播电视台）
7. 民工子弟，被“另类”的学生（绍兴市广播电视台）
8. 低碳之路 系列报道（永康市广播电视台）
9. 天台五姐弟溺水身亡（台州市广播电视台 天台县广播电视台）
10. 今日马公（衢州市广播电视台）

（四）新闻访谈节目

一等奖

1. 不能输的官司——对话中美知识产权官司华企获胜第一人陈伍胜（温州市广播电视台）

二等奖

1. 陈叶：“最美”公交车司机（宁波电视台）
2. 我在田间上大学（湖州市广播电视台）

三等奖

1. 拍卖慈善午餐 作秀还是慈善（浙江卫视）
2. 警界保尔孙炎明（金华市广播电视台）

（五）新闻节目编排

一等奖

1. 1818黄金眼（10月27日）（浙江电视台民生休闲频道）

二等奖

1. 浙江新闻联播（8月31日）（浙江卫视）

三等奖

1. 看看看（宁波电视台）
2. 温州零距离（5月20日）（温州市广播电视台）
3. 嘉兴新闻（4月15日）（嘉兴市广播电视台）

（六）新闻专题

一等奖

1. 东风行（浙江广电集团总编室）
2. 傲慢的丰田向浙江车主低头（杭州电视台）
3. 如此转移（宁波电视台）
4. 绍兴，一座名城的2500年（绍兴市广播电视台）

二等奖

1. 新高尔夫球场之惑：耕地变身高尔夫球场？（浙江电视台钱江都市频道）
2. 造桥女孩严意娜（鄞州区广播电视台）
3. 农民工范声家（平湖市广播电视台）
4. 世博“竹元素”，彰显低碳智慧（安吉县广播电视台）
5. 龙潭溪承包之后（金华市广播电视台）
6. 杨曙忠醉酒案庭审特别报道（台州市广播电视台）
7. 东极的经度纬度（普陀区广播电视台）
8. 宝溪龙窑（丽水市广播电视台）

三等奖

1. 民企传化集团构建和谐劳动关系:我的企业我的家(萧山区广播电视台)

2. 陈行忠返农再创业(宁波电视台)

3. “黑水河”追踪(北仑区广播电视台)

4. 难舍难分(温州市广播电视台)

5. 不信东风唤不回(温州市广播电视台)

6. 南梅“蝶变”记(嘉兴市广播电视台)

7. 生命阳光(绍兴市广播电视台)

8. 医化企业 你的承诺在哪里(台州市广播电视台)

9. 江郎山:圆梦“世遗”(衢州区广播电视台)

10. 点废成金(丽水市广播电视台)

11. 青田元素闪亮世博(青田县广播电视台)

12. 飞翔的天堂(杭州电视台)

13. 中国斗牛士(嘉兴市广播电视台)

14. 乡村歌者陈宏君(江山市广播电视台)

(七)评论

一等奖

1. 救人后“求表扬” “炫善”行为应提倡(杭州电视台)

二等奖

1. 一场由“羊羔体”引发的网络狂欢(浙江卫视)

2. 立面整治后遗症引发的思考(浙江电视台教育科技频道)

3. 黄金航道缘何变成危险航道(宁波电视台)

4. 建了菜园子 莫忘菜摊子(嘉兴市广播电视台)

5. 警惕房产热带来的制造业“空心”化(湖州市广播电视台)

6. 和台州房票一起浮出水面的还有什么(台州市广播电视台)

三等奖

1. “富”士才能康—民企加薪热中的浙江样本(浙江卫视)

2. 200 套住房 4000 人抢,杭州楼市还能疯狂多久(浙江电视台经济频道)

3. 蚕茧热销中冷思考(桐庐县广播电视台)

4. 侠肝义胆 无畏温州(温州市广播电视台)

5. 鲁迅作品该不该大撤退(绍兴市广播电视台)

6. 是是非非“非转农”(金华市广播电视台)

7. 村民自治也需监管(舟山市广播电视台)

8. 饮用水“被安全” 农民很受伤(丽水市广播电视台)

(八)新闻现场直播

一等奖

1. 直击中国速度 飞驰沪杭间(杭州电视台)

二等奖

1. 2010 直播钱江潮(浙江卫视)

(九)新闻专栏

一等奖

1. 九点半(浙江电视台钱江都市频道)

2. 新闻深呼吸(浙江电视台经济频道)

3. 大民讨说法(台州市广播电视台)

三、纪录片部分

(一)短纪录片

一等奖

1. 世博老太(诸暨市广播电视台)

2. 刘部长应征记(温州市广播电视台)

二等奖

1.《富春山居图》合璧(浙江电视台经济频道)

2. 公民楼伯余(长兴县广播电视台)

3. 心路(金华市广播电视台)

三等奖

1. 烽烟滚滚唱英雄——纪念抗美援朝 60 周年(浙江电视台教育科技频道)

2. 最后的渔船(镇海区广播电视台)

(二)长纪录片

一等奖

1. 爱的阳光(余姚市广播电视台)

二等奖

1.《世博零距离》——英国篇(浙江卫视)

2. 民工博客(宁波电视台)

3. 城里的月光(嘉兴市广播电视台)

4. 望故乡(义乌市广播电视台 金华市广播电视台)

三等奖

1. 义工“上岛”(萧山区广播电视台)
2. 童老师和他的留守儿童(淳安县广播电视台)
3. 票!(温州市广播电视台)
4. 在朝鲜的日子(平阳县广播电视台)
5. 书法痴人——农民王根木(衢州市广播电视台)
6. 吕泗洋记忆(舟山市广播电视台)
7. 世博情缘(丽水市广播电视台)

(三)系列片

一等奖

1. 西湖(浙江卫视)

二等奖

1. 台湾义勇队(浙江电视台钱江都市频道)

四、对外传播部分

(一)广播部分

一等奖

1. 民工诗人的精神世界(浙江广电集团)
2. 她用照片唤起人们的爱心(嘉兴广播电视台)

二等奖

1. 乘着歌声的翅膀(浙江广电集团)
2. 高立和马里奥的宁波情结(宁波电台)
3. 温州人的碳汇基金(温州广播电视台)
4. 中国世博第一人——陈琪的故事(丽水广播电视台)

三等奖

1. “天能”的环保机遇(浙江广电集团)
2. “气象保姆”助农民增产增收(宁波电台)
3. 上海世博特别节目《精彩世博 魅力温州》(温州市广播电视台)
4. 大山深处的坚守(安吉县广播电视台)
5. 一个残疾人的世博会(东阳市广播电视台)
6. 金华一对银婚夫妻的四百封情书记录人生的温暖往事(金华市广播电视台)
7. 盲人作家吴百孙的世博梦(黄岩区广播电视台)
8. 古村戏韵(丽水市广播电视台)

(二)电视部分

一等奖

1. 《华人天地》特别报道:浙商创业在巴黎(浙江广电集团)
2. 来吧,来吧(宁波电视台)
3. 瞧!这两口子(浙江广电集团)

二等奖

1. 热舞全城(浙江广电集团)
2. 老外看杭州系列节目——贞娜乡村游(杭州电视台综合频道)
3. 威玛的夏天(宁波电视台)
4. 三十集大型系列片《守望非遗》(温州市广播电视台)
5. 瓦伦卡的畲族婚礼(丽水市广播电视台)

三等奖

1. 东极岛的经度(浙江广电集团)
2. 水下水上我的家(淳安县广播电视台 辽宁电视台合作)
3. 朱舜水(余姚市广播电视台)
4. 韩国主妇的嘉兴生活(嘉兴市广播电视台)
5. 中国心(上虞市广播电视台)
6. 十年老屋情(黄岩区广播电视台)
7. 山路(永康市广播电视台)
8. 跨越(舟山市广播电视台)

五、内参部分

(一)文字内参

一等奖

1. 电视相亲节目应坚持正确的价值取向和引导方向(省广电节目评议审查中心)
2. 警惕村官暴富(萧山区广播电视台)
3. 我市大中专毕业生户口“非转农”问题亟待解决(温州市广播电视台)

二等奖

1. 影视企业何以从小打小闹发展成规模化群体(省广电局)
2. 温州农村“飞过海”党员现象值得引起注意(浙江之声)
3. 外来民工子女“挤爆”我市中小学深度剖析(永康市广播电视台)

三等奖

1. 连续下滑的嘉兴蚕桑业亟待政府扶持(浙江之声)

2. 异地安置的退休工人福利待遇问题亟待引起政府重视(杭州电台)

3. 亟需加快安吉竹产业转型升级步伐(安吉县广播电视台)

4. 高利贷伴随地下赌博业致暴力犯罪后果堪忧(衢州市广播电视台)

5. 正规公司被迫非法经营,我市岛际危险品运输市场急需规范(舟山市广播电视报)

(二)影像内参

一等奖

1. 非法教堂“进驻”居民楼引发的思考(乐清市广播电视台)

二等奖

1. 同一学校四年内四位学生患白血病(浙江电视台教育科技频道)

2. 废矿变成“火焰山”村民渴望“芭蕉扇”(庐县广播电视台)

3. 爱心捐助无人监督(慈善家千万元善款不敢捐丽水市广播电视台)

三等奖

1. 针织业转型热中的冷思考(象山县广播电视台)

2. 刑侦队长沦为死囚的警示(温州市广播电视台)

3. 保护“瓷之源”遏制盗墓刻不容缓(德清县广播电视台)

4. 警惕“非转农”群体成为“群访热点”(金华市广播电视台)

5. “免费放行令”颁布一年难落地(台州市广播电视台)

六、青少节目

(一)广播部分

专题

一等奖

1. 阳光女孩吴宛谕(浙江之声)

二等奖

1. 怀着爱心去云南(杭州电台)

2. 快乐世博 梦想未来(奉化市广播电视台)

3. 海岛少年的非遗传承(舟山市广播电视台)

三等奖

1. 收获耦耕园(桐乡市广播电视台)

2. 开化15岁男孩带着瘫痪母亲求学(开化县广播电视台)

综艺

一等奖

1. 上阵父子兵(宁波电台)

二等奖

1. 我们给地球过生日(绍兴市广播电视台)

2. 动物治病记(安吉县广播电视台)

三等奖

1. 奥囡囡逛世博(浙江之声)

栏目

一等奖

1. 花儿朵朵(温州市广播电视台)

二等奖

1. 太阳花(萧山区广播电视台)

2. 星星乐园(丽水市广播电视台)

三等奖

1. 小星星乐园——在世界宽容日(宁波电台)

2. 七彩童年——我是节水小达人(嘉兴市广播电视台)

3. 太阳部落(兰溪市广播电视台)

4. 校园风(衢州市广播电视台)

(二)电视部分

专题

一等奖

1. 翰墨传承(浙江电视台少儿频道)

2. 放手——2010母子夏令营纪实(宁波电视台)

二等奖

1. 爱上小生—小戏迷曾希琰(温州市广播电视台)

三等奖

1. 故事大王是怎样练成的(余杭区广播电视台)

2. 葡萄熟了(长兴县广播电视台)

综艺

一等奖

1. 十佳阳光少年颁奖晚会 (杭州电视台少儿频道)

二等奖

1. “分享快乐 共同成长”——省庆祝“六一”文艺晚会(浙江电视台少儿频道)

2. “巧手迎世博”红黄蓝杯温州市首届儿童手工大赛(温州市广播电视台)

3. 绍兴市首届少儿春晚——虎娃闹春(绍兴市广播电视台)

三等奖

1. 快乐 + + + 之“爱家大作战”(宁波电视台)

2. 冰上旋风大行动 (海盐县广播电视台)

栏目

一等奖

1. 成长超动力(浙江电视台少儿频道)

二等奖

1. 小伢儿(杭州电视台少儿频道)

2. 快乐开卖了(宁波电视台)

3. 木娃娃虎年贺岁版(云和县广播电视台)

三等奖

1. 笋芽儿(安吉县广播电视台)

2. 校园零距离(金华市广播电视台)

3.《小孩那么大》——乐活走校园系列(衢州市广播电视台)

4. 七色光(黄岩区广播电视台)

七、报刊新闻与专稿部分

(一)消息

一等奖

1. 乍嘉苏高速坑洞连片(浙江交通旅游导报)

二等奖

1. 浙江卫视放弃 1500 万元打造“无污染”《西湖》引来观众追捧(浙江城市广播电视报社)

2. 义乌彻底打破城乡公交二元结构(浙江交通旅游导报社)

三等奖(空缺)

(二)通讯

一等奖

1. 响彻乡村的“王金法广播”(湖州市广播影视报社)

二等奖

1. 鹭舞白沙 蒹葭苍苍(浙江交通旅游导报社)

2. 创新——《温州零距离》的品牌精髓(温州市广播影视周报社)

三等奖

1. 风生水起的传媒江湖 6 频道崭露峥嵘头角(浙江城市广播电视报社)

2. 除夕前,他倒在保障春运第一线(浙江交通旅游导报社)

3. 360° 解密高铁 试乘体验独家报道(杭州市广播影视周报社)

4. 见证劫后余生的感动(嘉兴市广播电视报社)

5. 回家的路,返城的路——绍兴民工足迹的年关记录(绍兴市广播电视报社)

(三)专访

一等奖

1. 阳光下的天女——访谈杨澜(金华市广播电视报社)

二等奖

1. “姜女郎”周韵的幸福人生(宁波市广播电视报社)

2. 用动画讲述一个湖州世博故事(湖州市广播电视报社)

三等奖

1. 援建“设计师”——郑力平(丽水市广播电视报社)

（四）评论

一等奖

1. 明星言行失当理应道歉（衢州市广播电视报社）

二等奖（空缺）

三等奖

1. 吉利收购沃尔沃 有人欢喜有人忧（台州市广播电视报社）

2. 为非遗重塑新的生命力（舟山市广播电视报社）

八、品牌活动部分

1. 风云浙商（浙江电视台经济频道）
2. 文明出行（浙江电台交通之声）
3. 十大阳光少年评选（杭州电视台）
4. "宁波广播月"活动（宁波电台）
5. 民生社区行（温州市广播电视台）
6. 黄丝巾——温暖魔方（湖州市广播电视台）
7. "热点面对面"广播电视系列直播活动（海宁市广播电视台）
8. "冬日暖阳"活动（绍兴市广播电视台）
9. 中国网络音乐节（台州市广播电视台）

九、对农节目(栏目)

（一）广播部分

一等奖

1.《海楠说农村》（浙江之声）
2.《阿秀嫂的家常话》（嘉兴市广播电视台）
3.《农村大世界》（萧山区广播电视台）
4.《走进新农村》（平阳县广播电视台）

二等奖

1.《绿色淘金》（丽水市广播电视台）
2.《乡土乡音》（瑞安市广播电视台）
3.《水乡田野》（嘉善县广播电视台）
4.《山水玉环》（玉环县广播电视台）

三等奖

1.《晓萍跑农村》（新昌县广播电视台）
2.《农村新天地》（安吉县广播电视台）
3.《田园之声》（桐庐县广播电视台）
4.《走进新农村》（江山市广播电视台）
5.《兰溪新农村》（兰溪市广播电视台）

（二）电视部分

一等奖

1.《流动大舞台》（浙江电视台公共·新农村频道）
2.《农事新说》（湖州市广播电视台）
3.《吾乡吾土》（瑞安市广播电视台）
4.《走乡村》（长兴县广播电视台）

二等奖

1.《三农一线》（绍兴市广播电视台）
2.《田野》（宁波电视台）
3.《今日新农村》（海宁市广播电视台）
4.《走近新农村》（乐清市广播电视台）
5.《乡村道地》（诸暨市广播电视台）

三等奖

1.《乡土乡约》（永康市广播电视台）
2.《生态家园》（安吉县广播电视台）
3.《农民之友》（桐庐县广播电视台）
4.《九斤游乡村》（嵊州市广播电视台）
5.《金色田野》（平湖市广播电视台）

2010 年度浙江省广播电视文艺奖获奖作品目录

一、广播文艺部分

（一）音乐节目

一等奖

1. 草原知音（浙江电台音乐调频）

2. 半生浮世半生佛——聆听李叔同学堂乐歌·缅弘一大师 130 周年诞辰（宁波电台）

二等奖

1. 梦在继续（吉县广播电视台）

2. 海味音乐，那动人心弦的一抹蓝（舟山市广播电视台）

三等奖

1. 听你，听世界（杭州电台）
2. 南投原来那么美（丽水市广播电视台）

（二）文学节目

一等奖

1. 致最后的七月——七月派诗人孙钿诗中那些随风飞逝的往事（宁波电台）

二等奖

1. 沪杭铁路上的浪漫往事（杭州电台）

三等奖

1. 温暖曲朗多多（浙江电台城市之声）
2. 纪实文学《毋忘书》（温州市广播电视台）
3. 站在海边的蓝色背影——访诗人柯建军（台州市广播电视台）

（三）长篇连播

一等奖（空缺）

二等奖

1. 老屋（湖州市广播电视台）
2. 东风·雨（诸暨市广播电视台）

三等奖（空缺）

（四）原创歌曲

一等奖（空缺）

二等奖

1. 南湖红船南湖水（嘉兴市广播电视台）

三等奖

1. 江南最美是杭州（浙江电台音乐调频）
2. 有你同行（金华市广播电视台）
3. 玉树小伙伴别怕（衢州市广播电视台）
4. 心中的彩虹（台州市广播电视台）

（五）文艺栏目

一等奖

1. 魏勤私房乐（浙江电台音乐调频）

二等奖

1. 大铭的快乐时间（温州市广播电视台）

三等奖（空缺）

（六）综艺节目

一等奖

1. 一条大河——献给中国人民志愿军抗美援朝出国作战60周年（宁波电台）
2. 塘河情思（温州市广播电视台）

二等奖（空缺）

三等奖

1. 窑乡韵味（嘉善县广播电视台）

（七）戏曲、曲艺节目

一等奖

1. 藏戏寻踪（浙江电台音乐调频）

二等奖

1. 家乡戏——从“串客”进上海130周年甬剧演唱专场说起（宁波电台）
2. 戏曲杂谈：快意恩仇伍子胥（海宁市广播电视台）

三等奖

1. 戏曲天地（丽水市广播电视台）

二、广播剧部分

（一）单本剧·短剧

一等奖

1. 生死子夜（浙江之声）

二等奖

1. 悠悠寸草心（德清县广播电视台）
2. 家（平湖市广播电视台）

三等奖

1. 突破生命线（浙江电台城市之声）
2. 男妇女主任（北仑区广播电视台）

（二）连续剧

一等奖

1. 钱学森归国（杭州电台）
2. 《何小川和他的挂帘村》（台州市广播电视台）

二等奖

1. 西湖雪莲(浙江电台音乐调频)

三等奖

1. 四集广播剧《春江赤子情》(浙江电台经济频道 桐庐县广播电视台)

2. 红领(温州市广播电视台)

(三)儿童剧

一等奖

1. 和你一起走(宁波电台)

二等奖(空缺)

三等奖

1. 果果成长记(温州市广播电视台)

三、电视文艺部分

(一)文艺专题片

一等奖

1. 为了忘却的纪念——忆·柔石(宁波电视台)

二等奖

1.《吴昌硕》(上、下)(安吉县广播电视台)

三等奖

1. 朱舜水(余姚市广播电视台)

2.《舞台姐妹》(系列片)(嵊州市广播电视台)

3. 洁梅芬芳 燃尽一生(台州市广播电视台)

4. 古村戏韵(丽水市广播电视台)

(二)文学节目

一等奖

1. 岁月的年轮(宁波电视台)

二等奖(空缺)

三等奖(空缺)

(三)综艺节目

一等奖

1. “激情飞扬 山水同行”第五届观众节主题晚会(浙江卫视)

二等奖

1. 第六届世界合唱比赛开幕式(绍兴市广播电视台)

2. 风从海上来——庆祝舟山解放60周年大型文艺晚会(舟山市广播电视台)

三等奖

1. 金剑人物颁奖(杭州电视台)

2. 唱游浙江——谁是麦霸主持人挑战赛(缙云、萧山、奉化、嵊州、武义、嘉善广播电视台)

(四)音乐节目

一等奖

1. 离经叛道 谭盾!(浙江电视台影视娱乐频道)

二等奖(空缺)

三等奖

1. 渔家姑娘在海边(温州市广播电视台)

2. 逛新城(湖州市广播电视台)

(五)原创歌曲

一等奖

1. 总想走进你心中(浙江广电集团总编室)

二等奖

1. 温州家人(温州市广播电视台)

三等奖(空缺)

(六)电视歌舞

一等奖

1.《非同凡响》总决赛(浙江卫视)

二等奖

1. 跨湖桥传奇(萧山区广播电视台)

三等奖

1. 金华斗牛(金华市广播电视台)

(七)电视艺术片

一等奖(空缺)

二等奖

1. 嘉兴(嘉兴市广播电视台)

2. 美在衢州(衢州市广播电视台)

三等奖(空缺)

(八)娱乐节目

一等奖

1. 越跳越美丽(浙江卫视)

二等奖

1. 我是星主播(杭州电视台)

三等奖

1.《闹热打头冲》"国际聋人节"特别节目(温州市广播电视台)

(九)栏目

一等奖

1. 江南·人物传奇(浙江卫视)

2. 江南话语(宁波电视台)

二等奖(空缺)

三等奖(空缺)

四、制作艺术部分

(一)录音

一等奖

1. 天安门记忆(广播录音)(宁波电台)

二等奖

1. 渔鼓(广播录音)(浙江广电集团广播制播中心)

2. 麦霸英雄汇(浙江广电集团电视制播中心)

3. 钱学森归国(广播录音)(杭州电台)

三等奖

1. 兄弟(电视录音)(杭州电视台)

2. 外婆的睡前故事(广播录音)(温州市广播电视台)

3. 永不消失的电波(嘉善县广播电视台)

4. 辛亥奇侠传(海宁市广播电视台)

(二)灯光

一等奖

1. 麦霸英雄汇(浙江广电集团电视制作中心)

二等奖

1.《梦想启航》——温州广播电视传媒集团成立庆祝演出(温州市广播电视台)

2.中华情晚会文艺晚会(长兴县广播电视台)

三等奖

1. 花开四季(宁波电视台)

2. 2010唱响衢州电视歌唱大赛总决赛(衢州市广播电视台)

(三)舞美

一等奖

1. 2010激情飞扬 山水同行 第5届中国电视观众节主题晚会(浙江卫视)

二等奖

1. 浙江骄傲2009年度最具影响力人物评选活动颁奖典礼(浙江广电集团电视制作中心)

2. 第6届全国德艺双馨电视艺术工作者庆典晚会(嘉兴市广播电视台)

三等奖

1. 代号400(宁波电视台)

2.《梦想启航》——温州广播电视传媒集团成立庆祝演出(温州市广播电视台)

3. 2010年桐乡菊花节晚会(桐乡市广播电视台)

4. 第5届中国网络音乐节总决赛(台州市广播电视台)

(四)摄像

一等奖

1. 荡胸生成云(宁波电视台)

二等奖

1. 龙泉问瓷(浙江广电集团电视制作中心)

2.夕阳山外山(杭州电视台)

3. 清韵(安吉县广播电视台)

4. 皮·埃尔在衢州(衢州市广播电视台)

三等奖

1. 百年药香叶同仁(温州市广播电视台)

2. 笔墨湖州(湖州市广播电视台)

3. 谢灵运(嵊州市广播电视台)

4. 二十分可乐——爱在沁温泉(金华市广播电视台)

2010年度浙江省广播电视播音主持奖获奖目录

一、获奖作品

(一)广播播音作品

一等奖

1. 浙广早新闻(浙江之声 周 雯 王 斌)

2. 歌唱着的星星(文艺类)(宁波电台 伊 然 张晓叶 周建军)

3. 媒体早班车(嘉兴市广播电视台 黄 牧 崔 涵)

二等奖

1. 杭广早新闻(杭州电台 曲 艺 董 明)

2. 美丽声音(文艺类)(杭州电台 苏 洁)

3. 沙棘花在歌唱——非洲之音(文艺类)(宁波电台 阿泽 吉宁)

4. 十年时光书写生命厚度(温州市广播电视台 北 方)

三等奖

1. 新闻夜高峰(浙江电台城市之声 袁 逸)

2. 公民何亮(绍兴市广播电视台 赵 莹)

3. 活着(文艺类)(金华市广播电视台 于 蓉 范旭光)

4. 台州晨报(台州市广播电视台 彭 卓 王 瑜)

5. 丽水交广新闻(丽水市广播电视台 郑晓峰)

(二)广播主持作品

一等奖

1. 飞扬壹周刊(浙江之声 杨 磊)

2. 异乡故乡情(宁波电台 彤 宇 毛欣 孟 夏 江 挺)

二等奖

1. 今日大热点(浙江之声 方 雨)

2. 平淡的幸福 (文艺类)(乐清市广播电视台 俞海蓉)

三等奖

1. 有理走天下(服务类)(浙江电台 交通之声 何 巍)

2. 小江播报(嘉兴市广播电视台 小 江 星 辰)

3. 斌斌有礼原创音乐空间(文艺类)(诸暨市广播电视台 朱吕斌)

4. 男婚女嫁(文艺类)(金华市广播电视台 季 琳)

(三)电视播音作品

一等奖

1. 走进今天(浙江电视台教育科技频道 涵 含)

2. 经视新闻(浙江电视台经济生活频道 王 剑)

3. 嘉兴新闻(嘉兴市广播电视台 王子文)

二等奖

1. 新闻搜搜看(杭州电视台 小 敏)

2. 看看看(宁波电视台 李 红)

3. 温州新闻联播(温州市广播电视台 王 贞)

4. 衢州新闻(衢州市广播电视台 周奕娈)

三等奖

1. 宁波新闻(宁波电视台 刘菁菁)

2. 苍南新闻(苍南县广播电视台 陈素丹)

3. 德清新闻(德清县广播电视台 徐一鸣)

4. 600全民新闻(台州市广播电视台 尚 杨)

(四)电视主持作品

一等奖

1. 火锅专题"冬日围炉暖烘烘"(服务类)(温州市广播电视台 邓江帆)

二等奖

1. 第5届电视观众节观众嘉年华(浙江电视台经济生活频道 甘 泉)

2. 你猜谁会赢(文艺类)(浙江电视台少儿频道 苏思靖)

3. 向人民报告——公安工作巡礼晚会(文艺类)(杭州电视台 臧锦宜)

4. 新闻正反方——广州欢迎你(长兴县广播电视

台 李姗姗)

5. 今日评道(桐乡市广播电视台　王　勇)

三等奖

1. 浙江骄傲金华地区现场投票活动(金华市广播电视台　贺争怡)

2.《百姓说话》——特别节目“何洁助学日记”(台州市广播电视台　何　洁)

3. 养鸡新门道 生态加中药(服务类)(景宁县广播电视台　金　敏)

二、优秀播音主持人

(一)广播

1. 王维琳(浙江之声)
2. 陈遥(浙江电台城市之声)
3. 雷鸣(杭州电台)
4. 袁雳(宁波电台)
5. 孙允铭(温州市广播电视台)
6. 郭洁(嘉兴市广播电视台)

(二)电视

1. 席文(浙江卫视)
2. 秦原(浙江卫视)
3. 胡未央(温州市广播电视台)
4. 陈异丹(台州市广播电视台)

2010 年度浙江省广播电视学术论文奖获奖作品目录

一、决策研究

一等奖

1. 广播电视:应对全媒体发展与监管的策略探析(省广电局 林勇毅 浙江传媒学院　吴生华)

2. 广播电视集团的战略选择(浙江广电集团　姚休)

3. 价值营建:“新闻立台”的一种市场逻辑(杭州文广集团　朱永祥)

4. 加强新闻立台的制度安排和建设(温州市广播电视台　王晓峰)

二等奖

1.“三网融合”下广播影视行业应对之策初探——兼对《国务院推进三网融合总体方案》的解读(省广电局　郑　宇)

2. 关于“新闻立台”的十大关系(杭州文广集团 吴文平 王强)

3. 坚持新闻立台、精品立台、实现新闻全覆盖(嘉兴市广播电视台　张林江)

4. 如何应对“媒体应对”的思考(丽水市广播电视台　徐国跃)

三等奖

1.危机状态下,政府与媒体协作化解之策略分析(浙江电台城市之声　华　冰)

2. 试议“议程设置”对提高舆论引导能力的启示(绍兴县广播电视台　李　华)

3. 构建执政党与媒体新型关系的思索(常山县广播电视台　岳　海)

4. 新闻传媒公信力的制约因素与提升途径(衢州市广播电视台　周建军)

5. 舟山渔农村受众广电媒介接触行为调查与分析(舟山市广播电视台　严宏伟　殷好好　叶永对　王少星)

二、节目研究

一等奖

1. 直播型电视抗辩谈话节目的传播优势——以《谁赞成谁反对》为例(浙江电视台钱江频道　林　非)

二等奖

1. 论专业频道品牌新闻栏目塑造——以《经视新闻》为例(省广电节目评议审查中心　严慧颖　王千钧)

2. 电视纪录片的文化记忆功能　(浙江卫视　王伟平)

3. 媒体传播价值的审视与伦理抉择(宁波电台　钱耀敏)

4. 接近真实——试论纪录片中的采访(宁波电视台　杜颖聪)

5.“抢车男”事件的传播学意义解读(温州市广播电视台　吴　晖)

三等奖

1. 浅析大型晚会的“黄金十五分钟”(浙江卫视　裘鸿维)

2. 新媒体环境下突发事件报道的经验与思考(浙

江广电集团总编室　安　远）

3. 新媒体形式下城市媒体新闻生产的竞争策略（杭州电视台综合频道　李　文　叶琼丰）

4. 用“行动”提升主题宣传影响力（金华市广播电视台　朱连芳）

5. 地方台媒体加强和改进经济类报道的尝试（衢州市广播电视台　周小明）

三、新媒体及其他研究

一等奖

1. 从法学视角探析重大突发事件报道（海宁市广播电视台　石月平）

二等奖（空缺）

三等奖

1.从李萌萌事件看微博的舆论监督（浙江电视台民生休闲频道　王智慧）

2. 城市广播电视报面临三网融合的挑战与对策（湖州市广播电视报社　张华江　沈文彬）

3.博采众长，贵在创新——周立波的语言艺术对主持人的借鉴作用（安吉县广播电视台　金光华　章丹　郑波）

4. Web2.0 时代的 TV2.0（嘉兴市广播电视台　许康）

四、经营研究

一等奖（空缺）

二等奖

1. 频道制下的城市台广告经营管理探析（台州市广播电视台　孙建刚　杜丽斐）

三等奖

1. 华数有线数字电视多业务开发及应用（省广电局　刘小寅　朱新梅）

2. 试论成熟品牌栏目如何进行深度开发（浙江电视台教育科技频道　吴　弘）

3. 重视长尾，实现“二轮”剧重播价值的最大化（杭州文广集团　陈正欣　刘　刚）

第五届浙江省电影“凤凰奖”（电影片）获奖结果

一、优秀故事片奖（2 部）

1.《西风烈》

2.《一代大儒孙诒让》

二、优秀数字电影奖（2 部）

1.《盖世武生》

2.《美女“如云”》

三、优秀少儿影片奖（1 部）

1.《凤山村的孩子》

四、优秀动画片奖（1 部）

1.《梦回金沙城》

五、优秀戏曲片奖（1 部）

1.《盘夫索夫》

六、优秀编剧奖

1.《盖世武生》编剧　高华、蒋平、张素玫、郭希

七、优秀导演奖

1.《盖世武生》导演　张光照

浙江省第 21 届电视“牡丹奖”（电视剧）获奖名单

优秀长篇电视剧

特等奖

1. 《五星红旗迎风飘扬》（浙江长城影视有限公司、宁波广电集团等）

一等奖

1.《牵挂》（浙江华新影视有限公司、浙江广厦文化传媒集团有限公司，东阳福添影视有限公司）

2.《延安爱情》（浙江影视（集团）有限公司、杭州文广集团等）

3.《地道英雄》（浙江金球影业有限公司等）

二等奖

1.《我的美丽人生》(杭州中赢影视传媒有限公司等)

2.《大西南剿匪记》(浙江长城影视有限公司)

3.《雪豹》(浙江华策影视股份有限公司等)

4.《尖刀》(杭州嘉艺影视传媒有限公司等)

5.《喋血钱塘江》(浙江横店影视制作有限公司等)

三等奖

1.《风语》(浙江影视(集团)有限公司等)

2.《故梦》(浙江华谊兄弟天意影视有限公司)

3.《流星蝴蝶剑》(浙江华策影视股份有限公司、东阳大千影视制作有限公司)

4.《古今大战秦俑情》(浙江影视(集团)有限公司、浙江华策影视股份有限公司等)

5.《爱上女主播》(浙江华谊兄弟天意影视有限公司、浙江广播电视集团等)

6.《活佛济公》(东阳千乘影视有限公司)

优秀中短篇电视剧

空缺

优秀系列电视短剧

空缺

优秀少儿电视剧(等同于一等奖)

《万卷楼》(浙江华策影视股份有限公司)

优秀戏曲电视剧(等同于一等奖)

《李清照》(杭州嘉艺影视传媒有限公司、浙江广电集团、杭州文广集团)

单项奖

最佳编剧:赵锐勇 王彪(作品:《五星红旗迎风飘扬》);陈金海(作品:《地道英雄》)

最佳导演:曹保平(作品:《延安爱情》)

最佳美术:宋伟君(作品:《五星红旗迎风飘扬》)

最佳摄影:高琦(作品:《牵挂》)

2010年度浙江省广播电视广告作品奖获奖名单

2010年度浙江省广播电视广告作品奖评审工作已于日前结束,全省共有156件广电广告作品参加评审。经过评委会认真评审,评出广播公益类广告获奖作品16件、电视公益类广告获奖作品15件,广播、电视商业类广告获奖作品各10件。

一、广播公益类广告

一等奖

1. 母亲节你给婆婆打电话了吗(浙江电台城市之声)

2. 无偿献血 你最光荣(嘉善广播电视台)

二等奖

1. 温暖回家路(浙江电台城市之声)

2. 关爱聋儿(余杭广播电视台)

3. 食品安全(浙江电台浙江之声)

4. 动物的哀叹(杭州电台西湖之声)

5. 爸爸是最重要的一部车(浙江电台音乐调频)

三等奖

1. 守望绿色家园,让我们重拾手绢(杭州电台新闻综合频率)

2. 一秒钟(浙江电台城市之声)

3. 保护钱江源(开化广播电视台)

4. 为孩子留下白鸟吟唱(海盐广播电视台)

5. 当写字遇到打字(浙江电台交通之声)

6. 礼让斑马线——“父女篇”(绍兴广播电视台)

7. 援助玉树(杭州电台交通经济广播)

8. 酒后不开车 幸福全家人(金华广播电视台)

9. 开车不喝酒,喝酒不开车(衢州广播电视台)

二、电视公益类广告

一等奖

1. 我们的城市一起来(宁波电视台)

2. 你是这个人吗(天台广播电视台)

二等奖

1. 节约用水系列(浙江电视台少儿频道)
2. 阅读让思想深呼吸(浙江经济生活频道)
3. 生命的化妆(宁波电视台)
4. 过年历史穿越版(浙江电视台新闻综合频道)
5. 小学生过马路(杭州电视台少儿频道)

三等奖

1. 慈善拍卖,让爱心飞扬(宁波广播电视广告公司)
2. 微公益 大奉献(浙江电视台少儿频道)
3. 五月五 过端午(宁波电视台)
4. 范大姐提醒您:时刻警惕电信诈骗(浙江电视台钱江都市频道)
5. 田歌新韵(嘉善广播电视台)
6. 游戏与光阴(温州广播电视台)
7. 暑假安全宣传(嘉兴广播电视台)
8. 禁毒,让生活更美好(湖州广播电视台)

三、广播商业类广告

一等奖

1. 富隆酒窖(金华广播电视台)
2. 莱特航空(温州广播电视台)

二等奖

1. 新甲壳虫汽车(浙江电台浙江之声)
2. 马标葡萄酒(温州广播电视台)
3. 牛娃子锁具超市(安吉广播电视台)

三等奖

1. 高清互动电视(金华电台)
2. 佳琦茶叶(丽水市广播电视台)
3. 敦煌古琴(浙江广电浙江之声)
4. 宝马 MINICOOPER(浙江广电交通之声)
5. 东风标致 200 年活动(台州广电)

四、电视商业类广告

一等奖

1. 秦汉砖过得硬(安吉广播电视台)
2. 明牌珠宝(浙江电视台民生休闲频道)

二等奖

1. 双彩翡翠(时光篇)(杭州电视台西湖明珠频道)
2. OPPO 跨年风尚盛典(浙江电视台新闻综合频道)
3. 环球恐龙园(浙江电视台影视娱乐频道)

三等奖

1. 胡庆余堂:快乐的人(浙江电视台钱江都市频道)
2. 金佛手布鞋(金华广播电视台)
3. 雪水云绿茶(桐庐广播电视台)
4. 大自然放养猪(上虞广播电视台)
5. 咸亨新天地(绍兴广播电视台)

2010 年度浙江省电视节目技术质量奖获奖结果

一、录制技术质量奖

(一)新闻类

一等奖

1. 宁波新闻(宁波电视台 陈列铭、翁晴霄、王杰鹏、曾泽坤)
2. 绍兴新闻联播(绍兴市广播电视台 杜洪军、陈大可、吕春草、孙建胜)
3. 杭州新闻联播(杭州电视台 陈卫东、陆子翔、周 斌、史晓薇)
4. 温州新闻联播(温州市广播电视台 叶 军、胡彬、方培珍、陈斯斯)
5. 丽水新闻(丽水市广播电视台 陈水生、李新会、滕 青、吕海宏)

二等奖

6. 新闻 60 分(湖州市广播电视台 陈 辉、毛懿坤、沈 琰、沈 斌)
7. 温州零距离(温州市广播电视台 何可人、吴挺毅、王甜温、邵来莉)
8. 午间新闻快报(浙江卫视频道 蒋训娴、萧伟、林成尚、高冠雄)
9. 台州新闻(台州市广播电视台 徐 昕、尹福斌、王鑫鑫、叶良友)
10. 衢州新闻(衢州市广播电视台 兰凌衢、廖鸿

日、廖 鸫、段程保）

11. 镇海新闻（镇海区广播电视台 傅景涛、刘健、严洪智、朱蓓蕾）

12. 嘉兴新闻（嘉兴市广播电视集团 詹斌兴、孙兵、杨志伟、徐 刚）

13. 百姓零距离（金华市广播电视台 王建寅、王辉球、黄奋强、郑晓飞）

三等奖

14. 舟山新闻（舟山市广播电视台 李善农、尤浩东、林伊芳、周林栋）

15. 百姓说话（台州市广播电视台 徐 昕、王鑫鑫、尹福斌、叶良友）

16. 余姚新闻（余姚市广播电视台 汪 颢、吕冰、宋建红、杨文波）

17. 上虞新闻（上虞市广播电视台 宋 庆、金毅、杨 飞、王振华）

18. 热线 188（萧山市广播电视台 孔关林、丁少利、沈玉夫、金 可）

19. 奉视新闻（奉化市广播电视中心 范洪元、汪杏意、董玉立、李相君）

20. 长视新闻（长兴县广播电视台 陆学捷、廖德峰、毛 浩）

21. 江山新闻（江山市广播电视台 梁司原、张平、刘 丽、毛俊轩）

22. 大刘热线（桐庐县广播电视台 张 韬、潘炳顺）

23. 永嘉新闻（永嘉县广播电视台 潘春雷、周俊伟、周星南、周松棉、戴景洪）

24. 乐清新闻（乐清市广播电视台 包晓润、项晓敏、郑 云、徐祥华）

25. 黄岩新闻（台州市黄岩区广播电视台 应小青、梁 锋、邱 礼）

26. 仙居新闻（仙居县广播电视台 王军勇、王彩娟）

（二）专题类

一等奖

1. 西湖——忆（浙江广播电视集团 张莹、张立庆、谢颖、戴萌蕾）

2. 行者背影（宁波电视台 蒋 波、王征新、蔡务兵、方 侠）

3. 话说绍兴（绍兴市广播电视台 杜洪军、陈大可、吕春草、孙建胜）

4. 72 小时大 PK（丽水市广播电视台 陈水生、李文道、叶文伟、张启发）

5. 古道红枫情更浓（温州市广播电视台 杨 佩、倪晓峰、仇宜冰、陈庆茂）

6. 辑里湖丝（湖州广播电视台文化娱乐频道 陈屹、于晓敏、叶 帆、吴朝杰）

二等奖

7. 中国的端午（嘉兴广播电视集团 徐传荣、詹斌兴、何国跃、张 辉）

8. 太湖神韵（湖州广播电视台 陈 东、张银林、戴 丹、慎 寒）

9. 势控长虹挂碧霄（温州市广播电视台 张 毅、尚瑞秋、沈正华、严 巳）

10. 盛世腾飞看衢州（衢州市广播电视台 符建云、毛毅辉、童 翔、朱 晋）

11. 梦的追求（镇海广播电视台 陈 桢、严洪智、嵇 波、傅景涛）

12. 历史文化名城——海宁（海宁广播电视台 王向阳、傅建明、许文跃、沈 杭）

13. 跨越（舟山广播电视总台 李善农、江立宇、刘萍、刘生远）

14. 长兴百叶龙（长兴广播电视台 毛 浩、汪平、王少华）

三等奖

15. 鄞州印象（鄞州区广播电视台 金 子、侯肖雷、陈志红、陈 威）

16. 天使在人间（金华市广播电视台 徐 峰、章涛、徐元凯、贾长青）

17. 金色田野（平湖市广播电视台 施志伟、凌翔、钟海峰、王霄博）

18. 农民之友（桐庐县广播电视台 张 韬、潘炳顺）

19. 茶山记忆（淳安县广播电视台 蔡 斌、胡俊、汪祥瑛、程熙珠）

20. 锦绣江山（江山市广播电视台 张 平、毛谦武、陈丽芬、毛卓君）

21. 金色大地（萧山区广播电视台 石 澜、沈玉夫、张玉明、来念耕）

22. “开锁王”戴洪根（海盐县广播电视台 李恳、杨 波、陈全军、蔡洪珠）

（三）综合文体类

一等奖

1. 越跳越美丽（浙江广播电视集团　潘善伟、赵荣华、陈　波、林静涛、林　凡、韩明亮、吴鹏俊、胡　蓉）

2. 第6届全国德艺双馨电视艺术工作者庆典晚会《上》（嘉兴市广播电视集团　徐传荣、何国跃、詹斌兴、胥旭伟、林　涛、邵建国、沈晓伟、陈峰枫）

3. 花开四季（宁波电视台　蒋　波、俞　敏、陈春玉、应可进、高明君、戴　羽、蔡务兵、李奇阜）

4. 绍兴少儿春晚（绍兴市广播电视台　杜洪军、陈大可、李吉勇、周　峰、吕春草、李　坚、张　骞、陶月庆）

二等奖

5. 中华情（长兴县广播电视台　蒋俊杰、廖德峰、席关中、毛　浩、敖培华、陆学捷）

6. 集团成立庆典晚会（湖州市广播电视台　殷立炜、沈　元、梅若炎、吴朝杰、岳康明、郭　强、胡国君、戴晟凯）

7. 中国第13届国际摄影艺术展览暨2009中国丽水国际摄影文化节开幕式暨颁奖晚会（丽水市广播电视台　陈水生、谭光伟、章　剑、陈育华、叶文伟、金亦建、姜晓华、吕海宏）

8. 2010新春团拜会（金华市广播电视台　章　涛、叶晓东、黄奋强、冯　帅）

三等奖

9.《公路人之歌》文艺晚会（温州市广播电视台许一峰、金　科、刘　笑、林　鹏、姜　悦、杨　侃、伍寿泉、徐晓勇）

10. 第2届电视观众节开幕式（金华市广播电视台　王辉球、徐　峰、叶晓东、顾建秀）

11. 爱我中华 爱我家乡（衢州市广播电视台　张国泉、符建云、毛毅辉、童　翔、严进生、段程保、刘建清、成关升）

12.《风从海上来》文艺晚会（舟山市广播电视台李善农、韩奕伟、江立宇、尤浩东、刘　萍、戴平岳、胡军良、刘生远）

13. 观潮节晚会（萧山市广播电视台　高伟良、周宏波、孙　涛、来　燕、李　磊、赵　军）

14. 余杭房产信息网三周庆典晚会（杭州市余杭区广播电视台　张　强、蔡小名、张世林、陈方杰、朱伟良、隋戈光）

15.《春风踏歌来》海宁市农村文化成果展示暨2010元旦电视直播文艺晚会（海宁市广播电视台许建琴、傅建明、许文跃、王向阳、吴佳颖、张林华、王炜、吴晓东）

（四）高清类

一等奖

1. 龙泉问瓷（浙江广播电视集团（潘晓红、洪一浩、鲁俊、安　嵘）

2. 人意风光（宁波电视台（朱红天、林雯瑾、马旭文、刘冬平）

二等奖

3. 西溪的诱惑（杭州电视台　罗　容、李振波、黄琼、陈　昕）

4. 小姨多鹤（宁波电视台　蒋　波、朱克湘、王征新、陈新新、管红文、沈天友、程　波、谢联斌）

三等奖

5. 雪　豹（浙江广播电视集团　冯亦农、孙秋海、焦华、陈健森、叶静文、徐　霞、朱为民、王志扬）

6. 2010年“李宁杯”全国青年羽毛球锦标赛（浙江广播电视集团　潘析飞、洪　超、钱　恺、陈中立、赵?、陈　佶、王　栋、刘　晟）

二、视频图形制作技术质量奖

（一）片头类

一等奖

1. 寻迹白云庄（宁波电视台　黄培建、吴颖丹、吴晓漪、林琳）

2. 世博零距离（浙江广播电视集团　李元炜、杨奕、金雨、李雪松）

3. 城庆片头（绍兴市广播电视台　吕春草、杜洪军、陈大可、黄光明）

4. 奇乐一家（湖州电视台　于晓敏、朱兆敏、吴朝杰、叶帆）

二等奖

5. 世合赛片头（绍兴市广播电视台　邵剑锋、平雄、胡国强、张朝正）

6.《印象长兴》片头（长兴县广播电视台　蒋俊杰、

廖德峰、徐森、陆学捷）

7. 温视新闻综合频道宣传片（温州市广播电视台 苏立冕、郑翔、林剑、季禾立）

8. "嘉兴端午民俗文化节"宣传片（嘉兴市广播电视台 詹斌兴、刘伟、韩芬、姚加贝）

9.《风从海上来》片头（舟山市广播电视台 李善农、张超、胡军良、宗嫣）

三等奖

10.《金华新闻联播》片头（金华市广播电视台 吴迎春、姜德华、王建寅、陈刚）

11. 新动世界杯片头（杭州汉唐影视动漫有限公司 吴勇斌、屠芳芳、朱莎、宋弛）

12. 山海平阳（平阳广播电视台 贾铭新、白徐潮、陈卫疆、程义熹）

13.《台州新闻》片头（台州市广播电视台 徐昕、叶良友、王鑫鑫、尹福斌）

14.《美丽洲》片头（杭州市余杭区广播电视台 张强、张世林、陈方杰、王晋坚）

15. 生活服务频道形象片（平湖市广播电视台 施志伟、凌 翔）

16. 片头——西施故里（诸暨市广播电视台 吴铁华、齐盛、王开义、王章海）

17. 生活娱乐频道宣传片（奉化市广播电视中心 尹 磊、赵善忠、杨永革、杜晓）

18. 数字电视高清机顶盒广告（安吉县广播电视台 盛 桦、张 炳、徐伟刚、江一兴）

（二）动画片类

一等奖

1. 秦时明月之诸子百家（杭州玄机科技信息技术有限公司 沈乐平、吴?、唐宏宇、李军辉）

二等奖

2. 小龙阿布（杭州汉唐影视动漫有限公司 何清超、刘伟、葛?、朱莉）

三等奖

3. 政者，正也（宁波电视台 谢辉珍、马旭文、曾泽坤、刘冬平）

4. 少年师爷（绍兴特立宙电脑动画有限公司 朱晓坚、晏立、徐峰、庄海莉）

5. 小小侦探（杭州时空影视文化传播有限公司 沈玲、毛招斌、王剑、李佳荣）

（三）短片类

一等奖

1. 杭州高新技术产业开发区（滨江）（杭州汉唐影视动漫有限公司 管熠、何清超、陈梦秋、陈珊）

2. 快乐制造（宁波电视台 陈列铭、徐夏丹、吕莹、姚庆波）

二等奖

3. 心的方向（湖州市广播电视台 张银林、戴丹、朱兆敏、慎寒）

4. 达人招募（浙江广播电视集团 吴雨杭、戚翔、应采君、王海靖）

5.《庆祝新中国成立六十周年》宣传片（温州市广播电视台 林 剑、苏立冕、金玉燕、刘维进）

三等奖

6. 助学公益广告（杭州市文广集团技术中心制作部 陈威、夏晓宇、吴栋若、陆利华）

7. 阿里巴巴人才招聘宣传片（杭州汉唐影视动漫有限公司 徐 飞、何 佳、宋 弛、吴勇斌）

8. 问鼎（长兴县广播电视台 张安喜、蒋俊杰、廖德峰、徐森）

9. MTV《九点半的公车》（平湖市广播电视台 施志伟、凌 翔）

三、播出质量奖

一等奖

1. 宁波电视台（王忠良、齐宁哲、吴石松、吴晨海、戴宏斌、乐文燕、陈荣海、傅飞峰）

2. 温州市广播电视台（叶重青、郑 旨、彭媛媛、整碧挺、白 英、李正都、顾 盛、苏金岚）

二等奖

3. 嘉兴市广播电视台（徐传荣、胡海涛、詹斌兴、吴加 超、徐雪荣、赵 刚、周可政、陶建国）

4. 杭州电视台（任 岗、章国华、朱惠珉、马 军、吕 斌、陈 侃、朱坚勇、王佳琪）

5. 湖州市广播电视台（高 韵、沈兰兰、方 正、陆燕峰、李 锋、严小强、谷崇友、李丽娟）

三等奖

6. 丽水市广播电视台(陈水生、谭光伟、腾　青、李文道、李新会、章　剑、金亦建、李　灵)

7. 金华电视台(丰　庆、张雪莹、何　俊、施春霞、沈顺清、陈小军、周春英、陈亚娟)

8. 绍兴市广播电视台(汪炜钢、任明堂、鲍志良、沈　坚、陆光明、朱光明、秦　越、陈志伟)

9. 台州市广播电视台(龚曙光、唐　渝、陈昶儒、王欣、陈　丹、沈少微、蔡　珍、魏　燕)

10. 舟山市广播电视台(李善农、江立宇、郑沈海、尤浩东、林东平、鲁松芬、钟　艳、刘　伟)

11. 衢州市广播电视台技术中心(余　?、廖鸿日、廖　鸫、蓝凌衢、陈　燕、洪　琼、翁朝阳、胡育敏)

2010 年浙江省广播节目录制技术质量奖获奖结果

【语言类】

一等奖

1. 大山不会忘记(台州市广播电视台　刘敏燕、章建伟、潘欣铭)

2. 中国大运河(慈溪市广播电视台　张登尔、孙高峰)

3. 佛国仙山——天台(台州市广播电视台　章建伟、蒋爱华、刘敏燕)

4. 解放杭州(杭州文化广播电视集团　姚　蕾、李艳、章　琦)

5. 抗联英雄(杭州文化广播电视集团　任志华)

二等奖

6. 哦,青柠树(诸暨市广播电视台　史海江、翁平锋)

7. 杨梅红了(余姚市广播电视台　吕　冰、陈峰峰)

8. 史话三台云水(杭州文化广播电视集团　尹祖强)

9. 玉树情歌(台州市广播电视台　潘欣铭、叶欣、陈异丹)

10. 追寻声音的记忆(宁波人民广播电台　汪清、丁小敏、陈　军)

11. 母　亲(宁波镇海区广播电视台　许坚刚 王建敏)

12. 配乐散文《寻觅东沙古渔镇》(舟山市广播电视台　李善农、金桂枝、胡晓鹏)

13. 烟雨江南(嘉兴市广播电视台　俞　冶)

14. 新叶古民居(建德县广播电视台　陈力群、王建安、朱　言)

15. 闯关东(长兴县广播电视台　徐　森、王少华、廖德峰)

16. 雁门雪(海宁市广播电视台　傅建明、许文跃、沈　杭)

17. 放慢脚步去成长(宁波人民广播电台　缪晓东、忻　震、齐亚坤)

三等奖

18. 升起来了,五星红旗(湖州市广播电视台　冯江、宋德荣)

19. 丰　碑(平湖市广播电视台　施志伟、凌　翔、钟海峰)

20. 爷爷的童谣(宁波人民广播电台　姚　兰、陈晔、亚　洲)

21. 爱，一直都在(杭州文化广播电视集团　叶涵)

22. 小水滴的生命历程(湖州市广播电视台　冯江、宋德荣)

23. 我的心(嘉兴市广播电视台　来建伟)

24. 大陈村歌冲进央视舞台(衢州市广播电视台范晓俊、汪海波)

25. 我想留在那里(绍兴市广播电视台　汪成江、张迪扬、王毓敏)

26. 生命不息、环保不止(杭州市余杭区广播电视台　王　坚、朱伟良)

27. 散文《乡村广播》(义乌市广播电视台　王磊、吕　远)

28. 江南的雨(丽水市广播电视台　没有填写)

29. 九娘情(衢州市广播电视台　童　茜、张国泉)

30. 心灵告白(永嘉县广播电视台　邬寿林、戴亚琼、谢用谦)

31. 小星星乐园—“低碳”生活我最棒(宁波人民广播电台　汪　清、姚培红、黄　准)

32. 人生如戏、戏如人生——走进越剧小生叶巧玲(仙居县广播电视台　林晓萍、王军勇、王伟斌)

33. 透亮的世界(海盐县广播电视台　陈全军、张国红、汤丽琴)

34. 下一个是谁(宁波人民广播电台　缪晓东、赵勇、曹晓宇)

35. 朝鲜战争(宁波市北仑区广播电视中心 江干宏、张聚福)

36. 远处的呼喊（义乌市广播电视台 方达星、陆英）

37. 长篇小说《说春秋》选段(舟山市广播电视台 李善农、王青山、韩奕伟)

38. 快乐风向标之课堂之外（平阳县广播电视台 吴钦武、胡亦聪、黄 强）

39. 创业梦想（海盐县广播电视台 陈全军、顾妹、石 峰）

40. 日全食(安吉县广播电视台 盛 桦、张 炳、杨 子)

41. 生活空间:路在何方(江山市广播电视台 梁司原、张 锋、史 潮)

【音乐类】

一等奖

1. 弯弯的水路弯弯的船（嘉兴市广播电视台 陈军、朱世英）

2. 台州光彩我光彩(台州市广播电视台 章建伟、刘敏燕、蒋爱华)

二等奖

3. 童年的依恋(慈溪市广播电视台 张登尔、孙建军、张万能)

4. 你是我唯一的宝贝（台州市广播电视台 蒋爱华、章建伟、潘欣铭）

5. 春意乡村(嘉兴市广播电视台 姚 伟)

6. 爵溪渔鼓(象山县广播电视台 龚成、孙平华、朱永杰)

三等奖

7. 西班牙舞曲（平湖市广播电视台 施志伟、凌翔、钟海峰）

8. 一杯美酒（建德县广播电视台 陈力群、韩星亮、朱 言）

9. 吴兴调(湖州市广播电视台 黄俞成、冯 江、宋德荣)

10. 诗意湘湖（杭州市萧山区广播电视台 黄琪、范见华、俞 杨）

11. 民乐合奏《平沙落雁》(舟山市广播电视台 金浩、韩奕伟、王东海)

12. 牧民新歌(海宁市广播电视台 傅建明、王向阳、许文跃)

13. 南屏晚钟（宁波人民广播电台 姚 兰、陈晔、孙刚鸿）

14. 春满萧然（杭州市萧山区广播电视台 张伟明、沈肖立、祝国钢）

15. 画乡姑娘绣花边（浦江县广播电视台 边旭东、吴享重）

16 男声小合唱《无限的荣耀》(绍兴市广播电视台 张迪扬、王毓敏、方 静)

【戏曲类】

一等奖

1. 越剧《海明珠》选段(湖州市广播电视台 黄俞成、宋德荣、冯 江)

二等奖

2. 西湖山水还依旧(慈溪市广播电视台 张登尔、潘科平、朱红吉)

3. 婺剧《姐妹易嫁》选段(金华市广播电视台 陈翠、叶国忠、项 敏)

4. 我的名字叫竹篮(平湖市广播电视台 施志伟、凌 翔、钟海峰)

三等奖

5. 誓 爱(长兴县广播电视台 徐森、蒋俊杰、许仁芳)

6. 包公夜审瘦肉精(诸暨市广播电视台 史海江、翁平锋、邹海明)

7. 《将相和》选段(杭州市萧山区广播电视台 朱海水、俞 杨、祝国钢)

8. 劈山救母（宁波市北仑区广播电视中心 江干宏、张 华）

9. 萧然五虎(杭州市萧山区广播电视台 龚晓鸣、韩 磊、范见华)

10. 越剧《祥林嫂》选段(绍兴市广播电视台 王毓敏、靳晓东、周晓亮)

11. 婺剧《辕门斩子》唱段(义乌市广播电视台 王磊、丰先泽)

【广播剧类】

一等奖

1. 网络情缘（台州市广播电视台 蒋爱华、刘敏燕、潘欣铭）

三等奖

2. 夜 奔(鄞州区广播电视台 汪 平、金 子、徐云)

【片花广告类】

一等奖

1. 团队的声音(台州市广播电视台 刘敏燕、章建伟、蒋爱华)

2. 青稞啤酒(温州市广播电视台 郑远峰 甘世建、金玉玲)

3. 保护森林(慈溪市广播电视台 张登尔、胡文成、陈科梁)

二等奖

4. 爱尚音乐(嘉兴市广播电视台 计顺泉)

5. 听金华的声音(金华市广播电视台 陈 翠、何宏冠、庄益军)

6. 酒 悲(宁波镇海区广播电视台 许坚刚、王建敏、董 波)

7. 讲文明(长兴县广播电视台 蒋俊杰、张安喜、王少华)

8. 公益广告《小菜一碟》(舟山市广播电视台 李善农、张冬青、王青山)

9. 媒体总班车(嘉兴市广播电视台 朱世英)

三等奖

10. 绿色出行一路通(仙居县广播电视台 朱兮兮、杨秀琴、朱珞影)

11. 滴滴巴巴(长兴县广播电视台 张安喜、徐森、席关中)

12. 听老歌 忆往事(台州市广播电视台 潘欣铭、蒋爱华、魏冬梅)

13. 雨 天(义乌市广播电视台 王 磊、肖 洋)

14. 越吃越开心(杭州市萧山区广播电视台 刘鹏、黄 琪、朱海水)

15. 杜绝酒后驾车(湖州市广播电视台 冯 江、黄俞成)

16. 环保宣传公益广告(丽水市广播电视台 叶瑛、李跃华、章 波)

17. 快乐向前进(丽水市广播电视台 叶 瑛、王充、赫荣荣)

18. 温暖冬天西游版(义乌市广播电视台 方达星、肖 洋、王 芹)

19. 宁波邦,帮天下(宁波市北仑区广播电视中心江千宏、白 冰)

20. 文明礼让(杭州市萧山区广播电视台 汪乐、沈肖立、韩 磊)

21. 时尚生活(海宁市广播电视台 许文跃、王向阳、沈 杭)

22. 创建文明(绍兴市广播电视台 方 静、杨晓、樊冯飞)

23. 读书时间(台州市黄岩区广播电视台 夏寒峰、梁 锋、郑泽丰)

24. 开心加油站(义乌市广播电视台 方达星、王芹、张 凯)

2010年度浙江省广播影视科技创新获奖名单

一、高新技术研究与开发奖

一等奖

1. 基于CMTS的RFoG关键技术研究(浙江省广播电视科学研究所(郑新源、王玩球、洪小钢、吴孝彪、黄松正、斯菊文吴小茜、陈 钢、郑赞赞、张 琴、徐师师)

二等奖

2. 3G广播直播无线传输系统(杭州文化广播电视集团 陈继新、葛维连、章海波、吴英斌、王耀、张峻松)

三等奖

3. 掌视无限手机直播系统(杭州文广集团 徐青、徐利强、徐国银、吴克勤、孙庆纲、罗 琛、林华明、孙炜虹)

4. 全台节目制作网收录系统(杭州文广集团 成都索贝数码科技股份有限公司 陆国栋、郑健、洪涛、陆保荣、胡晶、李伟、杜俊、童懿)

二、科技成果应用与技术革新奖

一等奖

1. 基于IDC的网络信息安全域系统(浙江广播电视集团 袁克东、罗列异、蒋蔚、张康敏、胡伟、徐宁涛、郑亮、黄娇)

2. 融合在线包装的多机位 独立跟踪直三维虚拟直播系统（浙江电视台教育科技频道 胡键巧、苗雨、朱军、苏溢、费飏、李静、陆世谷、陈师亮）

3. 基于IP组播的省级数字电视安全播出信号备份与实时调度系统(浙江华数传媒网络有限公司 周宏、包勇、陈亚猜、李芳、邱承浚、徐洲）

4. 基于多网架构的数字化广播播控系统(丽水市广播电视台 陈水生、李文道、叶瑛、郑文辉姜晓华、王充、李跃华、蔡永军）

二等奖

5. 演播室群网络化数字音频实时制播系统(杭州文化广播电视集团 洪明、王之维、余俊、李振波、唐建平、陈昕、陈奇楠、曾东）

6. 浙江省广播电视卫星地球站安全播出信息管理系统(浙江广播电视传输发射中心 李震宇、施建华、朱建峰、黄海涛、郑红哲、丁清槐、宋禹）

7. 省广电集团历史新闻资料抢救项目数字化系统(浙江广播影视资源研究开发中心 陈华春、张列军、朱青、罗列异、张顺良、刘红燕、曹阳、陈海鹰、王舒慧、刘元春、夏琼、来鲁杰、陈晓红）

8. 嘉兴市广播电视集团基于综合应用的媒体资产管理系统(嘉兴市广播电视集团 孙起元、陈杰、徐传荣、詹斌兴、苏浩翔、陶建华）

9. 新闻非线性制播网络系统（杭州文广集团、北京中科大洋科技发展股份有限公司 陆国栋、孙瑶、钭丹华、陈怡、韦俊豪、李建法、高成亮）

10. 广播电台内外互联互通双信道总线交换系统(杭州文化广播电视集团 陈继新、王耀、葛维连、魏加勇、张俊松、李雪峰）

11. 党员远教新视通（桐庐华数数字电视有限公司 李泽平、姜放林、汪铭、吴久宏、徐春华）

三等奖

12. 电视播控系统中的嵌入式自动技审技术应用(慈溪市广播电视台 冯立中、张登尔、孙建军、洪涛、叶洛华、岑泽煊、朱红吉）

13. 农村有线电视网络双向化改造暨三级调频广播同频插播方案实践(海宁市广播电视台 沈国芳、许建琴、陆利根、陈铁峰、蔡越峰、张海滨）

14. 数字MMDS微波传输系统（洞头县广播电视台 周军、王旭军、陈辉峰、赵洪锦、翁建新、陈戈、曾华麟）

15. 非线性编辑网络系统中网络安全技术应用(建德广播电视台杭州创视高清视频科技有限公司 吴刚、徐炳文、顾建公、许军、朱言）

16. 嵊泗县乡镇数字微波联网工程（嵊泗县广播电视台 王培、何旭东、刘生延、沈霖、曹培强、朱刚勇、徐贤力）

17. 广电数据专线业务管理系统（中广有线绍兴县分公司 马汉良、陈伟钢、章海滨、王建丰、吴六九、马建萍）

三、工程技术奖

一等奖

1. 浙江卫视高标清同播项目(浙江广播电视集团 杨勇、李维民、陈宪、祝青、潘永盈、郭红华、宋旸、陈青）

2. 广电智能多媒体信息发布系统(杭州文化广播电视集团 徐国银、罗琛、徐青、沈丹、孙桢、林华明、陶欣）

3. 基于RPR+EVPLAN技术组网的广域交互数字电视传输平台建设(浙江广联信息网络有限公司、浙江华数传媒网络有限公司 沈雷明、周宏、包勇、李芳、徐继东、张俊）

4. 数字化播出和总控系统(温州市广播电视总台 宋志坚、杨琳华、施继强、廖朝东、潘雨凯、滕小亮、陈琳、陈东一）

5. 金华广播电视总台高清电视转播车(金华广播电视总台 朱连芳、周建华、方国良、赵余法、章涛、朱志明、徐峰、李贤忠）

二等奖

6. 浙江广播电视集团音乐库建设项目(浙江广播电视集团广播制播中心 葛朝清、仇玉萍、吴宇超、陈丰、徐宇梁、樊晓文、陈舒枝）

7. 浙江省主干传播网编解码系统改造项目(浙江广联有线电视传输中心 杨勇、李维民、胡荣标、陈青、詹晓涛、李文皓）

8. 浙江省广电系统普密级远程公文收发系统(浙江省广播电视监测中心 王戎、何志文、吕涛勇、丁向阳、张侃良、林沙、郭利刚）

9. 全台网(湖州广播电视台 陈东、陈屹、于晓敏、张银林、岳康明、慎寒、方正、朱兆敏）

10. 海宁市公安社会治安动态视频监控系统的实践和应用(海宁市广播电视台 许建琴、韩森庆、印

天石、孙海东、傅建明、沈国芳、陈皓明）

11. 舟山连岛大桥光缆工程建设项目（舟山广播电视网络传输中心　李善农、张冬青、朱国良、王建平、林加波、孔军民、王亚军、杨宽永）

三等奖

12. 广播直播室、总控数字化改造工程（湖州广播电视台　陈东、陈屹、黄俞成、宋德荣、冯红、杨宏剑、钱峰、姚利平）

13. 萧山广播电视台历史音像资料编目项目（杭州市萧山广播电视台、北京捷成世纪科技发展有限公司　孔笑林、金可、丁少利、傅君、孙利萍、赵军）

14. 全国农村中央广播电视节目无线覆盖工程（浙江省中波发射管理中心　章杰、许晓春、缪佳佳、郑国标、蔡友胜、叶宏跃、郭建军、洪德录）

15. 永嘉县广播电视台真三维高标清虚拟演播室系统（永嘉县广播电视台　薛澄宇、潘春雷、金松涛、林哲彦、戴景洪、周星南、周松棉、周俊伟）

16. 乐清电视台播出机房全数字硬盘播出改造项目（乐清市广播电视台　郑云、包晓润、叶璞、徐云雁、吴静哲、林文红）

17. 电视网络直播系统建设（杭州市余杭区广播电视台　周康明、张强、郑斌、蔡小名、隋戈光、张世林）

四、软科学奖

一等奖

1. 杭州广播电视十二五规划及设施保护规划调研建议报告（杭州文化广电新闻出版局、杭州文化广播电视集团　王建、郑智伟、徐国银、徐青、洪明、周宏、林华明、罗琛）

二等奖

2. 浙江广播电视集团信息化建设规划书（浙江广播电视集团　许国法、袁克东、罗列异、邹新源、蒋蔚、钱永江、郑磊、朱甲雄）

三等奖

3. 丽水市广播电视总台科技与管理技术手册（丽水市广播电视台　陈水生、李文道、姜晓华、李新会、叶瑛、谭光伟、金亦建、叶文伟、滕青、郑文辉）

五、科普作品奖

二等奖

1. AIC 辅助信道（浙江广播电视集团 张康敏）

六、论文奖

一等奖

1. 有线数字电视信号监测监管体系建设（浙江华数传媒网络有限公司　包勇）

2. 光发射机输入电平和调制度的关系及相关问题（浙江省广播电视科学研究所　王玩球）

3. ARP 病毒防护的研究与应用（舟山市广播电视台　李善农）

4. 全国态数字调幅发射机的射频系统（浙江广播电视传输发射中心　曹旸）

5. 全媒体视野下的媒资再造（湖州市广播电视台　吴宝宏）

6. 媒体资产管理系统的应用解析（金华市广播电视台　吴迎春）

7. 白光 LED 在电视新闻摄灯的应用（杭州市萧山广播电视台　陆均）

二等奖

8. 光发射机波长的调谐与精神控制（临安市广播电视台　唐永常）

9. 电视节目录制技术新标准的有关问题（浙江广播电视集团　张康敏）

10. 诸暨市互动电视试点探索（诸暨市广播电视台　赵梅）

11. 卫星地球站天馈系统的技术改造（浙江广播电视传输发射中心　宋禹）

12. 卫星地球站上行通道技术指标测量（浙江广播电视传输发射中心　朱建峰）

13. 有线数字前端系统设计与安装调试（洞头县广播电视台　周军、王旭军）

14. 浅析防火墙在多出口环境下的应用（余杭华数网通信息港有限公司　杨雪良）

15. 发射台接地系统改造的分析和思考（慈溪市广播电视台　张登尔）

16. 中波广播发射台的防雷（浙江省中波发射管理中心　王兴南、赵磊、张涛、夏云映）

17. 音频对比系统在浙江开化中波台的应用（浙江省开化广播转播台　郑菜娟、夏克铭、吴岩、何永

飞、陈书军）

18. 数据挖掘技术在互联网视音频节目监测系统中的应用（浙江省广播电视监测中心 王戎、张侃良）

19. 起“高屋建瓴”之势，迎“三网融合”朝阳（宁波数字电视有限公司 徐鸿乾、胡定颉、林灵、王晨明）

三等奖

20. 数字音频控制系统的设计与应用（浙江广播电视传输发射中心 贺海燕）

21. 调频广播的互调干扰和消除措施（浙江广播电视传输发射中心 张益新、胡晓鸣）

22. 基带EOC技术在有线电视HFC网络双向改造中的应用（浙江省广播电视科学研究所 洪小钢）

23. 硬盘播出子系统值机实践（海盐县广播电视台 汤丽琴、郁晓峰）

24. 县级台数字电视前端平台的运行实践（海盐县广播电视台 陈全军、李恳、杨波、周文浩）

25. 浅谈卫星天线在安装调试中的几点建议（桐乡市广播电视台 李伟）

26. 导致同洲CDVBC5120数字有线机顶盒故障的因素分析（桐乡市广播电视台 李伟、张艺）

27. 数字电视平台故障排查几例（湖州华数数字电视有限公司 肖慧娟、张银林）

28. 湖州市数字电视前端监测系统改造设想（湖州华数数字电视有限公司 赖玮娜、赖云祥）

29. 有线数字电视整转故障分析与对策（德清县广播电视台 徐海泳）

30. 关于县级乡镇数字化双向化网改的一些思考（德清县广播电视台 杨国平）

31. 县（市）电视台如何应对数字化浪潮（缙云县广播电视台 周文松）

32. EPON技术在县乡广播电视网络改造中的探讨（缙云县广播电视台 周文松 王梅亮）

33. 对有线电视横条干扰的再认识（丽水华数数字电视有限公司 李元健）

34. 丽水广电MSTP传输网的应用（丽水华数数字电视有限公司 占朝华）

35. 永嘉有线数字电视前端系统技术方案（永嘉县广播电视台 陈新浙）

36. 介绍一种新型调频广播发射机（永嘉县广播电视台 邬寿林）

37. EPON在广电双向改造的应用（洞头县广播电视台 周军）

38. 广播现场直播与现场音响（杭州市萧山广播电视台 张伟明、韩列平）

39. 广电新业态—“三网融合”的竞争与发展形势探讨（华数数字电视传媒集团有限公司 张卫）

40. 未来的方向：GPON和EPON之争（宁波数字电视有限公司 龚琦峰）

41. 电视播控系统的设计与思考（慈溪市广播电视台 张登尔、洪 涛）

42. 采用MSTP设备组建宁波市广电四区市环网（鄞州区广播电视台 陈成）

43. 浅谈数字影院声频处理器的数字隔离技术（上虞市电影发行放映公司 王炎灿）

44. 机顶盒维修中心运营机制的创新实践（中广有线绍兴县分公司 马汉良）

45. 关于嵊州市广播电视总台摄录设备数字化改造的思考（嵊州市广播电视台 吕玉江）

46. TDMA动态时隙分配在EOC上的应用（衢州市广播电视总台 陆良贤、顾士平、吴军基）

47. 浅谈手机操作平台与开发（舟山广播电视总台 韩根祥）

48. 县市级农村广播室现状与对策（海宁市广播电视台 陆利根、孙海东、沈国芳、顾群峰）

49. 光纤光缆网的工程建设和管理（桐乡市广播电视台 李伟）

50. 县级电视台“防非”安全播出监控系统选型要求及设计方案（平阳县广播电视台 白徐潮、黄强、马显旺）

51. 二级存储的性能分析（诸暨电视台 吴铁华）

浙江广播电影电视局 2011 外事

【涉外工作概况】

2011 年,浙江省广播电影电视局(简称"省广电局")自组出国团组 4 批 34 人,其中一批为培训团组。

【浙江省广电局考察团访问芬兰、瑞典】

2011 年 7 月 10 日至 19 日,应芬兰大众明天传媒公司和瑞典 NET 公司邀请,以省广电局副局长王国富为团长的浙江省广播电影电视局考察团一行 5 人,对芬兰、瑞士进行考察访问。

在芬兰,考察团拜会大众明天传媒公司高层,了解北欧广播影视产业发展情况及欧洲受众的收听收看习惯等。在考察芬兰大众明天传媒公司期间,考察团团长王国富与芬兰大众明天传媒公司首席执行官赵亦农达成了三个初步合作意向:今年下半年着手开办一个中国影视展,在国际上的影响力争取能赶上戛纳电影、电视节,共创一个宣传中国的影视平台;合拍一部有深刻意义的影视剧;积极创造条件,合建一个北欧影视基地。

在瑞典,考察团访问 NET 公司总部,NET 负责人专门介绍了公司市场发展趋势,还向考察团介绍了未来一年和三年需要研发的产品,以及未来十年所研发的方向。考察团看到了数字时代的最新产品,了解到最新技术发展方向,交流了技术问题,考察团希望有机会能与公司技术专家作进一步技术交流,能为浙江地方广播电视台提供最先进的技术设备。

【省广电局赴法国、奥地利、瑞士开展影视文化国际交流】

浙江省广播电影电视局局长张宝贵率浙江广电代表团一行 5 人于 2011 年 10 月 3 日至 10 月 13 日赴法国、奥地利、瑞士三国开展广播影视文化国际交流活动。代表团参加了法国戛纳电视节,访问了奥地利联邦新闻署、拜会奥中友协,考察了瑞士 EVP 电视制作公司,加强了国际文化交流与合作,推动了浙江省影视文化产品和服务走出去。

此次浙江省广电局与浙江省商务厅、中国国际动漫节展办首次以省为单位联合组织浙江华策、中南卡通、博采传媒等 15 家民营影视动画公司携 320 部作品参展,以"浙江影视"概念设展位 23 个,面积 130 多平方米。展会期间,我省参展企业与来自加拿大、意大利、西班牙、德国、美国、新加坡、韩国等国家的采购商开展 200 余场洽谈,现场签约 20 个,达成初步意向 60 个,涉及交易金额 1585 万美元。代表团会晤了戛纳电视节组委会,双方深入交流版权交易、知识产权、国际市场诉求等问题。张宝贵局长接受《欧洲时报》记者专访,详细介绍浙江影视制作及对外交流合作情况。《欧洲时报》、新华社驻巴黎记者专题采访浙江影视亮相戛纳,展会官方新闻《MIP-NEWS》连续两天报道我省影视参展企业取得的成果，其中题为“中国浙江——3D 动画电影的合作伙伴”高度评价浙江动画在技术制作、营销模式已经接轨国际，跻身国际先进制作行列。国内媒体《中国日报》、《中国电视》、《浙江日报》、浙江卫视等均作了报道，扩大了浙江影视产品的国际影响力。

在奥地利，代表团会晤了奥地利联邦新闻署署长 Woifgang Trimmel 先生，张宝贵局长向他们介绍了中国经济文化发展及浙江的经济社会发展和当代浙江人的物质文化生活、价值取向和精神追求情况。双方在友好交流中达成三点共识：一要加强交流互信，积极探索建立平等互利、共同发展、合作共赢的长期合作机制。二要深化合作领域，充分利用新技术新媒体新资源拓宽合作领域，不断拓展双方广播电视节目合作范围。三要逐步务实推进合作项目，在纪录片拍摄制作方面可先行积极谋划合作选题和路径。

在瑞士，代表团访问考察的 EVP 电视制作机构，它是瑞士法语区最大的一家电视制作机构，主营业务包括录制各类大型体育赛事、音乐节目、时政会议等。代表团与该公司管理层就节目制作与播出的高度分离，节目制作有效节约人力和机器成本等问题进行座谈。

【浙江广播电视业务管理团赴美国培训】

2011 年 10 月 4 日至 10 月 23 日，应美国密苏里大学新闻学院邀请，浙江广播电视业务管理培训团一行 18 人赴密苏里大学新闻学院培训，参加培训的学员主要是市县级广播电视业务管理人员。其间，培训团一行主要听取了美国电视媒体概况介绍，听取了电视产业媒体融合与新媒体发展战略、传媒整合营销与品牌管理、娱乐节目对电视的影响、广告销售与市场、KOMU 电视台的运营和管理等 5 个专题讲座，实地考察了 KOMU 电视台、ABC 电视台“早安美国”早间新闻栏目、CBS 电视台新闻秀节目制作以及凤凰卫视美洲总部等主流媒体，并与之进行了广播电视业务交流。

【省广电代表团访问英国、德国、法国】

浙江省广播电影电视局副局长马乐其率浙江广电代表团一行 6 人于 2011 年 11 月 10 日至 10 月 19 日赴英国、法国、德国三国进行考察。

考察团访问了英国伦敦的凤凰卫视欧洲台有限公司、法国巴黎的 BFM 广播公司、德国科隆的 RTL 广播公司。在考察中，主要采取听介绍、看现场、座谈交流等方法，广泛地与三国同行进行面对面的接触沟通，比较具体地了解被考察单位的真实情况，双方对广播影视节目制作、传播、营销一体化模式及管理人才队伍培训计划签订意向协议书。

浙江广播电视集团 2011 年外事工作概况

浙江广播电视集团 2011 年度因公出国（境）工作紧密围绕加快新一轮发展的基本战略，本着“精简、节约、务实、高效”的原则，与境外媒体机构开展多层次、宽领域的交流与合作，以分享成果、共谋发展、互惠共赢的姿态，着力扩大集团广播电视品牌的国际影响力与美誉度，有效提升对外交流工作之于集团总体发展的积极意义。截至年底，集团共派遣 43 批 183 人次分赴 30 个国家（地区）执行采访拍摄、媒体交流、技术研讨等形式多样、内容丰富的公务活动，出访团组总数较去年同期下降 17.4%。同时，我方共接待 6 批 53 人次来自全球 17 个国家（地区）的传媒界同行及华侨代表。上述一系列外事活动战略清晰、目标明确、方法科学，较好地达到了广交朋友、拓宽渠道、增进互信、加强交流的效果。

1. 积极组织实施赴境外拍摄项目

为充分体现海峡两岸同源同种、传承中华文化的历史意义，深入展示海外浙商群体创新创业的激情感悟，着力反映浙江经济社会发展的长足进步，表达广交朋友、共谋发展的良好愿望，集团精心组织实施了一批赴境外拍摄项目，并充分发挥媒体优势，积极协助我省有关部门开展对外交流。

今年 5 月，集团组建摄制组赴台湾直播报道《富春山居图》合璧展览盛况，折射跨越海峡的文化精髓与骨肉亲情。9 至 10 月，集团派遣 2 批摄制组分赴西班牙、法国、瑞典、荷兰、意大利等国拍摄电视专题片《世界浙商地图》，展现这一特殊群体在激烈国际竞争格局中的敏锐与实干、坚守与创新以及敢为人先的精神世界，总结梳理他们的成败得失并给更多的浙江人以启迪。同时，集团还先后派遣人员随省政府、外宣办组团赴美国、加拿大、台湾等国家和地区采访报道招才引智、经贸往来、文化交流等重大活动，有效提升了浙江在国际相关领域的影响力与辐射力。

2. 着力培育构建与境外主流传媒的互惠合作机制

加强外宣阵地建设，提升国际传播能力，增强双边互信，谋求共赢发展，这是建立长效稳定的互惠合作机制，形成与我有利的对外交流新格局的重要内容。今年以来，集团分别组团出访澳大利亚、新西兰、印度、印尼、马来西亚、巴西、加拿大、古巴等一些传媒发展较具特色、双边交流较为密切的国家，与澳大利亚华夏传媒集团及 Fetch TV、新西兰华人电视台、印尼星洲日报、马拉西亚 DETV、巴西 Jundiai 电视台、加拿大新时代电视等一批境外主流或重要的华人广播电视媒体在机构管理、产业运营、平台拓展、内容交流、品牌建设、人员互访等诸多领域开展了坦诚友好、富有成效的合作洽谈。

各代表团与境外合作方共同研究制定“本土化”策略，努力探索在内容生产、成本控制、覆盖传输等领域的新途径、新方法，依托当地媒体的人力、技术、网络等资源，逐步完善现有外宣节目体系，使其更具针对性、接近性和亲和力。同时，中外双方还就高清电视、IPTV、网络融合、互动传播等广播电视行业新兴领域的发展趋势及应对之道进行了深入交流，相互借鉴成熟经验，积极评估合作前景，通过不断增强的双边互信，持续深化的互惠合作，逐步建立起符合集团战略利益与发展需求的境外合作与传播机制。

3. 大力推进开展广播电视媒体技术交流

为进一步提升集团在平台建设、装备使用、维护保障、技术研发等领域的实际能力，今年以来，集团先后派遣技术人员分赴美国、加拿大、荷兰、德国、比利时、南非等国，与朗沃、艾维兹、哈里斯等广播电视装备制造企业与传输服务商就集团所购设备的使用及维护，参数能力的改进与升级等开展深入的业务研讨，为集团今后的设备采购、技术升级、人才培养等工作提供有益借鉴。

4. 认真完成外事接待任务

今年以来，香港电讯盈科媒体集团、西澳中华总商会、阿拉伯国家广播电视记者研修班、日本福井县观光营业部、塞浦路斯新闻代表团、韩国光州文化放送代表团等先后到访集团。集团领导、相关部门和单位负责人、业务骨干等与来访宾客进行了全面深入的交流，共同探讨了广播电视的行业现状、机构管理、品牌培育、渠道拓展、团队建设等，并邀请参观新建的数字演播厅、广播直播室，观摩新闻内容的采制流程等。

通过认真做好外事接待，既充分展现了集团的快速发展及综合实力，又增进了与到访机构的互信友谊，为集团进一步拓展外宣渠道，加强人员及节目领域的交流与合作提供了良好契机。

【浙江广播电视集团 2011 年度因公出国交流情况】

1. 2 月 4 日至 14 日，集团编委周羽强赴意大利、法国参加中国青年歌手吕薇“江南红——中国绿”公益演唱会，并与意法两国传媒机构研究当地媒体市场对于中国历史地理、民俗文化等节目内容的潜在需求。

2. 2 月 25 日至 3 月 27 日，国际频道编导曹岳枫、摄像邱晨赴法国拍摄电视系列片《华人天地》第二期，采访关注集美集团董事长赵婷婷、文成联谊会会长洪震波、天球集团总裁蔡国伟等二十多位侨界精英的创业历程与生活现状。

3. 3 月 26 日至 4 月 5 日，程蔚东总编辑率团赴澳大利亚、新西兰、印度三国访问，先后与 Fetch 电视台、新西兰华人电视台就机构运行、内容生产、品牌建设、渠道拓展等事宜开展交流，并商谈深化合作事宜。代表团还拜访了我驻印大使馆，深入了解南亚地区传媒市场发展态势。随同出访人员包括广播音乐调频总监裘永刚、电视经济生活频道副总监沈健、广播音乐调频节目策划吴晶瑾、电视民生休闲频道主持人朱亚丽。

4. 4 月 9 日至 19 日，浙江影视（集团）有限公司总经理倪政伟出访法国、英国，参加第 48 届戛纳电视节（MIPTV）并与陈氏传媒、普罗派乐电视台就欧美主流媒体娱乐影视节目的样式及运作方式进行研讨。

5. 4 月 11 日至 20 日，中波发射管理中心主任李瑞明赴美国、加拿大观摩 2011 全美广播电视设备展（NAB），并与我集团重要合作伙伴——哈里斯公司的技术人员就设备维护、技术升级等事宜进行全面深入探讨。

6. 5 月 9 日至 5 月 20 日，王同元总裁率团出访澳大利亚、印尼、马来西亚，深入调研华夏传媒集团、星洲日报、至爱中文电视等主流华人媒体在多元化内容架构、本土化传播策略、多平台融合渠道建设等领域的成熟做法与经验，积极推动建立发展互惠互利的常态性双边交流合作机制。随同出访人员包括国际频道总监朱进萱、集团人事管理部主任郦海瑾、集团计划财务部主任冯钟鸣、集团科技管理部副主任袁克东、集团办公室外事科科长顾中。

7. 5月9日至19日，行政管理部主任赵五一，电视制作中心副主任吕小田、调研员吴新如、科长周燕、录音师谢颖出访澳大利亚、新西兰，与哈里斯公司及Gencom公司的技术团队和管理高层开展业务探讨及技术交流。

8. 5月下旬，梅地亚新闻交流中心许珊珊、陈慧玲、夏杭新随省饭店业协会组团赴澳大利亚考察外方酒店先进的运营管理模式，重点关注餐饮业务领域的成熟经验及做法。

9. 5月24日至6月3日，浙江广播电视传输发射中心主任丁清槐、副主任郑红哲、办公室主任徐辉，集团行政管理部调研员唐家明出访德国、土耳其，与罗德与施瓦茨公司就系统集成、设备使用、技术维护及采购合作等事宜进行交流。

10. 5月27日至6月5日，浙江卫视新闻中心记者陈文盛随省政府组团赴美国、加拿大采访报道我省海外招才引智活动。

11. 6月19日至7月18日，国际频道魏潇、薛荣伟赴法国拍摄电视系列片《华人天地》第三期，通过生动鲜活的记录，展现在法华侨吃苦耐劳、坚韧不拔的奋斗精神以及爱国爱乡、守望扶持的生存理念。

12. 7月12日至25日，浙江卫视新闻中心记者程波、钱挺随省政府组团赴美国采访报道“浙江省——新州结好30周年庆祝大会”、“2011浙江省——印州经贸洽谈会”、浙江摄影图片展、浙江图书展等一系列经贸文化交流活动。

13. 7月14日至29日，电视经济生活频道记者李秀芬、丁杭、陈雁岚、郑煦杨赴希腊雅典、克里特岛等地拍摄新闻专题片《海外长城》，关注浙商这一特殊群体在我国从利比亚大规模撤侨期间敢于奉献，用于担当的动人故事。

14. 7月31日至8月6日，浙江卫视新闻中心记者孙宇随国新办组织的中国青年媒体工作者代表团赴日参加新闻交流活动，与日主流媒体就环保、教育、时尚等主题开展形式多样、内容丰富的业务交流，并通过实地走访进一步了解日本的风土人情、民俗习惯等。

15. 8月6日至15日，广播音乐调频记者王绯、黄振、杨旭赴瑞士、意大利采访报道琉森国际音乐节，并深入当地寻访民歌民谣，制作“寻访原生态的声音”特别节目。

16. 8月10日至20日，电视教育科技频道记者张昕、张明随省外办、省教育厅等有关部门组团赴澳大利亚拍摄我省高中生赴西澳州友好交流访问活动，制作《2011体验西澳》特别节目。

17. 8月24日至31日，浙江卫视新闻中心记者金侹随共青团中央组织的中国青年代表团赴日进行友好访问，实地走访了解日本的风土人情、民俗习惯等，并与日方青年代表开展形式多样、内容丰富的文化交流。

18. 9月6日至26日，浙江卫视副总监杜昉等20人赴美国密苏里大学新闻学院参加媒体培训课程，并走访美国广播公司(ABC)、福克斯(FOX)、全美广播公司(NBC)及其财经频道(CNBC)等主流广播电视机构，与美国媒体同行就战略策划、节目创作、市场营销、平台融合等进行了深入交流。

19. 9月9日至18日，广联有线电视传输中心副主任周勤、高级工程师刘小源、工程师杨英、助理工程师陈芸，集团安保部助理调研员邢有进赴荷兰、德国参加2011年度欧洲广播电视博览会（IBC)，并与德国之声广播公司就数字音频广播、有线电视宽带综合业务等进行深入交流。

20. 9月16日至26日，浙江广播电视发展总公司副总经理何金道、集团科技管理部副主任胡键巧、广播电视传输发射中心副科长张益新、电视制作中心高级工程师潘析非赴美国、加拿大，与Wohler科技有限公司及 Evertz 微处理系统有限公司就我方已购产品的维护、升级等事宜进行深入交流，并通过观摩了解外方技术储备及产品研发的实际情况，明确今后的双边合作领域及模式。

21. 9 月 17 日至 28 日，中波发射管理中心副主任章杰、科长王绯出访南非、塞舌尔、土耳其，分别与 Concilium 科技公司、塞舌尔广播公司及土国主流广电传媒机构就数字地面广播、系统整转及平台建设事宜进行交流探讨。

22. 9 月 18 日至 9 月 29 日，集团副总裁何跃新率团出访加拿大、古巴、巴西，与新时代电视评估我集团优质节目资源在加覆盖及传播实效，明确拓展双边合作框架的具体途径，同时与哈瓦那电台、圣保罗 Jundiai　TVE 电视台等当地主流媒体增进相互了解、建立战略互信，推动互惠交流与合作。随同出访人员包括集团管委、办公室主任姚休，少儿频道总监李勤勇，广播音乐调频副总监谢水免。

23. 9 月 21 日至 24 日，浙江卫视节目中心制片人冯军，编导严冰、张航希，摄像谢民、管琰，主持人胡乔华、左岩、凌晗等赴日本拍摄《爽食行天下》特别节目，探访日本横滨作为"世界美食天堂"的都市风范及魅力。

24. 9 月 28 日至 10 月 15 日，电视经济生活频道副总监孙剑忠，记者马亮、田卫民、申屠露茜赴西班牙、法国拍摄《世界浙商地图》，以走读和寻访的形式真实记录海外浙商创业、立业、不断拓展商业版图的历程，深刻反映浙商海外创业的魄力和胆识，展现他们的生存状态与心路历程。

25. 10 月 2 日至 21 日，电视经济生活频道制片人庄克伟、记者吴晓慧、路毅、胡晶赴瑞典、荷兰、意大利拍摄《世界浙商地图》，以全球化的视野关注海外浙商的创业创新，展现这一特殊群体在激烈国际竞争格局中的敏锐与实干、坚守与创新以及敢为人先的精神世界，总结梳理他们的成败得失并给更多的浙江人以启迪。

26. 10 月 5 日至 14 日，广播城市之声副总监任敢民，主持人刘超、赵斐，国际频道广播节目部主任张星出访加拿大、美国，与汇声广播华侨之声电台联合制作特别节目，展示我省经济社会发展成就及民风习俗、文化地理，同时与美国鹰龙传媒有限公司增强外宣节目的覆盖推广、开展受众调研等事宜进行深入洽谈。

27. 10 月 11 日至 11 月 1 日，浙江卫视新闻中心记者张宏随广电总局组织的媒体代表团赴日参加广播电视防灾预警与应急报道研修班，并走访 NHK、国土资源省、东京都防灾中心等机构，学习日本广播电视防灾预警和应急报道方面的成功经验，提高我方广播电视机构灾害应急报道、应急管理水平及从业人员职业素质等。

28. 10 月 13 日至 22 日，广播电视服务中心副主任陈胜旗、浙江卫视技术中心工程师葛俐、电视制作中心科长厉剑平出访美国，与全球知名的在线图文包装企业 Chyron 公司洽谈双边合作，并赴香港参加由 Snell 公司组织的关于 Kahuna 高清 / 标清切换转播台使用技巧的专项研讨会。

29. 10 月 28 日至 11 月 30 日，国际频道副总监高枫、记者程泠、摄像邱晨赴法国、意大利拍摄电视系列片《华人天地》第四期，对当地 20 余位具有代表性的各界华侨人士进行采访拍摄，展现艰苦创业的激情与心系祖国的情怀，并与中谊传媒等境外合作方就继续深化联合制片等领域的互惠合作进行洽谈。

30. 10 月 30 日至 11 月 9 日，世纪传媒人才开发有限公司副总经理孔巍，集团计划财务部主任助理吴晓明，电视制作中心工程师方稼华、刘莺、王文杰、王志刚出访比利时、德国，分别与 EVS 广播设备股份有限公司及朗沃股份有限公司就媒体伺服器、数字调音台等专业广电设备的使用和维护事宜进行业务交流。

31. 10 月 31 日至 11 月 4 日，电视教育科技频道记者张婴、吴七一、楼菊英赴朝鲜拍摄新闻特别报道《60 年的思念》，讲述抗美援朝烈士及其家属的故事，展示中朝两国用献血凝成的友谊之树万古长青，体现主流价值观，进一步增进两国人民的深厚友谊。

32. 11月25日至12月4日，浙江广播电视发展总公司总经理朱益中、集团人事管理部调研员王军才随中广国际组团出访南非、阿联酋，了解当地广电体系运行及政府管理模式，同时在技术质量监管、网络技术运营与创新方面开展深入交流，努力推动建立惠及双边的交流合作机制。

33. 12月12日至18日，浙江之声记者林丽平随国新办组织的中国青年媒体工作者代表团赴日参加环保、教育、时尚等主题的新闻交流活动，增进了解，深化友谊，拓展合作。

34. 12月1日至12日，集团总编室调研员沈蔚琴随省视协组织的浙江电视艺术代表团出访澳大利亚、新西兰、斐济，学习借鉴大洋洲电视传媒开发及生产、推广领域的先进运作模式和操作方式，推动实施联合制作旅游人文节目的双边合作计划。

【浙江广播电视集团2011年度与港澳台地区交流情况】

1. 3月14日至4月3日，浙江卫视节目中心冯军等16人赴香港拍摄拍摄旅游美食节目。《爽食行天下》，在香港迪士尼五周年庆典欢庆气氛的烘托下，展现香港作为亚洲最佳美食之都的精华与风采。

2. 4月7日至14日，浙江卫视新闻中心主任陈巍峰、主持人郝雪彬，浙江之声记者顾新文随省政府新闻办组团赴台湾参加交流活动，以加强与台岛内媒体的联络沟通，为之后浙江省代表团赴台参访做好准备。

3. 5月下旬，浙江卫视新闻中心副主任赵林，记者王征宇、孟文林、龚奇、杨川源、李阳、沈弘宇、桑海斌、王一冬，技术中心助理工程师孔犇等赴台湾，以“传世名画、传承两岸情”为主题，全程报道“剩山图”与台北故宫博物院“无用师卷”数十年后的首度同台亮相，充分展现海峡两岸同源同种，携手传承发展中华传统文化的历史意义。

4. 5月下旬至6月上旬，浙江卫视新闻中心记者程波、胡群芳、许婷、卜晔临、钱挺、黄利伟，技术肖伟，浙江之声记者王浩随省政府组团赴台湾采访报道“2011浙台交流活动”。

5. 10月26日至30日，浙江卫视节目中心副主任陈伟、制片人冯军等16人赴香港拍摄《爽食行天下》特别节目，深入探访当地的大街小巷，从“米其林”星级餐厅到平民化街头小店，从精致欧陆料理到粥粉面饭等经典粤式风味，充分展现亚洲美食之都的迷人魅力。

6. 11月6日至13日，浙江卫视新闻中心记者张炯随省小百花越剧团赴台湾采访报道《梁祝》等经典剧目演出及文化交流等活动。

7. 11月28日至12月6日，集团总编辑程蔚东率团赴台湾、澳门参加第五届3+3传媒论坛及澳门国际电影电视节展活动，关注了解传媒行业发展动态，拓展影视制作传播领域的互惠交流与合作。随同出访有集团编委、总编室主任庄临安，集团编委、浙江卫视总监夏陈安，集团编委、浙江之声总监张勤，新蓝网总编辑钱黎明。

8. 12月下旬，浙江卫视新闻中心记者夏学民、周虞随中华全国新闻工作者协会组团赴台采访，以加深对台湾志工参与情况的了解，增强海峡两岸新闻交流。

9. 12月下旬，浙江卫视新闻中心记者叶蔚、李禹廷，浙江之声记者秦晓峰随省旅游局组团赴台考察采风，深入了解岛内社情民意，增进海峡两岸交流与互信。

【浙江广播电视集团2011年接待境外来访人员情况】

1. 4月2日，党委书记、总裁王同元会见了来访的香港电讯盈科媒体集团主席陈祯祥一行。宾主双方在友好坦诚的气氛中，增进相互了解，共享运营经验，并探讨了在节目交流及IPTV营销领域开展互惠合作的可行性。与陈祯祥一同前来的还有盈科集团Now卫星台兼内地事务拓展总监陈富华、节目制作经理贺志良等。我集团副总裁杨勇，编委委员、总编室主任庄临安，国际频道总监朱进萱参见了会见。

2. 6月10日，西澳中华总商会会长陈超群一行6人到访集团。党委书记、总裁王同元向澳方客人介绍了集团概况及媒体发展的总体态势，并听取了有关在澳华人华侨积极推动当地经济社会发展的情况介绍。双方均表示将进一步增进交流，推动互惠合作。集团管委、办公室主任姚休，集团人事部主任郦海瑾，国际频道总监朱进萱等参加了会见。

3. 7月15日，集团副总编辑董传亮会见了阿拉伯国家广播电视记者研修班一行30人。双方以"媒体融合时代的挑战与应对"为主题，深入探讨新媒体业务开发、三网融合推进等领域的经验与做法。集团总编室仇琼副主任、浙江卫视党总支书记屠荣根、浙江之声副总监来钧等参加了会见。

4. 7月27日，日本福井县观光营业部企画干山田贤一一行3人到访集团。集团管委、办公室主任姚休与日方共同回顾了两省县在媒体交流、人员互访领域的密切合作，并表达了继续加强传统双边友好，促进媒体深化合作的良好愿景。国际频道总监朱进萱、集团办公室副主任李艳参加会见。

5. 12月6日，塞浦路斯新闻代表团一行7人到访集团。集团副总裁沈金加向外宾介绍了我方在机构运行、产业经营等领域的相关情况。宾主双方还就广告营销、市场拓展等事宜进行深入交流。集团产业发展部主任高子华、浙江之声副总监来钧、浙江卫视营销中心副主任楼志岳参加了会见。

6. 12月12日至15日，韩国光州文化放送事业发展局局长朴栋粲一行2人到访集团，与电视钱江都市频道洽谈联合举办魔幻艺术3D展事宜。

【省际之间交流】

1. 1月11日，解放日报报业集团党委书记、社长尹明华一行来集团考察学习。集团党委书记、总裁王同元，党委委员、副总编辑顾顺坤，管委委员、办公室主任姚休，编委委员、浙江卫视总监夏陈安，编委委员、总编室主任庄临安与来访客人进行了座谈。

2. 3月17日，江苏省广播电视总台广播传媒中心经营副总裁曹勇一行来集团考察学习，了解集团广告运营与监管，绩效考核、财务管理等方面的内容。集团管委委员朱建华，集团总编室、计划财务部、广告管理中心、广播交通之声等部门相关负责人参加了座谈。

3. 3月23日，河北电视台台长范红潮一行来集团考察学习，集团副总编辑顾顺坤，集团办公室、总编室、人事管理部等部门的相关负责人参加了座谈。集团总裁王同元、副总编辑施泉明参加了宴请。

4. 3月25日，福建省广播影视集团党组成员、副董事长陈坦汶一行来集团考察学习，了解集团广播运行情况。集团副总编辑董传亮，集团办公室、总编室、广告管理中心，浙江之声，广播城市之声等部门的相关负责人与客人进行了交流。

5. 4月14日，来自我省对口支援地区——新疆阿克苏地区和新疆建设兵团农一师(阿拉尔市)的广播电视和报社系统48名学员来集团参观考察，其中6名广电系统专业人员在集团进行为期两个月的挂职学习。

6. 4月19日至21日，重庆广电集团(总台)总台台长助理詹卡一行来集团学习考察，了解广播管理体制和广告经营等情况。集团副总编辑董传亮，集团总编室、广告管理中心，浙江之声、广播交通之声、音乐调频等相关负责人参加座谈。

7. 4月27日，广东南方广播影视集团总编辑陈一珠一行来集团考察，了解频道制管理和广告经营等内容。集团总裁王同元、总编辑程蔚东、副总编辑董传亮、编委委员庄临安，集团办公室、总编室、产业发展部、广告管理中心等相关负责人参加座谈。

8. 5月5日，厦门广电集团纪委书记封斌林一行来集团学习考察，了解中国(浙江)观众节以及集团品牌建设、广告管理、制度考核等相关情况。集团纪委书记赵力平，集团办公室、总编室、人事部的相关负责人参加座谈。

9. 5月24日，青海省广电局副局长许秀中一行来集团考察广告经营、广播电视报运营等相关情况。集团副总编辑顾顺坤，集团广告管理中心、浙江城市广播电视报社等单位相关负责人参加座谈。

10. 5月24日，福建广播影视集团党组成员、纪检组长郑赞松一行来集团考察，了解纪检监察工作相关情况。集团纪委书记赵力平，集团监察审计室相关负责人参加座谈。

11. 5月26日，中国教育电视台副台长兼总编辑陈力一行来集团学习考察，了解卫视栏目评价体系、人力资源管理等相关情况。集团副总编辑顾顺坤，管委委员、办公室主任姚休，集团办公室、总编室、浙江卫视等单位相关负责人参加座谈。

12. 6月8日，河南电视台台长王少春一行来集团学习考察节目创新、编排，人事、财务管理以及广告经营等相关方面的情况，集团总裁王同元，副总编辑顾顺坤，纪委书记赵力平，副总裁何跃新等出席座谈会。

13. 7月4日，中国农业电影电视中心副主任林亚东一行来集团学习考察高清制作网、高清演播室、媒体资产管理等相关方面的情况，集团副总裁杨勇，科技管理部、电视制作中心、资源研发中心、卫视技术中心等相关负责人参加座谈。

14. 7月13日，黑龙江电视台台长刘玉平一行前来集团考察体制机制运营、频道及节目建设、产业发展和文化建设等方面情况。集团总裁王同元，副总裁杨勇，管委委员、办公室主任姚休，编委委员、浙江卫视总监夏陈安，编委委员、总编室主任庄临安，集团办公室、总编室、人事管理部、科技管理部、浙江卫视等相关人员参加座谈。

15. 7月15日，北京电视台党委副书记、常务副台长窦晓东一行前来集团考察发展规划、节目生产、新媒体、技术、广告经营、产业发展、队伍建设等方面情况。集团副总编辑顾顺坤，集团办公室、总编室、人事管理部、计划财务部、科技管理部、新蓝网等相关负责人参加座谈。

16. 8月22日，中国卫星通信集团有限公司总经理卓超一行前来集团考察相关事宜，集团总裁王同元，副总裁杨勇，集团办公室、科技管理部、传输发射中心等部门相关负责人参加座谈。

17. 10月11日，青岛广播电视台党委书记、台长张相逢一行来集团对电台事业发展情况进行考察。集团副总编辑董传亮接待了来访客人，集团总编室、各广播频道、新蓝网相关负责人参加座谈。

18. 10月18日，中共青海省委宣传部副部长、青海广播电视台党委书记夏学平一行来集团对演播室规划、队伍建设、制度建设等内容进行考察。集团总裁王同元，副总编辑顾顺坤，副总裁杨勇会见了来访客人。集团办公室、人事管理部、科技管理部相关负责人参加座谈。

19. 10月22日，新疆和田地区广电局党组书记、副局长亚力昆·阿不都热衣木一行对集团进行考察，双方就事业发展、交流合作等方面事宜进行了沟通。集团总裁王同元，总编辑程蔚东，副总裁何跃新参加了会见。

20. 11月17日，北京电台党委书记、台长汪良一行来集团考察电台事业发展情况。集团副总编辑董传亮会见了来访客人。集团总编室、人事管理部、计划财务部、浙江之声、城市之声等部门负责人参加座谈。

21. 11月25日，新疆电视台党委书记徐樟梅一行来集团考察机制体制、节目生产、财务管理等内容。集团总裁王同元，副总编辑顾顺坤，副总裁何跃新会见了来访客人，集团办公室、总编室、人事管理部、计划财务部、行政管理部、广告管理中心等部门的负责人参加座谈。

22. 12月13日，上海文广集团党委副书记、纪委书记沈佐平一行来集团考察党风廉政建设等情况。集团总裁王同元，纪委书记赵力平会见了来访客人，集团办公室、监察审计室等相关负责人参加座谈。

2011年浙江省广播电影电视业发展概况

2011年，全省广播影视战线在省委、省政府的领导下，坚持以科学发展观为指导，以增强传播影响力为核心，以深化改革创新为动力，以落实惠民服务为目标，着力提高舆论引导水平、着力构建公共服务体系、着力转变发展方式、着力加强和改进管理，广播影视各项工作继续保持了积极健康向上的发展态势，为顺利实施“十二五”发展规划打下了坚实的基础。现将全省2011年广播影视业发展指标的统计数据说明如下：

一、全省广播影视行业主要指标、数据

全年制作广播节目455373小时，制作电视节目181278小时。全年制作电视剧76部2553集，制作动画电视810小时24分钟。

全年经营总收入204.37亿元(含电影票房收入9.75亿元)，比上年增长16.04%；实现增加值68.89亿元，比上年增长37.23%；全行业资产总额为411.10亿元，比上年增长14.24%。

全行业从业人员为39933人，比上年增加3000人。

(一)广播电视宣传情况

1. 广播

2011年底全省共有广播电台78座，其中省级1座、地市级11座、县(市、区)级66座。全省广播节目套数包括省、市、县级公共广播节目共为107套。

(1)节目播出情况：全省全年公共广播节目播出时间共计713198小时。平均每日播出时间1953小时58分钟。在全年公共广播节目播出时间中，按节目类型分：新闻资讯类节目占19.72%、专题服务类节目占24.71%、综艺类节目占25.04%、广播剧类节目占3.66%、广告类节目占10.16%、其他类节目占16.71%。按节目来源分：转中央台节目占7.05%、转省级台节目占6.07%、转地市级台节目占3.21%、自制节目占75.01%、购买交换节目占8.66%。

(2)广播节目制作情况：全年制作广播节目共计455373小时29分钟，被中央台采用广播节目3204条。

2. 电视

2011年全省共有电视台78座，其中省级1座，地市级11座，县(市、区)级66座。全省电视节目套数包括省、市、县级公共电视节目共为116套，其中付费电视节目2套。

(1)节目播出情况：全省全年公共电视节目播出时间722036小时。平均每日播出时间1978小时10分钟。在全年公共电视节目播出时间中，按节目类型分：新闻资讯类节目占11.99%、专题服务类节目占10.07%、综艺益智类节目占5.51%、影视剧类节目占44.44%、广告类节目占16.97%、其他类节目占11.02%。按节目来源分：转中央台节目占3.07%、转省级台节目占1.66%、转地市级台节目占0.04%、自制节目占39.75%、购买交换节目占55.48%。

(2)电视节目制作情况：全年制作电视节目共计

181277 小时 57 分钟，被中央电视台采用电视节目 2594 条。

2011 年全省制作电视剧 76 部 2553 集。

2011 年制作动画电视 810 小时 24 分钟。

(3)电视节目交易情况:电视节目交易情况:全年全省电视节目国内销售额 11.87 亿元,其中:社会影视机构全年电视节目国内销售额 10.71 亿元,占全省电视节目国内销售额的 90.23%。

3.电影

2011 年全省制作电影 38 部。

2011 年底,全省院线内影院 160 家,其中县级城镇多厅影院 63 家;院线内影院放映厅 796 个。

2011 年全省观影人数达到 2624 万人次，院线内影院票房收入 9.75 亿元,与去年同比增长 36.5%。农村电影放映工程送电影下乡 29.9 万场,农村电影数字有限公司 12 家,农村数字电影放映队 810 个。

(二)广播电视传输与覆盖情况

2011 年全省广播电视传输覆盖基础设施建设,以城乡有线广播电视网络整体转换和双向化改造为重点,继续稳步推进。全省广播、电视综合覆盖率继续上扬。

广播人口综合覆盖率 99.20%,比上年提高 0.03 个百分点。中央广播节目覆盖率 98.40%,比上年提高 0.14 个百分点。

电视人口综合覆盖率 99.38%,比上年提高 0.03 个百分点。中央电视节目覆盖率 98.63%,比上年提高 0.11 个百分点。

1. 无线广播、电视发射台站

(1)全省共有中波广播发射台 36 座,发射功率 391 千瓦;广播调频发射(转播)台 107 座,发射功率 267.76 千瓦。

(2)全省共有电视发射台、转播台 97 座,发射功率 250.48 千瓦。

(3)全省有微波传送线路 1852.2 公里,其中数字微波线路 603 公里。

2. 有线广播电视传输

(1) 全省有线广播电视传输干线网络总长达 229899 公里。

(2) 全省共有有线广播电视用户数 1330.93 万户,比上年增加 138.87 万户;全省有线广播电视入户率为 82.78%。

(3) 全省共有有线数字电视用户数 968.48 万户。

(三)农村广播电视覆盖情况

1. 农村广播人口综合覆盖率 99.09%,中央广播节目覆盖率 98.21%;

2. 农村电视人口综合覆盖率 99.28%,中央电视节目覆盖率 98.47%;

3. 全省农村有线广播电视用户数 777.43 万户,全省农村有线广播电视入户率为 65.64%。

(四)从业人员

2011 年底,全省广播电视从业人员(含社会影视机构)计 39933 人;其中,管理人员 4450 人、专业人员 20457 人、其他人员 15026 人。

全部从业人员按学历分:研究生以上 685 人,本科及大专 27528 人,高中及以下 11720 人。

全部专业技术人员中,高级职称 1381 人,中级 5811 人、初级 21480 人。

全部从业人员按年龄分:35 岁及以下 18515 人,36 岁至 50 岁 17292 人,51 岁及以上 4126 人。

(五)广播影视业经营情况

全省广播影视业经营收入 204.37 亿元,比上年增长 16.04%。省本级 63.74 亿元，比上年增长 16.55%;市级 45.20 亿元,比上年增长 20.92%;县级 42.89 亿元，比上年增长 14.61%；全省影视机构 42.89(其中:横店影视产业实验区 31.85 亿元)亿元,比上年增长 8.44%;电影票房收入 9.75 亿元,比上年增长 36.5%。

经营收入中广告收入 68.07 亿元，比上年增长 14.67%;有线电视网络业务收入 49.28 亿元,比上年增长 21.47%,其中有线电视收视费收入 31.30 亿元,比上年增长 21.88%,其他产业收入 62.40 亿元,比上年降低 9.33%。

全省广播影视事业单位资产总额 188.49 亿元,其中固定资产原值为 97.52 亿元，占资产总额的 50.74%。

全省广播影视企业单位(含社会影视业)资产总额 222.62 亿元。

全省本年固定资产投资额（含社会影视机构）40.32 亿元。

二、全省广播影视节目制作机构主要指标、数据

2011 年,纳入统计的全省广播影视制作机构共 626 个。

全省广播影视制作机构全年制作电视节目 37491 小时;制作电视剧 73 部 2468 集;制作动画电视 792 小时 29 分钟。

全年制作电视节目投资额 9.97 亿元，其中，电视剧制作和动画电视制作投资额分别为 6.66 亿元和 1.7 亿元。

全年电视节目国内销售额 10.71 亿元，其中，电视剧和动画电视国内销售额分别为 5.21 亿元和 0.16 亿元。

全年经营收入为 42.78 亿元，与去年同比增长 8.22%，其中，广告收入 3.1 亿元，占经营收入的 7.25%；广播电视节目销售收入 10.71 亿元，占经营收入的 25.33%；其他收入 28.8 亿元，占经营收入的 82.04%。

年末从业人员 2997 人，其中，管理人员 650 人、专业人员 1515 人、其他人员 832 人。从业人员按学历分: 研究生以上 173 人，本科及大专 2444 人，高中及以下 380 人;专业人员中，高级职称 105 人，中级 290 人、初级 982 人。从业人员按年龄分:35 岁及以下 2146 人，36 岁至 50 岁 722 人，51 岁及以上 129 人。

图(一)　2011 年全省广播影视业各项收入构成情况

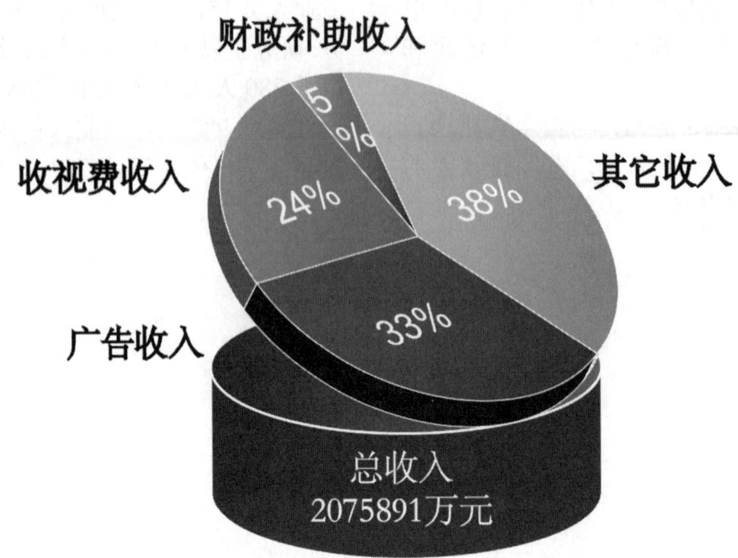

图(二)　2011 年全省广播影视业经营收入分级构成情况

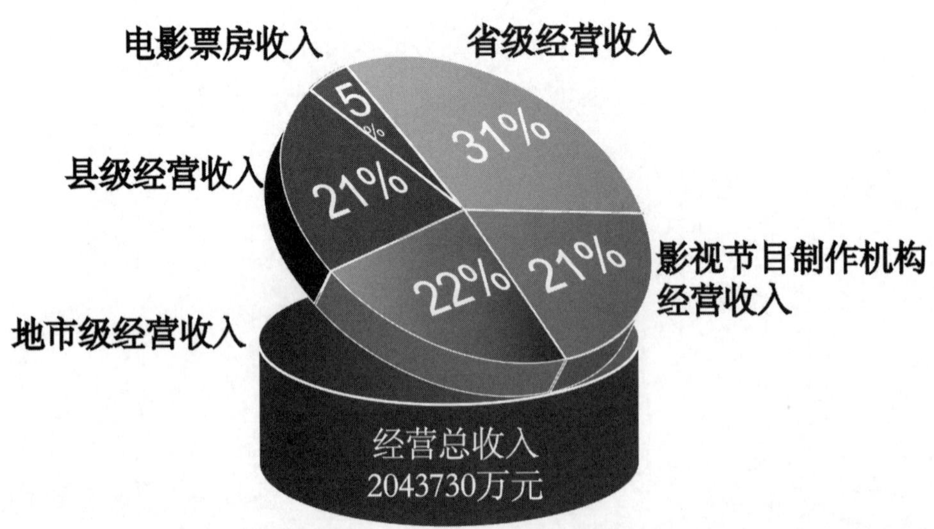

图(三) 2011 年与 2010 年全省广播影视业经营收入比较情况

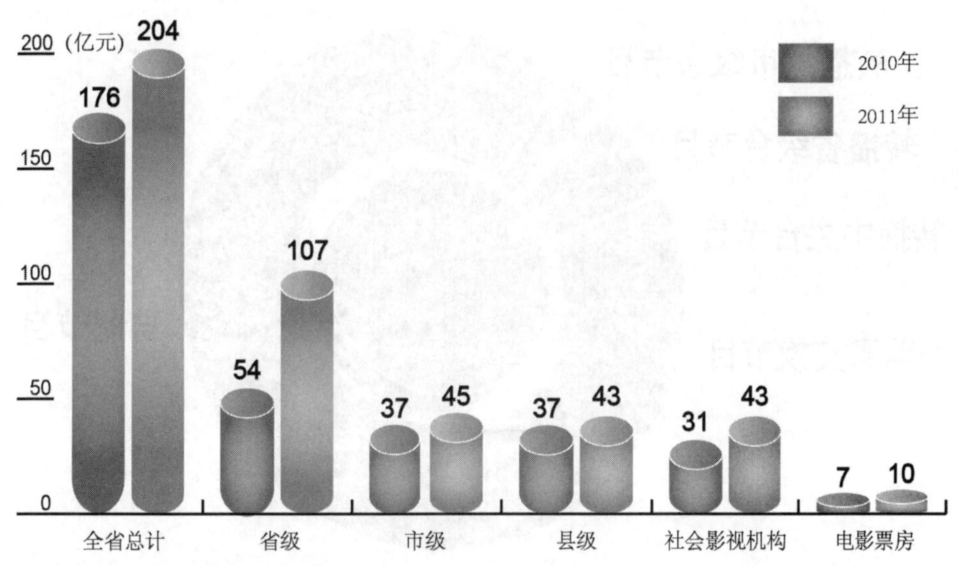

图(四) 2011 年全省公共广播节目播出时间按节目类型构成情况

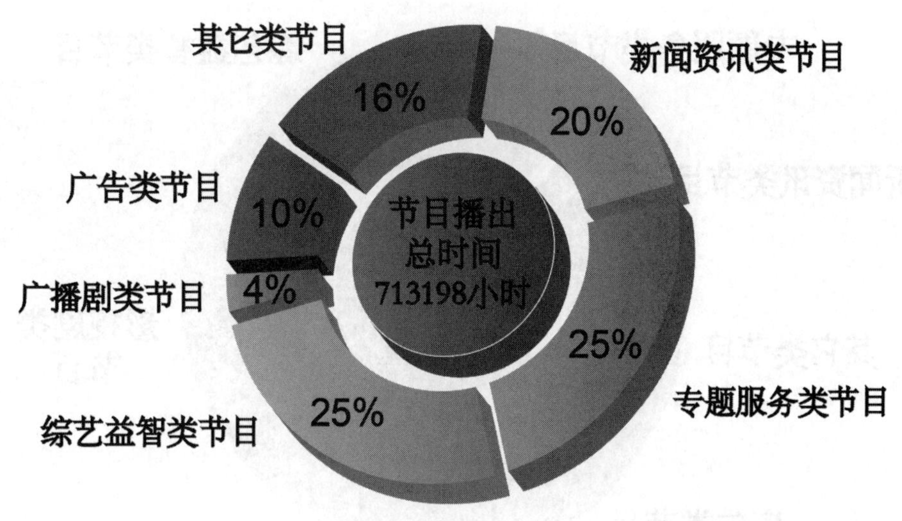

图(五) 2011 年全省公共广播节目播出时间按节目类型构成情况

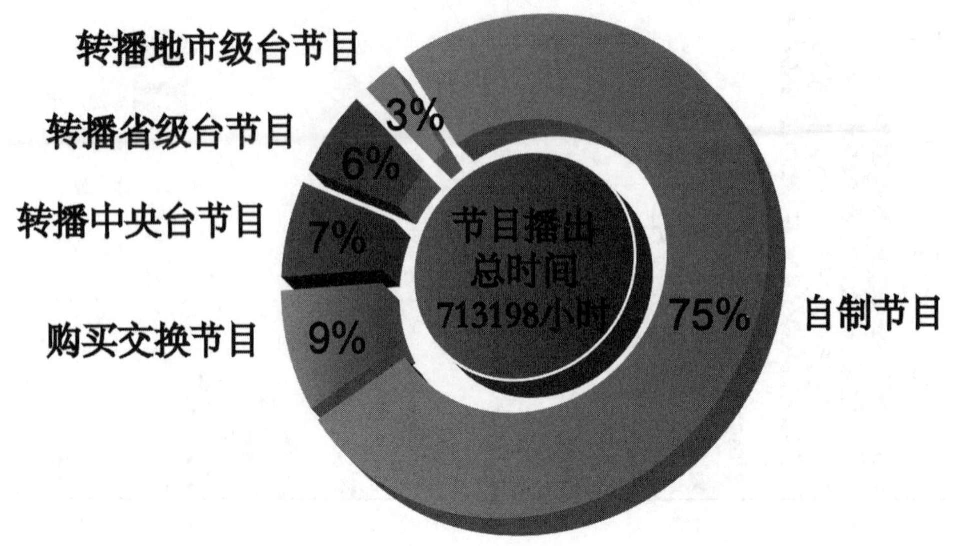

图(六) 2011 年全省公共电视节目播出时间按节目类型构成情况

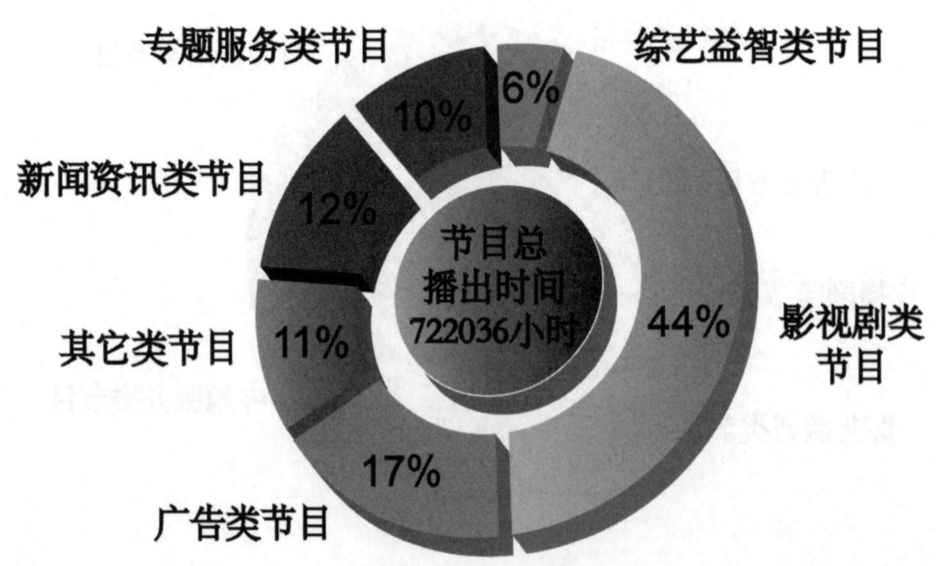

图(七) 2011 年全省公共电视节目播出时间按节目类型构成情况

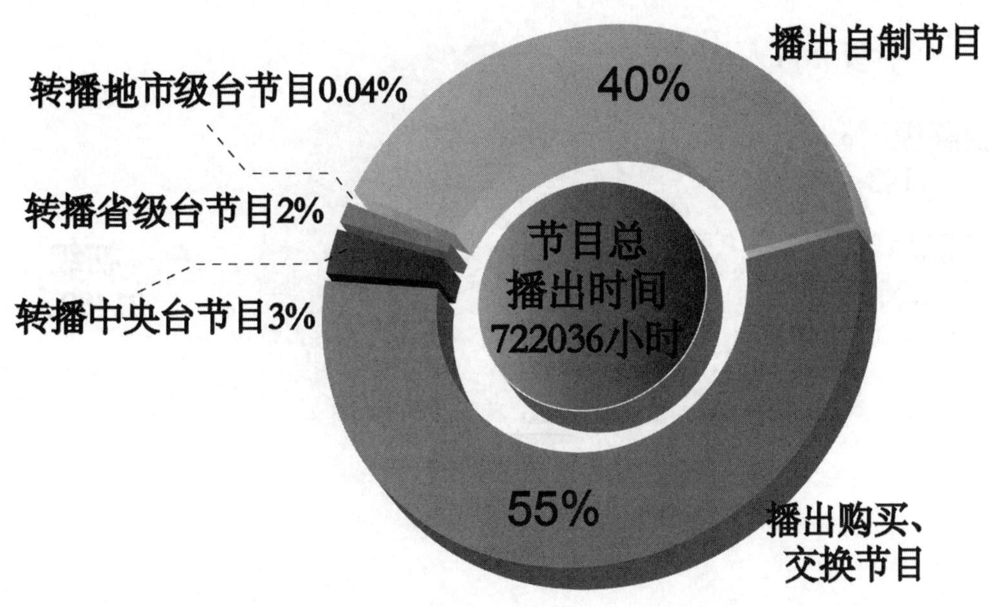

图(八) 2011 年全省广播影视业从业人员学历构成情况

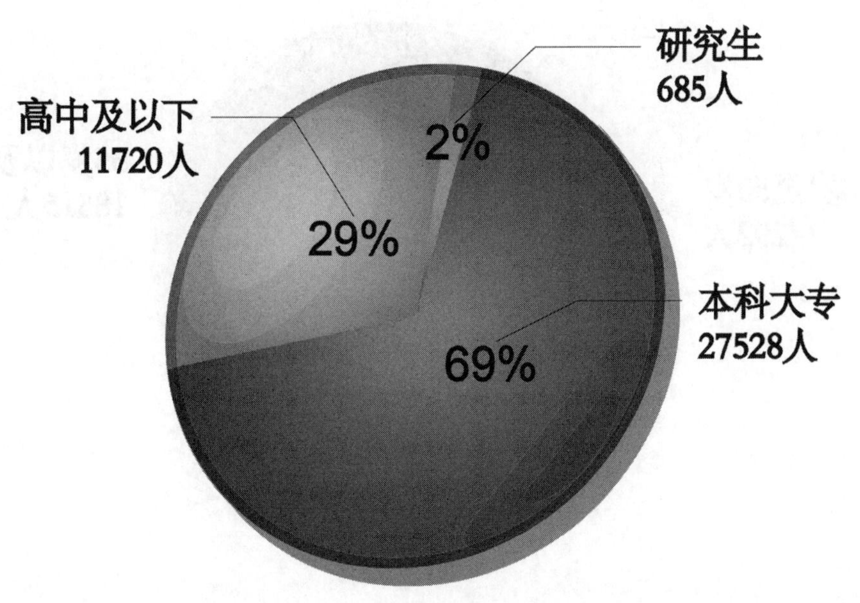

图(九)　2011年全省广播影视业从业人员职称构成情况

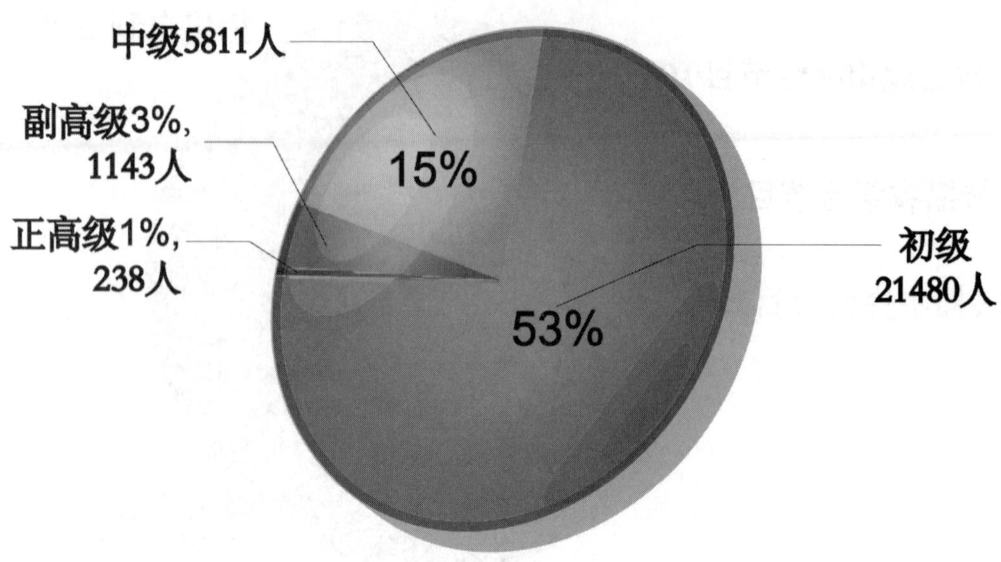

图(十)　2011年全省广播影视业从业人员年龄构成情况

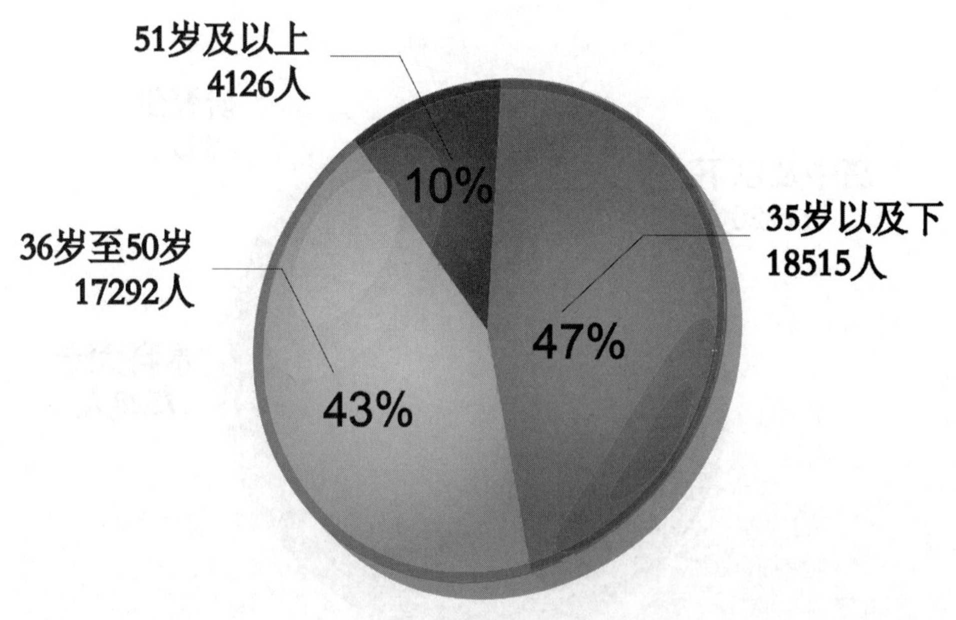

图(十一) 2011 年与 2010 年全省各级广播电视台各项收入比较

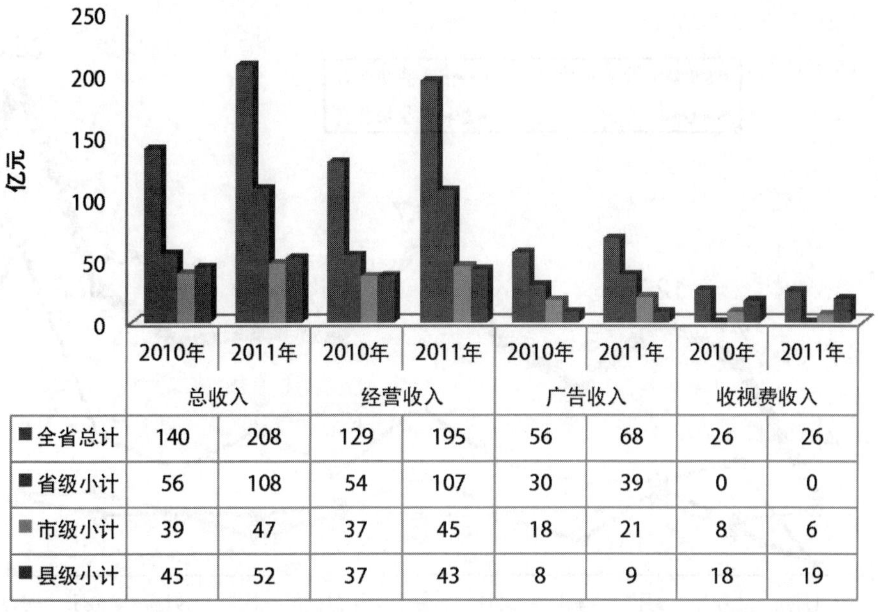

	总收入		经营收入		广告收入		收视费收入	
	2010年	2011年	2010年	2011年	2010年	2011年	2010年	2011年
全省总计	140	208	129	195	56	68	26	26
省级小计	56	108	54	107	30	39	0	0
市级小计	39	47	37	45	18	21	8	6
县级小计	45	52	37	43	8	9	18	19

图(十二) 2011 年与 2010 年全省各级广播电视台经营收入比较

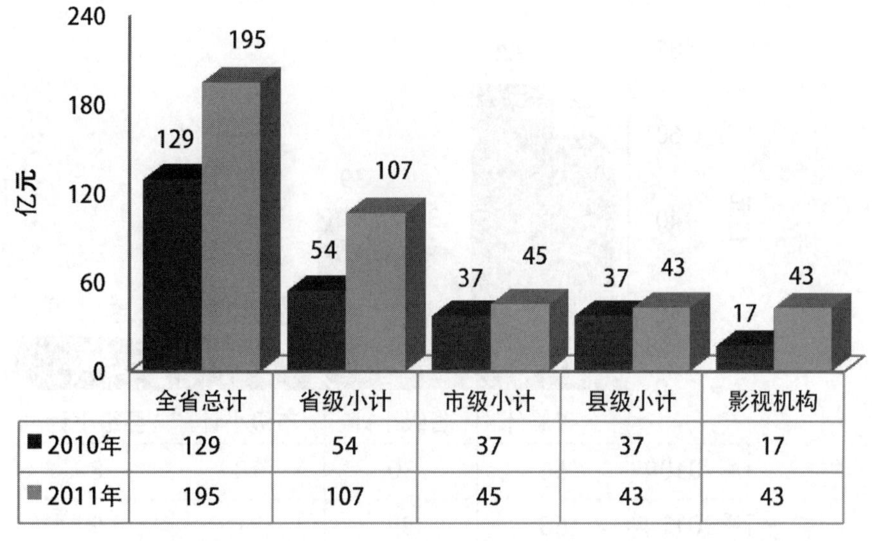

	全省总计	省级小计	市级小计	县级小计	影视机构
2010年	129	54	37	37	17
2011年	195	107	45	43	43

图(十三) 2011年1—12月份全省各级广播电视台经营收入走势图

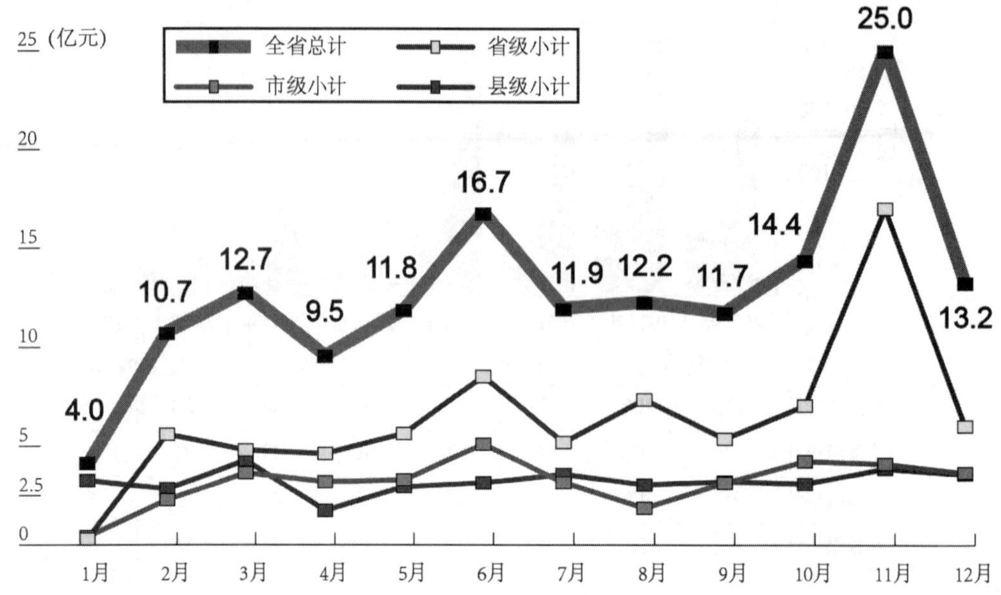

图(十四) 2011年与2010年全省各级广播电视台广告收入比较

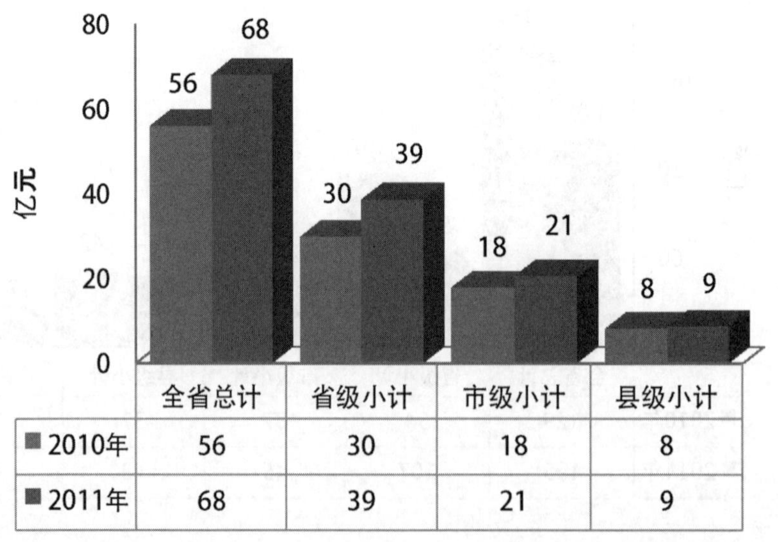

	全省总计	省级小计	市级小计	县级小计
2010年	56	30	18	8
2011年	68	39	21	9

图(十五) 2011 年 1—12 月份全省各级广播电视台广告收入走势图

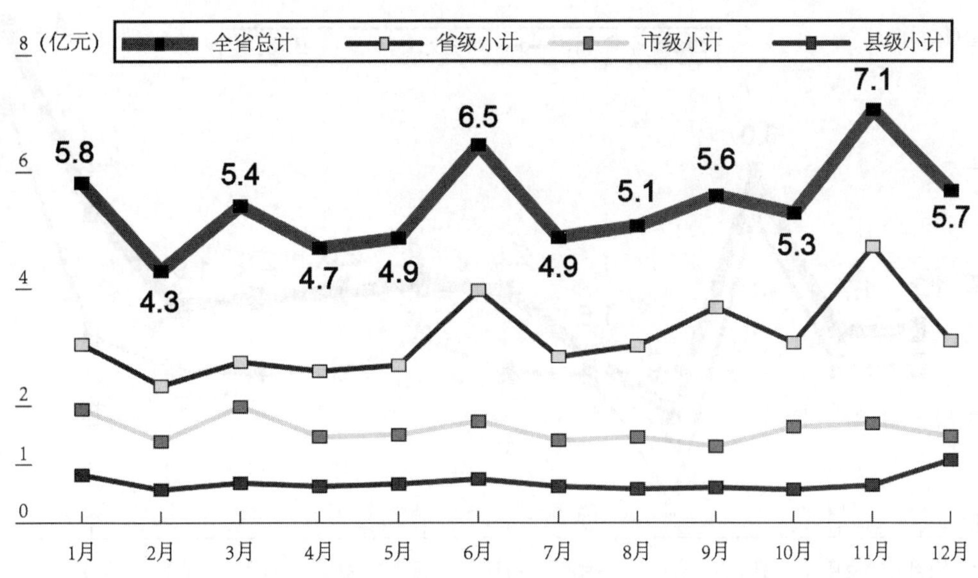

图(十六) 2011 年与 2010 年全省有线广播电视收视费收入比较

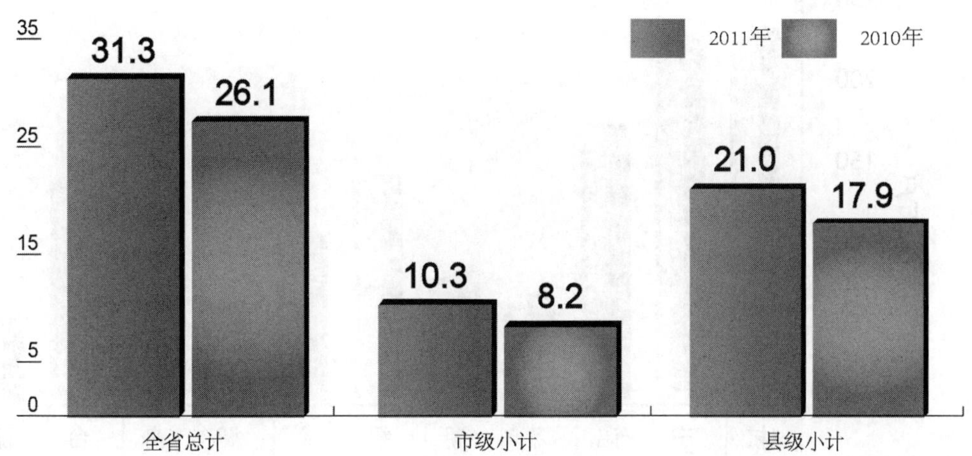

图(十七)

2011 年 1—12 月份全省有线广播电视收视费收入走势图

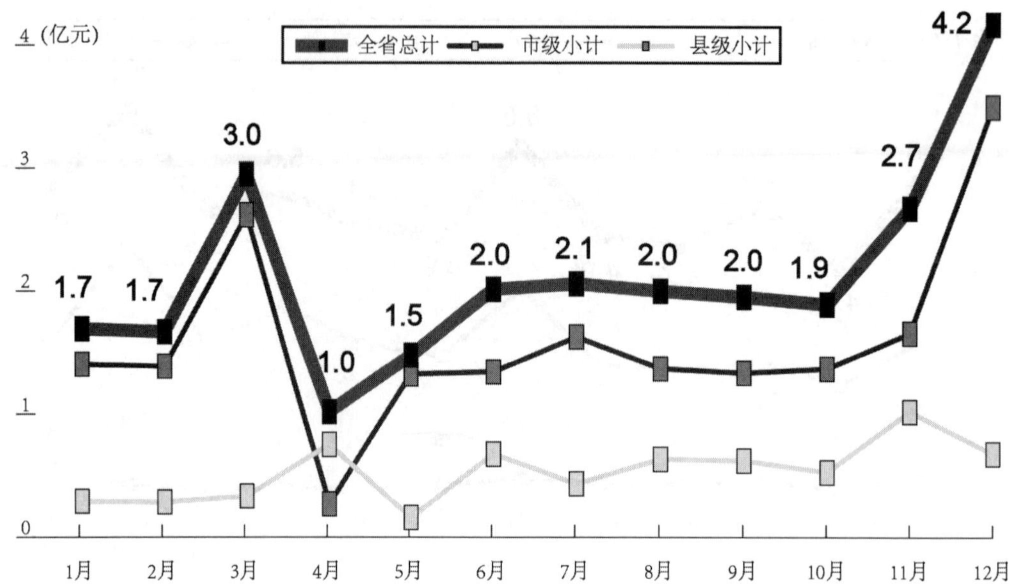

图(十八)

2011 年全省十一地市有线电视用户数

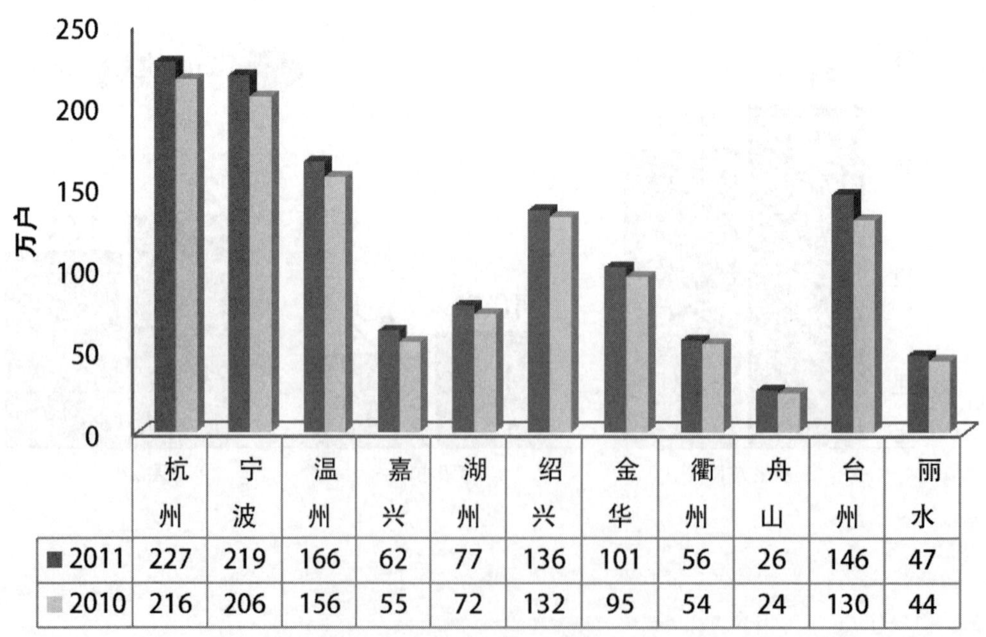

	杭州	宁波	温州	嘉兴	湖州	绍兴	金华	衢州	舟山	台州	丽水
2011	227	219	166	62	77	136	101	56	26	146	47
2010	216	206	156	55	72	132	95	54	24	130	44

图(十九)　2011 年全省广播影视节目制作机构各项经营收入构成情况

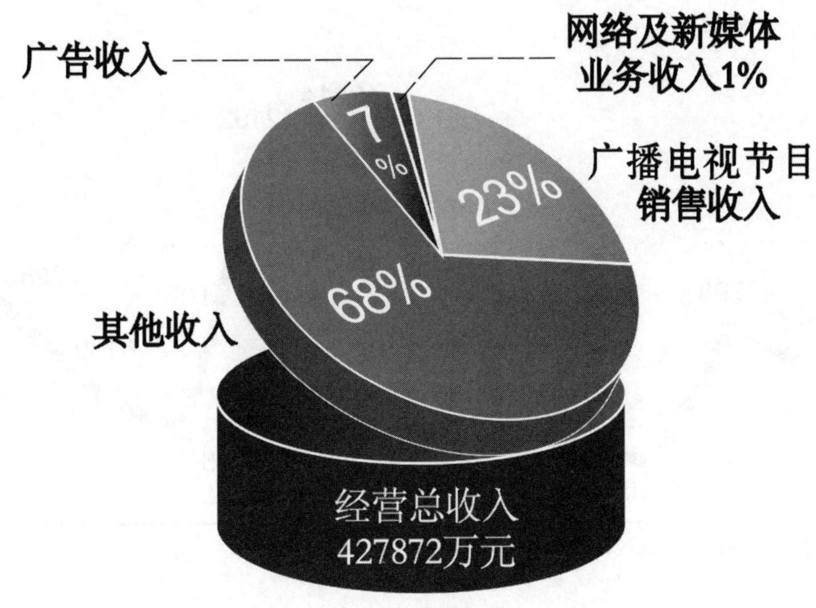

图(二十)　2011 年全省电影票房观影人数月走势图

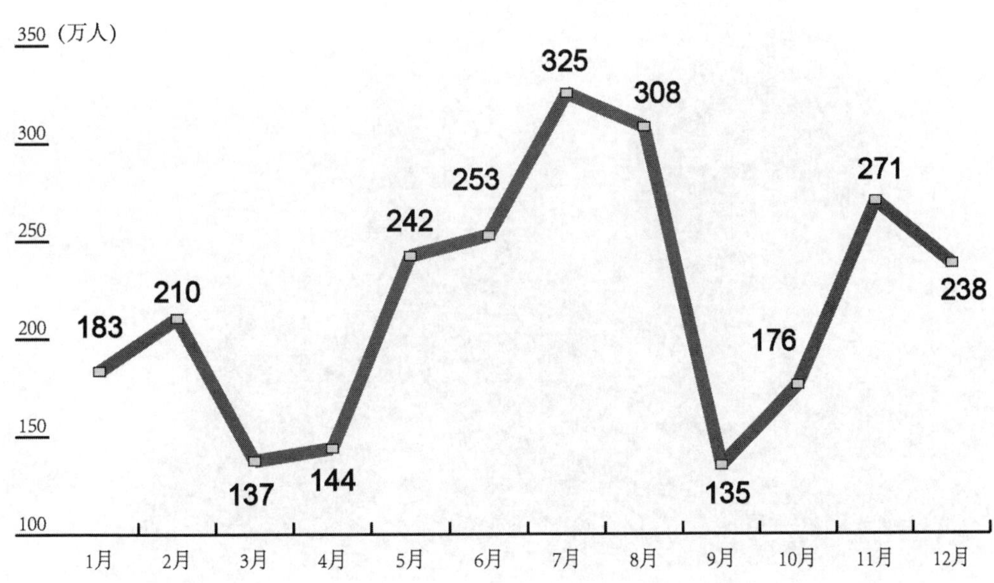

图(二十一)

2011 年全省电影票房收入走势图

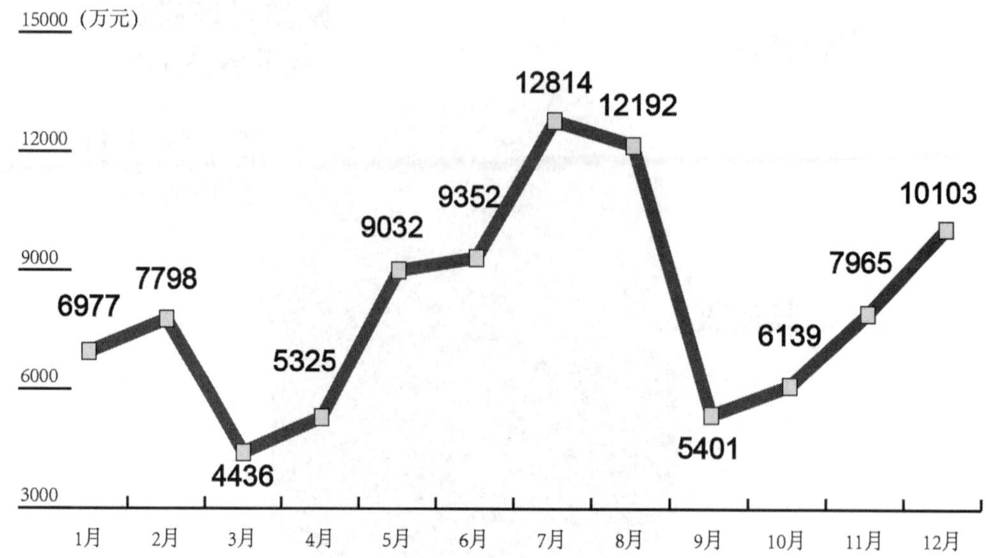